国家社科基金
后期资助项目

企业竞争情报智能挖掘

Intelligent mining for enterprise competitive intelligence

主著者　张玉峰　李　纲　何　超
　　　　吴金红　王翠波
著　者　胡　凤　董坚峰　蔡皎洁
　　　　吴　覃　张　婧　周　磊
　　　　曾奕棠

学习出版社

图书在版编目（CIP）数据

企业竞争情报智能挖掘/张玉峰等著.
－北京：学习出版社，2013.7
（国家社科基金后期资助项目）
ISBN 978－7－5147－0329－0

Ⅰ.①企…　Ⅱ.①张…　Ⅲ.①企业竞争－竞争情报－情报检索－研究
Ⅳ.①F274

中国版本图书馆 CIP 数据核字（2013）第 047722 号

企业竞争情报智能挖掘
QIYE JINGZHENG QINGBAO ZHINENG WAJUE

张玉峰　等著

责任编辑：李　岩　张　俊
技术编辑：王晓勇
封面设计：杨　洪

出版发行：学习出版社
　　　　　北京市崇外大街 11 号新成文化大厦 B 座 11 层（100062）
　　　　　010－66063020　010－66061634
网　　址：http://www.xuexiph.cn
经　　销：新华书店
印　　刷：北京市密东印刷有限公司
开　　本：710 毫米×1000 毫米　1/16
印　　张：22.5
字　　数：379 千字
版次印次：2013 年 7 月第 1 版　2013 年 7 月第 1 次印刷
书　　号：ISBN 978－7－5147－0329－0
定　　价：45.00 元

如有印装错误请与本社联系调换

国家社科基金后期资助项目
出版说明

后期资助项目是国家社科基金设立的一类重要项目，旨在鼓励广大社科研究者潜心治学，支持基础研究多出优秀成果。它是经过严格评审，从接近完成的科研成果中遴选立项的。为扩大后期资助项目的影响，更好地推动学术发展，促进成果转化，全国哲学社会科学规划办公室按照"统一设计、统一标识、统一版式、形成系列"的总体要求，组织出版国家社科基金后期资助项目成果。

全国哲学社会科学规划办公室

前　言

　　随着全球信息化和经济建设的快速发展，信息、知识、情报成为重要的战略资源，信息化成为企业和国民经济发展的重要工程，企业信息资源的深度开发与利用研究，成为学术领域和业界关注的热点。互联网、数据挖掘、人工智能等现代高新技术的应用与发展，为企业提供了海量信息资源开发与利用的良好条件，企业知识获取方法与技术的研究，成为全社会和企业竞争发展中的重要研究课题。

　　数据挖掘技术在企业、医学、金融等领域已得到广泛的应用，取得巨大的经济效益，并给企业和社会经济的各个方面带来了根本性的变革，同时，也为其进一步的深入研究提出了新的要求和更迫切的期待。数据挖掘的理论与应用研究成果，为企业竞争情报的挖掘与应用提供了新的思路和良好基础。融合多学科领域的先进理论与技术，革新竞争情报获取的理论和方法技术体系，使其向着自动化、智能化方向发展，势在必行，也必将目前信息层面的情报获取水平提升到知识层面的获取水平。

　　在这个跨越性的转变过程中，智能化的情报挖掘方法与技术是其关键枢纽。本著作综合应用情报学、数据挖掘、本体、人工智能、知识管理等领域的先进理论与方法，开创性地研究了企业竞争情报智能挖掘的基本理论、方法与技术，改进和完善了现代竞争情报获取方法技术体系，以实现从海量信息资源中及时有效地挖掘情报知识，为企业管理决策提供智力支持。

《企业竞争情报智能挖掘》一书是在我们十多年研究及成果的基础上撰写的，也吸取了国内外相关学科领域的最新研究成果，较深入系统地研究了企业竞争情报智能挖掘模型、流程、策略、方法、技术及其应用，并注重理论与实践、创新及应用的结合。

全书共分为8章。首先讨论了数据挖掘的基本原理及其最新进展，分析了数据挖掘的原理和主要方法，探讨了数据挖掘向智能化发展的主要技术。重点从本体、Agent、知识情境、业务流程等方面构建了竞争情报智能挖掘模型；依据企业情报特征研究了企业竞争情报智能挖掘的基本流程——需求分析、信息搜集、信息整合、情报挖掘、结果评价；分别从信息内容、信息结构、信息行为、Deep Web、人际情报网络等角度深入探讨了企业竞争情报智能挖掘的实现策略、方法与算法；从语义层面研究和创新了企业竞争情报智能挖掘技术，包括企业竞争情报语义聚类挖掘、语义分类挖掘、语义关联挖掘、多维联机分析挖掘、融合本体和上下文知识的情报挖掘等。最后，将理论研究成果应用于实践，结合实例研究了金融领域的风险信息识别与挖掘方法和企业竞争中重要的客户知识挖掘方法。

全书由张玉峰、李纲主持撰写工作，负责全书的策划、统稿、定稿等，何超参加了统稿工作。参加撰稿的有（按撰写的章节顺序）：董坚峰、周磊撰写第1章；胡凤、曾奕棠撰写第2章；吴金红撰写第3、4章；王翠波撰写第5章；何超撰写第6章；吴覃、张婧撰写第7章；蔡皎洁撰写第8章。

在撰写本书过程中，我们引用和参考了国内外许多专家学者的论著，并得到了全国哲学社会科学规划办公室、武汉大学人文社会科学研究院、武汉大学信息管理学院、武汉大学信息资源研究中心的大力支持，研究生唐涛、王志芳、徐斌、龙飞、黄恒、徐海峰、龚平、张苗苗、闻中慧、朱莹、孙超、吴宗朝、潘玉洁、钱景怡、丁雪做了大量资料收集与整理工作，在此一并表示最诚挚的谢意！

由于水平所限，加上竞争情报领域的研究内容复杂、难度较大，书中错漏之处在所难免，恳请读者批评指正。

本书系2011年国家社科基金后期资助项目（批准号：11FTQ002）的研究成果。

张玉峰于武汉大学
2012年9月

目　录

第一章　知识经济时代的竞争情报 ………………………………（1）
- 一、知识经济促进竞争情报的崛起 …………………………（1）
  - （一）竞争情报的崛起 ………………………………………（2）
  - （二）知识经济下的现代竞争情报 …………………………（9）
- 二、竞争情报研究的基本内容 ………………………………（10）
  - （一）竞争情报的功能和作用 ………………………………（12）
  - （二）竞争情报生命周期 ……………………………………（16）
  - （三）竞争情报研究的重点领域 ……………………………（18）
- 三、竞争情报采集 ……………………………………………（21）
  - （一）竞争情报采集现状及存在的问题 ……………………（21）
  - （二）竞争情报采集的基本方法 ……………………………（23）
  - （三）竞争情报智能采集 ……………………………………（26）
- 四、竞争情报挖掘 ……………………………………………（26）
  - （一）竞争情报挖掘概述 ……………………………………（26）
  - （二）数据挖掘技术在竞争情报挖掘中的应用 ……………（27）

第二章　数据挖掘 ……………………………………………（30）
- 一、数据挖掘概述 ……………………………………………（30）
  - （一）数据挖掘及研究现状 …………………………………（30）
  - （二）数据挖掘智能化进展 …………………………………（32）
- 二、数据挖掘的主要方法与技术 ……………………………（33）
  - （一）概念分析 ………………………………………………（34）

（二）关联分析……………………………………………（34）
　　（三）分类分析……………………………………………（39）
　　（四）聚类分析……………………………………………（42）
　　（五）其他分析……………………………………………（45）
三、数据挖掘智能化关键技术……………………………………（48）
　　（一）文本挖掘……………………………………………（48）
　　（二）本体学习……………………………………………（49）
　　（三）语义分析……………………………………………（62）
　　（四）语义推理……………………………………………（63）
　　（五）智能检索与智能搜索………………………………（66）
四、数据挖掘常用软件工具………………………………………（74）
　　（一）Enterprise Miner……………………………………（75）
　　（二）Intelligent Miner……………………………………（76）
　　（三）Clementine…………………………………………（77）
　　（四）MineSet……………………………………………（78）
　　（五）DBMiner……………………………………………（79）

第三章　企业竞争情报挖掘模型…………………………………（80）
一、企业竞争情报挖掘的基本模型………………………………（80）
二、基于本体的语义挖掘模型……………………………………（82）
　　（一）本体知识库…………………………………………（83）
　　（二）企业竞争情报领域本体的构建……………………（84）
　　（三）语义知识挖掘………………………………………（88）
　　（四）模型分析……………………………………………（89）
三、基于 Agent 的分布挖掘模型…………………………………（90）
　　（一）Agent 技术…………………………………………（90）
　　（二）情报采集流程………………………………………（90）
　　（三）智能挖掘模型………………………………………（91）
　　（四）系统性能分析………………………………………（95）

四、基于知识情境的多维挖掘模型 …………………………（96）
  （一）知识情境 ………………………………………………（96）
  （二）多维知识情境库 ………………………………………（98）
  （三）企业竞争情报多维挖掘策略 …………………………（98）
  （四）企业竞争情报多维挖掘模型 …………………………（100）
五、面向业务流程的挖掘模型 …………………………………（101）
  （一）业务流程中的竞争情报 ………………………………（101）
  （二）流程知识的获取方法 …………………………………（102）
  （三）基于知识发现的流程挖掘模型 ………………………（104）
  （四）基于知识发现的流程挖掘系统 ………………………（110）

第四章 企业竞争情报挖掘流程 ………………………………（113）

一、竞争情报需求识别 …………………………………………（114）
  （一）竞争情报需求识别过程 ………………………………（114）
  （二）传统需求识别方法 ……………………………………（115）
  （三）现代需求识别方法 ……………………………………（116）
  （四）竞争情报需求的表示方法 ……………………………（117）
二、竞争情报收集与整合 ………………………………………（121）
  （一）企业竞争情报的信息源 ………………………………（121）
  （二）数据选择 ………………………………………………（124）
  （三）数据预处理 ……………………………………………（125）
  （四）准备建模数据集 ………………………………………（133）
三、挖掘模型的构建 ……………………………………………（136）
  （一）建立初始数据挖掘模型 ………………………………（136）
  （二）检测初始数据挖掘模型 ………………………………（136）
  （三）改进数据挖掘模型 ……………………………………（137）
  （四）评价数据挖掘模型 ……………………………………（137）
四、建模策略方法及实现 ………………………………………（139）
五、挖掘结果的处理 ……………………………………………（140）

第五章　企业竞争情报挖掘策略 …………………………………（142）
一、基于信息内容的挖掘策略 ……………………………………（142）
（一）基于文本语义分类的信息内容挖掘………………………（143）
（二）面向主题的信息内容挖掘…………………………………（144）
二、基于信息结构关联的挖掘策略 ………………………………（147）
（一）Web 结构挖掘步骤 …………………………………………（148）
（二）基于 Web 结构挖掘的动态竞争情报获取方法 ……………（150）
三、基于信息行为的挖掘策略 ……………………………………（151）
（一）面向信息发布者行为的挖掘策略…………………………（152）
（二）面向信息使用者行为的挖掘策略…………………………（153）
四、基于 Deep Web 的挖掘策略 …………………………………（153）
（一）Deep Web 信息采集中存在的障碍分析 …………………（153）
（二）面向 Deep Web 的知识搜索与提取 ………………………（158）
五、基于人际情报网络的挖掘策略 ………………………………（160）
（一）企业人际网络及其对竞争情报获取的作用………………（161）
（二）企业人际网络的挖掘流程…………………………………（164）
（三）基于人际网络挖掘的竞争情报获取方法…………………（166）

第六章　企业竞争情报挖掘技术 …………………………………（169）
一、企业竞争情报语义聚类挖掘 …………………………………（169）
（一）基于语义的聚类挖掘………………………………………（169）
（二）企业竞争情报语义聚类挖掘算法…………………………（171）
（三）聚类挖掘实验与应用………………………………………（175）
二、企业竞争情报语义分类挖掘 …………………………………（180）
（一）基于语义的分类挖掘………………………………………（180）
（二）企业竞争情报语义分类挖掘算法…………………………（182）
（三）分类挖掘实验与应用………………………………………（187）
三、企业竞争情报语义关联挖掘 …………………………………（193）

（一）基于语义的关联挖掘……………………………………（193）
　　（二）企业竞争情报语义关联挖掘算法………………………（196）
　　（三）关联挖掘实验与应用……………………………………（199）
四、企业竞争情报多维联机分析挖掘……………………………（200）
　　（一）基于语义的联机分析挖掘………………………………（201）
　　（二）企业竞争情报多维联机分析挖掘算法…………………（202）
　　（三）多维联机分析挖掘实验与应用…………………………（206）
五、融合本体和上下文知识的企业竞争情报挖掘………………（210）
　　（一）本体和上下文知识的融合实现…………………………（211）
　　（二）基于本体和上下文知识相融合的
　　　　　竞争情报挖掘算法………………………………………（212）
　　（三）融合本体和上下文知识的挖掘实验与应用……………（216）
六、融合 Web 评论挖掘的企业竞争情报挖掘……………………（218）
　　（一）Web 评论挖掘……………………………………………（218）
　　（二）融合 Web 评论挖掘的企业竞争情报
　　　　　挖掘流程…………………………………………………（219）
　　（三）融合 Web 评论挖掘的企业竞争情报
　　　　　挖掘算法…………………………………………………（222）
　　（四）融合 Web 评论挖掘的企业竞争
　　　　　情报挖掘实验与结果分析………………………………（227）

第七章　金融风险信息挖掘……………………………………（231）
一、金融风险概述…………………………………………………（231）
　　（一）金融风险的定义及类型…………………………………（231）
　　（二）金融风险的产生机理……………………………………（233）
　　（三）金融风险分析挖掘的必要性……………………………（235）
二、金融风险的识别方法…………………………………………（235）
　　（一）金融风险的定性分析……………………………………（235）
　　（二）金融风险的定量分析……………………………………（237）

（三）金融风险信息的挖掘方法 ………………………………………（239）
三、商业银行风险信息挖掘 ……………………………………………（244）
　（一）商业银行风险概述 ………………………………………………（244）
　（二）基于决策树的信用卡审批模型分析 ……………………………（245）
　（三）基于粗糙集的欺诈风险分析 ……………………………………（248）
四、保险业风险信息的挖掘 ……………………………………………（252）
　（一）保险业风险概述 …………………………………………………（252）
　（二）医疗保险数据分析实例 …………………………………………（256）
五、证券风险信息挖掘 …………………………………………………（258）
　（一）证券业风险概述 …………………………………………………（258）
　（二）证券市场信息分析实例 …………………………………………（260）

第八章　客户知识挖掘 ……………………………………………（265）

一、客户知识挖掘概述 …………………………………………………（265）
　（一）客户知识挖掘的理论基础 ………………………………………（265）
　（二）客户知识挖掘的支撑技术 ………………………………………（266）
二、客户知识挖掘流程 …………………………………………………（268）
　（一）客户知识挖掘目标分析 …………………………………………（268）
　（二）客户知识挖掘数据准备 …………………………………………（272）
　（三）客户知识挖掘模型建立及评价 …………………………………（280）
三、客户知识的分析与预测 ……………………………………………（299）
　（一）客户生命周期分析 ………………………………………………（299）
　（二）客户价值分析 ……………………………………………………（302）
　（三）客户细分 …………………………………………………………（305）
　（四）客户响应预测 ……………………………………………………（307）
　（五）客户增值消费预测 ………………………………………………（309）
　（六）客户流失预测 ……………………………………………………（311）
　（七）客户欺诈预测 ……………………………………………………（313）
四、商业银行客户知识挖掘实验 ………………………………………（314）

（一）实验说明……………………………………………（314）
（二）客户知识挖掘流程…………………………………（315）

参考文献 ……………………………………………………（326）

Contents

**Chapter One Competitive Intelligence in the Era of
Knowledge Economy** (1)
1. Knowledge economy has prompted the rise of
competitive intelligence (1)
   (1) *The rise of competitive intelligence* (2)
   (2) *Modern competitive intelligence under the
   knowledge economy* (9)
2. Basic content of competitive intelligence research (10)
   (1) *The role and function of competitive intelligence* (12)
   (2) *The life cycle of competitive intelligence* (16)
   (3) *The key field of competitive intelligence
   research* (18)
3. Competitive intelligence acquisition (21)
   (1) *Acquisition status and existing problems of
   competitive intelligence* (21)
   (2) *Basic methods of competitive intelligence acquisition* (23)
   (3) *Intelligent acquisition of competitive intelligence* (26)
4. Competitive intelligence mining (26)
   (1) *Overview of competitive intelligence mining* (26)
   (2) *The application of data mining in
   competitive intelligence mining* (27)

Chapter Two Data Mining (30)
1. Overview of data mining (30)
   (1) *Data mining and its research status* (30)
   (2) *In intelligent data mining* (32)
2. Main methods and technologies of data mining (33)
   (1) *Concept analysis* (34)

(2) *Association analysis* ……………………………………… (34)
(3) *Classification analysis* ……………………………………… (39)
(4) *Clustering analysis* ………………………………………… (42)
(5) *Other analysis methods* …………………………………… (45)
3. The key technology of data mining intelligent
   advances ……………………………………………………… (48)
   (1) *Text mining* ……………………………………………… (48)
   (2) *Ontology learning* ……………………………………… (49)
   (3) *Semantic analysis* ……………………………………… (62)
   (4) *Semantic reasoning* ……………………………………… (63)
   (5) *Intelligent retrieval and intelligent search* …………… (66)
4. Commonly used software tools in data mining …………… (74)
   (1) *Enterprise Miner* ………………………………………… (75)
   (2) *Intelligent Miner* ………………………………………… (76)
   (3) *Clementine* ……………………………………………… (77)
   (4) *MineSet* …………………………………………………… (78)
   (5) *DBMiner* ………………………………………………… (79)

Chapter Three Mining Model of Enterprise
              Competitive Intelligence ……………………… (80)
1. Basic model of enterprise competitive
   intelligence mining …………………………………………… (80)
2. Semantic mining model based on ontology ………………… (82)
   (1) *Ontology knowledge base* ……………………………… (83)
   (2) *Domain ontology construction of enterprise*
       competitive intelligence ………………………………… (84)
   (3) *Semantic knowledge mining* …………………………… (88)
   (4) *Model analysis* ………………………………………… (89)
3. Distribution mining model based on Agent ……………… (90)
   (1) *Agent technology* ……………………………………… (90)
   (2) *Procedure of intelligence acquisition* ………………… (90)
   (3) *Intelligent mining model* ……………………………… (91)
   (4) *System performance analysis* ………………………… (95)

4. Multidimensional mining model based on
   knowledge context ··· (96)
   (1) *Knowledge context* ··· (96)
   (2) *Multidimensional knowledge context base* ················ (98)
   (3) *Multidimensional mining strategy of enterprise
        competitive intelligence* ····································· (98)
   (4) *Multidimensional mining model of enterprise
        competitive intelligence* ···································· (100)
5. Business procedure oriented mining model ················ (101)
   (1) *Competitive intelligence in business procedure* ········ (101)
   (2) *Acquisition method for procedure knowledge* ··········· (102)
   (3) *Procedure mining model based on knowledge
        discovery* ·· (104)
   (4) *Procedure mining system based on
        knowledge discovery* ·· (110)

Chapter Four Mining Procedure of Enterprise
           Competitive Intelligence ························· (113)
1. Competitive intelligence demand recognition ················ (114)
   (1) *Competitive intelligence demand recognition process* ········ (114)
   (2) *Traditional demand recognition method* ··················· (115)
   (3) *Modern demand recognition method* ······················· (116)
   (4) *Demand representation method of
        competitive intelligence* ···································· (117)
2. Competitive intelligence acquisition and integration ·········· (121)
   (1) *Information source of enterprise competitive intelligence* ······ (121)
   (2) *Data selection* ··· (124)
   (3) *Data preprocessing* ··· (125)
   (4) *Modeling dataset preparation* ······························· (133)
3. Construction Mining model ·· (136)
   (1) *Construction initialized data mining model* ·············· (136)
   (2) *Testing initialized data mining model* ···················· (136)
   (3) *Improving data mining model* ······························ (137)

(4) *Evaluation data mining model* ……………………… (137)
　4. Modeling strategy method and realization ……………… (139)
　5. Mining result processing ………………………………… (140)

**Chapter Five　Mining Strategy of Enterprise
　　　　　　　Competitive Intelligence** ……………………… (142)
　1. Mining strategy based on information content …………… (142)
　　(1) *Information content mining based on text
　　　　semantic classification* ……………………………… (143)
　　(2) *Theme oriented information content mining* ………… (144)
　2. Mining strategy based on information structure
　　association …………………………………………………… (147)
　　(1) *Process of Web structure mining* …………………… (148)
　　(2) *Dynamic competitive intelligence acquisition method
　　　　based on Web structure mining* ……………………… (150)
　3. Mining strategy based on information behavior …………… (151)
　　(1) *Information release behavior oriented mining strategy* ……… (152)
　　(2) *Information user behavior oriented mining strategy* ………… (153)
　4. Mining strategy based on Deep Web ……………………… (153)
　　(1) *Analysis of the existing obstacles in information
　　　　acquisition for Deep Web* …………………………… (153)
　　(2) *Deep Web oriented knowledge search and extract* …… (158)
　5. Mining strategy based on interpersonal intelligence
　　network ……………………………………………………… (160)
　　(1) *Enterprise interpersonal network and its function of
　　　　intelligence acquisition* ……………………………… (161)
　　(2) *Mining procedure of enterprise interpersonal network* ……… (164)
　　(3) *Competitive intelligence acquisition method
　　　　based on interpersonal network mining* ……………… (166)

**Chapter Six　Mining Technology of Enterprise
　　　　　　　Competitive Intelligence** ……………………… (169)
　1. Semantic clustering mining of enterprise
　　competitive intelligence …………………………………… (169)

(1) Semantic based clustering mining ……………… (169)
(2) Semantic clustering mining algorithm of enterprise
    competitive intelligence ……………………… (171)
(3) Experiment and application of clustering mining ………… (175)
2. Semantic classification mining of enterprise
   competitive intelligence ……………………… (180)
(1) Semantic based classification mining ……………… (180)
(2) Semantic classification mining algorithm of enterprise
    competitive intelligence ……………………… (182)
(3) Experiment and application of classification mining ……… (187)
3. Semantic association mining of enterprise
   competitive intelligence ……………………… (193)
(1) Association mining based on semantic ……………… (193)
(2) Semantic association mining algorithm of enterprise
    competitive intelligence ……………………… (196)
(3) Experiment and application of association mining ………… (199)
4. Multidimensional on-line analysis mining of
   enterprise competitive intelligence ………………… (200)
(1) On-line analysis mining based on semantic ……………… (201)
(2) Multidimensional on-line analysis mining algorithm
    of enterprise competitive intelligence ………………… (202)
(3) Multidimensional on-line analysis mining experiment
    and application ……………………………… (206)
5. Enterprise competitive intelligence mining combining
   ontology and context knowledge ……………………… (210)
(1) Realizing of combining ontology and context
    knowledge …………………………………… (211)
(2) Competitive intelligence mining algorithm combining
    ontology and context knowledge ……………………… (212)
(3) Mining experiment and application combining
    ontology and context knowledge ……………………… (216)
6. Enterprise competitive intelligence mining
   combining web review mining ……………………… (218)

(1) Web review mining .... (218)
(2) Enterprise competitive intelligence mining process
    combining web review mining .... (219)
(3) Enterprise competitive intelligence mining algorithm
    combining web review mining .... (222)
(4) Experiment and application combining web review
    mining about enterprise competitive intelligence Mining ...... (227)

Chapter Seven Financial Risk Information Mining .... (231)
  1. Overview of financial risk .... (231)
    (1) Definition and types of financial risk .... (231)
    (2) Mechanism of financial risk .... (233)
    (3) Necessity of financial risk mining .... (235)
  2. Financial risk recognition method .... (235)
    (1) Qualitative analysis of financial risk .... (235)
    (2) Quantitative analysis of financial risk .... (237)
    (3) Mining method of financial risk information .... (239)
  3. Risk information mining of commercial bank .... (244)
    (1) Overview of commercial bank risk .... (244)
    (2) Credit card approval model analysis based
        on decision tree .... (245)
    (3) Fraud risk analysis based on rough set .... (248)
  4. Risk information controlling of insurance .... (252)
    (1) Overview of insurance risk .... (252)
    (2) Example of medical insurance data analysis .... (256)
  5. Risk information mining of security .... (258)
    (1) Overview of securities risk .... (258)
    (2) Example of security market information analysis .... (260)

Chapter Eight Customer Knowledge Mining .... (265)
  1. Overview of customer knowledge mining .... (265)
    (1) Theoretical foundations of customer knowledge mining ...... (265)
    (2) Supporting technology of customer knowledge mining .... (266)

2. Procedure of customer knowledge mining ·························· (268)
   (1) *Target analysis of customer knowledge mining* ················ (268)
   (2) *Data prepare for customer knowledge mining* ·················· (272)
   (3) *Model and evaluation of customer*
       knowledge mining ·· (280)
3. Customer knowledge analysis and prediction ···················· (299)
   (1) *Customer life cycle analysis* ································· (299)
   (2) *Customer value analysis* ······································· (302)
   (3) *Customer segmentation* ·· (305)
   (4) *Customer response prediction* ································ (307)
   (5) *Customer value – added consumption prediction* ············ (309)
   (6) *Customer churn prediction* ··································· (311)
   (7) *Customer fraud prediction* ···································· (313)
4. Experiment of customer knowledge mining
   for commerical bank ·· (314)
   (1) *Experimental description* ····································· (314)
   (2) *Procedure of customer knowledge mining* ···················· (315)

Reference ··· (326)

第一章　知识经济时代的竞争情报

竞争情报是21世纪企业最重要的竞争工具之一。全球商战的加剧促使竞争情报的产生。20世纪80年代初期，西方经济发达国家对竞争情报系统的建立进行了较为深入的研究，并将其应用到企业技术竞争、市场营销和战略管理活动以及政府制定竞争政策和行业规则的实践中。美国哈佛大学经济学教授迈克尔·波特（Michael E. Porter）从1980年至今，先后发表了3部经典竞争研究专著——《竞争战略》（1980）、《竞争优势》（1985）、《国家竞争优势》（1990），为竞争情报的研究奠定了理论基础。[①] 竞争情报在20世纪90年代中期迅速发展，在欧美企业界受到了普遍重视，它的兴起是竞争环境急剧变化和知识经济蓬勃发展共同作用的结果。

一、知识经济促进竞争情报的崛起

竞争情报是企业进行战略决策的依据，涵盖了关于竞争对手、竞争环境以及由此引出的相应竞争策略的知识和有价值的信息。竞争情报的目标是帮助和支持企业组织成员评估关键发展趋势，跟踪正在出现的连续性和不连续性变化，把握行业结构的进化以及分析现有和潜在竞争对手的能力及动向，从而为企业保持和发展相对竞争优势提供强有力的信息支持和情报保障。现代企业只有掌握大量真实可靠的竞争情报，并将其转化为创新能力，才有可能形成面向未来的核心竞争优势。

随着知识经济的到来，在社会竞争环境日益复杂、信息数量激增、信息技术快速发展的冲击下，机构的组织制度、管理模式必将相应的发生变革，知识成为人类社会中最有价值的资源。在这种情况下，竞争情报作为一种特殊的知识产品，逐步成为知识经济时代企业发展的主要推

[①] 彭靖里：《国内外竞争情报研究发展综述》，《情报科学》1998年第3期，第268—271页。

动力之一。

（一）竞争情报的崛起

情报活动古就有之，但作为一项专业化的情报活动则起始于第二次世界大战，出现于 20 世纪 50 年代，崛起于 20 世纪 80 年代的竞争情报（Competitive Intelligence，简称 CI），以 1986 年美国竞争情报从业者协会（Society of Competitive Intelligence Professionals，SCIP）的成立为标志，迄今虽不足 30 年，但其影响已经遍及世界各地，被视为经济学、管理学与情报学领域中的重大发展，是人类在社会信息化基础上向情报（智能）化发展的重要征兆，将对全球的经济发展与社会进步产生重要的影响。

美国著名的竞争情报学家 John E. Prescott 教授考察了北美、西欧和澳大利亚的竞争情报事业发展的历程之后，将现代竞争情报的崛起和发展划分为四个不同的历史阶段，构成竞争情报的进化框架。这四个阶段分别为竞争数据的搜集阶段、行业和竞争对手分析阶段、用于战略决策的竞争情报阶段和作为核心能力的竞争情报阶段（表 1-1）。[1]

表 1-1　竞争情报事业发展的四个阶段

	竞争数据收集	行业及竞争对手分析	竞争情报	竞争情报作为一项核心能力
时间段	1980 年以前	1980—1987 年	1988 年至今	未来
重要事件	分散的竞争情报活动	社会竞争情报的出现	《竞争情报评论》的创刊	世界各地的商业学校开始教授竞争情报课程
成熟度	非正式	开始出现正式部门	正式部门	正式和非正式的结合
导向	战术	战术	混合	战略
分析	几乎没有	少量定量分析	定量与定性分析相结合	强调定性分析
与决策的联系	没有联系或联系很弱	联系很弱	联系很强	直接产出
高层管理者的重视度	很低	有限	中等	很高

---

[1] 童品德：《竞争情报及其在我国发展问题研究》，首都经济贸易大学硕士学位论文，2006 年。

续表

	竞争数据收集	行业及竞争对手分析	竞争情报	竞争情报作为一项核心能力
竞争情报生产者	图书馆/销售部门	计划/销售部门	营销/计划/竞争情报部门	竞争情报分析/营销/计划部门
关键因素	开发信息获得的技能，为竞争情报建立商业案例，间谍形象，发展分析技能	展示实际的输入，需求与供给驱动的竞争情报，反竞争情报，国际性竞争情报，技术性竞争情报	并行管理过程，多国间情报基础设施的建立，将获得竞争情报作为学习过程，网络分析	CI 流程的制度化，学习型组织，CI 塑造组织竞争力

下面我们就将以这四个阶段为主线，介绍一下现代竞争情报在国外的发展简史。

1. 竞争数据搜集阶段。20 世纪 70 年代末之前，CI 通常被归入到竞争数据的搜集活动之下。尽管当时从事客户研究的市场研究部门已经存在，CI 仍被作为图书馆的职能之一。此时公司内部尚未建立正式的 CI 流程或者网络。CI 只是一项临时性的工作，分析用得很少（假如有的话）。从总体上来说，此时的 CI 工作对高层管理的参与是低层次的，对决策过程的影响也很少。这时的 CI 工作还是一个非正式和临时性的过程，它的工作重点是搜集数据，并构造出关于竞争对手和产业结构的文档，采用的分析是静态的。CI 人员的基本技能是查找信息。这个阶段尽管并不辉煌，却很重要。它的重要性在于建立了类似于华盛顿研究所这样的公司以及发表了一定数量的学术论著。

华盛顿研究所、Fuld 公司以及 Find/SVP 这样的公司是这个时期的代表性机构。它们致力于信息的编目、培训和代理工作。这些公司提供的服务之所以受欢迎是由于其他公司本身没有情报能力。这个阶段的学术文献是散落各处的。哈佛商学院 1959 年进行了一次有关情报实践现状的调查。此项研究表明情报流程尚处于幼年和非正式的阶段。

2. 行业和对手分析阶段。80 年代初，CI 由兴起阶段过渡到成长阶段。这个时期侧重于产业结构和竞争对手的分析。CI 的支持者在致力于将 CI 从搜集阶段过渡到分析阶段时面临着三个挑战。首先，第一阶段所开创的数据搜集工作给 CI 人员带来了极大的帮助，因为他们能够据此建立 CI 的商业案例。建立商业案例关注的是向管理层阐述 CI 是什么，为什么 CI 很重要，它如何辅助决策制定，这个流程如何在公司内定位、需要给 CI 投入什么样的资源。但一线的经理关心的则是 CI 人员如何证明自身的价值。在公司内部倡导 CI 的人遇到的第二个挑战是 CI 的间谍形象。为《华尔街杂志》、《财富》、《商业周刊》和《金融时报》工作的记者对间谍和泄密的兴趣远远超过对 CI 工作方法的兴趣。结果，许多经理害怕和 CI 沾上边会使自己的公司成为不光彩报道的主角。事实上，这种状况经常发生。直至今日，许多公司出于这种考虑也不愿意谈论它们的 CI 流程。第三个挑战是如何开发出将数据转换为情报的各种分析技术。首先，规划位于中心环节。规划人员长期以来都对商业和环境之间的关系感兴趣。现在他们有了一组框架，例如波特五种力量模型以及设计营销情报系统的早期文献使他们能够以一种一线经理容易参与进来的方式系统地应用环境分析。其次，CI 的搜集和分析/管理的分工开始明确。今天，这种分工由于 IT 的使用而更加根深蒂固。

这个阶段，在 CI 运作方面处于领先地位公司的 CI 活动可以描述为：CI 的任务在于开发和改进正式的结构和网络。至少有一个人负责 CI 活动。数据的搜集包括获取一般的信息以及与行业和竞争对手相关的临时性项目。数据分析的工作很有限，包括基本的定量汇总。重点放在战术而不是战略决策上。高层管理者的参与很有限，这种状态导致的最终结果就是与决策制定过程的联系很弱。

这个阶段的论著急剧增加，实践者和顾问们都非常活跃。这些书基本都是关于信息搜集和数据分析技术的。这些书非常重要，因为它们有助于使 CI 制度化，使之远离神秘。学术的论著开始出现但依旧很稀少。有两篇文章主要论述的是在工业品营销中 CI 的作用。这些文章关注的都是从业者的实践活动。Prescott 和 Smith 通过实地研究形成了以项目为基础的 CI 定位。规划领域的大部分学者在这个阶段都致力于开发和实施各种分析技术以进行竞争评估。在这方面所做的工作包含在 Prescott 教授分别在 1986 年和 1988 年发表的两篇文章里。[1][2]

这些论著归纳和描述了情报分析师可以采用的各种各样的技术。在欧洲，CI 的重点是一般领域的安全问题以及特殊领域的国家安全问题，

---

[1] Edward C. Prescott. Theory Ahead of Business Cycle Measurement[J]. Carmegie Rochester Conference Serise on Public Policy,1986,25(1):11-14.

[2] Edward C. Prescott. Bruce D. Smith. Organizations in Economic Analysis[J]. Canadian Journal of Economics,1988,21(3):477-491.

德迪约（Stevi Dedijer）在隆德大学组织了很多这方面的文献。不幸的是，他的许多作品没有被广泛流传。

3. 战略决策制定阶段。此时 CI 已经越来越关注战略应用。这是 CI 与其他活动，如质量活动整合起来的结果。20 世纪 80 年代后期许多组织资助了 CI 部门，然而他们对 CI 贡献的质疑也不断产生。尽管有证据表明 CI 有助于思想的共享，使经理们在提到竞争动力学时意识到 CI 的价值，但是在 CI 如何影响盈亏以及是否是用户导向的方面尚缺乏一致意见。解决这个问题的一种技术就是定标比超（Benchmarking）。定标比超是由需求驱动的，而非供应驱动的。用户指引着 CI 分析师的行为。通过把 CI 聚焦于定标比超活动，CI 分析师能够解决一些关键问题，这要比类似于预测产业进化的活动更加切实一些。

该阶段出现的第二个问题是关于反情报。发生在美国军队的裁员和相关的情报活动导致许多资深的情报官员希望把他们的技能应用于其他领域。他们找到的一个用武之地就是商业组织。当时与这个问题相关的一个争论是在商业运作中政府应该发挥的作用。问题并非是政府该不该发挥作用，而是在不同的国家，政府该发挥什么样的作用以及它如何影响竞争力。

第三个问题是信息系统在 CI 中该发挥多大的作用。尽管信息系统存在了许多年，问题在于如何发挥这些系统的战略用途。对于 CI 部门，重点是如何设计、存取、界定内部和外部的数据，以达到促进管理决策支持的目的。像 Corning 这样的组织在这个领域处于领先地位。

第四个问题是原来被忽略的跨国 CI。当越来越多的公司跨越疆域、跨越新出现的地区贸易集团和行业进行竞争，并感受到来自新的国外竞争对手的蚕食时，它们对跨国 CI 的兴趣就会增加。这种兴趣为信息专家提供了另一种机会。如何搜集数据，如何将国外 CI 与国内 CI 相区别，成为信息代理的一个机会。例如，像公开来源解决方案这样的组织，开始成为一个国际的公共信息交换站。这种兴趣也激起了人们对在世界上不同的地理区域管理 CI 部门的渴望。

今天在 CI 方面领先的公司可以描绘为：CI 部门具有一个得到良好发展的正式过程和网络，而且与出资委托项目的情报用户建立了比较强的联系。分析通常很复杂，既包括定量数据也包括定性数据。大量的项目定位于战略决策。高层经理明确地认识到 CI 的价值并将其与决策制定过程直接联系起来。第三阶段的著述也进一步得到了加强。从业者和咨询专家逐步把他们的注意转向 CI 的管理过程。Prescott 教授等人对 1990 到

1994年10月出版的《竞争情报评论》杂志做了一次内容分析，结果表明有41篇文章关注的是与管理相关的问题，而有59篇是关于数据搜集和分析的。这个内容分析还表明，只有两篇文章是关于职业道德的，4篇是关于计算机/软件的。

4. 核心能力阶段。基于以上对CI过去和现在状态的认识，Prescott先生对CI的未来也发表了一些看法。① 他认为进行这个情景分析的关键假定是CI在商业社会里会继续制度化。未来在CI方面领先的公司可以描绘为：在跨国公司，CI的流程在世界范围会得到制度化，有些本地的公司也会对此做出响应。绝大多数员工认可CI的价值，并参与到包括反情报在内的流程里。数据分析用得很广泛，定性的输入往往主导着定量的数据。通常情报通过复杂的信息系统直接整合到战略决策中。高层管理者使用CI作为一种塑造组织未来的方式，并认为它是学习型组织必不可少的一部分。

总之，西方国家的CI实践和理论在过去的近30年里经历了迅速的成长并获得了一定的合法性。IT、分析、道德以及CI管理的发展将继续成为这个领域面临的关键问题。

关于竞争情报崛起的原因，国内著名竞争情报专家包昌火先生及其合作者进行了深入的总结，认为，CI的崛起有着重要的科技、经济、政治和社会原因，是由多种力量驱动而产生的。②

1. 战略管理的兴起。始于20世纪50年代的战略管理主要解决顶层管理问题，即企业应该做什么和怎样做的战略问题。它经历了50年代开始的计划与控制阶段；60年代的长期规划阶段；70年代的战略规划阶段与80年代的战略管理阶段。

通常，战略管理被划分为战略制定、战略实施和战略评估三个过程，而整个战略管理过程则是一个多次信息反馈构成的闭环过程。研究表明，CI贯穿于战略管理循环的始终，是战略管理的导向和基础。如美国Avnet公司高级副总裁John H. Hovis博士认为：③ "战略控制就是要击中你的目标，而CI恰恰照亮了这一目标。CI必须成为战略管理系统的一个功能组

---

① Edward C. Prescott The Transformation of Macroeconomic Policy and Resrarch[OL]. Nobel Prize in Economics Documents, 2004.

② 包昌火、赵刚、李艳等：《竞争情报的崛起——为纪念中国竞争情报专业组织成立10周年而作》，《情报学报》2005年第1期，第3—19页.

③ John H. Hovis. CI at Avnet: A Bottom - Line Impect[J]. Competitive Intelligence Review, 2000, 11(3):5-15.

成部分。其实在我的脑子里这两者根本就没有什么分别。竞争对手情报是 Avnet 公司战略规划结构的一部分。"

在我国，由梁战平研究员指导的陈峰博士在他的博士论文《面向企业战略管理的竞争情报研究》中对 CI 的成因做出了系统的论述。他认为，[①]对企业战略管理过程的剖析与考察表明，战略管理是催生 CI 的主要动因，为企业战略管理服务是 CI 的首要功能；企业战略管理是拉动 CI 需求、推动 CI 发展的强大力量，CI 工作是战略管理工作不可分割的一部分。

由此可见，战略管理的兴起是 CI 形成的重要原因，它确立了 CI 的战略地位。

2. 市场竞争的激化。随着市场经济的发展和科学技术的进步，在 20 世纪 80 年代出现的经济全球化浪潮与随后兴起的区域一体化现象形成了国际竞争的新格局，加剧了市场竞争的激化。

在人类历史上，市场经济的出现与发展是一种世界现象。白树强博士认为，大多数第三世界国家在进入 80 年代以后，其以国家为主导的发展模式基本上土崩瓦解，开始大规模地转向以市场为基础、以私人部门为主导的发展模式，从而顺应了经济全球化和区域一体化的潮流，推动了市场竞争的发展。

在经济全球化和区域一体化的大潮下，作为竞争主体的企业开始把目光从内部转向外部，从国内转向世界，高度关注对环境的感知与应变能力的提升，从而促进了以环境监视和对手分析为重点的 CI 的崛起与发展。

美国施乐公司由萎缩到振兴的过程可以作为窥视 CI 发展的一个典型事例。自 20 世纪 60 年代推出第一台办公室复印机以来，施乐独霸全球市场达 10 年之久，70 年代却遭受到日本对手出其不意的攻击。

作为应对，施乐公司建立了 CI 部门，在全球、国家和地区等多个层次帮助决策者预测和应对竞争对手的行动。施乐的竞争评估实验室，保证该公司的工程师能随时了解对手的产品开发状况。负责销售和服务的部门开通了"竞争热线"，通过电话获取竞争信息。公司还不断就本公司以及对手的优势和劣势在现有用户和潜在用户群中开展调查。由于发展和加强了 CI 工作，施乐公司的制造成本下降了 50%、产品开发周期缩短了 25%、人均创收增加了 20%、产品开箱合格率从 92% 上升到 99.5%，重新赢得了市场占有率。

3. 竞争理论的发展。从 18 世纪古典经济学家的竞争理论到 20 世纪

[①] 陈峰:《面向企业战略管理的竞争情报研究》,北京大学博士学位论文,2002.

的现代竞争理论,经历了近两百年的历史,逐渐放弃了把完全竞争作为理想竞争模式的教条,重点转向对现实市场竞争动态过程的研究。国际著名的管理学家、哈佛大学商学院迈克尔·波特教授于20世纪80年代始相继发表了《竞争战略》(1980)、《竞争优势》(1985)和《国家竞争优势》(1990)以及《竞争战略案例》(1992)等著作,把现代竞争理论的研究推向了高潮。

波特竞争理论对CI发展的重大意义在于:确定了CI工作的基本目标是为创造与保持企业的竞争优势服务,并将价值链理论作为获取竞争优势的基本策略;为CI研究及理论建设提供了重要的基础,如三大基本战略、五种力量模型、竞争对手分析模型等都已经成为CI研究的分析框架;国家竞争优势理论,即钻石理论,赋予国家的作用以新的生命力,提出了国家具有"竞争优势"的观点,为国家CI的建设提供了理论支持。

4. 军事情报的转移。20世纪80年代以来,国家经济安全逐渐成为各国关注的焦点;柏林墙倒塌和苏联解体,则标志着第二次世界大战以后东西方冷战的终结,和平与发展成了全球的基本主题,经济竞争遂成为国与国之间关系的主要矛盾。

在这种时代背景下,军用技术向民用领域转移成为一种潮流,具有先进技术手段和丰富实践经验的政治军事情报力量也转向了经济技术情报领域。例如美国CI创业者中就不乏美国国家安全部门的前官员,典型的事例就是在美国中央情报局(CIA)任职20年、曾任国家科学技术情报官(National Intelligence Officer for Science &Technology)、曾获中央情报局最高荣誉奖章的Jan P. Herring先生于80年代中期进入了摩托罗拉公司,任摩托罗拉情报主管,组建了具有世界先进水平的、获得广泛赞誉的企业竞争情报系统。又如公开来源解决方案(Open Source Solution,OSS)就是由安全机构退役人员组成的情报咨询机构。

5. 从业人员的努力。我国情报界曾经常谈论"有为才有位,有位才有为"的哲理。可以认为,CI从业者的奋发有为和出色表现是现代CI业崛起的重要原因。对此,John E. Prescott教授曾有精辟的论述:[①] "CI已广泛应用于全球商界。仅仅在几年之前,这种说法还是令人质疑的。而今天,CI的实践开展和制度化是多种因素共同作用的结果,这包括CI从业者向公司管理层证明了CI的价值;正在进步中的日趋成熟的框架体系

---

① John E. Prescott. Bruce D. Smith. Organizations in Economic Analysis[J]. Canadian Journal of Economics,1988,21(3):477-491.

和分析工具；以及联系全球各地 CI 从业者的畅通网络。很明显，在以上列举的因素中，没有包括那些传统的解释，如商业的全球化和信息技术的出现等。这两种力量当然都是 CI 得以实现的因素，但最主要的推动力还是 CI 从业者的不懈努力。这种努力导致了一个学科的诞生，这一学科的蓬勃发展，并使 CI 从业者参与了决策过程。"

事实上，正是在情报界、管理界、企业界、咨询界的学者和精英们的共同拼搏下，才有了专业 CI 领域的产生和发展。迄今为止，美国已经出版了上百部 CI 专著，应用和开发了上百种 CI 技能，编制了上百种软件，形成了相当规模的咨询、培训、教育体系。正是由于 CI 从业者的卓越贡献，为国际 CI 业的发展奠定了坚实的基础。

（二）知识经济下的现代竞争情报

现代竞争情报是在自由竞争的市场格局形成、物质经济向知识经济转型的背景下产生的。在这一过程中，一方面，信息技术和计算机技术起到了推波助澜的作用，另一方面，新的知识经济形态和企业知识理论对现代竞争情报知识特性的塑造起到了关键性作用。

企业知识理论认为，知识是企业竞争优势的根源，不仅是因为企业内的知识，尤其是一些隐性知识难以被竞争对手所模仿，而且还在于当前的知识存量所形成的知识结构决定了企业发现未来机会、配置资源的方法，企业内各种资源效能发挥程度的差别都是由企业现有的知识所定的。同时，与企业知识密切相关的认知能力决定了企业的知识积累，从而决定了企业的竞争优势。因此，企业理论的核心概念应当是知识，企业内部隐性知识的挖掘、交流、共享以及企业知识管理成为企业管理的重要内容。[①]

竞争情报形成之初，其主要任务侧重于竞争环境的监测与竞争对手的分析，情报部门根据决策的需要，收集情报，提供给决策部门，很少参与决策活动本身，情报的收集是竞争情报流程的重心，情报部门也是企业的辅助部门，随着竞争情报的发展，竞争情报的价值性、智能性增强，企业高层也意识到竞争情报的重要性，情报部门成为企业核心的战略部门。在企业知识理论的影响下，竞争情报开始关注企业内部，重视企业内部知识特别是隐性知识的开发与共享，视企业的每一个员工为情报源，注重企业内部人际情报交流网络的开发与运营，并构筑企业外部

---

① 王国顺：《企业理论——能力理论》，中国经济出版社 2006 年版。

人际情报交流网络。在运营企业人际情报交流网络的过程中，竞争情报的合法性、道德、伦理问题也随之产生。同时，情报工作围绕欲实现的目标，深入到企业科学决策、研发过程当中，注重与企业战略决策、知识创新等活动的反复交流、互动与融合，提供的是面向问题解决的知识内容，情报分析成为竞争情报流程的中心环节，而内容分析法也成为竞争情报的主要分析方法。学习既是企业知识的重要源泉，也为企业知识创新提供源源不断的动力，建立学习型竞争情报系统也成为竞争情报研究的重要内容。

情报的知识属性使知识和竞争情报之间存在密切的关系，现代竞争情报具有很明显的知识特性：[①] 第一，竞争情报是一种特殊的情报，是被激活了的信息和知识，是情报的产生和增值，所以竞争情报也属于知识产品的生成和增值，对知识增长有重要意义，其重要特征是活用信息和知识解决问题，因此也属于知识这个大范畴。第二，对于企业竞争情报人员直接从企业内部、竞争对手和竞争环境等信息中分析、识别并提取、整合出来的对企业决策有价值的那部分情报，可以视为"显性知识"；而需要有经验的情报人员凭借自身能力对没有现成结论的信息进行深入分析、挖掘，继而综合合成得出"该怎么做"的结论的那部分情报，则是"隐性知识"，是经过人脑的复杂思考才能得到的东西。可见，竞争情报的内核是由"显性知识"和"隐性知识"构成的。第三，竞争情报的产生过程与知识的产生过程极为相似，都包括原始数据收集、整理成为信息然后根据特定需要定制化地萃取和加工，将信息转化成为辅助决策的知识和情报。竞争情报的产生程序和知识一样，是经过了数据、信息两个层次的提升后得到的，这说明竞争情报与知识这两者之间有着非常紧密的联系。所以从本质上说，竞争情报本身就是一种知识，是对信息分析整合后获得的知识。竞争情报来自于信息与知识，同时又高于原有的信息与知识。

二、竞争情报研究的基本内容

一般来说，竞争情报是指竞争主体为保持竞争优势而开展的一切有关竞争环境、竞争对手和竞争策略的情报研究活动，它紧紧围绕企业的

[①] 何绍华、王培林：《面向知识管理的适应性竞争情报系统》，《图书情报工作》2007年第11期，第54—57页。

竞争需求，贯穿于竞争决策的全过程。分析竞争情报的内涵，其内容主要包括竞争环境情报、竞争对手情报、竞争策略情报和企业自身的竞争测评和竞争地位的分析。

1. 竞争环境情报。竞争环境情报是竞争者搜集、整理、传递的有关竞争环境的事件和信息。企业的生存和发展与其所处的环境有着密不可分的关系，对各种环境的关注、分析研究是企业竞争活动的重要内容。竞争环境的要素可分为：政治环境、经济环境、技术环境、自然环境、劳动力市场环境、社会文化等。①政治环境，主要是指国内外时局的变化，如政治倾向、外交政策、军事的发展等。分析与本企业有贸易往来国家的经济政策和贸易法规，了解该国宏观经济政策及宏观调控的范围、力度、时限，还有地方政府的政策倾向、发展战略、优惠政策、银行信贷等。②经济环境，具体为某一阶段的经济总体发展水平、市场宏观经济走向、价格走势、不同层次居民的收入、储蓄和购买力等。③技术环境，了解国内外同行的技术水平和技术实力，与本企业现有的技术水平和实力进行对比研究。其次，应对本行业国内外的专利状况进行分析，对竞争对手的专利进行统计分析，掌握相关的技术信息和经营信息，为制定发展策略服务。④自然环境，主要指企业所在地的自然条件、地理条件、原材料资源、能源、水源及环保法规措施等对业发展促进和制约的因素。⑤社会文化因素，人们都在一个特定的社会环境中成长，塑造了他们的基本信仰，形成了自身的价值观和人生观，从而成为影响消费行为的重要因素。

2. 竞争对手情报。竞争对手是指与本企业生产、销售同类产品的竞争机构。在普遍了解竞争对手的数量和初步分析的基础上，根据本企业情报力量的强弱来确立调查追踪对象。企业的竞争对手是企业监视与研究的焦点，是竞争情报系统的重点分析对象。通过研究现已存在的竞争对手与潜在的竞争对手的数量和分布，其产品质量、性能和价格、市场占有率、新产品开发动向、营销手段及售后服务方式等，判断竞争对手的目标，帮助企业确定每位竞争对手对其目前所处的位置是否满意，对外界竞争环境变化的反映，以及可能发生的战略变化，为企业的经营决策服务。企业不仅要掌握每一个竞争对手的自我评估及其对行业和行业内部其他公司的评估信息，同时还要了解竞争对手管理层及其咨询者的背景情报、战略策略、经营管理水平、企业作风，领导者的才能与性格、职工的素养、工资和福利待遇和竞争对手的综合能力等方面的信息，做到知己知彼。

3. 竞争策略情报。竞争策略情报是指企业为在共同的市场上争取有利于自己的经济利益而采用的种种手段和方法，它包括目标与原则、阶段与步骤、重点与一般、战术与方法。有效的竞争策略是企业获得和维持竞争优势的先决条件。特别是对于那些长期的竞争对手，及时掌握其竞争策略情报，是争取主动取得竞争成功的基础。这也是竞争情报的难点，有赖于企业高素质的竞争情报人员的努力。

4. 企业自身测评。俗话说"知己知彼，百战不殆"。企业要取得竞争的优势还得认清自己的实力，进行自身测评，主要包括企业在市场中的地位、产品的市场占有率、产品质量、技术水平、营销策略、资金实力、人员素质等。企业要进行与对手各个项目的对比研究，从中发现各自的优势和不足，要善于运用竞争情报，结合自身情况，进行市场细分，寻找市场缝隙，确定目标市场，突出本企业产品特色与市场形象，以增强企业的竞争能力。

（一）竞争情报的功能和作用

"知己知彼，百战不殆"是竞争情报效果的经典概括，将数据、信息、知识转化为有利于决策的情报是竞争情报成果的核心。无论是效果还是成果，都是竞争情报作用发挥的体现。

具体来讲，竞争情报的作用与效果有哪些呢？国内外有许多专家学者和研究机构在理论与实践上进行了有意义的探索，下面以现有的研究成果为例说明竞争情报的作用与效果。[1]

1. 国内学者的经典论述。在国内，普遍认为竞争情报的作用主要有：竞争对手和竞争环境监视，市场变化预警，技术动态跟踪，为企业的重大决策提供战略情报支持，为企业提供准确及时的战术情报支持，为学习与借鉴先进管理模式和技术成功策略等提供系列化的知识。

曾忠禄先生认为竞争情报对企业的作用可以归纳为三大方面。[2] 第一，充当企业的预警系统。如进行商业环境监测，跟踪技术变化，了解影响公司业务的政治、法规的变化，监测主要客户的动向，跟踪市场需求的变化，预期现有竞争对手的行动，发现新的或潜在的竞争对手。第二，充当决策支持系统。如增加收购目标选择范围，提高收购质量，竞争方式决策，生产决策，进入新的业务领域决策，开发新市场，技术开

---

[1] 王知津：《竞争情报》，科学技术文献出版社 2005 年版。
[2] 曾忠禄：《企业竞争情报管理——战胜竞争对手的秘密武器》，暨南大学出版社 2004 年版。

发决策。第三，充当学习工具。如技术借鉴，杠杆比较，帮助采用最新的管理工具，激活机制，避免思想僵化。

另外，部分学者认为，由于竞争情报在中国仍然是一个相对较新的概念，且竞争情报并不能为企业产生立竿见影的价值，向企业推广竞争情报仍然是艰难的问题。只有让企业客户明确竞争情报的价值究竟体现在什么地方，才能让企业建立竞争情报系统，才能让企业感受到其价值。如中国科学技术信息研究所的陈峰研究员认为，竞争情报的总价值体现在以下三个层面。①

工具层。从该层面看，竞争情报是市场竞争环境下的管理工具、环境监视工具、辅助决定工具和学习工具。在该层次，竞争情报并不直接产生财务收益，但却是从源头上影响和决定企业经营绩效和财务收益的关键因素。

功能层。提高企业的竞争优势，得到比同类企业更多收益是每一个企业的共同追求。竞争情报提升企业的竞争优势通过这样几个功能实现：洞察竞争对手的举动；环境监视，早期预警；支持决策，生成竞争智慧；定标比超；增强反竞争情报能力；催生创新能力。

收益层。要认识到竞争情报能直接提高企业的财务收入和利润，才能使企业对此更加青睐。竞争情报在收益层的体现有以下五个方面：增加企业的财务收入和利润；在实现既定目标前提下减少企业的投入；降低成本，节约时间；避免企业的损失；增加企业及其股东价值。

2. 国外学者的经典论述。在国外，涌现出不少关于竞争情报的作用以及与其相关的功能和效益的研究成果。其中荷灵（Jan P. Herring）在其论文中认为企业情报需求来自三种不同功能性分类。② 因此，解决了这三个方面的需求问题，也就是关键竞争情报课题（KIT）对企业具有的功效。

（1）战略决策与行动。包括战略计划与战略开发。比如，为公司制定创造未来竞争环境的战略规划提供情报支持，用定量化数学函数表示自己全球化竞争战略并评估商业目标达到时竞争对手的角色，预测在行业全球化时公司应该怎么办、与谁同行、竞争对手在做什么并与谁在一起，识别与评估竞争环境的变化以备战略性的投资决策，探索公司将怎

---

① 陈峰：《竞争情报的价值及其实现》，《图书情报工作》2007年第11期，第6—9页。
② Jan P. Herring. Key Intelligence Topics: a Process to Identify and Define Intelligence Needs[J]. Competitive Intelligence Review, 1999, 10(2): 4-14.

样扩张现有产品生产的能力和建造一个更具科学效率制造流程的新工厂。寻求公司面对关键竞争者保持竞争优势的计划与行为,在产品开发阶段识别与评估主要竞争者产品所处的阶段并评估其他技术的竞争状态,在新产品开发和推出阶段评估竞争者将怎样和何时做出反应以及他们将怎样影响公司的计划。

(2) 早期预警。包括预测竞争者的早期行动、预测技术的新动向和政府的行为。比如,预测可能的技术突破性领域对公司现有和未来竞争优势的影响,预测技术开发对产品和产品开发的影响以及被竞争者和其他公司利用的情况,预测关键供应商的状态与行为,预测行业采购方针与流程的变化,预测国际政治、社会、经济和法律环境变化对公司竞争优势的影响,预测规章制度近期可能的改变、长期偏离的趋势以及政府可能对现有法律制度的改革等,获取在主要竞争者之间可能联盟、合作和分离的情报,了解竞争者财务状况的变化。

(3) 描述具体市场中的关键参与者。包括竞争者、顾客、供应商、管理者和潜在的合作者。比如,提供主要竞争者的概况,提供关键竞争者的深度评估报告,鉴别出新的、甚至来自完全不同行业的潜在竞争者,描述和评估公司现有和未来的竞争环境,描述新的客户的需求和未来的兴趣,了解行业和客户关于公司的商品和服务价值的意图、态度和感觉,识别和描述新的行业、新的市场的主要参与者,描述新的技术和产品的开发者在本行业竞争的计划和战略,描述管理和业务操作的情报需求,描述投资业务者对公司商务和本行业的意图和认知,描述各类供应商和行业观察者搜集有关本公司信息的兴趣和目的所在。

总的来说,竞争情报能帮助企业发现潜在的机会和问题,揭示竞争对手的战略,改善总体经营绩效,提高企业的生存机会。如根据福特公司的一项调查报告研究,微软公司竞争情报对利润的贡献率为18%,IBM为12%,柯达5%左右。笔者认为,竞争情报的功能与作用归纳起来主要表现在如下几个方面:

①企业决策的依据。决策是指个人或集体在认识客观规律的基础上,借助一定的科学手段和方法,选择最优目标及确认行动方案。科学决策是通过对决策目标相关信息的收集、分析、处理,减少或排除对客观环境认识上的不定度、未知度、疑义度、混杂度,进而对客观环境获得正确的认识。这个过程恰恰是竞争情报形成的过程,因此,没有大量的竞争情报的支持,企业决策是很难做到科学、准确的,只有利用竞争情报,才有可能做到决策正确,最终实现预期的目标。例如英国的3M公司欲收

购一家侵蚀其一条产品线市场的公司，但竞争情报显示该公司虽然获取了部分3M公司的市场份额，但实际获得的利润很少，原因是其获得市场份额的手段是通过低价策略而不是生产能力。因而，3M放弃了对该公司的收购。公司负责人总结说："竞争情报使我们避免了错误收购一家公司，他根本就不是一个威胁"。

②市场危机预警。竞争情报最重要的功能之一。它通过对竞争环境和竞争态势的连续跟踪和实时分析预测，可以发现市场中潜在的威胁或机遇，为企业制定应对策略赢得更多的时间，从而使企业免受突然袭击或坐失良机。竞争情报的市场危机预警功能主要体现在以下几个方面：第一，竞争情报能帮助企业及时跟踪企业投资和经营的宏观信息和全面的市场信息，帮助企业了解其所处的竞争环境和生存空间。第二，竞争情报能够发现现有的和潜在的竞争对手的能力和动向，可以预示企业潜在的机会和问题，帮助企业及时采取应对策略以避免损失机会。第三，竞争情报能跟踪新技术的发展趋势，捕捉关乎企业生死存亡的新技术新方法，对企业迅速提高核心竞争力有巨大的作用。第四，竞争情报帮助企业动态跟踪市场需求的变化，及时发现对其业务具有影响的突发事件并快速做出积极正确的反应。

③企业技术革新、新产品开发的导向作用。企业竞争力的强弱在很大程度上取决于新技术、新产品开发程度。企业新技术开发是指企业通过各种手段和方法将先进的科学技术成果应用于企业生产的各个领域，用先进的技术代替落后的技术，用先进的工艺和装备取代落后的工艺和装备。当前，科学技术发展迅猛，新技术层出不穷，产品更新速度快，消费者对产品的要求也越来越高，这就需要企业经营者注意充分掌握和利用有关竞争性情报，在原产品的基础上，大力研制新技术、开发新产品。

④标杆学习功能。竞争情报能够帮助企业不断地接触新思想、新技术和新的管理方法，避免思想僵化。在收集和分析竞争对手情报的过程中，企业也可以从中学到很多东西，如竞争对手的成功的经验、失败的教训等，这些经验和教训都可以使企业少走很多弯路。竞争情报的标杆学习功能主要体现在：第一，竞争情报促进企业更开放地看待自身的各种业务活动，从而更容易接受新的观点和概念；第二，竞争情报有助于企业采用和实施先进的技术和管理工具；第三，竞争情报有助于企业向竞争对手尤其是行业领先者学习，帮助企业模仿甚至超过对手；第四，激活企业员工所拥有的经验、技巧等隐性知识；第五，新思想新方法的交流，促进企业知识的内部转移等。

(二) 竞争情报生命周期

竞争情报生命周期也称为竞争情报流程，是指对一切与竞争力相关的竞争情报进行搜集、分析，并提供决策的系列程序。它是企业竞争情报的业务操作程序，体现了竞争情报活动的主要工作步骤和环节。

在企业界，竞争情报周期的概念在美国哈佛大学教授波特的《竞争战略》一书已隐含地提出来了。波特在该书中提出企业应建立一个适应战略规划过程的"商业情报系统"。该系统包含了有效实施竞争情报周期各阶段的任务的实用程序。但概念清晰、容易操作并得到竞争情报界普遍认可的竞争情报工作流程是美国、加拿大等国家的情报部门使用的"情报周期"流程。这是这些情报机构通过多年的实践总结出来的。

竞争情报部门一般都采用"四步情报周期法"工作，该方法是由美国中央情报局（CIA）前身——战略服务办公室在二次大战期间发明的，即提出问题并制定解决计划、搜集信息、分析产生情报、把搜集到的情报送给决策者。在此基础上，荷灵（Herring, 1999）提出的 CI 流程为：[①]规划与定向（识别 KITs）、搜集（信息搜集和报告）、信息处理和存储（创造知识基础）、分析和生产（形成可付诸行动并易于理解的情报）、发布（情报用户和决策者）。目前在业界，流行的竞争情报研究流程的表达为五个阶段的循环：规划与定向，公开信息的采集、初始信息的搜集、分析和生产、报告与通知，如图 1-1 所示。

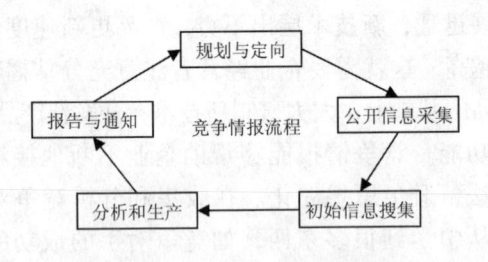

图 1-1 企业竞争情报生命周期

1. 规划与定向。竞争情报流程的首要环节就是确定整个情报流程的目标，明确情报搜集的方向、对象、内容范围。只有明白为什么工作和

---

① Jan P. Herring. Key Intelligence Topics: a Process to Identify and Define Intelligence Needs[J]. Competitive Intelligence Review, 1999, 10(2): 4-14.

解决哪些问题，后面的工作才能有的放矢地开展。

　　CI 部门在对组织内部现有的信息及其流通状况进行评估后，分清需求的轻重缓急，在注意情报工作的系统性，考虑预算约束和实际效果的条件下，决定情报搜集和分析的重点和需要优先解决的问题。

　　另外，还需要考虑到某些情报不可得或数量有限无法解决问题的情况，提前制订出应急方案。例如扩大监测范围，调动其他资源等。只有对全过程进行了很好的计划和预期，才能使后续工作有计划、有步骤地开展起来。

　　2. 公开信息的采集（信息存储和加工）。能否围绕要解决的问题搜集到所需的信息，直接关系到后面研究工作的结果。在规划与定向的基础上，根据制定的搜集范围和内容开展工作，然后对所搜集与获取到的信息进行有序化的加工和处理转换。信息搜集包括公开信息的采集和原始信息的搜集。

　　公开信息采集是指对公共领域的信息搜集，公共领域主要包括：因特网、政府部门、商务图书馆以及工业词典、专利、财经类出版物和专业书刊、案例研究和论文、各类数据库资源、统计资料、检索服务、剪报服务、行业协会、证券交易所、公司公告、媒体（如报纸、行业杂志、电视讲话、新闻访谈、招聘广告、分类广告）、展销会等。在因特网时代，尽管公开信息的搜集相对过去容易许多，但是由于公开信息源覆盖的范围非常广泛，许多信息是无法联机获取的，因此，需要专门的检索人员和技术的帮助。

　　3. 初始信息的搜集（正确的搜集与报告）。初始信息搜集是指对非公共领域的信息的搜集，包括询问客户、供应商、对手的员工和前员工、行业关键客户（既购买本公司产品又购买竞争对手产品的）、本公司的员工，或聘请专业管理顾问，以及抢聘竞争对手的主要员工，搜集竞争对手的废弃物等。其中通过人员获取初始信息，也就是人际情报的搜集，是竞争情报研究流程中非常重要的环节。

　　4. 分析和生产。分析和生产是指对信息进行加工、处理、综合、评估、分析，使信息转化为情报的过程，在竞争情报工作中居于核心地位。在这一环节，分析专家对所搜集的数据集合进行有意义的评价，并揭示它们的含义和可能的价值。分析不同于简单的信息概要和综合，它是分析专家在思考过程中的产品——判断和结论组成。分析可以是一分钟、一个小时、一个星期或更久，高质量的分析是关注和计划的结果，是不能用时间投资来衡量的。

5. 报告和通知。这一步包括将得出的情报以连贯、令人信服的形式递交给企业决策人员——情报客户。根据决策者以及企业其他人员的需求动态地创建各类分析报告，考虑情报用户的特定背景和需要，考虑其习惯或偏好，及时地将不同的情报准确地传递给所需的用户。这是通过搜集、分析而得到的情报最终发挥其价值的阶段。一个情报送交完成意味着有能力使决策者相信这样一个结论或战略形势是正确的、可行的。

由于市场竞争的焦点是竞争情报的获取与反获取，在这一阶段，还需要解决两个方面的问题，即如何最大限度地让员工共享信息和如何实现情报的分层提供与权限管理。

需要强调的是，企业有效的竞争情报活动应该建立在科学化、规范化的竞争情报操作流程的基础上，有计划、有步骤地开展。竞争情报流程的规范性、连续性以及动态性将有助于企业的信息交流能力、保证信息、情报的利用率和有效性，从而直接影响企业的竞争情报能力。

(三) 竞争情报研究的重点领域

历经 20 多年的高速发展，CI 从业者建立和拓宽了 CI 的理论研究和实践活动领域。国内著名竞争情报专家包昌火研究员在对 10 多年文献进行分析的基础上，提出除 CI 学科建构外，CI 研究的重点领域主要有以下几个。

1. 竞争情报流程的发展。所谓 CI 流程包含两层含义，一是建立科学的 CI 工作流程；二是将 CI 工作融入到组织的关键活动和业务流程中去。竞争情报流程（CI Process）是 CI 学科研究的基本问题之一，因为它揭示了 CI 工作的主要程序和基本规律，因此是国外学者，尤其是美国学者研究的重点，其中最具代表意义的是由美国中央情报局开发、由 Jan P. Herring 等学者发展的情报循环（Intelligence Cycle），因此又称 Herring 模型。无独有偶，早在 1985 年，我国学者也总结并提出了情报研究程序。此后，由谢新洲教授指导的黄英硕士完成的《决策者需求分析——关键情报课题研究》[1] 和尹科强硕士完成的《竞争情报软件的分析与设计》[2] 的硕士论文，则把规划和定向环节以及流程软件化的研究推向纵深发展的方向。面对互联网信息资源和信息技术的发展，竞争情报流程也在变革、完善和发展。

---

[1] 黄英：《决策者需求分析——关键情报课题研究》，北京大学硕士学位论文，2003 年。
[2] 尹科强：《竞争情报软件的分析与设计》，北京大学硕士学位论文，2003 年。

2. 竞争情报获取方法论的创建。竞争情报采集是情报规划、收集、分析、服务中的首要瓶颈问题。随着信息技术的广泛利用，资源的数字化与网络化不断发展，竞争情报采集方法与技术不断革新，从数据库的查找到网络搜索和多媒体信息检索。但事实表明，目前竞争情报采集质量、效率并不理想，国内外的研究重点开始转向应用数据挖掘、人工智能等先进理论技术全面改革与创新竞争情报采集流程、模型、方法与技术，使其逐步向科学化、智能化方向发展。

实践证明，将信息检索、情报采集及知识管理与机器学习、数据挖掘、自然语言处理、知识推理等智能技术科学结合起来，能从企业数据库、数据仓库以及网络信息资源等海量信息源深入分析和发现情报，能预测对手或用户的行为模式，还能重组和优化竞争情报处理的业务流程，直接将情报收集与分析融为一体，克服情报收集与分析分离的弊端，提高竞争情报的处理效率和质量。它不仅支持企业竞争情报的智能采集，也必将支持竞争情报的一体化智能处理。

3. 竞争情报分析方法论的革新。CI 分析就是通过系统化的方法将信息转化为知识、情报和谋略的过程。究其来源，CI 分析一是来自管理学领域的竞争分析（Competitive Analysis），一是来自于政治军事领域的情报分析（Intelligence Analysis）。前者侧重于对事件、组织和人的分析，以定性分析为主；后者侧重于对数据、信号、视图和事实的分析，以定量分析为主。竞争分析和情报分析的融合，就构成了 CI 分析方法体系。

CI 分析是一种知识创造活动，是信息通向应用的桥梁。CI 分析是 CI 工作的灵魂、信息增值服务的关键、情报循环的中心环节、知识发现的基本手段。几十年来，我国的情报工作者倾注了巨大的热情和心血，开发了许多方法和工具，谱写了 CI 的辉煌篇章。在我国，《竞争对手分析》专著的出版、竞争对手分析论纲和三维分析法的提出和由秦铁辉教授指导、李艳博士完成的学位论文《竞争情报分析方法论》则是这方面研究的重要成果。许多经典的情报分析方法，如 SWOT 分析、定标比超分析法、五力模型等在企业中得到了广泛的应用，并为企业提升自身竞争力带来了巨大的收益。随着互联网时代的到来，信息资源呈现出快速增长和复杂化的态势；对于知识获取的需求也逐渐开始向大规模、高质量、深层次转变。然而，传统的非智能化的情报分析方法由于其主要依赖人工分析、周期长、效率低下等特点，渐渐无法适应新的社会需求。近年来，面对 Web 环境下持续增长的海量信息和日益加剧的企业竞争压力，国内外的研究重点开始转向应用人工智能等现代先进理论与技术改进和完善竞争情报分析方法。

4. 竞争情报系统的建设。竞争情报系统（Competitive Intelligence System，CIS）是以人的智能为主导、信息技术为手段、实现情报采集、分析、处理及利用的自动化及智能化的信息系统，是增强企业竞争力为目标的竞争战略决策支持和咨询系统，是 CI 工作的组织保障和物质基础，备受国内外学者与专家的关注，尤其是中国学者的青睐。例如，在 1990—2001 年我国有关 CI 的 30 篇学位论文中，研究 CIS 的有 10 篇，占总数的 33.3%；在 1994—2002 年 SCIC 学术活动中发表的 389 篇论文中，有关 CIS 的有 22 篇，占 5.7%。在国内，具有代表性的是由中国兵器工业集团第 210 研究所牵头完成的国家自然科学基金项目"企业竞争情报系统的模式和运行机制研究"、《竞争情报解决方案——企业竞争情报系统和竞争情报技能》、《企业竞争情报系统》[①] 等专著的出版以及众多软件企业的工作。

在竞争情报系统的构建方面，目前业界比较公认的观点是：为了保证网络环境下企业竞争情报系统功能的充分发挥，CIS 的构建必须形成一个中心（竞争情报中心）、三个网络（组织网络、人际情报网络和信息网络）、三个系统（竞争情报搜集系统、竞争情报分析系统和竞争情报服务系统）的基本结构框架。目前使用的众多企业应用级软件也均是根据这种框架进行设计的。

5. 人际信息网络的开发。信息和情报的搜集与分析是 CI 的两大主要工作，搜集是基础，分析是核心，而且搜集和分析贯穿于 CI 流程的始终，也是 CIS 两大关键子系统。为此，国内外学者都把大量的笔墨投向竞争信息的搜集和组织。然而 CI 的重要特点是它对一手信息（Primary Information Resource，Primary Source Intelligence，Human-source Intelligence）的搜集，并把人际情报的搜集作为典型的 CI 循环中的一环。因此，人际网络的开发和应用就成为获取一手信息的主要手段，构成 CI 的一大特色，已经并还将成为 CI 和知识管理关于隐性知识的搜集、分析和传播的平台，与信息网络并驾齐驱。在我国情报界，包昌火、陈峰等学者则率先系统地论述了人际网络的理论和技术。

6. 竞争情报的教育培训。随着 CI 业的兴起，一个 CI 教育培训市场正在出现，并初具规模。美国学者认为，专业人员的教育培训受到社会和文化对专业活动的认识、学校开展的支持专业活动的特定知识教育、

---

① 包昌火：《企业竞争情报系统》，华夏出版社 2002 年版。

从事特定专业协会的建立等社会、文化和制度因素的影响。从 20 世纪 90 年代起，国际 CI 人员的培训已经具备了这样的条件。例如，根据 SCIP 的 K. Burkhardt 的调查和统计，目前全球开设了 CI 课程的大学与学院已达 32 所；近几年，我国迅速兴起的 CI 硕士生、博士生的培养和社会的 CI 培训活动都表明，一个专业化的 CI 教育与培训体系正在催生之中。由赵新力研究员指导、张超硕士完成的《中外竞争情报教育比较研究》[①] 是我国第一篇关于 CI 教育研究的硕士论文。

7. 竞争情报管理框架的构建。经过 20 多年的实践和提炼，国外已经形成了完善的 CI 管理框架，如 CI 机构的建设、CI 团队的建设、CIS 的建设、CI 主管、关键竞争情报课题（KITs）管理、CI 效益的评估、CI 企业文化的培养、企业 CI 战略的研究等。在这方面，Jan P. Herring 和 John E. Prescott 联袂构建的由焦点、实施、制度化、转变和磨合构成的 CI 管理的 FIICH 模型则是美国 CI 管理思想的集中体现。对于 CI 管理的研究是我国 CI 研究的一个弱项，因此，研究国际上各种流派的情报思想，尤其是研究 Herring 和 Prescott 的情报思想应是我国学者把握美国 CI 管理理念的一条捷径，对于我国 CI 业的发展具有重要的导向作用。

三、竞争情报采集

如前所述，对信息和数据的搜集是竞争情报工作中的基础性工作，直接关系到整个研究活动的结果，关系到竞争情报能否发挥预测竞争环境和对手的变化、提高企业竞争力的作用。无论决策需求或竞争情报课题是否明确下达，竞争情报人员对数据和信息的搜集整理工作都不应停顿。这是因为，一方面，竞争情报分析所需的信息通常需要长期不懈的积累；另一方面，积极的信息搜集和情报产品报送会引起新的决策需求或情报课题，使竞争情报工作进入良性循环状态。因而不管竞争情报的信息资源环境如何变化，竞争情报人员都要了解信息资源配置情况，关注和收集与本企业生产经营战略相关的信息和数据。

（一）竞争情报采集现状及存在的问题

企业日益重视竞争情报工作，构建了各种竞争情报系统，采集系统

[①] 张超：《中外竞争情报教育比较研究》，中国科学技术信息研究所硕士学位论文，2004 年。

都是其中重要的子系统。各种竞争情报软件在情报的采集方面,提供了各种强有力的工具来自动或者协助竞争情报人员收集相关信息,并对收集到的信息分类组织。目前已开发的一些竞争情报软件,可归为两大类:一类是以竞争情报分析方法为基础,如定标比超方法和SWOT方法等,通过直接建立分析模型,能较有效地展现竞争态势,给出综合分析,但得到可靠的源信息数据和准确的分析结果,还需要更有效的信息收集方式和分析算法;另一类是以Internet为基础进行信息收集。据统计,竞争情报分析所需的90%的信息可以通过Internet进行收集和分析。目前的软件不能高效的从众多的信息中提取出所需情报,同时也不能将复杂结果更好展现出来,便于用户理解。因此开发出能自动且高效地提取竞争情报的系统是十分迫切和必要的。[①]

竞争情报软件在采集阶段主要是使用了最新的信息技术来简化和加快信息的收集,比如,自动搜索技术、搜索代理技术、文本挖掘技术、自动文摘技术、结构化存储技术等,具有功能实用且多样化的特征,将竞争情报人员从信息搜集的繁重任务中解放出来,使他们有更多的时间来分析情报。当然竞争情报收集的过程依然需要竞争情报人员的参与,需要他们来制定信息收集标准、编写查询语句以及对软件收集来的信息进行把关。

国内市场上已出现了不少专业的竞争情报系统产品,包括TRS竞争情报系统、百度eCIS、易地平方竞争情报系统、天下互联竞争情报系统以及赛迪数据竞争情报系统等。但其功能还远没有达到真正的CI解决方案的要求,主要功能还只能是信息收集和整理,附加简单的信息推送。总的来说,目前企业竞争情报采集中主要存在如下问题与不足之处。

1. 信息源的选择范围不全面。企业内外存在各种丰富的信息资源。由于受技术和其他条件的影响,大多数企业在实际的情报采集中总出现顾此失彼的现象,不能科学地、全面地选择情报来源。

2. 信息源的集成度不高。全球信息化环境中,信息源的类型多样、结构复杂、分布广泛,如何最大限度地整合各种信息源对情报分析至关重要。一次采集行为所得到的数据,往往是关于某一个事物或主题的碎片,是局部的、片面的,如果不对其进行高度集成,易形成一个个信息孤岛,使得信息零散,缺乏系统性,不利于对信息进行全面准确的综合

---

① 邓胜利、胡昌平、张玉峰:《竞争情报智能采集的策略研究》,《情报学报》2007年第4期,第620—626页。

整理利用。虽然不少企业在采集过程中采用了自动排序和去重等技术对信息进行了整合处理,但是缺乏对文本、图片、多媒体、数据库等不同形式信息之间以及企业内外部不同来源信息之间的横向与纵向的深度集成。

3. 采集过程缺乏连续性和协作性。竞争情报工作是一个连续性很强的工作,因此信息的采集也应该具有连续性。目前,很多企业只有在企业有需求时,才通过有关的情报机构进行情报收集、处理、分析工作。这样就无法对企业所处的竞争环境以及竞争对手予以连续监视,企业就不能及时洞察政治、经济、社会、市场的变化以及预测这些变化对企业可能构成的威胁和机遇,无法使企业保持持续的竞争优势。情报采集过程缺乏协作性突出表现为信息收集与信息分析工作的分离。目前在信息收集工作中,借助搜索引擎等检索工具自动化收集的结果数量大且质量差,给信息的处理和分析带来了极大的困难,信息的收集和分析由此而断裂。

4. 采集处理缺乏智能性。虽然大部分企业已采用自动搜集、自动去重等自动化机制实现了竞争情报的自动采集,但是缺乏对所采集信息的智能化分析处理。有的企业完全由竞争情报工作人员承担分析处理工作,这种人工定性分析方式一方面加重了工作人员的认知负担,并且经验判断方式存在较多的不确定因素,直接影响分析结果;另一方面,面对海量的信息,人工分析处理无法及时对企业提供全面的情报支持,进而影响企业对竞争环境的敏感度和反应速度。

5. 采集结果质量差。信息采集结果质量差主要表现在信息的非相关性和表层化上。基于关键词的搜索引擎,只能实现信息源词语层的信息收集,搜索结果数量巨大、相关度低、零散冗杂、甚至是无用的或虚假的信息,给情报利用带来极大的困难。信息源深层所蕴藏的高价值知识有待于进一步挖掘开发。

(二) 竞争情报采集的基本方法

竞争情报采集涉及企业内外的信息,层面多,来源广泛,所以,可以从多种途径采用多种方法进行搜集。如通过初始源从竞争对手的员工处进行搜集,通过再生源对竞争对手的产品销售情况进行搜集,或者通过对客户进行访问调查获取竞争对手的情报等,林林总总,五花八门。在这里,我们根据信息的来源不同,将竞争情报的搜集方法分为常规手段搜集法和特殊手段方法。其中,常规手段搜集法是指按照正规的交流渠道，采用普通的搜集手段获取有关竞争性信息的搜集方法；特殊手段搜集法是指在激烈竞争的环境中，为了获取竞争对手的有关信息而采取的各种特殊的渠道和手段来搜集竞争情报的方法。具体如表1-2所示。[①]

表1-2 竞争情报采集方法一览表

	常规方法	特殊方法
初始源	·调查法（现场调查、访问调查、电讯调查、统计调查） ·观察法（人员观察与机器观察，直接观察与间接观察，公开的观察与掩饰的观察） ·追踪法 ·会议交流法（展览会、招商会、洽谈会等） ·实验法/反求工程法	·高新技术聚焦法 ·现代通信技术与手段 ·人际关系网 ·接触竞争对手的人、事、物 ·建立企业会员调查制度 ·通过对标方法
再生源	·通过出版发行系统订购 ·通过广播、电视等新闻媒体 ·通过图书、信息、情报单位收藏各类载体的阅览、检索 ·通过政府、行业机构提供的服务 ·通过网络系统	·通过专门的咨询机构定题、定向跟踪和搜集 ·通过政府、行业机构的特殊服务 ·对公开信息源进行重组分析 ·通过运用网络跟踪技术

另外，随着网络信息资源逐渐成为重要的竞争情报源，基于Web的信息采集方法也成为重要的方法。当前，企业主要依靠人工浏览或搜索引擎来获取竞争情报。人工浏览方式主要针对某一问题，通过浏览门户网站、行业网站以及其他网站来搜集相关的信息，这种方式针对性强，能获得准确有效的竞争情报，但是其工作负荷巨大，而且在目前网络飞速发展的大环境下，其浏览的范围显得非常有限，因此必然会漏掉大量有价值的重要信息。

鉴于此，目前使用的最多的是采用一些自动或者半自动的Web信息搜索工具来获取情报，常见的有两种：①分类目录：以人工方式或半自动方式搜集信息，由编辑员查看信息之后，人工形成信息摘要，并将信息置于事先确定的分类框架中。信息大多面向网站，提供目录浏览服务和直接检索服务。②搜索引擎：由一个称为网络蜘蛛或网络爬虫的机器

[①] 郎诵真等：《竞争情报与竞争力》，华夏出版社2001年版。

人程序以某种策略自动地在互联网中搜集和发现信息，由索引器为搜集到的信息建立索引，由检索器根据用户的查询输入检索索引库，并将查询结果返回给用户。服务方式是面向网页的全文检索服务。这类搜索引擎的代表是Google、百度等。

搜索引擎的使用提高了竞争情报采集的速度和工作的效率，为企业竞争情报工作注入了新的活力。但是，随着网络信息的极速膨胀，给这种采集方式提出了新的挑战。当前的主流搜索引擎的目标是回答用户的所有查询，因此需要尽可能多地采集信息页面。这种覆盖一切的策略，在提高查全率的同时，也带来了一些负面效果：即使大型的搜索引擎对Web的覆盖率也只有30%—40%，其内容刷新一遍需要数周到一个月的时间，使得页面的失效率非常大。而竞争情报的时效性比较强，特别是一些紧急的决策任务，依据一两个月前的信息做决策风险性极大；其次是搜索引擎面向的是普通用户，而企业对竞争情报的需求集中于某一个行业、某一个主题或者某一方面的信息，覆盖一切的目标降低了针对具体主题查询的查准率和查全率。

一个好的解决办法就是采用主题采集，仅访问与主题相关的Web页面，从而减少页面采集的范围，从而提高竞争情报采集的速度和效率。

为了更好地满足企业竞争情报需要，大多数企业利用了相关的竞争情报采集工具展开了系统化的采集工作。所采用的基本方法有如下6种。

1. 基于关键词的在线信息检索。这种方式属于一种被动式的自动收集方式，需要花费大量的时间利用通用搜索引擎或采用企业自行开发的软件系统从网络上检索信息。这种方式被多数企业所采用并与其他方式综合使用。

2. 基于主题的信息定制检索。这种采集方式属于主动式信息检索，但与"基于关键词的在线信息检索"方式有所区别的是，它可以借助相关软件系统进行特定主题的自动搜索或主动式的个性化检索。不少企业使用这种方式开展竞争情报采集工作。

3. 自动采集、自动标引、自动分类、自动摘要、智能检索等智能化处理方式。调查中发现，多数企业都开始采用不同程度的智能化手段辅助情报采集，基本上都实现了信息的自动采集，大部分还实现了自动去重，少数企业还实现了基于自动标引和自动摘要的情报采集。智能检索和自动分类是目前企业情报采集中最受关注的一类智能化采集方式。

4. 采用一定的研究模型进行情报析取。少数企业采用定性和定量相结合的途径，设计了若干竞争情报分析模型，用于从数据库中析取情报。

5. 数据库挖掘。少数企业目前已开始或计划采用数据库挖掘技术，从企业内部结构化数据源中通过联机分析处理和数据挖掘技术进行深层情报的提取。

6. 文本挖掘。文本挖掘方法可以帮助企业从海量的内外部文本信息源中提取有用的情报。目前这种方式在所调查的国外企业中已被广泛采用，而国内企业基本上还未将其作为一种正式的竞争情报采集手段。

从总体上看，上述六类采集方法沿着从易到难的线路在发展，其所发挥的作用也是逐层上升。目前，大部分企业都是采用自动搜集、自动分类的处理方式采集情报，少数企业开始将数据挖掘技术引入到情报采集中。

（三）竞争情报智能采集

随着信息量的日益增加，现在的竞争情报采集所面临的难题不再是信息的数量问题，而是如何从海量信息中智能化地获取有价值的信息并从中挖掘有用的知识，挑选出对企业有益的关键性情报，提高情报采集的质量和效率。然而，目前企业采集竞争情报的方式仍然大部分延续了传统的人工采集方式，即使应用了一些简单自动采集工具，但仍不能有效解决情报收集、整理和分析工作中的诸多问题。在这种情况下，融合人工智能、数据挖掘等理论与技术的智能采集技术是实现竞争情报有效获取及其情报保障的智能化的关键。[①]

四、竞争情报挖掘

（一）竞争情报挖掘概述

利用数据挖掘技术对竞争情报进行挖掘，目的是使竞争情报工作人员能够更好地从广泛的竞争情报源中发现有用的信息，从而帮助企业管理者作出正确的决策。作为一种知识处理技术，数据挖掘在高效、智能的竞争情报获取中具有显著的优势：利用数据挖掘技术对相关数据集合进行微观、中观乃至宏观的统计、分析、综合和推理，可以揭示数据内在的复杂关联，抽取有价值的知识、规则，从而有助于提高竞争情报采

---

① 张玉峰等：《智能信息系统》，武汉大学出版社2008年版。

集的深度和效率，有助于实现竞争情报的知识生产和价值提升。将数据挖掘应用于企业竞争情报的采集中，能自动分析企业数据库、数据仓库及网络信息资源的数据和信息，从中挖掘出潜在的情报知识，预测对手或用户的行为模式等，可以实现自动化和智能化的情报采集与知识发现。

（二）数据挖掘技术在竞争情报挖掘中的应用

数据挖掘技术是一种从海量数据中提取有用信息和知识的新兴技术，已经在工程分析、市场营销、客户管理等领域得到了广泛的应用。它的发展与成熟为企业竞争情报研究的发展注入了新的活力。数据挖掘技术能够进一步提高竞争情报处理的效率和情报分析的深度，形成增值的、秘密的、对抗性的情报，为企业的战略和战术决策提供重要的依据。融合数据挖掘技术的情报采集着重在语义层面上利用人工智能、智能信息处理、本体、知识管理等关键技术，将机器学习、自然语言处理等智能处理技术与信息管理领域的概念分析、分类、检索、可视化等大规模信息与知识处理技术相结合，提升大规模情报知识获取的能力和智能水平，从多种认知维度研究和创新情报挖掘技术，实现情报的集成化、深入化采集。具体来说，数据挖掘技术在企业竞争情报挖掘中的作用主要体现在以下几个方面：

1. 情报内容挖掘。数据挖掘技术提高了情报采集的准确性、自动化程度、智能性。数字化革命和 Internet 的迅速发展，对经济、贸易以及信息资源的开发与利用产生了深刻的全球化影响，也给情报采集技术的提高带来了新的机会和挑战。Internet、Intranet 和计算机数据库为社会提供了丰富的信息来源，但也造成了"信息过载而情报稀缺"的困扰。在情报采集中，虽然借助导航网站与搜索引擎等检索工具可以实现自动化采集，但检索结果数量大且多为浅层的、异构的、零散的、断续的、冗杂的，甚至是无用的或虚假的信息，给情报的处理和分析带来了极大的困难。融合数据挖掘技术的情报采集方法能够有效地解决上述问题，具体来说：

（1）从大型数据库、数据仓库和互联网等信息源中自动提取有价值的情报；

（2）通过清理、转换、过滤和去重等预处理方法，消除数据的模糊性和冗余性，将零散、无序的信息标准化、规范化；

（3）通过概念描述、关联分析、时序模式、聚类、分类、偏差检测、预测等智能方法，对数据进行微观、中观乃至宏观的统计、分析、综合和推理，揭示数据内在的复杂关联，获取较深层次的情报与知识；

（4）融合人工智能、数理统计、信息科学等多学科的理论与方法，可以增强情报智能采集的科学性。

2. 情报分类分析。分类技术主要是在已有数据的基础上，根据各个对象中找出的共同特性，构造或通过学习生成一个分类函数或一个分类模型（常称为分类器），通过分类器将数据库中的数据映射到给定类别中的某一个，从而完成对全部数据的分类。利用分类分析方法可以从海量的数据库中得到有用的信息。分类分析一般分为两步：第一步是分析训练集中的数据，构造一个分类分析模型。通常该模型通过分类规则、决策树或数学公式的方式提供；第二步，使用分类分析模型进行分类，在对模型的预测准确率进行评估的基础上对新的类别标号未知的数据记录或对象进行分类。目前常用的分类分析方法主要包括决策树方法（经典的决策树算法主要包括：ID3 算法、C4.5 算法和 CART 算法等）、神经网络方法（BP 算法）、遗传算法（GABIL 系统）、贝叶斯分类、K - 近邻算法和基于案例的推理。粗糙集方法、模糊集方法和支持向量机是较新的分类方法。利用数据挖掘技术进行情报分类分析，完全突破了传统的基于分类表的词表分类思想，不同类别的信息采用不同的分类方法，使分类结果更加具有针对性和科学性，提高了分类的适应性能力、自动化、智能化程度。同时，既可过滤不相关的信息，又可将相关信息按照相关程度从高到低排列，方便竞争情报人员查询与分析，提高情报查询与分析的效率。

3. 情报聚类分析。聚类分析是数据挖掘中的一个很活跃的研究领域，并提出了许多聚类算法。按照这些聚类分析算法的主要思路，它可以归纳为划分方法、层次方法、基于密度方法、基于网格方法和基于模型方法。基于层次、密度、网格等聚类方法弥补了过去情报处理中信息分类的不足，为信息组织提供了更科学的方法，为科技创新提供了有效途径。聚类分析的应用很广泛，例如，可根据客户的基本信息发现不同的客户群，并且用购买模式来刻画不同客户群的特征。文本聚类将相关主题的文献聚成一类，有助于人们对文献信息的进一步处理。利用数据挖掘技术能够将语义相同或相似信息更加紧密可靠地聚集在一起，弥补了传统情报分析中信息聚类的不足，为企业相关信息组织提供了更科学的方法，为科技创新和技术优化提供了有效途径。

4. 情报自动摘要。利用数据挖掘技术进行文本数据的自动摘要，使传统情报研究中的单文本摘要上升到多文本摘要，为情报分析和竞争情报系统的创建奠定了技术基础。

5. 情报关联分析。关联分析（Association Analysis）就是从大量的数据中发现项集之间存在的有趣的关联、相关关系或因果结构以及项集的频繁模式的一种信息分析方法。数据挖掘中的关联分析过程主要包含两个阶段：第一阶段必须先从资料集合中找出所有的高频项目组（Frequent Itemsets）；第二阶段再由这些高频项目组中产生关联规则（Association Rules）。基于规则中处理的变量的类别，关联规则可以分为布尔型和数值型。基于规则中数据的抽象层次，可以分为单层关联规则和多层关联规则。基于规则中涉及的数据维数，关联规则可以分为单维的和多维的。利用数据挖掘技术中的关联分析技术可以发现隐藏在数据信息之中、不易被人察觉、甚至与人的意识相违背的关联事件；利用关联分析的多层、多维规则的挖掘能够对多维数据进行多层次的分析处理，帮助竞争情报人员从多个视角观察分析数据；此外，利用关联分析还能够帮助企业发现隐性和潜在的竞争对手，提前预警，提高企业的抗风险能力。

数据挖掘技术在竞争情报的采集、检索、分析和挖掘中已经产生了巨大作用，加快了高质量情报的生产和利用速度，改进了情报服务的效率和质量。它还给竞争情报研究注入了新的生机和活力，促进了竞争情报研究和实践的迅速发展。数据挖掘作为有效的、自动化情报挖掘与分析的关键技术，将加速实现大规模情报获取、智能情报分析、智能情报检索和搜索、智能情报服务等智能情报管理，并将完善竞争情报研究方法体系。

第二章 数据挖掘

数据挖掘（Data Mining）是指从大量结构化和非结构化的数据中，提取隐含的、未知的、潜在有用的信息和知识的过程，它是知识发现的有效手段。有时国内外学者也把 Data Mining 译为数据采掘或数据开采。数据挖掘是一个多学科交叉研究领域，融合了数据库（Database）、人工智能（Artificial Intelligence）、机器学习（Machine Learning）、统计学（Statistics）、知识工程（Knowledge Engineering）、可视化（Visualization）等最新技术的研究成果，经过十几年的发展，逐步形成了自己独具特色的研究分支。

一、数据挖掘概述

（一）数据挖掘及研究现状

从20世纪90年代中后期开始，国外大量数据库、人工智能、机器学习等领域的学者投入到 KDD（Knowledge Discovery in Database）的研究中，开始了数据挖掘研究的热潮。1995年在加拿大召开了首届知识发现和数据挖掘国际学术会议，以后每年召开一次。从1997年开始每年召开数据仓库与数据挖掘国际年会。同年召开了第一届亚太数据挖掘和知识发现会议（PAKDD）和欧洲数据挖掘和知识发现会议（PKDD）。尤其是1999年在北京召开的第三届 PAKDD 会议共收到158篇论文，气氛空前热烈。

电子和电子工程师协会 IEEE 的 Knowledge and Data Engineering 会刊率先在1993年出版 TKDD 技术专刊，所发表的5篇论文代表了当时 KDD 研究的最新成果和动态。并行计算、计算机网络和信息工程等其他领域的国际学会、期刊也把数据挖掘和知识发现列为专题或专刊讨论，使其成为当前计算机科学界和统计学界的一大研究热点。1997年1月，国际上第一本 KDD 杂志——《数据挖掘和知识发现》(Data Mining and Knowledge Discovery，DMKD) 创刊。1998 年成立 KDD 的组织—ACM SIGKDD。2000 年，J. Flan 教授出版第一部数据挖掘的专著《数据挖掘：概念与技术》。该书系统介绍了数据挖掘的基本概念、方法和技术以及数据挖掘的最新进展。随后，许多关于数据挖掘的书籍纷纷面世。不仅如此，在 Internet 上也有不少 KDD 电子出版物。其中以半月刊 Knowledge Discovery Nuggets (www.kdnuggets.com) 最为权威。人们通过电子邮件相互讨论 DMKD 的热点问题。[1]

在国内，从 1993 年开始，一些基金和企业也开始资助数据挖掘和知识发现的研究。1998 年夏天，由 IBM 资助的暑期 KDD/DM 讨论班在复旦大学举行。韩家炜、陆洪均教授的讲学掀起了一股研究数据挖掘的热潮。目前，国内许多高等院校和科研单位已经开展了数据挖掘的基础理论及应用研究。北京系统工程研究所对模糊方法在知识发现中的应用进行了较深入的研究；北京大学开展了对数据立方体代数的研究；华中科技大学、复旦大学、浙江大学、中国科技大学、中国科学院数学研究所、吉林大学等开展了对关联规则挖掘算法的优化和改造；南京大学、四川联合大学和上海交通大学等探讨、研究了非结构化数据的知识发现以及 Web 数据挖掘；青岛大学在数据仓库与数据挖掘相结合方面进行了研究。[2]

迄今为止，数据挖掘的研究已经取得了很大进展。其研究重点逐渐从挖掘算法转向系统应用，注重多种知识发现策略和技术的集成，以及多种学科之间的相互渗透，如用面向属性的归纳方法在关系数据库中发现规则和区分规则、在事务数据库中发现关联规则、基于距离和基于密度的聚类分析和优化；另外，决策树、神经网络、遗传算法、粗糙集、模糊集和可视化等方法也得到了研究与应用。在应用方面，数据挖掘商业软件工具不断产生和完善，如 SAS 公司的 Enterprise Miner、IBM 公司的 Intelligent Miner、SGI 公司的 Set Miner、SPSS 公司的 Clementine、Sybase 公司的 Warehouse Studio、Rule Quest Research 公司的 Sees 等都是比较有影响的数据挖掘系统。

---

[1] 王宏：《基于粗糙集数据挖掘技术的客户价值分析》，哈尔滨工程大学博士学位论文，2006 年。

[2] 孙仁诚：《基于单元的孤立点算法研究及客户忠诚度分析系统构建》，青岛大学硕士论文，2003 年。

（二）数据挖掘智能化进展

数据挖掘研究应用初期，主要使用统计分析方法实现分类、聚类、预测等挖掘功能。统计分析主要包括回归分析、贝叶斯方法、判别分析、聚类分析等。著名的 SAS、SPSS 和 Stargraphis 等统计软件的数据挖掘功能均建立在统计方法之上，但其主要定位于定量的统计型数据，存在着先天不足，不能对概念层的变量及其联系进行描述和解释。

机器学习是数据挖掘的主流技术，主要有归纳学习（决策树、规则归纳等）、类比学习、基于案例推理的学习、遗传算法、贝叶斯信念网络等，在关联规则、分类/聚类模型、序列模式等得到了广泛的应用。但机器学习多适用于数据量少和结构化数据，对于大规模数据和非结构化数据使用效果不佳。

后来，智能信息处理技术被应用到数据挖掘领域。智能信息处理是人工智能技术与信息技术结合的产物，广泛地模拟人脑智能来处理各种复杂信息，包括非结构化信息、不完全信息、不确定信息、多媒体信息、时间空间信息、认知信息等。其相关的技术与方法主要有数学统计、模糊信息处理、粗糙集信息处理、神经网络信息处理、进化计算，还有基于信息与知识管理的大规模智能信息处理技术，如信息分析、分类、智能检索、智能搜索等。对于传统统计分析和机器学习技术难以处理和无法处理的问题，该方法对高维非线性随机、动态或混沌系统行为的分析及预测实现了有效的处理，促进了数据挖掘技术的进一步智能化发展。但也存在着巨大障碍：一是目前数据源的大规模化、复杂化、动态化加剧，而数据挖掘研究领域对于大规模智能信息处理技术的研究与应用重视不够，难以有效地实现大规模知识挖掘；二是数据挖掘较少运用专家和用户的知识，使其智能水平提高缓慢。

以上数据挖掘方法主要基于语法层面对数据信息实现关联分析、分类、聚类、时序演变分析、预测等挖掘功能。从总体来看，语法层面的数据挖掘研究主要侧重于运用各种算法从局部的数据里发现模式，实现语法层面的词语信息处理，缺乏对信息内容与价值的开发。挖掘处理主要局限在命题逻辑（即属性—值表示）的框架内，即数据与知识的描述都采用了属性—值的形式。该描述方式不便于描述复杂的对象及其之间的本质关系，缺乏对语义信息和语用信息的表达及利用，且受自然语言理解技术及应用的限制，使得挖掘效果很不理想。

随着语义网（Semantic Networks）的提出，数据挖掘向语义层面进一步发展。语义网络是由 Quillian 作为人类联想记忆的一个显式心理学模型提出的。语义网络包含丰富的语义关系知识,如分类层次结构、继承关系、包含关系等。利用这些知识可以指导数据挖掘的进程,如利用语义关系实现语义推理功能等。典型的研究有:(1)基于概念语义空间和信息推理的挖掘。如 Song 等[1]提出一种基于概念语义空间和信息推理的文献分类方法,利用概念间的共现关系来确定其语义联系并用来指导分类,从而达到比向量空间模型更好的分类效果。(2)基于潜在语义索引的挖掘。如 Zelikovitz 等应用潜在语义索引来定义词汇之间的语义联系,从而实现较高准确度的文本分类。(3)基于语义概念的相似度计算。如 Selvi, P. 和 Gopalan, N. P.[2] 研究了基于 WordNet 和语料统计的文本相似度计算方法,实现不同领域的语义信息整合,支持文本挖掘。[3]

这些基于语义处理的方法在某些范围内获得了较好的效果,但由于语义网络重视信息对象之间语义关系的表达及利用,缺乏信息对象语义内容的表达及处理,也无标准的术语和约定,语义解释取决于操作网络的程序,并且网络结构复杂,建立和维护知识库较困难。因而,它们很难适用于海量数据的深层处理,仍需进一步提高。以 Web2.0 和语义 Web 为代表的泛在知识环境中不仅存在海量静态信息与知识资源,还拥有参与者的大量动态知识,如何从这些海量、丰富的信息资源中挖掘出有价值的知识,对数据挖掘(Data Mining)等知识获取技术提出了新的挑战。因此,将目前信息层面的挖掘提升到知识层面的挖掘,是数据挖掘智能演化发展的必然趋势。

二、数据挖掘的主要方法与技术

数据挖掘涉及的学科领域和方法很多,本书在此介绍一些主要的方

---

[1] Song D., Bruza P. D., Huang Z., et al. Classifying Document Titles Based on Information Inference[C]. Proceedings of the 14th International Symposium on Methodologies for Intelligent Systems,2003, 297-306.

[2] Selvi,P. Gopalan,N. P. Sentence Similarity Computation Based on WordNet and Corpus Statistics [C]. Proceedings of the International Conference on Computational Intelligence and Multimedia AN. P. pplication,2007:9-14.

[3] Sarah Zelikovitz. Transductive LSI for Short Text Classification Problems[C]. Proceedings of the 17th International FLAIRS Conference, Miami: AAAI Press, 2004:24-35.

法和技术。

（一）概念分析

概念/类描述分为特征描述和区别性描述两种，即数据特征化（Data Characterization）和数据区分（Data Discrimination）。前者用来描述某类或概念对象的共同特征，只涉及该类对象中所有对象的共性，识别其典型特征；后者着重描述不同类或概念对象之间的区别，涉及目标类（Target Class）与一个或多个比较类（通常称为对比类）进行比较。

数据特征化是目标类数据的一般特征或特性的汇总。通常，用户指定类的数据通过数据库查询收集。有许多有效的方法可以将数据特征化和汇总。基本方法有两种：基于数据立方体的 OLAP 方法和面向属性的归纳（Attribute-oriented Introduction，AOI）方法。OLAP 方法中数据立方体的上卷操作实质是一种交互式的、由用户控制的、按照指定维的层次向上汇总的过程。面向属性的归纳方法的一般思想是，首先使用数据库查询收集任务相关的数据，然后通过考察数据集中每个属性的不同值的个数进行泛化。数据泛化可采用属性删除和属性泛化，在较高的概念层上对原始数据进行抽象，并发现和表示知识，得到关于对象类的较高级的知识。与 OLAP 不同，AOI 方法不必一步步地与用户交互，可以自动建立静态或动态的概念层次结构。

数据特征的输出可以用多种形式提供。包括饼图、条图、曲线、多维数据立方体和包括交叉表在内的多维表。结果描述也可以用概化关系（Generalized Relation）或规则形式（称作特征规则）提供。

数据区分是将目标类对象的一般特性与一个或多个对比类对象的一般特性比较。这种比较必须是在具备可比性的一个或多个类之间进行。目标类和对比类由用户指定，而对应的数据通过数据库查询检索。用于数据区分的方法与用于数据特征化的类似。

数据区分描述的输出形式类似于特征描述，但区分描述应当包括比较度量，帮助区分目标类和对比类。用规则表示的区分描述称为区分规则（Discriminant Rule）。

（二）关联分析

关联分析（Association Analysis）就是从大量的数据中发现项集之间存在的有趣的关联、相关关系或因果结构以及项集的频繁模式。关联可分为简单关联、时序关联、因果关联，有时并不知道数据库中数据的关联函数，即使知道也不确定，因此关联分析生成的规则带有可信度。Agrawal 等[1]于 1993 年首先提出了挖掘顾客交易数据库中项集间关联规则问题，之后诸多研究人员对关联规则挖掘问题进行了大量研究，如引入随机采样、并行的思想等，以提高算法挖掘规则的效率；对关联规则的应用进行推广。关联规则挖掘在数据挖掘中是一个重要的课题，最近几年已被业界所广泛研究。

1. 关联规则的基本概念。一个事务数据库中的关联规则挖掘可以描述如下：

设 $I = \{i_1, i_2, \cdots, i_m\}$ 是一个项目集合，其中 i_j $(1 \leq j \leq m)$ 称为项 (item)。记事务数据库 $D = (t_1, t_2, \cdots, t_n)$ 是由一系列具有唯一标识 TID 的事务组成，每个事务 t_i $(i = 1, 2, \cdots, n)$ 都对应 I 上的一个子集。

定义 1：设 $I_1 \subseteq I$，项目集 I_1 在数据集上的支持度（Support）是包含的事务在 D 中所占的百分比，即 Support $(I_1) = \| \{t \subset D\} \mid I_1 \subseteq t \| / \| D \|$。最小支持度（Minimum Support）表示发现关联规则要求数据项必须满足的最小支持阈值，记为 minsup。支持度大于最小支持度的数据项集称为频繁项集，简称频集，反之，称为非频繁项集。

定义 2：关联规则（Association Rule）可以表示为：

$$R: X \Rightarrow Y$$

其中：$X \subset I$，$Y \subset I$，并且 $X \cap Y = \Phi$，它表示如果项集 X 在某一事务中出现，则必然会导致项目集 Y 也会在同一事务中出现。X 称为规则的先决条件，Y 为规则的结果。

定义 3：规则 R 的置信度（Confidence）定义为：Confidence (R) = Support $(X \cup Y)$ /Support (X) 规则的置信度描述了规则的可靠程度。最小置信度记为 minconf。满足最小支持度和最小置信度的关联规则称为强关联规则。

2. 关联规则分类。按照不同情况，关联规则可以进行分类如下：

（1）基于规则中处理的变量类别，关联规则可以分为布尔型和数值型。

布尔型关联规则处理的值都是离散的、种类化的，它显示了这些变量之间的关系；而数值型关联规则可以和多维关联或多层关联规则结合起来，对数值型字段进行处理，将其进行动态分割，或者直接对原始数据进行处理，当然数值型关联规则中也可以包含种类变量。例如：性别＝"女"⇒

---

[1] R. Agrawal. Mining Association Rules Between Sets of Items in Large Databases[C]. Proceedings of the 1993 ACM SIGMOD International Conference on Management of Data,1993:207－216.

职业＝"秘书"，是布尔型关联规则；性别＝"女"⇒收入（avg）＝2300，涉及的收入是数值类型，所以是一个数值型关联规则。

（2）基于规则中数据的抽象层次，可以分为单层关联规则和多层关联规则。

在单层关联规则中，所有变量都没有考虑到现实数据是具有多个不同层次的；而在多层的关联规则中，对数据的多层性已经进行了充分考虑。例如：IBM 台式机⇒Sony 打印机，是一个细节数据上的单层关联规则；台式机⇒Sony 打印机，是一个较高层次和细节层次之间的多层关联规则。

（3）基于规则中涉及的数据维数，关联规则可以分为单维的和多维的。

在单维关联规则中，我们只涉及数据的一个维，如用户购买的物品；而在多维的关联规则中，要处理的数据将会涉及多个维。换成另一句话，单维关联规则是处理单个属性中的一些关系；多维关联规则是处理各个属性之间的某些关系。例如：啤酒⇒尿布，这条规则只涉及用户的购买物品；性别＝"女"⇒职业＝"秘书"，这条规则就涉及到两个字段的信息，是两个维上的一条关联规则。

3. 关联规则挖掘过程及算法。关联规则挖掘过程主要包含两个阶段：第一阶段先从资料集合中找出所有的高频项目组（Frequent Itemsets），高频是指某一项目组出现的频率相对于所有记录而言，必须达到某一水平；第二阶段再由这些高频项目组中产生关联规则（Association Rules）。从高频项目组产生关联规则，是利用第一阶段的高频项目组来产生规则，在最小信赖度（Minimum Confidence）的条件下，若一规则所求得的信赖度满足最小信赖度，称此规则为关联规则。

近年来，已经提出了许多有效的关联规则挖掘算法，如单维、单层的布尔关联规则挖掘基于 Apriori 的频集方法，FP—growth（频繁模式增长）方法等。在此仅以 Apriori 算法为例做一简述。

Apriori 算法是一种经典频集方法，Agrawal 等于 1993 年首先提出了挖掘顾客交易数据库中项集间的关联规则问题，其核心方法是基于频集理论的递推方法。基本思想是将关联规则挖掘算法的设计分两步：

（1）找到所有支持度大于最小支持度的项集（Itemset），这些项集称为频集（Frequent Itemset）。

（2）使用第 1 步找到的频集产生期望的规则。

这里的第 2 步相对简单一点。如给定了一个频集 $Y = I_1 I_2 \cdots I_k$，$k \geqslant 2$，$I_j \in I$，产生只包含集合 $\{I_1, I_2, \cdots, I_k\}$ 中的项的所有规则（最多 k 条）。一旦这些规则被生成，那么只有那些大于用户给定的最小可信度的规则才被留下来。

为了生成所有频集，使用了递推算法：

$L_1 = \{\text{large } 1\text{—itemsets}\}$；
for ($k = 2$; $L_{k-1} \neq \Phi$; k ++) do begin
$C_k = \text{apriori} - \text{gen}(L_{k-1})$；// 新的候选集
for all transactions $t \in D$ do begin
$C_t = \text{subset}(C_k, t)$；// 事务 t 中包含的候选集
for all candidates $c \in C_t$ do
c. count ++ ;
end
$L_k = \{c \in C_k | \text{c. count} \geq \text{minsup}\}$
end
Answer $= U_k L_k$.

首先产生频繁 1 - 项集 L_1，然后是频繁 2 - 项集 L_2，直到有某个 r 值使得 L_r 为空，这时算法停止。这里在第 k 次循环中，过程先产生候选 k - 项集的集合 C_k，C_k 中的每一个项集是对两个只有一个项不同的属于 L_{k-1} 的频集做一个 ($k-2$) - 连接来产生的。C_k 中的项集是用来产生频集的候选集，最后的频集 L_k 必须是 C_k 的一个子集。C_k 中的每个元素需在交易数据库中进行验证来决定其是否加入 L_k，这里的验证过程是算法性能的一个瓶颈。这个方法要求多次扫描可能很大的交易数据库，即如果频集最多包含 10 个项，那么就需要扫描交易数据库 10 遍，这需要很大的 I/O 负载。

Kleinberg 等[1]引入了修剪技术（Pruning）来减小候选集 C_k 的大小，由此可以显著地改进生成所有频集算法的性能。算法中引入的修剪策略基于这样一个特性：一个项集是频集当且仅当它的所有子集都是频集。那么，如果 C_k 中某个候选项集有一个 ($k-1$) —子集不属于 L_{k-1}，则这个项集可以被修剪掉不再被考虑，这个修剪过程可以降低计算所有的候选集的支持度的代价。其中，还引入杂凑树（Hash Tree）方法来有效地计算每个项集的支持度。

虽然 Apriori 算法自身已经进行了一定的优化，但是在实际的应用中，还是存在一些不令人满意的地方，于是人们相继提出了一些优化的方法。

---

[1] J. Kleinberg, C. Papadimitriou, and P. Raghavan. Segmentation problems[C]. Proceedings of the 30th Annual Symposium on Theory of Computing[C], ACM. 1998.

(1) 基于划分的方法。Savasere 等①设计了一个基于划分（partition）的算法，这个算法先把数据库从逻辑上分成几个互不相交的块，每次单独考虑一个分块并对它生成所有的频集，然后把产生的频集合并，用来生成所有可能的频集，最后计算这些项集的支持度。这里分块的大小选择要使得每个分块可以被放入主存，每个阶段只需被扫描一次。而算法的正确性是由每一个可能的频集至少在某一个分块中是频集来保证的。上面所讨论的算法是可以高度并行的，可以把每一分块分别分配给某一个处理器生成频集。产生频集的每一个循环结束后，处理器之间进行通信来产生全局的候选 k—项集。通常这里的通信过程是算法执行时间的主要瓶颈；而另一方面，每个独立的处理器生成频集的时间也是一个瓶颈。其他的方法还有在多处理器之间共享一个杂凑树来产生频集。

(2) 基于 hash 的方法。一个高效地产生频集的基于杂凑（hash）的算法由 Park 等②提出来。通过实验我们可以发现寻找频集主要的计算是在生成频繁 2 - 项集 L_k 上，Park 等就是利用了这个性质引入杂凑技术来改进产生频繁 2 - 项集的方法。

(3) 基于采样的方法。基于前一遍扫描得到的信息，对此仔细地作组合分析，可以得到一个改进的算法，Mannila 等③先考虑了这一点，他们认为采样是发现规则的一个有效途径。随后又由 Toivonen④进一步发展了这个思想，先使用从数据库中抽取出来的采样得到一些在整个数据库中可能成立的规则，然后对数据库的剩余部分验证这个结果。Toivonen 的算法相当简单并显著地减少了 I/O 代价，但是一个很大的缺点就是产生的结果不精确，即存在所谓的数据扭曲（data skew）。分布在同一页面上的数据时常是高度相关的，可不能表示整个数据库中模式的分布，由此而导致的是采样 5% 的交易数据所花费的代价可能同扫描一遍数据库相近。Lin 和 Dunham 讨论了反扭曲（Anti—skew）算法来挖掘关联规则，在那里他们引入的技术使得扫描数据库的次数少于 2 次，算法使用了一

---

① A. Savasere, E. Omiecinski, and S. Navathe. An efficient algorithm for mining association rules in large databases[C]. Proceedings of the 21st International Conference on Very large Database, 1995.

② J. S. Park, M. S. Chen, and P. S. Yu. An effective hash - based algorithm for mining association rules[C]. Proceedings of ACM SIGMOD International Conference on Management of Data, pages 175 - 186, San Jose, CA, Moy 1995.

③ H. Mannila, H. Toivonen, and A. Verkamo. Efficient algorithm for discovering association rules[C]. AAAI Workshop on Knowledge Discovery in Databases, 1994, 181 - 192.

④ H. Toivonen. Sampling large databases for association rules[C]. Proceedings of the 22nd International Conference on Very Large Database, Bombay, India, September 1996.

个采样处理来收集有关数据的次数来减少扫描遍数。

Brin 等提出的算法使用比传统算法少的扫描遍数来发现频集,同时比基于采样的方法使用更少的候选集,这些改进了算法在低层的效率。具体的考虑是,在计算 $k-$ 项集时,一旦我们认为某个 $(k+1)$ —项集可能是频集时,就并行地计算这个 $(k+1)$ —项集的支持度,算法需要总的扫描次数通常少于最大的频集项数。这里他们也使用了杂凑技术,并提出产生"相关规则"(Correlation Rules)的一个新方法。

(4)减少交易个数。减少用于未来扫描事务集的大小。一个基本的原理就是当一个事务不包含长度为 k 的大项集,则必然不包含长度为 $k+1$ 的大项集。从而我们就可以将这些事务移去,这样在下一遍的扫描中就可以减少要扫描事务集的个数。这个就是 AprioriTid 的基本思想。

上面介绍是基于 Apriori 的频集方法,即使进行了优化,但 Apriori 方法还存在一些固有的缺陷无法克服:

(1)可能产生大量的候选集。当长度为 1 的频集有 10000 个的时候,长度为 2 的候选集个数将会超过 10M。另外若要生成一个很长的规则时,要产生的中间元素也是巨大的。

(2)无法对稀有信息进行分析。由于频集使用了参数 minsup,所以就无法对小于 minsup 的事件进行分析;而如果将 minsup 设成一个很低的值,那么算法的效率就成了一个很难处理的问题。

(三)分类分析

分类在数据挖掘中是一项非常重要的任务。分类是一种典型的有监督的机器学习方法,在信用卡审批、目标市场定位、医疗诊断、故障检测、有效性分析、图形处理及保险欺诈分析等领域都有着广泛的应用。可以说,从商业、银行业、保险等行业到医疗卫生和科学研究等领域,都可以看到分类技术的广泛应用。

形式化地讲,给定一个数据库 $D=\{t_1, t_2, \cdots, t_n\}$ 和一组类 $C=\{C_1, C_2, \cdots, C_m\}$,分类问题就是去确定一个映射 $f: D \rightarrow C$,每一个元组 t_i 被分配到一个类中。一个类 C_j 包含映射到该类中的所有元组,即 $C_j = \{t_i \mid f(t_i)=C_j, 1 \leq i \leq n, 且 t_i \in D\}$。

分类的方法不同,模型的表示形式也不同。利用决策树方法构造的分类模型可能表示为树状结构或分类规则,神经网络的分类模型可表示为有单元和系数构成的网络模型,而贝叶斯分类的模型则表现为数学公式。

机器学习、专家系统、统计学和神经网络等领域的研究人员已经提出了许多具体的分类方法。要构造分类器，需要有一个训练样本数据集作为输入。分类目的是分析输入数据，通过在训练集中的数据表现出来的特性，为每一个类找到一种准确的描述或者模型。

一般地，数据分类分为两个步骤：建模和使用。

1. 建立一个模型，描述预定数据类集和概念集。假定每个元组属于一个预定义的类，由一个类标号属性确定。训练数据集是由为建立模型而被分析的数据元组形成，训练样本就是训练数据集中的单个样本（元组）。学习模型可以用分类规则、判定树或数学公式的形式提供。

2. 使用模型，对将来的或未知的对象进行分类。首先评估模型的预测准确率。对每个测试样本，将已知的类标号和该样本的学习模型类预测比较，模型在给定测试集上的准确率是正确被模型分类的测试样本的百分比，测试集要独立于训练样本集，否则会出现"过分适应数据"的情况。

下面介绍几种主要的分类方法：

1. 决策树。决策树归纳是经典的分类算法。它采用自顶向下递归的各个击破方式构造决策树。树的每一个结点上使用信息增益度量选择测试属性。可以从生成的决策树中提取规则。

2. KNN 法。KNN 法即 K 最近邻（K - Nearest Neighbor）法，最初由 Cover 和 Hart[1] 于 1967 年提出，是一个理论上比较成熟的方法。该方法思路简单直观：如果一个样本在特征空间中的 k 个最相似（即特征空间中最邻近）的样本中的大多数属于某一个类别，则该样本也属于这个类别。该方法在定类决策上只依据最邻近的一个或者几个样本的类别来决定待分样本所属的类别。

KNN 方法虽然从原理上也依赖于极限定理，但在类别决策时，只与极少量的相邻样本有关。因此，采用这种方法可以较好地避免样本的不平衡问题。另外，由于 KNN 方法主要靠周围有限的邻近样本，而不是靠判别类域的方法来确定所属类别的，因此对于类域的交叉或重叠较多的待分样本集来说，KNN 方法较其他方法更为适合。

该方法的不足之处是计算量较大，因为对每一个待分类的文本都要计算它到全体已知样本的距离，才能求得它的 K 个最近邻点。目前常用

---

[1] T. Cover, P. Hart. Nearest Neighbor Pattern Classification [J]. Information Theory, 1967, 13(1): 21-27.

的解决方法是事先对已知样本点进行剪辑,事先去除对分类作用不大的样本。另外还有一种 Reverse KNN 法,能降低 KNN 算法的计算复杂度,提高分类的效率。

该算法比较适用于样本容量比较大的类域的自动分类,而那些样本容量较小的类域采用这种算法比较容易产生误分。

3. SVM 法。SVM 法即支持向量机(Support Vector Machine)法,由 Vapnik[①] 于 1999 年提出,具有相对优良的性能指标。该方法是建立在统计学习理论基础上的机器学习方法。通过学习算法,SVM 可以自动寻找出那些对分类有较好区分能力的支持向量,由此构造出的分类器可以最大化类与类的间隔,因而有较好的适应能力和较高的分准率。该方法只需要由各类域的边界样本的类别来决定最后的分类结果。

支持向量机算法的目的在于寻找一个超平面 H(d),该超平面可以将训练集中的数据分开,且与类域边界的沿垂直于该超平面方向的距离最大,故 SVM 法亦被称为最大边缘(maximum margin)算法。待分样本集中的大部分样本不是支持向量,移去或者减少这些样本对分类结果没有影响,SVM 法对小样本情况下的自动分类有着较好的分类结果。

4. VSM 法。VSM 法即向量空间模型(Vector Space Model)法,由 Salton 等[②]人于 20 世纪 60 年代末提出。这是最早也是最出名的信息检索方面的数学模型。其基本思想是将文档表示为加权的特征向量:$D = D(T_1, W_1; T_2, W_2; \cdots; T_n, W_n)$,然后通过计算文本相似度的方法来确定待分样本的类别。当文本被表示为空间向量模型的时候,文本的相似度就可以借助特征向量之间的内积来表示。

在实际应用中,VSM 法一般事先依据语料库中的训练样本和分类体系建立类别向量空间。当需要对一篇待分样本进行分类的时候,只需要计算待分样本和每一个类别向量的相似度即内积,然后选取相似度最大的类别作为该待分样本所对应的类别。

由于 VSM 法中需要事先计算类别的空间向量,而该空间向量的建立又很大程度的依赖于该类别向量中所包含的特征项。根据研究发现,类别中所包含的非零特征项越多,其包含的每个特征项对于类别的表达能力越弱。因此,VSM 法相对其他分类方法而言,更适合于专业文献

---

① V. Vapnik. The Nature of Statistical Learning Theory[M] Berlin:Springer – Verlag,1999.

② G. Salton,A. Wong,C. S. Yang. A Vector Space Model for Automatic Indexing[J]. Communcations of the ACM,1975,18(1):613 – 620.

的分类。

5. Bayes 法。Bayes 法是一种在已知先验概率与类条件概率情况下的模式分类方法，待分样本的分类结果取决于各类域中样本的全体。

设训练样本集分为 m 类，记为 $C = \{C_1, \cdots, C_i, \cdots, C_m\}$，每类的先验概率为 $P(C_i)$，$i = 1, 2, \cdots, m$。当样本集非常大时，可以认为 $P(C_i) = C_i$ 类样本数/总样本数。对于一个待分样本 X，其归于 C_j 类的类条件概率是 $P(X/C_i)$，则根据 Bayes 定理，可得到 C_j 类的后验概率 $P(C_i/X)$：

$$P(C_i/X) = P(X/C_i) \cdot P(C_i)/P(X) \qquad (2-1)$$

若 $P(C_i/X) = \text{Max}_j P(C_j/X), i = 1, 2, \cdots, m; j = 1, 2, \cdots, m$，则有

$$X \in C_i \qquad (2-2)$$

式(2-2)是最大后验概率判决准则，将式(2-1)代入式(2-2)，则有：

$$P(X/C_i)P(C_i) = \text{Max}_j [P(X/C_j)P(C_j)], i = 1, 2, \cdots, M; j = 1, 2, \cdots, m,$$

则 $X \in X_i$

这就是常用到的 Bayes 分类判决准则。经过长期的研究，Bayes 分类方法在理论上论证得比较充分，在应用上也是非常广泛的。

Bayes 方法的薄弱环节在于实际情况下，类别总体的概率分布和各类样本的概率分布函数（或密度函数）常常是不知道的。为了获得它们，就要求样本足够大。另外，Bayes 法要求表达文本的主题词相互独立，这样的条件在实际文本中一般很难满足，因此该方法往往在效果上难以达到理论上的最大值。

6. 神经网络。神经网络分类算法的重点是构造阈值逻辑单元，一个值逻辑单元是一个对象，它可以输入一组加权系数的量，对它们进行求和，如果这个和达到或者超过了某个阈值，输出一个量。如有输入值 X_1，$X_2, \cdots, X_n$ 和它们的权系数：$W_1, W_2, \cdots, W_n$，求和计算出的 $X_i \times W_i$，产生了激发层 $a = (X_1 \times W_1) + (X_2 \times W_2) + \cdots + (X_i \times W_i) + \cdots + (X_n \times W_n)$，其中 X_i 是各条记录出现频率或其他参数，W_i 是实时特征评估模型中得到的权系数。神经网络是基于经验风险最小化原则的学习算法，有一些固有的缺陷，比如层数和神经元个数难以确定，容易陷入局部极小，还有过学习现象，这些本身的缺陷在 SVM 算法中可以得到很好的解决。

（四）聚类分析

聚类是将数据分类到不同的类或者簇这样的过程，所以同一个簇中

对象有很大的相似性，而不同簇间对象有很大的相异性。聚类分析的目标就是在相似的基础上收集数据来分类。聚类源于很多领域，包括数学，计算机科学，统计学，生物学和经济学。在不同的应用领域，很多聚类技术都得到了发展，这些技术方法被用作描述数据，衡量不同数据源间的相似性，以及把数据源分类到不同的簇中。

从统计学的观点看，聚类分析是通过数据建模简化数据的一种方法。传统的统计聚类分析方法包括系统聚类法、分解法、加入法、动态聚类法、有序样品聚类、有重叠聚类和模糊聚类等。采用 k – 均值、k – 中心点等算法的聚类分析工具已被加入到许多著名的统计分析软件包中，如 SPSS、SAS 等。

从机器学习的角度讲，簇相当于隐藏模式。聚类是搜索簇的无监督学习过程。与分类不同，无监督学习不依赖预先定义的类或带类标记的训练实例，需要由聚类学习算法自动确定标记，而分类学习的实例或数据对象有类别标记。聚类是观察式学习，而不是示例式学习。

从实际应用的角度看，聚类分析是数据挖掘的主要任务之一。就数据挖掘功能而言，聚类能够作为一个独立的工具获得数据的分布状况，观察每一簇数据的特征，集中对特定的聚簇集合作进一步地分析。聚类分析还可以作为其他数据挖掘任务（如分类、关联规则）的预处理步骤。此外，聚类分析可以完成点挖掘。许多数据挖掘算法试图使孤立点影响最小化，或者排除它们，然而，这些孤立点本身可能是非常有用的。如在欺诈检测中，孤立点可能预示着欺诈行为的存在。

数据挖掘领域主要研究面向大型数据库、数据仓库的高效实用的聚类分析算法。按照这些聚类分析算法的主要思路，可以归纳为划分方法、层次方法、基于密度方法、基于网格方法和基于模型方法。

1. 划分方法（Partitioning Methods）。首先创建 k 个划分，k 为要创建的划分个数；然后利用一个循环定位技术通过将对象从一个划分移到另一个划分来帮助改善划分质量。典型的划分方法包括：k – means、k – medoids、CLARA（Clustering LARge Application）、CLARANS（Clustering Large Application based upon RANdomized Search）等。

2. 层次方法（Hierarchical Methods）。创建一个层次以分解给定的数据集。该方法可以分为自上而下（分解）和自下而上（合并）两种操作方式。为弥补分解与合并的不足，层次合并经常要与其他聚类方法相结合，如循环定位。典型的这类方法包括：

BIRCH（Balanced Iterative Reducing and Clustering using Hierarchies）

方法，它首先利用树的结构对对象集进行划分；然后再利用其他聚类方法对这些聚类进行优化。

CURE（Clustering Using REprisentatives）方法，它利用固定数目代表对象来表示相应聚类；然后对各聚类按照指定量（向聚类中心）进行收缩。

ROCK 方法，它利用聚类间的连接进行聚类合并。

CHEMALOEN，它则是在层次聚类时构造动态模型。

3. 基于密度的方法（Density—based Methods）。根据密度完成对象的聚类。它根据对象周围的密度（如 DBSCAN）不断增长聚类。典型的基于密度方法包括：

DBSCAN（Densit—based Spatial Clustering of Application with Noise）方法，它通过不断生长足够高密度区域来进行聚类；并能从含有噪声的空间数据库中发现任意形状的聚类。此方法将一个聚类定义为一组"密度连接"的点集。

OPTICS（Ordering Points To Identify the Clustering Structure）方法，它并不明确产生一个聚类，而是为自动交互的聚类分析计算出一个增强聚类顺序。

4. 基于网格的方法（Grid—based Methods）。首先将对象空间划分为有限个单元以构成网格结构；然后利用网格结构完成聚类。

STING（STatistical INformation Grid）就是一个利用网格单元保存统计信息，并进行基于网格聚类的方法。

CLIQUE（Clustering In QUEst）和 Wave—Cluster 则是一个将基于网格与基于密度相结合的方法。

5. 基于模型方法（Model—based Methods）。它假设每个聚类的模型并发现适合相应模型的数据。典型的基于模型方法包括：

统计方法 COBWEB 是一个常用且简单的增量式概念聚类方法。它的输入对象是采用符号量（属性—值）对来加以描述的。采用分类树的形式来创建一个层次聚类。CLASSIT 是 COBWEB 的另一个版本，它可以对连续取值属性进行增量式聚类。它为每个结点中的每个属性保存相应的连续正态分布（均值与方差）；并利用一个改进的分类能力描述方法，即不像 COBWEB 那样计算离散属性（取值）和而是对连续属性求积分。但是 CLASSIT 方法也存在与 COBWEB 类似的问题。因此它们都不适合对大数据库进行聚类处理。

(五) 其他分析

1. 孤立点分析。经常存在一些数据对象，它们不符合数据的一般模型。这样的数据对象被称为孤立点（outlier），它们与数据的其他部分不同或不一致。孤立点可能是度量或执行错误所导致的。许多数据挖掘算法试图使孤立点的影响最小化，或者排除它们。但是由于一个人的噪声可能是另一个人的信号，这可能导致重要的隐藏信息丢失。换句话说，孤立点本身可能是非常重要的，例如在欺诈探测中，孤立点可能预示着欺诈行为。这样，孤立点探测和分析是一个有趣的数据挖掘任务，被称为孤立点挖掘。

孤立点挖掘有着广泛的应用。像上面所提到的，它能用于欺诈监测，例如探测不寻常的信用卡使用或电信服务。此外，它在市场分析中可用于确定极低或极高收入客户的消费行为，或者在医疗分析中用于发现对多种治疗方式的不寻常反应。

孤立点挖掘可以描述如下：给定一个由 n 个数据点或对象组成的集合，及预期的孤立点的数目 k，发现与剩余数据相比是显著相异的、异常的或不一致的头 k 个对象。孤立点挖掘问题可以被看做两个子问题：

(1) 在给定的数据集合中定义什么样的数据可以被认为是不一致的；

(2) 找到一个有效的方法来挖掘这样的孤立点。

孤立点的定义是非平凡的。如果采用一个回归模型，偏差的分析可以给出对数据"极端性"很好的估计。但是，当在时间序列数据中寻找孤立点时，它们可能隐藏在带趋势的、季节性的或者其他周期性变化中，这项任务非常棘手。当分析多维数据时，不是任何特别的一个而是维值的组合可能是极端性的。对于非数值型的数据（如分类数据），孤立点的定义要特殊考虑。

孤立点挖掘的方法可以分为三类：统计学方法，基于距离的方法和基于偏移的方法。注意，当聚类算法将孤立点作为噪声剔除时，它们可以被修改，包括孤立点探测作为执行的副产品。一般说来，用户必须检查以确定由这些方法发现的每个孤立点均是事实上的孤立点。

(1) 基于统计的孤立点检测。统计方法对给定的数据集合假设了一个分布或概率模型（例如一个正态分布），然后根据模型采用不一致性检验（discordancy test）来确定孤立点。该检验要求知道数据集参数（例如假设的数据分布）、分布参数（例如平均值和方差）和预期的孤立点数目。

(2) 基于距离的孤立点检测。为了解决统计学方法带来的一些限制，引入了基于距离的孤立点概念。如果数据集合 D 中对象至少有 p 部分与对象 o 的距离大于 d，则对象 o 是以 p 和 d 为参数的基于距离的孤立点，即 DB (p, d) 离群点。换句话说，不依赖于统计检验，可以将基于距离的孤立点看作是没有"足够多"邻居的对象，这里的邻居是基于距给定对象的距离来定义的。与基于统计的方法相比，基于距离的孤立点检测拓广了多个标准分布不一致性检验的思想。基于距离的孤立点检测避免了过多的计算，而大量的计算正是使观察到的分布适合某个标准分布，及选择不一致性检验所需要的。

对许多不一致性检验来说，如果一个对象 o 根据给定的检验是一个孤立点，那么对恰当定义 p 和 d，o 也是一个 DB (p, d) 孤立点。例如，如果离均值偏差 3 或更大的对象认为是孤立点，那么这个定义能够被一个 DB (0.9988, 0.13σ) 孤立点所概括。目前已经开发了若干高效的挖掘基于距离的孤立点的算法，概述如下：

(a) 基于索引的算法。给定一个数据集合，基于索引的算法采用多维索引结构（例如 R 树或 k-d 树），来查找每个对象。在半径 d 范围内的邻居。设 M 是一个孤立点的 d 邻域内的最大对象数目。因此，一旦对象 o 的 $M+l$ 个邻居被发现，o 就不是孤立点。当数据集的维数增加时，基于索引的算法具有良好的扩展性。

(b) 嵌套—循环算法。嵌套—循环算法和基于索引的算法有相同的计算复杂度，但它避免了索引结构的构建，试图最小化 I/O 的次数。它把内存的缓冲空间分为两半，把数据集合分为若干个逻辑块。通过精心选择逻辑块装入每个缓冲区域的顺序，I/O 效率能够改善。

(c) 基于单元（cell-based）的算法。为了避免 O (n^2) 的计算复杂度，为驻留内存的数据集合开发了基于单元的算法。在该方法中，k 维数据空间被划分为边长等于 $d/$ (2sqr (k)) 的单元。每个单元有两个层围绕着它。第一层的厚度是一个单元，而第二层的厚度是 [2sqr (k) - 1]。该算法逐个单元地对孤立点计数，而不是逐个对象地进行计数。对一个给定的单元，它累计三个计数——单元中对象的数目，单元和第一层中对象的数目，及单元和两个层次中对象的数目，这些计数分别称为 cell-count，cel+1layer-count，cell+2layers-count。设 M 是一个孤立点的 d 邻域中可能存在的孤立点的最大数目，基于单元的算法步骤如下：

当前单元中的一个对象被认为是孤立点，当且仅当 cell+1layer-count 小于或等于 M。如果这个条件不成立，那么该单元中所有的对象可以从进一步的考察中移走，因为它们不可能是孤立点。

如果 cell +2layers − count 小于或等于 M，那么单元中所有的对象被认为是孤立点。否则，如果这个计数大于 M，那么单元中的某些对象有可能是孤立点。为了探测这些孤立点，逐个对象加以处理。对单元中的每个对象 o，o 的第二层中的对象被检查。对单元中的对象，只有那些 d 邻域内有不超过 M 个点的对象是孤立点。一个对象的 d 邻域由这个对象的单元、它的第一层的全部和它的第二层的部分组成。

一个该算法的变形是关于 n 呈线性的，确保不会要求对数据集合进行超过三遍的扫描。它可以被用于大的磁盘驻留的数据集合，但对于高维数据不能很好地伸缩。

基于距离的孤立点探测要求用户设置参数 p 和 d，而寻找这些参数的合适设置可能涉及多次的试探。

（3）基于偏离的孤立点检测。基于偏离的孤立点检测（deviation—based outlier detection）不采用统计检验或基于距离的度量值来确定异常对象。相反，它通过检查一组对象的主要特征来确定孤立点。

"偏离"的对象被认为是孤立点。这样，该方法中的偏离（deviation）典型地用于指孤立点。基于偏离的孤立点探测的常用技术有两种：第一种顺序地比较一个集合中的对象；第二种采用了一个 OLAP 数据立方体方法。

2. 时序演变分析。数据的时序演变分析（temporal evolution analysis）是针对事件或对象行为随时间变化的规律或趋势，并以此来建立模型。它主要包括时间序列数据分析、序列或周期模式匹配和基于相似性的数据分析。例如，对股票市场交易数据进行时序演变分析，则可能得到这样的规则：若 AT&T 股票连续上涨两天且 DEC 股票不下跌，那么第三天 IBM 股票上涨的可能性为 75%。

文本数据涉及事件、对象、时间及地点等一般的关系，已在人们的记忆里形成了一些固定的范畴和关系结构，发掘这些结构就可以发现文本数据所反映的事物变化的时间顺序，以此作为理解文本的一条重要线索。这就是文本数据的时序分析。

3. 预测分析。预测分析是根据客观对象的已知信息，运用各种定性和定量分析理论与方法，对事物在将来的某些特征、发展状况的一种估计、测算活动。预测学的出现不是孤立的，它是在人类社会生产力和科学技术日益发达的基础上应运而生的，它与其他学科诸如经济学、数学、系统工程学、统计学、计算机技术等都有密切关系。预测分析理论很多是这些学科理论的应用、延伸和发展。它的方法很多是借助于其他早已成熟学科的成果。预测分析法，据不完全统计，现在大约有130多种，常用的就有数十种。常用的可分三大类：（1）定性预测法。包括特尔菲法、专家会议法、岗位分析法等。（2）数学模型法。包括回归模型法、时序模型法、动态需求系统数等。（3）模拟模型。包括交互影响模拟技术法、数字模拟仿真法。在实际的预测工作中，可根据科研的实际情况选择恰当的方法，亦可多种方法同时运用。

三、数据挖掘智能化关键技术

在以语义 Web 为代表的泛在知识环境下，本体和语义分析处理技术与数据挖掘技术的融合，提高了挖掘理论与技术水平，逐步从语法层面深入到语义层面的知识挖掘。目前，有效的智能化数据挖掘技术主要有文本挖掘、本体学习、语义分析、语义推理和智能检索与搜索。

（一）文本挖掘

由于信息技术和互联网技术的迅猛发展以及大量文本数据的存在，文本挖掘成为数据挖掘或知识发现领域的一个热点研究方向。

文本挖掘（Text Mining，TM），也称文本数据挖掘（Textual Data Mining）或文本知识发现（Knowledge Discovery in Text），是一个从大规模文本数据中抽取事先未知的、可理解的、最终可用的知识的过程。文本挖掘是数据挖掘的一个分支，直观地说，当数据挖掘的对象完全由文本这种数据类型组成时，这个过程就称为文本挖掘。文本挖掘也称为文本数据挖掘或文本知识发现，文本挖掘的主要目的是从非结构化文本文档中提取有趣的、重要的模式和知识。可以看成是基于数据库的数据挖掘或知识发现的扩展。

文本挖掘的基本思想是首先利用文本切分技术，抽取文本特征，将文本数据转化为能描述文本内容的结构化数据，然后利用聚类、分类及关联分析等数据挖掘技术，形成结构化文本，并根据该结构发现新的概念和获取相应的关系。

由于文本挖掘必须处理那些本来就模糊而且非结构化的文本数据，所以它与多个研究领域有着非常密切的联系，如信息检索、信息过滤、自动摘要、文本聚类、文本分类、自然语言处理、人工智能、机器学习、模式识别、统计学、可视化等。文本挖掘的过程一般包括文本准备、特征标引、特征集缩减、知识模式的提取、知识模式的评价、知识模式的输出等过程，如图2-1所示。

图2-1 文本挖掘的流程

（1）文本准备阶段是对文本进行选择、净化和预处理的过程，用来确定文本型信息源以及信息源中用于进一步分析的文本。具体任务包括词性的标注、句子和段落的划分、信息过滤等。

（2）特征标引是指给出文本内容特征的过程，通常由计算机系统自动选择一组主题词或关键词可以作为文本的特征表示。

（3）特征集缩减就是自动从原始特征集中提取出部分特征的过程，一般通过两种途径：一是根据对样本集的统计分析删除不包含任何信息或只包含少量信息的特征；二是将若干低级特征合成一个新特征。特征集包含过多的特征会增加挖掘的难度。因此，需要在不影响挖掘精度的前提下减少特征项的个数。

（4）知识模式的提取是发现文本中的不同实体、实体之间的概念关系以及文本中其他类型的隐含知识。

（5）知识模式评价阶段的任务是从提取出的知识模式集合中筛选出用户感兴趣的、有意义的知识模式。

（6）知识模式输出的任务是将挖掘出来的知识模式以多种方式提交给用户。

（二）本体学习

目前，国外在该方向的研究很活跃，把相关的技术称为本体学习（Ontology Learning）技术，其目标是利用统计和机器学习等技术自动或半自动地从已有的数据资源中获取期望的本体。由于实现完全自动的知识获取技术还不现实，所以，整个本体学习过程是在用户指导下进行的一个半自动的过程。

也可以用本体完善（Ontology Enrichment）、本体挖掘（Ontology Mining）、本体抽取（Ontology Extraction）来表示这种半自动化的本体学习。

本体学习是一个跨学科的领域，许多方法被应用到这个半自动化的知识获取过程中，其中应用了自然语言处理、机器学习和知识表示等方法。

1. 本体学习分类。本体学习可从学习的数据源不同和学习基础的不同来进行不同分类。

根据本体学习的输入数据源不同，本体学习的类型可划分为基于文本、基于词典、基于知识库、基于半结构化数据模式和基于关系数据模式的本体学习。

（1）基于文本的本体学习。该方法是本体学习的主要方法和基本方法，也是本体学习的研究重点。它的方法主要有基于模式抽取、关联规则、概念聚类、本体修剪等。

（2）基于词典的本体学习。指从机读词典中抽取相关的概念与关系。Jannink[1]提出了从Webster's联机词典中抽取词间的上下位层次关系的算法，将词典数据转换为图结构以支持领域本体的生成。

（3）基于知识库的本体学习。指从已有的知识库中抽取转换构建本体。这类方法也可视为已有本体重用的方法。

（4）基于半结构化数据模式的本体学习。指根据预先定义好结构模式的数据源文档（如XML Schemas、DTD、RDF/RDFS等）进行学习。相关研究有：Papatheodorou等[2]运用数据挖掘方法从以XML或RDF描述的领域数据仓库中构建领域本体的分类关系；OntoLiFT工具可以捕获XML模式的语义，并将之转换为文本的概念和角色所对应的标记；OntoBuilder工具提供了帮助用户从XML和HTML标记的半结构化数据源中生成本体的功能。

（5）基于关系数据模式的本体学习。指从数据源的关系模式中进行本体学习。根据本体学习的基础不同可将本体学习分为基于原始语料的本体学习和基于已有本体的本体学习。

① 基于原始语料的本体学习。也就是从头开始构建一个新本体。系统中没有任何本体存在，计算机直接从大规模的语料中学习获取知识概念及其关系，进行自我组织，自动构建知识概念体系结构。主要方法有：统计方法、自然语言处理方法、机器学习、概念聚类等。

---

[1] J. Jannink. Thesaurus entry extraction from an on-line dictionary[C]. Proceedings of the Fusion'99,1999.

[2] C. Papatheodorou., A. Vassiliou, B. Simon. Discovery of ontologies for learning resources using word2based clustering[C]. Proceedings of the World Conference on Educational Multimedia,Hyper media & Telecom-munications,2002:1523-1528.

② 基于已有本体的本体学习。系统中已构建有本体，或通过获取外部本体，对这些本体进行集成、抽取、裁剪等，从而新建一个本体，或对已有本体进行更新维护。例如，利用 WordNet 通用本体来进行领域本体的扩展，或在多个领域本体间进行映射和合并。相关研究有：本体集成、本体合并、本体扩展、本体映射、本体精炼等。从多本体或大型本体中抽取子本体（Sub—Ontology）的方法已经受到研究者的关注。例如，澳大利亚的 Wouters 等[1]人在他们开发的 MOVE 系统中提出了从一个大型的本体库中抽取子本体的分布式框架和方法；国内苗壮等人提出了一个从多个 RDFS 本体抽取子本体的方法，该方法对于 RDFS 层次的领域本体抽取有一定的适用性，可快速有效地构建领域本体。

2. 本体学习任务。本体学习的主要任务在于获取概念和概念间的关系，除了这两个主要任务之外，还有其他方面。图 2-2 可以直观的表示出本体学习任务的各个方面及它们之间的层次关系。

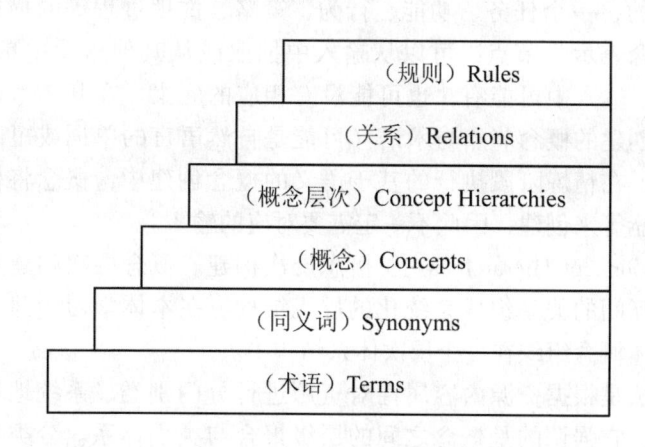

（规则）Rules
（关系）Relations
（概念层次）Concept Hierarchies
（概念）Concepts
（同义词）Synonyms
（术语）Terms

图 2-2　本体学习任务层次

（1）Terms——术语抽取。术语是专业领域中概念的语言指称。它在某一领域中使用，表示该领域内概念或关系的词语。术语可以是词，也可以是短语，是在特定学科领域用来表示概念的称谓集合。术语集是在特定的领域内具有简单或复杂语义的词或短语集合。从某种意义上讲，术语是领域知识在文本中的外在表现。

---

[1]　C. Wouters,T. Dillon,W. Rahayu,et al. Ontologies on the MOVE[C]. Proceedings of the DASFAA,2004:812-823.

（2）Synonyms——同义词识别。本体中的术语应当保持单义性。但是，术语中却存在许多同义现象，这严重影响了术语的使用。如"食盐"和"氯化钠"这两个术语，都表示一个氯原子和一个钠原子构成的化合物，它们是同义术语。经过同义词识别后，具有语义明确性和领域特征性的术语才能有利于领域知识的概念化。

同义术语的识别有准确性和系统性两个原则。准确性是指要选择能够确切地反映概念本质特征的术语。系统性是指在同一概念系统中，应当尽量保持术语协调和统一，要选择与系统中其他术语在概念和结构上协调一致的术语。

（3）Concepts——概念学习。概念学习主要是以自动或半自动化的方式从各种资源中获取期望的概念集合。

概念是知识的基本单元，是反映事物特有属性的思维单元。概念可以是任何所说的事情，可以是抽象的或具体的，基本的或复合的，真实的或假想的，一个任务、功能、行为、策略、推理过程等的描述。在本体中，概念表示为节点，可以从输入中抽取或从其他概念中精炼而来。换句话说，输入中可能有，也可能没有相应的元素。在基于术语的概念获取中，创建的概念节点与术语（可能是自然语言的单词或短语）相对应。然而，在精炼阶段执行的基于语义的概念创建中，概念将根据它的特征和功能等来创建，因此不一定需要对应的输入。

（4）Concept Hierarchies——概念层次构建。概念层次构建是指将概念按照相互间的关系组成系统化的层级结构。在本体学习中建立分类法可以将本体概念组织在一个层次体系结构中。

分类法是根据资源内容属性对资源进行分门别类、系统地组织和揭示的方法，它强调的是概念之间的层级聚合与类别体系。分类法是使语义网络更加智能的重要方法，它有利于语义网络环境下机器交流。分类法的体系等级结构可以看作逻辑结构，从而帮助计算机对概念的理解。因此，一个成熟的分类法有助于本体中概念间关系的表达。

（5）Relations——关系学习。关系学习主要是以自动或半自动化方式从各种资源中获取概念间的关系集合。

概念关系可以分为分类关系和非分类关系：（a）分类关系。分类法被广泛用来本体知识的组织，通过单/多重继承，采用通用/专门关系来实现。尽管一些文献认为上下位关系和部分整体关系也是分类关系，大多数分类关系学习系统只学习上下位关系，即概念的集成关系，用"Is—A"来表示。（b）非分类关系。非分类概念关系指除了 Is—A 关系外的其他关系，如：同义关系（Synonymy），部分整体关系（Part—Whole），反义关系（Antonymy），属性关系（Attribute—of），因果关系（Causality）和其他关系。

（6）Rules——规则发现。规则发现主要是以自动或半自动化方式从各种资源中获取各种约束条件，也包括永真的约束——公理。

在数据库中，可以利用数据库良好的定义结构来获取一些简单的规则。例如，如果数据库中的某个属性具有"Not Null"约束，则可以得到在本体中相应的关系在其对应类中的基数为1。除此之外，还可以通过发现属性间的依赖关系来获取规则。例如，假设数据库模式满足3NF，如果存在两个表T_i和T_j都具有属性A，且A不是T_i的主码，满足T_i表中的属性A包含依赖于T_j表中的属性A，则可以将A映射成一个对象属性P，且P的域和范围分别是表R_i和R_j对应的类。该规则表明：如果关系中的某个属性只是用来描述两个关系之间的参照关系，那么可以将其映射成本体中的一个对象属性。

伊朗的Hasti系统可以在受限状态下学习公理。它将有条件地转换显式公理，并量化自然语言句子为知识交换语言中的公理逻辑形式。目前Hasti和Text2Onto正在扩展其功能，使它能从文本中学习隐含的公理。

由于人们对期望本体的理解不可能完全相同，而且人们的研究目的和研究水平也不尽相同，因此对本体学习任务定义也会略有差异。总体而言，绝大多数的本体学习系统都支持本体学习两个最基本任务：领域概念的学习和概念间关系的学习。但对于更为复杂的本体学习任务的处理能力就不尽相同了。领域概念学习结果和概念间关系学习的结果共同构成了领域本体学习的基础。

分析这六个本体学习任务不难看出：术语抽取、同义词识别和概念学习属于抽取概念的过程；概念层次构建、关系学习和规则发现是获取概念间各种关系的过程。概念学习和概念间关系学习是本体学习任务的主要方面，也是文中所要重点研究的对象。

3. 本体学习方法。

（1）IDEF5法。IDEF（Integrated DEFinition Method）法是美国KBSI公司（Knowledge Based Systems, Inc.）开发的用于描述和获取企业本体的方法。IDEF的概念于20世纪70年代提出，已发展成为一个系列。1981年美国空军公布的ICAM（Integrated Computer Aided Manufacturing）工程中首次使用了IDEF法。

IDEF5使用两种本体语言——图表语言和细化说明语言来支持本体开

发，其优势在于：使用图表语言虽然表达能力有限，但直观、易理解；而细化说明语言是一种具有很强表达能力的文本语言，可把隐藏在图表语言内的深层次信息描述清楚，从而弥补图表语言的不足。IDEF5 构建知识本体包括以下五个步骤：ⓐ定义目标、组织人员。确定本体建设项目的目标、观点和语境，组织建设小组，并为组员分配角色。ⓑ数据收集。收集本体建设需要的原始数据。ⓒ数据分析。分析数据，为抽取本体作准备。ⓓ初始化的本体建立。从收集的数据当中建立一个初步的本体。ⓔ本体的精炼与确认。完成本体的建设过程。

IDEF5 方法提供了一种结构化的方法，利用该方法，领域专家可以有效地获取关于客观存在的概念、属性和关系，并将它们形式化，作为知识本体的主要架构。

（2）Enterprise 法。Enterprise 项目是英国政府为了促进组织管理变革而进行的一个知识系统项目。此项目由爱丁堡大学人工智能研究所（Artificial Intelligence Applications Institute，AIAI）和 IBM 等合作完成。在此过程中，Mike Uschold 和 Micheal Gruninger 提出了本体构建的 Enterprise 法，包括5个步骤：ⓐ确定本体应用的目的和范围。根据所研究的领域或任务，建立相应的领域本体或过程本体，领域越大，所建本体越大，因此需限制研究范围。ⓑ本体分析。定义知识本体所有术语的意义及术语间的关系，该步骤需要学科专家参与，对该领域越了解，所建知识本体就越完善。ⓒ本体表示。一般用语义模型表示知识本体。ⓓ本体评价。建立本体的评价标准是清晰性、一致性、完善性、可扩展性。清晰性就是本体中的术语应被无歧义的定义；一致性指的是术语之间关系逻辑上应一致；完整性是指本体中的概念及关系应是完整的，应包括该领域内所有概念，但很难达到，需不断完善；可扩展性是指本体应用能够扩展，在该领域不断发展时能加入新的概念。ⓔ本体建立。对所有知识本体按以上标准进行检验，符号要求的以文件形式存放，否则转回步骤ⓑ，如此循环往复，直至所有步骤的检验结果均达到要求为止。

（3）TOVE 法。TOVE（Toronto Virtual Enterprise）法是多伦多大学企业集成实验室（Enterprise Integration Labratory，EIL）的 Micheal Gruninger 和 Mark Fox 等人研制，目标是用于构造虚拟企业的本体。TOVE 本体包括企业设计本体、工程本体、计划本体和服务本体。他们设计了一套创建和评价本体的方法"Enterprise Modeling Methodology"，其流程：ⓐ设计动机。定义直接可能的应用和所有解决方案。提供潜在的非形式化对象和关系的语义表示。ⓑ非形式化的系统能力问题。将系统"能够回答的"

问题作为约束条件，包括系统能解决什么问题和如何解决。这里的问题用术语表示，答案用公理和形式化定义回答，由于是在本体没有形式化之前进行的，所以又称之为非形式化的系统能力问题。ⓒ术语的形式化。从非形式化能力问题中提取非形式化的术语，然后用本体形式化语言进行定义。ⓓ形式化的系统能力问题。一旦知识本体内的概念得到了定义，系统能力问题就脱离了非形式化，演变为形式化的能力问题。ⓔ形式化公理。用一阶谓词逻辑表示术语定义及约束所遵循的规则。ⓕ完备本体。调整问题的解决方案，从而使本体趋于完备。

（4）METHONTOLOGY法。METHONTOLOGY法是专门用于构建化学本体（有关化学元素周期表的本体），它是马德里大学理工分校在开发人工智能图书馆时使用的方法。其基本流程如下：ⓐ管理阶段。这个阶段的系统规划包括任务的进展情况，需要的资源。如何保证质量等问题。ⓑ开发阶段。这个阶段可以分为规范说明、概念化、形式化、执行以及维护5个步骤。ⓒ维护阶段。包括知识获取、系统集成、评价、文档说明、配置管理5个步骤。用这种方法开发的知识本体有：ⓐ（Onto）2Agent。它是基于知识本体的Web代理，是使用参考本体作为知识源，在一定的约束条件下进行新知识获取的工具。ⓑChemical Ontology。它是基于知识本体的化学教育代理，允许学生在学习的基础上自测本身在该专业领域内所达到的水平。ⓒOntogeneration。它使用化学领域本体和语言本体来生成西班牙语的描述，并把这些描述作为对学生关于化学领域问题查询的答案。

（5）七步法。七步法是斯坦福大学医学院的生物医学信息研究中心在开发本体构建软件Protégé时与此匹配的本体建设方法，主要用于领域本体的构建。这七个步骤分别是：确定本体的专业领域和范畴；考查复用现有本体的可能性；列出本体中的重要术语；定义类和类的等级体系；定义类的属性；定义属性的分面；创建实例。

（6）SENSUS法。SENSUS法是开发用于自然语言处理的Sensus Ontology的方法路线，由美国南加州大学信息科学研究所研制开发。研发小组旨为机器翻译提供广泛的概念结构。目前，Sensus Ontology共包括电子科学领域的7万多个概念。构造Sensus Ontology的方法路线如下：ⓐ定义"叶子"术语（暂时还不属于Sensus Ontology的术语）。ⓑ用手工方法把叶子术语和Sensus术语相连。ⓒ找出叶子节点到Sensus根节点的"路径"。ⓓ增加和Sensus Ontology中的域相关并且没有出现在Sensus Ontology的概念。ⓔ用启发式思维找出全部的特定领域的术语：某些有两条以上路径经过的节点必是一棵子树的父节点,那么这棵子树上的所有节点都和该领域相关,是要增加的术语。对于高层节点通常有多条路径经过,则很难判断。

比较以上各种方法,它们的优缺点见表2-1。

表2-1 各种本体构建方法的比较

本体构建方法	优 点	缺 点
IDEF5法	提供两种互补的语言形式;IDEF家族中其他方法与之相辅相成	没有每一步的具体方法
ENTERPRISE法	构建框架和各阶段的指导方针有参考价值;要求文档化;有本体评估的步骤	没有文档化过程和具体的步骤说明
TOVE法	提出本体获取的新方法;明确提出了需求问题;提出了"完备性定理"	没有文档化过程和具体的步骤说明
METHONTOLOGY法	适合开发大型本体;有本体评估的步骤;率先提出"撰写规格说明书";详细描述了相关工具和知识来源、知识获取方法	没有具体的本体评估方法;没有明确的提出文档化过程
七步法	方法的适用范围较广;采用手工交互操作与系统自动分析相结合的办法;方法描述详细	不是真正的生命周期方法
SENSUS法	方法比较简单易操作,由该方法构建的本体应用于多个领域	方法的成熟度不强,不符合工程管理思想

出于对各自问题域和具体工程的考虑,本体学习的过程也是各不相同的。由于没有一个标准的本体学习方法,不少研究人员出于指导人们本体学习的目的,从实践出发,提出了不少有益于构造本体的标准,其中最有影响的是Gruber于1995年提出的5条规则:[1]

①明确性和客观性。本体应该用自然语言对所定义术语给出明确的、客观的语义定义。

---

[1] T. R. Gruber. Toward Principles for the Design of Ontologies Used for Knowledge sharing[J]. International Journal of Human Computer Studies,1995,43(5):907-928.

②完全性。所给出的定义是完整的，完全能表达所描述术语的含义。

③一致性。由规则得出的推论与本体的知识是相容的，不会产生矛盾。

④最大单调可扩展性。向本体中添加通用或专用的术语时，不需要修改其他的内容。

⑤最小约束。对待建模对象给出尽可能少地列出约束条件。

当前对构造本体的方法和方法性能的评估还没有统一的标准，还需要进一步研究。不过在构造特定领域本体过程中，有一点是得到公认的，那就是需要该领域专家的参与。

4. 本体学习工具。目前，具有代表性的本体学习工具有以下几种：

（1）Text2Onto。Text2Onto 是目前最有影响的开源本体学习工具，由德国卡尔斯鲁厄大学的 AIFB 研究所开发。该机构对本体学习研究成果较多，最为深入，影响最大。他们在 2000 年开发了最初的 TextToOnto 系统。2005 年，该研究所又对 TextToOnto 进行了重新设计开发，命名为 Text2Onto。

该软件的主要特点是可以支持从多种数据源中获取本体。目前，它已经可以做到从非结构化数据（纯文本）和半结构化数据（HTML，词典）中获取概念及其关系。对于从非结构化数据中学习本体，它使用加权的词频统计方法来获取概念，使用基于概念层次聚类法来获取分类关系，使用基于关联规则的方法来获取非分类关系；对于 HTML 数据，它先将其预处理成纯文本，然后利用基于非结构化数据的本体学习方法从中获取本体；对于词典，它使用基于模板的学习方法。系统能够处理德文和英文的数据源。系统采用数据驱动的数据变化发现方法，当数据源发生变化时，仅处理变化的数据集，重新进行本体学习，避免了对整个语料集从头进行处理。

系统主要包括四个组件：

①本体设计和管理组件。该组件提供了全面的本体管理能力和图形用户界面，支持用户手工构建本体过程。

②数据导入和处理组件。该组件包含了一系列技术，例如相关输入数据的发现、导入、分析和转换。其主要任务是产生一组预处理数据作为算法库组件的输入。其中，一个重要的子组件是自然语言处理系统。

③算法库组件。该组件提供多种数据抽取和维护算法。为了综合不同学习算法的结果，需要标准化的输出结果。因此，它为所有的学习算法提供一个标准的学习结果结构。如果几个抽取算法获得了同样的结果，这些结果将被混合在一起一次性展示给用户。该系统的最新版可抽取的

概念关系包括概念层次（类与子类）关系、部分与整体关系、同义关系、概念实例，是所有本体学习工具中抽取概念关系类型最多的之一。

④图形用户界面和管理组件。用户使用该组件与本体学习组件交互，选择相关数据源、参数、应用处理、转换技术和抽取机制，并浏览最终的结果。目前，该工具已经实现了从非结构化数据（包括纯文本）和半结构化数据（XML 数据和词典）中获取本体的技术。

（2）OntoLearn。[①] OntoLearn 是意大利罗马大学开发的一个基于文本的本体学习工具，利用自然语言分析和机器学习技术从文本中提取相关领域的术语，为构建本体得到合适的概念及概念间的关系。它采用 Missikoff 等人提出的方法，其主要特点是：将语义解释的方法应用到本体获取中，即首先使用基于语言学和统计的方法从一组文本集中抽取出领域相关的术语，然后使用通用本体中的概念对这些术语进行语义解释，从而确定术语之间的分类和其他语义关系。

该工具选择 WordNet 作为通用本体，使用 WordNet 中的概念对获取的术语进行语义解释，从而使得所构建的领域本体与 WordNet 具有明确的关系，而 WordNet 是使用最广泛的通用英语词汇数据库和英语词汇资源领域的标准，因此领域本体和 WordNet 之间的明确关系可以支持不同领域本体之间的互操作。

系统分三个过程：

①系统从应用领域中可利用的文本中提取领域术语，使用自然语言处理技术和统计分析技术来过滤他们，并通过在不同领域和不同文集中的对比分析来鉴定主要领域的术语。

②系统选用 WordNet 和 SemCor 词汇知识库，对获取的术语进行语义解释，然后根据分类学和语义关系将相关的概念生成一个领域概念森林，使用 WordNet 和诱导的学习方法提取概念间的关系。

③利用 WordNet 生成的领域概念森林创建一个经过净化的领域本体。

该工具包括五个主要的模块：

（a）候选术语抽取模块。用于从一组领域相关的文本集中抽取出构建领域本体所需的候选术语。

（b）领域术语过滤模块。利用一组领域无关的文档集，对候选术语过滤，获得领域术语。

---

① M. Missikoff, N. Roberto, V. Paola. Integrated Approach to Web Ontology Learning and Engineering[J]. Computer,2002,35(11):60－63.

(c) 语义解释模块。对获得的领域数据进行语义解释。

(d) 关系识别模块。可识别概念间的分类关系和近似关系，生成一个领域概念森林。

(e) 本体匹配模块。将获得的领域概念森林添加到正在构建的领域本体中的合适位置。

(3) Hasti。Hasti 是伊朗阿米尔卡比尔科技大学开发的一个本体学习工具，支持半自动的和完全自动的两种本体构建过程。它采用符号化启发式的本体学习方法，即一种包含了逻辑推理、语言学、模板驱动和语义分析方法的混合本体学习方法。

Hasti 从波斯语文本中抽取词汇和本体知识，输入的是波斯语文本，而输出的是可扩展的词典和本体。使用 Hasti 进行本体学习的主要过程是：使用一个初始的核心本体，然后基于该核心本体自动地从纯文本中获取新的概念、关系和公理，从而不断地扩充这个初始的核心本体。它是为数不多的一个能够获取本体公理的工具。需要注意的是，它使用的这个核心本体是领域独立的，其中包括很少量的手工定义的概念、分类关系、非分类关系和公理。使用该核心本体的主要目的是便于对一些新获取的概念、关系和公理在本体中进行预定位。

在 Hasti 中，输入的文本转化成本体和词典需要经过五个步骤，分别是：形态学分析和语法分析，提取新单词的特征；建立句子的结构；提取概念和关系知识；将初始的概念增加到本体中；本体重组。

该工具包括六个组件：

① 自然语言处理器。用于分析输入的文本，并将结果写入工作内存（工作内存是其他功能模块相互交流结果的地方）。

② 工作内存管理器。用于管理工作内存中的操作。

③ 知识抽取器。负责从句子中获取知识。

④ 知识库管理器。负责管理系统中的词典、本体和规则库。

⑤ 词典管理器。负责管理词典中的知识，即可以添加新词，更新和检索已有的词。

⑥ 本体管理器。根据知识抽取器的结果来更新本体。目前，该系统已基本实现了从波斯语文本中获取本体。

Hasti 将多种本体学习方法应用到不同的组成部分。基于语言学的方法应用在自然语言处理器中，它执行语素的构造分析，处理输入的文本并抽取案例角色；逻辑方法应用在知识抽取器的推理引擎中，它执行一些知识库上的逻辑推理来推导出新知识（概念之间的新关系和新定理），还可以通过关系的某些属性发现相关的单词；语义分析方法应用到知识抽取器和本体管理器中。学习方法中还使用了启发式学习来减少假设空间，消除不确定性。因此 Hasti 使用的是一种启发式、混合的本体学习方法。

（4）OntoBuilder。OntoBuilder 是美国密西西比州立大学开发的一个自动的从 XML 和 HTML 中获取本体（包括概念及其关系）的工具。当使用它来获取本体之前，需要手工构建一个初始的领域本体；然后，在用户浏览包含相关领域信息的网站的过程中，该工具会为每个网站生成一个候选本体；最后，在用户的参与下将这些候选本体与初始本体合并。其中，使用的本体学习方法主要是词频统计和模式匹配（包括子串匹配、内容匹配、词典匹配）。

该工具包括三个主要的模块：

①用户交互模块。它由 HTML 分析器和一个可视化的交互模块组成。用户使用该模块访问感兴趣的一组 Web 网站，并且为整个系统提供反馈信息。HTML 分析器通过分析用户访问过的站点生成一个 DOM 树。通过该过程，输入页面中的"噪声"标签（例如格式标签 <font> 和脚本标签 <script>）被删去。

②观测器模块。它由 DOM 分析器、导航模块、表格浏览器、HTML 元素浏览器和 HTML 浏览器组成。该模块负责搜集用户交互过程中的信息，并传给本体模块来创建一个目标本体或对候选本体进行调整。其中，DOM 分析器识别 DOM 树中的元素，并将信息传给导航模块。这样，当用户在抽取本体的时候就可以通过导航模块来浏览和查询相关的 Web 站点。表格浏览器、HTML 元素浏览器和 HTML 浏览器都是为了便于用户浏览。

③本体模块。它通过使用一系列的统计方法和匹配过程（包括子串匹配、内容匹配、词典匹配）构建本体。

使用者通过使用者交互模块与系统交互，访问一系列感兴趣的网站并将信息反馈给系统。在观测模块中，收集了使用者交互阶段的信息，这些信息提供给本体模块，为创建目标本体或将一个候选本体完善成目标本体，该模块应用了词频统计和模式匹配方法执行它的功能。该系统也有使用者的编辑词典，一旦本体被创建，这个词典将随着信息自动更新。

OntoBuilder 提供了一个较容易创建本体的环境，并提供了方便使用者的交互界面。它的最大优点就是在解析过程中表现的自动性，语义的异构，包括同义词和设计者的错误，都能突出地显示出来，而且在确定正确的映射情况下能够选择最佳结构。OntoBuilder 是从半结构化数据中获取本体，但它支持的数据源只有 XML 和 HTML，在整个学习过程中都需要人工帮助，而且在实际中，它并不适用于所有的网站。

（5）OntoLift。OntoLift 也是德国卡尔斯鲁厄大学开发的一个半自动的从半结构化数据（XML Schema，DTD）和结构化数据（关系数据库）中抽取轻量级本体的工具。对于这两种类型的数据源，它都采用基于映射规则的方法来获取本体。在系统实现中，从 XML Schema 和 DTD 中获取本体的部分是基于一个已有的工具——HMarfra。HMarfra 能够实现从 XML Schema 到本体的映射。然后，OntoLift 开发了一个从 DTD 到 XML Schema 映射的中间工具。这样，将这两个工具合并起来，就实现了从 XML Schema 和 DTD 中获取本体。从关系数据库模式中获取本体部分的实现是基于 Java JDBC 标准提供的接口，然后按照一定的命名规范，将数据库中的表名和属性名等信息转换为本体中的元素。

以上介绍了几种具有代表性的工具，还有许多特色的本体学习工具，目前对本体学习工具仍没有统一的评价标准。一般来说，本体学习工具之间的主要差别在于：

①源数据。本体学习工具可以处理的数据种类，例如纯文本、Web 页面、机器可读的词典等。

②学习方法。本体学习工具为了从源数据中获取本体所采用的主要方法，例如统计方法、机器学习方法和模式匹配等方法。

③学习目标。本体学习工具从源数据中学习到的知识，主要包括构建本体所需的概念、概念间关系和公理。

④支持的语种。本体学习工具可以处理的源数据的语言种类如表 2-2 所示。

表 2-2 本体学习工具总结

工 具	支持的数据源	目标和范围	学习技术	支持语言
Text2Onto	纯文本、字典、本体、半结构化数据、数据库	发现分类和非分类关系	统计方法、关联规则、修剪技术	英语 德语
OntoLearn	纯文本	丰富领域本体	自然语言处理、机器学习	英语
Hasti	纯文本	提取公理	基于语言学、基于概念聚类、基于模板、启发式本体学习	波斯语

续表

工 具	支持的数据源	目标和范围	学习技术	支持语言
OntoBuilder	半结构化数据	提炼现有本体	统计方法、匹配方法	英语
OntoLiFT	半结构化数据	抽取轻量级本体	基于规则映射	英语德语

这几种工具在获取概念、概念间关系和公理时所采用的具体技术见表2－3。

表2－3 学习方法总结

名 称	概 念	关 系	公 理
Text2Onto	词频统计	概念层次聚类法，关联规则，基于模板学习方法	——
OntoLearn	语言分析，词频统计	语义解释	——
Hasti	语言分析，启发式学习	概念聚类法，基于模板学习方法，启发式学习	基于模板的学习方法，启发式学习
OntoBuilder	词频统计，模式匹配	词频统计，模式匹配	——
OntoLiFT	概念映射、规则转换	关联规则	——

（三）语义分析

自然语言处理理论进展的另一个方面，是在1963年由语言学家Katz和Fodor作出的。他们在"一种语义理论结构"一文中详细说明了语义和句法之间差别，特别是提出了一种机理，据此一个句子的语义可以依据语义特征来分析。最初基于这概念去尝试实现一个程序的是Quillian，[1]时间是1966年（Quillian，1966）。他从一种语义记忆结构的概念，创造了一个程序TLC（TeachableLanguage Comprchcndcr）。

由语言学家Fillmore（1968）提出的格语法（Case Grammar），对于包含在语言的机械分析中的那些方面，被证明是特别有吸引力的。因为

---

[1] M. R. Quillian. Word Concepts: A theory and simulation of some basic semantic capabilities[J]. Behavioral Science, 1967, 24(12): 410-430.

在分析中句子可以标准化,并且在这种分析中,语义同句法相联系。[1]

语义分析要明确词典中词的含义,也分析来自句子上下文中的意思。语义学认为,许多语词的含义不止一个,但是我们能通过句子的其他词来确定其相应含义。有些词的含义完全依赖于上下文。这个层次的处理包括多义词的语义辨识(去除歧义),为查询词加上所有同义词的查询扩展等。词汇扩展可以从词汇源(如 WordNet 词表、UMLS 知识库)中获取,这里的难点是扩展的词汇要与查询词隐含的用户真实需求相一致。语义层次处理的另一用途是产生语义向量来表达查询和文献,但这要求为语义向量中的每个词汇确定明确的含义和语义类别。

格语法是语法体系深层结构中的语义概念。格语法认为在句子的深层结构中,每个名词组(NP)都与动词有特定的"格"关系——语法、语义关系。这种格不同于传统语法中的用名词词尾的变化表现的"主格"或主语、宾语等语法功能也没有对应关系。Fillmore 工作说明了两个重要问题。第一是说明了不同句子结构间的语义相似性原因;第二是句子生成可以通过使用限定关系词(格结构,Case frames)约束意味深长的句子。在 1969 年,Simmos 基于这一新观点,建立了一个程序,克服了第一代系统的某些固有缺陷,他提出了著名的语义网络理论,并对语义网络与一阶谓词演算的关系也进行了研究。

Schank 在进行句子机器分析研究时,非常重视深层面的语义表达,并创立了所谓概念从属理论(Conceptual Dependency Theory)。他引进格的概念,用直观而简明的图示方法描述复杂的表达(Schank,1973):[2]表达一个句子的语义并通过该句子作推理,所做主要工作是在概念记忆的性质上。概念记忆包括一种更广的参照结构,试图扩展到句子或段落,Wilks 在 1971 年斯坦福大学研制的英—法翻译系统同样也基于上述语义分析理论。

(四) 语义推理

语义推理是指利用客观事物或概念之间的语义关联知识和启发式知识,实现智能搜索的过程。概念之间、各种知识对象之间存在着各种复

---

[1] C. J. Fillmore. The grammar of hitting and breaking[J]. Journal of Lingnistics,1968,29(3):137-181.

[2] R. C. Schank. Identification of Conceptualizations underlying natural language[J]. Computer Models of Thought and Language. 1973,14(3):26-45.

杂的语义关联，利用这些关联知识可执行不同方式的语义推理，例如性质继承推理、默认推理、规则推理、联想推理等。

1. 语义继承推理。在知识表示中，框架表示法、语义网络表示法和本体表示法都是面向语义的结构表示法，它们将知识组织为层级结构，层次链表示事物或概念间最本质的等级关系，这种层次链提供一种把知识从某一层传递到另一层的途径。因此，这种层级结构具有性质继承特性，较低层对象元素从其祖先对象继承性质的过程，称为语义继承推理。例如框架方法，一个框架可表示一个具体对象或一概念，对象或概念的性质存储在框架槽中，低层框架可以继承其所有祖先框架的槽、槽值及附加过程。语义继承推理比通常的逻辑演绎方法（如逻辑定理证明或产生式规则演绎推理）执行要快得多。利用继承推理，可以推导出隐含的事实，实现语义继承检索。

槽值可以是确定值，或是默认值。在一些情况下，槽既没有确定值，也没有默认值，当需要检索槽值时，可使用一个附加过程求出槽值，这种过程称为"如果需要"（if-needed）过程。槽的确定值、默认值及求值的"如果需要"过程存储在适当层次的框架中，可被其所有子孙框架共享。因此，性质的继承方式有三种：值继承、默认值继承和"如果需要"过程继承。

（1）值继承。值继承就是继承确定的槽值，它可以是一个或多个值，这种类型的值存放在槽值侧面中。

（2）默认值继承。在某些情况下，当缺少关于某事物的具体信息时，可以根据常识性知识作一些假定。假定值具有相当程度的真实性，但又不十分确定，这种值称为默认值，并将它存放在槽的默认值侧面（Default Facet）中。这个默认值就可以被它的子孙框架继承。

（3）"如果需要"过程继承。在一些情况下，当检索某槽的值，而该槽为空时，可以从祖先框架继承一个 if-needed 附加过程产生槽的值，这种计算过程称为 if-needed 过程继承。该附加过程包含描述对象或专家知识的操作模式，如函数计算或演绎规则集合等。这种附加过程存放于较高层框架槽的侧面中。例如，每类和每台微型计算机的外存设备及外存容量是不同的，没必要对每个计算机对象都设置外存容量槽，可根据微型计算机的硬盘台数和每台硬盘的容量来计算总的外存容量，只需设计一个计算函数或过程供继承使用即可。

此外，有关槽值的插入、修改和删除的 if-added 和 if-deleted 过程，也可以被继承使用，实现对象或概念的语义内容的修改或重定义，解决不完全继承和例外情况的排斥继承问题。

在语义网络的层级结构中，允许一个结点有多个父辈结点，并能从这些父辈结点中继承性质，称为多重继承问题。在多重继承推理中，选择继承路径可使用以下几种策略：

（1）最短路径优先策略，即优先选择最短路径。

（2）子集优先策略，当对象间存在类属关系和实例关系，优先选择实例关系。

（3）枚举策略，枚举出所有可能的推理结果，这可能会产生矛盾的结论。

以上策略在大多数情况是有效的，但对于相同距离、相同性质的路径，尤其涉及冲突信息的问题，就不适用了。例如，假设史密斯先生是X党人士（赞成和平），又是Y党人士（反对和平），那么史密斯的信仰如何呢？这就是典型的菱形问题。处理这样的问题，如果系统任意选择其中一个就做出结论，或者不能产生结论，这样的结果不能正确地反映客观事物。事实上，正确的结论应该是反映所有相关信息的组合结果，并允许各种相关信息具有不同的重要性。解决复杂多重继承问题的有效方法之一是，将相关对象作为证据，并带有一个权值，表示证据的重要程度，然后组合所有相关的证据，可将继承推理处理为非精确推理。

2. 语义规则推理。资源对象或概念之间存在诸多语义关系，例如等级关系、等同关系、相似关系、相关关系、互操作关系等。这些语义关联知识的描述可以选择不同的知识表示方法，若使用规则方法表达，可以实现语义规则推理。此外，某些语义关系具有自反性、对称性和传递性，也可以用规则表示，以便执行语义规则推理。

例如，针对子类关系和子类与实例的等级关系，可以建立属性继承规则、属性值继承规则、默认继承规则、操作过程继承规则，还有自反性规则和传递性规则。

一些对象之间存在控制关系、互操作关系等动态知识，以及事件之间的因果关系和时序关系等，更适合用规则表达。

基于规则的正向推理算法如下：

（1）输入用户目标的语义表达；

（2）产生候选规则集；

（3）按优先级从候选集中选择一条规则；

（4）执行规则右边的行为或者产生新的结论；

（5）若用户目标得证或无新的事实，则结束，否则转（3）。

步骤（3）执行时，可能会遇到候选集为空的情况，此时有两种可能：
ⓐ规则的选择路径不正确，导致推理进入死端，需要回溯。
ⓑ所有的规则都不能求解，推理失败。

3. 语义网络推理。应用语义网络表示的知识结构，可以通过继承和匹配来实现问题求解。其推理步骤为：

（1）根据求解问题的要求构造一个语义网络片断，其中有些节点或弧的表示为空，用来反映待求解的问题。

（2）依据此语义网络片断到知识库中去寻找可匹配的语义结构，以获得所需要的信息。这种匹配一般不是完全的，具有不确定性，因此需要解决不确定性匹配问题。

（3）当问题的语义网络片断与知识库中的某一语义结构相匹配时，则与该网络相匹配的事实就是所求问题的解。

语义网络推理方法可用于实现概念、语义关联和语义结构知识的检索。

（五）智能检索与智能搜索

智能检索与搜索是大规模信息检索及搜索技术与人工智能技术结合的产物，是重要的智能信息处理技术，将其科学地融入知识挖掘过程之中，能够显著提高知识挖掘的大规模知识获取能力和挖掘质量。

1. 智能检索。情报专家 Sparck Jones 认为：[①] 所谓智能检索，就是能够在已有知识的基础上进行推理，从而为用户的信息需求确定一个相关文献集合。这个定义应用了人工智能的基本原理：智能 = 知识 + 推理。情报专家 Van Rijsbergen 认为：[②] 智能检索是一种似然推理，用 D 表示文献，用 R 表示信息需求，信息检索是建立 D→R 的可能性处理。该定义将检索看作似然推理（统计推理和不精确性推理），并指出文献与提问之间的不确定蕴含关系。这种不确定性依赖于表示文献内容的语义模式。证明文献与提问之间的逻辑蕴含，语义推理是核心问题。

智能检索的基本思想是：模拟人类的认知功能和智能活动（如推理、学习等），有效地利用一切知识源，尽快找到满足用户需求的信息知识。认知功能主要是人类的认知能力和认识思维方法。如前所述，钱学森教授认为人类思维一般分为抽象思维、形象思维和灵感思维。人类的思维

---

① J. Sparck. Intelligent Retrieval[C]. Proceedings of the 7th Informatics,1983:136 – 142.

② C. J. Van Rijsbergen. A new theoretical framework for information retrieval[C]. Proceedings of the 9th Annual International ACM SIGIR Conference,1986:194 – 200.

方法直接影响其智能活动。人类的智能活动包括智能感知、智能思维、智能行为，如推理、学习、语言理解等。检索处理中，凡需要人类专知才能解决的问题和任务，均可应用人工智能技术加以实现。因此，检索的子任务分为智能任务和非智能任务。从整体功能来看，智能检索能够应用人类的知识和知识处理技术来实现高效率、高质量的检索，知识检索就属于智能检索的范畴。智能检索能够处理各类用户（包括无经验用户）的各种信息需求问题（包括不完整的、模糊的问题等），推导和建立合适的需求模型；应用合适的检索策略和推理方法，尽快检索到最大可能满足用户需求的信息知识。

智能检索方法与知识表示方法直接相关。知识结构表示机制（如语义网络和框架等）提供了对象或概念间丰富的语义关系，利用语义关系进行搜索，可实现无规则链的语义推理检索，如联想检索、继承检索和分类检索；规则知识表示方法，可以利用检索专家的知识，实现规则演绎推理检索；基于谓词逻辑表示，可以执行逻辑演绎推理检索。但客观世界的大多数情况，应用严格逻辑描述是很困难的，因此，模糊逻辑受到人们重视。以可信度方法、模糊集合论、确定性理论和证据理论为基础的不精确推理，成为实现智能检索的重要技术。

智能检索模型如图2-3所示，它包含四个主要元素：用户需求、检索结果、检索推理机和知识库。这种检索模型是根据知识表示和推理的基本原理来实现知识检索的，其中的元素解释如下：

（1）用户需求：包括用户信息知识需求、偏好和对检索结果的要求等，可用自然语言、逻辑表达式或形式符号表达。

（2）检索结果：是检索的信息知识。

（3）检索推理机：它将信息检索技术与推理技术有机地结合起来，实现知识检索任务。检索策略与方法包括布尔检索、概率检索、相似检索和模糊检索。语义推理是指利用对象或概念之间的语义关系及启发式知识，实现智能检索的过程，例如联想检索、分类检索和继承检索。规则演绎推理是利用专家的规则知识进行推理。近似推理是指模糊推理或不精确性推理，三种常用的近似推理机是：基于确定性理论的MYCIN推理机、基于概率论的贝叶斯推理机和基于Dempster—Shafer证据理论的推理机。逻辑演绎推理是利用谓词逻辑进行推理。

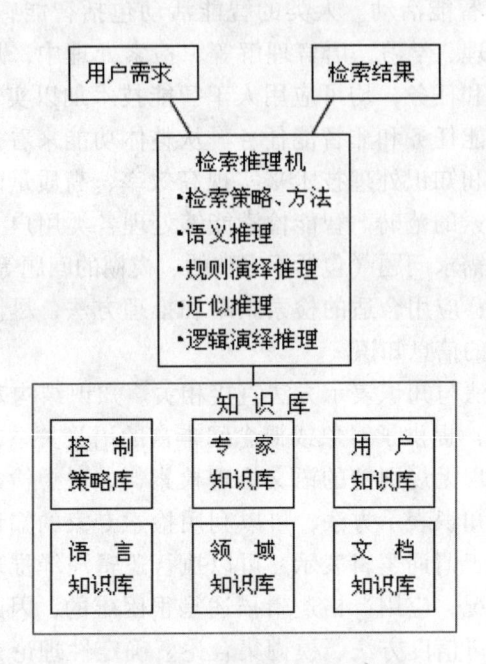

```
┌─────────────┐        ┌─────────────┐
│  用户需求    │        │  检索结果    │
└──────┬──────┘        └──────┬──────┘
       │                      │
    ┌──┴──────────────────────┴──┐
    │       检索推理机             │
    │  • 检索策略、方法            │
    │  • 语义推理                  │
    │  • 规则演绎推理              │
    │  • 近似推理                  │
    │  • 逻辑演绎推理              │
    └─────────────┬───────────────┘
                  │
    ┌─────────────┴───────────────┐
    │           知识库             │
    │ ┌──────┐ ┌──────┐ ┌──────┐  │
    │ │控 制 │ │专 家 │ │用 户 │  │
    │ │策略库│ │知识库│ │知识库│  │
    │ └──────┘ └──────┘ └──────┘  │
    │ ┌──────┐ ┌──────┐ ┌──────┐  │
    │ │语 言 │ │领 域 │ │文 档 │  │
    │ │知识库│ │知识库│ │知识库│  │
    │ └──────┘ └──────┘ └──────┘  │
    └──────────────────────────────┘
```

图2-3 智能检索模型

（4）知识库：表示知识库集合，其中：

●控制策略库包含系统控制策略、检索与推理策略等知识。

●专家知识库主要包含检索专家的信息组织和检索的策略、方法等理论知识和经验知识。

●用户知识库包括用户的需求、偏好、背景知识；用户的交互、检索行为知识；用户对检索机制和检索结果的反馈信息等。

●语言知识库存放信息系统所需要的语言学知识，主要是字典、词典和语法知识。它支持提问和文档的高级自然语言处理和自然语言会话能力。

●领域知识库包含应用领域的学科分类知识、元数据和专业概念知识等。

●文档知识库存储有关文档的各种知识信息，包含文档内容知识和文档之间的或元素之间的各种关系描述。

目前国外有许多关于本体在知识检索系统中的应用研究，也建立了一些比较成功的实验系统，比如OntoSeek系统、OntoWeb系统等等。与之相比，国内在这方面的研究才刚刚起步，相关的理论和技术都较为缺乏。

为此，我们设计开发了一个基于本体的知识检索系统原型——KRetrieval，它依据本体的基本原理组织和存储检索领域知识，并在此基础上实现动态启发式概念扩展算法和相关反馈，对情报学和人工智能两个领域的文献知识进行检索。（注：具体内容可参见张玉峰著的《智能信息系统》）

2. 智能搜索。

（1）搜索引擎。搜索引擎是指通过网络搜索软件或网站登录等方式，以一定的策略在互联网上搜集和发现信息，并将 Web 上大量网站的页面收集到本地，经过加工处理和组织，从而能够对用户提出的各种查询做出响应，提供用户所需的信息。

现代意义上的搜索引擎先驱应是 1990 年在蒙特利尔大学开发的基于 FTP 的文件查询系统 Archie。Archie 是第一个自动索引互联网上匿名 FTP 网站文件的程序，但它还不是真正的搜索引擎。三年后其 HTTP 版本 ALIWEB 发布。ALIWEB 可以根据网站主动提交的信息建立自己的连接索引，类似 Yahoo！。

1993 年 Matthew Gray 开发了 World Wide Web Wanderer，它是世界上第一个利用 HTML 网页之间的链接关系来监测 Web 发展规模的"机器人"程序，现代搜索引擎的思路正源于此。在 Matthew Gray 的工作基础上，不少人对其设计的"机器人"程序做了改进。其设想是，既然所有网页都可能有连向其他网站的链接，那么从一个网站开始，跟踪所有网页上的所有链接，就有可能检索整个互联网。到 1993 年底，一些基于此原理的搜索引擎开始纷纷涌现，其中最负盛名的三个是：Scotland 的 JumpStation、Colorado 大学 Oliver、McBryan 的 The World Wide Web Worm、NASA 的 Repository—Based Software Engineering（RBSE） spider。JumpStation 和 WWW Worm 只是以搜索工具在数据库中找到匹配信息的先后次序排列搜索结果，因此毫无信息关联度可言。而 RBSE 是第一个索引 Html 文件正文的搜索引擎，也是第一个在搜索结果排列中引入关键字串匹配程度概念的引擎。

1994 年 7 月，Michael Mauldin 创建了第一个现代意义上的搜索引擎——Lycos。同年，斯坦福大学的两位博士生 David Filo 和杨致远共同创办了 Yahoo！门户网站，并成功地使网络信息搜索的概念深入人心。由此揭开了搜索引擎大发展的序幕。

以 Lycos 为代表的这一批搜索引擎被称为第一代搜索引擎。这类搜索引擎的索引量都少于 100 万个网页，极少重新搜集网页并去刷新索引，而且其检索速度非常慢；在实现技术上也基本沿用较为成熟的信息检索、网络、数据库等技术，相当于利用已有技术实现的一个 WWW 上的应用。

自 1998 年起，搜索引擎的发展空前繁荣，一般称这一时期的搜索引擎为第二代搜索引擎，如 Google、百度等。在这一阶段，搜索引擎的索引数据库规模有所扩大；开始出现主体搜索和地域搜索等搜索方式；对检索结果展开相关度评价；开始使用自动分类技术；极大提高了搜索的质量和效率。这一阶段为搜索引擎的后续发展拓展了空间，同时极大提高了搜索的质量和效率。

随着搜索引擎的增加，1995 年出现了一种新的搜索引擎形式——元搜索引擎（或称为集成搜索引擎）。这类搜索引擎将用户的查询请求同时向多个独立搜索引擎递交，将返回的结果进行重复排除、重新排序等处理后作为检索结果返回给用户。元搜索引擎返回的检索结果信息量更大、更全，但用户需要做更多筛选。这类搜索引擎在一定程度上解决了独立搜索引擎对于某些检索请求的查询结果不够全面、准确的现状，但不能从本质上克服目录式搜索引擎和基于全文检索技术的搜索引擎所固有的弊端。目录式搜索引擎依靠专业人员对信息进行甄别和分类，信息准确、导航质量高，但由于不能深入网站的内部细节，容易导致信息丢失，并且由于人工编辑能力有限，常导致网站信息陈旧、数据库更新不及时等问题。而采用全文检索技术的搜索引擎信息量大，更新及时，无须人工干预，但由于不能区分同行异义以及不能联想到关键字，容易导致返回大量夹杂冗余信息的检索结果，且检准率低，用户必须从结果中进行筛选。

（2）智能搜索。智能搜索主要利用智能 Agent 技术，集成机器学习、数据挖掘等技术，能够实现智能化、个性化的搜索服务。利用智能 Agent 的学习性可以学习用户的特点，建立用户个性化模型，从而实现信息搜索的个性化过滤，获得符合用户需求的信息，提高搜索的查准率；利用 Agent 的主动性和面向目标性来实现自动检索目标信息、发现新的信息源并主动地提交给用户；利用智能 Agent 的协作性使系统的各个功能部分有效地组织起来，形成完整的智能搜索引擎系统。

智能搜索试图从语义上理解和索引 Web 文档，并根据用户的相关信息智能化地理解用户的信息需求，在系统实现上提供概念检索，而不是简单的字符串匹配。

在信息收集归类方面，除 Web 文档内容的关键词外，智能搜索还利用尽可能多的信息来标引文档，提供给用户尽可能多的检索方式，更重要的是系统能在语义层次上对 Web 文档内容进行理解并索引归类。

在处理用户需求方面，智能搜索能自动记录用户的各种需求，以建立用户档案库，并能收集、分析用户的反馈信息，根据用户的反馈来调整、更新用户档案库，以达到准确描述用户需求的目的。

在处理查询方面，智能搜索能使用自然语言处理、机器学习和信息推送等技术，为用户提供更加准确、可靠和方便的信息搜索服务。

智能搜索进行搜索时要构设知识库和用户档案库。知识库是对信息综合、提取、概括与分析后产生的知识集合，它提供智能搜索机制来理解、处理用户提问的资源标识。用户档案库则用来存储用户注册的基本资料、用户访问记录、用户兴趣偏好、用户访问行为等用户信息。智能搜索机制内部共设有语义理解、指令组织、访问登记、兴趣识别、信息过滤、信息加工、页面定制七大功能模块。在具体的搜索过程中，语义理解模块依据知识库提供的资源标识，对用户提问进行分析、推理，然后由指令组织模块发出 Http 请求的搜索指令，同时由访问登记模块对用户提问、定题需求等进行用户角色与信息行为登记，将用户的访问记录、兴趣爱好等信息传递给用户档案库保存起来。一旦产生新的信息资源，智能搜索机制便由兴趣识别模块激活，抽取用户的信息需求，进而由指令组织模块形成推荐推送服务的检索指令。在从网络信息库中搜索到相应的信息数据后，返回给智能搜索机制的信息过滤和信息加工模块进行过滤、排序、组织、加工，然后经页面定制模块定制信息页面，将检索结果或推送信息提供给用户使用。

智能搜索以用户需求为先导来进行信息搜集和信息加工，根据用户特定的需求及在一段时期内的偏好为衡量标准来筛选信息；用户界面提供友好的自然语言查询，当用户的查询请求不明确时，系统会利用知识库中的推理机制推断用户的潜在需求，选择与用户习惯最相近的需求进行检索；检索完成后允许用户对结果进行满意度和相关度评价，这些评价被传回给知识库，一方面修正用户的兴趣加以学习，另一方面完善信息加工和信息相关度匹配的规则，为下一次检索提供更可靠的保证。当用户提出查询请求时，智能搜索通过概念匹配，利用网络挖掘技术对 Internet 进行深层信息挖掘，能为用户提供个性化、专业化的信息检索服务。

①从字面匹配到概念匹配。现有的搜索引擎大多采用全文检索技术基于字面匹配的检索，检索过程即是对索引数据库中字面信息的匹配，由于目前网络信息的多样性和不规范性，这种单纯的字面匹配方式会导致错误匹配和虚假匹配，检索出大量冗余信息、误导和欺骗用户的信息；同时由于用户理解差异的存在，会导致使用某些关键词检索时得不到任

何信息。智能搜索引入概念匹配的检索方式,对关键词进行有效控制,可以实现智能检索。

概念匹配,也可称为语义检索、语义交互,是一种建立在信息的概念相关关系基础上的检索,它通过建立某种语义索引,对用户进行交互式的导航,从而实现信息的深度检索。基于概念检索的智能搜索引擎必须建立语义网络的相关知识库,在标引阶段,自动抽取文档中能表达内容的概念,将知识库标引为相应的概念或分类号;在检索阶段,对用户输入的检索词或提问式进行分析,取出其语义,有效识别用户的检索请求和相应概念,帮助用户选用合适的词语表达信息需求,再与标引库进行概念匹配,匹配在语义上相同、相近或包含的词语,从而检索出用户所需信息。

②从提供表层信息到挖掘深层信息。网络信息具有开放性、异构性、分布性、动态性、关联性等特点。而目前多数搜索引擎沿用传统的关系数据库处理信息的思想,适于处理静态的、结构化的信息,其检索功能只能向用户提供表层信息,只是为了帮助用户从大量的数字化资源中找到满足用户需要的信息。而越来越多的网络用户需要深入内容的信息处理技术,摆脱表层信息的干扰,对网络数据作更深层次的分析与挖掘,使信息按内容特性聚类,体现一定的知识性,并希望处理过程灵活、开放。智能搜索使用网络挖掘技术即能满足用户的这一需求。

网络挖掘主要是通过对网络内容提取索引项、进行聚类、自动分类、自动摘要、关联分析和趋势预测等来抽取知识,从网络的链接关系及组织结构中挖掘知识。利用网页的链接关系、文档的内部结构和信息源URL中的路径结构等信息,可实现网页归类,以利于实现智能导航,同时可对页面进行排序、分析,发现重要页面,从而提高检准率。

另外网络挖掘还可对用户访问网络时的信息和用户个人信息进行挖掘,从中可以得出用户的访问模式和访问兴趣,便于为用户提供个性化的服务,及为每个用户或具有同类信息需求的用户建立信息需求模型,以提高检索效率。

基于对网络知识和用户知识的深层次分析,智能搜索能够发现用户的需求并为用户提供相关性高、知识性强的信息。

③从满足表层需求到预测用户需求。索引式搜索通过关键词检索方式满足用户比较明确的检索目标,分类目录式搜索则通过帮助用户从分类角度查找信息,适用于用户没有明确的目标而只想通过浏览方式了解一定信息的情形。而智能搜索不但能满足用户提出的表层信息需求,还

能分析用户潜在的信息需求，预测用户的信息需求。

智能搜索通过与用户交互，获取用户信息，包括用户检索的学科领域、所需信息类型、信息用途、用户背景、用户领域知识等，以准确理解关键词的含义和用户的检索目标。例如，用户输入多义检索词后，根据用户模型中的专业知识信息或检索式中其他检索词类别，帮助用户推断关键词所在领域，将领域信息告诉用户，并允许用户选择或修改领域信息。

此外，智能搜索具有学习能力。它能在工作中自主地发现自己的不足，然后通过学习不断地扩展知识库，以适应不断变化的工作环境。智能搜索可以向其他智能系统学习，获得新知识并扩充知识库。同时，它可以记录下众多的用户数据来训练自己，跟踪并充分分析用户提过的问题，识别和预测用户的兴趣或偏好，在实践中自主更新知识。例如，用户使用搜索引擎检索信息时，会根据检索结果中简短的文档摘要的介绍来选择自己感兴趣的文档，并查看其详细内容。搜索引擎通过不断收集用户在文档上停留的时间、是否重复访问某文档、是否从该文档进一步访问其他链接到该页的文档等信息，可以发现一些与用户检索的关键词密切相关的网页。如果用户指示某次检索结果是成功的，则对每一个超链接代表用户兴趣的关键词加以注释，并存入知识库来实现"自我知识"的增长。

④从大众化服务到个性化、专业化服务。传统的搜索由于基于字面的简单匹配，对于所用用户的相同关键字的检索，都会返回相同的结果，忽略用户的真正需求及其专业性质，这种非个性化、非专业化的检索方式不能快速选定用户感兴趣的主题，缺少适应信息源变化的能力。而智能搜索则可以为用户提供个性化、专业化的服务，方便用户的检索。

智能搜索能实现信息的智能推拉，用户可以选择服务方式和资源，使检索结果更贴近用户需求，从而提高主动服务的能力，实现完善的个性化服务。信息推拉即信息的推送与拉取。服务器主动将信息发送给用户称为信息推送；用户主动搜索信息，服务器按用户需求发现个性化信息，称为用户信息拉取。例如，当搜索引擎发现与用户需求相关的信息时，通过电子邮件、电话、传真等方式，自动传送给用户所关心的信息、最新的信息，供用户选择使用。

智能搜索服务的个性化还体现在：用户能根据自己的需要，设置个性化选项。这样可以观察不同用户的行为，了解用户的检索风格，从而调整自身以适应用户的爱好和需求，满足用户的个人需要。个性化选项允许用户一定程度地改变所使用界面的布局，并扩展到能适应用户个人偏好，其选项包括用户希望优先考虑的信息源、信息类型、地域、语种、相关链接、网站的更多页面、网页大小、描述语、URL、连续访问同一服务器的最小间隔时间等。在检索结果处理方面，个性化选项可以按用户要求进行信息过滤、选择排序方式和检索结果。比如可选择匹配结果、相关链接、推荐链接，或直接返回权威结果等。总之，智能搜索的个性化选项有灵活的定制及修改机制，具备良好的适应性。

另外，专题性的智能搜索能查询特定学科和主题信息，它集中和优化某特定领域的全面而专深的信息，可以相对容易地实现文档的分析、处理和面向领域的知识库的建立，在该领域内向用户提供全面的、高质量的专业化信息，有效地提高检索结果的准确性、相关性，在满足用户的专业需求的同时，相对满足用户的个性化需求。

四、数据挖掘常用软件工具

目前，国外有许多研究机构、公司和学术组织从事数据挖掘工具的研究和开发。这些工具主要采用人工智能和统计技术，包括决策树、规则归纳、神经网络、回归分析、模糊建模及聚类等。数据挖掘工具相互间差别很大，不仅体现在关键技术上，还体现在运行平台、数据存取、应用领域等方面。

随着数据挖掘技术的日益发展，许多数据挖掘软件工具业已问世并取得了成功应用。根据应用领域和范围来划分，数据挖掘工具主要可分为两类：

1. 通用数据挖掘工具。通用数据挖掘工具不区分具体数据的含义，采用通用的挖掘算法，处理常见的数据类型，一般提供六种模式，集成了分类、可视化、聚类、概括等多种策略，并支持数据挖掘过程的各个步骤。例如，IBM 公司 Almaden 研究中心开发的 QUEST 系统，SGI 公司开发的 MineSet 系统，加拿大 SimonFraser 大学开发的 DBMiner 系统。通用数据挖掘工具可以做多种模式的挖掘，挖掘什么、用什么来挖掘都由用户根据自己的应用来选择。

2. 特定领域的数据挖掘工具。特定领域的数据挖掘工具针对某个特定领域的问题提供解决方案。在设计算法的时候，充分考虑到数据、需求的特殊性，并作了优化。对任何领域，都可以开发特定的数据挖掘工具。例如，IBM 公司的 AdvancedScout 系统针对 NBA 的数据，帮助教练优化战术组合；加州理工学院喷气推进实验室与天文科学家合作开发的

SKICAT 系统，帮助天文学家发现遥远的类星体；芬兰赫尔辛基大学计算机科学系开发的 TASA，帮助预测网络通信中的警报。特定领域的数据挖掘工具针对性比较强，只能用于一种应用；也正因为针对性强，往往采用特殊的算法，可以处理特殊的数据，实现特殊的目的，发现的知识可靠度也比较高。

目前，国外比较有影响的典型数据挖掘系统有：SAS 公司的 Enterprise Miner、IBM 公司的 Intelligent Miner、SGI 公司的 MinerSet、SPSS 公司的 Clementine、RuleQuest Research 公司的 See5、还有 CoverStory、EXPLORA、KnowledgeDiscovery Workbench、DBMiner、Quest 等。某些网站（如 http：//www.datamininglab.com）提供了许多数据挖掘系统和工具的性能测试报告。

下面简单介绍几种常用的数据挖掘软件工具：

（一）Enterprise Miner

Enterprise Miner 是由 SAS 公司开发的数据挖掘工具，也是目前市场上占有率较高的数据挖掘产品。它支持 SAS 统计模块，使之具有杰出的力量和影响，它还通过大量数据挖掘算法增强了那些模块。SAS 使用它的 SEMMA 方法学以提供一个能支持包括关联、聚类、决策树、神经元网络和统计回归在内的广阔范围的模型数据挖掘工具。SAS Enterprise Miner 设计被初学者和有经验的用户使用。它的 GUI 界面是数据流驱动的，且易于理解和使用。它允许一个分析者通过构造一个使用链接连接数据结点和处理结点的可视数据流图建造一个模型。另外，此界面允许把处理结点直接插入到数据流中。由于支持多种模型，所以 Enterprise Miner 允许用户比较（评估）不同模型并利用评估结点选择最适合的。另外，Enterprise Miner 提供了一个能产生被任何 SAS 应用程序所访问的评分模型的评分结点。

SAS Enterprise Miner 能运行在客户/服务器上或（计算机的外围设备）能独立运行的配置上。此外，在客户/服务器模式下，Enterprise Miner 允许把服务器配置成一个数据服务器、计算服务器或两者的综合。Enterprise Miner 被设计成能在所有 SAS 支持的平台上运行。该结构支持胖客户机配置（要求客户机上的完全 SAS 许可证）以及瘦客户机（浏览器）版本。

SAS Enterprise Miner 支持关联、聚类、决策树、神经元网络和经典的统计回归技术。在实际应用中它能够支持市场划分分析、分类、预测模型、顾客分析、计量经济时序的统计分析范围、运作研究和其他许多方面。

Enteprise Miner 为构造预测模型提供了大量选项。指定过程是在可视化编程环境中通过拖拉和按下动作完成的。大量的默认集使它能对初学者合适；为神经元网络的解释提供了日志文件和 SAS 源代码；支持两种评估模型的方法，即通过模型管理器或通过评估结点。模型管理器是从特定的模型分析输出结果的好工具。评估结点在评估模型的概况和健壮性方面很有用。两者都支持提升表、利润表、ROI 和别的指示器。

由于它在统计分析软件上的丰富经验，所以 SAS 开发出了一个全功能、易于使用、可靠和易于管理的系统。模型选项和算法所覆盖的广阔范围、设计良好的用户界面、现存数据商店的能力和在统计分析市场所占的巨大份额（允许一个公司获得一个增加的 SAS 部件而不是一个新的工具）都可能使 SAS 在数据挖掘市场上取得领先位置。总的来说，此工具适合于企业在数据挖掘方面的应用以及 CBM 的全部决策支持应用。

（二）Intelligent Miner

Intelligent Miner 是由 IBM 公司开发的实用挖掘工具之一。它提供专门在大型数据库上进行各种挖掘的功能，采用了多种统计方法和挖掘算法，主要有：单变量曲线，双变量统计，线性回归，因子分析，主变量分析，分类，分群，关联，相似序列，序列模式，预测等。它能处理的数据类型有：结构化数据（如：数据库表，数据库视图，平面文件）和半结构化或非结构化数据（如：顾客信件，在线服务，传真，电子邮件，网页等）。Intelligent Miner 通过其独有的世界领先技术，例如自动生成典型数据集、发现关联、发现序列规律、概念性分类和可视化呈现，可以自动实现数据选择、数据转换、数据挖掘和结果呈现这一整套数据挖掘操作。若有必要，对结果数据集还可以重复这一过程，直至得到满意结果为止。它采取客户/服务器（C/S）架构，并且它的 API 提供了 C++ 类和方法。

IBM DB2 Intelligent Miner for Data 提供了一套分析数据库的挖掘过程、统计函数和查看、解释挖掘结果的可视化工具。它可以从企业数据集中验证并析取高价值的商业知识，包括大量交易数据的销售点，ATM（Automatic Teller Machine），信用卡，呼叫中心，或电子商务应用。分析家和商业技术专家能够发现那些隐藏的、用其他类型的分析工具无法洞察的模式。Intelligent Miner 提供了基本的技术和工具来支持挖掘过程，同时还提供了应用服务支持定制应用的发展。

IBM DB2 Intelligent Miner for Text 允许企业从文本信息中获取有价值的客户信息。文本数据源可以是 Web 页面、在线服务、传真、电子邮件、Lotus Notes 数据库、协定和专利库。它扩展了 IBM 的数据采集功能，可以从文本文档和数据源获取信息。其功能包括识别文档语言，建立姓名、用语或其他词汇的词典，提取文本的涵义，将类似的文档分组，并根据内容将文档归类。新版本中还包括一个全功能的先进文本搜索引擎和非常高效的 Web 文本搜索功能。系统支持的服务器平台包括 AIX 和 Windows NT、OS/390 和 Sun Solaris。

IBM DB2 Intelligent Miner Scoring 使实时数据挖掘分析成为可能。它可以在交易发生时，不管是在商业智能、电子商务，还是联机处理领域的应用，直接对交易进行挖掘。作为 DB2 通用数据库的一个组件，它还可以使企业依据既定的标准对自己的客户进行归类。IBM DB2 Intelligent Miner Scoring Service 直接将数据挖掘技术集成为相关的数据库管理系统，满足了应用程序开发、配置的快速增长，使应用程序速度更快。

Intelligent Miner 的不足之处是连接 DB2 以外的数据库时，如 Oracle、SAS、SPSS 需要安装 DataJoiner 作为中间软件。

（三）Clementine

Clementine 是 ISL（Integral Solutions Limited）公司开发的数据挖掘工具平台。1999 年 SPSS 公司收购了 ISL 公司，对 Clementine 产品进行重新整合和开发，现在 Clementine 已经成为 SPSS 公司的又一亮点。

作为一个数据挖掘平台，Clementine 结合商业技术可以快速建立预测性模型，进而应用到商业活动中，帮助人们改进决策过程。强大的数据挖掘功能和显著的投资回报率使得 Clementine 在业界久负盛誉。同那些仅仅着重于模型的外在表现而忽略了数据挖掘在整个业务流程中的应用价值的其他数据挖掘工具相比，Clementine 其功能强大的数据挖掘算法，使数据挖掘贯穿业务流程的始终，在缩短投资回报周期的同时极大提高了投资回报率。

1. 广泛分析带来最优结果。为了解决各种商务问题，企业需要以不同的方式来处理各种类型迥异的数据，相异的任务类型和数据类型就要求有不同的分析技术。Clementine 为用户提供最出色、最广泛的数据挖掘技术，确保用户可用最恰当的分析技术来处理相应的问题，从而得到最优的结果以应对随时出现的商业问题。即便改进业务的机会被庞杂的数据表格所掩盖，Clementine 也能最大限度地执行标准的数据挖掘流程，为用户找到解决商业问题的最佳答案。

2. CRISP—DM 使数据挖掘成为标准的商业流程。为了推广数据挖掘技术，以解决越来越多的商业问题，SPSS 和一个从事数据挖掘研究的全球性企业联盟制定了关于数据挖掘技术的行业标准——CRISP—DM（Cross—Industry Standard Process for Data Mining）。与以往仅仅局限在技术层面上的数据挖掘方法不同，CRISP—DM 把数据挖掘看作一个商业过程，并将其具体的商业目标映射为数据挖掘目标。最近一次调查显示，50%以上的数据挖掘工具采用的都是 CRISP—DM 的数据挖掘流程，它已经成为事实上的行业标准。

Clementine 完全支持 CRISP—DM 标准，这不但规避了许多常规错误，而且其显著的智能预测模型有助于快速解决出现的问题。

3. 应用模板可获得更优结果。在数据挖掘项目中使用 Clementine 应用模板（CATs）可以获得更优化的结果。应用模板完全遵循 CRISP—DM 标准，借鉴了大量真实的数据挖掘实践经验，是经过理论和实践证明的有效技术，为项目的正确实施提供了强有力的支撑。Clementine 中的应用模板包括：

● CRM CAT——针对客户的获取和增长，提高反馈率并减少客户流失；
● Web CAT——点击顺序分析和访问行为分析；
● Telco CAT——客户保持和增加交叉销售；
● Crime CAT——犯罪分析及特征描述，确定事故高发区，联合研究相关犯罪行为；
● Fraud CAT——发现金融交易和索赔中的欺诈和异常行为；
● Microarray CAT——研究和疾病相关的基因序列并找到治愈手段。

（四）MineSet

MineSet 是由 SGI 公司和美国 Standford 大学联合开发的多任务数据挖掘系统。MineSet 集成多种数据挖掘算法和可视化工具，帮助用户直观地、实时地发掘、理解大量数据背后的知识。MineSet 以先进的可视化显示方法闻名于世。MineSet2.6 有如下特点：

（1）MineSet2.6 中使用了 6 种可视化工具来表现数据和知识。对同一个挖掘结果可以用不同的可视化工具以各种形式表示，用户也可以按照个人的喜好调整最终效果，以便更好地理解。MineSet2.6 中的可视化工具有 SplatVisualize、ScatterVisualize、MapVisualize、TreeVisualize、Record-

Viewer、StatisticsVisualize、ClusterVisualizer，其中 RecordViewer 是二维表，StatisticsVisualize 是二维统计图，其余都是三维图形，用户可以任意放大、旋转、移动图形，从不同的角度观看。

（2）提供多种数据挖掘模式。包括分类器、回归模式、关联规则、聚类归、判断列重要度。

（3）支持多种关系数据库。可以直接从 Oracle、Informix、Sybase 的表读取数据，也可以通过 SQL 命令执行查询。

（4）多种数据转换功能。在进行挖掘前，MineSet 可以去除不必要的数据项，统计、集合、分组数据，转换数据类型，构造表达式由已有数据项生成新的数据项，对数据采样等。

（5）操作简单。支持国际字符。可以直接发布到 Web。

（五）DBMiner

DBMiner 是加拿大 SimonFraser 大学韩家炜教授（现已在美国的伊利诺伊大学）的研究组开发的一个多任务数据挖掘系统，它的前身是 DB-Learn。该系统设计的目的是把关系数据库和数据开采集成在一起，以面向属性的多级概念为基础发现各种知识。DBMiner 系统具有如下特色：

（1）能完成多种知识的发现：泛化规则、特性规则、关联规则、分类规则、演化知识、偏离知识等。

（2）综合了多种数据开采技术：面向属性的归纳、统计分析、逐级深化发现多级规则、元规则引导发现等方法。

（3）提出了一种交互式的类 SQL 语言——数据开采查询语言 DMQL。

（4）能与关系数据库平滑集成。

（5）实现了基于客户/服务器体系结构的 Unix 和 PC（Windows/NT）版本的系统。

第三章 企业竞争情报挖掘模型

一、企业竞争情报挖掘的基本模型

针对现在竞争情报系统普遍存在的突出问题，根据数据挖掘在信息分析和知识发现中的优势，综合应用数据库与数据仓库挖掘、Web 挖掘、联机分析处理（OLAP）及语义分析技术，构建了基于数据挖掘的竞争情报智能采集模型，如图 3-1 所示。

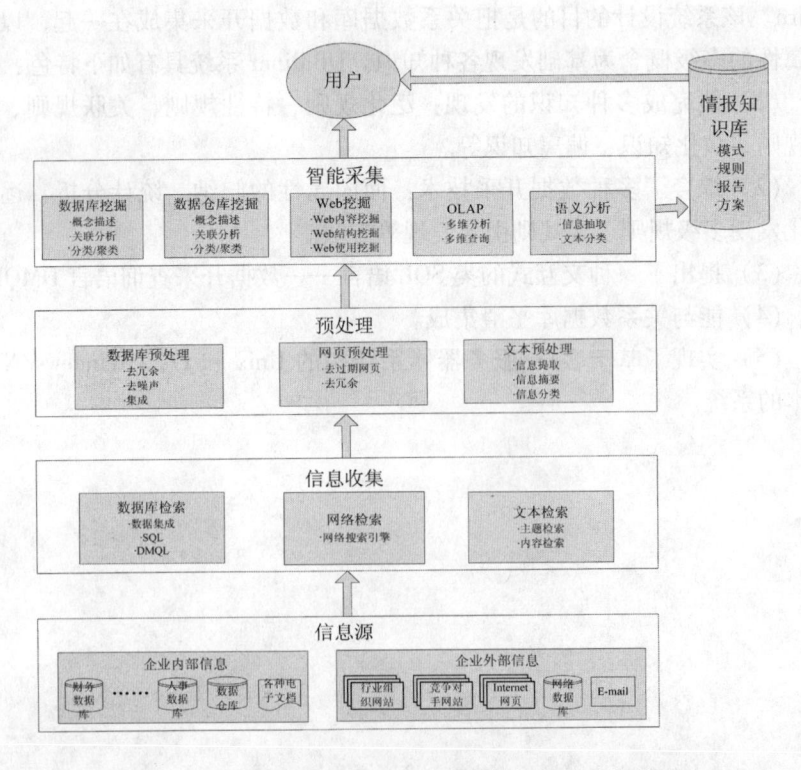

图 3-1 基于数据挖掘的企业竞争情报智能采集模型

模型集成和整合了情报采集全过程的重要功能，实现信息收集、信息预处理、情报采集与知识获取的自动化和智能化。对于来自于企业内部的各种数据库、数据仓库的数据，利用数据库挖掘、数据仓库挖掘和 OLAP 技术进行深加工；对于来自于企业外部的主要是 Internet 上的信息，利用 Web 挖掘和语义分析技术从中挖掘竞争环境、竞争对手和客户的信息。各种方法挖掘出来的情报知识，如模式、规则、报告、方案等，一方面以可视化的方式呈现给用户，另一方面存入情报知识库供以后使用。

智能采集模型的主要部件介绍如下。

1. 信息源。信息源主要有两部分，企业内部信息资源和企业外部信息资源。内部信息资源主要从各种信息系统数据库、数据仓库和内部文本中获得，主要用于分析企业自身的竞争战略资源，如人力资源、财务状况、库存与物流情况等。外部信息资源则主要来源于行业组织网站、竞争对手网站、Internet 网页、网络数据库、E-mail 等，主要是了解、掌握、分析企业的竞争环境、竞争对手和客户的信息，并对企业可能面临的风险进行预警，如行业的宏观政策信息、竞争对手产量和市场占有率、客户需求与喜好等。

2. 信息收集。信息收集主要有三种方式：数据库检索、网络检索、文本检索。对于数据库和数据仓库，利用查询语言 SQL、DMQL 构造出的程序自动收集数据。对于 Internet 上的网页信息，则由网络搜索引擎进行检索。对于文本信息，利用文本检索工具进行主题检索或内容检索。

3. 信息预处理。从各种数据库和数据仓库获取的数据中有"脏数据"——即数据有空缺、有噪声、不一致等。对于检索到的各种外部网页资源和文本资源，也存在冗余、过期、主题内容不相关等缺陷。都要进行预处理，使之满足数据挖掘的条件。预处理的方式主要有数据清理、数据集成、数据规约、信息摘要、信息分类等。

4. 智能采集。智能采集是将数据抽象成情报知识的重要步骤，对于支持多数据源多知识模式的情报智能采集模型，需要设计不同的数据挖掘引擎。本模型主要利用数据库挖掘引擎、数据仓库挖掘引擎、Web 挖掘引擎、OLAP（Online Analytical Processing，联机分析处理）引擎、语义分析引擎来实现深层次的情报采集。

数据库是数据挖掘最丰富的数据源，数据库挖掘主要处理结构化的数据。

数据仓库是一个面向主题的、完整的、非易失的、时变的、用于支持决策管理的数据集合。[①] 通常，数据仓库采用多维数据模型建模，因

[①] W. H. Inmon：《数据仓库》（第三版），机械工业出版社 2003 年版。

此，通过它来挖掘信息之间的联系是非常有效的。数据仓库挖掘主要是处理多维数据。

Web 挖掘主要处理 Internet 上的结构化和非结构化信息。它可以从 Web 页面的文本内容中挖掘深层次的情报知识，通过 Web 资源之间的超链接结构发现对象之间的关联模式，从 Web 日志等文件中挖掘用户的行为模式。

OLAP 从数据仓库的综合式数据出发，提供面向分析的多维模型，并使用多维分析方法，从多个角度、多个侧面及多个层次对多维数据进行筛选、分析、汇总。OLAP 技术是对数据仓库挖掘的有效支持。

语义分析是利用计算机对信息源的语义内容进行自动分析，进而实现信息的自动摘要、自动分类。其主要用于信息抽取、文本分类等。语义分析是语义知识挖掘的新技术，支持所有资源的内容挖掘。

二、基于本体的语义挖掘模型

本体作为智能化信息处理与分析的前沿技术，为企业竞争情报挖掘提供了强大而有效的支持。基于本体技术，构建了一个企业竞争情报挖掘模型，其结构如图 3-2 所示。[①] 它包括本体知识库、企业用户竞争情报需求获取模块、企业竞争情报采集模块、企业竞争情报处理模块和企业竞争情报发布模块。该模型抽象为两层结构：上层为用户需求驱动的企业竞争情报挖掘流程；下层为基于本体的知识库，负责为上层提供规范、一致的知识表示与组织。

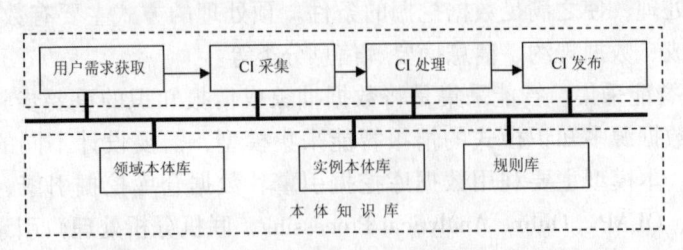

图 3-2 基于本体的企业竞争情报采集模型

在这些模块中，基于本体的知识库是企业竞争情报挖掘模型中的核心构件，其作用体现在两个方面：共享和重用，其目标在于提高信息采集的

---

① 张晓翔：《企业竞争情报采集策略研究》，武汉大学博士学位论文，2009 年。

质量和效率。本体对数据进行概念化的显式说明，是对客观存在的概念和关系的描述。由于本体论采用精确的形式语言、句法和明确的语义，使得问题域中的概念与概念、概念与对象、对象与对象之间的关系更加明确，大大减少了问题域中概念和逻辑关系可能造成的误解。基于本体的语义挖掘模型可以解决系统间的通信、重用、交互操作和共享。目前，在信息描述与获取领域，本体是一种较为理想的语义数据建模方法。

（一）本体知识库

本体知识库包括领域本体库、实例本体库和规则本体库等部分。

1. 领域本体库。领域本体知识库用于对领域本体进行存储与管理。领域本体在一个特定的领域中可重用，它们提供特定领域的概念定义和概念之间的关系，提供该领域中发生的活动以及该领域的主要理论和基本原理。[①] 领域本体可分为两个层次：抽象本体层和具体概念层。其中抽象本体层包括理论本体、概念本体和应用本体，这些本体的具体概念集构成概念本体。领域本体可以用五元组表示：$O = (C, \leq c, R, \sigma, \leq r)$。

其中，概念集 C：它的元素被称作概念标识符；

关系集 R：表示为 $C_1 \times C_2 \times \cdots \times C_n$，其中的元素被称作关系标识符；

概念集 C 的偏序集 $\leq c$：表示概念的层次；

函数 σ：$C_1 \times C_2 \times \cdots \times C_{n-1} \rightarrow C_n$，一类特殊的关系；

关系集 R 的偏序集 $\leq r$：表示关系的层次。

这样，基于本体思想建立领域本体知识库，用概念网模型显示地表示知识，便于机器和用户对知识规范、一致的表述、理解和处理。

2. 实例本体库。实例库的主要作用是通过对现有竞争情报资源实施有效管理，以实现战略战术决策过程中的竞争情报复用。实例库的组织有平直型和层次型两种常用的形式。在平直型方法中，实例依据其描述实例内容的关键特征进行组织，实例的相似性评判是通过比较特征及其值来完成的；层次型组织方法是根据领域知识的属性特征将实例划分为若干组，并形成一定的层次，实例的相似性可以根据其特征及其值进行判定。实例的检索是根据给定的问题描述，利用实例的索引，从实例库中匹配适合的对象。

3. 规则库。规则库用于存储关于系统控制和领域专家经验方法的知

[①] 何飞、罗三定、沙莎：《基于领域本体的知识关联研究》，《湖南城市学院学报（自然科学版）》2005 年第 3 期，第 69—71 页。

识，也是影响知识系统性能的关键因素。规则库是一类比较特殊的本体，它以机器可读的形式描述领域专家的行为知识，阐明处理问题的策略、方法和过程，指导计算机自动执行任务。规则库由功能函数、推理规则和控制结构三类建模要素组成。功能函数用于描述方法的数据流，给出对方法的数据、条件和执行功能的描述性说明，但不说明其执行功能的具体实现。推理规则用于描述功能函数间的关系，说明一个高级的功能函数推理结构将被分解成哪些较低层次的功能函数。控制结构将控制逻辑应用于功能函数，说明各组成函数如何按照一定的逻辑顺序协调工作。

  以上各模块之间采用数据服务总线的形式进行联结，是一种在松散耦合的服务和应用之间所采用的标准的集成方式，既能提供简单、快速、基于标准的多点集成，又保证各模块的独立性和模块间的松耦合性，方便各模块的演化和快速响应。

（二）企业竞争情报领域本体的构建

  企业竞争情报本体的构成基础是领域本体。领域本体是一种在语义和知识层次上进行知识表示的概念模型，其目的在于以一种通用的方式描述领域中的知识，提供对领域中概念共同的、一致的理解，从而实现知识在不同的应用程序和组织之间的共享和重用。为了达此目的，领域本体必须建立在公认的、权威的领域知识之上。因此，公认领域知识的有效选择，是影响领域本体质量的关键因素。

  本文选择叙词表作为企业竞争情报领域知识来源。根据 GB13190—91《汉语叙词表编制规则》，叙词表是将文献、标引人员或用户的自然语言转换成规范语言的一种术语控制工具，是概括各门或某一学科领域并由词义相关、族性相关的术语组成的可以不断补充的规范化的词典。基于叙词表构建领域本体的优越性主要体现在三个方面：①② ①两者在很多方面相似，如都包含词及词间关系、都具有等级结构，都是特定领域知识概念化表示的工具，都处在动态变化之中。②叙词表包含了领域中较为完整的术语集合，序化程度良好，叙词表中词汇控制手段（限义词、含义注释、词间关系等）为领域本体中概念的属性、实例以及关系的创建

---

① 唐爱民、真溗、樊静：《基于叙词表的领域本体构建研究》，《现代图书情报技术》2005年第4期，第1—5页。

② 刘耀等：《领域 Ontology 自动构建研究》，《北京邮电大学学报》2006年第11期，第65—69页。

提供了线索和指导，节省了领域创建者们的时间和精力。③主题法资源极为丰富，据2002年的统计数据，① 其时国外叙词表已超过2000种，我国叙词表超过130种，基本覆盖了所有领域，为快速、高质量创建领域本体提供了坚实基础。

企业竞争情报面向企业的战略战术决策，由用户需求驱动，具有很强的主题特性。因此，需要对泛化的叙词表进行修剪，建立面向主题的企业竞争情报主题词表。图3-3表示了两者之间的关系。

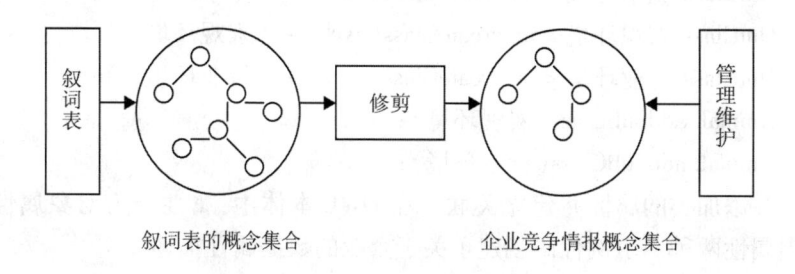

图3-3 企业竞争情报领域本体的建立

采用机器学习的方法对叙词表进行修剪。由于关键情报课题是描述企业用户竞争情报需求的一种有效机制，因此，以关键情报课题所表达的主题为依据，选择相关的具有代表性的文本作为训练集；然后，计算在训练文本中出现且词表中含有的概念的权重，其权重值可以由 TF-IDF 公式计算得到；最后，保留词表中权重较大的概念及其关系，剪掉权重小于设定阈值的概念，就得到了关于企业竞争情报的面向主题的概念集合。

将修剪后得到的企业竞争情报主题词表转化为 OWL 表示的领域本体。OWL 通过添加 Ontology 描述语言中常用的建模元语实现对资源描述框架的进一步扩展，这些元语包括类、类继承、属性继承、域和范围。同时 OWL 是基于描述逻辑的，用 OWL 表示的本体可以利用描述逻辑进行推理。因此，采用 OWL 对企业竞争情报领域本体进行描述。

1. 类的建立。建立领域本体时，将叙词表中的概念作为领域本体中的类，同时根据叙词表间的层次关系，确定所对应的领域本体中概念的等级关系。本文示例代码创建了3个类：竞争环境类、宏观环境类和行

---

① 常春、卢文林：《叙词表编制历史、现状与发展》，《农业情报学刊》2002年第5期，第25—28页。

业环境类，并将宏观环境类和行业环境类设为竞争环境类的子类。竞争环境类的 URI 标识由命名空间的字符串 exNs 与字符串" " 连接而成。

//建立本体模型，该模型使用 OWL 语言规则；

OntModel m = ModelFactory.createOntologyModel(OntModelSpec.OWL_MEM,null)；

//exNs 为名称空间的标识；

String exNs = "http：//cs.tongji.edu.cn/owl/ontologies/example/#"；

OntClass 竞争环境 = m.createClass(exNs + "竞争环境")；

OntClass 宏观环境 = m.createClass(exNs + "宏观环境")；

OntClass 行业环境 = m.createClass(exNs + "行业环境")；

Animal.addSubClass(宏观环境)；

Animal.addSubClass(行业环境)；

2. 添加类的属性并建立关联。在 OWL 本体中,属性分为对象属性和数据属性两种。示例代码创建了关于企业的数据属性描述。

OntClass 企业 = m.createClass(exNs + "企业")；

ObjectProperty 名称 = m.createObjectProperty(exNs +"名称")；

ObjectProperty 地址 = m.createObjectProperty(exNs +"地址")；

ObjectProperty 电话 = m.createObjectProperty(exNs +"电话")；

ObjectProperty 子公司 = m.createObjectProperty(exNs +"子公司")；

ObjectProperty 股东 = m.createObjectProperty(exNs +"股东")；

名称.addDomain(企业)；//将属性"名称"的定义域设为"企业"类

地址.addDomain(企业)；

电话.addDomain(企业)；

子公司.addDomain(企业)；

股东.addDomain(企业)；

3. 创建实例。以下创建了关于企业的实例，如 IBM。

Individual inst = m.createIndividual(exNs +"IBM",企业)；

4. 加入维护本体的元数据，如版本。

Ontology ont = m.createOntology(exNs)；

ont.addProperty(RDFS.comment,"this is an example ontology about CI)；

ont.addProperty(RDFS.label,"CI Ontology")；

以下给出了基于 OWL DL 的企业竞争情报领域本体代码片段。该代码片段描述了企业竞争对手领域本体：企业基本情况（名称、地址、联系方式、股东等）、销售信息、财务信息以及市场信息。

```xml
<?xml version = "1.0"?>
<rdf:RDF
xmlns:rdf = http://www.w3.org/1999/02/22-rdf-syntax-ns# xmlns:rdfs = "http://www.w3.org/2000/01/rdf-schema#" xmlns:owl = "http://www.w3.org/2002/07/owl#" xmlns = "http://www.owl-ontologies.com/unnamed.owl#" xml:base = "http://www.owl-ontologies.com/unnamed.owl">
</rdfs:comment>
<owl:Ontology rdf:about = ""/>
<owl:Class rdf:ID = "企业">
<rdfs:subClassOf>
<owl:Class rdf:ID = "竞争对手"/>
</rdfs:subClassOf>
</owl:Class>
<owl:Class rdf:ID = "财务">
<rdfs:subClassOf>
<owl:Class rdf:ID = "竞争对手"/>
</rdfs:subClassOf>
</owl:Class>
<owl:Class rdf:ID = "销售">
<rdfs:subClassOf>
<owl:Class rdf:ID = "竞争对手"/>
</rdfs:subClassOf>
</owl:Class>
<owl:Class rdf:ID = "产品">
<rdfs:subClassOf>
<owl:Class rdf:ID = "竞争对手"/>
</rdfs:subClassOf>
</owl:Class>
<owl:Class rdf:about = "#企业">
<rdfs:subClassOf rdf:resource = "#竞争对手"/>
</owl:Class>
<owl:DatatypeProperty rdf:ID = "名称">
<rdfs:domain rdf:resource = "#企业"/>
</owl:DatatypeProperty>
```

```
<owl:DatatypeProperty rdf:ID="地址">
<rdfs:domain rdf:resource="#企业"/>
</owl:DatatypeProperty>
<owl:DatatypeProperty rdf:ID="联系方式">
<rdfs:domain rdf:resource="#企业"/>
</owl:DatatypeProperty>
<owl:DatatypeProperty rdf:ID="股东清单">
<rdfs:domain rdf:resource="#企业"/>
</owl:DatatypeProperty>
……
</rdf:RDF>
```

(三) 语义知识挖掘

语义知识挖掘子模块是该系统的核心部分。对于高层决策者来说，本体实例库中存储的离散数据只是浅层的知识，对企业的生产和经营管理不能够起明显的辅助决策作用。而本模块的主要功能是从本体实例库的离散、浅层知识中揭示出与竞争目标有关的深层知识，如竞争策略、经济活动、竞争对手以及竞争环境的静态或动态知识。[1]

基于本体的数据挖掘是一种智能的语义知识挖掘方法，它既利用一般数据挖掘的方法来发现关联规则、分类、聚类、序列模式等知识；又利用本体作为挖掘背景知识，避免无意义的挖掘，增加挖掘的有效性。

由于数据分布的分散性，所以很难在数据最细节的层次上发现一些强关联规则；而且，在较低层次挖掘产生的规则比较多、形式和内容上极为相似，其结果对用户不具有很好的参考价值，因此需要在高层次上进行挖掘。一般来说，在较高层次上挖掘出的规则更泛化或者说挖掘出的规则更加一般性。虽然在较高层次上得出的规则可能是更普通的知识，但是对于一个用户来说是普通的知识，对于另一个用户却未必如。

文献[2]详细讨论了大型分布式数据库中的多层关联规则挖掘的算法和执行过程。进行多层挖掘的前提条件是在数据库中已经保存有合适的概

---

[1] 吴金红、张玉峰、王翠波:《基于本体的竞争情报采集模型研究》,《情报理论与实践》2007年第5期,第577—580页。

[2] J. Han and Y. Fu. Discovery of multiple-level association rules from large databases[C]. In Proc. 1995 Int. Conf. Very Large Databases(VLDB'95),1995:420-431.

念层次，本体知识库是根据本体规定的关系、约定和限制从 Web 中抽取出来的，具有丰富的概念层次性，因而可以利用这种特性逐层进行挖掘，获得准确的隐藏的竞争情报知识。

与一般数据挖掘不同，基于本体的多层关联规则挖掘包括以下几个基本步骤：

1. 构建概念层次树，这是整个挖掘过程的基础。实际上，本体实例知识库具有良好的概念层次结构，本身就可以看作概念层次树，因此仅仅只需要做一些简单的处理。

2. 概念规范化和泛化。这是非常重要的一步，直接影响挖掘的结果以及挖掘的效率。概念规范化是将某个属性中不同层次的概念转化成同一层次的概念，概念泛化是将低层次概念转化为更高层次的概念。概念的规范化和泛化可以利用本体关系中的上下类关系来实现，比如利用上位类（superClassOf）、下位类（subClassOf）和同位类（sameAs）等关系进行推理，将不同层次的概念规范化或泛化。

3. 找出频繁项集，所谓频繁项集是指集合中的项出现的频繁性至少和预定义的最小支持度一样。多层关联规则的挖掘基本上可以沿用"支持度—置信度"的框架。一般来说，可以采用自顶向下的策略，由最高概念层向下，到较低的特定的概念层，对每个概念层的频繁项集累加计数，直到不能再找到频繁项集。对于每一层，可以使用已有的发现算法来寻找频繁项集。

4. 由频繁项集产生强关联规则。所谓强规则是指同时满足最小支持度阈值和最小置信度阈值的规则。

5. 去除冗余和无用的规则。在挖掘多层关联规则时，有些规则可能是多余的。冗余的规则应当被删除。

（四）模型分析

基于本体的企业竞争情报语义挖掘模型不只是一个简单的数据采集器，而是一个具有智能分析和语义处理功能的知识处理系统，它具有以下一些优点：

1. 可实现基于语义知识的深层次竞争情报的采集。本文的采集模型运用本体和数据挖掘技术，采集具有语义知识的深层情报内容：利用本体的约束，提高了信息抽取的相关性，减少了后续挖掘的算法运算量；挖掘的对象是经过预处理的本体知识库，具有良好的形式化概念，提高了挖掘的准确度；本体的逻辑推理功能，使竞争情报系统上升到知识处理的层面。

2. 拥有自学习功能。应用本体、本体实例以及抽取规则的构建都采用自动或半自动的学习方法从目标网站获得，构建自学习、自适应的竞争情报采集机制，因而使得系统能够根据网站内容的变化及时做出反应。对于目前大多数企业门户网站及其网页内容表示情况，只需要调整定义的领域本体，就可以对之进行挖掘。

3. 适应发展趋势。在本竞争情报采集模型中融合了本体和 Web 挖掘两个迅速发展领域的技术和理念，不仅可以利用本体的关系和约束帮助挖掘进程，而且也可以使系统能迅速适应未来语义网应用。

三、基于 Agent 的分布挖掘模型

一方面，现实环境对情报的采集和处理提出更高的要求；但另一方面，现阶段企业的竞争情报采集还停留在低效率、低质量的人工操作或半自动化阶段。若能提高搜集作业自动化的程度，既可提高竞争情报采集质量，也可以节省宝贵的信息搜集时间和人力资源。因此，应用 Agent 等高新技术实现竞争情报采集的自动化、智能化、集成化成为急待解决的问题。

（一）Agent 技术

Agent 是近年来计算机科学和人工智能领域中研究的热点，它是指驻留在某一特定环境下能感知环境、并能自主运行以代表其设计者或使用者实现一系列目标的计算实体。Agent 对自身的行为和内部的状态具有自我控制能力，它可以自主观察外部环境，能在一定时间内作出反应，并能采取相应的行动；Agent 还具有通信能力，多个 Agent 之间可以通过交互进行协同工作。

（二）情报采集流程

基于 MAS 的竞争情报采集系统工作流程如下：用户向系统提交竞争情报采集需求。系统对需求进行分析转换，并调用知识库中的规则、经验或用例，确定采集策略，包括所要采集网页的 URL 集合、URL 的优先级排序和采集频率，并将用户的需求转化为可操作的检索矢量表达式。情报采集模块根据以上已形成的采集策略及查询表达式，执行采集任务，将采集的结果包括页面内容及其所在的 URL 值传递给数据预处理模块。

数据预处理模块调用数据仓库中的历史记录，对所采集的数据及其 URL 值进行评价、过滤及预处理，将符合要求的页面内容存储到企业数据仓库中。然后智能分析模块利用数据挖掘或知识发现技术，对该信息内容进行深层次的挖掘、分析与评估，并将评估的结果存入知识库，以指导下一次的采集任务。整个采集流程如图 3-4 所示。

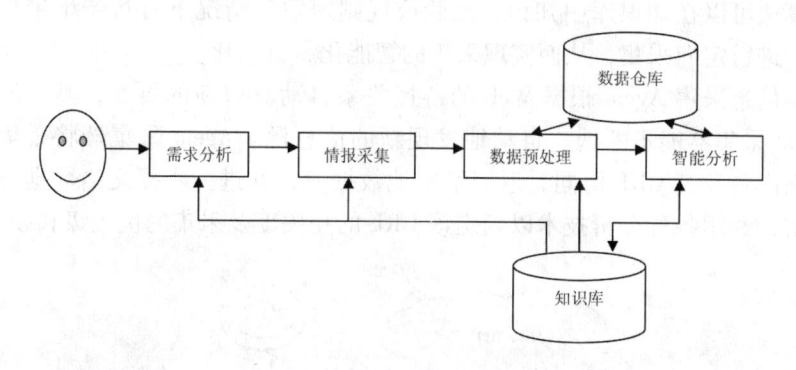

图 3-4　竞争情报采集流程图

（三）智能挖掘模型

智能信息采集模型由信息采集 Agent、信息协作 Agent、数据预处理 Agent、智能分析 Agent、知识库、接口 Agent 及管理 Agent 组成，其结构如图 3-5 所示。

1. 信息采集 Agent。利用 Agent 的移动性来实现网上信息搜索是一种高效、可靠的途径。[①] 信息采集 Agent 根据系统提供的 URL 列表，从 Web 上自动获取页面信息，并根据需要通过 Web 页面之间的链接关系向广度及深度方向扩展。具体过程如下：从一个初始的 URL 集出发，将这些 URL 全部放入到一个有序的待采集队列中。而采集器从该队列中依次取出 URL 值，通过 Web 协议，获取该 URL 所指向的页面，然后从已获取的页面中提取新的 URL 并放入待采集队列中。采集器不断重复上述过程，直到根据自己的采集策略停止采集。[②]

[①] 文燕平、张玉峰：《检索 Agent 的搜索机理研究》，《情报学报》2002 年第 10 期，第 537—541 页。

[②] 吴丽辉等：《Web 信息采集中的哈希函数比较》，《小型微型计算机系统》2006 年第 4 期，第 673—676 页。

信息采集 Agent 可以采用双库协同机制进行工作。[①] 所谓双库是指按数据子类结构形式所构成的工作数据库与基于属性建库原则的领域知识库。在双库协同机制下，工作数据库与领域知识库之间根据泛同理论建立知识节点与数据子类结构层间的一一对应关系，据此确定情报采集的范围、内容；在聚焦进程中，除依据用户需求确定聚焦外，通过启发协调算法可以在知识库中知识、经验或规则短缺的情况下自行产生聚焦方向，进行定向采集，从而实现采集的智能化、自动化。

信息采集 Agent 根据 Web 的链接关系自动获取新的页面，其实质是 Agent 采集器能不断地、自动地发现新的信息源。Agent 采集器将采集的页面内容及其 URL 值同时返回给本地数据库，并进一步提交给数据分析模块，利用各种分析技术以判定该 URL 的相关度及采集的优先级和频率。

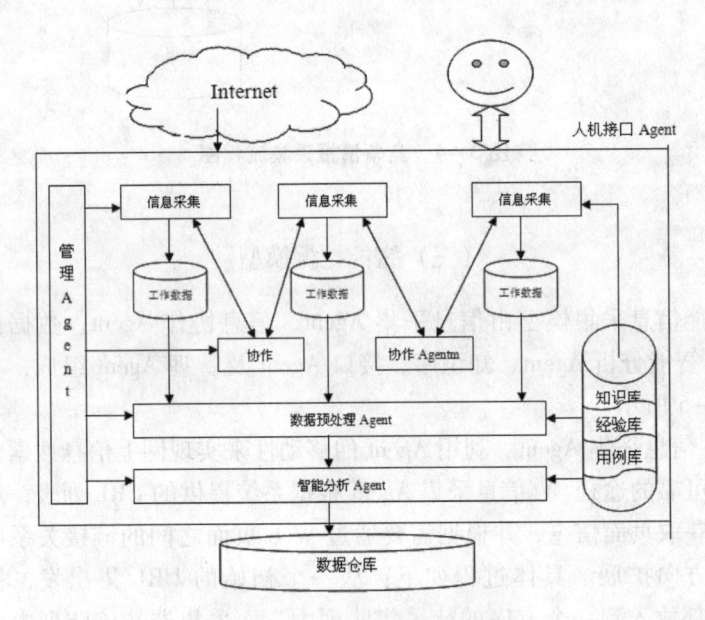

图 3-5 竞争情报智能采集模型

由于数据量的海量规模、数据类型的多样化及数据的动态更新，单个的 Agent 难以完成信息采集任务。同时也由于竞争情报部门在企业中的分散分布的现实需要，一般通过多个 Agent 成员之间的合作来完成竞争情报采集任务。多个 Agent 之间的合作方式有并行合作、串行合作及混合合

---

① 谢永红、阿兹古丽·吾拉木、杨炳儒：《一个通用型知识发现系统中数据预处理的实现》，《计算机应用研究》2005 年第 11 期，第 55—57 页。

作方式。串行合作是指将任务分解为顺次执行的若干步骤，分配给每个 Agent 同步执行；并行方式是指将任务分解为若干个独立的部分，分配给每个 Agent 同时执行。混合合作方式既包括并行合作方式又包括串行合作方式。多 Agent 之间的合作方式由管理 Agent 根据任务的需要进行选择。

2. 协作 Agent。多 Agent 间的任务规划及分配由管理 Agent 进行管理。在执行任务过程中，每个 Agent 是充分自治的。此时 Agent 之间的协调任务由信息协作 Agent 来完成。

多 Agent 信息采集过程中，为了避免页面重复采集的问题，需要将已采集过的页面进行标注（记做 visited_urls）。在采集过程中，每采集一个页面，首先将其 URL 值和集合 visited_urls 进行比较，若其值属于集合 visited_urls，则表明该页面已经被采集过；否则对其进行采集。协作 Agent 负责记录、保存、更新集合 visited_urls 的值，接受本 Agent 及其他 Agent 提交的比较请求，并正确返回结果。其结果可以用二元值来表示，如 0 表示该 URL 未被访问过，1 表示已访问过。

协作 Agent 可采用客户—服务器方式、会合方式、黑板方式、反应式数组空间方式等协调策略，以实现对反复无常情况的合理控制的目的。

3. 数据预处理 Agent。数据预处理 Agent 由数据清洗子 Agent、数据集成子 Agent、数据转换子 Agent 和数据约简子 Agent 组成。[1]

数据清洗子 Agent 根据数据分析 Agent 提交的结果，对不完备的数据进行相关处理，包括遗漏数据处理、噪声数据处理和不一致数据处理。

数据集成子 Agent 负责将多数据源中的数据进行合并处理，解决语义模糊性并整合成一致的数据存储。它借助于知识库的元数据定义对不同信息源的相同实体进行匹配，去掉数据的冗余属性，解决数据间的冲突并实现语义整合。

数据转换子 Agent 将数据转换成适合用户分析的形式。通过寻找数据的特征表示，用维变换方式减少有效变量的数目或找到数据的不变式。数据转换主要是对数据进行归一化处理，消除因数值属性大小不一而可能造成的分析结果的偏差。

数据约简子 Agent 通过聚类或删除冗余特征来消除多余数据，从原有的大数据集中通过约简获得一个精简且完整的数据子集，其内容包括：属性约简，即删除数据无关的属性；数据块约简，即通过选择较小的数

---

[1] 苏成：《数据挖掘中不可忽视的环节——数据预处理》，《华南金融电脑》2006 年第 1 期，第 64—66 页。

据表示形式来替代原数据以减少数据量；离散化与概念分层，即用较高层的概念代替较低层的概念，将连续的数值域分成若干区间，减少用户操作的数据量，从而减轻用户负担。

4. 智能分析 Agent。智能分析 Agent 的主要功能是应用数学统计、机器学习、数据挖掘等先进技术，进行深层内容与知识的分析、获取、验证及评价。

在运用数学统计方法（如回归分析、相关分析、SWOT 分析、定标比超等）对数据进行分析挖掘时，所需的数据要求是不一样的，应采用不同的采集策略。如利用移动平均法进行分析时，其数据要求是离散的，可采用点型采集策略；利用回归分析时，其数据要求是连续的，可采用线型采集策略；利用 SWOT 分析方法时，其数据要求是完整的，可采用全面采集策略，等等。

数据挖掘是一种自动化的数据分析方法，主要是从大规模的数据中发现解决问题的知识。具体的方法有概念描述、关联分析、分类与聚类、时间序列分析等。概念描述是应用概念逻辑分析方法对一类数据的概貌、特征的概括描述。这种描述是汇总的、精确的、简练的、易于理解的。关联分析是指分析隐含在数据之间的相互依赖关系，描述事物之间同时出现的规律的过程。它能分析和发现在人脑的正常思维的情况下难以发现的关联关系。分类是指依照某个固有的分类体系或某个训练集的分类模型，将数据分门别类地标识与存放的过程；聚类则是利用数据的相似度、关联性，将相关数据聚集在一起的过程。时间序列分析是指分析数据随时间变化的规律和趋势并建立其模型的过程。

验证与评价工作包括：①对分析获取的结果进行完备性检验。具有以下特征之一的数据是不完备的：a. 不完整性：数据属性值遗漏或不确定；b. 不一致性：由于原始数据的来源不一致，数据定义缺乏统一标准，导致数据内涵的不一致；②在①的基础上，对该 URL 所提供信息的相关性、权威性、准确性、及时性进行评价，并产生相应的经验、用例、规则存入知识库。

5. 知识库。知识库包括局部数据库、用例库、经验库等子库，其中存储有企业全局性的需求信息及各个 Agent 的目标、任务、能力信息，以及对各 Agent 进行协调时所依据的规则、经验、用例等。

6. 接口 Agent。即人机交互模块，使用户能够读取 Agent 当前状态。通过该模块用户可以参与并干预 Agent 的决策或执行过程，可以输入 Agent 的学习素材或相关数据，实现人机交互功能。

7. 管理 Agent。管理 Agent 关注的是系统的整体目标，负责对系统中所有的 Agent 进行管理、控制、监督和协调，以保证整个系统高效运行。管理 Agent 由注册模块、管理控制模块、通信模块、主题管理模块等组成。注册模块用于登记整个系统中 Agent 的相关信息，包括各个 Agent 的名称、ID、地址、能力及状态信息；管理控制模块具有学习能力，能根据用户输入的学习材料，及观察 Agent 的历史行为，并依据一定的模型（如随机博弈模型）来预测其行为策略的能力，保证各个 Agent 遵从集体理性，实现系统性能的最优。[1] 通信模块负责各个 Agent 之间的通信。由于每个都是智能体，他们之间的消息交换是基于知识的，因此应采用更高级的通信语言，如 DARPA 提出的知识查询与操作语言（KQML）。KQML 语言是一种基于消息的 Agent 通信语言，可以根据需要进行动态扩展，能很好地满足系统中各 Agent 之间的通信和交互。[2] 主题管理模块负责维护已有主题，同时向用户提供建立新主题的功能，包括建立一个新的意向及与该主题相应的数据表。

（四）系统性能分析

1. 开放性。Agent 具有自治性、交互性及社会性的特点，多 Agent 之间能进行协商，实现协同工作的目标。Agent 的自适应性使其能够不断地监控它们所处的环境，调整行为及策略，并在适当时机产生新的目标。

2. 灵活性。用户无论在系统的任一终端，或再接入一台计算机，只要正确输入其用户名和密码，服务器就能派遣出相应的 Agent，即可将该机作为其采集终端使用。甚至可以利用移动设备与 Agent 进行交互、控制。

3. 鲁棒性。系统由多 Agent 组成。为了保证系统服务的可提供性和连续性，可以采用备份技术，在系统中添加冗余的 Agent，提高系统的容错性能，以提供不间断的服务。

4. 可扩充性及兼容性。Agent 技术具有良好的移植性和兼容性，可以运行在不同的信息平台及操作系统之上，可以方便地进行扩充或减小系统规模。

5. 安全性。系统中的 Agent 由管理 Agent 进行集中管理。系统根据

---

[1] 王长缨、尹晓虎、鲍翊平、姚莉：《基于随机博弈的 Agent 协同强化学习方法》，《计算机工程与科学》2006 年第 28 期，第 107—110 页。

[2] 李君、吴春旭：《基于多 Agent 技术的中小企业 ERP 系统研究》，《计算机系统应用》2006 年第 2 期，第 6—9 页。

实际应用的需要制定各个层次、不同级别的安全策略，对各 Agent 进行统一管理。同时管理 Agent 充当安全认证中心的角色，利用令牌、零知识等认证技术对各 Agent 实体的合法性及授权进行识别、验证、管理，满足系统安全性需求。

四、基于知识情境的多维挖掘模型

竞争情报在不同数据环境中的多种影响因素（包括内在因素和外在因素）作用下，有不同的内在变化和外在表现，甚至会发生本质上的转变和异化。随着竞争情报相关的信息资源在数量与类型上与日俱增，其挖掘途径必然会向着整体化概念框架发展。[1]也就是说，需要在一个能够全面反映竞争情报多面属性及多价值层面的空间展开有效挖掘，而要实施如此深层次的挖掘必须要强调竞争情报的环境特性，即强调知识情境在竞争情报多维数据挖掘中的主导地位。

（一）知识情境

企业竞争情报的价值体现及获取过程必然处在一种独特的数据环境和知识情境之中。知识情境一般被认为是一种难以获取、不易把握与利用的知识空间结构，属于一种对特定情形解释的限制性因素。情境最大的特点就是能够消除意义模棱两可的情况，在决定任务相关性方面起到很大的作用。[2] 情境大体上可以分为内部情境（internal context）和外部情境（external context）。[3] 内部情境描述的是人们的状态，包括工作情境（如现时计划和它们的状况等）、个人活动（如人们经历的通过外部事件内在化而形成的事件）、通信情境（如人们之间通信的状态），以及人们的情绪等。外部情境描述的是环境的状态，包括地点、同其他对象（人和设备）在时空上的关联，以及时间情境等。因此，知识情境展现的是一个具有整体控制特性的多维空间，对竞争情报挖掘具有重要影响和意义。

---

[1] P. Ingwersen, K. Järvelin. Information Retrieval in Contexts[C]. Proceedings of ACM SIGIR 2004 Workshop on Information Retrieval in Context (IRiX), Sheffield, UK, July, 2004: 6-9.

[2] L. Freund, E. G. Toms. Using Contextual Factors to Match Intent[C]. Proceedings of ACM SIGIR 2005 Workshop on Information Retrieval in Context (IRiX), Salvador, Brazil, August, 2005: 18-20.

[3] P. Ingwersen, K. Järvelin. Information Retrieval in Contexts – IRiX[OL]. ACM SIGIR Forum, 2005, 39(2). [2006-3-20]. http://www.sigir.org/forum/2005D/2005d_sigirforum_ingwersen.pdf.

企业竞争情报获取的知识情境可以说是一个语义环境信息的集合，而这种语义环境信息具有使实体的内部特点或操作以及处于某一特定环境的外部关联特征化的能力。① 知识情境在企业竞争情报多维挖掘中的作用主要体现在数据关联激活、挖掘目标约束和挖掘结果评估等方面。

1. 数据关联激活。数据关联结构的明确与否是深度挖掘的根本。无论是单维挖掘还是多维挖掘，其挖掘切入点都是建立在不同属性、不同维度的关联之上的。数据关联反映了客观世界不同事物之间的特定联系。很多数据关联显而易见，但是大多数数据关联都是隐含在特定的数据语义环境中，受不同的知识情境的影响而动态变更。② 这些隐含的数据关联是我们竞争情报挖掘的重要依据。

在知识情境的作用下，复杂多变的数据环境能够使内在隐含的数据关联逐渐显化，形成一个系统而完整的数据挖掘环境，从而在广泛激活数据关联的基础上，发掘出容易被人们忽视的价值情报。

2. 挖掘目标约束。竞争情报获取必须在一定的目标指引下展开。但一般情况下，复杂多维的数据环境以及大量给定的或通过推导得到的挖掘任务相关的关联规则，必然使挖掘工作容易偏离竞争情报挖掘目标。因此，数据挖掘过程如能做到对任务目标的控制约束，将大大提高挖掘工作的效率。③

知识情境是围绕获取目标刻意构建的，因此能够在整个挖掘过程中根据任务目标相关的情境领域，界定需要挖掘的数据库或数据仓库中的维或层；根据情境节点之间的关联强度，分析评价关联规则的适用性与准确度；根据任务情境，抽取决策者的真实意图与兴趣偏好，决定挖掘方向和关联取舍等，从而进行竞争情报挖掘的全程监控与约束。

3. 挖掘结果评估。知识情境在处理评估竞争情报最终挖掘结果上起着很重要的作用。首先，可以将挖掘结果按照用户的知识偏好、认知风格，按照领域规范惯例，按照任务中子任务的轻重缓急来对其进行组织，从而节约用户的时间成本，降低认知负担。另外，在整个竞争情报挖掘过程中，必然要在信息资源、内容主题、具体条目之间进行一系列的选

---

① W. H. Huang, D. Webster. Intelligent RSS News Aggregation Based on Semantic Contexts. Proceedings of ACM SIGIR 2004 Workshop on Information Retrieval in Context（IRiX），Sheffield，UK，July，2004：40 – 43.

② 李敏：《基于认知理论的语义检索研究》，武汉大学硕士学位论文，2006 年，第 24—25 页。

③ 李翠平、李盛恩等：《一种基于约束的多维数据异常点挖掘方法》，《软件学报》2003 年第 9 期，第 1571—1577 页。

择取舍,这种用户的选择信息能够反映出他们的竞争情报挖掘思路和个性化目标需求,能够作为对挖掘结果进行评估的重要依据。[①]

(二) 多维知识情境库

人们在企业竞争情报多维挖掘的过程中,必然会形成一个与挖掘目标任务相关的知识情境。因此,可以将知识情境知识构建为独特的知识情境库,起到情报关联激活与约束评估等作用。知识情境库应组织为一种多维结构,能存储企业竞争相关知识及其关联,比一般知识库更具灵活性与动态性。而且情境节点以及节点之间的关联根据某一特定企业的实际状况而设定,且根据企业发展内外部环境的改变而动态更新。

知识情境库的多维结构主要依靠情境节点的多维关联来实现。情境节点关联不仅类型多样、多向延展,而且设有不同级别的关联强度和激活强度。在不同的竞争情报目标条件下,激活不同级别的关联强度,使情境库在组织结构上根据挖掘任务产生转变,呈现不同的情境知识组合和节点关联状态。知识情境库正是依靠这些多维动态的关联结构,适应复杂多变的企业竞争数据环境,并投射出其中的隐性关联,使之成为挖掘有效多维关联规则的依据。

一般而言,知识情境库的针对性较强,即只针对某一企业的特定竞争目标、任务和决策人群。因此,任何企业针对同一个任务目标,往往只需构建一个特定知识情境库,就能达到有效挖掘竞争情报的目的。

(三) 企业竞争情报多维挖掘策略

在企业竞争情报多维挖掘中,知识情境库的内容包括企业内部情境和竞争外部情境,主要来自于企业的决策人群、目标任务和竞争环境等方面,起着辅助总体控制和引导深度挖掘的作用。

在知识情境作用下,实现企业竞争情报的多维挖掘可以从各角度采取多种挖掘策略,其中关键挖掘策略包括多维关联规则挖掘与过滤以及隐性关联架构等。

1. 多维关联规则的挖掘与过滤。关联规则的根本目的是要利用客观事物规律找出数据间的关联,通过统计分析挖掘出价值情报。在多维数

[①] Rankings. Proceedings of ACM SIGIR 2005 Workshop on Information Retrieval in Context (IRiX),Salvador,Brazil,August,2005;29-32.

据环境中，关联规则不是单一、绝对的，也呈现复杂多样的多维结构，[①]而且不仅包括规则库显在的关联规则，还包括关联规则推理导出的大量临时关联规则。这使得竞争情报挖掘过程所依赖的关联规则库结构混乱、容量剧增。在大多情形中，冗余规则、无关规则、无效规则的存在是不可避免的。在企业竞争情报多维挖掘中，关联规则的多样性、复杂性势必会造成关联规则的挖掘引导交叉混乱，使挖掘工作纠结在一起，影响整个挖掘进程。

知识情境库能够对关联规则进行适当过滤，将与目标竞争情报获取无关的规则暂时屏蔽，提高竞争情报挖掘的准确性与精度。知识情境库反映的是特定竞争情报的挖掘目标、挖掘环境、决策人群等内容。每一条关联规则都与知识情境库中的一个或多个情境节点存在映射关系。如果面临某一具体情报挖掘任务，知识情境库的多维结构必然会重新定位与构造，从而引发关联规则的重新多维组合，这样就过滤掉没有被组合的关联规则。

在知识情境库的作用下，关联规则的过滤是反复而深层的。人们对竞争情报的需求不会一成不变，总是在目标趋向的过程中不断调整，知识情境库会随之动态重构。因此，在挖掘竞争情报的整个过程中，需要重复多次对关联规则库实施重组与过滤。另外，过滤后的关联规则不仅包括明显的语法关联规则，还包括语义相关的关联规则。后者尤其适于挖掘多维数据环境中的潜在关联，达到竞争情报扩展挖掘的目的，也对竞争情报的提取凝练起到重要支持作用。

2. 隐性关联的挖掘与架构。任何一个数据库或数据仓库的构造很难完全符合现实事物之间的、绝对存在的联系。在多维数据环境中，数据间的关联只能表现为数据环境构造时所设定好的结构。那些没有显在体现出来，也不能依托关联规则推导出来的隐性关联，其实是蕴含在企业的外部知识情境和内部知识情境中的。因此，需要利用知识情境库的多维知识结构，使隐性关联在挖掘的过程中充分显现，从而挖掘出有价值的竞争情报。

在隐性关联的挖掘过程中，知识情境库主要起到关联扩展激活的作用。即利用知识情境库所包含的企业状态、情报需求、挖掘目标等人们对客观的真实认知反映内容，根据情境节点关联存在的激活强度，在多维数据环

[①] 沈国强、覃征：《一种新的多维关联规则挖掘算法》，《小型微型计算机系统》2006年第27（2）期，第291—294页。

境中实现隐性关联投射，使原本没有设置关联的不同层、不同维的数据节点之间架构动态数据关联，从而抽取出不易为人觉察的竞争情报。

（四）企业竞争情报多维挖掘模型

在企业竞争情报获取与管理过程中，由于情报获取对象的复杂性，使竞争情报数据源呈现动态多维特性，需要通过关联规则库的引导，运用多维关联规则挖掘与过滤以及隐性关联架构等挖掘策略，在知识情境库的控制与辅助下实现多维挖掘。企业竞争情报多维挖掘模型（见图3-6）中，知识情境库的作用体现在整个竞争情报挖掘过程，多维挖掘主要包括以下步骤。

1. 知识情境库的动态构建。通过深入分析企业竞争环境、目标任务、决策人群，实现竞争情报挖掘任务相关情境节点的多维组织，构建针对竞争情报多维数据源和特定挖掘任务的知识情境库。

2. 关联规则的过滤。在知识情境库的作用下对关联规则库进行竞争情报挖掘规则的筛选过滤，提取与竞争情报挖掘任务相关的有效关联规则。

3. 隐性关联的激活。针对特定挖掘任务，利用知识情境库节点、关联的多重属性的动态组合，激活多维数据源中有效的隐性关联，屏蔽冗余、无效的数据关联，从而提高竞争情报挖掘的效率与质量。

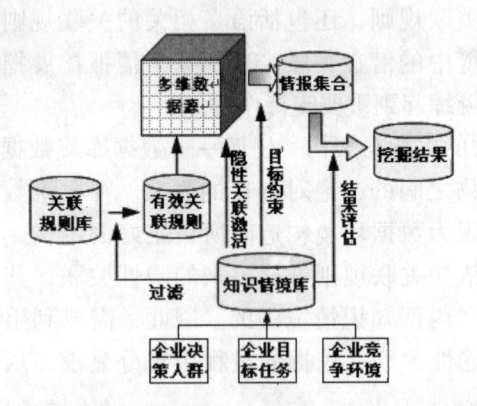

图3-6 基于知识情境的企业竞争情报多维挖掘模型

4. 挖掘目标的约束。知识情境库能够约束竞争情报挖掘任务发展方向。因此，能够尽量排除多维扩展激活过程中由于数据关联层叠交错带来的干扰，防止挖掘过程偏离任务目标，从而起到收敛约束的作用。

5. 挖掘结果的评估。知识情境库能够反映企业竞争情报挖掘的客观目标与任务，在挖掘过程的最后阶段，能够对获取的竞争情报集合进行质量评估，符合评估标准的竞争情报才是最终的挖掘结果。

五、面向业务流程的挖掘模型

流程知识是与企业业务流程密切相关的知识。从企业竞争战略的角度来看，业务流程能力是企业核心竞争力的重要构成要素，而对流程知识的采集与分析有助于塑造具有竞争优势的业务流程，并将其转换成一种难以模仿的战略能力。流程知识广泛蕴含于企业产品生产、库存管理、营销与售后等一系列的业务活动中，伴随着企业整个业务流的运转，而且随着企业流程的变化而变化，其内容的丰富性、动态性及其高价值性，决定了流程知识是极其重要的竞争情报来源。

（一）业务流程中的竞争情报

面对着全球一体化的激烈市场竞争，为提升企业竞争力，把握企业前进的动力，以关注企业自身内在环境为立足点的管理理论——以能力为基础的竞争优势理论受到广泛关注。该理论认为企业的核心竞争力体现在企业自身所拥有的、可维持企业持续性发展的资源和知识等能力层次。1992年，斯托克等人在《哈佛商业评论》中发表了"能力的竞争：公司战略的新规则"一文，文中提出基于能力的竞争是公司应采用的新企业战略，并以折扣零售行业的凯马特和沃尔玛公司为例进行案例论证，强调企业战略的基本因素在于其业务流程，企业要竞争成功，就必须将公司的主要业务流程转化为战略能力。[1][2] 包昌火教授等在《竞争对手分析》一书中也提出以业务流程为主导的核心竞争力是企业核心竞争力主要体现之一。[3] 虽然众多专家学者和企业界人士对"核心竞争力"概念定义和组成要素的表述不尽相同，但基本上都将业务流程能力作为核心竞争力的一个重要构成要素，这也意味着与业务流程息息相关的流程知识具有高度的竞争情报价值。

流程化生产与管理是企业运行的基础，企业在开展经营决策、产品

---

[1] George Stalk, Philip Evans and Lawrence E. Shulman. Competing on Capabilities: the New Rules of Corporate Strategy. Harvard Business Review, March – April, 1992.
[2] 能力的竞争：公司战略的新规则. http://web.cenet.org.cn/upfile/10256.doc, 2007 – 4 – 27.
[3] 包昌火、谢新洲主编：《竞争对手分析》，华夏出版社2003年版。

研发、质量管理等各种业务流程的过程中均会产生种类繁多的流程知识，表3-1从不同的角度对其进行了归类整理，从中可以看出企业运行过程中蕴含着丰富的流程知识，可以作为竞争情报工作中有效的采集对象。

表3-1 流程知识的类别

分类角度	特征	所包含的类型	相关描述
从业务流程生命周期的角度划分[①]	将流程知识看做是业务流程生命周期内支持流程运作的知识总和	●流程分析知识 ●流程设计知识 ●流程建模知识 ●流程实施知识 ●流程评价知识	包含流程构成知识、流程识别方法知识等 包含功能设计知识、数据设计知识等 包含流程建模技术和方法知识等 包含流程实施问题与对策知识等 包含流程评价方法知识等
从知识可传递性角度划分[②]	为了便于对流程知识的获取研究，将企业中流程知识划入显性或隐性的范畴	●过程 ●规则 ●诀窍	过程性知识，包含于显示化的流程图中，包括整个流程的所有步骤 陈述性知识，包含于显示化的文字描述中，用于对流程中各个活动、子流程进行解释说明 深层意会性知识，是有效完成各个活动、子过程的窍门、技能性知识
从流程知识来源划分	区分业务流程中知识的产生方式	●流程运行之前必备的知识 ●流程运行之后产生的知识	背景知识，被用于指导流程的设计与运行，通过从领域专家、文献资料等信息源中获取 决策性知识，从流程实例中挖掘相关知识，如通过分析流程日志所获得的关联性知识

（二）流程知识的获取方法

流程知识存在于企业的工艺生产等多个业务环节之中，伴随着业务流程的整个生命周期，从不同的角度来看流程知识又可划分为不同的种类，其多样性要求能针对流程知识的整体特点研究获取方法。对于表3-1中所

[①] 王建仁、王锦、赵斌：《基于业务流程生命周期的流程知识分类及管理》，《情报杂志》2006年第2期，第72—74页。

[②] 郭维森、党延忠：《企业中流程知识的表示及获取方法》，《系统工程理论与实践》2003年第6期，第28—35页。

列举的纷繁复杂的流程知识，这里以流程运行作为分界点，可以将流程知识大致归入隐性知识和显性知识两个范畴，并派生出隐性知识获取和显性知识获取两个类别的获取方法，如图3-7所示。

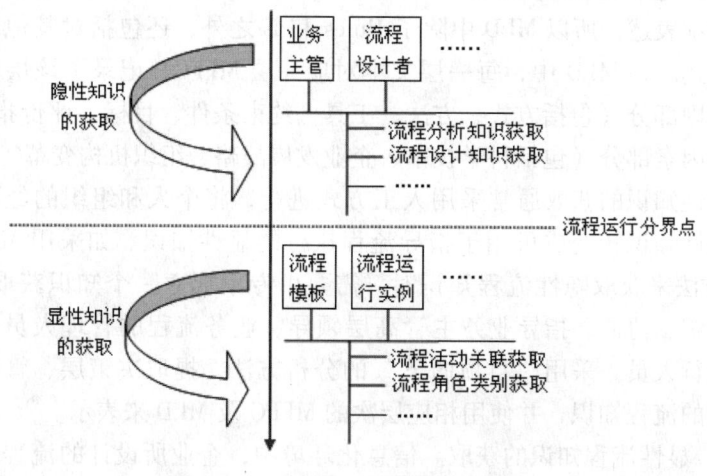

图3-7　流程知识的获取方法类别

1. 隐性流程知识的获取。隐性知识获取主要指从业务主管和流程设计者以及外部专家等人员处获取有关业务流程关系、业务流程设计方法等背景性知识，用于指导流程的初始设计。隐性知识的获取需要采用一定的流程知识表示方法来对抽取出来的隐性知识进行表示，如采用"多因素流程图"和"多层次文本"等方法。

（1）多因素流程图（Multi-Factor Flow Chart，MFFC）。[①]

MFFC包含了流程知识中的Main、Act、Object、Time等部分。MFFC大体可以分为三个层次：决策层、管理层、操作层。决策层MFFC是企业高层领导使用的，主要体现业务流程的整体框架，这一层MFFC中的活动概括性强，避免了繁琐细节对突出过程整体性的影响。管理层MFFC是企业中层管理者使用的，主要便于管理者按照MFFC管理、监督业务流程的进行，这一层MFFC中的活动比较具体，能够满足中层管理者的需求。操作层MFFC是基层工作人员使用的，主要用来进行实际业务流程的操作，这一层MFFC中的活动很具体，具有很强的可操作性。三层MFFC体现了

[①] 郭维森、党延忠：《企业中流程知识的表示及获取方法》，《系统工程理论与实践》2003年第6期，第28—35页。

企业中流程知识的层次结构，分别对应决策层、管理层、操作层等三个子流程。

（2）多层次文本（Multi-Level Document，MLD）。[1]

MLD 包含了流程知识的 Rules 和 E 部分。因为 MFFC 对某些复杂情况不能详细表述，所以 MLD 中除了 Rules 和 E 之外，还包括对其他部分的详细描述。在 MLD 中，每一层文本对应一层 MFFC，记录了该层流程知识的规则部分（包括方式、方法、工具、约束条件、目标、评价指标等）和环境因素部分（包括科学技术、企业发展战略、组织机构变革等）。

隐性知识的获取通常采用人工方式进行，将个人和组织的经验和技能等隐性知识转变成可用于指导流程执行的显性知识。如采用 MFFC 和 MLD 方法来获取隐性流程知识时，需要由专家成立一个知识获取小组，负责组织、协调、指导业务主管高层领导、业务流程的管理人员、业务流程执行人员，采用"自顶向下"的分析方法，提取决策层、管理层和操作层的流程知识，并使用相应层次的 MFFC 及 MLD 来表示。[2]

2. 显性流程知识的获取。信息化环境中，企业所设计的流程通常采用计算机流程管理系统部署实际运行，而流程管理系统运行过程中会产生大量的系统运行时数据，并保存在日志文件中。如果采用一定的数据挖掘技术，就可以从这些记录了流程具体操作和状态的日志文件中发现流程活动之间的逻辑关联，并分析流程运行效率等，这种获取方法被称为"流程挖掘（Process Mining）"。流程挖掘方法从实际流程执行数据集合中系统化地抽取相关数据，并采用一定的流程挖掘工具与算法，反向分析出合适的流程描述，其挖掘结果可用于指导企业流程的进一步优化，提升企业的业务流程能力。[3]

（三）基于知识发现的流程挖掘模型

根据流程知识的特点，这里设计了基于知识发现的流程挖掘模型，从显性化的流程运行数据中动态挖掘流程任务、状态及其之间的逻辑转

---

[1] 郭维森、党延忠：《企业中流程知识的表示及获取方法》，《系统工程理论与实践》2003年第6期，第28—35页。

[2] 郭维森、党延忠：《企业中流程知识的表示及获取方法》，《系统工程理论与实践》2003年第6期，第28—35页。

[3] W. M. P. van der Aalst, B. F. van Dongen, J. Herbst, L. Maruster, G. Schimm, A. J. M. M. Weijters. Workflow Mining: A Survey of Issues and Approaches. Data & Knowledge Engineering, 2003(47)：237-267.

移关系，并将挖掘结果作为技术战略管理、业务流程重组、企业商务智能等模块的输入参数，实现企业技术竞争情报系统与其他知识化管理系统的一体化整合。如图 3-8 所示。

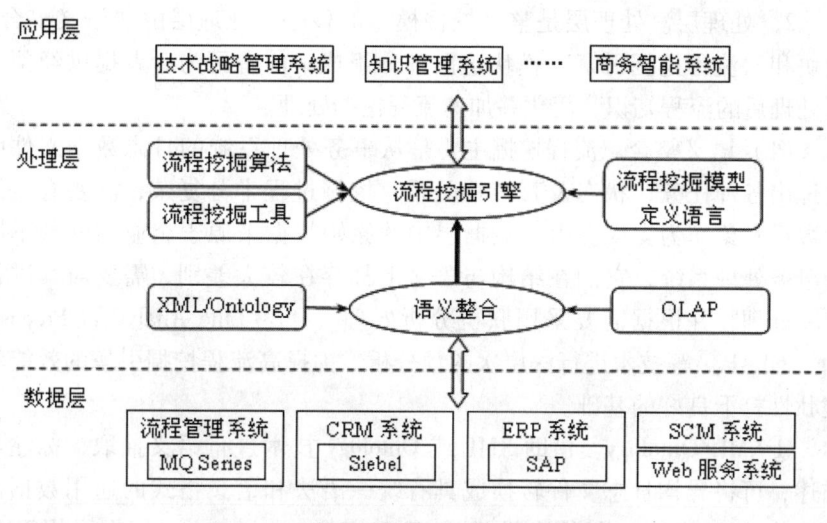

图 3-8　基于知识发现的流程挖掘模型

1. 数据层。数据层是流程挖掘的原始数据来源。信息化环境中的现代企业通常借助于计算机信息系统来支持企业业务流程的协调与管理，随着企业内外部业务的日益繁杂化，企业工作流程的设计与运行都离不开信息系统强有力的支持。① 数字化的流程管理方式为企业积累了大量的流程知识，它们主要来源于如下信息系统：

（1）流程管理系统。流程管理系统包含丰富的流程知识。它主要应用于企业业务流程的管理工作中，能分析、展示、规划、仿真企业业务流程。从本质上看，该系统主要提供初始的业务流程模型，可作为事务处理系统的一个基本组件，为上层具体业务流程应用提供接口支持。

（2）事务处理系统。在实际应用中，企业所建立的大多数信息系统都属于事务处理系统的范畴，如自动化生产管理系统、客户关系管理（Customer Relationship Management，CRM）系统、企业资源规划（Enterprise Resource Planning，ERP）系统、供应链管理（Supply Chain Manage-

---

① W. M. P. van der Aalst, K. M. van Hee, Workflow Management: Models, Methods, and Systems [M]. MIT press, Cambridge, MA, 2002: 28-33.

ment，SCM）系统、Web服务系统等，它们面向各自独特的业务领域，在一定程度上都采用了流程管理技术，是流程运行的实际载体，能自动记录并传递业务流程变更的详细细节。事务处理系统所生成的日志文件是挖掘模型中最重要的数据来源。

2. 处理层。处理层是整个挖掘模型的核心。处理层由"语义整合"模块和"流程挖掘引擎"模块这两部分组成，前者可为后者提供经预分析处理后的流程知识，简化并加速流程挖掘处理。

（1）语义整合。流程挖掘主要是从事务处理系统的日志数据文件中提炼出各种任务、状态及其转移关系，挖掘过程十分复杂，需要有良好的数据对象作为支撑。由于数据层中的原始数据来源于企业内外部不同的事务处理系统，它们在结构与语义上都存在较大差别，需要对其进行统一处理，并根据需要采用联机分析处理（On – Line Analytical Processing，OLAP）等技术进行深层次的预分析，为提高流程挖掘引擎的效能和健壮性打下良好的基础。

①XML/Ontology。借助XML或Ontology技术进行语义抽取、标注与描述，可将异构日志文件转换成具有统一语法和语义格式的通用数据模型。荷兰Eindhoven科技大学教授W. M. P. van der Aalst等人采用XML格式转换日志文件，定义了由log_line、case和process三元素所构成的嵌套语法体系以及由normal、schedule、start、withdraw、suspend、resume、abort和complete八种事件类型所形成的语义体系，如表3－2所示，搭建了事务处理系统与流程挖掘系统之间的桥梁，并以实验证明语义整合可以减少流程挖掘执行阻力并提高其通用性。[①]

②OLAP。事务处理系统中的流程日志文件一般包括任务名称、执行主体、开始时间、结束时间、前提条件、约束条件等详细描述，采用OLAP技术可以从不同角度对其进行统计分析，过滤掉那些不完整或可能引起异常现象的数据，通过多层次、多维度、多变量操作，生成具有不同粗细粒度的流程数据，增强信息价值。

---

① W. M. P. van der Aalst, B. F. van Dongen, J. Herbst, L. Maruster, G. Schimm, A. J. M. M. Weijters. Workflow Mining: A Survey of Issues and Approaches. Data & Knowledge Engineering, 2003 (47): 237–267.

表3-2　基于 XML DTD 的流程日志文件存储与转换

```
<!ELEMENT WorkFlow_log (source?, process+)>
<!ELEMENT source EMPTY>
<!ATTLIST source
  program (staffware|inconcert|pnet|IBM_MQ|other) #REQUIRED>
<!ELEMENT process (case*)>
<!ATTLIST process
  id ID #REQUIRED
  description CDATA "none">
<!ELEMENT case (log_line*)>
<!ATTLIST case
  id ID #REQUIRED
  description CDATA "none">
<!ELEMENT log_line (task_name, task_instance?, event?, date?, time?)>
<!ELEMENT task_name (#PCDATA)>
<!ELEMENT task_instance (#PCDATA)>
<!ELEMENT event EMPTY>
<!ATTLIST event
  kind (normal|schedule|start|withdraw|suspend|
  resume|abort|complete) #REQUIRED>
<!ELEMENT date (#PCDATA)>
<!ELEMENT time (#PCDATA)>
```

（2）流程挖掘引擎。流程挖掘引擎是整个挖掘模型的动力所在，通过定义流程挖掘模型语言，采用合适的流程挖掘算法和工具，可以完成多种流程挖掘任务。

①目标与功能。流程知识是一种组合性知识，它以活动为基本要素、以活动之间的逻辑关系为结构组成了一个动态系统，在这个动态系统中，活动这个基本要素又具有主体、动作、时间等基本属性；活动之间又存在顺序、前与等逻辑执行关系，以及交叠、包含、连续等时间关系。[1] 在技术竞争情报工作中，面对这样一个复杂的动态系统，需要从多个角度全面分析业务流程活动以及活动之间的关联：[2][3]

● 基于控制流角度的挖掘，这个角度主要关注活动之间的相互顺序，其目的是发掘出所有路径的特征；

● 基于组织角度的挖掘，这个角度主要关注谁执行了某些任务以及

---

[1] 刘娟：《流程知识表示系统的设计与实现》，大连理工大学硕士学位论文，2004年。
[2] 徐彦、谭培强：《流程挖掘研究》，《物流科技》2006年第29（4）期，第107—111页。
[3] 崔南方、陈荣秋：《企业业务流程的时间模型》，《管理工程学报》2001年第15（2）期，第62—64页。

他们之间的关系，目的是将员工进行分类并且构建组织结构或者分析员工之间的关系；

● 基于示例角度的挖掘，这个角度主要关注示例特征，其目的是要建立示例的各种特征之间的关系，如流程路径复杂程度与执行时间或执行人之间是否存在一定关系，并挖掘出这种关系；

● 基于时间因素的挖掘，这个角度主要关注流程执行的效率，通过搜索日志数据中所包含的活动时间记录，分析活动准备时间、等待时间和处理时间之间的关系等，其目的在于大幅度减少业务流程的执行时间。

② 模型定义语言、挖掘工具与挖掘算法。[1][2][3][4] 由于流程挖掘的主要目的在于从企业实际业务执行数据集合中反向提取出可理解的结构化流程描述，它不仅仅需要挖掘出活动及其关联，还需要进一步将一系列具有依赖关系的业务活动进行合理的形式化定义并以可视化的方式加以表示，因此必须通过一定的模型定义语言辅助、引导流程挖掘执行过程并表征挖掘结果。在开展流程挖掘过程之前，需要提前确定所挖掘出来的结果将以何种模型表示，这不仅关系到挖掘结果的易理解性，还有利于开发适合特定模型的流程挖掘算法，以便于将日志工作流进行活动转换与结构转换，并经过分解、映射得到基于特定模型形式的描述。

流程挖掘模型定义语言主要有两类：

（a）面向图的模型定义语言，这类语言以 Petri 网模型语言为代表，通过库所和变迁表示活动及其活动的转移，能对并发系统的行为机理给予充分描述，表达能力最强，而所需要的建模时间也最长；

（b）面向块的模型定义语言，这类语言具有封装性，在表现形式上也更加系统化，客观上能挖掘出完整的最小模型，大多数面向块的模型语言可以转换成 Petri 网模型语言形式。

确定了流程挖掘模型语言后，需要设计相应的流程挖掘算法：

---

① W. M. P. van der Aalst, B. F. van Dongen, J. Herbst, L. Maruster, G. Schimm, A. J. M. M. Weijters. Workflow Mining: A Survey of Issues and Approaches. Data & Knowledge Engineering, 2003(47): 237 – 267.

② 潘海兰：《一种建模的新技术：流程挖掘》，《上海第二工业大学学报》2006 年第 23(2)期，第 127—132 页。

③ 马辉、张凯：《基于 Petri 网的工作流挖掘技术分析》，《计算机与现代化》2005 年第 7 期，第 92—95、第 98 页。

④ W. M. P. van der Aalst, A. J. M. M. Weijters, and L. Maruster. Workflow Mining: Discovering Process Models from Event Logs. IEEE Transactions on Knowledge and Data Engineering, Eindhoven, 2002: 101 – 132.

（a）基于图模型语言的算法，W. M. P. van der Aalst 教授等人提出的 α 算法采用基于 Petri 网的挖掘技术，使用启发式方法探测日志的变化，优化挖掘模型。α 算法将活动的状态与状态变迁分开，从过程日志中计算各活动的依赖/频度表，在此基础上归纳出依赖/频度图和重构过程模型，该算法的输出结果是一个工作流网（WorkFlow net，WF-net），能够利用 Petri 网的现有工具分析流程的合理性。图 3-9 展示了 α 算法的基本处理思想和主要步骤：① 第一步，日志预处理，工作流执行的日志，根据实例属性的不同会有不同的路径，然而相同的实例会有重复的路径，所以原始日志中存在着大量的重复信息，此外，由于系统各种因素会存在异常以至于实例执行中断，产生残缺的日志，因此需要将顺序化的工作流日志进行形式化处理，然后根据过滤规则进行日志过滤，除去冗余信息和噪音的数据。第二步，过程挖掘，在流程挖掘中，首先根据日志信息构造出中间流程模型，然后再将中间模型向 WF-net 转换。最后，使用 Petri 网分析方法对流程进行合理性验证。

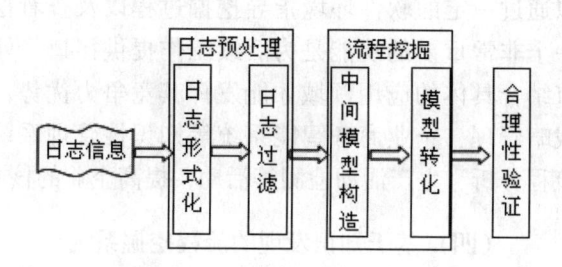

图 3-9 α 算法的基本处理思想

（b）基于块模型语言的算法，这类算法能够处理明显的顺序、并行、选择和循环等结构，具有封装性好、可读性强的优点。

目前主要的流程挖掘支持工具有：基于图模型语言的工具，该类工具主要有 EMiT、Little Thumb、InWoLvE 等，其中 EMiT 和 Little Thumb 基于 Petri 网建模，可以挖掘出流程中的任意环路；基于块模型语言的工具，该类工具的典型代表是 Process Miner，能够挖掘出流程中的基本并行和基本环路。表 3-3 从结构、时间、任务等角度对相关流程挖掘工具进行了简要比较。

---

① 马辉、张凯：《基于 Petri 网的工作流挖掘技术分析》，《计算机与现代化》2005 年第 7 期，第 92—95、第 98 页。

表 3-3　流程挖掘工具比较

	EMiT	Little Thumb	InWoLvE	Process Miner
结构	图形	图形	图形	块状
时间	是	否	否	否
基本并行	是	是	是	是
非自由选择	否	否	否	否
基本环路	是	是	是	是
任意环路	是	是	否	否
隐含任务	否	否	否	否
重复任务	否	否	否	否
噪声	否	是	是	否

3. 应用层。模型中设置应用层的目的一方面是方便与用户进行交互,用户可以通过一定的软件环境指导挖掘过程以及查看挖掘结果;应用层的另外一个非常重要的功能是为后续工作提供接口。处理层所挖掘到的知识只有结合具体的应用领域才能发挥其竞争力优势,因此需要将其导入技术战略管理、企业商务智能系统等知识性管理系统中,辅助企业完成工艺流程分析、生产活动检测等活动,提高企业的核心竞争力。

(四) 基于知识发现的流程挖掘系统

目前,流程挖掘已开始成为企业全面提升其核心竞争力的有力武器,不少服务商紧紧把握住企业需求,开发了一些具有流程挖掘功能的工具与系统,如 BPI 流程挖掘引擎 (BPI Process Mining Engine)、ARIS 流程绩效管理器 (ARIS Process Performance Manager, ARIS PPM) 等。下面以 ARIS PPM 为例,探讨流程挖掘在提升企业核心竞争力中的实际应用。

1. 系统体系结构。ARIS PPM 是 IDS Scheer 公司的系列产品之一,但它本身并不是一个独立的系统,需要根据企业的具体需求,将其与其他系统进行无缝集成。ARIS PPM 以流程挖掘技术作为基础,可用于深入分析企业核心业务流程的绩效水平,从日常事务信息源中挖掘企业的思想力和行动力。ARIS PPM 属于 C/S 应用体系,如图 3-10 所示。

(1) ARIS PPM 服务器端 (ARIS PPM Server)。服务器端负责执行数据采集和流程挖掘。在服务器端,通过适配器 (Adapter) 从源信息系统 (Source Systems) 中提取流程执行实例,并将其存储在流程数据仓库

(Process Warehouse)。Source Systems 覆盖企业生产管理的各个方面，包括 CRM 系统、SCM 系统、财务系统、电子商务系统、流程管理系统等。

（2）ARIS PPM 客户端（ARIS PPM Frontend）。客户端为用户提供导航和分析界面，同时还提供接口功能，以便将流程挖掘结果导入企业门户等系统中。

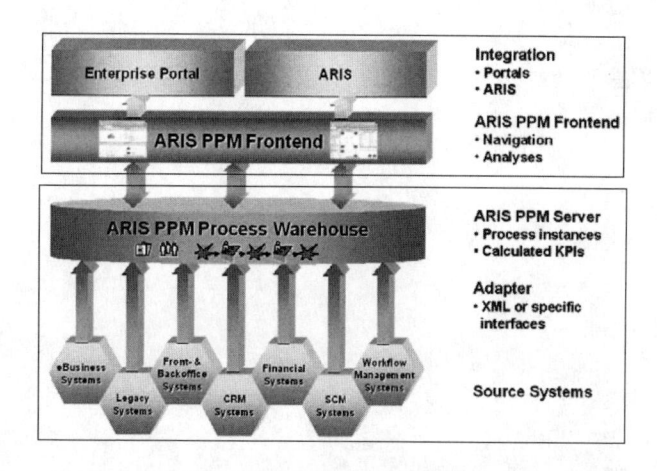

图 3-10　ARIS PPM 的整体框架结构

2. 系统应用。ARIS PPM 采用反向建模技术，通过对从企业信息系统中所提取出来的流程执行数据进行分析，能以可视化方式揭示流程执行状态。ARIS PPM 中的流程挖掘模块对传统数据挖掘技术进行了改造与优化，可以识别流程属性之间的关联，并发现其中导致工期长、成本高、质量低等现象的因素，其目的就在于从流程数据中发现知识。ARIS PPM 的流程挖掘结果不仅应用于企业的生产质量管理、工艺流程管理中，还可以在企业的其他环节中均得到应用，从而全面优化、提高企业业务流程能力，进而提升企业的核心竞争力：

（1）在客户管理中的应用。企业的客户关系管理系统中包含大量的业务流程数据，是流程挖掘的一个重要应用领域。ARIS PPM 可以测量客户管理业务流程的绩效，发现异常案例。

（2）在人事管理方面的应用。招聘管理是企业的核心业务流程之一。ARIS PPM 能够对企业的人力资源管理模块进行挖掘，让企业在高度竞争的劳动力市场环境中占据优势地位。

（3）在供应链管理中的应用。建立符合市场需求的供应链是企业供应链管理追求的目标，然而由于企业业务流程的不明朗及其执行效率的不可测量，导致缺乏足够的信息支持供应链的运转。ARIS PPM 在自动采集大量流程执行数据的基础上，经过流程挖掘分析，可以为企业提供及时准确的情报知识支持管理层的决策。

第四章 企业竞争情报挖掘流程

信息时代,企业所拥有和待处理的信息量越来越大。竞争情报挖掘是一个智能分析和知识提炼的过程,通过对海量的结构化和非结构化数据源进行微观、中观乃至宏观的统计、分析、综合和推理,揭示出公司、产品、人物、事件等多实体之间的内在关联,获取隐含的、深层次的模式、规则和知识,并应用知识生成解决方案。这就是竞争情报的智能挖掘,即从信息中发现知识、用知识指导行动,通过行动为企业提供价值。

竞争情报智能挖掘流程包括五个重要阶段(如图4-1所示)。

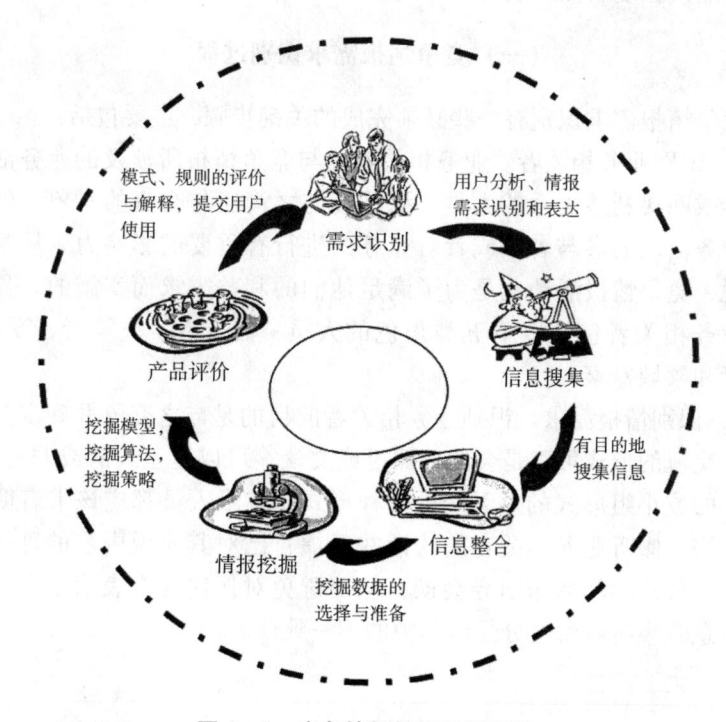

图4-1 竞争情报智能挖掘流程

从图中可以看出，该流程是一个互动循环的过程。其中的有些步骤需要多次反复，且不能缺失其中的任何一步。每一步生成的结果都不断向后传播：以具体情报需求为导向，从信息中提炼知识，不断更新建模技术，逐步优化数据挖掘模型与过程。因此，这也是一个应用数据挖掘方法从信息中不断产生知识的过程，是一种有效的知识学习机制。

一、竞争情报需求识别

有效的情报不是从真空中搜集来的，试图搜集一切情报收效甚微，一个不明确、没有中心的计划最终会导致失败。正常的情报过程始于情报用户需求的识别与表达。[①] 竞争情报需求识别是指从发现竞争情报需求到确定情报挖掘的复杂过程。这一过程的主要活动就是技术人员和业务相关人员的沟通与交流。这种交流往往是反复的、非连续性的和难以预期的。能否正确地识别企业竞争情报的需求往往取决于技术人员的沟通技巧、敏锐程度和控制能力。

（一）竞争情报需求识别过程

竞争情报需求识别有一些必须完成的关键步骤，主要包括：

1. 识别业务相关者。业务相关者是与竞争情报所涉及的业务活动具有直接或间接利益关系的人员，也是要与之沟通与交流的对象。他们或者是业务活动的参与者，或者对业务的进行有重要的影响力。从某种程度上说，竞争情报活动也是为了满足他们的利益需求而实施的。具体来说，业务相关者包括以下五类角色的人员：需求者、决策者、受益人、出资者和领域专家。

2. 识别情报需求。识别业务相关者的目的是与之交流并确定其情报需求。交流的形式可以是会议、探讨或交谈，可以是正式的或非正式的、一对一或小组形式的。无论是哪种形式，技术人员都应该带着明确的目的，用心倾听业务相关者的谈话并反馈自己对其所说内容的理解。可以提出开放式的问题来引导会谈，但要避免对任何观点表示不满，也不要在信息收集阶段就过分强调其中的不一致性。

---

① ［美］斯蒂芬·M.沙克尔、马克·P.吉姆比克依:《企业竞争情报作战室》，王知津等译，人民邮电出版社 2005 年版。

与业务相关者会谈的内容应该围绕以下几个方面展开：参与者认为一定要说的问题是什么、了解参与者的目的和意图、了解竞争情报挖掘项目实施后的影响以及了解各方对竞争情报项目的期望等。

情报需求识别的方法见（二）和（三）。

3. 制定竞争情报的需求规划。根据企业经营目标和业务相关者的需求制定的竞争情报规划。企业实施竞争情报是为了创造和提升企业价值，因此，竞争情报项目的需求规划一般也是围绕此目的而设定。一般包括以下内容：需要采集哪些方面的情报；使用目的；使用的部门及人员；对竞争情报的时间要求；对竞争情报的范围要求；获取竞争情报的成本。

4. 确定竞争情报挖掘的方向。一旦需求规划确定后，就要针对该规划分析情报挖掘环境的具体状况。分析的依据仍然是在与业务相关者的交流中获得的信息。分析情报挖掘环境促使技术人员进一步考虑与实现业务目标相关的条件和因素，尤其是那些会对竞争情报挖掘过程和结果产生影响的因素。如确定关键竞争情报课题、确定应急方案、确定是否有必要实施智能化的知识分析和数据挖掘技术、确定在实施挖掘过程中要注意到的行业规范等。

5. 确定企业竞争情报需求的优先级。企业竞争情报部门往往同时面临多个情报需求。需要按照一定的策略区分不同需求的优先级，以决定满足它们的顺序。

（二）传统需求识别方法

1. 访谈调查法。访谈调查法是直接向被调查对象口头提问、当场记录答案，直接了解其情报需求的方法。调查的对象主要包括企业内部相关人员。这种需求获取方法的优点是灵活性好，信息交流和反馈迅速，可以捕捉到由被调查者的动作、表情等肢体语言传递的信息，适用于讨论复杂问题；缺点是费用高，受时空的约束和影响大。访谈调查又可分为小组座谈法和深层访谈法两种。

2. 问卷调查法。问卷调查法是向被调查者发放格式统一的调查表，由调查对象填写，通过调查表的回收获取企业用户竞争情报需求的一种方法。匿名性是调查问卷法的一大特点，问卷一般不要求署名，有利于得到真实的情况。问卷调查多采用科学的抽样方法，通过选取少量的样本，了解总体情况。故能以较少的经费进行大范围的调查，是一种较为经济、节省人力、经费和时间的方法，被广泛应用于企业竞争情报需求的调查中。

3. 实地观察法。实地观察法是企业情报人员深入企业职能部门或企业所在市场，对企业运营情况及市场竞争状况进行直接观察、记录和访问，以获得企业竞争情报需求信息的一种调查方法。按企业情报人员在调查中参与程度划分，可分为完全参与观察、不完全参与观察和非参与观察三种。

（三）现代需求识别方法

现代需求获取方法包括界面原型法、基于知识的方法、基于观点的方法、情景实例的方法等。

1. 界面原型法。界面原型法在现代需求获取中是最常用的方法。[1]所谓"界面原型法"，是指开发方根据自己所了解的用户需求，描绘出应用系统的功能界面后与用户进行交流和沟通。界面原型是一个演示系统，可以呈现出 GUI（图形用户界面），通过这一载体，达到双方逐步明确项目需求的一种需求获取的方法。这种方法比较适合于开发方和用户方都不清楚项目需求的情况。因为开发方和用户方都不清楚项目需求，因此此时就更需要借助于一定的"载体"来加快对需求的挖掘和双方对需求的理解。这种情况下，采用"可视化"的界面原型法比较可取，通过快速获得用户反馈而不断改进系统，直至用户满意。

2. 基于知识的方法。以知识为基础获取用户需求，这个思想在软件过程领域广为应用。比较典型的工作有 Sutcliffe 和 Maiden 的基于类比推理的领域模型重用、[2] KAOS 项目[3]的元模型制导下的需求获取和中国科学院的 PROMIS 等等。为了使用户参与系统开发的工作更有效，减轻用户的认知负担，此方法以大容量知识库来支持系统开发过程。知识库包括软件工程知识库和领域知识库两大类。前者使用户不必掌握软件开发知识，后者使用户无须掌握应用领域需求分析知识。在知识库的支持下，用户只需将本单位的业务情况描述清楚，系统自可自动生成相关需求。该方法通过提供深度领域知识，使得需求获取过程更系统、更有效。

3. 基于观点的方法。该方法的典型代表是 CORE（Controlled Re-

---

[1] Ralph R. Young：《有效需求实践》，机械工业出版社 2002 年版。

[2] Sutcliffe A., Maiden N. The Domain Theory for Requirements Engineering[J]. IEEE Transactions on Software Engineering, 1998(3):760 – 773.

[3] Dardenne A., Van Lamsweerde A., Fickas S. Goal – directed requirements acquisition[J]. Science of Computer Programming, 1993(1):3 – 50.

quirements Expression，受控的需求表达），① 始于20世纪70年代末，并在80年代初得到改进。该方法的理论假设是任何系统都能用一些"观点"来描述，完整的系统需求是对各种观点的整合。CORE考虑的观点既包括系统功能方面的观点又包括非功能方面的观点。这些观点是通过将问题分类并使用自由讨论这样的方法找出来的。观点的确定与选择是基于观点分析的第一步，然后是初期数据收集。它的目的是收集每个观点的广泛数据，结构化这些观点并检查观点内部和外部的一致性。

4. 基于情景实例的方法。基于情景实例（scenario-based）的方法是当前应用较多的一种方法。② 以ESPRIT项目的CREWS系统为例，它提出四种情景来帮助用户进行需求抽取，试图用领域用户熟悉的情景实例引导他们逐步提供需求信息。情景实例实施的基本步骤是，首先采集一组现实系统的运行情景，然后让领域用户根据这些情景分别说明现实系统中各种行为及其目的，逐步建立应用软件的需求目标树。由于情景实例是现实系统的客观表现，领域用户能准确描述其需求。基于情景实例的需求抽取方法从本质上说是数据驱动的，它基于实际应用提取需求信息，最后创建一个恰当的需求模型。这个方法的好处是领域用户非常熟悉这些信息，他们能够容易参与并能够贡献他们的思想。

（四）竞争情报需求的表示方法

在长期的实践过程中，形成了多种竞争情报的需求表示模型，如普赖斯科特模型、波特模型、三角模型等。这些模型在宏观层面上对竞争情报的构成要素作了有益的探索，较好地表示了竞争情报分析需要的内容和方法。

1. 任务。竞争情报从本质上来说是战术性的。大多数组织既没有物质资源，也没有打算研究竞争对手表现的方方面面。用户对竞争情报的需求与其所从事的工作紧密相关。最终用户使用竞争情报的主要目的是完成某项任务，因此可以将任务作为信息体内容适用性的语义索引。通过对问题求解任务的情景描述，从竞争情报战略分析框架中抽取相关要素，整合成特定服务或服务集，以保证战术竞争情报的适用性和利用效率。适用性指竞争情报与任务情景之间的强相关性，包括考虑信息空间、时间、领域、人员的认知和能力等在内的一系列约束条件。

---

① Swapna Kishore、Rajesh Naik：《软件需求与估算》，机械工业出版社2004年版。
② Daryl Kulak：《Eamonn Guiney 用例》，机械工业出版社2004年版。

任务概念的引入是基于以下理论假设：①

事务的规律性——例行事务处理中的竞争情报需求相似；

事务的重现性——类似问题往往会在例行事务中重现。

2. 任务的形式化描述。通过对任务进行结构化描述来确切表示信息体内容的适用性和实践工作的查询需求，使准确和快捷地建立满足任务情景需求的信息体成为可能。任务情景的形式化描述由一组特征槽构成，以 BNF 形式表示如下：

< Task – Circumstance > : = < Task – Name > { < Property – Slot > }

< Property – Slot > : = < Slot – Name > < Slot – Content >

< Slot – Content > : = { < Term > }

特征槽的内容是术语列表。该术语列表为问题求解任务 t 的每个特征槽定义术语可选集。特征槽相应的术语可选集则可通过 < Slot – Content > 元素定义为枚举数据型。

在系统中所有的任务具有一些共同的特征槽，如：

Role – Names：任务执行过程中涉及的角色名列表。角色是任务执行的主体，包括任务的执行者、分配者、监督者等。

Entity – Names：任务执行过程中处理的实体名列表。

Objective：任务执行过程中所要完成的目标。

Activities：任务执行过程中涉及的业务过程名列表。

Resources：执行任务过程中所需的各种资源。

Product/Service：任务执行过程中输出的产品或服务。

Area：任务执行过程中所处的领域范畴。

Time：任务执行过程发生的时间，可以对时间的重复特性作进一步的描述。

Place：任务执行过程发生的地点，通过地点特性、地点的相对关系进行描述。

除共同的特征槽外，根据不同目标的任务，其特征槽的定义可以根据用户的需求而设定。

3. 任务的建模。任务的建模为任务的自动化、结构化的建立提供有效的工具。基本思路是：以竞争情报战略分析框架为基础，建立面向情报共享的核心术语集和术语分类体系。在建立任务时，原则上只能从核

---

① 刘宏芳、阳东升、刘忠、张维明：《基于任务的战术态势视图中对象的描述与组织》，《武器装备自动化》2006 年第 25（4）期，第 13—15 页。

心术语集中选取适当的术语作为任务名和槽名，从而保证战术情报与战略情报表述的连续一致性。建模过程如图 4-2。

```
┌─────────────┐
│  核心术语集  │
└──────┬──────┘
       ↓
┌─────────────┐
│   战略目标名  │
└──────┬──────┘
       ↓
┌─────────────┐
│    任务名    │
└──────┬──────┘
       ↓
┌─────────────────┐
│ 特征槽（槽名槽值）│
└────────┬────────┘
         ↓
┌─────────────┐
│     TPC     │
└─────────────┘
```

图 4-2　需求建模

4. 基于本体的竞争情报需求表示方法。任务驱动的竞争情报需求建模由五个部分组成：即本体论及核心术语集的建立、竞争情报元数据项的建立、涵义解释机制、知识联网和动态补偿机制。

（1）本体及核心术语集的建立。本体论是研究实体存在性和实体存在本质等方面的通用理论。它起源于哲学，通过对事物的本质和对概念的精确描述，可以精确地表示那些隐含（或不明确的）信息。它把某个应用领域抽象或概括成一组概念及概念之间的关系，因而具有良好的概念层次结构、有效支持逻辑推理，并且能从语义和语用层次上描述信息的概念模型，实现真正意义上的知识重用和知识共享。本体的最大贡献在于它可以将某个或多个特定领域的概念和术语规范化，为其在该领域或领域之间的实际应用提供便利。

本体与核心术语集的建立以某种具体的竞争情报分析框架为依据进行。根据该分析框架分析出的竞争情报元素来建立术语集和基础本体论。术语集是一系列术语的列表，而基础本体论则在此基础上建立术语分类体系和术语之间的语义关联。此外，还应建立应用本体论，包括应用域、应用目标、任务、槽和槽值。创建它们的备选术语来自基础本体论术语集。

（2）竞争情报元数据项的建立。在竞争情报分析框架中，竞争情报元素的多样性增加了被描述对象的复杂性。为了屏蔽被描述对象内容的细节和表示形式的异构性，竞争情报元数据项（Competitive Information Item，CII）对对象的内涵知识进行抽象和封装，抽象的结果称为元数据，其描述模式的 BNF 定义表示如下：

＜CII＞：= ＜CII – ID＞＜Application – Goal＞＜Content＞｛＜Task – Circumstance＞｝+ ＜IBody – link＞＜Other – Content＞

其中，CII – ID 为数据项标识，并包含了多种分类指示。IBody – link 是指向其他对象的链接。而 ＜Content＞ 是数据项各种属性值的集合，表示为：

＜Content＞：= ＜Authors＞＜Publication＞＜Time＞＜Place＞＜Area＞＜Projecrt＞＜Department＞

在数据项的描述中，＜CII – ID＞ 是知识项的唯一性标识符，Conten 表示了对象间上下文情景，Task – Circumstance 则表示了对象的适用性场景。

（3）知识联网。知识联网提供了一种查找相关知识项的方式，通过信息本体、组织本体和应用表示本体，可以得到与该知识项处于同一兴趣集的知识项、同一组织的知识项和同一分解任务的知识项。知识联网正是要提供这种知识之间的相互关系，以辅助用户注意到与当前工作实践相关的附加知识项。

（4）涵义解释机制。涵义解释机制实质是一种导航系统，帮助用户去理解任务的实质、所处的环境及应采取的行动，以尽量减少用户使用系统时的认知负担。涵义解释机制表示为以下四元组：

CIS——TC，SO，O，SMPE

其中，TC：当前任务；SO：当前任务所属的战略目标子集；O：应用领域之中的表示本体论；SMPE：涵义领会的推动引擎。SMPE 按以下步骤推动涵义领会过程：

步骤 1　展示用户当前所面临的任务的情景描述，帮助用户理解任务的实质及要求。

步骤 2　展示当前任务所涉及的目标，使用户了解其对企业总体战略目标的支持程度。

步骤 3　提供可视化人机界面引导用户根据任务的目标和时间要求，选择恰当的特征槽名称和术语，快速地建立竞争情报需求模型，以实现竞争情报的自动化或半自动化采集。

（5）动态补偿机制。在一般的竞争情报系统，最终用户提交了竞争情报需求后，形成竞争情报规划，然后以规划为依据利用搜索引擎技术自动执行采集任务。在采集过程中，最终用户无法与系统进行交互，因此无法决定自己的补偿需求，竞争情报需求被静态化。竞争情报需求的动态补偿机制希望通过改善系统的交互性和动态性，最终用户能直接干预竞争情报的采集过程，随时对自己的情报需求进行明确或补充。动态补偿机制表示如下：

CI‐Compensation——TC，State，Need，O，CP

其中，TC：当前任务；State：当前任务的状态；Need：用户需求；O：应用领域之中的表示本体论；CP：动态补偿机制过程。为了描述任务的动态性，引入"状态"这一属性。当竞争情报的采集结果与最终用户的需求意愿发生冲突时，任务的状态可以近似地认为是"失败（Failed）"，此时，用户提交改善的需求描述，激活新的采集进程，直至任务完成。

二、竞争情报收集与整合

信息搜集是细致的、枯燥的、默默无闻的、充满失败和挫折的过程，它要求情报人员忍受单调重复的查找和不愉快的体验，抑制因查找失败而产生的厌烦、焦躁等不良情绪，克服滋生起来的惰性。Michelle Cook 和 Curtis Cook 曾经指出，在整个竞争智能模式中，有一些阶段容易让很多机构和个人陷入困境，而不能顺利进入下一阶段的工作。[1] 企业竞争情报采集作为竞争情报工作的起始阶段之一，是后续工作开展的前提和基础，其采集的信息是否真实、全面、及时，是否便于利用，对整个企业情报工作具有十分重要的意义。

（一）企业竞争情报的信息源

一般来说，企业竞争情报的信息源是指一切与企业竞争活动有关的能从中提取出竞争情报的信息资源。由于信息和网络技术的发展，网络已经成为各种媒体发布信息的重要方式，比如各电视台和报纸都建有自己的网站，各种播音稿和新闻稿都可以在这些网站上获得，因此各种类型的网站成为收集信息的重要来源。以微软公司为例，微软有非常成熟的情报收集体系，收集渠道遍布各种媒介，但是，微软在中国的情报获

---

[1] Michelle Cook, Curtis Cook：《竞争智能》，黄治康、黄载曦、张赟等译，西南财经大学出版社 2003 年版。

取 70% 以上来自互联网。[1] 由此可见，现代企业竞争情报获取的重心已由原先的传统文献资源转移到以 Internet 为主的网络信息资源上。

企业竞争情报信息资源广泛分布在信息网络、人际网络以及企业内部数据库中。其中：

1. 信息网络是指以 Web 技术为基础的虚拟网络。包括内联网 Intranet、外联网 Extranet 以及整个互联网 Internet，这三个网络联系着企业的组织网络和人际网络，是企业竞争情报的核心平台：[2]

● 企业内部网（Intranet），它利用 Internet 技术把企业内部所有的信息资源集成起来，涵盖企业的各种经营活动，实现企业内部的信息共享与协同作业。构建企业内联网是企业竞争情报系统顺利开展的必要环节。

● 企业外联网（Extranet），将 Internet 技术应用于企业间的信息系统，把与本企业有业务合作关系的企业，包括交易伙伴、合作对象、相关公司、销售商、供应商以及主要客户连成一体，企业可以更有效地进行供销链的管理，最终实现了企业之间的紧密协作。

● 因特网（Internet），它是集全球各领域各机构的各种信息资源为一体的信息资源网，通过它可以使国内外企业、远程用户、异地资源得以联合，实现资源共享，沟通合作。

Intranet、Extranet 以及 Internet 三层信息网络之间互相融合，给企业竞争情报工作的开展提供了强有力的软件设施保障，大大提高了现代企业竞争情报系统运作的及时性、有效性和准确性。Intranet 将企业计划、研发、生产、销售、售后服务等职能部门经营数据、信息在内部网平台上有机结合起来，便于竞争情报人员对其整合，分析及传递；Extranet 将企业上下游客户关系（从供应商，分销商到零售商）通过企业间网络有效联系起来，便于进行供应链管理，大大方便竞争信息的提取、加工；Internet 作为全球最大信息资源库为企业竞争情报工作（无论是研究市场、环境、竞争对手等）提供了巨大的竞争性的资源，提高了竞争数据、竞争信息、竞争情报处理的全面性，因而保障了竞争情报成果输出的准确性、增值性。

2. 人际网络是人与人之间进行信息交流和资源利用所形成的社会关系网，由节点和联系两部分组成。人际情报网络是应情报活动的需要而

---

[1] 刘丽娟：《微软在中国的"情报行动"》，《商务周刊》2002 年第 7 期，第 21—22 页。
[2] 刘云：《基于数据挖掘的企业竞争情报获取》，武汉大学硕士学位论文，2006 年。

构建的一种人际网络，网络节点上的每个人或机构都是一个信息中心。[①]构建人际情报网络的根本目的就是为了更好地挖掘人际网络中的资源，为了达到这一目的，需要采用一定的人际网络分析平台与工具将这种隐性网络进行显性化表示与组织，以构建显性化的人际关系地图，用于描述成员组成、成员角色、成员关系等，至此，这种显性化的人际网络结构本身就成为了重要的情报源，如银行与企业之间高层管理者的兼职就反映了银行与企业之间的紧密连接关系，获取该信息对企业判断竞争对手实力将会产生重要的影响。

目前网络型社会性软件系统与平台作为人际交流的载体，已经包含了大量的"Who Knows Whom"、"Who Knows What"等方面的人际关系信息，是一种重要的战略资源。沈固朝教授等认为，社会性软件的产生和发展对人际网络的建立和情报搜集具有巨大影响，通过社会性软件所构建的"弱链接"关系网具有不可估量的商业潜能，从这个显性化的人际关系信息源中可以挖掘出更有价值的人脉信息和隐性连接关系，找到企业信息通畅的关键——"桥"这种信息管道，从而扩充并丰富企业的人际关系网络。[②]

3. 企业内部数据库。企业在长期事务处理过程中随数据库管理系统本身发展，形成了企业从简单到复杂、从小型到大型的各种不同格式的数据，其中有大型数据库、对象数据库、桌面数据库、各种非格式文件等，同时这些数据还可能分布在各种不同的数据操作平台上，并通过网络分布在不同的物理位置。这些数据库中蕴含着丰富、可靠的竞争情报信息源，如从交易处理应用软件中获取订单信息、顾客信息和产品信息，从电子商务网站中获取访问和点击信息，还可以从账务系统中获得账务信息，从市场部门获得市场信息等。以往的竞争情报工作往往注意对外部的信息收集，而忽略了企业内部信息的重要性。实际上，外部的信息能够帮助我们知彼，而企业内部数据库却能够帮助我们知己，只有做到知己知彼，方能百战不殆。

[①] 包昌火、李艳、王秀玲等：《人际情报网络》，《情报理论与实践》2006年第2期，第5—17页。

[②] 沈固朝：《Web2.0能为建立竞争情报人际网络做些什么》，《中国图书馆学报》2007年第1期，第52—57页。

（二）数据选择

从企业信息源中获取的信息通常不能直接支持数据挖掘应用。各种分布式业务数据库中的数据具有不一致、缺失、重复等多种问题。即使是企业数据仓库中的整合数据，和具体的情报挖掘任务也无直接相关关系。因此在情报挖掘建模之前，必须对信息进行筛选和预处理。即搜索与业务目标相关的数据，判断哪些是有效的，哪些是无效的，修复其中的问题，转换使其适合于挖掘任务。这一过程称为数据准备，是情报挖掘成功的重要保障。

数据准备的第一步是选择和获得合适的客户数据，所谓合适的数据是指可用于数据挖掘分析的、逻辑清楚的、且容易获得的数据。[①] 数据量越多越好。

首先要考虑的问题是：什么信息资源是可用的？对企业来说，最理想的信息资源是企业的数据仓库中的数据。数据仓库为支持决策而设计，其中的数据已经经过清理、校验和整合，并聚类到合适的层次，可以直接面向数据挖掘。但是，在很多企业中，这样的数据仓库并不存在。这时数据挖掘技术人员必须从各部门数据库和操作系统，甚至企业外部寻找数据。这些数据要经过大量的调整和转换工作，才能形成对知识发现有益的数据格式。

另一个要考虑的问题是：得到的数据是否符合解决企业业务问题的需要。比如，如果业务问题是要确认某类客户的身份，则数据中一定要包括每一个客户的详细资料。除此之外，可能还有其他的详细数据，比如交易级别资料等，但必须要将这些数据和客户的个人信息联系起来才能使用。

数据的完整性也是一个重要因素。因为在建模的时候需要尽可能完整的数据。例如，只使用抽样调查中回答者的数据是不合适的。原因是无法计算那些无回答者的得分。又如，在创建一个促销活动响应预测模型时，数据中不但要包含响应者的信息，还要包含非响应者的信息。

此外，数据挖掘使用的都是历史数据，那么需要多久以前的数据才合适？要考虑的第一个问题是季节性问题。大多数商业活动都变现出一定程度的季节性，如第 4 季度销售量上升等。应该有足够的历史数据用于捕捉这类周期性事件。另一方面，由于业务环境的变化，太久远的数

---

① Dorian Pyle 著，杨冬青等译：《业务建模与数据挖掘》，机械工业出版社 2004 年版。

据也无益于数据挖掘。[①]

（三）数据预处理

通常，竞争情报系统运作所依靠的信息系统是一个由传统系统、不兼容数据源、数据库与应用程序所共同构成的复杂数据集合，各个部分之间不能彼此交流。从这个层面看，目前运行的应用系统是花费了很大精力和财力构建的不可替代的系统，特别是系统的数据，而竞争情报系统目的就是要通过数据分析来辅助决策，然而这些数据的来源和格式不一样，导致了系统实施和数据整合的难度。此时，非常需要有一个全面的解决方案来解决自己企业的数据一致性与集成化问题，使之能够从所有传统环境与平台中采集数据，并利用一个单一解决方案对其进行高效的转换。

以数据仓库为例，数据预处理过程主要包括数据转换、数据清理和数据集成等几个过程。

1. 数据转换。数据转换主要是针对数据仓库建立的模型，通过一系列的转换将数据从业务模型数据转换为分析模型数据，通过内建的库函数、自定义脚本或其他的扩展方式，实现多种复杂转换，并且支持调试环境，监控转换状态。数据转换是将源数据转化为目标数据的关键环节，它包括数据格式转换、数据类型转换、数据汇总计算、数据拼接等等。但转换工作可以视具体情况在不同的过程中实现，比如可以在数据抽取时转换，也可以在数据加载时转换。数据转换又可分为数据变换和数据归纳。

（1）数据变换。数据变换是将数据转换成适合挖掘的形式，也是挖掘的预处理过程。数据变换主要是找到数据的特征表示，用维变换或转换方式减少有效变量的数目或找到数据的不变式。数据变换可能涉及如下内容：

数据离散化。数据离散化就是按照特定的规则或方法将属性（如数量型数据）离散化成若干区间的一种数据分类方法，它是很多研究的基础，有很重要的现实意义。将数据进行离散化，有许多不同的方法，如：[②]

①等宽方法。等宽方法将数据的取值范围按等距离划分成若干区间，

[①] Berry, M. J. A.、Linoff, G. S. 著，别荣芳等译：《数据挖掘技术市场营销、销售与客户管理领域应用》，机械工业出版社 2006 年版。

[②] 谭学清、陆泉等：《商务智能》，武汉大学出版社 2006 年版。

然后将落在区间内的数据映射为相应的离散值。如将人员按年龄值的大小划分为［0，20］、［20，40］、［40，60］、……。等宽方法比较简单、直观，但存在两个明显的缺点：很难有效地体现数据的实际分布情况和划分边界过硬。使用等宽方法，可能会将相邻近的数据分开，并且可能会将创建不存在数据的区间。

②等深方法。等深方法按数据的个数将数据划分为不同的组，各组的数据个数近似相同。上述人员划分中，如果按年龄将人员排序，然后按人数的多少分成人员相等的组，则是等深方法。等深方法划分的区间（组）可能无实际意义，并可能将数据相差很远的值放在一组。

③等数据语义距离。等数据语义距离是按数据的语义距离将数据划分为不同的组。例如将人员按"儿童"、"青少年"、"中年"和"老年"划分为若干组。显然，基于数据语义距离的划分既考虑整个范围内数据分布的稠密性，也考虑各组内数据的接近性。等数据语义距离方法可以产生更有语义意义的离散化，但如何合理地度量语义距离及定义语义和数据间的映射关系则比较困难。

变量变换。在处理海量数据的过程中，变量的选择起着非常重要的作用。特别是对于大批变量，需要进行适当的处理。变量处理的方法有：

①新建变量，很多情况下需要从原始数据中生成一些新的变量作为预测变量。如对不同类别变量分组归类、使用对数函数将某些计数转换为比例等等。添加这些变量并没有增加数据集的总体信息量，但使某些隐式信息更明显地表达出来。

②转换变量，例如将学生的考试成绩由百分制映射为五分制。

③拆分数据，依据业务需求对数据项进行分解。如将邮件地址信息分解为国家、省/州、城市、邮政编码、街道和门牌号码等。

格式变换，规范化数据格式。如定义时间、数值、字符等数据加载格式。

（2）数据归纳。数据归纳将辨别出需要挖掘的数据集合，缩小处理范围，是在数据选择基础上对挖掘数据的进一步约简。数据归纳又称为数据缩减或数据规约，数据归纳就是将初始数据集转换成某种更加紧凑的形式而又不丢失有意义的语义信息的过程。[①] 数据归纳技术可以用来得到数据集的归纳表示，它接近于保持原数据的完整性，但数据量比原数

[①] Mehmed Kantardzic 著，闪四清等译：《数据挖掘——概念、模型、方法和算法》，清华大学出版社 2003 年版。

据少得多。与非归纳数据相比，在归纳的数据上进行分析和挖掘，所需的时间和内存资源更少，分析将更有效，并产生相同或几乎相同的分析结果。

数据归纳的有关工作是：数据选择、数据聚集、维归约、属性值归约、数据压缩、数据抽象等。

①数据选择是选择合适的数据源、数据记录和数据字段等，而数据归纳通常包括更复杂的数据约简处理。

②数据聚集也称为分类汇总，它采用数据仓库中的切换、旋转和投影技术，对原始数据进行抽象和聚集。数据聚集技术通过对数据进行分组汇总，使数据到达一个用户感兴趣的层次，然后对这个在概念层次上更为清晰的数据集进行分析。① 如将月薪、年薪，月产量、季度产量或年产量按地区进行的汇总等。根据挖掘处理的业务需求对数据进行聚集，不仅大大减少了数据量，而且加快了决策分析的处理过程，竞争情报系统可以直接在合适的数据上进行决策处理，无须进行额外的数据预处理。数据聚集可以在不同的粒度上进行聚集，如轻度汇总或高度汇总等。

③维归约即数据选择中的属性选择。维归约的主要方法为筛选法。筛选法根据一定的评价标准在属性集上选择区分能力强的属性子集。从基数为N的原属性集中选择出基数为M≤N的属性集的选择标准通常是：使所有决策类中的例子在M维属性空间中的概率分布与它们在原N维属性空间中的概率分布尽可能相同。

根据与分析或挖掘目标的关系，数据集的属性可分为三类：相关属性；冗余属性；不相关属性。② 相关属性和决策目标有着直接或间接的联系；冗余属性与决策目标相关，但冗余属性不能为决策目标提供任何新的信息；不相关属性是指和分析目标没有任何关系的数据。维归约即发现属性集中和分析目标相关的属性集，删除冗余属性和不相关属性。

删除不相关属性的操作也称为属性的剪枝，即去除对发现任务没有贡献或贡献率极低的属性域。类似的，删除冗余属性可称为属性的并枝，即对属性进行主成分分析或因子分析，寻找属性之间的依赖关系，把相近的属性进行综合归并处理。

维归约不仅减少了数据挖掘的数据量，提高了规则的生成效率，并且由于属性的缩减，使得生成的规则简化，增强了生成规则的可理解性。

---

① 钱开余、孙发国：《数据仓库的聚集优化》，《农村电气化》2006年第5期，第39—41页。
② 李雄飞、李军：《数据挖掘与知识发现》，高等教育出版社2003年版。

④属性值归约包括两方面，即连续值属性的离散化和符号型属性的合并。连续值属性的离散化就是在属性的值域范围内，根据某种评价标准，设定若干个划分点，用这些划分点将属性的值域划分为若干个子区间，然后用特定的符号或整数值代表每个子区间。连续值属性的离散化的形式化定义如下：①

对于连续值属性 a 的值域 V_a，选择一个分割点集合，$C_a = \{c_1^a, c_2^a, \cdots, c_r^a\}$，在 a 的连续取值空间 $[\min f(a), \max f(a)]$ 上形成区间集合 $\triangle a = P_1^a P_2^a, \cdots, P_{r+1}^a$，其中：

$$P_l^a \begin{cases} [\min f(a), C_l^a] & l = 1 \\ [C_{l-1}^a, C_l^a] & l = 2, 3, \cdots, r \\ [C_r^a, \max f(a)] & l = r+1 \end{cases}$$

定义映射：$g_a: V_a \rightarrow V_a' = \{1, 2, \cdots, r+1\}$

对连续值属性离散化使原始数据获得了简化，但是如果分割点集选择不当，将会导致原始数据集中有用信息的丢失。符号型属性的合并主要检验两个相邻属性值之间对决策属性的独立性，然后判断是否应将其合并。

属性值归约通过选择替代的、较小的数据表示形式减少了数据量。属性值归约技术可以是有参的，也可以是无参的。有参方法是使用一个模型来评估数据，只需存放参数，而不需要存放实际数据，例如线性回归和多元回归。

⑤数据压缩。应用数据编码或变换，得到原数据的归约或压缩表示。数据压缩分为无损压缩和有损压缩。如果原数据可以由压缩数据重新构造而不丢失任何信息，则所使用的数据压缩技术是无损的，否则该技术是有损的。目前使用比较普遍的数据压缩方法——小波交换和主成分分析都是有损数据压缩方法，对于稀疏或倾斜数据有很好的压缩结果。倾斜度用来衡量一个分布是否具有单一而且很长的末端。如果一个分布的漫长末端是伸向数值增长方向的，则称其为右倾斜，反之则称其为左倾斜。②

⑥数据抽样。在数据挖掘的数据预处理过程中，宽表数据往往是几十万、上百万级记录的。要对所有数据进行训练，时间上很难满足要求，因此对数据进行抽样就很必要了，不同的数据抽样方法对训练结果模型

---

① 吉家锋：《连续属性的离散化及知识获取的研究》，西华大学硕士学位论文，2007 年。
② 数据挖掘中的数据预处理 [EB/OL]．[2008 - 02 - 09] http://hi.baidu.com/dingzhoufang/blog/item/927a0afa8813818a9f51463b.html.

的精度有很大影响。可以考虑用一些数据浏览工具,统计工具对数据分布做一定的探索,在对数据做充分的了解后,再考虑采用合适的数据抽样方法,抽取样本数据进行建模实验。对一般的模型,比如客户细分,主要是数据的聚类,在做抽样时用了随机抽样,也可以考虑整群抽样;而做离网预警模型或者金融欺诈预测模型时,数据分布是严重有偏的,而且这种有偏数据对这类模型来说恰恰是至关重要的。有几种常用的抽样技术:[1]

●简单随机抽样(simple random sampling)。将所有调查总体编号,再用抽签法或随机数字表随机抽取部分观察数据组成样本。优点是操作简单,均数、率及相应的标准误计算简单;缺点是总体较大时,难以一一编号。

●系统抽样(systematic sampling)。又称机械抽样、等距抽样,即先将总体的观察单位按某一顺序号分成 n 个部分,再从第一部分随机抽取第 k 号观察单位,依次用相等间距从每一部分各抽取一个观察单位组成样本。优点是易于理解、简便易行;缺点是总体有周期或增减趋势时,易产生偏性。

●整群抽样(cluster sampling)。先将总体依照一种或几种特征分为几个子总体(类、群),每一个子总体称为一层,然后从每一层中随机抽取一个子样本,将它们合在一起,即为总体的样本,称为分层样本。优点是便于组织、节省经费;缺点是抽样误差大于单纯随机抽样。

●分层抽样(stratified sampling)。将总体样本按其属性特征分成若干类型或层,然后在类型或层中随机抽取样本单位,合起来组成样本。有按比例分配和最优分配两种方案。通过划类分层,增大了各类型中单位间的共同性,容易抽出具有代表性的调查样本。该方法适用于总体情况复杂,各类别之间差异较大(比如金融客户风险/非风险样本的差异),类别较多的情况。该方法的优点在于:样本代表性好,抽样误差减少。

2. 数据清理。来自不同数据源中的数据具有不规范、二义性、重复和不完整等问题,例如关于"高薪"和"低收入"的含义在不同的数据源中可能有不同的定义,在一个数据源中"高薪"的人在另一个数据源中则可能不是"高薪",而数据挖掘对挖掘的数据要求具有一致的含义。因此,需要对这些数据进行清洗,消除数据中的错误和不一致。数据清

---

[1] 数据挖掘与数据抽样 [EB/OL]. [2008-02-09] http://www.chinabi.net/blog/user1/105/archives/2006/1006.html.

理就是这个过程,在数据挖掘过程中,数据清理非常重要,同时也很烦琐。据统计,一般地,这个过程占整个数据挖掘工作量的60%以上。

数据清理是消除数据中的错误和不一致,并解决对象识别问题的过程。数据清洗包括空值处理、噪声数据处理及不一致数据处理等。数据清理去除噪声或无关数据,并处理数据中缺失的数据域。

(1) 处理孤立点。孤立点是数据集中经常会出现的现象。由于其本身蕴含了丰富的信息内容,因此在处理时要非常谨慎。一般处理孤立点的方法有如下几种:[1]

● 不作处理——孤立点对某些数据挖掘工具和算法没有很大的影响。例如决策树主要考虑数值型变量的秩,孤立点对它影响不大,但对于神经网络这样的算法孤立点可能是致命的。

● 滤掉含有孤立点的行——这种方法最简单,但也连带损失了孤立点所含有的信息内容。实质是对数据进行了带有歧视性的抽样。然而,有时忽略孤立点确实可以使分析结果得到改进,这必须视业务问题而定。

● 忽略相应的列——这是一种比较极端的处理方法,但也并非不可行。可以用相关的参考信息来替代含孤立点的某一列。例如,为了替代邮政编码,可能会引入与邮政编码相关的一些信息——客户数、居民数、平均收入等等。

● 替换孤立点——这种方法很常用。可以用缺失值来代替孤立点,然后再通过有效的工具处理缺失值。其他可用的替代值包括:零、平均值、一个合理的极大(或极小)值及其他种种合适的数值。

● 对数据做等高分组——例如将收入水平分为低、中、高三组,具体的收入值将被纳入各个分组范围内,因而孤立点也会落入相应的范围中。

(2) 处理缺失数据。处理遗漏数据和清洗脏数据,去除空白数据域和知识背景上的白噪声,考虑时间顺序和数据变化等。在处理缺失值问题之前,最好先找出缺失值产生的原因,再有针对性的采取解决措施。尽管绝大部分缺失值在数据库中都用"空"(或NULL)来表示,但其产生的原因却不尽相同:

● 空值的出现表明数据缺失本身是一种相关信息。例如,一位客户没有提供电话号码,表明他不愿意被电话打扰,这可能是由于他接到过太多的促销电话。这种缺失值实际包含了有价值的信息。在这种情况下,增加

---

[1] [美]迈克尔·J. A. Berry 等著,袁卫等译:《数据挖掘——客户关系管理的科学与艺术》,中国财政经济出版社 2004 年版。

一个新的逻辑判断变量（是或非）来标示取值是否缺失就非常有意义。

●不存在的值。例如一个模型需要用过去 12 个月的历史数据来估计未来事件，那么近一段时期以来的客户数据将会出现大量的缺失值，因为有很多客户的历史记录不足 12 个月。在此种情况下，通常需要重新考虑问题的解决方案。如单独为已有 12 个月历史记录的客户建立模型，而另一个模型则用来处理历史记录不足 12 个月的客户数据。

●不完整数据出现在数据源无法提供完整的与问题相关的数据的情况下。尤其是在使用外部数据源覆盖数据时，或当数据来自多个部门时，会出现相当数量的数据无法相互匹配、缺失严重的现象。

●未采集的数据是由于无法采集而造成的缺失。例如，大多数电话交换机在用户取消呼叫等待服务时并不做记录；即使记录下来，也不会将该数据传输给记账系统，结果造成系统无法确定哪些用户取消了呼叫等待服务。

常用的缺失值处理方法有：

●去掉相应变量——如果仅有少量的变量含有缺失值，通常可以将其所在的列忽略掉，以保证数据的完整性。或者用一个显示数据是否缺失的标示变量来替代这些列。

●采用估计值——最简单的方法是将列均值或众数值插入缺失栏。当使用决策树或神经网络算法时，也可以使用其余列的值来预测缺失列中的值。

●建立单独的模型——为重要的缺失值建立专门的模型以计算其值，如对客户数据建立细分模型，并判断缺失值所在的划分。

（3）处理不一致数据。数据的不一致性将导致数据挖掘结果的可信度降低。不一致化是数据质量问题的一个主要来源。不同的数据库在数据定义和使用上通常都存在巨大的差异。[①] 不一致性有多种表现形式，例如：

①量纲的不一致。如重量的量纲在一些数据源中是"千克"，而在另一些数据源中是"克"或"毫克"等。

②数据类型的不一致。如性别，在一些数据源中使用字符串表示，如"男"、"女"或"Male"、"Female"，而在另一些数据源中可能使用"0"和"1"表示男性和女性。

③命名的不一致。如职工的薪水在不同的数据源中可能分别用"工

[①] 朱明：《数据挖掘》，中国科学技术大学出版社 2002 年版。

资"、"薪水"、"收入"或"Salary"等表示。

④语义的不一致。如"薪水"在不同的数据源中可能分别表示"基本工资"、"基本工资+奖金"或"基本工资+奖金+津贴"等,即所谓同名不同义。

按数据清理的实现方式与范围,可将数据清洗分为四种:①手工实现方式:用人工来检测所有的错误并改正。这只能针对小数据量的数据源。②通过专门编写的应用程序:通过编写程序检测/改正错误。但通常数据清洗是一个反复进行的过程,这就导致清理程序复杂、系统工作量大。③某类特定应用领域的问题,如根据概率统计学原理查找数值异常的记录。④与特定应用领域无关的数据清洗,这一部分的研究主要集中于重复记录的检测/删除。

手工进行数据的一致性确认的时间、金钱等开销都很大,只适用于小规模数据集,对于大数据集通常需要自动的数据清洗。错误数据的自动清洗工作主要包括:定义并测定错误类型;搜寻并识别错误实例;纠正发现的错误。

3. 数据集成。数据集成处理将来自多个数据源的数据综合在一起,解决语义模糊性,形成一个统一的数据集合,以便为数据挖掘工作提供完整的数据基础。[①] 这些数据源包括多个数据库、数据立方体或一般文件。在数据集成过程中,需要解决以下几个问题:

(1) 模式集成问题。即如何使来自多个数据源的数据与现实世界的实体相匹配,这涉及实体识别问题。例如,数据分析者或计算机如何才能确信一个数据库中的customer_ id和另一个数据库中的cust_ number指的是两个数据库中的不同用户标识,它们是不同的实体吗?

(2) 冗余问题。冗余是数据集成中经常发生的另一个问题。若一个属性可以从其他属性里推演出来,那么这个属性是冗余的。如:一个顾客的平均月工资属性就是冗余属性,因为它可以根据月收入属性计算出来。两个属性是否相关即是否构成冗余有相应的公式进行度量。

(3) 数据冲突问题。数据冲突主要是由于缺乏对数据源统一性、数据版本控制等数据一致性的管理而引起数据难以同时满足多个协同单位的要求,以及系统对同一数据的存取、协调不当而产生的一类冲突。[②]

[①] 郭秋萍、余建国、刘双红等:《企业数据挖掘理论与实践》,黄河水利出版社2005年版。
[②] 唐新余、陈海燕、李晓等:《数据清理中几种解决数据冲突的方法》,《计算机应用研究》2004年第12期,第209～212页。

常见的数据集成方法有：

（1）字段级的简单映射。将数据中的一个字段转移到目标数据字段中，这个过程中可能需要进行数据类型的变换或重新格式化。

（2）复杂数据集成：大部分的业务数据在集成时不只是字段映射那样简单，而是需要更复杂的分析。

（3）通用标识符问题。当同一业务实体存在于多个数据源且没有准确的方法确认这些实体其实是同一实体时，需要通过自动化方法或人工方法寻找可能的匹配，确认匹配后对其分配唯一的标识符。

（4）目标元素的多个来源。当同一个目标数据元有多个来源时，很难保证该元素的各个来源总能保持一致。如果不同数据源间存在矛盾，就需要指定某一系统在冲突中占据主导地位。

（5）衍生数据或计算数据。数据集成的最常见形式之一就是计算和生成衍生数据元或计算数据元，它包括计算平均值、总和或统计计算，还包括复杂的业务计算。衍生数据字段通常是冗余的，因为计算涉及的数据也存储在仓库中，但它能大大简化查询，不必在用户每次需要时都计算一次。

（四）准备建模数据集

所谓建模数据集是指直接用于建立数据挖掘分析模型的数据集合，包含了经过清理、修复和转换后的数据集合。准备建模数据集并不仅仅是简单地将数据聚集在一起，还要考虑数据集的规模、密度、取样平衡等多种问题。

1. 建立对象特征标识。用于建模的数据总是关于对象的，它们可能是客户、商店、系、部门、账户、销售员、利润等等。数据表示了对象的特征或特征之间的关系。这些对象都是对真实世界现象的反映。因此在建模过程中，总是要求数据能回答一些有关业务相关对象的问题。利用挖掘工具推测出对象特征之间关系的一个要点在于让数据充分反映出用户感兴趣的现象。

建模数据集通常由一个或多个表格组成。一个表格就是一个对象集合，其中每一行都对应一个对象实例，行中每一字段则是描述对象特征的变量值。比如，在客户关系管理系统中，数据通常都围绕客户展开，以客户为对象的建模数据集也最常见。

2. 数据集的规模。数据集的规模是指数据集所包含的数据量的大小。一般来说，数据量大意味着建模时可学习的样本多，对数据挖掘是有利的。

但如果数据集的规模过大反而会不利于数据挖掘。其主要原因是：

第一，数据挖掘建模的时间通常是有限的。在这段时间之内，要构建数据集，建立模型并进行测试，然后对结果进行处理。数据集越大则花费的时间就会越多。如果把这些时间用于调查其他参数、获取不同类型数据或者构造新的衍生变量等方面可能会使总体效果更好。这些方面中的任何一点，对模型效果的影响都可能大于记录数量所产生的影响。所以，如果对时间进行权衡，有时候处理稍微小一点的数据集效果会更好。

第二，所选用的数据挖掘工具可能会限制数据集的规模。为了保证执行性能，有些工具需要将全部数据都保存在内存中。即使不是这样，实际处理的时候，大的数据集所需要的扩展文件处理也会影响工具的使用效果。

测试数据集规模是否够大的一个简单办法是：先抽一部分数据进行试验，然后试着加倍数据量，测试模型精度的变化。如果用大的数据量创建的模型比用小数据量创建的模型的效果有显著提高，则意味小的数据量不够大；如果模型效果没有变化，或者仅有微弱变化，则原来的数据量可能是合适的。

确定数据集规模要考虑的另一个重要因素是所选用的数据挖掘算法的参数。用于建立模型的参数，与数据集规模之间常常存在一些联系。例如：在建立决策树时，将叶节点的最小数量限制在 100 左右，以防止对数据的过度拟合。那么如果数据集的规模是 1000 行记录，数值 100 是其 10%，而对于拥有 1000 行数据的数据集而言，它只占 0.1%。这种差别可能会导致截然不同的模型。神经网络也会出现类似的情况。数据集越大，就会有越多的隐藏结点。如果隐藏结点的数量固定，数据集越小则越有可能出现对数据的过度拟合。

3. 数据集的密度。总体包含了所有在现实世界中被度量的事物，通常不可能收集和使用总体的数据。数据挖掘所使用的数据集只是总体数据中的一个样本集合。样本应该具有代表性，即尽可能与总体数据具有一样的分布特征。数据集的密度就是指数据集反映总体数据特征的普遍性。从原始数据中抽取样本记录构成数据集的过程被称为抽样。抽样策略可以用于控制数据集的密度。

获取有代表性样本的最好策略是随机抽样。随机抽样意味着来自总体的每个成员的数据实例都以相同的概率被包含在样本中。如果样本足够大，随机样本的相对频率将非常接近总体中的相对频率。检验样本是否具有代表性的一个办法是，看变量值在样本中和在原始数据中的分布是否大致相同。样本中出现频率最高的数值在原始数据中的出现频率也应该最高,数值型数据的均值和标准差都应该与总体大致相同。如果样本的值与数据整体的值有着明显的差异,则需要重新抽样。

4. 数据集的平衡性。尽管随机抽样可以使数据集较好地代表总体的自然特性,但在某些业务问题中,随机抽样对数据挖掘是不利的。例如,建立模型对客户进行分群时,如果数据集中的各群体的成员数大致相同,则数据挖掘算法的效果最佳,但在随机产生的自然分布的数据集中这种可能性很小。另一种常见的情况是,数据挖掘需要关注稀有事件,例如,发现信用卡的欺诈行为。假如在原始数据集中,发生欺诈的数据记录只占总记录数的1%,则采用随机取样时,建模数据集中欺诈记录的密度大概也是1%。在如此稀疏的数据上,数据挖掘算法很难发挥作用。因此必须提升稀疏数据的分布密度。

改善数据集平衡性的方法有两种:一种方法是采用过抽样策略,对不同的群体以不同的比例抽样,多抽取稀有结果,少抽取常见结果;另一种方法是为不同的群体添加权重因子,使得大群体成员与小群体成员的权重不同。

5. 划分数据集。为了满足不同阶段数据挖掘过程的需要,建模数据集通常被划分为三个部分:训练集、测试集和评价集。三个集合之间彼此分离,没有共同记录。

训练集用于创建初始模型。测试集用于调整初始模型,使其更通用,防止模型对训练集的过度拟合。评价集用于评测模型在未知数据上的运用效果。将数据集分成这样的三个部分是有必要的,因为一旦数据在上述过程的某一步中使用过,其信息就变成了模型的一部分,这些数据也就无法应用到下一步中,所以在建模的时候使用过的训练集和测试集,不能用于对模型的效果进行评价。

在理想的情况下,训练集、测试集和评价集都应该足够大以使它成为来源数据的代表。但对于数据挖掘工具来说,学习一种关系比验证一种已发现的关系需要更多的数据。因此,训练集应该尽可能地代表源数据的全部特征,而如果数据不充分的话,则可以利用具有较少代表性的数据进行测试或评价。

数据集在训练集、测试集和评价集三者之间的分配比例不是固定的。可以尝试在不同比例分配的情况下进行建模,并发现最合适的分配方案。作为经验,在数据充分的情况下,将数据集按照60:20:20 或 60:30:10的比例划分为训练集、测试集和评价集三部分较好;在数据不充分的情况下，将数据集按照 70∶15∶15 或 70∶20∶10 的比例划分较好。

三、挖掘模型的构建

数据挖掘建模就是将数据挖掘的算法和工具应用到准备好的数据集上，有目的地构建、验证和优化数据挖掘模型的过程。数据挖掘建模包括建立初始模型、检测初始模型、改进和优化模型、评价模型等几个基本步骤。但总的来说，建模过程是一个交互循环的整体过程。所有的步骤都是交互的，而且频繁地使用训练数据集和测试数据集。模型在训练数据集上创建，在测试数据集上发现问题并改进，这个过程将多次循环，最后还要在评价数据集上评价模型的性能。

（一）建立初始数据挖掘模型

建立数据挖掘模型的目的通常有三个：为了解释、为了分类和为了预测。无论是哪一种类型的模型，其建立方式都与三个因素相关：问题的本质、输入与输出数据、所寻求的关系的本质。

建立初始数据挖掘模型的基本过程是：

1. 首先根据问题和数据挖掘目标确定输入输出数据的特性。所有用于挖掘的数据集都包含很多变量——数十甚至数百。本质上，数据挖掘工具的工作就是发现一个数据集中输入变量组和输出变量组之间的关系。这种关系就是从特定的输入变量值映射到特定的输出变量值。数据挖掘模型就是对这种映射的描述。

2. 再根据这些特性选择合适的数据挖掘工具与算法。输入和输出变量的类型、输出组的变量数目以及数据挖掘建模目的决定了所应选择的数据挖掘工具与算法。具体的处理工作是：决定变量的哪些类型是最重要的；决定所要求的输入/输出组配置；决定哪种模型是所需的；选择合适的工具和算法。

3. 最后在训练数据集上应用工具和算法自动构建挖掘模型。

（二）检测初始数据挖掘模型

初始数据挖掘模型在训练集上的表现可能很好，但这并不意味着它就是理想的模型。几乎所有的初始模型都会具有各种各样的问题，这些问题只有通过在测试集上进行进一步地检查和测度才能发现。用于检测初始模型的各种重要方法与工具主要有：混淆矩阵、累计增益图、估计值/余量值坐标图、余量值/实际值坐标图、余量直方图、余量方差图等。

（三）改进数据挖掘模型

改进数据挖掘模型就是针对检测初始模型时发现的各种问题，对模型进行调整和优化的过程。该过程可能会对模型的输入数据、算法及工具进行改变，甚至会回溯到之前数据挖掘的各个步骤中，重新选择和准备数据、建立模型。

每种数据挖掘工具和算法都有一些相应的调节参数，用来有针对性地处理建模中的细节问题。通常在以下两种情况下需要对挖掘工具和算法进行调节：

1. 算法要求更多的灵活性，使之能更好地刻画训练集中复杂关系的特性；

2. 算法要求更少的灵活性，使之能更好地排除训练中噪声的干扰。

表4-1归纳了几种主要的数据挖掘工具和算法在这两种情况下可采取的调节措施。

（四）评价数据挖掘模型

数据挖掘模型建立完成后，还需要对模型作进一步的评价，考察模型在训练集和测试集之外的表现。评价的过程主要在评价集上进行。评价的指标主要是模型的准确性、可理解性和性能。

1. 模型的准确性——衡量模型在评价集上的执行结果是否正确，或者是否达到可接受的正确程度。这一指标主要用来评价分类模型和预测模型，前面所介绍的混淆矩阵、增益图等技术都可用作模型准确性的评价手段。

2. 模型的可理解性——往往需要从多方面进行考察。首先要使数据挖掘人员了解不同的输入对结果会产生什么影响。其次，模型应该能使数据挖掘人员了解预测为什么会成功或失败。如果模型能够提供最终数据挖掘结果分析报告，那将有助于对模型的理解。这一指标对于评价解释模型尤其重要。

3. 模型的性能——主要由模型的构造速度和从模型中获取结果的速度来确定。

表 4-1 数据挖掘工具和算法的调节措施[1]

挖掘工具和算法	要求增加灵活性	要求减少灵活性
线性回归	降低回归线的强壮性	提高回归线的强壮性
非线性回归	提高回归线弯曲的自由度	降低回归线弯曲的自由度
聚类	增大聚类的数目 减少任一聚类所要求的最小实例数	减少聚类的数目 增大任一聚类所要求的最小实例数
决策树	减少叶结点所包含的实例数 选取排列较远的变量作为根结点进行分割	增大叶结点所包含的实例数 选取排列较近的变量作为根结点进行分割
神经网络	增加隐含层的神经元的数目 增加隐含层的数目	减少隐含层的神经元的数目 减少隐含层的数目
关联规则挖掘	减少任一规则所覆盖的最小实例数 降低任一规则所要求的最小准确性 增大任一规则所允许的最多条件数 增大任一规则所允许的最大条件种类	增大任一个规则所覆盖的最小实例数 提高任一规则所要求的最小准确性 减少任一规则所允许的最多条件数 减少任一规则所允许的最大条件种类
遗传算法	增加种群数	减少种群数
自组织映射	增加单元的数目	减少单元的数目
贝叶斯网络	增加输入与输出间的中介层结点数目 增加交叉连接的数目	减少输入与输出间的中介层结点数目 减少交叉连接的数目

---

[1] 朱莹:《基于文本挖掘的企业竞争情报智能获取研究》,武汉大学硕士学位论文,2007年。

四、建模策略方法及实现

建立不同目的数据挖掘模型时，除了选择的算法和工具不同外，所采用的建模策略也有所不同。

1. 建立解释模型。建立解释模型的主要目的是提供答案帮助解释世界上正在发生的事情。显然，这种答案只能由包含在数据集中的数据来决定，解释也只能按照实际可用的数据生成。但是信息的表示形式对于理解有着重要的影响。因此在建立解释模型时需要考虑两个重要的问题：

——数据能够转换成更有意义的特征形式吗？

——什么样的挖掘工具更适用于表达解释？

变量的转换对于解释模型特别重要。例如对于变量"邮政编码"，将其转换成邮编所代表的区域或区域中心离某商店的距离，将具有更多的解释意义。尽管用"邮政编码"也可以作为一个解释模型的变量，但经过转换后，它将更好地提示不同"邮编"之间所代表的相关性。

对于解释模型来说，挖掘工具所产生的输出形式和其内部的算法一样重要。解释模型希望能够以商业用户易于理解的方式将解释清晰而简洁地表达出来。图形化的挖掘界面和显示格式对于有效的表现挖掘结果无疑是重要的。建立解释模型的较好的工具是决策树和自组织映射（SOM），它们都可以直观地、从不同角度观察变量的特征和关系。另外线性回归、关联规则挖掘也是发现和验证变量间重要相关性的有效手段。

2. 建立分类模型。数据挖掘任务中的绝大多数都是建立分类模型。因此几乎所有的数据挖掘工具都可以用于支持分类。依据分类的结果形式，分类模型可以分为三种。

（1）二元分类模型将一个实例明确地划分或排除于一个类，即分类结果不是"是"就是"否"。

（2）多元分类模型用于有多个类别的情况，为每个实例从众多可能中选择其一。

（3）连续分类模型的结果是产生某个范围内的连续分值，使用该分值可以为实例划分等级。

对于二元分类和连续分类，通常用单个模型来实现。而对于多元分类，则有两种选择：单模型或者多模型。建立单模型时需要选择可产生多值结果的数据挖掘工具；而建立多模型时，则可选择产生二值结果的挖掘工具，为每一个输出类别都建立一个对应模型。

3. 建立预测模型。预测问题是最为复杂的一类建模问题。所有的预测都只能是通过对历史数据中模式的推广来估计未来的可能值。但很难说未来的数据模式不会发生变化，因此也很难保证这种估计的准确度。建立预测模型的方法是通过运用推理和分类工具，结合一些特殊的方法和技巧达到预测的目的。

五、挖掘结果的处理

建立了正确合适的模型，将原始数据输入就可以挖掘产生初步的有用结果，这些结果通常有如下几种不同的表现方式：

1. 实时数据，命中预测的业务目标，直接作用和帮助解决业务问题，完成业务任务，是数据挖掘的预期目的。

2. 用于特定范围的结果，只对某一业务范围或者环境范畴等局部产生效用的数据结果，可用于完成部分业务问题，或简化原业务问题。

3. 新的认识，让我们更深刻更广泛的了解业务问题，并通过不断的沟通逐渐向解决问题靠近。

4. 可被储存的结果，一些目前对解决业务问题没有很大帮助，但符合客户兴趣或者认为在未来会产生价值的信息，这些数据应该存储在数据仓库中，方便日后查询。

5. 修复性结果，得到的数据结果对业务问题没有帮助，但可以发现原始数据中存在的问题，这些结果可用于再度清洁数据、转换数据、修改模型等，将原始数据和模型都变得更加完善，间接帮助达成预测目的。

如果没合适的技术和工具来辅助用户的理解，采用各种技术挖掘出来的大量规则和模式将不能得到很好的利用。需要一种技术使用户可以方便地查询到想要的规则和模式，从而使解释和分析更具针对性。实现这个功能就是在已经挖掘出来的知识上进行查询，利用一些方法和工具对挖掘出来的规则和模式进行分析，过滤掉挖掘结果中没有价值的规则和模式，找出感兴趣的规则和模式。通过可视化技术使得企业情报用户以自己能够理解的语言对模型下达命令；同时将抽象的机器语言转换成各种人们能够理解的语言、图形等信息反馈给情报用户。

可视化技术可以多维地显示数据，揭示数据之间的关联和隐藏在数据背后的信息，使用户可以在图形界面上直接对空间对象进行查询和分析，以数据可视化、思维可视化的形式，提供了一种新的决策支持方式，使企业竞争情报用户对各方面情况的研究不再是孤立的，从而极大地提高了竞争决策的水平，为竞争情报提取的计算机化提供了更好的手段。

可视化技术对于用户管理和理解大量的规则和模式提供了极大的便利。可视化技术主要可以分为两类：挖掘过程可视化和挖掘结果可视化。挖掘过程可视化是指使用窗口等技术进行交互式的数据挖掘的操作。在挖掘过程中需要确定的参数较多，而且挖掘过程是一个多次迭代的过程，通过挖掘过程的可视化技术可以简化用户的操作。主要用处如下：①竞争情报的特征词库的控制；②初始数据如何进行预处理；③挖掘引擎采用何种挖掘方法；④挖掘结果在企业竞争情报数据库存储方式。

第五章　企业竞争情报挖掘策略

竞争情报的智能采集有别于传统意义的信息收集，它重在智能分析和知识提炼的过程。本章依据竞争情报需求和信息源特点，从不同角度深入探讨企业竞争情报智能挖掘策略，包括基于信息内容的挖掘策略、基于信息结构关联的挖掘策略、基于信息行为的挖掘策略、基于 Deep Web 的挖掘策略、基于人际情报网络的挖掘策略等。

一、基于信息内容的挖掘策略[①]

基于信息内容的挖掘策略关注信息元素本身的内容与意义，主要以半结构化和非结构化文本的信息内容为挖掘对象，从中挖掘情报知识内容和语义关联模式。常使用的挖掘方法有关联分析、特征提取、属性归纳、分类分析、聚类分析等，融合数据挖掘与本体技术，实现多层次的尤其是深层次的知识获取。其挖掘处理可通过如下关键步骤实现：首先，由知识工程师或者领域专家手工建立领域本体，确定本行业内的通用概念以及概念之间的相互关系和约束；其次，利用领域本体对信息进行语义分析，从中抽取本体实例；最后，对本体实例库进行挖掘。基于本体的语义挖掘策略具有如下优势：第一，利用本体的约束，提高了信息抽取的相关性，减少了后续挖掘算法的运算量；第二，挖掘的对象是经过预处理的本体实例知识库，具有良好的形式化概念和丰富的层次结构，可提高挖掘的准确度和灵活性；第三，本体的逻辑推理功能，可使挖掘分析上升到知识处理的层面。

[①] 张玉峰、王翠波、吴金红、艾丹祥：《基于数据挖掘的企业竞争情报智能采集策略研究（Ⅲ）——智能挖掘与采集平台构建的策略》，《情报学报》2009 年第 2 期，第 182—186 页。

（一）基于文本语义分类的信息内容挖掘

文本分类（Text Categorization/Text Classification）作为信息过滤、信息检索、数字图书馆、情报分类和数据挖掘等领域的技术基础，能够在给定类别的条件下，根据每个类别的训练样本，推出该类别的判别公式和判别规则。而后当遇到未知类别的文本时，根据判别公式和判别规则，确定此文本所属的类别，从而帮助用户有效的管理和利用信息资源。基于文本语义分类的信息内容挖掘主要由两个部分组成。

1. 基于语义空间模型的文本表示。基于文本关键词的向量空间模型（Vector Space Model，VSM）利用关键词的权重量化文档向量，具备简单易用、效率高等优点。但是该方法忽略了关键词之间的语义相关性和上下文语境对词义的影响，仅仅统计关键词出现的频率，无法实现语义层面的文本表示，从而使得文本的相似度仅取决于它们所拥有的相同关键词的多少，而且关键词主要通过非形式化语言进行描述，具有很大的不确定性和模糊性，在不同的时空、领域、语境中，同一关键词可能会具有不同的语义内涵，不同的关键词具备相同的语义内涵，即所谓的同义和多义问题，造成文本表示出现偏差，进而影响分类准确率。基于语义空间模型（Semantic Space Model，SSM）的文本表示能够有效地克服基于VSM的文本表示方法中存在的局限。SSM将文本预处理时获取的文本关键词映射到竞争情报领域本体中进行语义信息分析和本体推理，获取关键词所对应的深层语义概念，并把概念作为文本的特征项，最后对概念特征项的权重在概念频率的基础上进行修正优化，形成语义空间。在该语义空间中，每个文本用一组概念进行表示，在一定程度上实现了基于语义的文本表示。具体来说，基于SSM的文本表示主要由三个部分组成：

（1）构建词—文档矩阵。该部分主要将训练文本集 $C = \{c_1, c_2, c_3, \cdots, c_n\}$ 进行预处理，获取每个文本的关键词集 $K_i = \{k_{i1}, k_{i2}, k_{i3}, \cdots, k_{im}\}$，并按照关键词出现的位置和频率，确定权值 w_{ij}。根据预先设置的阈值进行关键词筛选，从而得到原始的词—文档矩阵 $A = [w_{ij}]_{m \times n}$。

（2）语义映射。将获取的原始词—文档矩阵 A 中的关键词依次映射到竞争情报领域本体中，利用语义分析和本体推理获取关键词所对应的语义概念，并进行概念规范化和泛化处理，并进行权值修正和优化。

（3）构建概念—文档矩阵。经过上述处理后得到一个新的概念—文档矩阵 $A' = [w_{ij}]_{m' \times n'}$。在此过程中的改变反映的不再是关键词的简单出现频率和分布关系，而是强化特征项和文本之间的语义关系；同时，特征项和空间维数的降低,将有效地提高分类算法的处理速度。

2. 基于语义核函数的 SVM 分类。SVM 是 Vapnik 提出的一种基于统计学习理论的学习方法,其基本思想是通过非线性映射(核函数 K)将输入向量映射到一个高维特征空间,并在该空间构造最优分类超平面,该最优超平面不但能够将所有训练样本正确分类,而且使分类间隔最大。SVM 的关键在于核函数的选择,不同的核函数采取不同的标准进行相似性估计,从而形成不同的 SVM 分类器。传统的核函数,如线性核、Sigmoid 核等无法将文本语义信息整合到分类算法进行文本相似性计算,导致分类精度不高。基于此,Georges Siolas 等提出了语义核函数的概念并将其用于文本分类中,显著提高了文本分类的效果。当前,关于语义核函数的推动了文本分类向语义层面发展,并取得了丰硕的研究成果和实验效果。在这些研究的基础上,设计的一种基于语义核函数的 SVM (Semantic Kernel – based SVM, SSVM) 分类分析算法进行学习和训练。该算法利用语义核函数 $K(x, y)$ 将文本映射到高维特征空间中,然后在此高维特征空间利用进行文本间语义相似度计算,获取语义相似度 $Sim(X, Y)$,最后对语义相似度进行排序,从中选择最大的相似度值 $Sim(X, Y)$ 所对应的类别为该文本的主题类别。这种分类算法充分利用文本间的语义关系,在语义核函数的映射下,将特征空间映射到高维的语义空间,可以很好的对文本进行优化,使各类文本之间的差别增大,实现差别微弱的文本类别之间的分析和深层次的文本分类,有效地改善了传统的分类算法的不足,在一定程度上实现了竞争情报语义分类和自动分类,有助于竞争情报部门根据企业情报需求针对性的选择特定的类别进行更精确、更快速的情报获取和人工甄别,进一步提高情报挖掘的准确率和效率。

(二) 面向主题的信息内容挖掘

网络信息资源的多样性、动态性、混沌性的特点,给企业网络竞争情报挖掘带来了严峻的挑战,如何有效地从海量的网络信息源中挖掘有价值的情报支持企业的战略决策成为一个亟待解决的难题。当前,企业主要依靠人工浏览或搜索引擎来获取网络信息。人工浏览方式针对性强,能获得准确有效的竞争情报,但其缺点是工作量巨大、浏览范围有限。搜索引擎能根据搜索任务自动获得大量信息,给竞争情报的获取带来了便利。但当前的主流搜索引擎采用大众式服务模式,力争回答用户的所有查询,因此其核心指导思想是尽可能多地采集所有信息页面。然而,这种不区分主题、覆盖一切的策略,给竞争情报获取带来了一些负面效果,如降低了查准率和竞争情报的使用价值。面向主题的信息内容挖掘方法为解决这种难题提供了一种新的思路。面向主题的信息内容挖掘获取 Web 页面中相关主题的页面,有利于提高竞争情报获取的主题相关度,提高竞争情报获取的速度和效率。具体来说,面向主题的信息内容挖掘主要由三部分组成:

1. 页面分析。页面分析主要包括文本预处理和主题概念识别。文本预处理是利用自然语言处理技术和事先构造好的语言本体或者辞典对页面的正文进行分词,除去停用词,留下关键词,并按照关键词在文章中出现的位置和频率,对关键词加权。由于关键词集合主要通过非形式化语言进行描述,具有很大的不确定性和模糊性。在不同的时空、领域、语境中,同一关键词也可能会具有不同的语义内涵。因此,必须利用词的语义和语用信息,确定词在文本中所表达的概念,也即是识别页面中的主题概念。这里的概念是指对知识内容的描述项,而不是单指某个相关的名词。概念识别的基本过程是,对每个关键词,首先在本体中查找相关的描述项,如果只有一个描述项与之对应,那么确定该描述项为该关键词的概念;如果在本体中有多个描述项与该词相对应,那么记录该词的多个描述项,再根据上下文来确定该关键词的概念。具体方法是通过计算该词 U_i 所在句子的其他关键词 K_{ij} 与本体中存在某种关系 r 的描述项 o_{ij} 的权值 W_{ij},权值最大的描述项就是该词在此上下文中的概念。W_{ij} 的计算公式如下:

$$W_{ij} = \sum_{j=1}^{m} W_{\text{eight}}(K_{ij}) \times W_{\text{eight}}(o_{ij}) \times W_{\text{eight}}(r_j) \qquad (5-1)$$

其中 $r \in R, R$ 为本体论的关系集合。相关算法描述如下:

算法 1:页面主题概念识别
输入:
  P //待分析的页面
  R //本体论的关系集合
  O //本体中的子描述项
输出:
  $U = \{u_1, w_1; u_2, w_2; \cdots; u_n, w_n\}$ //页面概念特征向量
概念识别算法:
  $U = \Phi$;
从待处理页面中获取关键词集合 $U = (U_1, U_2, \cdots, U_n)$
 按照关键词在文章中出现的位置和频率,对关键词加权

For each $u \in U$ do
　if 在本体中只有一个描述项与之对应 then
　　$U_i = (U_i, W(O_i))$,
　else
　　获取 u_i 所在句子中的上下文关键词 $K = (K_{i1}, K_{i2}, \cdots, K_{im})$
　　定位 O_i 和 r_j
　　For each $k \in K$ do
计算 W_{ij}　　　// $W_{ij} = \sum_{j=1}^{m} W_{eight}(K_{ij}) \times W_{eight}(o_{ij}) \times W_{eight}(r_{ij})$
　　Endfor
　　$w_i = \max(W_{ij})$
　　$U_i = (u_i, w_i)$
　　$U = U \vee U_i$
　Endif
Endfor

2. 主题相关性判断。信息采集器收集到主题相关的网页数量很多，为了避免出现"主题漂移"，需要对所采集的网页内容进行主题相关性分析。目前相关性分析应用较多且效果较好的是基于向量空间模型的主题匹配算法。本文采用一种基于本体的向量距离来计算文本与主题的相似度。实际上，经过页面分析后待处理的文本就变成了一个概念的序列 $(U_1, U_2, \cdots, U_n)$，对于每一个 U_i 都对应着一个权值 w_i，因此每个页面都构成了一个概念特征向量 $U = \{u_1, w_1; u_2, w_2; \cdots; u_n, w_n\}$。而本体中的主题描述也是一组概念特征向量 $O = \{o_1, w_1; o_2, w_2; \cdots; o_m, w_m\}$，因此可以通过计算这两个向量之间的夹角来判定页面内容的主题相关性，夹角越小，相关度越大。相关度采用余弦度量公式计算：

$$\text{sim}(O, U) = \frac{\sum_{k=1}^{n} W_{eight}(O_k) \times W_{eight}(U_k)}{\sqrt{\left(\sum_{k=1}^{n} W_{eight}(O_k)\right)^2 \left(\sum_{k=1}^{n} W_{eight}(U_k)\right)^2}} \quad (5-2)$$

然后将 $\text{sim}(O, U)$ 值和预设阈值 T 进行比较，如果 $\text{sim}(O, U)$ 大于等于 T，则页面与主题相关，存储页面；否则不相关，丢弃该页面。具体算法如下：

算法 2：网页内容主题相关性判定
输入：
　　$U = \{u_1, w_1; u_2, w_2; \cdots; u_n, w_n\}$　　//页面概念特征向量

$O = \{o_1, w_1; o_2, w_2; \cdots; o_m, w_m\}$　　//本体主题描述特征向量
　　T　　　　//预设阈值
输出：
　　S　　　　//相似页面集合
判定算法：
　　sim $= \Phi$;
　　for each $u \in U$ and $o \in O$ do　　//计算向量相似度
计算

$$\text{sim}(O, U) = \frac{\sum_{k=1}^{n} W_{\text{eight}}(O_k) \times W_{\text{eight}}(U_k)}{\sqrt{\left(\sum_{k=1}^{n} W_{\text{eight}}(O_k)\right)^2 \left(\sum_{k=1}^{n} W_{\text{eight}}(U_k)\right)^2}}$$

　　If sim $(O, U) < T$ then
　　　　Delete (U)　　//不相关，丢弃页面
　　Else
　　　　Add U to S
　　Endif
　　Endfor

3. 存储页面。从评价结果大于预设阈值的页面中，分析提取出 URL、摘要、标题、元信息，并将这些信息以及评价的结果一起存入 URL 数据库中，以便系统及时更新 URL 数据库。页面的正文存入数据仓库，支持进一步的分析和处理。

二、基于信息结构关联的挖掘策略[①]

基于信息结构关联的挖掘主要以 Web 超链接这种信息结构关联元素为对象，从中挖掘链接逻辑结构模式，获得有关网页间的相似度及关联度信息，从而辅助人们找到有价值的权威页面、中心页面。现代企业需要目标明确、针对性强、精炼准确的情报，竞争情报工作最重要的是发现有针对性的信息，信息太多反而失去了价值。事实上，企业竞争情报工作通常是围绕一些主题如竞争对手、竞争环境和竞争策略等来组织展

---

① 张玉峰、王翠波、吴金红、艾丹祥：《基于数据挖掘的企业竞争情报智能采集策略研究（Ⅲ）——智能挖掘与采集平台构建的策略》，《情报学报》2009 年第 2 期，第 182—186 页。

开的。巧合的是，Web 页面链接结构也表现出很强的主题特征，即 Linkage/Sibling Locality 特性和 hub 特性。Linkage Locality，即页面具有链接到相关主题的其他页面的趋势；Sibling Locality 指页面的入链所对应的网页也趋向于拥有相关主题的信息。另外根据 hub 特性，可以从相关主题页面中找出权威页面和中心页面，所谓权威页面是指与主题相关的价值最高的页面，而中心页面聚集了很多相关主题的权威页面的超链接。Web 链接结构的这些特征实质上对页面的内容起到了一种概括作用，这种概括在一定程度上比超级链接页面作者所作的概括要更为客观、准确。因此，直接从 Web 页面链接结构中挖掘语义知识，来指导和实现网络竞争情报获取，将是一条重要的有效途径。

　　Web 结构挖掘运用人工智能、数据挖掘等智能知识处理技术，通过分析 Web 页面的链接信息，推导链接之间的蕴含、引用或者从属关系，从而挖掘出潜在的有用的知识。具体可分为三个类别：超链接挖掘、内部结构挖掘和 URL（uniform resource location）挖掘，其中超链接挖掘揭示 Web 文档之间的逻辑联系；内部结构挖掘获取文档内部或 Web 组织内部的结构框架；而 URL 挖掘则对相关的 URL 地址进行分析和聚合。Web 结构挖掘的目的是获得主题高度相关的链接以及链接逻辑结构的语义知识，这些知识可以帮助人们从中找到有价值的权威页面、中心页面。Web 结构挖掘综合了人工智能、数据库、数据挖掘、计算机科学、信息学等多个领域的理论与技术，是 Web 挖掘的一个重要分支。

（一）Web 结构挖掘步骤

　　Web 结构挖掘步骤主要分为四个部分：

　　1. 生成种子页面集。种子页面集是 Web 结构挖掘的基础，数量依具体问题而定（一些情况大约为 200 个页面）。这些页面之间的链接不是特别紧密，但在种子页面集中至少会有些链接可以找到主题相关的页面。

　　2. 生成种子 URL 集。在选择好种子页面集后，将种子页面集页面上的出链以及相关信息提取出来，形成种子 URL 集供爬行器选择。

　　3. 生成候选集。通过 Web 上的协议，顺链搜索获取种子 URL 所指向的页面，经过页面分析后将提取的链接存入数据库里，形成候选链接集。通常，页面分析包括链接的提取和页面内容的分析，这里主要是指链接的提取。为保证挖掘结果的准确性，需要对链接进行甄别，排除干扰链。按照链接的功能，网页上的链接可分为参考链接、网络功能链接和广告链接，其中只有参考链接在内容上有主题相关性，后两种链接大多数是出于某种需要而加入的链接,在 Web 结构挖掘中会形成干扰,因此应把这两种链接排除在外。

4. 生成链接知识库。这是 Web 结构挖掘最重要的部分。按照一定算法,运用数据挖掘技术对候选集中的链接数据进行分析,从中挖掘出有用的知识,如通过排序找出中心网页和权威网页。Web 结构挖掘的算法很多,有基于随机漫游模型的,比如 PageRank、Repution 算法;基于 Hub 和 Authority 相互加强模型的,如 HITS 及其变种;基于概率模型的,如 SALSA、PHITS;基于贝叶斯模型的,如贝叶斯算法及其简化版本等。

衡量 Web 结构挖掘结果的一个重要标准是主题相关性,对挖掘结果产生显著影响的因素主要包括种子页面集和相关度算法。

1. 种子页面集。种子页面集是 Web 结构挖掘的质量的关键,好的种子页面集可以大大减少爬行器搜索页面的数量,有效提高 Web 结构挖掘的聚集速度和效率,为此要求种子页面集具有较高的主题相关性。有三种方法可以生成种子页面集:人工指定,即由专家给出相关的种子页面集。这种方法生成的种子页面集质量高,但容易产生"过训练"的现象;自动生成,用搜索引擎利用关键词的方法搜索网络,从返回结果中抽取前 N 个页面作为种子页面。由于搜索引擎自身的特点,造成种子页面集的主题聚集度不够;混合模式,即自动生成与人工指定相结合,首先利用通用搜索引擎获得部分相关页面,然后经人工筛选、过滤、合并、评价,形成一个能充分反映主题特征的种子页面集。构造种子页面是一个复杂的过程,以上方法也有局限,最好的策略是增加系统的学习能力。通过建立学科主题种子页面库,在对检索历史、用户反馈信息分析的基础上,动态优化相关主题的种子页面集,为新主题定制提供默认种子页面,并为用户进行种子页面选择及评价提供参考。

2. 相关度算法。通常采用 HITS 算法和 PageRank 算法来挖掘权威网页和中心网页,但这两种算法都有其缺陷,如对页面的质量和重要性不加区分,仅仅根据网页的入链和出链的数量;给每个链接都给予相同的权值,不能区分链接之间的重要程度;对重复链接的情况没有予以考虑;对链接的时间也没有考虑,导致新生成的 Web 页面不能获得好的排名。这些因素都可以使挖掘的结果出现"主题漂移"现象。因此,国内外许多学者在此基础上,提出了很多改进的算法,如 IBM Almaden 实验室的 CLEVER 系统、Compaq 系统研究中心的 Web Archaeology 项目以及 STED 算法,这些算法在实际应用中都结合传统的内容分析技术进行了优化,取得了不错的效果。

（二）基于 Web 结构挖掘的动态竞争情报获取方法

Web 链接结构挖掘应用于面向 Web 的企业竞争情报系统，能够帮助企业获取有关竞争对手、竞争环境的最相关的链接，通过这些链接，对相关信息源结构进行挖掘，可揭示权威网页之间的关联，揭示蕴含在这些文档结构信息中的有用模式，有助于从多个维度和层面提供竞争情报采集的途径。

1. URL 挖掘，集成高质量的竞争情报采集源。URL 挖掘，也就是从 Web 页面中获取相关主题的 URL 集合的过程，它是 Web 结构挖掘的一个重要研究内容。URL 挖掘为企业开展竞争情报工作提供了丰富的采集源，而且这些竞争情报采集源具有较高的主题相关性，并便于采集内容的集成，从而可以大大减少收集的无用页面的数量，有效提高竞争情报采集的速度和质量。在企业的情报工作中，可以利用 Web 结构挖掘方法挖掘出与竞争情报需求相关的 URL，作为企业采集网络竞争情报的入口。法国图书馆的"网络文献采集项目"（BnF）就利用了 Web 结构挖掘的 URL 发现功能。它首先利用 Web 挖掘技术，获得包含相关主题的网络资源的一系列网址，经过分析处理后，BnF 把这些网址发送给有关专家，以评估是否进行采集。

2. Web 内部结构挖掘，获取竞争对手的动态信息。企业站点的信息资源直接产生于公司企业内部的生产、销售、服务、管理的各部门和各环节，是了解竞争对手的最有价值的第一手情报源，它是我们获得竞争对手情报的主要途径之一。Liwen Vaughan 等根据信息产业部公布的 2002 年度中国 IT 行业 100 强名单，对这些企业的 Web 站点进行数据采集，汇总了相关的链接信息后通过进一步的统计分析发现：企业商务站点的链接数量和企业的年收入、利润、研发经费等企业经营活动有着密切的联系，在一定程度上代表了企业的业绩。一般来说，企业网站的设计比较严谨，页面上的每一个内容板块甚至每一个超链接的设置都有其功能和目的，它们在一定程度上反映了企业的定位、核心业务、经营思路、当前的侧重点以及企业的发展战略。因此，实时监控竞争对手的网站，可以帮助企业估测竞争对手会有什么样的举措，了解竞争对手的发展动向。Web 结构挖掘为企业实时监视竞争对手动态提供了可能，而且从情报分析的角度来说，它是一种更加隐蔽的办法。Web 结构挖掘只是对与其相关联的网页进行跟踪分析，因此不会引起被调查对象的注意，其结果相对来说更加高效、准确。目前在市场上已经出现了这类产品，如 C-4-U、TrackEngine、ChangeDetect 等可以提供网站监视功能，自动跟踪用户想监视的竞争对手的网站，当竞争对手的网站有变动的时候自动通过 Email 等方式通知用户。

3. 超链接挖掘，获得行业发展的最新动向。目前对 Web 结构挖掘讨论得最多的是利用超链接挖掘找出权威页面和中心页面，并用之评价网站的重要程度以及在搜索引擎中的排名次序。实际上，超链接挖掘在竞争情报采集中也有非常重要的作用。如前所述，Web 结构挖掘能够快速准确的获得相关主题的权威页面和中心页面，这为企业网络竞争情报的采集和质量评价提供了极大的帮助。从页面的作用来看，中心页面是相关信息的链接"集市"，通过它很容易找到大批与竞争情报需求相关的链接。通过这些链接，企业可以成批获得零售商、中间商、合作商以及竞争对手的信息，减少了工作人员搜索网页的时间，降低了信息遗漏的几率。而权威页面在竞争情报工作中的作用更大，一方面通过浏览权威页面，企业可以了解本行业的最新动态信息，了解本行业内一些著名的大型企业的发展动态，获得企业发展所必需的竞争环境情报；另一方面权威页面的内容是本行业内最可信赖的情报来源，从其他来源获得的情报，只有通过与权威页面的内容进行比较分析，才能辨别出情报的真伪，确认情报的价值。

网络竞争情报源的多样性、动态性、综合性，使得竞争情报挖掘和获取必须采用先进的信息技术来满足企业对竞争情报的急切需求。Web 结构挖掘通过分析 Web 网页之间的语义关联，揭示蕴含在 Web 网站内部结构中的有用模式，为企业提供了实时高质量的动态竞争情报；通过挖掘竞争对手、竞争环境的最相关的链接信息，为企业竞争情报工作提供了高质量的采集源；通过实时监控竞争对手网站，可全方位的获得竞争对手最新的发展动态。进而，将 Web 结构挖掘方法与内容分析技术相结合，就能快速地实现多维度、多层面的动态竞争情报获取。如通过 URL 挖掘可以集成高质量的竞争情报采集源；通过 Web 内部结构挖掘，可以获取竞争对手的最新动向；通过超链接挖掘，可以获得行业发展的动态趋势。

三、基于信息行为的挖掘策略[①]

基于信息行为的挖掘策略是从信息交流与传播的角度，透过信息系

---

① 张玉峰、王翠波、吴金红、艾丹祥：《基于数据挖掘的企业竞争情报智能采集策略研究（Ⅲ）——智能挖掘与采集平台构建的策略》，《情报学报》2009 年第 2 期，第 182—186 页。

统的数据表象,分析信息活动相关主体的行为特征。

(一)面向信息发布者行为的挖掘策略

在竞争情报采集中,对信息发布者行为的挖掘,有助于分析信息来源背景,了解竞争环境。分析网络环境中的信息发布行为可从信息内容设置、信息结构设置和信息发布频率这三个角度出发。

1. 信息内容设置行为的挖掘。信息发布者在设置信息内容时都会赋予它一定的功能与目的,其内容板块在一定程度上反映了企业的定位、核心业务、经营思路、当前的侧重点以及企业的发展战略等,通过对信息内容设置行为的挖掘有助于从宏观层次了解竞争对手的发展模式。

2. 信息结构设置行为的挖掘。网络环境中的信息发布主要通过超链接的方式进行信息组织,而每一个超链接设置的背后都体现了发布者自身的认知能力和主观意愿,对这些超链接中所隐藏的知识的挖掘具有重要的商务用途,有助于企业获取竞争对手和其合作者的网络关系,了解大的竞争环境。如 Liwen Vaughan 等通过对 2002 年度中国 IT 行业 100 强企业的 Web 站点链接信息分析后发现,企业商务站点的链接数量和企业的年收入、利润、研发经费等企业经营活动有着密切的联系,在一定公司程度上代表了企业的业绩。[1] 而反过来,通过对 Web 超链接的挖掘,就可以识别主要的竞争对手。

3. 信息发布频率行为的挖掘。信息发布频率与企业规范程度具有密切联系,Coy Callison 对 2001 年财富 500 强企业的网站调查发现,排名越靠前的企业越注重提供及时信息。[2] 对信息发布频率行为的挖掘也有助于识别竞争对手。

基于信息发布者行为的挖掘策略需要相关挖掘技术与工具的支持:信息内容设置行为的挖掘主要通过 Web 内容挖掘手段实现,借助于信息检索和自然语言处理技术,从 Web 文档内容中抽取板块标题、图片和列表等信息;信息结构设置行为的挖掘依赖于 Web 结构挖掘技术,按照 PageRank、Repution 等随机漫游模型算法以及 SALSA、PHITS 等概率模型算法生成链接知识库,并运用数据挖掘技术对链接数据进行分析,生成

---

[1] Liwen Vaughan and Guozhu Wu. Links to Commercial Websites as a Source of Business Information [J]. Scientometrics,2004(3): 487-496.

[2] Callison C. Media Relations and the Internet: How Fortune 500 Company Web Sites Assist Journalists in News Gathering [J]. Public Relations Review,2003(1): 29-41.

网络拓扑图,从中挖掘出有用的知识;信息发布频率行为的挖掘则依赖于网络实时监测技术,实现对网站变动数据情况的自动采集,通过统计分析方法定位竞争对手。

(二)面向信息使用者行为的挖掘策略

挖掘信息使用者的行为模式有助于识别客户需求,从而提升客户服务水平,更好地服务于基于 Web 的应用需求。信息使用者行为的挖掘主要通过对 Web 使用记录的挖掘来实现。Web 使用记录挖掘的对象为服务器日志信息,包括 Web 用户的 IP 地址、所访问的页面和访问时间等。通过对站点日志文本中概念及对象的挖掘,可以发现站点浏览者的行为模式,准确、动态地获取客户的偏好信息,更好地提高服务质量。[①]

四、基于 Deep Web 的挖掘策略[②]

理论上,所有网络信息资源都是企业竞争情报工作者关注的对象,但与一般的竞争情报源不同,Deep Web 竞争情报源是指分布在企业内外部网络数据库上的、处于动态变化中的数据,它能为竞争活动中的管理者提供行动指导和实时竞争态势监控,是企业在复杂多变的环境下取得成功的关键。Deep Web 信息资源具有质量高、实时性强、易于深度分析的特点,是企业动态竞争情报的重要来源,但常规网络信息采集工具不能直接获得这些信息,因此需要探讨面向 Deep Web 的动态竞争情报智能挖掘策略。

(一)Deep Web 信息采集中存在的障碍分析

现有的竞争情报采集策略,体现的是基于静态信息资源的传统信息获取过程,更多关注的是信息采集的准确率和召回率,而忽略了竞争情报的时效性。面对动态竞争环境,这种竞争情报采集策略并不能适应企业对竞争局势实时监控的要求。

[①] 张玉峰、朱莹:《基于 Web 文本挖掘的企业竞争情报获取方法研究》,《情报理论与实践》2006 年第 5 期,第 563—566 页。

[②] 张玉峰、吴金红、王翠波:《面向 Deep Web 的动态竞争情报智能采集策略》,《情报学报》2008 年第 4 期,第 624—630 页。

事实上，静态信息资源只占整个 Web 空间的小部分。按照信息资源的分布状况，整个 Web 可分为 Surface Web 和 Deep Web。① Surface Web 是指存储在 Web 空间中能够被传统网页搜索引擎索引的，或以超链接可以到达的静态网页、文件等静态信息资源集合。"Deep Web"描述了那些无法使用常规网络信息采集工具直接获得的信息及其特征。关于 Deep Web，目前还没有一个统一的定义。美国互联网专家、图书馆员 Chris Sherman 和 Gary Price 将其定义为："在互联网上可获得的、但传统的搜索引擎由于技术限制不能或者经过慎重考虑后不愿意作索引的那些网页、文件或其他高质量、权威的信息"。② Michael Dahn 认为 Deep Web "由可检索的但内容不能被传统搜索引擎索引的信息资源组成，这些信息资源包括数据库、档案资料和交互式工具如计算器、字典"。③ 由此可见，Deep Web 主要是指存储在 Web 数据库中的动态信息资源集合，其内容不能通过超链接访问，也不能被搜索引擎所收录，只有在被查询时才会由 Web 服务器把动态生成的页面返回给访问者。与 Surface Web 不同的是，Deep Web 的信息互相之间没有链接，虽然可以通过指向 Deep Web 信息资源唯一的 URL 地址再次检索到，但每次返回的内容都是变化的，这是和那些可以被直接访问的静态信息资源的根本区别。另外，用于产生动态竞争情报的 Deep Web 信息资源主要由如下几类组成：

1. 动态页面。动态页面是指利用 CGI、JSP、ASP、JavaScript 以及 SQL 等语言在用户请求时调用后台数据库中的数据动态生成网页的内容，如通过对在线数据库提交表单查询产生的结果页面。由于页面是动态生成的，几乎没有其他页面会链接到一个原本不存在的页面，因此，当搜索引擎的 Spider 在网上漫游索引网页时，动态页面不能被爬行到。

2. 网上可检索的数据库。网上可检索的数据库可以分为两种类型：可自由获取的公共数据库和需订阅或者付费的数据库。④ 当需要检索数据时，必须使用本网站的检索工具进行直接查询，在交互式检索窗体中输入检索提问式或选择检索选项，数据库响应请求后，将相应的检索结果按一定的排序规则显示在网页上。网上可检索的数据库是 Deep Web 最大

---

① Bergman, M. K. The Deep Web: surfacing hidden value[J]. Communication Abstracts, 2003 (2):155-298.

② Chris Sherman, Gary Price. The Invisible Web: Uncovering Source Search Engines Can't See [C]. Library Trends, Fall 2003.

③ Michael Dahn. Spotlight on the Invisible Web[J]. Online, 2000 July/August:57-62

④ 张茇秋：《deep Web 的概念、规模及内容》，《中国信息导报》2004 年第 10 期，第 58—61 页。

的组成部分，也是 Deep Web 规模大、信息质量高的最主要原因。

3. 实时数据。在信息至上的时代，针对企业需要立即了解供求信息、库存的变化、竞争对手动态以及市场走向等即时信息的强烈需求，许多网站提供动态更新的实时数据服务。但搜索引擎的更新频率难以跟上实时数据的更新速度，因此，大多数搜索引擎都放弃索引实时数据。

4. 企业内部数据。企业内部数据包括实时业务数据、企业内容和企业历史数据。根据有关机构的统计，每天流动在企业内部网络上的信息是传媒机构的2.1倍，是学术图书机构的3.7倍。[1] 这些数据是动态竞争情报最可靠的来源。企业内部网通常都利用防火墙与互联网相隔离，虽然可以通过 VPN 技术从外部访问内部网络，但需要通过相应的权限验证后才能访问，因此，对企业外部用户来说，这是完全"隐蔽"的网络资源。

Deep Web 蕴含了企业动态竞争情报采集丰富的信息资源，具有一般 Surface Web 信息资源的特征，如数量庞大、分布性和异构性，还具备一些独特的、适合于从中提取出动态竞争情报的属性：

1. 时效性强。在动态环境中，企业发布信息过程产生了根本性的变化，不再是单纯的静态页面，而是采用数据库驱动的方式为用户提供动态信息服务。同时，在一个信息化成熟的企业运行着供应链管理系统、客户关系管理系统、企业内容管理系统以及竞争情报系统等多个不同类型的信息发布系统，它们每时每刻都在吞吐着关于供应商、客户、产品以及竞争对手的数据。这些以数据库驱动的数据具有更新频繁、时效性强的特点，尤其是实时信息的时效性更为苛刻，它对每一天，甚至每一小时、每一分钟所产生的数据进行动态分析和发布。

2. 信息质量高。Deep Web 的信息资源绝大部分是经过初加工的结构化信息，如企业的业务数据、财务数据等。据调查，一半以上的 Deep Web 内容存贮在专题数据库中，95% 以上的 Deep Web 信息资源可以免费获得。[2] 这些经过处理后的信息，虽然信息内容范围较小，但与信息需求、市场和领域高度相关，多是一些采用常规搜索引擎搜索不到的高价值的业务信息或者是商业信息。总而言之，Deep Web 比 Surface Web 的信息质量更高，有学者称 Deep Web 内容的全部价值是 Surface Web 的

---

[1] 菲利普公司：《菲利普（Philips）企业信息介绍》，[2007 – 03 – 01]. http：//www. abstract-power. com/Investors/index1. html.

[2] Bergman. The Deep Web：Surfacing Hidden Value [OL]. [2007 – 04 – 10]. http：//www. brightplanet. com/pdf/deepwebwhitepaper. pdf.

1000—2000 倍。①

3. 易于深度分析。与 Surface Web 信息资源的自由组织不同，Deep Web 在形式上采用结构化方式存储，更有利于信息组织和知识挖掘。Surface Web 信息的非结构化特性不利于进一步的深度分析，而 Deep Web 信息资源是存储于 Web 数据库中的结构化信息，只需做简单的数据转换、清洗，就可以利用数据挖掘或知识发现工具从这些结构良好的信息中挖掘出深层次的知识，如一些企业统计和财务数据就可以直接用 SPASS、SAS 等数据挖掘工具来进行深度分析。

因此，根据 Deep Web 信息资源的组成和特征来看，通过自动建立网页索引方式的常规网络信息采集工具不适宜用来采集 Deep Web 信息资源。近年来，为弥补常规搜索引擎的不足，搜索引擎商纷纷开发了一些专门搜索 Deep Web 的检索工具，②③④ 如表 5 - 1 所示。

表 5 - 1　Deep Web 搜索工具的主要类型及其特征

类　型	特　征	典型工具
主题指南	这类工具一般既提供分类导航服务，分类的内容仅为 Deep Web 站点；又提供关键词检索服务，但搜索结果主要是结构化的数据	The Invisible Web Directory；Librarians' Index to the Internet；Direct Search
专题搜索引擎	提供了一种类似于 SQL 的查询语言用于因特网信息查询，将用户的检索请求推送到相关网络数据库中进行检索	Bright Planet 公司的 LexiBot；Intelliseek 公司的 BullsEye；Caesius software 的 WebQL；Ciphe 的 Knowledge Works
元数据检索工具	通过抽取、映射、导入等手段对 Deep Web 信息资源的元数据进行收集和集合，并存储在本地数据库中，然后在此基础上进行基于元数据的统一检索	ALCTS；OAI；Z39.50；Web service

---

① Chang K. C, He. B, Li. C, et al. Structured databases on the web: Observations and Implications [M]. SIGMOD, 2004：61 - 70.

② 谢尔曼等著，马费成等译：《看不见的网站——Internet 专业信息检索指南》，辽宁科学技术出版社 2003 年版。

③ 马费成、张婷：《获取看不见的网络信息资源的有效途径》，《情报理论与实践》2004 年第 4 期，第 408—411 页。

④ 杨丽霞：《利用看不见网站获取网上学术信息资源》，《农业情报学刊》2006 年第 3 期，第 100—102 页。

总的来说，以主题指南、专题搜索引擎、元数据检索为代表的 Deep Web 信息搜索工具已经能够为 Deep Web 动态竞争情报采集提供一定的技术支撑，实现一些简单的自动信息查询和推送功能，如 WebQL 可以利用用户预定的用户名和密码自动填写那些授权用户才能访问的网站权限验证对话框，并自动访问这些网站内的信息。但这些 Deep Web 搜索工具自动性和智能性不高，还不能完全满足动态竞争情报采集的功能需求。要想实现 Deep Web 动态竞争情报智能采集，还需要克服不少的障碍。从竞争情报采集过程来看，主要体现在如下几个方面：

1. 信息源选择过程中存在的障碍。为了能够快速的获得有价值的动态竞争情报，需要从大量的 Deep Web 数据库中快速、自动地找出与情报需求相关的信息源。完成这个功能可以分解为两个主要步骤：首先要找出所有 Web 数据库，然后再从中挑选与情报需求相关的部分。理论上，为了找出所有的 Web 数据库，必须遍历整个 Web 空间。目前 Web 中存在大约 450000 个可访问的 Web 数据库，这些自主的、相互独立的 Web 数据库分布在整个 Web 的各个角落，并且处于动态的、不断变化之中，不断有新的产生和旧的消失，即使是现存的 Web 数据库，其内容和规模也处于不断变化之中。因此，要比较全面而准确地把它们从 Web 中搜索出来是一件非常困难而又耗时的事情。第二步更为复杂，对一个特定的情报需求，为能够知道每个可访问的 Web 数据库与它的相关程度，需要对这些 Web 数据库进行查询和特征概括，这不可避免地提高了系统访问的代价。目前针对搜索引擎和 Web 数据库中非结构化的文本数据库特征概括取得了实用性进展，而对于比例最大的结构化 Web 数据库而言，现有的工作主要是在数字属性和离散属性上进行特征概括，虽然对 Web 数据库的选择起到了一定的作用，但还未从根本上解决问题。[1]

2. 信息处理过程中存在的障碍。这里所说的信息处理包括对 Web 数据库的查询、从查询的结果中抽取出相关信息以及对抽取结果的处理等过程。这三个过程中都存在着影响动态竞争情报生成的不利因素：

（1）对 Deep Web 信息的访问是通过在查询接口上提交查询，因此要想从这些数据库中获得有价值的信息，必须首先要找到 Web 数据库的入口——查询接口。但通常一个网站包含上千甚至更多的页面，遍历所有页面找出查询接口显然代价太大，而且，查询接口和搜索引擎、元搜索

---

[1] Deep Web 集成. http://idke.ruc.edu.cn/reports/report2006/seminarsummary/DeepWeb.pdf (2007 – 5 – 22 获取)。

引擎以及用户注册等都是以 Html 语言的 Form 表单表示，要从所有 Form 表单中将查询接口准确的区分出来，也不是一件容易的事情。

（2）Web 数据库返回的查询结果主要是通过 Html 语言编写的页面来展现的，而 Html 语言的特点是在 Web 上发布的、内容多样、形式各异，使得 Web 上的数据呈现非结构或者半结构化，难以从中直接提炼或挖掘出可使用的竞争情报。

（3）即使从页面抽取出完整的信息内容，但这些内容也损失了与其他信息的联系，成为孤立的信息片段。为了使从页面抽取出的数据具有使用价值，必须为其添加语义注释，使分布性的数据融为一体并发生关联。目前在这方面的工作还在初步阶段，多是以启发式规则的方式对抽取到的数据进行语义注释。[1][2]

（二）面向 Deep Web 的知识搜索与提取

面向 Deep Web 的知识搜索与提取包含两部分：动态竞争情报源的智能选择；查询结果的智能化抽取。

1. 动态竞争情报源的智能选择。任何竞争情报系统首先要解决的一个问题就是选择竞争情报源。Deep Web 覆盖了现实世界中的各个领域，比如商业、教育、政府等等，每一个领域的 Web 数据库的数量都十分巨大，而且数目还在快速地增长。也就是说，对于某个特定的情报需求，Deep Web 上有可能存在大量相关的 Web 数据库，而对所有这些数据库进行查询既无可能也无必要。按照布拉德福定律，大量与情报需求相关的信息集中于少量的信息源中，因此需要研究如何利用科学的方法从中获取情报密度最大的情报源，为用户情报需求提供最优服务。[3] 因此，动态竞争情报源的智能选择策略要求以尽可能自动的方式从大量相关领域的 Web 数据库的集合中选择出合适的子集，使得在满足竞争情报需求的前提下尽可能地减少所访问的 Web 数据库的数量和使得查询结果中冗余度足够小。

---

[1] Arlotta L., Crescenzi V., Mecca G., Merialdo P. Automatic Annotation of Data Extracted from Large Web Sites[C]. In: Proceedings of the 6th International Workshop on Web and Databases, San Diego, 2003: 7–12.

[2] Wang J., Lochovsky F. H.. Data Extraction and Label Assignment for Web Databases. In: Proceedings of the 12th International World Wide Web Conference, Budapest, 2003: 187–196.

[3] 马费成：《论情报学的基本原理及理论体系构建》，《情报学报》2007 年第 1 期，第 3—13 页。

简单的 Deep Web 数据源选择方法是根据查询接口特征来判断 Web 数据库与情报需求的相关程度,按查询接口与用户查询的相关性来排列数据源,选择相关度较高的表单给用户提供检索服务。如 WISE - cluster 系统按这种方式选择数据库,其 precision 和 recall 都在 90% 左右。[1] 总的来说,基于查询接口特征的数据源选择方案具有简单直接的特点,在一定程度上实现了情报源的智能选择,但从根本上说,查询接口属性是数据库相关的外部特征,并不能完全反映数据源与情报需求之间的本质联系。

更智能的方法是根据查询结果与后台数据库内容的相关度来选择数据库,主要考察一个特定查询返回文本的内容以及接口上各个属性值的分布特征来判断 Web 数据库属于哪个领域。例如,通过分析返回文本的内容来实现 Web 数据库的聚类。[2] 基于查询结果内容的方法基本概括了 Web 数据库的内在特征,但 Web 数据库内容频繁的更新无疑增加了对 Web 数据库的访问代价,使得这种方法的效率并不是很高。

随着本体和语义 Web 理论的不断成熟,可以借助于建立一个特定领域的本体来对一个 Web 数据库进行特征概括。首先建立一个概念的层次树结构,树的节点是主题分类目录,叶子节点是属于父节点概念的实例集合,边代表节点之间的关系。概念层次树把每个可搜索到的 Web 数据库自动委派到主题最相似的领域类别中去,这样的分类体系能够更好的刻画 Web 数据库的领域特征,不仅保证了更高的准确性和效率,而且更具有实际应用意义。

2. 查询结果的智能化抽取。虽然 Deep Web 绝大多数是存储于数据库中的格式化信息,但从 Web 数据库返回的查询结果通常是通过 Html 语言编写的页面来展现的。这种处理的结果把数据库相关模式结构信息完全丢失了,给竞争情报的智能分析造成了极大的困难。因此,智能化的竞争情报采集系统需要利用各种技术手段将查询结果从这些非结构化的页面中抽取出来,保存为可以自动处理的结构化文档或关系模式的数据供进一步的处理。

查询结果的智能化抽取是动态竞争情报采集的重要一环,它要求在迅速获取所需页面的同时,能快速同步的进行页面分析提取,其智能化

---

[1] Peng Q., Meng W., He H., Yu C. T.: WISE - cluster: Clustering E - Commerce Search Engines Automatically[C]. In: Proceedings of the 6th ACM International Workshop on Web Information and Data Management, Washington, 2004: 104 - 111.

[2] Meng W., Wang W., Sun H., Yu C., Concept Hierarchy based Text Database Categorization. Knowl[J]. Inf. Syst., 2002(2): 132 - 150.

程度主要体现在：

(1) 自动化的程度，关系到在抽取的过程中使用者参与的程度。目前完全自动的抽取方法已经完全取代了手工和半自动的方式成为主要的趋势。

(2) 弹性和适应性，弹性是指抽取工具对 Web 页面的内容和结构变化的自适应的能力，弹性好的工具在页面结构发生较小的变化时也能继续正常工作，而适应性是指适用于特定领域的某个数据源的页面抽取工具，不经修改或者少量修改也能抽取这个领域另一个数据源的页面。弹性和适应性对于高度动态的 Deep Web 而言尤为重要。

(3) 使用的方便程度，提供图形化界面使抽取规则的生成更加容易。

目前在 Web 数据抽取这个领域已经开展了大量的研究工作，进行了不少有益的探索并开发出许多数据抽取工具，如基于页面抽取语言、基于 DOM 树、基于规则推理以及基于模式的数据抽取工具。而且随着 Web 的发展，新的方法会不断地出现。基于语义 Web 的数据抽取技术是实现查询结果的智能化抽取的未来发展方向。语义 Web 技术为 Web 数据抽取提供了丰富且规范化的语义描述能力，它采用形式化的本体语言来描述信息资源，其目标是提供一种具有语义支持的计算平台，以一种机器可以处理的方式来表示信息。[1] 语义 Web 使得人机之间、机器之间的语义交互变得畅通，因而计算机能够对页面中的数据进行自动处理。

五、基于人际情报网络的挖掘策略[2][3]

人际网络是人与人之间进行信息交流和资源利用所形成的社会关系网，由节点和联系两部分组成。人际情报网络是应情报活动的需要而构建的一种人际网络，网络节点上的每个人或机构都是一个信息中心。构建人际情报网络的根本目的就是为了更好地挖掘人际网络中的资源，为了达到这一目的，需要采用一定的人际网络分析平台与工具将这种隐性网络进行显性化表示与组织，以构建显性化的人际关系地图，用于描述

---

[1] Tim Berners-Lee, James Hendler, Ora Lassila, The Semantic Web [J], Scientific American, May 2001.

[2] 钱景怡、张玉峰：《基于人际网络挖掘的企业竞争情报获取研究》，《图书情报知识》2009 年第 3 期，第 90—93 页。

[3] 钱景怡：《人际网络在企业竞争情报活动中的作用机理研究》，《科技情报开发与经济》2008 年第 28 期，第 81—83 页。

成员组成、成员角色、成员关系等,至此,这种显性化的人际网络结构本身就成为了重要的情报源,如银行与企业之间高层管理者的兼职就反映了银行与企业之间的紧密连接关系,获取该信息对企业判断竞争对手实力将会产生重要的影响。[1] 目前网络型社会性软件系统与平台作为人际交流的载体,已经包含了大量的"Who Knows Whom"、"Who Knows What"等方面的人际关系信息,是一种重要的战略资源。沈固朝教授等学者认为,这种显性化的人际关系信息源具有不可估量的商业潜能,从中可以挖掘出隐性连接关系,找到企业信息通畅的关键——"桥"这种信息管道,从而扩充并丰富企业的人际关系网络。[2] 本节探讨基于人际情报网络挖掘的竞争情报获取策略。

(一) 企业人际网络及其对竞争情报获取的作用

1. 企业人际网络的构成。人际网络 (Human Network),又称社会网络 (Social Network),通常可以被定义为一组节点(个人或组织)通过一套特殊形式的社会关系(如友谊、买卖、相同的会员身份等)所形成的连结。[3] 人际网络是由某些个体(个人或组织)间的社会关系构成的相对稳定的系统,包含两个要素:节点以及节点之间的联系。两者互相依赖、互为依存。节点的角色属性(如个人的年龄、性别、职业、职位等)是客观的、显性的,较长时间内固定不变,便于测量与确定。节点间的联系(如个人之间的上下级关系,企业间的供需链关系、战略同盟关系,企业与顾客间的关系等)却是主观的、隐性的、动态变化的,不容易被察觉到。

(1) 节点。根据来源的不同,可将人际网络的节点分为:①外部节点,表示企业外部的个人或组织;②内部节点,表示有可能和企业外部供应商、顾客、销售商等打交道的企业内部部门或个人,如表5-2所示。以企业的竞争情报工作为例,内部节点常常被忽视,但外部节点往往是通过内部节点与企业发生联系,通过企业的内部节点可以侦测外部节点的相关信息。另外,企业内部节点及彼此间的联系往往隐含了很多有价值的情报,而且内部节点的创建和管理成本远远要比外部节点低。

---

[1] 包昌火、李艳、王秀玲等:《人际情报网络》,《情报理论与实践》2006年第2期,第129—141页。

[2] 沈固朝:《Web2.0能为建立竞争情报人际网络做些什么》,《中国图书馆学报》2007年第1期,第52—57页。

[3] E. O. Laumann, J. Galaskiewicz, P. V. Marsden. Community Structure as Interorganizational Linkages[J]. Annual Reviews of Sociology, 1978(4): 455 – 484.

表5-2 人际网络的内外部节点构成

外部节点	消费者，供应商，竞争对手，替代产品生产企业，员工协会，学会主持者，政府主管部门员工，投资者，领域专家，政府主管部门员工，行业协会，投资商，互补者，消费者协会，其他利益集团
内部节点	上级，下级，同级，团队中的成员，指导者，工作团队，工作组，部门，业务单元，办公室，辅助机构

（2）节点间的联系。节点间的联系构成了人际网络的基本结构框架，正是基于节点彼此之间的联系，网络内的节点才能互相关联，发挥独立或协作的作用。在现实生活中，个人与个人之间通过亲属、朋友等角色，组织与组织之间通过咨询、合作等关系，形成彼此之间的联系。

根据节点间联系的不同，可以把人际网络分为友谊网络、咨询网络、信任网络和工作流网络，如表5-3所示。①友谊网络是以节点间的相同爱好、频繁交流为基础，节点间为了保持亲密关系而建立的人际网络，如亲人、朋友。友谊网络中的节点通过语言、肢体接触等方式巩固彼此间的联系。②咨询网络主要是为了解决组织在日常经营、管理和决策中遇到的问题而建立的人际网络，节点间通过签订合约、履行职责等形式实现联系。③信任网络是个人或组织以彼此信任的合作关系为基础，为追求共同利益、共同目标而建立的人际网络，节点间主要通过具有法律效力的合约等正式文件的方式形成联系。④工作流网络是组织为了促进工作流程中各环节的交流与合作而建立的人际关系网络，节点间依靠传统的层级管理或合作协议来维持联系。

表5-3 基于不同联系的人际网络

	网络内节点	节点间联系
友谊网络	基于亲缘关系而维系的个人或组织	个人间的交流
咨询网络	需要解决问题、能提供咨询的个人或组织	寻求帮助和提供专业咨询服务
信任网络	基于彼此信任而达成合作关系的个人或组织	具有法律效力的合约等正式文件
工作流网络	组织工作流程中所涉及的各环节的个人或部门	内部的上下级关系、各部门间的合作及内部与外部的供应、生产、销售等联系

2. 人际网络在企业竞争情报获取中的作用。企业竞争情报作为企业有序的、连续的和系统化的信息流，在保障经营管理决策的智能性、环境敏感性和快速反应性方面起着至关重要的作用。它不仅仅是一种理论，更强调的是对企业竞争力的实效作用。竞争情报包含的三要素是：本企业和竞争对手信息、竞争环境（包括政策、市场、技术等）、竞争策略。竞争情报工作的核心内容是对竞争情报的收集和分析。企业获得竞争情报的重要来源之一是企业人际网络的内外部节点。因此，加强对企业人际网络的节点的管理已成为企业竞争情报工作的重要环节。人际网络的相关理论能够帮助企业竞争情报部门界定竞争情报收集的范围；利用数据挖掘方法实现对网络节点的处理，从相似性角度对网络内节点进行分析，从而识别出能够为企业提供重要情报的节点，对这些节点进行跟踪分析能够实现对隐性情报的挖掘，提高竞争情报部门获取情报的效率及深度。

(1) 竞争情报收集阶段：识别"核心节点"。人际交流作为人类交流的主要模式，是重要信息的主要来源。竞争情报中的四分卫法就是通过人际交流获取情报的重要方法。除此之外，人际网络中节点之间的联系构成的网络结构也是重要的情报源。参照相关理论可以帮助企业确定情报源，识别与企业竞争情报活动相关的"核心节点"。在此基础上，企业员工才能明确对企业有价值信息的来源渠道，使企业保持对外界环境的敏感，从外界吸取对企业有影响的情报，并转化为企业的价值。

(2) 竞争情报分析阶段：提供基于相似性角度的新分析途径。企业竞争情报的来源非常广，除了内部成员外，企业还可以从竞争对手、顾客、供应商等外部节点上获取大量的情报。由于信息的流通，这些情报源之间互相联系，使得企业所获得的情报不可避免地有一定程度的重复，加之情报的量大，对这一部分重复情报的辨别与筛选势必会加重企业竞争情报分析的难度。例如，有些企业由于工作性质的限制，某些部门的成员全部拥有相似的背景和经历（如毕业于同一所大学或同一个专业等），总是使用同样的假设和分析工具来评价某种观点。这虽然能增进成员间的了解和沟通，提高管理效率，但也会造成企业整体的惯性思维，缺乏创新性。同时，情报源的相似性容易导致情报的多余，而非互补，造成情报偏差的出现，从而增加竞争情报分析的工作量。实践表明，在个体所熟识的人群中进行深度挖掘往往会得到更多相似信息。人际网络的相似性越低，就越能提高获取相关情报的可能性。另外，从相似性较低的情报源获得的资源可以使竞争情报分析员比较不同来源的情报，并评估其准确性。总之，从人际网络的相似性角度分析企业所获得的竞争情报，能够降低重复情报出现的可能性，减少竞争情报分析员对情报的筛选与甄别工作。此外，为了从各种情报源中提炼出对企业有用的情报，不仅需要竞争情报分析员、竞争情报部门的努力，还需要高层领导、各职能部门、领域专家及企业人际网络内、外部的其他节点的参与。实际上，竞争情报分析所得到的成果是文献资源和人际资源、文献交流和人际交流的结晶。[①]

（3）竞争情报服务阶段：连接隐性知识服务。在竞争情报服务阶段，人际网络通过把竞争情报与知识管理联系起来，能够为企业提供隐性情报（隐性知识）。从知识管理角度分析竞争情报活动可以发现：竞争情报过程的实质就是信息、知识与情报相互交流与转换的过程。[②]20世纪90年代兴起的知识管理侧重于对隐性知识的管理，以获取和共享存在于个体或组织中的隐性知识为目的，即绘制"谁拥有知识"和"如何找到拥有知识的人"的知识地图的过程。而这恰好是人际网络应用于竞争情报领域的根本目的所在。人际网络中的节点不仅能够通过彼此间的联系传递信息，节点自身也蕴含着丰富的隐性知识（如企业员工的工作经验），而节点间的联系是传递知识的途径，也是隐性知识的来源之一。格拉诺维特指出：不同群体间的沟通有赖于两团体中各有一名成员相互认识，而形成唯一的一条通路即"桥"，桥这种跨越群体的弱连带关系是通向有价值资源的关键，可以传递信息与知识等资源。[③] 企业取得竞争优势的重要途径是拥有竞争对手所没有的情报，桥这样的弱连接就能为企业提供有价值的信息。例如银行与企业之间高层管理者的兼职就反映了银行与企业之间的紧密关系，进而对于企业的实力、近期的规划将会产生重要的影响。因此，人际网络是获取、分析和交流非公开信息和隐性知识的重要途径，能够实现对企业中隐性情报的识别、搜集、处理、利用和管理，使其中的隐性知识最大程度服务于企业。

（二）企业人际网络的挖掘流程

基于人际网络挖掘的竞争情报获取，就是以获取企业竞争情报为目的，应用数据挖掘技术，结合情报分析方法，对人际网络中的节点资源

[①] 包昌火、李艳、王秀玲：《人际情报网络》，《情报理论与实践》2006年第29（2）期，第129—141页。

[②] 王曰芬、黄加虎、王海丹：《竞争情报中的知识流及转换机制研究》，《情报学报》2007年第3期，第415—421页。

[③] 罗家德：《社会网分析讲义》，社会科学文献出版社2005年版。

进行挖掘分析，获取潜在的、隐性的企业竞争情报。企业人际网络挖掘的流程包括网络边界的确定、节点的预处理、节点的挖掘。

1. 网络边界的确定。人际网络的相关理论中有两种确定网络界限的方法：唯实论途径（realist approach）和唯名论途径（nominalist approach）。[①] 唯实论途径注重各个节点根据自己的实际情况确定界限。唯名论途径依赖于网络界限确定者自己的理论偏好。由于网络内的节点变动比较频繁，其数目往往很难确定，使用唯名论途径的网络确定者通常自己给出定义边界的标准。根据这种标准，大体上可以确定哪些节点可以纳入网络之内，哪些不能。企业竞争情报部门可以根据节点之间的相对互动频次或者关系密度来确定网络的界限，[②] 将无关节点排除在企业人际网络外，实现对节点的初步选择。

2. 节点的预处理。由于企业的业务关系复杂，与企业关联的内、外部节点很多，而其中某些节点与企业的关联非常弱，例如为企业里的某位员工送快递的快递公司工作人员。尽管企业的这位员工是连接企业与快递公司的桥梁，但由于企业员工与快递公司的工作人员仅发生了一次联系，联系的频度非常低，而实质上企业内、外部节点的这一次联系并不能为企业提供重要信息。另外，企业内部的某些节点也不能为企业竞争情报部门贡献有价值的信息，例如企业保卫部门的临时工作人员。这些无用节点的数量由于企业规模不同而有所不同，通过一定策略对节点进行预处理，过滤掉这些节点或其中部分节点，能够提高人际网络挖掘的效率。对节点进行预处理的过程为：节点与另一节点联系则称为节点与周围节点发生联系一次，若节点与周围节点联系的次数超过规定的阈值，则认为该节点能够为企业贡献有价值信息，否则将其过滤掉，从而实现对人际网络内节点的预处理。企业竞争情报部门可以根据企业的实际情况设定节点预处理的阈值。

3. 节点的挖掘。依据节点内容的特征及其与其他节点之间的关系，可采用合适的挖掘方法与技术。这里以聚类挖掘为例，针对企业人际网络成员的某些相似特征进行分析。

由于工作性质的限制，企业某些部门的成员拥有相似的背景和经历，

[①] Edward O. Laumann, Peter V. Marsden, David Prensky. The boundary specification problem in network analysis[J]. Research Methods in Social Network Analysis,1989:64-66.

[②] Stanley Wasserman, Katherine Faust. Social Network Analysis: Methods and Applications [M]. Cambridge University Press,1994:31-35.

如毕业于同一所大学或同一个专业，这些成员往往使用同样的假设和分析工具来评价某种观点。相同部门、相似的行为方式使得这些成员为企业提供的情报具有一定的相似性。鉴于此，利用数据挖掘技术对人际网络内的节点进行聚类分析，得到依据节点的职位、背景、经历等相似性因素划分的节点类。实践表明，企业中职位越高的成员其行为对企业的影响越大，因此将聚类分析得到的节点类按节点对企业的影响从高到低排列为 ω_1, ω_2, $\cdots$, ω_n ($n=1, 2, \cdots$)，并赋予权重 ω_1, ω_2, $\cdots$, ω_n ($n=1, 2, \cdots$, $\omega_1 > \omega_2 > \cdots > \omega_n$)。例如，节点 i 属于 ω_i 类，则节点 i 所属类的权重为 ω_i。节点类的排列中，排列在前的节点是排在其后节点的上级类节点，反之则为下级类节点。考虑到企业外部节点的复杂性，本文将与企业内部节点联系的所有外部节点归为一类，并赋予其权重 β。

除节点所属节点类的重要性有差异外，与某一节点联系的节点的类别不同，对于该节点的重要性贡献也不同。节点越重要，其所属节点类的权重越高，则与之相连的节点所获得的重要性评分也越高。对节点的重要性进行评分的方法为：若与节点 i 连接的上级类节点的总数为 $\sum_{j=1}^{n} N_{i-j}$，与节点 i 连接的下级类节点的总数为 $\sum_{j=1}^{n} N_{i+j}$，节点 i 连接外部节点的总数为 M，则节点 i 获得的重要性评分为 $\text{Score}_i = \sum_{j=1}^{n} N_{i-j} \times \omega_{i-j} + \sum_{j=1}^{n} N'_{i+j} \times \omega_{i+j} + M \times \beta$。根据节点所属节点类的权重大小可以挖掘出人际网络内的重要节点类，节点类中根据各个节点所获得的重要性评分不同可区分出同一节点类中的重要节点，从而识别出人际网络中的重要情报源。

通过对企业人际网络的聚类挖掘可以识别人际网络内重要节点类及重要节点，进而，竞争情报部门可以根据节点重要性的不同，综合采用不同的跟踪、挖掘策略。

（三）基于人际网络挖掘的竞争情报获取方法

1. 人际网络挖掘中的聚类分析。聚类是利用数据的相似度、关联性，将数据聚集在一起的过程。聚类的目的是根据一定的规则，对人际网络内的节点进行合理地分组或聚类，并用显式或隐式的方法描述不同的类别。企业人际网络的聚类挖掘可用于识别人际网络内重要节点类及重要节点，这里进一步讨论相似性的评估方法。

在聚类分析中，评估不同样本在属性上的相似性主要有两种方法：距离、相关系数。样本之间相似程度的高低，可以通过样本在分布空间中相互之间的距离反映出来。距离越近，表明相似程度越高；距离越远，表明相似程度越低。因此，通过测量样本之间的距离是评估其相似性的一个有效方法。在人际网络中可以利用各个节点的职位、部门之间的等级差异来反映节点间的相似性程度。样本之间的相似性还可以通过不同变量之间的关联程度来反映。相关系数主要用于评估不同变量之间的关联程度，即一个变量的变化与另一个变量的变化之间的关系。相关系数高表明相似程度高，相关系数低则表明相似程度低。若人际网络中的两节点交往频繁，并且在日常工作中，其中一节点随着另一节点的行为变化而改变自己的行为，则可以认为两个节点之间的关联程度高，因而两个节点的相似程度高。

2. 人际网络挖掘中的关联分析。关联分析主要是用于对企业人际网络内节点的行为进行关联规则分析，以探询节点在交互时的行为模式。关联分析模型又可分为简单关联分析和序次关联分析。简单关联分析主要用于识别同类事件或记录中不同属性组合之间的关联性。序次关联分析主要用于识别具有先后次序的不同事件之间的关联性。

企业人际网络中的节点可以通过彼此间的联系传递自身携带的隐性知识（如企业员工的工作经验），利用关联挖掘方法对节点之间隐性知识的传递进行深度挖掘，使企业获得隐性情报。图 5-1 为甲公司成员 A 的人际网络关联示意简图。A 是连接甲公司与乙公司的桥，是获得较高重要性评分的情报源。当甲公司发布新的公告后，这一信息由 B 至 A 至 C 进行传递。各个节点在获得这一信息后会采取不同的行为措施，通过简单关联分析能够识别出节点 A 与其他节点的关联性。若 A 遇到了业务上的难题，则 A 可以请教上司 B，B 在帮助 A 解决问题的同时也将自己的隐性知识传递给了 A。同理，A 也能继续向下传递自己的隐性知识。在企业成员依次传递自身隐性知识的过程中，利用序次关联分析可以识别出节点 A 在隐性知识传递过程中与其他节点的关联性。因而，对 A 进行跟踪、挖掘能够找到大批与竞争情报需求相关的节点，通过分析他们之间

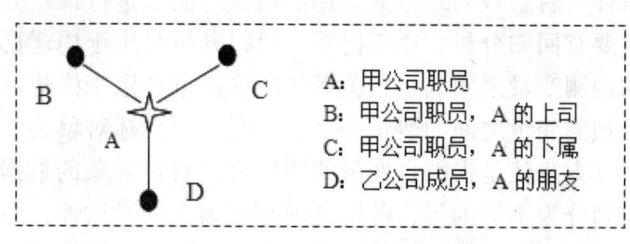

A: 甲公司职员
B: 甲公司职员，A 的上司
C: 甲公司职员，A 的下属
D: 乙公司成员，A 的朋友

图 5-1　企业人际网络关联示意图

的联系能够实现企业对潜在情报及隐性情报的采集。

3. 人际网络挖掘中的概念描述。通过聚类分析或者关联分析挖掘的结果，可能是表层的、粗糙的或散乱的知识，甚至受到一些杂点的干扰。因此需要利用概念描述，挖掘其深层的本质特征，同时对其进行除杂和整合。

概念描述涉及同一类别的对象。作为一种数据挖掘方法，概念描述方法并不是简单地进行数据合并操作，而是生成对数据的特征概念描述和比较描述。特征概念描述提供了数据集合公共本质特征的整体的、简洁的抽象描述，如对在同一部门工作的成员的描述；而比较描述则提供了基于不同类别数据的对比概念描述，如对企业影响较大与影响较小的职位的对比描述。特征概念描述与比较描述能够从本质上区分不同节点类及同一节点类中的不同节点，从而排除杂点的干扰，挖掘节点的本质特征，客观地反映企业人际网络中各个节点类及各个节点的重要性。概念描述的具体步骤如下：①数据收集。通过查询，收集目标节点和对比类节点。②属性和维的相关分析。识别节点类或节点的属性和维的集合，如节点的年龄、性别、职位等属性。若有多个维，则分析比较并对其执行相关性度量。③删除属性。使用选定的相关分析度量删除不相关和弱相关的属性。例如，节点的家庭成员等属性并不能从本质上描述节点，因而将这些属性删除。④特征描述。根据实际情况生成属性概括阈值，利用规定的阈值对节点类或节点进行概括，产生特征描述。⑤比较描述。通过目标节点和对比节点的度量结果，产生比较描述。

4. 人际网络挖掘中的预测。预测是利用历史数据找出变化规律，建立预测模型，并用此模型来预测未来数据的种类、特征等。预测模型通常假设某种现象因其他现象的出现而产生，或随其他现象的改变而改变，在因变量和自变量之间存在着某种稳定的数量关系，这样，就可以通过已知的数据来预测可能的状况。在人际网络挖掘过程中，构建预测分析模型通常是为了探测人际网络内节点对特定事件拟将采取的行为，从而发现特定事件背后隐藏的对企业有用的情报。能够进行预测分析的数据挖掘技术主要有回归分析、决策树等。回归分析是用于构建目标变量和一个以上的预测变量之间的数量关系。决策树也是用于构建目标变量和一个以上的预测变量之间的数量关系，从而探测目标对象关于某个因变量的属性。其方法就是根据自变量的顺序分割目标对象的数据，将所有的目标对象划分为不同的组，各组之间存在很大的异质性，而组内表现出很大的同质性。然后从中找出各影响因素与目标事件的关系。

第六章 企业竞争情报挖掘技术

一、企业竞争情报语义聚类挖掘

聚类挖掘作为一种重要的知识获取方法,能够在没有给定类别的前提下根据信息内容相似度进行聚集,快速、高质量地将大量信息组织成少数有意义的簇,获取隐藏的潜在知识或模式。与分类挖掘不同的是,聚类挖掘属于无监督学习,不需要经过训练就能对数据进行归类,也无需人工事先规定其类别,不仅可以作为独立工具用于透视数据分布情况、描述各类特征及对特定类进行深层分析,而且可作为其他应用的预处理步骤,为进一步分析与处理奠定基础,因此,聚类挖掘在实际应用中具备更广阔的应用前景。目前,聚类挖掘已经在模式识别、市场销售、生物基因挖掘等领域得到了广泛的应用,并取得了丰硕的应用成果。同时,聚类挖掘的作用也逐渐受到研究人员的重视,成为数据挖掘和知识发现领域中一个非常活跃的研究课题。[①]

(一)基于语义的聚类挖掘

随着自然语言处理、本体技术的逐步成熟以及领域聚类需求的增大,针对特定领域的聚类挖掘越来越离不开领域本体的支持,基于通用本体的聚类挖掘方法虽然能够取得相对理想的聚类效果,但在具体领域应用中此种方法显然力不从心,原因在于通用本体往往具有较广的泛在性与一定的抽象性,缺乏领域相关背景知识,提取的语义知识往往由于缺乏领域相关性而在语义内容、语义关联、语义情景等多个维度上出现误差,

---

[①] 苏新宁、杨建林、江念南、栗湘:《数据仓库和数据挖掘》,清华大学出版社2006年版。

在进一步的语义推理和知识挖掘上会因误差的累积而出现更大的偏差。①②③④ 因此,近年来国内外学者开始关注利用领域本体指导领域聚类挖掘,基于领域本体的聚类挖掘研究主要集中在三个方面:

1. 利用领域本体计算领域文本间的语义相似度,在此基础上实现基于语义相似度的聚类挖掘。如朱山风等⑤利用 MeSH 本体计算文本语义相似度,将文本的语义相似度与内容相似度结合起来构建文本之间的集成相似度矩阵,基于该相似度矩阵进行谱聚类算法实验。

2. 利用领域本体进行关键特征的概念映射,通过构建概念空间模型实现聚类挖掘。如 A. Hotho 等⑥利用自然语言处理技术将文本关键特征映射为概念特征,借助领域本体实现自上而下的概念聚合;朱恒民等⑦利用领域本体的概念层次关系,采用 SOM 算法实现逐层聚类挖掘。

3. 利用领域本体进行领域概念聚类挖掘。如 J. Dong 等⑧通过扩展标引特征获取领域概念,采用信任力传播聚类算法将概念分成多个小簇,通过领域本体的概念层次关系实现概念聚类。

通过上述研究成果可以看出,领域本体与聚类挖掘相融合的研究主要集中在:利用领域本体的概念层次结构及概念之间的关联性构建概念空间模型,基于概念空间模型进行聚类挖掘算法的改进;或借助领域本

---

① A. Hotho, S. Staab, G. Stumme. WordNet improves Text Document Clustering [A]. In: Proc. of the Semantic Web Workshop at SIGIR2003, 26th Annual International ACM SIGIR Conference [C]. Toronto, Canada, 2003.

② J. Sedding, D. Kazakov. WordNet – based Text Document Clustering [A]. In: proceedings of the Third Workshop on Robust Methods in Analysis of Natural Language Data (ROMAND'04) [C]. Stroudsburg, PA: Association for Computational Linguistics, 2004: 104 – 113.

③ X. Hu, X. Zhang, C. Lu, E. Park, X. Zhou. Exploiting Wikipedia as External Knowledge for Document Clustering [A]. In: proceedings of the 15th ACM SIFKDD international conference on Knowledge discovery and data mining (KDD'09) [C]. New York: ACM, 2009: 389 – 396.

④ W. K. Gad, M. S. Kamel. Enhancing Text Clustering Performance Using Semantic Similarity [A]. In: Proc. of International Conference on Enterprise Information Systems[C]. Berlin: Springer, 2009: 325 – 335.

⑤ S. Zhu, J. Zeng, H. Mamitsuka. Enhancing MEDLINE document clustering by incorporating MeSH semantic similarity [J]. Bioinformatics, 2009, 25(15): 1944 – 1951.

⑥ A. Hotho, A. Maedche, S. Staab. Text clustering based on Good Aggregation [J]. Kunstliche Intelligen, 2002, 16(4): 48 – 54.

⑦ 朱恒民、马静、黄卫东:《基于领域本体的 SOM 文本逐层聚类方法》,《情报学报》2008 年第 6 期,第 845—850 页。

⑧ J. Dong, S. P. Wang, F. L. Xiong. A method for domain conception clustering with the guidance of domain ontology [A]. In: proceedings of the 2010 International conference on Intelligent Computation Technology and Automation (ICICTA'10) [C]. Washington, DC: IEEE Press, 2010: 151 – 155.

体改进文本之间语义相似度计算算法来提高聚类挖掘效果。这些研究在一定程度上提高了聚类挖掘的准确率和效率，但也存在一定的问题：

1. 基于领域本体的聚类挖掘仍停留在传统的聚类挖掘框架中，领域本体只作为辅助工具进行特征扩展、概念泛化或语义相似度计算的背景知识，尚没有全面地利用领域本体丰富的概念体系和层次结构作为聚类的主线，领域本体发挥的作用较少。

2. 领域本体、聚类挖掘和企业竞争情报挖掘相结合的研究成果较少，多数研究集中在聚类挖掘算法的改进及验证，忽略了理论研究与实际应用的结合。

针对上述存在的问题，本节选择软件领域构建软件企业领域本体，实现对软件企业领域知识的共同理解，为软件企业知识共享、竞争力分析提供语义知识。在此基础上研究语义层面的企业竞争力影响因素聚类挖掘，探索和分析影响软件企业整体竞争力的主要因素。其创新主要体现在：

1. 针对聚类挖掘方法 k - means 存在的主要问题研究了如何利用领域本体提供的语义知识进行解决，并设计了一种基于领域本体的聚类挖掘方法 Onto - kmeans。

2. 应用 Onto - kmeans 聚类方法，分析和挖掘影响软件企业竞争力的主要因素，从而为企业竞争或战略决策提供指导，也可为软件产业发展乃至国家制定相关政策提供参考。

（二）企业竞争情报语义聚类挖掘算法

目前，聚类挖掘算法主要采用基于划分聚类的 k - means 方法来实现，其原因在于该方法思想简单，运算速度快，适合从海量数据中快速获取影响企业竞争力的决定因素。[①] 但由于该方法在运行过程中，对于簇数目 k 的设定、初始 k 个聚类中心的选取、迭代过程中聚类中心的确定、数据对象间相似度的计算等方面的处理没有利用领域本体提供语义信息，成为制约聚类挖掘效果的主要问题。为此，本节以 k - means 方法为基础，依据构建的软件企业领域本体，提出了一种综合层次聚类挖掘方法，研制了语义聚类挖掘算法，以提高聚类挖掘的准确率和效率，实现语义层面的企业竞争力影响因素的挖掘与获取。

1. 簇数目 k 的设定。k - means 方法需用户预设对聚类挖掘结果影响

---

① 元昌安等：《挖掘原理与 SPSS Clementine 应用》，电子工业出版社 2009 年版。

较大的簇数目 k，如果用户对数据结构和数据分布无任何先验知识，很难确定理想的目标簇数目。领域本体为该问题的解决提供了较好的先验知识。这是因为本节的主要目标是分析和挖掘影响软件企业竞争力的主要因素，聚类挖掘结果的簇数目即为主要竞争力因素的数目，而软件企业领域本体的构建正是基于软件企业生产活动中所涉及的主要业务要素，这些要素在很大程度上决定了软件企业的主要竞争力因素，领域本体的核心概念类别个数 λ 即可作为聚类挖掘的目标簇数目 k 的参照，具体的 k 取值可在 λ 的一定范围 ε 内进行浮动，即 $\lambda - \varepsilon \leqslant k \leqslant \lambda + \varepsilon$，$\varepsilon$ 为簇数浮动因子，可根据实际数据集的大小及分布情况来确定。

2. 初始 k 个聚类中心的选取。k-means 方法从数据对象中随机抽样产生初始 k 个聚类中心，实际上 k 个初始聚类中心的选取对聚类挖掘结果影响极大：如果所选择的 k 个数据对象部分或全部属于同簇或少数 m 个簇（$m<k$），但在初始划分时却被硬性划分到 k 个不同簇中，则虽然后续挖掘过程可以不断重新计算聚类中心进行数据对象的重分配，但算法仍易陷入局部最优解。因此，要使初始 k 个数据对象尽可能分别属于不同的簇，且尽可能位于各簇的聚类中心，仅依靠随机抽取是无法满足这些约束的，必须有较优良的初始聚类中心生成策略指导生成初始中心点。本节依据软件企业领域本体的语义概念和语义关联层次结构设计了一种综合层次聚类实现初始聚类中心选择的方法，具体思想如下：①设待聚类挖掘的总数为 n，为取得数据聚类结果的平衡，对初始数据集 D 进行随机取样 m 次，则每次取样的样本总数 n/m，m 值可根据经验取值或进行多次试验选定；②利用凝聚的层次聚类法分别对每次取样的文本数据进行聚类，分别生成各个取样的 k 个划分，即共生成 $m \times k$ 个不同簇；③分别计算 m 次取样各生成的 k 个簇的聚类中心，共获得 $m \times k$ 个聚类中心；④对这 $m \times k$ 个聚类中心，构建聚类中心相似度矩阵 M，其中 M_{ij} 代表第 i 个聚类中心与第 j 个聚类中心之间的相似度（$i=j$ 时 $M_{ij}=1$）；⑤观察相似度矩阵，每次从矩阵中选择相似度最大的 m 个不同聚类中心组成新簇，将已选择的矩阵元素排除，进行下一轮的选择；直至组成 k 个新簇；⑥分别计算 k 个新簇的聚类中心，将其作为初始聚类中心。

3. 迭代过程中聚类中心的确定。聚类中心的选择直接影响到聚类挖掘的最终质量，k-means 方法采用簇中样本数据的平均值作为该簇的聚类中心参照点，其挖掘结果对噪音和异常点极为敏感。为避免挖掘算法受到孤立点的影响，本节采用下述方法进行聚类中心的选取：①对每次获取的新簇 k_i，计算簇中各点 d_i 与 d_j 之间的距离 $\text{dis}(d_i, d_j)$；②对每一

个点 d_i，计算该点与其他点的距离和；③剔除簇中距离和大于阈值 ε 的点，其中 $\varepsilon = \alpha \times (n-1) \times \max \mathrm{dis}(d_i, d_j)$（$\alpha$ 可通过试验或经验取得，$0 < \alpha < 1$）；④计算簇中剩余点的平均值即为聚类中心或簇质心。

4. 数据对象间相似度的计算。k-means 方法采用欧几里得距离或余弦相似度来衡量数据对象之间的相似度，这两种相似度的计算方法均基于向量空间模型，仅仅考虑特征概念在文本中的出现频率等信息，忽略了特征概念间的语义关系，[1] 因此，相似度的计算应综合考虑特征的频率信息和特征间的语义关系信息。在基于领域本体的预处理过程中，通过将文本特征映射且聚合到领域本体中的相同概念层次，实现文本特征的相似度转化为文本特征所对应概念之间的相似度，领域本体作为领域内共享概念模型的形式化规范说明为领域内概念间语义相似度的测度提供了充分的理论依据。基于此，本文提出一种基于领域本体的语义相似度测度算法，具体思想为：经过预处理后的文本数据集 $D = (d_1, d_2, \cdots, d_n)$ 的概念向量空间表示为 $V = (c_1, c_2, \cdots, c_m)$，文本 d_i 表示为 $d_i = \{(c_1, w_{i1}), \cdots, (c_j, w_{ij}), \cdots, (c_m, w_{im})\}$，其中 w_{ij} 表示概念 c_j 在文本 d_i 中的权重。设具有根节点 Root 的领域本体为 H，计算文本之间的相似度首先需计算概念向量空间中的概念之间的语义相似度。目前本体中概念之间相似度的计算方法主要有：基于特征的方法、基于网络距离的方法、基于信息理论的方法及混合方法，[2] 本文采用 Wu 和 Palmer 提出的基于网络距离的测度算法，[3] 其计算公式为：

$$\mathrm{sim}_{\mathrm{wup}}(c_1, c_2) = \frac{2\mathrm{dep}(c)}{d(c_1, c) + d(c_2, c) + 2\mathrm{dep}(c)}$$

其中概念 c 为概念 c_1 与 c_2 在 H 中最近的公共祖先节点，$\mathrm{dep}(c)$ 代表概念 c 到根节点 Root 的路径长度；$d(c_1, c)$ 与 $d(c_2, c)$ 则表示概念 c_1 与 c_2 到 c 的路径长度。该算法综合考虑概念与概念之间的距离及概念在本体类层次结构中的深度。利用 Wu&Palmer Measure 算法获取概念向量空间中两两分量之间的相似度矩阵 P。由于语义核函数能够较好地集成概念

---

[1] 张玉峰、何超：《基于领域本体的语义文本挖掘研究》，《情报学报》2011 年第 8 期，第 832—839 页。

[2] 宋玲、郭家义、张冬梅等：《概念与文本的语义相似度计算》，《计算机工程与应用》2008 年第 44（35）期，第 163—167 页。

[3] Z. B. Wu, M. Palmer. Verb semantics and lexical selection [A]. In: proceedings of the 32nd annual meeting on Association for Computational Linguistics[C]. Stroudsburg, PA: Association for Computational Linguistics, 1994: 133–138.

之间的语义相似度,实现语义层面的相似度计算,[①] 因此,融合语义核函数进行相似度的计算:

$$k(d_i,d_j) = d_i^T P^T P d_j$$

在该相似度计算公式中,P 表示概念向量空间中概念之间的相似度矩阵,P^T 即为 P 的转置矩阵,为消除文本数据大小对核函数取值的影响,对上述公式进行归一化处理和语义距离计算:

$$\sin(d_i,d_j) = \frac{K(d_i,d_j)}{\sqrt{K(d_i,d_i),K(d_j,d_j)}}, \mathrm{dis}(d_i,d_j) = \frac{1}{\sin(d_i,d_j)}$$

综上,充分利用领域本体的语义概念和语义关联层次结构知识,设计了基于领域本体的聚类挖掘算法 Onto – kmeans,详细描述如表 6 – 1 所示。

表 6 – 1　基于领域本体的聚类挖掘算法 Onto – kmeans

算法：Onto – kmeans
输入：具有概念向量 $V = (c_1, c_2, \cdots, c_m)$ 的数据集 $D = (d_1, d_2, \cdots, d_n)$；领域本体 H；聚类簇数目浮动因子 ε；数据集随机取样次数 m
输出：聚类挖掘结果 $C = (c_1, c_2, \cdots, c_k)$
Step1 根据领域本体 H 的核心概念类别个数 λ 确定聚类簇数目 $k, \lambda - \varepsilon \leq k \leq \lambda + \varepsilon$；
Step2 利用凝聚的层次聚类法确定初始 k 个聚类种子文本；
　　a 对数据集 D 进行 m 次随机取样,每次取样样本总数为 n/m,形成 m 个样本集 $S = (S_1, S_2, \cdots, S_m)$；
　　b 对于样本集中的每个样本 S_i,将凝聚的聚类算法应用于 S_i,获得该样本的 k 个划分：
　　　　b1 对于每个簇 c_j,利用文本距离计算方法求出簇中各文本两两之间的距离；
　　　　b2 对于簇中每个文本,计算该文本与其他文本的距离和；
　　　　b3 剔除簇中距离和大于某设定阈值 δ 的文本,其中 $\delta = \alpha \times (n/m - 1) \max \mathrm{dis}$；其中 $\max \mathrm{dis}$ 代表簇中文本之间的最大距离,α 为可调参数因子；
　　　　b4 计算簇中剩余文本的平均值作为簇质心或聚类中心；
　　c 对生成的 $m \times k$ 个簇的聚类中心 $O = (o_1, o_2, \cdots, o_{m \times k})$,构建聚类中心相似度矩阵 M_{ij},M_{ij} 代表第 i 个聚类中心与第 j 个聚类中心之间的相似度；
　　d 每次从该相似度矩阵中选取相似度最大的 m 个不同的聚类中心组成新簇,去除已选择的矩阵元素,进行下一轮选择,直至组成 k 个新簇；

[①] R. Basili, M. Cammisa, A. Moschitti. A Semantic Kernel to Classify Texts with Very Few Training Examples [A]. In: Proc. of Workshop 'Learning in Web Search', 22nd International Conference on Machine Learning (ICML 2005)[C]. New York: ACM, 2005: 163 – 172.

续表

  e 分别计算 k 个新簇的聚类中心,将其作为 k - means 的初始聚类种子文本;
Step 3 重复以下步骤直到各簇的聚类中心不再发生变化:
  a 利用本文提出的文本距离算法(核函数)计算文本集中各个文本与种子之间的距离,将其分配到距离其最近的种子文本所代表的簇中;
  b 重新计算所获新簇的聚类中心。

(三) 聚类挖掘实验与应用

  聚类挖掘实验的主要目的体现在两个方面:一是验证创新的聚类挖掘算法 Onto - kmeans 相对于传统 k - means 算法的有效性,二是利用 Onto - kmeans 算法探索和挖掘影响软件企业竞争力的主要因素。

  1. 数据采集。利用网络爬虫采集国内软件 100 强企业的官方网站和主流媒体门户网站新浪、雅虎、搜狐的科技或 IT 频道提取实验数据。将抓取的网页经过数据清洗存入文本文档中,以公司名为组织单位,建立每个公司的文本集合。经过数据清洗与选择,共获得 25717 个有效文本,即平均每个公司抽取约 260 个文本,总体数据大小为 1.07G。

  2. 实验环境及测评指标。实验基于 WEKA 进行 Onto - kmeans 聚类挖掘算法的设计与编码,同时调用其自带的 k - means 算法作为基准进行实验对比。由于未对数据集进行标注,对聚类结果的簇个数及每个数据样本的正确分类均未知,因此,一些外部度量指标如聚类熵、纯度、查准率及 F - measure 等都无法应用,只能依靠数据集自身的特征采用内部度量指标进行评价。Onto - kmeans 算法是对 k - means 的创新与优化,两者都需事先确定聚类簇数目 k,聚类结果均由 k 个聚类中心来表达,所以本实验采用直观的簇内方差(Within cluster sum of squared errors)(即误差平方和最小方差标准)进行两种聚类挖掘算法的结果评价。

  3. 实验过程及结果。为对比 Onto - kmeans 与 k - means 两种算法的挖掘性能,设定实验前提条件:在相同样本总量 (17170 个文本) 的相同特征空间 (具有 200 维度的概念特征空间) 及相同目标簇数目上应用两种算法。目标簇数目 k 的选择依据如下:软件企业管理与运营一般要涉及软件产品、软件服务、市场、技术等九个方面,而所获取的数据集均是表达有关软件企业的相关信息,因此可以预设数据集的聚类结果也为 9 簇,且领域知识在一定程度上能够避免由于人为随机选择所带来的误差。在这样的假设下,分别进行 $k=8$,$k=9$,$k=10$ 三种不同情况下的聚类结果进行对比，实验结果如表6-2、表6-3和表6-4所示。

表6-2　k=8 Onto-k-means 与 k-means 算法结果对比

	簇内方差 V_c	迭代次数 t
Onto-k-means	2123.0449	32
k-means	3170.3556	51

表6-3　k=9 Onto-k-means 与 k-means 算法结果对比

	簇内方差 V_c	迭代次数 t
Onto-k-means	2306.8439	34
k-means	3243.1546	46

表6-4　k=10 Onto-k-means 与 k-means 算法结果对比

	簇内方差 V_c	迭代次数 t
Onto-k-means	2257.6822	28
k-means	3213.8958	36

上表中 k-means 算法的结果指标是初始聚类中心多次随机选择的均值（在 WEKA 中通过设定 seed 取不同的值来随机获得初始聚类中心种子）。

4. 实验结果分析。根据表6-2、表6-3、表6-4的对比结果可以看出：

（1）Onto-k-means 算法和 k-means 算法均在 k=9 时簇内方差 V_c 取得最小值，由此可知9个类簇是较为理想的目标簇数目；

（2）针对不同的 k 值，Onto-k-means 算法与 k-means 算法相比都能取得较低的簇内方差，同时 Onto-k-means 算法首先利用凝聚的层次聚类法优化初始聚类中心的选择，因此能够在一定程度上降低了达到最佳聚类划分的迭代次数 t。这是因为 k-means 算法进行聚类挖掘时容易陷入不同的局部极值，因此，需要通过多次运行 k-means，选取不同的随机种子生成初始聚类中心样本，最终找出误差最小值；而 Onto-k-means 虽利用凝聚层次聚类法获取初始聚类中心会增加整个算法的运算复杂度，但同时降低了多次运行 k-means 选择最优解的时间成本。由此可以得出上节提出的 Onto-k-means 算法较传统的 k-means 算法在聚类挖掘性能上有较大的优化。

然而与 k-means 相比，Onto-k-means 算法的不足也较为明显：

（1）在聚类挖掘的初始阶段，需利用凝聚的层次聚类获得初始聚类中心，这在一定程度上增加了算法的运算复杂度；

（2）在聚类挖掘的迭代阶段，需采用新的核函数计算文本之间的相似度，而核函数计算的前提是解析本体，利用 Wu&Palmer Measure 方法计算概念特征之间的相似度，进而构建概念特征相似度矩阵，这样每次计算文本之间的距离时，总要计算两个文本向量与矩阵的乘积，加大了运算开销，增加了算法的时间复杂度。然而总体而言，运算复杂度的增加换取的是聚类挖掘结果准确度的提升，只要将时间复杂度控制在可接受的范围之内，该算法还是具有很强的应用价值。

利用 Onto-k-means 对所采集的软件企业数据集进行聚类挖掘，获得 9 个类簇的可视化结果如图 6-1 所示：

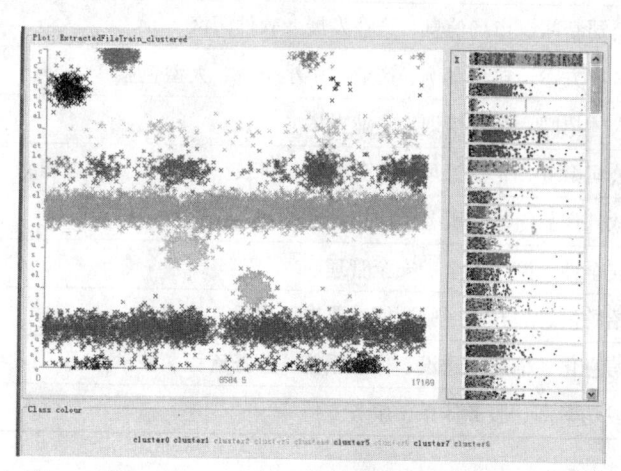

图 6-1　Onto-k-means 聚类挖掘结果可视化（k=9）

聚类结果中，各个类簇内样本的分布情况如表 6-5 所示：

表 6-5　聚类挖掘结果之——各个类簇内样本分布情况

类簇名	Cluster0	Cluster1	Cluster2	Cluster3	Cluster4
样本数目	416(2%)	3796(22%)	295(2%)	263(2%)	10054(59%)
类簇名	Cluster5	Cluster6	Cluster7	Cluster8	
样本数目	1197(7%)	231(1%)	425(2%)	493(3%)	

结合图6-1与表6-5可以看出，类簇Cluster4包含了超过一半的样本，类簇Cluster1包含的样本所占比例也较大，除此之外，剩余样本较为均匀地分配到了其他7个簇中。可见样本整体分布较为倾斜，局部类簇样本分布较均匀。

为了获取各类簇所反映的主题信息，必须对聚类挖掘结果簇进行类标签提取来概括各类簇中文本所表达的主要内容。本节采用聚类中心的特征词集 R_k 来表示类簇 C_k，其中 R_k 中特征词 t_i 的权重是包含在 C_k 内的所有文本在该特征上权重取值的均值，通过提取每个簇的特征词集 R_k 中权重依次较大的前几个特征作为类标签。利用此方法获取的9个簇的类标签如表6-6所示：

表6-6 聚类挖掘结果簇标注

簇名称	簇标签
Cluster0	公司新闻、市场信息、产业发展、软件园区
Cluster1	解决方案、典型案例、产业、中小企业、大型企业
Cluster2	人才招聘、教育培训、企业发展
Cluster3	公司财务、企业管理、业务管理、科技
Cluster4	软件产品、软件服务、应用
Cluster5	安全性、网络安全、安全管理
Cluster6	招聘信息、开发经验、能力要求、项目、技术
Cluster7	信息化、信息化建设、信息系统、业务流程、技术
Cluster8	成功案例、服务体系、服务支持

通过对表6-6的类标签进行分析发现，Cluster2与Cluster6所关注的主题是相同的，即关于企业人才招聘与培养发展的内容，因此需合并这两个簇的聚类结果以获取更精炼地描述聚类所反映的主题内容；此外Cluster5的主题是关于软件产品及相关服务的安全性，可归入Cluster4所反应主题的特性中，合并这两个类簇将使聚类结果更加合理。综合上述聚类挖掘结果发现，影响软件企业竞争力的因素主要包括：

(1) 企业提供的软件产品与相关软件服务。由表6-5样本的分布（簇Cluster4包含的样本占样本总量的59%）可以看出软件产品与软件服务是决定软件企业竞争力的最重要因素；另外，随着Internet及Intranet

的深入应用，各种软件或硬件产品及实施服务的安全性越来越被企业所重视，软件产品是否具有较高安全性、能否为企业提供切实可靠的安全管理机制直接影响到企业是否会采购及实施该软件，因此安全性作为软件产品的重要特性是影响竞争力的重要因子。

（2）企业提供的解决方案。解决方案是否全面、优质，是否有典型案例支撑是影响企业竞争力的另一个重要方面，从样本分布比重（22%）也可得出该结论；但根据软件企业本体中的先验知识，解决方案也可归入到软件产品与服务中，因此该因素可与①进行合并。

（3）企业人才招聘及员工培训发展。从聚类挖掘结果提取的簇标签特征"招聘"及对招募人才的"项目"、"开发经验"等要求中可以看出企业对人才选拔的重视，该因素可进一步归纳概括为"人力资源管理"。

（4）行业/企业信息化建设及业务流程管理。结合近几年中国企业的发展来看，国内各行业各领域的企业信息化及业务流程重组正逐步展开且全面实施，政府也在大力推广信息化工程，这一发展趋势在很大程度上带动了整个软件产业的蓬勃发展，尤以管理软件市场为甚。

（5）企业的财务实力及业务管理能力。该因素是较为明显的竞争力因素，也与预期相吻合，直观而言，有较大资金支持、财务雄厚的企业往往能够投入更多人力、物力来研发产品，在市场上的竞争力也较大；此外，企业如果想在市场上取得长足发展，多样化的业务经营管理往往能够取得较大优势。

（6）软件企业所承担和实施过的成功案例及与之相关的支持服务、服务体系的完备性。一般企业或个人在选择软件产品时一方面根据市场上企业的品牌形象、已有口碑，但更常见的是，甲方企业往往会衡量乙方企业是否在自己同行业内、同领域内实施过成功案例，成功案例有多少，成功案例中知名企业、行业内的领头企业占多大比例，这些因素直接影响到甲方企业是否考虑由乙方企业来开发所需软件及实施相关服务；另一方面，在实施过程中，乙方企业所提供的相关服务支持是否到位，服务体系是否完善、优效是甲方企业重点考量的方面，因为在实际项目中，软件交付后运行是否正常、乙方企业能否及时优效地提供甲方所需服务使软硬件能够按预期高效地运行直接影响到甲方的客户满意度，因此也是影响企业竞争力的非常重要因素。

（7）软件企业的技术或科技因素。从上述9个簇标签可以发现，技术（或科技）在多个簇标签中虽然权重值不是最高，但频繁出现于各个簇较为重要的特征词行列，由此可见技术或科技因素也是一个影响软件企业乃至整个软件行业的重要竞争力因素。从大处来讲，技术的先进性、实用性及科技更新从根本上改变着整个软件产业的发展进程及方向；从小处而言，企业是否采用通用性较强、平台支持性能强大、具有前瞻力的技术架构是决定其是否能够适应各种市场需求的重要基石，更深层次、更根本地，软件企业中技术人才的比重、结构也是影响软件企业实力的重要方面。

（8）公司新闻、市场信息虽不能直接构成竞争力因素，但可以这样解释 Cluster0 的分析结果："公司新闻"、"市场信息"、"产业发展"三个特征权重较高，说明被挖掘文本中有较大一部分主题在反映这方面的内容，从另一角度来讲，它反映了企业看重什么、企业想要展示给客户什么样的信息；公司新闻更多反映企业在长期或短期内发生的事件，一般从企业网站获取的大多数是正面的事件与评论；而市场信息反应的是某个软件领域或是整个软件行业正在经历的事件及有关市场的反馈信息，这些信息或直接影响到企业战略布局的调整，或影响到企业市场地位的转变，客户/用户透过这些信息也能够透视并了解整个企业；"产业发展"、"软件园区"等可看作是影响企业竞争力的外部因素。

二、企业竞争情报语义分类挖掘

聚类挖掘能够快速发现影响企业竞争力的主要因素，却无法面向特定维度获取信息，如对于不同地区、不同行业领域、不同产品及服务而言，影响企业的主要竞争力因素有哪些，这些竞争力因素的重要程度如何。分类挖掘是一种有指导的学习过程，能够按照主题将数据准确分类到预先定义的若干类别中。借助分类挖掘可以对所要挖掘的特定维度进行样本标注，利用分类挖掘实现多维度分类任务，适应不同角度的竞争力影响因素及其重要程度的分析需求，为企业或整个行业相关政策的制定和策略的实施提供情报支持。

（一）基于语义的分类挖掘

目前，分类挖掘的主要缺陷存在于两个方面：一是缺乏语义的支持，现有的分类挖掘方法大多单纯建立在特征词的频率信息之上，忽略了特征本身包含的语义及特征间的语义相关性；二是利用机器学习方法的分类模型或规则需标注大量训练样本，这是一项耗时耗力的工作，且人工标注成本极高。为解决这些问题，国内外学者利用本体进行分类挖掘研究，尤其是基于通用本体 WordNet、HowNet 的研究比较成熟，对基于领域本体的分类挖掘研究也进行了有益的探索，其研究思路可概括为三个方面：

1. 利用领域本体概念之间的相互关系构建概念向量空间模型，进而扩展或优化文本表示模型，结合分类算法进行领域文本分类挖掘。如 Fabrice Camous 等[1]提出利用 MeSH 本体扩展文本表示模型进行生物信息领域文本分类挖掘。

2. 利用领域本体构建类别向量，通过计算待分类数据与类别之间的相似度进行分类挖掘。如杨喜权等[2][3]提出基于领域本体的文本分类挖掘框架，详细论述了该方法的实现过程及其实施效果。

3. 利用领域本体作为分类挖掘器。如 Maciej Janik 等[4][5]通过将文本表示成实体主题图，借助 Wikipedia 构建的领域本体对主题图中的实体进行本体分类。

本节在上述研究基础上作了进一步的深入探讨，利用构建的软件企业领域本体提供先验知识，承接和优化前面聚类挖掘的工作与结果，研究软件企业竞争力影响因素的分类挖掘，其创新主要体现在：

1. 针对传统分类挖掘方法存在缺乏语义和大规模数据标注问题，有机结合通用本体和领域本体，设计了基于语义的分类挖掘方法 Onto – TC。

2. 根据前面聚类挖掘结果运用 Onto – TC 执行多维语义分析，挖掘和发现深层次的竞争力影响因素及其特性，实现软件企业竞争力影响因素指标体系的构建和优化。

---

[1] F. Camous, S. Blott, A. F. Smeaton. Ontology – Based MEDLINE Document Classification [A]. In: BIRD2007 – 1st International conference on Bioinformatics Research and Development[C]. Berlin: Springer, 2007:439 – 452.

[2] 杨喜权、孙娜、张野、孔德冉：《Doconto——一种基于本体的文本分类器》，《计算机应用》2008 年第 32 期，第 58—64 页。

[3] 唐歆瑜：《基于知网构建化工领域文本分类模型研究》，湖南大学硕士学位论文，2007 年。

[4] M. Janik, K. Kochut. Wikipedia in action: Ontological knowledge in text categorization [A]. In: Proc. of the International conference on Semantic Computing[C]. Washington, DC: IEEE Computer Society, 2008: 268 – 275.

[5] X. Q. Yang, N. Sun, Y. Zhang. General Framework for Text Classification based on Domain Ontology [A]. In: Proc. of the Third International Workshop on Semantic Media Adaption and Personalization (SMAP'08)[C]. Washington, DC: IEEE Computer Society, 2008:147 – 152.

（二）企业竞争情报语义分类挖掘算法

基于语义的企业竞争力影响因素分类挖掘充分利用构建的软件企业领域本体语义知识，融合本体与分类挖掘技术，构建了基于领域本体的企业竞争力影响因素分类挖掘框架，设计和验证基于语义的分类挖掘方法 Onto – TC，分析和构建语义层面的软件企业竞争力影响因素指标体系。

1. 语义分类挖掘框架。企业竞争力影响因素分类挖掘研究思路是，综合应用通用本体和构建的领域本体语义知识，研制基于语义的 Onto – TC 算法，将前期聚类挖掘发现的软件企业竞争力影响因素作为其指标体系的一级指标，将其中的八个大类作为参照目标类别，运用 Onto – TC 算法，从软件领域的开源信息中分析和挖掘深层次的企业竞争力影响因素的二级和三级指标。

企业竞争力影响因素分类挖掘框架，如图 6 – 2 所示，包括语义元素识别与抽取、语义特征向量和类别概念向量构造、语义相似度计算、分类挖掘与类别确定等组成。分类挖掘的主要处理包括：首先，将软件企业领域本体应用于数据预处理任务中，应用其丰富的概念及层次体系进行本体概念映射、语义元素识别与抽取，构建语义特征向量空间模型；其次，将前面聚类挖掘结果作为参照目标类别，融合领域本体与通用本体构建目标类别向量，实现语义特征信息的分类挖掘任务；最后，应用本节设计的分类挖掘算法只需少量的训练数据集就能确定目标类别向量中各分量的权重，通过计算目标类别向量和语义特征向量的相似度，将语义特征向量所代表的影响因素归类，从而实现企业竞争力影响因素的语义分类挖掘。

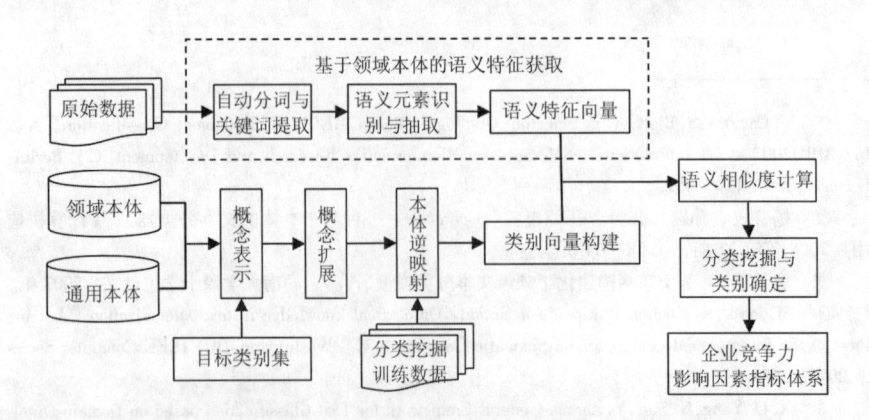

图 6 – 2 基于领域本体的企业竞争力影响因素语义分类挖掘框架

2. 融合领域本体与通用本体的类别向量构建。实践表明，在面向领域的分类挖掘任务中，目标类别具有较强的领域相关性，需借助领域知识来描述这些类别的特征，但有些情况下由于类别本身具有泛在性或者用于描述类别的概念特征领域相关程度较低，此时这些类别或特征往往需要利用通用本体中的概念及属性来进一步描述和说明，因此，为使设计的分类挖掘方法具备较强的适应性和较广的应用范围，本文综合领域本体和通用本体进行目标类别概念向量的构建。具体来说，本节的研究对象主要面向软件企业领域，所处理的大多数数据为中文数据，因此，融合通用本体知网和建立的软件企业领域本体，构建分类挖掘的类别向量。

设待分类挖掘的数据集 $D = \{d_1, d_2, \cdots, d_D\}$，经预处理后形成语义特征向量空间 $V = \{v_1, v_2, \cdots, v_V\}$，其中 $v_s = \{ST_{s1}, ST_{s2}, \cdots, ST_{sS}\}$ 为语义特征向量，分类挖掘的目标类别集 $C = \{c_1, c_2, \cdots, c_C\}$，领域本体 H，通用本体 O，则融合领域本体与通用本体的类别向量构建的主要步骤包括：

（1）对每个类别 c_i，类别名称即为一个术语，需要一些概念及概念的属性来刻画该类别，因而首先判断该类别是否领域相关，如果该类别领域强相关，则自上而下遍历领域本体 H，获取描述该类别名称的主要概念集合 $\{Con_{i1}, Con_{i2}, \cdots, Con_{in}\}$；如果该类别领域相关度较低，利用相同的方法遍历通用本体 O，获取对应概念集合。

（2）对概念集合 $\{Con_{i1}, Con_{i2}, \cdots, Con_{in}\}$ 中的每个元素，解析领域本体或通用本体，获取每个元素对应的所有直接或间接子类概念 $\{Con_{i l 1}, Con_{i l 2}, \cdots, Con_{i l m}\}$ 和各个类或子类的属性集合 $\{Pro_{i1}, Pro_{i2}, \cdots, Pro_{ik}\}$，由于本体中子类继承父类的所有属性，因此该属性集合包括类 $\{Con_{i1}, Con_{i2}, \cdots, Con_{in}\}$ 中每个元素的所有属性与每个元素对应的子类的属性。

（3）为类别 c_i 构建类别向量。其分量集合为 $\{Con_{i1}, Con_{i2}, \cdots, Con_{in}, Con_{i l 1}, Con_{i l 2}, \cdots, Con_{i l m}, Pro_{i1}, Pro_{i2}, \cdots, Pro_{ik}\}$。本节将分类类别对应的概念、子概念及其属性全部纳入向量分量中，描述该类别的目的在于尽可能地利用多种信息、多角度刻画该类别的特征，而本体能够提供相关领域内共享的概念集合，能够从不同层次的形式化模式上给出这些概念及概念之间的相互关系，通过该步骤实现以类别在本体中对应的概念层次及其属性为描述特征构建分类类别 c_i 的向量模型。

（4）利用分类挖掘训练数据集确定类别向量中各分量的权重。确定类别向量中各分量的权重时，如果直接根据这些分量概念特征在训练数据集中出现的频率来确定其对类别贡献的权重会比较困难，因为这些概念分量往往较抽象，在训练数据集中甚至很少出现，因此有必要进行处理：针对每个分量，首先获取该概念特征对应于整个数据集中的词语特征，即本体逆映射，通过搜索整个数据集的词语特征集，查找与该分量（类概念或属性）意义最接近的词语特征获得类别向量分量对应的词语特征集，通过利用词语特征在已标注类别的训练数据集中的频率信息确定与该特征对应的概念分量在类别向量中的权重取值。具体实现方法为：设当前已标注类别的训练样本集为 T，确保 T 中的训练样本均匀地分布于目标类别集 C 中的各个类别中；设类别 c_i 的第 j 个概念特征分量（Con/Pro）对应于训练集中的词语特征 word，则其权值计算公式为：

$$W_{ij}(\text{Con/Pro}) = \frac{\sum_{k=1}^{n} \text{tfidf}(\text{word}, td_{ik})}{n} \cdot \delta$$

上式中，td_{ik} 表示属于类别 c_i 的第 k 个训练数据，n 表示属于类别 c_i 的训练数，tfidf（word, td_{ik}）代表 word 在 d_{ik} 中的 tfidf 权重值，$\frac{\sum_{k=1}^{n} \text{tfidf}(\text{word}, td_{ik})}{n}$ 表示词语 word 在属于类别 c_i 的训练集中的平均权重。δ 为权重调节因子，用于调节本体中不同层次的类概念、子类概念与概念的属性对类别特征的贡献程度。这是因为描述某一类别的概念特征在本体中所处的层次不同，其对整个类别描述的贡献度是不同的：如果本体的根节点所处层次为最低层，则概念在本体中所处的层次越低，其泛化程度越高，其对类别的描述性越弱，因此在向量中的权值应越低；而概念在本体中所处的层次越高，其特化程度较高，能够从详细的侧面描述类别具有的特征，因而在向量中所占权重应越高；此外，概念的属性往往是概念存在与表现的直接载体，能够直接反应概念本身的特性，往往也是数据集中出现较频繁的术语，因此，设定这些概念的属性在向量分量中所占权值高于概念及其子概念。关于 δ 参数的设置，本文规定如下：将本体（领域本体或通用本体）看作一棵树，设本体的根节点（Root）所处层次为第 0 层，根节点的直接子类为第 1 层，依次类推。如果树的深度为 h（树中节点的最大层数），则第 i 层的类概念（或类的子类概念）的调节因子为 $\delta = i/h$，该层类概念具有的属性的调节因子设为 $\delta = 1$，根据此规定，在描述某一类别时，类概念的属性权值最高，其次是描述类别的处于本体较高层的类概念，权值较小的为位于本体较低层的类概念，则描述分类类别 c_i 的向量空间模型可表示为 $c_i = \{(\text{Con}_{i1}, w_{i1}), (\text{Con}_{i2}, w_{i2}), \cdots, (\text{Con}_{ij}, w_{ij}), \cdots, (\text{Con}_{in}, w_{in})\}$，其中 Con_{ij} 代表本体中的类或属性，w_{ij} 代表该类或属性的权重取值。通过类别向量分量权重的确定方法可以看出，只需要少量的训练样本就可以通过概念特征对应的词语特征在训练集各个类别数据中的平均权重值给出类别向量分量的权重值，因此该方法能够在一定程度上避免必须使用大量训练集才能优化分类挖掘算法，减少人工标注样本的时间。

3. 语义特征与类别的相似度计算。分类挖掘的主要任务可简要描述为：分别计算语义特征向量 v_s 与目标类别集 C 中的每个类别向量 c_i 的相似度，然后将 v_s 划分到与其相似度最高的类别 c^* 中。因此，语义特征与类别之间的相似度计算是影响分类挖掘效果的一个重要因素。

计算语义特征向量与类别向量之间的相似度最简单直观的方法是计算其余弦相似度，但这种方法在实际运用中存在较大的偏差。本文采用基于语义的计算方法获取语义特征向量与类别向量之间的相似度。设维度为 m 的语义特征向量 $v_s = \{ST_{s1}, ST_{s2}, \cdots, ST_{sm}\}$，维度为 n 的类别 $c_i = \{Con_{i1}, Con_{i2}, \cdots, Con_{in}\}$，通常情况下，语义特征向量与类别向量的维度不同，需进行维度转换后进行相似度计算，在此采用如下转换策略获取具有相同向量分析的空间模型 NV：

（1）初始化向量 NV 为空，保留 v_s 与 c_i 中相同的分量 $\{NV_1, NV_2, \cdots, NV_t\}$，将该分量集合添加到新向量 NV 中；

（2）从 v_s 与 c_i 中去除①中共有的向量分量，剩余的分量 $V^* = \{ST_{s1}, ST_{s2}, \cdots, ST_{sl}\}$ 与 $C^* = \{Con_{i1}, Con_{i2}, \cdots, Con_{ir}\}$ 处理如下：由于两个向量中的各分量均是存在于本体中的概念，对于 V^* 中的每个分量 ST_{sl}，利用 Wu&Palmer Measure 公式，计算它与 C^* 中每个分量 Con_{ij} 之间的概念相似度 $sim(ST_{sl}, Con_{ij})$，对于与 ST_{sl} 相似度值最高的分量 Con_{it} 在本体中查找 ST_{sl} 与 Con_{it} 的直接父概念 Par，标记该概念直至 C^* 或 V^* 中所有向量均处理完毕，获取父概念集合 $\{Par_1, Par_2, \cdots, Par_{min\ imize(l,r)}\}$，将该父概念集合加入新向量 NV 中。

（3）综合①与②，新的向量空间表示为 $NV = \{NV_1, NV_2, \cdots, NV_t, Par_1, Par_2, \cdots, Par_{min\ imize(l,r)}\}$，利用该向量重新表示 v_s 与类别 c_i，对于 NV 中的每个分量，其在 v_s 与类别 c_i 中的权重值规定如下：分量 $\{NV_1, NV_2, \cdots, NV_t\}$ 的权重保持不变，而 $\{Par_1, Par_2, \cdots, Par_{min\ imize(l,r)}\}$ 中各分量的权重值则取各分量在原数据或类别中对应的各子类概念的权重值。

（4）通过上述处理后，利用语义核函数进行 v_s 与 c_i 的相似度计算，计算公式为：①

---

① 王志芳：《基于领域本体的文本挖掘算法与实验研究》，武汉大学硕士学位论文，2011 年。

$$\mathrm{sim}(v_s,c_i) = \frac{K(v_s,c_i)}{\sqrt{K(v_s,v_s),K(c_i,c_i)}}, k(v_s,c_i) = v_S^\mathrm{T} P^\mathrm{T} P c_i$$

其中 P 表示向量空间 NV 中各分量之间的相似度矩阵，P^T 为 P 的转置矩阵。最终将 v_s 划分到与其具有最大相似度值的类 c^* 中。

综上，借助构建的软件企业领域本体语义知识进行传统分类挖掘算法的创新和优化，研究和设计了基于语义的分类挖掘算法 Onto – TC，详细描述如表 6 – 7 所示。

表6–7　基于语义的分类挖掘算法 Onto – TC

算法：Onto – TC
输入：语义特征向量空间 $V = (v_1, v_2, \cdots, v_V)$；领域本体 H；通用本体 O；分类挖掘的目标类别集 $C = (c_1, c_2, \cdots, c_C)$；
输出：分类挖掘结果 $C^* = (c_1, c_2, \cdots, c_{C^*})$
Step1 根据前期聚类挖掘结果设定分类挖掘的类别数目 $C = 8$；
Step2 利用领域本体 H 和通用本体 O 构建类别向量：
　a 获取所有类别对应的概念集合 $\{\mathrm{Con}_{i1}, \mathrm{Con}_{i2}, \cdots, \mathrm{Con}_{in}\}$；
　　a1 对于类别领域强相关的类别 ci，采取自上而下的策略遍历领域本体 H，获取描述该类别名称的主要概念集合；
　　a2 对于类别领域弱相关的类别 cj，采取相同的方式遍历通用本体 O，获取描述该类别所对应的概念集合；
　b 对概念集合 $\{\mathrm{Con}_{i1}, \mathrm{Con}_{i2}, \cdots, \mathrm{Con}_{in}\}$ 中的每个元素，解析领域本体或通用本体，获取每个元素对应的所有直接或间接子类概念 $\{\mathrm{Con}_{i11}, \mathrm{Con}_{i12}, \cdots, \mathrm{Con}_{ilm}\}$ 和各个类或子类的属性集合 $\{\mathrm{Pro}_{i1}, \mathrm{Pro}_{i2}, \cdots, \mathrm{Pro}_{ik}\}$；
　c 构建类别 c_i 的类别向量 $\{\mathrm{Con}_{i1}, \mathrm{Con}_{i2}, \cdots, \mathrm{Con}_{in}, \mathrm{Con}_{i11}, \mathrm{Con}_{i12}, \cdots, \mathrm{Con}_{ilm}, \mathrm{Pro}_{i1}, \mathrm{Pro}_{i2}, \cdots, \mathrm{Pro}_{ik}\}$；
　d 确定类别向量中各分量的权重值；
　　d1 针对每个向量利用本体逆映射技术获取概念特征对应于整个数据集中的词语特征；
　　d2 利用词语特征在已标注类别的训练数据集中的频率信息和权重调节因子确定与该特征对应的概念分量在类别向量中的权重取值；
　e 通过上述处理，分类类别 c_i 的向量空间模型可表示为 $ci = \{(\mathrm{Con}_{i1}, w_{i1}), (\mathrm{Con}_{i2}, w_{i2}), \cdots, (\mathrm{Con}_{ij}, w_{ij}), \cdots, (\mathrm{Con}_{in}, w_{in})\}$，其中 Con_{ij} 代表本体中的类或属性，w_{ij} 代表该类或属性的权重取值；
Step3 语义特征向量与类别向量的语义相似度计算：
　a 语义特征向量与类别向量的维度转换；
　　a1 初始化向量 NV 为空，保留语义特征向量 v_s 与类别 c_i 中相同的分量 $\{NV_1, NV_2, \cdots, NV_t\}$，将该分量集合添加到新向量 NV 中；

续表

a2 从 v_s 与 c_i 中去除 a1 中共有的向量分量，剩余分量 $V* = \{ST_{s1}, ST_{s2}, \cdots, ST_{sl}\}$ 与 $C^* = \{Con_{i1}, Con_{i2}, \cdots, Con_{ir}\}$，对于 V^* 中的每个分量 ST_{sl}，利用 Wu&Palmer Measure 公式，计算它与 C^* 中每个分量 Con_{ij} 之间的概念相似度 $sim(ST_{sl}, Con_{ij})$，对于与 ST_{sl} 相似度值最高的分量 Con_{ii} 在本体中查找 ST_{sl} 与 Con_{ii} 的直接父概念 Par，标记该概念直至 C^* 或 V^* 中所有向量均处理完毕，获取父概念集合 $\{Par_1, Par_2, \cdots, Par_{min\ imize(1,r)}\}$，将该父概念集合加入新向量 NV 中；

a3 综合 a1 与 a2，新的向量空间表示为 $NV = \{NV_1, NV_2, \cdots, NV_t, Par_1, Par_2, \cdots, Par_{min\ imize(1,r)}\}$，利用该向量重新表示语义特征向量 v_s 与类别 c_i，对于 NV 中的每个分量，其在 v_s 与 c_i 中的权重值规定如下：分量 $\{NV_1, NV_2, \cdots, NV_t\}$ 的权重保持不变，而 $\{Par_1, Par_2, \cdots, Par_{min\ imize(1,r)}\}$ 中各分量的权重值则取各分量在原语义特征或类别中对应的各子类概念的权重值。

b 利用本文设计的语义核函数进行语义特征向量 v_s 与类别 c_i 的语义相似度计算，最终将 v_s 划分到与其在语义层面具有最大相似度值的类 c^* 中。

（三）分类挖掘实验与应用

本节主要包括三部分内容：一是应用已有的训练数据集验证上节提出的基于语义的分类挖掘算法 Onto – TC 的有效性；二是应用该算法挖掘影响企业竞争力的主要因素及其特征；三是将前期聚类挖掘结果作为一级指标（为参照目标），递归利用 Onto – TC 算法进行深层次的多维语义分析，从开源数据源中获取企业竞争力影响因素的二级和三级指标，优化和构建软件企业竞争力影响因素指标体系。

1. 验证 Onto – TC 算法的有效性。

（1）数据采集与标注。本节主要是前面聚类挖掘结果进行细化和完善，所以在相同的数据集上进行算法验证和深层次挖掘，所不同的是需要预先进行数据标记，文中分析过本节设计的分类挖掘算法的优越性是无需大量数据标注，然而为有效进行算法有效性检验及与常用算法分析结果的对比，有必要对所要分析的全部样本进行类别标注。

（2）实验环境及测评指标。实验基于 WEKA 进行 Onto – TC 分类挖掘算法的设计与编码，同时调用其自带的 Naive Bayes 算法作为基准进行实验对比，进行 5 次 10 折交叉验证，5 次实验结果的平均值作为算法的最终运行结果。测评指标采用统一的 Precision、Recall、F_1 值对上述两种分类算法的挖掘结果进行评价，同时根据分类挖掘结果的样本分布情况确定主要竞争力因素及其重要性程度。

（3）实验过程及结果。为对比 Onto – TC 与 Naïve Bayes 两种算法的挖掘性能，利用已有的九类数据集作为训练数据集。设定实验前提条件：在相同样本总量（17170 条数据）的相同概念空间（具有 200 维度）进行实验，实验结果如表 6 – 8 所示。

表 6 – 8　Onto – TC 与 Naïve Bayes 在九类训练数据集上的分类挖掘效果对比

训练数据集	Recall Naïve Bayes	Recall Onto – TC	Precision Naïve Bayes	Precision Onto – TC	F_1 Naïve Bayes	F_1 Onto – TC
产品	0.6104	0.7238	0.8695	0.8743	0.7173	0.7920
服务	0.7356	0.7042	0.9415	0.9618	0.8259	0.8131
技术	0.5039	0.5873	0.9231	0.9086	0.6519	0.7134
市场	0.5244	0.6057	0.8754	0.8963	0.6559	0.7229
资源	0.6458	0.6249	0.9136	0.9249	0.7567	0.7459
战略	0.4487	0.4824	0.9388	0.8971	0.6072	0.6274
组织	0.5821	0.6375	0.8994	0.9144	0.7068	0.7512
活动	0.5398	0.4896	0.9058	0.9357	0.6765	0.6428
环境	0.6725	0.7341	0.8849	0.8572	0.7642	0.7909
Mac – Value	0.5848	0.6211	0.9058	0.9078	0.7069	0.7334

（4）实验结果分析。根据表 6 – 8 可以看出，Onto – TC 分类挖掘算法在这九类训练数据集上的分类挖掘效果略优于 Naïve Bayes 分类器，在"产品"、"技术"、"市场"、"战略"、"组织"、"环境"七类训练数据集上的 F_1 值高于 Naïve Bayes，而在"服务"、"资源"、"活动"训练数据集上，F_1 值则要略低于 Naïve Bayes 的分类挖掘效果；Onto – TC 的宏观查全率、宏观查准率和宏观 F_1 值略高于 Naïve Bayes；总的来说，Onto – TC 分类器能够在利用少量训练样本的情况下取得和传统朴素贝叶斯分类器相当甚至更好的效果，验证了这种新的分类挖掘方法的有效性。

通过对比分析这两种分类挖掘算法，发现提出的 Onto – TC 算法的主要优点：

①新的分类挖掘算法充分利用领域本体和通用本体中概念与概念之间的关系构建分类类别向量，提升了算法的效率和使用范围，整个分类挖掘方法只需少量的训练样本进行类别向量分量权重因子的确定以及语义特征向量与类别向量之间的相似度计算。这在实际应用中非常有效，因为人工进行大量样本的标注成本极高，而且人工类别标注带来的主观误差会随着标注样本数的增长而不断累积，导致分类挖掘的最终结果偏差较大，而少量样本标注则能够通过控制数量、提高质量来避免这些问题。

②新的分类挖掘算法设计思想相对比较简单，算法需要调节控制的参数较少，归属类别的判定只需利用语义核函数计算语义特征向量与类别向量之间的相似度，避免了传统分类挖掘算法中通过利用训练集不断调节各个控制参数以达到最优分类挖掘效果的时间成本和算法复杂度，提高了算法运行的稳定性。

但在实际的实验和应用过程中，也发现了算法的一些缺陷：

①与传统方法相比，基于领域本体的分类挖掘算法需要借助领域本体与通用本体构建类别的特征向量空间，因此，实现分类挖掘任务的前提是存在已构建好的某个领域本体且其应尽可能全面地包含该领域概念及术语，这就要求通过应用不断丰富和完善领域本体。

②基于领域本体构建类别向量后，需要给出表示类别的各个特征分量的权重值，而由于表示类别的特征分量均来源于领域本体或通用本体，这些概念往往是领域内公认、共享的术语，在数据集中或较少出现或根本不存在，因此不能直接计算该概念的权重值，需要进行本体逆映射，这在一定程度上增加了整个算法的难度。

2. 挖掘深层次的企业竞争力主要因素及其特征。将该算法运用于不同区域的软件企业竞争力影响因素分析任务中，对分布于不同区域市场（华北、东北、华东、华中、华南、西南、西北）的软件企业，影响其竞争力的主要因素及其特征有哪些，这些因素的重要性程度有何不同。软件企业区域分布情况如表6-9所示。

表6-9 软件企业所属地区分布

区域	华北	东北	华东	华中	华南	西南	西北	合计
样本量	42	6	33	1	10	7	1	100

由于实验所选取的软件企业部分来源于 2005—2010 年软件收入 100 强的企业，部分来源于国家规划布局内重点软件企业，从上述样本分布可以看出，这些企业集中分布在华北（主要是北京）、华东（主要为上海、江苏、浙江）及华南（主要是深圳、广州），从这些企业的地域分布情况也可看出我国软件产业的地域倾向性。由于选取样本的偏差导致分布于"西北"及"华中"地区的软件企业极少，不具有代表性，因此，本文只对华北、华东、华南、西南、东北地区的企业竞争力影响因素进行分析，通过计算分布于各个地区内的每个企业所包含的语义特征向量与前文聚类挖掘所得到的八个类别向量之间的相似度进行竞争力影响因素的判定与排序，实验结果如表 6-10 所示。

表 6-10　不同区域的软件企业竞争力影响因素

企业所处地区	主要竞争力因素（先后代表重要性程度）
华北	软件产品与服务、企业信息化、人力资源、技术竞争力、成功案例及支持服务竞争力
华东	软件产品与服务、技术竞争力、人力资源、成功案例及支持服务竞争力、市场竞争力
华南	软件产品与服务、人力资源、成功案例及支持服务竞争力、市场竞争力、技术竞争力
西南	软件产品与服务、企业信息化、产业扶持、成功案例及支持服务竞争力、市场竞争力
东北	软件产品与服务、成功案例及支持服务竞争力、企业信息化、人力资源、市场竞争力

从表 6-10 可以看出，八个全局竞争力影响因素除"企业财务实力及业务管理能力"外，其余因素基本上都有所涉及，从影响各个区域竞争力的主要因素及其排名可以看出，除"软件产品与服务"是共有的影响企业竞争力首要因素外，其他要素的影响力度各有不同：

（1）华东与华北地区的情况较为相似。其区别在于：相对于华东地区而言，影响华北地区（主要是北京）的企业竞争力的主要因素是"企业信息化"。这是因为北京信息化发展综合水平在国内居领先地位，因此较其他地区而言，由信息化带动的软件产业发展更强劲。

（2）华南地区不同于华北及华东地区的特点在于："人力资源、成功案例及支持服务竞争力"是一个较为重要的指标因素。主要原因在于：首先，中小软件企业在华南地区尤其是在深圳软件产业中占有相当大的比重，50%以上的软件企业人数在 50 人以下，40% 左右的企业人数在 50—200 人之间，因此，"人力资源"是企业极为重要的竞争力因素，同时中小企业规模较小，业务流程较为单一，导致人才流动性极大，企业很大的竞争力在于挖掘及留住优秀人才；其次，中小型企业的品牌知名度和影响力往往较一般，企业获取竞争力的因素在于其成功实施案例的质量、数量以及支持服务是否到位、客户对其服务的满意度认可情况。

（3）影响西南地区（以四川成都、重庆为代表）的软件企业竞争力因素集中在"企业信息化"与"产业扶持"上，其原因在于西南地区近年来加大对软件园区的建设与投资，政府对软件产业的扶持力度较大，同时与北京信息化发展较成熟所不同的是，西南地区企业信息化建设处于提速发展且全面展开阶段，在一定程度上也影响着整个软件产业的发展。

（4）东北地区（以大连、沈阳为代表）由于其地理位置及其他因素的影响，软件企业大多集中在软件技术服务、外包服务及系统集成服务上，因此其竞争力影响因素"软件产品与服务"依托日企进驻中国及伴随的对日外包与集成服务。

3. 构建软件企业竞争力影响因素指标体系。在上面对 Onto – TC 算法效果验证的基础上，将聚类挖掘结果作为分类挖掘的一级指标，利用该算法进行多维语义分类挖掘，获取软件企业竞争力影响因素的二级指标，进而递归运用该算法获取三级指标，从而构建影响软件企业竞争力的主要因素指标体系，如表 6 – 11 所示。

表6-11 影响软件企业竞争力的因素指标体系

一级指标	二级指标	二级指标	三级指标
内部因素	软件产品与服务	应用软件	安全性、行业覆盖率
		支撑软件	可集成性、可扩展性
		产品支持与维护	服务内容、服务质量、服务费用
		软件开发与集成	
		软件咨询与实施	
		解决方案	行业覆盖率
	人力资源管理	人才结构	各类人员所占比重
		应聘能力要求	开发经验、参与项目
		培训认证	培训体系完整度
		职业发展	职业规划合理性
	企业财务实力及业务管理能力	投资者关系	融资渠道
		销售收入	
		研发投入	研发投入总量/比例
		业务范围	业务多样性程度
	成功案例及支持服务竞争力	成功案例覆盖范围	成功案例行业覆盖率
		服务体系设置完备性	服务项目体系完备性 服务支持体系完备性 服务控制体系完备性 服务改进体系完备性
		客户满意度	咨询与实施满意度 培训满意度 运维满意度 远程支持满意度
	技术竞争力	技术创新能力	技术专利种类 技术专利数量 技术应用与科学实力
		技术平台应用情况	技术平台先进性 技术平台安全性 技术平台适用性
	市场竞争力	渠道建设能力	渠道销售能力 渠道支持能力 渠道拓展能力 渠道增值能力
		市场营销能力	市场占有率 品牌竞争力
		市场细分粒度	

续表

一级指标	二级指标	三级指标
外部因素	行业/企业信息化	信息化基础设施	信息化设备安装程度、企业网络建设水平
		信息资源丰富度	数据库/数据仓库建设程度
		管理信息系统覆盖范围	
	产业扶持	公共技术支撑平台	基础网络平台 软件公共应用开发平台 质量保证与软件评测平台 IT教育培训平台 软件技术推广平台
		软件标准体系建设	软件标准体系完善度 质量保证体系完整度
		软件园区建设情况	
		政府政策环境	
		财政及税收扶持度	

三、企业竞争情报语义关联挖掘

利用数据挖掘技术中的关联挖掘技术可以发现隐藏在数据信息之中、不易被人察觉、甚至与人的意识相违背的关联事件；利用关联分析的多层、多维规则的挖掘能够对多维数据进行多层次的分析处理，帮助竞争情报人员从多个视角观察分析数据；此外，利用关联分析还能够帮助企业发现隐性和潜在的竞争对手，提前预警，提高企业的抗风险能力。

（一）基于语义的关联挖掘

基于语义的关联挖掘是基于语义元数据的知识组织和表示，综合应用数据挖掘、学习和推理技术，实现语义层面的竞争情报挖掘、分析和知识发现，如图6-3所示。

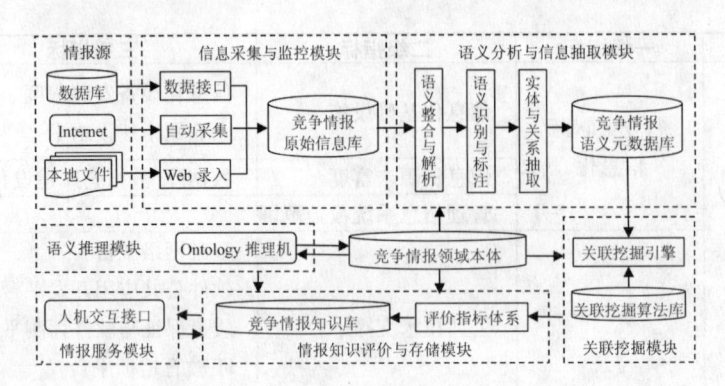

图 6-3 基于语义的关联挖掘方法框架

图 6-3 主要由六部分组成：信息采集与监控、语义分析与信息抽取、关联挖掘、语义推理、情报知识评价与存储和情报服务。各部分的主要功能描述如下：

1. 信息采集与监控。信息采集与监控的主要作用体现在两个方面：一是自动采集与目标信息相关联的数据信息，并提交给服务器进行处理；二是自动监控目标信息的变化，并及时更新变化。竞争情报挖掘的信息来源于两个方面：企业内部和企业外部。来源于企业内部的数据主要是客户、财务、业务等方面的以结构化的方式存放在数据库或数据仓库中的实时数据信息和企业在长期的生产经营活动中积累的大量文档、信件和多媒体资料等以本地文件形式存在的信息；来源于企业外部的数据主要是 Web 网页、电子邮件、论坛等以非结构化或半结构化形式存在的信息。随着网络的普及和 Web2.0 技术的成熟，来源于企业外部的数据信息逐渐成为企业和组织进行情报挖掘和分析的主要来源。[1] 该部分根据企业的情报需求利用网络爬虫、商情数据库网页的抓取工具、元搜索引擎等自动采集工具进行企业外部开源信息的采集和监控，设置相应的数据接口进行实时数据的采集，对于本地文件利用 Web 录入的方式提交给系统处理，实时地获取各种企业所需的情报信息，构成竞争情报挖掘的原始信息库。

2. 语义分析与信息抽取。语义分析与信息抽取的主要作用是对采集的数据信息进行语义层面的初步分析处理，把用 HTML、XML 描述的无结构、半结构的文本数据进行解析，把来源于不同事务处理系统中的具

---

[1] 赵洁：《Web 竞争情报可信性评价：问题分析与框架研究》，《情报学报》2010 年第 4 期，第 586—596 页。

有不同结构和语义的数据信息进行统一处理,参照已构建的竞争情报领域本体进行语义标注,抽取文本信息中有意义的能够表达文本信息内容的概念和实体,识别概念和概念间关系、实体与实体间的语义关系,对信息的内容进行理解和表达,并将抽取的概念和概念间关系、实体与实体间关系以 RDF 三元组形式编码后存储到竞争情报语义元数据库中,为关联挖掘模块应用提供坚实的数据基础。

3. 关联挖掘。关联挖掘是整个系统框架的核心模块,其主要作用是利用关联挖掘技术对竞争情报语义元数据库进行深入关联挖掘分析和知识发现,获取高质量的深层情报内容。关联挖掘技术的出现大大加强了竞争情报挖掘的能力,使竞争情报的分析和挖掘更加完备和丰富,为企业决策提供更全面、更准确的情报支持。由于文本数据库不同于关系型事务数据库,传统的关联挖掘技术不能对其进行有效的分析与处理,[①][②]因为在较低层次上进行关联挖掘,获取的模式比较多,形式和内容极为相似,其结果对企业决策不具备很好的参考价值。基于语义的关联挖掘充分利用本体丰富的概念层次性进行逐层挖掘分析,获取准确的、动态的、语义层面的竞争情报知识,实现竞争情报深层次分析和挖掘,提高情报挖掘的深度和广度,获取高质量的、动态的深层情报内容。

4. 语义推理。语义推理的主要作用是利用竞争情报领域本体知识作为背景知识对关联挖掘结果进行语义推理,去除冗余和无用的模式,并根据不同用户的情报需求对获取的模式进行泛化和细化,提高情报知识的可用性和针对性。

5. 情报知识评价与存储。情报知识评价与存储的作用是对获取的情报知识集合进行量化评价,筛选出企业感兴趣的、有意义的、满足战略决策需求的情报知识,存储并以可视化的方法展现挖掘结果,指导企业的战略决策;否则返回到某个可能影响情报质量的环节,进行新一轮的关联挖掘。

6. 情报服务。情报服务的主要作用是通过设置人机交互接口与用户进行交互。用户可以通过一定的软件环境指导竞争情报原始数据的采集、抽取和分析处理过程以及查看分析结果,可以应用可视化技术动态直观

---

① R. Feldman, H. Hirsh. Mining Associations in Text in the Presence of Background Knowledge [C]. Knowledge Discovery and Data Mining,1996:343 – 346.

② J. D. Holt, S. M. Chung. Multipass Algorithms for Mining Association Rules in Text Databases [J]. Knowledge Information System,2001(2):168 – 183.

地展现海量信息中所隐含的规律和发展趋势；此外，还可将智能分析结果作为专家分析的输入参数，然后充分利用专家的主观判断，实现人机智能化互动，促使分析挖掘获取的竞争情报更加逼近实际情况，进一步提高情报分析的准确率。

（二）企业竞争情报语义关联挖掘算法

基于语义的关联分析算法（Semantic–Based Association Analysis Algorithm, SBAA）是一种智能的语义知识挖掘算法。该算法利用领域本体提供领域知识或背景知识，可在较深层次进行数据挖掘分析，获取深层次或多层次的语义关联模式。基于语义的关联分析算法比传统的关联分析算法具备明显的优势：

1. 深层次分析能够提供文本数据"更清晰"的概括。传统的关联分析算法仅仅以浅层次的分析产生文本数据库的概要，深层次分析可认为是对所有浅层次分析的综合。

2. 深层次分析的结果远小于浅层次的分析结果。浅层概念整合抽象为深层概念，从而得到较少的模式，相应的，内容和形式相似的浅层模式将被综合性的深层次模式所代替。

3. 利用本体关系对这些发现在不同概念层次上进行泛化和细化以及对某些特征项的规范化，多层次泛化和规范化的语义关联分析可以获取更有意义的结果，揭示更一般的规律，从而使得分析结果更具适用性和潜在应用价值。

具体来说，基于语义的关联分析主要由三个部分组成：

1. 利用竞争情报领域本体对语义元数据库中的概念进行规范化和泛化处理。概念规范化是指将某个属性中不同层次的概念转化成同一层次的概念；概念泛化是将低层次概念抽象为更高层次的概念。概念的规范化和泛化可以利用本体关系中的上下类关系来实现，比如利用上位类（superClassOf）、下位类（subClassOf）和同位类（sameAs）等关系进行推理，将不同层次的概念规范化或泛化。

2. 语义关联知识树的构建和修剪优化。在上面的概念规范化和泛化处理基础上，利用领域本体的概念层次结构在语义元数据库中发现和构建概念语义关联知识树，采取逐层构建逐层修剪的原则获取强关联频繁关系组。

3. 语义模式的泛化组合和细化。语义模式的泛化组合和细化的主要目的是使获取的情报内容的更具适用性和针对性。因为在较高层次上得出的知识模式可能是更普通的知识，但是对于一个用户来说是普通的知识，对于另一个用户却未必如此。①

算法的详细描述如下所示：

算法1：Semantic – Based Association Analysis Algorithm（SBAA）// 语义关联分析算法

Input：
  D // 语义元数据库
  O // 领域本体
minsupp // 最小支持度阈值
Output：
  L // 所有强关联频繁关系组
for each Concept c in D
  c = normalize_ generalize（O，c） // 利用领域本体对语义元数据库进行概念规范化和泛化处理
  end for
remove duplication from D
// 语义关联知识树的构建和修剪优化
root = Φ；root. support = 1
for each relation r in D
 if r. support ≥ minsupp // 找出1 – 频繁关系，即语义关联知识树的第一层子结点
  add r to root. children
 end if
end for
L = Semantic_ Association_ Knowledge_ Tree（root，$L = \phi$）
return L

算法2：Semantic_ Association_ Knowledge_ Tree（n，L）// 语义关联知识树的构建与修剪

Input：
  n // 语义关联知识树中的任意结点

---

① J,Han and Y. Fu. Discovery of multiple – level association rules from large databases[C]. In Proc.1995 Int. Conf. Very Large Databases（VLDB'95）,1995:420 – 431.

   L //强关联频繁关系组
Output：
   L^* //扩展的强关联频繁关系组
$L^* = L$
for each frequent relation fr in L^*
  if fr subsume n // 以 n 结点为根结点的子语义关联知识树，不能产生一个新的强关联频繁关系组，所以遍历它并不能获得一个新的强关联的频繁关系组来扩展 L
    return L^*
  end if
end for
// 对 n 的子结点进行修剪
if n. children. length $\geqslant 1$
  for each child c of n
    if c is subsumed by another child
      remove c form n. children
    end if
  end for
  $tc = \phi$
// 如果 n 含有与它支持度相同的子结点，则用其相同支持度的子结点的并集来替代它
  for each child c of n
    if c. support $==n$. suppot
      $tc = tc \cup c$
  end for
  replace n with tc
  add tc to L^*
  for each child c of n
    right_ union（n, c）//将 c 分别与它右边的兄弟结点合并，并将合并后的结果作为 c 的子结点
    Semantic_ Association_ Knowledge_ Tree（c, L^*）
  end for
end if
return L^*

（三）关联挖掘实验与应用

本节的主要目的是验证所设计的语义关联挖掘算法的有效性。

1. 实验数据。利用网络主题爬虫从新浪、雅虎等门户网站和博客上抓取以计算机软件为主题的网页，经人工处理后选择其中的 500 个页面，利用 html2txt 工具处理转化为 txt 文本文件，再利用可视化的标注工具进行人工标注，组成实验语料库。

2. 实验环境。处理器 Inter（R）Core（TM）2CPU 4400 2.0GHz，内存 2G，硬盘 120G，操作系统为 Windows XP，编程语言为 Java（JDK 1.6.2）。利用关联分析挖掘的经典算法 Apriori 作为参考算法来验证本文提出的模型和算法优越性。由于 Apriori 算法不是设计用来挖掘语义元数据库，为了获取更准确的实验结果，本节将语义元数据库中 RDF 三元组以二进制事务文件存储到 NTFS（New Technology File System，NTFS）中，并为每个关系分配一个全局唯一标识符 rid，每个 RDF 文档编码后即为包含一组 rid 的事务，此时这两种算法就具有相同的实验条件。

3. 实验结果。实验结果如表 6-12 和表 6-13 所示。

表 6-12　相同 minsupp（=10%）下两种分析算法性能比较

	SBAA	Apriori
执行时间（s）	1660	4280
模式数量	132	524
CPU 占用率（%）	92	98
内存占用空间（k）	19128	40912

表 6-13　不同 minsupp 下 SBAA 算法运行结果

minsupp（%）	执行时间（s）	模式数量
5	2160	237
10	1660	132
15	1430	98
20	1289	46

4. 实验结果分析。主要从四个方面进行算法的实验效果分析：

（1）获取的模式数量。从表 6-12 可以看出，SBAA 算法抽取的模式远小于 Apriori 算法抽取的模式；从表 6-13 可以看出，SBAA 算法获取的模式数量并不会随着 minsupp 的变化明显改变。这是因为 Apriori 算法获取所有的频繁模式，而 SBAA 算法只获取具有强关联的语义模式。

（2）算法执行时间。从表 6-12 可以看出，SBAA 算法执行时间远小于 Apriori 算法的执行时间；从表 6-13 可以看出，SBAA 算法的执行时间随 minsupp 的变化并不敏感。这种现象可以从两种算法发现的模式数量来解释。当 minsupp 降低时，Apriori 算法产生所有的频繁模式，而 SBAA 算法只产生具有强关联的频繁语义模式，所以，minsupp 的变化并不会引起 SBAA 算法的执行时间显著变化。

（3）占用计算机资源。从表 6-12 可以看出，SBAA 算法比 Apriori 算法占用更少的 CUP 和内存。这是因为 Apriori 算法在分析处理的过程中需要多次扫描数据库，产生大量的候选项集；而 SBAA 算法无须产生候选项集，扫描数据库的次数也显著减小，从而需要更少的空间资源。

（4）模式质量分析。为了评价获取模式的质量，人工分析当 minsupp = 10% 时，使用 SBAA 算法获取的 132 个模式。在这些模式中，65.2%（86 个）的模式为人们已知的常识性模式，这些模式虽然对企业来说并不重要，但是对于情报分析和挖掘仍旧有用，因为这些模式提供了一个特定领域的潜在语义结构和背景知识，有助于提高情报分析的深度。18.2%（24 个）的模式为先前未知、无意义的模式。这些模式涉及的领域范围太宽，不能提供详细有用的语义知识和情报。剩余的 16.7%（22 个）的模式为先前未知，并且具有潜在应用价值的知识模式，能够为企业战略决策提供情报支持。

四、企业竞争情报多维联机分析挖掘

联机分析挖掘（On-line Analytical Mining，OLAM）是数据挖掘与联机分析处理技术（On-line Analytical Processing，OLAP）有机结合的新产物，强调两者之间的相互作用和无缝连接，[1] 整合数据挖掘的智能性、准确性、全面性和 OLAP 技术的多维性、灵活性、交互性等特征，充分发挥

---

[1] 倪志伟、倪丽萍、刘慧婷、贾瑞玉：《动态数据挖掘》，科学出版社 2010 年版。

两者数据分析和挖掘的功能，具备多维度、深层次、动态挖掘的优势，能够以不同的视角对大量数据进行多维挖掘和隐含知识发现。联机分析挖掘的这些特征和优势实质上满足对动态环境或动态数据源进行数据分析的要求，这种分析重在知识提炼和知识更新的过程，获取的知识更加客观、准确。[1] 因此，利用联机分析挖掘从海量数据中快速、准确地挖掘出有价值的语义知识来指导和实现动态竞争情报语义挖掘，获取高质量的、深层次的情报内容，将是一条重要的有效途径。

（一）基于语义的联机分析挖掘

联机分析挖掘是数据挖掘和 OLAP 技术在数据库或数据仓库应用中的有机结合。数据挖掘和 OLAP 都属于分析型工具，但两者的侧重点不同。数据挖掘技术主要通过分析大量的原始数据，做出归纳性的推理，进而挖掘出潜在的、有用的模式或特征，侧重于智能化、自动化的过程，与用户交互少；OLAP 能够以多维的形式从不同的角度来观察数据的变化，侧重于与用户的交互、快速的响应速度及提供数据的多维视图，但只能从不同抽象级别观察数据的大致走势，不能发现数据间隐藏的知识或模式。联机分析挖掘的提出充分考虑了数据挖掘与 OLAP 两者之间的交互性和资源共享性：[2] 利用 OLAP 技术的分析结果作为数据挖掘的分析对象，为数据挖掘提供挖掘的依据，引导数据挖掘的进行；同时，在数据挖掘的结果集中进行 OLAP 分析，拓展 OLAP 分析的深度，发现 OLAP 所不能发现的更为复杂细致、更加有用的知识，提高了情报获取的动态性、灵活性、智能性和情报分析的深度和广度。具体来说，其优势主要体现在以下几个方面：

1. 动态数据挖掘。随着信息技术的进一步发展，对知识的新颖性和时效性要求日益提高，在数据处理过程中要求能够动态处理各种实时数据，传统的数据挖掘技术已经不能满足对动态环境的数据分析要求。联机分析挖掘是一个动态的过程，主要体现在增量式数据挖掘算法的应用和动态的 OLAP 查询。增量式数据挖掘是指当数据量增加时，只需要对新增加的数据进行分析，达到更新挖掘结果的目的；动态的 OLAP 查询主要

---

[1] C. Alfredo. An OLAM – Based Framework for Complex Knowledge Pattern Discovery in Distributed and Heterogeneous Data Sources and Cooperative Information Systems[J]. Lecture Notes in Computer Science,2007(4654):181–198.

[2] J. W. Han. Towards On – Line Analytical Mining in Large Databases[J]. ACM SIGMOD Record,1998,27(1):97–107.

针对实时动态数据。

2. 较高的执行效率和较快的响应速度。OLAP 技术通过钻取、切块、切片等操作为数据挖掘提供所需要的干净数据，减少算法执行时间；同时，数据挖掘技术可以运用到 OLAP 查询过程中，用以提高 OLAP 查询的效率和响应速度。

3. 交互式的数据分析。利用联机分析挖掘，用户可以选定特定的数据和维度，在不同的粒度上对数据进行挖掘分析，并以不同的形式进行分析结果的展示。

4. 动态切换挖掘任务。联机分析挖掘为用户挖掘不同类型的知识提供了导向，通过将 OLAP 与多种数据挖掘功能进行整合，用户可以动态选择或添加挖掘算法，实现数据挖掘任务之间的动态转换。

（二）企业竞争情报多维联机分析挖掘算法

多维关联分析最早由 Micheline Kamber、Jenny Y. Chiang 等[1]在 1997 年提出的。随后，Bayardo R. J.[2]利用基于约束的多维关联分析算法来挖掘用户感兴趣的关联模式。更多的关联分析算法的研究是基于 Apriori 算法的改进，使其适用于多维事务数据库。[3][4] 近年来，随着 OLAP 技术的不断成熟和应用，将 OLAP 技术与关联挖掘结合进行多维关联分析成为一个重要的研究方向。[5][6][7] 这些研究在一定程度上提高了多维关联分析的效率，挖掘出大量数据信息中隐藏的多维关联模式，为企业决策提供了重要的情报支持。但是目前多维关联分析算法依然存在一定的不足，如 MApriori、FP - Growth 等针对的是布尔型的事务项集，无法对具有多维数据的数据仓库或数据库进行有效地挖掘分析，且算法的伸缩性和实用性

---

[1] M. Kamber, J. Han, J. Chiang. Metarule – guided Mining of Multi – dimensional Associational Rules Using Data Cubes[C]. In: proc. of the 3rd International conference on Knowledge Discovery and Data Mining,1997: 207 –210.

[2] J. Bayardo. Efficiently mining long patterns from database[C]. In: Proc. of the ACM SIGMOD International Conference on Management of Data,1998: 85 –93.

[3] 黄勇：《关系数据库中多维关联规则挖掘的一种新算法》，《计算机应用与软件》2007 年第 6 期，第 66—68 页。

[4] 沈国强、沈云斐：《一种高效的多维多层关联规则挖掘算法》，《计算机工程与应用》2006 年第 5 期，第 25—28 页。

[5] 阎星娥、鞠时光、蔡涛：《OLAP 中基于 FP 增长的关联规则挖掘》，《计算机科学》2006 年第 7 (31) 期，第 4—7 页。

[6] 党运峰：《多维关联规则的研究与应用》，中山大学硕士学位论文，2008 年。

[7] 胡明：《基于 OLAP 的多维关联规则挖掘》，长春工业大学硕士学位论文，2006 年。

较低，获取的模式大多是低层次的，在内容和形式上极为相似，对企业决策不具备很好的参考价值。针对这些问题和已有的研究成果，本节设计了一种基于语义的多维关联分析算法（Semantic - based Multi - dimensional Association Analysis Algorithm，SMAA）。该算法是一种交互式的语义知识多维挖掘算法，利用竞争情报领域本体作为背景知识进行多维度、深层次的数据挖掘分析，获取维内和维间的语义关联模式。基于语义的多维关联分析算法比传统的多维分析算法具备明显的优势：

1. 快速性。基于语义的多维关联分析只产生语义层面的强关联模式，减少了算法的运算量和扫描数据库的次数，从而使得算法的执行时间和效率远高于传统的多维关联分析算法。

2. 交互性。该算法支持用户按照需求动态选取分析维度或维层次进行数据挖掘分析，获取自己感兴趣的关联模式。具体来说，通过设置已知维度 P_t（用户指定的维度）和待分析维度 P_s（用户未指定的维度）来实现用户与系统的交互，进行有效地动态数据挖掘。这种策略不仅增强了该算法的适用性和针对性，还可以缩小搜索空间，提高数据挖掘的效率。

3. 多维性。结合 OLAP 技术进行多维关联分析，能够提供对数据分析的多维视图和产生深层次的多维关联模式，有利于灵活地选择挖掘维度和数据，进行情报获取和知识发现。同时，利用 OLAP 技术进行数据预处理，将在很大程度上简化并加速关联分析处理。

具体来说，基于语义的多维关联分析主要由四个部分组成：

1. 确定多维分析目标。为了提高多维关联分析的效率和针对性，利用领域本体规则和企业情报需求，确定已知维度 P_t 和待分析维度 P_s。

2. 频繁项集树的构建与优化。根据前面确定的分析目标，构建频繁项集树。采取逐层构建逐层修剪的优化原则，获取频繁 t - 项集和频繁 s - 项集。

3. 提取频繁 p - 项集 L_p。对获取的频繁 t - 项集和频繁 s - 项集进行综合分析，提取满足 minsup 阈值的频繁 p - 项集 L_p。

4. 获取强关联模式 P。根据频繁 p - 项集 L_p 和领域本体规则 OR，提取满足 minconf 阈值的项集，即强关联模式。

以下给出基于语义的多维关联分析算法及其子算法的详细描述：

算法 1：Semantic - based Multi - dimensional Association Analysis Algorithm (SMAA) //基于语义的多维关联分析算法

Input：
  D //竞争情报语义元数据库
  O_R //本体规则
  minsup //最小支持度
  min$conf$ //最小置信度
Output：
  P //模式集
determine P_t、P_s according to O_R and D //P_t 为用户确定的分析维度，P_s 为未确定的维度
// 根据 minsup 获取各维的频繁 1 – 项集
for each dimension D in P_t
  for each item t in D
    if t. support $\geqslant$ minsup
      keep t
    else remove t
  end for
end for
//对各维的项集进行组合，并通过构造和修剪频繁项集树来获取满足条件的频繁 r – 项集
do
  root $= \Phi$；root. support $= 1$
  for each dimension D in P_t
    pop an item t
    add t to root. children to get a tree T
  end for
  $L_i =$ Frequent$\_$ Item $\_$ Tree $(T, t,$ minsup$)$
while all the possible integration is done
$L_t = \cup_i L_i$ //L_t 为对用户确定的维度进行处理后获得的频繁 t – 项集
do the same to P_s as P_t to get L_s //L_s 为对用户未确定的维度进行处理后获得的频繁 s – 项集
if $L_t \neq \varphi \& L_s \neq \varphi$
//由 $L_r \times L_s$ 和 minsup 计算出符合 minsup 的频繁 p – 项集 L_p
  $L_p = L_t \times L_s$

  for each item t in L_p
    if t. support $\geqslant$ minsup
      keep t
    else remove t
  end for
// 由 L_p 和本体规则 O_R 以及 $minconf$ 得出满足条件的强关联模式
  get L_p comply O_R to form a pattern set P
  for each pattern p in P
    if p. confidence $\geqslant$ minconf
      keep p
    else remove p
  end for
end if
return P

算法 2：Frequent_ Item _ Tree（root，d，minsupp）//频繁项集树的构建与优化

Input：
  root //频繁 1 – 项集树的根
  d //频繁 d – 项集的维数
  minsup //最小支持度

Output：
  L //频繁 d – 项集

$L = \phi$
$l = 1$ //当前频繁项集的维数
n = root. children. length
for $i = 1$ to $(n - d + l)$
// 将左边的 $(n - d + l)$ 频繁 1 – 项集分别与他们右边的频繁 1 – 项集合并，组成潜在的频繁 2 – 项集，利用 minsup 选择符合条件的频繁 2 – 项集，将其作为该项集的子结点
  for j = i + 1 *to* n
    node = root. children［i］∪ root. children［j］
    if node. support ≥ minsup
      add node to root. children［i］. children
    end if

```
        end for
        if root. children [i]. children. length > 0
            l = l + 1       // 如果孩子结点不为空，则树的层数加1
// 如果孩子结点有多个且没有达到频繁d-项集，则递归调用该函数生
成满足条件的频繁（l+1）-项集
            if l < d && root. children [i]. children. length > 1
                Frequent_ Item _ Tree (root. children [i], d, minsup)
// 如果l = = d 则说明生成的孩子结点即为满足条件的频繁d-项集
            else if l = = d
                L = root. children [i]. children
            end if
        end if
end for
return L
```

（三）多维联机分析挖掘实验与应用

1. 实验数据。选自 UCI 网站提供的 mushroom database[1] 进行算法的实验分析。该数据库共有 23 个属性，8124 条记录。

2. 实验环境。处理器 Inter（R）Core（TM）2CPU 4400 2.0GHz，内存2G，硬盘120G，操作系统为 Windows XP，编程语言为 Java（JDK 1.6.2）。

3. 实验过程。在上述实验数据和实验环境下利用多维关联分析挖掘的两种经典算法 MApriori 和 Metarule - guided mining 作为参考算法进行三组对比实验来验证所提出的模型和算法的优越性。

（1）数据集规模的变化对模型和算法性能的影响程度。随机从数据集中抽取 6 种不同的记录集（1.0k，2.0k，3.0k，4.0k，5.0k，8.0k）在 minsup =5% 下进行测试，实验结果如表 6 -14、图 6 -4 和图 6 -5 所示。

---

[1] S. Hettich, S. D. Bay. The UCI KDD Archive[DB/OL]. [2010-12-10]. http://kdd.ics.uci.edu.

表6-14 数据集规模对执行时间和模式数量的影响对比

数据集规模(k)	MApriori 执行时间(s)	MApriori 模式数量	Metarule-guided Mining 执行时间(s)	Metarule-guided Mining 模式数量	SMAA 执行时间(s)	SMAA 模式数量
1.0	4.05	24	0.25	16	0.65	12
2.0	11.25	41	1.75	28	2.09	22
3.0	25.34	70	3.95	45	4.76	36
4.0	36.87	101	7.65	64	6.25	54
5.0	45.09	167	14.87	94	11.25	79
8.0	92.44	309	26.68	154	17.35	108

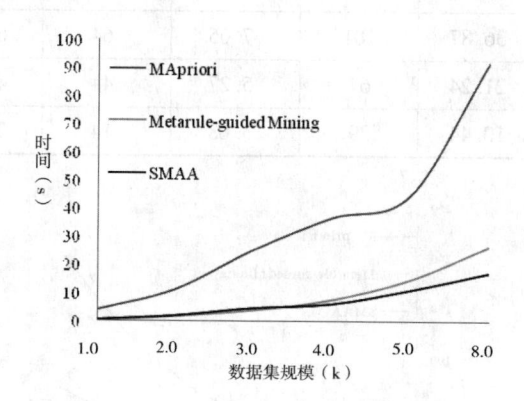

图6-4 执行时间随数据集规模变化趋势图

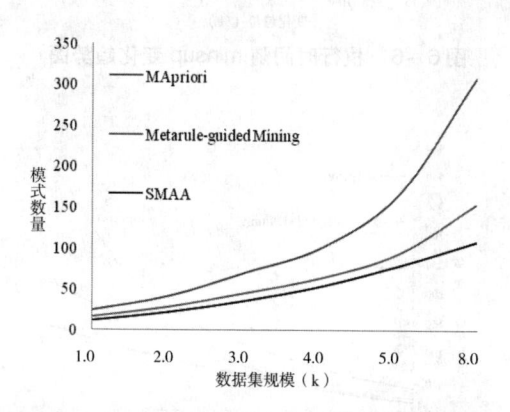

图6-5 模式数量随数据集规模变化趋势图

（2）支持度的变化对模型和算法性能的影响程度。随机从数据集中抽取 5.0k 记录，在 6 种不同的 minsup（1%，2%，3%，5%，10%，15%）下进行测试，实验结果如表 6-15、图 6-6 和图 6-7 所示。

表 6-15　支持度变化对执行时间和模式数量的影响对比

minsup（%）	MApriori 执行时间（s）	MApriori 模式数量	Metarule-guided Mining 执行时间（s）	Metarule-guided Mining 模式数量	SMAA 执行时间（s）	SMAA 模式数量
1	204.38	424	71.25	316	42.75	142
2	121.39	341	35.65	228	22.45	122
3	65.34	270	17.75	145	12.76	86
5	36.87	101	7.65	64	6.25	54
10	21.24	67	5.27	44	4.86	39
15	10.44	29	3.68	14	3.25	12

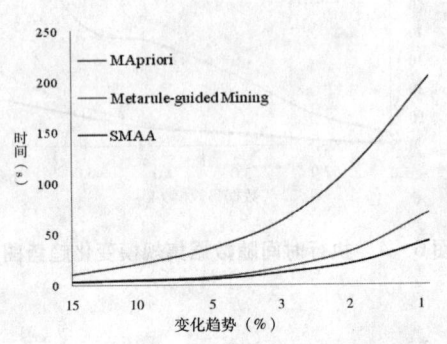

图 6-6　执行时间随 minsup 变化趋势图

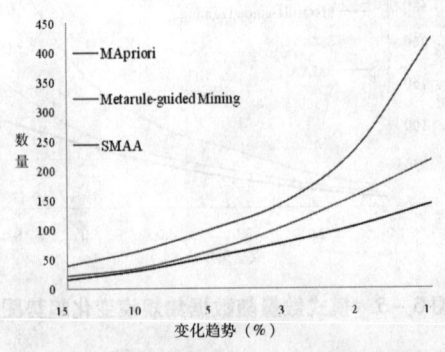

图 6-7　模式数量随 minsup 变化趋势图

(3) 维度变化对模型和算法性能的影响程度。随机从数据集中抽取 5.0k 记录，在 6 种不同的维度（2 维、3 维、4 维、5 维、6 维、10 维）下进行测试，实验结果如表 6-16、图 6-8 和图 6-9 所示。

表 6-16　维度变化对执行时间和模式数量的影响对比

维度	MApriori 执行时间（s）	MApriori 模式数量	Metarule-guided Mining 执行时间（s）	Metarule-guided Mining 模式数量	SMAA 执行时间（s）	SMAA 模式数量
2	7.36	34	2.35	22	1.85	20
3	12.69	49	3.55	30	2.65	28
4	22.74	70	4.75	47	3.76	41
5	36.87	101	7.65	64	6.25	54
6	61.41	157	18.47	91	18.47	72
10	94.34	269	34.88	136	23.15	98

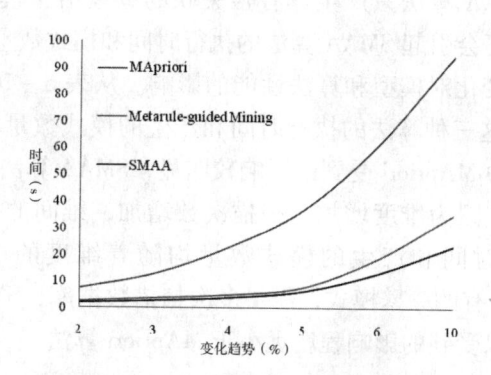

图 6-8　执行时间随维度变化趋势图

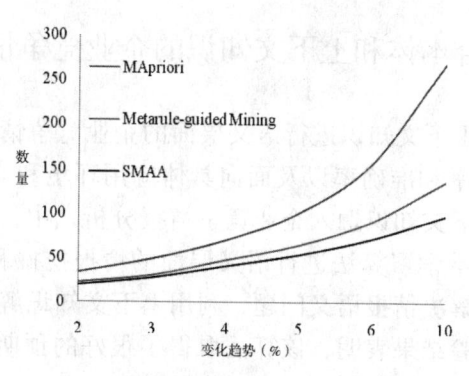

图 6-9　模式数量随维度变化趋势图

4. 实验结果分析。主要从三个方面进行算法实验效果分析：

（1）数据集规模对模型和算法性能的影响。从表6-14、图6-4和图6-5可以看出这三种算法的执行时间和产生的模式数量均随数据库规模的增大而增加，其中MApriori算法受数据集规模影响较大，Metarule-guided Mining算法和SMAA算法在数据集规模很小时性能相当。这是因为MApriori算法需要多次扫描数据库，产生所有的频繁模式集；Metarule-guided Mining算法按照用户自定义的元规则进行分析，在一定程度上减少了扫描数据库的次数和模式数量；SMAA算法只产生语义层面的强关联模式，所以性能受数据库规模的影响程度较小，执行时间和模式数量的增长比较平稳，由此证明该算法具有较好的可伸缩性。

（2）支持度变化对模型和算法性能的影响。从表6-15、图6-6和图6-7可以看出这三种算法的执行时间和产生的模式数量均随minsup的降低而增加，其中MApriori算法受minsup影响较大，SMAA算法受minsup影响较小。这是因为当minsupp降低时，MApriori算法产生所有的频繁模式，而SMAA算法只产生具有强关联的频繁语义模式，所以，minsupp的变化并不会引起SMAA算法的执行时间和模式数量显著变化。

（3）维度变化对模型和算法性能的影响。从表6-16、图6-8和图6-9可以看出这三种算法的执行时间和产生的模式数量均随着维度的增加而增大，其中MApriori受到的影响较明显，SMAA算法受到的影响相对比较稳定。这是因为维度增加，扫描次数增加，维间的关联模式也随着增加，则执行时间和产生的模式数量均随着维度的增加而增大；而MApriori产生所有的频繁模式，需要多次扫描数据库，SMAA只产生频繁语义模式，所以受到的影响程度远小于MApriori算法。

五、融合本体和上下文知识的企业竞争情报挖掘

融合本体和上下文知识进行语义层面的企业竞争情报挖掘是提高情报挖掘与获取效率和准确率以及面向具体应用环境和对象的有效方法。本节将本体和上下文知识融入企业竞争情报分析之中，设计了一种基于语义决策树的归纳学习算法进行语义层面的情报挖掘和情报知识发现。该算法利用本体解决情报语义问题，利用上下文知识解决应用环境和具体对象问题。实验结果表明，该算法取得了很好的预期效果，显著提高了竞争情报挖掘的智能性和情报分析的准确性，在一定程度上实现了企

业竞争情报语义挖掘和情报知识自动分析与获取。

（一）本体和上下文知识的融合实现

本体[①]是对共享概念形式化的明确表示，通过提供对数据信息的一致性理解使得计算机能够正确分析和处理信息的语义，解决相同信息不同含义和不同信息相同含义之间存在的差异。上下文知识是在对数据信息一致性理解的基础上解决由于应用环境和对象的不同所导致的对数据信息及其挖掘结果上的理解差异，提供针对具体应用环境和特定对象的特例化知识。融合本体和上下文知识进行情报挖掘可以实现面向特定应用环境的、更准确的深层次挖掘，如在情报挖掘的过程中可以使用本体知识来精确情报语义，使用上下文知识来约束情报分析的应用环境空间，实现面向具体应用环境的高效挖掘。

融合本体和上下文知识进行情报挖掘的首要问题在于如何实现本体和上下文知识的有效融合。通过分析相关研究成果发现：在情报挖掘中，本体提供的主要是领域内通用的知识，而上下文提供的是关于特定环境的特例化知识，可以认为上下文知识是本体知识在特定环境下的扩展。目前，关于本体知识的表示方法与技术，如：RDF（Resource Description Framework）、DAML（DARPA Agent Mark-up Language）、DAML-S（DAML-Service）、DAML+OIL（DAML+Ontology Inference Layer）、OWL（Web Ontology Language）等非常成熟，通过在本体知识表示方法的基础上扩充上下文知识是进行本体与上下文知识融合的有效途径。本节采用一个三元组来表示本体与上下文知识的融合模型：[②]

$$M = \{O, C, R\}$$

其中 O 表示本体集合，C 表示上下文知识集合，R 表示本体间、本体与上下文间、上下文间的关系。本体集合 $O = \{o_1, o_2, \cdots, o_n\}$，其中 $o_1, o_2, \cdots, o_n$ 表示本体知识；上下文集合 $C = \{c_1, c_2, c_3, \cdots, c_n; k_{c1}, k_{c2}, k_{c3}, \cdots, k_{cn}\}$，其中 $c_1, c_2, c_3, \cdots, c_n$ 表示上下文标识，k_{ci} 表示属于上下文标识 c_i 的上下文知识集合；关系 $R = \{r_{oo}, r_{oc}, r_{ck}, r_{kk}\}$，其中 $r_{oo} = <o_i, o_j>$ 表示本体知识间的关系，$r_{oc} = <o_i, c_j>$ 表示本体知识

[①] Mike U., Michael G. Ontology: Principles, Methods and Applications [J]. Knowledge Engineering Review, 1996(2): 6-11.

[②] 陈英、徐罡、顾国昌：《一种本体和上下文知识集成化的数据挖掘方法》，《软件学报》2007 年第 10 期，第 2507—2515 页。

与上下文标识间的关系，$r_{ck} = <c_i, k_j>$ 表示上下文标识与形成该标识的上下文知识间的关系，$r_{kk} = <k_i, k_j>$ 表示上下文知识间的关系。

在该融合模型中，通过在本体知识表示的基础上增加一个上下文标识来表征一个由附加的多个上下文知识构成的具体应用环境，如图 6 – 10 所示。在情报挖掘过程中，通过上下文标识来识别和调用相应的上下文知识进行面向具体应用环境的情报挖掘，提高情报挖掘的针对性和挖掘结果的实用性。

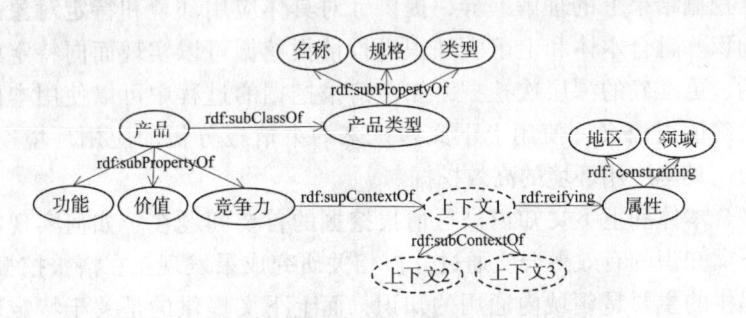

图 6 – 10　本体与上下文知识的融合实现

（二）基于本体和上下文知识相融合的竞争情报挖掘算法

决策树归纳学习是数据挖掘中常用的一种数据驱动的、无优先级别的归纳学习算法，采用自顶向下的递归方式，挖掘出以决策树为表示形式的隐含规则指导情报分析，具备很高的运算速率和准确率。其中最具影响的决策树归纳学习算法是 R. Quilan 设计的 ID3 算法及其改进版 C4.5 算法，具有简单易懂、易于实现等优点；常见的决策树归纳学习算法还有 CHAID 算法、CART 算法，以及为了适应处理大规模数据集的要求和提高海量信息中知识获取的效率而设计的 SLIQ 算法和 SPRINT 算法。这些算法在进行情报分析的过程中主要通过计算特征的信息熵来选择特征，信息熵大的特征被优先选取构造决策树；但是，在计算信息熵时仅仅考虑语法层面关键词的简单匹配，没有涉及数据的语义信息和上下文环境对数据的影响，缺乏对其所包含的语义信息和具体环境的理解，导致算法缺乏一定的智能性和语义处理能力，使得情报挖掘和分析结果的实用性和针对性不强。[①] 针对传统

---

① 于志勇、周兴社、王海鹏、倪红波、于志文、王柱：《动态上下文知识的获取与共享》，《计算机科学》2009 年第 9 期，第 218—223 页。

决策树归纳学习算法的不足，借鉴当前本体和上下文知识研究领域的科研成果，[1][2][3][4] 设计了一种融合本体和上下文知识的归纳学习算法（Inductive Learning Algorithm Based on Semantic Decision Tree，ILSDT）进行语义层面的情报挖掘和知识发现。利用企业竞争情报本体提供背景知识，上下文知识提供约束机制进行自顶向下多层的知识引导和搜索过程，实现智能化、自动化、高效的语义知识挖掘。具体来说，该算法主要由四部分组成：

1. 构建语义概念树。利用本体知识对语义元数据库进行概念规范化和泛化处理，借助本体丰富的层次结构和抽取的概念及其关系或实体及其关系进行语义概念树的构建。

2. 获取基于本体的决策规则。利用构建的语义概念树，对语义元数据库中的概念或实体结点进行初步划分，并利用本体知识进行语义推理，得到基于本体的决策规则。

3. 获取基于上下文知识的决策规则。在上述获取的决策规则中，利用上下文知识进行特化，以本体知识结点为根结点，上下文知识为子结点，进行概念或实体结点的二次划分，得到基于上下文知识的决策规则。

4. 语义决策树的构建与优化。将上述两步获取的决策规则进行语义整合，选择其中没有语义重复的结点及其关系和获取的语义规则进行语义决策树的构建，并利用本体和上下文知识提供的层次结构和背景知识进行决策树的优化和完善。

算法的详细描述如下：
Algorithm1：
$ILSDT(SDM,P,T,SDT.\text{root})$ // Inductive Learning Algorithm Based on Semantic Decision Tree，基于语义决策树的归纳学习算法
Input：
　　SMD // 语义元数据库

---

[1] 褚希：《基于语义的决策树挖掘算法研究》，中国石油大学（华东）硕士学位论文，2008年。

[2] PStephane Bressan, Cheng Goh, PNatlia Levina. Context Knowledge Representation and Reasoning in the Context Interchange System [J]. Applied Intelligence, 2000, 13(2): 165 – 180.

[3] Hassan Fatemi, Mohsen Sayyadi, Hassan Abolhassani. Using Background Knowledge and Context Knowledge in Ontology Mapping [C]. Proc. of the 2008 conference on Formal Ontologies Meet Industry, 2008: 56 – 64.

[4] 杨海南：《基于语义概念树和局部上下文分析的查询扩展》，《武汉理工大学学报（信息与管理工程版）》2011年第1期，第79—82页。

O (C, R) // 本体库（OC 表示本体中的概念集合，OR 表示本体中的关系集合）

CK (CKC, CKR) // 上下文知识（CKC 表示上下文集合，CKR 表示上下文间的关系集合）

P // 用于遍历语义元数据库的指针向量

T // 语义概念树

Output：

SDT // 语义决策树

For each concept c and relation r in SMD

  c = normalize_ generalize (O, c, r) // 利用本体对语义元数据库进行概念规范化和泛化处理

  // 构建语义概念树

  If T = null, then T = initialize (root, $T = \phi$)；

    T = semantic_ concept_ tree (c, r)；

  End if

End for

L = Location_ best_ concept (P, SMD, T)； // 调用 Algorithm2 确定语义概念树 T 中最佳概念的位置

Add T_L. root. children to SDT. root. children；

Classify smd by T_L. root. children into groups stored in G； // smd 为语义元数据库中的样本集合，G 为类别集合

For each group G_L

  // 如果该组中的 L 位置的概念为空，则说明对应的决策树不能对其进行分类，所以可以将其有关的信息移除，再用其他位置的信息进行分类

  If smd$_L$ = ϕ

    // 如果该组中每个类别的域值都相同，则将该类域值作为决策树中对应节点的根节点

    If each smd in the group G has the same class value CV_k // CV_k 为类别值域集合

      Add CV_k into SDT. root；

    Else

      Remove T_L from T to get $T_L{'}$；

Remove P_L from P to get P';
ILSDT (SMD, P', T_L', SDT.root); // 递归构建语义决策树的根节点
End if
Else
// 如果 $smd_L \neq \phi$ 且该组中每个类别的域值相同,将该类域值作为决策树中对应节点的叶子节点
If each smd in the group G has the same class value CV_k
Add CV_k to T.root.children[i].children;
// 如果 $smd_L \neq \phi$ 且该组中每个类别的域值不相同,则需要将其重新划分类别
Else
Replace T_L with T_L.root.children[i] to get T_L';
Replace P_L with T_L.root to get P';
ILSDT (SMD, P', T_L', SDT.root.children[i]); // 递归构建语义决策树的子节点
End if
End if
End for
Return SDT

Algorithm2: Location_best_Concept (P, SMD, T) // 最佳概念定位算法
// 计算语义概念树中的每个概念的信息获取值,确定最佳概念的位置
Initialize infogain = 0, location = 0;
For each p_i of P in T

$$\text{Gain}(smd, p_i) = \text{Entropy}(smd) - \sum_{v \in p_i} \frac{|smd_v|}{|smd|} \text{Entropy}(smd_v)$$

// 利用概念所产生的最大熵的减少作为信息获取计算的标准
If Gain (smd, p_i) > infogain
infogain = Gain (smd, p_i), location = i; // 获取最佳概念位置信息值
End if
End for
Return location

融合本体和上下文知识的语义决策树归纳学习算法充分利用本体提

供的普遍知识和上下文提供的特定知识进行语义层面决策规则的搜索和选取，决策树的构建和优化完全由本体和上下文知识决定。

（三）融合本体和上下文知识的挖掘实验与应用

1. 实验数据。选自 UCI[①] 网站提供的 Monk、Balance Scale 和 Breast Cancer 三种数据集作为实验分析的原始数据。

2. 实验环境。处理器为 Inter（R）Core（TM）2CPU 4400 2.0GHz，内存 2G，硬盘 120G，操作系统为 Windows XP，编程语言为 Java（JDK 1.6.2）。

3. 实验过程与结果。在上述相同的实验数据和实验环境中利用数据挖掘与知识发现领域两种经典的决策树归纳学习算法 C4.5 和 SPRINT 作为参考算法进行对比实验。选择决策树归纳学习算法评估中常用的四个重要标准——复杂度、可理解性、效率和准确率来检验本文模型和算法的性能。其中，复杂度利用算法生成的节点数来衡量，可理解性利用算法生成的规则数来衡量，效率利用算法的执行时间来衡量，准确率利用算法的分类精度来衡量。

（1）不同算法在相同数据集上生成的节点数比较，实验结果如表 6-17 所示。

表 6-17　不同算法在相同数据集上生成的节点数对比

分析算法 数据集	C4.5	SPRINT	ILSDT
Monk	75	56	42
Balance Scale	283	247	139
Breast Cancer	113	85	67

（2）不同算法在相同数据集上生成的规则数比较，实验结果如表 6-18 所示。

[①] UCI Machine Learning Repository. [2011-8-25]. http://archive.ics.uci.edu/ml/.

表 6-18 不同算法在相同数据集上生成的规则数对比

分析算法 数据集	C4.5	SPRINT	ILSDT
Monk	46	31	19
Balance Scale	174	142	54
Breast Cancer	73	57	26

(3)不同算法在相同数据集上执行时间对比,实验结果如表 6-19 所示。

表 6-19 不同算法在相同数据集上执行时间对比

分析算法 数据集	C4.5	SPRINT	ILSDT
Monk (s)	21.34	18.89	11.67
Balance Scale (s)	57.98	48.31	17.45
Breast Cancer (s)	34.52	25.63	13.38

(4)同算法在相同数据集上分类精度对比,实验结果如表 6-20 所示。

表 6-20 不同算法在相同数据集上分类精度对比

分析算法 数据集	C.45 MacroP	MacroR	MacroF$_1$	SPRINT MacroP	MacroR	MacroF$_1$	ILSDT MacroP	MacroR	MacroF$_1$
Monk (%)	78.56	76.94	77.74	81.52	79.91	80.71	86.27	84.49	85.37
Balance Scale (%)	46.79	45.06	45.91	51.09	48.95	50.01	67.93	66.15	67.02
Breast Cancer (%)	85.43	83.83	84.62	88.48	86.89	87.68	89.76	87.98	88.86

4. 实验结果分析。从表 6-17、表 6-18、表 6-19、表 6-20 可以看出,设计的算法在复杂度、可理解性、效率和准确率等方法均优于现有的算法。主要因为融合本体和上下文知识的语义分析算法利用本体提供的普遍知识和上下文提供的特定知识来选择分析的特征及特征间关系,

约束分析算法的执行层次和遍历空间,所生成的决策树由本体和上下文知识共同决定,整个过程只产生企业所需要的、针对性强的具有综合性的深层关联规则,消除决策树中语义重复节点和"空枝"现象,提高了算法的准确率和可理解性,同时也降低算法的执行时间和复杂度。

六、融合 Web 评论挖掘的企业竞争情报挖掘

随着 Web2.0 技术的不断发展,互联网中用户评论信息呈现爆炸式增长,利用评论挖掘技术对其进行智能化地自动分析,从用户的角度获取非传统意义上的深层动态竞争情报,对于企业竞争策略的制定和竞争优势的保持具有重要的潜在价值。

(一) Web 评论挖掘

随着互联网在全球范围内的飞速发展以及我国信息技术和信息基础设施建设的不断完善,接触和使用网络的用户数目和比例也在不断增长。根据中国互联网络信息中心(CNNIC)最新发布的《第 28 次中国互联网发展状况调查统计报告》数据显示,截止到 2011 年 6 月底,我国网民规模已达 4.85 亿,互联网普及率也进一步提升,达到 36.2%。[①] 网络用户规模持续扩大和网络普及率的平稳上升,尤其是以 Web2.0 和语义 Web 为代表的泛在知识环境中积极倡导"以用户为中心,用户参与"的开放式架构理念,用户由单纯的"读"网页开始向"写"网页、"共同建设"互联网发展,由被动地接收互联网信息向主动创造互联网信息迈进。[②] 基于 Web2.0 和语义 Web 所具有的高度交互性、匿名性和个性化的特征吸引越来越多的用户接触网络和应用网络自由地针对特定的事件或对象发表自己的见解、观点或态度。[③] 这些带有很强主观色彩的用户评论信息表达了用户的各种情感色彩和情感倾向性,潜在用户通过浏览和分析这些信息来了解大众舆论对某一事件或对象的看法和态度。由于用户评论主要采用自然语言进行描述,企业只有通过人工阅读的方式来分析和获取

[①] CNNIC:《第 28 次中国互联网络发展状况调查统计报告》,[EB/OL] http://tech.163.com/special/cnnic28/. [2011-10-12]。

[②] 赵妍妍、秦兵、刘挺:《文本情感分析》,《软件学报》2010 年第 8 期,第 1834—1848 页。

[③] 张紫琼、叶强、李一军:《互联网商品评论情感分析研究综述》,《管理科学学报》2010 年第 6 期,第 84—96 页。

这些信息，人工方法速度慢、效率低，无法适应网络评论资源的快速增长和动态变化，且人工定性分析和经验判断，存在较多的不确定性，导致分析结果随机性较大。面对网络中日益丰富的用户评论信息，如何帮助企业竞争情报部门快速、准确地抽取、挖掘和分析这些相关信息，获取非传统意义上的动态竞争情报和决策支持信息，帮助企业及时修复可能潜在恶化的客户关系和动态监控行业内的优势竞争对手，提高整体竞争优势和抗风险能力，成为当前学术界和企业界共同关注的焦点和亟待解决的问题。

Web 评论挖掘是近年来文本挖掘领域中兴起的研究热点，以 Web 上发表的用户评论作为挖掘对象，运用自然语言处理技术、人工智能、数据挖掘等智能信息处理技术对大量评论性文本数据进行自动化和智能化地分析、挖掘、推理和学习，获取潜在的、有价值的信息或知识。[①] 该方法是一种涉及文本挖掘、Web 信息抽取、情感分析、语料库语言学等多学科理论与技术的综合性分析方法，目前已经成功应用于电子商务、舆情监控、客户知识管理等领域，并取得了很好的应用效果。[②③]

本节将 Web 评论挖掘技术引入企业竞争情报挖掘之中，设计了融合 Web 评论挖掘的企业竞争情报挖掘算法。该算法充分利用 Web 评论挖掘技术处理和分析大规模用户评论信息的优势，从用户的角度挖掘隐藏在海量网络评论信息中的深层动态竞争情报，达到辅助企业决策活动的目的。

（二）融合 Web 评论挖掘的企业竞争情报挖掘流程

融合 Web 评论挖掘的企业竞争情报挖掘综合应用多学科的最新理论与研究成果，着重从语义层面上进行用户评论的深入挖掘分析，发现非传统意义上的竞争情报，为企业从用户的角度进行竞争情报分析和自动获取提供了技术支持和实现途径。[④] 本节采用的融合 Web 评论挖掘的企业竞争情报挖掘算法的处理流程，如图 6-11 所示。该流程基于语义元数

---

① 伍星、何中市、黄永文：《产品评论挖掘研究综述》，《计算机工程与应用》，2008 年第 36 期，第 37—41 页。

② L. Dey, Sk. M. Haque. Opinion mining from noisy text[C]. Proceedings of IJDAR2009, 2009: 205-226.

③ K. Lun-Wei, H. Hsiu-Wei, C. Hsin-His. Opinion Mining and Relationship Discovery Using CopeOpi Opinion Analysis System[J]. Journal of the American Society for Information Science and Technology, 2009(7): 1486-1503.

④ Xu K. Q, Liao S. S., Li J. X., et al. Mining comparative opinions from customer reviews for Competitive Intelligence[J]. Decision Support Systems, 2011(4): 743-754.

据进行情报知识组织与表示，综合运用 Web 评论挖掘、本体学习和语义推理技术，实现语义层面的评论挖掘和动态情报知识发现。

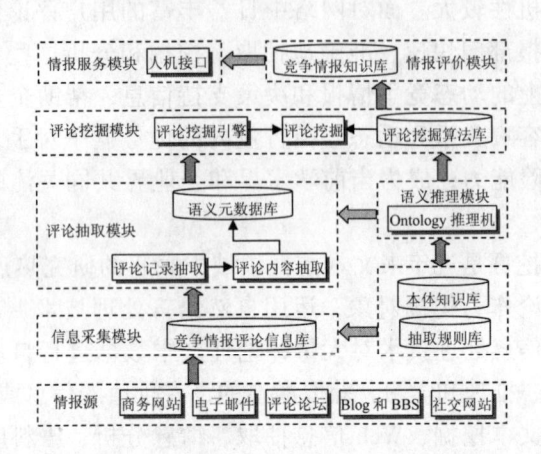

图 6-11　融合 Web 评论挖掘的企业竞争情报挖掘算法的处理流程

融合 Web 评论挖掘的企业竞争情报挖掘算法的处理流程主要由六个部分组成：信息采集、评论抽取、评论挖掘、语义推理、情报评价和情报服务。各的部分的主要功能描述如下：

1. 信息采集。信息采集的主要作用体现在两个方面：一是根据企业情报需求自动采集与目标需求相关联的用户评论信息，并提交给服务器进行分析处理；二是自动监控目标网站的动态变化，并实时更新变化。这些信息主要包括来源于企业内部的客户关系管理系统、客户服务与反馈以及产品评价等方面企业收集和整理的以结构化形式存放在数据库或数据仓库中的信息和来源于企业外部的各种电子商务网站、博客、BBS、用户评论网站、论坛、社交网络等以非结构化或半结构化形式存在的信息。[①] 随着网络的普及和 Web2.0 技术的不断成熟，企业外部的 Web 评价信息逐渐成为企业和组织进行评论挖掘和情报分析与获取的主要来源。该流程根据企业的情报需求设置相应的数据库接口进行数据库中实时评论信息的采集，利用网络爬虫、商情数据库网页的抓取工具、元搜索引擎等自动采集工具进行 Web 评论信息的采集。通过这些方式实时地、自动化地采集各种企业所需的用户评价信息，构成用户评论挖掘和竞争情

---

① Cai R., Yang J. M., Lai W.. iRobot: An intelligent crawler for Web forums [C]. proc. of the Int'l Conf. on World Wide Web, Beijing: ACM Press, 2008: 447-456.

报分析的初始信息资源库。

2. 评论抽取。评论抽取的主要作用是对采集的评论信息进行语义层面的初步统计分析，利用网页解析工具将用 HTML、XML 描述的非结构化、半结构化的文本数据进行解析，借助本体知识库和规则库将来源于不同事务处理系统和网站的具有不同结构和存在语义冲突的数据信息进行深层次的预处理，利用文本标注工具进行自动化的语义标注，识别评论记录中的评论内容，从中抽取有意义的能够表达文本信息内容的概念和实体以及它们之间的关系，将异构的数据转换为统一语法和语义格式的通用数据模型，实现评论信息内容的理解和表达，并将抽取结果存放到竞争情报语义元数据库中，供后续进行评论挖掘和情报知识发现。

3. 评论挖掘。评论挖掘是整个流程的核心模块，其主要作用是利用评论挖掘技术对竞争情报语义元数据库进行深入挖掘分析和情报知识发现，获取动态的、高质量的深层情报知识，并结合语义推理技术提高情报知识的质量和实用性。评论挖掘技术的发展和成熟为企业竞争情报分析的发展注入了新的活力，为企业从用户的角度进行竞争情报分析和获取提供了可能。融合评论挖掘技术的情报挖掘着重在语义层面利用人工智能、智能信息处理、本体、数据挖掘等关键技术，提升大规模情报知识的获取能力和智能水平，实现竞争情报深层次的挖掘分析，获取准确的、动态的、综合性的情报知识。

4. 语义推理。语义推理的主要作用是利用本体知识库和规则库作为背景知识对挖掘结果进行语义层面的知识推理，去除冗余和实用价值不高的情报知识。由于竞争情报必须和特定的行业、市场或企业相结合才能真正体现其价值，[①] 因此，必须根据企业和用户的需求对获取的情报知识进行规范化和泛化处理，增强挖掘结果的有效性和实用性。

5. 情报评价。情报评价的主要作用是根据预定的量化评价体系对获取的情报知识集合进行量化评价，筛选出企业感兴趣、有意义的、满足战略决策需求的情报知识，将其存储到企业竞争情报知识库中指导企业战略决策；否则，返回到某个可能影响情报质量的环节进行新一轮的挖掘分析。

6. 情报服务。情报服务的主要作用是通过人机交互接口与用户进行

---

① 赵洁：《基于关系抽取的企业竞争情报获取与融合框架》，《情报学报》2010 年第 2 期，第 377—384 页。

交互。用户可以通过一定的软件环境指导 Web 评论信息的采集、抽取、挖掘和分析处理过程及查看挖掘结果，可以应用可视化技术动态直观地展现海量信息中隐藏的规律和发展趋势；此外，由于网络环境信息来源的缺乏严格的审校，可能存在伪造、错误或篡改等问题，从而会影响情报分析的质量，通过将系统分析结果作为专家分析的输入参数，然后充分利用竞争情报专家的主观判断，实现人机智能化互动，促使自动挖掘分析的结果更加逼近实际情况，提高竞争情报分析的可信性。

上述各个部分之间通过数据流进行相互联系和有机结合：企业根据自身的经营战略和情报需求确定评论信息采集的主题、范围和信息源，借助智能代理软件 Crawler 进行系统化、连续化、自动化的评论页面采集；采集结果经过网页解析工具 Htmlparser 将评论页面解析为 DOM 树结构，同时将网页的视觉信息附加在 DOM 树中相应的节点上，采用自动标注工具 Gate 实现语义的自动标注，利用深度加权的树相似性算法实现对噪音信息的去除和评论记录边界的识别，抽取网页中的评论记录，然后通过比较 DOM 树中节点的一致性将纯粹的用户评论内容从评论记录中抽取出来，实现竞争情报语义元数据的理解和表达；针对传统的评论挖掘算法不能很好地处理数据语义问题，利用基于语义关联的评论挖掘算法对语义元数据库进行语义层面的评论挖掘和情报知识发现，该算法充分利用本体知识库和规则库进行深层次的挖掘、学习和推理，发现产品特征与用户评价概念之间的语义关联，并用发现的语义关联知识指导文本极性分析；挖掘结果经量化评价之后存储到竞争情报知识库中供企业用户实时检索与共享，情报专家也可将检索结果作为人工分析的依据，在此基础上进行情报可信性判断和情报价值增值。

（三）融合 Web 评论挖掘的企业竞争情报挖掘算法

总的来说，融合 Web 评论挖掘的企业竞争情报挖掘算法主要由三部分组成：评论内容识别与抽取、语义关联挖掘与发现、文本语义极性分析。

1. 评论内容识别与抽取。评论内容识别与抽取是进行 Web 评论挖掘的前提。近年来，众多研究者对评论内容识别与抽取技术进行了深入的研究，如李姜[1]提出基于 DOM 的评论发现和抽取算法，该算法充分考

---

[1] 李姜：《基于 DOM 的评论发现及抽取模型研究》，《计算机工程与设计》2007 年第 9 期，第 2150—2153 页。

信息抽取的自动性与通用性，利用页面分块与信息熵的迭代计算技术实现对各种评论页面中评论信息的自动抽取；曹冬林等[1]提出基于网页格式信息量的博客文章和评论抽取方法，该方法利用网页视觉上的位置信息和文本的有效信息定位网页正文，通过计算最小切分位置信息量来切分正文中的文章和评论；刘伟等[2]提出利用深度加权的树相似性算法将评论记录从网页中提取出来，然后通过比较 DOM 树种节点的一致性将用户评论内容从评论记录中抽取出来；范纯龙等[3]提出利用具有明确语义和功能指示作用的功能语义单元进行用户评论信息的抽取算法。通过分析当前关于评论识别与抽取的研究成果发现：评论信息内容主要包含在评论记录之中，在进行评论内容识别和抽取之前，首先需要确定评论记录的边界，不同评论记录之间的评论内容由于信息格式上的随机性会严重影响记录之间在 DOM 树和视觉上的相似性；同时，评论记录中的评论内容在 DOM 树中对应的是一棵结构复杂的子树而不是一个叶节点，评论内容识别和抽取的主要工作是结合网页视觉信息上的位置信息和文本中的有效信息在 DOM 树中识别和抽取包含评论内容的最小子树，将非结构化或半结构化的评论数据转换为统一格式的结构化信息，从而为后续的评论挖掘和极性分析提供良好的数据基础。该过程的详细描述如下：

Review – Content – IdenExtr (wr) // 评论内容识别与抽取算法
Input：wr　　　　// 评论页面
Output：$T_{content}$　　　// 评论内容
$T_{dom} = Htmlparse(wr)$；// 解析评论页面为 DOM 树
$M[i,j] = MTS(T_i, T_j)$；// 计算评论区域中任意两棵子树 T_i 与 T_j 的相似度
$gs_i = \text{Max}\{M[i,j], j=0,\cdots,n\}$；// 计算子树 T_i 的全局相似度，即子树的 $n-1$ 个相似度的最大值
$RStart = \text{Max}\{gs_i/gs_{i-1}\}$；$REnd = \text{Max}\{gs_i/gs_{i-1}\}$；
// λ 为设定的阈值，当最大比值大于 λ 时，该子树判别为噪音子树；当最小比值小于 $1/\lambda$ 时，该子树判别为噪音子树

---

[1] 曹冬林、廖祥文、许洪波、白硕：《基于网页格式信息量的博客文章和评论抽取模型》，《软件学报》2009 年第 5 期，第 1282—1291 页。

[2] 刘伟、严华梁、肖建国等：《一种 Web 评论自动抽取方法》，《软件学报》2010 年第 12 期，第 3220—3236 页。

[3] 范纯龙、夏佳、肖昕等：《基于功能语义单元的博客评论抽取技术》，《计算机应用》2011 年第 9 期，第 2417—2425 页。

If RStart < λ RStart = 0;
If REnd > 1/λ REnd = n;
Delete T_{RStart} and T_{REnd} from T_{region} to get T_{region};
$T_j = get$MaxSimTree(T_i); // 获取去除噪声信息后评论区域中与 T_i 子树最相似的子树 T_j
$d_i = |i-j|$;
t = MinCommonDivisor $(d_1, \cdots, d_n')$; // 寻找 $d_1, \cdots, d_n'$ 的不为 1 的最小公约数，将其作为组成评论记录子树的数目，即每个评论记录包含 t 棵 Treview
T_{region} is classified into n'/t groups $\{T_{i1}, \cdots, T_{it}\}$; // 将评论区划分成 n'/t 个评论记录
Group$\{T_{1j}, \cdots, T_{n'/tj}\}$; // 将每个评论记录中第 i 棵 Treview 组成一组
Compute each group's standard deviation SD(G_j) // 计算每组的标准差
$G_j = get$MaxSDGroup(T_{region}); // 标准差最大的那组 G_j 为评论记录中包含评论内容的 T_{review}
T_A = TreeAlignment(G_j); // 构建同构子树 T_A
For each node a in T_A
    Compute consis(a); // 计算节点的一致性
End For
Initialize queue Q; // Q 为决策路径，起始节点为 T_A 的根节点
a_p = the root of T_A and put a_p into Q;
While a_p is not a leaf node
    a_c is the child node of a_p whose Consis(T_c) is minimum; // T_c 为 a_c 的子树，Consis(T_c) 为子树 T_c 的一致性
    put a_c into Q; $a_p = a_c$;
End While
For each a_i in Q
    ConsisDiff(T_i) = Consis$(T_A - T_i)$ − Consis(T_i) // 计算各子树的一致性差
End For
$T_{content} = get$MaxConsisDiffTree(T_i); // 一致性差最大的子树即为评论内容
Return $T_{Content}$;

2. 语义关联挖掘与发现。当前，基于关联的挖掘技术是数据挖掘研究中最重要的内容之一，旨在从大量数据中提取人们未知的、潜在有用的规则，最早由 Agrawal 等人提出从交易数据库中发现项集间关联规则的

相关问题,并给出了基于频繁集的 Apriori 算法。[1] 该算法以递归统计为基础,以最小支持度为依据剪切生成的频繁集,此后出现的各种关联挖掘算法,如 FUP 算法、FP - growth 算法等大都依靠这种策略来减少组合搜索空间,以加快产生频繁集。[2] 然而,由于文本数据库不同于关系型事务数据库,传统的关联挖掘算法不能对其进行有效的分析和处理,[3] 其主要原因在于没有解决情报语义问题。针对这些问题,Minqing Hu 和 Bing Liu 利用语义词典 WordNet 中的同义词和反义词预测用户评论的语义倾向性,利用关联挖掘算法挖掘商品评论中的语义特征,[4] 倪茂树和林鸿飞利用基于语义理解和极性分析的商品评论挖掘算法进行语义层面的评论挖掘,利用关联挖掘获取商品特征与极性词之间的语义依附关系。[5] 在上述研究的基础上,本节通过构建语义关联知识树对用户评论抽取结果进行深层次的关联规则挖掘。该算法利用本体知识库和规则库对抽取的评论内容进行规范化和泛化处理,借助本体丰富的层次结构进行语义关联知识树的构建,采用逐层构建逐层修剪的原则获取强关联频繁关系组,修剪语义重复节点和集成浅层次节点,利用上下类关系进行知识推理和本体学习,实现语义关联树的优化和完善,这样获取的语义关联知识树中的任一子节点都为一个强关联的频繁关系组,即语义关联知识。该过程的详细描述如下:

Semantic_Association_Mining(fc, C) // 语义关联挖掘算法
Input: $T_{content}$ // 抽取的评论内容
  fc // 任意节点
  $C = \Phi$ // 强关联频繁关系组,设初值为空
  minsupport // 最小支持度
Output: C^* // 扩展的强关联频繁关系组

---

[1] Agrawal R. ,Imielinski T. ,Swami A. . Mining association rules between sets of items in large databases [C]. Proc. of the ACM SIGMOD Conf. on Management of Data,New York:ACM Press,1993:207 - 216.

[2] 王爱平、王占凤、陶嗣干等:《数据挖掘中常用的关联规则挖掘算法》,《计算机技术与发展》2010 年第 4 期,第 105—108 页。

[3] Holt J. D. ,Chung S. M. . Multipass algorithms for mining association rules in text database [J]. Knowledge Information System,2001(2):168 - 183.

[4] Hu M. Q. ,Liu B. Mining and Summarizing Customer Reviews[C]. Proc. of the Knowledge Discovery and Data Mining,New York:ACM Press,2004:168 - 177.

[5] 倪茂树、林鸿飞:《基于语义理解和极性分析的商品评论挖掘》,《计算机科学》2007 年第 12 期,第 264—268 页。

For each feature concept fc and relation r in $SSMD$ // $SSMD$ 表示由抽取评论内容 $T_{content}$ 构成的情报语义元数据库

  c = normalize_generalize( ); // 利用本体中上下类关系进行情报语义元数据库的概念规范化和泛化处理

root = Φ; root. support = 1;

For each fc

  fc. support ++; // 计算节点支持度

  If fc. support ≥ minsupport // 获取 1 - 频繁关系，即语义关联知识树的首层子节点

   Add fc to root. children;

End For

If fc has only one child // 如果节点 fc 只有一个孩子节点，那么这个孩子节点就是一个强关联频繁关系

  Add fc. child to C;

Else

  For each child f of fc

   Merge it with its brothers respectively to form new nodes; // 将 fc 的任一子节点与它右边的任意一个 fc 的子节点合并形成新的节点

   If newNode. support > minsupport; // 如果新节点的支持度大于最小支持度，则将新节点作为该子节点的子节点

    Add new nodes to fc. children;

  End For

End If

Semantic - Association - Mining(fc. children$[i]$, C); // 递归构建语义关联知识树，获取所有的强关联频繁关系组 C^*

Return C^*;

  3. 文本语义极性分析。文本语义极性分析主要利用生成的语义关联知识作为文本的基本特征列表，采用基于语义相似性的特征匹配方法进行特征匹配和基于 $SO - PML$ 方法[1]计算新极性词与种子极性间的互信息概率，综合两者的计算结果确定指定文本的极性值，并与预设的阈值进行比较，确定文本极性。该过程的详细描述如下：

---

[1] 任德斌：《主观性文本的情感极性分析研究》，东北大学硕士学位论文，2009 年。

Semantic_Polarity_Analyzing(C^*, doc) // 文本语义极性分析算法
Input：C^* // 强关联频繁关系组
   doc // 待计算语义极性值的评论文本
Output：T_{polarity} // 评论文本极性
$S - doc = \text{SemanticAnnotation}(doc)$；// 利用 Gate 软件对文本 doc 进行语义标注
Extract feature concept DC, semantic relation DR and sentient word DS；// 抽取文本中的特征、关系和情感词
// 计算文本语义极性值
For each dc in DC and fc in C^*
   $\text{sim}(dc, fc) = 1 - \log_{\frac{2a}{a-1}}(\beta \times \text{Dist}(dc, fc) + 1)$；// 根据文本语义相似度进行特征概念匹配
End For
For each dr in DR and r in C^*
   $\text{sim}(dr, r) = 1 - \log_{\frac{2a}{a-1}}(\beta \times \text{Dist}(dr, r) + 1)$；// 根据文本语义相似度进行关系匹配
End For
For each ds in DS
   $SO - PML(ds) = \sum_{w \in psel} PML(ds, pw) \sum_{nw \in nset} PML(ds, nw)$；// 利用 $SO - PML$ 算法计算新情感词与种子情感词间的互信息概率
End For
Value $- T_{\text{polarity}} = x_1 \sum \text{sim}(dc, fc) + x_2 \sum \text{sim}(dr, r) + x_3 \sum SO - PML(ds)$；// 计算文本语义极性值
Return T_{polarity}；

（四）融合 Web 评论挖掘的企业竞争情报挖掘实验与结果分析

1. 实验设置

为了验证算法的有效性与效率，选自电子商务网站 http://www.amazon.com 中 2011 年手机品牌排行榜前五名（Nokia、HTC、Samsung、Motorola、Apple）的手机品牌进行实验分析。本文实验目标为识别用户对这五种品牌手机的外观、功能、屏幕分辨率等属性的情感倾向，包括正面、负面或中性评价。

在实验数据的采集上,由于不同手机论坛中用户评价信息分散且结构差异较大,为了更全面、客观的收集用户评价的原始信息,选择一种综合性的论坛搜索引擎——Tom 论坛搜索作为数据源。该搜索引擎能够自动收集各大论坛最新的关于手机的用户评价信息。实验选取 2011 年 6 月 12 日至 7 月 12 日共一个月的数据,从中筛选关于预设的五种品牌手机的用户评价数据共 3154 条构成本文实验的数据集。采用人工识别和标注的方式对这些评论中所提到的产品名称、产品属性和评价短语进行识别和标注,最终得到 694 种产品名称、893 个属性名称和 7832 条评价短语。选择数据挖掘领域常用的四个重要指标——复杂性、可理解性、效率和准确率来评价算法的性能。复杂性利用算法产生的节点数来表示,可理解性利用算法产生的规则数来表示,效率利用算法的执行时间来表示,准确率利用算法的分析精度来表示。

实验环境为处理器为 Inter（R）Core（TM）2CPU 4400 2.0GHz,内存 2G,硬盘 120G,操作系统为 Windows XP,编程语言为 Java（JDK 1.6.2）。

2. 实验过程

在上述相同的实验数据和实验环境中利用 Apriori 算法和 FP - growth 算法作为参考算法进行对比实验。

（1）不同算法在相同数据集上运行所生成的节点数、规则数和执行时间对比,实验结果如表 6 - 21 所示。

表 6 - 21　不同算法在相同数据集上生成的节点数、规则数和执行时间对比

评价标准 挖掘算法	节点数	规则数	执行时间（s）
Apriori	145	187	64.63
FP - growth	93	143	39.67
DCIAWRM	64	98	33.54

（2）不同算法在相同数据集上的极性分析精度对比,实验结果如表 6 - 22 所示。

表 6-22　不同算法在相同数据集上的极性分析对比

评价标准 挖掘算法	Maero P	Maero R	Maero F_1
Apriori	0.6637	0.6458	0.6546
FP-growth	0.6883	0.6734	0.6808
DCIAWRM	0.7643	0.7489	0.7565

（3）算法的可扩展性。随机抽取六种不同规模的数据（500 条、1000 条、1500 条、2000 条、2500 条、3000 条）进行实验，实验结果如表 6-23 所示。

表 6-23　DCIAWRM 算法的可扩展性

数据规模（条）	500	1000	1500	2000	2500	3000
执行时间（s）	4.29	5.46	8.95	10.97	16.75	21.64

3. 实验结果分析

通过在上述真实数据源上进行的对比实验可以看出：

（1）复杂性分析。从表 6-21 可以看出，相同条件下 DCIAWRM 算法的复杂性远小于 Apriori 算法和 FP-growth 算法。这是因为算法在运行过程中，DCIAWRM 算法自动修剪和集成语义重复节点和冗余节点，只保留高度抽象化和概念化的深层次节点；Apriori 算法在修剪过程中只删除具有非频繁子集的候选项集，无法处理语义重复节点和集成浅层次节点，故产生大量的冗余节点，增强了算法的复杂性；FP-growth 算法在执行过程中同样无法处理不同概念项之间的语义关系，导致算法的复杂性较大。

（2）可理解性分析。从表 6-21 可以看出，相同条件下 DCIAWRM 算法运行结果的可理解性远强于 Apriori 算法和 FP-growth 算法。这是因为 DCIAWRM 算法在运行过程中只获取具有强关联的频繁关系组，而 Apriori 算法和 FP-growth 算法获取所有的频繁项集，故 DCIAWRM 算法产生的关联规则数远小于 Apriori 算法和 FP-growth 算法产生的规则数。

（3）效率分析。从表 6-21 可以看出，相同条件下 DCIAWRM 算法的运行效率远高于 Apriori 算法和 FP-growth 算法。这是因为 DCIAWRM 算法只产生一小组具有强关联的频繁规则集，在运行过程中无需多次扫描数据库；Apriori 算法产生所有的频繁关系组，在运行过程中需要多次扫描数据库；FP-growth 算法在运行过程中只需扫描二次数据库，通过构建 FP-tree 树结构将频繁关系的挖掘问题转换为挖掘 FP-tree 树问题，故其执行时间与 DCIAWRM 算法比较接近，但 DCIAWRM 算法在构建关联树的过程中自动修剪和集成语义重复节点和浅层次节点，故其执行时间比 FP-growth 算法要少。

（4）准确性分析。从表 6-22 可以看出，相同条件下 DCIAWRM 算法的分析准确率远高于 Apriori 算法和 FP-growth 算法。这是因为 DCIAWRM 算法在运行过程中所生成的语义关联树中的每个节点都是满足预设阈值的强关联频繁组，整个挖掘过程只产生企业所需要的、综合性的深层关联知识指导文本语义极性分析；Apriori 算法和 FP-growth 算法产生所有的频繁关系，这些关系中存在语义冲突或重复的规则，从而使得文本极性分析只是停留在语法层面或进行机械的规则匹配，导致极性分析出现偏差，使得分析准确率偏低。

（5）可扩展性分析。从表 6-23 可以看出，DCIAWRM 算法的执行时间随着数据规模的增加呈线性增长趋势，具有很好的可扩展性。

第七章 金融风险信息挖掘

一、金融风险概述

(一) 金融风险的定义及类型

1. 金融风险的概念界定。风险这一概念被人们广泛使用,但在理论上,并没有一个明确的表述。实际上,风险在不同的场合对不同的主体而言有着不同的含义。本书认为,风险最主要的特性就是不确定性。风险就是指由于各种不确定因素导致行为主体蒙受损失的可能性。在这里,风险和损失有一定区别,风险变成现实就会造成某种程度的损失。金融风险具有风险的一般性,对于金融风险的界定应该表现在如下几个方面:[①] (1) 不确定性。金融活动是在一种不确定的环境中进行的,正是由于当事人主体不能准确预期未来,才可能产生金融风险。(2) 或然性。金融风险的存在及发生服从某种规律,但并非确定不移的因果律,而是以一种或然规律存在和发生着,因此许多金融学家常用统计学上的方差概念来代表并计算风险。(3) 损益性。由于预期结果与目标结果的偏离,金融活动可能给经济带来某种形式的损失或收益,但在多数情况下讨论风险只考虑其带来的损失方面。(4) 扩散性。由于金融日益成为现代经济的核心,因此金融风险不是某种孤立的系统内风险,而是必然扩散、辐射到经济运行的各个方面。由上所述,金融风险应当是指经济主体在从事金融活动时,由于结果与预期的偏离而造成资产或收入损失的可能性。

2. 金融风险的分类。[②] 根据不同的标准,金融风险可以分为不同的

[①] 李卫国:《金融风险监测预警系统研究》,河北大学硕士学位论文,2001年。

[②] 宋清华等:《金融风险管理》,中国金融出版社2003年版。

类型。不同类型的金融风险有不同的特征，从不同的角度对金融风险进行分类，可以使我们对金融风险有更深刻、更全面的认识。

根据引发金融风险的特征划分，金融风险可分为系统性风险和非系统性风险。根据金融风险产生的原因划分，金融风险可分为自然风险、社会风险和经营风险；根据金融风险的表现形态划分，金融风险可分为有形风险和无形风险；根据金融风险的作用强度划分，金融风险可以划分为高度风险、中度风险和低度风险；根据金融风险的赔偿对象划分，金融风险可分为赔本风险、赔息风险和赔利风险；根据金融风险的性质来划分，金融风险可以划分为信用风险、利率风险、流动性风险以及汇率风险等；按照实际的金融业务来划分，金融风险可以分为银行风险、证券业务风险、保险业务风险、金融信托风险、金融租赁风险、房地产投资风险等。

根据当前金融业务和金融监管中经常遇到的各种金融风险，对一些主要的金融风险形式做简单介绍和分析比较如下：

（1）信用风险与市场风险。信用风险是由于交易对象或者授信对象因各种原因而不能偿还金融机构或授信者的交易本金和利息的风险。它是最普遍、最基本、最传统的金融风险形式。与之相对应的是市场风险，它是由于市场的变化而给金融机构的资产或金融交易商的交易带来损失。它是随着金融业务不断发展和市场化不断加强而逐步成为现代金融风险的最重要、最具破坏力，因而也是最有影响力的现代金融风险形式。

（2）流动性风险与操作风险。流动性风险是指与金融机构的资产流动性不能应付流动性需求的风险。它是从金融风险角度对金融机构的资产结构的一种界定，在一定时期内，它是一种客观风险，即在一定的时限范围内资产流动性是一定的，流动性风险也是以一定的形式存在的，是一种随时可能发生的风险，它存在于资金的状况当中；操作性风险是金融机构的业务的经办人员和管理人员由于有意或无意的操作上的错误而造成的一种难以完全排除掉的损失，这是从金融风险角度对金融机构的人员结构状况的一种界定，在一定的时期内，也是一种客观存在，是一种随时可能发生的风险，它存在于金融机构的业务经营者当中。

流动性风险由于不恰当的使用资产会造成无力支付存款或其他债务；操作性风险由于错误的支付资金会导致不能支付正常的债务。

（3）政策风险与国家风险。政策风险是指金融业务由于有关金融业务政策的变化引起经营的不稳定性，从而导致无法实现收益目的的风险。它存在于金融机构之外，不受某家金融机构决策的影响。国家风险是一国的政治、经济、文化状况使该国的借款人、机构或政府不能按期偿还其对外债务，从而使该国境外债权人遭受损失的可能性。简单地说，就是因为别国因素导致的信用风险。国家风险与一般的企业、个人因经营不善、收入减少或是失信造成的商业性违约有根本性的区别，它包括政治风险和经济风险。政治风险源于政治的更迭、文化、宗教等因素对还款意愿的影响；经济风险指一国借款人由于国家外汇管制或外汇持有量的匮乏等国家性经济原因而无法按期偿还外币债务的危险。

（4）利率风险和汇率风险。利率的波动导致经营者难以获得预期利息收入，或者难以收回经营投资成本和产生利润的可能性叫做利率风险。在金融业务经营机构中，利率风险更普遍地表现为利率结构性风险，即在资产、负债的利率结构上由于时间、期限、利率种类和水平、利率波动政策等方面未经科学、充分的考虑，不能应付各种变化的利率风险。这是由利率市场的波动幅度及频率加大和利率政策种类的多样化共同作用形成的。这其中尤其以资产负债的利率期限结构差别过大和长期的固定利率与市场变化的差别过大两种形式最为典型。利率波动可能由经济周期引起的市场对资金的需求变化引起，也可能由中央银行代表政府干预经济主动调整基准价利率所引起，还可能由国际环境变化和激烈的银行竞争等因素引起。汇率风险是国家货币兑换比率的变动所引起的国际贸易和国际金融交易因货币兑换率的变化而导致交换出现部分或全部损失的可能性。汇率从广义上讲是一国货币在国际市场上价值的表现形式——外汇的市场价格，它有外汇的供给和需求决定，同时也反映国际市场对一国货币币值稳定的信心程度。汇率的波动取决于国家的通货膨胀率、利率水平和对外贸易状况及境外资本流入状况等。汇率在一定程度上是一种综合经济指标。在国际外汇市场交易中，汇率还受交易商炒作因素的影响。

利率和汇率作为风险因素都是对银行或金融机构而言的，他们的共同点是都是一种外来的风险，即它们往往在很大程度上不能由一家银行所控制。

（二）金融风险的产生机理

识别金融风险首先要弄清楚风险产生的症结所在，金融风险的产生有外部因素也有内部因素。

1. 金融风险产生的外部机理。经济活动的波动影响着金融风险的产生。首先，经济效益的下降必然带来金融业的信用风险；其次，我国现代企业制度尚未建立，国有企业的风险基本由国家负担和解决，最终聚集为金融风险；再次，企业融资渠道单一，高度依赖银行信贷，企业风险直接传导为金融风险。

另一方面，政府对金融活动的不合理干预也是金融面临着一系列风险。政府在发挥其职能时可能会有一些不合理行为，比如经济政策失误，扩张经济总量的冲动等等，这些行为通常会导致金融风险增大。其次，政府行为对中央银行活动的干预也会生成金融风险。中央银行在货币政策的制定和执行上的关键是找到货币政策和宏观经济政策促进经济增长的均衡点，政府的干预很有可能破坏这一平衡点，导致金融风险。

金融企业是物质生产和流通部门的资金融通机构，工商企业的风险可直接传递给金融企业，直接构成金融风险。企业投资行为中风险的大小是决定金融风险大小的一个主要因素。在我国企业投资的资金来源中，绝大部分是依靠银行贷款来维系的，因此，企业投资中的风险与金融风险之间的波及的关联度是不言而喻的。企业投资风险越大，银行所承受的信用风险也就越大。

2. 金融风险产生的内部机理。

（1）生成于中央银行活动的金融风险。首先，由中央银行独立性程度生成的金融风险体现在通货膨胀风险，亦即货币风险上。据资料分析，中央银行独立性越低，通货膨胀风险就越大，反之亦然。

其次，中央银行的监管机制直接左右着金融风险的大小。金融市场始终存在着诸多不稳定因素，若是中央银行监管机制不健全，造成监管不力，很有可能带来金融风险。

第三，中央银行的行为特征左右着金融风险的大小。作为政府机构的中国人民银行需要为国家经济扩张服务，而其他国家的央行通常具备独立性以稳定货币，这二者间存在一定的矛盾和冲突。在政府等外部职能力量的影响下，中央银行无法真正管理好货币，结果只会加大金融风险系数。

（2）生成于商业银行的金融风险。商业银行自身行为如何是决定非系统性金融风险大小的主要因素，影响银行的金融风险产生的因素主要有：银行内部员工的素质，表外业务情况、经营管理体制、利率水平和借款人的信用程度。另外，贷款的约束方式，贷款的分散程度，风险存量大小，融资机制等因素也会影响金融风险的大小。

（三）金融风险分析挖掘的必要性

金融风险可能造成的后果是极其严重的。金融危机就是金融风险大爆发的产物与表现，如果放任自流，金融危机最终将恶化为经济危机。金融风险→金融危机→经济危机这一运动轨迹清楚地表明了挖掘金融风险，加强金融监管的重要性。对于金融危机，有人认为它本质上就是经济危机。从经济运行来看，经济过程具有双重性。这种双重性是指：一方面经济过程是实物产品的生产、分配和消费过程；另一方面则是金融和货币运行过程。在经济、金融一体化进程中，经济危机的时代特征和表现往往就是金融危机。因此，防止经济危机的爆发首先要加强对金融领域的监管力度，做好金融风险预警工作。

金融风险的客观本质决定了人们不可能完全地消除它，但是人们可以努力去认识金融风险的规律，将风险水平控制在一个合理的范围之内，防止金融风险不断积累后突然释放带来的巨大危害。[①] 要做到这一点，首先要挖掘出潜在的金融风险，这是风险管理最基本的功能，也是全部风险管理活动中最艰难、最复杂的工作。

二、金融风险的识别方法

（一）金融风险的定性分析

识别金融风险的方法多种多样，分析的角度也因人而异。金融风险的识别要结合具体的业务特征，具体来说，主要包括以下几个方面：

1. 从资产负债的性质来识别金融风险。在金融风险的识别中，最简单、最直接的方法，就是利用资产负债表，对每个会计科目进行深入研究，分析各种资产和负债的性质和风险特征。本书通过分析我国金融机构中的典型——商业银行的资产负债表，来阐述最常见的资产和负债的风险识别。

商业银行的资产项目，可以归纳为五类：现金资产、各种贷款、证券投资、固定资产和其他资产，不同的资产具有不同的风险特征。现金资产包括库存现金、在人民银行的存款、同业存款、托收未达款等，它

[①] 宋清华、叶青：《金融风险与金融审计对策》，《湖北审计》1998年第7期，第10—11页。

是流动性最高的资产项目，因此被视为银行的一线准备金。一线准备金过少，会导致流动性不足；但是，现金资产过多，又会增大银行的持有成本。贷款项目是商业银行最主要的资产项目，也是商业银行最大的盈利来源，他们具有信用风险大和流动性低的特征。在贷款项目中，不同方式、不同期限的贷款又具有大小不同的金融风险。例如，信用贷款的风险比保证贷款的风险大；保证贷款的风险比抵押贷款的风险大；中长期贷款的风险比短期贷款的风险大。贷款采取不同的利息支付方式或以不同的币种来表示，则又可能面临着利率风险、汇率风险，而跨国境的贷款还具有国家风险。证券投资包括国库券、股票、公司债券等等，他们一般具有较好的流动性，因此被视为银行的二级准备金。但是，证券投资也会面临证券价格风险、利率风险和信用风险等。

商业银行的负债项目由存款负债、借入负债和结算中负债三大部分组成。它们所面临的主要风险有两种：一是利率风险，二是流动性风险。利率风险是为了保持和吸收资金所必须支付的利息的不确定性而引起的，流动性风险则是由客户提取资金的不确定性所引起的。

在金融风险的识别中，我们还要特别关注表外业务。表外业务主要包括承诺、保证以及与金融衍生产品有关的业务。这些业务往往具有很大的信用风险，而与金融衍生产品有关的业务还有着巨大的价格风险。它容易给经营者造成重大的损失，甚至导致破产。分析一个经营者面临的这类信用风险或衍生产品价格风险的大小，往往是考察其授信额度、交易额度及其承受能力。

工商企业的资产和负债与金融企业有很大的区别。它们的资产往往包括存货、应收账款、现金及短期投资、长期投资、固定资产、商誉和专利等；负债则包括各种应付账款和费用、借款、租赁债务等。对这些资产和负债的特征的分析，也可识别金融风险。例如，存货具有流动性风险，应收账款存在信用风险，投资存在利率风险和价格风险等，而以外币计价的应收账款，应付账款和借款等还存在着汇率风险。

2. 从资产负债的结构来识别金融风险。在金融风险的识别中，我们还应考察资产与负债的合理搭配程度，因为资产与负债的多样化和合理搭配，能有效地转嫁、分散或冲销金融风险。如果某一类资产过多，将会使经营者面临较大的金融风险。各种资产的正相关性越大，往往因达不到分散、冲销风险的目的，而会使总体金融风险越大。

为了方便识别金融风险，人们根据工作经验设置了一系列指标体系及参考标准。例如，中国人民银行制定的《商业银行资产负债比例管理监控、检测指标》中有八项是针对资产和负债结构的。主要包括：存贷款比例、中长期贷款比例、流动性比率、国际商业借款比率等。

3. 从运营能力来识别金融风险。在对经营者中存在的金融风险的全面识别中，需要进一步考察经营者的资本金、收益能力和管理水平等。

资本金是经营者承担日常经营风险、保持清偿能力和体现其实力的根本。例如，商业银行的资本金为其承担损失和维持偿债能力提供了缓冲，而且资本金充裕的银行可以申请发行新债券来补偿现金流入的不足。

收益能力与风险有着直接的关系。这是因为，收益不仅可以直接弥补损失，而且收益能力的大小决定着红利的分配和承受负债的能力，影响着吸收资金的能力。在风险识别中，可以运用损益表来分析收益能力。损益表反映了经营者的财务状况。国外通常运用股权收益率模型来衡量收益能力和风险状况。股权收益率（ROE）模型说明了股权收益率和股权乘数的关系，即：

ROE = 净收益/股权总额 = (净收益/总资产) × (总资产/股权总额)

一个经济主体的经营管理水平既直接影响着经营风险，又间接影响着其他风险。经营管理水平的定性分析，主要是考察信息系统、计划系统、操作系统和控制系统等的运转效率，而定量分析常常要考虑一些指标，比如资产总额/职工人数、非利息支付/资产总额等等。

4. 结合具体的风险暴露来识别金融风险。在经营管理中，结合每笔具体业务的特征及相关因素来识别风险，既能做到及时、准确地把握风险，又能有效地发现问题的症结，便于风险管理工作的开展。因此，经营者在业务工作中普遍地采用这种方法。

各种业务都由一系列要素所组成，具有一定的特征。通过对这些要素实现的条件、存在的问题以及这些要素变化对整笔业务的影响等的分析，可以把握业务运作中存在的风险。另一方面，我们可以根据业务的操作流程来分别识别各个环节存在的风险，或根据某种特征，将业务分成若干个板块，分别识别各个板块存在的风险。

在对具体业务存在的风险的识别中，继续对各种风险的诱因进行分析，可以更准确地识别风险。

（二）金融风险的定量分析

1. 保险调查法。保险调查法是风险管理工作人员就保险对象可能遭受的各种风险及其可能的损失与后果，进行详细的调查与分析，以供保险人和被保险人在制定投保计划和保险决策时参考。它的作用是明确被保险人可能面临的风险，界定应投保的风险和自留风险，修改已投保的险别，对自保风险应采取的预防措施，提醒保险人的责任，关注承保人可能蒙受的损失，收集信息为进一步修订保险费率打好基础。保险调查的内容一般包括：被保险人概况、主要人物情况表、财务数量表、经营状况表、建筑和不动产明细表、机器设备表等。

2. 头脑风暴法。头脑风暴法（Brainstorming），又称为脑力激荡，是一种为激发创造力、强化思考力而设计出来的一种方法。该方法是美国BBDO（Batten，Bcroton，Durstine and Osborn）广告公司创始人亚历克斯·奥斯本（Alex F. Osborn）于1938年首创的。

头脑风暴法可以由一个人或一组人进行。参加人员通常有风险分析专家、风险管理者、专业领域专家、具有较强逻辑思维能力和概括能力的专家组成，一般不要有直接领导人参加。这些参与者围在一起，随意将脑中和研讨主题有关的见解提出来，然后再将大家的见解重新分类整理。在整个过程中，无论提出的意见和见解多么可笑、荒谬，其他人都不得打断和批评，从而产生很多的新观点和问题解决方法。为了避免重复和提高讨论效率，首先要参与者说明已分析的结果。在讨论结束后，要认真分析总结各个参与者的意见，不能轻视，也不能盲目接受。

3. 德尔菲法。亦称专家调查法，一种用规定程序对专家进行调查的群体决策方法。此法要尽量精确地反映出专家们的主观估计能力，是经济调查法中的一种比较科学的方法。德尔菲（Delphi）是古希腊的一个城市的名字，是预言家们的活动场所。德尔菲法的参加人员包括：一是决策者，二是专业干部（这两部分人构成德尔菲法的组织者），三是反应者（他们是德尔菲法征求意见的对象，在金融风险识别中，通常邀请的是风险管理者，专业领域专家等）。一般来说，方法分为以下9步：

（1）提出问题；
（2）选择并确定群体中的决策个体（反应者）；
（3）制定第一个咨询表，并散发给各决策个体；
（4）收集第一个咨询表，并进行分析；
（5）制定第二个咨询表，并散发给各决策个体；
（6）收集第二个咨询表，并对数据进行统计处理；
（7）制定第三个咨询表，并散发给各决策个体；
（8）收集第三个咨询表，并对新的数据进行统计处理；
（9）准备最后的报告。

4. 暮景分析法。暮景分析法是指在风险分析过程中，用暮景描绘能引起风险的关键因素及其影响程度的方法。一个暮景就是某个企业未来某种状态的描绘,这种描绘可以在计算机上进行计算和显示,也可以用图示、曲线等进行描绘。暮景分析的结果以形象、易懂的方式表示出来。例如,它可以向决策人员提供未来某种投资机会最好的、最坏的和最可能发生的前景,并且可以详细给出这三种不同情况下可能发生的事件和风险。因此,暮景分析法尤其适用于对企业进行风险分析。

一般来说,暮景分析法的操作过程为:先利用有关的数据、曲线与图表等资料对某种商品的生产经营或某项资金的借贷与经营的未来状态进行描述,以便用来研究引起有关风险的关键因素及其后果影响程度,然后再研究当某些因素发生变化时又将出现怎样的风险及其造成的损失与后果如何。可见,这种方法的功能主要在于考察风险波及的范围及事态的发展,并对各种情况作对比研究,以做出最佳的选择。

5. 财务报表法。财务报表法就是根据生产经营者的资产负债表、成本核算表和损益表等财务资料,对可能存在的各种风险进行分析和识别。生产经营者存在的各种问题均有可能从财务报表中反映和表现出来。如一家金融单位的不良资产比例过高,负债过高,经营成本过高,资本充足率过低均显示出这家金融单位存在较为严重的经营风险。

6. 事件树分析法。事件树分析法是利用逻辑思维的规律和形式,从宏观角度去分析事故形成的过程。任何一个事故的发生,都是一系列事件按时间顺序相继出现的结果。前一事件的出现是随后事件发生的条件,在事件的发展过程中,每一事件有两种可能的状态,即成功和失败。从各种不同状态的结合,可得到不同的结果。简而言之,它是对事物发展的各个环节进行判断得出的系统发生各种可能的结果。

(三) 金融风险信息的挖掘方法

数据挖掘的许多方法都可以用于挖掘金融风险信息,常用到的方法有:[1]

1. 分类方法。分类是数据挖掘技术中最常用也最为大家熟知的一种方法。分类就是找出一个类别的概念描述,它代表了这类数据的整体信息,即该类的描述。一般用规则或决策树模式表示,该模式能把数据库中的元组映射到给定类别中的某一个。一个类的内涵描述分为特征描述和辨别性描述。特征描述是对类中对象的共同特征的描述,辨别性描述是对两个或多个类之间的区别的描述。特征描述允许不同类中具有共同

---

[1] 马超群等:《金融数据挖掘》,科学出版社2007年版。

特征，而辨别性描述对不同类不能有相同特征。

分类又是数据挖掘中应用得最多的方法。例如，将银行的金融产品用户按其收入、工作、债务等基本信息对其进行分类以把握产品的潜在用户群，开拓用户市场；或者根据某一类信用卡消费及还款行为模式，将这一类贷款申请归类为良好的或不良的信用类型。再比如，我们可以利用粗糙集理论中的特征属性约减方法找出引发欺诈行为的主要特征属性，帮助经营者及时、准确地预测可能发生的欺诈风险。

金融风险信息的挖掘中，常用的分类技术有决策树、粗糙集、贝叶斯分类等。下面我们简单介绍决策树和粗糙集技术及它们在金融风险信息挖掘中的具体应用方法，可以参考本节（二）和（三）的案例分析。

（1）决策树。决策树是一个类似于流程图的树结构，一般自上而下生成，形似一棵倒着生长的树。决策树构造出来的可以是一棵二叉树或多叉树。二叉树的内部节点（非叶子节点）一般为一个逻辑判断，如形式为（$a_1 = v_1$）的逻辑判断（a_1 代表属性，v_1 是该属性的某个属性值）；树的边是逻辑判断的分枝结果。多叉树的内部节点是属性，边是该属性的所有取值，有几个属性值，就有几条边。树的叶子节点都是类别标记，如图 7-1 所示。

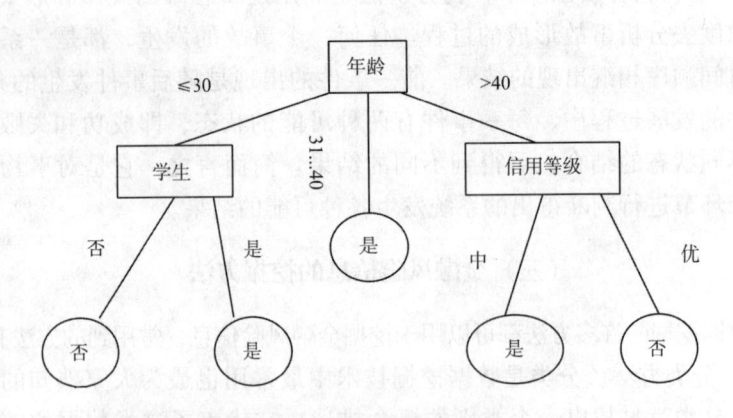

图 7-1 决策树示例图

注：此图为概念 buys_ computer 的判定树，预测客户什么时候可能购买计算机。每个内部（非树叶）节点表示一个属性上的测试，每个树叶节点代表一个类（buys_ computer = yes 或 buys_ computer = no）。

在金融领域常用决策树来分析数据并作出结论。例如，银行在个贷业务中可先对客户贷款风险的高低进行评估，下面简单的构造一棵决策树来进行判断，如图 7-2 所示。

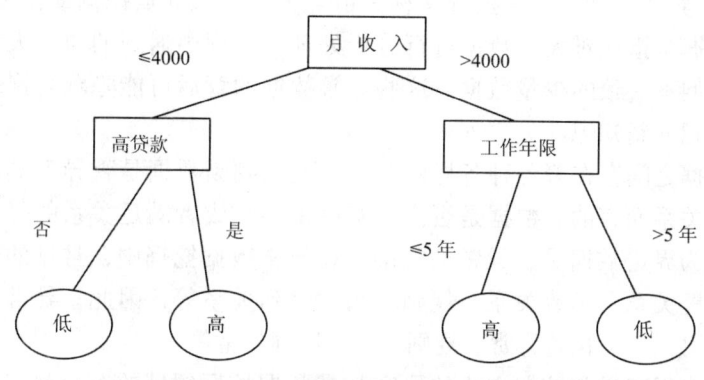

```
              月 收 入
         ≤4000 /    \ >4000
          高贷款      工作年限
         否 / \ 是    ≤5年 / \ >5年
          低  高       高      低
```

图 7-2 客户贷款风险评估决策树

注：该图为概念 loan_ venture 的决策树，判断客户贷款的风险性。每个内部（非树叶）节点表示一个属性上的测试，每个树叶节点表示一个类（loan_ venture = high 或 loan_ venture = low）。

决策树把数据分割成更小的片断，即终节点或叶子，也就是指标变量。片断的切分是根据输入变量来定义的，由此预测出输入变量和指标变量间的关系。只有当用户定义的停止标准来判断这种切分不能再继续时，切分才会停止。而通过细分群体，可以对每一组的个体未来的行为作更加肯定的预测。

采用决策树的方法来进行客户细分，能够在大量客户中作出区分与鉴别，同时建立客户价值评价模型，使银行从众多的客户群中筛选出最有价值的客户。

（2）粗集理论。粗集理论是一种新的处理不精确、不完全与不相容知识的数学理论，该理论为处理带有不精确和不完全信息的分类问题提供了一种新的框架。粗集理论的一个重要特点是其有很强的定性分析能力，不需要预先给定某些特征或属性的数量描述，而直接从给定问题的描述集合出发，通过不可分辨关系和不可分辨类确定给定问题的近似域，从而找出问题的内在规律。该方法被证明特别适合于数据简化、数据相关性、相似性的查找，发现数据模式，从数据中提取规则等。

粗集理论解决问题主要有：①进行信息表中各属性的重要性评价并寻找主导属性；②在保证分类质量不变的前提下寻求最小属性集；③消除信息表中的冗余属性；④从约简后的信息表中提取决策规则；⑤与神经网络、遗传算法、模糊数学、事例推理等方法融合，进行一些复杂问题的研究。

2. 异常挖掘。异常挖掘又称离群点分析、孤立点挖掘或偏差检测。异常数据是指在对大量数据进行分析处理的过程中遇到的与绝大多数数据或模型不一致的少量数据。这些异常数据的背后可能隐藏着许多人们意想不到的新知识。

数据之间存在着各种各样的关系，人们判断数据是否异常其实是针对某种关系而言的。数据是否满足某种关系，或者满足关系的强度大小可以作为界定数据是否异常的标准。在异常数据挖掘中，常见的数据关系有位置关系、函数关系、规则关系、序列关系等，因此，异常的表现形式也可以分为位置异常、规则异常、序列异常等。

一直以来异常挖掘方法的研究都是数据挖掘领域的一个热点，异常点的检测方法也非常多，从使用的主要技术原理来看，这些方法大体可以分为基于统计的方法、基于距离的方法、基于密度的方法、基于聚类的方法、基于偏差的方法等。从面向对象的特殊性质角度看，有面向高维数据的方法、面向时间序列的方法和面向空间数据的方法。

异常数据挖掘在金融领域最为熟知的应用是信用卡的欺诈识别。[1] 数据挖掘对信用卡欺诈行为的识别主要基于这样的思想，即任何人使用信用卡的正常行为都是有一定规律的，并可以通过其交易纪录总结这些规律。而欺诈行为和正常行为相比存在比较明显的差异。因此，基于异常挖掘方法，可以构建分类模型。当新的交易发生时，系统自动将交易信息与系统中已建立的正常行为模式进行比较，如果异常分值超过事先指定的阈值则系统向发卡部门发出警示信息，甚至立即冻结该卡的使用。正常行为模式可通过挖掘该卡用户的历史交易行为纪录得到。一般的做法是，根据历史交易信息，对一群类似的客户构建一组正常行为模式。

异常数据挖掘在金融领域应用的另一个领域是反洗钱。洗钱是指隐瞒或掩饰犯罪收益并将该收益伪装起来使之看起来合法的一种活动和过程。采用人工方式从成千上万条日常交易纪录中识别可疑交易的效率是十分低下的。采用异常点挖掘技术可以有效地帮助监管部门发现可疑交易。例如，通过对企业来往账户的连接分析、聚类分析，我们可以知道相似企业的交易对象、交易金额、交易频度等特征。如果企业的某些资金流动与此有较大的差异，则可归为可疑交易，提示反洗钱部门对其进

---

[1] 徐远纯、柳炳祥、盛昭瀚：《一种基于粗集的欺诈风险分析方法》，《计算机应用》2004年第1期，第20—21页。

行深入关注。一些发达国家已经基于数据挖掘技术构建了反洗钱系统，如美国金融犯罪执法网络（FinCEN）采用的 FAIS（FinCEN 人工智能系统）、澳大利亚交易分析与报告中心（AUSTRAC）开发了 ScreenIT 系统帮助发现可疑交易。这些系统基于洗钱行为与正常交易的差异特征，采用异常挖掘技术检测异常资金的流动。

异常数据挖掘在对上市公司虚假财务报告的识别当中也能发挥作用。大量研究证实，与正常的财务报告相比，虚假财务报告常具有结构上的特征。一般认为，公司财务报告舞弊手法不外乎"虚构收入、滥用时间性差异科目、少计漏计费用、欺诈性财产评估"，这些舞弊行为通常会使得企业的财务结构出现异常的状态。表现在财务指标上，就是某些财务指标显著的异于同类公司。这些能显著显示财务欺诈征兆的财务指标包括：应收账款比率、应收账款周转率、资产负债率、速动比率、主营业务税金及附加比率、资产质量、管理费用和销售费用率等。

金融时间序列分析中，异常数据挖掘也非常有意义。由于受到非重复性突发事件、经济、自然灾害以及政治结构变化等影响，金融时间序列常会产生各种不同的异常点。这些异常点对数据的平稳性检验、变化趋势、序列模型的建立等产生显著的影响。因而异常点的识别，也是人们正确把握金融市场波动规律的一个重要方面。

3. 关联规则。关联分析就是从大量的数据中发现项集之间有趣的关联、相关关系或因果结构以及项集的频繁模式。在金融领域，关联规则挖掘的潜在应用前景也是相当广泛的，如银行客户对所提供金融服务与产品间的关联性、不同金融产品价格之间的关联性、不同市场变动趋势之间的关联性等。例如，根据银行积累的关于银行卡交易的数据，了解用户的用卡行为，从中发现对银行贡献度较大的优质客户，并针对不同人群和不同的用卡习惯，制定不同的营销服务手段，以提高银行的服务质量和盈利水平。银行卡用卡行为的关联规则挖掘方法包括：用卡行为分析——根据持卡人以往用卡次数、交易金额、用卡交易类型以及用卡交易方式进行分析。持卡人基本情况分析——根据持卡人的年龄、性别、身份证号码、收入情况、受教育情况、服务单位、职务、职称以及家庭组成情况进行分析。结合持卡人用卡行为和基本情况分析结果，可以导出具有一定支持度和可信度的用卡习惯和人群组成之间的关联规则。

三、商业银行风险信息挖掘

（一）商业银行风险概述

1. 商业银行风险的定义。从广义上来讲，商业银行风险是指在商业银行活动中，由于受事前无法预料的不确定性因素的影响或是未来的实际情况变化与预期不相符，致使其实际获得的收益与预期收益发生背离，从而导致商业银行蒙受经济损失或不获利，丧失获取额外收益机会的可能性。从狭义上说，商业银行风险仅指蒙受经济损失的可能性。

2. 商业银行风险的内涵。

（1）商业银行风险并不等于商业银行损失。风险转化为现实，才会造成损失。

（2）商业银行风险具有双重性，它既是一种挑战，又是一种机遇。商业银行风险的发生，可能导致损失，也可能带来收益。所以，我们一方面采取有效的方法，将风险控制在可承受的范围内；另一方面，要合理利用风险，通过带险作业获取更多的收益。

（3）商业银行风险是一个包含多层次风险内容的动态范畴。伴随着商业银行的发展，特别是业务范围的拓展和技术的更新，商业银行风险的内容也会有所变化。因此，我们不仅要关注现有的风险，还要警惕新的风险。

（4）商业银行风险更多的是经济运行中风险的反映，与经济主体的行为目标、决策方式和经济环境相联系，并不单纯是银行自身的问题。因此，研究商业银行风险需要从对整个经济大环境的把握、分析和预测出发，然后才能揭示风险、管理风险和利用风险。

3. 商业银行风险的特征。

（1）客观性。在商业银行的业务与经营中，风险贯穿其活动的全过程，自始至终都是存在的，并不以银行经营者的好恶为转移。这是因为风险的产生和存在需要时间和两个以上的交易参与者，而商业银行的所有经济活动都具备这一条件。银行的经营管理不能消除这两个因素，从而也不可能消除风险，只能做到使风险最小化。

（2）不确定性和双重性。风险的存在作为一种随机现象，具有发生和不发生两种可能；不确定性是指风险存在受各种因素包括各种不确定因素的支配和影响，风险可能存在并发生，也可能存在但不发生，这都是随外部条件的变化而变化的。

（3）相关性。商业银行的风险不仅与其自身相关，而且也与相关金融交易主体密切相关；不仅与银行的内部控制相关，而且与其所处的外部环境密切相连；不仅受制于宏观风险环境，也受合作伙伴经营和诚信状况等微观风险的影响。所以，在考察商业银行风险时，需要从宏观出发，将经济活动的各个环节联系起来。只有这样，才可能全面认识、把握风险，从而找到控制风险的有效途径。

（4）可控性。商业银行风险在一定程度是可以得到控制的。银行经营者在充分认识和把握风险的情况下，通过采取一定的方法，是可以将风险控制在可承受的范围内的。

（5）加速性和传染性。由于各个金融机构之间都是紧密联系、相互依存的，所以商业银行风险一旦爆发，就会引起连锁反应，加速对金融体系的震荡和冲击，并迅速地传染到其他社会经济体，引发更大范围的社会经济动荡。

（二）基于决策树的信用卡审批模型分析

对信用卡申请人进行识别和判断是银行提高预防和抵抗信用卡风险能力的手段之一。花蓓（2005）[1]利用决策树技术建立了信用卡审批模型，并与神经网络模型进行了比较，结果表明决策树在预测精度、建模速度等方面均优于神经网络模型。

1. 实验数据及其处理。实验采用的数据是某银行提供的业务数据，来源于信用卡业务系统，主要包括客户资料、客户申请资料、信用卡资料、账户资料、历史交易数据等，共包含 100 多张表，大约 300MB 的数据量。通过查阅大量的文献等，最后汇集成一张记录数为 2999 的分析表，再通过对数据的分析及预处理，最后进入建模的输入数据为：

Sumoverdraftlinit 授信额度总和

Age 年龄

Sexcode 性别

Marriedcode 婚否

Homepostcode 邮编

Avgbalance 平均账面余额

---

[1] 花蓓：《基于决策树方法的信用卡审批模型分析》，《福建电脑》2005 年第 9 期，第 37—39 页。

cardnum 卡数

Avgday consume 日均消费额

Maxaccountusemonths 最长使用卡账户时间

Avgdayoverdraftamount 平均每天透支额

Avgtransactionamount 平均每笔交易的金额

Avgoverdraftdays 平均每笔透支天数

目标变量定义为 Customerclass（客户类别），把 2999 个样本中的信用卡持有者分成两类：

(1) 类标号为"1"的 2929 个客户是"好"客户；

(2) 类标号为"0"的 40 个样本是"差"客户。

在确定了最佳模型后，在信用卡申请中，如果模型判断为"好"客户，则批准发给信用卡，如果判断为"差"客户，则拒绝发给信用卡。

由于在最后的建模数据表格中，客户类别决策属性 Customerclass 的类标号为"1"和"0"的记录是非对称的，而非对称的建模数据集会影响建模的结果，有时甚至得到的是错误的结果。在后面的实验分析中可以看出，如果用非对称数据集（未经调整比例的建模数据集）则得不到正确的预测。因此，在本研究中，对建模数据集比例作如下调整：

(1) 在建模数据集（2000 条记录）中提取所有的类标号为"0"的记录 f，共 32 条记录；

(2) 在剩余的数据中随机提取 4 组记录 nf_1, nf_2, nf_3, nf_4，其中 $nf_1 - nf_4$ 每组有 32 条记录；

(3) 利用未经调整比例的建模数据集直接进行建模。

形成下面的 5 个划分（数据集）：

(1) f 与任一个 nf_i（$i=1, 2, 3, 4$）结合在一起，形成比例为 50%:50% 数据集；

(2) f 与任两个不同的 nf_i（$i=1, 2, 3, 4$）结合在一起，形成比例为 33.33%:66.67% 数据集；

(3) f 与任三个不同的 nf_i（$i=1, 2, 3, 4$）结合在一起，形成比例为 25%:75% 数据集；

(4) f 与四个 nf_i（$i=1, 2, 3, 4$）结合在一起，形成比例为 20%:80% 数据集；

(5) 未经调整比例的建模数据集，其比例为 1%:61.5%。

2. 决策树和神经网络建模。采用 Clementine 数据挖掘软件为工具，利用上述不同比例的建模数据集进行决策树和神经网络建模。

3. 预测模型结果分析。用上述不同比例的数据集将决策树模型的预测结果与神经网络模型进行比较。

(1) 决策树：对样本采用了10组的交叉检验法来构造决策树模型，预测的正确率为10组测试样本的平均正确率。

(2) 神经网络模型：采用动态的方式，由系统产生随机数的方法设置训练参数，设置默认（当网络达到优化训练状态时停止训练）作为终止条件。

模型预测能力的比较将从模型的总预测准确率和两类错误率两个方面进行，不同比例数据集建立的决策树模型和神经网络模型的预测结果见表7-1。

表7-1 不同比例数据集建立的决策树和神经网络模型的预测结果

模型	数据比例	类型Ⅰ错误率	类型Ⅱ错误率	准确率
决策树	50%∶50%	25.00	18.67	81.28
	33.33%∶66.67%	25.00	20.79	79.18
	25%∶75%	25.00	14.23	85.69
	20%∶80%	50.00	8.48	85.69
	1%∶61.5%	87.50	0.20	99.10
神经网络	50%∶50%	25.00	31.69	68.37
	33.33%∶66.67%	25.00	29.77	70.27
	25%∶75%	25.00	38.95	61.16
	20%∶80%	50.00	6.66	92.99
	1%∶61.5%	100	0	99.20

测试集测验结果（%）

由表7-1可以得到如下信息：

(1) 综合考虑按不同比例数据集建立的决策树模型和神经网络模型，按25%∶75%比例建立的决策树模型为所有建立的模型中的最佳者，因此，选此比例（25%∶75%）建立的决策树模型为最后模型，其准确率为85.69%，类型Ⅰ错误率为25%，类型Ⅱ错误率为14.23%。

(2) 用原始比例数据集1%∶61.5%进行建模，不管是用决策树建立的模型，还是神经网络建立的模型，都不可用。因类型Ⅰ错误率（"坏"

客户错误地划分为"好"客户数目占实际"坏"客户数目的比例）分别为87.5%和100%，这说明用具有倾斜的数据集（绝大部分数据为"好"客户）建立的模型检测的结果也几乎都为"好"客户。因此，对于非对称数据集，如果不进行数据集的比例调整，则得不到正确的结果。

4. 结论与总结。利用银行的实际数据，对模型的效果进行检验和比较的结果表明：

（1）数据集比例为25%：75%的基于决策树的信用卡审批评估模型在预测能力方面优于其他数据集比例的模型（决策树和神经网络），用决策树方法构造的模型所需时间短，得到的结果易于解释。

（2）如果模型建立在一个极不对称的数据集上，则很可能得不到正确的模型，这主要是因为那些被拒绝的申请者可能不会包含在构建模型的数据库中，因此就没有机会来确知他们的信用价值。因而，样本将会是有偏的，也就是不同于一般总体，其中良好的客户大大地得到了表现。使用这一样本得到的模型通常将无法在完全的总体中表现良好，因为用于构建模型的数据与将模型应用到的数据存在差异。

（3）按25%：75%比例数据集建立的决策树模型，由于其类型Ⅰ错误率为25%，显然错误率还是比较高的，这说明在对于申请信用卡客户的审批方面还是存在一定的风险的，目前的审批政策还比较宽松，还有需要改进和加强的地方。

（三）基于粗糙集的欺诈风险分析

1. 欺诈风险分析中决策表的生成。在欺诈分析过程中，由于欺诈产生的原因很多，发生欺诈的机理不清楚，欺诈的种类和表现形式繁多，有时是含糊的，在提取欺诈特征时往往带有盲目性，从而导致实际描述欺诈行为的不分明性，而这种不精确、不完全和不相容性正是粗集理论研究的对象。在欺诈风险分析过程中，描述欺诈行为的特征很多，有些特征是相关的，有些特征是独立的，独立的特征能提供互补信息，因而应该保留；相关特征产生冗余信息，同时会增加计算工作量，因而需要消除，基于粗集理论的特征属性约简正好为消除这些冗余特征提供方便。粗集理论主要研究一个由对象集和属性集构成的数据结构，该数据结构称为决策表。决策表中的对象集表示某些观察、个体或状态，属性集表示对象的描述或表征，如特征、症状、征兆等。属性集分为两大类：条件属性和决策属性。表7-2是粗集理论所研究的决策表，其中 $U = \{X_1, X_2, \cdots, X_n\}$ 称为对象集，$C = \{F_1, F_2, \cdots, F_m\}$ 为条件属性集，D 为决策属性；f_{ij} 表示第 i 个对象的第 j 个状态属性值，d_i 表示第 i 个对象的决策属性值。

表 7 -2   决策表

U	F_1	F_2	$\cdots$	F_M	D
X_1	f_{11}	f_{12}	$\cdots$	f_{1m}	
X_2	f_{21}	f_{22}	$\cdots$	f_{2M}	
			$\cdots\cdots$		
X_n	f_{n1}	f_{n2}	$\cdots$	f_{nm}	

在粗集理论中，用信息系统 S 来描述决策表中对象与属性之间的关系：$S = \langle U, Q, V, f \rangle$，式中：$U$ 为有限元素的对象集，$U = \{X_1, X_2, \cdots, X_n\}$；$Q$ 为有限元素的属性集，$Q = C \cup D$，C 为条件属性集，D 为决策属性集，$C \cap D = \Phi$；$V = \cup V_q$，V_q 为属性 q 的值，$q \in Q$；f 为信息函数，且：$f: U \times Q \rightarrow V$，对任意的 $x \in U$，$q \in Q$，有 $f(x, q) \in V_q$。

不可分辨关系是粗集理论中的一个重要概念。在决策表中，描述对象的属性是一种不精确信息，这种不精确信息造成对象之间是不可分辨的或不分明的，观察这种不可分辨关系的对象正是粗集理论研究的出发点。

定义 1   不可分辨关系：设 S 为信息系统，x 和 y 为对象，$x \in U$，$y \in U$，P 为属性集，$P \subset C$（C 为条件属性），称 x 和 y 是关于 p 不可分辨的，当且仅当对每个 q（$q \in P$），有 $f(x, q) = f(y, q)$。

此定义说明，不可分辨关系实际上是一种等价关系，具有不可分辨关系的对象是条件属性值完全相同的对象。在欺诈风险分析中，决策表 1 应当这样理解：X_i（$i = 1, 2, \cdots, n$）表示欺诈风险的 n 个状态，F_i（$i = 1, 2, \cdots, m$）表示描述欺诈风险的 m 个特征或征兆，d_i（$i = 1, 2, \cdots, n$）表示对欺诈风险的第 i 个状态的评价。

2. 欺诈分析中的特征属性约简算法。

（1）基本概念

定义 2 P 单元集和意想：由条件属性集 P 所确定的不可分辨对象集称为 P 单元集，由决策属性集 D 所确定的不可分辨对象集称为意想。单元集表示根据条件属性（如症状等）对对象所做的一种分类结果，而意想则表示根据决策属性对对象所做的分类结果。

定义 3   上近似、下近似和边界：设 $P^* = \{X_1, X_2, \cdots, X_n\}$，$X_i$（$i = 1, 2, \cdots, n$）表示对象集 U 上的 P 单元集；$K = \{Y_1, Y_2, \cdots,$

$Y_n\}$，Y_j ($j=1, 2, \cdots, m$) 表示意想，定义：

Y_j 的下近似：$\underline{P}(Y_j) = \cup X_i : \{X_i \in P^*, X_i \subseteq Y_j\}$

Y_j 的上近似：$\bar{P}(Y_j) = \cup X_i : \{X_i \in P^*, X_i \cap Y_j \neq \Phi\}$，其中 Φ 为空集

Y_j 的边界：$Bnp(Y_j) = : \bar{P}(Y_j) - \underline{P}(Y_j)$

这里 Y_j 的下近似表示根据属性集 P 肯定能划分到 Y_j 上的对象集；Y_j 的上近似表示根据属性集 P 可能划分到 Y_j 上的对象集；Y_j 的边界表示根据属性集 P 不能肯定是否能划分到 Y_j 上的对象集。

定义 4　Y_j 的粗糙度：

$$\mu_p(Y_j) = \text{card}(\underline{P}(Y_j))/\text{card}(\bar{p}(Y_j))$$

式中 card (x) 为 x 的基数，表示包含在 x 中的元素个数，粗糙度反映了用 P 属性集对对象进行分类的精度。

定义 5　分类质量：分类质量 $\lambda_p(Y_j)$ 描述了全体属性集对对象的分类性能的好坏，其计算公式为：

$$\lambda_p(Y_j) = \sum_{j=1}^{m} \text{card}(\underline{P}(Y_j))/\text{card}(\bar{p}(Y_j)) \quad (2) \text{ 算法描述}$$

根据分类质量的概念，可以对决策表进行简化，在保证分类质量相同或接近的情况下寻求最小属性集，这就是属性约简的原则。依据这个原则，可以给出欺诈风险分析中的特征属性约简算法。首先构造欺诈风险分析中的决策表，按决策属性对对象集进行分类，产生意想集 K；其次按照分类质量的计算公式计算全体条件属性集 C 的分类质量 $\lambda_C(K)$ 和组合属性集 Q 的分类质量 $\lambda_Q(K)$，$Q \subset C$；最后计算出条件属性集 C 的约简结果 $\sigma \subset \min_{\lambda_Q = \lambda_C}\{Q, Q \subset C\}$，这里的 σ 为条件属性集 C 经过特征属性约简算法约简后的属性集合。

(3) 欺诈分析实例

下面通过一个信用卡欺诈风险分析的实例，来说明粗集理论的特征属性约简算法如何应用欺诈风险的分析中去。

利用 http://www.ics.uci.edu 所提供的 1986 年至 1995 年 10 年客户信用卡数据库，通过统计抽样，抽取出 2000 条记录。这些记录数据包括客户的基本信息、客户的有关行为特征以及使用信用卡的信息等，然后对这些数据进行了分析，总结出信用卡欺诈行为与客户使用信用卡的相关信息间的关系，建立了信用卡欺诈风险分析的决策表（如表 7-3）。

表7-3 欺诈风险分析决策表

U	c_1	c_2	c_3	c_4	c_5	c_6	d
1	正常	无	好	3	无	无	2
2	正常	无	一般	4	无	无	2
3	异常	有	一般	2	有	有	1
4	异常	有	差	1	有	无	1
5	异常	无	差	2	无	有	1
6	正常	有	一般	4	无	无	2
7	异常	有	差	3	有	无	1
8	异常	有	差	2	无	无	1
9	正常	无	一般	3	无	无	2
10	异常	无	好	2	无	无	1

表7-3中，U为对象集，即发生信用卡欺诈行为的集合，$C = \{c_1, c_2, c_3, c_4, c_5, c_6\}$为条件属性集，即可能发生信用卡欺诈行为的征兆。其中c_1表示客户使用信用卡模式是否正常，c_2表示客户有无不良嗜好（如嗜赌、酗酒或吸毒等），c_3表示客户的信用情况，c_4表示客户的年龄段（20—30岁用1表示，31—40岁用2表示，41—50岁用3表示，50岁以上用4表示），c_5表示客户是否有沉重的经济负担或压力，c_6表示客户是否暴露出与其收入不相称的财产。d表示决策属性集，即是否发生了信用卡欺诈行为，1表示发生欺诈，2表示未发生欺诈。表2说明，欺诈行为与信用卡客户的有关属性或特征以及使用信用卡的模式之间是密切相关的，通过信用卡客户有关属性或特征的分析能够反映出是否会发生欺诈行为。下面要讨论的问题是在反映欺诈行为的有关属性或特征中，哪些属性或特征是主要的，哪些属性或特征可以去除。由于反映欺诈行为的有关属性或特征是用含糊的、不精确的、不分明的描述来表示的，如正常与异常、有与无、好、差与一般等，适合用粗集理论来研究。

下面应用粗集理论的特征属性约简算法对该决策表进行特征属性约简，中间大量的计算过程略去。该决策表的对象集$U = \{1, 2, 3, 4, 5, 6, 7, 8, 9, 10, \cdots\}$，意想$K = \{1, 2\}$，对应于条件属性集$C = \{c_1, c_2, c_3, c_4, c_5, c_6\}$，分类质量$\lambda_p(K) = 0.827$，满足$\sigma = \min_{\lambda_Q = \lambda_C} \{Q, Q \subset C\}$的最小组合属性集有$\{c_1, c_2, c_4\}$，$\{c_1, c_2, c_6\}$，$\{c_1, c_3,$

$c_4\}$，$\{c_1, c_3, c_5\}$，$\{c_1, c_4, c_6\}$ 和 $\{c_1, c_5, c_6\}$ 六个，主导属性为 $\{c_1\}$。此结果说明，在保证分类质量不变的情况下，原特征中有3个特征是主要的，这3个特征集可能有六种情况，其中最核心的特征是 c_1，即客户信用卡的使用模式，而客户的年龄、信用情况、不良嗜好、经济负担、暴露出与其收入不相称的财产等属性可以作为欺诈风险分析的参考特征。根据统计数据和经验知道，一个人在相当长的一段时间内，其使用信用卡的模式应该是比较固定的，一旦发现远离其习惯的使用模式存在时，系统应发出相应的警报，以帮助管理者及时、准确地甄别欺诈。因此，客户使用信用卡的模式异常是反映欺诈行为的一个非常重要的指标，所以用该算法分析出的结果是比较正确的。

此外，经过特征属性约简算法可以得到许多有用的规则，这些规则非常容易理解，如客户使用信用卡的模式异常容易发生欺诈行为、有不良嗜好的客户容易发生欺诈行为、信用情况好、年龄段在31—50岁的客户基本上不会发生欺诈行为、客户有沉重的经济负担或压力比没有经济负担或压力的客户发生欺诈行为的概率低、年龄段在20—30岁之间的客户发生欺诈行为的概率高、暴露出与其收入不相称的财产的客户容易发生欺诈等规则。利用这些规则，可以帮助企业及时地预测和发生可能发生的欺诈行为，采取相应的措施避免欺诈行为的发生。

四、保险业风险信息的挖掘

（一）保险业风险概述

随着我国经济体制改革的深入发展和对外经济开放，全社会的风险意识和保险意识不断增强，保险作为风险管理的重要方法日益受到重视。我国自从1980年恢复国内保险业务以来，保险业务得到持续高速发展，业务范围不断扩大，业务种类也不断增加。保险公司成功的一个关键因素是要在设置具有竞争力的保险费率和覆盖风险之间选择一种平衡。随着我国即将加入WTO，保险市场竞争日趋激烈，设置过高的保险费率意味着会失去市场，而保险费率过低，又会影响公司的赢利甚至导致亏本。对于保险公司来说，保险是一项风险业务。保险公司的一项重要工作就是进行风险评估，它对保险公司的正常运作至关重要。如果保险公司对其保险业务风险有一个准确的科学分析和预测，制定合理的保险费率，就会在市场中立于

不败之地。当前，我国保险业面临的风险主要来自以下几个方面：①②

1. 保险本身的风险。随着商品经济和保险业的发展，现代商业保险已比早期保险的盲目性经营有了显著的进步。其最突出的表现是，保险经营是以概率论和大数法则为数理基础，通过对未来风险的准确预测，能够事先收取合理的保险费，事后进行合理的补偿和给付并实现保险经营财务稳定性与保险费负担合理性的统一。此外在经营中，随着保险承保标的的增多，保险经营风险将不断下降，可以说，这是现代保险的科学性所在。但是，我们也应该清醒地认识到，保险这一机制并不因为存在理论上的科学性而在实践上就无风险性，而且仅就理论而言，保险科学性的许多前提条件或假定在实践上不一定都能成立。

从一般概念看，保险企业就是经营风险，提供保险保障的企业。经营风险实质上是指保险企业作为中间者，通过对特定风险的识别和分类，将特定风险在众多被保险人之间进行分散。提供保险保障则是指保险企业向被保险人收取保险费，接受众多被保险人转移的风险，同时向被保险人提供数倍于保费的保险金额保障。因此，保险经营无疑具有很大的风险性。

保险业的业务风险本身具有不确定性，因而保险赔款支出（或保险成本）也具有不确定性。在保险经营中，按以前的损失资料预测赔款支出，向被保险人收取固定的保险费，用于今后不确定的赔款，这种经营方法本身就潜伏着风险。至于大数法则，我们对其在实践中的作用也应有正确的认识。一家保险公司，尤其是中小公司或区域性保险公司对某一特定风险所承保的数量在实践中也很难充分达到理论上大数的数量要求。

保险机制所潜伏的种种风险是随时可能触发的。如果保险经营者不遵守保险原理，不顾法律法规和市场规则，超范围经营，就必然触发潜伏着的保险机制本身的风险，给保险企业造成难以挽回的损失。

2. 经营不规范风险。经营不规范风险是保险经营者不按保险原理依法合规经营而产生的危害保险业良性发展的各种风险。这种风险源于保险业内部，是保险经营者可以避免和控制的。但是，由于长期受粗放型经营思想的影响，保险经营者往往都偏重业务发展的速度，轻视业务发

---

① 吉根林、孙志辉：《基于数据挖掘技术的保险业务风险分析》，《计算机工程》2002 年第 2 期，第 239—240 页。

② 王国良：《我国保险业面临的风险与风险管理》，《中国金融电脑》2002 年第 2 期，第 6—8 页。

展的效益；注重承保的规模，轻视承保的质量；注重对承保风险的承诺，轻视对承保风险的管理，由此引发了涉及面广、影响力大的经营不规范风险。

（1）市场竞争无序引发的风险。市场竞争无序突出表现在同业间价格竞争的不合理性和利用外来力量竞争的不公平性。同业间价格竞争的不合理性集中表现为通过低费率、高返还、高手续费、高保障范围和协议性承保等违法违规的手段在市场上争揽业务的不正当行为。利用外来力量竞争的不公平性主要表现为有的保险公司在业务经营中渗透包括行政权力、私人关系在内的外来力量，并力图通过这种力量来促使客户投保，甚至还不惜通过向企业发放巨额贷款和帮企业担保、融资等手段，来达到其扩张市场份额的目的，有时还在理赔中掺杂人情、私利，以求续保和增保。市场的无序竞争，使有的市场主体淡忘了风险意识，无限制地承揽风险，而忘却了风险的管理，最终受损的也必然是保险业的整体利益以及保户的权益。

（2）保险中介市场发育不良、保险中介人作风不正带来的风险。目前，我国产险中介队伍主要由经纪人和代理人组成，且代理人皆为兼职，没有专职。寿险中介则只有代理人也就是寿险营销员在有规模地开展业务。可见，数量不多、良莠不齐、发育不良，是目前我国保险中介人的整体状况。保险中介队伍的发育不良使广大保户的利益不能充分体现，并严重影响保险展业、理赔机制的有效运作和效率的提高。从已经进入保险中介市场服务的人员看，他们大多数只受过短期培训，金融保险方面的专业知识明显不足，且个别人员流动性较大，往往只顾短期利益而没有长远的打算，服务水平和服务质量都不尽如人意。有的在业务活动中过分夸大保险的好处，不如实履行告知义务，误导消费者；有的风险意识淡漠，保费收入第一，不顾承保质量，坑害保险公司；有的先签单后报告，造成既成事实，甚至用划小保额的方法，逃避监督，酿成风险；有的经纪人在客户那里抬高费率，到保险公司又千方百计压低费率，从中捞取费差，两头渔利；有的保险中介人截留保费，挪作他用，甚至卷款而逃等，如此种种，给中国的保险市场造成了严重的恶果。

（3）资本经营机制不规范造成的资金结构风险。其突出表现在：①资产结构配置不合理，没有系统地根据产、寿险对资金运用的不同要求分别制定不同的资金运用策略；②资金使用过程中的机会成本浪费现象相当严重，这固然有国家政策、法规等方面的限制因素，例如保险资金缺乏高收益的投资渠道，但也有保险公司自身的原因，例如有的经营机构一时兴起，盲目投资，有时又缩手缩脚，错失盈利良机；③缺乏明确的资产负债管理目标，资金来源与运用的结构和期限互相不协调，没有很好地实行"投资免疫策略"来规避风险；④对投资、贷款的市场调研，投资渠道的论证、评估、审批，缺乏科学性、深入性和全面性，存在着长官意志和盲目跟风等现象。从世界范围来看，资金运用不当所造成的风险是触目惊心的，国内外许多金融机构的倒闭都与资金运用不当有关。

3. 经营道德风险。保险经营道德风险的形式多种多样，但其源头不外乎三个方面：一是来自于从业人员的道德风险；二是来自于被保险人的道德风险；三是从业人员与被保险人串通一气所产生的道德风险。无论经营道德风险形成的具体情节怎样不同，其基本目的和方式总是万变不离其宗。来自于从业人员的道德风险主要是诈骗、挪用、贪污保险金，他们往往在理赔活动中索贿、受贿，在业务经营活动中心存侥幸谋私利，名义上做保险，实际上搞集资、融资；来自于被保险人的道德风险目的相对简单，主要为故意隐瞒可预知的风险，不履行告知义务，有违于保险的诚信原则，进行骗保活动，他们在没有发生保险事故或仅仅发生程度较轻的保险事故时，故意制造、谎报事故或虚报事故损失程度，进行骗赔活动；来自于从业人员与被保险人联手制造的道德风险防范最为困难，它主要包括承保、核保人员与被保险人相互勾结，进行欺诈性的保险业务，损害保险人的合法利益，有的勘察、理赔人员与被保险人相互勾结，制造假赔案或人为扩大损失程度，公然骗取保险赔款，甚至还有个别的保险公司负责人与被保险人沆瀣一气，侵吞国家资产。

4. 电子化风险。随着网络技术的广泛应用，保险业绝大部分重要部门和主要业务管理将逐步实行电子化，如利用网络开展营销和核保核赔，利用电脑技术进行公司内部行政管理、财务管理和信息分析辅助决策等。如果不法之徒在这些重要的环节利用高科技手段从事犯罪活动，其破坏力可想而知，而且这类高科技的犯罪行为隐蔽性强，往往难以防范和及时侦破。根据以往的案例，大致有这样几种电子化风险应该引起我们的注意：

（1）被授权的从业人员对财务、资金等方面的电子数据进行非监控修改、转移，从而造成财务混乱、资金损失；

（2）公司内部人员利用网络技术，非法窃取并向外界泄露公司经营机密，严重影响公司的竞争力；

（3）公司内部人员出于发泄私愤等原因故意破坏公司电脑网络，干扰保险公司正常的业务经营活动；

(4) 外界的商业间谍以"黑客"方式进入保险公司电脑网络,大量盗取商业情报;

(5) 其他怀有各种目的的"黑客"进入保险公司电脑网络,造成破坏和混乱。

5. 政策性风险。政策性风险主要是指国家新出台的方针政策和法律法规与保险业的既定经营战略二者间的差距所带来的风险。目前主要是利率调整对保险业将来的偿付能力造成了巨大的风险隐患。利率风险不仅影响到寿险业的发展,更危及寿险业的生存,如果不妥善解决,还会对整个社会的稳定造成相当大的危害。近两年,银行存款利率连续七次下调,而国内保险公司在过去两年中大多参照当时较高的银行利率设计出保单的预定利率。由于保险条款一旦签订便长期不变,随着银行不断降息,保单预定利率与银行存款利率之间倒挂的矛盾势必日益加深,"利差损"继续扩大,导致有的公司只能靠不断增加新的保费收入来弥补给付的不足,业务经营恶性循环,令人担忧。保险资金虽然只占全国金融业资金的2%,但它的赔(给)付问题却牵涉全国千千万万的个人和集体。一旦保险业真的出现赔(给)付危机,那么它所引发的社会问题将十分严重。

(二)医疗保险数据分析实例

田金兰等(2000)[①] 利用 SGI 公司的 MineSet 工具中的分类器对某市的医疗保险数据进行数据挖掘。该医疗保险数据库由个人信息表、单位信息表、一定时间段内(月)索赔单据表等数据表组成。各表信息如下所示。

表7-4 个人信息表

个人保险号	姓名	性别	出生日期	单位编号	全年工资总额	投保日期
3504274308250011	X	男	19430825	0000000663	19411	19970701
3502116405101511	Y	女	19640510	0000000663	15529	19970701
3502115409043551	Z	男	19540904	0000000664	7051	19970901
……			……			

---

① 田金兰、李奔:《用决策树方法挖掘保险业务数据中的投资风险规则》,《小型微型计算机系统》2000年第10期,第16—19页。

表7-5 单位信息表

单位编号	单位名称	地区编号	单位类别	投保日期
0000000330	某市国联置业有限公司	05	03（企业单位）	19971101
0000000331	某市经贸信息中心	03	03（企业单位）	19970901
0000000352	某市妇幼保健院	01	02（企业单位）	19970701
……			……	

表7-6 某月索赔单据表

单据编号	营业员编号	个人保险号	索赔金额	索赔日期
424300	01	3526017202011021	17.78	19980101
424190	06	3502056009140011	78.2	19980101
424191	19	3502047201172011	274.5	19980101
……			……	

数据挖掘工作包括下面几个步骤：

1. 数据整理。根据直观经验去除数据中的冗余信息，统计了一定时间段内个人进行医疗保险索赔次数，最终得到一张描述该月内个人索赔信息的数据表格，如表7-7所示。

表7-7 个人索赔信息表

个人保险号	年龄	全年工资总额	单位性质	地区编号	索赔次数	是否赔偿
3502043808264031	60	7051	03（企业单位）	03	0	0（否）
3502114704291511	51	14287	02（事业单位）	01	8	1（是）
350204260413401	72	6376	09	01	21	1（是）
……			……			

2. 数据分析。在 MineSet 中，给出一个数据集中的一些属性，分类器可以预测出某一个特定的属性。我们把被预测的属性叫做标签（label），用于预测的其他属性叫做描述性属性（descriptive attributes）。MineSet 可以从一个训练集中自动地生成分类器。这个训练集由数据库中在给定描述性属性的基础上标签已经被给定的记录集组成。在生成分类器后，可以利用它来对数据集中不包含标签属性的记录进行分类，标签

的值可以用分类器来预测。

在分析保险业务时，投保人是否索赔是从业人员最关心的信息。对于上面的数据集，田金兰等把属性"是否索赔"作为标签属性，该月索赔信息的整个数据集作为训练集。

3. 数据挖掘。首先应用 MineSet 的"列重要性"数据挖掘方法得出描述性属性对标签属性的影响程度最大的一些列，得出的结果是"年龄"、"全年工资总额"和"单位性质"三个属性对标签属性影响最大。

他们选择了"决策树"方法，选定 MineSet 中的"Classifer and Error"（分类及错误率评估）模式，并对交叉纠错方法涉及的一些参数进行设置后运行程序得到有关该保险数据集的一棵决策树。

4. 挖掘结果分析理解。从他们的实验结果可以看出，决策树给出的第一个选择条件为年龄。这与经验常识相符，即年龄大的人可能身体要差一些。56 岁是一个分界线。年龄小于 56 岁的，在根节点的左分支，总人数为 4140，其中不索赔人数为 3742，占 90.39%，索赔人数为 398 占 9.61%；而在右分支，年龄在 56 岁以上，总人数为 2261，其中索赔人数为 626，占 27.69%，所占百分比例显著上升。"年龄在 56 岁以上的投保人索赔概率大"是田金兰等用决策树方法在上述医疗保险数据中挖掘出的一条保险业投资风险规则。

五、证券风险信息挖掘

（一）证券业风险概述

中国证券市场在短短 20 年间获得了长足的发展。按照现代证券投资理论，高收益是和高风险相对应的。如何在最低的风险下获得最高的收益，不仅是证券投资者所追求的永恒主题，也是作为资本市场的主体之一的证券公司所高度关注的命题。甚至在某些资本市场从业人员看来，证券公司的全部任务，是通过对风险的管理或经营而获得收益，在寻求风险与收益的相对平衡中获得生存。要将风险最小化，首先我们需要弄清风险的来源，进而采取措施降低甚至避免风险。影响我国证券业风险的因素主要有以下五个方面：

1. 佣金因素。从传统经济理论来看，佣金下降，客户的交易成本降低，有助于刺激行业需求和增大市场的交易量，但实际并非如此。另一方面，证券公司通过调高佣金率也达不到增强证券公司经纪业务盈利能力的目的。主要原因是：

首先，佣金因素对交易量的影响是非对称的。交易量与佣金变量的函数关系具有非对称的特征，即当佣金下降时，交易量对于佣金的变化弹性较小；当佣金上调时，交易量对于佣金的变化弹性则较大。在这种情况下，由于担心交易量大幅下降，证券公司不敢轻易调高佣金率。

其次，原子型市场中的"共谋"行为难以达成。王聪等学者从企业规模、经纪业务市场集中度等角度进行实证分析，认为我国证券业属于集中度很低的原子型市场。在这样集中度很低的原子型市场中，证券公司间有关调高佣金率的"价格同盟"显然难以达成。

2. 股价水平。我国证券市场股票价格水平与换手率之间呈现明显的相关性。江振华认为，股票价格水平与换手率之间的相关性，反映出以下两个方面互相强化的因果关系：一方面，当换手率指标低时，表示投资者对市场热情程度低，平均股价相应趋低；反之，当换手率指标较高时，表示投资者对市场热情程度高，平均股价也相应趋高。另一方面，当平均股价趋低时，投资者又将此视为市场短期投资机会少的信号，从而对股票市场热情程度进一步降低，导致换手率指标进一步趋低；反之，当平均股价趋高时，投资者将此视为市场短期投资机会多的信号，导致换手率指标进一步趋高。由于换手率与股价水平成正向相关性，股价因素通过影响换手率指标和通过直接影响交易证券总金额，进而对行业利润率的两方面影响是同方向的，从而加剧了行业利润的波动风险。但从理论上看，换手率与股价之间除了呈正向相关性外，还可能呈现负向相关性或互不相关。如果出现换手率与股价水平之间呈负向相关性的情况，则股价因素通过换手率指标对行业利润的影响，会部分抵消股价因素通过交易证券总金额对行业利润的影响，从而起到降低行业利润波动风险的作用。

3. 投资者行为模式因素。人们普遍认为我国证券市场是投机性很强的市场，著名经济学家吴敬琏曾将中国股市视为一个"赌场"。2001年6月深沪股市开始大调整，导致此次下调的原因是多方面的。江振华依据境内外投资者的"异质性"理论，认为证券市场国际化是导致2002年我国股市从"牛市"转向"熊市"的重要原因，即当一国股市对外开放后，因境外投资者和境内投资者在对股价预期或市场收益率要求等方面可能存在的差别（或"异质性"），导致境内外投资者之间的投资行为互相影响和牵制，从而会改变或影响原有国内股市的运行规律。2005年开始，我国股市又重新进入牛市阶段。笔者认为，投资者对人民币升值、股权分置改革效果及未来中国经济形势的多方面预期是形成此轮牛市的原因。但这些预期是否过于乐观，以及市场是否存在过去我国股市惯有的投机性，这还有待未来市场走势得以进一步验证。

4. 证券公司数量因素对行业风险的影响。在我国证券业发展前期，经纪业务的行业利润率很高，导致证券公司的数量迅速增加，如 2000 年证券公司的数量和全行业利润总额分别达到 100 家和 241 亿元。2001 年以后，随着我国证券行业利润率的下降，2002 年后开始出现全行业亏损。从传统厂商理论来看，厂商进入和退出是有效调节行业利润水平的方式，但我国证券业的这一退出机制效果很差。2001 年以后，尽管该行业很不景气，但证券公司数量反而增加到 2004 年的 133 家。我国证券公司的国有产权制度是导致这一现象的重要原因。由于我国证券业退出机制不健全，使政府管制保护了那些本应被市场淘汰的证券公司。2006 年我国证券行业又由亏损转为盈利，但这种局面的出现是基于中国股价指数的超常爆发性上涨。从长远来看，我国证券业不确定或不稳定风险未必会因 2006 年以来的牛市形势而消除。因此，未来应该避免证券公司的数量因牛市原因而大量增加的局面再次出现。

5. 经纪业务成本因素对行业风险的影响。囿于传统的营业部扩张模式及行业景气高涨的刺激，我国证券公司曾纷纷按较大行业的需求量来设计营业场所和电子设备的拥有量，使证券公司经纪业务的固定成本很大。当行业不景气时，由于具有很强刚性特征的固定成本比重很高，经纪业务总成本也相应呈刚性特征。因此，证券公司难以通过降低成本来抵御熊市时利润的下降，这样不利于行业平均利润率的稳定。随着我国互联网和电子商务风潮的兴起，使证券交易的载体发生了很大的变化，而网上证券交易成为新一轮的竞争热点。尽管网上交易成本低廉，但目前我国大部分证券公司的网上交易业务只能算是原有委托方式的一种补充，其对营业部的替代作用还远远没有发挥出来。因此，网上交易业务的开展降低证券公司存量固定成本的帮助不大。

（二）证券市场信息分析实例

1. 异常点挖掘的生命周期过程。周欢等（2009）[①] 提出了一个异常点挖掘的生命周期模型。该模型指出异常点挖掘应该包括定义目标、选择

[①] 周欢、孙易木：《异常点挖掘在证券业的应用研究》，《商业时代》2009 年第 13 期，第 83—84 页。

数据源、选择挖掘算法、设置初始维（组合）及域值、计算验证、迭代以及后期分析7个步骤（如图7-3）。

定义挖掘目标。从数据挖掘的七个步骤来看，定义目标应该是一张宽泛的、粗线条的需求定义列表，例如：对客户交易记录进行异常点挖掘，找到异常交易和可疑记录；发现不同类型客户分组中的特例，等等。

选择数据源。异常点挖掘和数据挖掘的数据源一般来说是一致的，在此基础上根据挖掘目标进行选择和预处理。此外，为了获得更佳的挖掘效果，需要对进行异常点挖掘的数据源做预处理。大部分情况下，这类数据源的预处理将在任务开始时完成，并且可以直接运用到异常点挖掘中。

选择算法。涉及异常点挖掘的算法较多，比较常用的有基于统计的算法、基于距离的算法、基于偏差的算法，每种算法都有不同的实现。在实践中需要针对不同的挖掘目标，不同的数据源，不同的资源条件，对算法做出选择和优化。

维和初始参数的选择。在异常点挖掘时，证券客户不同的维（属性）组合得到的异常点可能完全不同。有些记录在某些维度上的偏差较大，当计算包括这些维度时，往往会覆盖其他维对异常点判断的影响，而不考虑这些维时，这些点并不表现得多么"异常"。因此，需要单独考察某些维度组合上的异常情况；同时，也需要在过滤掉那些过于"异常"的维度和记录之后，考察其余维度上的异常情况。除了维度的选择，在开始计算时，也要考虑域值的初始值设置。对于基于距离的异常点挖掘算法，邻域阈值 k 的取值非常关键，尤其对于局部异常点挖掘，k 的不同取值可能产生完全不同的结果。

计算并验证异常点。挖掘算法的实现可以借助一些统计分析工具，例如 SAS、SPSS 等，或者是自己实现挖掘算法。相比计算，验证异常点就要困难得多，首先必须保证算法的实现是正确的，其次即使使用一个可靠的程序进行挖掘时，仍然可能会有误差和噪音干扰挖掘结果。一个办法是通过迭代计算比较多次结果后剔除，而迭代是整个异常点挖掘过程的一个必须环节；另一个办法是观察异常点数据的特征，当数据是低维（小于3维）时可以使用散点图观察样本分布，通过直观比对挖掘得到的异常点的位置来判断有效性。

迭代计算（调整维组合和域值）。一次异常点挖掘的结果，并不意味着挖掘过程的结束，还需要调整维组合和域值之后迭代计算，得到更全面和系统的结论。例如，对于一个基于佣金和交易次数两个维度组合得到的异常点，我们认为它是在维度组合【佣金，交易次数】上的异常点，而对于其他维度组合则不一定，或者还有更加"异常"的样本点存在。对于不同维度组合下的综合考察可以帮助我们找到更加"合格"的异常点，迭代计算可以帮助我们完成这项任务。异常点的计算是一个动态的过程，从初始的维组合和参数设置开始，需要制订一个有条理的维组合选择计划，每次计算选择不同的维组合进行计算，同时验证所得的异常点是否有效，以决定域值和维的选择。一旦对数据进行了若干轮挖掘并获得输出结果后，便可据此进行后期分析和目标检验。

后期分析。后期分析的主要任务是综合之前的计算结果，结合挖掘目标和问题背景，解释异常点产生的原因，指出需要采取的措施和方案建议等。为了对异常点做出合理解释，需要结合行业知识和其他外部信息，包括专家知识、相关规范标准、行业平均水平等作为参考。因此，异常点挖掘结果应该是一份全面描述挖掘过程，对结果进行综合分析，并加入与目标相适应的解决方案和建议。

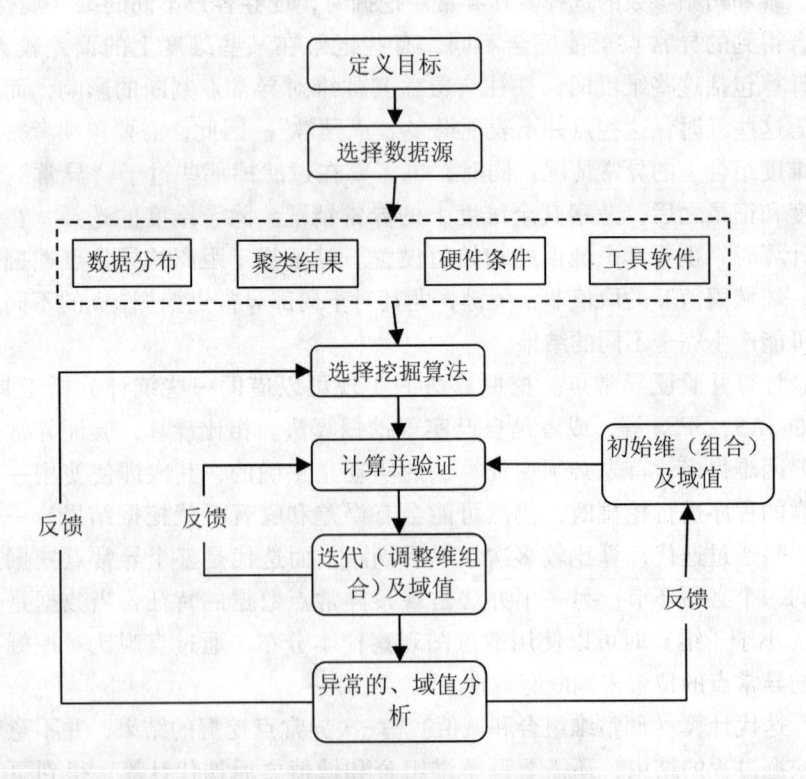

图7-3 异常点挖掘的生命周期步骤图

2. 应用分析。定义挖掘目标。周欢等以异常点挖掘生命周期模型为指导，通过异常点挖掘，帮助券商发现客户的（潜在）异常交易行为。具体包括两方面的作用：一方面作为客户细分结果的验证，找到每个客户组群上的边缘客户，为聚类分析结果提供验证和补充，另一方面，通过异常点挖掘标记出每个组交易异常的客户。客户数据取自某证券公司营业部某年度的客户交易数据，涉及客户21580人，客户属性经处理后选取用户 ID、交易总量、佣金、交易次数、资金量、股票成交次、股票变动次数、资金变动次数、年龄、开户时长，其中用户 ID、年龄和开户时长未参与计算。

选择数据源。聚类分析为异常点挖掘提供了数据预处理，使得挖掘能够更加精确和高效。实际操作中，直接使用聚类获得的结果作为异常点挖掘的客户分组，记为 c_1、c_2、…、c_5（聚类过程略）。表7-8列出了聚类结果。由于 c_2、c_3 和 c_5 样本数量太小，异常点挖掘意义不大，故不参加计算。

选择算法。考虑到数据源、软硬件条件以及时间限制等因素，实验使用基于距离的算法进行异常点挖掘；在验证异常点时，使用统计偏差监测方法进行异常点检验。维和初始参数的选择。周欢等通过对维组合和域值的设置、不断进行迭代和尝试，对结果进行观察，最后一次计算的维组合是【佣金、交易次数、股票变动次数、资金变动次数】，其中佣金和交易次数是原始变量，而股票变动次数和资金变动次数是两个复合变量，由聚类之前的数据预处理得到；对于域值 k，根据试验以及考虑到性能的代价，取 $k=15$ 进行计算。

表7-8 聚类结果概述

分组 Cluster	频次 Frequency
1	21347
2	19
3	11
4	201
5	2

计算并验证异常点。当确定了挖掘目标、数据源、挖掘算法、初始维组合和域值之后，就可以进入计算和验证过程。

迭代计算。把不同维组合计算出的异常点进行综合，可以得到该数据集所有的异常点。对于 c_4（c_1 略），最后综合得到的异常点在各个维度上的取值（如表 7-9）。

表 7-9 c_4 异常点维度取值

异常类型	客户代码	股票变动次数	交易总量	佣金	交易次数	资金量	股票成交数	资金变动次数
全局异常点	8224857	5.4462	10.7920	7.1238	5.6064	15.9060	16.7685	5.5318
	8223833	1.6483	3.2507	8.6034	1.5384	37.2340	7.5618	1.5363
	8224856	4.0063	6.5621	4.2990	4.0679	9.3908	8.6709	4.0063
	8224964	13.0251	2.5706	5.1776	5.6467	3.1024	2.7978	6.5321
	8209385	13.0138	0.0421	0.1980	3.4802	0.4100	0.2800	4.0845
	8224756	2.4472	3.8332	9.8864	2.5064	1.2860	1.8926	2.6036
局部异常点	8224292	2.8242	0.2245	0.7076	0.5531	1.1410	1.0025	0.7372
	8216612	1.1644	0.3115	0.6780	1.2157	2.1800	0.1894	6.2080
	8223969	5.4349	0.3904	0.3854	0.4206	2.2270	1.5360	0.9389

后期分析。该阶段需要对比计算结果和最初定义的挖掘目标，根据异常点的数据特性解释其异常原因，并且总结出那些潜在的知识和规律。表 7-9 列出了 C_4 群组中所有的异常点及其表现，对比异常点和该维度上的均值可以得到一个简单的分析结果。对于局部异常点，即表 7-9 中列出的客户 8224292、8216612 和 8223969，较难对其做出一个直观合理的解释，但在某些情况下，局部异常点恰恰是那些潜在的、被忽视的数据或者线索。例如 8216612 客户，可以看到他的资金变动次数远高于均值，而其他对应的股票操作都接近均值，因此，不能排除其频繁通过股市进行资本操作甚至是风险或者非法操作，而这些需要券商作进一步的分析。通过对异常点的分析，券商可以深入了解这些客户的交易行为特征，为开展精细化营销提供科学依据。

第八章 客户知识挖掘

一、客户知识挖掘概述

（一）客户知识挖掘的理论基础

1. 客户理论。[①] 客户理论（Theory on Customer）是与客户有关的理论，它是关于客户行为、客户心理、客户价值的研究，以及企业对客户的相关评价、判断等密切相关的理论集合。客户理论能够全面解释一个客户从认识一个产品（服务）到做出购买决策的整个过程。客户理论以客户属性（特征）为分析对象，采用定性和定量的分析方法，指导客户管理系统按某一主题对客户进行分析，比如客户满意度分析、利润率分析、客户忠诚分析、客户价值分析等。客户分析的结果是产生有效的客户战略或策略，如客户保留策略、市场营销策略（如目标市场选择策略、营销组合策略、价格策略）、销售策略等。客户理论揭示了客户决策过程的一般规律，是客户知识挖掘存在的客观依据和实现的理论支柱，可以用来指导客户知识挖掘系统的设计和实施，在客户知识挖掘体系中发挥至关重要作用的角色。对客户理论的研究和应用能够促进客户知识挖掘理论研究和学术探讨体系化、统一化。[②③]

2. 知识管理理论。[④] 知识管理（Knowledge Management，KM）是以知识为基础的管理活动，强调企业成员对企业中各类知识的认知与学习，使

[①] 杨林：《客户智能的基本知识》，《中国计算机用户》2003 年第 46 期，第 46—47 页。
[②] 王先玉：《现代商业银行管理学基础》，中国金融出版社 2006 年版。
[③] 钟志勇：《商业银行定义与商业银行法的适用范围》，《石家庄经济学院学报》2003 年第 2 期，第 121—122 页。
[④] 王战平、柯青：《客户知识管理概念研究》，《情报科学》2004 年第 1 期，第 19—21，第 91 页。

得各类知识在企业内外部得到有效利用,并以此作为企业各环节运行的基础,逐渐形成创新意识,提高知识经济时代企业的竞争力。在知识管理活动中,一项重要的内容就是对客户知识的管理。① 客户知识是企业外部知识网络的一个主要部分。企业对客户知识进行管理的核心就在于明确对企业有利的外部知识的范围,对其进行系统整理和有效运用,并尽可能将知识内化到企业知识库中,实现企业内部知识与外部知识的系统性、统一性和连续性。可以说,客户知识是知识管理工作的沃土,客户知识管理就是通过在与客户互动的交往过程中创建、交流和应用知识来增加企业价值和维持竞争优势的过程,这也正是客户知识挖掘的本质所在。

3. 商务智能理论。商务智能(Business Intelligence)工具从数据仓库中提取本次处理所需的信息加以分析,得到辅助决策的知识,然后将这些知识呈现于用户面前,促使其做出商业决策。② 商业决策中总结出的商务规则又被加入到商务智能工具中,为解决同类问题提供依据,优化分析过程;同时,这些商务规则也很可能对日常事务的处理具有指导意义。商务智能的工作过程还有一个重要的环节,就是反馈。决策者正确执行做出的商业决策后,将执行结果和意见反馈给数据集成和各个分析环节,以便修正其中的缺陷,完善商务智能的工作过程。因此,商务智能使企业管理者和决策者以一种更清晰的角度看待业务数据,从中开发出结论性的、基于事实的和具有可实施性的知识信息,用于提高企业运转效率、增加利润并建立良好的客户关系,使企业以最短的时间发现商业机会、捕捉商业机遇。

(二)客户知识挖掘的支撑技术

1. 数据挖掘技术。数据挖掘技术有多种功能,如特征提取、分类分析、聚类分析、关联分析、序列模式分析、偏差分析及预测和数据可视化等。在客户关系管理(CRM)中,它可以应用到以下几个方面:

(1)客户群体分类分析。在电子商务环境下,利用数据挖掘技术可对大量的客户分类,提供针对性的产品和服务。

(2)交叉销售。现代企业和客户之间的关系是经常变动的,需要对其进行交叉销售,为客户提供新的产品或服务。数据挖掘可以帮助企业分析出最优的销售匹配。

---

① 黄亦潇:《客户知识获取的理论与应用研究》,电子科技大学硕士学位论文,2006年。
② 艾丹祥:《基于数据挖掘的客户智能研究》,武汉大学硕士学位论文,2007年。

（3）客户的获得、流失和保持分析。企业的增长和发展壮大需要不断维持老客户和获得新客户。数据挖掘可以帮助企业识别出潜在的客户群，提高市场活动的响应率，使企业做到有的放矢。

（4）客户价值分析和预测。企业若不知道客户的价值，就很难做出适时的市场策略。数据挖掘技术可以分析和预测不同市场活动情况下客户价值的变化，帮助企业制定适合的市场策略。

（5）客户背景分析。了解客户背景资料，有助于企业对客户的分析，从而更好地制定客户策略。数据挖掘可以从大量的、表面无关的客户信息中发现许多对企业有用的商业模式。

（6）客户满意度分析。分析客户对企业产品和服务的满意度，可以帮助企业改进客户营销策略，从而增加客户的忠诚度。数据挖掘可从零散的客户反馈信息中，分析出客户的满意度。

（7）客户信用分析。针对不同信用级别的客户，企业可以采取不同的赊销方案等。数据挖掘可从大量历史数据中分析出具体客户的信用等级。

2. 数据仓库和 OLAP 技术[①]。数据仓库（Data Warehouse）和 OLAP（Online Analytical Processing）技术是支撑客户知识挖掘的另一项重要技术。

（1）数据仓库技术。数据仓库（Data Warehouse，DW）是一个面向主题的、集成的、时变的和非易失数据集合，支持管理部门的决策过程。数据仓库的构建是一个处理过程，数据仓库是一个从多个数据源收集的信息存储库，存放在一个一致的模式下并且通常驻留在单个站点。数据仓库通过数据清理、数据变换、数据集成、数据装入和定期数据刷新过程来构造。数据仓库系统由数据仓库、数据仓库管理系统、数据仓库工具三个部分组成。在整个系统中，DW 居于核心地位，是知识挖掘的基础；数据仓库管理系统负责管理整个系统的运作；数据仓库工具则是整个系统发挥作用的关键，包含用于完成实际决策问题所需的各种查询检索工具、多维数据的 OLAP 分析工具、数据挖掘 DM 工具等，以实现决策支持的各种要求。

（2）OLAP 技术。联机分析处理（Online Analysis Process）是一种重要的数据分析工具，它的概念最早是由关系数据库之父 E. F. Codd 于 1993 年提出的，他认为联机事务处理 OLTP（Online Transactional Processing）已不能满足终端用户对数据库查询分析的需要，因此他提出了多维数据库和多维分析的概念，即 OLAP 的概念。OLAP 是针对特定问题的联机数据访问和分析技术。通过对信息的多种可能观察形式进行快速、稳定一致和交互性

[①] 叶得学、韩如冰：《浅谈数据仓库和 OLAP 技术》，《甘肃科技纵横》2009 年第 2 期，第 25 页。

的存取，允许管理决策人员对数据进行深入观察和分析。OLAP 是使分析人员、管理人员或执行人员能够从多种角度对从原始数据中转化出来的并能够真实反映企业情况的信息进行快速、一致、交互式访问，从而获得对数据更深入了解的一类软件技术。OLAP 的目标是为管理决策提供支持，因此可以说 OLAP 是多维数据分析工具的集合，使最终用户可以在多个角度、多侧面观察分析数据，从而深入了解数据中信息或内涵。

3. 人工智能技术。[①] 基于人工智能技术进行客户知识框架研究，主要分为三部分：客服知识库数据的补充更新管理、自动问答分析处理系统建设与管理、交互渠道的建设与管理。其中，客服知识库数据的补充更新管理是智能问答功能的数据基础，主要由市场业务部门根据业务发展向客服知识库补充更新业务信息，如业务介绍、资费政策、推广活动等；由网络维护部门根据网络维护情况向客服知识库补充更新网络维护信息，如通用投诉解答、工程公告、网络信息等；由客户服务中心统一对知识库进行管理维护。自动问答分析处理系统是智能问答的功能核心，首先根据客服系统知识库信息构建问答对数据库（专用知识库），再以问答对数据库为数据基础，通过问句预处理、问句的扩展与语义计算、问答对数据索引与检索、问答对匹配等计算过程针对用户使用自然语言的提问给出最为恰当的解答结果。交互渠道的建设与管理是智能问答功能的呈现展示界面，通过系统与外部成型的用户访问渠道（如互联网、IM 工具等）的接口，实现系统互联，通过这些交互渠道向用户提供问答交互的使用界面。

二、客户知识挖掘流程

（一）客户知识挖掘目标分析[②③④]

客户知识挖掘目标分析是指从发现客户业务机会到确定知识挖掘目

[①] 刘国刚：《人工智能客户服务体系的研究和实现》，《现代电信科技》2009 年第 3 期，第 51 页。

[②] Dorian Pyle 著，杨冬青等译：《业务建模与数据挖掘》，机械工业出版社 2004 年版。

[③] 迈克尔·J. A. Berry 等著，袁卫等译：《数据挖掘——客户关系管理的科学与艺术》，中国财政经济出版社 2004 年版。

[④] Berry, M. J. A. ; Linoff, G. S. 著，别荣芳等译：《数据挖掘技术 市场营销、销售与客户管理领域应用》，机械工业出版社 2006 年版。

标的复杂过程。这一过程是反复的、非连续性的和难以预期的。尽管如此，它也不是无法可循的，它有一些必须完成的关键步骤，主要包括：

1. 识别业务相关者。业务相关者是与客户知识挖掘所涉及的业务活动具有直接或间接利益关系的人员，也是要与之沟通与交流的对象。具体来说，业务相关者包括以下五类角色的人员：

（1）需求者。需求者是那些在日常工作中面临或操作业务问题的人。他们会对问题的根源、解决的办法及其应用形成直观和理性的思路，更懂得感知到的需求的更深层价值。但需求者因为距离业务太近而难以从更广阔的视角看待问题，他们所能表达出来的需求通常是基于想要得到的解决办法，而不是基于问题本身。因此，对于需求者的要求既要重视又要持有一定的怀疑，技术人员需要慎重地对需求者所提出的预期解决方案背后的问题本身进行考虑。

（2）决策者。决策者是最终决定是否实施客户知识挖掘以进行某项业务改造的人员。他们是企业的高层管理人员，能够从全局的观点看待业务问题并感知其价值，他们的需求是战略层次的。但识别决策者的身份并不容易，因为他们通常不会直接参与客户知识挖掘的活动过程，这使得技术人员很难理解决策者的真正需求。因此，尽可能多地与决策者交互，了解其需求、动机和期望，并使其掌握项目的进展，对客户知识挖掘的实施来说是至关重要的。

（3）受益者。受益者是指企业内能从客户知识挖掘实施中受益并受其直接影响的人员。这里所说的受益者是指对支持项目至关重要的基层组织。受益者是一个关键群体，因为客户知识挖掘的最终目的是要将知识挖掘的成果进行实施，如果没有受益者的支持、参与和投入，成果是无法实施的。

（4）出资者。出资者掌管着推动客户知识挖掘项目前行的资源。他们最关注的是实施客户知识挖掘所带来的资金上的变化，即项目成本和预期收益。因此如果项目在资金方面的数字没有说服力，将无法获得出资者的支持。

（5）领域专家。领域专家是掌握业务领域知识并能为客户知识挖掘提供业务方面指导的人员。技术人员往往因为没有足够的业务知识而无法抓住业务问题的实质，而领域专家则具有丰富的业务理论知识和实践经验。技术人员与领域专家的合作十分重要，往往能使项目实施达到事半功倍的效果。

在实际的客户知识挖掘活动过程中，有些人员会在一个客户知识挖掘项目中同时担任多个角色。提出这种划分的目的只是为了帮助技术人员从不同的角度考虑业务相关者的利益需求。

2. 识别业务需求。识别业务相关者的目的是与之交流并确定其业务需求。与业务相关者会谈的内容应该围绕以下几个方面展开：

● 参与者认为一定要说的问题是什么。
● 了解参与者的目的和意图。
● 了解项目实施后的影响。
● 了解各方对项目的期望。
● 回答关于业务的三个关键问题，即回答"什么？""那又如何？""现在又怎样？"三个关键问题。

3. 设定业务分析目标。业务分析目标是根据企业经营目标和业务相关者的需求制定的客户知识挖掘项目的参考目标。这些目标可以通过完成一些具体的客户分析任务来实现。表 8-1 显示了上述每项目标可能涉及的分析任务。

表 8-1 客户分析任务

吸引新客户	分析潜在客户的特征 对潜在客户细分 预测潜在客户对促销活动的响应
激活客户	分析响应客户的特征
发现创利客户	预测潜在客户的生命周期价值
避免高风险客户	客户信用评分 客户风险预警 欺诈分析
理解现有客户的特点	分析客户特征 客户细分
将不盈利客户变为盈利客户	交叉销售预测 提升销售预测
保留创利客户	度量客户忠诚度 预测客户流失
挽回流失的客户	分析客户生命周期价值 分析流失客户的特征 预测客户对挽回活动的响应
提高客户满意度	分析客户特征 度量客户满意度

续表

提高销售额	预测客户对促销活动的响应 交叉销售预测 提升销售预测
降低营销成本	客户细分 预测客户对促销活动的响应

根据不同的需求，在一个客户知识挖掘过程中可能需要实现一个或多个客户业务目标。

4. 分析数据挖掘环境。分析数据挖掘环境促使技术人员进一步考虑与实现业务目标相关的条件和因素，尤其是那些会对数据挖掘产生影响的因素。以下几个方面都是分析时需要考虑的内容：

● 实施数据挖掘是否真的有必要？
● 是否存在目标客户群体？
● 在数据挖掘过程中，有哪些行业规范需要注意？
● 哪些客户数据是可获得的？
● 领域专家对问题的判断是否正确？

5. 确定数据挖掘目标。利用数据挖掘技术解决业务问题是实现客户知识挖掘的根本途径。当技术人员对业务目标和业务情形有了明确的认定后，下一步要考虑的就是数据挖掘的具体目标和任务。

无论是哪一种业务问题，最终都要被转换为下列三类数据挖掘问题之一：

● 解释
● 分类
● 预测

为解决这三类问题建立的数据挖掘模型分别被称为解释模型、分类模型和预测模型。采用哪一种模型要根据数据挖掘结果的应用目的而定。不同的预期应用要求不同的解决方案，有时甚至要定义多个数据挖掘目标，并建立多个类型的模型。

6. 制订客户知识挖掘项目计划。项目计划是对客户业务机会的总体阐述和对客户知识挖掘项目的规划设计。项目计划应由以下几个部分组成：

● 项目目标。它必须与业务目标相一致，可能是分层的。顶层目标表示项目要帮助企业实现的一个或几个主要业务目标。每一个下层目标都是其上层目标的子目标,用于支持更详细的业务目标。

●当前情形和机会。描述当前情形,指出什么是必须改变的及会带来怎样的机会和回报。

●解决方案。解决方案中要详细阐述实施项目后会带来的各方面影响。

●备选方案。除了使用解决方案外,企业还能选择做其他什么?"什么都不做"也被视为一种备选方案。

●资源。完成该项目会耗费些什么?谁,什么和多少。包括在业务方面的财务分析。

●建议措施。这部分列出了项目实施的时间表、资源的使用方式、预期有什么收获以及何时收获等内容。

(二)客户知识挖掘数据准备

1. 客户数据选择。数据准备的第一步是选择和获得可用于数据挖掘分析的、逻辑清楚的、且容易获得的数据。数据量越多越好。做好这一步需要考虑以下几个问题,即:

●什么客户数据是可用的?

●得到的数据是否符合解决企业客户业务问题的需要?

●得到的数据是否完整?

●数据挖掘使用的都是历史数据,那么需要多久以前的数据才合适?

因此,在广泛收集数据的同时,要对数据进行大量的调整和转换工作,形成数据直接面向客户主题,保持其全面完整性,并能够在历史数据的基础上保持实时更新。

2. 客户数据的检验。被选择的客户数据不一定都是有用的,需要对其作进一步的查看和检验,以便充分地理解数据并评估数据是否适合挖掘和值得挖掘。

(1)检查单个变量的基本统计特征

①对数值变量的检查

●检查取值范围——确定变量在值域中的最大值和最小值,与其应该具有的最大值和最小值进行比较。

●检查均值、中值和最频值——这些值被称为中心趋势的度量,因为它们都在某种程度上反映了数值分布的中间位置。检查这些值是否合理或者属于预期的值。

●统计缺失值——许多数据库会在没有数值的地方注上空值(意味着

"这里没有数据项"），而有时数据库会填入一些数值来代替空值，如输入零或默认值。由于数据挖掘工具会把任何输入数值当作有效的值使用，因此替代空值可能会引起一些问题。必须将它们标记出来以便作进一步的处理。

● 分布估计——考察分布可以直接察看变量数值的变化趋势，也可以察看其标准偏差，还可以通过倾斜度与峰度来度量分布。倾斜度衡量是否实例的大部分值都分布在取值范围的中点以上或以下，即分布是否倾斜。峰度衡量是否取值有趋于值域极限或者在中部聚集的倾向。查看倾斜度和峰度，有助于快速形成对变量本质的印象。

● 建立分布直方图——通过创建直方图可以看出分布是否连续、是否有孤立点、是否是多重模态（值构成多个簇）等，见图8-1。

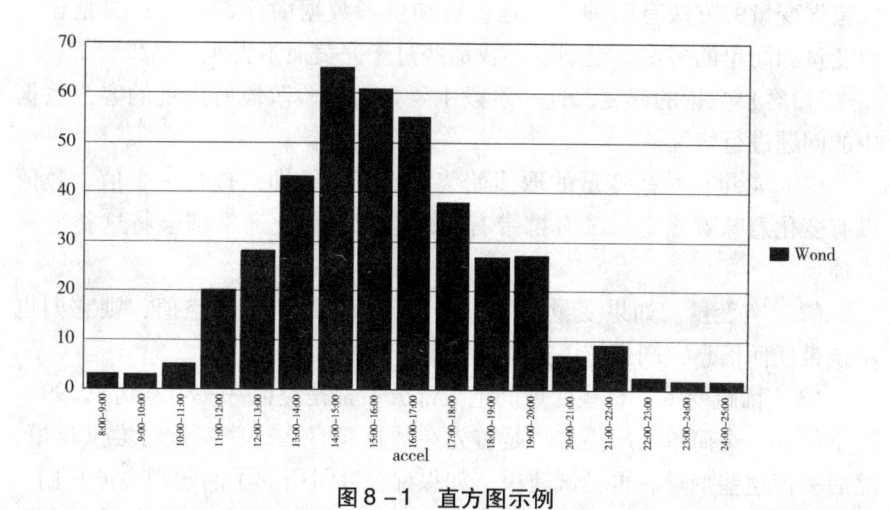

图 8-1 直方图示例

● 查找错误值——有时数值变量中会存在非数值型的值，或者将某变量的一整部分错位到另一变量，或者变量某部分有一组与其他部分很不相似的值。这些错误应该被检测和修正，否则会影响数据挖掘结果的质量。

● 检查孤立点——当发现单个或按值分组的孤立点时，也许并不意味着存在错误，但它们出错的可能性至少比非孤立点要大，所以值得检查。

② 对日期变量的检查。从某种意义上说，日期只是一种特殊的数值变量，因此上述所有针对数值变量的基本检查操作几乎都可用于日期变量的检查。时间和日期变量的主要问题在于它们呈现的格式多种多样。当数据源中的格式不一致时，日期信息需要重新编码。

③对类别变量的检查。对于取值少的类别变量（如性别），通常很容易列出其所有可能的取值，从而确定其取值是否合理。当有很多取值时（如邮政编码或人名），通常不可能逐个检查所有的值，因此建立直方图来考察值的分布比较有效。

（2）检查数据集。除了对单个变量的检查外，还应该把数据作为综合整体的一部分进行检查，即通过与其他变量之间的关联来考察和验证目标变量。另外，考察数据集的特性需要使用一些数据挖掘工具或可视化工具，如利用决策树查找数据集中与目标变量关联程度最高的变量，利用交叉表展示两个变量相对于彼此发生的频繁程度等。

（3）检查时代错误。时代错误是指在数据在时间上的错位。寻找时代错误变量的方法有两种。一是查看和思考数据中存在什么；二是建立单变量和简单的多变量模型以寻找那些过于完美而不真实的结果。

3. 客户数据的修复。这一阶段主要是对检验阶段所发现的客户数据中的问题进行修复。

（1）常量。某些变量的取值始终没有变化，即只包含一个值。数值没有变化意味着该变量没有携带有用的信息，因此通常都会将这类变量去掉。

（2）空变量。如果变量实际没有任何值，即全部为空值，则它们也不携带任何信息，同样应该去掉该变量。

（3）稀疏变量。有些变量的绝大部分值都是空值——80%到99.99%为空值。一个简单的解决方法是首先在数据集存在这些变量时尝试建模，然后去掉这些变量后再尝试建模，如果稀疏变量引起了问题则去掉它们。

（4）伪数值变量。一些类别变量，如邮政编码等，可能会看起来像数值变量。大部分数据挖掘工具都有标记某个变量为类别变量的特殊处理机制。

（5）高类别数变量和单调类别变量。高类别数变量和单调类别变量的共同特征是都具有太多的类别数目。处理这种变量的方法有两种：一是将许多具有与目标变量近乎相同关系的变量组合在一起；二是以某种有效的方式对目标变量进行转化。

（6）有序类别变量问题。对这类变量应该为其类别计数，以反映其有序性。

（7）缺失值问题。在处理缺失值问题之前，最好先找出缺失值产生的原因，再有针对性的采取解决措施。

● 空值表明数据缺失本身是一种相关信息。例如一位客户没有提供电话号码，表明他不愿意被电话打扰。这种缺失值实际包含了有价值的信息。在这种情况下，增加一个新的逻辑判断变量（是或非）来标示取值是否缺失就非常有意义。

●不存在的值由问题的性质所导致。例如一个模型需要用过去12个月的历史数据来估计未来事件，那么近一段时期以来的客户数据将会出现大量的缺失值，因为有很多客户的历史记录不足12个月。在此种情况下，通常需要重新考虑问题的解决方案。如单独为已有12个月历史记录的客户建立模型，而用另一个模型来处理历史记录不足12个月的客户数据。

●不完整数据出现在数据源无法提供完整的与业务问题相关的数据情况下。尤其是在使用外部数据源覆盖数据时，或当数据来自多个部门时，会出现相当数量客户数据无法相互匹配、缺失严重的现象。

●未采集数据是由于无法采集而造成的缺失。例如大多数电话交换机在用户取消呼叫等待服务时并不做记录；即使记录下来，也不会将该数据传输给记账系统，结果造成系统无法确定哪些用户取消了呼叫等待服务。

(8) 含义随时间而变。当数据源于过去不同的时间点时，经常会出现同一变量的同一取值所表示的含义随时间而变的情况。处理这类问题的最好方法是建立客户数据仓库，记录这些含义的变化，并定义一个含义不随时间变化的新变量。

(9) 定义模糊。定义模糊是指客户数据缺乏明确、一致的定义。解决定义模糊的最好途径是建立企业客户数据仓库以提供统一的客户信息视图。在没有数据仓库的情况下，也应该对变量的含义进行明确的定义，对取值进行统一。

(10) 谬误值。谬误值是指变量的取值并非有效值，或者在其他方面存在不合理性。唯一可行的办法是技术人员与业务相关者合作，共同分析数据错误的原因，并提出解决方案。

4. 客户数据的转换。主要的数据问题得到修复后，还需要对数据进行一些必要的变换以使其便于分析。

(1) 将数据转换为合适的粒度。粒度是指数据的级别大小，反映了数据挖掘单元的细节程度。当用于挖掘的数据过于详细时，往往会通过汇总将其转换为合适的粒度，具体操作是把不同的记录按照一个共同的关键字匹配（也称合并）。例如企业在考察销售情况时通常不会对每一笔交易的具体情况感兴趣，而是希望以账户、客户或者家庭为单元进行分析，因此需要将每笔交易记录按账户关键字汇总，形成一个账户一行的账户交易数据；将每个账户的交易记录按客户关键字汇总，形成一个客户一行的客户交易数据；将每个客户的交易记录按家庭关键字汇总，形成一个家庭一行的家庭交易数据。数据的粒度及其转换过程见图8-2。

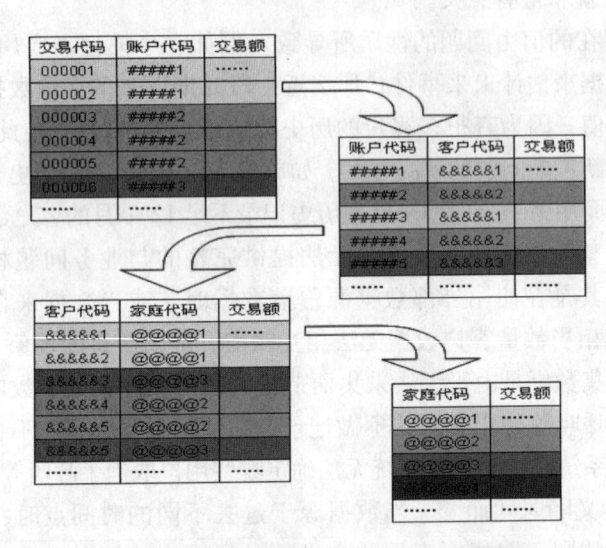

图8-2　客户数据的粒度及其转换过程示例

（2）添加衍生变量。衍生变量是指原始数据集中不存在的、通过计算合成而得的变量，如对不同类别变量分组归类而得到的新变量。产生衍生变量的方式主要有以下几种：

①从单个列中提取信息。许多用于数据挖掘的数据列实际包含着丰富的信息。但这些信息蕴含在特殊代码和人们所掌握的知识范围中。例如，2007年5月1日和2007年10月1日这两个日期具有一个共性特征——都是节假日。很多不同类型的数据都存在这个问题，常见的情况包括：

● 日期数据的特性。日期数据中的特性都可以作为单独的变量添加到数据中。如对数据进行分类汇总时，观察一周内不同日子里所发生的行为，或者拿工作日与休息日的情况进行比较都是非常有意义的。另外，计算两个重要事件之间的间隔天数通常很有用。例如，计算购物的平均间隔天数。

● 时间数据的特性。时间与日期同时出现时，通过时间来观察其他数据是比较有效的方法，例如通过一天中的第几个小时或者一天中的哪一个时段（上午、下午、晚上）的方式观察数据。

● 其他类型数据的特性。电话号码、地址、邮政编码、网址等都可以从中提取有价值的数据信息。

②列变量组合。衍生变量也可以通过对数据集中的多个列变量进行

组合计算而得到，即利用一行中已经存在的数据计算一个新的数值。例如：身高的平方/体重（肥胖指数）；信贷额度－贷款余额等。通常这些导出的数值比原始数据更有用，因为它们包含了潜在的行为关系。

③分类汇总。汇总型衍生变量是在一条记录中按维度进行信息搜寻的结果。例如，与其使用邮政编码信息，还不如计算某个邮政编码区域内客户的平均获利能力。因此可以按邮政编码进行分类汇总而得到客户的平均获利能力的信息。添加这些汇总型衍生变量的用处是发现邮政编码区域不同但拥有类似人口统计信息的人们平均获利能力很接近。

④时间序列。时间序列数据通常按照每一条记录的最后一个日期进行标准化处理，但抹煞了与特定时期相关的一些特征，如季节性。通过回添一个衍生变量的方法可以重现丢失的季节信息，如一年中第一季度支付的利息总额。除了季节性特征外，在单个的时间序列里，还有一些重要的特征信息，如时间序列总值（或平均值）、时间序列平均增长率、超出某一限度取值的数量、时间序列方差等。

（3）孤立点的处理。孤立点本身蕴含了丰富的信息内容，因此在处理时要非常谨慎。一般处理孤立点的方法有如下几种：

● 不作处理。孤立点对某些数据挖掘工具和算法没有很大影响。例如决策树主要考虑数值型变量的秩，孤立点对它影响不大，但对于神经网络算法孤立点可能是致命的。

● 滤掉含有孤立点的行。该方法实质是对数据进行了带有歧视性的抽样，损失了孤立点所含有的信息内容。但有时忽略孤立点确实可以使分析结果得到改进，这必须视业务问题而定。

● 忽略相应的列。这是一种比较极端的处理方法，但也并非不可行。可以用相关的参考信息来替代含孤立点的某一列。例如，为了替代邮政编码，可能会引入与邮政编码相关的一些信息——客户数、居民数、平均收入等。

● 替换孤立点。可以用缺失值来代替孤立点，再通过有效的工具处理缺失值。其他可用的替代值包括：零、平均值、一个合理的极大（或极小）值及其他合适的数值。

● 对数据做等高分组。例如将收入水平分为低、中、高三组，具体的收入值将被纳入各个分组范围内，因而孤立点也会落入相应的范围中。

（4）重编码。一种常用的重编码方式是分裂出变量的每个隐含属性的每个单独类别，每类均用一个二进制标志位（1或者0）表示类别归属。例如，表示一个城市规模属性的类别有："大城市"、"中等城市"和"小城市"，表示城市地域属性的类别有："东北"、"华北"、"华东"、

"华中"、"华南"、"西南"、"西北"、……，任何特定城市都可以重编码为同时有若干类别标志组成的标签，如表8-2所示。

表8-2 "城市"变量的重编码

	大城市	中等城市	小城市	东北	华北	华东	华中	华南	……
北京	1	0	0	0	1	0	0	0	……
武汉	1	0	0	0	0	0	1	0	……
湛江	0	1	0	0	0	0	0	1	……

需要注意的是，这种重编码方式可能会导致不同的类别共享同一个编码。在这种情况下使用相同的还是不同的编码组合要根据业务目标或业务相关者的意见来决定。

5. 准备建模数据集。所谓建模数据集是指直接用于建立数据挖掘分析模型的数据集合，包含了经过清理、修复和转换后的客户数据。准备建模数据集并不仅仅是简单地将数据聚集在一起，还要考虑数据集的规模、密度、取样平衡等多种问题。

(1) 建立对象特征标识。构建客户特征标识的过程是一个逐渐递增的过程。图8-3显示了一个为预测流失构建客户特征标识的过程。

识别正在使用的客户定义

复制客户的大多数最近输入数据快照

对某些数据元素，使用转轴产生多个月的数据

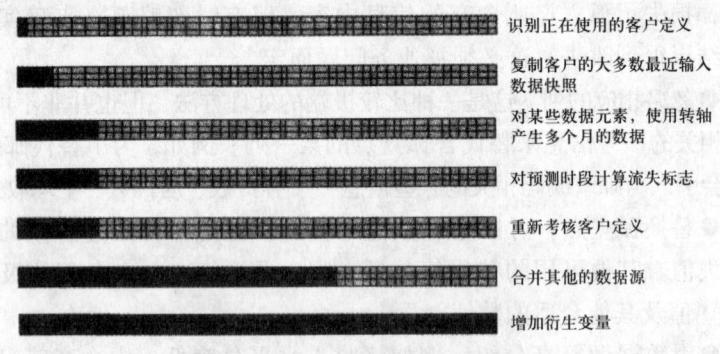

对预测时段计算流失标志

重新考核客户定义

合并其他的数据源

增加衍生变量

图8-3 构建客户特征标识的过程

首先要识别客户。在某些情况下，客户位于账户层次；在另一些情况下，客户位于个体或家庭层次。有些客户特征标识可能与某人没有很大的关系，例如"产品"、"邮编"等。

一旦客户被识别，各个层次的数据源就需要被映射到客户层次。数

据粒度转换方法就是改变数据层次的有效方法之一。

构建客户特征标识的关键是从简单开始，逐步发展。按照将数据源映射到客户的难易程度，对它们进行优先排序。

(2) 数据集的规模。数据集的规模是指数据集所包含的数据量的大小。一般来说，数据量大意味着建模时可学习的样本多，对数据挖掘是有利的。但如果数据集的规模过大反而会不利于数据挖掘，主要原因是：数据挖掘建模的时间通常是有限的；所选用的数据挖掘工具可能会限制数据集的规模。

测试数据集规模是否够大的一个简单办法是：先抽一部分数据进行试验，然后试着加倍数据量，测试模型精度的变化。如果用大的数据量创建的模型比用小数据量创建的模型的效果有显著提高，则意味小的数据量不够大；如果模型效果没有变化，或者仅有微弱变化，则原来的数据量可能是合适的。

确定数据集规模要考虑的另一个重要因素是所选用的数据挖掘算法的参数。例如：在建立决策树时，将叶节点的最小数量限制在100左右，以防止对数据的过度拟合。如果数据集的规模是1000行记录，数值100是其10%，而对于拥有1000行数据的数据集而言，它只占0.1%。这种差别可能会导致截然不同的模型。神经网络算法也会出现类似的情况，数据集越大，就会有越多的隐藏结点。如果隐藏结点的数量固定，数据集越小则越有可能出现对数据的过度拟合。

(3) 数据集的密度。数据集的密度就是指数据集反映总体数据特征的普遍性。从原始数据中抽取样本记录构成数据集的过程被称为抽样。抽样策略可以用于控制数据集的密度。获取有代表性样本的最好策略是随机抽样。随机抽样意味着来自总体的每个成员的数据实例都以相同的概率被包含在样本中。检验样本是否具有代表性的一个办法是，看变量值在样本中和在原始数据中的分布是否大致相同。样本中出现频率最高的数值在原始数据中的出现频率也应该最高，数值型数据的均值和标准差都应该与总体大致相同。如果样本的值与数据整体的值有着明显的差异，则需要重新抽样。

(4) 数据集的平衡性。在某些业务问题中，数据挖掘需要关注稀有事件。例如信用卡的欺诈行为，假设在原始数据集中，发生欺诈的数据记录只占总记录数的1%，则采用随机取样时，建模数据集中欺诈记录的密度大概也是1%。在如此稀疏的数据上，数据挖掘算法很难发挥作用。因此必须提升稀疏数据的分布密度。

改善数据集平衡性的方法有两种：一种是采用抽样策略，对不同的群体以不同的比例抽样，多抽取稀有结果，少抽取常见结果；另一种方法为不同的群体添加权重因子，使得大群体成员与小群体成员的权重不同。

（5）划分数据集。为了满足不同阶段数据挖掘过程的需要，建模数据集通常被划分为三个部分：训练集、测试集和评价集。训练集用于创建初始模型、测试集用于调整初始模型、评价集用于评测模型在未知数据上的运用效果。将数据集分成这三个部分是必要的，因为一旦数据在上述过程的某一步中使用过，其信息就变成了模型的一部分，这些数据也就无法应用到下一步中，所以在建模的时候使用过的训练集和测试集，不能用于对模型的效果进行评价。

数据集在训练集、测试集和评价集三者之间的分配比例不是固定的。可以尝试在不同比例分配的情况下进行建模，并发现最合适的分配方案。作为经验，在数据充分的情况下，将数据集按照60:20:20 或 60:30:10 的比例划分为训练集、测试集和评价集三部分较好；在数据不充分的情况下，将数据集按照70:15:15 或 70:20:10 的比例划分较好。

（三）客户知识挖掘模型建立及评价

1. 建立初始数据挖掘模型。建立初始数据挖掘模型的基本过程是：首先根据业务问题和数据挖掘目标确定输入输出数据的特性，再根据这些特性选择合适的数据挖掘工具与算法，最后在训练数据集上应用工具和算法自动构建挖掘模型。

（1）确定输入输出变量组的特性。数据挖掘工具的工作就是发现一个数据集中的两部分——输入变量组和输出变量组之间的关系。数据集中变量组的配置有三种基本形式，如图8-4。第一种形式是输入组中包含多个输入变量，而输出组中只包含一个输出变量；第二种形式是输入组和输出组中都包含多个变量；第三种形式变量之间交叉相关，使输入组和输出组很难完全分开。

a) 多个输入变量、
一个输出变量

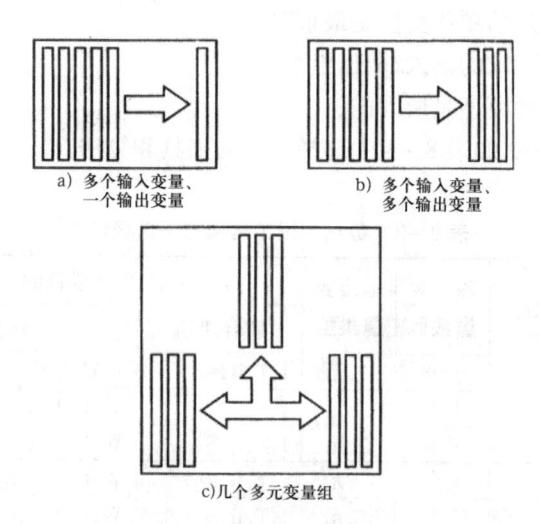

b) 多个输入变量、
多个输出变量

c)几个多元变量组

图 8-4　变量组的配置形式

无论是作为输入变量还是输出变量，变量本身也具有三种不同的类型，如图 8-5。第一种类型是二元变量，即变量取值只有两个："是"（1）或者"否"（0）；第二种类型是类别变量，即变量取值有多个，是有限的或可数的；第三种类型是连续变量，即变量取值是连续不可数的。数据集中的输入组和输出组都可以是多种变量类型的混合。

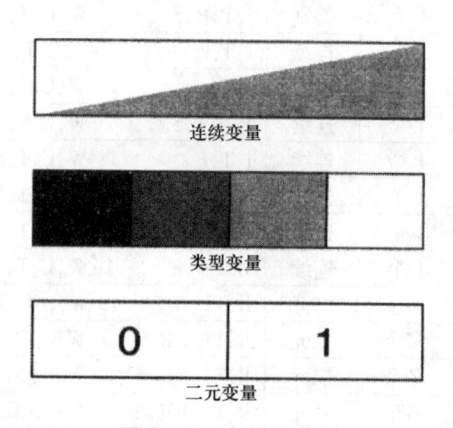

连续变量

类型变量

0　　1
二元变量

图 8-5　变量的类型

（2）选择数据挖掘工具和算法。输入和输出变量的类型、输出组的变量数目以及数据挖掘建模目的决定了所应选择的数据挖掘工具与算法。具体的步骤为：

- 决定变量的哪些类型是最重要的;
- 决定所要求的输入/输出组配置;
- 决定哪种模型是所需的;
- 在表8-3和表8-4中选择合适的工具和算法。

表8-3 数据挖掘工具和算法选择矩阵

输入变量类型	输出变量数目	输出变量类型	建模目的 解释建模	建模目的 分类建模
二元	1个	二元	l,T,R,s	w,C,T,B
类别	1个	二元	l,T,R,s	W,C,T,B
连续	1个	二元	l,T,R,S	W,C,T,n,e,B
二元和类别	1个	二元	l,T,R,s	W,C,T,e,B
二元和连续	1个	二元	l,T,R,S	W,C,T,n,e,B
类别和连续	1个	二元	l,T,R,s	W,C,T,n,e,B
二元、类别和连续	1个	二元	l,T,R,S	W,C,T,n,e,B
二元	1个	类别	l,T,R,s	w,C,T,n,B
类别	1个	类别	l,T,R,s	W,C,T,n,B
连续	1个	类别	l,T,R,S	W,C,T,n,e,B
二元和类别	1个	类别	l,T,R,s	W,C,T,n,e,B
二元和连续	1个	类别	l,T,R,s	W,C,T,N,e,B
类别和连续	1个	类别	l,T,R,s	W,C,T,N,e,B
二元、类别和连续	1个	类别	l,T,R,S	W,C,T,N,e,B
二元	1个	连续	l,T,r,s	w,C,T,n,e,B
类别	1个	连续	l,T,r,s	W,C,T,N,e,B
连续	1个	连续	L,T,r,S	W,C,T,N,e,b
二元和类别	1个	连续	l,T,r,s	W,C,T,n,e,b
二元和连续	1个	连续	L,T,r,s	W,C,T,N,e,b
类别和连续	1个	连续	L,T,r,S	W,C,T,N,e,b
二元、类别和连续	1个	连续	L,T,r,s	W,C,T,N,e,b
二元	多个	二元	ll,TT,RR,S	ww,CC,TT,BB
类别	多个	二元	ll,TT,RR,S	WW,CC,TT,BB
连续	多个	二元	ll,TT,RR,S	WW,CC,TT,n,ee BB
二元和类别	多个	二元	ll,TT,RR,S	WW,CC,TT,ee,BB
二元和连续	多个	二元	ll,TT,RR,S	WW,CC,TT,nn,ee,BB
类别和连续	多个	二元	ll,TT,RR,S	WW,CC,TT,nn,ee,BB
二元、类别和连续	多个	二元	ll,TT,RR,S	WW,CC,TT,nn,ee,BB
二元	多个	类别	ll,TT,RR,S	ww,CC,TT,nn,BB
类别	多个	类别	ll,TT,RR,S	WW,CC,TT,nn,BB

续表

输入变量类型	输出变量数目	输出变量类型	建模目的	
			解释建模	分类建模
连续	多个	类别	ll,TT,RR,S	WW,CC,TT,nn,ee,BB
二元和类别	多个	类别	ll,TT,RR,S	WW,CC,TT,nn,ee,BB
二元和连续	多个	类别	ll,TT,RR,S	WW,CC,TT,NN,ee,BB
类别和连续	多个	类别	ll,TT,RR,S	WW,CC,TT,NN,ee,BB
二元、类别和连续	多个	类别	ll,TT,RR,S	WW,CC,TT,NN,ee,BB
二元	多个	连续	ll,TT,rr,S	ww,CC,TT,nn,ee,BB
类别	多个	连续	ll,TT,rr,S	WW,CC,TT,NN,ee,BB
连续	多个	连续	LL,TT,rr,S	WW,CC,TT,NN,ee,bb
二元和类别	多个	连续	ll,TT,rr,S	WW,CC,TT,nn,ee,bb
二元和连续	多个	连续	LL,TT,rr,S	WW,CC,TT,NN,ee,bb
类别和连续	多个	连续	LL,TT,rr,S	WW,CC,TT,NN,ee,bb
二元、类别和连续	多个	连续	LL,TT,rr,S	WW,CC,TT,NN,ee,bb

表8-4 数据挖掘工具和算法关键字

算法	线性回归	非线性回归	聚类	决策树	神经网络	关联规则挖掘	遗传算法	自组织映射	贝叶斯网络
缩写	L,l	W,w	C,c	T,t	N,n	R,r	E,e	S,s	B,b

表8-3两个子列中的大小写关键字交叉索引到表8-4。这些关键字表示在每个列举的环境下应该考虑的建模工具及其重要程度，其表示意义为：

大写字母：表示在所示的环境下该工具是最好的。

小写字母：表示在所示的环境下该工具是有帮助的，但不是推荐的。

重复双字母：使用该工具为每一个输出变量建立一个独立的模型。

(3) 不同类型的建模策略。建立不同目的数据挖掘模型时，除了选择的算法和工具不同外，所采用的建模策略也有所不同。

①建立解释模型。建立解释模型的主要目的是提供答案帮助解释世界上正在发生的事情。而且在建立解释模型时需要考虑两个重要的问题：

● 数据能够转换成更有意义的特征形式吗？

● 什么样的挖掘工具更适用于表达解释？

变量的转换对于解释模型特别重要。例如对于变量"邮政编码"，将其转换成邮编所代表的区域或区域中心离某商店的距离，将具有更多的解释意义。对于解释模型来说，挖掘工具所产生的输出形式和其内部算法一样重要。解释模型希望能够以商业用户易于理解的方式将解释清晰地表达出来。建立解释模型较好的工具是决策树和自组织映射（SOM），它们都可以直观地、从不同角度观察变量的特征和关系。另外线性回归、关联规则挖掘也是发现和验证变量间重要相关性的有效手段。

②建立分类模型。数据挖掘任务中的绝大多数都是建立分类模型。依据分类结果形式，分类模型可以分为三种：

● 二元分类模型将一个实例明确地划分或排除于一个类，即分类结果"是"或"否"。

● 多元分类模型用于有多个类别的情况，为每个实例从众多可能中选择其一。

● 连续分类模型结果是产生某个范围内的连续分值，将实例划分等级。

对于二元分类和连续分类，通常用单个模型来实现。而对于多元分类，则有两种选择：单模型或多模型。建立单模型时需要选择可产生多值结果的数据挖掘工具；建立多模型时，可选择产生二值结果的挖掘工具，为每一个输出类别都建立一个对应模型。

③建立预测模型。预测问题是最为复杂的一类建模问题。所有的预测都只能是通过对历史数据中模式的推广来估计未来的可能值。很难说未来的数据模式不会发生变化，因此也很难保证这种估计的准确度。建立预测模型的方法是通过运用推理和分类工具，结合一些特殊的方法和技巧达到预测的目的。

2. 检测初始数据挖掘模型。初始数据挖掘模型在训练集上的表现可能很好，但这并不意味着它就是理想的模型。用于检测初始模型的各种重要方法与工具如下。

（a）混淆矩阵（Confusion matrix）。混淆矩阵表示了模型的结果与事实发生冲突的可能性，它可以用于测量模型发生错误的概率。在对分类模型的检查中，混淆矩阵使用的最多。

①二元分类模型的混淆矩阵。一个二元分类模型能够产生两个分类——"是（Y）"或"否（N）"。对于每个实例来说，运用二元分类模型会产生以下四种结果：

● 实际结果应该是"Y"，模型的分类结果也是"Y"；
● 实际结果应该是"Y"，模型的分类结果却是"N"；
● 实际结果应该是"N"，模型的分类结果也是"N"；
● 实际结果应该是"N"，模型的分类结果却是"Y"。

例如：一个模型用于确定客户的购买意向，其结果是将客户分为

"会购买"和"不会购买"两大类。这是一个典型的二元分类模型。表8-5显示了该模型用于测试数据集时产生的混淆矩阵。

表8-5 二元分类模型的混淆矩阵

		实际分类		
		Y	N	总数
模型分类	Y	203	186	389
	N	444	1966	2410
	总数	647	2152	2799

从表中可以看出，测试数据集中总共有2799个数据记录。模型分类结果的正确数是"Y"行"Y"列的交叉点与"N"行"N"列交叉点的数目之和，即203+1966=2169个。错误数是"Y"行"Y"列的交叉点与"N"行"Y"列的交叉点的数目之和，即444+186=630个。因此，在模型对客户分类的结果中，有2169/2799≈77.5%是正确的，约22.5%是错误的。正确与错误的比率是2169/630≈3.44。

仅仅依靠正确/错误比是无法评价模型好坏的，只有将应用模型时的分类结果和没有模型可用时的分类结果进行比较，才能确定模型的效果。在没有模型可用时，分类结果是随机产生的。在上例中，实际"购买"的客户数是647个，占总数据集的比率为647/2799≈23.1%；实际"不购买"的客户数是2152个，占总数据集的比率为76.9%。因此将客户实例随机划分到"会购买"类或"不会购买"类的概率也是23.1%和76.9%。这样，正确划分一个"会购买"客户（即该客户实际上购买了商品）的概率是23.1%×23.1%≈5.34%，因而在总共2799个客户中，有2799×5.34%≈149个购买客户被正确划分到"会购买"类。而错误划分一个"会购买"客户（该客户实际没有购买商品）的概率是23.1%×76.9%≈17.76%。在总共2799个客户中，有2799×17.76%≈497个购买客户被错误划分到"会购买"类。同理可以计算出正确划分的"不会购买"客户数为1655个，错误划分的"不会购买"客户数为497个。由此可形成一个随机分类的混淆矩阵，见表8-6。

表8-6 二元随机分类的混淆矩阵

随机分类		实际分类		
		Y	N	总数
	Y	149	497	646
	N	498	1655	2153
	总数	647	2152	2799

根据表8-6,同样可以计算出随机分类的正确/错误比为1.81。比较模型分类和随机分类的比率3.44/1.81≈1.90。据此可知模型比随机分类的效果要好大概90%,但这只是总体上或平均的一种模型表现。对于四种分类结果中的每一种,模型表现出不同的性能,见表8-7。

表8-7 不同分类结果中模型的性能

	实际Y 分类Y	实际Y 分类N	实际N 分类Y	实际N 分类N
随机分类(%)	5.34	17.77	17.77	59.11
模型分类(%)	7.25	15.86	6.65	70.24
提高(%)	35.73	12.04	167.44	18.82

②多元分类模型的混淆矩阵。混淆矩阵还可以检测多元分类模型。以三元分类为例,假设模型用于估计客户的年龄并将其划分到35岁、42岁和57岁三个段,划分结果用表8-8的混淆矩阵表示。

表8-8 三元分类模型的混淆矩阵

模型分类		实际分类			
		35岁	42岁	57岁	总数
	35岁	353	595	122	1060
	42岁	131	672	182	985
	57岁	10	441	303	754
	总数	494	1708	597	2799

同样，将模型分类结果与随机分类结果进行比较，才能了解模型的效果。三元随机分类的原理和二元随机分类相同，其结果的混淆矩阵如表8-9所示：

表8-9 三元随机分类的混淆矩阵

		实际分类			
		35岁	42岁	57岁	总数
随机分类	35岁	87	301	105	494
	42岁	301	1042	364	1708
	57岁	105	363	127	597
	总数	494	1708	597	2799

比较模型分类和随机分类的结果可知：模型分类的正确数为353 + 672 + 303 = 1328，错误数为1471，正确/错误比为1328/1471 ≈ 0.90；随机分类的正确数为87 + 1042 + 127 = 1256，错误数为1543，正确/错误比为1256/1543 ≈ 0.81。模型分类与随机分类的成功比为0.90/0.81 ≈ 1.11，因此从总体上看，模型分类比随机分类的表现大概要好11%。

（b）累计增益图（cumulative gain chart）。累计增益图或提升图（lift chart）反映了模型的提升度，即指当模型从总体中选择一个群组时，这个指定群组集中度的变化量。即：

$$\text{lift} = \frac{P(\text{class}_t \mid \text{sample})}{P(\text{class}_t \mid \text{population})}$$

假设需要从客户列表中选择可能的响应者来发送促销信息，通过建立模型为每个客户评分，分值代表客户响应促销的可能性。图8-6表示的是不同模型产生的累计增益图。图中倾斜向上的对角线代表没有使用任何模型时的效果（即随机选择客户发送促销信息）。按照概率，此时选择10%的客户可能会接触到10%的响应者，选择50%的客户则可能会接触到50%的响应者。以该对角线为基准线，可以计算建模曲线的提升度。图8-7中所有的模型曲线都远离了基准线，如曲线Exact经过点（20%，70%），表示该模型输出的前20%的客户中可以获得70%有意向的响应者。相对于基准线而言，该模型的提升度为70%/20% = 3.5。

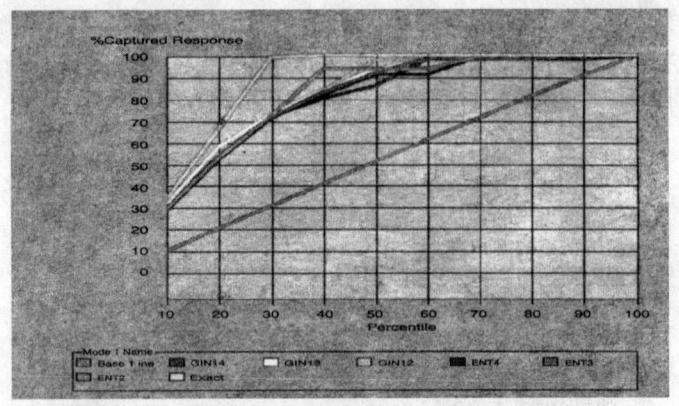

图 8-6　使用累计增益图比较不同模型的执行效果

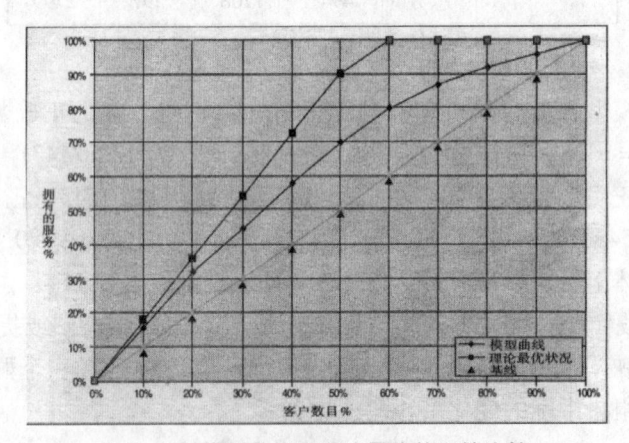

图 8-7　模型曲线和理论最优状况的比较

一般情况下，建模曲线和基准线包围的面积越大，说明模型的执行效果越好。但建模曲线与基准线接近，并不绝对代表模型的效果不好，需要考虑理论上最大的提升度可能会是多少。如图 8-7 中模型的提升度并不高：前 10% 总客户中只有 16% 拥有该服务。但实际上，所有客户中只有 55% 的客户拥有呼叫等待服务。因此，即使达到理论上的最好模型效果——所有前 10% 的高得分客户都拥有该项服务，也只能有 $10\%/55\% \approx 18\%$ 的拥有该服务的客户。在这种情况下，能找到 16%，说明模型的效果已经很好。另外，观察增益图的形态也可以识别一些关于模型的问题。比较好的模型增益图应该具有这样特征：从一个陡坡开始，然后逐渐变得水平。如果模型曲线呈现"W"形特征或"V"字凹形边缘，则需要对模型重新进行审查。另一个问题是曲线的形态过于完美而显得不真实，这种情况通常表明输入变量和输出变量之间存在不适当的相关性。

累计增益图也可以在不同数据集上对模型的效果进行比较。训练集的曲线应该位于测试集曲线的上方，而这二者的曲线则均应该在评价集的上方。如果曲线的位置颠倒或与上述规则严重背离，则有必要对模型进行重新审视。

(c) 估计值/余量值坐标图。观察误差的方法之一是应用估计值/余量值坐标图。余量值简称为余量，特指模型的估计值与实际值之间的偏差。余量值等于实际值减去估计值，可以用 $r = a - p$ 来表示，其中 r、a、p 分别代表余量值、实际值和估计值。图 8-8 显示了一个二元分类模型的估计值/余量值坐标图。

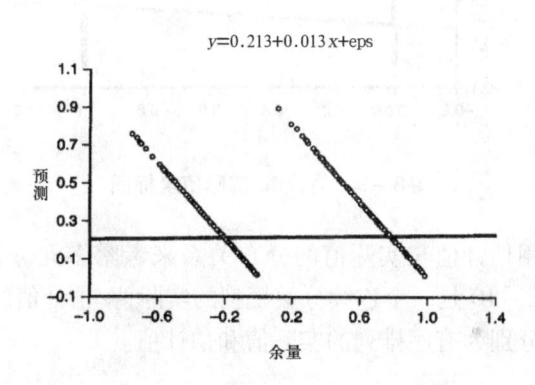

图 8-8　估计值/余量值坐标图

该模型输出的是连续的分值，该分值被转变为二元的分类。即实际值是二元的（0 或 1），估计值是连续的（0-1）。图中每个点的位置代表它在估计值和余量值上的取值。最左边的那个点的估计值大约是 0.75，余量值大约是 -0.75，按照公式 $r = a - p$ 可知实际值为 0。当实际值为 0 时，所有的余量值都与其估计值的绝对值相等，符号相反，反映在图形上就是一条倾角为 45 度的斜线。当实际值为 1 时，估计值与余量值的绝对值不相等，但余量图形也是一条倾角为 45 度的斜线。这两条斜线平行，只是根据实际值为 0 或 1 而作相应的平移而已。

(d) 估计值/实际值坐标图。另一种观察模型结果的方式是估计值/实际值坐标图，即观察估计值与实际值之间的对照关系。

图 8-9 是估计值/实际值坐标图的一个示例。它与图 8-8 用的是同一个二元分类模型，区别是纵坐标不同。由于实际值只有 0 或 1，所以估计值会在横坐标的对应位置形成两条直线。线性回归直线与两条直线的

交叉点处的估计值分别是 0.19（此时实际值为 0）和 0.29（此时实际值为 1），这两个值代表这两个实际值的估计值的平均数。也就是说，当实际值为 0 时，平均的预测值是 0.19；当实际值为 1 时，平均的预测值是 0.29。从某种意义上说，这条回归线的斜率代表了模型的质量。

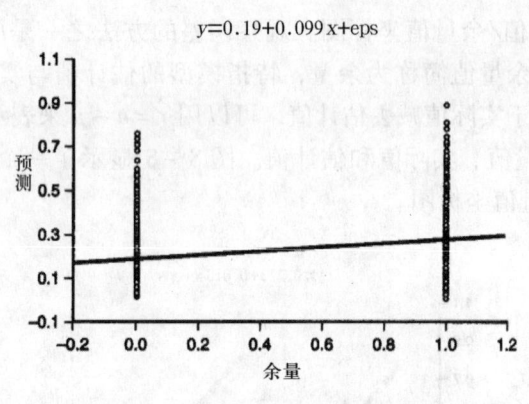

图 8-9 估计值/实际值坐标图

也可以利用估计值与实际值的分布关系来考察多元分类模型和连续分类模型。图 8-10 是一个连续分类模型的实际值/估计值的散点分布图，其纵轴和横轴分别为有序排列的实际值和估计值。

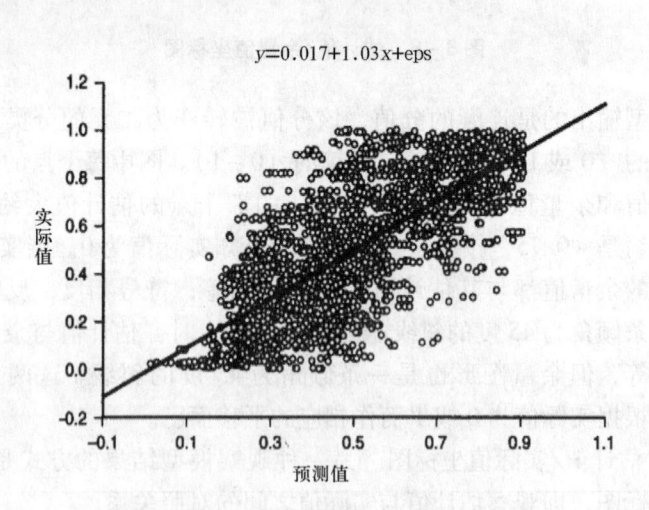

图 8-10 实际值/估计值的散点分布图

图 8-10 除了由小圆圈所示的数据点外，贯穿左下角和右上角的直线是与数据匹配的线性回归线。很容易发现，图中实际值的取值范围是从 0

到 1，而估计值的取值范围是从 0 到 0.9。在理想情况下，估计值与实际值的分布应该完全相同，如果分布不同，则意味着估计存在偏差。可能是建模工具的设置方面存在差错，也可能是训练数据遗漏了高于 0.9 的某些值。总之这种现象是对模型作进一步审查的提示信号。

（e）余量值/实际值坐标图。考察余量值与实际值的对照关系常用于评估连续分类模型。图 8-11 是余量值/实际值坐标图的一个示例。

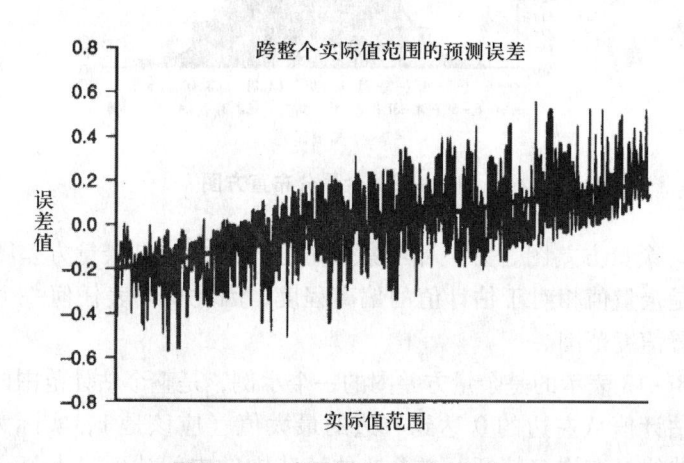

图 8-11 余量值/实际值坐标图

图 8-11 中的横轴是有序的实际值，余量的均值为 0，但是线性回归线是从左向右明显呈上升趋势。这可能意味着某种系统偏差，如为确保估计值在某个输出范围内（如 0-1 之间）因人为应用限制函数所导致的偏差。

（f）余量直方图。当模型的输出值为连续值时，还可以通过余量直方图来考察模型与数据的匹配，如图 8-12 所示。

绝大部分数据挖掘模型所产生的余量值都接近正态分布，或至少是某种有所变形的正态分布。如果测试数据集的余量直方图不呈正态分布，就需要与训练数据集的余量直方图进行比较。如果这两个分布不相似，很可能是数据存在问题。如果二者相似，但是都不呈正态分布，那么导致问题的原因很可能是建模工具。这种情况下，如果可能，应该换一种算法重新试验。

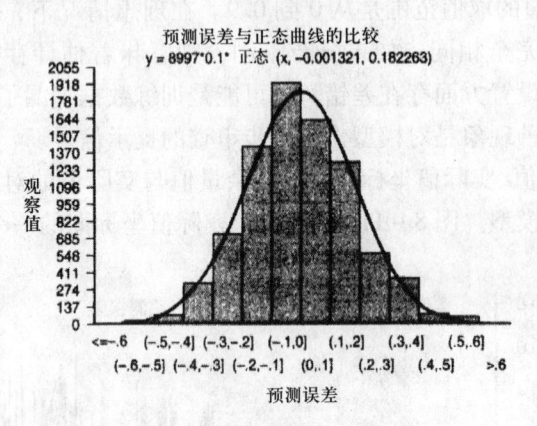

图 8-12 余量分布直方图

（g）余量方差图。另一种考察余量分布的方法是余量方差图，方差代表的是余量值相对于估计值的偏离程度，因此也代表任何一个指定估计值的置信度范围。

图 8-13 表示的是余量方差图的一个示例，是整个估计范围内余量的方差。估计值从左边的 0 达到右边的最大值（应该是 1，实际为 0.9）。图中的曲线具有许多特征：方差在估计范围的中间达到最大值，而在估计值为 1 附近达到最小值。

图 8-14 是余量的标准差图，说明了余量在估计值范围内的标准差。它和图 8-13 形态上几乎完全相同，但是从解释模型的性能角度来说，它比图 8-13 更为有效。

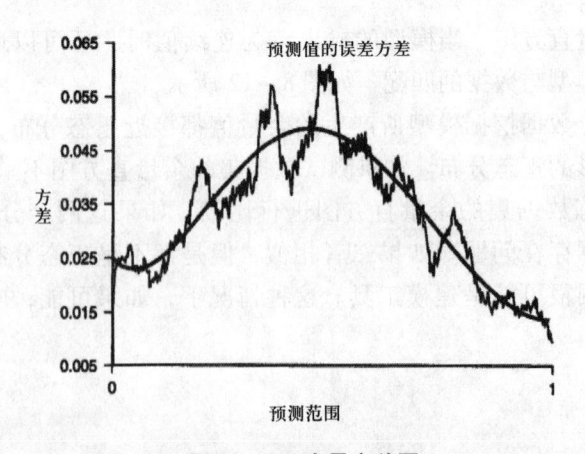

图 8-13 余量方差图

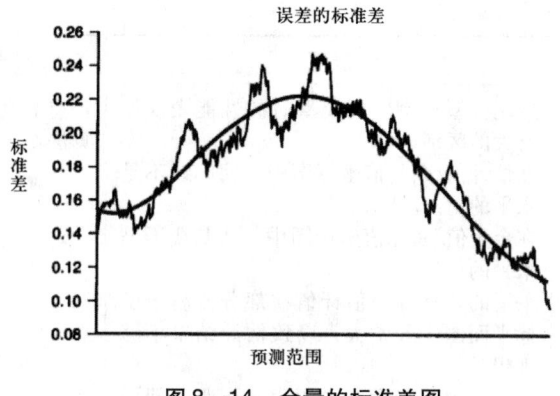

图 8-14 余量的标准差图

3. 改进数据挖掘模型。

（a）模型改进方法。表 8-10 总结了数据挖掘模型可能存在的问题、表现及可用的改进方法。

表 8-10 数据挖掘模型可能的问题、问题的表现及改进方法

问题	表现	改进方法
数据不支持模型（输入变量组和输出变量组不相关）	应用模型和不应用模型时的性能表现没有区别 在估计值/实际值坐标图中，回归线几乎是水平的 输入数据组中存在明显的"簇"，且"簇"之间高度分离	重新预处理包括主要变量的源数据 建立度量以便获取新的感兴趣的业务问题的输入组数据 建立解释性模型以列出支持业务问题及其含义的数据限制
数据不完全支持模型（输入变量不能在整体或部分输出范围内对输出数据组进行有效的解释）	平滑的余量方差估计值在部分或整个坐标平面图中非常大，以致估计结果不够理想	用不同的算法来构造多元模型 用初始输入组中不同的变量子集来构造多元模型 用解释性建模来发现输入组中额外的特性 搜寻其他变量或添加衍生变量到那些与解释不足的输出组特别关联的输入组中

续表

问题	表现	改进方法
模型不充分（模型不足以充分刻画输入变量组与输出变量组之间的关系）	应用模型和不应用模型时的性能表现没有大的区别 在估计值/余量值坐标图中，回归线不是水平的 在余量值/实际值坐标图中，回归线不是水平的 平滑的余量方差估计值在部分或整个坐标平面图中非常大，以致估计结果不够理想 发现一种解释没有说服力、与业务问题不相关或无法应用于业务问题	调整数据挖掘建模算法
数据没有代表性（测试数据集不能代表和训练数据集中同样的关系）	在估计值/余量值坐标图中，回归线不是有效平滑的 在余量直方图中，分布的均值不为0 在估计值/实际值坐标图中，回归线远离了从左下方到右上方的对角线 平滑的余量方差估计值在部分或整个坐标平面图中非常大，以致估计结果不够理想	检查源数据集的代表性 检查训练集、测试集和评估集的代表性 检查训练集、测试集和评估集的取样 平衡数据集 获取更好的数据
数据不均衡（训练数据集和测试数据集对某些关系的描述比对其他的更好）	某些余量值比其他余量值出现的频率高	平衡数据集以消除输入数据的聚类现象 添加更多的输入数据，使其包含更多的关系
模型的估计偏斜（模型总是更倾向于产生某些估计值）	在估计值/余量值坐标图中，余量值形成片、团块或簇 在估计值/实际值坐标图中，回归线远离了从左下方到右上方的对角线	调整数据挖掘建模算法 平衡数据集以消除输入数据的聚类现象
减少噪声（为了避免噪声干扰，使数据挖掘工具的灵活度受到了限制）	应用模型和不应用模型时的性能表现没有大的区别 在余量直方图中，分布的均值不为0 在估计值/实际值坐标图中，回归线明显不是一条穿过数据的直线 平滑的余量方差估计值在部分或整个坐标平面图中非常大，以致估计结果不够理想	调整数据挖掘建模算法使其具有更多的灵活性 重新预处理数据以减少噪声 建立多元模型

续表

问题	表现	改进方法
分类共线性（输入数据组中的许多类别变量都代表一个或一些相似的现象）	余量直方图明显不呈正态分布 在估计值/实际值坐标图中，估计值和实际值的取值范围明显不同，或者点的密度不均，或者点的分布不是关于从左下方到右上方的对角线对称 在估计值/实际值坐标图中，回归线在穿过数据的位置上明显不是一条直线	合并输入组变量 平衡数据集以消除输入数据的聚类现象
局部共线性（输入数据组中多个变量在某些取值范围内包含相似的信息）	余量直方图明显不呈正态分布 在估计值/实际值坐标图中，估计值和实际值的取值范围明显不同，或者点的密度不均，或者点的分布不是关于从左下方到右上方的对角线对称对角线 在估计值/实际值坐标图中，回归线在穿过数据的位置上明显不是一条直线	重新预处理输入数据
数据不代表业务问题（尽管输入数据组代表了全体数据，但其部分输出数据组是由极少的实例说明的，而其他部分则由许多的实例来说明）	余量直方图明显不呈正态分布 在估计值/实际值坐标图中，估计值和实际值的取值范围明显不同，或者点的密度不均，或者点的分布不是关于从左下方到右上方的对角线对称对角线 在估计值/实际值坐标图中，回归线在穿过数据的位置上明显不是一条直线 平滑的余量方差估计值在部分或整个坐标平面图中非常大，以致估计结果不够理想	平衡数据集 获得更多的数据 扩展或增加数据
方差偏斜（存在影响所有输入变量组的偏斜，如取样偏斜）	在余量值/实际值坐标图中，回归线不水平	设计度量用于记录偏差现象，如确定偏差因素，并将它们作为额外的变量加入输入组中 获得更好的数据
噪声或无关变量（输入数据组中包含着一个或多个噪声或完全无关的变量）	应用模型和不应用模型时的性能表现没有大的区别 在余量直方图中，分布的均值不为0 平滑的余量方差估计值在部分或整个坐标平面图中非常大，以致估计结果不够理想 输入数据组中存在明显的"簇"，且"簇"之间高度分离	去除不重要的变量

续表

问题	表现	改进方法
交互作用（当存在一些重要的交互作用时，所选择的工具和算法没有内在地探察这些交互作用）	在估计值/实际值坐标图中，回归线在穿过数据的位置上明显不是一条直线 平滑的余量方差估计值在部分或整个坐标平面图中非常大，以致估计结果不够理想 发现一种解释没有说服力、与业务问题不相关或无法应用于业务问题	在输入组中添加表示变量交互的衍生变量 采用能在模型中与交互作用内在结合的算法，如神经网络算法

（b）调整数据挖掘工具与算法。通常在以下两种情况下需要对挖掘工具和算法进行调整：

● 算法要求更多的灵活性，使之能更好地刻画训练集中复杂关系的特性。

● 算法要求更少的灵活性，使之能更好地排除训练中噪声的干扰。

表8-11归纳了几种主要的数据挖掘工具和算法在这两种情况下可采取的调节措施。

表8-11 数据挖掘工具和算法的调节措施

挖掘工具和算法	要求增加灵活性	要求减少灵活性
线性回归	降低回归线的强壮性	提高回归线的强壮性
非线性回归	提高回归线弯曲的自由度	降低回归线弯曲的自由度
聚类	增大聚类的数目 减少任一聚类所要求的最小实例数	减少聚类的数目 增大任一聚类所要求的最小实例数
决策树	减少叶结点所包含的实例数 选取排列较远的变量作为根结点进行分割	增大叶结点所包含的实例数 选取排列较近的变量作为根结点进行分割
神经网络	增加隐含层的神经元的数目 增加隐含层的数目	减少隐含层的神经元的数目 减少隐含层的数目

续表

挖掘工具和算法	要求增加灵活性	要求减少灵活性
关联规则挖掘	减少任一规则所覆盖的最小实例数 降低任一规则所要求的最小准确性 增大任一规则所允许的最多条件数 增大任一规则所允许的最大条件种类	增大任一规则所覆盖的最小实例数 提高任一规则所要求的最小准确性 减少任一规则所允许的最多条件数 减少任一规则所允许的最大条件种类
遗传算法	增加种群数	减少种群数
自组织映射	增加单元的数目	减少单元的数目
贝叶斯网络	增加输入与输出间的中介层结点数目 增加交叉连接的数目	减少输入与输出间的中介层结点数目 减少交叉连接的数目

(c) 多个模型的组合

①表决组合模型。表决是常用的组合模型的方法。每个模型都在完整的输入组上作出自己的估计，然后对各项估计结果进行比较。当所有模型的结果都一致时，意味着其置信度很高。如果模型的结果不一致，则采取多数制原则（定性结果）或平均值方法（定量结果）。

②分段输入组合模型。分段输入组合模型就是将输入进行分段，然后再引入模型。它与多个模型表决有所不同：在表决过程中，所有的模型都会使用全部的输入组；而在输入分段模型中，每一项给定的输入只被一个模型使用。输入的分段可利用自动聚类来实现，聚类将每条记录都分配到一个组别，然后将各个组看作不同的分段。

③模型分段组合模型。模型分段与输入分段的区别在于：输入分段模型其分隔是预先知道的；而模型分段其数据分段则由另一个模型决定。通常是只需要就其中一部分数据来建立模型。该方法在解决有些市场问题时很有用，因为这些问题本身包含着某种分段。

④误差修正组合模型。这种方法根据置信度将多个模型由上至下串联起来。如果一个模型的置信水平很低，则由另一个模型来决定。如有必要，这个过程可以多次重复。如图 8-15（d）所示对第一个模型的数据集采用置信度评分，记录所有置信水平低于特定临界值的数据，并用

它们来训练第二个模型——误差修正模型。这样做的原因是通过采用不同的建模技巧或许能够利用这部分数据产生更好的结果。

⑤数据强化组合模型。这种方法是将一个模型的输出作为新的变量添加到另一个模型的输入中，通常是希望用其他模型的结果来改良现有模型。

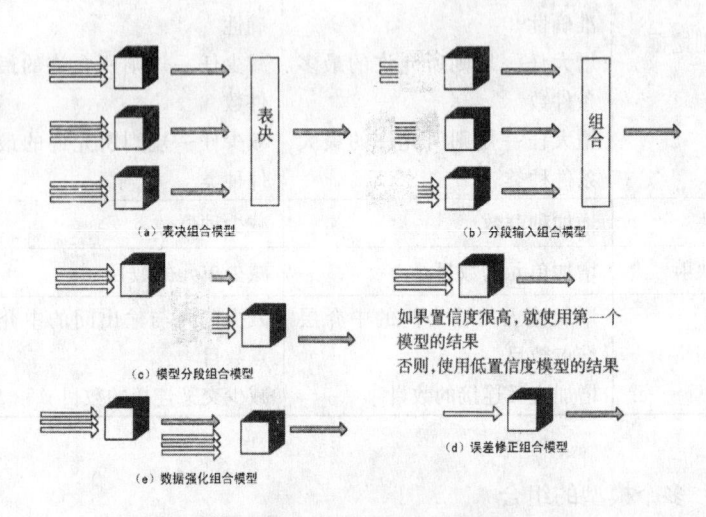

图 8-15　组合模型的方式

4．评价数据挖掘模型。数据挖掘模型建立完成后，还需要对模型在评价集上进行评价。评价的指标主要是模型的准确性、可理解性和性能。

（1）模型的准确性——准确性衡量模型在评价集上的执行结果是否正确，或者是否达到可接受的正确程度。这一指标主要用来评价分类模型和预测模型，前面所介绍的混淆矩阵、增益图等技术都可用作模型准确性的评价手段。

（2）模型的可理解性——可理解性往往需要从多方面进行考察。首先要使数据挖掘人员了解不同的输入对结果会产生什么影响。其次，模型应该能使数据挖掘人员了解预测为什么会成功或失败。如果模型能够提供最终数据挖掘结果分析报告，那将有助于对模型的理解。这一指标对于评价解释模型尤其重要。

（3）模型的性能——性能主要由模型的构造速度和从模型中获取结果的速度来确定。

三、客户知识的分析与预测

(一) 客户生命周期分析

1. 客户生命周期的阶段。客户生命周期阶段的划分是客户生命周期研究的基础。Dwyer、Schurr 和 Oh（1987）在这方面的研究最具代表性。他们首次明确强调买卖关系的发展过程具有明显的阶段特征，取代了当时盛行的把交易完全看作是离散事件的观点。客户生命周期过程可划分为考察期、形成期、稳定期、退化期四个阶段。各阶段特征的简要描述如下：

考察期是客户关系的探索和试验阶段。在这一阶段，双方考察和测试目标的相容性、对方的诚意、对方的绩效，考虑如果建立长期关系双方潜在的职责、权利和义务。考察期的基本特征是具有较大的不确定性，因此评估对方的潜在价值和降低不确定性是这一阶段的中心目标。通常在这一阶段客户会下一些尝试性的订单。

形成期是客户关系的快速发展阶段。在这一阶段，双方从关系中获得的回报日趋增多，相互依赖的范围和深度也日益增加，逐渐认识到对方有能力提供令自己满意的价值（或利益）和履行其在关系中担负的职责，因此愿意承诺一种长期关系。

稳定期是客户关系发展的最高阶段。在这一阶段，双方或含蓄或明确地对持续长期关系作了保证。这一阶段具有如下明显特征：双方对对方提供的价值高度满意；为能长期维持稳定的关系，双方都作了大量有形和无形投入；大量的交易。因此，在这一时期双方关系处于一种相对稳定状态。

退化期是客户关系发展过程中关系水平逆转的阶段。实际上，关系的退化并不总是发生在稳定期后的第四阶段，在任何一阶段关系都可能退化。引起关系退化的原因可能有很多，如一方或双方经历了一些不满意；发现了更适合的关系伙伴；需求发生变化等。退化期的主要特征有：交易量下降；一方或双方正在考虑结束关系甚至物色候选关系伙伴（供应商或客户）；开始交流结束关系的意图等。

根据上述各阶段特征的描述可知：考察期是客户关系的孕育期，形成期是客户关系的快速发展期，稳定期是客户关系的成熟期，退化期是客户关系水平发生逆转的时期。考察期、形成期、稳定期客户关系水平依次增高，稳定期是企业期望达到的理想阶段。客户关系的发展具有不可跳跃性，客户关系必须越过考察期、形成期才能进入稳定期。

2. 基于生命周期的客户类型。在生命周期的不同阶段，客户对企业的作用和意义也各不相同，由此可以把客户划分为以下五种类型：

● 潜在客户——目前还没有成为企业客户的目标市场客户；

● 有意向者——已经对企业产品或服务表现出一些兴趣的潜在客户，如积极询问或已经登记在册的人群；

● 新客户——首次使用企业产品或服务的人；

● 确定的客户——再次或已多次使用企业产品或服务的人，根据其价值可分为高价值客户、高潜力客户和低价值客户；

● 历史客户——不再使用企业产品或服务的人，根据其离开的原因分为自发流失的客户和强制流失的客户。

从总体上观察客户的生命周期可以发现：开始的时候，潜在客户对企业的产品和服务表现出兴趣；经过一段时间以后，他们成为真正的客户；随着时间的推移，客户可能会变得越来越有价值，也可能越来越没有价值；最终，出于自愿或非自愿的原因，他们不再是企业的客户。

3. 围绕生命周期的客户业务活动。客户的生命周期直接影响到客户对一个企业的长期价值。一般认为，有如下四种方法可以提升客户的价值：

● 使更多的客户购买产品；

● 对客户已有产品增派新功能，或者说提升产品的购买价值；

● 向客户出售更多、更容易升级的产品；

● 使客户能长期购买本企业的产品。

为了使客户变得有价值，企业要在客户生命周期中开展各种业务活动，推动客户从一个阶段向下一个阶段发展。图 8-16 显示了客户生命周期中不同阶段的业务活动。

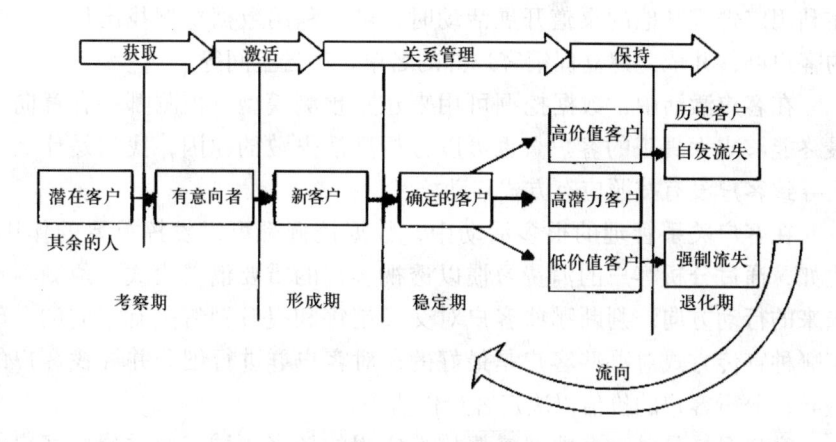

图 8-16 围绕客户生命周期展开的业务活动

考察期的主要业务活动是客户获取和客户激活。客户获取指吸引潜在客户，并将其变成有意向者的过程。通过广告、电话访问、邮件促销等各种面向目标客户市场的营销活动，找到可能对企业的产品或服务有兴趣的人。当潜在客户对企业表现出兴趣，就通过客户激活促使其与企业建立经济关系，成为真正的客户。

形成期的主要业务活动是客户关系管理。一旦潜在客户成为了客户，企业的工作重心就要转为增加客户的价值。通常有三种主要的活动方式：
● 刺激消费——确保客户多次回头购买；
● 交叉销售——促使客户购买尚未使用过的企业其他产品和服务；
● 提升销售——促使客户将现有产品和服务升级。

稳定期的主要业务活动除了客户关系管理外，还要进行客户保持，其目标是防止客户尤其是高价值客户的流失。在绝大部分的行业领域，留住一个老客户所需的成本比争取一个新客户的成本低很多，而流失一个高价值客户对企业的损失则是巨大的。因此客户保持是企业客户业务活动的一个重要环节。

退化期的主要业务活动是客户赢回。通过提供激励、产品和价格的优惠等方法将离开的客户重新吸引回来。

4. 数据挖掘对生命周期各阶段的支持。在客户获取中，数据挖掘可以用来决定哪些潜在客户可能会成为有意向者。通过将以前对类似市场营销活动有兴趣的人群特点整理出来，可以找到可能的有意向者作为本次活动的重点对象。也可以寻找和当前高收益客户类似的有意向者，使那些真正对某项产品和服务有兴趣的客户有机会接触到该项产品和服务。

在利用广告或其他的渠道开展活动时，可以利用数据挖掘找出最有兴趣的客户群，并依此建立促销客户群的名单、广告空间等。

在客户激活中，数据挖掘可用来建立预测模型，预测哪些有意向者最终能够成为真正的客户。也可以分析激活失败的原因，找到是什么要素导致客户没有按照应有方式移动。

在客户关系管理的很多活动中，数据挖掘都可以发挥重要的作用。比如，通过分析客户的消费习惯以透视客户的重要消费模式，预测客户未来的行动方向；判断哪些客户对交叉销售和提升销售是有意向的；确定哪种宣传方式对哪些客户是最好的；对客户群进行细分并寻找客户的差异；分析客户的价值以决定客户价值等等。

客户保持是另一个数据挖掘技术应用的较多领域。通过分析客户的生存期或建立流失预测模型，判断哪些客户可能会离开以及何时离开。

（二）客户价值分析

1. 客户生命周期价值（CLV）。衡量和判别客户价值的标准一直都是学者们研究的重点。其中最具影响力的理论是"客户生命周期价值（Customer Lifetime Value，简称 CLV）"理论，即在客户生命周期的框架内通过计算客户利润的累积值来衡量客户价值。

Dwyer 将客户生命周期价值定义为客户在与企业保持客户关系的全过程中为企业创造的全部利润的现值。它由两部分构成，一是客户当前价值（Customer Current Value，CCV），即到目前为止客户为企业创造的全部利润的净现值；二是客户预期价值（Customer Future Value，CFV），即客户在将来可能为企业带来的利润流的总现值。因此 CLV 的基本模型可以表示为：

$$CLV = CCV + CPV$$

简单地说，CLV 就是客户利润的总现值，而客户利润就是客户给企业带来的收益与耗费成本之差。图 8-17 展示了客户在不同阶段给企业带来的各种收益以及企业为了获得这些收益所耗费的成本。

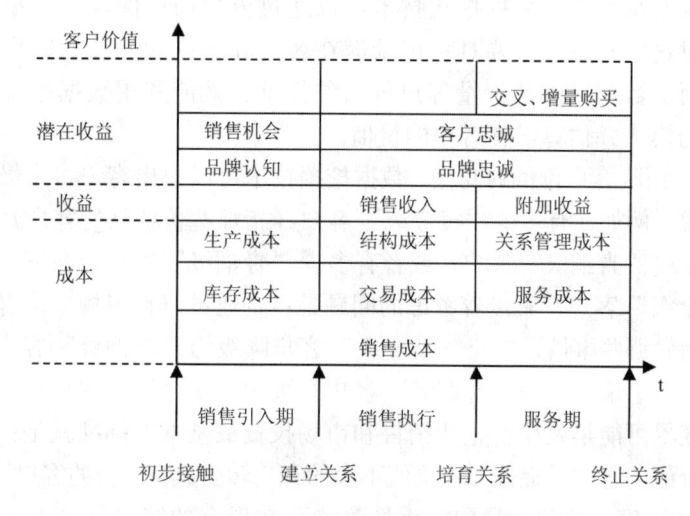

潜在收益			交叉、增量购买
	销售机会		客户忠诚
	品牌认知		品牌忠诚
收益		销售收入	附加收益
成本	生产成本	结构成本	关系管理成本
	库存成本	交易成本	服务成本
		销售成本	

销售引入期　　销售执行　　服务期

初步接触　　建立关系　　培育关系　　终止关系

图 8-17　客户生命周期价值积木

2. 数据挖掘对客户价值分析的支持。

（1）评价客户价值。数据挖掘技术可用于计算和评价客户价值。但为了提高客户价值，仅仅应用数据挖掘技术是不够的。数据挖掘技术可以从客户的交易记录中发现一些行为模式，并用这些行为模式来预测客户价值的高低，但前提是必须先确定一种从商业角度计算客户价值的方法，即如何定义有利可图的客户和无利可图的客户。在确定了评价客户价值的尺度后，根据给定的约束条件，用数据挖掘技术就可以计算出最佳结果，从而达到客户价值最大的目标。

客户价值是检验数据挖掘技术在业务环境中是否应用正确的重要指标。例如，通过数据挖掘可以优化一个市场活动以确定哪些客户对提供的商品最感兴趣，这对业务操作是非常有帮助的。但是如果没有评测客户价值的指标，就不可能知道进行优化后是否真的有更多的盈利，因而也无法判断数据挖掘是否真的有用。因此评价客户价值为数据挖掘指明了方向。

（2）预测潜在客户的未来价值。数据挖掘技术可以用来预测潜在客户的反应和价值。例如，企业在为某新产品进行市场推广活动后，一些潜在客户可能会向你订购大量产品，另一些可能只买一点点。有一些潜在客户一开始只下一些小的订单，但很快就会成为大客户。如果能预测这些潜在客户的未来价值并依此排序，将会对之后的业务活动非常有用。

企业的销售人员可能会凭借经验直接判断客户未来的价值，但这种判断通常是很盲目的。向销售人员提供这些潜在客户价值存在的迹象对业务是很有帮助的。数据挖掘技术可以通过分析历史的经验数据向业务人员提供这些知识。只要具备记录潜在客户和被成功发展的客户的行为特征的历史数据，以及计量客户价值的标准，就能利用数据挖掘分析客户盈利的模式并估算潜在客户的价值。

(3) 预测客户价值的变化。数据挖掘技术可以找出客户将来最可能的行为模式。例如，有多少"黄金级"客户（指那些价值高的客户）会在下一年内变成"青铜级"客户？或者有多少"青铜级"客户会在下一年内成为"黄金级"客户？紧接着考虑的问题是：企业可以在市场、销售和产品质量方面做哪些事情以防止"黄金级"客户降级为"青铜级"客户？或者可以做什么事情来促进"青铜级"客户升级为"黄金级"客户？或者使这样的转变尽可能早发生？企业销售和市场投资最基本的标准就是：保留住那些有价值的客户和促使那些价值不大的客户转变成有价值的客户。

(4) 以客户价值为导向的市场策略。在现有的客户信息上分析现有客户的价值是比较困难的，但尽管如此，还是需要进一步利用数据挖掘技术估算客户生命期价值，并最好能预测出潜在价值。客户现有价值和潜在价值的区别是：客户在现有情况保持不变时对企业的价值和客户在得到最好服务时可能给企业带来的价值区别。显然，预测客户将来的价值比估计客户现在的价值更加困难。

仅仅得出这些预测结果仍然不够。企业还需要知道如何根据这些结果做出反应，并协调所有客户服务策略。为了使每位客户的价值达到最大化，企业做出的反应要服从以下两条规则：

● 如果客户现有价值和潜在价值一样（即该客户已经达到了他的最大价值），那么为了使他保持在现有价值水平上所需的最低费用是多少？

● 如果客户的潜在价值比现有价值高很多，那么为了让他发挥出潜在价值，在提升对他的服务级别时所需的最低费用是多少？

表8-12显示了一个客户价值矩阵。它包括客户现有价值和潜在价值的比较，以及对不同服务水平的推荐。该矩阵可作为细分和控制客户群的基本指导。

表8-12 客户价值矩阵

模式	现在价值	生命周期价值	潜在价值	潜在生命周期价值	目前服务水平	最佳服务水平
1	高	高	高	高	黄金级	黄金级
2	高	低	高	高	黄金级	黄金级
3	高	低	高	低	黄金级	青铜级

续表

模式	现在价值	生命周期价值	潜在价值	潜在生命周期价值	目前服务水平	最佳服务水平
4	低	低	低	高	青铜级	黄金级
5	低	低	高	高	青铜级	黄金级
6	低	低	低	低	青铜级	青铜级

表中列出了六种模式，实际情况可能会有更多。表中模式1、2和6是不需要改变服务策略的。模式1代表的是最优客户，在其生命周期内，始终是企业最好的客户，而且其现有价值和潜在价值一样；模式2的客户与模式1很类似，但他们可能会有较低的生命周期价值，这表明尽管现在有较高的价值，但由于他们的忠诚度不高，很可能在其生命周期中转向竞争对手。模式6代表了最低价值的客户，企业可以只向他们提供最简单的服务。

（三）客户细分

1. 客户细分概述。客户细分是指将一个大的客户群体划分成一个个细分群的动作，同属一个细分群的客户具有彼此相似的特征，而隶属于不同细分群的客户则被视为不同。[1] 客户细分让企业从比较高的层次来察看整个数据库中的数据，了解自己的客户，并采用不同的方法对待处于不同细分群中的客户。具体来说，客户细分的作用包括：

● 帮助决策者了解业务并执行一个策略。[2] 例如，了解到最大获利的客户段在缩小而改变企业的产品价格定位，以提高对其他客户段的盈利，或者通过改变产品来培养其他获利客户段。

● 获取客户的人口统计特征并据此细分。可以用来了解客户住在哪里、有多富有、受过多少教育等。这些信息至少可以帮助企业选择接触客户的媒体方式。

● 了解客户在想什么和为什么这样想。了解客户的心理和行为构成是他们的行为将如何变化的重要提示。

● 为实现某种明确的意图而采用目的性细分。如将客户在产品使用频率上细分，根据客户使用竞争者产品的可能性将他们细分等。

---

[1] 潘越：《基于CLV与客户忠诚的客户细分方法研究》，大连理工大学硕士学位论文，2004年。
[2] Alex Berson 等著，贺奇等译：《构建面向CRM的数据挖掘应用》，人民邮电出版社2001年版。

2. 数据挖掘对客户细分的支持。① 利用数据挖掘技术进行客户细分是基于对客户行为事实数据的分析，寻找同质群体的过程，也称为数据驱动细分。一个真正的细分必须满足以下两个条件：

● 完整性（collectively exhaustive）：数据库中每一个客户都必须属于一个细分群。

● 互斥性（mutually exclusive）：数据库中的任何一个客户不能同属于多个细分群。

用于细分的数据挖掘技术可分为两大类：预测细分（predictive segmentations）和聚类（clustering）。② 前者属于有监督学习，即根据预先设想的特征值区分客户，典型技术是决策树。比如，决策树的叶节点可视为一个独立的客户细分群。每个叶节点由某些特定的客户特征定义，对所有符合这些特征的客户存在一些预测行为。如果决策树被用来建立细分群，那么数据需保证具有互斥性和完整性。图8-18显示了一个由决策树构成的细分。然而，有些时候可用于区分的因素并不能确切地知道，即使用无监督学习。典型技术为自动聚类。聚类技术将客户归为细分群并没有什么特殊理由，只是从总体来说，客户和同一个细分群中的其他客户更相像，和其他细分群中的客户不大相像而已。一般而言，同一群中每个客户的所有特征都具有一样的权重。

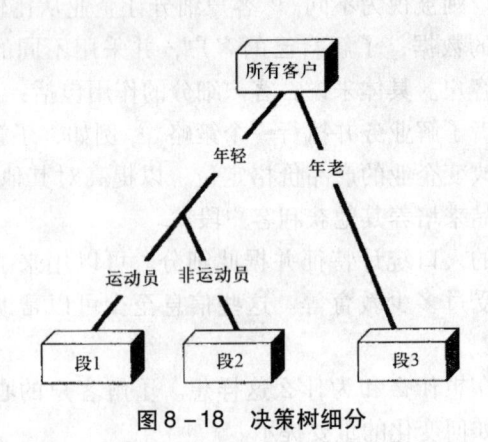

图8-18 决策树细分

---

① 肖岳峰、戴稳胜、谢邦昌：《哪些顾客可能流失——以数据挖掘为工具构建顾客流失模型》，《中国统计》2004年第7期，第45—46页。

② 刘道宏：《基于数据挖掘的电信客户欺诈预测模型研究》，大连海事大学硕士学位论文，2007年。

（四）客户响应预测

1. 客户响应行为模式。企业通常会有很多类型的客户，在评估一次扩展客户市场活动的效果时，必须考虑到各类客户不同的响应效果。所谓"客户响应行为模式"就是指一次市场活动后得到的客户反馈，它可以定义出不同类型客户的响应行为，并且可以对不同响应的可能性进行分类，以便深入地研究和制作报告。

二元客户响应行为模式是一种最简单的响应分类方法，客户的响应被归纳成两类：是或者否。如果某位客户收到了一份产品目录，他会不会从这本目录中选购一些商品？从宏观上讲，企业得到的客户反馈通常就是这种类型的。二元响应行为模式无法区别客户响应中的一些细小差别，但是有效的实施市场活动不一定都需要这些细节数据。

另外还有一种分类响应行为模式，即允许定义多种响应行为。定义行为模式的方法取决于企业所在的商业领域，但也有一些随机性。例如客户对邮寄产品目录的响应，一种行为模式是从商品目录中选购了女装，另一种是从产品目录中选购了男装。这些行为模式可以根据需要定义得非常具体（如，购买了一件红色的男式衬衫）。响应行为模式之间可能会有重叠。比如一种行为模式是从商品目录中选购了超过 100 元商品的客户。这就有可能与上面"选购了男装"的行为模式重叠，因为这件男装的价格可能超过了 100 元。尽管行为模式的重叠会导致分析计算变得复杂，但还是被广泛地应用，因为这样可以在将来更好地理解客户。

在一次扩展客户的市场活动中，通常有几种积极的响应行为模式，例如：[1]

● 客户询问：意味着这些客户是对企业产品感兴趣，这标志着长期客户关系的开始。

● 购买推荐的产品：客户购买了企业推荐的一种产品，这表明了本次活动的成功。

● 购买了没有推荐的产品：从某些意义上说，这是一种非常有价值的反馈，使企业对客户与产品之间的联系有了更多了解。

除了积极的响应行为模式外，通常也会有两种消极的响应行为模式：

● 没有响应。客户没有响应可能有很多种原因（如地址写错、寄错了产品目录等）。

---

[1] 钱景怡：《商业银行中的客户知识挖掘研究》，武汉大学硕士学位论文，2009 年。

● 潜在消费者的拒绝。通过分析所推荐的商品和与客户联系的渠道，通常可以清楚地知道客户是不是真的不感兴趣。

2. 数据挖掘对客户响应预测的支持。

（1）潜在客户的数据。由于企业对还不是客户的人了解的信息远远没有对现有客户的了解多，因此可用的潜在客户数据也非常少。这时成功的关键在于要找到所知道的信息与想得到的行为模式之间的关系。大多数扩展客户市场活动的开展都需要有一、两份潜在客户名单。假设在一份潜在客户名单上只有姓名和住址，在如此少的信息上很难用数据挖掘技术对其做分析预测。在城市、区域和邮政编码这些字段中可能会有一些模式存在，但必须对这些数据进行扩展，即将它们和一些外部信息相匹配。例如将客户的邮政编码和通过人口普查得到的这些地区平均收入和平均年龄等数据联系起来。

从前几次类似的市场活动中搜集到的数据来建立新客户的预测模型显得非常重要，如果以前没有开展过这样的活动，那么就需要先做一次小规模的实验活动来收集数据。实验活动的数据可以从潜在客户名单中抽取一部分，再从其他来源中选择一些与名单上客户较为不同的潜在客户。在活动发起后，要立即跟踪并记录下所有的市场反馈。并规定一个期限，在此之后就不再收集任何反馈。如果客户在该阶段没有任何响应，就认为他对这次市场活动没有响应。在这个期限之前，认为这些还没有响应的客户处在一种中间状态，他们可能对这次市场活动有响应，也可能没有响应。

（2）建立响应预测模型。从实验活动中取得反馈数据后，就可以开始对客户的响应行为模式进行实际地分析，并用响应行为模式建立数据挖掘模型。

在这个阶段，首先要挑选出一些需要预测的而且令人感兴趣的行为模式，并且决定要在什么样的粒度上进行分析。预测模型建立在什么样的细节粒度大小上应该取决于企业所能提供的产品种类，而不是取决于记录下的客户反馈行为类别。如果所有产品目录都是相同的，那么客户究竟购买了什么型号的商品对数据挖掘分析来讲并不重要。在这种情况下（所有的商品目录都是相同的），只要预测出二元响应行为模型就可以了。如果在响应行为类别中有重叠的部分，那么在进行数据挖掘前需要先剔除这些重复的数据。在有些情况下，企业希望能预测出每一位客户的响应反映模式，以进行一对一的市场营销。但预测每位客户的响应模型将大大增加数据挖掘分析过程的计算能力。

如何处理那些消极的响应也是在做数据分析前需要解决的问题。对于拒绝的响应，在数据库中通常有标记。但对于没有响应，在数据库中一般标记，最常用的方法是把所有的没有响应解释成拒绝响应，可以显式地进行转换（在所有没有响应的客户的数据字段内填上拒绝响应的值）也可以隐式地进行转换（一般是使用数据挖掘软件中提供的函数）。这种方法将产生一个包含了所有目标客户响应情况的数据集，他们的响应或者是积极的，或者是消极的。另一种处理方法是将这些没有响应的客户从待分析的数据集中删除。这种方法并不常被使用，因为这样会丢弃很多有用的信息。但是当拒绝的客户数量比没有响应的客户多很多时，这种方法还是能起到一定的作用。

一旦数据都准备好之后，就可以开始数据挖掘工作。数据挖掘软件将依据所选择的响应模式的类型（二元模式或是分类模式）预测出一些指标变量。数据挖掘需要输入的数据包括一些输入变量和所有被掌握的人口统计的类别属性，特别是那些可以追加到潜在客户名单上的扩展信息。最终得到的一个或一些模型能预测出所感兴趣的响应行为。这些模型可以用来对潜在客户列表中的客户排序，以便找出那些对所提供的服务最感兴趣的客户。

（五）客户增值消费预测

1. 客户增值消费概述。客户增值消费是指客户购买企业更多产品与服务的行为，是企业和客户之间关系提升的表现。交叉销售是企业促使客户增值消费的常用营销模式，即向现有的客户提供企业其他新产品和服务的营销过程。[1] 交叉销售可以使客户和企业都从中获益。其实，大部分多项产品的交叉销售研究与单项销售所需的分析并无太大区别。交叉销售可以看做是单向产品销售的叠加，但其中的关键在于准确地估计客户的消费习惯和模式，为客户提供最合适的产品和服务，这样客户才会接受这些新的产品和服务。因此，只有在精确模型的指导下进行交叉销售才可能同时给卖方和买方带来最大的获益。这也正是应用数据挖掘技术的目的所在。[2][3]

---

[1] Petr Berka, Marta Sochorova. PKDD'99 Discovery Challenge Guide to the Financial Data Set [EB/OL]. Http://lisp.vse.cz/pkdd99/Challenge/berka.htm. [2010-10-21].

[2] Jozef Zurada. Could Decision Trees ImProve the Classification Accuracy and Interpretability of Loan Granting Decisions? [A]. In: 2010 43rd Hawaii International Conference on System Sciences [C]. Washington, DC: IEEE Computer Society, 2008: 1-9.

[3] Danuta Zakrzewska. On Integrating Unsupervised and Supervised Classification for Credit Risk E-valuation [J]. Information technology and control, 2007 (1A): 98-102.

2. 数据挖掘对客户增值消费预测的支持。

（1）客户消费习惯数据。使用数据挖掘技术进行交叉销售的分析一般是从分析现有客户的购买行为数据开始。因此首先要得到关于现有客户消费习惯的数据。其中有客户的个人信息（年龄、收入、婚姻状况和邮政编码），同时也包括了交易记录（最近的收支情况、消费次数和消费类别）。一些客户消费时的外部宏观经济情况数据也包括在内，因为这会对客户做决策有一定的影响（例如，当时的平均贷款利率、消费信心指数等）。最终会得到每位客户各个时期内的几百（或几千）条信息。有些信息可能是不完整的，这些不完整的信息是否要放入最终的分析数据集中，要由分析数据时所用的数据挖掘算法来决定。即使一些客户的数据在某些分析时被排除在外，也不能完全忽视这些数据，因为在以后做另外的预测模型时这些数据还可能被用到。

（2）建立交叉销售预测模型。在对交叉销售做预测时，具体的数据挖掘过程包含三个独立的步骤：

● 对个体行为进行建模
● 用预测模型对数据进行评分
● 对得分矩阵进行最优化处理

在交叉销售分析中，对每一种交叉销售的情况进行分析的过程都是独立的，即每种情况都要建一个模型，每一个模型都可用来分析新的客户数据以预测出这些客户将来的行为。评分结果代表着用户对一种服务感兴趣的可能性，比如两个月后这些客户选择某服务的可能性。如果准备为客户提供多种不同的服务，则对每一位客户就有多个不同的计算结果。评分结果是一个得分矩阵，矩阵的每一行代表一位客户，每一列代表一种交叉销售的情况。对得分矩阵进行最优化处理，即为每位客户选出最适合的几种服务方案。选择最佳服务的方法通常有四种：

（1）质朴的方法。这种方法选择出每个客户得分最高的那个模型对应的服务。即只选择那种客户最可能有反馈的服务提供给客户，而不管这种反馈可能带来多大的经济利益，因此可能会把一些客户反馈概率小但会有丰厚回报的服务忽视掉。如果企业的目标是扩大市场份额，那么这种方法很适合。该方法的主要优点是操作简单，处理速度快，因为在每一种预测模型中，每一条客户的记录只需要读取一遍。

（2）平均效益方法。这种方法比质朴的方法功能有所增强，它将与每种服务相关的经济信息融合进来，不是简单地使客户的反馈尽可能的多，而是让总体经济效益达到最大化，每种交叉销售服务都有一个对应的、不同的经济价值。这个价值是潜在客户的平均价值，通常由历史数据库中现有客户的特性决定。用服务的价值乘上得分矩阵中客户选用这项服务的概率，就可估计出客户选择该项服务时的预期价值。

（3）个人效益方法。这种方法对不同的客户用不同的经济价值数据进行计算得出在每个服务中可能获得的预期价值，不同的客户在同一项服务中产生的预期价值也是不同的。客户的经济特性可能很复杂，要计算一种特定的服务对客户的价值可能要考虑很多因素。例如，可能想计算出一位客户的净现值，评估他可能破产的风险性，得出经过风险调整后的净现值，然后将该值与服务的预期价值结合起来。

（4）有约束条件的优化方法。这种方法在优化选择的过程中引入了一些外部的约束条件，可以和任何一种数字评分模型结合起来使用，如反馈概率或经济价值。常用的约束条件有以下几种：

● 花费的最大限制，不考虑超支花费后的可能受益。
● 每种产品目录印刷数量的上限和下限。
● 产品目录在每个地区发放数量的上限和下限。
● 产品目录在客户群的每个细分类别中发放数量的上限和下限。

有时不可能使所有的外部约束条件都得到满足，因为一些约束条件相互矛盾，或者现有的客户情况根本不可能满足这些约束条件。比如在美国50个州中，每个州挑选出至少1000名客户接受一项特定的商品推荐。但假如在北达科他州只有500名客户，就不可能挑选1000名客户接收这项商品推荐。在不可能满足约束条件的时候，会出现"硬失败"或者"软失败"。在硬失败的情况下，这个过程在发现无法满足所有的约束条件时终止，然后向用户报告这个错误。用户可以重新描述这些约束条件并再试一次。在软失败的情况下，优化选择过程虽然已经知道无法满足所有的约束条件，但还是试图满足尽可能多的约束条件。我们还可以对约束条件加上权重信息，这样优化过程就可以根据重要程度的顺序来满足这些约束条件。

（六）客户流失预测

1. 客户流失预测概述。客户流失预测是数据挖掘在客户保持中应用最多的领域之一。通过分析客户流失的行为模式，预测可能的客户流失，可以尽早发现客户流失的先兆并采取措施提供客户所需的个性化服务。这一方法已成为提高客户忠诚度、保留高价值客户的必要手段。

2. 数据挖掘对客户流失预测的支持。

(1) 客户流失数据。为了发现客户流失行为的模式，流失预测模型需要大量已流失客户的相关数据和部分未流失客户的数据。由于不同的行业领域中对客户流失的判断各不相同，造成客户流失数据的内容也各不相同。[1][2] 总的来说，与客户流失相关的基本数据集有：

● 基本客户数据，如年龄、性别、地址、邮政编码等；

● 客户账单数据，如手机号、付费方式、停机日期、是否欠费等；

● 服务端数据，如服务开通日期及开通原因、付费计划、手机类型、制造商、重量、系列及号码、服务开通地区的承销商等。

● 来自计费系统的数据，如拨打电话数、付费总额、漫游（开通地区）等。

为了便于建模，数据集中可能会添加一些衍生变量。原则上应该尽可能使用易于解释实际问题的衍生变量而不是那些仅作数学变换的变量。这些衍生变量可能包括：一定时期内电话数的增加、不同类型电话的比例及比例的变化、呼叫客服电话的次数等。数据越详细，蕴含的客户行为信息就越多，也就更有利于模型的构建。

(2) 建立流失预测模型。由于客户流失贯穿企业经营的始终，所以流失预测模型的建立通常不会一劳永逸，可以构建多个模型，并通过实验决定哪个模型能较好地拟合数据且满足业务需要。流失预测模型既是一种预测模型，也是一种解释模型。因为企业通常需要知道客户流失的理由，才能有针对性地采取行动。因此构建流失预测模型的优选方法是决策树，因为所建的模型易于理解，从而易于得到业务人员的认同和应用。其他技术如神经网络方法的易理解性较差，不太容易满足实际的需要。

流失预测模型通常用以对客户流失概率进行评分，评分的应用可以有以下几种方式：[3]

对特定客户进行市场干预。对较高流失概率的客户使用市场手段降低其流失的可能性。

根据目标客户的优先程度使用流失评分，以满足不同的营销活动。

可作为重要影响因素估计客户的生命周期。

---

[1] 窦万春：《基于知识应用的数据挖掘技术理论分析与应用研究》，《计算机集成制造系统》2000 年第 4 期，第 55—70 页。

[2] 毛国君等：《数据挖掘原理与算法》，清华大学出版社 2005 年版。

[3] 玛丽·安娜·佩苏略：《银行家市场营销》，张云、何易译，中国计划出版社 2001 年版。

对于预测模型的应用结果,需要从以下两个方面进行验证:

每一客户群的流失概率估计值和实际值的接近程度如何?

流失评分越高的客户其流失的可能性是不是真的就越大?

实际上第二个衡量指标比第一个更重要。但某些情况下,比如用流失概率计算客户生命周期价值时,概率的准确性则非常重要。

另外,由于流失模型是在用过去的数据预测未来,因此应用时数据的更新很重要。要确保应用于模型的数据集包含近几个月的数据,这样的模型才会发挥更好的效果。

(七)客户欺诈预测

1. 客户欺诈概述。以电信行业为例,所谓的客户欺诈行为是指一切以不付费的方式拨打电信通信服务的行为和意图。而在固定电话欠费行为中,电信行业又将其分为:无意欠费和恶意欠费。无意欠费指客户因临时变故或疏忽造成的欠费;恶意欠费指客户主观上恶意骗取、拖欠和抗缴电信服务费用,这类客户是我们真正需要研究的对象。

2. 数据挖掘对客户欺诈预测的支持。

(1) 客户欺诈数据。以电信行业为例,据调研可知,客户恶意欺诈发生前,往往会有不同于以往的异常行为,具体表现为:

● 客户频繁通话;

● 当前通话时间明显比平时长;

● 客户的历史记录不好,有欠费记录,信用度差;

而这些行为可以从客户的行为信息(如通话时间、通话时段、通话时长、去向等)和基本属性信息(如年龄、职业、收入等)中反映出来。

据此可以得出模型的输入数据应该包括两方面:

● 能够反映用户欠费情况和与欺诈相关的异常行为特征的预测属性字段,即上面提到的基本属性和行为信息;

● 类别预测字段,即表示欺诈与否的字段,这也是下一步数据理解和准备的方向。

因为欺诈用户在不同时期有不同的欺诈特征,应将建模用的训练数据和测试模型用的测试数据取相同或相近的一段时间。

(2) 建立客户欺诈预测模型。客户欺诈预测模型主要是对电信客户一定时间内欺诈与否的一种判断,本质是一种分类问题,即将客户分为两类:有欺诈倾向的客户和无欺诈倾向的客户。典型的数据挖掘技术还是决策树或神经网络技术。主要方法是根据客户数据建立客户自然属性、服务属性和客户消费属性与客户欺诈可能性关联的数学模型，找出它们之间的最终状态关系，并给出响应的发现规则公式，依次预测识别有欺诈倾向的客户。

四、商业银行客户知识挖掘实验

该实验运用 SPSS Clementine 数据挖掘工具，对商业银行客户数据进行关联规则分析、决策树分析及聚类分析，实现了从获取数据源、建立数据挖掘模型到挖掘结果分析的全过程。

（一）实验说明

1. 业务目标和数据说明。该商业银行内部数据库中记录了客户的相关背景资料及客户办理各项业务的情况。从这些客户数据记录中银行能够发现哪些客户类别？客户选择办理了多项业务，这些业务之间存在何种关联？同时办理了几项业务的相似客户具有什么样的特征？这些客户所选择办理的业务与他们的背景资料之间是否存在一定的关系？以上问题的解决能够帮助商业银行进行有效的客户分类，并根据客户喜好进行交叉销售。

用于完成任务的源数据是商业银行中客户办理相关业务的历史数据库，从中抽取出适当的数据，并筛选出合适的数据字段，如图 8-19 所示。图中活期、定期、信用卡、国债、基金和外汇字段值为 Y/N，表示客户有或没有办理该业务。

字段	类型	值
客户姓名	集合	付珊珊,何…
客户ID	连续	[1.999021…]
年龄	连续	[18.0,54.0]
性别	标志	M/F
月收入	连续	[1000.0,65…]
活期	标志	Y/N
定期	标志	Y/N
信用卡	标志	Y/N
国债	标志	Y/N
基金	标志	Y/N
外汇	标志	Y/N

图 8-19　数据集中的字段

当建立好这个数据集以后，相当于已经为数据挖掘准备好了数据源，接下来就可以运用合适的工具软件实现从客户数据中挖掘客户知识。

2. 工具软件说明。本实验中所采用的软件是 SPSS 公司的 Clementine11.1。[①] Clementine 是一个数据挖掘工具平台，通过此平台可以采用商业技术快速建立预测性模型，并将其应用于商业活动，从而改进决策过程。作为一款将高级建模技术与易用性相结合的数据挖掘工具，Clementine 可以发现并预测数据中有趣且有价值的关系。Clementine 还可以应用于以下商业活动：

● 创建客户档案并确定客户生命周期价值；
● 发现和预测组织内的欺诈行为；
● 确定和预测网站数据中有价值的序列；
● 预测未来的销售和增长趋势；
● 勾勒直接邮递回应和信用风险；
● 进行客户流失预测、分类和细分；
● 自动处理大批量数据并发现其中的有用模式。

Clementine 提供可视化界面，并将直观的图形界面与多种分析技术相结合。Clementine 操作界面包括建模区、节点区、模型描述区、项目管理区四大区域，通过连接节点构成数据流建立模型。Clementine 提供的节点类型包括：

● 数据源节点：数据库、可变文件、SPSS 文件、SAS 文件、Excel 等；
● 记录选项节点：选择、抽样、平衡、汇总、排序、合并等；
● 字段选项节点：类型、过滤、导出、填充、分级、分区、转置等；
● 图形节点：散点图、分布图、直方图、网络、评估、时间散点图等；
● 建模节点：神经网络、C5.0、k – means、Apriori 等；
● 输出节点：表、矩阵、统计量、报告、SPSS 输出等；
● 导出节点：数据库、平面文件、SPSS 导出、SAS 导出、Excel 等。

（二）客户知识挖掘流程

1. 定义数据源。Clementine 中定义数据源的工具是数据源节点，利用数据源节点引入一个数据源的过程如下：

（1）由于数据集存储在本地计算机的 Excel 文件中，因此选择数据源节点 Excel 导入数据。将数据源节点 Excel 拖拽到 Clementine 窗口左侧的空白工作区中释放，则工作区中会出现一个新的数据源节点 Excel。双击该节点会出现数据导入对话框。

---

① 谢邦昌：《数据挖掘 Clementine 应用实务》，机械工业出版社 2008 年版。

(2) 在数据导入对话框中选择导入文件的存放位置,并在导入数据对话框的类型标签中读取各字段的值。数据导入对话框能根据读取的字段值对字段类型进行设定。

(3) 关闭数据导入对话框,回到 Clementine 工作区,Clementine 会自动将 Excel 节点名称改为所选数据集的名称,如图 8-20 所示。

图 8-20 数据源节点

2. 准备建模数据集。准备建模数据集主要完成对目标变量的设置。对目标变量进行设置的工具是字段选项节点中的类型节点。由于客户业务关联分析建模与客户分类建模是对同一数据集中不同目标变量的处理,因此本实验在同一数据源节点上建立两条数据流分别实现客户业务关联分析建模与客户分类建模。根据客户业务关联分析建模与客户分类建模的不同需求,设置两个类型节点:类型 1 与类型 2。类型 1 节点对应客户业务关联分析建模,类型 2 节点对应客户分类建模。两个类型节点的设置步骤为:

(1) 将类型节点拖放到数据源节点附近,并连接到数据源节点。重复上述操作建立第二个类型节点,并分别命名为类型 1 与类型 2,如图 8-21 所示。

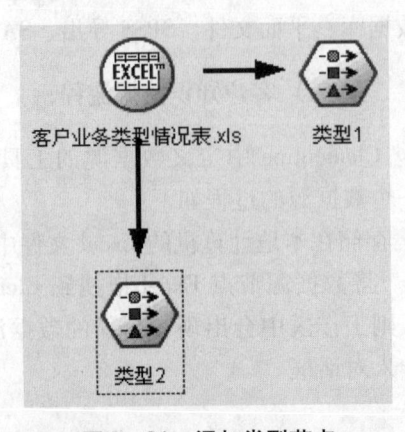

图 8-21 添加类型节点

（2）双击类型 1 节点，打开类型 1 节点设置窗口。单击类型标签，根据客户业务关联分析建模的需要，将客户姓名、客户 ID、年龄、性别、月收入字段的方向由原来的输入改为无，并将所有业务类型字段的方向改为双向，如图 8-22 所示。

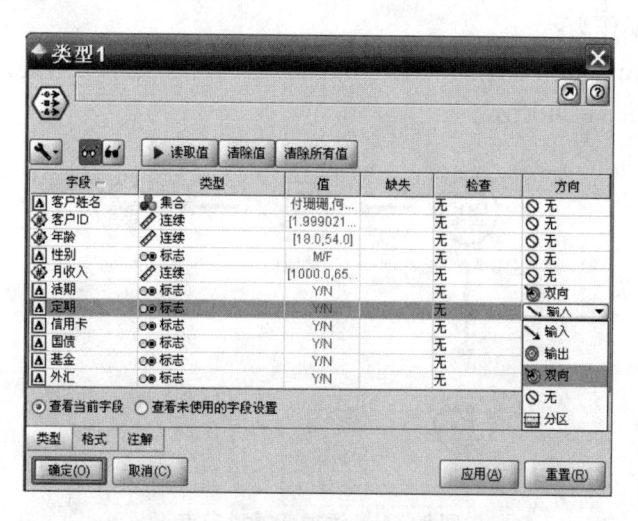

图 8-22　设置类型 1 节点字段方向

同样的方法对类型 2 节点进行设置。依据客户分类建模的需要，各字段方向的设置结果如图 8-23 所示。

图 8-23　设置类型 2 节点字段方向

3. 建立数据挖掘模型。本实验中我们应用关联规则分析挖掘客户所办理的银行各项业务间的关联规则，并依据业务间的关联进行划分的客户类别。在此基础上，应用决策树方法对关联分析结果得到的不同类别客户进行处理，从而发现同时办理了银行某些业务的不同类别客户所具有的统计学特征（主要指客户背景资料中的性别、年龄、收入等）。此外，我们还应用聚类分析方法处理数据集，实现客户的分类，并发现每类客户的特征。下面应用数据挖掘工具建立各自所需的模型。

（1）建立客户业务关联分析模型。首先，应用关联规则分析方法对数据集进行关联规则建模。本实验选择 Apriori 方法对数据集进行关联规则分析。Clementine 实现 Apriori 算法的建模工具是 Apriori 节点。Apriori 节点建模操作为：

①将 Apriori 节点拖到工作区中放到类型 1 节点的右方并连接到类型 1 节点，如图 8-24 所示。

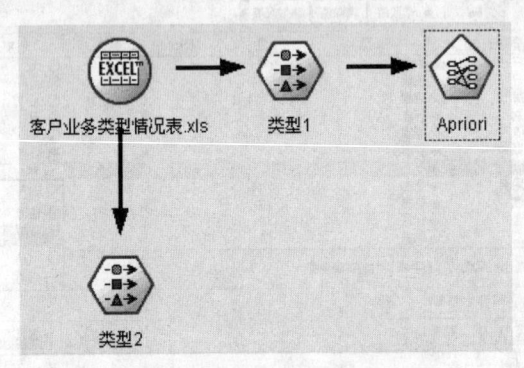

图 8-24　添加 Apriori 节点

②双击 Apriori 节点出现 Apriori 窗口，在模型标签中设置最低条件支持度为 10，最低规则置信度为 80。单击执行完成关联规则建模。

为了形象化地展示银行各项业务间的关联，在 Apriori 建模成功后利用网络图形节点实现对关联分析结果的图形化表示，具体操作为：

①将网络图形节点拖到工作区中放到类型 1 节点的附近并与类型 1 节点连接，如图 8-25 所示。

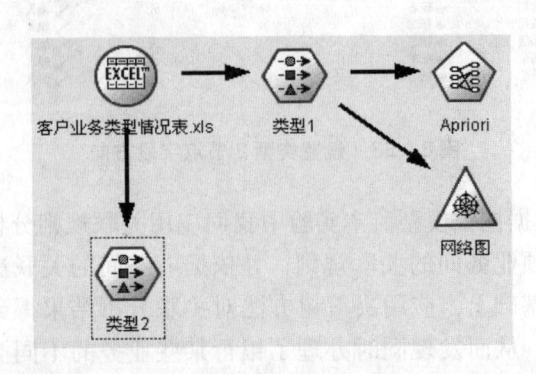

图 8-25　添加网络图节点

②双击网络图形节点出现网络图形窗口,默认出现的是散点图标签。

③在散点图标签中,单击字段右侧的下拉框,选中所有业务类型字段,并选择"仅显示真值标志",如图8-26所示。单击确定完成设置。

以上工作实现了关联规则的建模,这仅仅完成了建立客户业务关联分析模型的第一步,还需要对关联规则分析的结果应用决策树方法建模,从而发现由关联规则分析得到的依据业务分类的不同类别客户所具有的统计学特征。本实验选择C5.0方法对数据集进行决策树建模。决策树建模过程为:

①导出节点拖到工作区中并与类型1节点连接。

②双击导出节点出现导出窗口,对关联分析结果中的相关项进行设置。完成设置后单击确定退出导出窗口。

③在导出节点后连接新的类型节点。双击类型节点,在类型标签中将年龄、性别、月收入字段方向由原来的无改为输入,导出节点字段方向改为输出,其余字段方向改为无,完成类型节点设置。

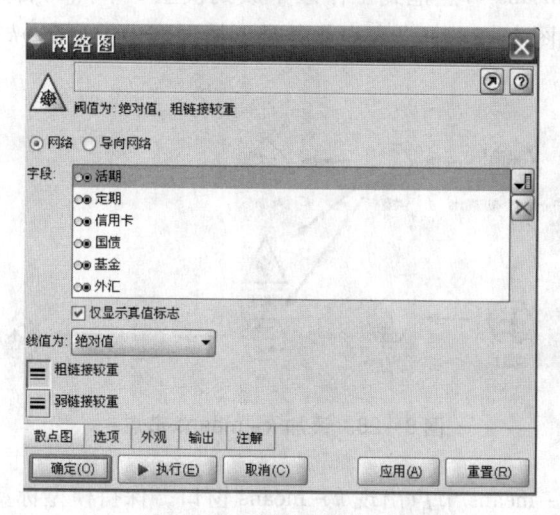

图8-26 网络图节点设置

④将C5.0节点拖到工作区中并连接到模型节点。

⑤双击C5.0节点出现C5.0窗口,单击执行完成决策树建模。

以上工作实现了客户业务关联分析模型的建立。建成的客户业务关联分析模型如图8-27所示。

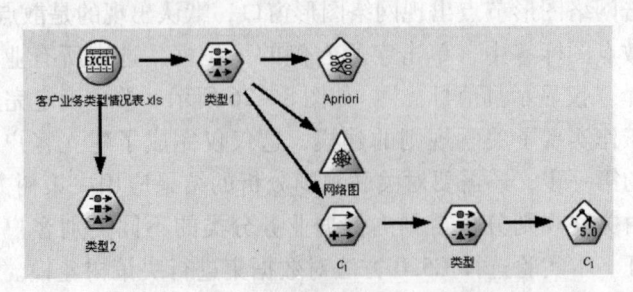

图 8-27　客户业务关联分析模型

（2）建立客户分类模型。由于事先并不知道该商业银行的客户包括哪些类别，因而应用聚类分析处理客户办理相关业务的数据集，以实现客户的分类。本实验选择 k-means 方法建立客户分类模型。Clementine 实现 k-means 算法的建模工具是 k-means 节点。利用 k-means 节点建立客户分类模型的操作为：

①将 k-means 节点拖到工作区中放到模型 2 节点的右方并与类型 2 节点连接，如图 8-28 中"客户业务类型情况表→类型 2→k-means"数据流所示。

图 8-28　添加 k-means 节点

②双击 k-means 节点出现 k-means 窗口，保持模型标签中聚类数为 5 的默认设置，单击执行完成聚类建模。

4. 挖掘结果分析

（1）应用客户业务关联分析模型的结果。应用客户业务关联分析模型中的关联规则建模可以挖掘银行客户所办理的各项业务间的关联规则，进而得到依据业务的客户分类。然后对某类客户（如第一类客户 c_1）运用决策树建模进一步分析，可以发现同时办理了某些业务的这一类客户所具有的统计学特征，从而预测他们的需求。

模型建立后，可以在工作区的右侧查看模型，如图8-29所示。通过浏览所建立的模型就能得到挖掘结果。

图8-29 建成的模型

右击图8-29中的Apriori模型，选择浏览，即可查看生成的关联规则。生成的关联规则如图8-30所示。点击工作区中的网络图节点，在打开的网络图节点窗口中，点击执行，得到银行各项业务之间的关联图，如图8-31所示。

后项	前项	支持度%	置信度
外汇 = Y	卡 = Y and 基金 = Y and 活期 = Y and 定期 = Y	14.0	100.0
信用卡 = Y	外汇 = Y and 基金 = Y and 国债 = Y and 活期 = Y and 定期 = Y	11.0	100.0
外汇 = Y	基金 = Y and 信用卡 = Y and 国债 = Y and 活期 = Y and 定期 = Y	11.0	100.0
定期 = Y	外汇 = Y and 基金 = Y and 信用卡 = Y	23.0	95.652
定期 = Y	外汇 = Y and 基金 = Y and 信用卡 = Y and 国债 = Y	18.0	94.444
定期 = Y	外汇 = Y and 信用卡 = Y and 国债 = Y and 活期 = Y	15.0	93.333
外汇 = Y	信用卡 = Y and 国债 = Y and 活期 = Y and 定期 = Y	15.0	93.333
信用卡 = Y	外汇 = Y and 基金 = Y and 国债 = Y and 活期 = Y	13.0	92.308
定期 = Y	外汇 = Y and 基金 = Y	25.0	92.0
定期 = Y	外汇 = Y and 基金 = Y and 信用卡 = Y and 国债 = Y and 活期 = Y	24.0	91.667
定期 = Y	外汇 = Y and 基金 = Y and 活期 = Y	12.0	91.667
定期 = Y	外汇 = Y and 信用卡 = Y	32.0	90.625
定期 = Y	外汇 = Y and 国债 = Y	31.0	90.323
定期 = Y	外汇 = Y	40.0	90.0
外汇 = Y	信用卡 = Y and 国债 = Y and 定期 = Y	19.0	89.474
外汇 = Y	信用卡 = Y and 基金 = Y and 活期 = Y	26.0	88.462
信用卡 = Y	外汇 = Y and 基金 = Y and 活期 = Y	17.0	88.235
定期 = Y	外汇 = Y and 信用卡 = Y and 国债 = Y and 活期 = Y	50.0	88.0
定期 = Y	外汇 = Y and 活期 = Y	16.0	87.5
定期 = Y	外汇 = Y and 基金 = Y and 国债 = Y and 活期 = Y	21.0	85.714
定期 = Y	外汇 = Y and 信用卡 = Y and 活期 = Y	13.0	84.615
定期 = Y	外汇 = Y and 基金 = Y and 活期 = Y	25.0	84.0
定期 = Y	外汇 = Y and 基金 = Y and 信用卡 = Y and 活期 = Y	17.0	82.353
国债 = Y	外汇 = Y and 基金 = Y and 信用卡 = Y and 活期 = Y	44.0	81.818
定期 = Y	外汇 = Y and 基金 = Y and 信用卡 = Y and 活期 = Y	32.0	81.25
国债 = Y	外汇 = Y and 信用卡 = Y and 定期 = Y	26.0	80.769
国债 = Y	基金 = Y and 信用卡 = Y and 活期 = Y and 定期 = Y	26.0	80.769
信用卡 = Y	外汇 = Y	26.0	80.769
国债 = Y	外汇 = Y	50.0	80.0
国债 = Y	外汇 = Y and 基金 = Y and 信用卡 = Y and 活期 = Y	15.0	80.0

图8-30 银行业务关联规则

银行客户业务关联图

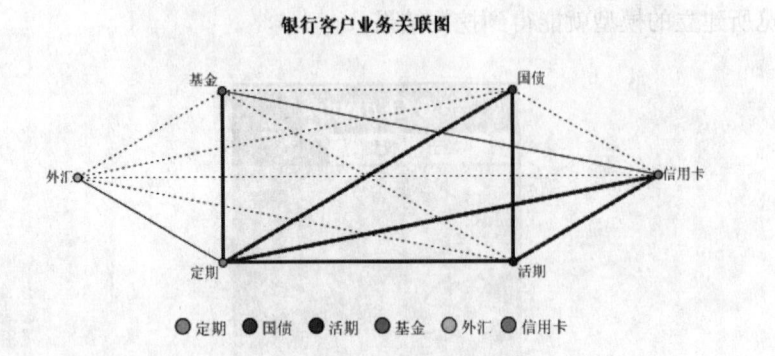

图 8-31　银行客户业务关联显示图

在图 8-30 中，商业银行通过这些规则就能得到客户在办理银行某几项业务时，还同时办理其他某项业务的可信度。当银行新客户同样办理了这几项业务后，银行则可以预见这位新客户极有可能同时办理另外那项业务，则银行可以为这位客户提供客户需要的知识，即与该业务相关的知识。例如，在图 8-30 中置信度为 88.462% 的强规则表示 88.462% 同时开展信用卡、国债、定期储蓄业务的客户，也开办了外汇业务。

由图 8-31 可以归纳出三类客户：
●办理基金与定期储蓄业务的客户；
●办理定期储蓄、国债及活期储蓄业务的客户；
●办理定期储蓄、信用卡业务及活期储蓄业务的客户。

对识别出的第一类客户 c_1 运用决策树建模进一步分析。执行图 8-29 中的 c_1 模型，得到如图 8-32 所示的分析结果。从图 8-32 可以看出，同时办理基金与定期储蓄业务的客户与未同时办理这两项业务的客户基本持平，在同时办理了这两项业务的客户中，女性客户所占比例远远高于男性客户。基金、定期储蓄业务由于收益不高，客户所需承担的风险也比较小，理性的女性客户更倾向于选择这些业务。鉴于目前女性客户选择基金与定期储蓄业务较多，她们在其他业务上的选择空间更大，商业银行在日后工作中可以向女性客户更多推荐其他业务。同时，商业银行向客户提供客户需要的知识的过程中也应结合实际考虑性别差异等因素。

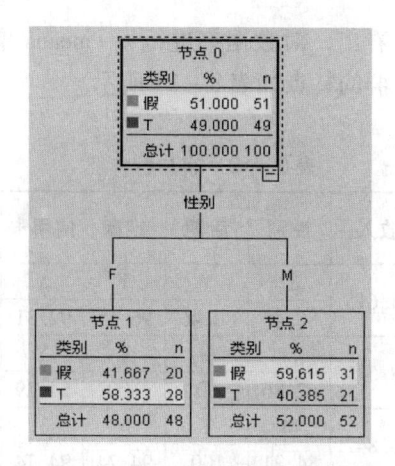

图 8-32 对客户类 C1 构建的决策树

从以上对客户类 c_1 的决策树分析结果中可以看到，客户选择办理的业务只与客户的性别这一项因素有关，而与客户年龄、收入等因素无关。这样的分析结果与实际情况可能有些出入，造成如此结果的原因可能是本实验所选取的样本数据量过小。

（2）应用客户分类模型的结果。应用客户分类模型能够实现客户分类与细分，并发现每类客户的特征。

右击图 8-29 中的 k-means 模型，选择浏览，得到如图 8-33 所示的聚类结果。

图 8-33 银行客户聚类结果图

从图 8-33 可以看出，对数据集进行 k-means 聚类得到了 5 个不同的客户群，每个客户群的特点如表 8-13 所示。

表 8-13 客户群特征

客户群	年龄	月收入	性别	活期	定期	信用卡	国债	基金	外汇
1	28.038	2534.615	F 88.46	Y 88.46	Y 96.15	Y 92.31	N 65.38	Y 73.08	N 57.69
2	30.686	2988.571	M 62.86	N 60	Y 100	Y 54.29	Y 97.14	Y 62.86	Y 85.71
3	27.737	2836.842	M 84.21	Y 100	N 94.74	Y 94.74	Y 94.74	Y 57.89	N 89.47
4	35.5	3637.5	F 100	Y 100	N 75	N 87.5	Y 62.5	N 75	Y 75
5	27.833	2316.667	M 91.67	Y 66.67	Y 100	N 66.67	N 83.33	Y 66.67	N 91.67

从聚类结果可以看出，五类客户群中客户群 2 的客户数量最多，客户群 4 的客户数量最少。五类客户群具有各自不同的特征：

● 客户群 1：客户数量较多；客户年龄居中；收入较低；主要为女性客户；较多办理了定期储蓄、信用卡与活期储蓄业务；较多没有办理国债、基金业务。

● 客户群 2：客户数量最多；客户年龄较大；收入中等；男性客户略多于女性客户；全部办理了定期储蓄业务；较多办理了国债与外汇业务；基金与信用卡业务办理者人数略高于未办理者人数；活期储蓄业务未办理者人数略高于办理者人数。

● 客户群 3：客户数量中等；客户年龄最小；收入中等；主要为男性客户；全部办理了活期储蓄业务；较多办理了信用卡与国债业务；基金业务办理者人数略高于未办理者人数；大多数未办理定期储蓄与外汇业务。

● 客户群 4：客户数量最少；客户年龄最大；收入最高；全是女性客户；全部办理了活期储蓄业务；较多办理了国债与外汇业务；定期储蓄、基金与信用卡业务未办理者人数高于办理者人数。

● 客户群 5：客户数量较少；客户年龄较小；收入最低；主要为男性客户；全部办理了定期储蓄业务；活期储蓄与基金业务办理者人数略高

于未办理者人数；信用卡业务未办理者人数略高于办理者人数；大多数未办外汇与国债业务。

商业银行从客户数据中挖掘到这些客户知识后，决策部门即可根据各个客户或客户群的特征来制定与客户特征匹配的决策。

参 考 文 献

[1] 彭靖里:《国内外竞争情报研究发展综述》,《情报科学》1998 年第 3 期,第 268—271 页。
[2] 童品德:《竞争情报及其在我国发展问题研究》,首都经济贸易大学硕士学位论文,2006 年。
[3] Edward C. Prescott. Theory Ahead of Business Cycle Measurement[J]. Carmegie Rochester Conference Serise on Public Policy,1986,25(1):11 – 14.
[4] Edward C. Prescott, Bruce D. Smith. Organizations in Economic Analysis[J]. Canadian Journal of Economics,,1988,21(3):477 – 491.
[5] Edward C. Prescott. The Transformation of Macroeconomic Policy and Research[OL]. Nobel Prize in Economics Documents,2004.
[6] 包昌火、赵刚、李艳等:《竞争情报的崛起——为纪念中国竞争情报专业组织成立 10 周年而作》,《情报学报》2005 年第 1 期,第 3—19 页。
[7] John H. Hovis. CI at Avnet: A Bottom – line Impact[J]. Competitive Intelligence Review,2000,11(3):5 – 15.
[8] 陈峰:《面向企业战略管理的竞争情报研究》,北京大学博士学位论文,2002 年。
[9] 王国顺:《企业理论——能力理论》,中国经济出版社 2006 年版。
[10] 何绍华、王培林:《面向知识管理的适应性竞争情报系统》,《图书情报工作》2007 年第 11 期,第 54—57 页。
[11] 王知津:《竞争情报》,科学技术文献出版社 2005 年版。
[12] 曾忠禄:《企业竞争情报管理——战胜竞争对手的秘密武器》,暨南大学出版社 2004 年版。
[13] 陈峰:《竞争情报的价值及其实现》,《图书情报工作》2007 年第 11 期,第 6—9 页。
[14] Jan P. Herring. Key Intelligence Topics: a Process to Identify and Define Intelligence Needs[J]. Competitive Intelligence Review,1999,10(2):4 – 14.
[15] 黄英:《决策者需求分析——关键情报课题研究》,北京大学硕士学位论文,2003 年。

[16] 尹科强：《竞争情报软件的分析与设计》，北京大学硕士学位论文，2003年。
[17] 包昌火：《企业竞争情报系统》，华夏出版社2002年版。
[18] 邓胜利、胡昌平、张玉峰：《竞争情报智能采集的策略研究》，《情报学报》2007年第4期，第620—626页。
[19] 郎涌真等：《竞争情报与竞争力》，华夏出版社2001年版。
[20] 张超：《中外竞争情报教育比较研究》，中国科学技术信息研究所硕士学位论文，2004年。
[21] 唐志：《主题Web信息采集与分析技术研究》，重庆大学硕士学位论文，2006年。
[22] 吴晓伟、徐福缘、吴伟昶：《竞争情报系统成功建设模型及其实证研究》，《情报学报》2005年第4期，第473—484页。
[23] 张玉峰等：《智能信息系统》，武汉大学出版社2008年版。
[24] 张玉峰、王翠波、吴金红等：《基于数据挖掘的企业竞争情报智能采集策略研究》，《情报学报》2009年第2期，第182—186页。
[25] 张玉峰、胡凤、董坚峰：《泛在知识环境中数据挖掘技术进展分析》，《情报学报》2010年第2期，第202—207页。
[26] 吴金红、张玉峰、王翠波：《基于本体的竞争情报采集模型研究》，《情报理论与实践》2007年第5期，第577—580、第583页。
[27] 吴金红：《基于数据挖掘的企业竞争情报智能获取研究》，武汉大学博士学位论文，2008年。
[28] 王宏：《基于粗糙集数据挖掘技术的客户价值分析》，哈尔滨工程大学博士学位论文，2006年。
[29] 孙仁诚：《基于单元的孤立点算法研究及客户忠诚度分析系统构建》，青岛大学硕士学位论文，2003年。
[30] Song D., Bruza P. D., Huang Z., et al. Classifying Document Titles Based on Information Inference[C]. Proceedings of the 14th International Symposium on Methodologies for Intelligent Systems, 2003, 297 – 306.
[31] Sarah Zelikovitz. Transductive LSI for Short Text Classification Problems[C]. Proceedings of the 17th International FLAIRS Conference, Miami: AAAI Press, 2004.
[32] Selvi, P. Gopalan, N. P. Sentence Similarity Computation Based on Wordnet and Corpus Statistics[C]. Proceedings of the International Conference on Computational Intelligence and Multimedia Applications, 2007: 9 – 14.
[33] R. Agrawal. Mining Association Rules Between Sets of Items in Large Databases[C]. Proceedings of the 1993 ACM SIGMOD International Conference on Management of Data, 1993: 207 – 216.
[34] J. Kleinberg, C. Papadimitriou, and P. Raghavan. Segmentation problems[C]. Proceed-

ings of the 30th Annual Symposium on Theory of Computing[C]. ACM. 1998.
[35] A. Savasere, E. Omiecinski, and S. Navathe. An efficient algorithm for mining association rules in large databases[C]. Proceedings of the 21st International Conference on Very large Database, 1995.
[36] J. S. Park, M. S. Chen, and P. S. Yu. An effective hash – based algorithm for mining association rules[C]. Proceedings of ACM SIGMOD International Conference on Management of Data, pages:175 – 186, San Jose, CA, Moy 1995.
[37] H. Mannila, H. Toivonen, and A. Verkamo. Efficient algorithm for discovering association rules[C]. AAAI Workshop on Knowledge Discovery in Databases, 1994: 181 – 192.
[38] H. Toivonen. Sampling large databases for association rules[C]. Proceedings of the 22nd International Conference on Very Large Database, Bombay, India, September 1996.
[39] T. Cover, P Hart. Nearest Neighbor Pattern Classification[J]. Information Theory, 1967,13(1):21 – 27.
[40] V. Vapink. The Nature of Statistical Learning Theory[M]. Berlin: Springer – Verlag,1999.
[41] G. Salton, A Wang, C. S. Yang. A Vector Space Model for Automatic Indexing[J]. Communications of the ACM,1975,18(1):613 – 620.
[42] J. L. Lin, and M. H. Dunham. Mining association rules: Anti – skew algorithms[C]. Proceedings of the International Conference on Data Engineering, Orlando, Florida, February 1998.
[43] S. Brin, R. Motwani, J. D. Ullman, and S. Tsur. Dynamic Item set counting and implication rules for market basket data[C]. In ACM SIGMOD International Conference on the Management of Data. 1997.
[44] S. Brin, R. Motwani, and C. Silverstein. Beyond market baskets:generlizing association rules to correlations[C]. Proceedings of the ACM SIGMOD, 1996:255 – 276.
[45] 杜小勇、李曼、王珊：《本体学习研究综述》，《软件学报》2006 年第 9 期, 第 1837—1847 页。
[46] W. H. Inmon：《数据仓库》（第三版），机械工业出版社 2003 年版。
[47] 张晓翔：《企业竞争情报采集策略研究》，武汉大学博士学位论文，2009 年。
[48] 何飞、罗三定、沙莎：《基于领域本体的知识关联研究》，《湖南城市学院学报（自然科学版）》2005 年第 3 期, 第 69—71 页。
[49] 唐爱民、真溱、樊静：《基于叙词表的领域本体构建研究》，《现代图书情报技术》2005 年第 4 期, 第 1—5 页。
[50] 刘耀等：《领域 Ontology 自动构建研究》，《北京邮电大学学报》2006 年第 11

期,第 65—69 页。

[51] 常春、卢文林:《叙词表编制历史、现状与发展》,《农业情报学刊》2002 年第 5 期,第 25—28 页。

[52] J, Han and Y. Fu. Discovery of multiple – level association rules from large databases [C]. In Proc. 1995 Int. Conf. Very Large Databases(VLDB'95), 1995:420 – 431.

[53] 文燕平、张玉峰:《检索 Agent 的搜索机理研究》,《情报学报》2002 年第 10 期,第 537—541 页。

[54] 吴丽辉等:《Web 信息采集中的哈希函数比较》,《小型微型计算机系统》2006 年第 4 期,第 673—676 页。

[55] 谢永红、阿兹古丽·吾拉木、杨炳儒:《一个通用型知识发现系统中数据预处理的实现》,《计算机应用研究》2005 年第 11 期,第 55—57 页。

[56] 苏成:《数据挖掘中不可忽视的环节——数据预处理》,《华南金融电脑》2006 年第 1 期,第 64—66 页。

[57] 王长缨、尹晓虎、鲍翊平、姚莉:《基于随机博弈的 Agent 协同强化学习方法》,《计算机工程与科学》2006 年第 28 期,第 107—110 页。

[58] 李君、吴春旭:《基于多 Agent 技术的中小企业 ERP 系统研究》,《计算机系统应用》2006 年第 2 期,第 6—9 页。

[59] P. Ingwersen, K. Järvelin. Information Retrieval in Contexts[C]. Proceedings of ACM SIGIR 2004 Workshop on Information Retrieval in Context (IRiX), Sheffield, UK, July, 2004: 6 – 9.

[60] L. Freund, E. G. Toms. Using Contextual Factors to Match Intent[C]. Proceedings of ACM SIGIR 2005 Workshop on Information Retrieval in Context (IRiX), Salvador, Brazil, August, 2005: 18 – 20.

[61] P. Ingwersen, K. Järvelin. Information Retrieval in Contexts – IRiX[OL]. ACM SIGIR Forum, 2005, 39(2). [2006 – 3 – 20]. http://www.sigir.org/forum/2005D/2005d_sigirforum_ingwersen.pdf.

[62] W. H. Huang, D. Webster. Intelligent RSS News Aggregation Based on Semantic Contexts. Proceedings of ACM SIGIR 2004 Workshop on Information Retrieval in Context (IRiX), Sheffield, UK, July, 2004: 40 – 43.

[63] 李敏:《基于认知理论的语义检索研究》,武汉大学硕士学位论文,2006 年,第 24—25 页。

[64] 李翠平、李盛恩等:《一种基于约束的多维数据异常点挖掘方法》,《软件学报》2003 年第 9 期,第 1571—1577 页。

[65] 沈国强、覃征:《一种新的多维关联规则挖掘算法》,《小型微型计算机系统》,2006 年第 2 期,第 291—294 页。

[66] 包昌火、谢新洲主编:《竞争对手分析》,华夏出版社 2003 年版。

[67] 王建仁、王锦、赵斌：《基于业务流程生命周期的流程知识分类及管理》，《情报杂志》2006年第2期，第72—74页。

[68] 郭维森、党延忠：《企业中流程知识的表示及获取方法》，《系统工程理论与实践》2003年第6期，第28—35页。

[69] W. M. P. van der Aalst, B. F. van Dongen, J. Herbst, L. Maruster, G. Schimm, A. J. M. M. Weijters. Workflow Mining: A Survey of Issues and Approaches. Data & Knowledge Engineering, 2003(47): 237 - 267.

[70] W. M. P. van der Aalst, K. M. van Hee, Workflow Management: Models, Methods, and Systems[M]. MIT press, Cambridge, MA, 2002: 28 - 33.

[71] 刘娟：《流程知识表示系统的设计与实现》，大连理工大学博士学位论文，2004年。

[72] 徐彦、谭培强：《流程挖掘研究》，《物流科技》2006年第4期，第107—111页。

[73] 崔南方、陈荣秋：《企业业务流程的时间模型》，《管理工程学报》2001年第2期，第62—64页。

[74] 潘海兰：《一种建模的新技术：流程挖掘》，《上海第二工业大学学报》2006年第2期，第127—132页。

[75] 马辉、张凯：《基于Petri网的工作流挖掘技术分析》，《计算机与现代化》2005年第7期，第92—95、第98页。

[76] [美] 斯蒂芬·M.沙克尔、马克·P.吉姆比克依：《企业竞争情报作战室》，王知津等译，人民邮电出版社2005年版。

[77] Ralph R. Young：《有效需求实践》，机械工业出版社2002年版。

[78] Sutcliffe A., Maiden N. The Domain Theory for Requirements Engineering[J]. IEEE Transactions on Software Engineering, 1998(3): 760 - 773.

[79] Dardenne A., Van Lamsweerde A., Fickas S. Goal - directed requirements acquisition [J]. Science of Computer Programming, 1993(1): 3 - 50.

[80] Swapna Kishore、Rajesh Naik：《软件需求与估算》，机械工业出版社2004年版。

[81] 刘宏芳、阳东升、刘忠、张维明：《基于任务的战术态势视图中对象的描述与组织》，《武器装备自动化》2006年第4期，第13—15页。

[82] Michelle Cook, Curtis Cook：《竞争智能》，黄治康、黄载曦、张赟等译，西南财经大学出版社2003年版。

[83] 沈固朝：《Web2.0能为建立竞争情报人际网络做些什么》，《中国图书馆学报》2007年第1期，第52—57页。

[84] Dorian Pyle著，杨冬青等译：《业务建模与数据挖掘》，机械工业出版社2004年版。

[85] Berry, M. J. A.; Linoff, G. S.著，别荣芳等译：《数据挖掘技术 市场营销、销售与客户管理领域应用》，机械工业出版社2006年版。

[86] Mehmed Kantardzic著，闪四清等译：《数据挖掘——概念、模型、方法和算

法》，清华大学出版社 2003 年版。
[87] 陈京民等：《数据仓库与数据挖掘技术》，电子工业出版社 2002 年版。
[88] 张玉峰、王翠波、吴金红、艾丹祥：《基于数据挖掘的企业竞争情报智能采集策略研究（Ⅲ）——智能挖掘与采集平台构建的策略》，《情报学报》2009 年第 2 期，第 182—186 页。
[89] Liwen Vaughan and Guozhu Wu. Links to Commercial Websites as a Source of Business Information[J]. Scientometrics, 2004, 60(3): 487 – 496.
[90] Callison C. Media Relations and the Internet: How Fortune 500 Company Web Sites Assist Journalists in News Gathering[J]. Public Relations Review, 2003, 29(1): 29 – 41.
[91] 张玉峰、朱莹：《基于 Web 文本挖掘的企业竞争情报获取方法研究》，《情报理论与实践》2006 年第 5 期，第 563—566 页。
[92] 张玉峰、吴金红、王翠波：《面向 Deep Web 的动态竞争情报智能采集策略》，《情报学报》2008 年第 4 期，第 624—630 页。
[93] Bergman, M. K. The Deep Web: surfacing hidden value [J]. Communication Abstracts, 2003. 26 (2): 155 – 298.
[94] 张茇秋：《Deep Web 的概念、规模及内容》，《中国信息导报》2004 年第 10 期，第 58—61 页。
[95] 马费成、张婷：《获取看不见的网络信息资源的有效途径》，《情报理论与实践》2004 年第 4 期，第 408—411 页。
[96] Arlotta L., Crescenzi V., Mecca G., Merialdo P. Automatic Annotation of Data Extracted from Large Web Sites[C]. In: Proceedings of the 6th International Workshop on Web and Databases, San Diego, 2003: 7 – 12.
[97] 马费成：《论情报学的基本原理及理论体系构建》，《情报学报》2007 年第 1 期，第 3—13 页。
[98] Peng Q., Meng W., He H., Yu C. T.: WISE – cluster: Clustering E – Commerce Search Engines Automatically[C]. In: Proceedings of the 6th ACM International Workshop on Web Information and Data Management, Washington, 2004: 104 – 111.
[99] 钱景怡、张玉峰：《基于人际网络挖掘的企业竞争情报获取研究》，《图书情报知识》2009 年第 3 期，第 90—93 页。
[100] 包昌火、李艳、王秀玲等：《人际情报网络》，《情报理论与实践》2006 年第 2 期，第 129—141 页。
[101] 王曰芬、黄加虎、王海丹：《竞争情报中的知识流及转换机制研究》，《情报学报》2007 年第 3 期，第 415—421 页。
[102] Stanley Wasserman, Katherine Faust. Social Network Analysis: Methods and Applications [M]. Cambridge University Press, 1994: 31 – 35.
[103] 苏新宁、杨建林、江念南、栗湘：《数据仓库和数据挖掘》，清华大学出版社

2006 年版。

[104] A. Hotho, S. Staab, G. Stumme. WordNet improves Text Document Clustering[A]. In: Proc. of the Semantic Web Workshop at SIGIR2003, 26th Annual International ACM SIGIR Conference[C]. Toronto, Canada, 2003.

[105] J. Sedding, D. Kazakov. WordNet – based Text Document Clustering[A]. In: Proceedings of the Third Workshop on Robust Methods in Analysis of Natural Language Data (ROMAND'04)[C]. Stroudsburg, PA: Association for Computational Linguistics, 2004: 104 – 113.

[106] X. Hu, X. Zhang, C. Lu, E. Park, X. Zhou. Exploiting Wikipedia as External Knowledge for Document Clustering[A]. In: Proceedings of the 15th ACM SIFKDD international conference on Knowledge discovery and data mining (KDD'09)[C]. New York: ACM, 2009:389 – 396.

[107] W. K. Gad, M. S. Kamel. Enhancing Text Clustering Performance Using Semantic Similarity[A]. In: Proc. of International Conference on Enterprise Information Systems[C]. Berlin: Springer, 2009: 325 – 335.

[108] S. Zhu, J. Zeng, H. Mamitsuka. Enhancing MEDLINE document clustering by incorporating MeSH semantic similarity [J]. Bioinformatics, 2009, 25 (15): 1944 – 1951.

[109] A. Hotho, A. Maedche, S. Staab. Text clustering based on Good Aggregation[J]. Kunstliche Intelligen, 2002, 16(4):48 – 54.

[110] 朱恒民、马静、黄卫东:《基于领域本体的 SOM 文本逐层聚类方法》,《情报学报》2008 年第 6 期, 第 845—850 页。

[111] J. Dong, S. P. Wang, F. L. Xiong. A method for domain conception clustering with the guidance of domain ontology[A]. In: Proceedings of the 2010 International Conference on Intelligent Computation Technology and Automation (ICICTA'10)[C]. Washington, DC: IEEE Press, 2010: 151 – 155.

[112] 元昌安等:《挖掘原理与 SPSS Clementine 应用》, 电子工业出版社 2009 年版。

[113] 张玉峰、何超:《基于领域本体的语义文本挖掘研究》,《情报学报》2011 年第 8 期, 第 832—839 页。

[114] 宋玲、郭家义、张冬梅等:《概念与文本的语义相似度计算》,《计算机工程与应用》2008 年第 35 期, 第 163—167 页。

[115] Z. B. Wu, M. Palmer. Verb semantics and lexical selection[A]. In: Proceedings of the 32nd annual meeting on Association for Computational Linguistics[C]. Stroudsburg, PA: Association for Computational Linguistics, 1994:133 – 138.

[116] R. Basili, M. Cammisa, A. Moschitti. A Semantic Kernel to Classify Texts with Very Few Training Examples[A]. In: Proc. of Workshop 'Learning in Web Search', 22nd

International Conference on Machine Learning (ICML 2005) [C]. New York: ACM, 2005:163 – 172.

[117] F. Camous, S. Blott, A. F. Smeaton. Ontology – Based MEDLINE Document Classification [A]. In: BIRD2007 – 1st International Conference on Bioinformatics Research and Development [C]. Berlin: Springer, 2007:439 – 452.

[118] 杨喜权、孙娜、张野、孔德冉:《Doconto———一种基于本体的文本分类器》,《计算机应用》2008 年第 32 期,第 58—64 页。

[119] 唐歆瑜:《基于知网构建化工领域文本分类模型研究》,湖南大学硕士学位论文,2007 年。

[120] M. Janik, K. Kochut. Wikipedia in action: Ontological knowledge in text categorization [A]. In: Proc. of the International Conference on Semantic Computing [C]. Washington, DC: IEEE Computer Society, 2008: 268 – 275.

[121] X. Q. Yang, N. Sun, Y. Zhang. General Framework for Text Classification based on Domain Ontology [A]. In: Proc. of the Third International Workshop on Semantic Media Adaption and Personalization (SMAP'08) [C]. Washington, DC: IEEE Computer Society, 2008:147 – 152.

[122] Z. B. Wu, M. Palmer. Verb semantics and lexical selection [A]. In: proceedings of the 32nd annual meeting on Association for Computational Linguistics [C]. Stroudsburg, PA: Association for Computational Linguistics,1994:133 – 138.

[123] 王志芳:《基于领域本体的文本挖掘算法与实验研究》,武汉大学硕士学位论文,2011 年。

[124] 倪志伟、倪丽萍、刘慧婷、贾瑞玉:《动态数据挖掘》,科学出版社 2010 年版。

[125] C. Alfredo. An OLAM – Based Framework for Complex Knowledge Pattern Discovery in Distributed and Heterogeneous Data Sources and Cooperative Information Systems [J]. Lecture Notes in Computer Science, 2007(4654): 181 – 198.

[126] J. W. Han. Towards On – Line Analytical Mining in Large Databases [J]. ACM SIGMOD Record, 1998, 27(1):97 – 107.

[127] 彭涛、曾蒸、代晓红:《基于语义分层迭代法的网页挖掘技术》,《重庆工商大学学报(自然科学版)》2007 年第 5 期,第 477—498 页。

[128] 丁晟春、刘逶迤、熊霞、梅健:《基于领域本体和语块分析的信息抽取的研究与实践》,《情报学报》2010 年第 1 期,第 53—58 页。

[129] 赵洁:《基于关系抽取的企业竞争情报获取与融合框架》,《情报学报》2010 年第 2 期,第 377—384 页。

[130] R. B Messaoud, O. Boussaid, S. L. Rabased. Mining Association Rules in OLAP Cubes [J]. Innovations in Information Technology,2006:122 – 134.

[131] M. Kamber, J. Han, J. Chiang. Metarule – guided Mining of Multi – dimensional Associational Rules Using Data Cubes[C]. In: Proc. of the 3rd International Conference on Knowledge Discovery and Data Mining, 1997: 207 – 210.

[132] J. Bayardo. Efficiently mining long patterns from database [C]. In: Proc. of the ACM SIGMOD International Conference on Management of Data, 1998: 85 – 93.

[133] 黄勇:《关系数据库中多维关联规则挖掘的一种新算法》,《计算机应用与软件》2007 年第 6 期, 第 66—68 页。

[134] 沈国强、沈云斐:《一种高效的多维多层关联规则挖掘算法》,《计算机工程与应用》2006 年第 5 期, 第 25—28 页。

[135] 阎星娥、鞠时光、蔡涛:《OLAP 中基于 FP 增长的关联规则挖掘》,《计算机科学》2006 年第 31 期, 第 4—7 页。

[136] 党运峰:《多维关联规则的研究与应用》, 中山大学硕士学位论文, 2008 年。

[137] 胡明:《基于 OLAP 的多维关联规则挖掘》, 长春工业大学硕士学位论文, 2006 年。

[138] 中国产业竞争情报网:《竞争情报:企业第四核心竞争力》[OL]. [2011 – 4 – 20]. http://www.chinacir.com.cn/zsk/200847140252.shtml.

[139] Wen J., Ma W., Webstudio. Building Infrastructure for Web Data Management[C]. Proc. of SIGMOD, New York: ACM Press, 2007: 875 – 876.

[140] 王丽娟、许志强:《国内竞争情报软件发展》,《情报学报》2008 年第 4 期, 第 631—635 页。

[141] 赵洁:《Web 竞争情报可信性评价: 问题分析与研究框架》,《情报学报》2010 年第 4 期, 第 586—596 页。

[142] Mike U., Michael G. Ontology: Principles, Methods and Applications [J]. Knowledge Engineering Review, 1996 (2): 6 – 11.

[143] 陈英、徐罡、顾国昌:《一种本体和上下文知识集成化的数据挖掘方法》,《软件学报》2007 年第 10 期, 第 2507—2515 页。

[144] 于志勇、周兴社、王海鹏、倪红波、于志文、王柱:《动态上下文知识的获取与共享》,《计算机科学》2009 年第 9 期, 第 218—223 页。

[145] 褚希:《基于语义的决策树挖掘算法研究》, 中国石油大学 (华东) 硕士学位论文, 2008 年。

[146] PStephane Bressan, Cheng Goh, PNatlia Levina. Context Knowledge Representation and Reasoning in the Context Interchange System[J]. Applied Intelligence, 2000, 13 (2): 165 – 180.

[147] Hassan Fatemi, Mohsen Sayyadi, Hassan Abolhassani. Using Background Knowledge and Context Knowledge in Ontology Mapping[C]. Proc. of the 2008 conference on Formal Ontologies Meet Industry, 2008: 56 – 64.

[148] 杨海南:《基于语义概念树和局部上下文分析的查询扩展》,《武汉理工大学学

报（信息与管理工程版）》2011 年第 1 期，第 79—82 页。

[149] CNNIC：《第 28 次中国互联网络发展状况调查统计报告》［EB/OL］. http://tech.163.com/special/cnnic28/.［2011 - 10 - 12］。

[150] 赵妍妍、秦兵、刘挺：《文本情感分析》，《软件学报》2010 年第 8 期，第 1834—1848 页。

[151] 张紫琼、叶强、李一军：《互联网商品评论情感分析研究综述》，《管理科学学报》2010 年第 6 期，第 84—96 页。

[152] 伍星、何中市、黄永文：《产品评论挖掘研究综述》，《计算机工程与应用》，2008 年第 36 期，第 37—41 页。

[153] L. Dey, Sk. M. Haque. Opinion mining from noisy text [C]. Proceedings of IJ-DAR2009, 2009: 205 - 226.

[154] K. Lun - Wei, H. Hsiu - Wei, C. Hsin - His. Opinion Mining and Relationship Discovery Using CopeOpi Opinion Analysis System[J]. Journal of the American Society for Information Science and Technology, 2009, 60(7): 1486 - 1503.

[155] Zahra S A, Chaples S S. Blind spots in competitive analysis[J]. The Academy of Management Executive, 1997, 7(2):7 - 28.

[156] 任红娟、张志强：《基于文献计量视角的观点挖掘发展研究——情报学未来潜在研究领域解析》，《图书情报知识》2010 年第 2 期，第 55—63 页。

[157] Dave K, Lawrenee S, Pennoek D. Mining the Peanut Gallery: Opinion Extraction and Semantic Classification of Product Reviews[C]. Proc. of the 12th International Conference on World Wide Web, 2003: 519 - 528.

[158] Gamon M, Aue A, Oliver C S. Pulse: Mining Customer Opinions from Free Text [C]. Proc. of the 6th International Symposium on Intelligent Data Analysis, 2005: 121 - 132.

[159] Liu B., Hu M., Cheng J. Opinion Observer: Analyzing and Comparing Opinions on the Web [C]. Proc. of the 14th International Conference on World Wide Web, 2005: 342 - 351.

[160] 姚天昉、聂青阳、李建超：《一个用于汽车评论的意见挖掘系统，中文信息处理前沿研究——中国中文信息学会二十五周年学术会议论文集》，清华大学出版社 2006 年版。

[161] 李纲、程明结、寇广增：《基于情感倾向识别的汽车评论挖掘系统构建》，《情报学报》2011 年第 2 期，第 204—211 页。

[162] 王学东、曾奕棠：《读者在线评论信息挖掘研究》，《情报科学》2011 年第 7 期，第 967—970 页。

[163] Xu K. Q., Liao S. S., Li J. X., et al. Mining comparative opinions from customer reviews for Competitive Intelligence[J]. Decision Support Systems, 2011, 50(4):743 - 754.

[164] Cai R., Yang J. M., Lai W. iRobot: An intelligent crawler for Web forums[C]. Proc. of the Int'l Conf. on World Wide Web, Beijing: ACM Press, 2008: 447 – 456.
[165] Lipika D., Sk. Mirajul H. Opinion mining from noisy data[C]. Proc. of the 2nd workshop on Analytics for noisy unstructured text data, 2008: 205 – 226.
[166] 李姜:《基于DOM的评论发现及抽取模型研究》,《计算机工程与设计》2007年第9期,第2150—2153页。
[167] 曹冬林、廖祥文、许洪波、白硕:《基于网页格式信息量的博客文章和评论抽取模型》,《软件学报》2009年第5期,第1282—1291页。
[168] 刘伟、严华梁、肖建国等:《一种Web评论自动抽取方法》,《软件学报》2010年第12期,第3220—3236页。
[169] 范纯龙、夏佳、肖昕等:《基于功能语义单元的博客评论抽取技术》,《计算机应用》2011年第9期,第2417—2425页。
[170] Agrawal R., Imielinski T., Swami A. Mining association rules between sets of items in large databases[C]. Proc. of the ACM SIGMOD Conf. on Management of Data, New York: ACM Press, 1993: 207 – 216.
[171] 王爱平、王占凤、陶嗣干等:《数据挖掘中常用的关联规则挖掘算法》,《计算机技术与发展》2010年第4期,第105—108页。
[172] Holt J. D., Chung S. M.. Multipass algorithms for mining association rules in text database[J]. Knowledge Information System, 2001, 3(2):168 – 183.
[173] Hu M. Q., Liu B. Mining and Summarizing Customer Reviews[C]. Proc. of the Knowledge Discovery and Data Mining, New York: ACM Press, 2004: 168 – 177.
[174] 倪茂树、林鸿飞:《基于语义理解和极性分析的商品评论挖掘》,《计算机科学》2007年第12期,第264—268页。
[175] 李卫国:《金融风险监测预警系统研究》,河北大学硕士学位论文,2001年
[176] 宋清华等:《金融风险管理》,中国金融出版社2003年版。
[177] 宋清华、叶青:《金融风险与金融审计对策》,《湖北审计》1998年第7期,第10—11页。
[178] 马超群等:《金融数据挖掘》,科学出版社2007年版。
[179] 徐远纯、柳炳祥、盛昭瀚:《一种基于粗集的欺诈风险分析方法》,《计算机应用》2004年第1期,第21—21页。
[180] 花蓓:《基于决策树方法的信用卡审批模型分析》,《福建电脑》2005年第9期,第37—39页。
[181] 吉根林、孙志辉:《基于数据挖掘技术的保险业务风险分析》,《计算机工程》2002年第2期,第239—240页。
[182] 王国良:《我国保险业面临的风险与风险管理》,《中国金融电脑》2002年第2期,第6—8页。

[183] 田金兰、李奔：《用决策树方法挖掘保险业务数据中的投资风险规则》，《小型微型计算机系统》2000年第10期，第16—19页。

[184] 周欢、孙易木：《异常点挖掘在证券业的应用研究》，《商业时代》2009年第13期，第83—84页。

[185] 杨林：《客户智能的基本知识》，《中国计算机用户》2003年第46期，第46—47页。

[186] 王战平、柯青：《客户知识管理概念研究》，《情报科学》2004年第1期，第19—21、第91页。

[187] 艾丹祥：《基于数据挖掘的客户智能研究》，武汉大学博士学位论文，2007年。

[188] 刘国刚：《人工智能客户服务体系的研究和实现》，《现代电信科技》2009年第3期，第51页。

[189] Dorian Pyle著，杨冬青等译：《业务建模与数据挖掘》，机械工业出版社2004年版。

[190] 迈克尔.J. A. Berry等著，袁卫等译：《数据挖掘——客户关系管理的科学与艺术》，中国财政经济出版社2004年版。

[191] Berry,M. J. A.;Linoff,G. S.著，别荣芳等译：《数据挖掘技术 市场营销、销售与客户管理领域应用》，机械工业出版社2006年版。

[192] 潘越：《基于CLV与客户忠诚的客户细分方法研究》，大连理工大学硕士学位论文，2004年。

[193] Alex Berson等著，贺奇等译：《构建面向CRM的数据挖掘应用》，人民邮电出版社2001年版。

[194] 肖岳峰、戴稳胜、谢邦昌：《哪些顾客可能流失——以数据挖掘为工具构建顾客流失模型》，《中国统计》2004年第7期，第45—46页。

[195] 刘道宏：《基于数据挖掘的电信客户欺诈预测模型研究》，大连海事大学硕士学位论文，2007年。

[196] 钱景怡：《商业银行中的客户知识挖掘研究》，武汉大学硕士学位论文，2009年。

高性能,低功耗,高可靠三维集成电路设计

Design for High Performance, Low Power, and Reliable 3D Integrated Circuits

Sung Kyu Lim 著

杨银堂 高海霞 吴晓鹏 董刚 译

国防工业出版社

·北京·

著作权合同登记　图字：军－2015－098 号

图书在版编目（CIP）数据

高性能、低功耗、高可靠三维集成电路设计/（美）林圣圭（sung kyu lim）著；杨银堂等译. —北京：国防工业出版社，2017.12

书名原文：Design for High Performance, Low Power, and Reliable 3D Integrated Circuits

ISBN 978－7－118－11346－4

Ⅰ. ① 高⋯　Ⅱ. ① 林⋯　② 杨⋯　Ⅲ. ① 集成电路—电路设计　Ⅳ. ① TN402

中国版本图书馆 CIP 数据核字（2017）第 244435 号

Design for High Performance, Low Power, and Reliable 3D Integrated Circuits
Translation from the English language edition:
Design for High Performance, Low Power, and Reliable 3D Integrated Circuits by Sun Kyu Lim
© Springer Science + Business Media, 2013
All rights reserved.

本书简体中文版由 Springer Science + Business Media 授权国防工业出版社独家出版发行。版权所有，侵权必究。

※

*国防工业出版社*出版发行
（北京市海淀区紫竹院南路 23 号　邮政编码 100048）
天津嘉恒印务有限公司印刷
新华书店经售

*

开本 710×1000　1/16　插页 11　印张 32½　字数 637 千字
2017 年 12 月第 1 版第 1 次印刷　印数 1—2000 册　定价 169.00 元

（本书如有印装错误，我社负责调换）

国防书店：(010)88540777　　　发行邮购：(010)88540776
发行传真：(010)88540755　　　发行业务：(010)88540717

序 言

我的三维集成电路和硅通孔(TSV)研究历程从2001年加入佐治亚理工学院开始。当时，作为一个年轻研究工作者，我的目标是找到一个具有高挑战性并可以长期研究的方向。那时候管芯堆叠并不是一个新概念，然而将独立管芯堆叠并通过垂直穿通整个管芯的通孔(即硅通孔，该概念当时还不存在或未被广泛接受)进行连接的想法给了我很大的启发。采用硅通孔进行管芯垂直互连的益处是显而易见的：更短的互连、更短的互连、更短的互连(进而更小的面积)。

正如本书的许多读者所熟知的那样，互连是当今(也是未来)超大规模集成电路和系统中的瓶颈。世界上许多研究者已奋战多年以解决与互连相关的问题。所以当你听到互连线长度将可以容易且极大地减小时，你会由衷地开心：因为可以实现更高性能、更低功耗、更少的金属层。这种结构大大提高了存储器带宽。当然，片上系统(SOC)开发者节省了成本，因为他们不必将所有的混合信号元件集成到一个芯片中。

然而，事情并没有像预期的那样发展。尽管在材料和制造研究、开发方面已经开展了大量工作，并取得了一些成果，但三维集成相关结构、设计以及CAD工具方面的发展远远滞后。另外，人们已经遇到了硅通孔相关的电-热-机械可靠性问题，同时其测试难度非常具有挑战性且价格昂贵。最糟糕的是，直到目前能验证初期投入的大量资金能够实现收益的主流应用产品还未开发出来(业界普遍认为用于移动应用的宽I/O三维DRAM将成为首个商业化硅通孔的主流产品)。同时一些人开始关注"2.5维集成"，2.5维集成中硅通孔没有被应用在管芯中而是用在硅或玻璃基板中来将组装于上面的元件集成起来。

本书的撰写基于我们过去十几年间(2001-2012年)在佐治亚理工学院计算机辅助设计(GTCAD)实验室开展的三维集成电路设计研究和开发工作，主要内容为最后四年(2009-2012年)的研究成果。研究内容覆盖物理设计自动化、结构、建模、探索、验证等。我们也开发了一个实际的三维集成电路，将一层64个通用核与另一层SRAM存储器堆叠起来，并研究了该测试芯片的整个设计和测试过程，包括结构、版图、CAD工具、封装、电路板以及测试架构。不同于传统的基于硅通孔的三维集成电路研究，我们还开始探索单片三维集成电路设计技术。本书的20章内容编排也反映了我们的研究历程。本书的第一部分包括6章内容，讨论高性能、低功耗三维集成电路的设计方法以及解决方案。

- 第 1 章:研究门级三维版图中,采用规则硅通孔和不规则硅通孔两种不同方式进行布局的优缺点。我们还研究了三维集成电路版图中硅通孔的面积、线长、时序以及功耗开支。
- 第 2 章:研究如何针对多管芯中给定的点建立斯坦纳树,如何在给定的一组斯坦纳树中重新布局硅通孔来减小发热点问题。
- 第 3 章:研究如何给三维集成电路中连接多管芯中门单元的三维节点增加缓冲器,以改善和优化信号延迟和转换。
- 第 4 章:研究如何利用硅通孔建立三维集成电路的时钟树,并减小总功耗与时钟偏斜。
- 第 5 章:研究三维集成电路的电源分配网络设计问题,以及电源/地硅通孔对电源噪声的影响。
- 第 6 章:研究如何建立三维集成电路的时钟树使其能够在键合前后的测试中传输时钟信号。

本书的第二部分包括 3 章内容,讨论三维集成电路的电可靠性设计。

- 第 7 章:研究硅通孔 – 硅通孔耦合问题,并研究不同的技术来减少产生的相关问题。
- 第 8 章:研究电源分配网络中连线 – 硅通孔连接处的电流聚集问题及其对 IR 压降的影响。
- 第 9 章:研究三维集成电路中由电流密度、应力、热梯度问题导致的硅通孔电迁移失效机制。

本书的第三部分包括 3 章内容,讨论三维集成电路的热可靠性设计。

- 第 10 章:研究三维集成电路的热驱动结构布局规划,及其对其他特性的影响,例如面积、线长、性能。
- 第 11 章:研究门级布局技术以减小三维集成电路设计中的热问题。
- 第 12 章:研究采用微流通道进行三维集成电路散热时产生的热、功耗传输和性能协同设计与协同分析问题。

本书的第四部分分为 5 章,讨论三维集成电路的机械可靠性设计。

- 第 13 章:对三维集成电路设计中由硅通孔和硅衬底间热膨胀系数(CTE)失配引起的应力问题进行全芯片分析。
- 第 14 章:研究应力对三维集成电路中器件迁移率和全芯片时序变化的影响。
- 第 15 章:对第 13 章中的全芯片分析进行扩展研究,研究封装元件对整个三维芯片/封装系统的机械可靠性的影响。
- 第 16 章:研究芯片/封装应力对器件迁移率和全芯片路径延时的影响。
- 第 17 章:研究硅通孔致机械应力对硅通孔和其衬层间裂缝生长的影响。

本书的最后一部分涵盖了三维集成电路设计的其他方面。

- 第 18 章:研究单片三维集成在密度、性能、功耗方面的优点,这种集成方式将 NMOS 和 PMOS 放置在不同的层且通过极小的单片层间通孔(MIV)实现连接。
- 第 19 章:研究硅通孔按比例缩小对当今和未来工艺节点下的三维设计在面积、线长、时序、功耗性能方面的影响。
- 第 20 章:研究 3D – MAPS(采用堆叠存储器的三维大规模并行处理器)的设计、制造、测试,其中包括面对面键合的一层 64 个通用核与一层 SRAM 存储器,以实现核与存储器间通讯,并利用硅通孔与封装管脚通信。

文中绝大部分内容是基于我们最近 4 年(2009 – 2012 年)发表在重要的与集成电路设计以及 CAD 相关会议上的研究成果,例如电气和电子工程师协会(IEEE)的国际固态电路会议(ISSCC)、定制集成电路会议(CICC)、计算机辅助设计国际会议(ICCAD)以及国际计算机协会的设计自动化会议(DAC)等。

本书献给来自工业界和学术界的电路设计师和 CAD 工具开发师,他们一直在关注佐治亚理工学院计算机辅助设计(GTCAD)实验室的研究人员在设计和验证高性能、低功耗、高可靠三维集成电路方面的研究工作。本书的部分内容是基于我们与制造、材料、测试、软件应用、计算机结构等领域研究者的合作完成的。本书内容还获得了工业界同仁的支持,包括 Intel、IBM T. J. Watson、Samsung、Qualcomm、Mentor Graphics、Cadence 等。

尽管为了撰写本书我们付出了诸多努力,但书中难免出现错误。如有错误,请发送到邮箱 limsk@ ece. gatech. edu,我们真诚感谢您能帮助我们改正这些错误。其他资源和勘误信息请访问网址:http://users. ece. gatech. edu/limsk/3d – book。

亚特兰大,佐治亚州,美国
Sung Kyu Lim

致 谢

非常感谢佐治亚理工学院计算机辅助设计(GTCAD)实验室的下述新老成员为本书做出的全部努力:Mongkol Ekpanyapong、Jacob Minz、Faik Baskaya、Michael Healy、Mohit Pathak、Dae Hyun Kim、Krit Athikulwongse、Xin Zhao、Young Joon Lee、Chang Liu、Moongon Jung、Taigon Song 以及 Shreepad Panth。我们花费很长时间来确认我们的方向,该过程困难但非常有意义。我会提醒我未来的学生你们是如何播撒、培育这颗种子的。

感谢工业界同行给予我们的实际、关键、前瞻性的帮助:Patrick Morrow 博士(Intel)、Clair Webb 博士(Intel)、Paul Fischer 博士(Intel)、Hong Wang 博士(Intel)、Vijay Pitchumani 博士(Intel)、Dusan Petranovic 博士(Mentor)、Kambiz Samadi 博士(Qualcomm)、Riko Radojcic(Qualcomm)、Chan Seok Hwang 博士(Samsung)、Myung Soo Jang 博士(Samsung)、Michael Scheuermann 博士(IBM)、Rasit Topaloglu 博士(IBM)、Inki Hong 博士(Cadence)、Gabriel Loh 博士(AMD)以及 Ho Choi 先生(Amkor)。

我很高兴能与学术界的下述同行及他们的学生进行密切合作:得克萨斯大学奥斯汀分校的 David Pan 教授和他的学生(Jae-Seok Yang、Joydeep Mitra、Ashutosh Chakraborty、Jiwoo Pak),佐治亚理工学院的 Hsien-Hsin Lee 教授和他的学生(Mohammad Hossain、Ilya Khorosh、Dean Lewis、Tzu-Wei Lin、Guanhao Shen、Dong Hyuk Hoo、Mario Vittes、Chinnakrishnan Ballapuram),韩国科学技术院的 Joungho Kim 教授和他的学生(Jonghyun Cho、Joohee Kim),佐治亚理工学院的 Suresh Sitaraman 教授和他的学生(Xi Liu),Saibal Mukhopadhyay 教授和他的学生(Jeremy Tolbert、Minki Cho、Kwanyeob Chae、Amit Trivedi),Paul Kohl 教授,Rao Tummala 教授,Yogendra Joshi 教授,Madhavan Swaminathan 教授。佐治亚理工学院的 James Meindl 教授、加利福尼亚大学洛杉矶分校的 Jason Cong 教授、明尼苏达的 Sachin Sapatnekar 教授以及北卡罗来纳的 Paul Franzon 教授的前期三维集成电路设计工作真正鼓舞了我们。

我要感谢我的研究资助者:国家科学基金会(NSF)、美国国防部(DOD)、国防部先进研究项目局(DARPA)、半导体研究协会(SRC)、半导体制造技术联盟(SEMATECH)、Intel、IBM、Samsung、Qualcomm、Mentor Graphics 以及 Cadence。没有他们的支持与耐心,本书不可能完成。

我个人非常感谢 Springer 的 Chuck Glaser 先生,他最先看到本书的潜力,为了说服Springer他的同事付出了很多努力,在我多次申请延期中给予了支持。感谢制作团队每一个人的辛勤劳动。

  衷心感谢我的两个女儿Mina、Yuna和我的妻子Jeanie。距我2008年5月开始写Springer的第一本书已经4年了,回想过去我非常遗憾,在我女儿很小时(4岁和2岁)没能给予她们太多陪伴。然而4年后的这次,她们非常有爱心和耐心。好吧,其实她们忙于自己有趣的事情,不那么需要她们的爸爸。这次我妻子没能设计封面页,但我仍然给她买了花。最后,感谢我的岳父母,所有荣誉应当给予他们。

目 录

第一部分 高性能低功耗三维集成电路设计

第1章 三维集成电路的硅通孔布局 ······ 3
1.1 引言 ······ 3
1.2 研究现状 ······ 5
1.3 基础知识 ······ 5
1.3.1 三维集成电路设计 ······ 6
1.3.2 最大允许硅通孔数 ······ 7
1.3.3 最小硅通孔数 ······ 9
1.3.4 线长和硅通孔数的折衷 ······ 10
1.4 三维集成电路物理设计流程 ······ 10
1.4.1 划分 ······ 11
1.4.2 硅通孔插入和布局 ······ 12
1.4.3 布线 ······ 13
1.5 三维全局布局算法 ······ 14
1.5.1 力驱动布局简介 ······ 14
1.5.2 三维布局算法简介 ······ 15
1.5.3 三维集成电路中的单元布局 ······ 15
1.5.4 硅通孔位置原理中硅通孔的预布局 ······ 16
1.5.5 三维节点的线长计算 ······ 17
1.6 硅通孔分配算法 ······ 18
1.6.1 硅通孔分配算法的最佳解 ······ 18
1.6.2 基于 MST 的硅通孔分配 ······ 19
1.6.3 基于布局的硅通孔分配 ······ 21
1.7 实验结果 ······ 22
1.7.1 线长和运行时间比较 ······ 22
1.7.2 金属层和硅面积比较 ······ 25
1.7.3 线长和硅通孔数折衷 ······ 25
1.7.4 线长,管芯面积和管芯数折衷 ······ 25
1.7.5 硅通孔协同布局与硅通孔位置对照 ······ 27

IX

  1.7.6 硅通孔尺寸影响 ……………………………………………… 30
  1.7.7 时序和功耗比较 ……………………………………………… 30
 1.8 结论 ………………………………………………………………… 32
 参考文献 ………………………………………………………………… 32

第2章 三维集成电路斯坦纳布线 …………………………………… 35
 2.1 引言 ………………………………………………………………… 35
 2.2 研究现状 …………………………………………………………… 37
 2.3 基础知识 …………………………………………………………… 38
  2.3.1 问题表述 ……………………………………………………… 38
  2.3.2 研究方法简介 ………………………………………………… 39
 2.4 三维斯坦纳树构建 ………………………………………………… 39
  2.4.1 算法简介 ……………………………………………………… 39
  2.4.2 计算连接点和硅通孔位置 …………………………………… 41
  2.4.3 延时方程优化 ………………………………………………… 43
 2.5 采用硅通孔重布局进行三维树精化 ……………………………… 44
  2.5.1 算法简介 ……………………………………………………… 44
  2.5.2 可移动范围 …………………………………………………… 45
  2.5.3 简化热分析 …………………………………………………… 45
  2.5.4 非线性规划 …………………………………………………… 46
  2.5.5 整数线性规划 ………………………………………………… 48
  2.5.6 快速整数线性规划 …………………………………………… 49
 2.6 实验结果 …………………………………………………………… 50
  2.6.1 实验参数 ……………………………………………………… 50
  2.6.2 树构建结果 …………………………………………………… 51
  2.6.3 延时和线长分布 ……………………………………………… 52
  2.6.4 硅通孔重布局结果 …………………………………………… 52
  2.6.5 硅通孔尺寸和寄生效应影响 ………………………………… 56
  2.6.6 键合类型影响 ………………………………………………… 58
  2.6.7 两管芯和四管芯叠层比较 …………………………………… 59
 2.7 结论 ………………………………………………………………… 61
 附录 …………………………………………………………………… 62
 参考文献 ………………………………………………………………… 63

第3章 三维集成电路的缓冲器插入 …………………………………… 65
 3.1 引言 ………………………………………………………………… 65
 3.2 问题定义 …………………………………………………………… 66
 3.3 研究动机实例 ……………………………………………………… 67

3.4 延时和转换时间模型 ……………………………………………… 68
  3.4.1 目标三维集成电路和硅通孔结构 …………………………… 68
  3.4.2 门延时和转换时间模型 ……………………………………… 68
  3.4.3 节点延时和转换时间模型 …………………………………… 70
3.5 三维 Ginneken 算法 ……………………………………………… 70
3.6 自底向上转换时间传导动态规划 ……………………………… 71
  3.6.1 沉节点产生方法 ……………………………………………… 72
  3.6.2 时钟转换时间分级和裁剪 …………………………………… 73
  3.6.3 融合方法 ……………………………………………………… 75
  3.6.4 缓冲器插入 …………………………………………………… 76
  3.6.5 多解跟踪 ……………………………………………………… 77
3.7 三维集成电路设计方法 ………………………………………… 77
3.8 实验结果 ………………………………………………………… 79
  3.8.1 缓冲器插入结果 ……………………………………………… 79
  3.8.2 延时柱状图 …………………………………………………… 80
  3.8.3 硅通孔电容影响 ……………………………………………… 81
  3.8.4 关键路径分析 ………………………………………………… 81
3.9 结论 ……………………………………………………………… 85
参考文献 ……………………………………………………………… 86

第4章 三维集成电路的低功耗时钟布线 …………………………… 87
4.1 引言 ……………………………………………………………… 87
4.2 研究现状 ………………………………………………………… 89
4.3 基础知识 ………………………………………………………… 89
  4.3.1 三维时钟网络的电学和物理模型 …………………………… 89
  4.3.2 问题描述 ……………………………………………………… 90
4.4 三维时钟树综合 ………………………………………………… 91
  4.4.1 简介 …………………………………………………………… 91
  4.4.2 三维抽象树产生 ……………………………………………… 91
  4.4.3 转换驱动缓冲和插入 ………………………………………… 94
4.5 三维 MMM 算法扩展 …………………………………………… 96
4.6 实验结果 ………………………………………………………… 99
  4.6.1 模拟设置 ……………………………………………………… 99
  4.6.2 硅通孔数和寄生电容的影响 ………………………………… 99
  4.6.3 穷举搜索结果 ………………………………………………… 101
  4.6.4 3D-MMM-ext 算法结果 …………………………………… 102
  4.6.5 低转换时间三维时钟布线 …………………………………… 108

XI

	4.6.6 电源电压等比例	110
	4.6.7 与现有工作的比较	111
4.7	结论	112
参考文献		112

第5章 三维集成电路的电源分配网络设计 114

5.1	引言	114
5.2	研究现状	115
5.3	P/G硅通孔对三维集成电路版图的影响	116
5.4	不规则电源/地硅通孔布局算法	118
	5.4.1 串联电阻等效电路	118
	5.4.2 P/G硅通孔布局等效电路模型	119
	5.4.3 不规则P/G硅通孔布局算法	120
	5.4.4 验证方法	122
5.5	电源/地硅通孔布局结果	122
	5.5.1 二维设计和三维设计的IR-压降分析结果	123
	5.5.2 三维P/G网络拓扑对IR-压降的影响	124
	5.5.3 不规则P/G硅通孔布局算法	126
5.6	硅通孔RC变化	126
	5.6.1 硅通孔电阻变化	127
	5.6.2 硅通孔电容变化	127
	5.6.3 验证方法	128
5.7	验证分析结果	128
	5.7.1 硅通孔RC变化范围的影响	129
	5.7.2 变化源数目的影响	130
	5.7.3 C4凸点数目的影响	130
	5.7.4 硅通孔尺寸的影响	131
5.8	结论	132
参考文献		133

第6章 键合前可测性三维时钟布线 134

6.1	引言	134
6.2	研究现状	135
6.3	基础知识	136
	6.3.1 三维抽象树产生	136
	6.3.2 三维MMM算法和键合前测试	137
6.4	问题描述和术语	137
6.5	键合前可测性时钟布线	138

6.5.1 简介 ·· 138
6.5.2 硅通孔-缓冲器插入 ································· 139
6.5.3 冗余树插入 ··· 141
6.5.4 综合 ··· 142
6.5.5 多管芯扩展 ··· 143
6.6 线长和转换时间控制缓冲 ·································· 144
6.6.1 采用时钟缓冲器进行线长平衡 ·················· 144
6.6.2 采用时钟缓冲器进行转换速率控制 ············ 144
6.7 实验结果 ·· 145
6.7.1 硅通孔-缓冲器和TG模型验证 ················· 146
6.7.2 取样树和波形 ······································ 147
6.7.3 线长、偏斜和功耗结果 ··························· 148
6.7.4 与单硅通孔方法的比较 ··························· 149
6.7.5 硅通孔上限对功耗的影响 ························ 152
6.7.6 硅通孔-缓冲器插入的影响 ······················ 153
6.7.7 时钟源位置的影响 ································· 154
6.7.8 缓冲器负载约束对功耗和转换时间的影响 ······ 154
6.7.9 硅通孔电容的影响 ································· 159
6.7.10 硅通孔上限和电容的影响 ······················· 159
6.7.11 与现有工作的比较 ································ 162
6.8 结论 ··· 162
参考文献 ··· 163

第二部分　三维集成电路设计中的电可靠性

第7章　硅通孔-硅通孔耦合分析与优化 ···················· 167
7.1 引言 ··· 167
7.2 研究现状 ·· 168
7.3 硅通孔致耦合模型 ··· 168
7.3.1 硅通孔致耦合源 ··································· 168
7.3.2 硅通孔-硅通孔耦合模型 ·························· 169
7.4 全芯片信号完整性分析 ···································· 171
7.4.1 全芯片三维信号完整性分析流程 ··············· 171
7.4.2 设计和分析结果 ··································· 171
7.5 硅通孔-硅通孔耦合减小 ·································· 173
7.5.1 为什么硅通孔间距不是有效的 ·················· 173
7.5.2 屏蔽硅通孔以减小耦合 ·························· 174

7.5.3　插入缓冲器以减小耦合 ………………………………………… 177
　　　7.5.4　综合比较 …………………………………………………………… 179
　7.6　结论 ……………………………………………………………………………… 180
　参考文献 ……………………………………………………………………………… 180

第8章　硅通孔电流聚集效应和电源完整性　181
　8.1　引言 ……………………………………………………………………………… 181
　8.2　研究现状 ………………………………………………………………………… 182
　8.3　三维集成电路中的电流聚集效应 ……………………………………………… 183
　　　8.3.1　硅通孔中的电流密度分布 ………………………………………… 183
　　　8.3.2　电源线-硅通孔界面 ………………………………………………… 184
　　　8.3.3　硅通孔直径与导线厚度比 ………………………………………… 184
　　　8.3.4　电流聚集对 IR 电压降的影响 …………………………………… 186
　8.4　硅通孔电流聚集建模 …………………………………………………………… 186
　　　8.4.1　硅通孔模型的三维电阻网络 ……………………………………… 187
　　　8.4.2　转换区建模 ………………………………………………………… 188
　　　8.4.3　模型准确度 ………………………………………………………… 188
　　　8.4.4　XY 网格尺寸的影响 ……………………………………………… 190
　　　8.4.5　芯片级 PDN 电路模型 …………………………………………… 190
　8.5　实验结果 ………………………………………………………………………… 191
　　　8.5.1　芯片级噪声分析 …………………………………………………… 191
　　　8.5.2　硅通孔网格尺寸的影响 …………………………………………… 194
　　　8.5.3　硅通孔和 C4 偏移的影响 ………………………………………… 194
　　　8.5.4　电源线密度的影响 ………………………………………………… 196
　　　8.5.5　硅通孔和 C4 数量的影响 ………………………………………… 197
　　　8.5.6　硅通孔直径的影响 ………………………………………………… 197
　　　8.5.7　大规模三维 PDN 中的电源完整性问题 ………………………… 197
　8.6　结论 ……………………………………………………………………………… 200
　参考文献 ……………………………………………………………………………… 200

第9章　连线-硅通孔界面原子浓度建模　202
　9.1　引言 ……………………………………………………………………………… 202
　9.2　研究现状 ………………………………………………………………………… 203
　9.3　基础知识 ………………………………………………………………………… 204
　　　9.3.1　平均失效时间 ……………………………………………………… 204
　　　9.3.2　晶粒和晶粒边界 …………………………………………………… 204
　9.4　建模方法和设置 ………………………………………………………………… 205
　　　9.4.1　电迁移方程 ………………………………………………………… 205

9.4.2 原子通量和原子通量散度 ·········· 206
9.4.3 激活能和原子浓度的影响 ·········· 207
9.4.4 电流的影响 ·········· 207
9.4.5 热和应力的影响 ·········· 208
9.4.6 模型设置 ·········· 208
9.5 实验结果 ·········· 209
9.5.1 电流聚集的影响 ·········· 209
9.5.2 电流方向和密度的影响 ·········· 213
9.5.3 温度的影响 ·········· 214
9.5.4 晶粒大小的影响 ·········· 215
9.5.5 激活能的影响 ·········· 216
9.6 结论 ·········· 216
参考文献 ·········· 217

第三部分　三维集成电路设计中的热可靠性

第10章　三维集成电路的多目标结构布局 ·········· 221
10.1 引言 ·········· 221
10.2 研究现状 ·········· 223
10.3 仿真基础架构 ·········· 223
10.3.1 微结构模型 ·········· 223
10.3.2 动态功耗模型 ·········· 224
10.3.3 泄漏功耗模型 ·········· 224
10.3.4 热模型 ·········· 225
10.3.5 整体设计流程 ·········· 226
10.4 二维微结构布局 ·········· 227
10.4.1 基于LP的二维布局 ·········· 227
10.4.2 随机细化 ·········· 230
10.5 三维布局扩展 ·········· 231
10.5.1 结构仿真的三维扩展 ·········· 231
10.5.2 垂直覆盖优化 ·········· 232
10.5.3 键合驱动层次划分 ·········· 232
10.5.4 基于LP的三维布局 ·········· 234
10.5.5 三维随机细化 ·········· 235
10.6 实验结果 ·········· 235
10.6.1 实验设置 ·········· 235
10.6.2 与已有三维布局的比较 ·········· 235

XV

  10.6.3 布局结果 ································· 236
  10.6.4 优化方法比较 ····························· 239
  10.6.5 结构分析 ································· 241
  10.6.6 保真度研究 ······························· 243
 10.7 结论 ··· 245
 参考文献 ·· 245

第11章 三维集成电路的热驱动门级布局 ············· 248
 11.1 引言 ··· 248
 11.2 研究现状 ·· 248
 11.3 研究动机 ·· 249
 11.4 评估流程 ·· 250
  11.4.1 三维集成电路的功耗分析 ················· 250
  11.4.2 GDSII级热分析 ··························· 251
 11.5 全局三维布局算法 ······························· 253
  11.5.1 设计流程 ································· 254
  11.5.2 力导向的三维布局 ························ 254
  11.5.3 硅通孔分布和对准 ························ 255
 11.6 热耦合布局 ······································ 256
  11.6.1 单元移动 ································· 257
  11.6.2 硅通孔移动 ······························· 259
  11.6.3 力平衡 ··································· 260
 11.7 实验结果 ·· 261
  11.7.1 硅通孔密度均匀度的影响 ················· 262
  11.7.2 与现有工作的比较 ························ 263
  11.7.3 功耗和热图 ······························· 265
  11.7.4 温度与线长折中 ·························· 265
  11.7.5 运行时间结果 ····························· 267
 11.8 结论 ··· 268
 参考文献 ·· 268

第12章 采用微流通道实现三维集成电路散热 ········ 270
 12.1 引言 ··· 270
 12.2 研究现状 ·· 271
 12.3 布线资源建模 ··································· 272
  12.3.1 信号互连 ································· 272
  12.3.2 电源互连 ································· 274
  12.3.3 热互连 ··································· 275

- 12.4 设计和分析流程 …… 276
  - 12.4.1 三维物理设计总览 …… 276
  - 12.4.2 电源噪声分析 …… 278
  - 12.4.3 T-硅通孔情形的热分析 …… 278
  - 12.4.4 MFC情形的热分析 …… 279
- 12.5 实验设计 …… 280
  - 12.5.1 经典实验 …… 280
  - 12.5.2 改进实验 …… 281
  - 12.5.3 寻找最佳响应模型 …… 281
  - 12.5.4 使用响应表面模型进行优化 …… 282
- 12.6 实验结果 …… 283
  - 12.6.1 实验设置 …… 283
  - 12.6.2 二维和三维集成电路设计比较 …… 284
  - 12.6.3 T-硅通孔与MFC散热比较 …… 285
  - 12.6.4 每次改变一个输入因子 …… 286
  - 12.6.5 经典实验 …… 288
  - 12.6.6 改进实验：T-硅通孔情形 …… 290
  - 12.6.7 改进实验：MFC情形 …… 293
  - 12.6.8 与梯度搜索的比较 …… 297
  - 12.6.9 讨论 …… 298
- 12.7 结论 …… 298
- 参考文献 …… 299

第四部分　三维集成电路设计的机械可靠性

第13章　三维集成电路的机械可靠性分析和优化 …… 303
- 13.1 引言 …… 303
- 13.2 详细的基准建模 …… 304
  - 13.2.1 三维FEA模拟 …… 305
  - 13.2.2 硅通孔衬层和焊盘的影响 …… 306
  - 13.2.3 铜扩散阻挡层的影响 …… 306
  - 13.2.4 应力影响区 …… 309
  - 13.2.5 硅的各向异性 …… 311
- 13.3 全芯片可靠性分析 …… 312
  - 13.3.1 线性叠加原理 …… 313
  - 13.3.2 多个硅通孔的应力分析 …… 313
  - 13.3.3 机械可靠性分析 …… 313

        13.3.4 线性叠加原理的验证 ………………………………… 314
        13.3.5 各向异性硅的处理 …………………………………… 315
        13.3.6 线性叠加法的局限性 ………………………………… 317
        13.3.7 全芯片分析流程 ……………………………………… 319
        13.3.8 算法的可扩展性 ……………………………………… 320
    13.4 实验结果 …………………………………………………………… 321
        13.4.1 综合比较 ……………………………………………… 322
        13.4.2 硅通孔间距的影响 …………………………………… 325
        13.4.3 硅通孔相对方向的影响 ……………………………… 325
        13.4.4 硅通孔大小的影响 …………………………………… 327
        13.4.5 焊盘尺寸的影响 ……………………………………… 327
        13.4.6 衬层厚度的影响 ……………………………………… 328
        13.4.7 芯片工作温度的影响 ………………………………… 329
        13.4.8 模块级三维设计的可靠性 …………………………… 330
        13.4.9 硅通孔重布局的影响 ………………………………… 331
        13.4.10 各向同性和向异性硅的比较 ……………………… 332
    13.5 结论 ………………………………………………………………… 332
    参考文献 …………………………………………………………………… 332
第14章 机械应力对三维集成电路时序变化的影响 …………………… 334
    14.1 引言 ………………………………………………………………… 334
    14.2 研究现状 …………………………………………………………… 335
    14.3 基础知识 …………………………………………………………… 336
        14.3.1 硅通孔/STI 致机械应力 ……………………………… 336
        14.3.2 应力对迁移率变化的影响 …………………………… 337
    14.4 设计方法 …………………………………………………………… 339
    14.5 硅通孔致应力下的迁移率变化 …………………………………… 340
        14.5.1 单个硅通孔下迁移率的变化 ………………………… 340
        14.5.2 多个硅通孔下迁移率的变化 ………………………… 342
    14.6 STI 致应力下的迁移率变化 ……………………………………… 344
    14.7 硅通孔和STI 致应力同时作用下的迁移率变化 ………………… 348
    14.8 机械应力下全芯片三维时序分析 ………………………………… 351
        14.8.1 三维集成电路的时序分析 …………………………… 351
        14.8.2 迁移率变化下时序库的建立 ………………………… 352
    14.9 实验结果 …………………………………………………………… 354
        14.9.1 全芯片迁移率变化图 ………………………………… 354
        14.9.2 全芯片时序分析结果 ………………………………… 354

  14.9.3 布局优化结果 ································ 358
  14.9.4 硅通孔直径对时序的影响 ····················· 361
 14.10 结论 ··· 364
 参考文献 ·· 364

第15章 三维集成电路机械应力的芯片/封装协同分析 366
 15.1 引言 ·· 366
 15.2 研究动机 ······································ 367
 15.3 三维集成电路/封装应力模型 ······················ 369
  15.3.1 应力张量和冯·米塞斯准则 ··················· 369
  15.3.2 三维集成电路/封装的模拟结构 ··············· 370
  15.3.3 管芯叠层的影响 ···························· 371
  15.3.4 衬底厚度的影响 ···························· 372
  15.3.5 多管芯叠层的影响 ·························· 373
  15.3.6 各向同性和各向异性硅特性比较 ··············· 374
  15.3.7 硅通孔和凸点对准的影响 ····················· 374
 15.4 全芯片/封装协同分析 ···························· 376
  15.4.1 横向和纵向的线性叠加 ······················· 376
  15.4.2 全芯片/封装应力分析流程 ···················· 378
  15.4.3 LVLS 验证 ································· 378
  15.4.4 全芯片/封装分析算法 ······················· 379
 15.5 实验结果 ······································ 381
  15.5.1 封装凸点和微凸点的影响 ····················· 382
  15.5.2 凸点大小的影响 ···························· 383
  15.5.3 硅通孔大小的影响 ·························· 384
  15.5.4 间距的影响 ································ 385
  15.5.5 案例一：宽 I/O DRAM ······················· 385
  15.5.6 案例二：模块级三维集成电路 ·················· 386
 15.6 结论 ·· 388
 参考文献 ·· 388

第16章 应力致时序变化的三维芯片/封装协同分析 390
 16.1 引言 ·· 390
 16.2 研究现状 ······································ 391
 16.3 应力和迁移率变化模型 ·························· 391
  16.3.1 真正的三维芯片/封装应力模型需求 ············ 391
  16.3.2 压阻效应 ·································· 393
  16.3.3 迁移率变化：二维与三维应力对照 ············· 393

16.4 芯片/封装应力对迁移率变化的影响 ········ 395
 16.4.1 线性叠加原理 ········ 395
 16.4.2 芯片/封装单元致迁移率变化 ········ 397
16.5 芯片/封装应力驱动时序分析 ········ 398
16.6 实验结果 ········ 400
 16.6.1 二维和三维应力对迁移率与时序的影响 ········ 400
 16.6.2 阻止区尺寸的影响 ········ 403
 16.6.3 案例:模块级三维设计 ········ 405
 16.6.4 案例:宽 I/O 三维设计 ········ 406
 16.6.5 重要发现和设计准则 ········ 408
16.7 结论 ········ 409
参考文献 ········ 409

第17章 硅通孔界面裂纹分析和优化 ········ 411

17.1 引言 ········ 411
17.2 基础知识 ········ 411
 17.2.1 硅通孔界面裂纹 ········ 411
 17.2.2 能量释放率 ········ 412
17.3 硅通孔界面裂纹建模 ········ 413
 17.3.1 三维有限元分析模拟 ········ 414
 17.3.2 硅通孔衬层和焊盘的影响 ········ 414
 17.3.3 硅通孔间距和角度的影响 ········ 416
 17.3.4 间距和角度的相对重要性 ········ 418
17.4 基于 DOE 的全芯片硅通孔界面裂纹模型 ········ 419
 17.4.1 设计实验 ········ 420
 17.4.2 规则硅通孔布局的 ERR 模型 ········ 421
 17.4.3 不规则硅通孔布局的 ERR 模型 ········ 422
 17.4.4 ERR 模型的准确度 ········ 424
 17.4.5 全芯片分析流程 ········ 424
17.5 实验结果 ········ 425
 17.5.1 阻止区的影响 ········ 426
 17.5.2 衬层的影响 ········ 427
 17.5.3 模块级三维设计可靠性 ········ 427
 17.5.4 总结和重要发现 ········ 429
17.6 结论 ········ 430
参考文献 ········ 430

第五部分 其他论题

第18章 利用单片三维集成实现超高密度逻辑设计 …… 433
- 18.1 引言 …… 433
- 18.2 研究现状 …… 434
- 18.3 设计方法 …… 435
  - 18.3.1 库的构建 …… 435
  - 18.3.2 标准单元设计 …… 436
  - 18.3.3 全芯片物理版图 …… 438
- 18.4 单片三维集成电路中的布线拥塞问题 …… 440
- 18.5 额外金属层的影响 …… 441
  - 18.5.1 金属层堆叠选择 …… 442
  - 18.5.2 4BM情况中通孔堆叠的RC模型 …… 442
  - 18.5.3 MI-T设计中的延迟和功耗计算 …… 444
  - 18.5.4 仿真结果和讨论 …… 444
- 18.6 减小金属宽度和间距的影响 …… 447
- 18.7 器件和互连按比例缩放的影响 …… 451
- 18.8 结论 …… 453
- 参考文献 …… 453

第19章 硅通孔按比例缩小对三维集成电路设计性能的影响 …… 454
- 19.1 引言 …… 454
- 19.2 基础知识 …… 455
  - 19.2.1 硅通孔的设计开支 …… 455
  - 19.2.2 研究动机 …… 456
- 19.3 库开发流程 …… 456
  - 19.3.1 总体开发流程 …… 456
  - 19.3.2 互连层 …… 457
  - 19.3.3 标准单元库 …… 458
- 19.4 45nm、22nm和16nm库的比较 …… 460
  - 19.4.1 门延迟和输入电容 …… 460
  - 19.4.2 互连层 …… 461
  - 19.4.3 全芯片二维设计 …… 462
- 19.5 全芯片三维集成电路设计和分析方法 …… 462
- 19.6 实验结果 …… 463
  - 19.6.1 仿真设置 …… 463
  - 19.6.2 对硅面积的影响 …… 465

19.6.3 对线长的影响 ………………………………………… 467
19.6.4 对性能的影响 ………………………………………… 468
19.6.5 对功耗的影响 ………………………………………… 469
19.6.6 对管芯数量的影响 …………………………………… 469
19.7 结论 …………………………………………………………… 471
参考文献 ……………………………………………………………… 471

第20章 3D-MAPS：具有堆叠存储器的三维大规模并行处理器 …… 474
20.1 引言 …………………………………………………………… 474
20.2 结构设计 ……………………………………………………… 475
  20.2.1 指令集结构 …………………………………………… 475
  20.2.2 单核结构 ……………………………………………… 476
  20.2.3 多核结构 ……………………………………………… 476
  20.2.4 片外接口 ……………………………………………… 477
20.3 基准应用 ……………………………………………………… 477
20.4 硅通孔和堆叠工艺 …………………………………………… 479
20.5 3D-MAPS 的物理设计 ……………………………………… 480
  20.5.1 3D-MAPS 版图概述 ………………………………… 480
  20.5.2 单核与存储块设计 …………………………………… 481
  20.5.3 顶层设计和电源传输网络 …………………………… 483
20.6 3D-MAPS 的设计评估和验证 ……………………………… 485
  20.6.1 时序和信号完整性分析 ……………………………… 485
  20.6.2 功耗和电源噪声分析 ………………………………… 487
  20.6.3 DRC 和 LVS …………………………………………… 488
20.7 封装和板级设计 ……………………………………………… 489
20.8 管芯照片和测量结果 ………………………………………… 491
20.9 结论 …………………………………………………………… 494
参考文献 ……………………………………………………………… 494

缩略语 …………………………………………………………………… 496

第一部分　高性能低功耗三维集成电路设计

　　这部分内容覆盖高性能、低功耗三维集成电路的设计方法以及解决方案。第 1 章研究门级三维版图中，采用规则硅通孔和不规则硅通孔两种不同方式进行布局的优缺点。另外，还研究了三维集成电路版图中硅通孔的面积、线长、时序以及功耗问题。第 2 章研究如何针对多管芯中给定的点建立斯坦纳树，如何在给定的一组斯坦纳树中重新布局硅通孔来减小发热点问题。第 3 章研究如何给三维集成电路中连接多管芯中门单元的三维节点增加缓冲器，以优化信号延迟和转换。第 4 章研究如何利用硅通孔建立三维集成电路的时钟树，来减小总功耗与时钟偏斜。第 5 章研究三维集成电路的电源分配网络设计问题，以及电源/地硅通孔对电源噪声的影响。第 6 章研究如何建立三维集成电路的时钟树使其能够在键合前后的测试中传输时钟信号。

第1章 三维集成电路的硅通孔布局

摘要:硅通孔使得集成多个管芯形成三维交叠成为可能。由于硅通孔的垂直尺寸占据了可观的硅片面积,因此对三维集成电路的功耗和性能有着很大的影响。然而,优化使用硅通孔可以降低布线拥塞、减小线长、改善性能,过度随意使用硅通孔不仅增加了管芯面积,而且降低了性能,增加了功耗。本章研究硅通孔对三维集成电路版图质量的影响。首先研究三维集成电路设计中的两种设计原理,即硅通孔协同布局(不规则硅通孔布局)和硅通孔位置(规则硅通孔布局)。此外,开发了一个力驱动三维门级布局算法,可以找出硅通孔和门的优化位置。规则硅通孔布局中需要解决的一个关键问题是:如何分配预布局的硅通孔到三维节点。为了有效解决这个问题,研究了两个硅通孔分配算法,将它们与其他硅通孔分配算法做比较,分析硅通孔分配算法对三维集成电路的影响。实验结果表明,与二维集成电路的线长相比,三维集成电路的线长最多可以缩短25%。我们还比较了二维和三维集成电路的时序和功耗。

本章所展示的内容基于参考文献[19]。

1.1 引言

三维集成电路(3D IC)是当今解决二维集成电路互连等比例缩小问题并进一步改善性能的有潜力的方法。在三维集成电路中,门被布局在多个管芯中,管芯如图1.1所示彼此交叠。由于门分布在多个管芯中,三维集成电路中每个管芯的版图面积比二维电路中的小。较小的版图面积导致三维集成电路的总线长比二维集成电路的总线长短[16,20]。因此,三维集成电路有潜力改善性能[18,31]。较短线长还可以降低互连功耗,改善布线拥塞。较少的布线拥塞可以减小三维集成电路中每个管芯布线所用金属层数,进而降低成本[9]。

三维集成电路中穿过管芯的垂直互连使用硅通孔(TSV)完成。图1.1给出两种类型的硅通孔,前过孔型硅通孔和后过孔型硅通孔。前过孔型硅通孔在前端工艺中制造,从硅基背面贯穿到第一层金属底部。而后过孔型硅通孔在后端工艺中制造,从硅基背面贯穿到顶层金属。硅通孔形成后,将金属焊盘连到硅通孔。前过孔型硅通孔的尺寸通常为 $1 \sim 5\mu m$,后过孔型硅通孔的尺寸通常

为 $5\sim20\mu m^{[1,2,5,22,25]}$。

尽管硅通孔在跨越管芯的门-门连接中起重要作用,但硅通孔对三维集成电路设计有负面影响。如上所述,硅通孔制造在硅基中,如图 1.1 所示,需要消耗原本可以制造门的硅面积。此外,金属 1 焊盘下的空白硅区域不能被其他门使用。而且,我们必须满足阻止区规则,该规则禁止在硅通孔附近布局门。由于这些限制,在三维集成电路中过多插入硅通孔可以引起严重的面积开支。此外,由于硅通孔需要通过金属层布线到门或者其他硅通孔,硅通孔要消耗布线资源,这可能导致布线拥塞。因此,三维集成电路设计的 CAD 工具应当仔细考虑布局布线期间硅通孔的影响。然而,先前关于三维集成电路 CAD 算法和工具的大部分工作,例如文献[8,12],忽视了硅通孔垂直尺寸及硅通孔与门和导线交互的事实。

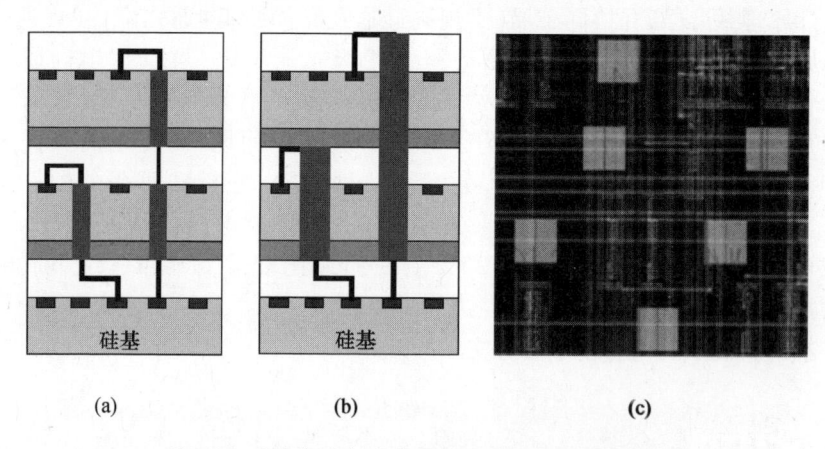

图 1.1 面对背键合的前过孔型和后过孔型硅通孔
(a)前过孔型硅通孔;(b)后过孔型硅通孔;(c)前过孔型硅通孔的顶视图。

本章研究三维集成电路中硅通孔设计开支,基于通过 DRC 验证的 GDSII 版图,给出一整套线长、管芯面积、时序和功耗结果。本章包括下述主题:

(1)力驱动三维布局算法。该算法基于文献[29]的力驱动二维布局算法,使用该算法可以有效优化三维集成电路的线长。

(2)两个三维集成电路设计流程,即"硅通孔协同布局"和"硅通孔位置"。硅通孔协同布局设计原理为同时布局硅通孔和门,硅通孔位置设计原理为在规则位置布局硅通孔,然后布局门。

(3)适用于硅通孔位置原理的两个硅通孔分配算法,将三维节点分配到预布局的硅通孔。另外还比较了四个硅通孔分配算法(基于三维最小生成树(MST)、基于三维布局、基于最小成本流和基于相邻搜索的算法),研究了硅通孔分配算法对线长的影响。

(4)由于已经有许多优秀的二维布线器,研究了如何使用现有二维布线器完成三维集成电路的布线。

（5）由于硅通孔有一些负面影响，例如占用硅面积、不可忽视的电容，所以研究各种版图，通过经验获取并展示硅通孔对三维集成电路面积、线长、时序和功耗的影响。

（6）本章给出的布局和硅通孔分配算法被集成到一个商业工具中，这个新工具可以产生GDSII级三维版图，该版图已经被充分验证。基于这些GDSII版图开展了各种研究，基于详细的版图数据，验证了硅通孔对三维集成电路版图的影响。

1.2　研究现状

文献中有关三维集成电路设计布局算法的内容较少。文献[10]中作者在布局区任意布局标准单元，在三维的范围内移动单元来减小单元交叠和温度。使用布局结果的合理化建议，将单元从连续空间移动到离散空间。在将单元布局到最近层之前，作者在z方向将单元排序。

文献[8]中，作者将二维布局结果转换为三维，转换基于二维设计的折叠和堆叠。转换后，作者使用基于图的层分配方法，通过将单元布局到多层来完善三维布局结果，使得硅通孔数目减小，温度降低。文献[12]中，作者研究解析、分区技术进行三维集成电路的布局。在全局布局中采用递归对分方法，作者基于节点开关活性、电容和硅通孔数目，为每个节点指定权重，每个对分的分割方向垂直于布局面积最大宽度、高度或加权深度。

文献[7]中，作者研究了基于三维集成电路布局算法的多级非线性规划。目标是线长加权和与硅通孔数目。作者使用密度补偿函数移动x、y以及z方向的交叠。他们还使用钟形密度射影函数辅助获取z方向的合理布局。文献[10]中在任何阶段都没有考虑硅通孔，尽管文献[7,8,12]考虑了硅通孔数目，均没有考虑硅通孔面积。

本章所呈现的工作首次考虑了硅通孔面积和位置，将本文算法与先前不考虑硅通孔面积的三维布局算法进行公平比较是不可能的。因此，本章没有与原先的三维布局工作进行比较。

1.3　基础知识

本节首先介绍并解释诸如三维布局和三维设计规则检查（DRC）的有关设计问题，然后考虑对管芯面积有重要影响的硅通孔数目。表1.1给出本章的假定、参数以及术语。

表1.1 本章使用的假定、参数和术语

	值/含义
工艺技术	45nm
管芯焊接	面对背
硅通孔形状	矩形
硅通孔类型	前过孔
硅通孔尺寸($n\times$)	小($1\times$),中($2\times$),大($3\times$)
$n\times$硅通孔宽度	$n\times1.50\mu m(n=1,2,3)$
$n\times$硅通孔焊盘宽度	$n\times2.07\mu m(n=1,2,3)$
$n\times$硅通孔单元宽度	$n\times2.47\mu m(n=1,2,3)$
最小硅通孔-单元间距	$n\times0.4\mu m$,对于$n\times$硅通孔
最小硅通孔-硅通孔间距	$n\times0.8\mu m$,对于$n\times$硅通孔
硅通孔电阻($1\times$硅通孔)	$100m\Omega$
硅通孔电容($1\times$硅通孔)	5fF
二维节点	其单元存在于一个管芯的节点
三维节点	其单元跨越多个管芯的节点

1.3.1 三维集成电路设计

三维集成电路中,门和硅通孔布局在多个管芯中,由于硅通孔和门都要占用硅片面积,需要避免它们间的交叠。此外,硅通孔要在不违反设计规则条件下布线到其他硅通孔或门。图1.2显示了到硅通孔的连接。由于硅通孔实际上是连接到相同管芯中硅通孔的M_1金属层焊盘和底下管芯的顶

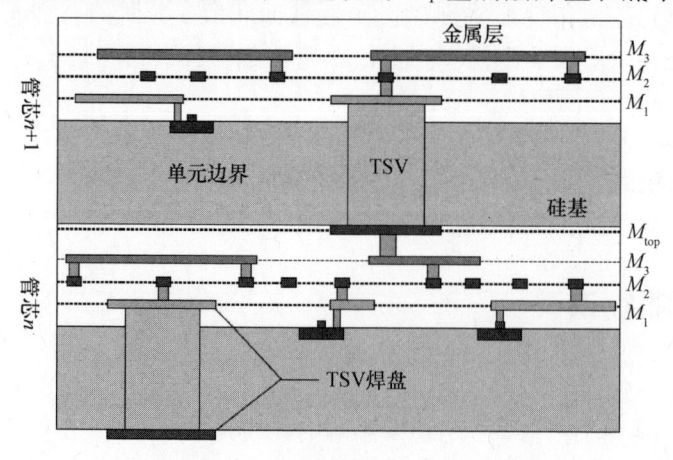

图1.2 硅通孔、硅通孔焊盘和到硅通孔焊盘的连接

层金属焊盘(或者是相同管芯的背面焊盘),必须布线到这些焊盘以实现到硅通孔的连接。图1.3的俯视图显示出M_1和M_6(顶层)金属层焊盘及连接到它们的导线,图1.3(b)中由于焊盘在顶层金属上,它与相同管芯中的门没有交互。

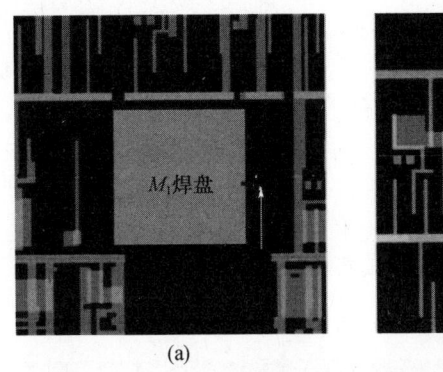

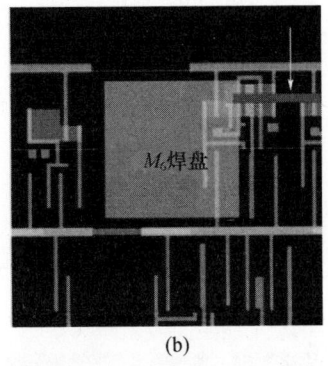

图1.3 硅通孔焊盘和连接到焊盘的金属线
(M_1,M_6)(Cadence Virtuoso)
(a)M_1焊盘;(b)M_6焊盘。

三维集成电路版图应当通过三维DRC和三维LVS,以及二维DRC和二维LVS。新三维设计规则包括最小硅通孔-硅通孔间距、最小硅通孔-单元间距、最小(或最大)硅通孔密度,等等。本章将表1.1给出的最小间距规则应用到版图中。由于LVS是检查逻辑连接,所以三维LVS可以很容易使用现有LVS工具实现。

在设计流程中,为了进行硅通孔的自动布局布线,并同时优化单元和硅通孔位置,将硅通孔处理为单元。为了在布局中满足硅通孔的最小间距需求,定义了一个包括M_1层硅通孔焊盘和其周围空白区域的标准单元。本章余下部分,将这个标准单元命名为硅通孔单元。图1.4给出一个硅通孔单元视图,图1.5给出三维集成电路版图中的1×和2×硅通孔单元。对于1×硅通孔情况,一个硅通孔单元占用$2.47 \times 2.47 \mu m^2$空间,单元中包含一个焊盘和一个硅通孔。

1.3.2 最大允许硅通孔数

由于最小二维芯片面积是简单的总单元面积,可以计算最大硅通孔数,使得三维集成电路的芯片面积小于预先确定的数目。基于二维和三维芯片面积的最大硅通孔数N_{TSVmax}可以使用下述公式计算

$$N_{TSVmax} = (A_{3D} - A_{2D})/A_{TSV} \tag{1.1}$$

式中:A_{3D}为三维集成电路的所有管芯面积和;A_{2D}为以二维方式实现的电路的管

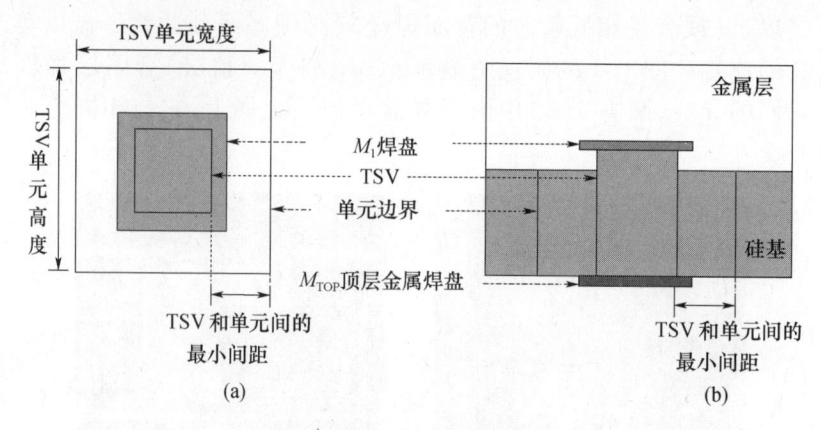

图 1.4　硅通孔单元的定义
(a)顶视图;(b)侧视图。

图 1.5　Cadence Encounter 中的 1×硅通孔单元(占据一个标准单元行)和
2×硅通孔单元(占据两行),焊盘中的浅色方块是硅通孔

芯面积;A_{TSV}为一个硅通孔所需面积。三维集成电路中能够使用的硅通孔数受N_{TSVmax}限制。

例如,2010 年 IMEC 的硅通孔直径①为 5μm[14],NCSU 45nm 库中最小两输入与非门占据 1.88μm²[27],最小 D 触发器占 4.52μm²[26]。不考虑阻止区,5μm 硅通孔大约占 20μm²,比 45nm 库中的标准单元大 4~10 倍。如果考虑阻止区,这个硅通孔占的面积更大。因此,忽视硅通孔面积会大大低估硅通孔面积开支。为了进行实际比较,表 1.2 中"平均单元面积"列对比了每个基准电路的平均单元面积,如表所示,1×硅通孔单元占据面积(本章中为 6.1μm²)仍大于平均单元面积。

---

①　我们分别使用直径和宽度表示圆柱形和矩形硅通孔尺寸。

表1.2 基准电路和它们的划分结果。使用 hMetis[17] 进行 k-way 最小切割划分。面积比指的是总硅通孔面积除以总单元面积。使用了 1× 硅通孔面积。简介中,"AL"表示算术逻辑,"uP"表示微处理器。标注"*"的基准电路来源于 IWLS 2005 基准集[15],其他基准电路来源于工业界

电路	门数 /K	节点数 /K	总单元面积 /mm²	平均单元面积 /μm²	管芯号 2 最小硅通孔数	面积比 /%	管芯号 3 最小硅通孔数	面积比 /%	管芯号 4 最小硅通孔数	面积比 /%	简介
AL1	15	15	0.033	2.236	253	4.57	759	13.70	1892	34.15	AL
AL2	30	30	0.082	2.754	964	7.07	1535	11.26	2910	21.34	AL
AL3*	77	77	0.227	2.937	733	1.94	956	2.53	2019	5.34	IP核
AL4*	109	109	0.257	2.350	1502	3.51	2480	5.80	3639	8.51	AL
AL5	324	328	1.163	3.585	452	0.23	334	0.17	1107	0.57	AL
AL6	445	484	1.625	3.656	2574	0.97	5591	2.10	6384	2.40	AL
MP1	16	16	0.039	2.460	87	1.35	465	7.22	542	8.41	uP
MP2	20	20	0.048	2.433	346	4.29	821	10.18	942	11.68	uP
MP3*	89	89	0.246	2.787	493	1.20	1166	2.84	1689	4.11	uP
MP4*	104	104	0.264	2.545	168	0.38	363	0.83	707	1.61	uP核
MP5*	169	169	0.463	2.740	54	0.07	409	0.53	362	0.47	uP核

1.3.3 最小硅通孔数

虽然最大允许硅通孔数限制了三维集成电路中能够使用的硅通孔的最大数目,最小硅通孔数给出我们现有硅通孔的数目范围,因此就面积开支而言,可以表明以三维方式设计集成电路的可能性。例如,假定一个三维集成电路最大允许的面积开支为二维版图面积(例如:1mm²)的15%,硅通孔单元面积为 6.1μm²。这样,最大允许硅通孔数近似为 24000。这种情况下,如果最小硅通孔数大于 24000,则不能满足面积开支约束。

由于一个跨越 K 个管芯的三维节点至少需要 $K-1$ 个硅通孔(两相邻管芯间一个硅通孔),我们可以通过运行最小切割划分来估计最小硅通孔数。为了估计本章中使用的每个基准电路的最小硅通孔数目,使用 hMetis[17] 进行 k-方式最小切割划分,表1.2给出最小硅通孔数和面积开支。如表所列,一些电路(如 AL1)有很大的硅通孔引起的面积开支①(高达 34.15%),因此如果最大允

---

① 硅通孔引起的面积开支包括硅通孔、硅通孔四周衬底以及阻止区,工作中一个 1×TSV 的面积 A_{TSV} 为 6.1009μm²。

许面积开支小(例如:10%),那么不能在四个管芯中完成这些电路的设计。然而,这个面积开支强烈依赖于硅通孔尺寸和平均单元面积。如果一个电路包括许多大单元(例如全加器和触发器),或者采用了较老工艺(例如 0.13μm 或 0.18μm),电路的平均单元尺寸远大于表 1.2 中的平均单元面积,这种情况下,硅通孔导致的面积开支会变小。

1.3.4 线长和硅通孔数的折衷

硅通孔对版图有着两个不可忽视的影响。首先,它们与单元交互,延伸了单元,导致单元间的平均距离没有如预期[20]那样降低。其次,由于硅通孔需要连接到其他硅通孔或单元,导致布线拥塞。因此在三维集成电路中过多使用硅通孔会导致比二维集成电路中更长的线长和更差的性能。图 1.6 给出门数为 40M 时的预测结果,有 4 个管芯,硅通孔单元尺寸是 6.1μm²[21]。如图所示,平均线长随着硅通孔数目的增加呈现减小趋势,然而最后如果使用了过多的硅通孔,平均线长反而增大。这主要是由于插入太多硅通孔导致的面积开支。因此,在所有实验中使用最小数目硅通孔。但是,在 1.7.3 节中我们会在划分过程中控制硅通孔数,并观察 TSV 数量改变时线长的变化情况。

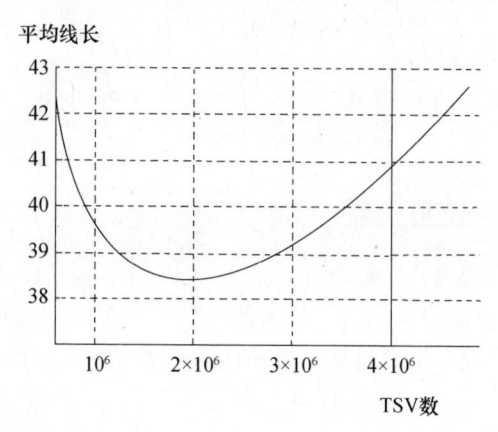

图 1.6 三维集成电路中的平均线长(单位是门输入间距)与硅通孔数对照,单元数=40M,管芯数=4,硅通孔单元尺寸=6.1009μm²[21]

1.4 三维集成电路物理设计流程

本章设计了两个三维集成电路设计流程,即硅通孔协同布局和硅通孔位置,如图 1.7 所示。这些流程基于现有二维布线工具,同时能够有效处理硅通孔。利用现有二维布线工具,很容易产生三维集成电路的 GDSII 版图,进而进行进一步的分析。注意，设计流程适用于前过孔型硅通孔①。

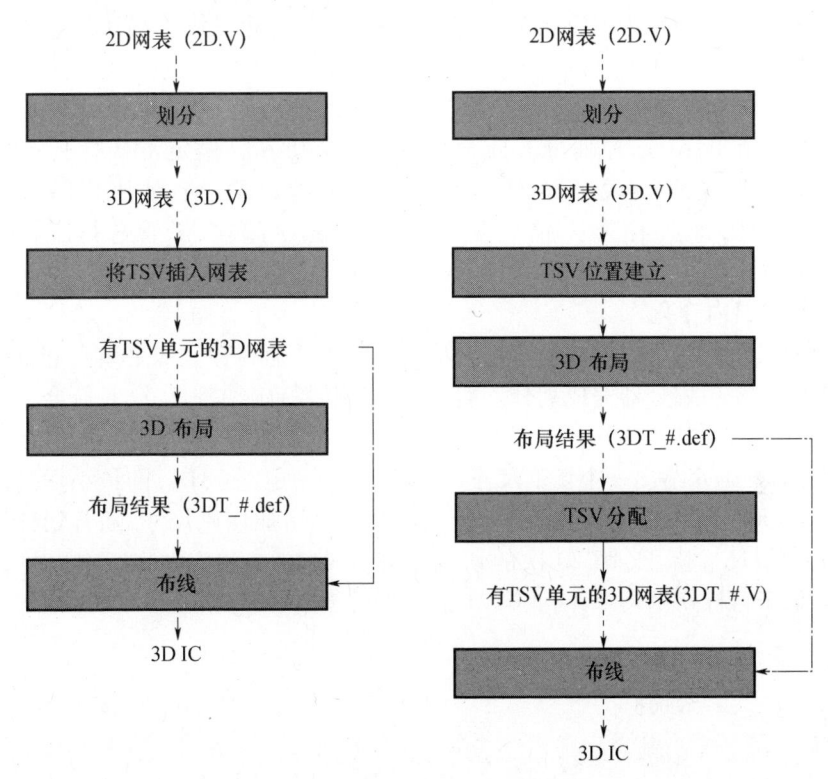

图 1.7　本章开发的两个三维集成电路设计流程
(a)硅通孔协同布局；(b)硅通孔位置。

1.4.1　划分

使用力驱动布局算法进行三维全局布局，需要增加一条沿着 z 方向的轴。这种情况下，二次线长函数可以表达为

$$\varGamma = \varGamma_x + \varGamma_y + \varGamma_z \tag{1.2}$$

式中：$\varGamma_x$、$\varGamma_y$、$\varGamma_z$ 分别为沿着 x、y、z 轴的线长。由于 $\varGamma_x$、$\varGamma_y$、$\varGamma_z$ 彼此独立，可以像二维力驱动二次布局一样，分别独立优化 $\varGamma$ 的每一项。然而，这个方法不能在多个管芯中布局单元，除非使用初始布局算法刻意将单元布局到多个管芯。这是因为所有 I/O 管脚位于顶层管芯（管芯 0），如果在初始布局阶段将单元布

---

① 如果想要将设计方法应用到后过孔型硅通孔，需要增加一些步骤。对于硅通孔协同布局流程，需要避免相邻管芯中两个硅通孔间的交叠，这个可以通过在相邻管芯中两个硅通孔间施加另一个力，或者在全局布局后将硅通孔位置合理化来解决。对于硅通孔位置流程，可以使用不同硅通孔阵列尺寸来避免相邻管芯间两个硅通孔的交叠。然而，如果存在重分布层，设计流程可以直接应用到后过孔型硅通孔。

局在顶层管芯,这些单元将不能跨越多个管芯(但是可以在 x 和 y 方向延伸)。因此,我们将划分作为三维全局布局的预过程,并禁止三维全局布局中跨越管芯移动单元。

完成单元划分后,需要确定管芯顺序。例如,假定使用 4 个管芯设计一个三维集成电路,三种划分方式分别为 p_0、p_1 和 p_2。假定 I/O 管脚布局在管芯 0,存在 6 种(不等于 3)不同管芯顺序。本章中没有使用任何专门管芯排序原理,将 p_X 作为管芯 X(如 p_0 为管芯 0)。事实上,管芯排序影响插入的最小硅通孔数目,然而可以观察到不同管芯排序中,硅通孔总数在一个较小范围内变化。

划分过程中,可以控制切割尺寸来获得所需硅通孔数。如果想要进行最小切割划分,使用划分器完成划分。然而,如果想要特定切割尺寸,我们会在每次通过后检查切割尺寸,并且如果当前切割尺寸小于或等于目标尺寸,那么就停止划分。图 1.8 给出一个切割尺寸控制例子,图中电路(AL4)的最小切割尺寸近似为 1500。我们设置目标切割尺寸为 2000 来增加切割尺寸,随着划分过程进行,切割尺寸降低,第 20 次的切割尺寸为 2126,第 21 次的切割尺寸变为 1984,低于目标切割尺寸,因此第 21 次切割后停止划分。

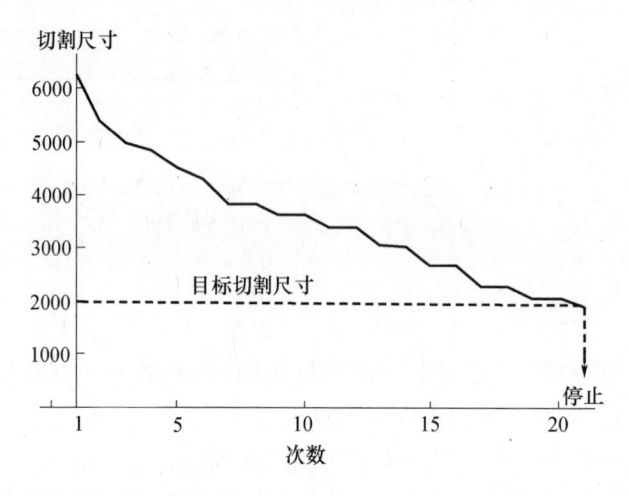

图 1.8 划分中切割尺寸控制。我们使用 AL4 电路,目标切割尺寸是 2000

这一步的输出是三维网表,其中原始二维网表中的一些节点变为三维节点。划分完成后,计算插入的最小硅通孔数。由于想要减小硅通孔插入引起的面积开支,两相邻管芯间的一个三维节点我们仅使用一个硅通孔。

1.4.2 硅通孔插入和布局

研究门级三维集成电路设计中布局硅通孔的两个方法:硅通孔协同布局

（即不规则硅通孔位置）和硅通孔位置（规则硅通孔位置）。硅通孔协同布局原理中，在硅通孔插入期间将硅通孔加到三维网表中，然后将单元和硅通孔在三维布局期间同时布局。详细的三维布局算法将在1.5节介绍。硅通孔位置原理中，在确定硅通孔位置时，在每个管芯上进行硅通孔的均匀预布局，然后在三维布局步骤中进行单元布局。三维布局期间，由于硅通孔不能与任何单元交叠，预布局硅通孔被当作布线障碍。硅通孔位置原理中，三维布局结束后，需要额外的一步，称为硅通孔规划，来确定哪个三维节点使用哪个预布局的硅通孔。然后更新三维网表，在网表中插入规划的硅通孔。图1.9和图1.10分别论证了硅通孔协同布局和硅通孔位置原理。精细布局使用Cadence SoC Encounter精细的布局器[4]。

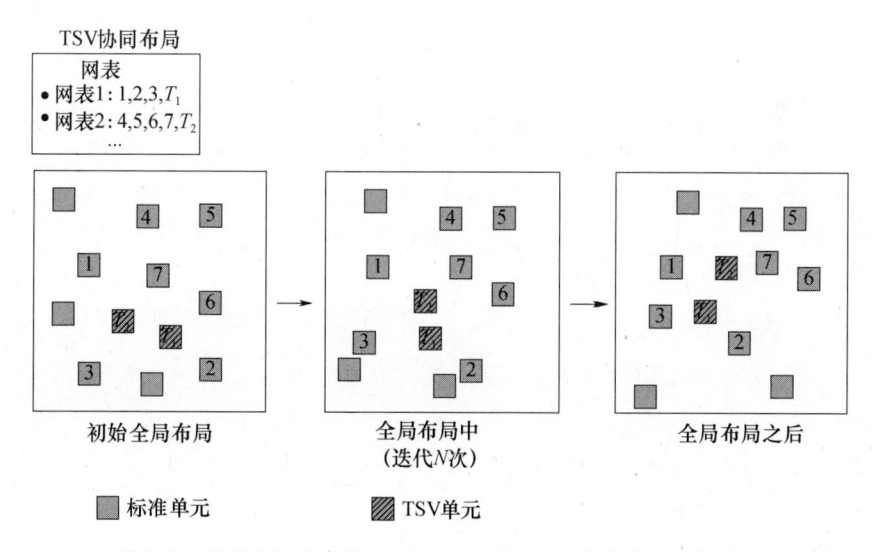

图1.9　硅通孔协同布局原理：硅通孔插入、三维布局和网表产生

1.4.3　布线

三维布局后，将布局结果导出成DEF文件，并为每个管芯产生一个网表文件。需要注意的是，如图1.2所示，需要在硅通孔的两端制作硅通孔焊盘。当在管芯$n+1$中布局一个第一层金属焊盘时，在管芯n的相同位置也必须布局相应的顶层金属焊盘。通过在管芯n的DEF文件中布局管脚，并在管芯n的网表中增加管脚，来实现管芯n中的顶层金属焊盘。然后，使用Cadence SoC Encounter布线每个管芯。

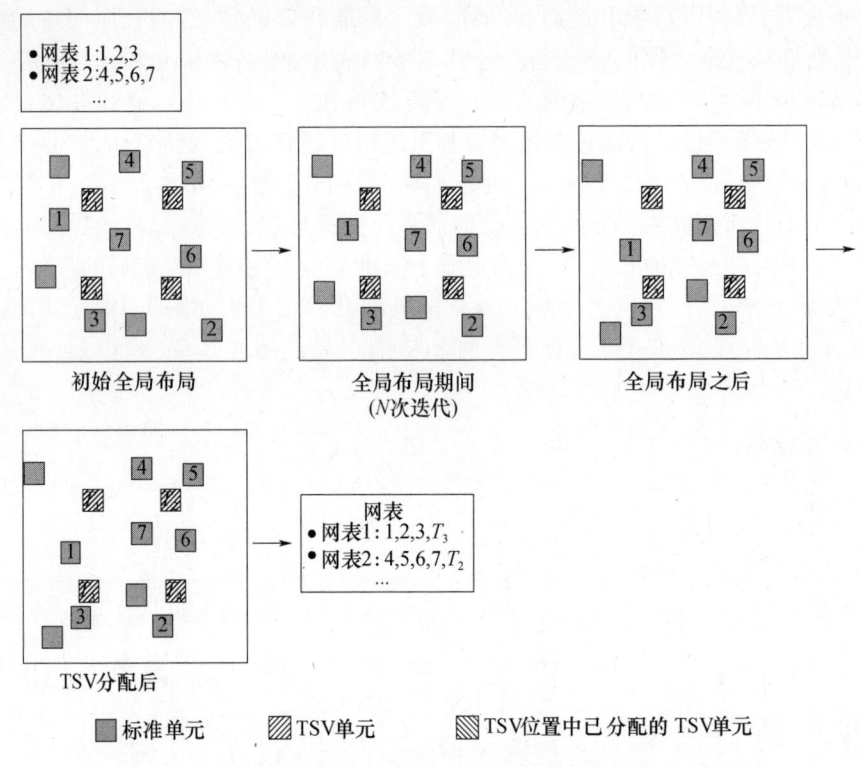

图1.10 硅通孔位置原理:硅通孔插入、三维布局,硅通孔分配和网表产生

1.5 三维全局布局算法

本章采用的三维布局算法基于力驱动二次布局算法[29],将算法进行修改来布局三维IC中的单元和硅通孔。

1.5.1 力驱动布局简介

二次布局中,单元的优化位置通过减小二次线长函数 Γ 来计算,二次线长函数 Γ 可以表示为

$$\Gamma = \Gamma_x + \Gamma_y \tag{1.3}$$

式中:Γ_x 和 Γ_y 分别为沿着 x 和 y 轴的线长。由于 Γ_x 和 Γ_y 彼此独立,可以通过减小它们来减小 Γ。下述对 x 方向的描述同样适用于 y 方向。这里,Γ_x 可以表示为矩阵形式

$$\Gamma_x = \frac{1}{2} x^T C_x x + x^T d_x + 常数 \tag{1.4}$$

式中:$x = \begin{bmatrix} x_1 & x_2 & \cdots & x_N \end{bmatrix}^T$ 为被布局的 N 个单元的 x 方位的一个向量;C_x 为

使用边界到边界节点模型[29]表示的沿着 x 轴的单元间连通性的 $N \times N$ 矩阵，$\boldsymbol{d}_x = [d_{x,1} \quad d_{x,2} \quad \cdots \quad d_{x,N}]^\mathrm{T}$ 为一个表示沿着 x 轴的单元到管脚的连通性的向量。$\boldsymbol{C}_x$ 中的元素 $c_{x,ij}$ 是单元 i 和单元 j 间的连接分量，$d_{x,i}$ 是连接到单元 i 的固定管脚的负分量位置。通过解下述方程可以得到 $\varGamma_x$ 的最小值

$$\nabla_x \varGamma_x = \boldsymbol{C}_x \boldsymbol{x} + \boldsymbol{d}_x = 0 \tag{1.5}$$

二次布局可以看作是一个弹性弹簧系统，这时将 $\varGamma$ 当作系统的总弹簧储能。由于弹簧储能的导数是力，式（1.4）中 $\varGamma_x$ 的导数可以当作节点力 $\boldsymbol{f}_x^\mathrm{net}$，即

$$\boldsymbol{f}_x^\mathrm{net} = \nabla_x \varGamma_x = \boldsymbol{C}_x \boldsymbol{x} + \boldsymbol{d}_x \tag{1.6}$$

式中：$\nabla_x = [\partial/\partial x_1 \quad \partial/\partial x_2 \quad \cdots \quad \partial/\partial x_N]^\mathrm{T}$ 是向量微分运算符。平衡时，$\boldsymbol{f}_x^\mathrm{net}$ 为零，$\varGamma_x$ 减小。然而，除非施加其他力，否则单元拥挤在芯片的少数面积上，导致单元位置高度交叠。因此，在力驱动二次布局算法中[29]，使用了两种其他力（移动力 $\boldsymbol{f}_x^\mathrm{move}$ 和保持力 $\boldsymbol{f}_x^\mathrm{hold}$）来移走单元交叠。

移动力是基于密度的力，它将单元从高单元密度区移动到低单元密度区以减小单元交叠。文献[29]中移动力适用于二维集成电路，因此对其进行了修正用于降低三维集成电路的单元密度，将在 1.5.3 节解释这种修正。

保持力用来将每个布局迭代从它的先前迭代中去耦，它取消了节点力，将单元拉回先前迭代中的位置。保持力的表达式为

$$\boldsymbol{f}_x^\mathrm{hold} = -(\boldsymbol{C}_x \boldsymbol{x}' + \boldsymbol{d}_x) \tag{1.7}$$

式中：$\boldsymbol{x}' = [x_1' \quad x_2' \quad \cdots \quad x_N']^\mathrm{T}$ 是表示先前布局迭代中单元的 x 位置的向量。当没有施加移动力时，保持力将单元固定在当前位置，这点可以通过下述式子表述 $\boldsymbol{f}_x^\mathrm{net} + \boldsymbol{f}_x^\mathrm{hold} = 0 \Rightarrow \boldsymbol{C}_x(\boldsymbol{x} - \boldsymbol{x}') = 0 \Rightarrow \boldsymbol{x} = \boldsymbol{x}'$。

总力 $\boldsymbol{f}_x$ 为节点力、移动力和保持力之和，移走单元交叠时，设置总力为 0 来减小线长。

$$\boldsymbol{f}_x = \boldsymbol{f}_x^\mathrm{net} + \boldsymbol{f}_x^\mathrm{move} + \boldsymbol{f}_x^\mathrm{hold} = 0 \tag{1.8}$$

1.5.2 三维布局算法简介

三维布局算法可以分为三个阶段：初始布局、全局布局及精细布局。第一阶段，使用式（1.5）计算初始单元位置。第二阶段，通过施加式（1.8）所示移动力和保持力并解方程来减小单元交叠。由于快速移动单元会降低总体布局质量，逐步移走交叠。当余下单元交叠数小于预定交叠比时，全局布局结束，之后使用 Cadence Encounter 精细布局器执行精细布局。

1.5.3 三维集成电路中的单元布局

简单地通过在式（1.3）中增加 z 轴变量不可能将二维力驱动二次布局算法拓展到三维布局算法，原因是三维集成电路中所有固定管脚位于 C4 - 凸点一

侧,导致初始布局中将所有单元布局在相同 $z=0$ 位置[12]。开拓性地假定已经使用划分器将单元指定到管芯中,布局过程中不跨越管芯移动单元,将力驱动二次布局算法[29]进行扩展。因此,没有在式(1.3)中包含 Γ_z 项,而是让布局器集中于减小沿着 x 轴和 y 轴的线长。

我们对二维力驱动二次布局算法完成的主要扩展是对文献[29]中的移动力进行修改,使得在每个管芯中独立移走单元交叠。例如,如果两个单元有相同的 x 和 y 位置,但是它们位于不同管芯中,我们没有应用移动力。

我们将布局问题规划成一个全局静电学问题,将单元面积当作正电荷,芯片面积作为负电荷。管芯 d 上的布局密度 D 可以通过下式计算

$$D(x,y)|_{z=d} = D^{\text{cell}}(x,y)|_{z=d} - D^{\text{chip}}(x,y)|_{z=d} \tag{1.9}$$

式中:$D^{\text{cell}}(x,y)|_{z=d}$ 为管芯 d 中 (x,y) 处的单元密度;$D^{\text{chip}}(x,y)|_{z=d}$ 为管芯 d 中 (x,y) 处的芯片容量。

计算出 D 后,我们解下述泊松方程计算布局势 Φ,即

$$\Delta\Phi(x,y)|_{z=d} = -D(x,y)|_{z=d} \tag{1.10}$$

式中:Φ 的负梯度表示单元应当移动到哪个方向,移动多快。然后,我们通过使用弹簧常数为 $\mathring{w}_i$ 的弹簧连接单元 i 到它的目标点 $\mathring{x}_i$ 来模拟移动力。我们通过下式计算目标点

$$\mathring{x}_i = x'_i - \frac{\partial}{\partial x}\Phi(x,y)|_{(x'_i,y'_i)z=d} \tag{1.11}$$

式中:x'_i 为先前布局迭代中被放置在管芯 d 上的单元 i 的 x 位置。我们初始定义弹簧常数为

$$\mathring{w}_i = \frac{A_i}{A^{\text{cell}}|_{z=d}} \tag{1.12}$$

式中:A_i 为单元 i 的面积;$A^{\text{cell}}|_{z=d}$ 为布局在管芯 d 上的所有单元的总面积。之后我们使用质量控制机理[29]来迭代调节弹簧常数。因此,对于单元 i,移动力为 $f^{\text{move}}_{x,i} = \mathring{w}_i(x_i - \mathring{x}_i)$,其中 x_i 为单元 i 的 x 位置。对于三维集成电路,移动力 f^{move}_x 最终可以定义为

$$f^{\text{move}}_x = \mathring{C}_x(x - \mathring{x}) \tag{1.13}$$

式中:$\mathring{C}_x$ 为 $\mathring{w}_i$ 的对角矩阵;$x = [x_1 \quad x_2 \quad \cdots \quad x_N]^T$ 是一个表示被布局的 N 个单元的 x 位置的向量;$\mathring{x} = [\mathring{x}_1 \quad \mathring{x}_2 \quad \cdots \quad \mathring{x}_N]^T$ 是一个表示单元目标 x 位置的向量。图 1.11 给出一个本节讨论的密度和势函数实例。

1.5.4 硅通孔位置原理中硅通孔的预布局

硅通孔位置原理中,首先均匀布局硅通孔,然后布局单元。因此,在单元布局中将硅通孔当作布局障碍。每行和每列中的硅通孔数使用下面三个式子进行计算

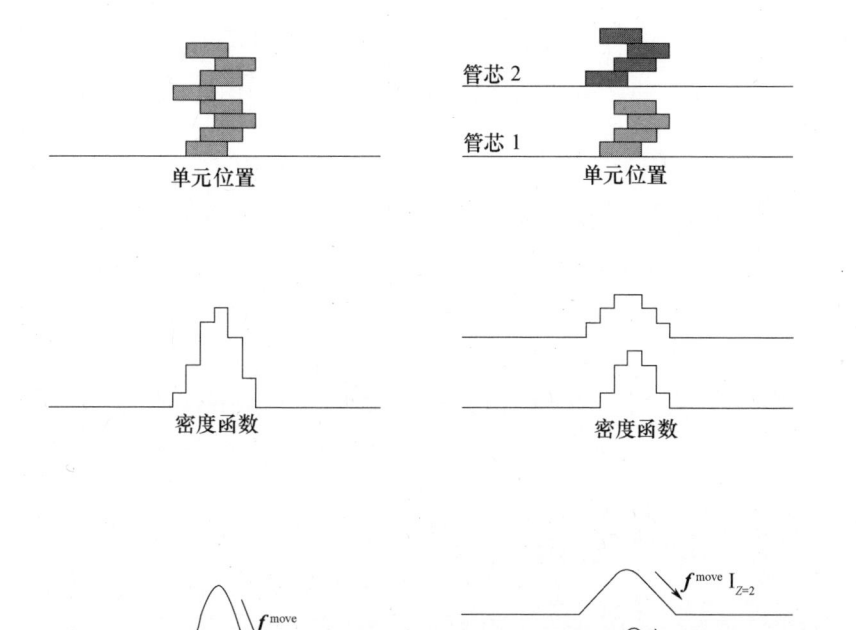

图 1.11　二维/三维密度和势函数

$$N_{TSV_d} = N_{TSV_{d,min}} \times K_{TSV}, \quad K_{TSV} \geqslant 1 \tag{1.14}$$

$$N_{TSV_{d,row}} = \lfloor \sqrt{N_{TSV_d}} \rfloor \tag{1.15}$$

$$N_{TSV_{d,col}} = \lfloor N_{TSV_d}/N_{TSV_{d,row}} \rfloor \tag{1.16}$$

式中：$N_{TSV_{d,min}}$ 为管芯 d 上的最小硅通孔数；K_{TSV} 为硅通孔数的乘法因子。如果 K_{TSV} 大于 1，需要布局比最小硅通孔数更多的硅通孔，使得在硅通孔分配中有更高的选择性。

布局障碍可以通过布局密度方式[29]自然处理。在计算布局密度时，通过包含预布局的硅通孔面积，以将被布局的单元移动到远离预布局的硅通孔的方式改变移动力。使用式(1.9)计算 $D^{cell}(x,y)|_{z=d}$ 和 $D^{chip}(x,y)|_{z=d}$ 时，也包含了预布局的硅通孔面积。

1.5.5　三维节点的线长计算

三维节点线长估计中，单独计算每个管芯的线长，如图 1.12 所示。对于三维节点，由于仅使用一个硅通孔连接两个相邻管芯，需要估计每个管芯边界框的半周线长(HPWL)。

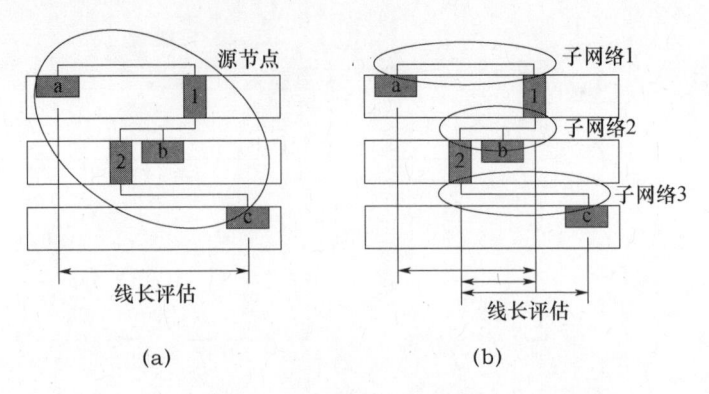

图1.12 子节点构建后三维节点的线长计算(侧视图)
(a)无节点划分；(b)有节点划分。

1.6 硅通孔分配算法

硅通孔位置原理中，硅通孔分配问题是将三维节点分配到给定管芯、三维节点、布局单元和布局硅通孔的给定集合，同时优化目标函数，例如三维节点的总线长。硅通孔分配问题中的约束条件如下：

(1) 不能将一个硅通孔分配到一个以上的三维节点。

(2) 一个三维节点应当至少使用一个硅通孔。

1.6.1 硅通孔分配算法的最佳解

文献[33]描述了用二进制整数线性规划(BILP)问题来寻求两个管芯的硅通孔分配问题的最佳解。由于公式中的二进制整数变量数太大，作者还引入开发了启发式算法，一种基于匈牙利方法的近似方法[23]，也可以说是一种相邻搜索算法。

如果管芯数多于两个，三维节点跨越多个管芯，必须考虑不同管芯中的所有硅通孔组合进行成本计算。例如，图1.13(a)中，将三维节点分配到管芯1的T_1和管芯2的T_6，成本(线长)近似为$2L$。然而，图1.13(b)中，将三维节点分配到管芯1的T_3和管芯2的T_6，成本近似为L。尽管两种情况下都是用了T_6，T_6对成本的影响是不同的。因此，应当计算不同管芯中每个硅通孔组合的成本。

硅通孔组合的总数如下

$$N_{comb} = {}_{N_1}P_{H_1} \times \cdots \times {}_{N_{D-1}}P_{H_{D-1}} \tag{1.17}$$

式中：N_{comb}为硅通孔组合的总数；D为管芯数；N_i为管芯i中硅通孔数；H_i为管芯i中三维节点数；P为排列符号。

多于两个管芯的硅通孔分配问题的最佳解通过下述二进制整数线性规划问题来获取，在式(1.19)和式(1.20)条件下，减小式(1.18)有

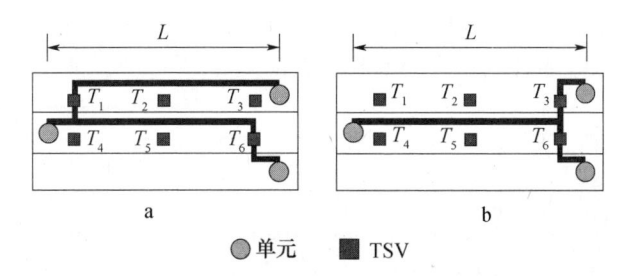

图1.13 三管芯中不同硅通孔组合的成本计算(侧视图)
(a)选择 T_1 和 T_6，线长 = $2L$；(b)选择 T_3 和 T_6，线长 = L。

$$\sum_{i=1}^{N_{3Dnet}} \sum_{k=1}^{CB_i} \sum_{p=1}^{N_{TSV}} d_{i,k,p} \cdot x_{i,k,p} \tag{1.18}$$

$$\sum_{k=1}^{CB_i} \sum_{p=1}^{N_{TSV}} x_{i,k,p} = N_{die} - 1 \quad (i = 1, 2, \cdots, N_{3DNet}) \tag{1.19}$$

$$\sum_{i=1}^{N_{3DNet}} \sum_{k=1}^{CB_i} x_{i,k,p} \leq 1 \quad (p = 1, 2, \cdots, N_{TSV}) \tag{1.20}$$

式中：N_{die} 为管芯数；N_{3DNet} 为三维节点总数；CB_i 为三维节点 H_i 的硅通孔组合总数；N_{TSV} 为硅通孔总数；$d_{i,k,p}$ 为三维节点 H_i 使用第 k 个组合的第 p 个硅通孔时的成本。如果三维节点 H_i 使用第 k 个组合；第 k 个组合使用硅通孔 T_p，$x_{i,k,p}$ 为 1，否则 $x_{i,k,p}$ 为 0。式(1.19)表示一个三维节点仅仅使用一个硅通孔组合，式(1.20)表示一个硅通孔至多被分配到一个三维节点。

由于必须考虑所有三维节点的所有可能组合，这个问题中的变量数也很多。即使将分配给三维节点的硅通孔约束到一个小窗口中的硅通孔上，组合数仍然很多。例如，如果一个三维节点跨越 4 个管芯，每个管芯的小窗口中包含 20 个硅通孔，每个节点存在 8000 种组合。而且，对限制窗口大小可能会导致二进制整数线性规划不可行。因此，在下面两小节中我们引入两个启发式算法。

1.6.2 基于 MST 的硅通孔分配

这种方法中，使用最小生成树(MST)进行硅通孔分配，如算法 1 所示。首先以三维节点的边界框尺寸的升序方式对三维节点进行排序。由于边界框大的三维节点在其边界框内包含更多的可选硅通孔，给予有小边界框的三维节点更高的优先权。排序后，使用 Kruskal 算法为每个三维节点构建一个最小生成树 MST，并以该 MST 边长的升序方式对 MST 的边进行排序，这是因为短边意味着短的线长。构建了 MST 并对边排序后，以升序方式检查每条边。如果边跨越两个还没有连接的相邻管芯，选择最接近该边的未分配的硅通孔，将该硅通孔标注为"分配到该节点"。重复这个过程直到三维节点的所有管芯使用硅通孔进行了连接。在分配过程期间，现有硅通孔和三维边间的距离如下计算：首先将边透射到一个二维平面,使得三维边变为二维段,然后计算该硅通孔和该二维段中最接近该硅通孔的点间的曼哈顿距离。

```
算法：基于MST的硅通孔分配算法
输入：三维节点集合H
输出：分配结果
H_sorted ← Sort (H); // 以边界框尺寸排序
for h ∈ H_sorted do
    E ← Construct_MST (h);
    E_sorted ← Sort (E);
    // 以边的长度进行升序排序
    for e ∈ E_sorted do
        d_b ← e.bot; // 底部管芯，例如管芯3
        d_t ← e.top; // 顶部管芯，例如管芯0
        for i=d_t ; i¡d_b ; i++ do
            if i-th die and (i+1)-th die are not connected then
                t ← Find_TSV (e, i);
                Assign_TSV (t, h);
            end
        end
    end
end
```

算法1:基于MST的硅通孔分配算法

图 1.14 给出两个例子。图 1.14(a) 中,最短边是垂直边,由于管芯 1 还没有连接到管芯 2,寻找管芯 1 中最接近最短边的硅通孔。本例中,T_3 被找到,且可用(即还没有被分配到其他节点),因此将 T_3 分配到该三维节点。现在需要连接管芯 2 和管芯 3 的硅通孔,由于垂直边从管芯 1 跨越到管芯 3,需要寻找最接近管芯 2 中边的硅通孔,图中 T_6 被找到且可用,将它分配到该三维节点。现在所有管芯完成了连接,停止为该三维节点分配硅通孔。

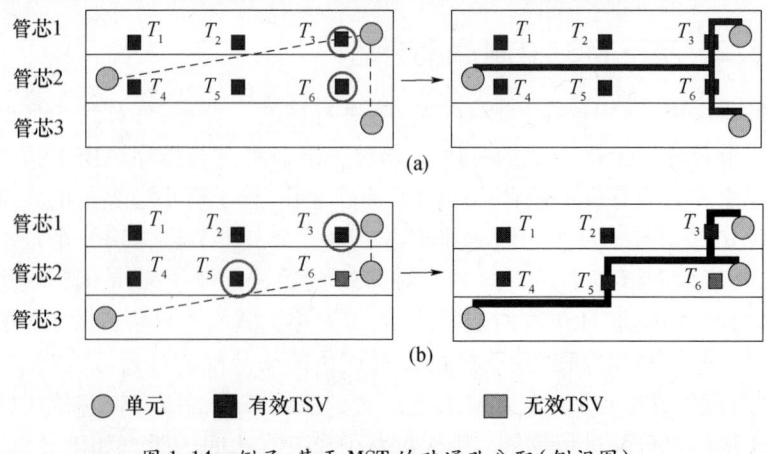

图 1.14 例子:基于 MST 的硅通孔分配(侧视图)

图 1.14(b)给出一个不同的例子,图中最短边是连接管芯 1 和管芯 2 的垂直边,最接近该边的硅通孔是 T_3,我们将 T_3 分配给该三维节点。由于这个三维节点从管芯 1 跨越到管芯 3,管芯 2 中需要一个硅通孔来连接管芯 2 和管芯 3 中的单元。最接近次最短边的硅通孔是 T_6,由于 T_6 不可用(意味着该硅通孔已经被分配到其他节点),寻找下个最近硅通孔 T_5。

1.6.3 基于布局的硅通孔分配

第二种硅通孔分配方法基于三维布局,该方法中使用三维布局算法解分配问题。算法 2 给出了基于布局的硅通孔分配算法。在三维布局中完成了门的布局后,将布局后的门转换为管脚,因此在新的网表中仅包含管脚,包括真正的 I/O 管脚和布局后的门。然后在新网表中插入可移动的硅通孔,进行硅通孔协同布局。布局结束后,从三维布局结果中装载硅通孔位置,这时我们将网表中插入的硅通孔分配给预布局的硅通孔。图 1.15 给出一个例子,第一步将可移动的硅通孔插入到新网表中,使用三维布局算法进行插入的硅通孔的布局,三维布局完成后装载可移动硅通孔的最终位置,将它们分配给最相邻的预布局硅通孔。图 1.15 中的最右边的图给出了最终的分配结果。

```
算法:基于布局的硅通孔分配算法
输入: 被布局的门和TSV点
输出: 每个可移动TSV被分配到一个TSV点
将所有被布局的门转换为固定管脚;
将可移动TSV插入到每个管芯的三维节点;
运行TSV协同布局;
装载三维布局结果。
for each movable TSV, t_m do
    Find the nearest available TSV, t_s in TSV sites;
    Assign t_s to t_m;
end
```

算法 2:基于布局的硅通孔分配算法

3D布局　　　　　　分配　　　　　　完成

□ TSV位置上的TSV　　● 放置的单元
▨ 插入的TSV　　　　　▩ 已分配的TSV

图 1.15 基于布局的硅通孔分配(顶视图)

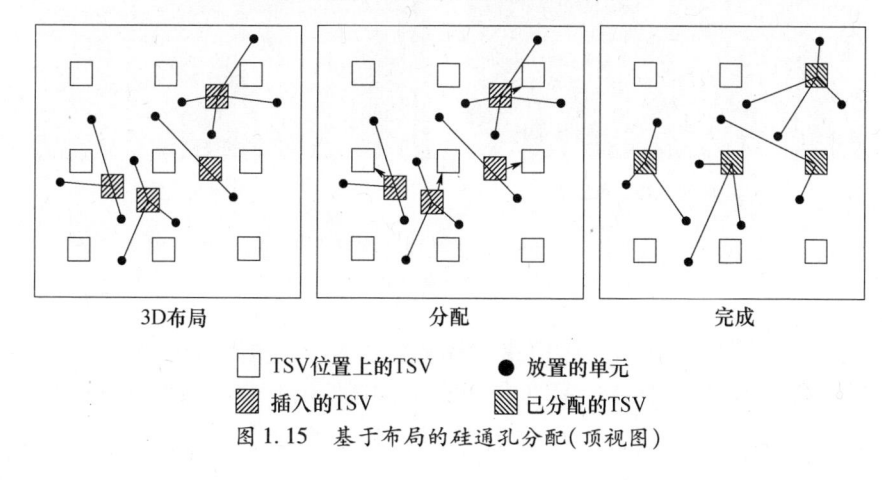

1.7 实验结果

使用 IWLS 2005 基准[15]和几个工业电路进行实验,表 1.2 列出了基准电路和它们的细节。使用 NCSU 45nm 工艺[27],以及 C/C++ 实现三维布局器和硅通孔分配程序,使用 Intel 数学内核库 10.0 进行矩阵计算。同时使用了配备有 Intel Xeon 2.5GHz CPU 和 16GB 存储器的 64 位 Linux 机器。采用 Cadence QRC 进行 RC 提取[3],采用 Synopsys PrimeTime 进行时序分析[30]。对于时序和功耗分析,使用典型 PVT 角(电源电压 1.1V,温度 300K)。图 1.16 给出两个采用 TSV 协同布局和 TSV 位置原理设计的有代表性版图。

1.7.1 线长和运行时间比较

表 1.3 给出二维和三维布局的线长、管芯面积、运行时间结果。对于二维布局,在二维模式下运行布局器,没有执行划分。对于三维布局,使用硅通孔协同布局原理,使用了 4 个管芯及 1×硅通孔。至于线长,除了 MP_5,我们减小了所有电路的线长。MP_5 的四管芯三维实现的线长与二维实现线长几乎相同。除了 MP_5,非微处理器电路(AL1 – AL6)的线长减小了 1% ~ 25%,微处理器电路(MP_1 ~ MP_4)的线长减小了 1% ~ 10%。

硅通孔协同布局　　　　　　　　硅通孔位置

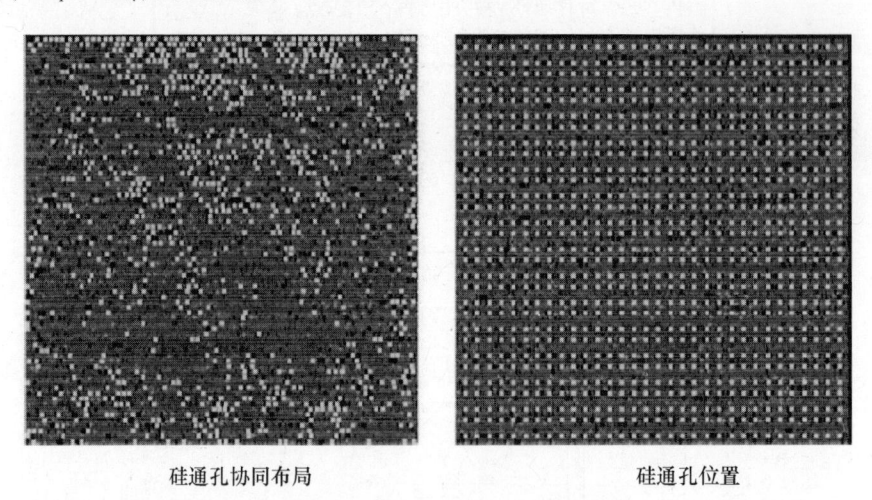

图 1.16　采用硅通孔协同布局和硅通孔位置原理设计的 AL1 的底层管芯的 Cadence Virtuoso 布局图(明亮的方块为硅通孔)

为了找出非微处理器电路中线长减小数远大于微处理器电路的线长减小数的原因,在图 1.17 中给出 AL_4(非微处理器电路)和 MP_5(微处理器电路)的线长分布。如图 1.17(a)所示,对于 AL_4 电路,二维设计的长互连在三维设计

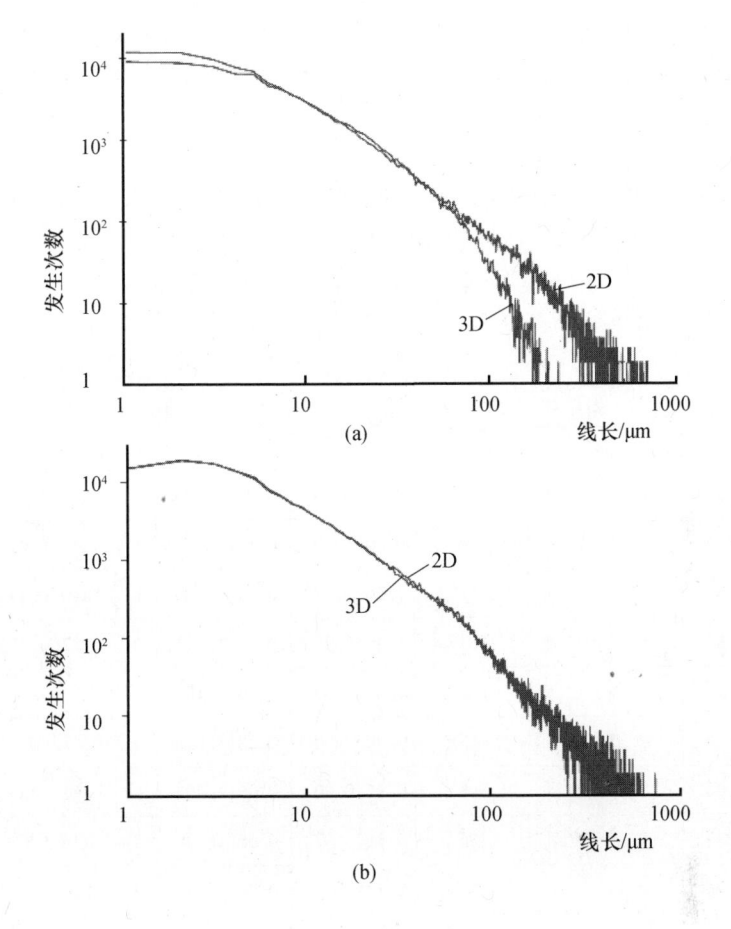

图 1.17　线长分布

(a) AL_4，二维设计中管芯宽 605μm，三维设计(四管芯)中管芯宽 310μm；
(b) MP_5，二维设计中管芯宽 812μm，三维设计(四管芯)中管芯宽 410μm。

中变得较短，二维设计中的最长导线大约 900μm 长，而在三维设计中最长导线大约 310μm 长。这个结果明显是由于硅通孔的 z 方向中较小版图面积和连接引起的。

另一方面，对于 MP_5 电路，二维设计中的线长分布与三维设计中的线长分布类似，如图 1.17(b) 所示，二维和三维设计中的最长导线长度也类似。因此，即使交叠多个管芯，总线长没有改变。事实上，MP_5 大于 AL_4，然而 MP_5 的最长导线比 AL_4 的短，这意味着 MP_5 有较少的长导线。如果一个电路的二维设计中长导线很少，使用三维设计后很难获益。表 1.2 支持了这种分析，MP_5 ($0.463mm^2$) 大于 AL_4 ($0.257mm^2$)，但是 MP_5 的最长导线 (730μm) 短于 AL_4 的最长导线 (900μm)。实际上三维实现的 MP_5 的管芯宽度为 410μm，因此角对角曼哈顿距离为820μm，比最长导线（730μm）更长。然而，三维实现的AL_4的管芯宽度是310μm，角对角曼哈顿距离为620μm，短于最长导线（900μm）。因此，AL_4可以从三维实现获益，而MP_5却不行。

这也与表1.2所示最小切割划分结果有关。例如，2-way划分中AL_4的最小切割尺寸为109K节点中的1502，而MP_5是169K节点中的54。这意味着MP_5是高度模块化的电路，因此就线长而言，不能从三维实现中受益。

表1.3 二维和三维布局的比较：线长、管芯面积、成功布线所有管芯所需最小金属层数（#M），运行时间；对于二维布局，运行布局器时没有使用划分，对于三维布局，使用4个管芯、采用硅通孔协同布局原理和1×硅通孔

电路	2D				3D				
	线长/m	面积/mm²	#M	运行时间/s	线长/m	面积/mm²	#M	运行时间/s	TSV数
AL_1	0.26	0.05	4	143	0.24(0.95)	0.06(1.20)	4	51(0.36)	1305
AL_2	0.63	0.12	5	266	0.50(0.79)	0.14(1.17)	4	180(0.68)	2792
AL_3	1.43	0.32	4	7758	1.26(0.88)	0.34(1.06)	4	5840(0.75)	1906
AL_4	1.94	0.37	5	18312	1.46(0.75)	0.38(1.03)	4	3627(0.20)	4857
AL_5	9.17	1.69	5	145466	9.07(0.99)	1.96(1.16)	5	64023(0.44)	4368
AL_6	12.96	2.22	5	159505	11.06(0.85)	2.28(1.03)	5	102472(0.64)	10859
MP_1	0.24	0.05	4	208	0.22(0.90)	0.06(1.20)	4	69(0.33)	801
MP_2	0.32	0.06	4	175	0.31(0.97)	0.08(1.33)	4	100(0.57)	939
MP_3	1.86	0.35	4	6742	1.72(0.92)	0.36(1.03)	4	2510(0.37)	3084
MP_4	1.72	0.37	5	4634	1.70(0.99)	0.38(1.03)	4	1523(0.33)	1681
MP_5	2.73	0.66	5	17655	2.73(1.00)	0.67(1.02)	4	3676(0.21)	659

至于运行时间，三维布局通常需要比二维布局更短的时间，原因是电路的初始三维布局可能比初始二维布局有更少的交叠数，因为三维集成电路中每个管芯中有较少布局单元数。由于力驱动二次布局算法花费相当一部分运行时间进行交叠移动，管芯中有较少单元数可以缩短运行时间。表1.3中，三维全局布局比二维全局布局快1.3~5倍。

由于集成电路设计不仅需要布局，还需要布线，也需要比较布线时间。三维布局产生了N_{die}个布局结果，因此，可以为每个管芯并行执行全局和详细布线。之后，通过选择最大运行时间，获得了三维集成电路的布线时间。我们的模拟中，二维集成电路和三维集成电路的布线时间比为2.73~5.11。三维集成电路布线时间远小于二维集成电路布线时间的原因是，三维集成电路中每个管芯的面积小于相应的二维面积。

1.7.2 金属层和硅面积比较

由于三维设计的每个管芯比二维设计有更少的单元,三维设计所需的金属层数应当比二维设计少。因此,我们成功找到布线所有管芯所需的最小金属层数。为了进行公平的比较,二维和三维设计中使用相同的面积利用率。表 1.3 中的"#M"给出二维和三维设计中最小金属层数的比较,除了 AL_5 和 AL_6,所有电路在三维设计中可以采用 4 层金属进行布线,但是由于高布线拥塞,AL_2、AL_4、AL_5、AL_6、MP_4 和 MP_5 的二维设计不能实现 4 层金属的布线。

表 1.3 还给出三维集成电路版图的面积开支,对于小电路,面积开支大(6%~29%),然而大电路的面积开支相对小(2%~16%)。由于面积开支是由硅通孔数决定的,小设计中采用了很少的硅通孔,它的面积开支可以忽视,相反,大设计中使用了太多的硅通孔,面积开支很明显。

实验中三维设计的面积总是大于二维设计,然而二维设计的面积有可能大于它的三维设计。如表 1.3 所列,一些二维设计使用四层金属不可布线,因此如果对金属层数进行约束(如四层金属),在约束下不能布线的二维设计需要进行扩展,这种情况下,二维设计的面积可能大于三维设计。

1.7.3 线长和硅通孔数折衷

由于使用划分作为三维布局的预过程,对硅通孔数如何影响三维设计的线长减小进行实验。实验中,使用硅通孔协同布局原理、1×硅通孔和 4 个管芯。图 1.18 给出 AL_4 和 MP_5 的实验结果,三维设计的 AL_4 的线长随着硅通孔数的增加单调增加,这意味着多余的硅通孔对线长减小没有太多帮助,它们增加了管芯面积,因而增加了线长。另一方面,三维设计的 MP_5 的线长总体上随着硅通孔数增加而增加,但是存在饱和现象。尽管不能从这些观察得到线长和硅通孔数关系的明显结论,使用过多的硅通孔会逐渐增加管芯面积,进而导致线长增加。

1.7.4 线长,管芯面积和管芯数折衷

随着管芯数增加,版图面积呈现减小趋势[1],因此当总管芯面积增加时,线长有希望减小。因此,观察管芯数增加时的线长和管芯面积变化趋势。实验中使用硅通孔协同布局原理和 1×硅通孔。

---

[1] 当管芯数增加时,如果忽略硅通孔面积,版图面积单调减小。然而,硅通孔数对版图面积有很大影响,如果在特定划分中使用了太多的硅通孔,该管芯上的版图面积可能增加。

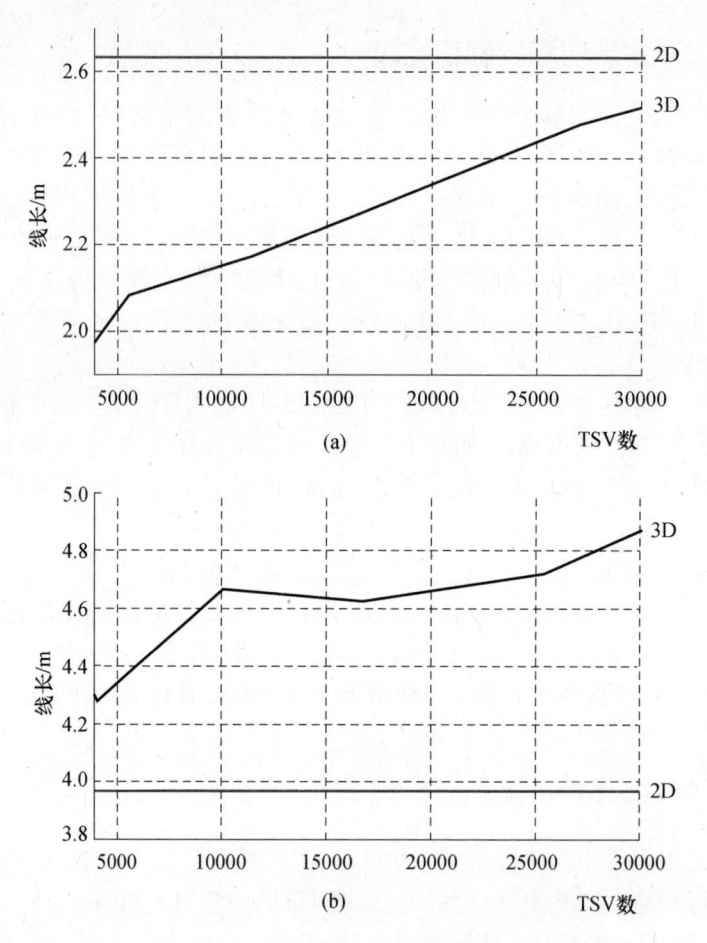

图 1.18　二维和三维(四管芯)设计的线长与硅通孔数
(a)AL_4;(b)MP_5。

表 1.4 给出管芯数从 2 变化到 4 时的线长、管芯面积、运行时间和硅通孔数。随着管芯数增加,硅通孔数总体增加,进而增加了管芯面积。当管芯数增加时,对于非微处理器电路的许多例子,线长减小,然而在微处理器电路中没有发现类似的趋势。

对这点的进一步实验中,将 AL_4 的管芯数(N_{die})从 2 变化到 16,观察线长、管芯面积和硅通孔数。随着 N_{die} 从 2 增加到 5,AL_4 的三维设计线长大大减小,之后波动上升,如图 1.19 所示。如果进一步增加 N_{die},硅通孔数和管芯面积上升,如图 1.20 所示。换句话说,增加 N_{die} 时开始是有益的,但是最后变为有害,因为硅通孔数随着 N_{die} 上升而增加,增加了的硅通孔数进而增加了管芯面积。我们希望在其他电路中能够发现类似趋势。此外,由于较大面积开支,大量使用硅通孔绝对是无益的。

表1.4 管芯数变化时线长、管芯面积、运行时间、硅通孔数的比较，使用硅通孔协同布局原理和1×硅通孔，3D-n 表示 n 个管芯实现，除了硅通孔数，所有数字等比例到二维实现

电路	线长 3D-2	线长 3D-3	线长 3D-4	面积 3D-2	面积 3D-3	面积 3D-4	运行时间 3D-2	运行时间 3D-3	运行时间 3D-4	硅通孔数 3D-2	硅通孔数 3D-3	硅通孔数 3D-4
AL_1	0.96	1.01	0.95	1.06	1.20	1.29	0.69	0.41	0.36	337	1265	1305
AL_2	0.99	0.82	0.79	1.07	1.18	1.25	1.01	0.78	0.68	1035	1945	2792
AL_3	0.93	0.94	0.88	1.01	1.05	1.06	0.80	0.64	0.75	675	1902	1906
AL_4	0.88	0.83	0.75	1.02	1.05	1.05	0.31	0.28	0.20	1745	3713	4857
AL_5	0.98	0.96	0.99	1.14	1.14	1.16	0.42	0.47	0.44	1559	3664	4368
AL_6	0.89	0.88	0.85	1.00	1.07	1.03	0.58	0.76	0.64	3838	8764	10859
MP_1	0.96	0.95	0.90	1.04	1.07	1.09	0.49	0.43	0.33	292	534	801
MP_2	0.97	0.97	0.97	1.04	1.25	1.25	0.60	0.64	0.57	321	1044	939
MP_3	1.02	0.93	0.92	1.00	1.01	1.02	0.68	0.86	0.37	1045	1542	3084
MP_4	1.03	0.95	0.99	1.00	1.02	1.03	1.16	0.99	0.33	424	1056	1681
MP_5	0.96	0.99	1.00	1.00	1.05	1.02	0.26	0.26	0.21	114	1706	659

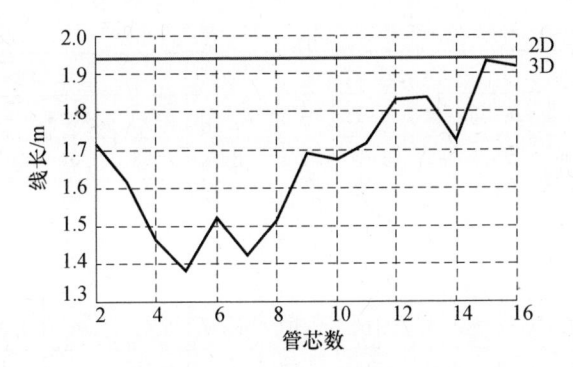

图1.19 AL_4 的线长与管芯数

1.7.5 硅通孔协同布局与硅通孔位置对照

表1.5给出5个不同布局原理的线长：硅通孔协同布局(IR)、基于MST的硅通孔位置布局(MST)、基于布局的硅通孔位置布局($R-PL$)、基于相邻搜索的硅通孔位置布局($R-NS^{[33]}$)和基于网络流的硅通孔位置布局($R-NF^{[32]}$)。

IR 设计比其他硅通孔位置布局设计有更短的线长，与 MST、$R-PL$、$R-NS$ 和 $R-NF$ 相比，两管芯、三管芯、四管芯实现中平均线长分别缩短了近似为5%、8%、9%。硅通孔协同布局算法的线长短于硅通孔位置算法的一个原因是，硅通孔协同布局原理同时优化了硅通孔位置和单元位置，然而硅通孔位置

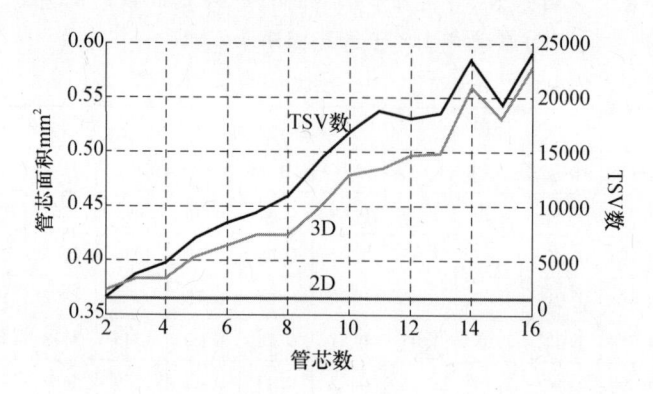

图 1.20 AL$_4$ 的管芯面积与硅通孔数

算法中预布局的硅通孔阻碍了优化的门布局。因此,硅通孔位置布局算法获得了比硅通孔协同布局算法更长的线长。

表 1.5 不同硅通孔布局类型的线长比较(等比例到二维布局结果):IR 表示硅通孔协同布局,$R-MST$ 是基于 MST 的硅通孔位置布局,$R-PL$ 是基于布局的硅通孔位置布局,$R-NS$ 是使用基于相邻搜索的硅通孔分配[33]的硅通孔位置布局;使用 1×硅通孔;3D−n 表示 n 个管芯实现

电路	2D	3D-2					3D-4				
		IR	$R-MST$	$R-PL$	$R-NS$	$R-NF$	IR	$R-MST$	$R-PL$	$R-NS$	$R-NF$
AL$_1$	0.26m(1.00)	0.96	1.02	1.04	1.05	1.00	0.95	1.05	1.05	1.07	1.04
AL$_2$	0.63m(1.00)	0.99	1.10	1.12	1.14	1.07	0.79	0.93	0.92	0.92	—
AL$_3$	1.43m(1.00)	0.93	1.00	1.00	0.99	0.98	0.88	0.95	0.96	0.96	0.94
AL$_4$	1.94m(1.00)	0.88	0.93	0.94	0.94	0.93	0.75	0.82	0.85	0.83	
AL$_5$	9.17m(1.00)	0.98	1.01	1.01	1.03	1.00	0.99	1.03	1.03	1.03	
AL$_6$	12.96m(1.00)	0.89	0.93	0.96	0.95	—	0.85	0.95	0.99	0.98	
MP$_1$	0.24m(1.00)	0.96	1.05	1.05	1.06	1.04	0.90	0.98	0.98	0.97	0.97
MP$_2$	0.32m(1.00)	0.97	1.00	1.00	1.00	0.97	1.02	1.03	1.03	1.03	
MP$_3$	1.86m(1.00)	1.02	1.04	1.04	1.04	1.04	0.92	1.01	1.02	1.01	—
MP$_4$	1.72m(1.00)	1.03	1.07	1.08	1.08	1.07	0.99	1.06	1.06	1.06	1.04
MP$_5$	2.73m(1.00)	0.96	1.01	1.01	1.02	1.00	1.00	1.05	1.05	1.07	1.05
几何均值	1.00	0.96	1.01	1.02	1.03	—	0.90	0.98	0.99	0.99	—

表 1.6 给出 MST 或 $R-PL$ 中硅通孔分配所需额外运行时间。由于硅通孔分配是三维布局后额外的过程,因此也在 IR 和 R 列给出三维布局运行时间。

在 MST 中按次序为每个节点选择硅通孔,因此对于像 AL_5 或 AL_6 这样的大电路,额外的运行时间非常短。在 MST 中对节点进行排序复杂度为 $O(N\lg N)$,这里 N 是三维节点总数,用于 MST 构建的 Kruskal 算法复杂度为 $O(E_i \lg E_i)$,其中 E_i 为节点 i 的总边数,为一条边选择一个硅通孔复杂度为 $O(T)$,这里 T 为硅通孔总数。因此,基于 MST 的硅通孔分配的复杂度为 $O(N \cdot E_i \cdot T)$。尽管它是立方算法,但是由于三维节点数不大(如实验中小于5000),而且 E_i 通常很小(如实验中小于500),该算法实际非常快。如表1.6所列,与三维布局的运行时间相比,MST 中额外的硅通孔分配运行时间很短。

表1.6 表1.5中所示两种硅通孔位置布局原理的硅通孔分配所需额外运行时间对比: IR 和 R 分别为硅通孔协同布局和硅通孔位置布局的运行时间; A(R-MST)(或 A(R-PL))为 R-MST(或 R-PL)的硅通孔分配所需二维运行时间,单位是秒(括号中的数字表示布局期间所需矩阵计算的总迭代数)

电路	3D-2 布局 IR	3D-2 布局 R	3D-2 分配 A(R-MST)	3D-2 分配 A(R-PL)	3D-4 布局 IR	3D-4 布局 R	3D-4 分配 A(R-MST)	3D-4 分配 A(R-PL)
AL_1	98	77	0.14	0.18(0)	51	70	0.25	0.77(0)
AL_2	267	260	0.30	0.51(0)	180	195	0.70	2.11(0)
AL_3	6229	5691	0.69	0.81(0)	5840	4950	0.99	0.70(0)
AL_4	5622	5287	0.34	2.77(0)	3627	3911	1.37	4.76(0)
AL_5	61113	63034	5.02	19.25(0)	64023	47863	10.53	63.21(2)
AL_6	92865	137784	23.81	8.59(0)	102472	101031	40.32	13.51(0)
MP_1	102	119	0.97	0.89(1)	69	75	0.97	0.61(1)
MP_2	105	114	0.25	0.21(0)	100	82	0.30	0.44(0)
MP_3	4613	5932	0.84	1.32(0)	2510	4925	1.37	2..35(0)
MP_4	5354	5130	0.10	0.93(0)	1523	2201	0.41	1.78(0)
MP_5	1551	6312	0.15	1.04(0)	3676	3563	0.22	2.00(0)

R-PL 的额外运行时间也很短。在第二个布局阶段,许多管脚(包括 I/O 管脚和已布局的单元)决定了初始布局中每个硅通孔的位置,硅通孔间交叠很少,因此 R-PL 中布局需要仅仅几次矩阵计算迭代。表1.6中括号中的数字指的是需要的矩阵计算迭代次数,除了个别情况需要1或2次迭代来移走硅通孔和单元间的交叠,几乎所有的迭代次数都是0。

另一方面,R-NS 的运行时间几乎可以忽略,R-NF 的运行时间高得离谱,因此,表1.6中没有给出 R-NS 和 R-NF 的运行时间。尽管就线长而言硅通孔协同布局原理优于硅通孔位置布局原理,硅通孔位置布局原理有自身的优点,例如更好的热耗散和更强的封装键合[11,13,33]。

1.7.6 硅通孔尺寸影响

使用大硅通孔导致大的管芯面积开支,因而增加了总线长。大硅通孔还引起硅通孔和单元间更严重的交叠,增加了三维布局运行时间。因此,研究硅通孔尺寸对线长、管芯面积和运行时间的影响。表1.7给出1×、2×和3×硅通孔尺寸的结果。随着硅通孔尺寸增加线长总是增加,管芯面积也如此。当硅通孔变为2×时,线长平均增加了9%,管芯面积平均增加了29%。然而,当硅通孔变为3×时,线长平均增加了29%,管芯面积平均增加了77%。运行时间的增加也是不可忽视的,当硅通孔尺寸从1×增加到2×和3×时,运行时间分别增加了49%和89%。因此,观察到大硅通孔将导致严重的线长、运行时间开支及面积开支。

表1.7 不同硅通孔尺寸的线长、管芯面积和运行时间比较,使用四管芯硅通孔协同布局原理(等比例到1×硅通孔情况)

电路	线长			面积			运行时间		
	1×	2×	3×	1×	2×	3×	1×	2×	3×
AL_1	1.00	1.04	1.68	1.00	1.46	2.20	1.00	1.87	2.21
AL_2	1.00	1.14	1.37	1.00	1.68	2.74	1.00	1.63	1.95
AL_3	1.00	1.08	1.32	1.00	1.16	1.72	1.00	1.55	1.80
AL_4	1.00	1.18	1.36	1.00	1.31	2.05	1.00	1.32	1.30
AL_5	1.00	1.07	1.12	1.00	1.12	1.30	1.00	1.44	1.62
AL_6	1.00	1.11	1.14	1.00	1.35	1.58	1.00	1.34	1.77
MP_1	1.00	1.20	1.75	1.00	1.38	2.01	1.00	1.38	2.11
MP_2	1.00	1.06	1.34	1.00	1.37	1.92	1.00	1.50	1.86
MP_3	1.00	1.07	1.21	1.00	1.20	1.70	1.00	2.11	3.59
MP_4	1.00	1.03	1.09	1.00	1.11	1.40	1.00	1.52	2.30
MP_5	1.00	1.01	1.05	1.00	1.08	1.36	1.00	1.03	1.14
几何均值	1.00	1.09	1.29	1.00	1.28	1.77	1.00	1.49	1.89

1.7.7 时序和功耗比较

建立三维集成电路的一个主要目标是改善性能,因此,在本节展示时序分析结果,尽管布局器不是时序驱动的布局器。为了进行时序优化,文献[24]给出基于时序等比例和时序预算的时序优化方法,这里使用基于时序等比例的优化方法。优化过程如下:首先提取每个管芯的寄生电阻和电容,获取了每个管芯的 SPEF 文件后,创建顶层 SPEF 文件,其中硅通孔使用硅通孔电阻和电容表示,图 1.21 给出本章使用的硅通孔 RC 模型;其次,使用 Synopsys PrimeTime 执行时序分析,该时序分析产生了三维路径和二维路径的延时;之后,采用文献[24]中工具产生了每个管芯的输入和输出时序约束,在这些约束下使用 Cadence Encounter 单独优化每个管芯。为了充分优化给定电路,重复 4 次优化过程。假定时钟分布是理想的。

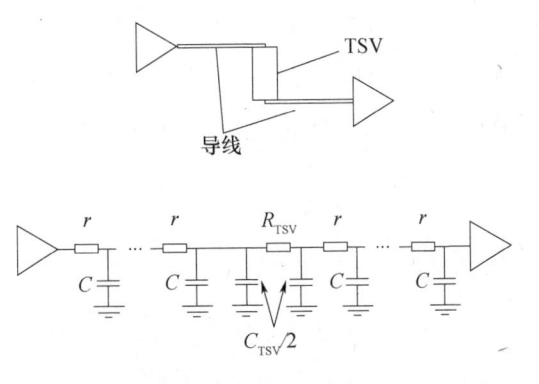

图 1.21 硅通孔 RC 模型

表 1.8 给出时序优化后的时序分析结果。AL_1 的二维设计比三维设计有较小的 WNS 和 TNS;除了采用硅通孔协同布局方法进行两管芯实现的情况以外,AL_2 的二维设计比三维设计有较小的 WNS 和 TNS。另一方面,AL_3 和 AL_4 的一些三维设计优于二维设计。小电路(如 AL_1 和 AL_2)的三维设计没有比二维设计突出的原因是 AL_1 和 AL_2 太小,硅通孔电容导致延时开支。对于 AL_3,大部分三维设计满足时序约束,但是二维设计仍然有不可忽视的 WNS 和 TNS。对于 AL_4,所有二维和三维设计的 WNS 类似,但是三维设计有着更小的 TNS。

表 1.8 时序优化后的最差负时序余量(WNS)和总负时序余量(TNS),使用 1×硅通孔,硅通孔电容为 5fF,3D-n 表示使用 n 个管芯实现,IR 表示硅通孔协同布局,MST 表示基于 MST 的硅通孔位置布局,所有数字的单位是纳秒

电路	目标频率/MHz	2D		3D-2				3D-4			
				IR		MST		IR		MST	
		WNS	TNS	WNS	TNS	WNS	TNS	WNS	TNS	WNS	TNS
AL_1	200	-1.85	-61	-2.02	-73	-2.19	-68	-2.74	-125	-2.25	-78
AL_2	100	-3.22	-441	-3.15	-484	-3.40	-517	-3.62	-502	-3.45	-460
AL_3	200	-0.61	-1578	0.02	0.00	0.09	0.00	0.04	0.00	-0.42	-1197
AL_4	140	-0.28	-2974	-0.13	-183	-0.39	-304	-0.21	-1506	-0.50	-316

表 1.9 给出功耗分析结果,其数值是使用 PrimeTime 得到的总功耗。尽

管三维设计的线长比二维设计更短,三维设计的功耗与二维设计类似,更短的线长没有导致更低的功耗,原因是存在不可忽视的硅通孔电容(模拟中为5fF[①])。

表1.9 时序优化后的功耗分析结果,使用1×硅通孔,硅通孔电容为5fF,$3D-n$表示使用n个管芯实现,*IR*表示硅通孔协同布局,MST表示基于MST的硅通孔位置布局;所有数字等比例到二维设计

电路	2D	3D-2		3D-4	
		IR	MST	*IR*	MST
AL$_1$	1.00	0.98	0.99	1.02	1.02
AL$_2$	1.00	0.97	0.99	1.04	1.05
AL$_3$	1.00	0.99	1.00	0.98	0.98
AL$_3$	1.00	1.02	1.08	1.05	1.07

1.8 结论

本章研究了硅通孔对三维交叠集成电路版图的设计影响。首先讨论了三维集成电路中引入的设计问题,研究了两个三维集成电路设计流程,硅通孔协同布局和硅通孔位置。在硅通孔协同布局原理中,同时布局门和硅通孔,并且均匀布局硅通孔,将预布局的硅通孔作为布局门时的障碍,然后在硅通孔位置原理中将三维节点分配到预布局的硅通孔上。对于三维布局,则将现有力驱动二维布局算法拓展到三维。还研究了硅通孔位置原理的两个硅通孔分配算法。实验结果表明,线长、布线中使用的金属层数、布局时间方面,三维布局器优于二维版本,然而由于硅通孔插入,管芯面积增加了2~29%。我们也从不同角度观察了非微处理器电路和处理器电路间的差别,例如管芯面积、线长分布和划分结果等。最后我们给出了时序和功耗分析结果,对于小电路,三维设计比二维设计差,然而对于较大电路(例如,门数大于50K),时序优化后,三维设计比二维设计显示了更好的时序。

参考文献

[1] K. Bernstein, P. Andry, J. Cann, P. Emma, D. Greenberg, W. Haensch, M. Ignatowski, S. Koester,

---

① 文献[21]中,宽度和高度分别为5μm和50μm的矩形硅通孔的电容为37fF。我们的硅通孔宽度为1.5μm,高度为20μm,因为硅通孔电容与硅通孔宽度和高度线性等比例[28],采用线性等比例得到我们实际的硅通孔电容为4.43fF。

J. Magerlein, R. Puri, A. Young, Interconnects in the third dimension: design challenges for 3D ICs, in *Proceedings of ACM Design Automation Conference* (IEEE, Piscataway, 2007), pp. 562-567.

[2] E. Beyne, P. D. Moor, W. Ruythooren, R. Labie, A. Jourdain, H. Tilmans, D. S. Tezcan, P. Soussan, B. Swinnen, R. Cartuyvels, Through-silicon via and die stacking technologies for microsystems-integration, in *Proceedings of IEEE International Electron Devices Meeting* (IEEE, Piscataway, 2008), pp. 1-4.

[3] Cadence Design Systems, QRC Extraction Users Manual 8.1.2.

[4] Cadence Design Systems, Soc Encounter, 2009. http://www.cadence.com.

[5] H. Chaabouni, M. Rousseau, P. Leduc, A. Farcy, R. E. Farhane, A. Thuaire, G. Haury, A. Valentian, G. Billiot, M. Assous, F. D. Crecy, J. Cluzel, A. Toffoli, D. Bouchu, L. Cadix, T. Lacrevaz, P. Ancey, N. Sillon, B. Flechet, Investigation on TSV impact on 65 nm CMOS devices and circuits, in *Proceedings of IEEE International Electron Devices Meeting* (IEEE, Piscataway, 2010).

[6] J. Cong, S. K. Lim, Edge separability based circuit clustering with application to multi-level circuit partitioning. IEEE Trans. Comput. Aided Des. Integr. Circuits Syst. 23(3), 346-357(2004).

[7] J. Cong, G. Luo, A Multilevel analytical placement for 3D ICs, in *Proceedings of Asia and South Pacific Design Automation Conference* (IEEE, Piscataway, 2009).

[8] J. Cong, G. Luo, J. Wei, Y. Zhang, Thermal-aware 3D IC placement via transformation, in *Proceedings of Asia and South Pacific Design Automation Conference* (IEEE, Piscataway, 2007), pp. 780-785.

[9] X. Dong, Y. Xie, System-level cost analysis and design exploration for three-dimensional integrated circuits(3D ICs), in *Proceedings of Asia and South Pacific Design Automation Conference* (IEEE, Piscataway, 2009), pp. 234-241.

[10] B. Goplen, S. Sapatnekar, Efficient thermal placement of standard cells in 3D ICs using a force directed approach, in *Proceedings of IEEE International Conference on Computer-Aided Design* (ACM, New York; IEEE, Piscataway, 2003).

[11] B. Goplen, S. Sapatnekar, Thermal via placement in 3D ICs, in *Proceedings of International Symposium on Physical Design* (ACM, New York, 2005), pp. 167-174.

[12] B. Goplen, S. Sapatnekar, Placement of 3D ICs with thermal and interlayer via considerations, in *Proceedings of ACM Design Automation Conference* (IEEE, Piscataway, 2007), pp. 626-631.

[13] H. Hua, C. Mineo, K. Schoenfliess, A. Sule, S. Melamed, R. Jenkal, W. R. Davis, Exploring compromises among timing, power and temperature in three-dimensional integrated circuits, in *Proceedings of ACM Design Automation Conference* (IEEE, Piscataway, 2006), pp. 997-1002.

[14] IMEC, 3D stacked IC(3D-SIC), 2008. http://www.imec.be.

[15] IWLS, IWLS 2005 benchmarks, 2005. http://www.iwls.org/iwls2005.

[16] J. W. Joyner, P. Zarkesh-Ha, J. A. Davis, J. D. Meindl, A three-dimensional stochastic wirelength distribution for variable separation of strata, in *Proceedings of IEEE International Interconnect Technology Conference* (IEEE, Piscataway, 2000), pp. 126-128.

[17] G. Karypis, V. Kumar, hMETIS, a hypergraph partitioning package version 1.5.3, 2007. http://glaros.dtc.umn.edu/gkhome/metis/hmetis/download.

[18] D. H. Kim, S. K. Lim, Through-silicon-via-aware delay and power prediction model for buffered interconnects in 3D ICs, in *Proceedings of ACM/IEEE International Workshop on System Level Interconnect Prediction* (ACM, New York, 2010), pp. 25-32.

[19] D. H. Kim, K. Athikulwongse, S. K. Lim, A study of through-silicon-via impact on the 3D stacked IC layout, in *Proceedings of IEEE International Conference on Computer-Aided Design* (ACM, New York, 2009).

[20] D. H. Kim, S. Mukhopadhyay, S. K. Lim, Through-silicon-via aware interconnect prediction and optimi-

zation for 3D stacked ICs, in *Proceedings of ACM/IEEE International Workshop on System Level Interconnect Prediction* (ACM, New York, 2009), pp. 85 – 92.

[21] D. H. Kim, S. Mukhopadhyay, S. K. Lim, TSV – aware interconnect length and power prediction for 3D stacked ICs, in *Proceedings of IEEE International Interconnect Technology Conference* (IEEE, Piscataway, 2009), pp. 26 – 28.

[22] M. Koyanagi, T. Fukushima, T. Tanaka, High – deisnty through silicon vias for 3 – D LSIs, in *Proceedings of the IEEE* (IEEE, Piscataway 2009), pp. 49 – 59.

[23] H. W. Kuhn. The hungarian method for the assignment problem. Nav. Res. Logist. 2, 83 – 97 (1955).

[24] Y. – J. Lee, S. K. Lim, Timing analysis and optimization for 3D stacked multi – core microprocessors, in *Proceedings of International 3D System Integration Conference* (IEEE, Piscataway, 2010).

[25] H. Y. Li, E. Liao, X. F. Pang, H. Yu, X. X. Yu, J. Y. Sun, Fast electroplating TSV process development for the via – last approach, in *IEEE Electronic Components and Technology Conference* (IEEE, Piscataway, 2010), pp. 777 – 780.

[26] Nangate, Nangate 45 nm open cell library, 2009. http://www.nangate.com.

[27] NCSU, FreePDK45, 2009. http://www.eda.ncsu.edu/wiki/FreePDK.

[28] I. Savidis, E. G. Friedman, Closed – form expressions of 3 – D via resistance, inductance, and capacitance. IEEE Trans. Electron Devices 56(9), 1873 – 1881 (2009).

[29] P. Spindler, U. Schlichtmann, F. M. Johannes, Kraftwerk2 – a fast force – directed quadratic placement approach using an accurate net model. IEEE Trans Comput. Aided Des. Integr. Circuits Syst. 27(8), 1398 – 1411(2008).

[30] Synopsys, PrimeTime, 2008. http://www.synopsys.com.

[31] T. Thorolfsson, K. Gonsalves, P. D. Franzon, Design automation for a 3DIC FFT processor for synthetic aperture radar: a case study, in *Proceedings of ACM Design Automation Conference* (ACM, New York, 2009), pp. 51 – 56.

[32] M. – C. Tsai, T. – C. Wang, T. Hwang, Through – silicon via planning in 3 – D floorplanning, in *IEEE Transactions on VLSI Systems* (IEEE, New York, 2010).

[33] H. Yan, Z. Li, Q. Zhou, X. Hong, Via assignment algorithm for hierarchical 3 – D placement, in *Proceedings of IEEE International Conference on Communications, Circuits and Systems* (IEEE, Piscataway, 2005), pp. 1225 – 1229.

第 2 章 三维集成电路斯坦纳布线

摘要:本章研究三维堆叠集成电路的性能和热驱动斯坦纳布线算法。该算法包含两步:树构建和树精化。树构建算法在给定热条件下建立了一个延时斯坦纳树,三维树构建考虑了两变量 Elmore 延时函数的减小。树精化算法中,在性能约束下重新布置斯坦纳树中使用的硅通孔。使用一种新方法放宽初始 NLP 形成 ILP,并且同时考虑所有节点的所有硅通孔。就性能而言,四管芯堆叠中,树构建算法 52% 优于常用 3D-maze 布线,代价是线长增加了 15%,硅通孔数增加了 6%。此外,硅通孔重新布置将最大温度减小 9%,没有额外的面积开支。本章也提供更多实验结果,包括:①不同类型三维互连的线长和延时分布,②硅通孔 RC 寄生对布线和硅通孔重新布置的影响,以及③各种键合类型对布线和硅通孔重新布置的影响。最后,给出两管芯堆叠结果。

本章所展示的内容基于参考文献[13]。

2.1 引言

为了满足集成电路性能需求,工艺特征尺寸持续缩小。伴随着芯片尺寸的增加,芯片上的互连产生了更大的延时和功耗。随着全局和半全局导线的增加,时钟频率越来越高,设计师试图寻找更少依赖于跨越芯片发送信号的新结构和技术,然而方案很少。其中一种方案是三维(3D)集成。

在三维集成电路中,一些晶体管可能制造在其他晶体管之上,产生多层有源器件。依赖于工艺技术,这些晶体管可能布线到相同器件层上的其他晶体管,或者布线到不同器件层的晶体管,或者两者兼有之。在晶圆键合方法中[8],不同晶圆使用垂直铜互连进行连接,允许多个晶圆和多个三维互连,克服了上述限制。三维集成提供了保持摩尔定律继续发展的巨大潜力,通过在相同版图中堆叠更多的晶体管,可以继续增加器件密度。通过使用短、快速垂直布线替换长、慢全局互连,三维集成也解决了导线延时问题。

传统的三维集成,所谓的系统封装(SIP),堆叠封装的芯片使用导线键合进行芯片间通信。这里的目标技术是堆叠裸管芯,而不是封装的芯片,并利用硅通孔建立管芯间互连。采用这种方法,容易获得比堆叠封装更多的互连、延时、功耗总数减小。此外,由于没有片间通信,自然产生了更小的延时和更低的功耗。与 SOC 实现相比,基于硅通孔的三维管芯堆叠有助于减小混合信号元件间的噪声和干扰,因为它们分布在不同管芯上。硅通孔技术的发展已经成熟,足以缩小过孔尺寸到几微米尺寸,因此对总系统的面积、延时和功耗影响较小。

三维集成电路非常关心热耗散问题,使用低热导键合材料堆叠不同器件层会导致超高片上温度。斯坦纳树中硅通孔位置对总体拓扑和树沉节点处的延时有很大影响,因为它确定了树跨越的所有中间管芯的连线数。而且,硅通孔在降低芯片温度方面起着很重要的作用,原因是当硅通孔布局在热点中心时,建立了到热沉节点的热通路。因此,现有一些工作利用硅通孔降低三维集成电路的片上温度[4,5,10,11,16,17]。

本章阐述并解决适用于三维堆叠集成电路中多管脚节点布线的新性能和热驱动三维集成电路斯坦纳树布线问题。这里强调这个问题不同于传统采用多布线层的二维斯坦纳布线,主要原因是三维集成电路中的管脚位于多个器件层,然而二维集成电路中的管脚位于唯一的器件层,如图 2.1 所示。本章涉及下述主题:

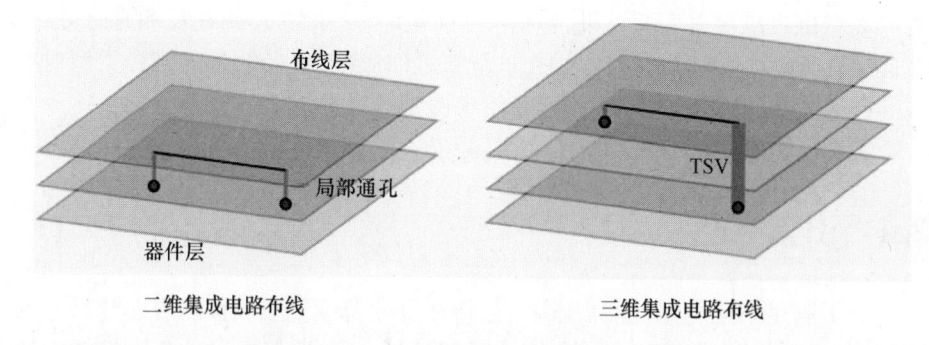

图 2.1 二维和三维集成电路布线的差异:三维集成电路中,管脚位于多个器件层;二维集成电路中,所有管脚位于相同器件层

(1)建立构建三维集成电路斯坦纳树的有效算法。不同于现有工作中侧重于线长和热优化的三维斯坦纳树的构建[4,7,12,17],树构建算法优化热驱动性能。我们相信性能仍是一个重要的设计因素,且热驱动延时模型在斯坦纳树的构建中是重要的。不同于将三维互连分解为二维互连的现有方法,布线器同时考虑所有管芯中的所有管脚与键合类型,确定硅通孔最佳位置的同时构建性能驱动的斯坦纳树。

(2)阐述并解决三维堆叠集成电路热优化的新型硅通孔重新布置问题。与现有硅通孔相关热优化工作不同,现有工作插入额外的伪硅通孔进行热优化,我们的热优化基于重布置现有硅通孔,同时保持初始布线拓扑。因此,热优化不需昂贵的布线资源,也不需要打散重布线。另外使用新型原理将初始 NLP 问题转换为 ILP,并且同时考虑所有节点的所有硅通孔。

(3)研究相关实验结果。就性能而言,四管芯堆叠中,树构建算法 52% 优于常用3D-maze布线,代价是线长增加了15%,硅通孔数增加了6%。此外,硅通孔重新布置导致最大温度减小9%,没有额外的面积开支。

2.2 研究现状

三维集成电路的布线算法开发历史相当短,文献[7]给出一套基于标准单元的三维集成电路物理设计工具,三维全局布线算法基于文献[3]的三维拓展,其中布线区在自顶向下模式中被递归划分为一系列x、y和z方向切割。随着划分产生越来越多的子区,布线拓扑被逐步优化和精化。z方向切割引入垂直连接(TSV),作者利用单元行间的布线通道插入硅通孔。目标是减小线长,同时不考虑热或性能影响。

文献[4]中,作者展示了基于maze布线的三维集成电路全局布线算法,他们的目标是在给定热约束下减小线长和硅通孔数。假定三维网格中的一套点,他们首先建立三维最小生成树(MST),然后对于MST中的每条边$e(s,t)$,执行从s到t的基于maze搜索的最短路径①。一旦布线完成,将伪硅通孔插入版图空白区域进行热优化。之后在多级布线框架中执行布线和硅通孔插入整个过程。他们后来展示了随后的工作[5],其中硅通孔插入和精化是基于非线性规划问题的。

文献[17]的作者同时利用"热过孔"和"热导线",执行热驱动三维集成电路全局布线。作者首先基于最新生成树构建,将给定网表中的每个多管脚节点分成一套两管脚节点。其次,基于L/Z形拓扑假定,获得了布线拥塞图。基于拥塞图,可以确定所有管芯间两管脚节点的硅通孔位置。通过在每个管芯中单独执行二维maze布线,完成所有节点的布线。基于这个初始树构建进行热分析,识别热点。之后作者选择性插入热过孔/导线、分解重布线,迭代解决温度和拥塞问题。

注意,文献[4]和文献[17]的作者插入二维伪硅通孔进行热优化。另一方面,热优化基于重新放置现有硅通孔,同时保持初始布线拓扑。因此,热优化不需要昂贵的布线资源,也不需打散重布线。此外,布线树建立在性能和热约束下②。

文献[14]中展示了管芯间三维互连解析延时模型,他们的延时模型是硅通孔位置/高度和相关导线的函数。使用该模型,他们确定了连接不同管芯中门

---

① 在实验部分,将我们的三维布线器与所谓3D maze布线器进行比较。

② 除了布线期间的热过孔插入,文献[10]的作者在布局后插入热过孔,文献[11]试图重新分布给定布图中的空白区域来分配热过孔空间,文献[16]同时插入哑元硅通孔和电源/地硅通孔,来减小热和电源噪声。

的三维互连的最佳延时硅通孔位置。然而,这个模型基于两管脚连接,且没有执行布线。文献[12]执行了三维系统封装的块级全局布线,这里的基本问题类似:利用多器件层间的布线层和每个器件层模块周围的布线通道完成布线。目标是减小线长、层、拥塞和串扰。他们对三维管脚重分布、节点分布和通道分配问题进行了规划和设计优化。

2.3 基础知识

2.3.1 问题表述

假定下述内容已给定:①m 个节点 $\{n_0, n_1, \cdots, n_{m-1}\}$,其中每个节点用一列管脚表示 $n_i = \{p_0, p_1, \cdots, p_{k-1}\}$,$p_0$ 为驱动;②一个表示给定三维堆叠集成电路中布线资源的三维布线网格 G,每个栅格结点表示一个布线区,每条边表示区域间的相邻性;③每个 x/y 栅格边与水平/垂直线容量相关,z 与硅通孔容量有关;④G 中每个管脚的位置为 $p(x,y,z)$;⑤一个三维热网格 Z,所有边为热电阻,所有结点为热功耗①。一个三维斯坦纳树定义为一组由硅通孔相连的二维(平面)斯坦纳树。

性能和热驱动三维斯坦纳布线问题的目标是在满足 G 中说明的容量约束的条件下②,为每个节点产生一个三维斯坦纳树。目标是减小:①热网格中所有结点间的最高温度,②每棵树中所有管脚间的最大 Elmore 延时,这里基于电流热分布计算延时。注意 Z 中一些边的热电阻值基于分配的硅通孔数进行变化,在布线和硅通孔重新布置期间进行改变。

本章使用依赖于温度的互连延时模型[1],每个单位长度的线电阻可以使用 $r(x) = r_0(1 + \beta \cdot T(x))$ 进行计算,这里 r_0 是 0℃ 时的电阻,β 为电阻的温度系数,$T(x)$ 表示位置 x 处的温度。

根据每个节点中的管脚数目和位置,存在下述四类布线节点:

(1) 单管芯两管脚(SD2P)节点:连接位于相同管芯中的两个管脚的节点。

(2) 单管芯多管脚(SDMP)节点:连接位于相同管芯中的多于两个管脚的节点。

(3) 多管芯两管脚(MD2P)节点:连接位于两个不同管芯的两个管脚的节点。

---

① 我们的热网格 Z 的尺寸是布线网格 G 尺寸的整数倍,确保布线网格中的所有节点可以被分配到一个单独的热网格。

② 注意我们没有明确指出减小布线/过孔拥塞,但是通过满足容量约束表明了这点。每条边的容量可以独立设置反映可用布线资源。例如,我们降低通过高布局密度区的垂直布线栅格边的容量。

(4) 多管芯多管脚(MDMP)节点：连接位于多个管芯中的多于两个管脚的节点。

注意，传统二维集成电路的斯坦纳布线器处理前两种类型，而三维斯坦纳布线器需要布线所有四种类型，后两种类型需要硅通孔进行管芯间连接。

2.3.2 研究方法简介

三维斯坦纳布线中同时优化性能和热是一种挑战，这里分两步解决这个问题，即树构建和树精化。树构建中的主要目标是获取给定热条件下性能优化的初始树，树精华的主要目标是重新布置初始树中使用的硅通孔，在给定时序约束下进行热优化。

图2.2给出性能和热驱动三维斯坦纳布线过程概况。给定一个网表及它的三维布局，我们首先执行热分析来获取树构建中使用的热分布，其次在非均匀热条件下逐次为每个节点构建性能驱动布线树。周期更新温度值来反映硅通孔使用引起的热阻和温度改变①。树精化阶段，首先执行时

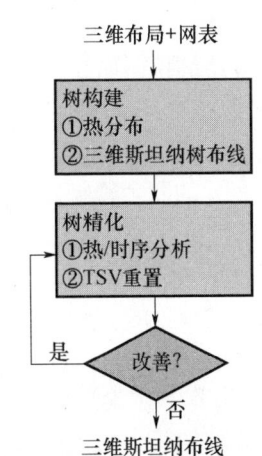

图2.2 我们的性能和热驱动三维斯坦纳布线视图

序分析，获取每个管脚的时序余量。同时执行热分析来识别热点。然后在给定时序约束下，通过重新布置每个树中的硅通孔减小三维片上温度，目标是将靠近热点的硅通孔移走，使得该区域的热阻减小。注意，优化热目标时，我们的硅通孔重新布置保持了初始树拓扑。重新计算时序余量和温度值，反应每次迭代的重新布置。最后，重复整个树精化过程直到再不可能进行更多的热改善。

2.4 三维斯坦纳树构建

2.4.1 算法简介

三维斯坦纳树构建算法的基本方法类似于SERT[2]，通过将新的沉管脚连接到一棵树，该树不断生长。SERT从驱动管脚开始，选择连接到该驱动器、能够减小Elmore延时的下个沉管脚，这个过程持续进行直到所有沉管脚连接到生长树上。目标是最大程度减小树的所有沉管脚间的最大Elmore延时。这里的

---

① 插入一个硅通孔带来的热阻改变非常小。此外，对于大的设计，每个节点后更新热分布图是不现实的，因此选择周期性更新热分布。同时使用全三维热网格模型进行温度分析[15]。

最大挑战是计算新管脚连接的树的点。SERT 和我们的工作有三个主要不同：①SERT 中的所有管脚位于相同管芯，而我们的三维算法处理位于多个管芯的管脚。三维情况需要使用硅通孔，这些硅通孔的位置对树拓扑和沉管脚延时有很大影响。②SERT 中的延时优化基于单变量，而我们的算法处理两变量函数优化。③我们的互连延时基于给定热条件计算。

算法的伪码如算法 3 所示。布线算法有两阶段：构建（1～14 行）和打散重布线（15～16 行）。构建阶段，构建三维斯坦纳树，忽略拥塞，然后通过打散重布线固定容量条件。假定一个节点 n，三维斯坦纳树 T_n 初始包含驱动管脚（第 2 行），将 n 的剩余管脚保存为一个集合 Q_n（第 3 行），然后检查所有管脚 – 边对（5～6 行），并在给定热条件 Z 下计算连接管脚到边对 Elmore 延时的影响，其中管脚从 Q_n 中选择，边从 T_n 中选择。特别地，延时影响是基于目前 T_n 中所有管脚中与温度有关的 Elmore 延时的增长来计算的（9、10 行），其中 $dly(p)$ 是管脚 p 处的 Elmore 延时。这就要求计算连接点 x 和硅通孔位置 y（7、8 行）（将在 2.4.2 小节中讨论）。其次，选择使最大延时增量最小的管脚 – 边对（第 11 行），并增加管脚到 T_n 中（12、13 行）。由于硅通孔插入影响相关区域的热阻，因此执行周期性（不是每个节点布线后）热分析（14 行）。

```
算法：三维斯坦纳树构建
输入：网表 NL，布线图 G，热分布图 Z
输出：每个节点的三维斯坦纳树
for each net n ∈ NL do
    T_n = p_0(n);
    Q_n = set of pins of n except p_0;
    while Q_n ≠ ∅ do
        for each pin a ∈ Q_n do
            for each edge e ∈ T_n do
                x = connection point for a → e;
                y = TSV location on e(x,a);
                update dly(p) for all p ∈ T_n ∪ a;
                X(a,e) = max{dly(p)};
            end
        end
        (a_min, e_min) = pin+edge pair with min X;
        T_n = T_n ∪ e_min;
        remove a_min from Q_n;
    end
    update Z periodically;
end
for each non-timing critical T_n violating capacity do
    rip-up-and-reroute T_n under Z;
end
```

算法 3：性能和热驱动三维斯坦纳构建算法伪码，情况 e 和 a 位于不同平面时，$e(r,a)$ 将利用硅通孔对非时序关键节点进行打散重布线,例如,较小最大延时值的节点(15~16行)。特别是,首先基于时序余量值对违反容量约束的布线边的节点进行排序。然后按照排序顺序逐一打散节点,重新布线该节点直至完全没有违反位置。使用 maze 布线器,该布线器通过最小化加权路径长度来重新布线节点,其中权重考虑了剩余布线容量和温度。这种情况下,成本函数对更拥塞与/或更接近热点的布线边不利。对于两管脚节点,maze 布线器试图寻找源到沉最短加权路径,使得不违反布线容量。对于多管脚节点,首先基于它们的最小生成树 MST 将该节点分解为一套两管脚节点,然后使用上述描述的 maze 布线器布线每个两管脚子节点。

2.4.2 计算连接点和硅通孔位置

对于一个给定的多管脚节点和部分树,目标是寻找下一个管脚(以及它的连接点和硅通孔位置),使得与其他管脚相比,增加该管脚能够最小化总树的延时增量。一旦增加了所有管脚,则形成最终的斯坦纳树。这一节讨论如何计算连接点和硅通孔位置,这里的讨论简化为基于两管芯的情况,但是算法适用于多管芯堆叠,不用进行任何修改。假设 r_1 和 c_1 表示管芯 1 的单位长度电阻和电容值,r_2 和 c_2 表示管芯 2 的单位长度电阻和电容值,连接两个管芯的一个硅通孔的电容和电阻为 C_{via} 和 R_{via}。

假定一个管脚 p 和一条边 $e \in T$,连接点定义为 p 连接到边 e 上的点。二维情况的连接点计算参见文献[2],其中增加一个新管脚到树时所引起的整个树的 Elmore 延时的改变是单变量 x(连接点位置)的函数。通过引入第二个变量 y(表示硅通孔位置)将文献[2]的工作进行扩展。然后优化两变量延时函数,确定三维情况下的连接点位置($=x$)和硅通孔位置($=y$)。

图 2.3 中,$e(p,c)$ 和 $e(q,b)$ 是 T 上的边,p 为 $e(p,c)$ 的父节点,q 为 $e(q,b)$ 的父节点,a 为需要连接到 $e(p,c)$ 的新管脚。边 $e(p,c)$ 位于互连寄生为 r_1 和 c_1 的管芯 1,而 a 位于互连寄生为 r_2 和 c_2 的管芯 2,d 为 $e(p,c)$ 上到 a 最短距离的点,x 为连接点,y 为硅通孔位置。

首要目标是获取 Elmore 延时等式,该等式为 x 和 y 的函数。之后,假定 δx 表示结点 p 和结点 x 间的距离,δq、δa、δb、δc 和 δd 做类似定义。δy 是 x 和 y 间的距离,δz 为 y 和 a 间的距离。假定 T_b 为根为结点 b 的子树。为了通过增加 a 到 T 来计算 T 中所有沉管脚处 Elmore 延时变化,这里考虑下述四种情况:

(1) 将要增加的结点处的延时(结点 a)。
(2) 连接点后定位的子树的延时(结点 c)。
(3) 连接点前/后定位的子树的延时(结点 b)。
(4) 不在 T_p 中的结点的延时。

图 2.3 阐述了这 4 种情况。

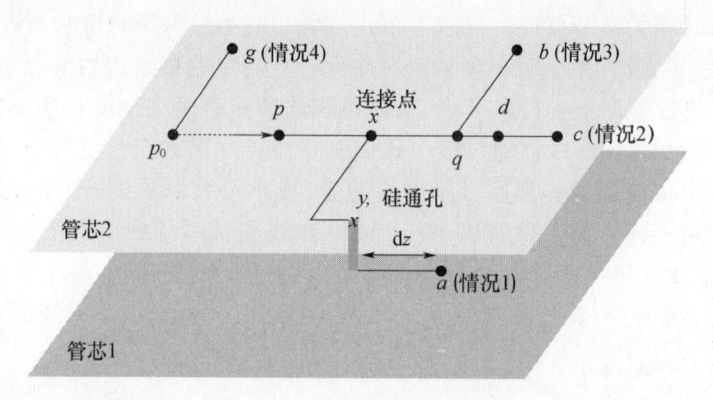

图 2.3 管脚 a 如何连接到 $e(p,c) \in T$ 的示例:当所有其他边布线在顶层管芯时,$e(y,a)$ 布线在底层管芯;x 为 $e(p,c)$ 上连接点的位置;y 为插入在 $e(x,a)$ 上的硅通孔的位置;$e(q,b)$ 为 T 中的另一条树枝;g 为另一个沉,不是根在 p 的子树的一部分;d 为 $e(p,c)$ 上到 a 的最短距离点,是硅通孔和 a 间的距离;$T \cup a$ 的 Elmore 延时是 x 和 y 的函数

2.4.2.1 情况一

处理结点 a 处的延时,这种情况下,$d(a)$ 是 4 个函数的和

$$d(a) = f_1 + f_2 + f_3 + f_4$$

式中:f_1 为从结点 p_0 到 p 的延时,从结点 p 到 a 的延时可以进一步分为①从结点 p 到 x 的延时($f_2 + f_3$);②从结点 x 到 a 的延时(f_4)。此外,从结点 p 到 x 的延时依赖于边 $e(q,b)$,因此这里认为从 p 到 x 的延时是 f_2 和 f_3 的和,其中 f_2 是不考虑 $e(q,b)$ 和 T_b 时从 p 到 x 的延时,f_3 是考虑 $e(q,b)$ 和 T_b 时从 p 到 x 的其他延时。因此

$$f_1 = K_0 + K_1(c_1 \delta y + C_{via} + c_2 \delta z + c_1 \delta c + C_c + C_b + c_1(\delta b - \delta q))$$

$$f_2 = r_1 \delta x \left(c_1 \frac{\delta x}{2} + c_1 \delta y + C_{via} + c_2 \delta z + c_1(\delta c - \delta x) + C_c\right)$$

$$f_3 = \begin{cases} r_1 \delta x (c_1(\delta b - \delta q) + C_b), & \delta x \leq \delta q \\ r_1 \delta q (c_1(\delta b - \delta q) + C_b), & \delta x \geq \delta q \end{cases}$$

$$f_4 = r_1 \delta y \left(c_1 \frac{\delta y}{2} + C_{via} + c_2 \delta z\right) + R_{via}\left(\frac{C_{via}}{2} + c_2 \delta z\right) + r_2 c_2 \frac{\delta z^2}{2}$$

式中:$\delta z = \delta a - (\delta x + \delta y)$;$K_0$ 为沿着 $p_0 \to p$ 路径的电阻电容积之和;K_1 为沿着 $p_0 \to p$ 路径的电阻和;C_i 为结点 i 处的子树的电容。

2.4.2.2 第二种情况

结点 c 处的新延时为

$$d(c) = f_1 + f_2 + f'_3 + f'_4$$

式中

$$f'_3 = r_1 \delta q (c_1(\delta b - \delta q) + C_b)$$

$$f_4' = r_1(\delta c - \delta x)\left\{\frac{c_1(\delta c - \delta x)}{2} + C_c\right\}$$

式中: f_3' 为结点 c 处树枝 $e(q,b)$ 引起的延时; f_4' 为不考虑树枝 $e(q,b)$ 时从结点 x 到结点 c 的延时。

2.4.2.3 第三种情况

结点 b 处的新延时为

$$d(b) = f_1 + f_2'' + f_3''$$

式中

$$f_2'' = \begin{cases} r_1\delta x(c_1\delta y + C_{via} + c_2\delta z), & if \delta x \leq \delta q \\ r_1\delta q(c_1\delta y + C_{via} + c_2\delta z), & if \delta x \geq \delta q \end{cases}$$

$$f_3'' = r_1\delta q\left\{c_1\frac{\delta q}{2} + c_1(\delta b - \delta q) + C_b + C_c\right\}$$

式中: f_2'' 为结点 b 处增加一个新管脚 a 引起的延时; f_3'' 为不考虑新管脚 a 影响时从结点 p 到 q 的延时。

2.4.2.4 第四种情况

对于不在 T_p 中的所有其他结点,增加的延时是增加电容的函数,它与 x 和 y 成线性关系

$$\Delta C = c_1(\delta x + \delta y) + C_{via} + c_2\delta z$$

这些情况给出增加新结点 a 时,新结点 a 和树中其他结点处延时改变的 4 种可能方式。目标是寻找新结点 a 的连接点 x 和硅通孔 y 的位置,使得在给定热条件下总的延时增加最小。根据前面的讨论,使用连接点计算识别给定热分布下最大 Elmore 延时增加最少的管脚 – 边对[①]。

2.4.3 延时方程优化

讨论如何使用上节得到的延时方程产生可能最佳位置点集合。首先考虑需要确定两变量通用二次函数的最小值的条件,之后讨论如何使用这些条件对上节得到的延时方程进行优化。

一般地,对于一个两变量二次函数 $F(\delta x, \delta y)$,函数的最大值或最小值依赖于 $\frac{\partial^2 F}{\partial \delta x^2}$ 值和 Hessian 矩阵 H_1 为

$$\begin{bmatrix} \frac{\partial^2 F}{\partial \delta x^2} & \frac{\partial^2 F}{\partial \delta x \partial \delta y} \\ \frac{\partial^2 F}{\partial \delta x \partial \delta y} & \frac{\partial^2 F}{\partial \delta y^2} \end{bmatrix}$$

---

① 连接位于不相邻管芯中的两个管脚时,使用堆叠硅通孔使得中间层中没有布线。例如,管芯 1 和管芯 3 中的一个管脚需要两个垂直对准的硅通孔,使得管芯 2 中没有布线。

式中：F 为延时函数，两变量二次函数的上述值总是常数。

由于 $0 \leq \delta x \leq \delta d, 0 \leq \delta y \leq \delta a$，考虑下述情况：

(1) 情况 A：如果 $\frac{\partial^2 F}{\partial \delta x^2} \leq 0$ 且 $H_1 \geq 0$，最小值位于边界点，即 $\delta x = 0$ 或 $\delta x = \delta d$，$\delta y = 0$ 或 $\delta y = \delta a$，因此有四个点寻找最小值。

(2) 情况 B：如果 $\frac{\partial^2 F}{\partial \delta x^2} \leq 0, \frac{\partial^2 F}{\partial \delta y^2} \leq 0$ 且 $H_1 = 0$，有凹函数，最小值位于边界点上。

(3) 情况 C：如果 $\frac{\partial^2 F}{\partial \delta x^2} = 0, \frac{\partial^2 F}{\partial \delta y^2} = 0$ 且 $H_1 = 0$，$F(\delta x, \delta y)$ 是 δx 和 δy 的线性函数，最小值位于边界点。

(4) 情况 D：如果 $H_1 < 0$，找到的关键点是鞍点，最小值位于边界。边界点的集合可以通过设置 $\delta x = 0$ 或 $\delta x = \delta d$ 并将 $F(\delta x, \delta y)$ 简化为 δy 的函数来求得，或者通过设置 $\delta y = 0$ 或 $\delta y = \delta a$ 并将 $F(\delta x, \delta y)$ 简化为 δx 的函数来求得。

T 中每个沉结点的 Elmore 延时可以通过考虑上述 4 种情况的任意一种进行优化，因此存在 Elmore 延时最小的唯一固定点数，细节请参阅附录"两变量延时方程的优化"。

2.5 采用硅通孔重布局进行三维树精化

2.5.1 算法简介

硅通孔重布局的动机是尽可能多地将硅通孔移到热点处，同时保持树构建过程中获得的初始树拓扑。热点中的硅通孔减小了这些区域的热阻，建立了到热沉积点的传导通路。目标是移动热点，同时不违反时序和布线容量约束。

硅通孔通常使用专门技术将器件层刻蚀或钻孔形成，制造昂贵[5]。大量的硅通孔会降低三维芯片的成品率和可靠性，因此，现有文献[4,5,10,11,16,17]中通过增加额外的伪硅通孔来降低温度的方法存在这方面的不足。这里的硅通孔重新布局期间，没有增加新的哑元硅通孔，只是将现有硅通孔进行了重新布局。目标是尽最大可能使用硅通孔重新布局来降低最高片上温度，额外的硅通孔需要尽量最小。①

通常，根据著名关系式 $T = PR$，硅通孔的热优化是非线性的，其中 T 为温度矩阵，P 为功耗向量，R 为热阻矩阵。$R \propto 1/a$，其中 a 为硅通孔数。此外，解非线性问题的现有常用方法不能直接应用于大尺寸问题。本章，研究一种新方

---

① 综合硅通孔重新布局和哑元插入的方法可以提供最好的结果，该方法不在本章研究范围内。

法,帮助有效地克服这个问题的非线性特性。同时研究了驰豫 ILP 基问题,其中整数变量数保持最小。基于 ILP 的方法同时优化所有节点上的硅通孔,比逐个进行节点优化的顺序方法更严密。此外,以所有热点为目标,而不是以逐个热点为目标。2.6 节中的实验结果验证了该方法的优点。

2.5.2　可移动范围

使用构建过程获得的三维斯坦纳树集合,开始硅通孔重新布局过程。每个树 T_i 中的所有管脚与时序约束有关,时序约束以 Elmore 延时形式表示需要的到达时间。每个硅通孔($v \in T_i$)与表示新位置范围的可移动范围有关,新位置沿着到连接点的布线使得不违反时序约束。执行热驱动静态时序分析来计算所有点的时序余量。该静态时序分析给出每个管脚的现有余量。然后沿着斯坦纳树边移动硅通孔来确定每个硅通孔的可移动范围。注意新硅通孔位置转变为沉结点处的新延时。该范围确保重新布局期间不违反时序约束。图 2.4 给出可移动范围例子。如果一个硅通孔 v 的可移动范围是单点,那么 v 不可移动,否则可移动。目标是在每个斯坦纳树中寻找每个可移动硅通孔的新位置,使得热网格中所有结点间的最高温度降低,同时不违反时序和布线资源约束。注意保持斯坦纳树的初始拓扑,对于热优化,所有的改变是硅通孔的位置,在时序约束下,将可移动硅通孔移动进热点区域来减小热阻。

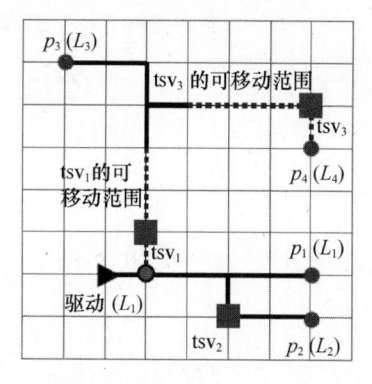

图 2.4　可移动范围的图例,该图是多管芯叠层的自顶向下视图,三角表示驱动,点表示沉,方块表示硅通孔,驱动位于管芯 1(L_1),每个硅通孔的可移动范围用点线表示

2.5.3　简化热分析

图 2.5 给出硅通孔重新布局方法中使用的快速热模型,该模型来源于文献[5]。该模型中每个热源被当作一个电流源,温度当作电压,三维结构被分成小区域,使用热阻表示。该模型中层结构强加在表面,每一层近似为一个电阻链,如图 2.5 所示。基于电压公式 $V = I \cdot R$ 构建温度方程,例如,结点 4 的温度为

$T_4 = T_3 + (P_5 + P_4) \cdot R_5$。

三维集成电路中,热沉结点附属于三维集成电路叠层的底面或顶面,其他边界绝热,因此,主要热流在垂直方向。为了进行优化,把每个层视作一个独立的热阻链,如图 2.5 所示,这种情况下不考虑横向热耗散效应,由于键合用的环氧材料的热导率远低于硅的热导率,这点是合理的,这本质上意味着垂直方向比水平方向难以热耗散。为了准确证明温度降低,运行两次(纵向和横向)全电阻热模型[15](考虑横向电阻),一次在硅通孔重新布局前,一次在硅通孔重新布局后。实验中报道的最终温度值基于该全电阻模型。

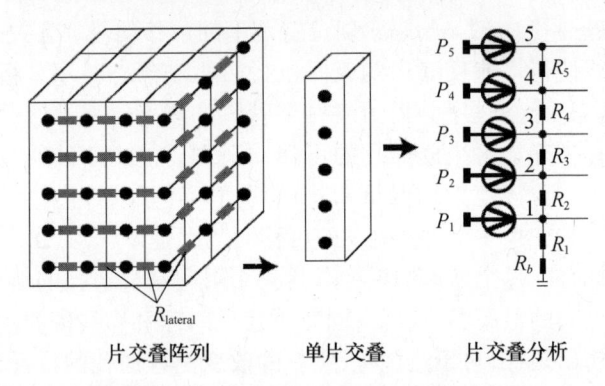

图 2.5 使用的热模型,其中 R_b 表示到热沉的热阻,ILP 形成中约定,在点 i 处增加硅通孔减小了 R_i 的值

采用垂直热流模型的另一个重要原因是可以使用 ILP 构建同时发生的硅通孔重新布局问题,并有效求解,将在后面小节中讨论这个问题。为了求解所有结点的温度值,构建了所有的温度方程,并简化为 $T = P \cdot R$ 形式,其中 T、P 和 R 都是向量。这些方程可以使用每层中的功耗和热阻值直接求解。

2.5.4 非线性规划

下面几节中首先展示如何将硅通孔重新布局问题表述为 NLP 非线性规划问题,然后介绍如何将 NLP 转变为 ILP 整数线性规划问题。ILP 问题增加了大量的整数变量,难于求解。最后展示快速 ILP 方法,该方法大大减小了整数变量数目。

基于 NLP 的问题定义如下(表 2.1 解释了使用的符号):
求最小值

$$\sum_{(i,j,k) \in Z} \alpha_{i,j,k} \cdot T_{i,j,k} \tag{2.1}$$

服从

$$T_{i,j,k} = T_{i,j,k-1} + (P_{i,j,K} + \cdots P_{i,j,k}) \times R_{i,j,k}^{\text{opt}} \tag{2.2}$$

$$R_{i,j,k}^{\text{opt}} = \frac{\alpha}{\alpha/R_{i,j,k}^{\text{no}} + V_{i,j,k}^{\text{opt}}} \quad (2.3)$$

$$V_{i,j,k}^{\text{opt}} = V_{i,j,k}^{\text{org}} + \Delta V_{i,j,k} \quad (2.4)$$

$$\Delta V_{i,j,k} = \sum_{n \in N_{i,j,k}^{\text{in}}} M_{x,y,k}^{i,j,k}(n) - \sum_{n \in N_{i,j,k}^{\text{out}}} M_{i,j,k}^{v,w,k}(n) \quad (2.5)$$

$$G_{i,j,k}^{\text{cur}} \leq G_{i,j,k}^{\text{max}}, \forall (i,j,k) \quad (2.6)$$

$$G_{i,j,k}^{\text{cur}} = G_{i,j,k}^{\text{org}} + \sum_{n \in N} M_{x,y,k}^{v,w,k}(n) \cdot \Delta G_{i,j,k}, (i,j,k) \text{ 在路径}(x,y,k) \to (v,w,k) \text{ 上} \quad (2.7)$$

$$\sum_{n \in N_{\text{mov}}} M_{i,j,k}^{x,y,k}(n) = 1 \quad (2.8)$$

$$M_{i,j,k}^{x,y,k}(n) \in \{0,1\} \quad (2.9)$$

式(2.1)是目标函数，求所有热层上温度值加权和的最小值①。权 $\alpha_{i,j,k}$ 基于硅通孔重新布局前测得的初始温度计算，这种情况下，$\alpha_{i,j,k}$ 越高，$T_{i,j,k}$ 越低②。

表 2.1 NLP/ILP 中使用的变量和常数

变量	说明
$T_{i,j,k}$	层(i,j,k)上的温度
$\alpha_{i,j,k}$	层(i,j,k)温度相关的权，使用$T_{i,j,k}^{\text{org}}/T_{\text{max}}^{\text{org}}$计算，其中$T_{i,j,k}^{\text{org}}$表示优化前$(i,j,k)$的初始温度，$T_{\text{max}}^{\text{org}}$为所有$T_{i,j,k}^{\text{org}}$间的最大值，常数
v_{max}	每个层可以容纳的最大硅通孔数，常数
$\beta_{i,j,k}^{m}$	当一个硅通孔移动到层(i,j,k)时变为1，使得(i,j,k)处可移动硅通孔的总数从$m-1$变为m
$V_{i,j,k}^{\text{org}}$	优化前层(i,j,k)中硅通孔的初始数目(=可移动+不可移动)，常数
$V_{i,j,k}^{m}$	层(i,j,k)中硅通孔数，恰好为m
$V_{i,j,k}^{\text{opt}}$	优化后层(i,j,k)中硅通孔的数目(=可移动+不可移动)
$M_{i,j,k}^{x,y,k}(n)$	如果节点n中的一个硅通孔从层(i,j,k)移到(x,y,k)为1，否则为0
$G_{i,j,k}^{\text{cur}}$	三维布线网格G中栅格(i,j,k)的导线和硅通孔电流使用
$G_{i,j,k}^{\text{max}}$	三维布线网格G中栅格(i,j,k)的导线和硅通孔电容约束，常数
$R_{i,j,k}^{m}$	有m个硅通孔的层(i,j,k)的热阻，常数
$R_{i,j,k}^{\text{no}}$	不含硅通孔的层(i,j,k)的热阻，常数
α	一个硅通孔的热阻，常数
$\gamma_{i,j,k}^{m}$	如果层(i,j,k)中硅通孔的数目为m，则为1

---

① 本节中热层和热栅格结点交替使用。

② 注意，目标不是直接减小所有层间的最大温度，这点在描述中是必需的，否则不再如式(2.15)的附录解释那样，将$\beta_{i,j,k}^{i}$变量放宽为连续的，这意味着我们的ILP问题将包含超额整数变量数。然而，注意到，将目标函数中较高温度层设置较大权，有助于确保热点有优先权。

(续)

$P_{i,j,k}$	层(i,j,k)的功耗
$\Delta G_{i,j,k}$	层(i,j,k)上布线资源使用的变化
$\delta_{i,j,k}^{m}$	层(i,j,k)中硅通孔数目为m时,层(i,j,k)和层$(i,j,k-1)$间的温度差,$\delta_{i,j,k}^{m} = (P_{i,j,n} + \cdots + P_{i,j,k}) \cdot R_{i,j,k}^{m}$,常数
N	整个网表
N_{mov}	过孔可移动的节点集合
K	叠层中的管芯数
$N_{i,j,k}^{\text{in}}$	包含移入层(i,j,k)中硅通孔的节点集合
$N_{i,j,k}^{\text{out}}$	包含移出层(i,j,k)中硅通孔的节点集合

式(2.2)给出基于快速热模型(图2.5)得到的每层上的温度,其中K为热层的最大高度(三维叠层中管芯总数)。式(2.3)给出基于层中硅通孔数目的热阻的变化,通过解下述并联电阻关系式得到

$$\frac{1}{R_{i,j,k}^{\text{opt}}} = \frac{1}{R_{i,j,k}^{\text{no}}} + \frac{V_{i,j,k}^{\text{opt}}}{\alpha}$$

式(2.4)是$V_{i,j,k}^{\text{opt}}$的定义。式(2.5)表明层(i,j,k)的硅通孔数的总变化是移入(i,j,k)的硅通孔总数减去移出(i,j,k)的硅通孔总数。式(2.6)确保满足布线资源(导线和硅通孔)容限。

式(2.7)表明硅通孔从层(x,y,k)移动到(v,w,k)后如何更新布线资源的使用。注意沿着从(x,y,k)到(v,w,k)路径的所有层的使用受影响。假定$G_{i,j,k}^{\text{org}}$表示移动前层(i,j,k)的初始使用,使用$G_{i,j,k}^{\text{cur}}$增加在(i,j,k)上发生的变化总数进行计算,变化总数通过将基于相应过孔是否移动的各种$\Delta G_{i,j,k}$改变相加进行计算。注意到,基于相应过孔移动,增加或减小了给定位置的布线容量,$\Delta G_{i,j,k}$可以为正值或负值。最后,对包含重新布局硅通孔的所有节点执行整个过程。

式(2.8)确保每个节点中只移动一个硅通孔。由于一个硅通孔的可移动范围独立于其他硅通孔进行计算,该限制不能违反。一旦一个硅通孔被移动,它影响时序约束、可移动性以及相同节点中所有其他硅通孔的范围。执行硅通孔重新布局的极限方法是同时考虑所有节点的所有硅通孔,计算量非常庞大。然而,我们的方法同时考虑所有节点的一个硅通孔,优于考虑一个节点的所有硅通孔的顺序方法。式(2.9)表明$M_{i,j,k}^{x,y,k}(n)$是二进制整数变量。

注意到,由于式(2.3)中热阻和层中的硅通孔数($R_{i,j,k}^{\text{opt}}$与$V_{i,j,k}^{\text{opt}}$)为反比关系,该初始硅通孔重新布局问题是非线性的。下一节中,研究克服非线性问题的简化整数线性规划问题。

2.5.5 整数线性规划

根据非线性规划问题,发现每层中的硅通孔数是个整数变量。整数线性规

划 ILP 不同于 NLP,使用下述式子取代式(2.2)和式(2.3)

$$T_{i,j,k} = T_{i,j,k-1} + \gamma_{i,j,k}^0 \times \delta_{i,j,k}^0 + \cdots + \gamma_{i,j,k}^{v\max} \times \delta_{i,j,k}^{v\max} \tag{2.10}$$

$$1 \cdot \gamma_{i,j,k}^1 + 2 \cdot \gamma_{i,j,k}^2 + \cdots + v\max \cdot \gamma_{i,j,k}^{v\max} = V_{i,j,k}^{\text{opt}} \tag{2.11}$$

$$\sum_{m=0}^{v\max} \gamma_{i,j,k}^m = 1, \forall (i,j,k) \tag{2.12}$$

$$\gamma_{i,j,k}^m \in \{0,1\} \tag{2.13}$$

式(2.10)是计算每层上温度的新方法(参考表 2.1 中相关变量和常数的定义),该式子中,$\gamma_{i,j,k}^m$ 为新的整数变量,$\delta_{i,j,k}$ 为常数,表示每层中硅通孔数的每个可能值。式(2.11)等于使用层中最佳硅通孔数的 $\gamma_{i,j,k}^m$ 变量。与非线性公式(2.3)相比,该式(2.11)表明 $V_{i,j,k}^{\text{opt}}$ 与 $\gamma_{i,j,k}$ 间的线性关系。式(2.12)确保对于每个层,只有一个 $\gamma_{i,j,k}^m$ 的值为 1。最后,式(2.13)确保 $\gamma_{i,j,k}^m$ 为 0 或 1。ILP 中的所有其他公式与非线性规划 NLP 相同。

新整数变量 $\gamma_{i,j,k}^m$ 的数目与热网格中层数加上每个网格中的可移动硅通孔数成比例。增加如此多的整数变量使得问题难于求解。下一节中,研究快速 ILP 问题,不需要整数 $\gamma_{i,j,k}^m$ 变量,因而大大减小了所需整数变量数目。

2.5.6 快速整数线性规划

我们的快速 ILP 硅通孔重新布局问题描述如下(表 2.1 解释了我们使用的符号):
求最小值

$$\sum_{(i,j,k) \in Z} \alpha_{i,j,k} \cdot T_{i,j,k} \tag{2.14}$$

服从

$$T_{i,j,k} = T_{i,j,k-1} + \delta_{i,j,k}^0 - \beta_{i,j,k}^1 \cdot (\delta_{i,j,k}^0 - \delta_{i,j,k}^1) - \cdots - \beta_{i,j,k}^{v\max} \cdot (\delta_{i,j,k}^{v\max-1} - \delta_{i,j,k}^{v\max}) \tag{2.15}$$

$$\beta_{i,j,k}^1 + \beta_{i,j,k}^2 + \cdots + \beta_{i,j,k}^{v\max} = V_{i,j,k}^{\text{opt}} \tag{2.16}$$

$$V_{i,j,k}^{\text{opt}} = V_{i,j,k}^{\text{org}} + \Delta V_{i,j,k} \tag{2.17}$$

$$\Delta V_{i,j,k} = \sum_{n \in N_{i,j,k}^{\text{in}}} M_{x,y,k}^{i,j,k}(n) - \sum_{n \in N_{i,j,k}^{out}} M_{i,j,k}^{v,w,k}(n) \tag{2.18}$$

$$G_{i,j,k}^{\text{cur}} \leq G_{i,j,k}^{\max}, \forall (i,j,k) \tag{2.19}$$

$$G_{i,j,k}^{\text{cur}} = G_{i,j,k}^{\text{org}} + \sum M_{x,y,k}^{v,w,k}(n) \cdot \Delta G_{i,j,k}(i,j,k) \text{ 在路径}(x,y,k) \rightarrow (v,w,k) \text{ 上} \tag{2.20}$$

$$0 \leq \beta_{i,j,k}^m \leq 1 \tag{2.21}$$

$$M_{i,j,k}^{x,y,k}(n) \in \{0,1\} \tag{2.22}$$

$$\sum_{n \in N_{\text{mov}}} M_{i,j,k}^{x,y,k}(n) = 1 \tag{2.23}$$

式(2.15)是计算层 (i,j,k) 上温度的新方法,不同于式(2.10),附录"式

(2.15)的解释"给出了本公式的详细解释。式(2.16)给出层(i,j,k)中的硅通孔总数,使用$\beta_{i,j,k}^i(1 \leq i \leq v\max)$值描述,应当等于$V_{i,j,k}^{\mathrm{opt}}$。式(2.21)限制了$\beta_{i,j,k}^i$值的范围。所有其他公式与 NLP 相同。

有几点值得提及:首先,为了克服每个节点仅移动一个硅通孔的限制(式(2.23)),重复整个驰豫 ILP 多次,使得迭代过程中一个节点中的多个硅通孔有重新布局的机会。如果最大和平均温度的改善是最小的,停止迭代。表 2.5 中相关实验表明,大部分温度减小在第一次迭代期间获取,总算法在较小迭代次数中收敛。其次,如果节点数较大或者热网格较细,整数变量数($M_{i,j,k}^{x,y,k}(n)$)很大,这使得快速 ILP 不适用于大的实例。然而,可以通过放宽这些整数 M 变量,求解快速 ILP 问题来克服该限制。基于阈值 $\lambda = 0.5$ 近似连续变量,所有大于 λ 的变量转变为 1,假定它们不违反布线容限,其他所有变量转变为 0。表 2.6 给出这种放宽对解精度和运行时间的影响。

2.6 实验结果

2.6.1 实验参数

用 C++/STL 实现布线器 3D Elmore Router,并在 2.5GHz、16GB 的 Linux 服务器上运行实验。使用三套基准来测试算法:ISCAS89、ITC99 和 ISPD98。给出每个电路的总线长、使用的总硅通孔数、所有沉节点间的最大热驱动 Elmore 延时、热网络中所有结点间的最高温度以及运行时间(单位:秒)。使用类似于文献[9]的算法获得了三维布局。实验设置细节如下:

(1) 三维集成电路中使用四个管芯叠加,除非特别说明,上面两个和下面两个管芯面对面键合,中间两个管芯背靠背键合。

(2) 除非特别说明,假定所有四个管芯有如下不同单位长度电阻和电容值[14]:$r_1 = 86\Omega/mm$, $c_1 = 396fF/mm$, $r_2 = 175\Omega/mm$, $c_2 = 100fF/mm$, $r_3 = 74\Omega/mm$, $c_3 = 279fF/mm$, $r_4 = 154\Omega/mm$, $c_4 = 120fF/mm$。

(3) 面对面硅通孔的尺寸为 $1 \times 1 \times 10 \mu m$,寄生电阻 $R_{\mathrm{via}} = 17.2\Omega/mm$,寄生电容 $C_{\mathrm{via}} = 371.8fF/mm$;背对背硅通孔的尺寸为 $10 \times 10 \times 40 \mu m$,寄生电阻 $R_{\mathrm{via}} = 0.172\Omega/mm$,寄生电容 $C_{\mathrm{via}} = 1943.8fF/mm$。

(4) 表 2.2 的"$v - bound$"列给出每个电路的硅通孔使用下限。对于 MD2P 节点,下限为两个管脚间的管芯数加 1,对于 MDMP 节点,使用可能的最少数量的硅通孔连接管芯中的所有管脚。

(5) 四管芯堆叠使用的布线网格尺寸如表 2.2 所列。基于电路尺寸(节点数)增加网格尺寸,布线能力的选择要使得初始树产生后,大约 10%的节点需要重新布线。

(6) 四管芯堆叠的三维集成电路的热网格尺寸为 $20 \times 20 \times 4$。对于热分析,使用下述热导率值:硅是150W/mK,铜是285W/mK,环氧(键合)层为0.05W/mK。每个热网格中产生的功耗正比于其中布局的单元数,乘以一个从$1\sim10^7W/m^2$的任意值来考虑门级开关行为因素。硅通孔重新布局[15]和其他应用中,使用2.5.3节中讨论的简化热模型。

表2.2 四管芯堆叠的三维布线网格尺寸和边容量

电路	节点数	v-bound	网格尺寸	X&Y	Z(F2F)	Z(B2B)
s9234	5844	5563	20×20	8	3	1
b14_opt	5646	5546	40×40	8	3	2
s13207	8727	8298	40×40	10	4	2
s15850	10397	9915	40×40	10	5	4
b20_opt	12501	12174	40×40	16	6	4
b21_opt	12678	12288	60×60	16	6	4
b22_opt	18086	17911	60×60	20	7	5
ibm09	52989	53483	80×80	60	20	10
ibm10	68004	67651	100×100	75	20	10
ibm11	70028	70524	120×120	85	25	12
ibm13	84191	82989	140×140	95	25	12
ibm17	184227	180001	140×140	300	40	20

2.6.2 树构建结果

对两种现有三维布线器进行比较。第一种是2.2节中讨论的3D maze布线器[4],第二种是3D A-tree布线器,将初始二维版本[6]扩展为三维。更需要明确的是,首先通过映射管脚位置到二维平面将三维问题转化为二维问题,然后执行2D A-tree布线[6],最后将二维的解导回三维,不在相同管芯上的管脚的连接作为驱动器使用硅通孔进行连接。

表2.3给出3D maze[4],3D A-tree[6]和3D Elmore布线的比较,基准为3D maze布线器。我们观察到,与3D maze布线和3D A-tree布线相比,3D Elmore布线器可以分别获得52%和11%的平均延时改善。给出的延时是使用静态时序分析器获得的最终版图的最大路径延时。3D Elmore和3D A-tree硅通孔数差不多,3D maze使用的硅通孔数减小了6%。就线长而言,3D maze和3D A-tree获得了类似的结果,而3D Elmore布线器使用的线长多了15%。最后,3D Elmore布线器比3D maze布线器快三倍,比3D A-tree布线器慢40%。

发现3D maze或3D Elmore布线器所需硅通孔数为最小数的两倍,3D A-tree算法需要的硅通孔数最大①。根据电路b21_opt,就性能而言,3D A-tree的

---

① 我们的3D A-tree是进行延时比较的性能驱动布线器,没有考虑TSV的负面影响。

性能优于 3D Elmore,这是因为 3D Elmore 算法中拥塞导致大量节点被打散重新布线。一些情况下,3D A-tree 引起了较低拥塞进而需要较少的重新布线。

2.6.3 延时和线长分布

首要目的是收集 2.3.1 节中提及的三维斯坦纳布线中四类节点间的线长和延时统计:单管芯双管脚 SD2P,单管芯多管脚 SDMP,多管芯双管脚 MD2P 和多管芯多管脚 MDMP 节点。表 2.4 给出统计结果,给出了每个类型所有节点的平均最大沉延时和线长。发现 MDMP 节点有着最大的平均延时和线长,这意味着 MDMP 节点通常最难布线(与 SD2P 相比,延时为 12.4 倍,线长为 8.1 倍),这是由于这类节点包含多个管芯的多个管脚,需要多个硅通孔。还发现与两管脚节点相比,多管脚节点产生了较大的延时和线长(SDMP 和 SD2P 相比,MDMP 和 MD2P 相比)。与 SD2P 相比,MD2P 的延时平均减小 8%,这主要是由三维连接的优点决定的,基于硅通孔的三维连接倾向于有较小的延时。

2.6.4 硅通孔重布局结果

为了评估硅通孔重新布局算法的有效性,实现了一个快速贪婪算法,试图以迭代方式将硅通孔移入热点:选择一个热点,并在其中重新布局可移动硅通孔,然后对于下一个热点重复该过程,直到不能再获得更多的温度改善。此外,基于 2.5.6 节介绍的 ILP 方法开发了两个硅通孔重新布局方法:单 ILP 和多 ILP。单 ILP 中执行一次基于 ILP 的硅通孔重新布局。多 ILP 中重复执行基于 ILP 的硅通孔重新布局,直到不能获得更多的温度降低,这种情况下我们给出迭代次数。注意基于 ILP 的方法同时将所有热点作为目标。

表 2.5 给出贪婪方法和 ILP 方法(一次迭代与多次迭代)的最高温度、平均温度和标准偏差。观察到在运行时间增加的代价下,相对于贪婪方法,基于 ILP 的同步方法获得了一致性的改善。使用基于 ILP 的方法分别将最高温度和平均温度降低了 9% 和 16%,而使用贪婪方法仅将最高/平均温度降低了 1%。注意,这个自由改善不需要任何额外的哑元硅通孔插入面积。包含 184K 个节点的最大电路 ibm17 的单 ILP 运行时间近似 3045s,表明快速 ILP 方法在保持高质量结果下所需时间与电路复杂度成比例。表 2.5 中还给出多次迭代对我们的快速 ILP 的影响。我们发现,对于最高温度,单 ILP 和多 ILP 的温度改善差不多,然而对于平均温度和标准偏差,多 ILP 方法 6% 优于单 ILP 方法。还观察到多 ILP 方法几次迭代内就可以快速收敛到一个高质量解。

表 2.6 给出快速 ILP 方法中 M 变量驰豫的影响。由于初始/慢 ILP 的运行时间过长,所以使用四个最小电路。两个较大电路,慢 ILP 用了一整天时间,给出到目前为止最好的解。发现慢 ILP 可以将最高温度降低 6%,然而需要的运行时间是不允许的。基于运行时间趋势,可以预测我们的慢 ILP 不能处理较大电路,进而表明我们的 M 变量驰豫是使得我们的 ILP 方法可扩展的关键。

表 2.3 3D maze[4], 3D A-tree[6] 和 3D Elmore 布线器的比较

电路	3D maze 布线器[4]				3D A-tree 布线器[6]				3D Elmore 布线器			
	延时	线长	硅通孔数	cpu	延时	线长	硅通孔数	cpu	延时	线长	硅通孔数	cpu
s9234	0.167	0.072	5700	8	0.169	0.047	5734	1	0.18	0.023	5613	2
b14_opt	0.19	0.086	7366	10	0.21	0.071	7818	5	0.23	0.072	6937	5
s13207	0.39	0.091	9707	15	0.41	0.077	10342	7	0.43	0.064	9595	9
s15850	0.49	0.11	11763	46	0.51	0.11	12924	10	0.56	0.092	11516	15
b20_opt	0.947	0.31	18423	108	1.04	0.25	21730	46	1.19	0.22	18703	57
b21_opt	0.97	0.29	18627	128	1.06	0.138	21688	44	1.2	0.145	19314	58
b22_opt	2.15	0.48	27116	186	2.33	0.32	31255	87	2.64	0.24	29090	104
ibm09	29.4	222.2	104481	639	33.01	124.7	122465	245	36.9	103.6	118013	353
ibm10	51.4	600.9	136071	1263	57.4	337.5	157983	349	61.9	273.3	153483	601
ibm11	53.3	457.9	131815	1859	60.5	264.6	152422	456	61.2	218.4	141922	711
ibm13	83.5	953.3	167311	4000	90.7	509.4	195459	1113	94.7	438.7	183813	1411
ibm17	157.4	1723.4	398145	7754	169.8	1124.6	408861	2122	172.4	899.8	405400	2456
比值	1.00	1.00	1.00	1.00	1.09	0.59	1.1	0.28	1.15	0.48	1.06	0.36

表 2.4 四类节点间延时和线长分布比较,这里给出的是平均最大沉延时和线长

电路	SD2P 延时	SD2P 线长	SDMP 延时	SDMP 线长	MD2P 延时	MD2P 线长	MDMP 延时	MDMP 线长
s9234	0.004	0.014	0.005	0.029	0.005	0.013	0.128	0.107
b14_opt	0.005	0.012	0.015	0.043	0.003	0.011	0.32	0.116
s13207	0.020	0.028	0.06	0.08	0.018	0.029	0.6	0.2
s15850	0.023	0.031	0.12	0.075	0.02	0.03	0.63	0.21
b20_opt	0.021	0.03	0.11	0.08	0.019	0.028	0.68	0.246
b21_opt	0.022	0.03	0.13	0.085	0.018	0.029	0.65	0.24
b22_opt	0.047	0.042	0.16	0.153	0.041	0.046	1.1	0.36
ibm09	0.71	0.189	2.3	0.6	0.64	0.19	8.5	1.64
ibm10	1.24	0.25	3.59	0.79	1.09	0.22	12.6	1.95
ibm11	1.24	0.248	4.28	0.81	1.21	0.21	14.3	1.98
ibm13	2.15	0.34	6.4	1.04	2.01	0.33	28.4	2.85
ibm17	2.3	0.37	7.8	1.2	2.1	0.36	29.2	2.9
比值	1.0	1.0	3.2	3.51	0.92	0.94	12.4	8.1

表 2.5　硅通孔重新布局结果，T_{max}，T_{ave}，T_{std} 分别表示最高温度，平均温度和所有热层间的标准偏差，运行时间单位为秒

电路	初始温度			贪婪				单 ILP				多 ILP			
	T_{max}	T_{ave}	T_{std}	T_{max}	T_{ave}	T_{std}	CPU	T_{max}	T_{ave}	T_{std}	CPU	T_{max}	T_{ave}	T_{std}	CPU	迭代次数
s9234	92.6	52.3	23.7	91.9	51.6	23.7	2	84.5	45.1	20.7	67	83.1	40.1	18.3	246	5
b14_opt	114.5	46.1	32.3	114.1	45.8	32.2	2	107.6	38.7	27.8	89	105.8	33.6	25.1	315	6
s13207	112.1	66.2	27.6	111.3	66.1	27.6	2	101.2	53.2	24.3	82	101.1	52.8	24.0	196	3
s15850	115.1	44.3	34.3	114.0	44.0	34.1	3	103.1	37.5	27.6	175	102.6	35.3	26.9	324	3
b20_opt	108.3	38.9	37.3	108.1	38.8	37.0	3	98.7	30.3	32.3	209	96.4	27.6	29.8	813	7
b21_opt	114.1	45.7	24.2	113.5	45.5	24.0	4	109.4	37.8	20.1	206	108.4	35.7	19.4	612	3
b22_opt	114.5	54.6	18.4	114.2	54.6	18.4	11	105.1	49.6	15.2	228	104.5	47.8	14.7	388	2
ibm09	94.2	47.8	23.1	93.8	47.3	22.9	13	87.1	43.6	21.2	702	84.8	39.5	18.7	2113	6
ibm10	113.4	54.2	21.0	112.9	54.0	20.9	19	105.6	45.2	16.4	452	104.0	32.3	18.3	1566	5
ibm11	108.4	45.3	27.8	107.7	45.1	27.7	24	99.7	35.2	21.0	832	97.9	32.3	18.3	4211	8
ibm13	95.1	52.4	27.9	94.5	52.1	27.7	38	86.6	43.8	22.3	1387	86.1	41.8	21.8	2346	2
ibm17	111.2	48.6	19.2	110.8	48.2	19.0		101.5	41.7	15.4	3045	101.0	39.6	14.1	6836	3
比值	1.00	1.00	1.00	0.99	0.99	0.99	1.00	0.91	0.84	0.83	64.3	0.90	0.78	0.77	160.1	—

表2.6　M变量驰豫(快ILP与慢ILP对照)对最高温度和运行时间的影响

电路	快ILP T_{max}	快ILP CPU	慢ILP T_{max}	慢ILP CPU
s9234	84.5	1.1min	80.1	234min
b14_opt	107.6	1.4min	99.5	342min
s13207	101.2	1.3min	94.2	>1天
s15850	103.1	2.9分钟	98.4	>1天
比值	1.0	1.0	0.94	-

2.6.5　硅通孔尺寸和寄生效应影响

接下来,研究硅通孔尺寸和寄生效应对延时、线长、硅通孔数和温度的影响。注意,硅通孔在决定全局布线拓扑和遵循的热分布方面起着重要的作用。表2.7给出实验中使用的三个不同硅通孔尺寸和它们的 RC 寄生参数。尺寸Ⅱ为前面2.6.1节讨论的所有实验的默认设置。

表2.7　各种硅通孔尺寸和它们的寄生电阻(Ω/mm)与寄生电容(fF/mm),尺寸单位为μm

	宽度	高度	深度	寄生电阻	寄生电容
面对面硅通孔					
尺寸Ⅰ	0.5	0.5	5	68.8	288.5
尺寸Ⅱ	1	1	10	17.2	371.8
尺寸Ⅲ	2	2	15	4.3	554.2
背靠背硅通孔					
尺寸Ⅰ	5	5	20	0.688	1229.1
尺寸Ⅱ	10	10	40	0.172	1943.8
尺寸Ⅲ	20	20	60	0.043	2798.2
面对背硅通孔					
尺寸Ⅰ	4	4	15	1.07	982.8
尺寸Ⅱ	8	8	35	0.267	1519.1
尺寸Ⅲ	15	15	55	0.076	2604.3

表2.8给出使用这些尺寸获得的三维Elmore布线结果,其中尺寸Ⅰ是最小的,是我们的基准。首先发现,硅通孔尺寸增大时延时增加,这主要是由于使用较大硅通孔时布线拥塞导致线长增加。我们发现这些大硅通孔对MDMP(多管芯多管脚)节点有不利影响,这些节点更可能变为关键节点。另一个因素是较大硅通孔具有更高寄生电容值。由于Elmore延时模型使得电容增加不利,较大硅通孔导致更多延时增加。其次,实际硅通孔数随着硅通孔尺寸增加减小,这是因为延时驱动布线器可以通过避免使用硅通孔来减小总延时,特别是对于短互连。然而,硅通孔数仅仅减少了3%,表明三维Elmore延时仍使用了较多的硅通孔(ibm17使用了400K)。

表2.8 硅通孔尺寸对延时、线长和硅通孔数的影响,
我们使用表2.7中的三个硅通孔尺寸

电路	尺寸Ⅰ 延时	尺寸Ⅰ 线长	尺寸Ⅰ 硅通孔数	尺寸Ⅱ 延时	尺寸Ⅱ 线长	尺寸Ⅱ 硅通孔数	尺寸Ⅲ 延时	尺寸Ⅲ 线长	尺寸Ⅲ 硅通孔数
s9234	0.02	0.0171	5694	0.023	0.18	5613	0.032	0.183	5558
b14_opt	0.048	0.213	7062	0.072	0.23	6937	0.122	0.217	6911
s13207	0.047	0.43	9749	0.064	0.43	9595	0.077	0.44	9657
s15850	0.066	0.53	11703	0.092	0.56	11516	0.163	0.57	11351
b20_opt	0.16	1.18	19274	0.22	1.19	18703	0.31	1.21	18187
b21_opt	0.125	1.2	19818	0.145	1.2	19314	0.228	1.24	18810
b22_opt	0.229	2.61	29818	0.24	2.64	29090	0.48	2.69	28847
ibm09	96.0	36.6	119125	103.6	36.9	118013	127.8	37.3	116724
ibm10	252.1	60.6	155349	273.3	61.9	153483	390.2	65.7	151519
ibm11	198.6	60.2	142990	218.4	61.2	141922	268.7	67.6	139202
ibm13	419.5	92.5	184428	438.7	94.7	183813	563.4	109.5	181456
ibm17	824.8	171.1	416458	899.8	172.4	405400	987.6	187.4	401345
比值	1.0	1.0	1.0	1.07	1.01	0.98	1.34	1.1	0.97

同时,还执行了实验来观察使用硅通孔布局算法时,硅通孔尺寸和寄生参数对获得的温度降低的影响。结果如表2.9所列,发现较大硅通孔导致较多的稳定降低(5%、9%和11%),这主要是由于较大硅通孔的较小热阻导致的。注意到电路b22_opt不服从该趋势,这是由于不同硅通孔尺寸可能导致不同的布线方案,因而影响热分布和温度降低可能性。

表2.9 硅通孔尺寸对硅通孔重新布局和最高温度减小的影响,使用表2.7中的三个硅通孔尺寸,T_{ini}和T_{max}分别表示硅通孔重新布局前后的最高温度

电路	T_{ini}	尺寸Ⅰ T_{max}	尺寸Ⅱ T_{max}	尺寸Ⅲ T_{max}
s9234	92.6	88.61	84.5	82.38
b14_opt	114.5	109.3	107.6	105.1
s13207	112.1	104.2	101.2	99.7
s15850	115.1	104.1	103.1	100.4
b20_opt	108.3	101.8	98.7	95.4
b21_opt	114.1	111.5	109.4	106.2
b22_opt	114.5	108.2	105.1	105.5
ibm09	94.2	91.3	87.1	84.5
ibm10	113.4	109.8	105.6	101.4
ibm11	108.4	105.2	99.7	94.5
ibm13	95.1	89.2	86.6	82.3
ibm17	111.2	107.8	101.5	99.2
比值	1.0	0.95	0.91	0.89

2.6.6 键合类型影响

到目前为止,如2.6.1节讨论的4个管芯堆叠的情况,上面两个和下面两个管芯面对面键合,中间两个管芯背靠背键合。现在研究键合类型对三维布线结果的影响。新四管芯堆叠中,所有管芯面对背键合,面对背硅通孔的电阻和电容分别为$R_{via}=0.267\Omega/mm$和$C_{via}=1519.1fF/mm$。"面对面+背对背"堆叠和"只有面对背"堆叠的一个重要区别是硅通孔上边界是不同的:由于尺寸原因,面对面键合可以比面对背和背对背有更多的硅通孔。因此,重新运行三维布局器获得新布局,该布局使得所有面对背键合的管芯间连接减少。布线结果如表2.10所列,首先我们发现与表2.3相比,硅通孔数有了明显的减少,这主要是因为只有面对背的堆叠中没有面对面键合。另一方面,表2.10中的延时值大于表2.3中的延时值,这主要是由面对背硅通孔的较大线长和寄生电容引起的。只有面对背的堆叠中线长增加的原因是管芯间连接数减小,导致线长减小的机会变少。最后,对于三维 maze、三维 A-树和三维 Elmore 布线器,表2.3和表2.10都有相同的延时、线长和硅通孔数趋势。

表2.10 键合类型的影响,四管芯堆叠中我们仅使用面对背键合

电路	3D maze			3D A-tree			3D Elmore		
	延时	线长	硅通孔数	延时	线长	硅通孔数	延时	线长	硅通孔数
s9234	0.018	0.146	2195	0.019	0.155	2402	0.015	0.161	2113
b14_opt	0.078	0.194	3680	0.18	0.042	4459	0.039	0.219	3914
s13207	0.074	0.388	3497	0.07	0.41	4262	0.07	0.43	3676
s15850	0.103	0.504	4298	0.093	0.53	5561	0.083	0.57	4680
b20_opt	0.354	0.975	8210	0.228	1.06	12207	0.186	1.15	10084
b21_opt	0.38	0.966	7977	0.163	1.05	11367	0.156	1.13	9834
b22_opt	0.555	2.18	11408	0.466	2.38	16824	0.281	2.71	15185
ibm09	228.1	30.3	44667	135.7	33.9	65692	116.1	35.8	59955
ibm10	578.7	52.3	49855	355.2	58.5	77334	312.1	59.1	74329
ibm11	409.6	52.6	67076	254.1	59.7	75281	215.5	60.2	61353
ibm13	906.1	81.5	72546	491.9	87.5	98964	451.7	90.3	79688
ibm17	2234.6	174.5	160435	1224.5	187.8	192349	978.8	206.9	178013
比值	1.0	1.0	1.0	0.56	1.09	1.30	0.47	1.15	1.14

2.6.7 两管芯和四管芯叠层比较

到目前为止,三维叠层包含四个管芯,如2.6.1节中讨论。现在使用两管芯叠层进行实验,两管芯使用面对面键合。导线和硅通孔寄生参数如下:$r_1 = 86\Omega/mm$,$c_1 = 396fF/mm$,$r_2 = 175\Omega/mm$,$c_2 = 100fF/mm$,$R_{via} = 17.2\Omega/mm$,$C_{via} = 371.8fF/mm$。表2.11给出三维maze、三维A-树和三维Elmore布线器的比较结果。发现相对于三维maze和三维A-树,三维Elmore布线器分别获得了54%和11%的平均延时改善,这个明显的延时减小的代价是13%的线长和10%的硅通孔数的增加(与三维maze布线器相比)。这个趋势与表2.3中四管芯叠层情况的趋势一致。

硅通孔重新布局结果如表2.12所列。又发现与表2.5类似的趋势:贪婪方法不能产生好的结果,单ILP方法在更短运行时间内产生了与多ILP方法相似的结果。两管芯和四管芯叠层的区别有两方面。第一,与四管芯相比(9%),两管芯的温度降低较小(6%),这是因为两管芯堆叠中有更少的热点和更少的硅通孔。第二,由于较小问题尺寸,两管芯叠层需要的ILP运行时间也变短。

表 2.11 两管芯叠层结果：3D maze，3D A-tree 和 3D Elmore 布线器的比较

电路	3D maze 布线 延时	线长	硅通孔数	CPU	3D A-tree 布线 延时	线长	硅通孔数	CPU	3D Elmore 布线 延时	线长	硅通孔数	CPU
s9234	0.04	0.3	5137	13	0.04	0.33	5250	2	0.017	0.3	4976	4
b14_opt	0.083	0.38	6102	12	0.04	0.42	6560	4	0.04	0.42	6056	6
s13207	0.13	0.71	7960	15	0.11	0.75	8338	4	0.99	0.79	8216	7
s15850	0.17	0.92	9616	26	0.82	0.98	10049	7	0.068	1.04	9890	10
h20_opt	0.41	1.76	14205	35	0.17	1.96	15724	12	0.15	2.1	15445	15
h21_opt	0.35	1.75	14253	35	0.16	1.96	16004	12	0.19	2.07	15650	16
h22_opt	0.99	4.1	20557	86	0.38	4.54	22545	40	0.34	4.8	23571	56
ibm09	973.5	58.5	79677	411	461.9	66.7	89134	234	388.7	68.7	93184	287
ibm10	2245.8	98.2	109685	530	1156.6	106.7	119065	241	1023.5	113.4	128630	284
ibm11	1617.6	102.4	100321	771	804.8	116.1	112061	303	657.1	125.2	113573	344
ibm13	2578.6	174.5	139355	987	1667.6	186.6	140774	331	1473.9	195.6	142872	413
ibm17	6208.3	338.9	338854	1526	3177.2	357.8	359394	411	2790.1	375.3	370599	791
比值	1.0	1.0	1.0	1.0	0.53	1.08	1.07	0.36	0.46	1.13	1.1	0.5

表 2.12　两管芯叠层结果：硅通孔重新布局结果，T_{ini} 和 T_{max} 分别表示硅通孔重新布局前后的最高温度

电路	T_{ini}	贪婪 T_{max}	CPU	单ILP T_{max}	CPU	多ILP T_{max}	CPU	迭代次数
s9234	64.5	64.2	1.04	61.4	7.04	61.4	11.25	2
b14_opt	79.3	78.1	3.12	74.5	20.56	74.2	36.8	2
s13207	66.79	66.13	2.96	62.74	22.1	61.93	48.9	2
s15850	88.23	87.6	3.12	84.3	24.5	83.2	66.9	3
b20_opt	84.6	83.9	3.67	80.2	33.1	79.8	60.4	2
b21_opt	72.8	72.1	3.5	67.7	32.6	67.1	67.8	2
b22_opt	84.4	83.5	5.12	79.2	38.9	78.6	81.3	2
ibm09	77.9	76.8	12.3	73.5	148.9	73.1	405.6	3
ibm10	81.5	80.2	13.6	77.4	156.7	77.1	280.7	2
ibm11	81.9	81.1	15.3	77.2	221.3	76.5	515.7	3
ibm13	83.5	82.4	14.8	78.1	356.9	77.5	678.4	2
ibm17	86.2	85.4	19.4	81.3	623.8	80.5	1356.7	2
比值	1.0	0.989	1.0	0.943	17.22	0.936	36.86	-

2.7　结论

我们研究了三维堆叠集成电路技术中两个重要的新问题：三维斯坦纳树构建和硅通孔重新布局。我们的布线算法基于构建方法，其中三维斯坦纳树通过连接新管脚到已有树来生长。我们获得两变量延时方程，并优化方程计算给定热分布下硅通孔的位置。对于硅通孔重新布局，这里开发了一个创新技术，帮助避免温度优化所需的非线性优化。这里的方法可以同时处理大量硅通孔，进行有效的温度优化。

附　录

两变量延时方程的优化

假定 $a_0 = r_2/r_1$，$b_0 = c_1/c_2$，根据 2.4.3 节中给出的两变量延时函数的优化，可以采用如下方法来计算 x(连接点)和 y(硅通孔位置)：

(1) 对于 $d(a)$，我们有

$$\frac{\partial^2 F}{\partial \delta x^2} = r_1 c_2 (a_0 - b_0 - 2)$$

$$\frac{\partial^2 F}{\partial \delta y^2} = r_1 c_2 (a_0 + b_0 - 2)$$

$$H_1 = -(r_1 c_2)^2 \{(a_0 + b_0 - 2) 2 b_0\}$$

发现当 $H_1 = 0$ 时，$\frac{\partial^2 F}{\partial \delta x^2} \leq 0$，$\frac{\partial^2 F}{\partial \delta y^2} = 0$，根据情况 B 找出最佳延时点。如果 $H_1 < 0$，根据情况 D 找出最佳延时点。如果 $H_1 > 0$，$\frac{\partial^2 F}{\partial \delta x^2} \leq 0$，根据情况 A 找出最佳延时点。

(2) 对于 $d(b)$，需要评估两种情况：(1) 当 $x \geq b$ 时，$\frac{\partial^2 F}{\partial \delta x^2} = 0$，$\frac{\partial^2 F}{\partial \delta y^2} = 0$，$H_1 = 0$。因此，根据情况 C 寻找最佳延时点。(2) $x \leq b$ 时，$\frac{\partial^2 F}{\partial \delta x^2} = -2 r_1 c_2$，$\frac{\partial^2 F}{\partial \delta y^2} = 0$，$H_1 = -(r_1 c_2)^2 (b_0 - 1)^2$。因此，如果 $H_1 = 0$，根据情况 B 寻找最佳延时点。否则，根据情况 D 寻找最佳延时点。

(3) 对于 $d(c)$，$\frac{\partial^2 F}{\partial \delta x^2} = -2 r_1 c_2$，$\frac{\partial^2 F}{\partial \delta y^2} = 0$，$H_1 = -(r_1 c_2)^2 (b_0 - 1)^2$。如果 $H_1 = 0$，根据情况 B 寻找最佳延时点。否则，根据情况 D 寻找最佳延时点。

(4) 对于不在 T_p 中的所有其他结点，由于延时是 δx 和 δy 的线性函数，$\frac{\partial^2 F}{\partial \delta x^2} = 0$，$\frac{\partial^2 F}{\partial \delta y^2} = 0$，$H_1 = 0$。因此，根据情况 C 寻找最佳延时点。

由于 a_0 和 b_0 值依赖于每个管芯的互连参数，我们发现点 (x, y) 数目是固定常数。

公式(2.15)的解释

根据图 2.5，注意到有 n 个硅通孔的层 (i, j, k) 的温度如下计算

$$T_{i,j,k} = T_{i,j,k-1} + (P_{i,j,K} + \cdots + P_{i,j,k}) \times R_{i,j,k}^m$$

根据表2.1的定义，$\delta_{i,j,k}^m$写作

$$\delta_{i,j,k}^m = (P_{i,j,K} + \cdots + P_{i,j,k}) \times R_{i,j,k}^m$$

可以发现$\delta_{i,j,k}^m \propto R_{i,j,k}^m \propto 1/V_{i,j,k}^m$，因此对于增加的$m$值，且$m>0$，$\delta_{i,j,k}^m$严格减小。很容易发现有$m$个硅通孔的给定层的温度可以重新写作

$$T_{i,j,k} = T_{i,j,k-1} + \delta_{i,j,k}^0 - (\delta_{i,j,k}^0 - \delta_{i,j,k}^1) - \cdots - (\delta_{i,j,k}^{m-1} - \delta_{i,j,k}^m)$$

定义$\Delta T_{i,j,k}^m$如下

$$\Delta T_{i,j,k}^m = \delta_{i,j,k}^{m-1} - \delta_{i,j,k}^m$$

即为变量$\beta_{i,j,k}^m$的系数。注意当m增加时，$\Delta T_{i,j,k}^m$严格减小，使得可以使用非整数值计算变量$\beta_{i,j,k}^m$（参考表2.1中的定义）。原因是对于任何$V_{i,j,k}^m$值，$\beta_{i,j,k}^m$总是在$\beta_{i,j,k}^{m+1}$开始有非零值前达到它的最大允许值1。这是由于$\Delta T_{i,j,k}^m > \Delta T_{i,j,k}^{m+1}$，$V_{i,j,k}^m$的单位变化导致目标函数更大的减小。换句话说，如果$\beta_{i,j,k}^m < 1$，$\beta_{i,j,k}^{m+1} > 0$，我们总是可以通过①增加$\gamma$到$\beta_{i,j,k}^m$使得$\beta_{i,j,k}^m = 1$；②使用$\beta_{i,j,k}^{m+1} - \gamma$调节$\beta_{i,j,k}^{m+1}$，找到较低成本的解。

因此，在新简化的ILP问题中，额外变量$\beta_{i,j,k}$不能约束到整数，需要的唯一整数变量是$M_{i,j,k}^{x,y,k}(n)$变量。注意，如果试图减小层的最高温度，该假定不再有效，由于$T_{i,j,k}$不再存在于目标函数中，$\beta_{i,j,k}^m$值没有约束，它们不能放宽为连续变量。因此，产生的ILP将有着极大数目的整数变量。

参考文献

[1] A. Ajami, K. Banerjee, M. Pedram, Effects of non – uniform substrate temperature on the clock signal integrity in high performance designs, in *Proceedings of IEEE Custom Integrated Circuits Conference*, San Diego, 2001, pp. 233 – 236

[2] K. Boese, A. Kahng, B. McCoyy, G. Robins, Near – optimal critical sink routing tree constructions, in *IEEE Transactions on Computer – Aided Design of Integrated Circuits and Systems*, 14(12), 1417 – 1436 (1995)

[3] M. Burnstein, R. Pelavin, Hierarchical wire routing, in *IEEE Transactions on Computer – Aided Design of Integrated Circuits and Systems*, 2(4), 223 – 234 (1983)

[4] J. Cong, Y. Zhang, Thermal – driven multilevel routing for 3 – D ICs, in *Proceedings of Asia and South Pacific Design Automation Conference*, Shanghai, 2005, pp. 121 – 126

[5] J. Cong, Y. Zhang, Thermal via planning for 3 – D ICs, in *Proceedings of IEEE International Conference on Computer – Aided Design*, San Jose, 2005

[6] J. Cong, K. – S. Leung, D. Zhou, Performance driven interconnect design based on distributed RC delay model, in *Proceedings of ACM Design Automation Conference*, Dallas, 1993

[7] S. Das, A. Chandrakasan, R. Reif, Design tools for 3 – D integrated circuits, in *Proceedings of Asia and South Pacific Design Automation Conference*, Kitakyushu, 2003, pp. 53 – 56

[8] A. Fan, A. Rahman, R. Reif, Copper wafer bonding. Electrochem. Solid – State Lett. 2, 534 – 536 (1999)

[9] B. Goplen, S. Sapatnekar, Efficient thermal placement of standard cells in 3D ICs using a force directed ap-

proach, in *Proceedings of IEEE International Conference on Computer – Aided Design*, San Jose, 2003

[10] B. Goplen, S. Sapatnekar, Placement of thermal vias in 3 – D ICs using various thermal objectives. IEEE Trans. Comput. – Aided Des. Integr. Circuits Syst. 25(4), 692 – 709 (2006)

[11] X. Li, Y. Ma, X. Hong, S. Dong, J. Cong, LP based white space redistribution for thermal via planning and performance optimization in 3D ICs, in *Proceedings of Asia and South Pacific Design Automation Conference*, Seoul, 2008, pp. 209 – 212

[12] J. Minz, S. K. Lim, Block – level 3D global routing with an application to 3D packaging. IEEE Trans. Comput. – Aided Des. Integr. Circuits Syst. 25(10), 2248 – 2257 (2006)

[13] M. Pathak, S. K. Lim, Thermal – aware steiner routing for 3D stacked ICs, in *Proceedings of IEEE International Conference on Computer – Aided Design*, San Jose, 2007

[14] V. Pavlidis, E. Friedman, Interconnect delay minimization through interlayer via placement in 3 – D ICs, in *Proceedings of Great Lakes Symposum on VLSI*, Chicago, 2005

[15] T. – Y. Wang, C. C. – P. Chen, 3 – D thermal – ADI: a linear – time chip level transient thermal simulator, in *IEEE Transactions Computer – Aided Design of Integrated Circuits and Systems*, 21(12), 1434 – 1445 (2002)

[16] H. Yu, J. Ho, L. He, Simultaneous power and thermal integrity driven via stapling in 3D ICs, in *Proceedings of IEEE International Conference on Computer – Aided Design*, San Jose, 2006

[17] T. Zhang, Y. Zhan, S. S. Sapatnekar, Temperature – aware routing in 3D ICs, in *Proceedings of Asia and South Pacific Design Automation Conference*, Yokohama, 2006, pp. 309 – 314

第3章 三维集成电路的缓冲器插入

摘要:尽管近期三维集成电路的发展势头有较大提升,然而其时序优化方面进展很小。本章中,首先研究硅通孔的大寄生电容导致的信号转换时间增加问题;其次,开发了一个缓冲器插入算法,来改善明确考虑信号转换时间的三维集成电路中三维节点和二维节点的延时,通过各种节点和全芯片结果验证了该技术的有效性。与著名的 van Ginneken 算法和基于时序约束的二维优化商业软件相比,本文算法找到了具有较低转换延时的缓冲器方案,以及运行时间在可承受范围的缓冲器使用方法。

本章中材料基于文献[8]。

3.1 引言

对于高性能三维集成电路,特别是当三维节点位于时序关键路径上时,执行完全时序优化是非常关键的。时序优化技术中,插入缓冲器是最有效的方法。然而,当今还没有商业设计软件能够同时对多个管芯设计执行缓冲器插入任务。硅通孔有着较大寄生电容,增加了信号转换时间和下游延时。即使对于二维集成电路,今天的高级技术结点(如28nm结点)沿着节点经历高转换时间退化,进而增加了门延时。

L. P. P. P van Ginneken[15]采用动态规划(VGDP)。VGDP 已经被用于转换时间缓冲[5],该方法集中于改善转换时间设计规则违反问题,但是没有优化时序。文献[13]给出一种考虑转换时间的非-VGDP 缓冲插入算法,然而他们的延时模型没有考虑有效的电容[14],因此考虑到硅通孔对有效电容有较大影响,该算法不适合三维集成电路。而且,他们的框架依赖于非线性优化,对于大节点可能会产生运行时间问题,这点未见报道。相反地,VGDP 框架的有效性和灵活性很好,然而现在还没有在 VGDP 框架中考虑实际信号转换时间的工作报道。文献[9]中作者在 VGDP 框架中考虑转换时间,然而他们的转换时间模型不实际,由于采用分段线性函数,实现起来很复杂。本章研究自底向上转换时间传递动态规划(SPDP),即 VGDP 的修正版,考虑基于硅通孔的三维集成电路的转换时间来执行延时优化。通过在动态规划框架中考虑转换时间,与初始 VGDP 相比,获得了较低缓冲延时。

三维集成电路研究中大家已经达到共识,即可以基于现有二维电子设计自动化(EDA)工具,针对硅通孔进行修正,来进行时序优化处理。然而,由于二维 EDA 工具单独处理每个管芯,不能考虑整个三维路径,时序优化质量与真正的三维缓冲插入方法相比较差。本章覆盖下述主题:

(1) 研究三维节点中硅通孔引起的转换时间对门延时和节点延时的影响。使用缓冲三维节点,讨论硅通孔致转换时间退化的严重性,以及如何改善缓冲方法。

(2) 在 van Ginneken DP 框架中引入了合理的准确转换时间模型来减小延时。方案搜索期间,研究转换时间聚类方法,明确有效地考虑转换时间致延时。此外,使用转换时间信息研究几个有效的修剪规则,来限制搜索空间和降低运行时间。

(3) 比较并分析 SPDP 缓冲插入方案与 VGDP 和使用商业 EDA 软件实现的基于时序约束的二维缓冲插入方法。使用全芯片三维集成电路设计,如果使用三维缓冲器插入代替基于时序约束的二维优化,就可以验证能获得多少时序改善。

3.2 问题定义

将缓冲器插入问题定义如下:布局和布线阶段结束后,在使用布局硅通孔管脚和焊盘的给定布线节点拓扑上,在候选位置插入缓冲器(从给定缓冲器库)来最大化源门处的所需到达时间(RAT)。这等效于最小化从源门到关键沉门的延时。假定源门处的输入转换时间、沉输出的负载电容、沉输出的 RAT 已经给定。如 3.3 节讨论,由于沉门的输入转换时间(S_i)影响沉门延时,动态规划期间在 RAT 计算中包含沉门延时。因此,最小化从源门输入到关键沉门输出的延时。

这个问题不同于延时约束的缓冲插入问题[9,13],延时约束的缓冲插入问题中试图寻找满足延时目标的最小化资源使用(如面积、功耗)缓冲插入方案。对于这些节点情况,这里仅仅需要一个快速缓冲插入算法,保持合理延时。相反,对于关键路径上的节点,应当提供到关键沉节点的最小延时的缓冲器插入方案。将缓冲器插入的目标节点集中于这些"硬"情况,对于这些节点,寻找更好的方案比快速寻找合理的好方案更重要。还要注意,这里的问题不同于转换时间减小,转换时间减小没有产生到关键沉节点的最低延时。这里的目标是延时最小化,在延时计算中考虑转换时间可以提供更准确的动态规划延时计算,然而最小化转换时间不能产生到关键沉节点的最低延时。

而且,允许花费合理时间进行缓冲插入,因为在布线后物理设计优化中,最消耗时间的部分是 RC 提取和时序更新。使用略多的时间寻找更好的方案更合理,因为它会导致更少的优化循环,更早结束时序。

3.3 研究动机实例

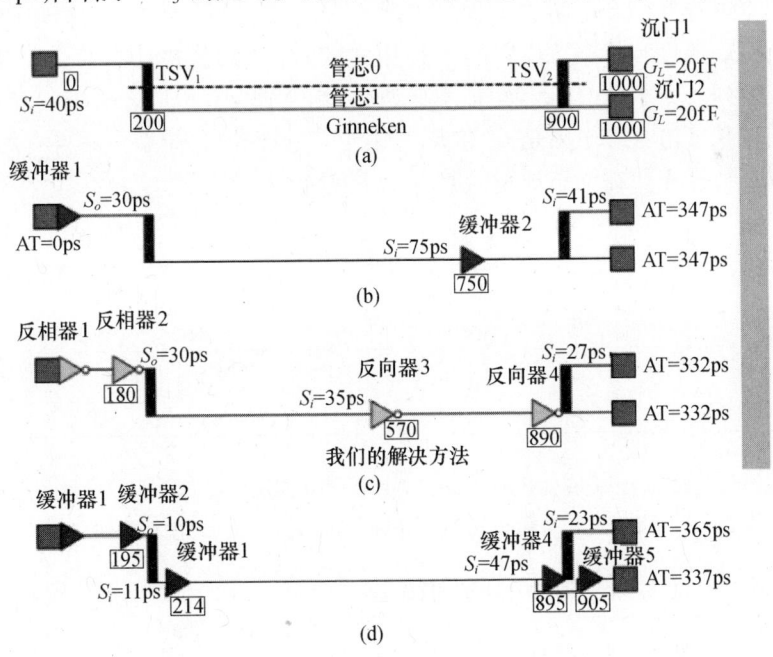

根据三维集成电路设计经验,发现硅通孔导致的转换时间退化很严重(即使是在缓冲器插入之后)。作为一个例子,图 3.1(a)给出一个有两个硅通孔的三维节点。源门是 NAND2_X1,沉 1/2 门是 AOI21_X1。使用 VGDP、SPDP 以及 Cadence Encounter 基于时序约束的二维优化工具进行缓冲插入。为了简化验证,假定缓冲器库包括单缓冲器(BUF_X4)和反相器(INV_X4),源门处的输入转换时间(S_i)为 40ps,沉 1/2 处的负载电容为 20fF。图 3.1 中的延时、转换时间和到达时间(AT)值使用版图和 PrimeTime 三维静态时序分析(STA)获得。VGDP 在源(进行放大)后紧接着布局了一个缓冲器,在 750μm 处布局了另一个缓冲器。由于大硅通孔电容和 buf₁ 驱动的长连线,从 buf₁ 到 buf₂ 的转换时间退化较大,因此 buf₂ 处的 S_i 很高,增加了 buf₂ 的延时。而且,关键沉门处的 S_i 也较大。由于我们的 SPDP 在动态规划期间考虑了转换时间,inv₂ 比 VGDP 方案中的 buf₁ 更接近 TSV₁,inv₃ 比 VGDP 方案中的 buf₂ 更接近 TSV₁,因此 inv₃ 处的 S_i 仅为 35ps,降低了 inv₃ 的延时。而且 SPDP 的关键沉节点的 S_i 更低,降低了沉门

图 3.1 一个例子,带框的表示从源门的距离

(a)目标节点和缓冲器插入方案;(b)VGDP;(c)SPDP;(d)使用 Cadence Encounter 的基于时序约束的二维优化,S_0 为门输出摆幅。

延时。由于沉门延时对 S_i 敏感,较低转换时间特别有好处。对比 $sink_1$ 输出的 AT 值,我们发现 SPDP 的延时比 VGDP 减小了 4.3%。使用商业设计软件的基于时序约束的二维缓冲器插入没有产生好的结果,该方法插入缓冲器,然而缓冲器通常比反相器有更高的本征延时。而且,在管芯 1 优化中不知道 buf_2 的确切位置,因此 buf_3 的位置不需要太接近 TSV_1。尽管关键沉节点的 S_i 最小,三种缓冲插入方案中,AT 最差。这清楚表明为什么对于时序关键节点,基于时序约束的二维缓冲器插入方法完全不够用。

3.4 延时和转换时间模型

3.4.1 目标三维集成电路和硅通孔结构

本章中,假定 4 个管芯交叠,如图 3.2(a)所示,硅通孔穿过管芯 0、管芯 1 和管芯 2。硅通孔单元占 6 个标准单元行,如图 3.2(b)所示。考虑到可靠性事项和性能波动,门和缓冲器应当布局在硅通孔阻止区之外。硅通孔有着影响时序的较大寄生参数。每个硅通孔有一个寄生电容 C_{TSV}、一个寄生电阻 R_{TSV},且由用两个电容和一个电阻的 π 模型表示,如图 3.2(c)所示。基于物理假定(如硅通孔衬底厚度和掺杂浓度),可以使用文献[7]中的公式计算 C_{TSV} 和 R_{TSV},如表 3.1 所列。由于几 GHz 频率以下硅通孔的电感很小,可以忽略。假定节点导线的单位长度电容和电阻是 C_m 和 R_m。由于有硅通孔,三维节点不再有均匀 RC 特性,RC 特性需要在动态规划框架的缓冲器插入中体现。

表 3.1 本章使用的参数

C_m	0.102fF/μm	R_m	1.5Ω/μm
C_{TSV}	59fF	R_{TSV}	0.1Ω
Bin 尺寸	2.0ps	dS	0 bin
maxS	70ps	minS	1.0ps

C_m 和 R_m 为第五层金属的单位长度电容和电阻;C_{TSV} 和 R_{TSV} 为硅通孔寄生电容和电阻;maxS 和 minS 为自底向上贯穿中的最大/最小允许转换时间。

3.4.2 门延时和转换时间模型

线性门延时模型广泛应用于时序优化工作中[1,5,9,15],假定门 g 的输出管脚处的集总负载电容为 C_L,线性门延时 $D_{g,\text{lin}}$ 和输出转换时间 $S_{o,\text{lin}}$ 如下表示

$$D_{g,\text{lin}} = K_g + R_g \cdot C_L, S_{o,\text{lin}} = SK_g + SR_g \cdot C_L \tag{3.1}$$

式中:K_g 和 R_g 为门 g 的本征延时和输出电阻,SK_g 和 SR_g 为本征转换时间和转换

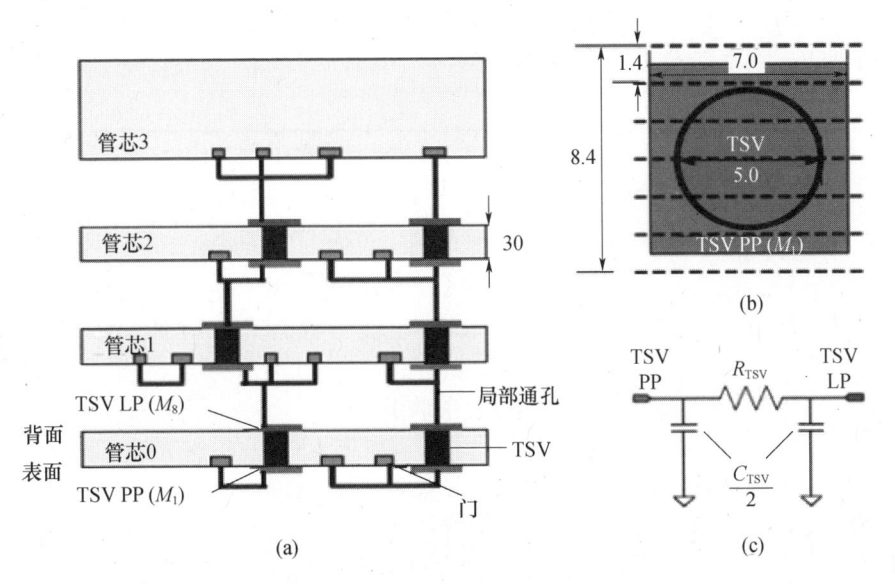

图 3.2　TSV PP(M_1)和 TSV LP(M_8)分别表示金属 1 上的硅通孔管脚焊盘和金属 8 上的硅通孔焊盘。(b)中虚线表示标准单元行边界,尺寸单位 μm
(a)三维集成电路侧视图;(b)硅通孔顶视图;(c)硅通孔 RC 模型。

时间电阻。

如文献[2]中讨论,线性门延时模型是不准确的,这是因为①由于电阻屏蔽[12],集总负载电容是过大估计了的门输出有效电容[14];②门延时不是负载电容的线性函数。第一个问题可以采用有效电容模型解决,第二个问题使用基于 k-因子方程的模型来解决[14]。在有效电容计算中,RC 网络简化为 π 模型(C_n, R_π, C_f),其中 R_π 模拟电阻屏蔽效应。之后,门输出有效电容 C_{ef} 如文献[14]一样进行计算。对于三维缓冲器插入,有效电容模型是必要的,因为硅通孔有较大电容,使得集总电容 C_L 过大估计门延时,妨碍缓冲器使用功效。假定一个有固定导线长度的两管脚节点,当我们从源门到沉门改变硅通孔位置时,由于硅通孔电容被增加的上游电阻屏蔽,且有效电容减小,源门延时降低。集总电容模型无法获取这种趋势,因此使用它进行三维集成电路缓冲器插入是不成功的。

门延时和输出转换时间的初始 k-因子方程为

$$D_{g,orgk} = (kd_1 + kd_2 C_{ef})S_i + kd_3 C_{ef}^3 + kd_4 C_{ef} + kd_5 \quad (3.2)$$

$$S_{o,orgk} = (ks_1 + ks_2 C_L)S_i + ks_3 C_L^2 + ks_4 C_L + ks_5 \quad (3.3)$$

式中:S_i 为门 g 的输入转换时间;$kd_1 - kd_5$ 和 $ks_1 - ks_5$ 为曲线拟合参数。注意对于上升/下降信号方向,参数值是不同的。此外,C_g 为门的输入管脚电容。由于 C_{ef} 倾向于低估 S_o[14],S_o 计算中使用 C_L。库定义了每个门的最大允许 C_L 和 S_i。

使用初始 k-因子方程的问题是模型线性依赖于 S_i，然而大部分门需要更高阶的多项式方程来满足准确性。因此，采用新 k-因子方程进行门延时和输出转换时间计算即

$$D_{g,\text{new}k} = kd_1 + kd_2 C_{\text{ef}} + kd_3 S_i + kd_4 C_{\text{ef}}^2 + kd_5 C_{\text{ef}} S_i \\ + kd_6 S_i^2 + kd_7 C_{\text{ef}}^3 + kd_8 C_{\text{ef}}^2 S_i + kd_9 C_{\text{ef}} S_i^2 + kd_{10} S_i^3 \tag{3.4}$$

$$S_{o,\text{new}k} = ks_1 + ks_2 C_L + ks_3 S_i + ks_4 C_L^2 + ks_5 C_L S_i \\ + ks_6 S_i^2 + ks_7 C_L^3 + ks_8 C_L^2 S_i + ks_9 C_L S_i^2 \tag{3.5}$$

式中：$D_{g,\text{new}k}$ 为一个 C_{ef} 和 S_i 的三阶多项式，$S_{o,\text{new}k}$ 为 C_L 的三阶、S_i 的二阶多项式。如 3.6 节讨论，在自底向上转换时间传递期间，我们需要计算 S_i、S_o 和 C_L。计算简单直接，通过解上述二阶多项式方程来获取 S_i。

根据库表征实验，可以发现，与初始 k-因子方程相比，新 k-因子方程与库数据拟合得更好，因此使用基于新 k-因子方程的延时和转换时间模型。

3.4.3 节点延时和转换时间模型

节点延时计算器使用 Elmore 延时模型，易于计算且延时是附加的[2]，有助于在动态规划期间进行修整。Elmore 延时的缺点是可能比实际延时转换时间偏离了几个数量级[2]，为了得到更高的准确度，可以使用基于延时因子（如 WED[10] 或 D2M[3]）的时刻匹配。模型假定阶跃输入信号，然而在实际电路中输入信号转换时间有限，因此模型倾向于低估实际延时。PERI 方法[6]从阶跃输入的延时因子出发将延时转换为斜坡输入延时。根据各种三维节点的版图模拟，观察到，与 PrimeTime 结果相比较，结合了 PERI 的 WED 模型很准确。

然而，由于如文献[2]所讨论，主要关系不能被定义，使用基于时刻的节点延时模型，不能保证动态规划求解的优化质量。对于两个解 $a_1:(q_1, C_{\text{ef}1}, m_1)$ 和 $a_2:(q_2, C_{\text{ef}2}, m_2)$，即使 $q_1 \geqslant q_2$ 且 $C_{\text{ef}1} \leqslant C_{\text{ef}2}$，基于上游结果，表面上看后续 a_2 可能在上游一侧有更好的解。目前还没有正确的采用基于时刻的延时模型的 VGDP 修剪原理。可以发现，使用基于时刻的节点延时模型的缓冲器插入，常常产生比使用 Elmore 节点延时模型的缓冲器插入更差的解，因此在 SPDP 中没有使用基于时刻的节点延时模型。

如图 3.3 所示，对于节点的转换时间退化（S_d），使用 Bakoglu 因子[4]。应用 PERI 转换时间模型[6]，我们获取了通过导线和硅通孔的转换时间。

3.5 三维 Ginneken 算法

首先将二维集成电路的初始 Ginneken 算法[15]扩展为三维，并命名为 Ginneken-3D。Ginneken-3D 算法类似于 VGG[2]，为了进行三维处理进行了扩

展。根据所有管芯的版图,为每个目标二维/三维节点建立一棵二进制树 $T = (V, E)$,其中 V 是结点集合,E 是边集合。硅通孔采用连接不同管芯结点的边表示。将节点导线分成 $20\mu m$ 长的线段,以产生候选缓冲器位置的内部结点[1],产生这些候选位置时应当考虑硅通孔相关信息,例如阻止区。此外,假定一套缓冲器 B。VGDP 包含两步:先自底向上然后自顶向下。自底向上期间,产生叶顶点的候选解,然后自底向上传递。候选解(或解)a 是一个与结点 $v \in V$ 有关的数据元组 (q, C, b, a_l, a_r),其中 q 为 RAT,C 为负载电容,b 为任何一个插入的缓冲器,a_l 和 a_r 为产生 a 的左右子解。使用有效电容模型[14],解中的 C 使用表示 π 模型的元组 (C_n, R_π, C_f) 代替,因此解变为 $(q, (C_n, R_\pi, C_f), a_l, a_r)$。每个结点有自己的解列表,解自底向上传递。对于门延时计算,VGDP 假定了默认的输入转换时间,包括缓冲器和反相器[2]。

VGDP 的有效性来自于自底向上期间每个结点解的裁剪,由于采用集总电容和 Elmore 节点延时的线性门延时模型的主要关系可以明确定义,所以裁剪原理[15]简单准确。例如,对于两个解 $a_1:(q_1, C_1)$ 和 $a_2:(q_2, C_2)$,如果 $q_1 \geq q_2$ 且 $C_1 \leq C_2$,a_1 总是产生比上游一侧 a_2 更好的解。然而,因为不再满足主要关系,如 3.6 节中所讨论,考虑到转换时间,裁剪应当更智能地执行。

自底向上流程结束后,由于根结点处的所有解的 C 相同(等于源门的输入电容),且裁剪后仅有最大 q 的解存在,根结点处只有一个解存在。根据最好解,执行自顶向下流程。子结点处的最好解通过跟随自底向上过程中存储的子解指针(a_l 和 a_r)获取。在这个自顶向下流程中,通过检测一个结点的最好解是否包含插入缓冲器来获取最好缓冲器插入解。

3.6 自底向上转换时间传导动态规划

众所周知,转换时间影响延时。物理上,转换时间自顶向下确定,如图(3.3a)所示。函数 F 是从时序库中获得的第三阶多项式转换时间模型。注意传导转换时间不是附加的。在 VGDP 的自底向上流程中,直到确定了上游的缓冲器(或门)才能确定当前结点的转换时间,因此在动态规划框架中考虑转换时间很难。为了克服这个难点,可以猜测自底向上流程中每个结点的转换时间。每个解有额外的传导转换时间项 $S = (S_b, S_d)$,包括转换时间基(S_b)和转换时间退化(S_d)。通过求解图 3.3(a)中的自顶向下转换时间方程,可以得到图 3.3(b)所示自底向上转换时间方程。由于转换时间不是附加的,需要根据转换时间基和转换时间退化来计算结点的转换时间。通过解函数 F 得到 S_i 可以找到函数 G。注意,由于转换时间计算的方向不同,自顶向下和自底向上流程的转换时间计算中 S_b 是不同的;在自顶向下流程中,定义 S_b 作为上游门的输出转换时间,然而在自底向上流程中,S_b 为下游门的输入转换时间,解变为 $(q, (C_n, R_\pi, C_f), (S_b,$

$S_d), b, a_l, a_r)$。

$S_i \rightarrow S_o$ $S_b \rightarrow S_u$ $S_o = F(C_L, S_i)$
C_L S_d $S_u = \sqrt{S_b^2 + S_d^2}$
$S_d = \ln 9 \times D_{\text{Elmore}}$

(a)

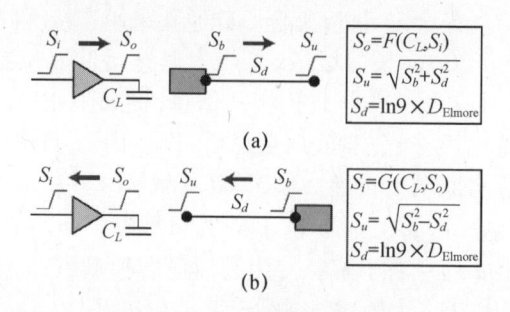

$S_i \leftarrow S_o$ $S_u \leftarrow S_b$ $S_i = G(C_L, S_o)$
C_L S_d $S_u = \sqrt{S_b^2 - S_d^2}$
$S_d = \ln 9 \times D_{\text{Elmore}}$

(b)

图 3.3 门和节点转换时间计算
(a)自顶向下；(b)自底向上转换时间。

算法 4 和算法 5 总结了 SPDP 算法的自底向上流程和自顶向下流程。

算法：自底向上转换时间传递动态规划

输入： 包含以拓扑排序的节点列表Vlist的图$G = (V, E)$，缓冲器库B

输出： 每个节点v的解列表

foreach node v of V list in reverse order **do**
　　if v has no child **then**
　　　　make sink solutions with varied tS_i values for different slew bins and add them to v;
　　end
　　else if v has one child v_c **then**
　　　　propagate the solutions of v_c to v;
　　end
　　else if v has two children v_{cl}, v_{cr} **then**
　　　　merge solutions of v_{cl} and v_{cr} with slew consideration and add it to v;
　　end
　　if v is a feasible buffer location **then**
　　　　for each solution, make a buffered solution if possible and add it to v;
　　end
　　for all solutions, calculate net delay of the parent wire or TSV of v and update q;
　　for all solutions, calculate slew degradation along the parent wire or TSV and update S;
　　prune solutions of v with slew consideration;
end

算法 4：SPDP 的自底向上转换时间

3.6.1 沉节点产生方法

对于每个沉节点，创建一套解，如算法 4 的第三行所示，每个解设置为不同的 tS_i。观察到在好的缓冲器插入方案中，沉节点处的 S_i 在 [10,50] ps 范围内，因此产生这个范围的解。有人可能认为可以从单个 tS_i 的单个解出发执行缓冲器插入，然后改变 tS_i 直到找到最好结果。然而，由于缓冲器候选位置和缓冲器强度的离散性,不同 tS_i 使得缓冲器插入结果不可预期地变化,通过扫描 tS_i 寻找最好解的方法不是很有效。另外,因为沉节点处有大量可能 tS_i 组合,这种方法不能有效地处理多管脚节点。因此,可以研究转换时间分级方法来更有效地寻找最好解。

```
算法:   自顶向下转换时间传递动态规划
输入:   包含以拓扑排序的节点列表Vlist的图G=(V,E),其解来自
        自底向上转换
输出:   缓冲器位置列表Blist和类型
foreach solution a of the root node do
   | compute the gate delay and q at the source gate input with propagated
     slew;
end
find the top N_best solutions with the highest q's;
foreach top N_best solution at the root node do
    mark the current solution at the root node;
    foreach node v of Vlist do
        if marked solution at v has an inserted buffer b then
          | calculate gate delay and output slew;
        end
        if v has a left child v_cl then
            mark the solution a_l of a at v_cl;
            propagate top-down delay and slew to v_cl;
        end
        if v has a right child v_cr then
            mark the solution a_r of a at v_cr;
            propagate top-down delay and slew to v_cl;
        end
    end
end
mark the best solution at the root node with lowest D_top-down to critical sink;
foreach node v of Vlist do
    if v has the best solution a with an inserted buffer b then
      | add the location and type of b in Blist;
    end
    if v has a left child v_cl then
      | mark the best solution a_l of a at v_cl;
    end
    if v has a right child v_cr then
      | mark the best solution a_r of a at v_cr;
    end
end
```

算法 5:SPDP 的自顶向下转换时间

3.6.2 时钟转换时间分级和裁剪

这里的转换时间分级不同于文献[5],使用预定义分级尺寸将允许转换时间范围进行划分,创建多个转换时间分级,每个分级有自己的编号,转换时间值与相应的转换时间分级相关。一个解表示为 $(q,(C_n,R_\pi,C_f),(S_b,S_d),\text{bin},b,a_l,a_r)$。如果分级尺寸小,相同分级的解间的转换时间差别小,该特性提供了好

的裁剪机会(算法4,第12行);对于相同分级的解,可以比较q和C,就像是VGDP中检查主导关系那样。注意这是个近似值,即使一个结点的两个解有相同分级值,依赖于它们的S_b和S_d,上游的转换时间可能是不同的,因为转换时间不是附加的。然而,观察到这种裁剪方法在实际中很好用,当两个解有类似的S_b和S_d时,仅仅裁剪就可以产生几乎相同质量的缓冲解,运行时间开支多于20%。

在沉节点,当分级尺寸为2ps时,在[10,50]ps范围内总共产生了20个解。与VGDP中沉节点产生一个解相比,这个沉节点产生的多解增加了SPDP的运行时间。因此,有效的裁剪原理是很关键的。在自底向上期间,限制传导转换时间的最大值maxS,因此搜索空间受限。可以设置比沉门处的最大S_i更大的maxS,因为缓冲器可以很好地还原退化转换时间,有时候到非关键沉节点的导线可能有更大的缓冲器间转换时间。maxS有效限制了每个结点的最大转换时间分级数目,运行时间复杂度依赖于允许的转换时间分级数。如表3.2所列,maxS有效限制了搜索空间和运行时间。折中考虑延时和运行时间,确定maxS = 70ps,动态规划期间的最小转换时间minS为1ps。

表3.2 三维集成电路设计中不同maxS对应的关键节点的延时和SPDP运行时间

maxS/ps	60	70	80	90
最大$D_{top-down}$/ps	440.54	440.54	440.54	440.54
平均$D_{top-down}$/ps	155.94	155.88	155.85	155.85
总运行时间/s	7.81	10.25	13.93	17.75

在转换时间分级原理中,在每个解中传递一个转换时间值。传递分级像文献[5]那样具有有转换时间范围(即[min,max]),则不能应用于SPDP算法中,这是因为:①使用[min,max]进行延时和转换时间计算使得裁剪复杂化;②当执行缓冲器S_i-S_o转换时间时,转换时间范围快速扩展。通常,S_i-S_o图中缓冲器的斜率非常小,S_o一侧的窄范围对应S_i侧的宽范围。通过三个缓冲器后,传导的转换时间范围通常覆盖所有好的转换时间范围(1~70ps),使得传导无意义。

不同分级尺寸的缓冲延时和运行时间如表3.3所列,分级尺寸较大时,由于沉门处产生了较少的解,且裁剪应用于更多的解,运行时间减小。然而太大的分级尺寸会降低解质量。为了进行延时和运行时间折衷,设置分级尺寸为2ps。

表 3.3　三维集成电路设计中不同分级尺寸对应的关键节点的延时和运行时间

分级尺寸/ps	1.0	2.0	3.0
最大 $D_{\text{top-down}}$/ps	433.96	440.54	456.43
平均 $D_{\text{top-down}}$/ps	155.44	155.88	156.28
总运行时间/s	32.27	10.25	5.44

3.6.3　融合方法

对于多管脚节点,在自底向上期间在融合结点处融合子解,如图 3.4 所示。融合解 a_3 的 q_3 和 C_3 如 VGDP 所示进行计算。融合转换时间值时需要谨慎。物理上,S_1 和 S_2 应当与 S_3 相同。在先前转换时间缓冲工作中[5],作者使用最大操作,$S_3 = \max(S_1, S_2)$,因为它们传导了最大转换时间约束。如果在 SPDP 中采用该最大操作,可能传递错误的转换时间值,进而使得下游的延时计算不准确,并使得上游的裁剪不正确。因此,只有 S_1 和 S_2 彼此非常接近时,才融合子解。然而,S_{b_1} 和 S_{d_1} 可能不同于 S_{b_2} 和 S_{d_2}。由于转换时间不是附加的,依赖于上游转换时间退化,从 S_1 和 S_2 计算的传导转换时间可能不同,导致上游存在不可避免的转换时间计算错误。由于到关键沉的延时必须比其他沉的延时更准确,我们将时序关键子节点(有较低的 q)的 S 作为融合转换时间。

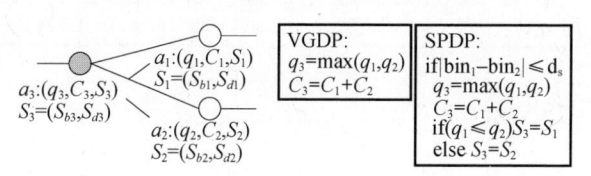

图 3.4　VGDP 和 SPDP 的解融合规则

如图 3.5 所示,一个结点的解的数据结构是一个列表,其中解以 q 和 C 的升序进行排序,而不是以 S。在 VGDP 的融合过程,左/右指针指向被融合的左/右子解(文献[9])。通过融合创建了一个解后,只有时序关键侧的指针向右移动(较大 q 和 C)。然而,由于当左右解的转换时间匹配时,SPDP 融合解,如果

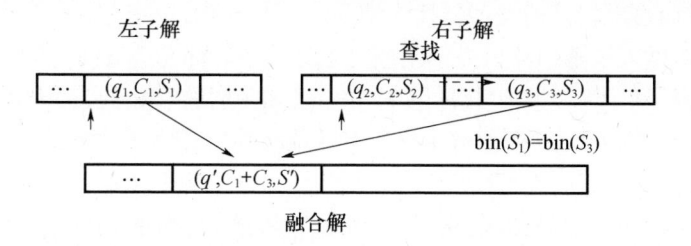

图 3.5　转换时间匹配技术。q' 和 S' 如图 3.4 确定

左侧解都为时序关键,所有这些解不属于匹配当今右侧解转换时间分级的转换时间分级,没有进一步的解被融合(即右指针固定)。为了避免这点,在非时序关键一侧使用独立的指针,实际搜索匹配时序关键侧解转换时间的解。由于每个列表通常包含大量不同转换时间的解,根据当前指针,寻找匹配转换时间分级的解不需要许多步。该技术改进了解的质量,但没有增加太多的运行时间。

在实现中,当 S_1 和 S_2 的转换时间分级号在一个阈值 d_S 内不同时融合解(算法4,第7行)。研究这个小差异,来检测自底向上期间的转换时间计算错误是否会导致融合时的错误裁剪。表3.4给出不同 d_S 的融合解百分比、缓冲延时以及运行时间。d_S 较大时,由于上述转换时间匹配技术,更多子解被融合,运行时间增加,融合解的百分比高。根据结果,$d_S = 0$ 时很明显产生了最好延时,运行时间最短。因此,设置 $d_S = 0$,意味着当解有相同分级号时进行融合。

表3.4　三维集成电路设计中不同 d_S 的关键多管脚节点的融合解百分比、延时和运行时间

d_S(分级)	0	1	2	3
融和解/%	82.3	91.9	93.5	94.4
最大 $D_{top-down}$/ps	413.00	440.54	486.45	543.38
平均 $D_{top-down}$/ps	209.55	216.33	221.24	226.88
总运行时间/s	9.55	10.25	11.71	12.09

3.6.4　缓冲器插入

传导转换时间为缓冲器插入步骤(算法4,第9行)提供了一种非常有效的裁剪机理。在自底向上期间,对于一个结点的任何解,C 是已知的,对于给定 C 的缓冲器 b,可以将 $S_o(g)$ 转变为 $S_i(g)$,如3.6节中所述。如果转换时间的 S_i 不在 [$\min S, \max S$] 范围内则裁剪解。如果这里保持有默认 S_i 值(40ps)的解,则并非裁剪解,解下游的延时计算会变得不准确,这是因为当今结点的转换时间已经被改变。延时计算误差可能导致使用默认转换时间解进行裁剪时得到较好的解,进而产生较差的缓冲器插入结果。

缓冲器插入步骤中的另一个问题是主导关系。如图3.6(a)所示,在 VGDP 中,当从传导解 $a_1 - a_3$ 产生缓冲解 $a'_1 - a'_3$ 时,$a'_1 - a'_3$ 的 C 相同,都为 C_b。因此对于缓冲器 b,有最高 q 的缓冲解主导所有其他缓冲解,因此每个缓冲器仅增加了一个新缓冲解。然而,在 SPDP 中,由于 S'_1 和 S'_2 也影响上游解,仅仅比较 q 进行裁剪是不正确的。例如,即使 $q'_1 \geq q'_2, S'_1 \leq S'_2$,根据基于转换时间的裁剪,上游一侧的解 a'_1 可能得到裁剪,而 a'_2 可以保留到根结点,可能成为最好的解。这意味着对于每个缓冲器类型,应当从所有候选解中产生缓冲解(算法4,第9行),算

法复杂度从 $O(|B|^2|V|^2)$ 增加到 $O(|B|^{|V|+1}|V|^2)$，其中 $|B|$ 是缓冲器库尺寸，$|V|$ 是结点数。然而，由于采用本节讨论的基于转换时间的裁剪规则，SPDP 的运行时间是可以接受的。

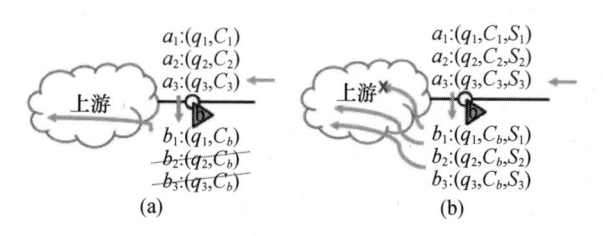

图 3.6　不同缓冲器插入原理
(a)VGDP；(b)SPDP。

3.6.5　多解跟踪

自底向上后，根结点处有多个解。$S_o - S_i$ 转变后，根结点处一个解的 S_i 可能与输入转换时间假定不匹配，我们允许这一点，因为解的延时和转换时间将在自顶向下流程中更准确地进行评估。在自顶向下流程中，自顶向下传递转换时间，计算有传递转换时间的门和节点延时。自顶向下延时计算（$D_{top-down}$：使用内部延时/转换时间模型计算）可能与自底向上延时计算（$D_{bottom-up}$：也是内部计算得到）有小的差别，这是因为自顶向下转换时间值可能不同于自底向上转换时间值，因此有效电容和门/节点延时改变。由于解融合时的转换时间计算，以及前面提及的根结点处的输入转换时间环境，$D_{bottom-up}$ 有着固有错误，因此，我们基于 q 将解排序，取最上面 N_{best} 解。然后从每个最好解中执行自顶向下解跟踪（算法5，第4～14行），检查 $D_{top-down}$，将最小 $D_{top-down}$ 的解作为最终缓冲插入解。可以发现有较高的 N_{best} 时（30 后饱和），缓冲插入质量通常可以得到改善。由于自顶向下延时计算是直接的，多解跟踪引起的运行时间开支可以忽略。

3.7　三维集成电路设计方法

本章中开发下述缓冲器插入的设计方法：①Encounter－3D：使用 Cadence Encounter 进行三维集成电路的基于时序约束的二维缓冲器插入；②Ginneken－3D：扩展到处理三维集成电路的初始 VGDP，所有门有固定输入转换时间 40ps；③SPDP：建议的 SPDP 算法，参数如表 3.1 所列。图 3.7 给出三个缓冲器插入方法的总体全芯片设计流程。从已经完成了划分和布局的设计开始，Cadence Encounter 中运行二维节点的初始优化，管芯边界（硅通孔端口）上没有时序约束来固定管芯内的 DRV。然后使用所有管芯的网表和 Cadence QRC 提取的

RC 寄生文件,加上顶层网表和模拟硅通孔的 RC 寄生文件,运行 Synopsys PrimeTime,执行真实的三维静态时序分析,在管芯边界产生时序约束,就像通常对层次式设计做的那样。使用时序约束,在 Encounter 中首先以预布线模式逐一对管芯进行二维优化,为了进行公平比较,仅允许在优化中插入缓冲器/反相器。然后逐一对管芯进行布线,之后执行 RC 提取。为了获取管芯边界的更新时序约束,执行三维静态时序分析。采用时序约束,在 Encounter 中运行布线后二维优化,作为 Encounter-3D 的最终设计。最后,执行三维静态时序分析获取时序结果,例如最差负时序余量(WNS)和总负时序余量(TNS)。

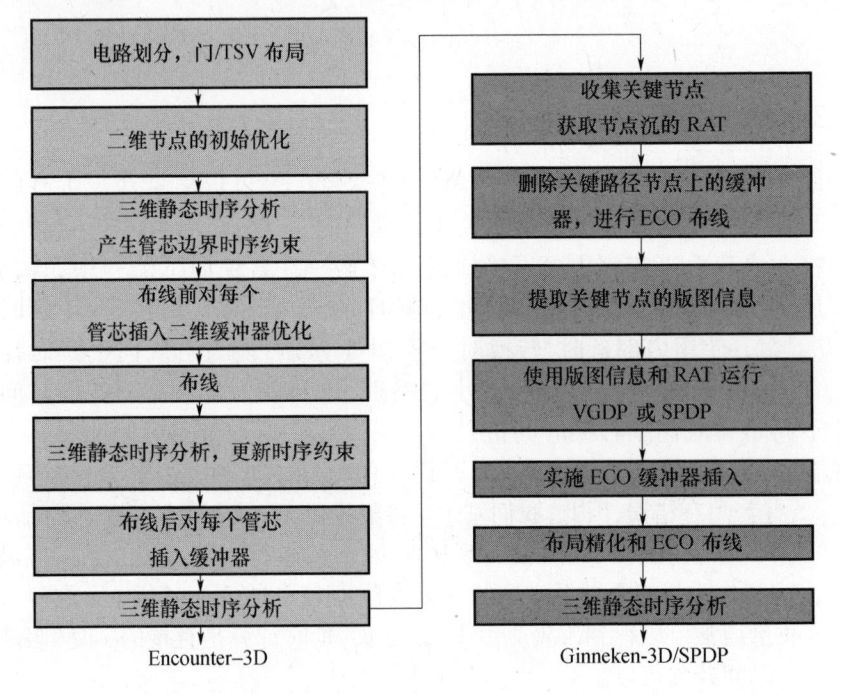

图 3.7 缓冲器插入方法的总全芯片设计流程。ECO 意味着工程改变顺序。

从 Encounter-3D 的最终设计开始,在 PrimeTime 中我们收集前 5% 关键路径节点和这些节点中沉门的所需到达时间 RAT。在 Encounter 中,删除关键节点上的缓冲器,运行 ECO 布线来修补缓冲器删除引起的破损布线。然后从 Encounter 提取关键节点的版图信息,执行 Ginneken-3D 或 SPDP 寻找缓冲器插入解,该解使用 ECO 缓冲器插入命令反馈回 Encounter。然后执行布局精化和 ECO 布线,它是 Ginneken-3D 和 SPDP 的最终设计。最后执行三维静态时序分析。

表 3.1 总结了实验中使用的参数,从中度拥塞版图中提取的导线寄生(使用 Cadence QRC 提取)与 C_m 和 R_m 匹配,误差小于 5% 和 1%。3.6 节中讨论的 SPDP 参数也总结在表 3.1 中。

3.8 实验结果

为了论证缓冲器插入算法的有效性,对各种节点执行缓冲器插入和全芯片设计。在 2.5GHz、48GB 主存 Intel Xeon 处理器的 Linux 服务器上运行实验。使用 Nangate 45nm 标准单元库[11],该库的缓冲器集包含 6 个非反向缓冲器(BUF_X1/2/4/8/16/32)和 6 个反向缓冲器(INV_X1/2/4/8/16/32),每个有自身的参数,例如 C_b, $kd_1 \sim kd_{10}$ 等。缓冲器输出处运行的最大 C_L 在库中定义。假定三维集成电路中采用 4 个管芯进行交叠,硅通孔直径 5μm,高 30μm,硅通孔宏单元占据 6 个标准单元行。

3.8.1 缓冲器插入结果

5 个目标设计总结在表 3.5 中,缓冲器插入结果如表 3.6 所列。注意 Encounter–3D 的运行时间没有报道,因为在缓冲器插入期间 Encounter 执行许多步,执行缓冲插入所需运行时间无法测量。与 Encounter–3D 相比,Ginneken–3D 将 WNS 和 TNS 平均改善了 31.4% 和 41.0%,意味着应用三维缓冲插入比基于时序约束的二维优化有优势。与 Ginneken–3D 相比,SPDP 进一步将 WNS 和 TNS 改善了 8.7% 和 10.9%,最大时钟频率提高了 3.2%,同时使用的缓冲器数目减少了 4%。Ginneken–3D 比 SPDP 使用了较多缓冲器,这是因为 Ginneken–3D 尽可能插入了负载转移缓冲器来减小到关键沉的延时,然而 SPDP 使用转换时间驱动融合避免了这点。

"#nets(critical)" 表示整个设计中的节点数和缓冲插入所选的关键节点,管芯尺寸单位 μm,"clock" 表示目标时钟周期,单位 ns。

表 3.5 目标设计信息总结

名称	门数	#nets(critical)	管芯尺寸	硅通孔数	clock
ckt$_1$	12924	13256(455)	350 × 350	1203	1.00
ckt$_2$	46677	48426(3408)	500 × 500	3102	1.00
ckt$_3$	50375	55454(1607)	700 × 700	8596	1.00
ckt$_4$	253554	331177(7405)	1300 × 1300	22303	1.50
ckt$_5$	546460	714782(14102)	1900 × 1900	42325	2.00

所有 5 个设计的 SPDP 累积运行时间大约为 Ginneken–3D 的 3.1 倍,是可接受的,因为①与总节点数相比,被缓冲的关键节点数少;②缓冲是许多优化步骤中的一步,通常大约消耗总优化时间的 10%。因此,对于这些"难"节

点例子,允许花更多的时间在缓冲上以改善时序。与 Ginneken - 3D 相比,SPDP 产生了 37.4% 和 47.4% 更好的 WNS 和 TNS,19.6% 更高的最大时钟频率,然而使用了 7.4% 更多的缓冲器,因为算法没有最小化缓冲器数目。注意在目标节点的非时序关键路径上,将降低缓冲使用(减小面积)作为后续步骤是可能的,这点不在这里的研究范畴中。这些全芯片结果清楚表明,SPDP 算法在 WNS、TNS 和最大可获取时钟频率方面优于 Ginneken - 3D 和 Encounter - 3D,如表 3.7 所列。

表 3.6 缓冲插入结果比较

		ckt_1	ckt_2	ckt_3	ckt_4	ckt_5	比
Encounter - 3D	#bufs	5134	12587	30812	79510	188014	0.894
	WNS	-528.54	-1466.49	-1367.94	-1213.83	-604.58	1.458
	TNS	-69.42	-973.07	-4576.33	-1941.03	-631.20	1.694
	f_{max}	654.22	405.43	422.31	368.48	383.94	0.863
Ginneken - 3D	#bufs	5338	15596	31459	88070	213212	1.000
	WNS	-392.62	-832.77	-1156.31	-665.62	-507.43	1.000
	TNS	-56.41	-695.42	-3885.07	-151.64	-47.62	1.000
	f_{max}	718.07	545.62	463.76	461.76	398.82	1.000
	运行时间	1.307	11.934	23.332	88.033	294.522	1.000
SPDP	#bufs	5183	13297	31177	84312	205420	0.960
	WNS	-353.711	-740.974	-1106.94	-620.617	-423.778	0.913
	TNS	-53.60	-607.34	-3483.79	-130.73	-35.54	0.891
	f_{max}	738.71	574.39	474.62	471.56	412.58	1.032
	运行时间	2.441	24.186	97.339	233.674	929.970	3.072

"#bufs"表示设计中的缓冲器数目,f_{max} 表示最大可获取时钟频率,Ginneken - 3D 和 SPDP 的运行时间值包括动态规划中的自底向上和自顶向下时间,WNS、TNS、f_{max}、运行时间单位分别为 ps、ns、MHz 和 s。

3.8.2 延时柱状图

为了更直观地观察缓冲插入时序,图 3.8 中比较了采用 Encounter - 3D、Ginneken - 3D 和 SPDP 的 ckt2 设计的时序延时柱状图。在 Encounter - 3D 结果中,长尾向左(延时 < -1.2ns)是因为 Encounter - 3D 不能有效优化几个关键三维节点。与 Ginneken - 3D 或 SPDP 相比,Encounter - 3D 的总柱状图条位于左边,意味着总缓冲插入质量是三种方法中最差的。与 Ginneken - 3D 图相比,SPDP 图中最左边柱状条(WNS)和总分布在右边,意味

着更好的时序结果。

3.8.3 硅通孔电容影响

现在研究硅通孔电容对设计质量的影响。随着硅通孔加工工艺进步,硅通孔电容可能会被减小。表3.7中将使用3.8节中3种方法的缓冲插入结果进行比较。当硅通孔电容从59fF降低到30fF时,由于硅通孔电容减小,3种方法使用的缓冲器数均减少。此外,WNS、TNS和最大可获取时钟频率得到了改善。对于Encounter-3D,WNS改善了11%,意味着基于时序约束的二维优化可能不是很好,特别是硅通孔电容大时。Ginneken-3D没有显示出太多的TNS改善,可能是因为缓冲器用的较少。由于更少的节点被识别为关键节点,运行时间减小。

表3.7　3.8节中不同硅通孔电容的ckt_3的缓冲插入结果比较, "#bufs"表示设计中缓冲器的数目,f_{max}代表最大可获取时钟频率

硅通孔电容		59fF	30fF	比
Encounter-3D	#bufs	30812	29145	0.946
	WNS	-1367.94	-1216.80	0.890
	TNS	-4576.33	-3921.68	0.857
	f_{max}	422.31	451.10	1.068
Ginneken-3D	#bufs	31459	29822	0.948
	WNS	-1156.31	-1062.62	0.919
	TNS	-3885.07	-3842.19	0.989
	f_{max}	463.76	484.82	1.045
	运行时间	23.332	22.107	0.947
SPDP	#bufs	31177	29478	0.946
	WNS	-1106.94	-1048.15	0.947
	TNS	-3483.79	-2949.59	0.847
	f_{max}	474.62	488.25	1.029
	运行时间	97.339	86.868	0.892

3.8.4 关键路径分析

分析3.8节中ckt_3设计的关键路径上节点的缓冲器插入结果,目标节点信息和缓冲器插入结果总结在表3.8和表3.9中。表3.8中的第2列和第3列给出不同节点的源门和关键沉门的管脚、单元名。表3.9中倒数第2行给出时序端点F/F处的建立时间,与Ginneken-3D相比,SPDP将路径延时减小了

6.8%,缓冲器数目减少了33%。

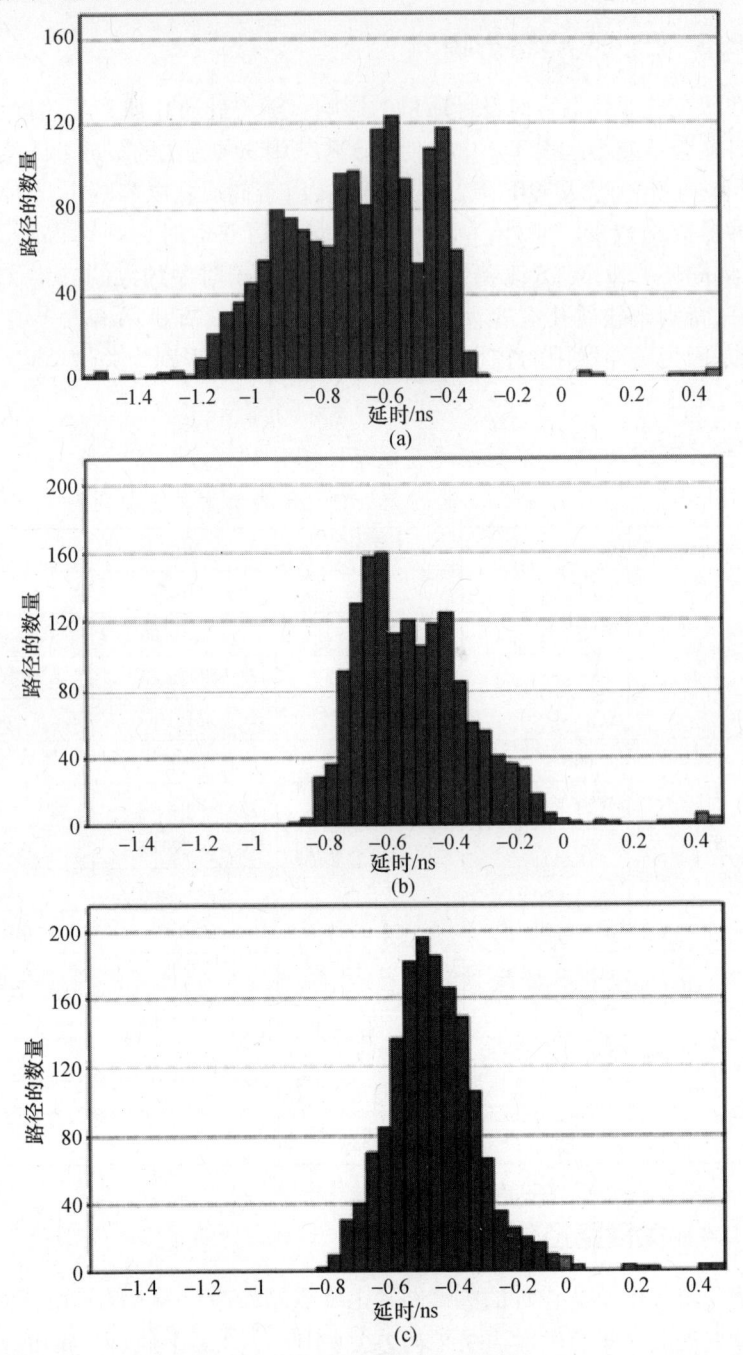

图 3.8 ckt₂ 的端点余量柱图

(a)Encounter-3D;(b)Ginneken-3D;(c)我们的 SPDP。

表3.8 设计 ckt₃ 使用 Encounter－3D 的关键路径上节点信息,"WL"、"#TSVs"和"#cand. buf loc"分别表示线长、硅通孔数和节点中候选缓冲器位置数

节点	开始单元/管脚	结束单元/管脚	扇出/WL/#TSV	#cand. buf loc
n_1	DFF_X1/CK	NAND2_X2/A1	8/595.30/1	39
n_2	NAND2_X2/A1	AND2_X2/A1	4/95.68/0	8
n_3	AND2_X2/A1	AND2_X4/A2	16/1818.35/1	108
n_4	AND2_X4/A2	OAI22_X1/A2	24/4527.09/6	262
n_5	OAI22_X1/A2	NOR4_X1/A4	1/16.04/0	1
n_6	NOR4_X1/A4	AND4_X4/A2	1/465.78/2	28
n_7	AND4_X4/A2	AND4_X4/A1	1/272.89/0	14
n_8	AND4_X4/A1	NAND4_X4/A2	1/333.68/2	21
n_9	NAND4_X4/A2	NAND2_X4/A2	2/1343.20/0	69
n_{10}	NAND2_X4/A2	NAND4_X4/A2	1/119.70	6
n_{11}	NAND4_X4/A4	DFF_X1/D	1/658.53/0	33

节点 n_4 显示了 SPDP 和 Ginneken－3D 间的最大差别。SPDP 比 Ginneken－3D 插入了较少的缓冲器,然而获得了较低的延时和沉门输入处转换时间,这点是有好处的,因为沉门 OAI22_X1 的延时对 S_i 敏感。尽管 Encounter－3D 插入了与 Ginneken－3D 类似数目的缓冲器,它在关键路径上插入了太多缓冲器,由于缓冲器的本征延时增加了路径延时。Ginneken－3D 没有考虑转换时间,因此 Ginneken－3D 的转换时间变化范围宽。另一方面,SPDP 在大多数情况下产生了低转换时间值来减小沉门延时,除了 n_9 节点,n_9 节点的沉门(NAND2_X4)延时对 S_i 不敏感。使用 Ginneken－3D,到时序端点(n_{11} 节点的沉)的 S_i 很高,增加了建立时间。3 个方法中,Encounter－3D 的 S_i 最小,然而没有产生最小延时。

图 3.9 给出使用 SPDP 缓冲插入的 ckt₃ 设计的关键路径版图,该路径是表 3.9 中给出的路径。门、缓冲器或反相器、硅通孔管脚焊盘、硅通孔连接焊盘用不同颜色标注。节点从管芯 2 开始(#1),下到管芯 3,然后回到管芯 2(#5),上到管芯 1 然后到管芯 0(#9),回到管芯 1 然后管芯 2(#13),下到管芯 3 并回到管芯 2(#17),上到管芯 1 回到管芯 2(#21),最终下到存在时序端点的管芯 3(#24)。路径上有许多硅通孔的原因是:①为了进行线长和面积折衷,使用切割尺寸受控的多路划分;②路径上的节点包含不同管芯上的大量沉节点。

表 3.9　设计 ckt₃ 的缓冲插入结果比较 "#bufs" 意味着节点上插入的缓冲器/反相器数，"delay" 是从源输入到节点的关键沉输入的延时，"slew" 是关键沉的 S_i，delay 和 slew 的单位为 ps

节点	Encounter-3D #bufs	Encounter-3D delay	Encounter-3D slew	Ginneken-3D #bufs	Ginneken-3D delay	Ginneken-3D slew	SPDP #bufs	SPDP delay	SPDP slew
n_1	4	199.04	6.48	7	140.86	40.33	2	155.66	17.43
n_2	2	41.10	8.75	4	53.40	6.58	2	48.98	8.97
n_3	8	75.81	15.49	9	66.27	33.56	8	79.98	18.45
n_4	21	962.32	37.87	24	557.38	51.51	13	466.27	36.90
n_5	0	31.91	17.54	0	35.16	20.55	0	32.05	17.59
n_6	7	338.13	16.60	1	234.19	57.92	2	223.08	35.80
n_7	1	87.07	16.07	0	89.73	30.86	0	80.79	28.15
n_8	6	266.00	7.84	1	111.09	28.64	2	105.31	18.27
n_9	5	210.79	27.11	3	153.87	43.29	2	167.29	54.96
n_{10}	0	33.71	18.78	0	42.97	23.66	0	49.95	28.05
n_{11}	2	109.93	17.76	0	126.19	90.18	2	106.82	29.06
建立时间	-	43.96	-	-	68.52	-	-	48.55	-
和	56	2399.76	190.28	49	1679.60	427.07	33	1564.73	293.63

在该路径上，我们发现有几个弱单元的放大缓冲器，例如管芯 2 上#1 和管芯 3 上#3 周围的缓冲器。我们还发现一些缓冲器，例如管芯 1 上#8、或管芯 2 上#2、或管芯 3 上#4 前的缓冲器，布局在硅通孔管脚焊盘/连接焊盘附近，以降低通过硅通孔的转换时间退化。当有大量沉聚集的时候(管芯 0 上#10，管芯 3 上#3，或管芯 3 上#16 周围)，我们的 SPDP 在该区插入几个缓冲器，对非关键路径上的门进行合理减负，进而降低沿着关键路径的转换时间退化。由于管芯上存在负载，对于穿通节点，例如管芯 2 上的#5~#6，#17~#18，或#21~#22，不插入缓冲器时延时可能会更低。管芯 3 上#16 前的缓冲器是个非常强的缓冲器，因此它驱动两个硅通孔到管芯 1 上#20 周围的另一个缓冲器。

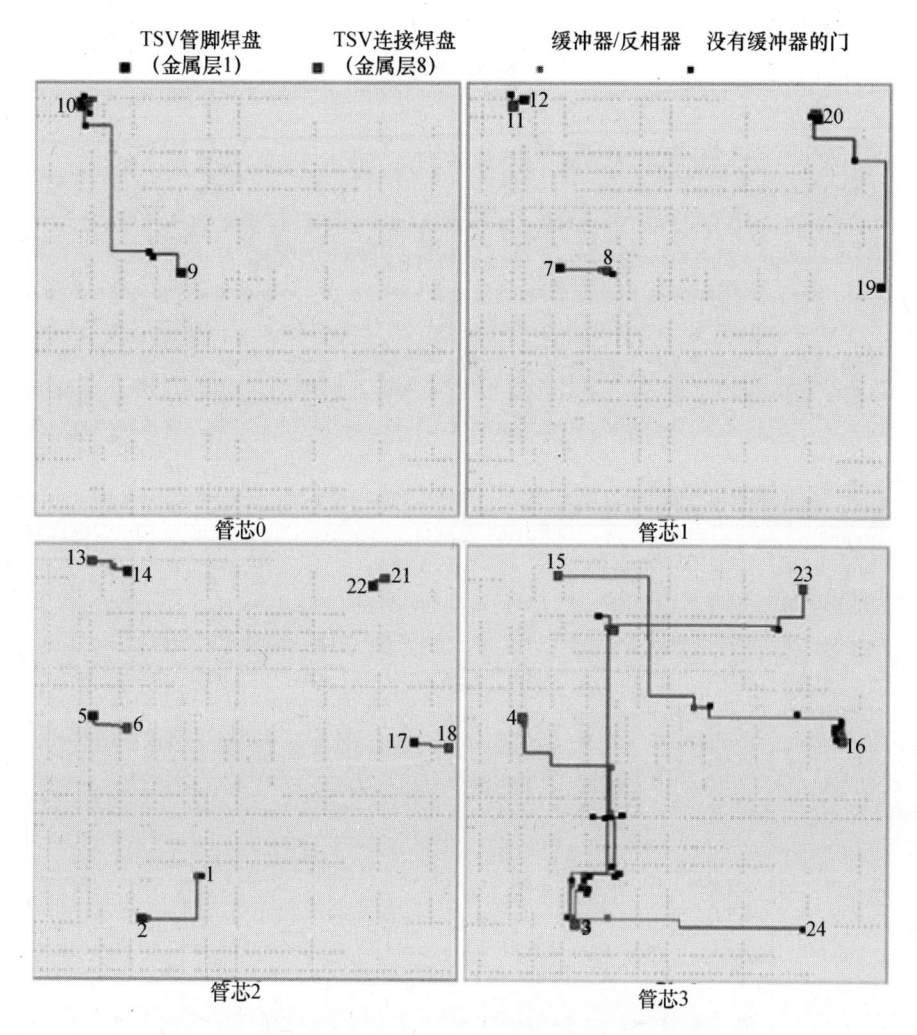

图 3.9　使用 SPDP 的 ckt$_3$ 设计的关键路径版图，图中的数字
表示路径顺序，点表示硅通孔管脚焊盘和关键路径外连接焊盘的位置

3.9　结论

我们研究了三维集成电路的缓冲器插入，在 van Ginneken 动态规划框架中考虑了转换时间。与固定转换时间 van Ginneken 算法相比，我们的转换时间驱动 SPDP 算法降低了总延时，运行时间开支合理。此外，它优于使用商业工具的基于时序约束的二维缓冲器插入。

参考文献

[1] C. Alpert, A. Devgan, Wire segmenting for improved buffer insertion, in *Proceedings of ACMDesign Automation Conference*, Anaheim, 1997, pp. 588 – 593

[2] C. J. Alpert, A. Devgan, S. T. Quay, Buffer insertion with accurate gate and interconnect delay computation, in *Proceedings of ACM Design Automation Conference*, New Orleans, 1999, pp. 479 – 484

[3] C. J. Alpert, A. Devgan, C. Kashyap, A two moment RC delay metric for performance optimization, in *Proceedings of International Symposium on Physical Design*, San Diego, 2000, pp. 73 – 78

[4] H. B. Bakoglu, *Circuits, Interconnects, and Packaging for VLSI* (Addison – Wesley, Reading, MA 1990)

[5] S. Hu, C. J. Alpert, J. Hu, S. K. Karandikar, Z. Li, W. Shi, C. Z. Sze, Fast algorithm for slewconstrained minimum cost buffering. IEEE Trans. Comput. – Aided Des. Integr. Circuits Syst. 26(11), 2009 – 2022 (2007)

[6] C. V. Kashyap, C. J. Alpert, F. Liu, A. Devgan, Closed – form expressions for extending step delay and slew metrics to ramp inputs for RC trees. IEEE Trans. Comput. – Aided Des. Integr. Circuits Syst. 23(4), 509 – 516 (2004)

[7] G. Katti, M. Stucchi, K. D. Meyer, W. Dehaene, Electrical modeling and characterization of through silicon via for three – dimensional ICs. IEEE Trans. Electron Devices 57(1), 256 – 262 (2010)

[8] Y. – J. Lee, I. Hong, S. K. Lim, Slew – aware buffer insertion for through – silicon – via – based 3D ICs, in *Proceedings of IEEE Custom Integrated Circuits Conference*, San Jose, 2012

[9] J. Lillis, C. – K. Cheng, T. – T. Y. Lin, Optimal wire sizing and buffer insertion for low power and a generalized delay model. IEEE J. Solid – State Circuits 31(3), 437 – 447 (1996)

[10] F. Liu, C. Kashyap, C. J. Alpert, A delay metric for RC circuits based on the weibull distribution. IEEE Trans. Comput. – Aided Des. Integr. Circuits Syst. 23(3), 443 – 447 (2004)

[11] Nangate Inc., Nangate 45nm open cell library, available online at http://www.nangate.com/? page id = 22

[12] P. R. O'Brien, T. L. Savarino, Modeling the driving – point characteristic of resistive interconnect for accurate delay estimation, in *Proceedings of IEEE International Conference on Computer – Aided Design*, Santa Clara, 1989, pp. 512 – 515

[13] Y. Peng X. Liu, Low – power repeater insertion with both delay and slew rate constraints, in *Proceedings of ACM Design Automation Conference*, San Francisco, 2006, pp. 302 – 307

[14] J. Qian, S. Pullela, L. Pillage, Modeling the effective capacitance for the RC interconnect of CMOS gates. IEEE Trans. Comput. – Aided Des. Integr. Circuits Syst. 13(12), 1526 – 1535 (1994)

[15] L. P. P. P. van Ginneken, Buffer placement in distributed RC – tree networks for minimal elmore delay, in *Proceedings of IEEE International Symposium on Circuits and Systems*, New Orleans, 1990, pp. 865 – 868

第 4 章 三维集成电路的低功耗时钟布线

摘要:本章主要讨论基于硅通孔的三维交叠集成电路的低功耗低转换时间时钟网络设计和分析。首先,研究硅通孔数和硅通孔 RC 寄生对时钟功耗的影响,介绍了几种技术来降低三维时钟分布网络的时钟功耗和转换时间,分析这些设计因素如何影响三维时钟网络设计中的总线长、时钟功耗、转换时间和偏斜。其次研究一种两步三维时钟树综合方法:①基于三维均值和中点方法(3D - MMM)算法的三维抽象树产生;②基于转换时间驱动延缓融合缓冲和嵌入(sD-MBE)算法的缓冲和嵌入。将 3D - MMM 方法扩展为 3D - MMM - ext,来确定三维时钟树中使用的优化硅通孔数,进而最小化功耗。相关 Spice 模拟表明:①与单硅通孔情况相比,使用多个硅通孔的三维时钟网络明显降低了时钟功耗;②随着硅通孔电容增加,多硅通孔时钟网络的功耗降低变小;③3D - MMM - ext 方法在硅通孔数与功耗折衷曲线中能有效寻找接近最佳设计的点。

本章中材料基于文献[27]。

4.1 引言

在三维集成电路中,时钟分布网络穿越整个叠层将时钟信号分布到所有时序单元。时钟偏斜,定义为从时钟源到达所有沉的时钟信号渡越时间的最大值,根据国际半导体技术发展蓝图(ITRS)规划[9],在时钟网络设计中,时钟偏斜需要小于时钟周期的 3% 或 4%。因此,二维集成电路中广泛研究的时钟偏斜控制,在三维时钟网络设计中仍是首要目标。然而,三维集成电路中时钟信号不仅沿着 x 和 y 方向分布,而且沿着硅通孔 z 方向分布。时钟分布网络驱动大电容负载和高频开关,使得很大部分功耗耗散在时钟分布网络中,在一些应用中,时钟网络本身占总芯片功耗的 25%[6],甚至 50%[28]。而且,设计三维时钟网络时也必须考虑时钟转换时间,因为大时钟转换时间会导致建立/保持时间扰乱。因此,低功耗、偏斜和转换时间仍是三维时钟网络的重要设计目标。

硅通孔通过垂直连接将时钟信号传递到三维叠层中的所有管芯,硅通孔数是表征时钟网络的物理和电学参数的重要因子。使用硅通孔的三维集成已经在芯片 - 芯片和芯片 - 原片通信中得到广泛研究[14],许多公司和研究所开发了硅通孔的制造和表征技术[21],硅通孔的可靠性问题也得到了研究[23]。

低功耗三维时钟网络设计需要全面研究硅通孔数和硅通孔寄生效应如何

影响时钟性能。现有工作已经表明如果使用较多硅通孔,三维时钟网络的总线长会减小[12,15,25,26]。根据观察[15],包含时钟源的管芯包括一棵完整的树,而其他管芯可能有子树,如图4.1所示。随着越来越多硅通孔的使用,利用多个硅通孔的三维时钟树倾向于使得总线长减小,然而,文献中还没有关于硅通孔 RC 寄生对时钟网络影响的分析,如果三维时钟树利用大量有大 RC 寄生的硅通孔,硅通孔导致的时钟延时和功耗可能明显增加。使用较多硅通孔有助于减小线长,进而减小功耗,然而硅通孔电容同时增加了时钟功耗。实验表明硅通孔电容越大,当越来越多的硅通孔被使用时,时钟功耗增加越快。

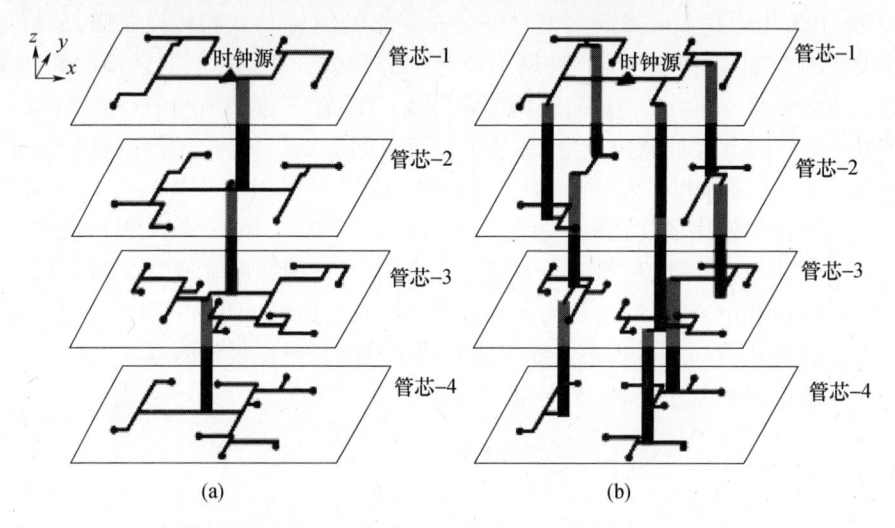

图 4.1　两种不同硅通孔数的四管芯交叠三维时钟网络
(a)相邻管芯间使用单个硅通孔;(b)使用十个硅通孔,(b)中的总线长更短。

本章研究各种设计参数对三维时钟网络的线长、时钟功耗、转换时间和偏斜的影响,这些参数包括硅通孔数[①]、硅通孔寄生、时钟缓冲器的最大负载电容和电源电压。同时还开发用于低功耗时钟网络设计的时钟网络综合算法。本章覆盖下述主题:

(1)研究硅通孔数和硅通孔寄生对时钟功耗的影响。给出各种硅通孔寄生值的"硅通孔数与功耗"的折衷曲线,讨论硅通孔数和硅通孔电容如何一起确定总时钟功耗。

(2)讨论硅通孔数和时钟缓冲插入对时钟转换时间控制的影响。研究表明,与单个硅通孔情况相比,使用多个硅通孔有助于减小最大和平均转换时间。此外,给每个时钟缓冲器的负载电容规定一个上限,仍是控制三维时钟网络设计最大转换时间的一个有效方法。

---

① 本章我们用"硅通孔数"表示三维时钟树中使用的硅通孔总数。

（3）研究确定最佳硅通孔数的有效方法，使得三维时钟树的总功耗最小。这里的方法可以预测在当前时钟拓扑中，增加一个新硅通孔对自顶向下抽象树产生期间总功耗的影响。该预测有助于决定不同管芯中的两个时钟结点对，确定为该时钟结点对使用硅通孔对于功耗减小是否是有用的。相关实验表明，与直接全面搜索方法相比，这里的方法可以有效地找到硅通孔数与功耗折衷的接近最佳设计的点。

4.2 研究现状

在三维时钟树设计和优化中，硅通孔规划在构建低功耗三维时钟网络中起着重要的作用。Minz等人[15]建议了第一个三维时钟布线算法，他们发现当在三维时钟网络中使用较多硅通孔时，总线长明显减小，他们还研究了三维时钟网络的热影响，并给出热驱动三维时钟树综合方法来平衡热变化引起的时钟偏斜。Kim[12]研究了减小线长的三维嵌入方法，然而没有考虑功耗或转换时间速率，也没有提供任何Spice模拟结果。Zhao等人[26]开发了一种时钟设计方法支持三维集成电路键合前测试。他们还讨论了硅通孔数对键合前可测性时钟树的影响。他们发现使用多个硅通孔可以帮助键合前可测性三维时钟网络获得低功耗。然而，该工作没有考虑硅通孔电容对时钟功耗的影响。

Pavlidis等人[16]给出制造的三维时钟分布网络的测量结果，Arunachalam和Burleson[2]建议时钟分布网络使用独立的一层来降低功耗，模拟表明与相同二维芯片时钟网络相比，可以获得15~20%的功耗降低。然而，他们集中于简单的H树，没有执行任何设计级优化。

由于硅通孔占据了很明显的版图空间[13]，进行低功耗三维时钟网络设计时，应当考虑硅通孔寄生，特别是电容的影响。现有工作主要集中于15fF硅通孔，然而，根据材料、硅通孔尺寸、氧化层厚度和硅通孔高度不同[19,22]，硅通孔电容可以从几十fF变化到几百fF。发现大硅通孔电容值对现有硅通孔数与功耗折衷讨论有明显影响。这种情况下，多硅通孔插入减小了总线长和功耗，但是大硅通孔寄生电容增加了功耗，导致多硅通孔情况下，总时钟功耗可能增加。因此，需要全面研究硅通孔电容和硅通孔数对总三维时钟功耗的影响。给定硅通孔寄生阻抗，寻找低功耗设计需要的最佳硅通孔使用的直接方法是完全搜索硅通孔数的整个范围，然而这种方法需要大量设计时间，是不现实的。

4.3 基础知识

4.3.1 三维时钟网络的电学和物理模型

本章将三维时钟网络建模为分布式 RC 网络，表示触发器和IP或存储器块的时钟输入管脚的沉节点建模为容性负载,导线段和硅通孔采用 π 模型[①], π 模型是表示时钟网络寄生的经典方法。每个缓冲器或驱动器使用两个反相器构建。注意,先前工作已经集中于硅通孔的电学建模[3,11,19,22],三维时钟布线算法可以灵活处理更复杂的硅通孔寄生模型。

硅通孔上限定义为用户指定的每个管芯允许的最大硅通孔数约束,通常在时钟综合前基于工艺技术来确定硅通孔上限。不同于硅通孔上限,硅通孔数(#TSVs)是指在三维时钟树中使用的硅通孔总数。对于一个 n 管芯三维叠层,硅通孔数通常小于等于 $n-1$ 倍的硅通孔上限。

图 4.2 给出一个使用 4 个硅通孔的三管芯时钟互连,时钟源位于管芯 3,管芯 1 中的沉 a 使用两个垂直对准的硅通孔连接到源,管芯 1 中的沉 c 使用两个硅通孔连接到源,管芯 2 中的沉 b 使用一个硅通孔。

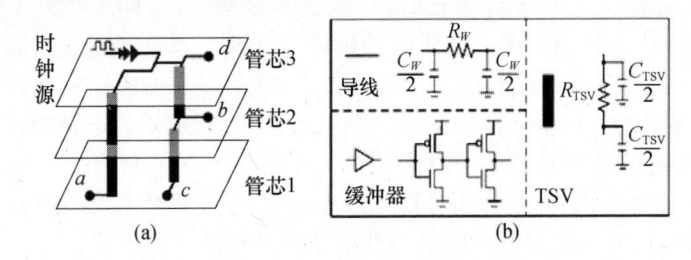

图 4.2 时钟树实例和其电学模型

(a)使用四个硅通孔的三管芯时钟网络例子,其中时钟源位于管芯 3,管芯 1 中的沉 a 使用两个垂直对准的硅通孔,管芯 2 中的沉 b 使用一个硅通孔连接时钟源;(b)时钟导线段、硅通孔和缓冲器/驱动器的电学模型。

4.3.2 问题描述

三维时钟树综合问题可以如下描述:假定所有管芯中的一套沉、硅通孔上限、预确定时钟源位置、导线、缓冲器和硅通孔的寄生参数,三维时钟树综合构建了一个全连接三维时钟网络,使得①所有管芯中的时钟沉使用一个树连接;②每个管芯中的硅通孔数低于硅通孔上限;③时钟偏差最小(Elmore 延时模型下为零[5]);④时钟转换时间低于约束;⑤导线长度和时钟功耗被降低。

时钟偏斜是时钟沉到达时间之间的最大差,现有时钟树综合工具中,Elmore 延时模型常用于测量 RC 延时和偏差。三维时钟树综合的首要目标是保证零 Elmore 偏斜时钟网络。为了获得更准确的时序信息,并评估时钟综合性能,使用 Spice 对三维时钟树进行模拟。模拟得到的时钟偏斜约束为小于时钟周期的

---

① 本章导线段表示抽象树边,非均匀分布。依赖于抽象树上的硅通孔插入和缓冲器插入,源到沉路径通常包含几十个导线段,每个导线段长度在寄生微米到几百微米间变化。

3%。时钟转换时间定义为每个沉的时钟信号的10%跳变到90%的时间。

硅通孔上限约束在获取低功耗三维时钟网络时起着重要的作用,该上限反映硅通孔使用对布线拥塞、电容耦合、应力导致的制造问题等的影响。通过改变硅通孔上限,获得不同质量的不同三维时钟网络。注意硅通孔上限和每个管芯中的实际硅通孔使用可能是不同的,因为上限仅给出每个管芯的最大硅通孔使用限制。

4.4 三维时钟树综合

4.4.1 简介

三维时钟树综合算法主要包括两步:①三维抽象树产生和②摆幅驱动缓冲和插入。首先,基于三维均值和中值方法(3D-MMM)算法产生一个三维抽象树。在自顶向下建立二进制树时,如果需要使用硅通孔,3D-MMM算法基本上确定了将哪对结点(沉结点或融合点)连接在一起。注意,3D-MMM算法的工作方式如下:总有一个管芯包含连接该管芯中所有沉的单棵树,而其他管芯中的沉使用多个树相连。这种情况下,时钟源位于包含单棵树的管芯中。

一旦获得了三维抽象树,可以确定布线拓扑和所有结点、硅通孔及缓冲器的确切几何位置。转换时间驱动推迟-融合缓冲和插入(sDMBE)方法基于二维时钟布线中的经典推迟-融合和嵌入(DME)算法[4],包含两个阶段。自顶向下方式中,sDMBE首先访问每个结点,确定一对子树的融合类型,如果有必要插入缓冲器,基于零Elmore偏斜方程计算融合距离。第一个阶段中sDMBE的结果是融合分段,其中存储了三维抽象树中内部结点的实际位置的集合。在第二个阶段,sDMBE以自顶向下方式访问整个抽象树,同时决定内部结点、缓冲器、硅通孔的确切融合位置,以及确切布线拓扑,直到所有沉通过一棵单树连接。

4.4.2 三维抽象树产生

三维时钟树综合的第一步是使用3D-MMM算法产生三维抽象树。三维抽象树表明了沉结点、内部结点、硅通孔基根结点间的层次连接信息。n管芯交叠时钟网络的三维抽象树是一个n种颜色的二进制树,用来识别所有结点的管芯标记。

开发的3D-MMM算法,为自顶向下方式中的给定时钟沉产生一棵三维抽象树,该算法是平均值与中值算法(MMM)[10]的扩展。使用各种硅通孔上限,3D-MMM算法产生的三维抽象树如图4.3所示。注意较大硅通孔上限倾向于将硅通孔移动到更接近沉结点的位置,使得垂直时钟连接多于水平连接。然而,由于水平连接长度短,总线长减小。3D-MMM算法的基本思想是递归划分给定沉集合为两个子集,直到每个沉属于它自己的集合。如果决定融合不同管芯中的一对结点则需要使用硅通孔。这种情况下,目标是在管芯面积上均匀分布硅通孔,并满足给定硅通孔上限,改善可制造性[24]。

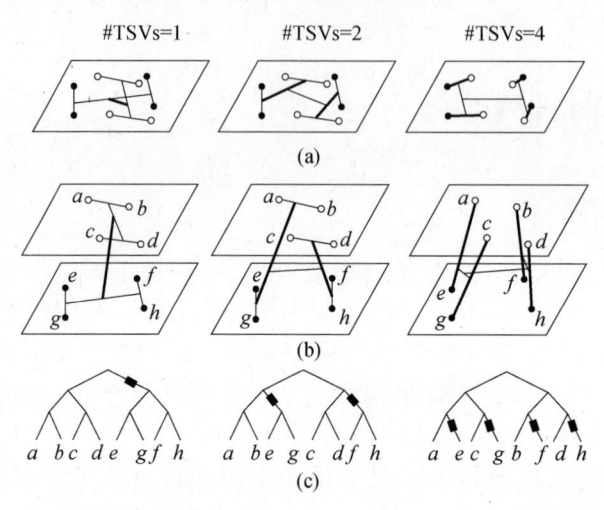

图4.3 各种硅通孔上限下使用我们的3D-MMM算法产生的三维抽象树
(a)二维视图,其中粗线表示硅通孔连接;(b)三维视图;(c)二进制抽象树,其中方块表示硅通孔。

假定 $S = \{s_1, s_2, \cdots, s_k\}$ 表示一套沉节点,沉节点的位置已经在三维时钟树综合前确定,我们假定 S 中也给定每个管芯允许的最大硅通孔数(硅通孔上限)。每个 s_i 包括三个元素 (x_i, y_i, z_i),其中 z_i 表示 s_i 的管芯标识,x_i 和 y_i 为 s_i 的 x 和 y 坐标。假定 stack(S) 表示集合 S 中的沉节点所处管芯的数目。每个递归划分中,基于下述两种情况将集合 S 分为两个子集 S_1 和 S_2:

(1) Z-切割:如果硅通孔上限为1,给定沉集合 S 划分后使得相同管芯的沉属于相同子集。S_1 和 S_2 间的连接需要相邻管芯中的一个硅通孔。注意3D-MMM是一个双划分过程。当 S 的沉分布到多于两个管芯时(即 stack(S) >2),需要 stack(S) -1 次 z 方向划分迭代,将沉集合分为几个子集,使得属于相同管芯的沉位于同一个子集中。而且,Z-切割的顺序依赖于源管芯标识。算法6给出 Z 切割过程的细节。

(2) X/Y-切割:如果硅通孔上限大于1,或者集合 S 中的沉属于相同管芯,集合 S 使用水平线(X-切割或 Y-切割)进行几何划分,忽略 Z 方向。如果子集包含不同管芯的沉,需要多个硅通孔连接那些沉。

```
输入：沉集合S={S₁,S₂,⋯Sₖ},源管芯索引Z_S
输出：子集S_T和S_B
Z_min = min(z₁,⋯,zᵢ,⋯,z_k), sᵢ = (xᵢ,yᵢ,zᵢ) ∈ S
Z_max = max(z₁,⋯,zᵢ,⋯,z_k), sᵢ = (xᵢ,yᵢ,zᵢ) ∈ S
if Z_S ⩽ Z_min then
    S_T = {s₁,⋯,sᵢ,⋯,s_kl}, zᵢ ∈ [Z_min + 1, Z_max]
    S_B = {s_kl+1,⋯,sⱼ,⋯,s_k}, zⱼ = Z_min
else if Z_S ⩾ Z_max then
    S_T = {s₁,⋯,sᵢ,⋯,s_kl}, zᵢ = Z_max
    S_B = {s_kl+1,⋯,sⱼ,⋯,s_k}, zⱼ ∈ [Z_min, Z_max - 1]
else
    S_T = {s₁,⋯,sᵢ,⋯,s_kl}, zᵢ = Z_S
    S_B = {s_kl+1,⋯,sⱼ,⋯,s_k}, zⱼ ≠ Z_S
end
```

算法6：Z-切割过程伪码，$Z-\text{cut}(S, S_T, S_B)$对应于3D-MMM算法(算法7)中的第6行

每个划分完成后，使用为每个新子集指定的硅通孔限制数传递硅通孔上限。

使用3D-MMM算法的三维抽象树产生方法如算法7所示。递归方法将一套三维时钟沉和硅通孔上限作为输入。如果给定沉集合的尺寸(即|S|)为1，那么到达了抽象树的底层(3~4行)。如果硅通孔上限是1，应用Z-切割将沉集合S分为两个子集S_1和S_2(6~7行)。如先前讨论，一旦硅通孔上限为1，3D-MMM执行stack(S)-1次Z方向划分，使得属于相同管芯的沉处于相同子集中。为了保证相邻管芯间只使用一个硅通孔，管芯Z-切割的顺序依赖于源-管芯编号和沉集合S中的管芯标记，如算法6所示。如果上述条件不满足，使用水平线(X-切割或Y-切割)几何划分集合S，即所谓的X/Y-切割(第9行)，每个沉的Z方向忽略。切割线画在沉X或Y坐标的中点。对于两个子集，划分硅通孔上限(第10行)。每个子集的上限通过下述过程计算：①估计每个子集需要的硅通孔数，②根据估计的硅通孔比划分给定界限B。对于每个子集，我们假定每个管芯中的最小沉尺寸为硅通孔估计数。对于不同硅通孔上限的每个子集S_1和S_2，递归调用该过程(11~12行)。子树的根通过高级树的根实现连接(13~15行)。算法的复杂度为$O(n \cdot \log n)$，其中n为结点数。

与n管芯叠层时钟沉对应，三维抽象树为一棵n色的二进制树，给它的每个结点(即沉、内部结点和根)分配一种颜色来表示属于哪个管芯。管芯自底向上编号为1到n。假定$c(p)$为结点p的颜色标识，$c(p) \in \{1,2,\cdots,n\}$。例如，$c(p) = 1$意味着结点$p$位于管芯1。使用$c(\text{src})$表示时钟源所处的管芯标识。自顶向下三维抽象树产生期间，根据沉集合将结点染色。考虑沉集合S的节点p，假定$Z_{\max}$和$Z_{\min}$表示集合S内沉的最大和最小管芯标识，p的颜色按如下方法确定：

```
输入：三维沉集合S和TSV上限B
输出：沉集合S的根
S₁ and S₂ ← subsets of S
if |S| = 1 then
  | return root(S)
else if B = 1 and stack(S) > 1 then
  | Z-cut(S, S₁, S₂)
  | B₁ = B₂ = 1
else
  | Geometrically divide S into S₁, S₂
  | Find B₁, B₂ such that B₁ + B₂ = B
end
root(S₁) ← AbsTreeGen3D(S₁, B₁)
root(S₂) ← AbsTreeGen3D(S₂, B₂)
leftChild(root(S)) ← root(S₁)
rightChild(root(S)) ← root(S₂)
return root(S)
```

算法7：3D-MMM算法中AbsTreeGen3D(S, B)的伪码

$$c(p) = \begin{cases} c(\text{src}), & \text{如果} p \text{是根} \\ Z_{\min}, & \text{否则，如果} Z_{\min} > c(\text{src}) \\ Z_{\max}, & \text{否则，如果} Z_{\max} < c(\text{src}) \\ c(\text{src}), & \text{其他} \end{cases} \tag{4.1}$$

考虑两节点结点 n_1 和 n_2 的边 e，①如果 $c(n_1) = c(n_2)$，边 e 将被布线在与 n_1 和 n_2 结点相同的管芯中；②如果 $c(n_1) \neq c(n_2)$，沿着边 e 将插入 $|c(n_1) - c(n_2)|$ 个硅通孔。

图4.4进行了论述，图中给出两次Z-切割后的沉集合 $\{a,b,c\}$ 的三维抽象树。图4.4(b)~图4.4(d)是三个抽象树，它们的时钟源分别位于管芯3、管芯2和管芯1。抽象树中的每个结点包括沉集合和颜色信息。图4.4(b)中的抽象树是首先通过 Z-切割[1]，然后 Z-切割[2] 获得的。然而图4.4(d)首先应用 Z-切割[2]，然后进行 Z-切割[1]。图4.4(c)首先提取时钟源管芯的沉，然后应用 Z-切割。使用不同 Z-切割顺序的主要目的是保证 stack(S) - 1 次 Z-切割后，相邻管芯间只有一个硅通孔。

4.4.3 转换驱动缓冲和插入

三维时钟树综合的第二步是转换驱动缓冲和插入：假定一个三维抽象树，目标是确定所有结点、硅通孔和缓冲器的确切几何位置，使得插入和缓冲的时钟树的线长最小，每个缓冲器的负载电容不超过预定义的最大值（CMAX），并且使得Elmore延时模型下的时钟偏差为零。开发了转换驱动打散-融合缓冲和插入(sDMBE)算法，几何插入(布线)抽象树。

时钟源位于(b)管芯3(c)管芯2(d)管芯1。抽象树中的每个结点包含相

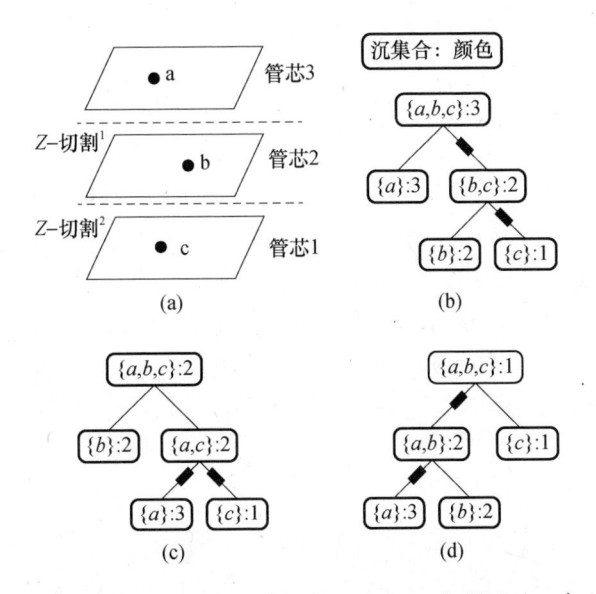

图4.4 对三管芯叠层沉集合$\{a,b,c\}$上应用两次Z-切割后的三色三维抽象树

应沉集合和色彩标识。(b)首先应用Z-切割^1,然后Z-切割^2,(d)首先应用Z-切割^2,然后Z-切割^1

sDMBE是一个两步算法,基于打散-融合插入(DME)算法[4],DME算法广泛应用于二维时钟综合。第一步,sDMBE确定融合类型,构建自底向上期间每对子集的融合段。不同于现有二维综合[1,7,20]集中于时钟布线后的转换驱动缓冲插入,sDMBE在自底向上过程中执行缓冲插入。sDMBE中转换驱动缓冲的目的是融合子集时定位缓冲器,使得缓冲器的负载电容在给定界限内(CMAX)。CMAX对三维时钟摆幅的影响将在4.6.5节中讨论。融合段是基于融合距离获取的,在Elmore延时模型的零-偏差方程和线长最短目标下进行计算。sDMBE的第二步是确定内部结点、缓冲器和硅通孔的确切位置,确定总时钟节点的布线拓扑。方法的复杂度是$O(n)$,使得解搜索框架中增加或包含时钟布线是实际的。

图4.5给出未缓冲和缓冲的三维时钟树的融合段的两个例子。当将子结点u和v融合为父结点p时,sDMBE首先基于给定三维抽象树和CMAX约束决定融合类型。根据时钟导线、缓冲器和硅通孔间的融合类型,我们获取了,如图4.5(a)所示的结点p和u,p和v间的融合距离,而图4.5(b)所示为结点p和缓冲器b,缓

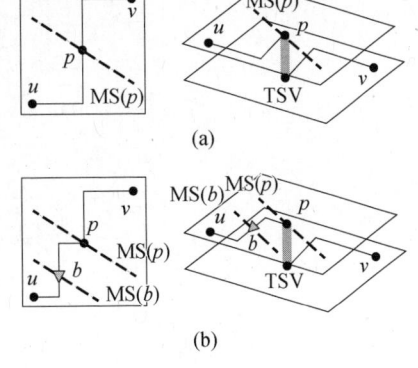

图4.5 三维融合段实例
(a)未缓冲树;(b)缓冲树。

冲器 b 和结点 u，结点 p 和结点 v 间的距离如图 4.5(b)所示。

4.5　三维 MMM 算法扩展

如前图 4.1 所示，随着硅通孔的数目越来越多，三维时钟树的总线长减小。图 4.6 给出高硅通孔使用率时线长较短的另一种证明。这就提出了一个重要的问题：产生最小可能功耗的三维时钟树的最佳硅通孔数是多少？回答这个问题的最简单的方法是试验所有可能的硅通孔数，然后选择最好的功耗结果（穷举搜索）。然而，这种方法很耗时，如表 4.2 所列，所需运行时间实际中不可行。因此，目标是在较短运行时间内找到产生最小（或接近最小）功耗结果的硅通孔数，这就需要仔细考虑硅通孔数对总线长和总缓冲器数目及总硅通孔电容的影响，因为这些因素都影响总功耗。

#TSVs=1,WL=775mm　　　　#TSVs=78,WL=676mm

#TSVs=283,WL=589mm

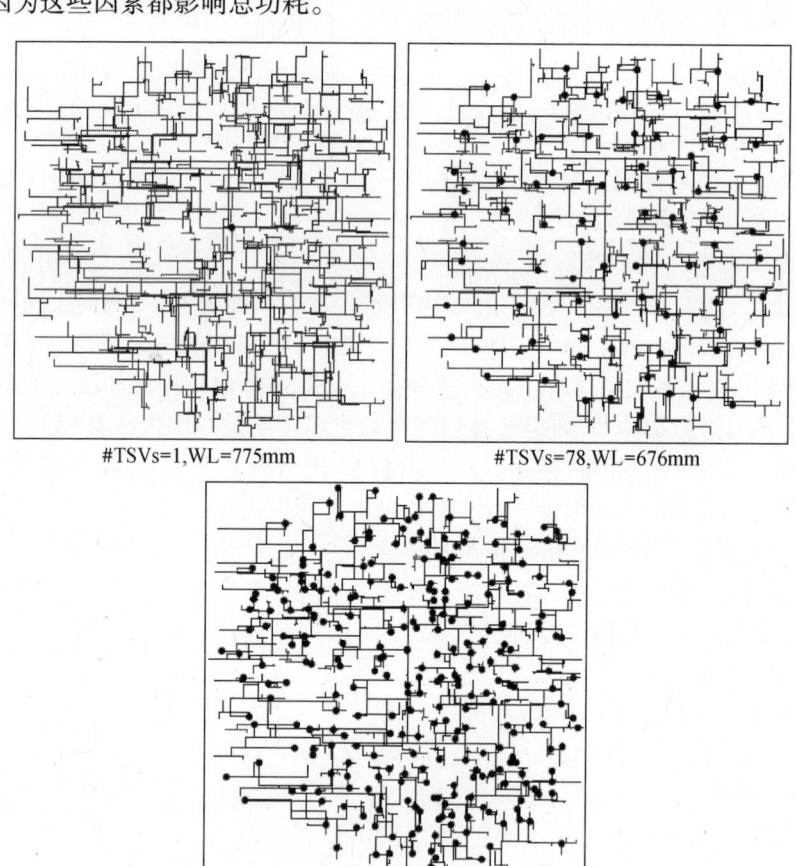

图 4.6　改变硅通孔上限的两管芯叠层 r_3 三维时钟树，黑点是硅通孔候选位置，加黑线和细线分别是管芯 1 和管芯 2 中的时钟节点

通过将 4.4.2 节中给出的 3D – MMM 算法进行扩展,开发了新型低功耗三维时钟树综合方法,命名为 3D – MMM – ext。3D – MMM – ext 的目标是通过灵活指定三维抽象树产生过程中的时钟硅通孔,构建低功耗时钟网络。每次自顶向下划分中,假定 S 为当前的沉集合,$Z(S)$ 表示集合 S 跨越的垂直距离,定义如下

$$Z(S) = Z_{max} - Z_{min} \tag{4.2}$$

式中,Z_{max} 和 Z_{min} 为集合 S 内的沉的最大/最小管芯标识。注意 $Z(S)$ 也表示连接 S 中所有沉的时钟网络需要的最小硅通孔数。不同于 3D – MMM 算法基于硅通孔上限确定切割方向(Z – 切割,还是 X/Y – 切割)(算法 7 中的第 5 行和第 8 行),3D – MMM – ext 的关键技术是在下次切割迭代前确定本次迭代的切割方向(Z – 切割,还是 X/Y – 切割),同时估计比较下述两种情况的成本:

(1) 第一种情况:在本次迭代应用 Z – 切割,在后续迭代中每个管芯执行一次 X/Y 切割。

(2) 第二种情况:在本次迭代应用 X/Y – 切割,在下次迭代中执行 Z 切割。

注意对于 n 个管芯交叠情况,Z – 切割意味着在多次迭代中应用管芯顺序划分,直到有相同管芯标记的沉划分到相同子集。在第一种情况方式划分中,沉集合 S 有 $\text{stack}(S) - 1$ 次 Z – 切割和 $\text{stack}(S)$ 次 X/Y – 切割。情况二中 S 有一个 X/Y – 切割和 2###($\text{stack}(S) - 1$) 次 Z – 切割。假定 S_i^z 和 S_i^{xy} 分别表示情况 1 和情况 2 划分后的子集,集合 S_i^z(或 S_i^{xy})中的沉在相同管芯中。图 4.7 给出使用 3D – MMM – ext 确定沉集合 S 当今切割方向的一个例子,图 4.7(a) 为情况 1 型划分,其中本次迭代中应用 Z – 切割,然后分别在管芯 1 和管芯 2 上应用 X/Y – 切割[1] 和 X/Y – 切割[2]。图 4.7(b) 论证情况 2 型划分结果。还分别给出对应情况 1 和情况 2 划分的三维抽象树的一部分。我们得到下述关系

$$S = \bigcup_{i=1}^{4} S_i^z = \bigcup_{i=1}^{4} S_i^{xy} \tag{4.3}$$

通过比较情况 1(P_z) 和情况 2(P_{xy}) 的成本,本次迭代的切割方向如下确定

$$本次切割 = \begin{cases} X/Y - 切割, P_z > P_{xy} \\ Z - 切割, 否则 \end{cases} \tag{4.4}$$

这意味着本次迭代中如果选择 Z – 切割有助于降低功耗,那么选择 Z – 切割;否则,选择 X/Y – 切割。成本 P_z 定义如下

$$P_z = \sum_{i \in \text{cond1}} P(S_i^z) + \sum_{j,k \in \text{cond2}} P(S_j^z, S_k^z) \tag{4.5}$$

类似地

$$P_{xy} = \sum_{i \in \text{cond1}} P(S_i^{xy}) + \sum_{j,k \in \text{cond2}} P(S_j^{xy}, S_k^{xy}) \tag{4.6}$$

假定 S_i 表示 S_i^z 或 S_i^{xy},成本函数中的第一项 $P(S_i)$ 是子集 S_i 的成本,其中

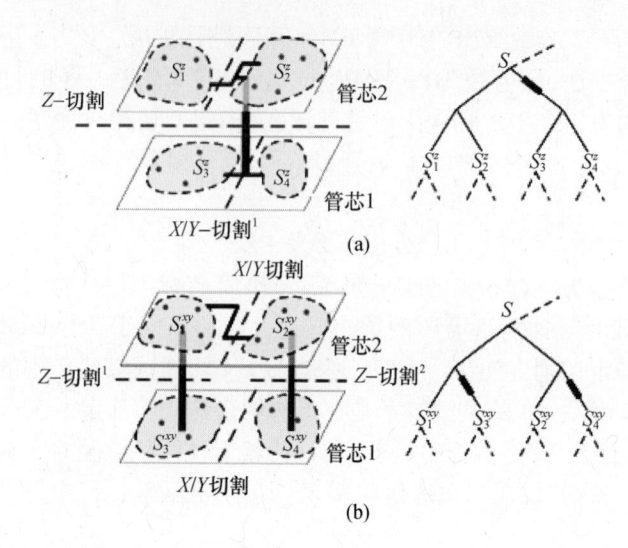

图 4.7 在两管芯叠层上执行沉集合 S 的 3D–MMM–ext 算法,给出三维抽象树、切割顺序以及情况 1 和情况 2 型划分的子集,P_z 和 P_{xy} 分别为融合(a)和(b)中 S_i^z 和 S_i^{xy} 的成本

(a)情况 1,在本次迭代中应用 Z–切割,然后在管芯 1 和管芯 2 中分别执行 X/Y–切割^1 和 X/Y–切割^2;(b)情况 2,在本次迭代中执行 X/Y 切割,然后 Z–切割^1 和 Z–切割^2。

cond1 覆盖预测划分后的最终子集,第二项 $P(S_j,S_k)$ 是连接子集 S_j 和 S_k 的成本,$P(S_j,S_k)$ 主要来源于硅通孔、全局导线和缓冲器。因此,cond2 覆盖所有三维抽象树中的子树对,自底向上期间我们融合那些最终子集到它们的父沉集合 S。

考虑图 4.7 中两管芯叠层例子,P_z 和 P_{xy} 可以如下表示

$$P_z = \sum_{i=1}^{4} P(S_i^z) + P(S_1^z, S_2^z) + P(S_3^z, S_4^z) + P(S_1^z \cup S_2^z, S_3^z \cup S_4^z) \quad (4.7)$$

$$P_{xy} = \sum_{i=1}^{4} P(S_i^{xy}) + P(S_1^{xy}, S_3^{xy}) + P(S_2^{xy}, S_4^{xy}) + P(S_1^{xy} \cup S_3^{xy}, S_2^{xy} \cup S_4^{xy})$$

$$(4.8)$$

为了估计每个沉集合的成本,使用半–参数线长模型进行 $P(S_i^z)$ 和 $P(S_i^{xy})$ 估计。$P(S_j,S_k)$ 如下估计:

(1) 如果不需要使用硅通孔连接 S_j 和 S_k

$$P(S_j, S_k) \approx \mathrm{CD}(S_j, S_k) \quad (4.9)$$

式中,$\mathrm{CD}(S_j,S_k)$ 为子集 S_j 和 S_k 中心间的距离。图 4.7 中,$P(S_1^z,S_2^z)$、$P(S_3^z, S_4^z)$ 和 $P(S_1^{xy} \cup S_3^{xy}, S_2^{xy} \cup S_4^{xy})$ 属于这种情况。

(2) 如果需要使用硅通孔来提供 S_j 和 S_k 的管芯间连接

$$P(S_j, S_k) \approx \mathrm{CD}(S_j, S_k) + \alpha \times C_{\mathrm{TSV}}/c \quad (4.10)$$

式中,C_{TSV} 为硅通孔电容;c 为时钟线的单位长度电容;α 为硅通孔插入成本的估计因子。使用下述经验公式计算 α,即

$$\alpha = (2 \times |Z(S_j) - Z(S_k)| + 3) \times \beta \qquad (4.11)$$

式中,如果硅通孔电容分别为 15、50 和 100fF,β = 0.05、0.05 和 0.1。图 4.7 中, $P(S_1^z \cup S_2^z, S_3^z \cup S_4^z)$,$P(S_1^{xy}, S_3^{xy})$ 和 $P(S_2^{xy}, S_4^{xy})$ 属于这种情况。

4.6 实验结果

首先检测一个两管芯叠层,研究硅通孔数和硅通孔寄生参数对时钟功耗的影响。其次,展示 3D – MMM – ext 算法在寻找最小功耗使用的最佳硅通孔数方面的有效性。之后给出我们的时钟转换控制方法的结果。最后,给出电源电压等比例对三维时钟功耗的影响。使用 Spice 模拟结果验证结论。

4.6.1 模拟设置

通过使用 4.4 节和 4.5 节开发的三维时钟树综合方法构建零 – Elmore – 偏差三维时钟网络,然后提取整个三维时钟网络的网表进行 Spice 模拟。模拟结束后,获取整个时钟网络的非常准确的功耗和时序信息。注意 Elmore 延时模型下,三维时钟树偏差为零,但是 Spice 模拟下可能有非零时钟偏差。因此,1GHz 频率下,约束 Spice 时钟偏差小于时钟周期的 3%,转换时间小于时钟周期的 10%。时钟功耗主要来源于互连、沉结点、硅通孔和时钟缓冲器的开关电容。

工艺参数基于 45nm 预测工艺模型[17]:每个单位长度导线的电阻是 0.1Ω/μm,每个单位长度导线的电容为 0.2fF/μm。缓冲器参数为:驱动电阻 122Ω,输入电容 24fF,本征延时 17ps。硅通孔电阻为 35mΩ。为了研究硅通孔 RC 寄生参数对三维时钟网络的影响,变化线性氧化层厚度,选择三个典型硅通孔电容值(即 15、50、100fF)。除非特别说明,电源电压设置为 1.2V。为了进行转换控制,每个时钟缓冲器的最大负载电容 CMAX 设为 300fF,除非特别说明。

分析集中于 2 个管芯和 6 个管芯的三维时钟网络。6 管芯情况下,时钟源位于中间管芯(管芯 3),这点文献[25]中给出了建议,除非特别说明。因此,6 管芯时钟网络中管芯 3 包含一个完整的树。使用 IBM 基准 r_1 到 r_5[8]。由于 r_1 到 r_5 最初是为二维集成电路设计的,将沉任意分布在 2 个或 6 个管芯中,然后将版图面积等比例为 $\sqrt{N}$ 倍,来反映三维设计中的面积减小。

6 管芯三维时钟网络的管芯 1 和管芯 3 中的采样时钟树如图 4.8 所示,三角表示管芯 3 中的时钟源。每个管芯最多包含 20 个硅通孔。注意管芯 3 有一个连接所有沉的全局树,管芯 1 包含多个使用硅通孔连接到时钟源的局部树。

4.6.2 硅通孔数和寄生电容的影响

为了研究硅通孔对时钟功耗的影响,使用两管芯交叠实现最大基准 r_5,该

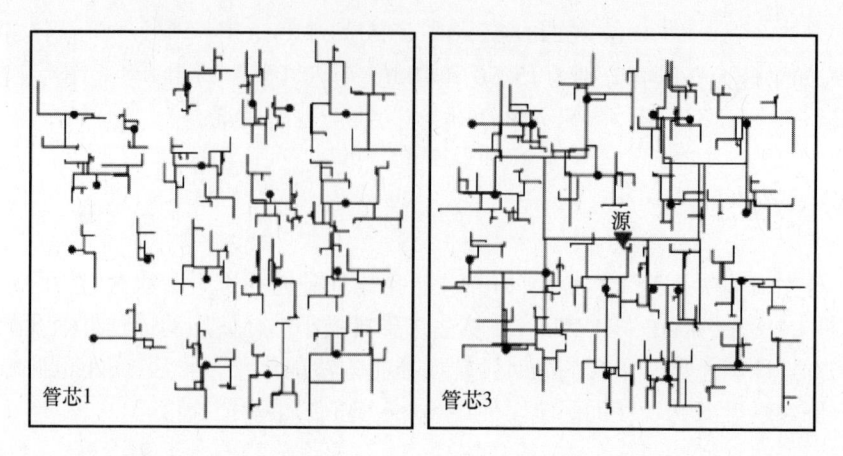

图4.8 六管芯三维时钟网络实例的管芯1和管芯3的时钟树,其中时钟源位于管芯3,黑点表示硅通孔,硅通孔界限设为20,管芯1包含许多局部树,而管芯3只包含一个全局树

电路有3101个沉结点,输入电容在30fF到80fF间变化。图4.9给出硅通孔电容(C_{TSV})分别为15fF、50fF、100fF的三个时钟功耗趋势曲线。x轴为施加不同硅通孔上限获得的每个三维时钟树中使用的硅通孔总数。基准三维时钟网络相邻管芯间仅包含一个硅通孔。

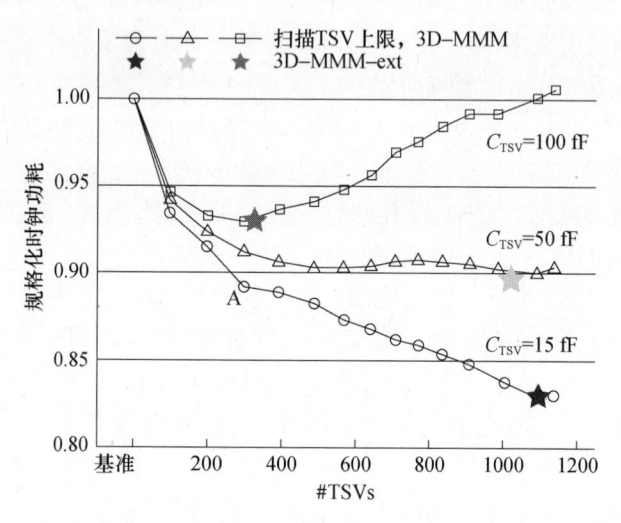

图4.9 硅通孔电容和数目对两管芯r_5的时钟功耗的影响,硅通孔电容C_{TSV}设为15fF、50fF和100fF。基准是相邻管芯间使用一个硅通孔的时钟树,对于每个C_{TSV},通过扫描硅通孔数展示3D-MMM结果,在趋势线附近用五角星标注了每个C_{TSV}的3D-MMM-ext结果

时钟功耗受硅通孔数和硅通孔电容影响,如图4.9所示。首先,时钟网络构建中使用15fF硅通孔,使用的硅通孔越多,时钟功耗明显降低。通过放松硅通孔上限,可以获得低功耗时钟网络设计,与单硅通孔情况相比,获

取了最大17.0%的功耗降低。功耗减少主要来源于线长减小，因为时钟线电容明显影响时钟网络的总功耗。使用较多的硅通孔时，非源管芯中的局部树的数目增加，而它们的尺寸减小。这意味着多硅通孔情况鼓励三维设计中有更多的局部时钟分布，同时减小了总线长。其次，如果硅通孔有较大电容（例如50fF、100fF），硅通孔电容对总功耗的贡献是不可忽视的。因此，当硅通孔数增加时，总时钟功耗降低变得较慢，特别是如果硅通孔电容为100fF，当硅通孔数超过一个特定的数时，时钟功耗没有减小，并逐渐开始增加。这种情况下，硅通孔电容产生的时钟功耗的增加比线长减小引起的功耗降低更快。

根据该趋势研究可以得出结论：假定硅通孔寄生电容，存在产生最小三维时钟功耗的最佳硅通孔数目。这点进而允许为给定功耗开支选择合理的硅通孔上限，如果需要获得降低10%的功耗，使用15fF的硅通孔时，基于图4.9的A点，硅通孔界限为300。

4.6.3 穷举搜索结果

寻找"最小功耗硅通孔数目"的直接方法，即产生最小总时钟功耗的三维时钟树中使用的硅通孔数，是从1到无穷穷举扫描硅通孔界限[①]，对应每个硅通孔上限构建并模拟整个三维时钟网络。通过绘制硅通孔数和功耗关系趋势曲线，可以找到最佳解。图4.10给出为两管芯交叠r_5产生并模拟得到的1137个三维时钟树的时钟功耗趋势，假定硅通孔寄生电容为100fF。

可以发现最低功耗来源于使用250个硅通孔的时钟网络，时钟功耗1.190W，线长2004250μm。此外，发现穷举搜索结果与上节给出的硅通孔数与功耗关系趋势一致，尽管功耗在小的硅通孔数范围内局部波动。如果硅通孔数超过600，时钟功耗对硅通孔数的增加更敏感，多使用一个硅通孔可能导致时钟功耗增加1%。这是因为，使用大硅通孔数时，时钟网络有较大数目的较小局部树，这意味着硅通孔电容本身与单局部时钟树可比，甚至更大。这种情况下，多使用几个硅通孔导致较大的时钟功耗波动。

穷举搜索方法确实可以找出最小功耗硅通孔数，但需要耗费太长的运行时间。搜索中使用的硅通孔数的步长越小，三维时钟网络的功耗越低，但是需要更多的模拟和运行时间。注意一个两管芯r_5时钟网络的典型Spice模拟时间大约为200s，重复1137次是不现实的。

[①] 注意硅通孔界限为无穷意味着每个管芯使用的最大硅通孔数没有任何限制，这通常会导致当实现线长减小目标时有较高的硅通孔使用率。

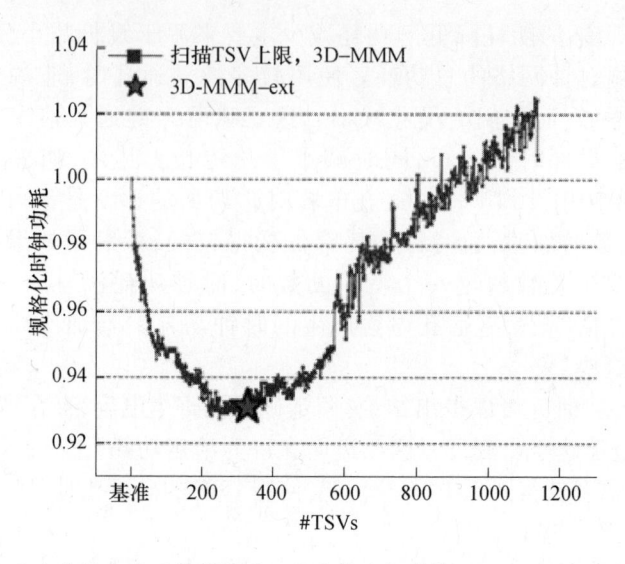

图 4.10 基于穷举搜索的两管芯叠层 r_5 的时钟功耗趋势，硅通孔数范围为 [1,1137]。硅通孔电容为 100fF，这里也画出 3D – MMM – ext 算法结果，穷举搜索覆盖不同时钟树上的 1137 次模拟，每次模拟的运行时间大约 200s

4.6.4 3D – MMM – ext 算法结果

图 4.10 中，五角星表示采用 3D – MMM – ext 算法获得的解。算法不包含任何硅通孔数穷举搜索，而依赖于基于向前搜索的方法来控制硅通孔使用，最大程度降低总功耗。可以发现采用 3D – MMM – ext 算法产生的三维时钟树，有着与穷举方法获得的三维时钟树类似的特性，但是运行时间只是穷举方法的一小部分。3D – MMM – ext 算法所需运行时间与产生简单三维时钟树所需时间可比拟。采用我们的 3D – MMM – ext 算法获得的质量也可以在图 4.9 中看出，其中五角星表示 3D – MMM – ext 算法产生的三维树，这些点处的功耗与每条曲线的最小功耗类似。

表 4.1 和表 4.2 展示了穷举搜索和 3D – MMM – ext 算法的更多比较细节，包括：线长（μm），缓冲器数目（#Bufs），时钟功耗（W），时钟偏斜（ps），仿真次数（#sims）以及总仿真时间（s）。使用两管芯三维叠层，表中还给出穷举搜索和 3D – MMM – ext 算法的线长和功耗减小的比较。首先，3D – MMM – ext 算法的功耗接近穷举算法，大多数情况下，3D – MMM – ext 算法与穷举搜索的功耗差小于 1%，一些情况下，3D – MMM – ext 算法甚至获得比穷举搜索更低的功耗（即正向降低），这主要是因为穷举搜索的低功耗设计依赖于扫描间隔与模拟次数。其次，模拟时间比较表明了 3D – MMM – ext 算法的有效性，3D – MMM – ext 算法仅仅需要一次模拟，而穷举搜索需要 29 ~ 41 次模拟。

表 4.1 穷举搜索与 3D-MMM-ext 算法对照，线长单位为 μm，功耗单位为 mW，偏斜单位为 ps

两管芯叠层结果

电路	硅通孔数	穷举搜索 线长	缓冲器数	功耗	偏斜	硅通孔数	3D-MMM-ext 线长	缓冲器数	功耗	偏斜	改善百分比 线长	功耗
						TSV 电容 =15fF						
r_1	91	220362	275	0.122	14.6	93	221443	282	0.125	9.3	-0.5	-2.5
r_2	222	433639	573	0.250	14.1	211	445647	588	0.255	14.2	2.8	-2.0
r_3	320	582035	778	0.342	12.1	297	583274	779	0.342	13.5	-0.2	0.0
r_4	715	1157160	1587	0.696	16.1	660	1165529	1594	0.698	16.8	-0.7	-0.3
r_5	1129	1728660	2496	1.062	20.2	1096	1737100	2509	1.065	19.8	-0.5	-0.3
						TSV 电容 =50fF						
r_1	95	218257	292	0.129	11.9	85	221719	293	0.130	11.9	-1.6	-0.8
r_2	222	438370	602	0.267	14.4	205	448195	618	0.271	13.6	-2.2	-1.5
r_3	253	605079	848	0.368	14.4	288	589654	845	0.366	15.7	2.5	0.5
r_4	660	1171810	1723	0.748	17.0	639	1165253	1727	0.745	15.0	0.6	0.4
r_5	1091	1753390	2726	1.155	18.3	1020	1749543	2684	1.151	17.8	0.2	0.3
						TSV 电容 =100fF						
r_1	56	230940	301	0.135	10.1	45	238242	303	0.137	12.6	-3.2	-1.5
r_2	76	493957	654	0.284	13.3	87	492966	661	0.287	13.0	0.2	-1.1
r_3	60	674674	883	0.383	12.9	112	645062	897	0.383	13.4	4.4	0.0
r_4	254	1293830	1926	0.793	19.4	247	1286784	1891	0.787	18.2	0.5	0.8
r_5	250	2004250	2799	1.190	14.0	328	1953453	2798	1.194	19.0	2.5	-0.3

表 4.2 穷举搜索和 3D – MMM – ext 算法的运行时间对比,运行时间单位为 s

电路	两管芯叠层结果			
	穷举搜索		3D – MMM – ext	
	模拟数	运行时间	模拟数	运行时间
硅通孔电容 = 15fF				
r_1	37	602.5	1	16.8
r_2	29	1059.5	1	32.5
r_3	31	1712.3	1	50.5
r_4	41	4981.5	1	107.1
r_5	41	9104.3	1	187.7
硅通孔电容 = 50fF				
r_1	37	623.5	1	17.6
r_2	29	1087.8	1	36.5
r_3	31	1508.0	1	48.1
r_4	41	5391.1	1	114.6
r_5	41	9152.9	1	186.3
硅通孔电容 = 100fF				
r_1	37	618.7	1	16.0
r_2	29	1156.0	1	33.5
r_3	31	1733.6	1	55.1
r_4	41	5798.7	1	125.2
r_5	41	9323.5	1	179.8

表 4.3 和表 4.4 比较了单硅通孔和多硅通孔(采用 3D – MMM – ext 算法)的情况分别使用两管芯和六管芯实现基准设计。首先,3D – MMM – ext 算法能够搜寻低功耗三维时钟树,对于表 4.3 中的两管芯交叠,与单硅通孔情况比较,当硅通孔电容分别是 15fF、50fF 和 100fF 时,3D – MMM – ext 算法将时钟功耗减小了大约 16.1 ~ 18.8%、10.3 ~ 13.7% 和 6.6 ~ 8.3%,导线长度减小了大约 24.0 ~ 26.5%、23.9 ~ 26.6% 和 16.6 ~ 18.9%。表 4.4 的六管芯叠层情况下,我们的 3D – MMM – ext 算法将时钟功耗减小了多达 36.1%、26.4% 和 9.1%,减小线长多达 50.7%、47.4% 和 17.3%。

表 4.5 中列出管芯 1 和管芯 3 中时钟源的布局对比,其中三维时钟设计针对采用 3D – MMM – ext 算法的六管芯叠层。当移动时钟源到中间管芯(管芯 3)时,3D – MMM – ext 算法获得了更进一步的功耗降低,特别是硅通孔电容为 100fF 的情况。此外,在大多数情况下,例如,15fF 和 50fF 硅通孔的六管芯交叠,中间管芯 3D – MMM – ext 算法使用了更少的硅通孔,获得了比时钟源在管芯 1 情况更低功耗。

表 4.3 使用 TSV 的影响，比较两管芯叠层单硅通孔和多硅通孔（管芯 3 中的源），线长单位为 μm，功耗单位为 mW，偏斜单位为 ps，运行时间(cpu)为 s

两管芯交叠结果

电路	单硅通孔					多硅通孔							改善百分比		
	线长	缓冲器数	功耗	偏斜	CPU	硅通孔数	线长	缓冲器数	功耗	偏斜	CPU	线长	功耗
TSV 电容=15fF														
r_1	291421	327	0.149	10.5	17.6	93	221443	282	0.125	9.3	16.8	24.0	16.1
r_2	602484	706	0.314	15.4	43.2	211	445647	588	0.255	14.2	32.5	26.0	18.8
r_3	775194	930	0.410	17.4	55.2	297	583274	779	0.342	13.5	50.5	24.8	16.6
r_4	1586630	1990	0.855	18.2	122.8	660	1165529	1594	0.698	16.8	107.1	26.5	18.4
r_5	2341420	2897	1.283	17.0	188.0	1096	1737100	2509	1.065	19.8	187.7	25.8	17.0
TSV 电容=50fF														
r_1	291498	327	0.149	12.4	18.1	85	221719	293	0.130	11.9	17.6	23.9	12.8
r_2	602485	706	0.314	15.2	38.4	205	448195	618	0.271	13.6	36.5	25.6	13.7
r_3	775056	930	0.410	17.2	53.2	288	589654	845	0.366	15.7	48.1	23.96	10.7
r_4	1586880	1991	0.855	14.8	121.5	639	1165253	1727	0.745	15.0	114.6	26.6	12.9
r_5	2341360	2897	1.283	16.8	220.1	1020	1749543	2684	1.151	17.8	186.3	25.3	10.3
TSV 电容=100fF														
r_1	291421	328	0.149	9.9	17.5	45	238242	303	0.137	12.6	16.0	18.2	8.1
r_2	601929	707	0.313	13.5	40.0	87	492966	661	0.287	13.0	33.5	18.1	8.3
r_3	775029	930	0.410	17.3	54.2	112	645062	897	0.383	13.4	55.1	16.8	6.6
r_4	1586630	1992	0.855	15.7	131.3	247	1286784	1891	0.787	18.2	125.2	18.9	8.0
r_5	2341460	2897	1.283	17.1	187.6	328	1953453	2798	1.194	19.0	179.8	16.6	6.9

第 4 章 三维集成电路的低功耗时钟布线

表 4.4 使用 TSV 的影响，比较六管芯叠层单硅通孔和多硅通孔（管芯 3 中的源），线长单位为 μm，功耗单位为 mW，偏斜单位为 ps，运行时间（CPU）单位为 s

六管芯交叠结果

电路	单硅通孔 线长	缓冲器数	功耗	偏斜	CPU	硅通孔数	多硅通孔 线长	缓冲器数	功耗	偏斜	CPU	改善百分比 线长	功耗
\multicolumn{13}{c}{TSV 电容 = 15fF}
r_1	272109	332	0.144	19.4	19.0	297	138223	214	0.092	12.8	10.5	49.2	36.1
r_2	566944	684	0.298	16.1	45.0	668	280901	445	0.191	18.2	29.7	50.5	35.9
r_3	717479	891	0.388	15.0	57.0	965	376634	626	0.264	17.1	45.8	47.5	32.0
r_4	1496180	1870	0.816	18.5	119.8	2195	752370	1316	0.551	17.6	84.0	49.7	32.5
r_5	2299220	2935	1.265	19.6	205.3	3497	1133262	2070	0.854	21.4	154.0	50.7	32.5
\multicolumn{13}{c}{TSV 电容 = 50fF}
r_1	272849	332	0.144	17.4	17.7	275	143626	257	0.106	18.5	11.5	47.4	26.4
r_2	567686	684	0.299	15.0	46.6	631	302068	562	0.230	20.3	35.2	46.8	23.1
r_3	719610	891	0.389	14.3	66.1	918	403235	775	0.316	18.5	50.2	44.0	18.8
r_4	1493990	1870	0.815	15.0	123.0	2045	818708	1680	0.670	27.0	95.1	45.7	17.8
r_5	2299590	2935	1.266	19.3	217.8	3270	1250269	2644	1.051	23.4	189.8	15.6	17.0
\multicolumn{13}{c}{TSV 电容 = 100fF}
r_1	273951	332	0.145	16.6	16.8	30	234821	309	0.133	29.0	17.1	14.3	8.3
r_2	566803	685	0.298	11.1	45.1	80	468805	638	0.271	28.9	41.2	17.3	9.1
r_3	720705	893	0.390	14.2	61.6	75	651298	873	0.374	23.1	60.3	9.6	4.1
r_4	1497240	1873	0.817	14.0	126.5	115	1333034	1804	0.769	23.8	118.8	11.0	5.9
r_5	2300620	2935	1.266	19.2	183.6	180	2014167	2780	1.179	28.3	186.7	12.5	6.9

表 4.5 时钟源位置的影响，比较六管芯叠层的管芯 1 和管芯 3 处时钟源（均使用 3D-MMM-ext），线长单位为 μm，功耗单位为 mW，偏斜单位为 ps，运行时间（CPU）为 s

六管芯叠层结果

电路	硅通孔数	管芯 1 中的源 线长	缓冲器数	功耗	偏斜	CPU	管芯 3 中的源 线长	硅通孔数	缓冲器数	功耗	偏斜	CPU	合并单元格 线长	功耗
TSV 电容 = 15fF
r_1	375	141353	227	0.095	15.6	11	138223	297	214	0.092	12.8	10	2.3	3.2
r_2	798	287536	479	0.197	20.0	32	280901	668	445	0.191	18.2	29	2.3	3.0
r_3	1196	376081	665	0.268	14.5	49	376634	965	626	0.264	17.1	45	-0.1	1.5
r_4	2594	766596	1371	0.561	17.5	95	752370	2195	1316	0.551	17.6	84	1.9	1.8
r_5	4133	1167350	2174	0.876	20.2	163	1133262	3497	2070	0.854	21.4	154	2.9	2.5
TSV 电容 = 50fF
r_1	345	147503	284	0.113	16.0	3	143626	275	257	0.106	18.5	11	2.6	6.2
r_2	742	309985	647	0.243	25.3	42	302068	631	562	0.230	20.3	35	2.6	5.3
r_3	1063	423253	899	0.339	20.3	62	403235	918	775	0.316	18.5	50	4.7	6.8
r_4	2335	856880	1931	0.719	24.4	113	810708	2045	1680	0.670	27.0	95	5.4	6.8
r_5	3688	1349599	3086	1.143	25.5	195	1250269	3270	2644	1.051	23.4	189	7.4	8.0
TSV 电容 = 100fF
r_1	20	261396	322	0.143	15.4	17	234821	30	309	0.133	29.0	17	10.2	7.0
r_2	40	537705	661	0.294	13.8	39	468805	80	638	0.271	28.9	41	12.8	7.8
r_3	45	709790	902	0.393	14.1	54	651298	75	873	0.374	23.1	60	8.2	4.8
r_4	90	1409870	1824	0.798	16.0	109	1333034	115	1804	0.769	23.8	118	5.4	3.6
r_5	100	2154326	2827	1.225	17.1	180	2014167	180	2780	1.179	28.3	186	6.5	3.8

大多数情况下,模拟得到的时钟偏斜小于20ps,低于30ps约束条件。在六管芯三维交叠r_5情况下,图4.11给出了包含时钟源的管芯的传导延时立体分布。硅通孔数为3497。发现六管芯间的时钟偏差在[17.5ps,21.4ps]间变化。整个三维时钟网络的偏差为21.4ps。针对硅通孔 RC 寄生参数和300fF最大电容约束,沿着每个硅通孔的延时为0.01ps量级,相对于大于500ps的源-沉延时,这意味着硅通孔本身的延时相对于整个源-沉延时可以忽略。注意三维时钟树综合算法建立了 Elmore 延时模型下的零偏差树,Spice 模拟结果间实际存在差异。

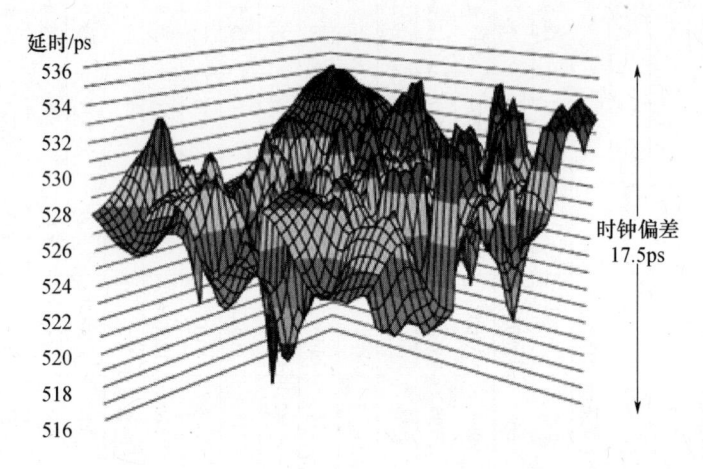

图4.11 六管芯叠层r_5的时钟源管芯的传导延时(ps)和时钟偏差(ps)的立体分布,硅通孔数为3497

4.6.5 低转换时间三维时钟布线

本实验中的目标是表明硅通孔数也影响时钟转换时间分布。图4.12给出r_5的所有沉间的六管芯三维时钟树的转换时间分布,时钟转换时间约束为100ps,为时钟周期的10%。单硅通孔时钟树的转换时间分布如图4.12(a)所示,图4.12(b)给出使用3D-MMM-ext算法的多硅通孔时钟树转换时间分布。单硅通孔时钟树中,转换时间范围为[34.2ps,82.7ps],平均转换时间为53.9ps。多硅通孔情况的转换时间分布范围为[29.1ps,80.3ps],平均转换时间为46.8ps。相对于单硅通孔情况,多硅通孔情况的最大转换时间和平均转换时间分别降低了2.4ps和7.1ps。多硅通孔三维树转换时间改善的主要原因是更短的线长,进而减小了电容负载。因此得出结论,多硅通孔可以有效地改善转换时间分布。

单硅通孔和多硅通孔时钟树下,最大电容 CMAX、最大时钟缓冲器负载电容对转换时间变化(最小,平均,最大)和功耗的影响如图4.13所示。首先,

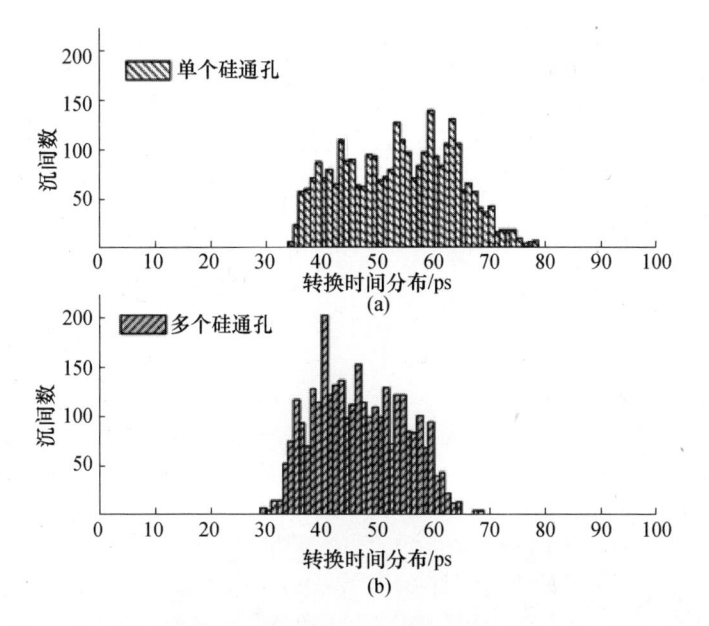

图 4.12 所有沉间的六管芯三维时钟网络的转换时间分布,转换时间约束设置为时钟周期的 10%,CMAX 为 300fF
(a)单硅通孔时钟树;(b)多硅通孔时钟树中的转换时间分布。

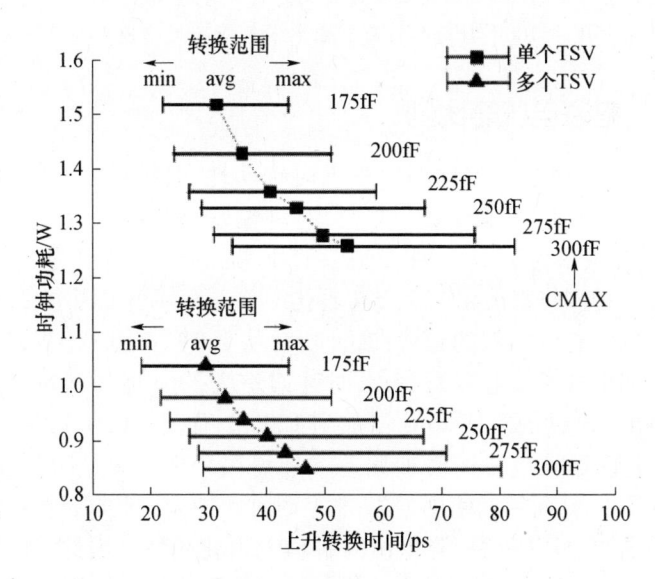

图 4.13 单硅通孔和多硅通孔时钟树的转换时间变化和功耗比较,CMAX 为 175~300fF

CMAX 仍是控制三维时钟网络设计中最大转换时间的有效方法,当 CMAX 从 300fF 变化到 175fF 时,单硅通孔和多硅通孔情况有着类似的趋势,但是时钟功耗增加。这是因为每个缓冲器级允许驱动较小 CMAX 电容，进而需要更多的缓冲器，消耗更多的功耗。其次，给定一个特定的 CMAX，相对于单硅通孔情况，多硅通孔时钟树总是降低了最大转换时间，有着更小的平均转换时间。第三，注意到多硅通孔情况总是消耗了比单硅通孔情况更低的功耗。因此得出结论：多硅通孔情况可以获取更低功耗和更好转换时间结果。

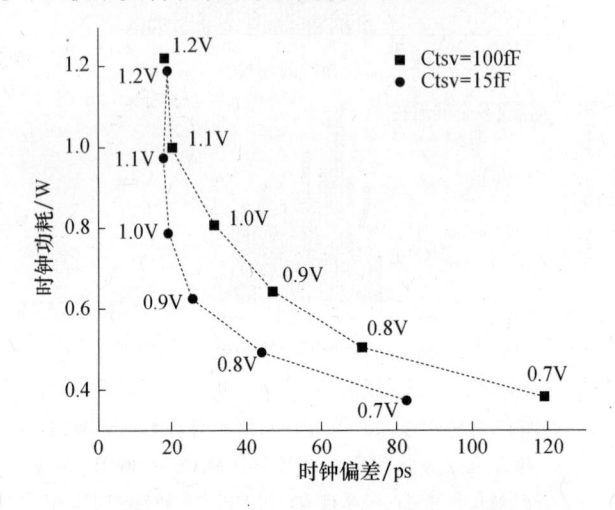

图 4.14　电源电压等比例对时钟功耗和时钟偏差的影响，电源电压从 1.2V 降到 0.7V，比较使用 15fF 和 100fF 硅通孔的两个时钟网络，每个网络使用 125 个硅通孔

4.6.6　电源电压等比例

本节中研究电源电压等比例对三维时钟功耗、时钟偏差和转换时间的影响。当电源电压从 1.2V 降到 0.7V 时，时钟偏差和功耗改变，这些改变如图 4.14 所示，时钟频率为 1GHz。首先基于 15fF 和 100fF 硅通孔电容比较两个时钟网络，两个时钟网络都使用 125 个硅通孔。首先发现当电源电压等比例缩小时，两个时钟网络有着类似的趋势：时钟功耗从 1.2W 降到 0.4W，功耗降低了 65%。其次，如果硅通孔电容为 15fF，时钟偏差从 20ps 增加到 80ps；如果硅通孔电容为 100fF，时钟偏差从 20ps 增加到 120ps。而且，100fF 硅通孔电容的时钟偏差比 15fF 硅通孔电容的时钟偏差增加得快。这主要是因为前者使用了 2830 个时钟缓冲器，而后者使用了 2789 个时钟缓冲器，三维时钟树中包含的缓冲器越多，当电源电压等比例降低时时钟偏差退化越快。因此，如果最大模拟时钟偏差设置为 40ps，使用 15fF 和 100fF 的时钟网络通常分别工作在 0.8V 和 0.9V 以上。

电源电压等比例对时钟转换时间分布和功耗变化的影响如图 4.15 所示，电源电压从 1.2V 降到 0.7V，时钟频率保持 1GHz。比较两个时钟网络：第一个

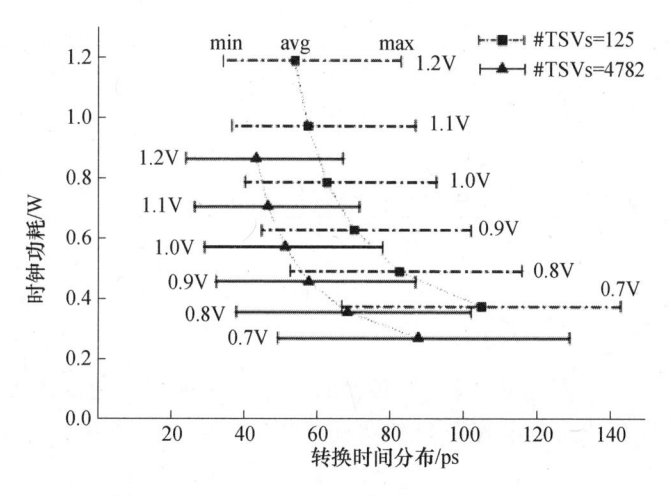

图4.15 电源电压等比例对时钟转换时间分布和时钟功耗的影响,电源电压从1.2V降到0.7V,硅通孔电容为15fF,比较使用125和4782个硅通孔的两个时钟网络

使用125个硅通孔,第二个使用4782个硅通孔,两个时钟网络均基于15fF硅通孔。可以发现使用4782个硅通孔的时钟网络总是对转换时间分布有着更好的控制,与电源电压值无关。此外,对于所有电压,使用4782个硅通孔的时钟树比使用125个硅通孔的时钟树消耗了更低的功耗。如前面讨论,这是由于短线长和较少缓冲器中电容的降低比使用更多硅通孔的硅通孔电容增加更快,当电源电压等比例降低时,这两个时钟网络的功耗差降低。

4.6.7 与现有工作的比较

表4.6将工作与文献[12]进行了比较,注意文献[12]不支持缓冲器插入,或者说没有任何Spice模拟结果。但是我们尝试不使用缓冲器插入来与文献[12]进行比较。使用相同基准设置,报道Elmore延时模型中的偏差和延时值。可以发现我们的方法比文献[12]少21.3~33.7%的硅通孔,导线长度增加5.2~5.8%。注意可以通过稍稍调整硅通孔上限来控制硅通孔数和导线长度折衷。此外,这些结果来自未缓冲的时钟树。sDMBE算法支持缓冲器插入,有助于正确控制导线弯曲,因而更好地减小了线长。

表4.6 与文献[12]的比较

电路	MMM-3D + ZCTE-3D[12]			我们的算法		
	硅通孔数	线长	延时	硅通孔数	线长	延时
r_1	83	1441849	1.64	55	1521459	1.68
r_2	197	2831346	4.34	155	2978537	4.33
r_3	276	3725294	6.37	214	3918503	6.51

(续)

电路	MMM-3D + ZCTE-3D[12]			我们的算法		
	硅通孔数	线长	延时	硅通孔数	线长	延时
r_4	653	7424886	19.28	510	7856725	19.43
r_5	1052	10940984	35.20	811	11528598	35.94

4.7 结论

本章研究了可靠的低功耗、低转换时间三维时钟网络的设计优化技术,研究了硅通孔数和硅通孔电容对时钟功耗趋势的影响。发现使用较多的硅通孔有助于减小线长和功耗,显示了更好的对时钟转换时间变化的控制。然而,在大硅通孔寄生电容情况下,如果使用太多的硅通孔,时钟功耗有可能增加。还发现,时钟缓冲器的较小最大负载电容有效地降低了三维时钟转换时间。而且,开发了低功耗三维时钟树生成算法 3D-MMM-ext。实验结果表明,3D-MMM-ext 算法构建了低功耗三维时钟设计,该算法在极短的运行时间内获得了与穷举搜索相比拟的功耗和可靠性结果。

参考文献

[1] C. Albrecht, A. B. Kahng, B. Liu, I. I. Mandoiu, A. Z. Zelikovsky, On the skew-bounded minimum-buffer routing tree problem. IEEE Trans. Comput. Aided Design Integr. Circuits Syst. 22(7), 937-945 (2003)

[2] V. Arunachalam, W. Burleson, Low-power clock distribution in a multilayer core 3D microprocessor, in *Proceedings of the 18th ACM Great Lakes Symposium on VLSI*, Orlando, 2008, pp. 429-434

[3] T. Bandyopadhyay, R. Chatterjee, D. Chung, M. Swaminathan, R. Tummala, Electrical modeling of through silicon and package vias, in *IEEE International Conference on 3D System Integration*, 2009. 3DIC 2009, San Francisco, pp. 1-8

[4] K. D. Boese, A. B. Kahng, Zero-skew clock routing trees with minimum wirelength, in *Proceedings of Fifth Annual IEEE International ASIC Conference and Exhibit*, 1992, Rochester, 1992, pp. 17-21

[5] W. C. Elmore, The transient analysis of damped linear networks with particular regard to wideband amplifiers. J. Appl. Phys. 19(1), 55-63 (1948)

[6] E. G. Friedman, Clock distribution networks in synchronous digital integratedcircuits. Proc. IEEE 89(5), 665-692 (2001)

[7] S. Hu, C. J. Alpert, J. Hu, S. K. Karandikar, Z. Li, W. Shi, C. N. Sze, Fast algorithms for slewconstrained minimum cost buffering. IEEE Trans. Comput. Aided Design Integr. Circuits Syst. 26(11), 2009-2022 (2007)

[8] GSRC Benchmark, http://vlsicad.ucsd.edu/GSRC/bookshelf/Slots/BST

[9] International technology roadmap for semiconductors (ITRS), http://www.itrs.net/

[10] M. Jackson, A. Srinivasan, E. Kuh, Clock routing for high-performance ICs, in *Proceedings of ACM De-*

sign Automation Conference, Orlando, 1990, pp. 573-579

[11] G. Katti, M. Stucchi, K. De Meyer, W. Dehaene, Electrical modeling and characterization of through silicon via for three-dimensional ICs. Electron Devices IEEE Trans. 57(1), 256-262 (2010)

[12] T.-Y. Kim, T. Kim, Clock tree embedding for 3D ICs, in *Proceedings of Asia and South Pacific Design Automation Conference*, Taipei, 2010, pp. 486-491

[13] D. H. Kim, K. Athikulwongse, S. K. Lim, A study of through-silicon-via impact on the 3D stacked IC layout, in *Proceedings IEEE International Conference on Computer-Aided Design*, San Jose, 2009, pp. 674-680

[14] J. U. Knickerbocker, P. S. Andry, B. Dang, R. R. Horton, M. J. Interrante, C. S. Patel, R. J. Polastre, K. Sakuma, R. Sirdeshmukh, E. J. Sprogis, S. M. Sri-Jayantha, A. M. Stephens, A. W. Topol, C. K. Tsang, B. C. Webb, S. L. Wright, Three-dimensional silicon integration. IBM J. Res. Dev. 52(6), 553-569 (2008)

[15] J. Minz, X. Zhao, S. K. Lim, Buffered clock tree synthesis for 3D ICs under thermal variations, in *Proceedings of Asia and South Pacific Design Automation Conference*, Seoul, 2008, pp. 504-509

[16] V. F. Pavlidis, I. Savidis, E. G. Friedman. Clock distribution networks for 3-D integrated circuits, in *Custom Integrated Circuits Conference, 2008. CICC 2008. IEEE*, San Jose, 2008, pp. 651-654

[17] Predictive Technology Model, http://ptm.asu.edu/

[18] P. J. Restle, T. G. McNamara, D. A. Webber, P. J. Camporese, K. F. Eng, K. A. Jenkins, D. H. Allen, M. J. Rohn, M. P. Quaranta, D. W. Boerstler, C. J. Alpert, C. A. Carter, R. N. Bailey, J. G. Petrovick, B. L. Krauter, B. D. McCredie, A clock distribution network for microprocessors. IEEE J. Solid-State Circuits 36(5), 792-799 (2001)

[19] I. Savidis, E. G. Friedman, Closed-form expressions of 3-D via resistance, inductance, and capacitance. IEEE Trans. Electron Devices 56(9), 1873-1881 (2009)

[20] G. E. Tellez, M. Sarrafzadeh, Minimal buffer insertion in clock trees with skew and slew rate constraints. IEEE Trans. Comput. Aided Design Integr. Circuits Syst. 16(4), 333-342 (1997)

[21] J. Vardaman, 3-D Through-silicon vias become a reality (2007). http://www.highbeam.com/doc/1G1-164627024.html

[22] R. Weerasekera, M. Grange, D. Pamunuwa, H. Tenhunen, L.-R. Zheng, Compact modeling of through-silicon vias (TSVs) in three-dimensional (3-D) integrated circuits, in *IEEE International Conference on 3D System Integration, 2009. 3DIC 2009*, San Francisco, 2009, pp. 1-8

[23] S. L. Wright, P. S. Andry, E. Sprogis, B. Dang, R. J. Polastre, Reliability testing of through silicon vias for high-current 3D applications, in *Proceedings of the 58th Electronic Components and Technology Conference, 2008. ECTC 2008*, Orlando, 2008, pp. 879-883

[24] J.-S. Yang, K. Athikulwongse, Y.-J. Lee, S. K. Lim, D. Z. Pan, TSV stress aware timing analysis with applications to 3D-IC layout optimization, in *Proceedings of ACM Design Automation Conference*, Anaheim, 2010, pp. 803-806

[25] X. Zhao, S. K. Lim, Power and slew-aware clock network design for through-silicon-via (TSV) based 3D ICs, in *Proceedings of Asia and South Pacific Design Automation Conference*, Taipei, 2010, pp. 175-180

[26] X. Zhao, D. L. Lewis, H. H. S. Lee, S. K. Lim, Pre-bond testable low-power clock tree design for 3D stacked ICs, in *Proceedings of IEEE International Conference on Computer-Aided Design*, San Jose, 2009, pp. 184-190

[27] X. Zhao, J. Minz, S. K. Lim, Low-power and reliable clock network design for through silicon via based 3D ICs. IEEE Trans. Compon. Packag. Manuf. Technol. 1(2), 247-259 (2011)

[28] Q. K. Zhu, *High-Speed Clock Network Design* (Springer, New York, 2003)

第 5 章 三维集成电路的电源分配网络设计

摘要:本章中首先研究 P/G 硅通孔对电源噪声和三维集成电路版图的影响。使用商业级工具对二维和三维集成电路设计的 GDSII 版图执行签核静态 IR 压降分析。还通过改变 P/G 硅通孔间隔,研究三维 P/G 网络拓扑对 IR 压降的影响。其次研究不规则 P/G 硅通孔布局算法,进一步减小 P/G 硅通孔数,同时满足给定 IR 压降噪声需求。与传统规则结构相比,不规则 P/G 硅通孔布局算法分别将 P/G 硅通孔数、线长及版图面积平均减小了 59.3%、3.4% 和 3.5%。还研究了硅通孔 RC 变化对三维电源分配网络(PDN)的影响。首先建立考虑工艺变化的硅通孔 RC 变化模型,然后在包含电源/地(P/G)硅通孔 RC 变化模型的 GDSII 版图中,执行三维 PDN 签核电源噪声分析。研究硅通孔 RC 变化范围、变化源数(P/G 硅通孔数)、C4(Controlled collapsed chip connection)凸点数和硅通孔尺寸对硅通孔 RC 变化的 PDN 鲁棒性的影响。研究结果表明:由于与整个 PDN 相比,硅通孔有更小的寄生值,硅通孔 RC 变化对三维 PDN 产生的影响可以忽略不计。

本章中材料基于文献[5,6]。

5.1 引言

三维系统集成已经成为一种有潜力取代传统二维集成电路、延续摩尔定律的技术。硅通孔是三维集成的核心,提供叠层管芯间的垂直互连。相对于二维集成电路,使用硅通孔的三维集成,不同管芯间以及相同管芯内的平均和最大线长大大缩短,越短的线长意味着性能、功耗及版图面积的改善。尽管硅通孔可以改善线长、性能和面积,硅通孔本身占据不可忽视的硅面积,过多或不当布局硅通孔不仅增加管芯面积,而且对三维集成电路的特性有着负面影响[9]。

电源分配是三维叠层集成电路的最大挑战之一。随着制造工艺的快速进步以及单位芯片面积上门数的增加,芯片功耗增加。当多个管芯叠加到更小的面积时,将电流传送到三维叠层的所有部分并同时满足电源噪声约束变得很有挑战。这主要是因为 P/G 节点的硅通孔数有限,如果希望获得许多三维连接会导致比较严重的布线拥塞[10]。本章基于 GDSII 版图,研究硅通孔三维集成电路中的 IR 压降噪声问题。

尽管已有许多三维电源分配网络(PDN)的研究工作,但是据我们所知,三维PDN中,硅通孔RC变化对电源噪声的影响还无人研究。工艺波动是半导体制造的一个关键因素,影响着成品率、性能和功耗。这些工艺波动改变硅通孔寄生参数,进而影响PDN的质量。本章研究硅通孔RC寄生变化对三维PDN鲁棒性的影响,包括下述研究主题:

(1) 研究P/G硅通孔对IR压降噪声的影响,以及对三维集成电路版图与传统版图相关特性的影响,例如线长和版图面积。使用二维商业工具对二维和三维集成电路GDSII版图执行IR压降噪声分析。展示如何在版图生成期间,应用二维商业工具处理硅通孔和三维管芯叠层。

(2) 研究三维P/G网络拓扑对IR压降的影响。以传统二维阵列方式插入P/G硅通孔进行倒装焊接,假定P/G硅通孔和P/G凸点的间距相同。在150～50μm间改变P/G硅通孔间距,来检测它对IR压降和版图的影响。

(3) 研究不规则P/G硅通孔布局算法,在满足给定IR压降噪声需求条件下,进一步减小使用的P/G硅通孔数。将传统规则和不规则P/G硅通孔布局进行了比较,对比了IR压降噪声、P/G硅通孔数和其他参数,如线长和版图面积。

(4) 研究工艺波动导致的硅通孔RC变化模型。使用现有二维商业签核级分析工具建立硅通孔RC变化模型,对GDSII级三维集成电路版图执行静态(IR压降)和动态(电压下降)噪声分析。

(5) 研究波动源数目(P/G硅通孔数)、P/G凸点数和硅通孔RC变化范围对电源噪声的影响,还研究P/G硅通孔尺寸和变化对三维PDN质量的影响。

5.2 研究现状

通常,P/G硅通孔优化的目标是最小化功耗噪声和P/G硅通孔数目。三维电源分配网络的现有工作使用规则P/G硅通孔进行布局,或者是优化每个P/G层中的P/G硅通孔密度来满足电源噪声需求。

文献[4]给出了三维电源分布网络的物理模型,他们的模型中假定电源从管壳通过分布在最底层管芯上的电源I/O凸点进入,使用硅通孔和焊接材料传输到上面管芯。因此,通过规则布局电源I/O凸点来预先确定P/G硅通孔位置。文献[3]中给出三维P/G网络的三种不同硅通孔拓扑:①一个大硅通孔对准C4凸点;②多个硅通孔围绕一个C4凸点;③一个管芯上均匀分布硅通孔。另外,P/G硅通孔的密度和位置被预确定。

三维管芯叠层对IR压降的影响高于Ldi/dt噪声[8]。由于使用P/G硅通孔,三维叠层本质上增加了三维P/G网络的电阻,直接影响IR压降。另一方面,与时间变化相关的Ldi/dt噪声是由主要的片外电感元件引起的。他们还研究了P/G硅通孔间距和C4凸点间距对电源噪声的影响。然而,这些方法也是在假定预定义密度下,规则布局 P/G 硅通孔。

文献[14]给出同时考虑功耗和热完整的硅通孔优化原理,他们首先将每个管芯分为 N 层,并定义可能的硅通孔布局密度。根据每层中的功耗和热噪声级别选择最小硅通孔密度方式。然而,该工作仅仅考虑封装中 P/G 平面的噪声,没有考虑片上电源布线。

5.3 P/G 硅通孔对三维集成电路版图的影响

三维结构如图 5.1 所示,假定相邻管芯以面对背(F2B)方式键合。根据它们的类型,先通孔硅通孔与器件层交互,后通孔硅通孔穿过所有交叠管芯,与器件和金属层交互。我们的工作中,假定一个制造工艺中仅有一类硅通孔,P/G 硅通孔和信号硅通孔都为先通孔类型。因此,信号硅通孔影响器件层、最上层及最底层金属层,即使用 130nm 六层金属层工艺的 M_1 和 M_6 层。然而,P/G 通孔布线通过每个管芯中交叠的局部通孔,如图 5.1 所示,因此,以与后通孔硅通孔类似的方式影响金属层和器件层。因此如果需要大量三维连接,P/G 硅通孔会导致严重的布线拥塞。注意电源 C4 凸点使用重分布层(RDL)在 M_6 层连接到 P/G 硅通孔焊盘。

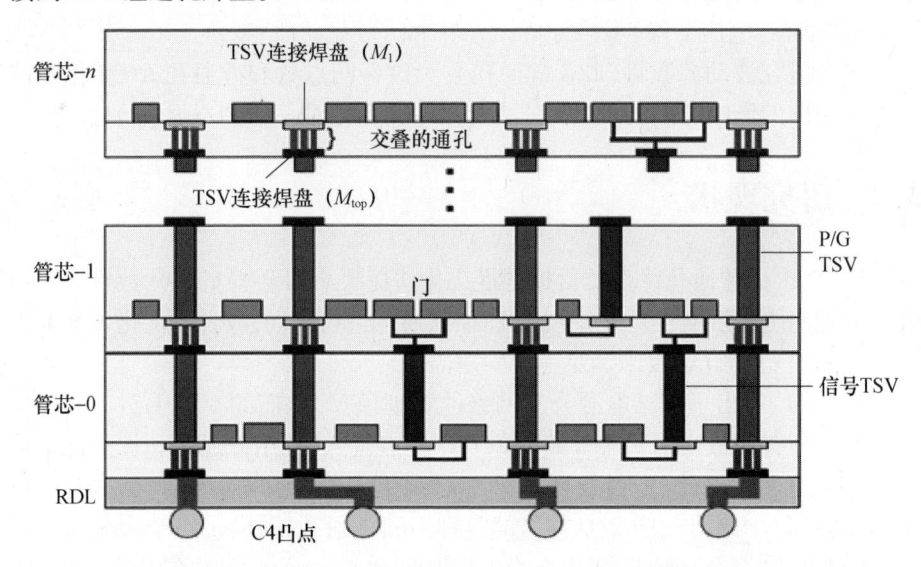

图 5.1 先通孔型硅通孔的目标三维结构,P/G 硅通孔使用交叠的局部通孔阵列垂直连接

图 5.2 给出使用商业工具 Cadence SoC Encounter 的 FFT 电路(256 点、8 位精度)的一部分信号节点 M_5 和 M_6 布线结果。本设计中采用 50μm 间距在 P/G 凸点顶部规则布局 P/G 硅通孔,该图清晰地表明进行信号节点布线时没有完全利用 P/G 硅通孔占用的空间和 P/G 硅通孔间的空间,因此产生了比预期更严

重的布线拥塞。对于 M_6 层,导线在垂直方向布线,由于 P/G 硅通孔间的水平空间限制了垂直 M_6 导线的布线容量,垂直方向的 P/G 硅通孔间的空间没有很好利用。这种现象大多数发生在用于长信号节点连接的较高的金属层。规则布局 P/G 硅通孔可能成为长导线布线的瓶颈。这可能会导致线长增加,性能退化。如果布线空间不是太大,需要增加版图面积来缓解布线问题。

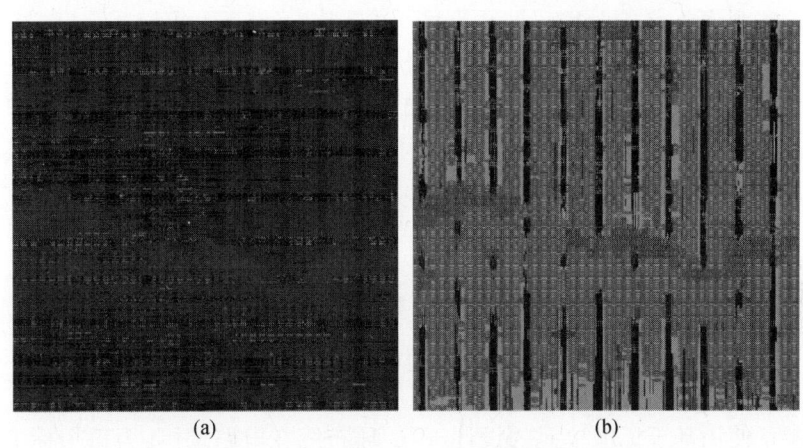

图 5.2 规则布局 P/G 硅通孔导致的 M_5 和 M_6 中的布线拥塞
(a)M_5 布线结果;(b)M_6 布线结果。

标准单元行的 P/G 节点布线也成为挑战。图 5.3 给出相同 FFT 电路的 P/G 节点布线结果的一部分。当 P/G 硅通孔尺寸变得大于标准单元高度时,单个

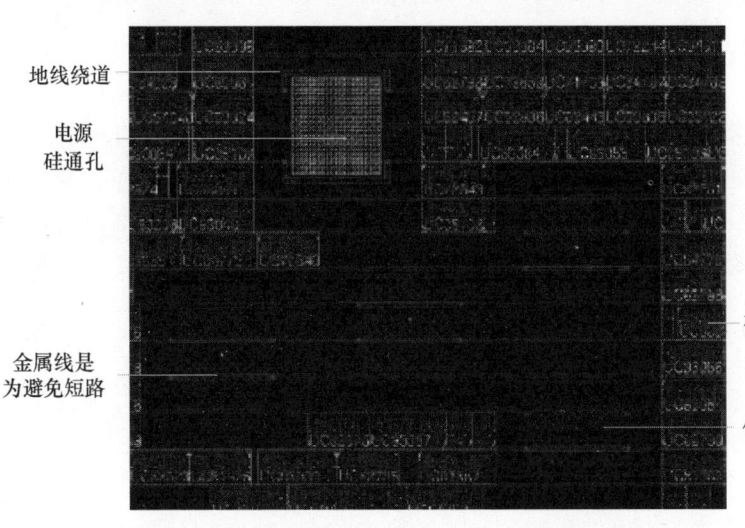

图 5.3 电源分布网络版图,P/G 节点需要额外的布线资源
来绕过 P/G 硅通孔和信号硅通孔

电源(地)硅通孔也占据被布线的地(电源)节点的区域,因此,电源(地)节点应当绕过地(电源)硅通孔,避免电源和地短路,这样又额外增加了布线拥塞源。而且,P/G 节点应当避免与信号硅通孔的 M_1 焊盘短路,因此三维集成电路中的 P/G 节点布线比二维集成电路消耗了更多的布线资源,进而减小了信号节点布线的布线资源。

这些观察要求减小 P/G 硅通孔数。在芯片设计阶段,可以基于模拟和标准单元/宏模块的功耗库来估计功耗曲线,因此,可能识别消耗更高功耗、需要更大电流的区域。这些高功耗消耗位置易受 IR 压降噪声的影响。如果基于给定功耗曲线可以准确估计 IR 压降噪声,就可以识别功耗噪声点。与传统规则布局 P/G 硅通孔相比,通过在这些电源噪声点处布局更多的 P/G 硅通孔,可以有效降低 IR 压降噪声,同时使用最少数目的 P/G 硅通孔,节约布线资源。

5.4 不规则电源/地硅通孔布局算法

本章使用基于标准单元的设计,P/G 环布线在电路周围,为每个标准单元提供电源和地的 P/G 条水平布线。因此,基于给定电路版图和功耗信息,可以使用电流源沿着 P/G 条建立串联电阻链,电流源表示标准单元。对这个阻性电路执行 IR 压降噪声估计。为了处理百万结点的大电路,采用等效电路建模方法[11,12]。将 P/G 硅通孔布局算法应用到这个简化 P/G 网络来获取优化的 P/G 硅通孔位置。

5.4.1 串联电阻等效电路

考虑如图 5.4 所示 P/G 网络中的串联电阻链,串联电阻链的两个端点 N_1 和 N_n 间存在压降 V_s,根据概念,电压源 V_s 可以增加到 N_1 和 N_n 间,并不妨碍网络。假定电阻支路 R_i 的正电流方向从 N_i 到 N_{i+1},通过叠加可以产生图 5.5 所示等效电路,其中 R_s 的正电流方向从 N_1 到 N_n,等效电阻 R_s 为所有串联电阻的和。

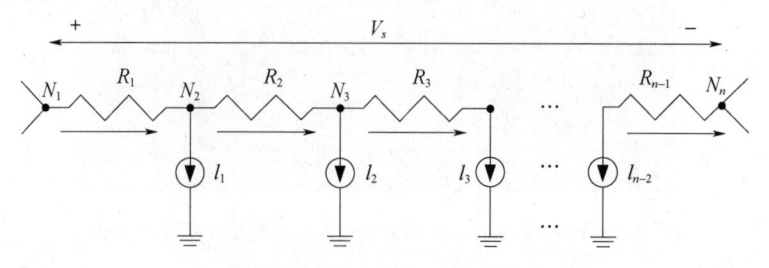

图 5.4 P/G 网络中的串联电阻链

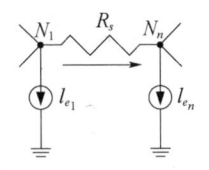

图 5.5　串联电阻等效电路

$$R_s = \sum_{i=1}^{n-1} R_i \qquad (5.1)$$

叠加可用于确定每个电流源的电流如何在两个端点间分流。除了正讨论的一个电流源，所有电流源用开路电路取代，结点 N_1 和 N_n 间的电压源用短路电路取代。产生的系统是一个简单的分流器，N_1 和 N_n 上的其余电流是所有分流电流的和。等效电流 I_{e_1} 和 I_{e_n} 可以如下计算[11,12]

$$I_{e_1} = \sum_{i=1}^{n-2} \frac{\sum_{j=i+1}^{n-1} R_j}{R_s} I_i \qquad (5.2)$$

$$I_{e_n} = \sum_{i=1}^{n-2} \frac{\sum_{j=1}^{i} R_i}{R_s} I_i \qquad (5.3)$$

一旦使用等效串联电路求解了网络，得出了端结点处的电压，中间结点电压和电流可以基于叠加如下计算

$$V_{i+1} = V_i - \frac{R_i}{R_s} V_s - R_i I_{e_i} \qquad (5.4)$$

$$I_{e_{i+1}} = I_{e_i} - I_i \qquad (5.5)$$

5.4.2　P/G 硅通孔布局等效电路模型

等效电路建模方法最初是为快速 P/G 网络模拟开发的[12]，为了将该方法应用到我们的 P/G 硅通孔布局算法中，我们必须考虑下述不同：

（1）在串联电阻链电路中，对于可能的 P/G 硅通孔布局位置，并不是需要考虑所有结点电压信息，我们仅仅需要检查电压为局部最小（最差 IR 压降）或局部最大（最差地反弹）的结点。这意味着不能抑制这些局部最大和最小电压结点，因为这些结点需要保持结点电压信息。因此，除了这些局部最小和最大的结点，其他结点可以采用两个电流源和一个电阻进行简化，如图 5.5 所示。由于设计中的每个电源（地）条有着一个局部最小（最大）结点，每个 P/G 带被分为两个子链电路。每条子链中，电流以相同方向流动，仅仅需要考虑两个端点处的电压。

（2）当我们在最坏 IR 压降结点中插入 P/G 硅通孔时，在相应 P/G 行中电流流动方向改变。即使这些 P/G 节点的总电流需求不变，电流方向被改变，额

外电流来自 P/G 硅通孔。因此,这些 P/G 行中的局部最小或最大结点被改变,进而这些行中的结点电压应当更新。

(3) 在一些 P/G 行中插入 P/G 硅通孔不仅改变这些 P/G 行处的结点电压,而且改变这些 P/G 行端点处的边界电压和电流,将影响其他 P/G 行的边界电压和电流。图 5.6 给出了一个简单例子,在插入电源硅通孔前,电流流进最坏 IR 压降结点;插入电源硅通孔后,基于电源硅通孔提供的电流数,来自两个端点的电流流动数将相应减小。这将改变外电源环支持的电流数,进而改变通过电源环的 IR 压降和相邻电源条中的边界电压电流。

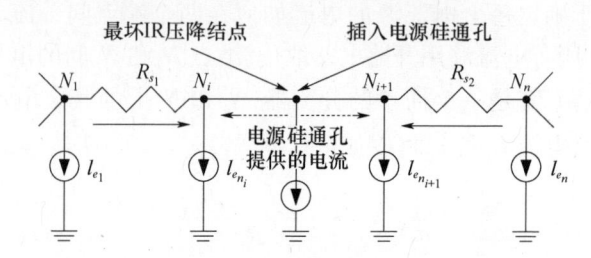

图 5.6 P/G 硅通孔插入引起的边界电压和电流改变

5.4.3 不规则 P/G 硅通孔布局算法

基于详细单元布局结果,沿着每个交叠管芯的功率分布图构建 P/G 电阻网络。然后,基于基尔霍夫电压(KVL)和电流(KCL)定律计算 IR 压降噪声,分别识别电源和地节点的局部最小和最大结点电压。根据该信息,建立简化电路,使用等效电路模型有效地处理大尺寸电路。其次,将 P/G 硅通孔插入到违反 IR 压降约束的位置,使用等效电路模型重新评估 IR 压降。如果插入 P/G 硅通孔的当今设计满足目标 IR 压降阈值,P/G 硅通孔布局算法结束,否则在当今 IR 压降违反区插入其他 P/G 硅通孔。P/G 硅通孔布局算法流程如图 5.7 所示。

该算法首先为每个管芯独立构建二维 P/G 网络。基于给定功率分布图,计算每个门需要的电流数,在我们讨论的情况中,每个门的功耗值采用标称电源电压 1.5V 来区分,然后使用相应电流源取代每个门。相邻门间的导线电阻使用它们的相对距离和导线段的电阻来计算。首先假定 P/G 凸点位于四周 P/G 环上,它们的间距预确定。P/G 硅通孔插入到这些位置进行三维 P/G 连接,不影响内核区的布线资源。然后,计算每个 P/G 节点的总电流需求,计算 P/G 节点两端的边界电压和电流。当我们计算管芯间的垂直电流流动和通过 P/G 硅通孔的 IR 压降时,假定 P/G 硅通孔为最近 P/G 节点提供电流。基于这些边界条件,使用 KVL 和 KCL 来估计三维 P/G 节点中的每个结点电压。然后,可以识别最坏 IR 压降结点,并使用等效电路模型简化电路。

基于 IR 压降估计,在 IR 压降超过约束值的地方插入 P/G 硅通孔。由于这

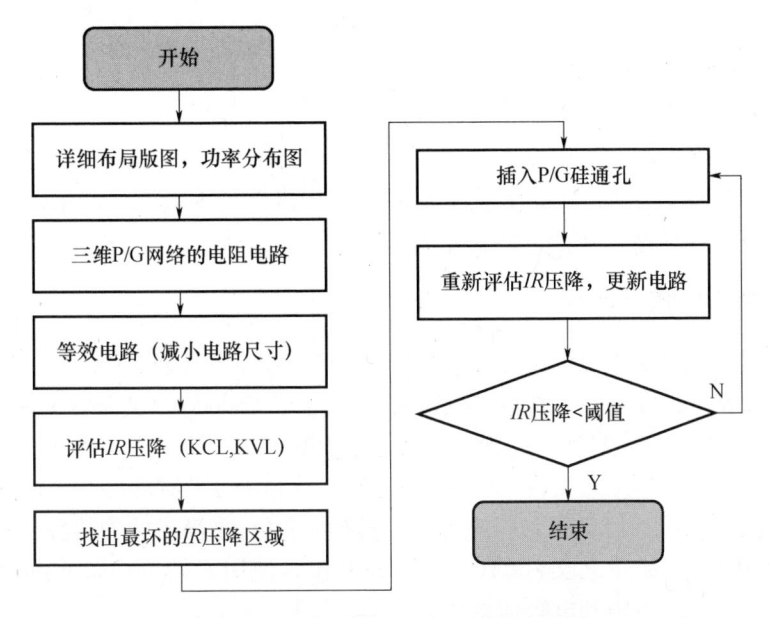

图 5.7 非规则 P/G 硅通孔布局算法流程

里基于详细布局结果执行算法,从而希望减小版图设计变化。由于信号硅通孔已经布局在可以改善线长和时序问题的位置,避免了信号硅通孔和 P/G 硅通孔间的交叠。如果最佳 P/G 硅通孔位置与门交叠,使用 Cadence SoC Encounter 布局精化将这些门移到最近空白区域。另外还考虑从 C4 凸点到 P/G 硅通孔的 IR 压降。假定 P/G 重分布层(C4 凸点和 P/G 硅通孔被布线的位置)使用最顶层金属层。进一步假定 P/G 硅通孔仅被布线到最近 C4 凸点,每个 C4 凸点为一个理想电压源,如图 5.8 所示。

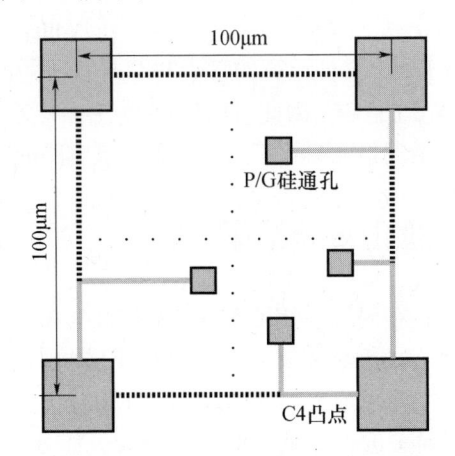

图 5.8 使用重分布层将 P/G 硅通孔布线到最近的 C4 凸点

使用新插入的 P/G 硅通孔,需要又一次估计附属于 P/G 硅通孔的结点电压,更新被简化的电路。然后,基于新边界条件,重新计算最差 IR 压降结点。这个阶段使用简化电路减少计算时间。然后,检查所有交叠管芯是否满足 IR 压降约束。如果第一次运行不成功,在当前违反 IR 压降约束的最差 IR 压降结点处插入 P/G 硅通孔,重新计算 IR 压降。迭代执行 P/G 硅通孔插入,直到所有管芯的 IR 压降约束都满足为止。

5.4.4 验证方法

为了验证 IR 压降估计算法,使用现有二维商业工具比较二维和三维集成电路 GDSII 版图的结果。三维 IR 压降分析工具基于 Cadence VoltageStorm,该工具是为二维集成电路设计的。采用下述步骤来使用 VoltageStorm 处理三维设计:

(1) 修改互连工艺文件(ICT),该文件包含所有层(器件层、介质层、金属层、通孔和硅通孔)信息和它们的相对位置与电阻值,来满足两管芯叠层配置。

(2) 创建三维工艺文件(TCH),该文件包含使用 Cadence Techgen 的所有金属和通孔层的电阻和电容信息。

(3) 创建三维库交换格式文件(LEF),使得不同管芯中的层和门可以使用工具区分。例如,应当区分顶层管芯的 M_1 和底层管芯的 M_1,使得二维工具可以区分这些 M_1 层。

(4) 为了应用于不同管芯,功耗数据和层映射文件(将设计映射到合理的 LEF 和 GDS 层)也要被相应修正。

(5) 最后,从每个管芯的最终版图创建三维设计交换格式(DEF)文件,形成三维设计。所有这些准备完成后,可以使用 Cadence VoltageStorm 对该组合设计运行三维 IR 压降分析。

使用 IR 压降估计方法,二维和两管芯交叠三维 VoltageStorm IR 压降结果匹配,误差小于 7%。基于 ICT 文件计算的每个 P/G 导线段的电阻值比 VoltageStorm 高 6%。由于这是可确定的误差,因此可以通过调整电阻值来匹配结果。由于工具对处理层数的限制,至多验证两管芯交叠三维集成电路的算法有效性。

5.5 电源/地硅通孔布局结果

不规则 P/G 硅通孔布局算法用 C 编程语言实现,在 64 位双四核 Intel Xeon 2.5GHz CPU、16GB 主存的 Linux 服务器上执行了实验。使用四个 FFT 电路进行分析,所有电路使用 Synopsys Design Compiler、130nm 工艺物理库进行综合,使用 Cadence SoC Encounter 进行二维和两管芯叠层三维集成电路设计,如表 5.1 所列。信号硅通孔覆盖大约 10% 的芯片面积,总布局密度目标为 80%(包括标准单元和硅通孔)。我们的模拟中使用的硅通孔的实验参数如表 5.2 所列,类似于文献[1]中给出的制造得到的硅通孔的数据。注意,硅通孔尺寸较大,本设置中占据5个标准单元行(一个标准单元行的高度为3.69μm)。

表5.1 基准电路

电路	门数/K	信号硅通孔数	硅通孔面积/%	布局密度/%	时钟频率/MHz	特点
FFT_1	200	794	8.9	77.4	200	256点8位精度
FFT_2	405	1397	8.2	77.3	142	256点16位精度
FFT_3	910	7089	16.3	77.2	111	512点16位精度

表5.2 硅通孔参数说明

参数	值
硅通孔直径/μm	6
硅通孔焊盘/μm	10
硅通孔阻止区/μm	6.225
硅通孔单元尺寸/μm×μm	18.45×18.45
硅通孔高度/μm	30
硅通孔电阻/mΩ	30

5.5.1 二维设计和三维设计的 IR-压降分析结果

首先比较二维和三维设计的 IR 压降分析结果,假定I/O单元位于芯片四周,I/O单元间距为100um,还假定50%的I/O单元用于电源和地连接。本节中,P/G硅通孔仅插入到I/O单元所处的芯片四周。三维设计中,所有I/O单元位于最接近C4凸点的底层管芯,P/G C4凸点通过重分布层连接到最底层管芯,使用P/G硅通孔将功耗从底层管芯传送到顶层管芯。

二维和三维设计的I/O单元密度保持相同以进行公平比较,每个P/G的I/O单元分别包含5个P/G硅通孔。功耗模拟的时钟频率设置为二维和三维设计的较慢时钟频率。之后,使用0.2切换概率执行除时钟节点外所有节点的统计功耗分析。

表5.3和5.4给出二维和三维设计的 IR 压降分析结果,观察到:首先,由于存在大的硅通孔,三维的版图面积大于二维版图面积的50%;其次,三维设计中局部线长大于二维,又主要是因为大硅通孔尺寸[9]。此外,仍为每个管芯独立使用 Cadence 二维布局和布线工具,这给了我们次优的三维版图质量。第三,二维和三维设计的功耗可比拟,三维设计的较小版图面积和较大总线长的综合效应导致了可比拟的功耗。最后,三维设计中 IR 压降比二维设计更差,因为电路尺寸变大,大规模三维设计中 IR 压降增加主要是由于三维设计中片上功耗传

送资源(P/G I/O 单元和 P/G 硅通孔)变少。

表 5.3 二维设计的 IR 压降、版图面积、线长及功耗

电路	面积/μm×μm	线长/mm	功耗/mW	IR 压降/mV	P/G IO 单元数
FFT_1	2271×2271	13018	845	178	42
FFT_2	3243×3243	32197	1240	217	62
FFT_3	4754×4754	67495	2120	304	94

表 5.4 三维设计的 IR 压降、版图面积、线长及功耗。
圆括号中的数字为与二维的比值

电路	面积/μm×μm	线长/mm	功耗/mW	IR 压降/mV (顶/底)	P/G IO 单元数/P/G 硅通孔数
FFT_1	1744×1744(0.59)	14780(1.14)	839(0.99)	175/157	34/170
FFT_2	2412×2412(0.55)	35772(1.11)	1246(1.00)	226/200	46/230
FFT_3	3851×3851(0.65)	85405(1.27)	2162(1.02)	314/310	74/370

5.5.2 三维 P/G 网络拓扑对 IR-压降的影响

5.5.1 节中给出的结果表明,仅仅在芯片四周插入 P/G 硅通孔不足以缓解三维集成电路的 IR 压降噪声问题。本节中,以传统二维阵列方式插入 P/G 硅通孔进行倒装芯片压焊。另外,将 P/G 硅通孔间距从 150μm 降为 50μm,来检测它对 IR 压降的影响。大部分商业产品的 C4 凸点间距为 100～200μm,然而,研究人员已经验证了间距小于 10μm 的微凸点[3]。本实验中,P/G 硅通孔和 P/G 凸点的间距相同,这是 IR 压降噪声减小的理想情况。不同硅通孔间距使用的 P/G 硅通孔数如表 5.5 所列。

表 5.5 不同间距使用的 P/G 硅通孔数。分别给出核心/外围的 P/G 硅通孔数。

电路	外围	150μm	125μm	100μm	75μm	50μm
FFT_1	0/170	221/170	313/170	481/170	1013/170	2113/190
FFT_2	0/230	481/230	685/230	1013/230	2113/230	5725/270
FFT_3	0/370	1201/370	1741/370	2665/370	5613/390	14965/430

图 5.9 显示了 P/G 硅通孔间距对 IR 压降、功耗、线长及版图面积的影响,结果归一化到只有四周存在 P/G 硅通孔的基准三维设计。随着 P/G 硅通孔间距减小和现有 P/G 硅通孔增加,直到 100μm 或 75μm 间距(依赖于基准电路),IR 压降才明显改善。P/G 硅通孔间距为 100μm 时,相对于 FFT_1 的基准设计,IR 压降改善了 60%。然而,与直觉相反,当降低 P/G 硅通孔间距到 50μm 时,IR 压降噪声增加。

FFT₃ 显示出比基准设计更差的 IR 压降噪声，这主要是因为大硅通孔尺寸引起的。实验设置中，单硅通孔面积可以容纳 100 个最小尺寸反相器。前面的工作没有考虑硅通孔尺寸，即使插入更多的 P/G 硅通孔也不改变电路版图。然而，当插入更多 P/G 硅通孔时，这些 P/G 硅通孔需要更多的空间，如图 5.9 所示，因此线长和功耗也随着增加。这些结果表明，三维 P/G 硅通孔网络中 P/G 硅通孔间距越小并不总是能够改善 IR 压降噪声。

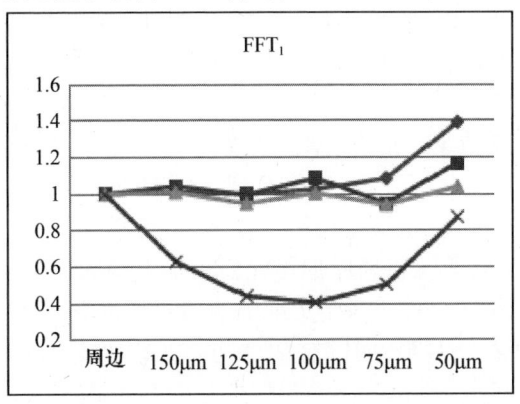

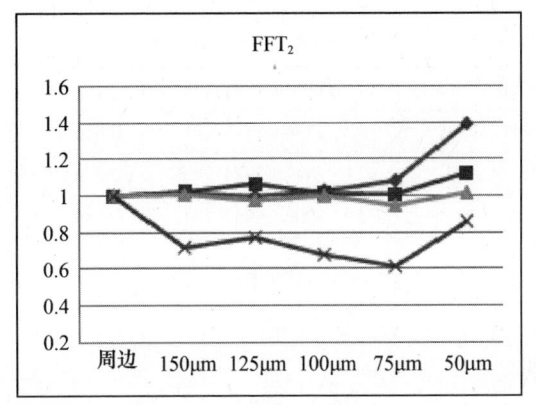

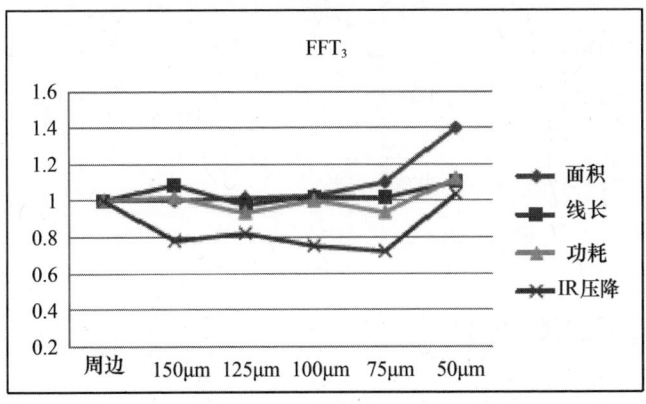

图 5.9　P/G 硅通孔间距对 IR 压降、版图面积、线长和功耗的影响

5.5.3 不规则 P/G 硅通孔布局算法

5.5.2 节的结果表明，如果使用过多的 P/G 硅通孔，由于面积和线长增加，IR 压降噪声没有得到改善。本节中，在两管芯交叠三维设计中，比较规则布局 P/G 硅通孔和我们的算法。将 P/G 硅通孔规则布局、间距为 100μm 的三维设计作为基准，因为 100um 间距的情况获得了更高的 IR 压降改善，面积开支小于 3%。同时也设定算法的 IR 压降约束为基准的最差 IR 压降噪声。采用算法获得的 P/G 硅通孔位置，设计两管芯交叠三维集成电路，使用 Cadence VoltageStorm 验证 IR 压降噪声。

表 5.6 和表 5.7 表明，相对于基准三维设计，算法获得了类似的 IR 压降结果，误差小于 7%，P/G 硅通孔数目更小。平均节约 P/G 硅通孔数目 59.3%，例如，FFT_3 减小了 68.4%。随着电路尺寸变大，P/G 硅通孔数减小百分比增加。传统二维阵列 P/G 硅通孔布局原理可能使用了更多的 P/G 硅通孔，特别是在非功耗噪声点。如果在设计阶段给定准确的功耗分布图，三维 P/G 网络的硅通孔数大大减小。随着 P/G 硅通孔数目的减小，版图面积和总线长分别平均降低了 3.4% 和 3.5%。

表 5.6 规则 P/G 硅通孔（100μm 间距）布局结果

电路	P/G 硅通孔数（核心/外围）	面积/μm×μm	线长/mm	IR 压降/mV
FFT_1	481/170	1776×1776	16056	71
FFT_2	1013/230	2444×2444	36240	153
FFT_3	2665/370	3902×3902	87289	236

表 5.7 我们的不规则 P/G 硅通孔布局结果

电路	P/G 硅通孔数（核心/外围）	面积/μm×μm	线长/mm	IR 压降/mV	IR 压降 % 错误	运行时间/s
FFT_1	160/170 (49.4%↓)	1776×1776 (2.6%↓)	15028 (6.4%↓)	75	5.6	2.63
FFT_2	266/230 (60.0%↓)	2444×2444 (3.5%↓)	35125 (3.1%↓)	148	3.3	6.76
FFT_3	592/370 (68.4%↓)	3902×3902 (4.2%↓)	86507 (1.0%↓)	251	6.4	16.44

5.6 硅通孔 RC 变化

由于对准误差、硅通孔直径/高度和氧化物厚度变化、硅片表面清洁度和粗糙度等因素,硅通孔的工艺波动是不可避免的。然而,较大对准误差(将导致系统性波动,增加接触电阻)在现代芯片键合工艺中是根本不可能出现的[13]。因此,硅通孔 RC 寄生变化可以建模为随机效应。本节中,基于硅通孔直径变化,使用解析模型模拟硅通孔 RC 变化。由于硅通孔的电感压降只有在几 GHz 频率下明显[7],PDN 不属于该范畴,因此可以忽略硅通孔电感。

5.6.1 硅通孔电阻变化

硅通孔直流电阻的解析表达式为

$$R_{TSV} = \frac{\rho l_{TSV}}{\pi r_{TSV}^2} \tag{5.6}$$

式中:ρ 为导电材料电阻率;r_{TSV} 和 l_{TSV} 分别为硅通孔的半径和高度。采用 Cu 硅通孔导体,20℃时的电阻率为 $16.8 n\Omega \cdot m$,根据基于 Cu 直接键合的测量数据[2],我们还采用 $0.45\Omega \cdot \mu m^2$ 接触电阻率。因此,总硅通孔电阻是硅通孔直流电阻和接触电阻的和。

使用直径 $5\mu m$、高 $30\mu m$、氧化物厚度 $120nm$ 的硅通孔作为基准硅通孔结构,然后采用基准的±10%改变直径和高度来模拟工艺波动。硅通孔直径与硅通孔电阻呈现超线性关系,而硅通孔高度有着线性依赖性。当固定硅通孔高度为 $30\mu m$,硅通孔直径±10%变化时,硅通孔电阻的改变为标称硅通孔电阻的 –13.6%到 +19.3%。

5.6.2 硅通孔电容变化

硅通孔 C – V 特性类似于平面 MOS 电容,积累电容为如下氧化物电容[7]

$$C_{TSVacc} = C_{ox} = \frac{2\pi\varepsilon_{ox}l_{TSV}}{\ln\left(\frac{t_{ox} + r_{TSV}}{r_{TSV}}\right)} \tag{5.7}$$

当硅通孔偏置增加时,耗尽电容与氧化物电容串联,如下

$$C_{TSVdep} = \frac{2\pi\varepsilon_{si}l_{TSV}}{\ln\left(\frac{t_{ox} + r_{TSV} + d_{dep}}{t_{ox} + r_{TSV}}\right)} \tag{5.8}$$

式中:t_{ox} 为硅通孔氧化物厚度;d_{dep} 为硅衬底耗尽区宽度,我们假定衬底掺杂浓度为 $2 \times 10^{15}/cm^3$。

有效硅通孔电容为氧化物和耗尽电容的串联组合,即

$$C_{TSV} = \frac{C_{ox}C_{TSVdep}}{C_{ox} + C_{TSVdep}} \tag{5.9}$$

积累和耗尽电容公式表明 C_{TSV} 与硅通孔高度成正比,与硅通孔氧化物厚度成反比,d_{dep} 反比于衬底掺杂浓度,假定衬底掺杂浓度为 $2 \times 10^{15}/cm^3$。

即使硅通孔高度对电容值有直接的影响,与硅通孔直径和氧化物厚度相比,该影响也很小,这主要是因为硅通孔高度几倍大于硅通孔直径,因此侧重于硅通孔直径和氧化物厚度变化对硅通孔电容变化的影响。将硅通孔直径和氧化物厚度均改变为标称值的±10%。相关实验表明氧化物厚度变化对硅通孔电容的影响可以忽略。采用固定氧化物厚度,硅通孔直径变化±10%,硅通孔电容值变化为标称值的−8.6%到+8.6%。

根据该硅通孔 RC 变化模型,发现硅通孔电阻比硅通孔电容更易受硅通孔变化的影响。这意味着有可能出现静态噪声变化,因而降低了三维集成电路中 PDN 的鲁棒性。在 5.7 节中将给出硅通孔 RC 变化对全芯片级电源噪声的影响。

5.6.3 验证方法

本章使用二维商业工具和我们自己的代码建立签核级三维电源噪声分析流程。首先,使用 StarRC 分别提取每个管芯的 P/G 节点的 RC 寄生参数(SPEF),我们还通过使用 Q3D 提取器和 SPEF 文件中相应顶层金属 P/G 导线的等比例电容值执行三维结构电容提取(二维技术提取工具不支持这点),模拟顶层金属导线和相邻管芯衬底间的耦合电容。然后,使用内部工具融合来自多个管芯的 P/G 节点,构建单一 PDN,相邻管芯间插入服从给定正常分布的 P/G 硅通孔寄生参数。

为每个独立管芯修改设计和互连工艺文件,创建综合三维设计。接着创建服从给定开关行为的伪任意输入向量。采用三维设计文件和输入向量,使用 NanoSim 获取三维设计中所有信号节点的电流波形。一旦准备好这些文件,使用 PrimeRail 执行三维 PDN 的静态和动态噪声分析。由于这些工具可以处理的层数有限,将模拟限制为两管芯交叠三维集成电路设计。图 5.10 给出根据分析流程获得的版图和电源噪声图。

5.7 验证分析结果

使用三个工业界电路进行分析,所有电路采用 45nm 工艺设计为两管芯交叠三维集成电路,如表 5.8 所列。使用顶层两层金属构建每个二维层的规则分布的电源网格,在每个网格结点处插入 P/G 硅通孔,如图 5.10(a)所示。在管芯上以 $0.5fF/\mu m^2$ 密度均匀分布去耦电容、减小最差动态噪声,例如,在确定性模拟中 ind1 电路的最差动态噪声减小了 53mV。假定 P/G 硅通孔直接连接到 C4 凸点。所有设计中,假定 TSV、C4 凸点和栅格的电源到电源间距为 $100\mu m$。为了进行 C4 凸点和封装阻抗的建模,每个 C4 凸点我们使用 $5m\Omega$ 电阻、500pH 电感和一个并列 30fF 电容。使用 500MHz 时钟频率产生电流波形,输入信号开关活性为 0.2。除非特别说明后面都使用直径 $5\mu m$、高 $50\mu m$、厚 120nm 的氧化物硅通孔。最后,对每种情况执行大于400次的蒙特卡洛电源噪声模拟。

表5.8 基准电路

电路	门数	面积/μm²	信号硅通孔数	P/G硅通孔数	P/G硅通孔面积%	去耦电容面积/%
ind_1	355K	810^2	1632	85	0.91	5.32
ind_2	1.16M	1850^2	14957	613	1.26	5.32
ind_3	2.52M	2822^2	22413	1405	1.24	5.32

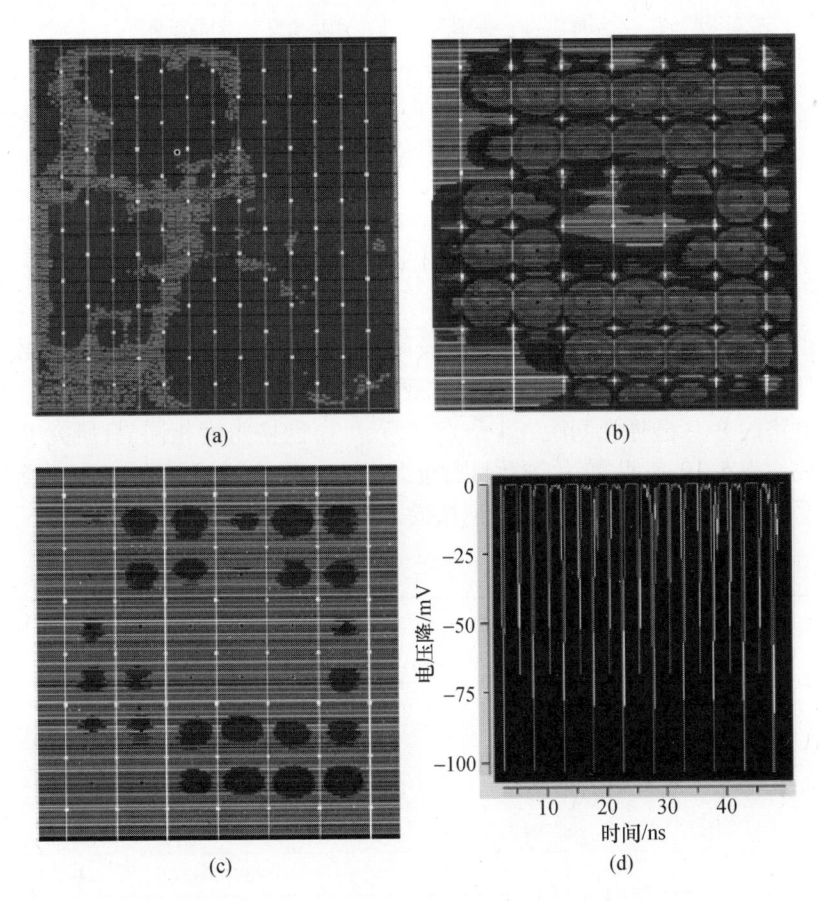

图5.10 ind_1 底层管芯版图和电源电压噪声图
(a)版图,白色和绿色矩形分布表示P/G硅通孔和信号硅通孔;(b)动态噪声图,
红色表示噪点;(c)静态噪声图;(d)噪区瞬态电压波形。

5.7.1 硅通孔 RC 变化范围的影响

本节研究硅通孔 RC 变化范围对三维PDN中电源噪声的影响。产生服从正态分布的硅通孔 RC 寄生参数,其标准偏差为标称值的10%、20%或30%。

表5.9表明,根据给定 RC 变化范围的均值,对于晶体和动态噪声情况,变化可忽略。这是因为硅通孔 RC 寄生远小于二维 P/G 网格寄生和 C4 凸点,因此硅通孔 RC 寄生变化不影响三维 PDN 的质量。

表5.9 硅通孔 RC 变化范围的影响,标称硅通孔电容和电阻值分别为 35.5fF 和 45.6mΩ,噪声值单位为 mV,σ/m 给出百分比

硅通孔帽变化 /%	10%				20%				30%			
	静态噪声		动态噪声		静态噪声		动态噪声		静态噪声		动态噪声	
	均值	σ/m	均值	σ/m	均值	σ/m	均值	σ/m	均值	σ/m	均值	σ/m
10	10.6	0	133.1	0.00014	10.6	0	133.1	0.00022	10.6	0	133.1	0.00030
20	10.6	0	133.1	0	10.6	0	133.1	0.00030	10.6	0	133.1	0.00024
30	10.6	0	133.1	0.00015	10.6	0	133.1	0.00022	10.6	0	133.1	0.00029

5.7.2 变化源数目的影响

由于硅通孔 RC 变化范围对电源噪声的影响可以忽略,研究变化源数目的影响,即 P/G 硅通孔数,查看增加变化源数目是否使得 PDN 鲁棒性变差。保持所有电路的 P/G 硅通孔间距、C4 凸点间距、P/G 网格密度相同,只研究 P/G 硅通孔数。表5.10表明,变化源数目对电源噪声的影响可以忽略,这又一次证明 P/G 硅通孔寄生远小于二维 P/G 网格的寄生。

表5.10 变化源数目的影响

电路	P/G 硅通孔数	硅通孔 $R \sim N(45.6,(0.3 \times 45.6)^2)/$mΩ 硅通孔 $C \sim N(35.5,(0.3 \times 35.5)^2)/$fF			
		静态噪声/mV		动态噪声/mV	
		均值	σ/m	均值	σ/m
ind$_1$	85	10.562	0	133.055	0.00029
ind$_2$	613	8.794	0	104.435	0
ind$_3$	1405	9.234	0	121.042	0.00031

5.7.3 C4 凸点数目的影响

众所周知,P/G C4 凸点间距是三维 PDN 质量的关键因素,本节变化 C4 凸点数,P/G 硅通孔数目和位置固定,研究它对电源噪声变化的影响。使用 ind$_1$ 电路进行本实验。表5.11表明电源噪声的均值和标准偏差均随着凸点数目减小增加。这是因为直接连接到凸点的 P/G 硅通孔比其他 P/G 硅通孔传输更多电流,因而更易受硅通孔 RC 变化影响。然而,不同 C4 凸点数的电源噪声变化仍然可忽略。

表 5.11　P/G 硅通孔 C4 凸点数的影响

凸点数	硅通孔 $R \sim N(45.6,(0.3\times45.6)^2)$/mΩ 硅通孔 $C \sim N(35.5,(0.3\times35.5)^2)$/fF			
	静态噪声/mV		动态噪声/mV	
	均值	σ/m	均值	σ/m
21	25.948	0.058	242.897	0.070
42	12.630	0.029	133.864	0.001
85	10.56	0	133.05	0.0002

5.7.4　硅通孔尺寸的影响

到目前为止,一直使用 5μm 直径硅通孔进行实验。本节研究硅通孔尺寸对电源噪声变化的影响,硅通孔直径分别为 2.5μm、5μm 和 10μm,深宽比为 10。我们使用不同硅通孔尺寸重新设计电路 ind_2,因为硅通孔尺寸明显地影响版图质量。表 5.12 表明,增加硅通孔尺寸很明显加大了版图面积,如果保持 P/G 硅通孔间距相同,可以容纳更多的 P/G 硅通孔。尽管硅通孔尺寸导致的静态和动态噪声的均值改变,电源噪声的变化仍可以忽略。

表 5.12　硅通孔尺寸的影响,所有硅通孔的纵横比为 10

硅通孔直径/μm	面积/μm²	P/G 硅通孔数	硅通孔 $RC \sim N(m,(0.3m)^2)$			
			静态噪声/mV		动态噪声/mV	
			均值	σ/m	均值	σ/m
2.5	1610²	421	11.762	0.00177	166.166	0
5	1850²	613	8.794	0	104.435	0
10	2430²	1005	10.193	0.00094	203.645	0.00122

为了进一步研究不同硅通孔尺寸的 P/G 硅通孔寄生的影响,我们采用相同的版图,只改变 P/G 硅通孔寄生,这种情况下,只有 P/G 硅通孔 RC 值改变,而二维 P/G 网格寄生保持不变。表 5.13 表明 P/G 硅通孔寄生改变不影响均值和标准偏差。这是因为这些硅通孔 RC 寄生的标称值仍较小,即 21~86mΩ 和 10~132fF,因此不同 P/G 硅通孔寄生对三维 PDN 的影响很小。

表 5.13　硅通孔寄生的影响,所有硅通孔的纵横比为 10

硅通孔直径/μm	硅通孔 $RC \sim N(m,(0.3m)^2)$/mΩ,fF			
	静态噪声/mV		动态噪声/mV	
	均值	σ/m	均值	σ/m
2.5	8.794	0.00162	104.435	0
5	8.794	0	104.435	0
10	8.794	0.00052	104.435	0.00013

自然地,制造工艺使得硅通孔等比例缩小,增加了硅通孔密度。然而,由于增加了硅通孔电阻和硅通孔的变化,较小的硅通孔尺寸可能导致 PDN 中存在更多的问题。为了评估将来纳米级硅通孔的 RC 寄生的影响,我们对电路 ind_1 执行电源噪声分析,所有情况下保持硅通孔高度 $15\mu m$。表 5.14 表明,与均值相比,电源噪声的变化仍很小,即使标准偏差幅值增加。在纳米级硅通孔中,更严重的问题是高噪声级别本身,而不是电源噪声的变化。

表 5.14 纳米级硅通孔寄生的影响

硅通孔直径/μm	硅通孔 RC 变化范围	静态噪声/mV 均值	σ/m	动态噪声/mV 均值	σ/m
1	$\sigma=0.1m$	10.562	0	133.053	0
	$\sigma=0.2m$	10.562	0	133.053	0
	$\sigma=0.3m$	10.562	0	133.053	0
0.5	$\sigma=0.1m$	14.706	0.08822	154.170	0.07671
	$\sigma=0.2m$	14.705	0.11981	154.163	0.10521
	$\sigma=0.3m$	14.701	0.17602	154.124	0.15435
0.1	$\sigma=0.1m$	157.872	0.24234	847.569	0.22812
	$\sigma=0.2m$	157.877	0.32161	847.942	0.31513
	$\sigma=0.3m$	157.877	0.43053	847.568	0.42943

5.8 结论

本章中我们研究 P/G 硅通孔对 IR 压降噪声的影响。由于硅通孔的大尺寸,三维集成电路中信号和 P/G 网络布线变得很有挑战。实验结果表明,由于硅通孔尺寸较大,增加 P/G 硅通孔数到一定等级可能使得 IR 压降噪声变差。开发的不规则 P/G 硅通孔布局算法可以减小使用的 P/G 硅通孔数,同时满足 IR 压降噪声约束。实验结果表明,我们的不规则 P/G 硅通孔布局算法减小了 59.3% 的 P/G 硅通孔数,同时版图面积和导线长度与传统规则 P/G 硅通孔布局算法差不多。

我们还研究硅通孔 RC 变化对两管芯交叠三维 PDN 的鲁棒性的影响,我们发现硅通孔 RC 变化对三维 PDN 的静态和动态噪声的影响可忽视,因为硅通孔的 RC 寄生值远小于整个 PDN 的寄生值。

参考文献

[1] G. V. der Plas et al., Design issues and considerations for low-cost 3D TSV IC technology, in *ISSCC on Digest Technical Papers*, San Francisco, 2010

[2] P. Enquist, G. Fountain, C. Petteway, A. Hollingsworth, H. Grady, Low cost of ownership scalable copper direct bond interconnect 3D IC technology for three dimensional integrated circuit applications, in *IEEE International 3D System Integration Conference*, San Francisco, 2009

[3] M. B. Healy, S. K. Lim, Power delivery system architecture for many-tier 3D systems, in *IEEE Electronic Components and Technology Conference*, Las Vegas, 2010

[4] G. Huang, M. Bakir, A. Naeemi, H. Chen, J. D. Meindl, Power delivery for 3D chips stacks: physical modeling and design implication, in *Proceedings of the IEEE Electrical Performance of Electronic Packaging*, Atlanta, 2007, pp. 205-208

[5] M. Jung, S. K. Lim, A study of IR-drop noise issues in 3D ICs with through-silicon-vias, in *IEEE International 3D System Integration Conference*, Munich, 2010

[6] M. Jung, S. Panth, S. K. Lim, A study of TSV variation impact on power supply noise, in *IEEE International Interconnect Technology Conference*, San Jose, 2011

[7] G. Katti, M. Stucchi, K. D. Meyer, W. Dehaene, Electrical modeling and characterization of through silicon via for three-dimensional ICs. IEEE Trans. Electron Device 57, 256-262 (2010)

[8] N. H. Khan, S. M. Alam, S. Hassoun, System-level comparison of power delivery design for 2D and 3D ICs, in *IEEE Electronic Components and Technology Conference*, San Diego, 2009

[9] D. H. Kim, K. Athikulwongse, S. K. Lim, A study of through-silicon-via impact on the 3D stacked IC layout, in *Proceedings of the IEEE International Conference on Computer-Aided Design*, San Jose, 2009

[10] Y.-J. Lee, M. Healy, S. K. Lim, Co-design of reliable signal and power interconnects in 3D stacked ICs, in *Proceedings of the IEEE International Interconnect Technology Conference*, Sapporo, 2009

[11] D. Stark, M. Horowitz, Techniques for calculating currents and voltages in VLSI power supply networks. IEEE Trans. Comput. Aided Des. Integr. Circuits Syst. 9, 126-132 (1990)

[12] X. D. S. Tan, C. J. R. Shi, Fast power/ground network optimization based on equivalent circuit modeling, in *Proceedings of the ACM Design Automation Conference*, Las Vegas, 2001

[13] A. W. Topol, J. D. C. L. Tulipe, L. Shi, D. J. Frank, K. Bernstein, S. E. Steen, A. Kumar, G. U. Singco, A. M. Young, K. W. Guarini, M. Ieong, Three-dimensional integrated circuits. IBM J. Res. Dev. 50, 491-506 (2006)

[14] H. Yu, J. Ho, L. He, Simultaneous power and thermal integrity driven via stapling in 3D ICs, in *Proceedings of the IEEE International Conference on Computer-Aided Design*, San Jose, 2006

第6章 键合前可测性三维时钟布线

摘要：三维交叠集成电路的键合前测试包括测试键合前每个单独的管芯。使用键合前可测性，制造者可以避免将有缺陷的管芯与好的管芯交叠，三维集成电路的总体成品率提高。然而，键合前可测性给三维时钟树设计提出了特有的挑战。首先，每个管芯需要完整的二维时钟树，才有可能实现键合前测试。其次，整个三维交叠需要完整的三维时钟树进行键合前测试和操作。在两管芯交叠情况下，直接的方案是将两个完整的二维时钟树与单个硅通孔连接。本章中，我们发现这种直接方案会导致长线长和高时钟功耗问题。我们的算法对这个方案进行了改善，减小了总线长和时钟功耗，提供键合前可测性和键合后可操作性，同时有着最小偏斜和受限转换时间。与单硅通孔方案相比，Spice 模拟结果表明，我们的多硅通孔算法将两管芯叠层的时钟功耗降低了 15.9%，将四管芯叠层的时钟功耗降低了 29.7%。此外，线长分别减小了 24.4% 和 42.0%。

本章中展示的材料基于文献[27]。

6.1 引言

三维系统集成是未来使得集成电路沿着摩尔定律继续发展的核心有效技术。使用三维集成技术，将元件布局在不同管芯上，可以从本质上减小元件间的平均距离和最大距离，进而大大减小延时、功耗和面积开支。而且，三维集成可以集成多种器件，使得整个系统更简单有效。然而，通常采用最终键合后成品率来预测三维交叠集成电路的成功，也就是说低估了键合到缺陷管芯的好管芯数。因此，每个管芯必须在键合工艺前进行测试。

近来，文献[16,26]的作者验证了三维时钟树中存在硅通孔和线长（进而功耗）折衷：三维时钟树中使用的硅通孔越多，总线长越短，这点清楚表明可以在三维时钟树中使用较多的硅通孔。然而，文献[16,26]中还发现，包含多个硅通孔的三维时钟树有着有趣的特性：叠层中只有一个管芯包含完全连接的二维时钟树，其他管芯包含许多小的隔离子树。这些树利用硅通孔缩短总线长，但是这种设计使得键合前测试几乎不可能，因为每个时钟子树需要自己的探针焊盘。当今的测试设备（如根据文献[23]）有着大于 ±100ps 的总时序精度（OTA），这使得使用多个时钟探针焊盘提供低偏斜时钟信号变得很有挑战。此外，一个信号使用如此多的探针花费很高。我们的工作试图解决这些问题，通

过设计三维叠层集成电路的低功耗键合前可测性时钟树,来提供低成本方法。本章包含以下主题:

(1) 第一个研究内容是键合前可测性时钟布线。键合前可测性时钟树可以用于键合前测试和键合后操作。引入两个新电路单元,硅通孔-缓冲器和冗余树,来使能有效的键合前测试,同时减小总线长和时钟功耗。与使用单个硅通孔连接两个完整二维树的简单键合前可测性方案相比,不管是两管芯还是四管芯三维叠层,我们的方案明显减小了线长和功耗。

(2) 为了改善键合前可测性三维时钟树的可靠性,开发了转换时间驱动融合缓冲方法,使得每个时钟沉的转换率在给定约束内。这种方法减小了键合前可测性三维时钟树的线长和功耗。

(3) 发现与其他情况相比,将时钟源固定在三维叠层中的中间管芯中,键合前可测性时钟树可以使用更少的硅通孔,同时仍能够节省功耗和线长。

(4) 分析寄生硅通孔电容对键合前可测性时钟树的影响,包括线长、缓冲器数目和时钟功耗。发现大电容倾向于增加线长和所需缓冲器数目,进而增加了时钟功耗。

6.2 研究现状

三维集成电路的时钟树生成研究历史很短,Pavlidis 等人给出制造的三维时钟分布网络的测试数据[18],Arunachalam 和 Burleson 为时钟分布网络使用独立层来降低功耗[3],Minz 等人给出减小线长的三维时钟布线的第一个成果[16],Zhao 和 Lim 进行了三维时钟树生成的综合研究,给出产生可靠低功耗三维时钟树的几种设计技术[26],Kim 等人开发了三维时钟树生成的时钟嵌入方法[11],他们集中于减小硅通孔数和线长。然而这些工作无一开展了键合前可测性研究。

为了解决三维集成电路测试问题,有人研究了几种测试方法。Lee 和 Chakrabarty 开展了测试三维集成电路的综合研究[12],Marinissen 和 Zorian 提出基于硅通孔的三维叠层集成电路制造工艺总览,讨论了测试挑战[15]。为了改善测试能力同时减小线长,Wu 等人给出了三维扫描链设计方法[24]。文献[25]中,Wu 等人开发了测试存取机制(TAM)优化技术,来减小基于核的三维 SoC 测试时间,同时约束硅通孔总数和 TAM 宽度。Noia 等人开发了硅通孔基三维集成电路的测试界面优化技术[17],在测试需要硅通孔总数约束下,内核的扫描测试时间减小。所有这些工作基于三维集成电路的键合后测试。

Lewis 和 Lee 给出三维管芯交叠微处理器的键合前可测性问题的结构方案[13],他们讨论了如何执行跨越多个管芯的功能模块的测试,他们还研究了新设计和测试方法[14]解决三维电路的类似问题。Jiang 等人给出适用于键合后测试和键合前圆片级测试的优化测试时间和布线成本的启发式方法[9],他们开发了键合前测试管脚数受约束下的版图驱动测试结构设计技术[10]。

6.3 基础知识

6.3.1 三维抽象树产生

文献[16]的作者提出了3D–MMM算法来产生自顶向下方式中一套三维时钟沉节点的抽象树。硅通孔数上限是用户定义的算法可用的最大硅通孔数。3D–MMM的基本思想是递归划分给定沉集合为两个子集合,直到每个沉节点属于它自己的集合。图6.1(a)基于$X-Y$坐标和硅通孔上限论证了划分技术。每步递归划分,我们将给定沉集合S划分为两个子集S_A和S_B。对于当前沉集合S,基于硅通孔上限考虑两种情况:

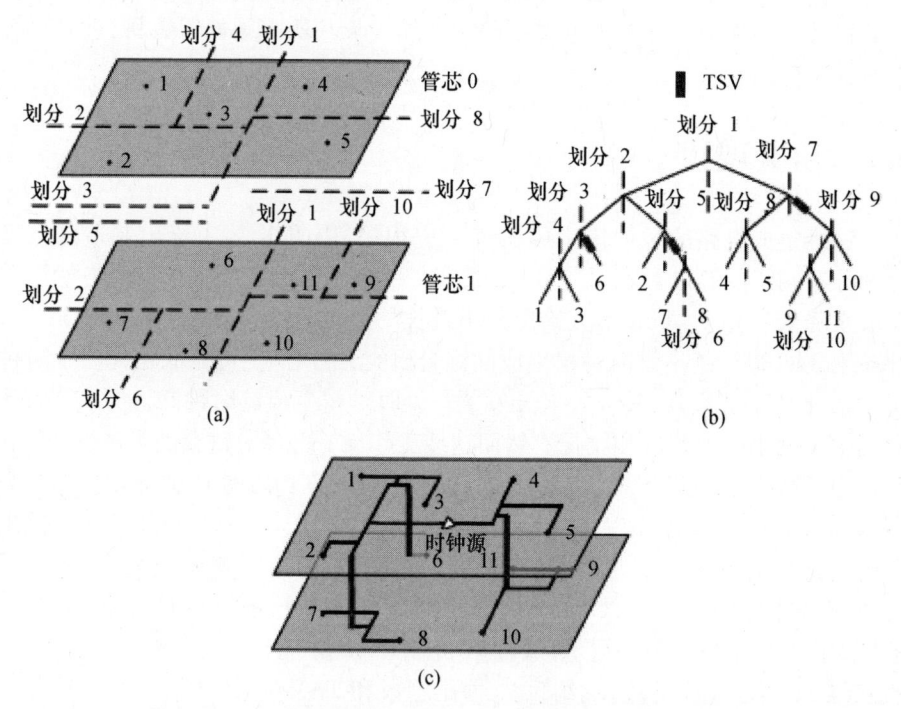

图6.1 最大硅通孔数为3的两管芯叠层的三维时钟布线

(a)使用3D–MMM算法[16]自顶向下划分;(b)产生的抽象二进制树;(c)最终的三维时钟拓扑。

(1) 如果硅通孔上限为1,需要划分当今沉集合,使得相同管芯中的沉节点属于相同子集。S_A和S_B间的连接需要一个硅通孔。

(2) 如果硅通孔上限大于1,忽略Z方向坐标,使用直切割线将集合进行几何划分。由于每个子集包含来自所有管芯的沉节点,需要多个硅通孔连接它们。

S 划分结束时,采用如下方法确定每个子集 S_A 和 S_B 的硅通孔上限:①估计每个子集所需硅通孔数;②根据估计的硅通孔数比,将 S 的硅通孔上限中的一部分分配到每个子集。为了平衡穿过子集的硅通孔上限,需要设置切割方向。完成 3D-MMM 划分后,获得了抽象二进制树,如图 6.1(b)所示。该二进制树表示时钟沉节点、内部节点、硅通孔和时钟源间的层次连接。

在嵌入和缓冲阶段,以自顶向上的方式布局三维抽象树中的内部节点和硅通孔,并插入缓冲器来保持零偏斜特性(使用 Elmore 延时模型估计延时[5])。扩展经典 DME 算法[4]产生嵌入到给定抽象树的拓扑。缓冲插入中使用了考虑缓冲器电容、硅通孔电容和导线电容的成本函数[16]。

6.3.2 三维 MMM 算法和键合前测试

3D-MMM 算法产生的三维时钟树对于键合前测试具有下述主要挑战。首先,时钟源管芯上的连接树键合前非零偏斜,如图 6.1(c)所示。该图中的整个三维时钟树为键合后零偏斜构建。然而,没有管芯 1 中的时钟沉节点,管芯 0 中的树会丢失很多枝权(进而是其寄生电容),这将导致键合前测试中存在严重的时序违反,通过降低时钟频率无法修复。

其次,除时钟源管芯之外的每个管芯缺少连接该管芯中所有沉节点的完整树,如图 6.1(c)所示,该图中,有三棵子树连接管芯 1 中的沉节点。为了提供管芯 1 的键合前测试期间零偏斜时钟信号,需要三个探针焊盘来提供三个同步时钟信号。为了减小线长和功耗,需要使用更多硅通孔形成更多子树,成本增加。

因此工作的目标是:①构建能够提供键合前测试和键合后测试的零偏斜时钟信号的三维时钟树;②在键合前测试期间限制每个管芯到一个单独的时钟源(进而一个单独的探针焊盘);③减小树的线长和硅成本;④减小总功耗;⑤在给定约束内限制时钟转换时间。

6.4 问题描述和术语

键合前可测性三维时钟布线问题定义如下:给定一套分布在 $N(N>1)$ 个管芯的时钟沉节点和硅通孔上限,构建三维时钟树使得①键合后操作期间,树使用最小偏斜时钟信号连接所有沉节点;②键合前测试期间,每个管芯中存在一个单独的二维时钟树,提供到该管芯沉节点的最小偏斜时钟信号。目标是在给定硅通孔界限和时钟转换时间约束下,减小线长和时钟功耗。时钟沉节点可以表示触发器、IP 块的时钟输入管脚或者存储器块。我们的键合前可测性时钟布线算法可以工作在任何大于零的硅通孔上限下,就时钟偏斜①、线长、功耗和时钟转换时间而言,该算法可以构建键合前和键合后测试和操作的高质量三维时钟树。

对于一个 N 管芯叠层时钟网络,根据自顶向下的方式将管芯编号为管芯 0,管芯 1,…,管芯 $N-1$。假定一个时钟源位于管芯 0 的 N 管芯时钟树设计,术语 "post-3d" 指键合后操作中使用的完全连接的三维时钟树,"pre-die-k" 为键合前测试中管芯 k 中的完全连接的二维时钟树,"sub-die-k" 指管芯 k 中未连接的子树集合,"red-die-k" 指的是完全连接给定管芯中一套 sub-die-k 的冗余树。这些树间有如下关系:① pre-die-k = sub-die-k + red-die-k, $k > 0$;② post-3d = pre-die-0 + sub-die-1 + sub-die-2 + ⋯ + sub-die-$(N-1)$。

6.5 键合前可测性时钟布线

6.5.1 简介

为了不失普遍性,首先开发两管芯叠层的键合前可测性时钟布线算法。在 6.5.5 节中将该算法扩展到包含多于两个管芯的叠层。算法的输入包括每个管芯(管芯 0 和管芯 1)中沉节点的位置和电容、硅通孔上限(>0),及转换时间约束,并假定时钟源位于管芯 0 中。该算法包含两个主要步骤:

(1) 三维树构建。产生连接两个管芯中所有沉节点的三维时钟树(post-3d),使得① Elmore 延时模型下,总三维树为零偏斜;② 总线长减小;③ 管芯 0 包含一个完全连接的零偏斜二维树(pre-die-0)。这种情况下,三维树用于键合后测试和操作,管芯 0 中的二维树用于管芯 0 的键合前测试。我们利用所谓的"硅通孔-缓冲器"确保键合前和键合后配置中,管芯 0 中的二维树保持零偏斜。

(2) 冗余树布线。如果使用多个硅通孔,三维树构建步骤产生一个三维树,其中管芯 1 包含几个独立的子树(sub-die-1)。这种情况下,在管芯 1 中布线所谓的"冗余树"(red-die-1)来连接管芯 1 中子树的根,形成一个完全连接的二维树(pre-die-1),该树预估有零偏斜,并且有最小的总线长。这个二维树用于管芯 1 的键合前测试。插入传输门(TGs)使得键合后操作中冗余树不连接。

---

① 在键合前可测性时钟布线中,我们的算法产生了基于 Elmore 延时模型的零偏斜时钟树[5]。为了获得准确的时钟相关特性,我们接着提取网表,报道了 Spice 模拟结果,包括延时、偏斜、转换时间和功耗。

6.5.2 硅通孔-缓冲器插入

键合前测试管芯 0 需要在管芯 0 中有完全连接的时钟树,使得可以使用一个测试探针将时钟信号传送到所有管芯 0 沉节点。如前面所述,如果使用多个硅通孔,三维树构建步骤产生三维树,其中管芯 0 包含一个完全连接的树,管芯 1 包含小子树森林。键合前测试期间,两个管芯独立,单独进行测试。这种情况下,管芯 0 中的二维树可以不进行任何调整,直接使用。然而,该树的偏斜可能不再是零,因为管芯 1 中子树的下游电容不存在。这个额外的偏斜将减慢或扰乱测试过程。

为了避免高偏斜情况,使用硅通孔-缓冲器,在硅通孔前简单地插入一个缓冲器。在测试驱动 DME(TaDME)算法中,为每个硅通孔增加一个硅通孔-缓冲器,进而在零偏差约束下布线该树。这种情况下,在时钟源所处的管芯 0 中插入硅通孔-缓冲器。由于缓冲器将管芯 0 与下游电容隔离,当键合前测试时管芯 0 保持零偏斜。TaDME 的结果是一个零偏斜三维树,它包含键合前测试的管芯 0 的零偏斜二维树。

接下来,描述如何修改传统 DME 算法,形成 TaDME 算法,构建包含硅通孔-缓冲器的零偏斜三维时钟树。TaDME 的关键步骤是自底向上递归树融合。假定一对需要融合的零偏斜子树,我们的目标是确定融合段(融合点的潜在位置集合),将融合段连接到子树的根结点,使得新融合后的树也是零偏斜。图 6.2 给出原始 DME 算法中使用的传统融合过程,其中内部结点 E 的融合段基于硅通孔、导线、下游电容的寄生和两个子树的内部延时来确定。这种情况下,如果总树的右边枝权(硅通孔,边(E,A)和 CT_2)被移走,从 E 到 B 的延时将根据结点 E 处下游电容的变化进行改变。然而,如果使用如图 6.3 所示硅通孔-缓冲器,即使移走右边的枝权,从 E′ 到 B 的延时将保持不变。这是因为硅通孔-缓冲器遮蔽了结点 E′ 处下游电容。

图 6.2 和 6.3 采用下述标记法:r 和 c 分别表示单位长度导线电阻和电容,R_d 为缓冲器的输出电阻,C_L 为缓冲器的输入电容,t_d 为缓冲器的本征延时,R_{TSV} 和 C_{TSV} 为硅通孔电阻和电容。管芯 0 包含根为 B 的子树 CT_1 和负载电容 C_{LB}。从 B 到 CT_1 的沉结点的内部延时为 t_B。CT_2 使用类似的符号。长度为 l 的时钟导线建模为包含一个电阻(rl)和两个电容($cl/2$)的 π 型电路。也使用一个电阻 R_{TSV} 和两个电容($C_{TSV}/2$)的 π 型电路为硅通孔建模。注意管芯键合前后,图 6.3 中内部结点 E′ 的下游电容均为 $cl_{E'B} + C_{LB} + C_L$。因此,硅通孔-缓冲器允许建立管芯 0 的三维树,该树在键合前后均为零偏斜。

在自底向上融合过程中,要求 CT_1 中从 E′ 到沉节点的延时(通过 $B = d_{E',CT_1}$)等于到 CT_2 的沉节点的延时(通过 $A = d_{E',CT_2}$),即:

$$d_{E',CT_1} = d_{E',CT_2} \tag{6.1}$$

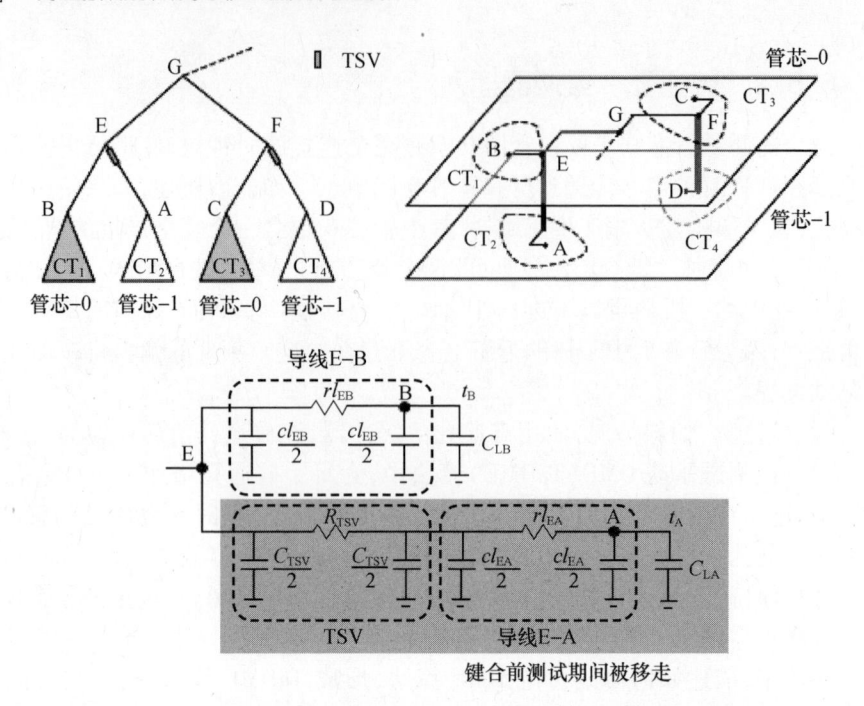

图 6.2 使用硅通孔构建的三维时钟树,其中独立的管芯 0 和管芯 1 偏离管芯 0 中的树

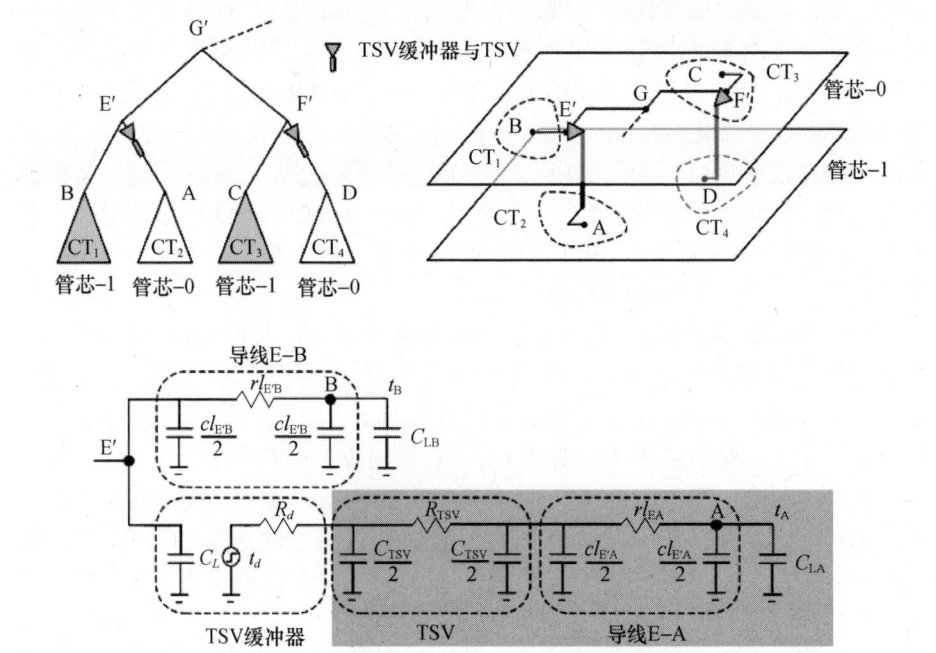

图 6.3 使用硅通孔-缓冲器构建的三维时钟树,其中独立的管芯没有偏离管芯 0 中的树

根据图6.3中的融合结构，d_{E',CT_1}和d_{E',CT_2}可以如下表示

$$d_{E',CT_1} = rl_{E'B}(cl_{E'B}/2 + C_{LB}) + t_B \quad (6.2)$$

$$d_{E',CT_2} = t_d + R_d(C_{TSV} + cl_{E'A} + C_{LA}) + R_{TSV}(C_{TSV}/2 + cl_{E'A} + C_{LA}) \\ + rl_{E'A}(cl_{E'A}/2 + C_{LA}) + t_A \quad (6.3)$$

式中：t_A为从A到CT_2沉节点的内部延时，C_{LA}为结点A的下游电容。如果不走弯路，并且假定E'和A($l_{E'A}$)，及E'和B($l_{E'B}$)间的距离，服从

$$l_{E'B} + l_{E'A} = L \quad (6.4)$$

式中：L为A和B间的最小融合距离，$l_{E'A}$和$l_{E'B}$可以通过求解式(6.1)～式(6.4)来确定。

如果$l_{E'A}$或$l_{E'B}$为负，导线需要绕行。例如，当$l_{E'A}$为负值时，$l_{E'B}$必须大于L来获取零偏斜融合。这种情况下，$l_{E'A}$被设置为0，通过解式(6.1)～式(6.3)来计算$l_{E'B}$。如果计算得到的$l_{E'B}$太长，沿着边E'B插入一个时钟缓冲器，相应更新式(6.2)。使用缓冲器避免导线绕行的决定使用一个成本函数来确定，该函数考虑时钟导线、缓冲器及硅通孔的电容；如果成本小于缓冲插入的成本，并且满足转换时间约束，使用导线绕行。

6.5.3 冗余树插入

管芯1的键合前测试需要一个完全连接的时钟树，使得时钟信号可以从一个测试探针传送到管芯1的所有沉节点。如前所述，为了减小导线长度，使用多个硅通孔时，三维树构建在管芯1中产生了子树森林，因此我们的目标是将这些子树综合为一个零时钟偏斜、总线长最小的完全连接时钟树。通过增加连接子树根同时保持零偏斜的冗余树来实现。在管芯1的键合前测试期间，使用该完全连接的树。注意键合后测试和操作期间不使用该冗余树，关闭传输门不连接冗余树。

冗余树布线使用传统算法进行：①以自顶向下方式构建二维抽象树；②在每个沉节点插入一个传输门；③在零偏斜和最小线长目标下嵌入、缓冲抽象树。图6.4给出一个流程实例，假定管芯1中有许多子树，首先基于子树提取一套新沉节点集合，

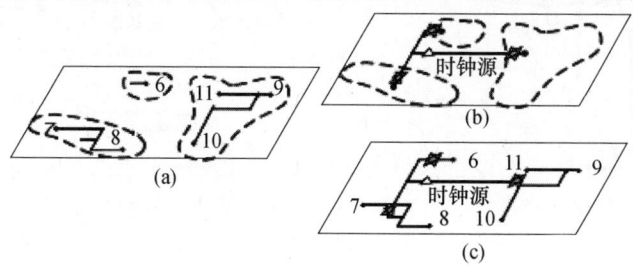

图6.4 管芯1中冗余树的插入，为了简化，这里没有显示连接传输门的额外的控制信号
(a)从子树提取沉；(b)产生冗余树与插入传输门；(c)管芯的最终的键合前可测性时钟树。

如图6.4(a)所示。然后为该集合构建二维时钟树,如图6.4(b)所示。图6.4(c)给出管芯1的最终键合前可测性时钟树(pre-die-1),包含三个子树(sub-die-1)和一个冗余树(red-die-1)。最后,使用额外的控制导线连接传输门的使能输入。为了减小布线开支,需要使得该控制信号的总线长最小化,使用修正线性最小扩展树算法(RMST-pack)来实现[20]。该开支的成本在6.7.3节中介绍。

6.5.4 综合

在算法完成之前,获取管芯0和管芯1的完全连接的零偏斜二维时钟树和整个叠层的完全连接的零偏斜三维树。管芯1中,打开传输门连接冗余树到子树进行键合前测试。一旦完成键合前测试,关闭传输门不连接冗余树。完成了这些,初始零偏斜三维树用于键合后测试和正常操作。实验结果章节中将表明,与只使用一个硅通孔的方案相比,使用多硅通孔、硅通孔-缓冲器和传输门加控制信号的三维树明显可以消耗更低的功耗。

图6.5(a)给出整个设计流程实例。在键合后操作中,传输门被关闭,pre-die-0和sub-die-1树使用硅通孔连接,形成键合后三维树,如图6.5(b)所示。键合前测试中,可以再次使用零偏斜pre-die-0树去测试管芯0,如图6.5(c)所示。为了测试管芯1,打开传输门,red-die-1和sub-die-1树形成零偏斜pre-die-1树,如图6.5(c)所示。

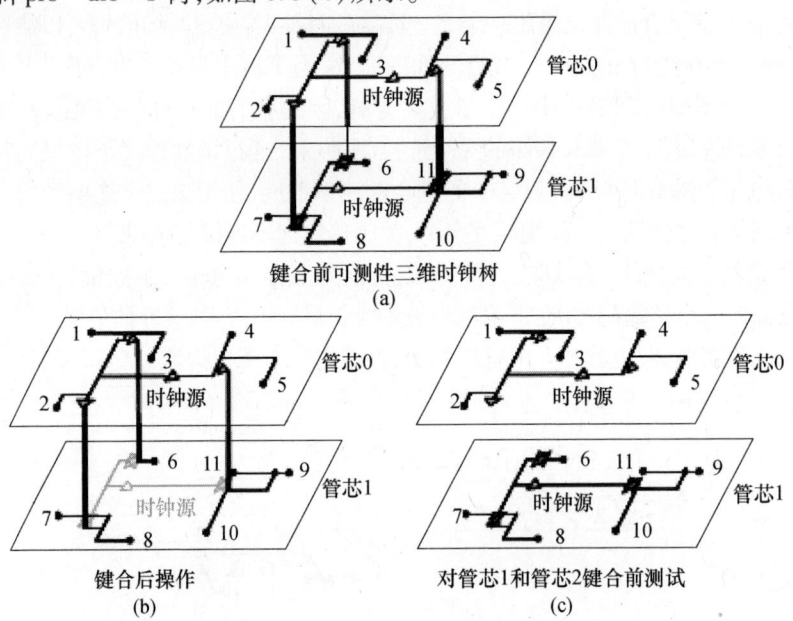

图6.5 使用三维时钟树的键合后操作和键合前测试实例
(a)键合前可测性三维时钟树;(b)传输门关断的键合后操作中的post-3d;
(c)传输门打开的键合前测试中的pre-die-0。

6.5.5 多管芯扩展

对于多于两个管芯的叠层,面临相同的创建键合前测试时钟树的问题。图 6.6 中以四管芯叠层时钟树为例。时钟源位于管芯 0,如果应用 3D – MMM 算法[16],产生的 post – 3d 树包含下述拓扑:①管芯 0 有完整的连接管芯 0 所有沉节点的时钟树;②每个非源管芯(管芯 1,管芯 2 和管芯 3)有一个 sub – die – k ($k=1,2,3$),它们通过 10 个硅通孔连接到时钟源。

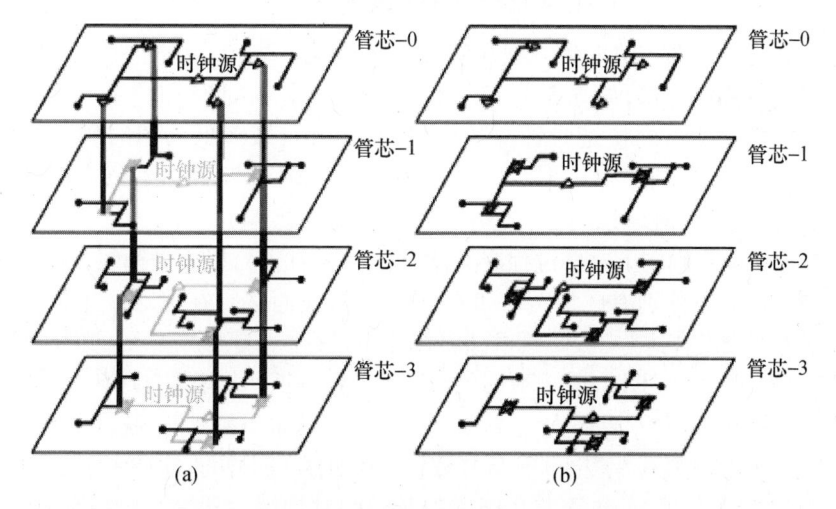

图 6.6 四管芯叠层中键合前可测性时钟布线例子
(a)键合后的三维时钟树;(b)键合前测试的二维时钟树。

两管芯叠层的键合前可测性时钟布线算法可以很容易地扩展到更大的任意时钟源位置的管芯叠层。6.3.1 节给出的基本三维树构建算法产生了三维树,其中管芯 – s(定义为包含时钟源;图 6.6 中的管芯 0)有一个完全连接的树,然而所有其他管芯有一片森林。硅通孔 – 缓冲器插入算法如下扩展。在自底向上融合过程中:

(1) 如果硅通孔连接管芯 – s 和非源管芯 – $k(k \neq s)$,在管芯 – s 中插入硅通孔 – 缓冲器。

(2) 如果硅通孔连接非相邻管芯,并且通过管芯 – s(例如,连接管芯 – $(s-1)$和管芯 – $(s+1)$),我们在管芯 – s 中插入硅通孔 – 缓冲器。

(3) 如果硅通孔不连接或者不穿过管芯 – s,不需要硅通孔 – 缓冲器。

一旦完成硅通孔 – 缓冲器插入、嵌入和缓冲,在非源管芯中增加冗余树。此外,在每个子树的根处插入传输门,并增加一个全局控制信号,连接每个管芯中的所有传输门使能输入。这允许在键合前测试中使用冗余树(传输门打开),键合后测试和操作中不使能冗余树(传输门关断)。整个过程的输出结果是:①一个键合后测试和正常操作的零偏斜三维时钟树;②每个管芯都有一个用于键合前测试的零偏斜二维时钟树；③连接每个管芯传输门使能输入的全局控制信号。图6.6给出四管芯叠层的键合前可测性和键合后三维时钟树实例。

6.6 线长和转换时间控制缓冲

本节给出平衡线长、控制转换时间的缓冲策略。

6.6.1 采用时钟缓冲器进行线长平衡

键合前可测性三维时钟布线算法插入两类缓冲器：时钟缓冲器和硅通孔-缓冲器。时钟缓冲器，如6.3.1节讨论，主要用于控制延时和偏差。这些时钟缓冲器通常被插入到接近时钟源的位置，驱动大负载降低沿着时钟路径的延时。硅通孔-缓冲器，如6.5.2节讨论，被插入到时钟源管芯中每个硅通孔位置，来确保键合前测试期间该管芯中的时钟树也是零偏斜。

观察到在自底向上融合过程期间，硅通孔-缓冲器可以不平衡线长。考虑管芯0和管芯1中分别有子树CT_1和CT_2的例子，我们必须在管芯0中使用硅通孔-缓冲器来融合这些子树。如图6.3所示，硅通孔-缓冲器插入可以增加从E′到CT_2的延时。如果CT_2的内部延时已经远大于CT_1的延时，增加硅通孔-缓冲器仅仅使得差距更大。如果差距太大，需要通过导线弯曲来平衡延时，获得零偏斜融合树。因此，增加硅通孔-缓冲器已经导致管芯0中存在明显的时钟导线开支。

为了缓解该开支，在管芯0中增加额外的时钟缓冲器来平衡内部延时，消除弯曲。特别是，当硅通孔-缓冲器导致明显的延时不平衡时，我们在其他树枝处插入额外的时钟缓冲器作为平衡。图6.3中沿着E′-B增加一个额外的时钟缓冲器。发现该延时平衡原理减小了管芯0中的总线长，还发现这种方法需要很少的时钟缓冲器，因为这种不平衡不会经常发生。

6.6.2 采用时钟缓冲器进行转换速率控制

时钟转换速率控制是高速时钟的重要可靠性事项。如果转换速率太低，即如果时钟信号需要太长时间上升或下降，可能违反建立和保持时间，这是采用较低时钟频率不能修复的问题。现有转换时间敏感时钟树综合研究依赖于缓冲器插入[1,2,7,22]。沿着时钟路径插入缓冲器，使得每个缓冲器的输出负载有限。这个边界条件在文献中标注为c_{max}，已经发现它在控制转换速率方面有效；较小的c_{max}值改善了转换速率，但需要插入较多的缓冲器。大部分现有研究将在给定时钟树中插入缓冲器作为后处理步骤，来改善各种约束（缓冲器面积、时钟功耗等）下的转换速率。必须仔细完成综合后转换时间敏感缓冲器插入，避免引入新时钟偏斜。这可能限制了缓冲器的位置。

我们的策略是在键合前可测性时钟树构建期间，通过增加缓冲器满足c_{max}约束来处理转换速率问题。特别是，在自底向上融合期间，与硅通孔-缓冲器一起插入时钟缓冲器,使得对于两种类型的缓冲器,c_{max}都能满足。如果融合结点的下游电容超过c_{max},沿着从融合结点到子树根结点的路径增加时钟缓冲器。依赖于负载,可以插入多个时钟缓冲器来满足c_{max}需求。

图6.7给出时钟缓冲器和硅通孔 – 缓冲器插入的几个可能情形。总之,我们的时钟树综合算法使用三条原则进行自底向上融合过程中的缓冲器插入:

(1) 对于键合前可测性:为连接到时钟源管芯的每个硅通孔增加一个硅通孔 – 缓冲器。

(2) 对于线长减小:增加时钟缓冲器来修正两个融合子树延时的不平衡,如前面小节讨论。

(3) 对于转换速率控制:如果任何缓冲器的下游电容超过给定限制c_{max},增加时钟缓冲器。

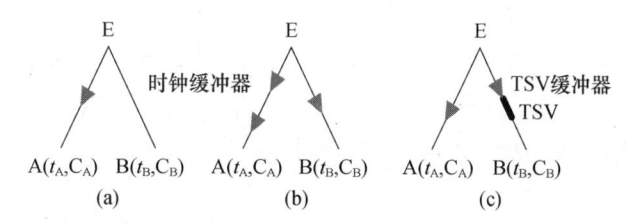

图6.7 时钟缓冲器和硅通孔缓冲器插入例子

(a)插入了一个时钟缓冲器来平衡两条支路的延时,其中$t_A < t_B$;(b)如果导线长或者负载电容大,插入多个时钟缓冲器;(c)插入一个时钟缓冲器和一个硅通孔 – 缓冲器来平衡延时。

6.7 实验结果

使用C++/STL在Linux上实现算法,使用IBM套件[6]的五个基准电路和ISPD时钟网络综合测试套件[8]的四个基准电路。由于这些设计是针对二维集成电路的,我们通过将时钟沉节点任意划分到多个管芯,并分别将两管芯和四管芯叠层的版图面积$\sqrt{2}$和$\sqrt{4}$等比例缩小。

使用45nm预测工艺模型(PTM)[19]的工艺参数;单位长度导线电阻为$0.1\Omega/\mu m$,单位长度导线电容为$0.2fF/\mu m$。沉节点电容值在5~80fF间变化。缓冲器参数为$R_d = 122\Omega$、$C_L = 24fF$、$t_d = 17ps$。使用$20\mu m$高、$10\mu m \times 10\mu m$后通孔硅通孔,氧化物衬层厚度为$0.1\mu m$。通过使用Synopsys Raphael[21]模拟硅通孔结构,我们确定硅通孔寄生为$R_{TSV} = 0.035\Omega$、$C_{TSV} = 15.48fF$。时钟频率设置为1GHz,电源电压(V_{dd})1.2V①。应用于转换速率控制的每个缓冲器的最大

---

① 注意,在相同V_{dd}下模拟单硅通孔和多硅通孔时钟树,功耗降低主要来源于电容减小。因此,我们的算法在低功耗和键合前测试方面的有效性适用于不同V_{dd}(如1.2~1.0V)。

负载电容 c_{max} 为 300fF。

Spice 模拟中,将导线段和硅通孔表示为 π 模型,将时钟缓冲器和硅通孔-缓冲器表示为反相器对。模拟的时钟偏斜和转换时间容差分别为时钟周期的 3% 和 10%。线长以 μm 为单位,时钟功耗以 mW 为单位,偏斜和转换时间以 ps 为单位,电容单位 fF。

6.7.1 硅通孔-缓冲器和 TG 模型验证

在键合前可测性时钟布线中,为了便于进行键合前测试和键合后测试及操作,我们利用硅通孔-缓冲器和传输门。图 6.8 给出 Spice 验证所用硅通孔-缓冲器和传输门的等效电路,在两管芯叠层中模拟键合后三维时钟树,在管芯 0 和管芯 1 中模拟两个键合前可测性二维时钟树。节点 A 是键合后操作的时钟源。管芯 0 中的沉节点 C 和管芯 1 中沉节点 E 的负载电容分别为 C_{LC} 和 C_{LE}。结点 B 和 D 通过一个硅通孔-缓冲器和一个硅通孔连接。边(D,E)是管芯 1 的子树,通过一个传输门连接到管芯 1 的键合前测试的时钟源 F。C_{LC} 和 C_{LE} 设置为 5fF,导线(A,B),(B,C),(D,E)和(F,D)均有 500μm 长。

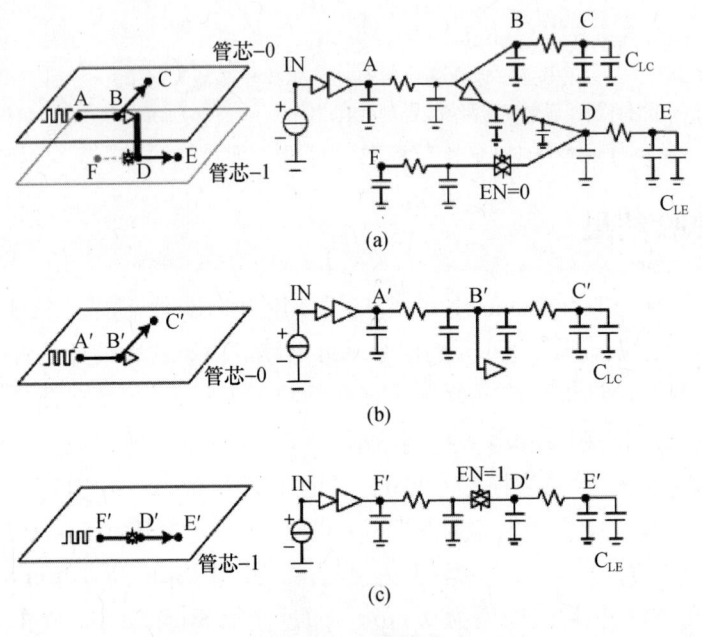

图 6.8 电路模型

(a)键合后三维时钟树;(b)管芯 0 中键合前可测性二维时钟树;
(c)管芯 1 中键合前可测性二维时钟树。

首先,从 Spice 模拟结果观察到,图 6.8(a)中从 A 到 C 的延时为 42.21ps,与图 6.8b 中 A'到 C'的延时相同,这验证了在管芯 1 叠加、硅通孔-缓冲器完成它的任务之前,管芯 0 为零偏斜。其次,当传输门关断时,结点 D 和地间,传输门的电容为 14.2fF。这个传输门完全阻止了从 A 到 F 的时钟信号。然而,当打开传输门进行键合前测试时,它的输入和输出结点间有 108Ω 电阻,它的输入和地间有 16.4fF 电容,它的输出和地间有 18.4fF 电容。一个传输门的本征延时为 1.04ps。在该模型下,计算得到的从 F′ 到 E′ 的延时为 54.13ps,与模拟延时 54.14ps 匹配地非常好。

6.7.2 取样树和波形

图 6.9 给出 IBM 套件的 r_1 电路的一系列键合前可测性时钟树,假定硅通孔上限为 10,硅通孔用黑点表示,时钟源为三角。图 6.9(a)为键合后测试和正常操

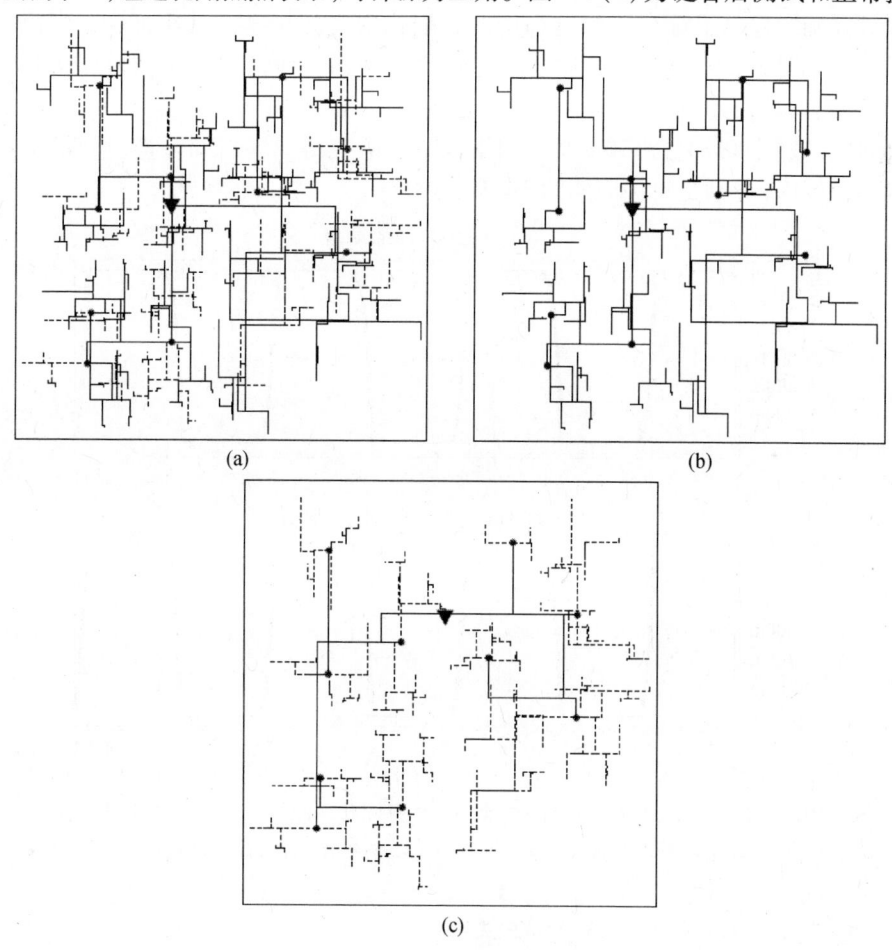

图 6.9 电路 $r1$ 的两管芯叠层的键合前可测性时钟树,硅通孔上限为 10,
硅通孔和时钟源分别用黑点和三角表示

(a)键合后三维时钟树,实线和点线分别表示管芯 0 和管芯 1 中的树;(b)管芯 0 的键合前可测性二维时钟树;(c)管芯 1 的键合前可测性二维时钟树,其中冗余树和子树分别用实线和点线表示。

作的零偏斜三维时钟树,该三维时钟树包含 10 个硅通孔。实线和点线分别表示管芯 0 和管芯 1 中的时钟树。注意管芯 1 包含许多子树(点线),除了通过管芯 0,它们彼此不相连。图 6.9(b)给出管芯 0 键合前可测性零偏斜二维时钟树,它与图 6.9(a)中的实线时钟树相同。图 6.9(c)给出管芯 1 键合前可测性零偏斜二维时钟树,它包含管芯 1 中的所有子树(点线)和连接它们的冗余树(实线)。

图 6.10 给出基准 r_5 的两组时钟波形,其中每组包含 25 条波形(每个树的 25 个沉节点都有一条布线)。第一组(图 6.10(a))来自键合后三维时钟树,第二组(图 6.10(b))来自管芯 0 的键合前可测性二维时钟树。首先发现,25 条波形几乎相同,这点是我们所希望的。此外,两组有着类似的波形,表明硅通孔-缓冲器确实保持了键合前和键合后测试配置中树的平衡。其次,Spice 模拟表明两种情况下,$50\% V_{dd}$ 时的波形宽度下,所有沉节点间的时钟偏斜是 29.1ps。第三,最大转换速率为 88.4ps,通过测量最低结点上从 $10\% V_{dd}$ 到 $90\% V_{dd}$ 的上升时间(或从 $90\% V_{dd}$ 到 $10\% V_{dd}$ 的下降时间)来获得。偏斜和转换时间值均在容差范围内(分别是时钟周期的 3% 和 10%)。

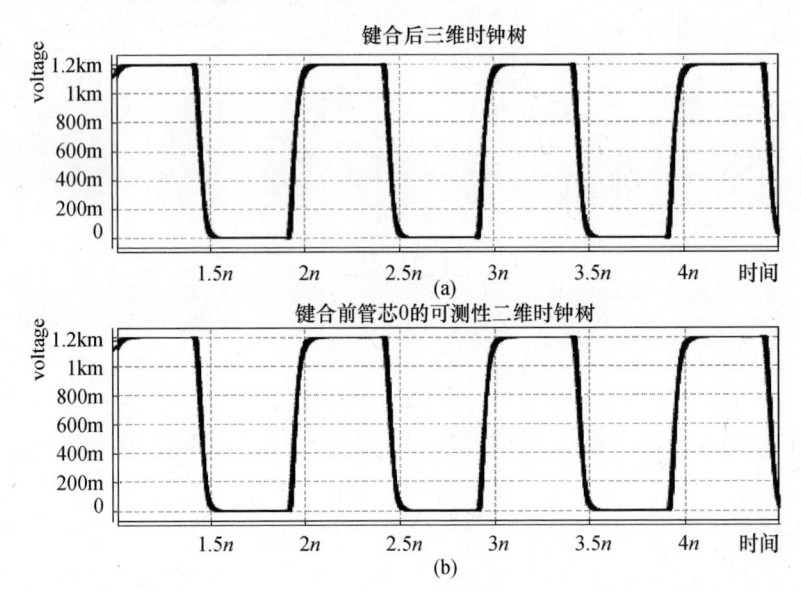

图 6.10 键合后三维时钟树和键合前管芯 0 的可测性二维时钟树的时钟波形,我们添加了 r_5 中的 25 个时钟沉的波形,时钟频率 1GHz,偏斜 29.1ps,最大转换时间率 88.4ps

6.7.3 线长、偏斜和功耗结果

表 6.1 和 6.2 给出键合后三维时钟树(post-3d)、管芯 0 和管芯 1 的键合前可测性二维时钟树(pre-die-0 和 pre-die-1)的线长(μm)、功耗(mW)和偏斜(ps)结果。对于管芯 1,我们报道了总线长(WL)和子树线长(WL-sub)、

冗余树线长(WL-red)及传输门控制信号线长(WL-TG)。这种情况下,管芯1的键合前可测性时钟树的线长等于WL-sub和WL-red的和。此外,键合后三维时钟树的线长为pre-die-0线长与pre-die-1的WL-sub的和。

表6.1 键合后可测性三维时钟树的线长、时钟功耗和偏差结果

电路	沉节点数	硅通孔数	键合后3D 线长	功耗	偏差
r_1	267	57	227141	128.4	13.7
r_2	598	95	488987	274.1	14.2
r_3	862	183	616077	361.6	15.5
r_4	1903	265	1311290	763.2	15.5
r_5	3101	269	1998950	1115.0	29.1
f_{11}	121	44	129391	73.3	9.4
f_{12}	117	36	127763	71.2	6.8
f_{21}	117	42	136676	75.6	5.0
f_{22}	91	30	80977	46.8	15.3
比值			1.00	1.00	1.00

基于线长相关列可以发现①pre-die-0和pre-die-1的总线长差不多(比值为0.72对0.69);②在几种情况下,冗余树的线长大约为管芯1中子树总线长的两倍(0.41对0.28);③几种情况下,传输门控制信号的线长大约是管芯1中冗余树的一半(0.29对0.41)。

总时钟布线资源费用等于post-3d与pre-die-1的WL-red的和。归一化到post-3d的线长,键合前可测性时钟树和它的冗余树的总线长为1.41。可以得到下述结果:管芯0和管芯1分别利用了总时钟布线资源的51%和49%。在键合后操作中,post-3d消耗了时钟布线资源的71%,这意味着时钟资源的29%只用于键合前测试。注意冗余树和传输门控制信号只用于管芯1的键合前测试。这些不可忽视的开支将通过6.7.4节讨论的功耗节约进行补偿。

最后,时钟偏斜值不超过30ps,满足对模拟偏斜的3%时钟周期约束。管芯0消耗比管芯1更多的时钟功耗,这主要是由管芯0中插入的硅通孔-缓冲器引起的。

6.7.4 与单硅通孔方法的比较

基准三维时钟树包含每个管芯中一个完全连接的零偏斜时钟树;这些树在两管芯叠层中使用一个硅通孔和更高叠层中的一列硅通孔连接。表6.3比较了线长(μm)、时钟功耗(mW)和偏斜(ps)的Spice模拟结果。在多硅通孔设计中,选择的硅通孔数是通过穷举搜索具有最小功耗的,其中从2到无穷扫描硅通孔上限,构建每个上限的三维时钟树,并模拟功耗。所有情况下,每个树的时钟综合时间小于1s。

表 6.2　键合前可测性三维时钟树的线长、时钟功耗和偏差结果，比值使用表 6.1 的结果计算

电路	沉节点数	硅通孔数	键合前可测性管芯-0 WL	功耗	偏差	键合前可测性管芯-1 WL	WL-sub	WL-red	WL-TG	功耗	偏差
r_1	267	57	166691	103.0	13.5	150219	60450	89769	62732	68.2	13.0
r_2	598	95	328914	196.0	14.1	302023	160073	141950	109031	148.6	11.8
r_3	862	183	444156	280.5	15.5	429950	171921	258029	161561	201.9	16.2
r_4	1903	265	889460	536.4	14.9	846980	421830	425151	259442	422.1	15.1
r_5	3101	269	1255760	715.9	29.1	1236417	743190	493227	310855	615.9	20.9
f_{11}	121	44	99393	64.1	9.2	99169	29998	69171	51214	44.3	6.3
f_{12}	117	36	96093	60.4	6.2	93625	31669	61956	42134	42.0	5.7
f_{21}	117	42	107834	67.0	4.7	101968	28841	73127	52241	45.0	7.3
f_{22}	91	30	61504	40.4	15.2	59870	19473	40397	29449	26.4	14.9
比值	—	—	0.72	0.79	0.97	0.69	0.28	0.41	0.29	0.57	0.94

表 6.3　单硅通孔和多硅通孔设计的比较，改善百分比指的是多硅通孔的情况

电路	沉节点数	单硅通孔				多硅通孔					改善百分比		
		缓冲器数	线长	功耗	偏斜	硅通孔数	缓冲器数	线长	功耗	偏斜	线长	偏斜	功耗
两管芯结果														
r_1	267	327	279796	145.0	12.7	57	324	227141	128.4	13.7	18.8	13.7	11.4
r_2	598	693	600880	310.6	12.5	95	684	488987	274.1	14.2	18.6	14.2	11.8
r_3	862	928	765397	404.3	16.1	183	925	616077	361.6	15.5	19.5	15.5	10.6
r_4	1903	1982	1576510	848.7	15.3	265	1963	1311290	763.2	15.5	16.8	15.5	10.1
r_5	3101	2528	2344960	1242.0	22.2	269	2449	1998950	1115.0	29.1	14.8	29.1	10.2
f_{11}	121	212	168500	85.4	7.6	44	201	129391	73.3	9.4	23.2	9.4	14.1
f_{12}	117	215	164966	84.2	5.8	36	193	127763	71.2	6.8	22.6	6.8	15.5
f_{21}	117	226	180867	89.9	9.4	42	211	136676	75.6	5.0	24.4	5.0	15.9
f_{22}	91	106	106401	53.2	15.1	30	111	80977	46.8	15.3	23.9	15.3	12.1
四管芯结果														
r_1	267	318	272355	141.8	10.5	248	325	160394	111.4	13.3	41.1	13.3	21.4
r_2	598	700	582115	304.5	14.4	434	647	353646	233.9	15.7	39.2	15.7	23.2
r_3	862	945	735299	398.0	14.9	718	922	442903	317.1	13.7	39.8	13.7	20.3
r_4	1903	1956	1532220	831.1	14.8	1651	2011	908375	675.6	16.5	40.7	16.5	18.7
r_5	3101	2939	2312930	1272.0	22.2	2469	3134	1368370	1041.0	20.3	40.8	20.3	18.2
f_{11}	121	216	159752	83.1	8.4	129	176	93440	60.0	5.8	41.5	5.8	27.8
f_{12}	117	208	155542	80.9	8.9	114	160	90281	56.8	10.2	42.0	10.2	29.7
f_{21}	117	212	163816	83.0	17.8	102	160	99179	58.4	7.8	39.5	7.8	29.6
f_{22}	91	99	98123	48.7	18.0	81	88	57342	36.1	14.7	41.6	14.7	25.9

这里给出缓冲器总数(#bufs)、硅通孔-缓冲器数目(#TBs)和时钟缓冲器数目(#CBs)管芯数为2。

可以观察到下述结果。首先,就线长而言,多硅通孔技术明显优于单硅通孔技术:两管芯叠层降低了14.8~24.4%,四管芯叠层降低了39.2~42.0%。类似地,两管芯和四管芯交叠的时钟树功耗分别降低了10.1~15.9%和18.2~29.7%。这些结果可以证明多硅通孔技术的优势。其次,时钟树中使用的缓冲器总数(#Bufs)包括时钟缓冲器和硅通孔-缓冲器。表6.4给出了两管芯情况的详细缓冲器使用结果,包括缓冲器总数(#Bufs)、硅通孔-缓冲器数(#TBs)和时钟缓冲器数(#CBs)。发现在单硅通孔树和多硅通孔树中使用了类似数目的缓冲器。在单硅通孔设计中,插入缓冲器来控制每个管芯中的线长和转换时间。在多硅通孔方案中,需要更多的硅通孔-缓冲器来确保键合前可测性,但是使用了较少的时钟缓冲器。这是因为多硅通孔设计中总线长更短,硅通孔-缓冲器对转换时间控制有正影响。

表6.4 单硅通孔和多硅通孔情况的硅通孔使用

电路	单硅通孔			多硅通孔			
	#bufs	#TBs	#CBs	#TSVs	#bufs	#TBs	#CBs
r_1	327	1	326	57	324	57	267
r_2	693	1	692	95	684	95	589
r_3	928	1	927	183	925	183	742
r_4	1982	1	1981	265	1963	265	1698
r_5	2528	1	2527	269	2449	269	2180
f_{11}	212	1	211	44	201	44	157
f_{12}	215	1	214	36	193	36	157
f_{21}	226	1	225	42	211	42	169
f_{22}	106	1	105	30	111	30	81

6.7.5 硅通孔上限对功耗的影响

图6.11表明硅通孔上限对线长、缓冲器数目和时钟功耗的影响,将这些参数规格化到单硅通孔技术的基准结果。X轴对应于建立多硅通孔键合前可测性三维时钟树所使用的硅通孔上限。注意,实际硅通孔使用可能小于硅通孔上限,因为时钟树综合算法确定的最佳硅通孔数可能小于允许数目。例如,当硅通孔上限设置为无穷时,基准r_5的四管芯叠层中实际使用了3097个硅通孔。

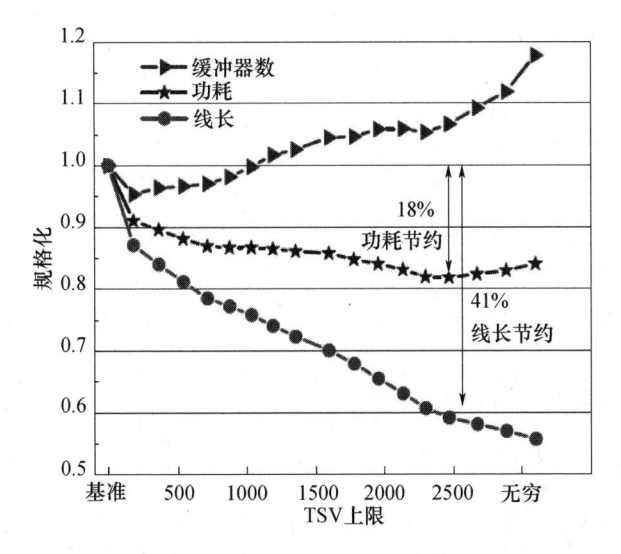

图 6.11 基于四管芯叠层 r_5 的硅通孔上限约束对线长、缓冲器数目和时钟功耗计算的影响,基准为单硅通孔方法

首先发现,当三维键合前可测性时钟树中使用了越来越多的硅通孔时,线长一致减小。如果硅通孔上限设置为无穷,线长节约可以达到45%。这证明,硅通孔通常有助于降低三维时钟树的总线长。其次,当使用更多的硅通孔时,缓冲器总数(时钟缓冲器和硅通孔-缓冲器)增加。这主要是由于键合前可测性所需硅通孔-缓冲器的插入。考虑到这两种趋势,功耗缓慢降低一段时间,之后当硅通孔-缓冲器的成本最终开始超过线长所节约成本时,功耗逐渐开始上升。r_5 的功耗最高减小大约18%,此时相应的三维时钟树在四个管芯中使用了大约2500个硅通孔。当硅通孔数大于2500时,由于有额外的硅通孔-缓冲器数,功耗最终上升。对于给定的功耗开支,这个趋势给出一个最佳硅通孔上限:对于4管芯叠层 r_5,如果将功耗减小10%,硅通孔上限应当设置为300。

6.7.6 硅通孔-缓冲器插入的影响

如前所讨论,在时钟源管芯的键合前测试中,硅通孔-缓冲器帮助树保持低时钟偏斜。表6.5给出硅通孔-缓冲器插入的影响,比较了时钟源管芯中的两个时钟树,一个使用硅通孔-缓冲器,另一个不使用。可以发现,如果不使用硅通孔-缓冲器,源管芯中的偏斜增加到3～10倍。然而,如6.6.1节讨论,硅通孔-缓冲器导致很小的线长增加,总功耗增加了2.3%～11.28%。

表6.5 硅通孔-缓冲器插入的影响,增加百分比指的是硅通孔-
缓冲器插入带来的线长和功耗增加

电路	硅通孔数	没插入 偏差	插入 偏差	增加百分比 线长	增加百分比 功耗
r_1	248	47.3	9.6	-0.77	7.95
r_2	434	34.8	13.6	3.89	6.27
r_3	718	38.5	12.3	3.11	9.19
r_4	1651	45.2	14.9	2.72	11.28
r_5	2469	48.0	15.9	4.56	11.17
f_{11}	129	30.4	3.9	-1.69	8.28
f_{12}	114	33.2	6.8	0.06	7.47
f_{21}	102	24.7	4.4	-1.66	3.34
f_{22}	81	33.3	13.6	-2.68	2.30

6.7.7 时钟源位置的影响

接下来考虑时钟源的布局。表6.6比较了四管芯叠层的两种情况:时钟源位于顶管芯(管芯0)的情况与时钟源位于中间管芯(管芯1)的情况。发现时钟源位于中间管芯时,可以使用较少的硅通孔,同时获得了类似的功耗。中间管芯情况比顶管芯情况少使用了7.8~20.2%的硅通孔,同时大部分情况下功耗和线长差别在±2%内。

表6.7给出硅通孔使用情况的详细列表(交叠与非交叠),当连接非相邻管芯中(如管芯1和管芯3)的两个时钟沉节点时,可以使用两个1-交叠硅通孔(硅通孔没有交叠),或者一个2-交叠硅通孔(硅通孔被交叠)。两种情况下,所需的硅通孔数(#TSVs)为2。如果时钟网络使用k个N-交叠硅通孔,所需硅通孔数可以计算为$k \times N$。我们发现如果时钟源位于中间管芯,可以使用更多的1-交叠硅通孔,此外,不需要使用3-交叠硅通孔。

6.7.8 缓冲器负载约束对功耗和转换时间的影响

表6.8给出当c_{max}从150fF增加到300fF时,c_{max}对线长(μm)、功耗(mW)、偏斜(ps)、缓冲器数目和最大转换时间(ps)的影响。使用基准r_1的四管芯交叠,比较单硅通孔时钟树和多硅通孔时钟树,同时介绍了线长和时钟功耗的减小。

表6.6 四管芯三维叠层中时钟源位置的影响

电路	时钟源位于顶管芯(管芯-0)					时钟源位于中间管芯(管芯-1)					改善百分比	
	#TSVs	#bufs	线长	功耗	偏斜	#TSVs	#bufs	线长	功耗	偏斜	#TSVs	功耗
r_1	248	325	160394	111.4	13.3	208	300	163249	110.0	12.1	16.1	1.3
r_2	434	647	353646	233.9	15.7	394	631	352561	232.6	19.7	9.2	0.6
r_3	718	922	442903	317.1	13.7	620	891	435177	312.3	13.9	13.6	1.5
r_4	1651	2011	908375	675.6	16.5	1449	1976	893178	667.9	20.8	12.2	1.1
r_5	2469	3134	1368370	1041.0	20.3	2208	3022	1349334	1027.0	22.4	10.6	1.3
f_{11}	129	176	93440	60.0	5.8	103	164	94034	59.3	9.3	20.2	1.2
f_{12}	114	160	90281	56.8	10.2	97	163	88850	57.0	7.3	14.9	-0.4
f_{21}	102	160	99179	58.4	7.8	94	162	95920	58.1	7.5	7.8	0.6
f_{22}	81	88	57342	36.1	14.7	71	85	59417	37.1	19.7	12.3	-2.7

表6.7 四管芯三维叠层中的交叠硅通孔分布,时钟源位于顶管芯(管芯-0)或者中间管芯(管芯-1),注意对于中间管芯情况,不需要3-叠层硅通孔

电路	时钟源在顶层管芯中				时钟源在中间管芯中		
	#TSVs	1-交叠	2-交叠	3-交叠	#TSVs	1-交叠	2-交叠
r_1	248	1×106	2×41	3×20	208	1×144	2×32
r_2	434	1×239	2×69	3×19	394	1×282	2×56
r_3	718	1×303	2×137	3×47	620	1×406	2×107
r_4	1651	1×665	2×307	3×124	1449	1×901	2×274
r_5	2469	1×1125	2×444	3×152	2208	1×1464	2×372
f_{11}	129	1×40	2×28	3×11	103	1×67	2×18
f_{12}	114	1×41	2×29	3×5	97	1×65	2×16
f_{21}	102	1×39	2×24	3×5	94	1×58	2×18
f_{22}	81	1×27	2×15	3×8	71	1×43	2×14
比值/%	100	40.5	39.4	20.1	100	65.5	34.5

首先发现,在键合前可测性时钟树设计中,设定每个缓冲器的最大负载电容是控制最大转换时间的有效方法。当c_{max}增加时,单硅通孔和多硅通孔情况的最大转换时间均增加,换句话说,紧密的(较小的)c_{max}上限意味着更好的(更小的)转换时间。所有转换时间值低于约束的10%(100ps)。其次,不管c_{max}值多大,多硅通孔设计的功耗和线长优势保持一致。在整个c_{max}范围内,多硅通孔方法获得了超过40%的线长减小和多于21%的功耗降低。第三,对于所有c_{max},多硅通孔树使用了更少的缓冲器,但是仍然获得了较好的最大转换时间。最后,对于所有c_{max}值,单硅通孔和多硅通孔情况均获得了小于30ps的时钟偏斜。对于单硅通孔情况没有明显的偏斜趋势,但是较紧密c_{max}值的多硅通孔情况下,偏斜有减小的趋势。主要原因是多硅通孔情况下线长更短,使得用来控制转换时间而增加的时钟缓冲器对延时和偏斜同时有着正影响。

图6.12给出基于四管芯交叠的r_1的单硅通孔和多硅通孔时钟树的详细转换时间分布,c_{max}设置为300fF。单硅通孔情况下,转换时间在12.3~86.6ps间变化,平均转换时间为54.8ps。多硅通孔情况的转换时间分布在11.1~80.8ps,平均转换时间值为40.6ps。与单硅通孔情况相比,多硅通孔树将最大转换时间和平均转换时间分别降低了5.8ps和14.2ps,并给出更窄的转换时间分布。

表 6.8 c_{max}（缓冲器输出负载的上限）的影响，使用 r_1 的四管芯叠层

c_{max}	单硅通孔						多硅通孔					改善百分比		
	#bufs	线长	功耗	偏斜	转换时间	#TSVs	#bufs	线长	功耗	偏斜	转换时间	线长	功耗
150	676	272732	180.8	22.6	37.1	262	545	157908	134.3	5.6	37.4	42.10	25.72
175	578	271403	168.9	22.0	43.9	259	486	159395	128.0	6.3	44.0	41.27	24.22
200	488	272995	159.7	8.8	51.5	251	428	158020	121.0	6.7	50.5	42.12	24.23
225	431	269901	152.1	11.3	58.7	251	386	158926	117.3	7.3	54.0	41.12	22.88
250	387	268709	146.9	9.7	67.4	250	359	158860	114.1	8.3	59.7	40.88	22.33
275	357	275939	146.6	12.4	76.4	248	334	161954	112.7	11.4	71.0	41.31	23.12
300	318	272355	141.8	10.5	86.6	248	325	160394	111.4	13.3	80.8	41.11	21.44

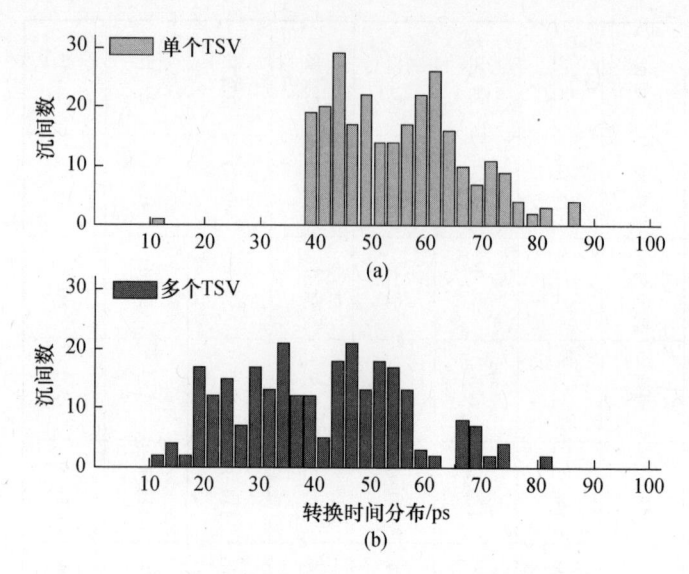

图 6.12 四管芯叠层 r_1 的转换时间分布，
转换时间约束设为时钟周期的 10%，c_{max} 为 300fF
(a) 单硅通孔时钟树；(b) 248 个硅通孔的多硅通孔时钟树。

图 16.3 展示了 c_{max} 对时钟功耗和转换时间分布（最小、平均和最大）的影响。使用四管芯交叠实现 r_1 进行该实验。观察到多硅通孔设计对最大和平均转换时间有正面影响，在这些因素上展示了较好的减小。

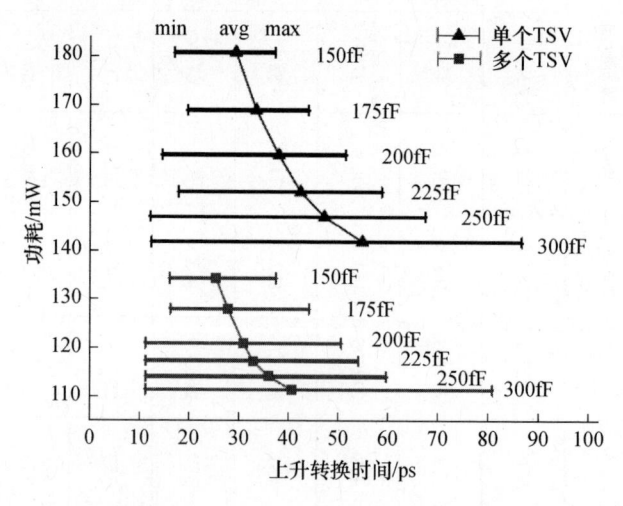

图 6.13 四管芯叠层 r_1 的单硅通孔和多硅通孔时钟树的转换时间变化和时钟功耗对比，c_{max} 在 150~300fF 间变化

6.7.9 硅通孔电容的影响

当硅通孔衬层氧化物厚度降低时,硅通孔电容可以增加到100fF。表6.9和表6.10给出当硅通孔电容从0增加到100fF时,线长(μm)、缓冲器数目、时钟功耗(mW)和时钟偏斜(ps)的比较。主要关注r_5的四管芯交叠实现。发现当硅通孔电容较小时(0、15fF或者25fF),有着2469个硅通孔的时钟树有着最小的功耗。如果硅通孔电容较高(50fF或100fF),有183个硅通孔的时钟树获得了最低功耗。因此比较三种硅通孔使用情况:单硅通孔、183个硅通孔、2469个硅通孔。同时也介绍了线长和功耗情况。

首先发现,对于固定数目的硅通孔,较大硅通孔电容导致较长线长、更多的时钟缓冲器和更高时钟功耗。例如,对于183硅通孔情况,当硅通孔电容从0增加到100fF时,线长、缓冲器数和时钟功耗分别增加了3.0%、3.7%和5.3%。这些趋势有两个原因,首先,较大硅通孔电容增加了不同管芯上子树的内部延时差。因此,需要较长导线和额外的时钟功耗来重新平衡这些子树。硅通孔电容较大,线长越长,需要平衡延时的时钟缓冲器数越大。其次,为了满足转换时间约束,每个时钟缓冲器的负载电容约束在c_{max}下。这意味着当时钟网络的电容增加时,需要插入更多的时钟缓冲器来控制转换时间。因此,为了控制转换时间需要使用更多的时钟缓冲器。

第二个发现是,就线长和功耗而言,硅通孔电容减弱了多硅通孔技术的优势。当硅通孔电容从0增加到100fF时,对于183硅通孔设计,线长减小从13.0%降到10.5%,对于2469硅通孔设计,线长减小从42.1%降到25.7%。类似地,对于183硅通孔设计,功耗减小从9.3%降到4.7%,对于2469硅通孔情况,功耗减小从23.6%降到-17.7%。最后发现硅通孔数和硅通孔寄生对算法的有效性有着很小的影响。对于所有情况,时钟偏斜很好地控制在30ps下。

6.7.10 硅通孔上限和电容的影响

图6.14给出硅通孔电容(TSVCap)和硅通孔上限对时钟功耗、线长和缓冲器数(#Bufs)趋势的影响。使用四管芯交叠实现r_5。这些因子规格化为单列硅通孔设计的结果。硅通孔电容从0增加到100fF。假定TSVCap和硅通孔上限,我们构建键合前可测性三维时钟树,对该树运行Spice模拟,报道时钟功耗、线长和缓冲器数结果。

可以发现,硅通孔电容大小不同,多个硅通孔以不同方式影响时钟功耗。首先,当硅通孔电容较小时(0~25fF),我们发现使用较多硅通孔有助于减小线长、缓冲器数和时钟功耗,使用2469个硅通孔获得了最低的功耗。使用0fF硅通孔的理想情况下,与单硅通孔情况相比,这里获得了高达23.6%的功耗降低,线长减小多于42%。对于15fF或25fF硅通孔情况,功耗分别降低了18.2%和14.5%。

表 6.9 硅通孔电容对单/多硅通孔(183 个硅通孔)的影响，结果归一化到单硅通孔情况

硅通孔电容	单硅通孔					多硅通孔(硅通孔数=183)					改善百分比		
	#bufs	线长	功耗	偏斜		#bufs	线长	功耗	偏斜		线长	功耗	
0	2939	2312770	1273.3	22.3		2788	2012360	1154.9	20.5		13.0	9.3	
15	2939	2312930	1272.0	22.2		2803	2014790	1159.1	20.3		12.9	8.9	
25	2939	2313010	1272.4	21.8		2814	2021910	1167.4	20.7		12.6	8.3	
50	2939	2313230	1273.2	21.8		2834	2033640	1180.8	19.9		12.1	7.3	
100	2941	2313700	1274.7	19.4		2890	2071800	1215.0	16.0		10.5	4.7	

表 6.10 硅通孔电容对单/多硅通孔(硅通孔数=2469)的影响，结果规格化到单硅通孔情况

硅通孔电容	单硅通孔					多硅通孔(硅通孔数=2469)					改善百分比		
	#bufs	线长	功耗	偏斜		#bufs	线长	功耗	偏斜		线长	功耗	
0	2939	2312770	1273.3	22.3		2970	1337980	972.4	23.3		42.1	23.6	
15	2939	2312930	1272.0	22.2		3134	1368370	1041.0	20.3		40.8	18.2	
25	2939	2313010	1272.4	21.8		3237	1404560	1087.3	18.6		39.3	14.5	
50	2939	2313230	1273.2	21.8		3603	1489930	1220.9	21.0		35.6	4.1	
100	2941	2313700	1274.7	19.4		4269	1719590	1499.7	25.7		25.7	-17.7	

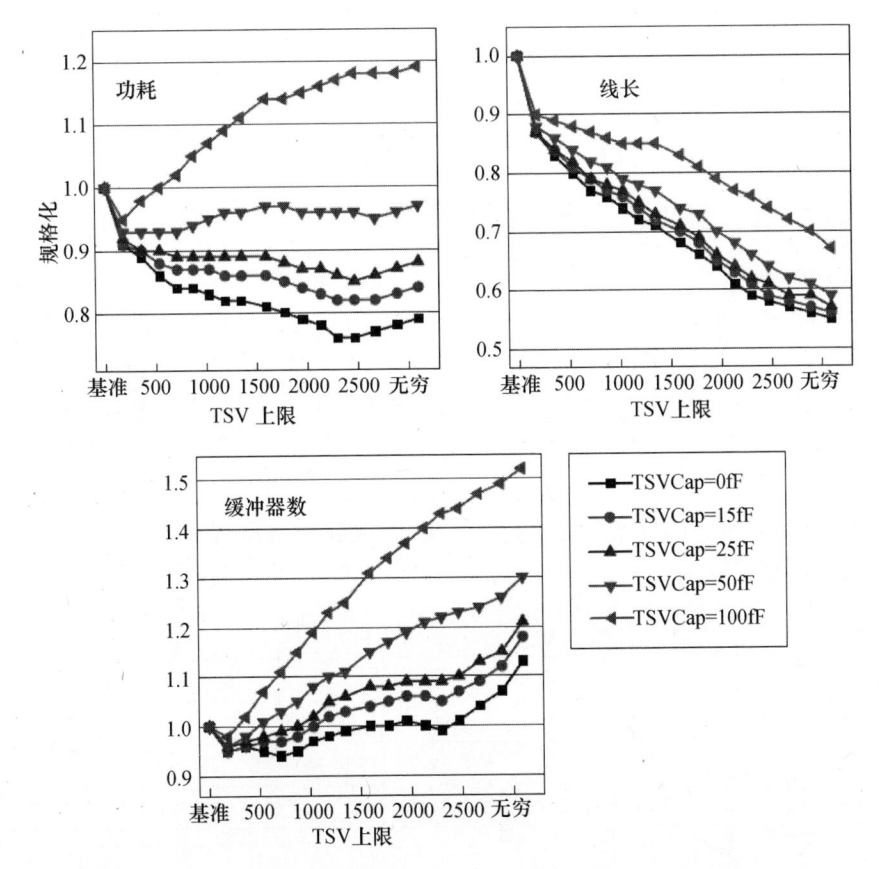

图 6.14 基于四管芯叠层 r_5 的硅通孔电容和硅通孔使用对时钟功耗、线长和缓冲器数趋势的影响，基准为每个硅通孔电容值对应的单硅通孔时钟树

其次，当硅通孔电容较大时（例如 50fF 或 100fF），时钟功耗首先降低，然后当使用较多硅通孔时，功耗增加。图 6.14 中，当 TSVCap 为 100fF 时，最低时钟功耗(4.7% 功耗降低)来自 183 硅通孔的时钟树。当使用几千个硅通孔时，功耗明显增加。

第三，当硅通孔电容增加时，获取低功耗时钟网络变得更有挑战。基于 0fF 硅通孔，多硅通孔原则能够获取 23.6% 功耗降低的低功耗设计；对于 100fF 硅通孔，多硅通孔策略仅获得了 4.7% 功耗减小。

那些观察结果主要来源于下述因素。首先，硅通孔使用和硅通孔电容对线长有反面影响：使用更多硅通孔倾向于减小非时钟源管芯中每个子树的尺寸，减小线长。然而，大电容硅通孔倾向于使得子树不平衡，增加了导线弯曲。大硅通孔电容增加了线长，多硅通孔使得线长减小，主导因素不同，总线长趋势将发生巨大变化。相同讨论应用于缓冲器数。

最后，导线、缓冲器和硅通孔电容消耗时钟功耗。多硅通孔策略有助于减小导线消耗的功耗,但是代价是增加了硅通孔消耗的功耗。当使用大电容硅通孔时,硅通孔功耗增加比导线功耗减小快,因此总时钟功耗增加。因而,当硅通孔电容增加时,仅使用几个硅通孔可以获得低功耗设计。大硅通孔电容通常会使得获取键合前低功耗可测性三维时钟树变得困难。

6.7.11 与现有工作的比较

表6.11中,将工作与文献[11]进行比较。注意,文献[11]不支持键合前可测性、插入缓冲器,也不提供任何Spice模拟结果。然而,可以尝试通过不使能我们工作的键合前测试和缓冲器插入,与文献[11]进行比较。使用相同基准设置,介绍Elmore延时模型的偏斜/延时值。观察到我们的方法比文献[11]少使用了10.4%~13.3%的硅通孔,同时线长增加了7.9%~10.7%。注意,在工作中,可以通过调节硅通孔上限来控制硅通孔数与线长折衷。此外,这些结果来自未缓冲时钟树。键合前可测性算法支持缓冲器插入,这有助于合理控制线长弯曲,进而更好减小线长。

表6.11 与文献[11]的比较

电路	MMM-3D + ZCTE-3D[11]			我们的方法		
	硅通孔数	线长	延时	硅通孔数	线长	延时
r_1	83	1441849	1.64	74	1567927	1.7
r_2	197	2831346	4.34	146	3133533	4.44
r_3	276	3725294	6.37	245	4036177	6.89
r_4	653	7424886	19.28	566	8162013	19.95
r_5	1052	10940984	35.2	943	11806895	36.21

6.8 结论

本章研究了如何构建三维交叠集成电路时钟树,实现每个管芯的键合前测试,提供键合后最低功耗时钟网络。本章的方案利用许多硅通孔来减小线长和时钟功耗,但是必须在时钟树中使用新电路单元(硅通孔-缓冲器和传输门),以满足低偏斜和低功耗特性。研究缓冲器插入对三维交叠集成电路时钟转换速率的影响。Spice结果表明,与单硅通孔基准相比,将多个硅通孔插入到时钟树的方法明显降低了三维时钟树的线长和功耗。也研究了硅通孔寄生电容对功耗和线长的影响,较大硅通孔电容使得键合前三维可测性时钟树优化更加困难。

一些设计允许(甚至是必需)每个管芯使用多个时钟探针焊盘进行键合前

测试。进行键合前测试时,测试设备必需提供有好测试性能的多个时钟探针。如果使用多个时钟域,每个管芯中的每个时钟域将需要独立的时钟探针焊盘进行键合前测试。这种情况下,冗余树的线长可能减小,因为需要连接较少的子树,这将导致更多的功耗降低。

文献[15]的作者讨论了测试对部分交叠的重要性,其中不仅是对键合前单个管芯或者对整个三维交叠进行测试,而且对部分键合后管芯进行测试。对于包含多于两个管芯的叠层,每个键合步骤后执行测试有助于增加成品率,但是明显增加了测试费用。此外,测试期间,这些部分交叠的时钟网络将可能有大时钟偏斜。因此对于这种测试方法,时钟传递变得很有挑战性。

参考文献

[1] C. Albrecht, A. B. Kahng, B. Liu, I. I. Mandoiu, A. Z. Zelikovsky, On the skew – bounded minimum – buffer routing tree problem. IEEE Trans. Comput. Aided Des. Integr. Circuits Syst. 22(7),937 – 945 (2003)

[2] C. J. Alpert, A. B. Kahng, B. Liu, I. I. Mandoiu, A. Z. Zelikovsky, Minimum buffered routing with bounded capacitive load for slew rate and reliability control. IEEE Trans. Comput. Aided Des. Integr. Circuits Syst. 22(3),241 – 253 (2003)

[3] V. Arunachalam, W. Burleson, Low – power clock distribution in a multilayer core 3D microprocessor, in *Proceedings of Great Lakes Symposum on VLSI* (ACM, New York, 2008), pp. 429 – 434

[4] K. D. Boese, A. B. Kahng, Zero – skew clock routing trees with minimum wirelength, in *Proceedings of Fifth Annual IEEE International ASIC Conference and Exhibit*, 1992 (IEEE, Piscataway/New York, 1992), pp. 17 – 21

[5] W. C. Elmore, The transient analysis of damped linear networks with particular regard to wideband amplifiers. J. Appl. Phys. 19(1), 55 – 63 (1948)

[6] GSRC Benchmark, http://vlsicad.ucsd.edu/GSRC/bookshelf/Slots/BST

[7] S. Hu, C. J. Alpert, J. Hu, S. K. Karandikar, Z. Li, W. Shi, C. N. Sze, Fast algorithms for slewconstrained minimum cost buffering. IEEE Trans. Comput. Aided Des. Integr. Circuits Syst. 26(11), 2009 – 2022 (2007)

[8] ISPD Contest (2009), http://www.sigda.org/ispd/contests/ispd09cts.html

[9] L. Jiang, L. Huang, Q. Xu, Test architecture design and optimization for three – dimensional SoCs, in *Proceedings of Design, Automation and Test in Europe*, (IEEE, Los Alamitos/ California, 2009), European Design and Automation Association, Belgium, pp. 220 – 225

[10] L. Jiang, Q. Xu, K. Chakrabarty, T. M. Mak, Layout – driven test – architecture design and optimization for 3D SoCs under pre – bond test – pin – count constraint, in *Proceedings of IEEE International Conference on Computer – Aided Design* (ACM, New York, 2009), pp. 191 – 196

[11] T. – Y. Kim, T. Kim, Clock tree embedding for 3D ICs, in *Proceedings of Asia and South Pacific Design Automation Conference* (IEEE, Piscataway, 2010), pp. 486 – 491

[12] H. – H. S. Lee, K. Chakrabarty, Test challenges for 3D integrated circuits. IEEE Des. Test Comput. 26(5), 26 – 35 (2009)

[13] D. L. Lewis, H. – H. S. Lee, A scan – Island based design enabling pre – bond testbility in diestacked microprocessors, in *IEEE International Test Conference* (IEEE, New York; International Test Conference, Washington, DC, 2007), pp. 1 – 8

[14] D. L. Lewis, H. - H. S. Lee, Testing circuit - partitioned 3D IC designs, in *Proceedings of International Symposium on VLSI* (IEEE, Piscataway, 2009), pp. 139 - 144

[15] E. J. Marinissen, Y. Zorian, Testing 3D chips containing through - silicon vias, in *IEEE International Test Conference* (International Test Conference, Washington, DC, 2009), pp. 1 - 11

[16] J. Minz, X. Zhao, S. K. Lim, Buffered clock tree synthesis for 3D ICs under thermal variations, in *Proceedings of Asia and South Pacific Design Automation Conference* (IEEE, Piscataway, 2008), pp. 504 - 509

[17] B. Noia, K. Chakrabarty, Y. Xie, Test - wrapper optimization for embedded cores in TSVbased three - dimensional SOCs, in *Proceedings of IEEE International Conference on Computer Design* (IEEE, Piscataway, 2009), pp. 70 - 77

[18] V. F. Pavlidis, I. Savidis, E. G. Friedman, Clock distribution networks for 3 - D integrated circuits, in *Proceedings of IEEE Custom Integrated Circuits Conference* (IEEE, Piscataway, 2008), pp. 651 - 654

[19] Predictive Technology Model, http://ptm.asu.edu/

[20] RMST - Pack, http://vlsicad.ucsd.edu/GSRC/bookshelf/Slots/RSMT/RMST/

[21] Synopsys, Raphael, http://www.synopsys.com

[22] G. E. Tellez, M. Sarrafzadeh, Minimal buffer insertion in clock trees with skew and slew rate constraints. IEEE Trans. Comput. Aided Des. Integr. Circuits Syst. 16(4), 333 - 342 (1997)

[23] Verigy V93000 SOC Series Pin Scale Digital Cards, http://www1.verigy.com

[24] X. Wu, P. Falkenstern, Y. Xie, Scan chain design for three - dimensional integrated circuits (3D ICs), in *Proceedings of IEEE International Conference on Computer Design* (IEEE, Los Alamitos/California/Piscataway, 2007), pp. 208 - 214, 2007

[25] X. Wu, Y. Chen, K. Chakrabarty, Y. Xie, Test - access mechanism optimization for core - based three - dimensional SOCs, in *Proceedings of IEEE International Conference on Computer Design* (IEEE, Los Alamitos/California/Piscataway, 2008), pp. 212 - 218

[26] X. Zhao, S. K. Lim, Power and slew - aware clock network design for through - silicon - via (TSV) based 3D ICs, in *Proceedings of Asia and South Pacific Design Automation Conference* (IEEE, Piscataway, 2010), pp. 175 - 180

[27] X. Zhao, D. L. Lewis, H. - H. S. Lee, S. K. Lim, Pre - bond testable Low - Power Clock Tree Design for Pre - Bond Testing of 3 - D Stacked ICs, in *Proceedings of IEEE International Conference on Computer - Aided Design of Integrated Circuits and Systems* 30(5), 732 - 745, (ACM, New York, 2011)

第二部分　三维集成电路设计中的电可靠性

这部分内容覆盖三维集成电路的电可靠性设计。第7章研究 TSV–TSV 耦合事宜，研究缓解相关问题的各种方法。第8章研究功耗传输网络中导线到 TSV 结处的电路拥挤问题，研究其对 IR 压降的影响。第9章研究三维集成电路中电流密度、机械应力和热梯度引起的 TSV 电迁移失效机制。

第7章 硅通孔–硅通孔耦合分析与优化

摘要:本章将研究三维集成电路中 TSV 与 TSV 之间的耦合问题[4]。基于提出的耦合模型,形成全芯片信号完整性(SI)分析流程。分析结果表明:尽管 TSV 数目比门的数目小得多,但 TSV 造成了明显的耦合噪声和时序问题。本文提出了两种方法以减少 TSV 与 TSV 之间的耦合,即屏蔽 TSV 与插入缓冲器。分析结果表明两种方法都可以有效地减少 TSV 引发的耦合问题并改善了时序。

本章所展示的内容基于参考文献[4]。

7.1 引言

TSV 和三维堆叠技术被认为是在千兆级电路与系统中减轻互连延时问题的潜在解决方式[8]。一些研究结果表明:相比于二维集成电路,三维集成电路在总互连线长度[1]和时序性能[5]方面更有优势。

然而,由于纳米级互连技术中许多类似效应的增加,使得信号完整性成为另一个关键性的挑战。TSV 相对较大的尺寸使得它极有可能引入新的耦合源,这将会不利于电路的信号完整性。互连线间的大耦合噪声主要从两个方面影响电路性能。首先,由于密勒效应,它增加了路径延时。当干扰信号和被干扰信号以相反方向转换,它们之间的等效耦合电容加倍,从而导致时序性能退化。其次,耦合噪声可以导致错误的逻辑功能,对于动态逻辑,耦合噪声导致电荷分享,从而产生随机的信号波动。对于静态逻辑,耦合噪声可以通过影响交叉耦合反相器环来改变时序单元的状态。

为了全面理解三维集成电路中的信号完整性问题,需要回答以下两个问题:①从全芯片的角度,对于三维集成电路设计,TSV 可以引发多少信号完整性的问题?②如果 TSV 对于全芯片信号完整性的影响不能忽略,从设计者的角度如何减弱 TSV 间的耦合问题?本章将回答这两个问题。本章主要论述以下几个要点:

(1) 研究片上 TSV 间的耦合,并且提出了应用于全芯片信号完整性分析的简化电路模型。另外,首次观察到通过减小 TSV 间的间距来减小低频信号(低于 GHz)中 TSV 间耦合噪声并不是十分有效。

(2) 使用精确的 TSV 间的耦合电路模型来研究全芯片三维信号完整性问题,分析结果表明 TSV 间耦合对于全芯片耦合噪声和时序性能有很大影响。

(3) 对于全芯片优化,用两种方法减小 TSV 引起的耦合问题,即插入缓冲器和屏蔽 TSV。

7.2 研究现状

先前已经做了许多研究来解释说明 TSV 对三维集成电路信号完整性的影响[7,9]。然而这些研究只考虑器件级简单的独立耦合情况,最近又提出了器件级 TSV 间耦合的一些研究。文献[9]中,Weerasekera 等人研究了一种特别的情况,即以 3×3 阵列布局的 9 个 TSV 情况。文献[7]中,Savidis 和 Friedman 提出了 TSV 间的耦合电容解析模型。然而这些模型忽略了对 TSV 耦合有很大影响的 TSV 衬层。

7.3 硅通孔致耦合模型

7.3.1 硅通孔致耦合源

TSV 给三维集成电路引入了一些新的耦合源。第一种耦合源是连接导线与器件的大 TSV 焊盘,它的尺寸很大(一般为 25 μm^2),占据了几个标准单元行,其上或者紧邻的金属导线需要承受相当大的耦合电容影响。幸运的是,这种耦合源可以简单采用现有的信号完整性工具进行分析,因为它本质上是传统的导线耦合问题。

另一种耦合源是 TSV 与器件的耦合,通过衬底在 TSV 与 MOSFET 的源/漏区间发生耦合。耦合路径主要是在体硅表面,可以通过衬底接触很好的控制。因此,通过增加充分衬底接触,表面可以充分与地接触,从而减小 TSV 与器件的耦合。

第三种耦合源是 TSV 与 TSV 之间的耦合。不同于 TSV 与器件间的耦合,由于 TSV 是一条穿过整个衬底的通孔,TSV 间耦合不仅发生在体硅表面,而且发生在衬底内部深处。考虑到 TSV 高度(一般为 50~100 μm),仅仅通过增加衬底接触不能保证消除耦合。因此,TSV 与 TSV 之间的耦合通常不能被忽略,而且 TSV 间的耦合机理不同于传统的导线耦合。对于导线耦合,导线与导线间的绝缘介质形成了电容器,两条导线通过电容器相耦合。然而,TSV 与 TSV 之间耦合更加复杂,两个 TSV 通过两个衬层和硅衬底耦合,这不能被认为是简单电容器。由于这种差异,很难应用现有的信号完整性分析工具直接分析 TSV 与 TSV 之间的耦合,正因如此,这里重点关注 TSV 与 TSV 之间耦合问题。

7.3.2 硅通孔-硅通孔耦合模型

本章研究用于全芯片耦合分析的 TSV 与 TSV 间耦合模型。不同于 PCB 或封装中的通孔,集成电路中的 TSV 被一层很薄的衬层包围。而且硅衬底有很强的损耗,不仅有电阻特性,还有电容特性。因此 TSV 与 TSV 之间的结构模型必须包含耦合路径上的所有元件,包括铜 TSV,衬层,硅衬底和输入/输出接口。图 7.1 为 TSV 与 TSV 之间耦合结构的等效电路模型。一个相似的 TSV 模型[2]同样考虑了这些器件,然而该模型是为信号传输设计的,仅仅考虑了一个信号 TSV 与两个地 TSV 的情况。

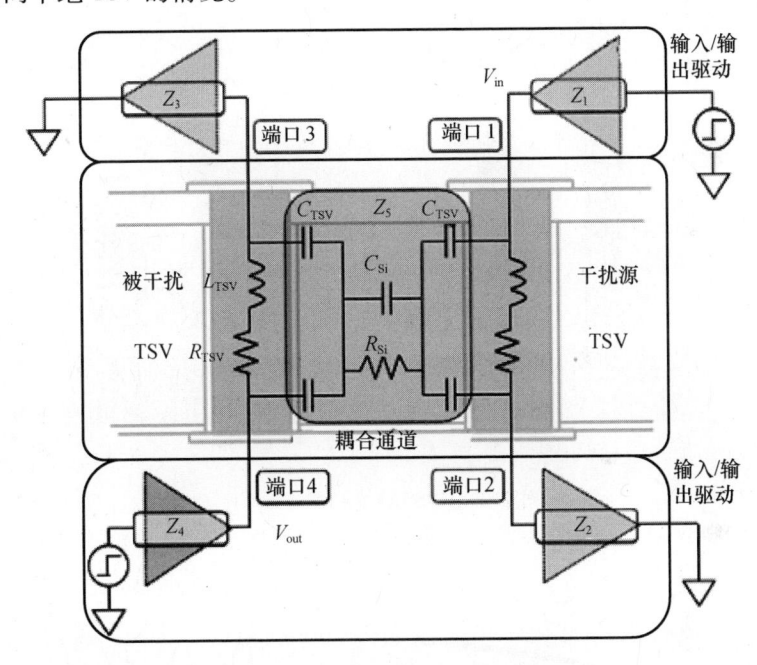

图 7.1 TSV 与 TSV 之间耦合模型

一个 TSV 可以表示成一个电阻(R_{TSV})和一个电感(L_{TSV})串联,包围 TSV 的衬层可以表示成一个电容(C_{TSV})。硅衬底可以表示为一个电阻(R_{Si})和一个电容(C_{Si})并联。用下面的公式计算这些元件值

$$C_{TSV} = \frac{1}{4} \frac{2\pi\varepsilon_0\varepsilon_r}{\ln\dfrac{r_{TSV}+t_{OX}}{r_{TSV}}} \cdot l_{TSV} \tag{7.1}$$

$$C_{Si} = \frac{\pi\varepsilon_0\varepsilon_r}{\ln\left\{\dfrac{d}{2r_{TSV}} + \sqrt{\left(\dfrac{d}{2r_{TSV}}\right)^2 - 1}\right\}} \tag{7.2}$$

$$R_{Si} = \frac{\varepsilon}{C_{Si}\sigma} \tag{7.3}$$

式中:r_{TSV}为TSV的半径;l_{TSV}为TSV的高度;t_{OX}为衬层厚度;d为两个TSV的间距。

通过商业化的3D电磁仿真器(Ansoft HFSS),使用S参数来验证该集总电路模型,图7.2(a)为建立的HFSS仿真结构。图7.3(a)为集总模型和HFSS结构的S参数对比结果,可以看出在仿真的频率范围内,此模型是十分精确的。仿真使用1.2V电源45nm工艺,用此集总模型进行瞬态分析并且测量受干扰TSV的耦合噪声。仿真结果表明,耦合噪声的峰峰值可以达到200mV,这是不可忽略的,如图7.3(b)所示。

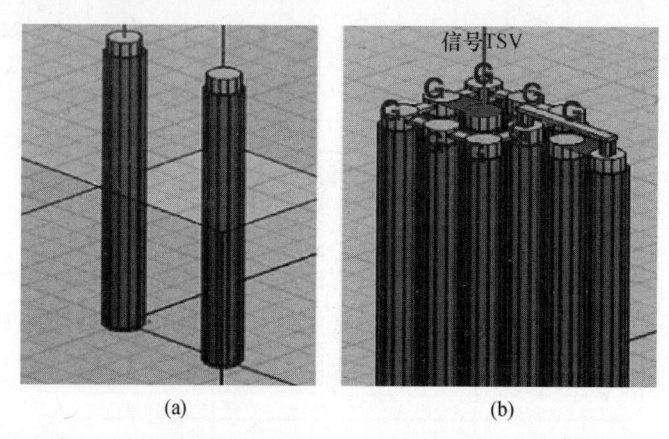

图7.2 HFSS仿真的耦合结构
(a)两个信号TSV;(b)一个未被屏蔽和一个被屏蔽的信号TSV(中间的TSV,被8根接地TSV屏蔽)。

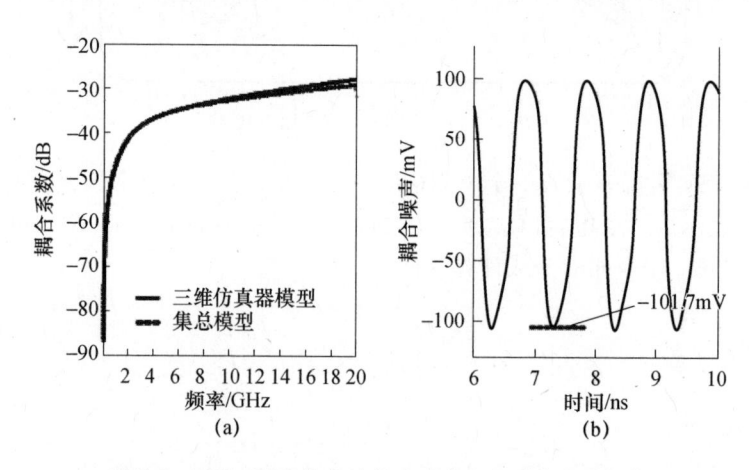

图7.3 TSV-TSV耦合结构的S参数与瞬态响应分析
(a)耦合系数的S参数仿真;(b)图7.2(a)耦合TSV对中受干扰TSV的瞬态响应。

7.4 全芯片信号完整性分析

通过在 7.2 节中对简单 TSV 耦合对的研究表明：TSV 与 TSV 之间的耦合是不可忽略的。然而，相比于标准单元数目，在实际设计中 TSV 数目小得多。因此 TSV 耦合是否会在实际数字电路中引起问题仍然是个疑问。在这一节中，通过考虑 TSV 相关耦合，进行全芯片信号完整性分析来试着回答这个问题。在本章中，我们考虑的与 TSV 相关的耦合主要是与 TSV 焊盘相关的耦合和 TSV 与 TSV 之间的耦合。对于前者，可以使用现有的工具（CeltIC，Primetime 等）来分析，对于后者，使用 7.2 节中的耦合模型来分析。

7.4.1 全芯片三维信号完整性分析流程

目前的信号完整性分析工具不能很好地适用于三维电路，主要有两个原因。首先是三维信号完整性工具必须同时考虑所有节点和所有衬层中的所有 TSV。这是因为一个三维节点的总噪声不仅来源于同层之间的耦合，还来源于与相邻层间的耦合。其次，现有的信号完整性分析工具只能处理简单的线间电容耦合，对于如 7.2 节讨论的 TSV 与 TSV 之间包含复杂耦合网络的耦合，现有的信号完整性分析工具并不适用。

为了解决这两个问题，这里自行设计了三维信号完整性分析流程，该流程使用了我们自行开发的脚本，并结合使用电路仿真工具（HSpice）和时序分析工具（PrimeTime）。首先，使用 RC 提取工具获取每个管芯的包含互连电阻电容信息的 SPEF 文件，然后使用内部工具获得包含所有管芯信息的顶层 Verilog 文件和顶层 SPEF 文件，另外还编写了脚本，根据位置确定 TSV 间干扰，并记录 TSV 与 TSV 之间的耦合信息。

一旦这些文件准备就绪，使用 PrimeTime 渐进式读取 Verilog 文件和 SPEF 文件，并且产生包含所有管芯和 TSV 的电阻电容信息的新 SPEF 文件。然后使用脚本来分析该新 SPEF 文件，并为每个节点产生用于耦合噪声模拟的 Spice 网表。注意每个节点包含利用电阻电容提取的导线耦合信息。在 Spice 网表产生过程中，该脚本也自动插入基于 7.2 节 TSV 耦合模型的 TSV 与 TSV 之间的耦合电路模型。随后干扰信号和被干扰驱动模型也被添加到 Spice 网表中。使用如图 7.4 所示产生的 Spice 网表，对于每个受干扰节点逐个执行 Spice 仿真，并记录每个端口的峰值噪声。

7.4.2 设计和分析结果

使用 FIR32（一个 32 位 FIR 滤波器）作为测试电路，电路有 35000 个门和 548 个 TSV。本次设计是基于 45nm 工艺的两管芯三维集成电路。TSV 直径

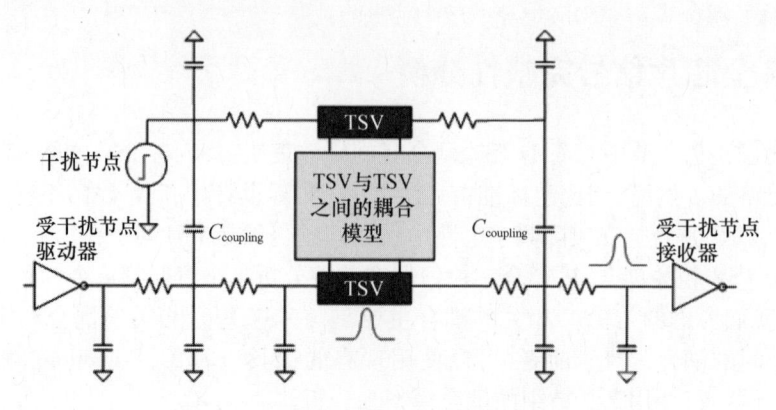

图 7.4 一个耦合噪声分析的 SPICE 网表实例

$4\mu m$，高度 $60\mu m$，TSV 焊盘大小是 $5\times5\mu m^2$，它占三个标准单元行。每个 TSV 有 $0.5\mu m$ 的禁止区，即标准单元不能被放置的区域。使用基于 Candance Encounter 的工具流程来产生三维版图[3]，使用时序尺度方法进行三维时序优化[3]。在下面的实验中，对比了原始设计和时序优化后的设计。

设计完成后，使用开发的流程进行耦合噪声分析。分析对比了考虑和不考虑 TSV 与 TSV 之间耦合的两种情况。基于分析结果，得到两点结论。第一，TSV 与 TSV 之间耦合增加了总耦合噪声。考虑 TSV 间耦合后，初始设计的总耦合噪声从 4518V 增加到了 4955V。三维节点上的总耦合噪声为 471V，它是造成总耦合噪声增加的主要原因。第二，TSV 与 TSV 之间耦合更多的体现在高噪声区域。图 7.5 为耦合噪声分布比较图，图中也给出了只考虑三维节点情况下的噪声分布。考虑 TSV 与 TSV 之间耦合后，噪声大于 300mV 的受干扰端口增加。三维线网的平均耦合噪声为 170mV，它是二维线网平均耦合噪声（43mV）的三倍多。总之，尽管 TSV 数远少于门数，但它引起的耦合噪声不能被忽略，特别是高噪声区域。

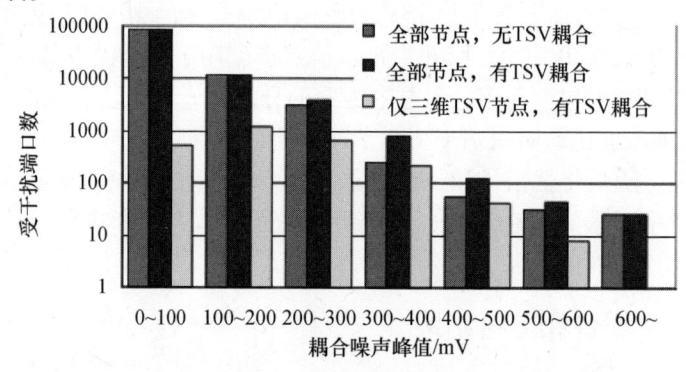

图 7.5 分析结果对比

除了耦合噪声，TSV 耦合对于时序特性的下降影响也很明显。这里对原始设计和优化后的设计做了时序分析，结果显示：由于 TSV 耦合，最长路径延时（LPD）几乎是不考虑 TSV 与 TSV 之间耦合时的两倍。相似的趋势也出现在总负时序裕量（TNS）上面。表 7.1 全面总结了 TSV 与 TSV 之间耦合影响的分析结果。

表 7.1 TSV 间耦合对串扰和时序的影响

	原始设计		时序优化设计	
	没有耦合	存在耦合	没有耦合	存在耦合
版图面积/μm^2	402 × 402	402 × 402	402 × 402	402 × 402
线长/μm	7.506×10^5	7.506×10^5	7.516×10^5	7.516×10^5
总耦合噪声/V	4518.75	4955.15	4230.74	4548.17
最长路径延迟/ns	13.09	22.79	5.54	9.24
总负时序裕量/ns	600.498	1175.14	335.076	836.88

7.5 硅通孔－硅通孔耦合减小

了解到 TSV 与 TSV 之间耦合对信号完整性和时序性能衰减有很大影响后，我们需要找到减小 TSV 耦合的办法。从分析图 7.1 中的耦合模型开始，简化起见，忽略 TSV 的电阻和电感，因为它们比较小。使用简化模型，通过基尔霍夫定律得到 V_{in} 到 V_{out} 的传递函数，即

$$V_{out} = V_{in} \cdot \frac{Z_2 Z_3 Z_4}{Z_1 Z_A + Z_2 Z_3 Z_4 + Z_5 Z_B} \quad (7.4)$$

式中

$$Z_A = Z_2 Z_3 + Z_2 Z_4 + Z_3 Z_4 + Z_3 Z_5 \quad (7.5)$$

$$Z_B = Z_1 Z_4 + Z_2 Z_3 + Z_2 Z_4 \quad (7.6)$$

$$Z_5 = Z_{C_{Si}} // Z_{R_{Si}} + 2 Z_{C_{TSV}} \quad (7.7)$$

式（7.4）展示了由耦合路径阻抗（Z_5），终端条件（Z_2, Z_3, Z_4）和驱动条件（Z_1）决定的两个 TSV 间的耦合等级。换句话说，为了减小耦合等级，可以增加路径阻抗，或者减小受干扰节点的端口阻抗，或者增加干扰驱动端口的阻抗。从设计者的角度，可能的方法包括：①增加 TSV 距离（以便增加 Z_5）；②屏蔽被干扰 TSV（截断耦合路径并增加 Z_5）；③在被干扰节点插入缓冲器（减少 Z_4）；④减小干扰节点驱动尺寸（增加 Z_1）；⑤增加干扰和受干扰节点的负载（减小 Z_2 和 Z_3）。因为④和⑤对时序特性有负面影响，因此着重关注前三个选项。

7.5.1 为什么硅通孔间距不是有效的

为了解决传统的线间耦合问题，最直接的方法就是增加耦合线间的距离。

然而不同于导线耦合,对于 TSV 与 TSV 之间耦合,增加 TSV 间距不是有效的途径。这是因为在低频区域(几吉赫以下),耦合路径阻抗 Z_5 主要由 C_{TSV} 决定。增加 TSV 的间距对 R_{Si} 和 C_{Si} 有很大影响,但对 C_{TSV} 影响不大。所以,总的耦合路径阻抗 Z_5 受 TSV 间距影响不大。为了证实此结论,对不同 TSV 间距情况下的耦合噪声变化做了瞬态分析。信号频率 300MHz,电源电压 1.2V。图 7.6 为不同 TSV 间距下的被干扰信号的瞬态响应。当 TSV 间距从 1μm 变到 20μm,噪声仅仅从 255mV 下降到 224mV。因此通过增加 TSV 间距来减小 TSV 耦合不是有效的,所以把重新对 TSV 位置进行布局排除出了可能的有效解决方案。

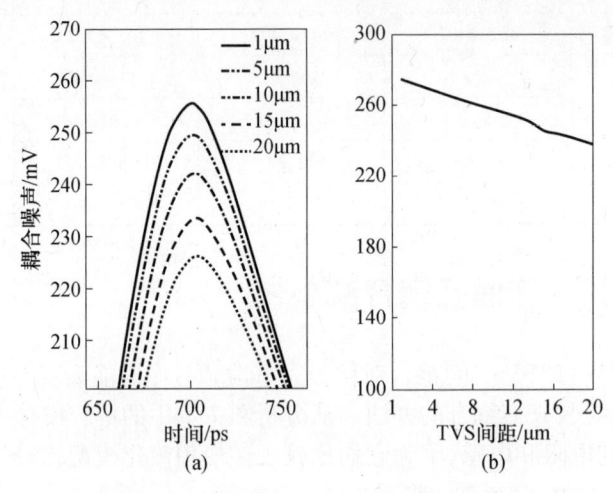

图 7.6 不同 TSV 间距的噪声峰值
(a)受干扰 TSV 的瞬态响应;(b)耦合噪声峰值和 TSV 间距的关系。

7.5.2 屏蔽硅通孔以减小耦合

类似于一根同轴电缆,如图 7.2(b)所示,使用接地的 TSV 来屏蔽敏感的信号 TSV。这样做使得通过衬底的耦合路径被切断,进而来自其他信号 TSV 的耦合就会减少。为了证实屏蔽结构对于耦合噪声减小的有效性,使用 HFSS 结构,如图 7.2(b)所示,该结构包含了一个被屏蔽的 TSV 和干扰 TSV,并对它做 S 参数和瞬态分析。使用的屏蔽结构包含了 8 个接地 TSV,施加干扰信号于干扰 TSV 附近。如图 7.7(a)中所示,S 参数分析结果显示两条信号 TSV 间的耦合等级低于 −60dB。如图 7.7(b)所示,瞬态分析结果显示耦合噪声低于 10mV,这与 S 参数分析结果相同。所以得到如下结论:利用提出的屏蔽结构,被屏蔽 TSV 和相邻的信号 TSV 间的耦合可以忽略不计。

基于以上观察,研究一种使用屏蔽 TSV 的设计优化流程,该流程在单元布局完成后执行。基本思想是逐渐使用屏蔽 TSV 替换受到严重耦合干扰的 TSV。为了实现该优化流程,需要在标准单元库中定义一种新的屏蔽 TSV 单元。因为屏蔽 TSV 单元比一般的 TSV 更大,所以需要付出更大的封装面积的代价。

在流程中,首先将所有的 TSV 引脚转化成 TSV 单元。使用图 7.1 的耦合模型,TSV 按耦合路径阻抗排序。如同在本节开头讨论的那样,总阻抗越小,耦合效应越大。然后,创建一个将被替换成屏蔽单元的 TSV 列表。为了产生列表,基于耦合级别顺序,从最高耦合级别的 TSV 开始逐步选择 TSV 直到达到最终耦合级别阈值。在选中一个 TSV 以后,标记它周围的 TSV 以便这些 TSV 将不被选中。跳过相邻 TSV 的原因是不希望屏蔽 TSV 聚集到一起,因为这样会造成过度的补偿。在获得 TSV 的列表后,根据屏蔽 TSV 的数目重新计算芯片面积和版图规划。然后用屏蔽 TSV 替换列表中的 TSV,并且使用 ECO 布局以移动重叠部分。反复使用该流程直到总耦合等级低于期望值。

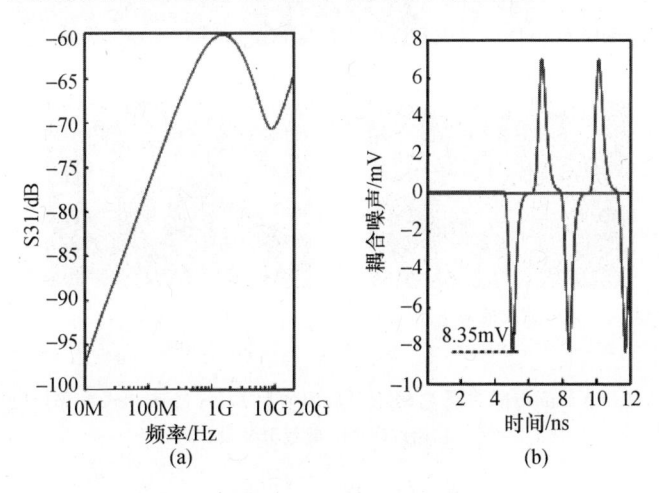

图 7.7 S 参数分析结果和瞬态分析结果
(a)耦合系数的 S 参数结果;(b)屏蔽 TSV 耦合噪声的瞬态分析。

图 7.8(b)为插入屏蔽 TSV 后的版图,总共有 118 个 TSV 单元被替换成屏蔽 TSV 单元。替换后芯片的总面积从 $402\mu m \times 402\mu m$ 增加到 $421\mu m \times 421\mu m$。基于此版图,进行布线和全芯片噪声分析与时序分析。表 7.2 总结了分析结果,对于原始设计,屏蔽 TSV 使总耦合噪声从 4955.15V 下降到 3376.98V,而对于时序优化的设计,总耦合噪声从 4548.17V 下降到 3032.16V。这里发现噪声的下降不仅来自三维线网,同样来源于二维线网,原因是由于总版图尺寸的增大导致布线的疏松。如果只看三维线网的耦合噪声,对于原始设计,总噪声从 473.07V 降到 273.46V。表 7.3 为初始设计和插入屏蔽 TSV 的设计中三维线网的噪声分布对比。发现相比于初始的设计,插入屏蔽 TSV 后的设计中噪声分布移向了低噪声区域。在时序优化过的设计中也发现了相同的趋势。

除了耦合噪声的减小,时序性能也有了提升。如表 7.2 所列,对于初始设计,最长路径延时从 22.79ns 下降到 12.86ns;对于时序优化后的设计,最长路径延时从 9.24ns 降到 6.24ns。在总的负时序裕量上也发现了相同趋势。因此我们得到如下结论:插入屏蔽 TSV 对于缓减 TSV 引起的串扰和时序问题是十分有效的,然而这需要付出额外的面积代价。

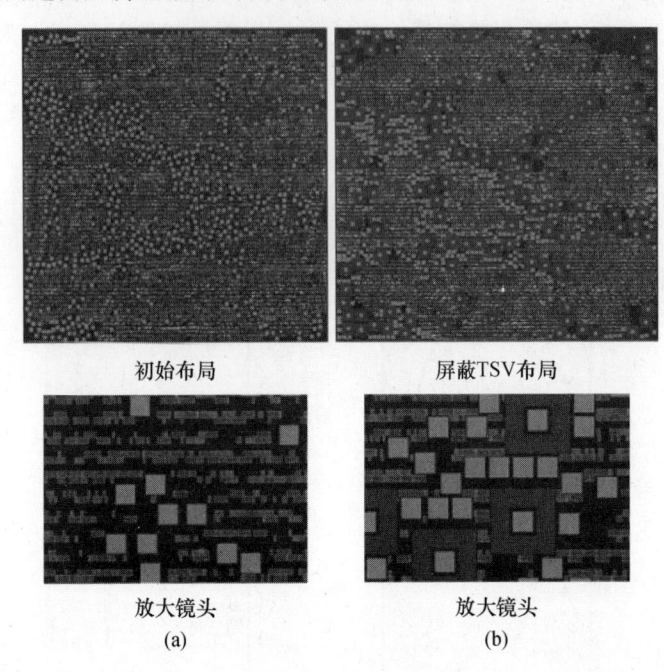

图 7.8 使用 Virtuoso 软件得到的不同层间的照片,绿色区域代表 M1 TSV 焊盘
(a)初始设计;(b)屏蔽 TSV 设计。

表 7.2 TSV 屏蔽结果

	原始设计		时序优化	
	没有屏蔽	存在屏蔽	没有屏蔽	存在屏蔽
面积/μm×μm	402×402	421×421	402×402	421×421
屏蔽 TSV 数	0	118	0	118
总噪声/V	4955.15	3376.98	4548.17	3032.16
总噪声(3D 网络)/V	471.091	273.46	329.967	226.525
最长路径延迟/ns	22.79	12.86	9.24	6.34
总负时序裕量/ns	1175.14	706.581	806.88	371.175

表 7.3 耦合噪声峰值分布,插入屏蔽 TSV 前后 3D 线网受干扰的情况

噪声/mV	0~100	100~200	200~300	300~400	400~500	500~600
屏蔽前	539	1254	659	210	41	8
屏蔽后	1539	727	314	119	12	0

7.5.3 插入缓冲器以减小耦合

另一种有效减小 TSV 与 TSV 间耦合问题的方法是插入缓冲器。之前讨论过,TSV 与 TSV 之间耦合引起的噪声对于端口阻抗十分敏感。在 TSV 前插入缓冲器有助于减小受干扰驱动端口阻抗。为了证实插入缓冲器的有效性,选择从插入图 7.1TSV 耦合模型的 SPEF 文件中提取出的三维线网。这个三维线网原本是由 2X 驱动器驱动的。在 TSV 前插入 4X 缓冲器,并进行 Spice 仿真,如图 7.9(a)所示。表 7.4 列出耦合噪声仿真结果,发现耦合噪声减小了 70%,路径延时减小了 65%。

表 7.4 3D 网格中插入缓冲器的影响,这里考察了脉冲噪声和延时

	原始网络	在 TSV 附近插入缓冲器	在驱动器附近插入缓冲器
噪声@ 接收端/V	0.4058	0.1207	0.1624
噪声@ TSV/V	0.4059	0.1207	0.1624
延时/ns	0.278	0.09701	0.09899

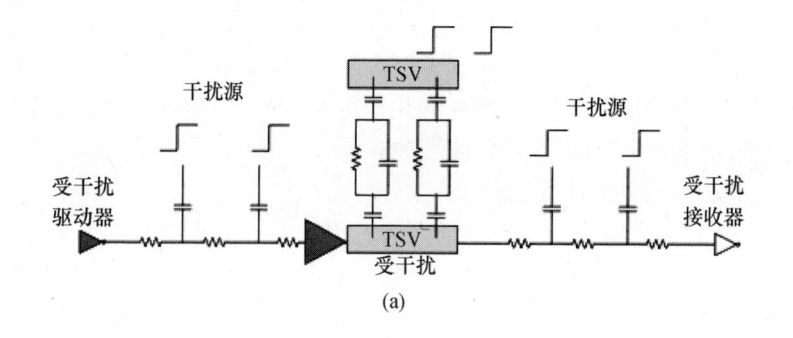

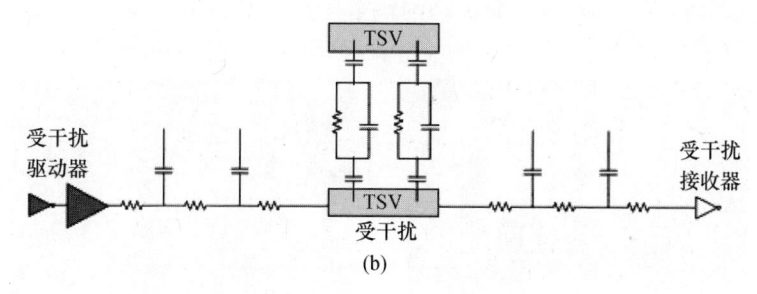

图 7.9 插入缓冲器后的耦合下降
(a)TSV 前插入缓冲器;(b)驱动器后插入缓冲器。

尽管插入缓冲器能有效减小 TSV 与 TSV 之间耦合噪声,仍面临以下问题。为了改善时序特性,时序优化工具会插入大量缓冲器,但仅仅使用时序优化工具就足够解决 TSV 间耦合问题吗?我们的答案是否定的,原因如下:首先,时序

优化工具没有考虑 TSV 与 TSV 之间耦合,也不会考虑 TSV 与 TSV 之间耦合引起的延时。其次,即使时序工具在时序优化过程中考虑到 TSV 与 TSV 之间耦合,它也不足以解决耦合噪声问题。因为对于耦合噪声,它要求插入的缓冲器尽量接近 TSV,然而时序优化工具并不需要在 TSV 附近插入缓冲器。这是因为在三维线网中,不同于二维线网,延时对于缓冲器的位置并不敏感。简单来说,三维线网中耦合噪声对缓冲器与 TSV 的距离十分敏感,而时序性能并不是如此。为了证实这一点,使用图 7.9 的电路来研究缓冲器与 TSV 距离的影响。在本实验中,对比缓冲器靠近 TSV 和缓冲器靠近初始驱动器的两种情况,如图 7.9 所示。分别对这两种情况进行噪声和延时仿真。

表 7.4 为仿真结果。我们发现缓冲器从驱动端移动到 TSV 端,接收端串噪声下降 26%,延时下降 1.9%,该现象是由于电阻屏蔽效应产生的。由于 TSV 的存在,三维线网是个不均衡的节点,如果将 TSV 看作一个大电容,来自导线的电阻屏蔽效应将会施加于此电容。因此 Elmore 延时模型是无效的。进一步的实验表明在缓冲器之间的大约 $200\mu m$ 范围内放置 TSV 对延时没有明显影响。

既然时序缓冲器的插入不足以有效减小 TSV 与 TSV 之间耦合噪声,研究一种信号完整性驱动缓冲器插入方法去协同优化时序特性和信号完整性。首先对所有的 TSV 进行耦合分析。根据 TSV 的不同耦合等级,在 TSV 紧邻前方插入不同尺寸的缓冲器。然后把 TSV 和相应的缓冲器当作一个单元进行时序优化。这种方法的好处是每个 TSV 被缓冲器屏蔽,以至于可以使用二维优化工具通过适当的时序约束来优化设计。

图 7.10 显示了连接 TSV 焊盘的两管芯中插入的缓冲器。表 7.5 为四种设计的串扰和时序分析结果,它们分别是初始设计,信号完整性驱动的缓冲器插入的初始设计,时序优化设计,信号完整性与时序协同优化设计。表 7.5 结果表明插入缓冲器对于减小三维线网的耦合噪声十分有效。在时序优化前使用缓冲器方法,使我们获得了最好的关键路径延时。当然这需要承担由于插入缓

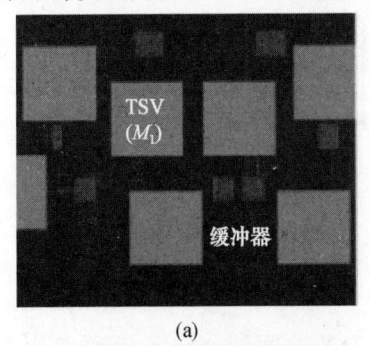

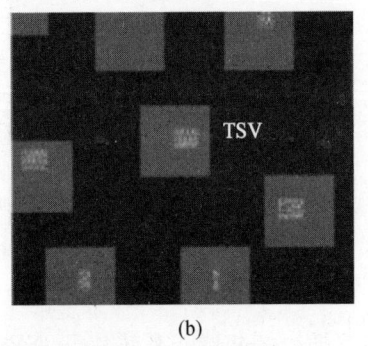

图 7.10 在版图的顶层和底层插入缓冲器,浅色区域是在 Mtop 上的 TSV 焊盘,它与在器件底层的缓冲器重叠

冲器而带来的更高的功耗。

表 7.5 缓冲器插入结果

	初始设计	SI 意识下的缓冲器插入	时序意识下的缓冲器插入	SI 和时序意识下的缓冲器插入
总缓冲器数	357	722	556	808
总噪声/V	4955.15	4513.11	4548.17	4301.6
总噪声(3D 网络)/V	471.091	82.8306	329.967	73.0874
最长路径延迟/ns	22.79	6.98	9.24	5.64
总负时序裕量/ns	1175.14	469.625	806.88	431.712

7.5.4 综合比较

图 7.11 展示了各种优化方法的整体对比。我们发现插入缓冲器和屏蔽 TSV 对于减轻 TSV 与 TSV 之间耦合引起的问题十分有效。可是对于 3D 线网噪声的减小，插入缓冲器更有效。这是因为可以承受在每一个 TSV 前插入缓冲器来减小噪声，但是由于额外增加的面积的缘故，只能选择一些 TSV 屏蔽。如果在设计中屏蔽所有的 TSV，那么总面积的增加将会十分明显，这是不可承受的。另一方面，屏蔽 TSV 在降低总耦合噪声方面有一定优势。2D 线网噪声随着芯片面积的增加而减小。对于时序性能，插入缓冲器效果优于屏蔽 TSV。这不仅因为屏蔽 TSV 数目受限制，而且由于更大的芯片面积，屏蔽 TSV 会造成更长的互连线。最后，屏蔽 TSV 相比于插入缓冲器功耗更低，这是因为插入大量

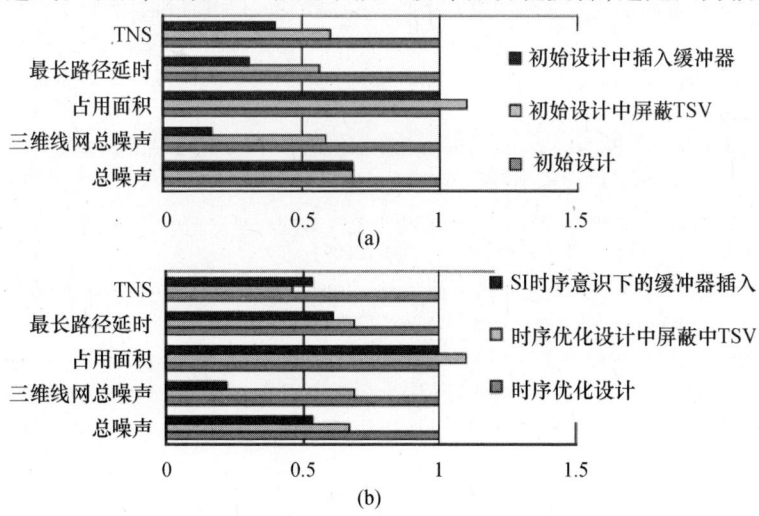

图 7.11 设计以及 TSV 耦合优化总结

(a)初始设计；(b)时序优化设计。

缓冲器将使功耗增加十分明显。尽管有较大芯片面积，屏蔽 TSV 在低功耗密度上还是有优势的。

7.6 结论

本章研究了三维集成电路的 TSV 与 TSV 之间耦合问题的影响。基于 HFSS 和 Spice 仿真，证明了 TSV 间耦合对于终端阻抗（相比于 TSV 间距）更加敏感。建立了一个基于全芯片三维信号完整性分析的 TSV 与 TSV 间简化耦合模型。使用该模型，开发了一套基于 Spice 的全芯片耦合分析流程。三维信号完整性分析结果表明 TSV 与 TSV 之间耦合对总的噪声减小和时序退化有很大影响。为了减小 TSV 间耦合，研究了两种设计方案。实验结果表明，屏蔽 TSV 和插入缓冲器对于提高信号完整性和时序特性都十分有帮助。

参考文献

[1] D. H. Kim, K. Athikulwongse, S. K. Lim, A study of through – silicon – via impact on the 3D stacked IC layout, in *Proceedings of the IEEE International Conference on Computer – Aided Design*, San Jose, 2009

[2] J. Kim, E. Song, J. Cho, J. S. Pak, J. Lee, H. Lee, K. Park, J. Kim, Through silicon via (TSV) equalizer, in *Proceedings of the IEEE Electrical Performance of Electronic Packaging*, Portland, 2009

[3] Y. – J. Lee, S. K. Lim, Timing analysis and optimization for 3D stacked multi – core microprocessors, in *IEEE International 3D System Integration Conference*, Münich, 2010

[4] C. Liu, T. Song, J. Cho, J. Kim, J. Kim, S. K. Lim, Full – chip TSV – to – TSV coupling analysis and optimization in 3D IC, in *Proceedings of the ACM Design Automation Conference*, San Diego, 2011

[5] M. Pathak, Y. – J. Lee, T. Moon, S. K. Lim, Through – silicon – via management during 3D physical design: when to add and how many? in *Proceedings of the IEEE International Conference on Computer – Aided Design*, San Jose, 2010

[6] J. Qian, Modeling the effective capacitance for the RC interconnect of CMOS gates. IEEE Trans. Comput. Aided Des. Integr. Circuit Syst. 13, 1526 – 1535 (1994)

[7] I. Savidis, E. G. Friedman, Closed – form expressions of 3 – D via resistance, inductance, and capacitance. IEEE Trans. Electron Device 56, 1873 – 1881 (2009)

[8] K. L. Shepard, V. Narayanan, Noise in deep submicron digital design, in *Proceedings of the IEEE International Conference on Computer – Aided Design*, San Jose, 1996

[9] R. Weerasekera, M. Grange, D. Pamunuwa, H. Tenhunen, L. – R. Zheng, Compact modelling of through – silicon vias (TSVs) in three – dimensional (3 – D) integrated circuits, in *IEEE International 3D System Integration Conference*, San Francisco, 2009

第8章 硅通孔电流聚集效应和电源完整性

摘要:由于硅通孔具有较大的几何尺寸,并且连接到电源网络,因此在三维集成电路中将会出现显著的电流聚集效应。之前的工作将 TSV 和电源导线段建模为单个电阻,这将无法获取精细的电流分布并且可能漏掉与电流聚集有关的故障点。本章研究直流电流聚集效应及其对三维电源完整性的影响。首先,本章将探讨 TSV 及其电源线连接中存在的电流密度分布。其次,建立并验证电流密度分布的有效 TSV 模型。最后,这些模型与全局电源线结合在一起实现详尽的芯片级电源网络分析。

本章所展示的内容基于参考文献[16]。

8.1 引言

随着工艺尺寸的不断缩小,电源分配网络(PDN)设计已成为集成电路中极具挑战性的任务。由于电源电压相比晶体管和互连线的缩小比例较慢,导致电流密度急剧增加。电流密度的增大及其伴随的高温加速了晶体管和互连线的退化,缩短了器件和互连线的寿命。目前,电流密度可达到几十万安培/平方厘米量级。在该电流密度量级下,电迁移(EM)现象变得很显著。PDN 设计需要能够精确地检查过量电流密度,使得在流片制造前能确保设计不超过电迁移上限,并且电压降(IR)不超出规格指标。

3D IC 电源传输网络为整个 3D 堆叠中的所有器件提供电源。管芯内电源传输互连线是由电源/地(P/G)硅通孔或微凸块构成的,它是三维电源网络中的专有元件。这些垂直互连承载了大量电流,并且可能要承受由于过量电流密度而产生的电迁移衰减且产生较大 IR 电压降。所以,对 3D PDN 进行详细且精确的分析对于预测电路性能以及改善电源完整性是很必要的。

本章的目的是研究 TSV 中的直流电流聚集效应及其对一般 3D PDN 的电源完整性的影响。图 8.1 所示为全局 3D PDN 的一小部分剖面图。两个管芯(顶部和底部)以 F2B 的方式通过后通孔 TSV 实现连接。电压从封装通过 C4 供电。对于底部管芯,电流直接被传输到金属 10 和金属 9;但是对于顶部管芯,电流通过 TSV 被传输到金属 10 和金属 9。PDN 的中间和局部(利用金属 1~金属 8)通过局部通孔连接到全局 PDN。管芯内连接可通过直接将底部管芯背部金属的连接焊盘与顶部管芯金属 10 焊接来实现,或者通过微凸块实现。TSV

直径为 5μm、高 30μm，与文献[4,12]所描述的结构类似。TSV 连接焊盘尺寸为 6μm×6μm[6]，且全局电源线为 2μm 厚。本章的独立 TSV 建模和大规模 3D PDN 建模中将始终采用该结构。

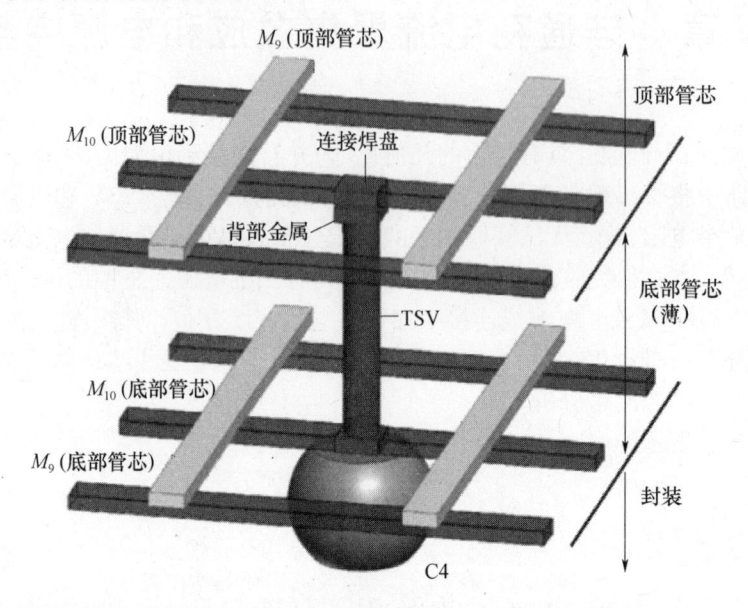

图 8.1　全局电源传输网络中的三维互连

本章内容涵盖如下主题：

(1) 研究 3D IC PDN 中的直流电流密度分布情况，特别关注 TSV 中以及 TSV 与电源线之间互连上的电流聚集效应。

(2) 研究电流聚集效应对整个 3D PDN 的 IR 电压降的影响。

(3) 将所提出的 TSV 模型与芯片电源线整合，且使用电源模拟器（PSIM）进行仿真，实现芯片级基于 TSV 的电源网络分析。仿真结果表明，PSIM 可有效地分析芯片级 PDN 中 TSV 内部细微的电流密度分布情况。PSIM 可确定过量电流密度或 IR 电压降的区域，协助设计者优化 3D PDN。

8.2　研究现状

近期有一些关于 TSV EM 建模和分析[11,14]以及基于 TSV 的 3D PDN 分析[2,3,5,7,9,13,15]的研究。但是这些研究工作都没有研究 P/G TSV 中的详细电流密度分布或电流聚集效应，然而在其边沿处可能会出现大电流梯度以及潜在的 EM 可靠性问题①。此外，之前的研究将 TSV 和电源导线段建模为单个电阻，这

---

① EM 现象在电流密度接近或高于 10mA/μm² 时变得非常显著[1]。

还不足以对 P/G TSV 和 3D PDN 中电流密度分布情况进行精确分析。

8.3 三维集成电路中的电流聚集效应

在本节中研究了 TSV 中的电流聚集效应及其与全局 PDN 的局部互连。讨论了电流聚集效应对有效 TSV 电阻和相应电压降的影响。使用 ANSYS Q3D 仿真直流电流密度分布以及电压降。

8.3.1 硅通孔中的电流密度分布

使用如图 8.2 所示测试案例来研究 TSV 中的电流密度分布情况。这里特地选择这种极端情况来研究极度不均匀的电流分布，包括以下几种情况：①直径为 5μm、高 30μm 的 TSV；②连接焊盘（6×6μm）；③顶部有两条电源线，每个

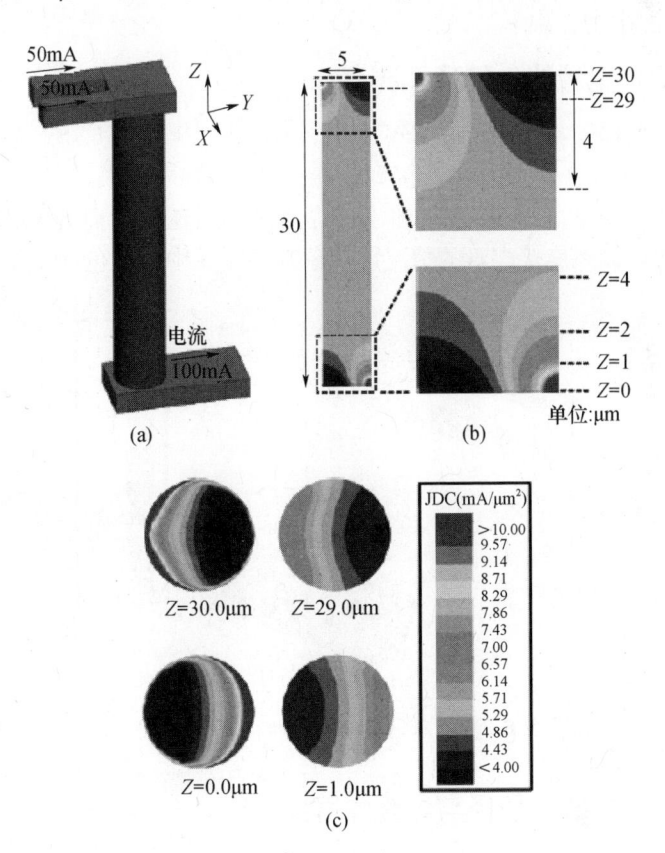

图 8.2 TSV 和电源线测试实例中的电流聚集（见彩图）
(a) TSV 和电源线结构示意图；(b) ZY 面电流密度分布情况（侧视图）；
(c) 自顶向下 $Z=30\mu m, 29\mu m, 1\mu m, 0\mu m$ 处的 XY 面电流密度分布情况（侧视图）。

宽 2μm；④底部有一条宽 6μm 的大电源线①。电源线厚 2μm，且铜电阻率为 18Ω·nm。在左上角插入了两个电流源，每个消耗 50mA 电流；电流沉被定义在右下角。在 3D PDN 中，电源线被双向连接到连接焊盘。该测试案例约束了电流流动方向且有助于研究 TSV 中的电流密度分布，及其到 PDN 的连接点。使用 ANSYS Q3D 仿真直流电流密度和电压降。

几个剖面的电流密度幅值示于图 8.2(b) 和图 8.2(c) 中。在图 8.2(b) 中观察到来自电源线的大部分电流进入 TSV 左上部边沿，并从右下角边沿流出。与 TSV 内的平均电流密度 $5.1\text{mA}/\mu m^2$ 相比，边沿电流密度增大了约两倍，为 $10\text{mA}/\mu m^2$。至于沿着 ZY 平面的电流密度分布情况，观察到在 TSV 内约 4μm 处，从 Z 方向的顶部和底部界面均观察到大量的电流聚集。在 TSV 的中心区域（$4\mu m < Z < 26\mu m$），电流在 TSV 内部均匀分布。如图 8.2(c) 所示为 $Z = 30\mu m$，29μm，1μm，0μm 处 XY 平面中的电流密度分布幅值。大部分电流集中在电源线和 TSV 之间的连接处。

8.3.2 电源线 – 硅通孔界面

电流密度梯度不仅出现在 TSV 边沿，还出现在电源线和 TSV 连接焊盘之间的互连上，如图 8.3 所示。在连接到连接焊盘之前，电源线内的电流密度相对均匀。在转换区内，电流向 TSV 和连接焊盘之间最近的界面处聚集，尤其是当多个电源线连接到连接焊盘的情况该现象在图 8.3 中用红色标示。

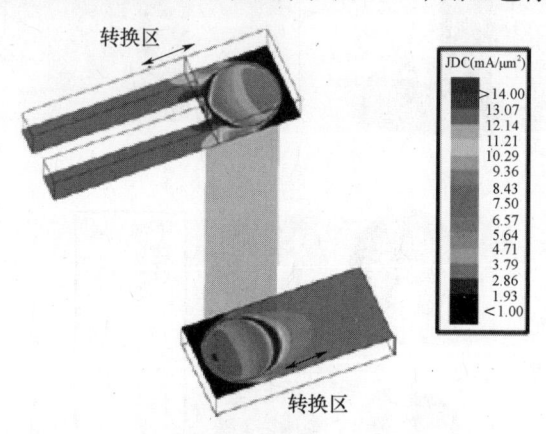

图 8.3 电源线与 TSV 的转换区（见彩图）

8.3.3 硅通孔直径与导线厚度比

电流聚集数量取决于 TSV 直径与电源线厚度的相对比例。与 TSV 直径相

---

① 在 PDN 设计中，根据电源线和连接焊盘的尺寸，可将多个电源线或单个电源线连接到连接焊盘。

比,较薄的电源线在角落会出现更多的电流聚集。如图 8.4 所示为电流密度分布情况,其中 TSV 直径固定为 $5\mu m$,而连线厚度从 $1\mu m$、$2\mu m$ 到 $3\mu m$ 变化。选用 8.3.1 节中的测试结构。对于较厚的连线电流,大量电流在电源电容上被分流,而不是聚集在边沿。这是由于与薄连线的高阻性通路相比,较厚的连线有着较低的阻性通路。对于 TSV 直径与线厚具有相同比例的情况,可预计出现类似的电流密度分布,例如直径 $5\mu m$ 和线厚 $1\mu m$ 将与直径 $10\mu m$、线厚 $2\mu m$ 具有类似的电流聚集情况。

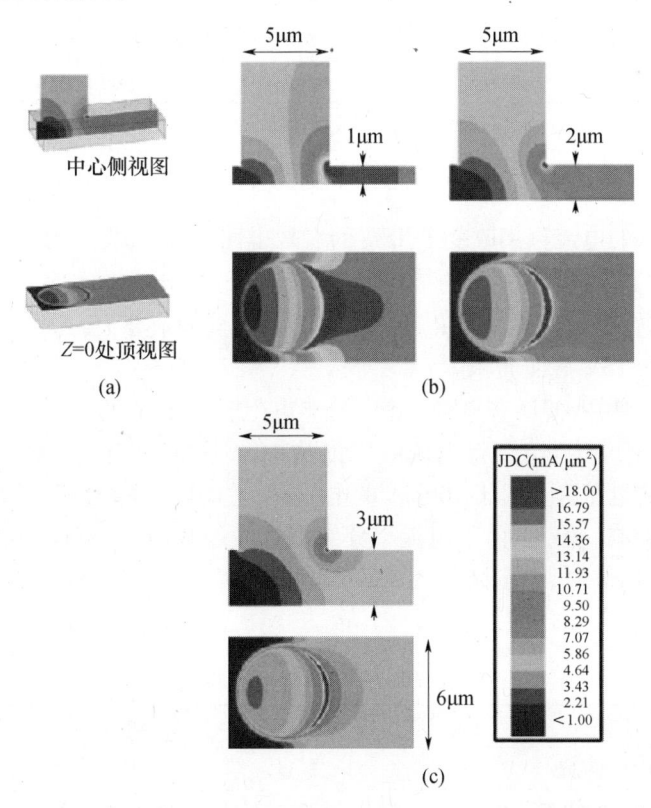

图 8.4 TSV 直径与导线厚度比影响着连接角落的电流聚集情况,TSV 直径被设定为 $5\mu m$,电源线厚从 $1\mu m$ 增加到 $2\mu m$,$3\mu m$(见彩图)
(a)$1\mu m$;(b)$2\mu m$;(c)$3\mu m$。

表 8.1 列出了电流聚集致 TSV 中的最大电流密度,其中 TSV 直径从 $16\mu m$ 到 $2\mu m$ 变化,且线厚保持为常数 $2\mu m$。比较不同 TSV 直径下的 J_{max}/J_{avg},可观察到电流聚集程度随 TSV 直径的增加而增大。对于 $16\mu m$ 直径的 TSV,最大电流密度比平均值要高 10 倍多;对于 $2\mu m$ 直径的 TSV,最大电流密度达到平均值的 2 倍。所以得出结论:较大直径的 TSV 边沿会出现更高的最大电流密度。

表8.1 TSV 直径对电流聚集的影响。TSV 传输 100mA 电流,电源线厚为 2μm

	情况1	情况2	情况3	情况4	情况5
TSV 直径/μm	16	8	5	4	2
TSV 高度/μm	48	48	30	24	12
电源电容长度/μm	18	10	6	5	3
J_{avg}/(mA/μm²)	0.5	2.0	5.1	8.0	31.8
J_{max}/(mA/μm²)	5.5	10.4	19.2	25.8	62.0
J_{max}/J_{avg}	11.1	5.2	3.8	3.2	2.0
TSV 直径:线厚	8:1	4:1	2.5:1	2:1	1:1

8.3.4 电流聚集对 *IR* 电压降的影响

TSV 内部的电流聚集改变了 TSV 的有效电阻以及 TSV 上的电压降。分布电阻[8]是由两个空间上分离的接触孔之间的非平行电流导致的。考虑到 TSV 电流聚集,其有效电阻要比从 $R_0 = \rho \cdot l/A$ 计算得到的值要大,其中 ρ 为电阻率,l 为长度,A 为 TSV 截面面积。

这里可以使用 Q3D 来确定考虑了分布电阻时 TSV 上的电压降。这些仿真中保持 TSV 尺寸为常数,将电源线厚度从 1μm 增大到 3μm。表 8.2 列出了 TSV 上产生的电压降。对于 100mA 的电流,R_0 上的电压降为 $IR_0 = 2.75\text{mV}$,此值不受线厚影响。但是,由于电流聚集对电源线厚较敏感,所以当电源线厚从 1μm 增大到 3μm 时,电压降从 3.33mV 降低到 3.02mV,比电压降计算值高出 21.1～9.8%①。

表8.2 电流聚集效应对TSV上电压降的影响。电源线厚从1μm 变化到3μm

线厚/μm	1.0	2.0	3.0
存在电流聚集时的电压降/mV	3.33	3.11	3.02
不存在电流聚集时的电压降/mV	2.75	2.75	2.75
电流聚集增加比例/%	21.1	13.1	9.8

8.4 硅通孔电流聚集建模

商业有限元(FEM)工具可实现电流密度分布的精确仿真。但是,使用 FEM 工具进行芯片级 PDN 分析需要超乎想象的运算时间和计算资源。仿真单个

---

① TSV 直径与线厚比值对电流聚集效应的影响在 8.3.3 节讨论。

TSV 就可耗费 1 小时。因此亟需具有合理精度和快速运算时间的更好 TSV 建模方法,并应用于芯片级电源网络分析。

在传统 PDN 建模中,电源导线段和 TSV 被建模为单个电阻。该模型仅能表征一个线段或一个 TSV 中的不均匀电流密度,这不足以精确表征由电流聚集效应导致的不均匀电流分布效应。同样地,该模型用于精确计算与分布电阻有关、且取决于电流分布的电压降时也是不够的。此处描述的 TSV 模型考虑了 TSV 及其转换区中的不均匀电流密度。很容易将该模型集成到网表中,用于芯片级 PDN 分析,且该模型很简单,可以保证合理运算时间。此时 TSV 模型已被集成到电源网络仿真器(PSIM)中[10]。该仿真器可被用于求解电源电阻网络并分析电流和电压。

8.4.1 硅通孔模型的三维电阻网络

如图 8.5 所示为提出的 TSV 模型以及相应的电阻网络。TSV 是由具有图 8.5(a)所示基本结构的矩形网格盒子构成的,其中每个网格盒子包含 6 个电阻:东、南、西、北、上、下。电阻值取决于每个盒子的尺寸以及 TSV 如何覆盖这

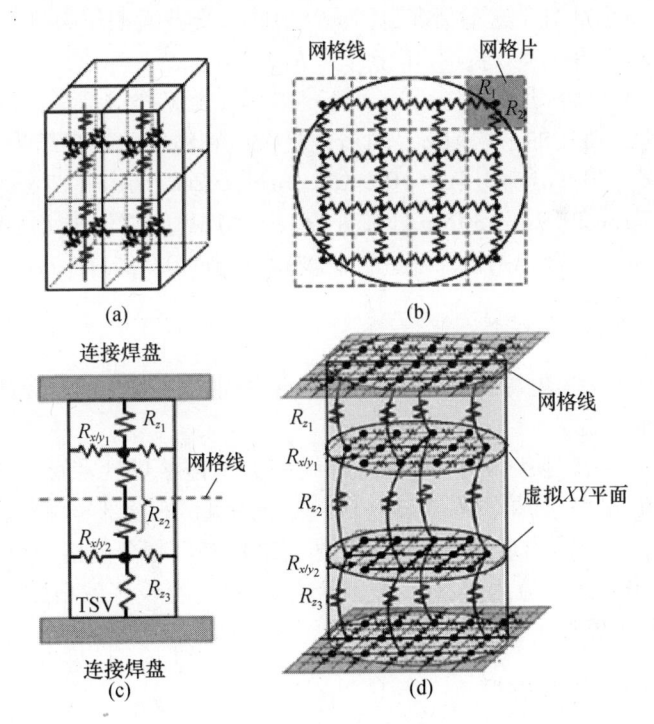

图 8.5 用三维电阻网络建模的 TSV 模型
(a)进行 3D 网格划分后的基本矩形盒子;(b)XY-网格和部分覆盖的网格片;
(c)侧视图;(d)网络的 3D 视图。

些盒子的。这些矩形网格盒子与相邻盒子的连接是通过将中心点作为连接点实现的。TSV 的 3D 网格结构是按如下过程生成的:①Z-网格,TSV 被分成多个具有相同直径但不同厚度的短圆柱体;②XY-网格,每个短圆柱体被网格化成在虚拟 XY 平面上的 2D 电阻网络,其位置处于每个圆柱体的中心。

沿着 Z 方向进行划分产生许多虚拟 XY 平面。这些 XY 平面的 Z 坐标位置,即 Z-网格,通过图 8.2(b)所示的 ZY-平面中的电流梯度来确定。具有较强电流聚集现象的区域内将产生更多的圆柱体,而电流密度均匀的区域产生的圆柱体则较少。尤其是,Z-网格尺寸在靠近连接焊盘的顶部/底部时更精细,而在 TSV 的中部则更稀疏。因此,TSV 的顶部和底部将产生更多的虚拟 XY 平面。图 8.5(c)所示为 3D 电阻网络的侧视图,其中一个 Z-网格产生了两个虚拟 XY-平面。得到的模型是一个非均匀 3D 电阻网络。它包括两种类型的电阻:①连接相邻 XY 平面的沿着 Z 轴的电阻(图 8.5(c)和图 8.5(d)中的 R_{z_1}, R_{z_2}, R_{z_3});②虚拟 XY 平面中的电阻(图 8.5(c)和图 8.5(d)中的 R_{x/y_1} 和 R_{x/y_2})。

如果网格片完全被实际 TSV 形状覆盖,那么参考 XY-网格和 Z-网格尺寸可直接得到 R_z 和 $R_{x/y}$。但是,在 TSV 边界周围,网格片与实际形状部分交叠,如图 8.5(b)所示。对于这种情况,计算 R_z 值时将交叠面积作为截面面积,且由此得到沿 X 和 Y 轴的有效长度,用于计算 R_1 和 R_2。

图 8.5(d)是实际原理图。鉴于可读性考虑,大部分虚拟平面和电阻没有被画出。模型中所用的不均匀 Z-网格是复杂度和精度的折衷结果。30μm 高的 TSV 在 $Z = 0.1\mu m, 0.4\mu m, 0.9\mu m, 2\mu m, 5\mu m, 16\mu m, 27\mu m, 28.9\mu m, 29.4\mu m, 29.7\mu m, 29.9\mu m, 30\mu m$ 处被分段,其中 TSV 底部位于 $Z = 0$ 处。我们采用了三种不同的 XY-网格尺寸进行比较:$0.25\mu m, 0.5\mu m, 1\mu m$。

8.4.2 转换区建模

转换区被定义为电源线和 TSV 连接焊盘之间的连接面积。转换区会出现不均匀电流梯度①。

图 8.6 所示为转换区的网格,在电源线和 TSV 连接焊盘之间的连接处会出现不均匀电流梯度。如果没有对转换区进行网格划分,全部电流将流入 A 点,这将导致在 TSV 边沿出现较大的电流。通过对转换区划分网格,电流沿电源线均匀分布,并沿着边沿流入连接焊盘和 TSV,此时具有较好的精度。近似 6μm 长的转换区就足够长了。

8.4.3 模型准确度

图 8.7 所示为 ANSYS Q3D 和使用新 TSV 模型的 PSIM 进行仿真的详细比

---

① 详细分析结果见 8.3.2 节。

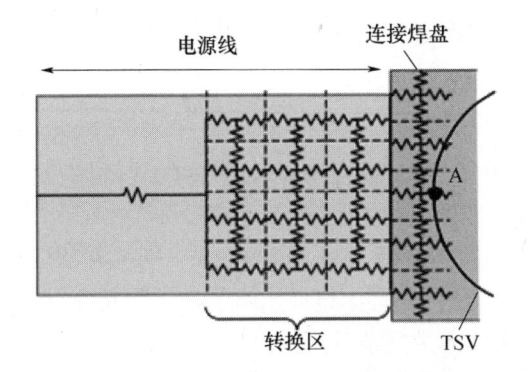

图8.6 转换区上的网格，在转换区使用单个电阻会导致所有电流注入 A 点

较。XY – 网格尺寸为 $0.25\,\mu m$。PSIM 的仿真结果是通过将每个网格片中的电流提取出来并除以有效面积得到的。对于 Q3D 仿真来说，首先利用内部网格生成器和求解器仿真电流梯度。接着，将电流值映射到网格片结构。在图 8.7 的上半部分画出了从 Q3D 和 PSIM 得到的 $Z = 0.1\,\mu m$ 处虚拟平面的电流密度分布。从 Q3D 与 PSIM 得到的 357 个网格片电流密度误差直方图示于图 8.7 的底部，其中每个网格片的误差被定义为 Q3D 与 PSIM 之间的绝对差值。

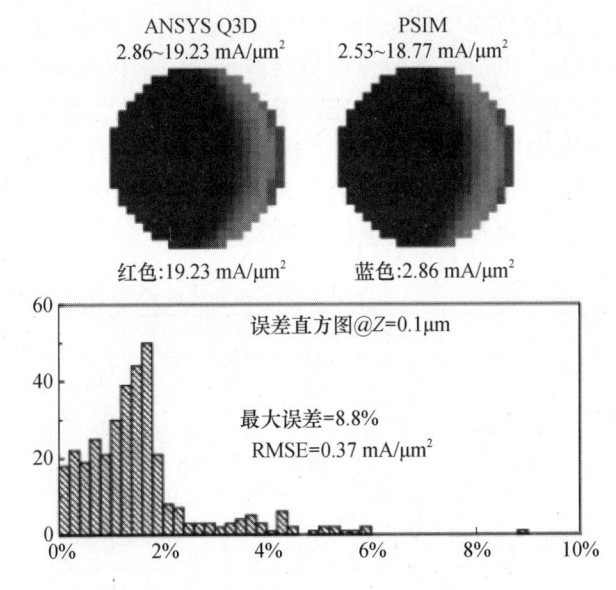

图8.7 使用 ANSYS Q3D 和本文 TSV 建模方法的 PSIM，得到的 $Z = 0.1\,\mu m$ 虚拟 XY 平面处的电流密度分布和误差柱状图，每个网格片中的误差是 Q3D 和 PSIM 之间的绝对误差（见彩图）

在 $Z = 0.1\,\mu m$ 处的比较是针对模型中最接近连接焊盘的虚拟 XY 平面进行的，此处观察到了最大电流聚集。相比 Q3D，PSIM 的仿真结果具有更好的精度。每个网格片的相对误差不超过 10%，且绝大部分在 5% 以内。均方根误差

(RMSE)为 0.36mA/μm²,定义为每个网格片误差的平方的算术均值的开平方,即

$$\sqrt{(\sum_{i=1ton}(J_i^{Q3D}-J_i^{PSIM})^2)/n}$$

式中:i 为第 i 个网格片;n 为网格片总数。PSIM 得到的电压降为 3.07mV,与 Q3D 得到的 3.08mV 相差 0.33%。

Q3D 与 PSIM 之间的差值主要是由于 XY-网格和 Z-网格尺寸以及网格结构的限制导致的。而为了简化起见使用了低密度正交网格盒子,Q3D 支持更多诸如三角形、四面体之类复杂的网格结构。但是 PSIM 的仿真时间不到 1s,而 Q3D 耗费了超过 1h。这证明了建模方法有用于芯片级电源分析的潜力,且能保证合理的精度和可接受的仿真时间。

8.4.4 XY 网格尺寸的影响

改变 XY-网格尺寸对电流密度精度以及电压降的影响列于表 8.3 中。其中的 Z-网格尺寸保持常数,而 XY-网格尺寸从 0.25μm 增大到 0.5μm 及 1μm。使用较大的网格片,电流密度的 RMSE 从 0.25mA/μm² 增大到 0.55 mA/μm²,这相当于平均电流密度的 4.9%~10.7%。注意到,为了对给定网格尺寸得到 Q3D 中的最大电流密度,Q3D 的仿真结果被映射到每个网格片中。因此,表 8.3 中 Q3D 的最大电流密度同样也随网格尺寸的变化而减小。最大电流密度的误差从 2.1% 增大到 27.9%,电压降误差从 0.3% 增大到 3.9%。使用较精细尺寸的代价是网格片总数从 325 增加到 4641。使用单个电阻的仿真结果也示于表中,由此产生了 5.1mA/μm² 的平均电流密度(比从 Q3D 得到的最大电流密度小了 73.4%),以及较小的电压降 2.75mV。

表 8.3 XY-网格尺寸对电流密度(mA/μm²)以及电压降(mV)的影响

网格/μm	#片数	RMSE	最大电流密度 Q3D	PSIM	误差/%	电压降 Q3D	PSIM	误差/%
0.25	4641	0.25	19.2	18.8	-2.1	3.1	3.10	0.3
0.5	1313	0.34	18.0	20.8	15.6	3.1	3.09	0.7
1.0	325	0.55	12.2	15.6	27.9	3.1	2.99	3.9
无	1	-	19.2	5.1	73.4	3.1	2.75	11.3

8.4.5 芯片级 PDN 电路模型

在本节中,将我们提出的 TSV 模型与芯片电源网格进行集成,并使用 PSIM 分析整个网络。如图 8.8 所示为用于两管芯的部分 3D PDN 电路模型。电源导线段以及局部通孔均被表征为集总电阻。用所提出的方法对 3D 电源连接进行

建模,包括 TSV 和转换区。假定由 C4 提供理想的 1V 电压。电流沉位于每个管芯中电源网格的交叉点处。电源线厚 2μm、宽 5μm。TSV 高 30μm、直径为 5μm,并具有 $6 \times 6 \mu m^2$ 的连接焊盘。目的是分析具有高电流密度并包括 TSV 连接的全局 PDN。

首先集中分析 8.5.1 ~ 8.5.3 节中设计的两个管芯堆叠 3D PDN 中的 3D 电源完整性。讨论网格尺寸以及 TSV 和 C4 间偏移对最大电流密度以及 IR 电压降的影响。电源线密度、TSV 直径、TSV 和 C4 数量对 3D 电源完整性的影响也将被研究和讨论。然后将在 8.5.7 节中利用 PSIM 针对 5 个大规模 3D PDN 分析其电源完整性。

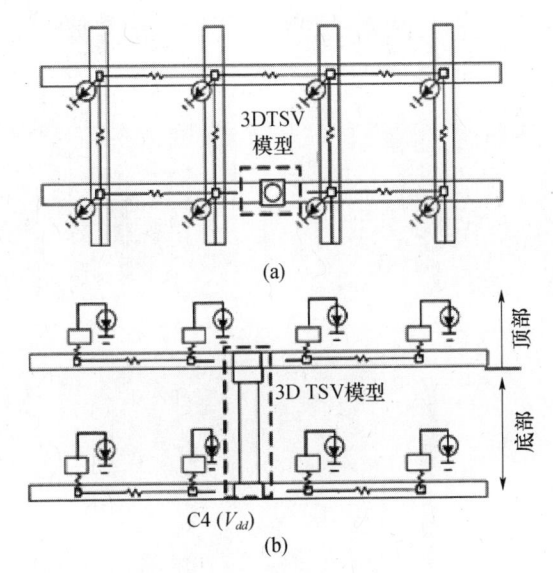

图 8.8 两管芯基于 TSV 的 PDN 电路模型,该模型采用 3D TSV 建模方法
(a)自顶向下视图;(b)侧视图。

8.5 实验结果

8.5.1 芯片级噪声分析

如图 8.9(c)所示为全局 PDN 和底部管芯的电源图。封装面积为 $1.4 \times 1.4 mm^2$。每个管芯具有 16×16 电源线(紫色和黄色),边界周围的厚电源环有 15μm 宽。4×4 的 TSV 和 C4 在底部管芯中对齐,出于易读性考虑白色框内这部分被放大。电源线交叉点处的每个黑盒子代表电流沉。TSV 模型的 XY - 网格尺寸为 0.25μm,Z - 网格尺寸则如 8.4.1 节描述的那样保持相同。

顶部管芯(S_2)和底部管芯(S_1)中的电源图均在左下角有一个冷点,在右上角有一个热点。每个管芯的中心处左右各放置着另外两个窄冷点。这些电源布局使得到 TSV 的连接具有不同电流密度形式:①对称电流密度,例如图 8.9(c)中的 TSV_1,其中所有的电源线具有高电流密度;②不对称电流密度,例如图 8.9(c)中的 TSV_2,其中左电源线具有比右电源线低得多的电流密度。

如图 8.9(a)和图 8.9(b)所示为 S_2 和 S_1 中的电压降图。右上角具有最大 IR 电压降:顶部为 23.0mV、底部为 19.0mV。由于存在 TSV 寄生电阻,使得 S_2 中的 IR 电压降大于 S_1。由于 TSV 和 C4 是对齐的,靠近 TSV 的区域相比远离 TSV 的区域具有较小 IR 电压降。

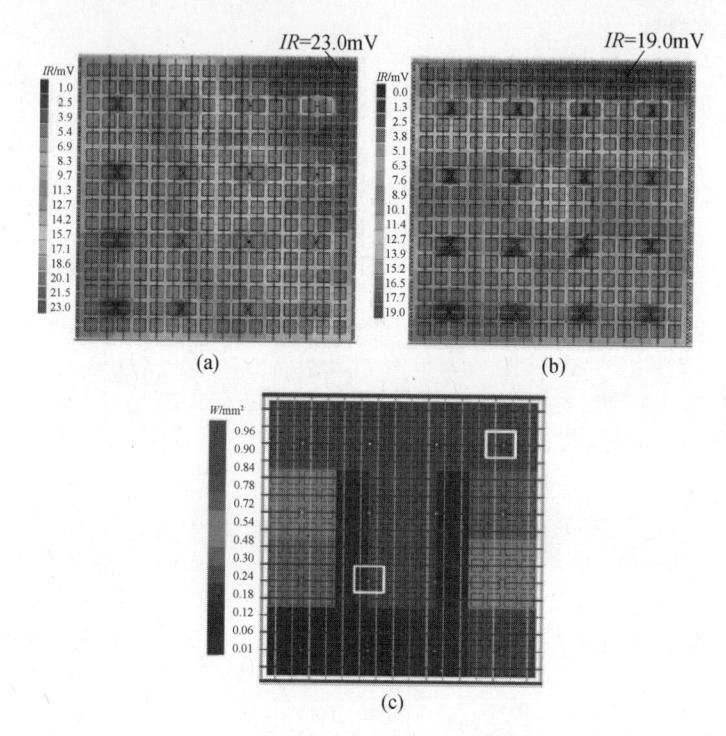

图 8.9 管芯的电压降图及电源分布图(见彩图)
(a)顶部管芯的电压降图(最大值=23.0mV);(b)底部管芯的电压降图(最大值=19.0mV);
(c)底部管芯的电源图,其中出于易读性考虑 TSV 和 C4 被对齐且被放大。

如图 8.10 所示为两个 TSV 中(图 8.9(c)中的 TSV_1 和 TSV_2)详细的电流密度分布,其中 TSV_1 位于热区的中心,它沿着电源线具有非常对称的电流密度,TSV_2 位于电源热区和冷区之间的边界处,它在电源线上具有不对称的电流密度。图 8.10 所示为 XY 方向(J_{XY})和 Z 方向(J_Z)在不同层的电流密度分布情况。金属层 S2 – M10、S1 – BM、S1 – M10 中的 J_{XY} 分别画于图 8.10(a)、图 8.10(c)和图 8.10(f)中。图 8.10(b)、图 8.10(d)和图 8.10(e)画出了 S1 – BM 分别与 S2 – M10、TSV 顶部表面、底部表面之间界面上的 J_Z。

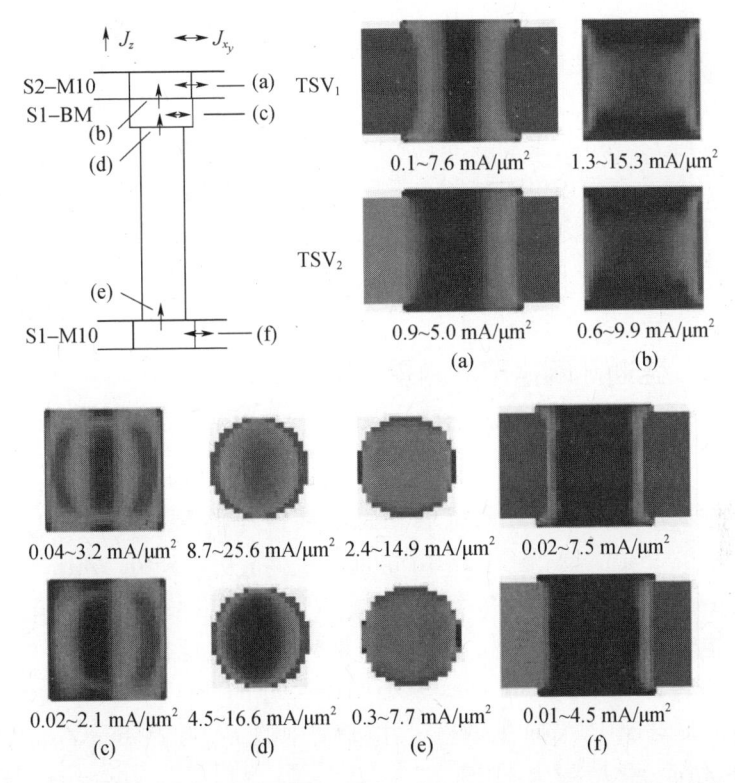

图 8.10　图 8.9 中 TSV$_1$ 与 TSV$_2$ 的 $XY(J_{xy})$ 和 $Z(J_z)$ 方向电流密度分布，TSV$_1$ 沿电源线具有对称电流密度，TSV$_2$ 具有不对称电流密度（见彩图）

首先，PSIM 可有效获得 3D 电源连接中的详细电流密度分布。在 TSV$_1$ 的两个边沿均观察到对称的电流聚集；绝大部分电流聚集出现在 TSV$_2$ 的右边沿。第二，观察到 TSV 里有较大电流聚集。对于 TSV1，图 8.10(a) 中的最大电流 J_{max} 为 7.6 mA/μm^2，其中更多的电流集中在电源线和连接焊盘之间的连接处；沿 Z 方向流过 TSV 的 J_{max} 可达到 25.6 mA/μm^2，这比连线 J_{max} 大了 2.4 倍。

第三，较大的电流聚集出现在 TSV 顶部表面而不是底部表面，这是由于 TSV 与 C4 是对齐的。流过 TSV 底部表面的 J_z（图 8.10(e)）为 14.9 mA/μm^2，相对的顶部表面为 25.6 mA/μm^2。第四，在 TSV 底部表面（图 8.10(e)）中，J_z 电流聚集在顶部和底部边沿，而不是集中在左侧和右侧边沿。这是因为大量的 J_{XY} 电流从左侧、右侧边沿流出以补给 S_1 电流沉。因此，传输到 S_2 电源网格的电流集中在顶部和底部边沿。此外，电流聚集导致 TSV$_1$ 上产生 5.7 mV 的 IR 电压降，这比没有考虑电流聚集效应时的 5.5 mV IR 电压降要更大。

下一小节包括以下结论：①沿着电源线的最大电流密度（J_{max}）。②TSV 的最大电流密度和平均电流密度(J_{avg})。对于多个 TSV,首先测量通过每个 TSV 的 J_{max} 和 J_{avg}。然后,比较每个 TSV 的 J_{max} 相比 J_{avg} 的增长百分比(J_{inc}),即 J_{inc} = $(J_{max} - J_{avg})/J_{avg}$。给出这些 TSV 的电流密度最大值 J_{max},以及所有 TSV 中的最小/最大/平均 J_{inc}。③顶部和底部管芯中的最小/最大/平均 IR 电压降。④TSV 上的 IR 电压降。在考虑(IR_c)和不考虑(IR_n)电流聚集效应时的 IR 电压降值。IR_c 相比 IR_n 的增幅百分比也将给出。PDN 设计的基准是每个管芯内包括 16×16 电源网格、4×4 的 TSV 和 C4、具有 5μm 直径和 0.25μm 网格尺寸的 TSV。

8.5.2　硅通孔网格尺寸的影响

我们将 TSV 模型的网格尺寸从 0.25μm、0.5μm 增大到 1.0μm,并固定其他设计参数。表 8.4 给出了电流密度和 IR 电压降的数值结果。首先,在 TSV 模型中使用较大的网格尺寸会在每个网格片中产生较小的 J_{max}。当网格尺寸从 0.25μm 增大到 1.0μm 时,J_{max} 将从 25.6mA/μm² 减小到 14.3mA/μm²,且 J_{inc} 从 151% ~ 192% 减小到 41% ~ 48%。这是由于稀疏的网格使电流梯度被平均化。第二,网格尺寸对电源网格的 IR 电压降和 J_{max} 影响不太大。相反地,在具有较小网格尺寸的 TSV 中观察到显著的电流聚集效应。对于 0.25μm 的网格尺寸,TSV 中的 J_{max} 为 25.6mA/μm²,比 TSV 中 10.2mA/μm² 的 J_{avg} 要大 110%。

8.5.3　硅通孔和 C4 偏移的影响

之前的仿真假设 TSV 和 C4 是对齐的。为了研究偏移对电源完整性的影响,让 TSV 和 C4 之间保持 175μm 的距离。偏移设计中包括有 12 个 C4、16 个 TSV。仿真结果列于表 8.5 中。详细示意图见图 8.11。

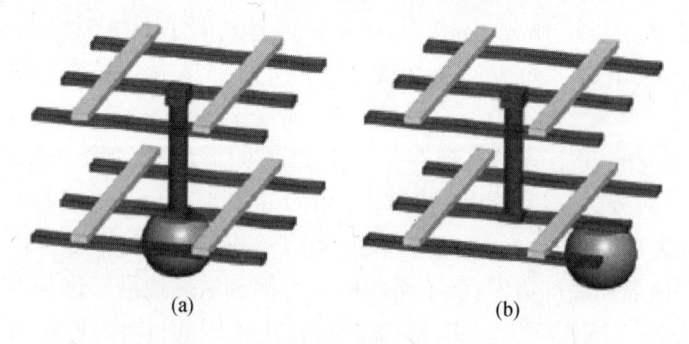

图 8.11　TSV 与 C4 对齐和偏移时部分 PDN 的放大图
(a)TSV 和 C4 对齐;(b)TSV 和 C4 偏移。

表 8.4 TSV 网格尺寸对电流密度（mA/μm²）以及 IR 电压降（mV）的影响，TSV 直径为 5 μm

电源网格	#TSV &#C4	网格 /μm	线上 J_{max}	存在最大（J_{max}）的 TSV J_{max}	J_{avg}	J_{inc}/%	TSV 的 J_{inc}/% 最小值	均值	最大值	底部 IR 电压降 最小值	均值	最大值	顶部 IR 电压降 最小值	均值	最大值
16×16	4×4	0.25	10.5	25.6	10.2	151	151	161	192	2.1	9.5	19.1	3.8	12.7	23.0
16×16	4×4	0.50	10.4	20.2	10.1	100	100	105	124	2.4	10.0	19.8	4.1	13.3	23.7
16×16	4×4	1.00	10.5	14.3	10.2	41	41	42	48	2.1	9.4	18.9	3.9	12.9	23.1

表 8.5 TSV 和 C4 偏移对 TSV 上电流密度($mA/\mu m^2$)以及 IR 电压降(mV)的影响

		对齐设计	偏移设计
#TSV		16	16
#C4s		16	12
线上 J_{max}		10.5	25.2
存在 J_{max} 的 TSV	J_{max}	25.6	22.0
	J_{avg}	10.2	8.3
	$J_{inc}/\%$	151	165
TSV 的 $J_{inc}/\%$	最小值	151	149
	均值	161	164
	最大值	192	190
底部 IR 电压降	最小值	2.1	10.2
	均值	9.5	26.5
	最大值	19.1	48.3
顶部 IR 电压降	最小值	3.8	29.7
	均值	12.7	46.7
	最大值	23.0	65.5
存在最大 IR 电压降的 TSV	IR_c	5.7	4.8
	IR_n	5.5	4.5
	增大比例/%	3..7	6.4
TSV 的 IR 电压降增大比例(%)	最小值	3.4	5.9
	均值	4.0	8.0
	最大值	5.2	10.6

电流聚集对 TSV IR 电压降的影响在偏移设计中要比在对齐设计中更大。右边的六列比较了在考虑(IR_c)和不考虑(IR_n)电流聚集效应时 TSV 上的 IR 电压降。在偏移设计中的电流聚集导致 IR 电压降比 IR_n 要大 5.9% ~ 10.6%；然而，在对齐设计中，由电流聚集导致的 TSV 的 IR 电压降要比 IR_n 要大 3.4% ~ 5.2%。这主要是因为在偏移设计中 TSV 的顶部和底部均出现了大电流聚集现象；然而，在对齐设计中，只有 TSV 和背部金属之间的顶部界面出现大电流聚集现象，此处 TSV 和 S1 – M10 之间的底部界面电压由 C4 持续供电。

8.5.4 电源线密度的影响

针对 8.5 节描述的基准 PDN 设计和电源图，将电源网格从 8×8 增加到 12×12、16×16、20×20，同时固定其他设计参数。整个封装面积上的电源线密度从

2.9%增大到7.1%。表8.6给出了电流密度和 IR 电压降的仿真结果。使用更多的电源线有助于减少两个管芯中的 IR 电压降,但是小幅降低了 TSV 和连线的 J_{max}。底部和顶部管芯中的最大 IR 电压降分别从 36.9mV 和 37.8mV 降到 15.2mV 和 20.6mV;TSV 的最大 J_{max} 仅从 28.8 mA/μm^2 降低到 25.2 mA/μm^2。这主要是因为 TSV 和 C4 的布局是固定的,每个 TSV 在 Z 方向上的电流与 TSV 数量有关。

8.5.5 硅通孔和 C4 数量的影响

针对 8.5 节描述的基准 PDN 设计和电源图,将 TSV 和 C4 数量从 2×2 增加到 3×3、4×4、5×5,且固定其他设计参数。表 8.7 给出了电流密度和 IR 电压降的仿真结果。使用更多的 TSV 和 C4 可极大地减小 J_{max} 和 IR 电压降。当 TSV 和 C4 数量从 2×2 增加到 5×5 时,线上的 J_{max} 从 30.3mA/μm^2 减小到 8.4mA/μm^2;TSV 的 J_{max} 从 74.7mA/μm^2 减小到 19.8mA/μm^2;底部和顶部管芯的最坏 IR 值分别从 59.5mV 和 77.1mV 减小到 15.1mV 和 18.3mV。这主要是因为使用了更多的 TSV 导致每个 TSV 上的电流更少,因此具有更低的 J_{max},并且使用更多的 C4 有助于改善 IR。此外,由电流聚集导致的 TSV 的 J_{max} 仍比 J_{avg} 大了约 150%~190%,且比线上的 J_{max} 近似大了 140%。

8.5.6 硅通孔直径的影响

针对 8.5 节描述的基准 PDN 设计和电源图,我们将 TSV 直径从 4μm 增大到 5μm,8μm,16μm,对应的网格尺寸分别为 0.25μm,0.25μm,0.5μm,0.5μm。其他设计参数固定不变。表 8.8 给出了电流密度和 IR 电压降的仿真结果。观察到较大的 TSV 中 J_{avg} 显著地从 15.7mA/μm^2 降低到 10mA/μm^2,J_{max} 从 33.5mA/μm^2 减小到 10.6mA/μm^2。但是,TSV 的 J_{max} 比 TSV 的 J_{avg} 减小得要更慢。因此,对于 16μm 直径的 TSV,其 J_{max} 平均值要比 J_{avg} 大 930%~1180%。此外,TSV 直径仅影响顶部管芯的 IR 电压降。底部管芯的 IR 电压降对 TSV 直径不敏感,其电压是直接由来自封装的 C4 供电的。当使用较大 TSV 时顶部管芯具有较低 IR 电压降,这是由于减小了 TSV 有效电阻以及 TSV 上的 IR 电压降。

8.5.7 大规模三维 PDN 中的电源完整性问题

我们设计了 5 个大规模双管芯堆叠 PDN,并采用 PSIM 对其进行 3D 电源完整性分析。电源线使用效率被设定为 5%,其定义是整个封装面积上单位管芯的电源线面积。假设底部管芯需要 $N_p \times N_p$ 电源线,对齐的 TSV 和 C4 数量被定义为 $(25\% N_p) \times (25\% N_p)$。电源线 TSV 直径为 5$\mu m$,网格尺寸为 1.0$\mu m$。电源线宽 5$\mu m$、厚 2$\mu m$。局部和全局电源密度参考 3D 内核-存储器 PDN 设计[2,9]、Intel 微处理器、ITRS 2005 中的电源密度预测。

表 8.6 电源线密度对电流密度($mA/\mu m^2$)和 IR 电压降(mV)的影响，TSV 网格尺寸为 0.25 μm，TSV 直径为 5 μm

电源网格	电源线密度/%	#TSV&#C4	线上 J_{max}	存在最大 J_{max}	J_{avg}	J_{inc}/%	TSV 的 J_{inc}/% 最小值	均值	最大值	底部 IR 电压降 最小值	均值	最大值	顶部 IR 电压降 最小值	均值	最大值
8×8	2.9	4×4	11.8	28.8	11.2	157	147	169	223	3.1	15.7	36.0	4.8	18.5	37.8
8×8	4.3	4×4	11.6	27.9	10.6	162	151	167	200	2.6	11.1	22.8	4.1	15.1	29.3
16×16	5.7	4×4	10.5	25.6	10.2	151	151	161	192	2.1	9.5	19.1	3.8	12.7	23.0
8×8	7.1	4×4	10.5	25.2	9.9	154	150	160	183	1.9	8.0	15.2	3.6	11.7	20.6

表 8.7 TSV 数量对电流密度($mA/\mu m^2$)和 IR(mV)电压降的影响，TSV 网格尺寸为 0.25 μm，TSV 直径为 5 μm

电源网格	#TSV&#C4	线上 J_{max}	存在最大 J_{max}	J_{avg}	J_{inc}/%	TSV 的 J_{inc}/% 最小值	均值	最大值	底部 IR 电压降 最小值	均值	最大值	顶部 IR 电压降 最小值	均值	最大值
16×16	2×2	30.3	74.7	29.5	153	153	154	156	18.7	44.8	59.5	30.0	58.5	77.1
16×16	3×3	16.9	41.0	16.0	156	155	157	162	5.7	18.4	34.1	9.6	24.0	40.8
16×16	4×4	10.5	25.6	10.2	151	151	161	192	2.1	9.5	19.1	3.8	12.7	23.0
16×16	5×5	8.4	19.8	7.7	158	147	161	193	1.1	6.1	15.1	2.1	8.1	18.3

表 8.8 TSV 直径(μm)对电流密度($mA/\mu m^2$)和 IR(mV)电压降的影响，TSV 网格尺寸为 0.25 μm

电源网格	#TSV&#C4	TSV/μm	线上 J_{max}	存在最大 J_{max}	J_{avg}	J_{inc}/%	TSV 的 J_{inc}/% 最小值	均值	最大值	底部 IR 电压降 最小值	均值	最大值	顶部 IR 电压降 最小值	均值	最大值
16×16	4×4	4	10.5	33.5	15.7	113	109	113	117	2.2	9.5	19.2	4.3	13.6	24.1
16×16	4×4	5	10.5	25.6	10.2	151	151	161	192	2.1	9.5	19.1	3.8	12.7	23.0
16×16	4×4	8	10.4	19.0	4.0	372	372	394	463	2.3	9.9	19.7	3.3	11.8	21.7
16×16	4×4	16	10.7	10.6	1.0	928	928	986	1,177	2.2	9.5	19.2	2.3	9.8	18.8

表8.9列出了大规模PDN电源分析的结果。首先,观察到TSV上有过量的电流密度。TSV的J_{max}比J_{avg}大40%~47%。注意到,在仿真中使用了1μm的网格尺寸。如之前所讨论的,使用稀疏网格尺寸相比精细网格或使用FEM工具而言,通常会过低估计3D电源连接上的J_{max}。因此可以合理预测TSV上的电流密度还要更大。第二,S_1和S_2中的线J_{max}受到每个管芯内电源密度的影响,其中底部管芯中较大的电源密度(PDN_2和PDN_4)导致TSV和连线之间存在大小相当的J_{max};对于底部管芯中具有较低电源密度的其他设计,TSV的J_{max}比连线上的J_{max}要大13%。第三,电流聚集也增大了TSV上的IR电压降,相比不考虑电流聚集效应时的IR电压降要大11.4%~12.2%。此外,S_1和S_2电源网格中的IR电压降也受每个管芯中电源密度的影响。当每个管芯具有类似的电源密度时,顶部管芯中的IR电压降通常大于底部管芯;将较高电源密度分配得靠近C4(在底部管芯中)将有助于减小顶部管芯中的IR电压降。

表8.9 大规模PDN的3D电源完整性分析,表中列出了封装面积(mm^2)、功率密度(W/mm^2)、电流密度($mA/μm^2$)和IR电压降(mV)

设计参数		PDN_1	PDN_2	PDN_3	PDN_4	PDN_5
封装面积		5×5	6×6	9×9	11×11	15×15
电源网格		50×50	60×60	90×90	110×110	150×150
#TSVs		144	225	484	729	1369
#C4s		144	225	484	729	1369
电源线密度	顶部	0.57	0.4	0.8	0.71	0.47
	底部	0.57	0.75	0.8	0.91	0.49
J_{max_wire}	顶部	7.0	3.5	13.6	8.7	16.2
	底部	7.2	6.6	12.1	11.4	17.4
具有最大(J_{max})的TSV	J_{max}	9.6	5.0	18.5	11.1	23.3
	J_{avg}	6.8	3.6	13.1	7.5	16.3
	J_{inc}/%	41	40	41	47	43
底部IR电压降	最小值	5.1	6.0	4.4	8.1	1.8
	均值	8.7	9.9	11.3	12.8	6.8
	最大值	15.9	13.3	24.2	25.2	34.9
顶部IR电压降	最小值	7.9	5.0	6.8	9.7	2.7
	均值	11.7	7.2	15.6	13.5	8.8
	最大值	19.6	9.2	37.8	24.2	49.6
具有最大IR电压降的TSV	IR_c	4.1	2.1	7.9	5.1	9.9
	IR_n	3.7	1.9	7.1	4.4	8.8
	增加比例/%	11.4	11.4	11.5	11.4	12.2

总之,①采用所提出的简单 TSV 模型,PSIM 可分析芯片级 3D PDN,得到详细的电流密度分布以及电压降情况;②通过确定每个 TSV 中的电流聚集角,PSIM 可以帮助设计者分配恰当的电流及电压降限制,以实现 3D PDN 设计和优化;③根据不同电源分析精度,PSIM 可选择不同的网格尺寸:对于大规模 PDN,可首先使用 $1.0\mu m$ 的网格尺寸,来快速确定与最大电流密度和 IR 电压降有关的热点;然后在受限热点区域中,使用精细网格尺寸确定详细的电流密度分布,并对应地优化电源网格。

8.6　结论

本章研究了基于 TSV 的 3D 电源连接中的电流聚集效应。首先,研究了 3D 基于 TSV 的电源网格电流密度分布情况。观察到在靠近电源线和 TSV 之间界面处有较大的电流梯度、电流聚集。此外,电流聚集也增大了 TSV 的有效电阻,以及 PDN 中的电压降。第二,建立了 3D TSV 模型并用 PSIM 实现了仿真。模型具有良好精度,且相比 FEM 工具具有更低的复杂度。第三,PSIM 被用于芯片级 3D 电源网格分析,能够生成电流密度分布及其产生的 IR 电压降。

参考文献

[1] J. Abella, X. Vera, Electromigration for microarchitects. ACM Comput. Surv. 42(2), 9:1 - 9:18 (2010)

[2] M. B. Healy, S. K. Lim, Distributed TSV topology for 3 - D power - supply networks. IEEE Trans. VLSI Syst. 20(11), 2066 - 2079 (2012)

[3] G. Huang, M. Bakir, A. Naeemi, H. Chen, J. D. Meindl, Power delivery for 3D chip stacks: physical modeling and design implication, in *Proceedings of the IEEE Electrical Performance of Electronic Packaging*, Atlanta, 2007, pp. 205 - 208

[4] C. Huyghebaert, J. Van Olmen, Y. Civale, A. Phommahaxay, A. Jourdain, S. Sood, S. Farrens, P. Soussan, Cu to Cu interconnect using 3D - TSV and wafer to wafer thermocompression bonding, in *Interconnect Technology Conference (IITC)*, 2010 International, Burlingame, 2010, pp. 1 - 3

[5] M. Jung, S. K. Lim, A Study of IR - drop noise issues in 3D ICs with through - silicon - vias, in *IEEE International 3D System Integration Conference*, München, 2010, pp. 1 - 7

[6] M. Jung, J. Mitra, D. Pan, S. K. Lim, TSV stress - aware full - chip mechanical reliability analysis and optimization for 3D IC, in *Proceedings of the ACM Design Automation Conference*, San Diego, 2011, pp. 188 - 193

[7] M. Jung, S. Panth, S. K. Lim, A study of TSV variation impact on power supply noise, in *IEEE International Interconnect Technology Conference*, San Jose, 2011, pp. 1 - 3

[8] S. Karmalkar, P. Mohan, H. Nair, R. Yeluri, Compact models of spreading resistances for electrical/thermal design of devices and ICs. IEEE Trans. Electron Device 54(7), 1734 - 1743 (2007)

[9] N. Khan, S. Alam, S. Hassoun, Power delivery design for 3 - D ICs using different throughsilicon via (TSV) technologies. IEEE Trans VLSI Syst. 19(4), 647 - 658 (2011)

[10] S. R. Nassif, J. N. Kozhaya, Fast power grid simulation, in *Proceedings of the ACM Design Automation*

Conference, Anaheim, Los Angeles, 2000, pp. 156 – 161

[11] J. Pak, M. Pathak, S. K. Lim, D. Z. Pan, Modeling of electromigration in through – silicon – via based 3D IC, in *IEEE Electronic Components and Technology Conference*, Lake Buena Vista, Las Vegas, 2011, pp. 1420 – 1427

[12] A. Redolfi, D. Velenis, S. Thangaraju, P. Nolmans, P. Jaenen, M. Kostermans, U. Baier, E. Van Besien, H. Dekkers, T. Witters, N. Jourdan, A. Van Ammel, K. Vandersmissen, S. Rodet, H. Philipsen, A. Radisic, N. Heylen, Y. Travaly, B. Swinnen, E. Beyne, Implementation of an industry compliant, 550 um, via – middle TSV technology on 300 mm wafers, in *IEEE Electronic Components and Technology Conference*, Lake Buena Vista, Las Vegas, 2011, pp. 1384 – 1388

[13] A. Shayan, X. Hu, H. Peng, C. – K. Cheng, W. Yu, M. Popovich, T. Toms, X. Chen, Reliability aware through silicon via planning for 3D stacked Ics, in *Proceedings of the Design, Automation and Test in Europe*, Nice, 2009, pp. 288 – 291

[14] Y. C. Tan, C. M. Tan, X. W. Zhang, T. C. Chai, D. Q. Yu, Electromigration performance of Through Silicon Via (TSV), A modeling approach. Microelectron. Reliab. 50(9 – 11), 1336 – 1340 (2010)

[15] J. Xie, M. Swaminathan, Electrical – thermal co – simulation of 3D integrated systems with microfluidic cooling and joule heating effects. IEEE Trans. Compon. Packag. Manuf. Technol. 1(2), 234 – 246 (2011)

[16] X. Zhao, M. Scheuermann, S. K. Lim, Analysis of DC current crowding in through – silicon – vias and its impact on power integrity in 3D ICs, in *Proceedings of the ACM Design Automation Conference*, San Francisco, 2012 pp. 157 – 162

第9章 连线－硅通孔界面原子浓度建模

摘要：硅通孔中的电迁移(EM)对于存在大电流密度区域的 TSV 来说可能是个严重的设计问题。在这些区域中，晶粒边界对于 EM 主导的原子传输来说具有重要作用。我们对原子浓度及其时间演化进行了建模。仿真结果表明了 TSV 中的孔洞和凸起是如何因电流聚集而变化的。我们还研究了电流、温度、不同晶粒尺寸对 EM 可靠性的影响。这些结果和讨论为设计者提供了指导参考，使得能更好地理解并防止在 3D IC 中出现 EM 可靠性失效问题。

9.1 引言

电迁移(EM)降低了集成电路的可靠性。它可能会最终导致电路和互连线的短路或开路，这将导致 IC 寿命降低，或更严重地导致场失效。电迁移是由多种物理机制造成的，包括电子电流、温度梯度、应力梯度、原子浓度梯度。原子浓度或平均失效时间(MTTF)的演变是研究电迁移可靠性的两个重要参数。该分析需要进行原子浓度的瞬态分析。金属晶粒内和沿着晶粒边界的原子扩散是具有显著差异的，两者具有不同的激活能。原子传输是由晶粒边界扩散主导的，且必须包括在实际的 EM 仿真中。

由于基于 TSV 的 3D 集成具有克服传统 CMOS 按比例缩小限制的潜能，且有潜力实现异质集成，所以受到了极大的关注。基于 TSV 的 3D IC 可靠性是能否被主流接纳的重要问题。特别是与 3D TSV 和 TSV 互连有关的可靠性问题是需要进行研究的关键课题。TSV，尤其是 3D 电源分配网络中的电源/地 TSV，承载了大量的电流。特别地，P/G TSV 通常具有较高平均电流密度，由于电流聚集效应它会具有更高的局部电流密度[14]。这些具有高电流密度的区域对于 EM 衰减更为敏感。此外，由于多层堆叠或焦耳热而使 3D IC 中具有高温的大功率密度或大温度梯度，这加速了原子迁移。所以分析 3D 互连的原子浓度演变以及 EM 寿命是非常重要的。

本章的目的是建模和分析 TSV 中的原子浓度，并利用多物理量仿真研究电流聚集效应、晶粒结构、温度对 EM 寿命的影响。图 9.1 所示为研究连线－TSV 界面 EM 可靠性的测试实例。图 9.1(a) 给出一个没有晶粒结构的 TSV，此处整个 TSV 被假设为完美晶体。然而，实际上绝大多数金属材料是多晶结构，其晶粒具有典型平均尺寸。这些晶粒由具有特征厚度的晶粒边界分隔。图 9.1(b)

和图9.1(c)所示的TSV具有简单的晶粒结构,其尺寸分别为2.0μm和1.0μm。晶粒尺寸极大地影响原子扩散和EM寿命。

本章主要关注3D IC中EM的原子浓度建模和研究,尤其是TSV和键合线的界面处。本章包含的主要内容如下:

(1) 模拟原子浓度及其演变的瞬态分析;

(2) 模拟晶粒和晶粒边界原子传输;

(3) 我们观察到,连线-TSV界面处的电流聚集加速了原子迁移并减小了TSV的寿命。此外,对电流、温度、晶粒结构对TSV的EM寿命的影响也进行了研究。

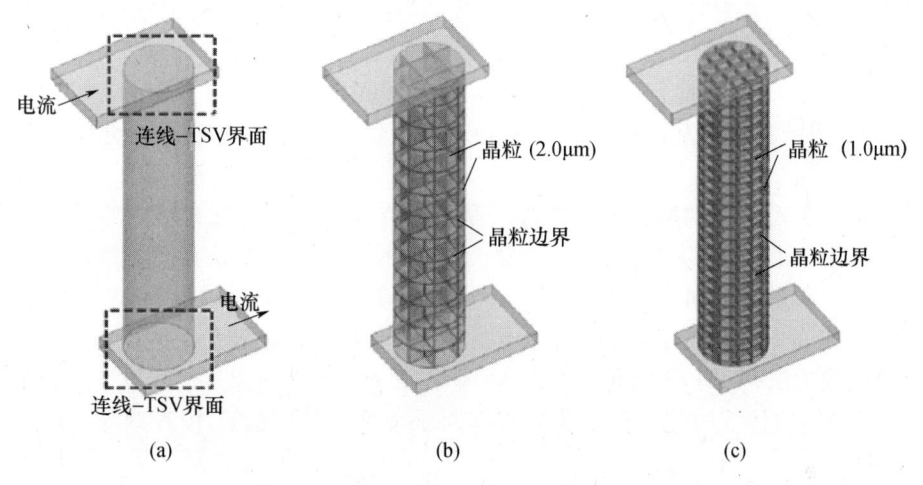

图9.1 连线-TSV界面的EM可靠性研究测试实例
(a)无晶粒结构;(b)2.0μm晶粒尺寸;(c)1.0μm晶粒尺寸。

9.2 研究现状

近几十年来开展了大量针对互连线的EM建模和分析[1,12]。但是,对TSV可靠性的建模研究历史非常短。前几章分析和建模了TSV内部以及TSV与电源线之间互连的直流电流聚集效应[14]。该聚集效应增大了3D IC中电源传输网络中的TSV等效电阻以及电压降。一些文献模拟了TSV与衬底之间界面的热机械应力[5,9]及其对器件性能的影响[13],对TSV应力对后段工艺(BEOL)互连及其EM寿命的影响进行了建模和讨论[7,8]。文献[10]提出了模拟TSV EM可靠性的方法。但是,这些研究工作均没有涉及针对EM寿命的原子浓度瞬态分析。此外,也没有考虑晶粒结构和沿着晶粒边界的原子扩散,这会导致低估EM衰减程度。

9.3 基础知识

9.3.1 平均失效时间

平均失效时间(MTTF)是用于表征工作过程中发生潜在失效所需时间的重要参数。之前研究工作利用如下标准确定 EM 导致的 MTTF，即

$$MTTF = Aj^{-n}e^{E_A/kT} \tag{9.1}$$

式(9.1)被称为 Black 方程[1]，它是最常被用于预测考虑 EM 因素时集成电路使用寿命的方法。它可以加速 EM 测试，式中系数 A、比例因子 n、激活能 E_A 通过将模型拟合实验数据来确定，k 为玻尔兹曼常数。该式明确表明 EM 失效率与温度指数相关，且取决于电流密度 j 的幂次。然而，该模型没有考虑由热梯度导致的热迁移，且不是基于一个特定的物理模型。因此，该模型很难确定潜在失效位置。

定位 EM 敏感区域的另一个方法是使用有限元建模(FEM)方法在每个位置计算原子通量散度(AFD)[6,10]。最大 AFD 的位置通常被认为是可能的失效点。原子通量可使用式(9.4)~式(9.7)计算，其中初始原子浓度为 N_0。然而，最大 AFD 是一个静态分析结果，它不能预测原子浓度及其演化时间。

建模方法基于 FEM。原子浓度使用偏微分方程式(9.2)~式(9.7)求解。9.4 节将给出详细讨论。本章我们将在原子浓度与初始值有 10% 偏差时给出 MTTF。

9.3.2 晶粒和晶粒边界

晶粒结构取决于铜的预处理以及淀积条件。导电材料的晶粒结构对寿命具有极大影响。理论上讲，固体材料(例如铜)的晶格结构应该具有完美的"面心立方"周期性排列结构。然而实际上大多数金属绝不会仅包含一个晶格，而是小晶格的聚集，即如图 9.2 所示所谓的多晶结构。每个小晶格，被称为晶粒，具有周期性的原子排列。晶粒的平均直径被称为晶粒尺寸。在每个晶粒内，由于金属离子具有均匀晶格结构，因此电子和原子间的动量交换很小。但是，周期性在两个晶粒的界面处即晶粒边界处，被打破。位于该转换区内的原子不能与两边的晶格完美匹配，所以晶粒边界中的动量交换大得多。

由于原子在晶粒边界处束缚较弱，一旦被施加外力，例如浓度梯度、热梯度、电流或应力梯度，则原子就变得可动。EM 引起的扩散包括晶格扩散、表面扩散、晶粒边界扩散。由于 TSV 和二氧化硅之间的扩散势垒层通常有助于减小 TSV 金属向硅中的迁移，因此模型主要关注晶格扩散和 TSV 的晶粒边界扩散。对应地，晶格具有高激活能 E_A，然而晶粒边界具有低激活能 E_A。

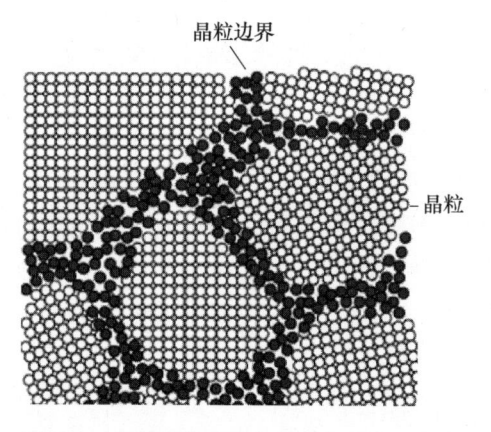

图 9.2 多晶体内的晶粒和晶粒边界示意图

9.4 建模方法和设置

偏微分方程(PDE)被用于获取每个位置点(x,y,z)在t时刻的原子浓度$N(x,y,z,t)$,其中原子浓度变化由连续性方程式(9.2)表征,原子通量J则通过将浓度梯度(式(9.4)中的J_N)、电流密度(式(9.5)中的J_C)、热梯度(式(9.6)中的J_T)、应力梯度(式(9.7)中的J_S)等物理机制结合起来确定。

这些PDE被公式化且在COMSOL多物理量仿真工具[3]中被求解。此外,电流密度、温度、流体静应力也可以通过在COMSOL中进行电-热、热-力耦合仿真仿真获得。

9.4.1 电迁移方程

用来获得原子浓度的PDE方程如下所列。

$$\frac{\partial N}{\partial t} + \nabla \cdot \boldsymbol{J} = 0 \tag{9.2}$$

$$\boldsymbol{J} = \boldsymbol{J}_C + \boldsymbol{J}_T + \boldsymbol{J}_S + \boldsymbol{J}_N \tag{9.3}$$

$$\boldsymbol{J}_N = -D\nabla N \tag{9.4}$$

$$\boldsymbol{J}_C = \frac{N}{kT}eZ^*\rho jD \tag{9.5}$$

$$\boldsymbol{J}_T = -\frac{NQ^*}{kT^2}D\nabla T \tag{9.6}$$

$$\boldsymbol{J}_S = \frac{N\Omega}{kT}D\nabla\sigma_H \tag{9.7}$$

$$D = D_0\exp\left(\frac{-E_A}{kT}\right) \tag{9.8}$$

式中: N 为单位体积原子浓度,它在 PDE 中是可变的; N_0 为初始浓度。∇N 为浓度梯度。原子扩散 D 被描述为 $D_0\exp\left(\frac{-E_A}{kT}\right)$,其中 D_0 为自扩散系数, k 为玻尔兹曼常数, T 为绝对温度。扩散 J 为局部总原子通量,它包括了由浓度梯度 J_N、电流密度 J_C、热梯度 J_T、应力梯度 J_S 导致的通量。j 为电流密度。∇T 为温度梯度。$\nabla \sigma_H$ 为流体静应力梯度。表 9.1 总结了其他符号的含义。这些 PDE 的详细讨论将在本章的后续章节给出。

表 9.1　EM PDE 中的符号和含义

术语	含义
N	原子浓度(单位:原子数/m³)
j	电流密度(单位:mA/μm²)
E_A	激活能(单位:eV)
k	玻尔兹曼常数(单位:J/K)
T	绝对温度(单位:K)
e	电荷(单位:C)
Z^*	有效价电荷
ρ	电阻率(单位:Ω·m)
D_0	自扩散系数(单位:m²/s)
Q^*	传输热量
Ω	原子体积(单位:m³)
σ_H	流体静应力(单位:Pa)

9.4.2　原子通量和原子通量散度

原子通量 J,描述了单位时间内流过单位面积的原子总数。较大的原子通量意味着原子快速通过单位面积。原子通量散度 $\nabla \cdot J$,描述了单位时间内流过单位体积的原子数变化量,这是指单位体积的边界位面处向内与向外通量之间的空间差值。

式(9.2)是描述随时间演化的原子浓度连续性方程,并保证原子是守恒的。该方程主导了整个空间维度的原子通量散度,并决定了原子浓度是如何随时间变化的。如图 9.3 所示,沿着 x 轴,当输入原子通量 J_{in} 大于输出通量 J_{out} 时,单位体积内的原子趋于增加。从式(9.2)可见, x 轴方向上的原子通量减少,这对应于一个负的原子通量散度。结果, $\frac{\partial N}{\partial t}$ 将为正以保持能量守恒。这意味着该单位体积内的原子浓度 N 趋于随时间增大。

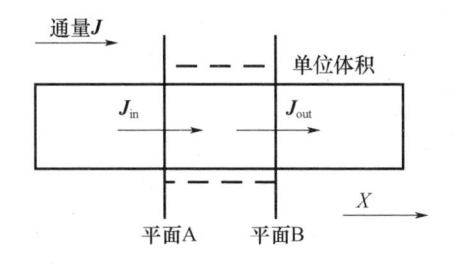

图 9.3 原子通量和散度示意图

9.4.3 激活能和原子浓度的影响

如果设定 J_C、J_T、J_S 为 0，由于源自原子浓度梯度、晶粒内和晶粒边界中激活能差值的原子通量 J_N，所以仍然会存在原子扩散。式(9.4)类似于菲克第一定律。通量与负浓度梯度 $-\nabla N$ 成正比。原子易于从高浓度区流到低浓度区。

晶粒 $E_A(g)$ 和晶粒边界 $E_A(gb)$ 处的激活能 E_A 是不同的。晶粒边界中较小的 $E_A(gb)$ 导致较高的扩散，然而在晶粒中较大的 $E_A(g)$ 导致低扩散。因为 D 与 $-E_A$ 指数相关(如式(9.8))，所以可观察到晶粒和晶粒边界中存在较大的扩散散度，这导致较大的原子通量散度。所以，在晶粒边界周围可观察到原子积累或耗尽。

9.4.4 电流的影响

电子电流密度导致的原子通量可由式(9.5)表征，其中 e 为电子电荷，ρ 为导体电阻率，j 为局部电流密度。

由于非零局部电流密度的存在，热激活金属离子通过如图 9.4 所示两种相反的力进行作用，这可以被描述为效价 Z^*。Z^* 包括两部分，$Z^* = Z_{el}^* + Z_{wd}^*$，其中 $Z_{el}^* eE$ 为由电场 E 导致的施加在正离子上的直接静电力。该力与电场同方向，与电子电流反方向。$Z_{wd}^* eE$ 被称为电子风力，它是由导电电子与激活金属离子之间碰撞而产生的动量交换产生，并且与 $Z_{el}^* eE$ 是反方向的。这里发现原子扩散在电子风方向上是增强的，所以动量交换的影响远大于静电场对金属中电迁移的影响[11]。

图 9.4 作用在原子上的静电力和电子风力，以及孔洞和凸起形成的薄弱位置

9.4.5 热和应力的影响

式(9.6)给出了热梯度产生的原子通量,式中 Q^* 为传输热量。这意味着原子通量与温度的负梯度($-\nabla T$)成正比,且原子可能会从高温区域移到低温区域。

除了热梯度的影响,温度机制也会呈指数趋势影响每个原子通量 J_C、J_N、J_S 中的原子扩散 D。也就是说高温将加速原子扩散,因此缩短寿命。

式(9.7)给出了流体静应力导致的原子通量,其中 Ω 为原子体积,$\sigma_H = (\sigma_x + \sigma_y + \sigma_z)/3$,其中 $\sigma_x, \sigma_y, \sigma_z$ 为笛卡尔坐标系统 (x, y, z) 中对应的法向应力。$\nabla \sigma_H$ 为由于电子迁移而使材料积累和耗尽产生的应力梯度。该应力包括EM引入的回流机械应力[2],以及TSV结构中当热膨胀系数(CTE)存在差异时在热过程中产生的残余应力[7]。与CTE失配相关的 J_S 相比于其他原子通量(J_T, J_C, J_N)分量要较小,因此在本章后续的仿真中将忽略 J_S。

9.4.6 模型设置

如图9.1所示为研究原子浓度变化以及EM寿命所用的结构,它包括了如下组成部分:①具有直径 $5\mu m$、高 $25\mu m$ 的铜TSV;②面积 $6\mu m \times 10\mu m$、厚 $1\mu m$ 的连接焊盘;③TSV由常规面心立方晶粒和晶粒边界组成。在左上角插入电流源;电流沉被定义在右下角。该测试实例约束了电流方向,且有助于研究在存在晶粒边界的条件下电流密度对原子浓度和EM可靠性的影响。

COMSOL多物理量被用于仿真直流电流密度分布、温度分布、应力分布,并用于求解偏微分方程来获得原子浓度随时间的变化。

这里特别感兴趣的是研究连线-TSV界面处的原子浓度和EM可靠性,该处是大电流聚集发生的位置。MTTF被定义为TSV中原子浓度比初始浓度高出10%的偏差,其中初始浓度 N_0 为 1.53×10^{28} 原子数$/\mu m^3$。由于这里关注的是TSV-连线界面,因此连线被假设为理想扩散模型,即没有对线内晶粒建模。实际上,如果预计在特定TSV-连线界面处存在原子浓度耗尽或积累,那么TSV连线均被认为具有孔洞或凸起。同时,连线的晶粒结构也将影响原子浓度。

TSV结构包含常规面心立方晶粒和晶粒边界。由于尚无有关TSV晶粒结构测试数据的报道,且是不同于铜互连的,所以我们将从 $2.0\mu m$ 到 $1.0\mu m$ 改变晶粒尺寸来研究其对MTTF的影响。默认晶粒尺寸为 $0.9\mu m$、晶粒边界厚度为 $0.1\mu m$。晶格(晶粒)的激活能为 $2.1eV$;且晶粒边界的默认激活能为 $0.8eV$,我们将其值从 $0.7eV$ 变化到 $0.9eV$[4] 来考察对MTTF的影响。

除非特别说明,该模型中的其他默认值为:TSV中的输入电流密度为 $3.1mA/\mu m^2$;温度为350K;Z^* 为 -4;k 为 $1.38 \times 10^{-23} J/K$;e 为 $1.6 \times 10^{-19} C$;$\rho = \rho_0(1 + \alpha(T - T_0))$,其中 ρ_0 为 $1.68 \times 10^{-8} \Omega \cdot m$,$\alpha$ 为 0.0039,T_0 为293K;

D_0 为 $1 \times 10^{-7} m^2/s$；Q^* 为 1.387×10^{-20}，Ω 为 $1.182 \times 10^{-29} m^3$。

9.5 实验结果

9.5.1 电流聚集的影响

近期研究工作[14]分析了连线与 P/G TSV 的 3D 互连电流密度分布。该文献发现对于一些几何形状，会出现显著的电流聚集并导致在连线-TSV 界面处出现较高局部电流密度。为了分析电流聚集对原子浓度的影响，在本章我们假设从左上部连接焊盘产生 60mA 电流，经过 TSV 流出右下部连接焊盘。原子浓度受源自电流密度的原子通量（式(9.5)中的 J_C）以及原子浓度梯度（式(9.4)中的 J_N）的影响。所以我们在式(9.2)的连续性方程通量中包含了这两项，且将 J_S 和 J_T 设为 0。

在时刻 $1 \times 10^5 s$、$1 \times 10^7 s$、$1 \times 10^8 s$，顶部和底部连线-TSV 界面上的原子浓度示于图 9.5 中，其中色条显示了与初始浓度（$N_0 = 1.53 \times 10^{28} A$ 原子数$/m^3$）相比原子浓度差值的百分比。首先，我们观察到，原子在 $t = 1 \times 10^5 s$ 时刻开始沿着晶粒边界积累/耗尽。该积累或耗尽经过较短的距离透入相邻晶粒。这是因为晶粒边界为原子扩散提供了具有较低激活能的快速通路。第二，我们观察到大部分积累出现在左上部界面；大部分耗尽发生在右下部界面。例如，在时刻 $t = 1 \times 10^5 s$，最大原子浓度比初始值大 2.2%，然而最小原子浓度比初始值小 1.5%。此外，这些积累和耗尽浓度随时间增加，并且很有可能会分别导致凸起和孔洞。从时刻 $1 \times 10^5 s$ 到 $1 \times 10^8 s$，原子浓度相比初始值的最大偏差从 2.2%增加到 4.2%。这主要是源于在每个位置的电流聚集以及沿着晶粒边界的快速扩散。局部大电流密度增加了原子通量，并如式(9.5)所表明的那样增大原子通量散度。

同时，连线-TSV 界面处的电流聚集受到接地线厚度的显著影响[14]。较薄的接地线相比较厚接地线会在连线-TSV 界面角落处导致更大的电流聚集。因此，在这些界面处最大电流密度将增大。

为了研究电流聚集对原子浓度的影响，我们将接地线厚度从 $0.5\mu m$ 变化到 $1.0\mu m$、$1.5\mu m$、$2.0\mu m$、$3.0\mu m$。同时，TSV 直径保持为 $5.0\mu m$，总电流为 60mA。$0.5\mu m$ 和 $3.0\mu m$ 线厚对电流密度分布以及原子浓度在 $1 \times 10^7 s$ 时刻的影响分别示于图 9.6 和图 9.7。图 9.6(a)和图 9.6(c)为 3D 结构，分别为 $0.5\mu m$ 线厚时的电流密度分布的侧视图和顶部/底部连线-TSV 界面、原子浓度侧视图和顶部-底部连线-TSV 界面。图 9.7(a)和图 9.7(c)为 $3.0\mu m$ 线厚的情况。原子浓度的色条为浓度与初始值差值的百分比。

在图 9.6(b)和图 9.7(b)中，我们观察到连线-TSV 界面的顶部和底部角

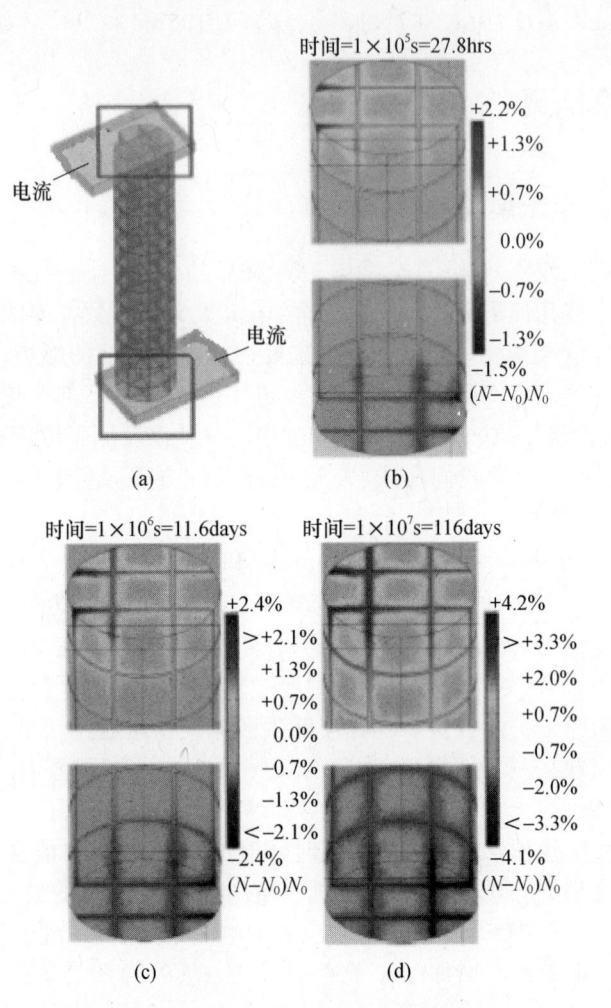

图9.5 不同位置处的原子浓度,色条显示了根据初始浓度($N_0 = 1.53 \times 10^{28}$ 原子数/m³)归一化后的原子浓度差值百分比(见彩图)
(a)顶部和底部连线-TSV界面;(b)$t=1 \times 10^5$s;(c)$t=1 \times 10^6$s;(d)$t=1 \times 10^7$s。

落存在显著的电流聚集。较薄的连线导致更多的电流聚集。这些结果与其他章节讨论的电流聚集情况是一致的[14]。图9.6(c)和图9.7(c)所示的原子浓度分布表明,在左上部存在更多的原子积累、右下部存在更多耗尽,其中电流聚集产生更高的电流密度。这意味着使用较薄连线可能要比较厚连线较早导致EM失效。此外,对于3.0μm厚的连线,由于在拐角出现的电流聚集较少,所以原子积累和耗尽会扩展在整个界面但同时保持较低的局部密度。

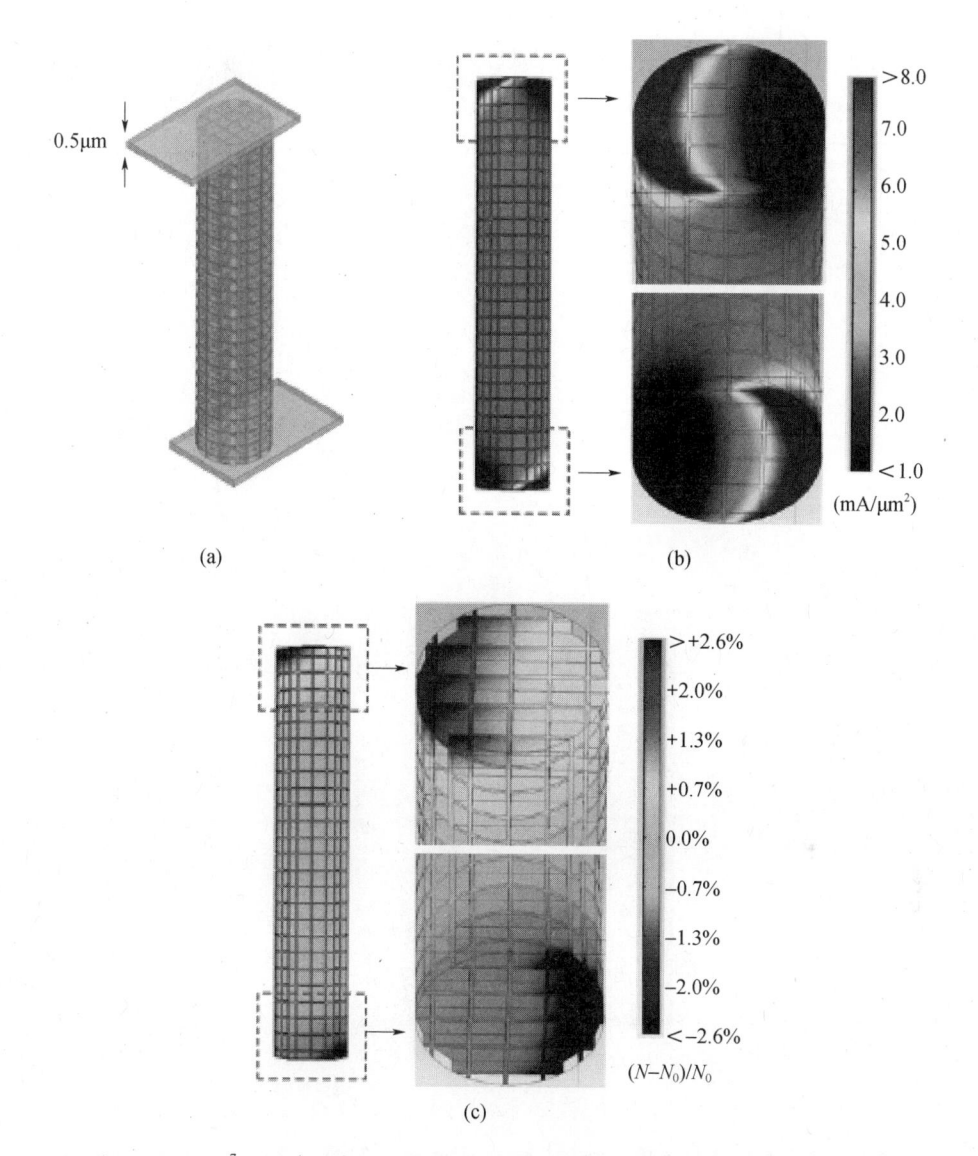

图 9.6 1×10^7 s 时,在顶部和底部连线-TSV 界面处,线厚度对电流聚集和原子浓度的影响。线厚为 0.5μm,原子浓度的色条为按初始浓度 $N_0=1.53\times10^{28}$ 原子数/m^3 归一化后的原子浓度差值百分比(见彩图)

(a) 0.5μm 线厚的 3D 视图;(b) 3D 顶部和底部连线-TSV 界面处的电流密度分布的侧视图;
(c) 3D 顶部和底部连线-TSV 界面处的原子浓度的侧视图。

表 9.2 列出了 TSV 内部最大电流密度(J_{max})、平均电流密度(J_{avg})、$t=1\times10^7$ s 时刻的原子浓度、MTTF 值。当线厚度从 3.0μm 减小到 0.5μm 时,TSV 内部的最大电流密度从 11.0mA/μm² 增大到 37.1mA/μm²,但是平均电流密度仍

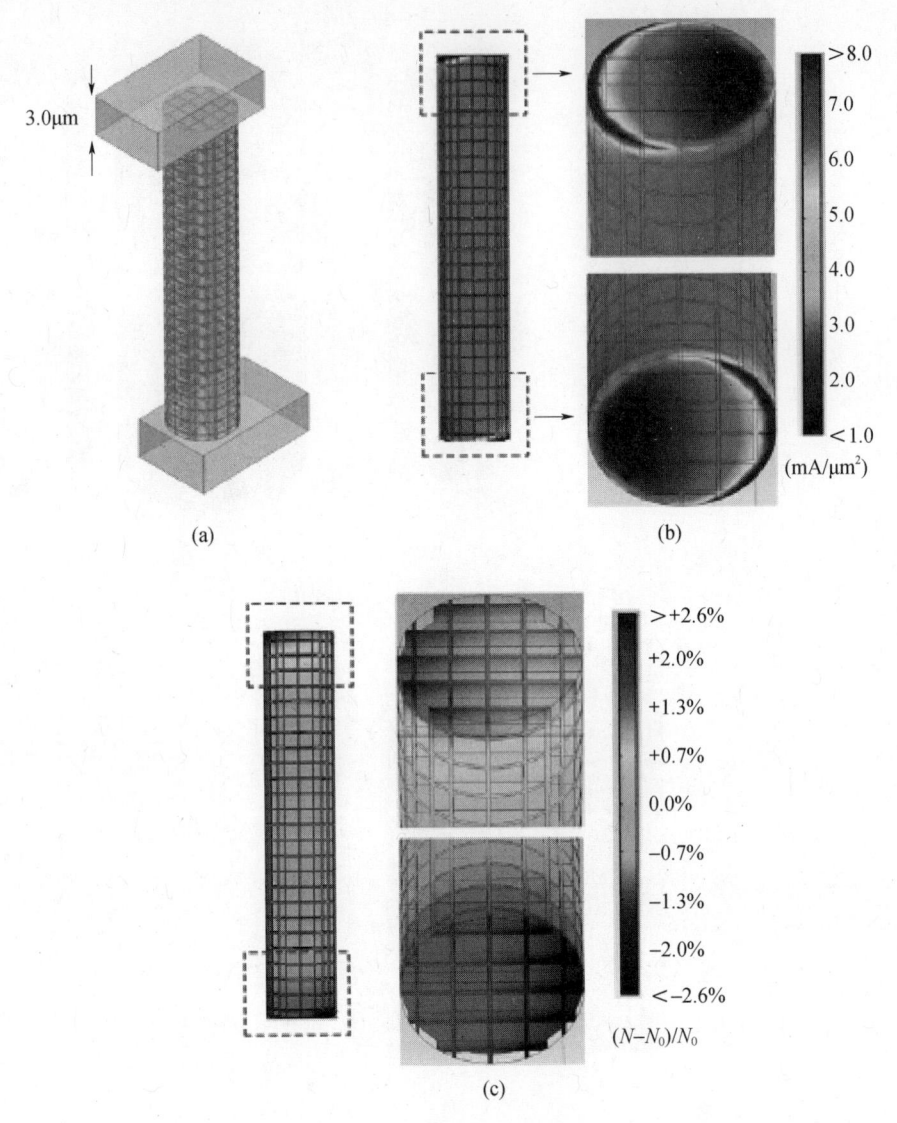

图 9.7 1×10^7 s 时, 在顶部和底部连线 - TSV 界面处, 线厚度对电流聚集和原子浓度的影响。线厚为 $3\mu m$, 原子浓度的色条为按初始浓度 $N_0 = 1.53 \times 10^{28}$ 原子数/m^3 归一化后的原子浓度差值百分比(见彩图)

(a)$3\mu m$ 线厚的 3D 视图; (b)3D 顶部和底部连线 - TSV 界面处的电流密度分布的侧视图;

(c)3D 顶部和底部连线 - TSV 界面处的原子浓度的侧视图。

保持为 $3.1 mA/\mu m^2$。同时, 最大原子浓度从 1.57 增大到 1.63×10^{28} 原子数/m^3, 这相当于比初始浓度值增大 2.6% ~ 6.5%; 最小原子浓度从 1.49 减小到 1.44×10^{28} 原子数/m^3, 相当于比初始浓度值减小 2.6% ~ 5.9%; MTTF 值从 3.0 减小为 0.3×10^8 s。注意到在每种情况下, 总输入电流保持为常值。电流聚集是产生孔洞和凸起的原子浓度的重要影响因素,所以也加速了 EM 失效。

表 9.2 线厚对 TSV 内部电流密度($mA/\mu m^2$)、$1\times 10^7(s)$ 时的原子浓度(原子数/m^3)以及 MTTF 值(s)的影响,初始浓度为 1.53×10^{28} 原子数/m^3

连线 厚度/μm	电流密度 J_{max}	电流密度 J_{avg}	原子浓度($\times 10^{28}$) 最大值	原子浓度($\times 10^{28}$) 最小值	MTTF ($\times 10^8$)
0.5	37.1	3.1	1.63	1.44	0.3
1.0	32.0	3.1	1.60	1.46	1.6
1.5	22.6	3.1	1.59	1.47	2.1
2.0	13.5	3.1	1.58	1.48	2.5
3.0	11.0	3.1	1.57	1.49	3.0

9.5.2 电流方向和密度的影响

电流方向决定了孔洞和凸起的位置。从图 9.5 我们观察到右下部连线 - TSV 界面比初始值(原子耗尽)具有更小的浓度,且左上部连线 - TSV 界面比初始值(原子积累)具有更高的浓度。这意味着原子从右下角向左上角移动,这与正电流的方向是相反的。这从物理角度上有道理的,因为动量从电子向原子交换转移,这是形成 EM 的主要力量,原子被推向与电子相同的方向(即与电流反方向)。经过一段时间,原子积累形成空位,由此电流注入。类似地,原子耗尽形成空位,由此电流流走。

图 9.8 所示为 350K 下,当 TSV 内部的平均电流密度从 1.5 增加到 $6mA/\mu m^2$ 时产生的 MTTF。大电流 TSV 的 EM 寿命从 $2.6\times 10^9 s$ 急剧减小为 $1.0\times 10^7 s$。承载了大电流密度的 TSV 加速了原子耗尽与积累,并减小了 EM 寿命。对于承载电流密度超过 $5mA/\mu m^2$ 的 P/G TSV,其 EM 可靠性将变得很关键。

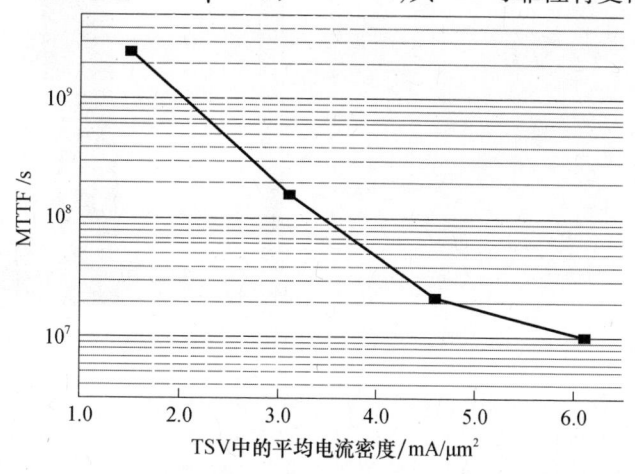

图 9.8 MTTF 与平均电流密度,平均电流密度从 1.5 增加到 $6mA/\mu m^2$,$T=350K$

9.5.3 温度的影响

温度对原子浓度和 EM 可靠性也具有重要影响作用。由式(9.3)及式(9.4)可见,扩散系数 D 与温度指数相关。此外,式(9.6)也表明原子通量受到温度梯度的影响。注意到,在 3D 工作模式下中,温度可从十几摄氏度变化到几百摄氏度。

TSV 内大电流密度产生的焦耳热会导致高温。但是,由于铜具有较高热导率,TSV 内的温度梯度很小。如图 9.9 所示为输入电流为 60mA 时,TSV 的焦耳

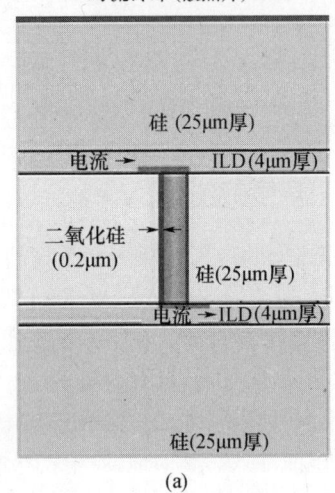

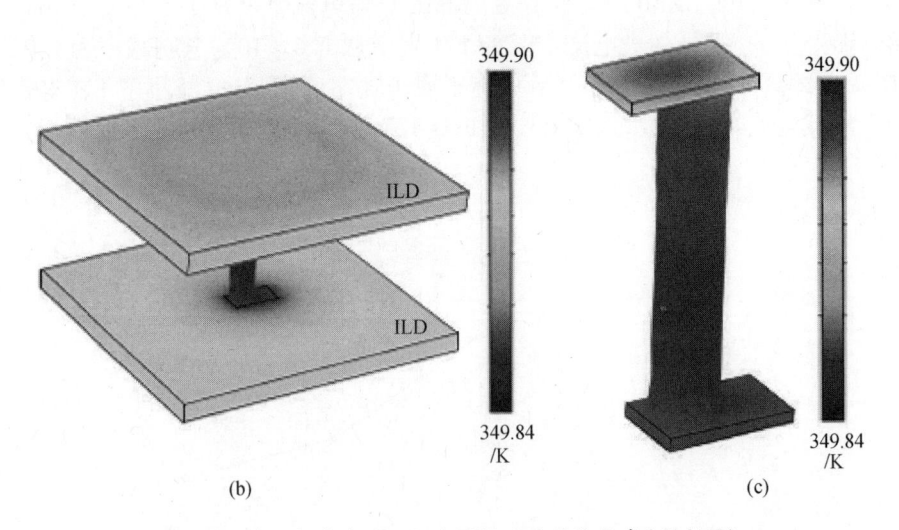

图 9.9 输入电流为 60mA 时 TSV 的焦耳热仿真(见彩图)

(a)该结构包括了三个硅层(每层 25μm 厚),两个层间介质(inter – layer dielectric,ILD)(每层 4μm 厚),一个 TSV 薄层(0.2μm 厚的 SiO_2),具有两个接地线的铜 TSV,热沉被设定在顶面;(b)ILD 层、焊线和 TSV 中的热梯度;(c)TSV 内部的热梯度,其变化很小 349.90 ~ 349.86K,可以忽略。

热产生的热梯度。仿真结构包括了三个硅层(每层 25μm 厚), 两个层间介质(ILD)(每层 4μm 厚), 一个 TSV 薄层(0.2μm 厚的 SiO_2), 具有两个接地线的铜 TSV。热沉被设定在顶面, 其热传输系数为 $25 \times 10^3 W/(m^2 \cdot K)$。图 9.9(b) 表明 ILD 层、接地线、TSV 中具有较小温度梯度, 其温度变化范围为 349.84 ~ 349.90K。如图 9.9(c) 所示为 TSV 和接地线内的温度梯度, 其变化范围为 349.86 ~ 49.90K。所以, 我们在连续性方程式(9.2)中加入了由电流 J_C 和浓度梯度 J_N 产生的通量, 并设定其他两项温度梯度 J_T 和应力梯度 J_S 为 0。

为了分析温度对迁移率的影响, 电流值被设定为常数, 温度从 300K 增加到 400K。该温度范围受源自邻近器件的功率密度以及 TSV 的焦耳热的影响。如图 9.10 所示为温度对 EM 寿命的影响。当温度从 300K 增加到 400K 时, MTTF 从 $5.9 \times 10^9 s$ 急剧减小到 $8.7 \times 10^6 s$。

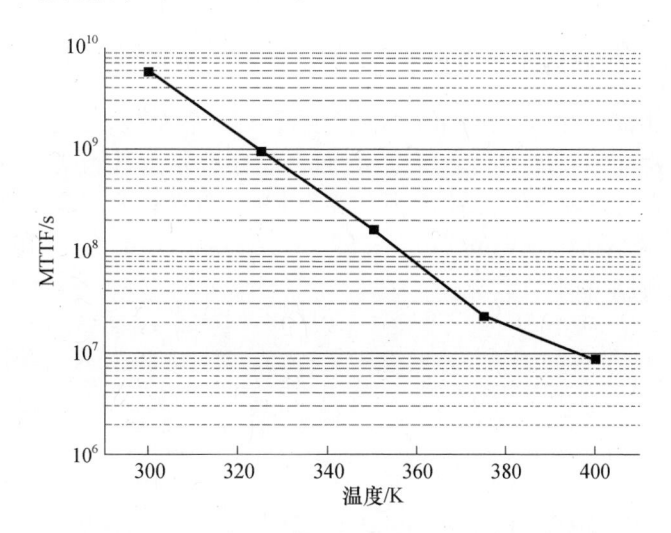

图 9.10 MTTF 与温度, 温度从 300 变化到 400K, 电流密度为 $3.1mA/\mu m^2$

9.5.4 晶粒大小的影响

晶格结构和尺寸主要由制造工艺决定, 且可在较大范围内变化。为了进行研究我们将 TSV 的晶粒大小从 1.9μm 变化到 0.9μm, 而晶粒边界厚度保持在 0.1μm。总电流为 60mA, 温度为 350K。

如图 9.11 所示为得到的 MTTF。当晶粒大小增加时, MTTF 从 $1.6 \times 10^8 s$ 增加到 $3.1 \times 10^8 s$。具有较大晶粒的 TSV 有助于增加寿命。这是因为具有快速扩散通路的总晶粒边界减少了。当然平均晶粒尺寸和平均晶粒边界厚度可以比该简单仿真中设定的变化更大。但是, 如果需要的话所有这些细节都可以添加到模型中。

图 9.11　MTTF 与晶粒大小

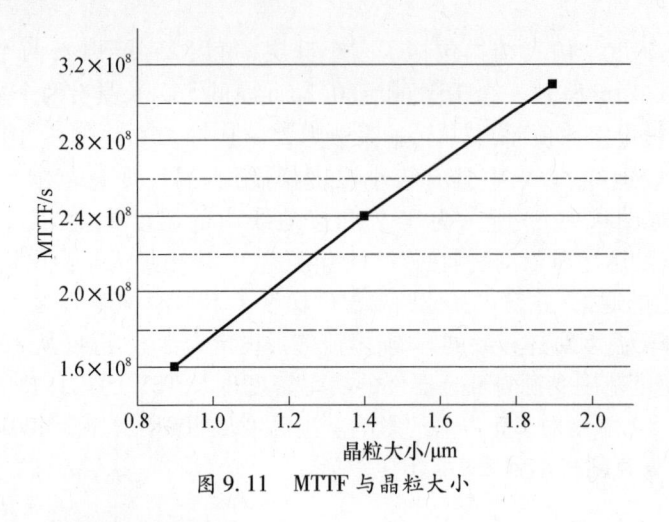

9.5.5　激活能的影响

在仿真中晶格和晶格边界的激活能也可以改变很多。尤其是晶格边界的较小激活能决定了 EM 寿命。所以，我们将晶格边界激活能从 0.7eV 增加到 0.9eV 来研究其影响。如图 9.12 所示为得到的 MTTF。我们观察到随着激活能从 0.9eV 减小到 0.7eV，MTTF 从 3.55×10^9s 急剧减小为 5.2×10^6s。这验证了 E_A 对原子通量的指数影响。

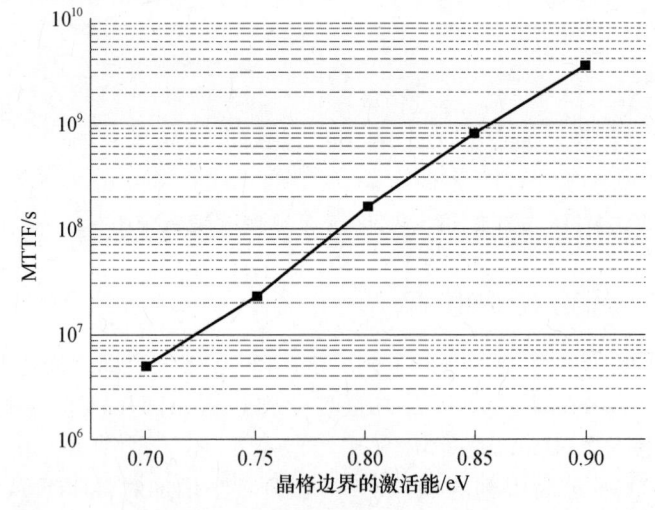

图 9.12　MTTF 与晶格边界中的激活能，晶格尺寸和晶格边界尺寸为 0.9μm 和 0.1μm

9.6　结论

在本章我们通过建模 TSV 中的原子浓度研究了 3D IC 中的电子迁移现象。

通过大量的研究我们观察到：①在聚集了较高电流密度的连线-TSV 界面角落存在原子耗尽或积累；②在连线-TSV 界面角落处仿真了 TSV 中潜在的凸起和孔洞；③高温、大电流密度、小晶格尺寸或晶格边界的低激活能会加速电子迁移，并因此缩短 TSV 寿命。我们的工作可以帮助设计者找到 3D 互连中的 EM 风险位置，并分析原子浓度随时间的变化。建模方法可被扩展加入 TSV 中的不规则晶格结构、连线和 TSV 中的晶格边界、表面扩散、晶格边界厚度、晶格边界不均匀性以及其他物理因素。

参考文献

[1] J. R. Black, Electromigration – a brief survey and some recent restuls. IEEE Trans. Electron Device ED – 16 (4), 338 – 347 (1969)

[2] I. A. Blech, Diffusional back flows during electromigration. Acta Mater. 46(11), 3717 – 3723 (1998)

[3] COMSOL, http://www.comsol.com/

[4] C. – K. Hu, L. M. Gignac, E. Liniger, E. Huang, S. Greco, P. McLaughlin, C. – C. Yang, J. J. Demarest, Electromigration challenges for nanoscale Cu wiring. AIP Conf. Proc. 1143(1), 3 – 11 (2009)

[5] M. Jung, J. Mitra, D. Pan, S. K. Lim, TSV stress – aware full – chip mechanical reliability analysis and optimization for 3D IC, in Proceedings of the ACM Design Automation Conference, San Diego, 2011, pp. 188 – 193

[6] W. Li, C. M. Tan, Enhanced finite element modelling of Cu electromigration using ANSYS and matlab. Microelectron. Reliab. 47(9 – 11), 1497 – 1501 (2007)

[7] J. Pak, M. Pathak, S. K. Lim, D. Z. Pan, Modeling of electromigration in through – silicon – via based 3D IC, in IEEE Electronic Components and Technology Conference, Las Vegas, Lake Buena Vista, 2011, pp. 1420 – 1427

[8] M. Pathak, J. Pak, D. Z. Pan, S. K. Lim, Electromigration modeling and ull – chip reliability analysis for BEOL interconnect in TSV – based 3D ICs, in Proceedings of the IEEE International Conference on Computer – Aided Design, San Jose, 2011, pp. 555 – 562

[9] S. – K. Ryu, K. – H. Lu, X. Zhang, J. – H. Im, P. Ho, R. Huang, Impact of near – surface thermal stresses on interfacial reliability of through – silicon vias for 3 – D interconnects. IEEE Trans. Device Mater. Reliab. 11(1), 35 – 43 (2011)

[10] Y. C. Tan, C. M. Tan, X. W. Zhang, T. C. Chai, D. Q. Yu, Electromigration performance of through silicon via (TSV), A modeling approach. Microelectron. Reliab. 50(9 – 11), 1336 – 1340 (2010)

[11] K. N. Tu, Electromigration in stressed thin films. Phys. Rev. B 45, 1409 – 1413 (1992)

[12] K. N. Tu, Recent advances on electromigration in very – large – scale – integration of interconnects. J. Appl. Phys. 94(9), 5451 – 5473 (2003)

[13] J. – S. Yang, K. Athikulwongse, Y. – J. Lee, S. K. Lim, D. Pan, TSV stress aware timing analysis with applications to 3D – IC layout optimization, in Proceedings of the ACM Design Automation Conference, Anaheim, 2010, pp. 803 – 806

[14] X. Zhao, M. Scheuermann, S. K. Lim, Analysis of DC current crowding in through – silicon – vias and its impact on power integrity in 3D ICs, in Proceedings of the ACM Design Automation Conference, San Francisco, 2012

第三部分　三维集成电路设计中的热可靠性

第三部分内容涵盖了 3D IC 的热可靠性设计内容。在第 10 章研究 3D IC 的热驱动结构布局,及其对其他指标的影响,例如面积、线长和性能。第 11 章研究在 3D IC 设计中缓解热问题的门级布局方法。第 12 章研究为实现冷却而采用微流体通道的 3D IC 其热、电源传输、性能目标的协同设计和协同分析问题。

第 10 章 三维集成电路的多目标结构布局

摘要:本章研究利用多目标微结构布局算法在 IC 中实现高性能处理器。布局器采用了微结构网表并确定了在单个或多个器件层中功能模块的尺寸和位置,并同时实现高性能和热可靠性。传统的设计目标,例如面积和线长,也在考虑因素之内。3D 布局算法考虑了如下 3D 特定问题:垂直覆盖优化和键合层分割。我们的混合布局方法包括线性规划和模拟退火,这对于在多目标下用较短运行时间获得高质量解决方案是非常有效的。我们得到了 3D IC 在性能、热、面积、线长方面的综合实验结果。

本章所展示的内容基于参考文献[25]。

10.1 引言

未来基于纳米工艺实现的处理器将在通信数据运算对象或交换控制信息上相比实际执行有用的计算要耗费更多的时间。同时,功耗和热密度对这些纳米器件和互连的影响将持续增加,所以增加了冷却方案成本、侵蚀性能增益,并威胁了整个电路可靠性。近来微结构布局已引起了计算机机构和 EDA 团体的极大兴趣[6,11,21,35,39]。主要的目的是通过微结构和物理 CAD 的协作,努力解决高性能处理器日益严重的线延迟问题[1,26]。

3D 集成电路(3D IC)是一种新兴的工艺,如图 10.1 所示该工艺利用管芯间互连将多个管芯垂直堆叠起来。管芯间通孔间距非常小,并提供了在多个管芯上以非常精细的间距尺度排布数字功能单元模块。这导致整个线长减小了,转而使得线延迟更小、功耗更小。因此,3D IC 可通过用短而快的垂直通路替换长而慢的全局互连,从而有效解决线延迟问题。3D 集成和封装具有毋庸置疑的发展势头,并已成为半导体研究机构的核心关注点。这些 3D 集成电路和封装制造工艺已被多个主流公司迅速采用并应用于商业。

单个微结构组件的位置对许多重要指标具有很重要的影响。首先,布局对特定的微结构性能(由每个周期的指令(IPC)测量)具有很大的影响,就好像组件间的全局互连有可能被流水线式布局以满足高要求的时钟频率。这可能会增大或减小所有组件间互连的存取延迟时间。第二,热以及泄漏机制与布局高度相关。这是因为每个微结构组件的温度不仅仅取决于单个组件的热产生率,还取决于与其相邻组件之间的热耦合。此外,每个晶体管的泄漏功耗是与温度

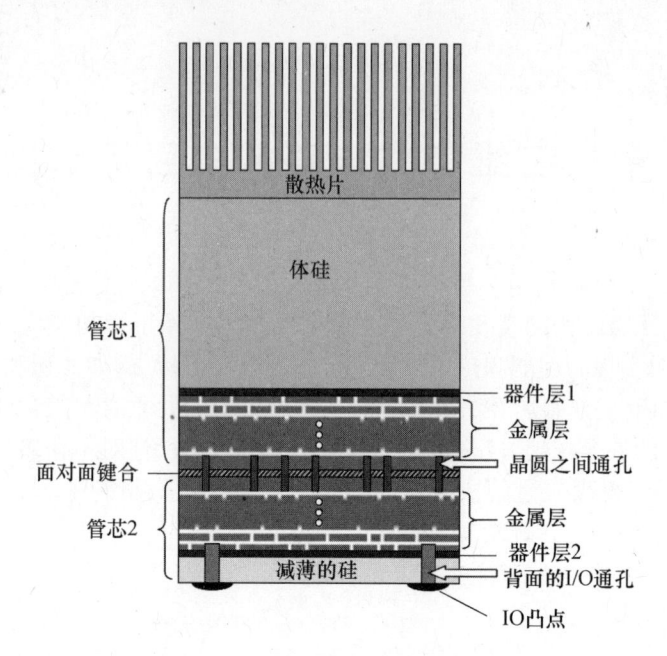

图 10.1　F2F 键合的两管芯 3D IC

指数相关的。第三,布局影响总线和时钟分布网络的动态功耗。插入全局互连的翻转(FF)总数会改变时钟分布网络消耗的功率。然而,性能和热目标之间是矛盾的,因为发热组件间的距离较短会在改善性能的同时恶化热问题。为了处理不同区域的不同设计约束,我们需要一个以目标为导向的自动布局器使用户可以衡量他们自身的设计需求,并做出有效的设计折中。本章将讨论如下的特定话题:

(1) 针对纳米尺度处理器在微结构级别研究多目标布局。我们的 3D 布局器同时考虑性能、热可靠性、版图面积、互连长度,并提供不同的折中点。

(2) 为了有效避免热散失,在考虑热与泄漏间相互关系的情况下,研究微结构热建模。微结构功耗分析与热分析器集成在一起,为了实现更高的建模精度,通过功能模块、全局互连、时钟分布网络对动态功耗和泄漏功耗进行建模。

(3) 研究以下重要的 3D 特性问题:垂直重叠优化和键合形式感知层分区。研究 3D 布局中模块间垂直覆盖对性能、热和面积目标的影响。此外,讨论如何在不同的管芯间根据 3D 堆叠 IC 中的 F2F、F2B、B2B 键合需求进行层分区。

(4) 布局优化器包括两个步骤:通过线性规划构建初始解、通过模拟退火进行随机优化。该混合法被证实对于实现用很短运行时间而获得高质量解是非常有效的。

10.2 研究现状

近期的研究主要关注传统 2D 微结构布局的性能优化,而不是关注热问题[6,11,21,35,39]。例如,文献[39]使用一个统计实验设计来近似不同线长对 IPC 的影响,然后在模拟退火期间使用该近似来改善性能。许多微结构研究关注热[4,29,44]和泄漏功耗[16,17,24,31,33],实现为功能组件提供运行时间管理,但不执行布局布线。在最新的公开报道文献[24]中,提出了一个系统级泄漏功耗模型,并讨论了动态管理来减小热问题,以及热耗散问题,且表明动态管理机制必须包括对泄漏功耗的考虑才能更有效。

绝大多数已有的布局布线研究都关注的是电路设计的热目标[3,7,10,12,30,40,47],而不是微结构设计。例如,文献[12]提出了基于 TCG 的 3D 温度驱动布局器,以及一个新颖的桶结构来表示组件覆盖。他们使用了不同的热分析仪来折中运行时间和精度、整体性能。此外,最近开发的 3D IC 物理设计工具[3,8,9,12-15,22,23,32,36,37,41,46,50]以门级网表作为目标,其效率不高,且不适用于在早期设计阶段评估和选择不同的微结构。因此,本书工作是首次在同时考虑了性能、热、泄漏的前提下,为整个处理器微结构进行自动布局,且实现布局的完整仿真结果。

10.3 仿真基础架构

10.3.1 微结构模型

实验中所用的微结构模型如图 10.2 所示。每个模块表示布局器所使用的一个微结构组件。为了为现代处理器建立更加可信的性能模型,将每条线隔离并建模为独立资源,它会消耗能量且具有与其长度成正比的延迟。注意到,由于线延迟的原因,忽略内部组件通信延迟的结构仿真器,对于评估基于纳米尺度工艺设计的高频处理器不再有用。本质上,组件内延迟是组件间触发间距和数量的函数,且必须在性能评估和布局布线中都要考虑。出于这个原因,使用了布局器产生的间距来确定延迟相关的参数,例如用于性能仿真的流水线深度和通信/传输延迟。

研究中所用的微结构配置[①]被总结如下:机器宽度为 8。使用了一个 1024 输入的 gshare 分支预测器,一个结合了预留位和重排序缓冲器功能的 512 输入的寄存器更新单元(RUU)[45],16KB 指令(i1 cache)和数据(d1 cache)L1 高速

[①] 我们的算法通常足以加入许多不同结构。为方便起见,选择了一种结构用于实验。

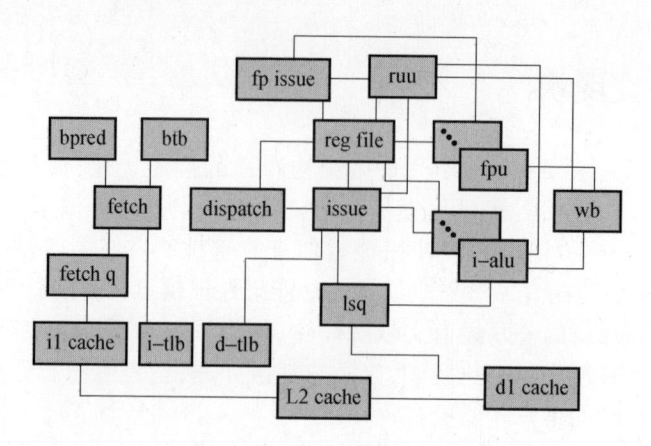

图 10.2 处理器微结构模型

缓存,256KB 标准 L2 高速缓存(l2 cache),没有 L3 高速缓存,128 输入指令(i-tlb)和数据(d-tlb)旁路转换缓冲(TLB),8 个算数逻辑单元(ALU),4 个浮点运输单元(FPU),64 输入负载存储队列。

10.3.2 动态功耗模型

当收集组件内部通信时,还为每个微结构组件每十万周期累积地生成功耗分布机制。这样采样的根本原因是在处理器数十万周期的工作期间,温度不太可能急剧升高。注意到,这些复杂的通信行为和动态功耗分布只在整个设计流程的最开始收集一次。然后热分析仪使用这些功耗统计数据来产生热分布。布局器为特定的热分布和组件网表生成一个新的布局。

假设组件内部动态功耗在不同的布局下保持相同,因为组件活动因子主要取决于程序行为而不是相对位置。由于新的布局会导致组件之间不同的互连长度,我们的工具基于新的长度重新计算所有的组件内部互连功耗,并将其加入之前收集的动态单位组件功耗。

对于极高的时钟频率,插入线上的触发器数量会给时钟分布网络产生较大负载。结合因时钟分布网络消耗而增加的功耗预算比例,使得有必要以较精细间隔建模时钟功耗。为实现该目标,使用了文献[18]的精确时钟功耗模型。该模型考虑了用于存储器结构预充电阵列、分布式线和驱动器、流水线触发器以及锁相环的时钟分布网络功耗。

10.3.3 泄漏功耗模型

泄漏功耗在设计流程中是以独立过程进行建模的。模型是基于文献[48]提出的,考虑了不同偏置条件,尽管它仅预估了亚阈值泄漏功耗。对于类似阵列的结构,例如高速缓冲存储器和 TLB,存储的位数(或 SRAM 单元)要乘以每位泄漏电流量以及电源电压来计算结构的总泄漏功耗。为了校准模型,还使用了 eCACTI[20]中的方法计算亚阈值泄漏电流。本文模型与 eCACTI 预估的泄漏功耗吻合良好。对于逻辑结构可假设为 CMOS 门,其一半的晶体管在任意给定时刻是泄漏的。这些结构中的晶体管数量使用从 GENESYS[19]获得的面积值进行估算。

以下方程给出了亚阈值泄漏电流 I_{sub} 和给定温度 θ 之间的关系

$$I_{sub} = k \cdot W \cdot e^{\frac{-V_{th}}{nV_\theta}} (1 - e^{\frac{-V_{dd}}{V_\theta}})$$

式中:k 和 n 由实验推导得到;W 为栅宽;V_{th} 为阈值电压;V_{dd} 为电源电压。V_θ 为热电压,其值随温度线性增大。由于温度取决于亚阈值泄漏电流,首先使用本文模型基于初始温度预测泄漏功耗。结果被馈入热分析仪,然后更加精确地预测温度以及泄漏功耗。这是通过建模它们的相互关联而在热分析仪中实现的。首先,利用静态泄漏预预估值算基准温度,然后基于这些温度计算泄漏功耗,之后基于之前的迭代泄漏功耗得到新的温度,诸如此类直到收敛或探测到温度散失。遵循文献[34]的标准来探测热逃逸的情形:①最大组件温度 T_{max} 增大;②功耗的增量大于封装热去除能力的提升程度。封装的热去除能力被定义为 $(T_{max} - T_a)/R_t$,其中 T_a 和 R_t 为环境温度和封装热电阻。

10.3.4 热模型

如文献[47]所述,稳定态热流的线性化差分方程($k \cdot \nabla^2 T + P = 0$)是热模型的基础。式中 k 为热导率,T 为温度,P 为热源的功耗密度。芯片被划分为图 10.3 所示的 3D 格点,以对差分方程进行有限差分近似。将热方程重写为如下矩阵形式:$\mathbf{R} \cdot \mathbf{P} = \mathbf{T}$,其中 $\mathbf{R}$ 为热电阻矩阵($\mathbf{R}_{i,j}$ 为节点 i 和节点 j 之间的热电阻),$\mathbf{P}$ 为功耗分布矢量($\mathbf{P}_i$ 为节点 i 的功耗),$\mathbf{T}$ 为热分布矢量($\mathbf{T}_i$ 为节点 i 的

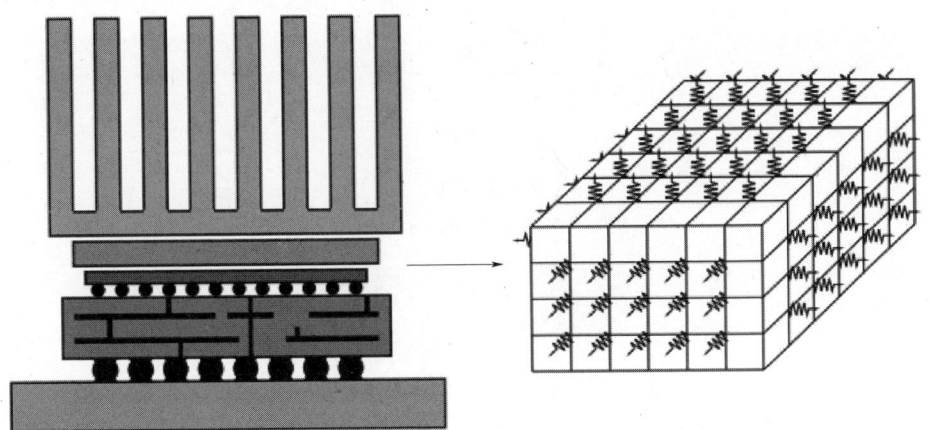

图 10.3 芯片用于热建模的 3D 格点

温度)。因此,现在可以利用单个矩阵矢量相乘从功耗分布计算得到所有有源节点的温度。时钟功耗是沿着组件、根据其面积均匀分布的。每个节点的总线功耗被加入源模块的总功耗。然后,每个组件的封装功耗和温度可利用本文模型迭代计算得到,直到其收敛或探测到热逃逸①。

为了便于快速但合理的精确温度计算,使用了非均匀 3D 热电阻网络,其中格点线被定义为 X 和 Y 方向,并沿着 Z 方向扩展以形成位面。X 和 Y 方向的格点线交叉点定义了电阻网络的热节点。若热节点覆盖了一个模块的某些部分,那么每个热节点建模了有可能消耗功耗的硅矩形晶体棱柱。每个模块的总功耗是依据并沿着模块覆盖节点的 $X-Y$ 面积分布的。

10.3.5 整体设计流程

设计流程包括了动态功耗、泄漏功耗、性能、热分析这些之前在布局器中讨论过的内容。图 10.4 给出了该设计流程概览图。首先,利用解析工具 CACTI[43]、GENESYS[19]结合工艺参数和结构描述预估微结构组件的面积和延迟。然后利用 SimpleScalar[2]结合 Wattch[5]实现周期精确仿真,以收集和提取组件与每个基准预估动态功耗间的通信量。通过这些工具可提取加权的组件网表机制、功耗信息,并将所有这些数据馈入多目标布局器。还可以用之前所述的热分析仪将文献[18]得到的时钟功耗预估和从文献[48]得到的泄漏预估整合起来。

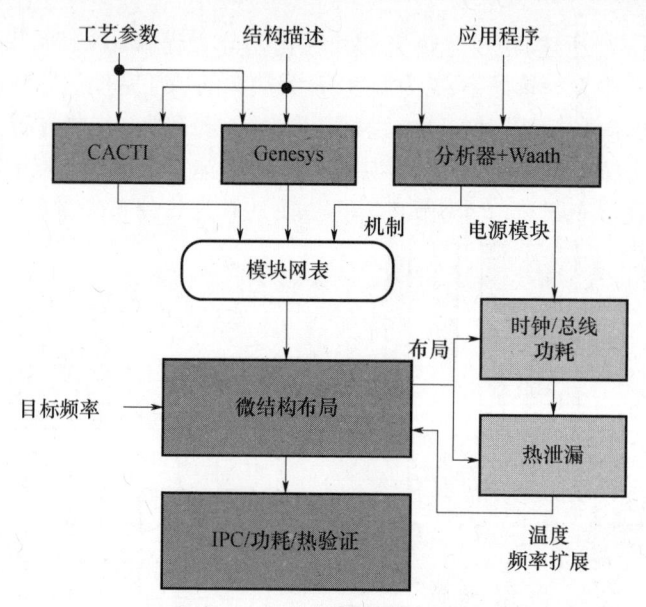

图 10.4 微结构布局规划框图

---

① 所需的迭代平均数。

布局器包括两个步骤:通过线性规划(LP)实现初始解构建、利用模拟退火(SA)实现随机精细化。将布局面积递归地一分为二,直到每个组件被受限在其划分部分内。每个对分方案是基于 LP 方法优化的,在泄漏功耗约束下同时考虑性能和热目标。然后对每个对分部分调用热/泄漏分析仪以更新热和泄漏机制。泄漏功耗和热之间的相互依赖关系产生了热逃逸的可能性[24],其中温度和泄漏被发现构成一个正反馈环,并持续恶化。如果布局器确定热逃逸在当前时钟频率下是不可避免的,那么它将按比例降低频率直到成功避免热逃逸。一旦递归对分结束,将在基于 SA 的细化过程中进一步优化电流解。执行低温退火来细调基于 LP 的解,其中热/泄漏分析仪再次被用于指导优化。当获得最终解时,使用 SimpleScalar、Wattch、热/泄漏分析仪来为 IPC、功耗、热指标评估最终解。

10.4 二维微结构布局

设定了一组微结构组件和说明了这些组件间连接关系的网表,我们的多目标 2D 微结构布局器试图确定每个组件的宽度和高度并将其布局在单个芯片内,这样可以实现①组件间没有覆盖;②满足用户定义的时钟频率约束;③在约束下不出现热逃逸。我们的目标是提出布局方案,可以有效地将处理器性能最大化,并同时将布局面积最小化、将组件温度最大化以实现更好的热稳定性。本节将讨论基于 LP 的布局结构并仿真基于退火的细化处理。

10.4.1 基于 LP 的二维布局

算法 8 描述了切分布局算法。算法背后的基本思路是执行循环对分,直到如图 10.5 所示那样每个部分包含一个组件。在本方法中切分算法决定了组件间的整体相对位置,而 LP 法则实现细调位置并决定了组件的尺寸。在选择了要划分的部分后,执行热/泄漏分析来获得组件温度。循环对分的第一个迭代没有包括温度目标,因为没有办法在缺乏布局信息的情况下获取模块温度。所有后续迭代使用了从之前迭代模块位置计算得到的温度。然后采用基于 LP 的布局规划同时优化性能和热分布,此时是在目标频率、泄漏、重心(去除组件间的覆盖)、边界的约束条件下进行。算法中的迭代结合了单个对分和所有组件的后续基于 LP 的布局规划。因此,如果网表中有 k 个组件,就执行 $k-1$ 次迭代。注意到,每次迭代可重复多次以获取不同剖切线。这是因为在每个对分过程中存在多个解满足边界和重心约束。因此,可多次执行每个对分,并且根据性能和热分布挑选最佳解。

如下变量被用于基于 LP 的布局规划:

(1) N:网表中所有组件的组数。

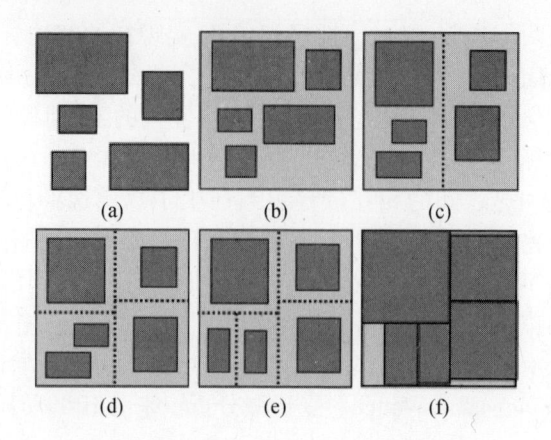

图 10.5 2D 宏结构布局规划示意图,(b)~(e)为基于 LP 的切分布局规划;
(f)为没有切分的布局细化

(2) E:网表中所有节点的组数。
(3) x_i, y_i:组件 i 的位置。
(4) w_i, h_i:组件 i 的半宽和半高。
(5) a_i, g_i:组件 i 的面积和延迟。
(6) $w_m(i), w_x(i)$:组件 i 的最小/最大宽度。
(7) $\lambda_{i,j}$:线(i,j)上的归一化分布权重。
(8) $z_{i,j}$:插入后,线(i,j)上的触发器数量。
(9) $X_{i,j} = |x_i - x_j|$ 和 $Y_{i,j} = |y_i - y_j|$。
(10) $T_{i,j}$:组件 i 和 j 的温度归一化乘积。
(11) A:芯片纵横比。
(12) X_x:最大 x_i;Y_x:最大 y_i。
(13) C:目标周期时间。
(14) dr:重叠互连的单位长度延迟。

我们的 LP 布局规划决定了如下决策变量的值:$x_i, y_i, w_i, h_i, z_{ij}$。如下变量被用于对分:

(1) $B(u)$:第 u 次迭代时的所有组件组数。
(2) $M_j(u)$:第 u 次迭代时在 j 分块中的所有组件数。
(3) $S_{j,k}(u)$:第 u 次迭代时在 j 分块中分配到子块 k 的组件数(对分中 $k \in \{1,2\}$)。
(4) $(\bar{x}_{jk}, \bar{y}_{jk})$:分块 j 中包括的子分区 k 中心。
(5) r_j, v_j, t_j, b_j:分块 j 的右、左、顶、底部边界。

如算法 8 所示,LP 公式被用于在主算法的第 u 次迭代处执行布局。基于 LP 的切分布局公式如下:

```
算法：切分2D布局规划
输入：模块级网表
输出：定义了模块位置和形状的布局
while there exists a partition with multiple modules do
    Choose a partition j to be divided;
    Call thermal/leakage analysis;
    for number_of_repetitions do
        Insert a cutline and compute center of gravity;
        Solve LP with inserted cutline;
    end
    Pick the best cutline from the set of repetitions;
    Update centers of gravity and bounding boxes;
end
return $x_i, y_i, w_i, h_i, z_{ij}$ for all modules;
```

算法8：切分2D布局规划算法描述，我们执行自顶向下循环对分，并在每次迭代时求解基于LP的布局规划

最小化

$$\sum_{(i,j) \in E} (\alpha \cdot \lambda_{ij} \cdot z_{ij} + \beta \cdot (1 - T_{ij})(X_{ij} + Y_{ij}) + \gamma \cdot X_x) \tag{10.1}$$

约束条件

$$z_{ij} \geq \frac{g_i + d_r(X_{ij} + Y_{ij})}{C}, (i,j) \in E \tag{10.2}$$

$$X_{ij} \geq x_i - x_j \text{ 且 } X_{ij} \geq x_j - x_i, (i,j) \in E \tag{10.3}$$

$$Y_{ij} \geq y_i - y_j \text{ 且 } Y_{ij} \geq y_j - y_i, (i,j) \in E \tag{10.4}$$

$$z_{ij} \geq 0, (i,j) \in E \tag{10.5}$$

$$w_m(i) \leq w_i \leq w_x(i), i \in N \tag{10.6}$$

$$x_i, y_i \geq 0, i \in N \tag{10.7}$$

$$X_x \geq x_i \text{ 且 } A \cdot X_x \geq y_i, i \in N \tag{10.8}$$

边界约束

$$x_i + w_i \leq r_j, i \in M_j(u), j \in B(u) \tag{10.9}$$

$$x_i - w_i \geq v_j, i \in M_j(u), j \in B(u) \tag{10.10}$$

$$y_i + m_i w_i + k_i \leq t_j, i \in M_j(u), j \in B(u) \tag{10.11}$$

$$y_i - m_i w_i - k_i \leq b_j, i \in M_j(u), j \in B(u) \tag{10.12}$$

重心约束

对于 $k \in \{1,2\}, j \in B(u)$

$$\sum_{i \in S_{jk}(u)} a_i x_i = \sum_{i \in S_{jk}(u)} a_i \times \bar{x}_{jk} \tag{10.13}$$

$$\sum_{i \in S_{jk}(u)} a_i y_i = \sum_{i \in S_{jk}(u)} a_i \times \bar{y}_{jk} \tag{10.14}$$

式(10.1)为目标函数，它包括了三项：分布权重线长（$=\lambda_{i,j} \cdot z_{i,j}$），热权重

线长($=(1-T_{ij})(X_{ij}+Y_{ij})$),封装面积($=X_x$),其中 $\lambda_{i,j}$ 为组件 i 和 j 之间的分布活跃因子①。第一项的最小化改善了 IPC,同时第二项的最小化拉长了两个组件的距离,从而减小了热耦合。

$(1-T_{ij})(X_{ij}+Y_{ij})$ 被选作成本函数中与温度相关的部分,因为它满足多个性质:它与组件 i 和组件 j 的间距线性相关,它考虑了组件 i 以及组件 j 的温度,当考虑热阻隔时它增长较小,而当考虑冷阻隔时它增长较大。由于成本函数在 LP 中被最小化,所以有必要仅考虑将冷阻隔间距最小化、热阻隔间距最大化,这样可能最好。由于 $X_x \cdot X_y$ (=封装面积)最小化是非线性的,所以我们仅令 X_x 最小化,这是因为约束式(10.8)会驱使 $A \cdot X_x$ 大于所有的 y 值。注意到 α、β、γ 是由用户定义的参数,用于权重性能、热、面积目标。当 $\alpha = 0$ 时,布局器仅优化热+面积。当 $\beta = 0$ 时,布局器仅优化性能+面积目标。最后,传统的面积/线长驱动布局器使用如下新目标函数

$$\gamma \cdot X_x + \delta \cdot \sum_{(i,j) \in E} (X_{ij} + Y_{ij}) \qquad (10.15)$$

在 10.6.3 节提供了大量这四种不同布局目标的比较情况②:
(1) 性能+热+面积。
(2) 性能+面积。
(3) 热+面积。
(4) 面积+线长。

约束式(10.2)是从延迟的定义得到的。如果在线 (i,j) 上没有 FF,该线的延迟被计算为计算为 $d(i,j) = d_r(X_{ij} + Y_{ij})$。那么 $g_i + d(i,j)$ 代表了组件 i 访问组件 j 的延迟,其中 $d(i,j)$ 为 i 和 j 之间的延迟。由于 C 代表时钟周期约束,$(g_i + d(i,j))/C$ 代表 (i,j) 上为满足 C 所需的 FF 最小数目。式(10.3)~式(10.4)给出了 x 和 y 间距的绝对值。约束式(10.5)要求每个边沿上的 FF 数量是非负的。模块边界约束式(10.9)~式(10.12)要求模块中所有组件被这些模块边界包围。重心约束式(10.3)~式(10.4)要求每个子模块中所有组件间的组件面积权重均值(即重心)对应于子模块的中心。

10.4.2 随机细化

布局问题的标准 LP 松弛引入了许多非最优因素。递归对分过程也仅得到切分布局。为了解决这些问题,对布局器执行一次模拟的、基于退火的细化过程。这使得可以在局部区域搜索并寻找局部最小值,而不受线性化约束。在仿

---

① 由于给纯粹线长添加了性能和热相关的权重,所以没有明确考虑非权重纯粹线长目标。但是,在所有实验中给出了线长指标以表明该多目标对线长的影响。

② 注意到在所有这些变化中都使用了面积目标。面积目标对性能和线长目标具有正面影响,而对热目标具有负面影响。

真退火细化过程中使用了三种层内移动：以正顺序对换、以正和负顺序对换、轮换。从 LP 布局结果导出一个顺序组对，并用其执行低温退火。使用文献[38]所述的网格化机制从切分布局导出对应的顺序组对表示。特别是，为每个组件画出其正和负轨迹，并对这些轨迹进行排序获取顺序组对。然后，通过将接收坏移动的概率设定为较低值来计算初始退火温度。这样极大地减小了退火过程所需的运行时间，并关注了接近基于 LP 的结果，它被假设非常接近优化值。在退火过程中使用了如下成本函数

$$\text{cost} = \alpha \cdot \text{pref\_wire} + \beta \cdot \text{max\_temp} + \gamma \cdot \text{area}$$

式中：pref_wire 为分布权重的线长；max_temp 为最高组件温度。在性能和热目标之间使用与式(10.1)相同的权重常数 α、β。但是，重要的是注意到温度不是两个热模块之间的权重间距，而是从热分析仪获得的实际温度。因此在优化期间，热分析是运行时间的瓶颈，因为需要对退火过程中的许多潜在候选解进行分析。性能的考虑是通过模拟退火和线性规划法实现的，并且在成本函数中加入了分布权重线长。

假设功能组件的热导率是相似的(主要由硅构成)，对换组件位置将不会改变热阻矩阵 R。这意味着矩阵 R 仅需要在开始时计算一次。为了计算一个新布局的温度机制，功率矢量 P 需要被更新然后乘以 R。或者可以定义功率分布的变化 ΔP。R 与 ΔP 相乘将会得到温度变化矢量 ΔT。将 ΔT 添加到以前的温度矢量将可得新的温度分布。对换两模块通常对功率分布影响较小，所以 ΔP 通常是稀疏的。这减小了第二种方法所需的乘法运算量，代价是要进行额外的加和减运算。这种方法可能无法提供最精确的温度数值，但确实实现了较高保真度以辨别好的和坏的解。10.6.6 节的相关实验支持了该结论。最后，泄漏和时钟功耗被快速更新，因为它主要包括了基于新组件位置和温度值的方程组估算。

10.5 三维布局扩展

扩展到 3D 布局需要在布局上使用新的方法，以及对性能、功耗、热评估的结构仿真更新。3D 布局算法考虑了专门针对 3D 的问题：垂直覆盖优化、键合感知层划分。利用基于 LP 的 3D 切分布局以及随机非切分布局细化可以解决这些问题。

10.5.1 结构仿真的三维扩展

为了支持 3D 微结构布局的性能、功耗、热仿真，用 10.3 节所述方法扩展了仿真程序：

(1) 性能：3D 的 IPC 计算与 2D 情形差别不大，除了每个互连上的存取延迟是基于包括了 Z 维方向延迟的 3D 布局计算得到的。

(2) 动态功耗:再次假设组件功耗与布局无关。但是,总线和时钟功耗与布局紧密相关,并且考虑到在 3D 布局中互连长度的减小。已有的总线功耗计算器被扩展以考虑层间互连。假设 H 树被用于每层,并且这些 H 树通过硅通孔互连。3D 时钟树中的 FF 和缓冲器数目是基于每层的面积计算的。

(3) 温度/泄漏:3D 热分析变得更复杂,因为其具有多个管芯结构。因此,在 3D 网格中加入多层来建模多组器件、金属和键合层。一旦知道每个组件的温度,就可以直接计算泄漏功耗。

最终,图 10.4 所示的布局结构设计流程保持原样,除了所有相关的框图是 3D 相关的。

10.5.2 垂直覆盖优化

3D 布局中的特别挑战是垂直组件覆盖问题。3D IC 带来的主要优点是能将紧密连接的组件在相互的顶部放置,而不是像 2D 那样是相邻放置。这减小了互连长度,并因此大大降低了与互连相关的延迟/功耗。由于管芯间通孔相关的寄生类似于那些短互连,在 Z 方向的额外自由度使得在封装面积、性能、功耗方面有望实现更高质量布局。更特别的是垂直覆盖以如下方式影响着 3D 微结构布局的质量:

(1) 性能:当模块间的垂直覆盖随着更高的存取频率而被最大化时,3D 微结构布局的性能有改善趋势。这主要是由较短互连导致的,并因此频繁通信的组件间具有较短的存取延迟。

(2) 热:由于空间被压缩,3D 微结构布局的热分布趋于被破坏。当垂直覆盖在热组件中被最大化时,会产生更多的热点。该有害的热耦合导致泄漏功耗增大,提高了热逃逸的可能性。

(3) 功耗:动态组件功耗和时钟功耗很少受垂直覆盖的影响。但是,总的总线功耗趋于随着组件间更多的垂直覆盖及较频繁的开关行为而减小。这是因为当较活跃的有源组件驱动较短互连时,节省了动态功耗。注意到,这与热目标相矛盾,因为较活跃的组件趋于变得更热。

总之,3D 布局试图最大化频繁通信和频繁开关组件间的垂直覆盖,而使热组件间的垂直覆盖最小化[①]。由于这些目标是互相矛盾的,所以不可避免地要互相折衷。

10.5.3 键合驱动层次划分

3D IC 需要特殊的通孔类型用于管芯间互连,被称做硅通孔(TSV)。根据

---

① 注意到有可能在相关组件组间采用垂直覆盖约束。该方向的研究超出了本章内容范围,且需要扩展布局编码机制,例如 Sequence Pair[38]。

将两个管芯键合在一起时所采用的键合机制,可以分成如图 10.6 所示的三类硅通孔:面对面(F2F)、面对背(F2B)、背对背(B2B)硅通孔。"面"是指管芯的金属层面,而衬底面被称为"背"。F2F 硅通孔($\approx 0.5 \times 0.5 \mu m$)相比 F2B($\approx 5 \times 5 \mu m$)和 B2B($\approx 15 \times 15 \mu m$)硅通孔具有更小的间距[27]。此外,在单个减薄晶圆上制造太多 F2B/B2B 硅通孔会对其可靠性起到副作用[49],因为这些通孔实际上穿透了衬底。由于通孔密度太大(几乎与管芯间通孔密度相同)会使得层间通信具有极高带宽,因此希望能减小 F2B/B2B 键合中的管芯间连接数量。注意到,如果管芯数量超过两个,那么 F2B/B2B 键合是不可避免的。此外,在单个 3D IC 中所有三种键合方式都被使用的情况下,有必要进行细致的 3D 布局规划以充分利用两种键合方式。

在 3D 布局规划中使用的两步法中,首先将组件划分成层(即管芯),然后布局这些层。层划分过程中的目标是利用键合形式和垂直覆盖机会,然而我们的布局则针对性能、封装面积、热目标进行了垂直覆盖最优化。在层划分过程中,为每个组件分配一层,这样 F2F 边界处的连接被最大化,而 F2B/B2B 连接被最小化。然后,将通过高分布权重边沿连接的组件对切分成具有 F2F 键合的两层,这样就可以在下面的布局步骤中为了实现更好的性能而将它们垂直覆盖。此外,以相同的方式切分高活跃度的组件,即具有 F2F 键合的两层,这样连接到这些组件的较短互连有助于减小动态功耗。由于组件温度需要布局,我们的层划分是不可感知温度的。最后,用较大面积分隔组件,例如将 RUU 划分成不同的层来帮助封装面积最小化并减小空白区域量。在贪婪构建算法中,根据尺寸、功耗密度、开关活跃度对组件进行分类。然后,基于之前提到的性能、功耗、面积目标将最优可能层分配给每个组件。

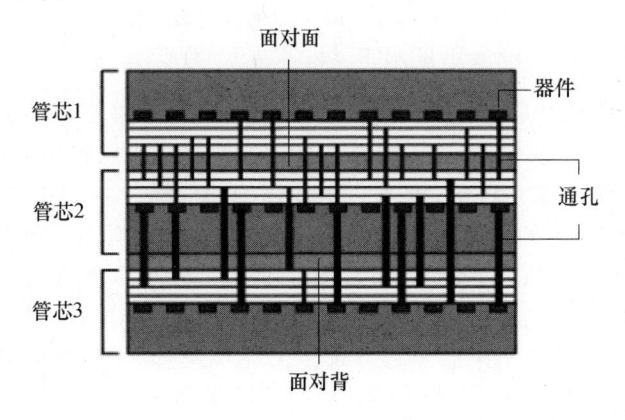

图 10.6 采用了 F2F 和 F2B 键合的 3D IC 中的通孔,当两个衬底面被连接时就形成了 B2B 形式(图中没有给出)

10.5.4　基于 LP 的三维布局

在基于 LP 的 3D 布局规划中,将 10.4.1 节所述的切分布局规划扩展为能够同时处理多层。特别是,如图 10.7 所示插入每个切分线以同时切割所有层。切分 3D 布局规划的目标仍与 2D 情形相同:为了确定维度以及组件间的相对位置,所以多目标函数被最小化。此外,这些位置将在后细化过程中通过 3D 非切分布局进行细化。2D 和 3D 切分布局之间的主要差别是不同层间的影响,这是有效 3D 布局的关键因素。尤其是 10.5.2 节描述的垂直覆盖对性能和热目标有很大影响。此外,面积优化必须是可预知封装面积的:最小层的面积增加是较易承受的,因为它不大会导致整个封装面积的增大。我们的 LP 规划反映了这个新的优化目标,这是特别针对 3D 布局规划的。由于已强调了层划分中键合类型相关的问题,所以在布局规划过程中不允许组件移到其他层。

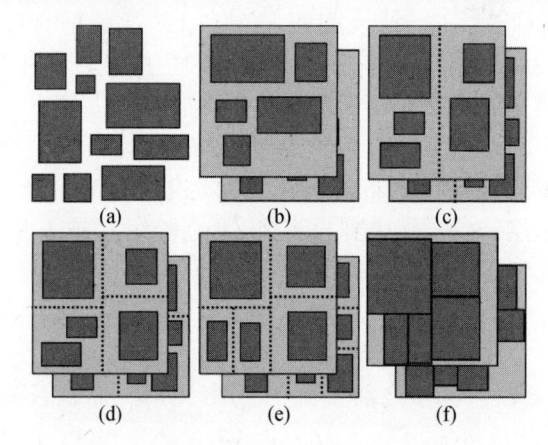

图 10.7　3D 微结构布局示图,(b)为层划分;
(c)~(e)为基于 LP 的 3D 切分布局;(f)为非切分布局细化

下列 3D 相关的 LP 变量与 10.4.1 节所示的 2D 相关变量相结合使用:l_i 为组件 i 的层,$L_{ij} = |l_i - l_j|$;d_v 为层间通孔延迟。关键要注意到用于 2D 布局规划的 LP 目标函数,即式(10.1),是可以被使用的,只要同时考虑所有层即可。特别地,如果在同一层的话,式(10.1)中的 $\alpha \cdot \lambda_{ij} \cdot z_{ij}$ 项将频繁通信的组件间距最小化;如果不在同一层,只要组件位置的参考点一致,那么垂直覆盖将最大化[①]。此外,$\beta \cdot (1 - T_{ij})(X_{ij} + Y_{ij})$ 项将同一层的两个热组件分离开,并将不同层上的两个热组件垂直覆盖最小化。最后,只要 X_x 和 Y_x 是基于所有层中的组件计算得到的,那么 $\gamma \cdot X_x$ 项仍将捕获 3D 封装面积的最小化。2D 和 3D 布局规划的 LP 规划间唯一的不同是延迟约束,为此将式(10.2)更新为如下方程

---

① 在案例中,使用每个组件的左下角。

$$z_{ij} \geq \frac{g_i + d_r(X_{ij} + Y_{ij}) + d_v L_{ij}}{C}, (i,j) \in E \qquad (10.16)$$

该延迟约束考虑了层间通孔延迟以及为满足时钟周期约束 C 而所需的 FF 计算过程中的互连延迟。假设 d_r（重叠互连的单位长度延迟）大于 d_v（层间通孔延迟）。

10.5.5 三维随机细化

3D 随机细化的目标是改善从基于 LP 的构造算法获得的 3D 切分布局方法。基本方法与 10.4.2 节所述的 2D 情况相同：带有低温模拟退火的非切分布局实现同时精细优化性能、热、面积目标。2D 和 3D 情况的主要区别是在每层使用一个序列对来代表整个 3D 解。此外，扰动机制不允许层内组件移动，以此维持键合感知层间距。最后，温度计算耗费时间更长，因为热模型需要被扩展以考虑多管芯。因此，退火计划的调整方式不能使运行时间增加太多，该过程包括调整诸如初始/最终退火温度、改变每个退火温度的总数、冷却比、退火终止标准。

10.6 实验结果

10.6.1 实验设置

实验执行了来自 SPEC2000 标准检查程序组的十组程序。从悬浮点选择 4 个，从集成标准检查程序组选择 6 个。针对 IPC 评估，通过快进 40 亿指令利用改进的 SimpleScalar 3.0 对普通布局情况运行了每个标准检查程序[2]，并仿真了之后的 40 亿指令。所获得的温度是在所有布局步骤之后进行仿真得到的，并相对于 45℃ 的环境温度进行了调整。给出了布局中所有模块间的最大温度。3D 布局是基于 4 层堆叠 IC 的。假设层 0（最顶部）和层 1 之间、层 2 和层 3 之间是 F2F 键合。层 1 和层 2 之间使用了 B2B 键合。热沉被附加在层 3 上。线长单位为 mm。所得结果中的"面积"是指第四层布局的封装面积（最大宽度 × 最大高度），单位为 mm^2。我们架构的运行时间在 Pentium Xeon 2.4GHz 双处理器系统上收集。在快进 40 亿指令之后执行 40 亿指令的运行时间约为每个基准 4 小时，与相同指令集的功耗收集仿真一样。布局步骤耗费约 25min，报道温度和 IPC 值的模拟每个基准分别近似耗费了 2min 和 1h。

10.6.2 与已有三维布局的比较

表 10.1 所列为本文布局与 CBA – T[12] 的比较。此处使用了文献[12]中所用的 MCNC 和 GSRC 基准电路测试了布局规划器。由于功耗密度值在文献[12]中

被随机生成,要进行公平的温度比较是不可能的。因为,MCNC/GSRC 基准不是微结构设计,所以不能利用本文工具计算功耗密度。但是,注意到布局器获得了面积、线长、温度的比较结果。此外,调整目标间的权重常数可能会导致不同的结果。

表 10.1　与 CBA-T[12] 的比较。布局器是 LP+SA,带有 A+W+T 目标。基准是 CBA-T。

基准	CBA-T[12] 面积	线长	温度	LP+SA(比) 面积	线长	温度
ami33	4.14e+05	24442	160	0.94	1.11	0.96
ami49	1.84e+07	477646	151	0.79	1.21	0.94
n100	6.56e+04	92450	158	1.27	0.95	0.93

10.6.3　布局结果

表 10.2 给出了在多目标 2D 布局中存在的不同折中。我们使用 LP+SA 方法。可以看到 $A+P$ 法相比基线 $A+W$ 法其最大组件温度显著增大。$A+P$ 的 IPC 结果是所有四种算法中最好的,其平均 IPC 改善程度比 $A+W$ 高出 35%。$A+T$ 比 $A+P$ 在温度上低了约 24%,而 IPC 则低了 25%。混合 $A+P+T$ 比 $A+P$ 的温度低了 14%,而维持了较高 IPC 值(比基线 $A+W$ 高了 22%)。通常,当 IPC 增大时,模块级动态功耗也由于活跃度较高而增大,这导致温度较高。这也是为什么 $A+W$ 相比 $A+P$ 和 $A+P+T$ 温度更低。还可以从 $A+P$ 具有最高的 IPC 和温度看出这一点。因此,$A+T$ 相比 $A+P$ 所具有的温度降是智能布局和较低 IPC 的结果。

对于表 10.3 所示的 3D 情况,3D $A+W$ 实现了 37% 的 IPC 增长,温度比 2D $A+W$ 增长了 34%,而总线长减小了近 40%。3D $A+W$ 的面积结果是所有目标函数中最好的。$A+P$ 的 IPC 增长超过 $A+W$ 约 18%,温度增加 19%。如预期那样,$A+T$ 极大地减小了 $A+P$ 的温度结果,并在所有四种 3D 算法中获得了最好的温度结果。在 3D 情况下用增大 4× 的格点尺寸进行温度仿真导致这些目标的运行时间结合温度计算后显著地增大①。混合 $A+P+T$ 保持温度接近 $A+W$,而将 IPC 增加了 14%。总之,$A+P+T$ 获得的结果是介于 $A+T$ 和 $A+P$ 之间的,并且在性能方面超过 $A+W$,具有与 2D 和 3D 差不多的温度仿真结果。在更加重视温度的情况下,可以增加温度权重,这有可能导致性能衰减。

---

①　近期的研究[42]表明 Random Walk 法可显著改善温度仿真的运行时间。未来工作包括了将该方法集成到微结构布局中。

表10.2 多目标2D布局结果,包括了性能(P)、最大模块温度(T)、面积(A)、线长(W)目标。使用了基于LP+SA的布局器。温度单位为℃

基准	A IPC	A 温度	A+W IPC	A+W 温度	A+P IPC	A+P 温度	A+T IPC	A+T 温度	A+P+T IPC	A+P+T 温度
gzip	2.04	80.4	2.01	78.3	2.83	100.4	2.03	75.2	2.69	86.2
Swim	0.48	66.9	0.52	64.3	0.85	78.4	0.54	63.0	0.66	70.5
vpr	0.77	90.4	0.95	87.6	1.19	113.8	0.82	82.3	1.15	95.9
Art	0.34	64.4	0.38	67.9	0.62	83.3	0.39	65.4	0.51	74.4
mcf	0.03	64.1	0.07	63.0	0.09	76.9	0.07	62.1	0.10	69.4
Equake	0.34	65.5	0.40	62.7	0.47	76.3	0.41	61.8	0.43	69.0
Lucas	0.58	101.3	0.63	95.6	0.75	123.2	0.64	88.3	0.80	103.5
Gap	1.19	70.9	1.17	70.1	1.24	87.8	1.18	68.1	1.32	77.3
bzip2	1.43	82.1	1.42	80.4	1.90	103.6	1.47	77.1	1.65	88.4
twolf	0.59	97.4	0.60	92.3	0.94	120.8	0.61	85.8	0.61	101.1
均值	0.78	78.4	0.81	76.2	1.09	96.46	0.82	72.9	0.99	83.6
面积/mm²	50.5		52.46		57.23		58.66		60.37	
线长/mm	380.23		345.20		412.15		358.86		449.67	
时间/s	168		174		188		1116		1064	
流水线级别	22		22		19		27		23	
空白区/%	7		10		20		23		21	

表10.3 多目标3D布局结果,包括性能(P)、最大模块温度(T)、面积(A)、线长(W)等目标。使用基于LP+SA的布局规划器

基准	A IPC	A 温度	A+W IPC	A+W 温度	A+P IPC	A+P 温度	A+T IPC	A+T 温度	A+P+T IPC	A+P+T 温度
gzip	2.40	108.8	2.74	104.7	3.98	125.9	2.75	98.9	2.85	104.7
Swim	0.72	91.9	0.71	92.9	0.85	106.9	0.72	84.1	0.92	88.0
vpr	0.98	120.7	1.30	111.5	1.40	137.0	1.25	107.1	1.29	114.4
Art	0.58	95.6	0.52	95.6	0.59	111.4	0.52	87.9	0.61	92.0
mcf	0.21	97.8	0.10	92.0	0.11	105.4	0.10	83.1	0.07	86.6
Equake	0.59	89.7	0.54	91.7	0.58	105.0	0.55	82.6	0.67	86.2
Lucas	0.88	127.2	0.87	116.9	0.92	145.3	0.88	113.0	1.19	123.0
Gap	1.47	96.5	1.59	97.0	1.59	114.2	1.62	89.6	1.61	94.5
bzip2	1.75	115.0	1.94	106.8	2.05	129.0	1.98	101.5	2.33	107.4
twolf	0.84	119.1	0.81	114.6	1.03	142.2	0.84	111.0	1.02	118.9
均值	1.04	105.3	1.11	102.4	1.31	122.2	1.12	95.8	1.26	101.6

（续）

基准	A		A+W		A+P		A+T		A+P+T	
	IPC	温度	IPC	温度	IPC	温度	IPC	温度	IPC	温度
面积/mm²	21.6		22.20		23.63		25.45		26.45	
线长/mm	247.25		217.20		323.43		252.08		247.02	
时间/s	175		180		438		16,913		20,016	
流水线级别	22		22		17		24		21	
空白区/%	7		9		16		25		23	

如表10.2和10.3所列为不同目标函数的流水线深度和空白比例。首先，流水线深度范围为17～23，这与商业处理器设计的目前趋势一致，例如90nm Pentium4后端流水线具有31级，Intel的NGMA具有14级等。除了通过FF插入增加流水线深度以外，也可以通过在非关键线上增加FF的方法实现，这样不会衰减性能，而去除关键线上的FF可以改善性能。在仅以面积为目标的情况下，2D和3D的空白均为7%。当考虑其他目标时该空白比例持续增大。由于线长考虑导致的空白增加仅为2%～3%，而性能和热目标导致空白分别增加9%～13%和16%～18%。由于模块面积的不平衡，要优化空白且同时将频繁通信模块靠近放置（性能）或分离热模块（温度）会更加困难。

图10.8所示为性能和温度间的折衷关系。在10个基准上得到的温度和IPC被作为均值。性能和面积权重保持常数，而热权重是变化的。如预期的，图

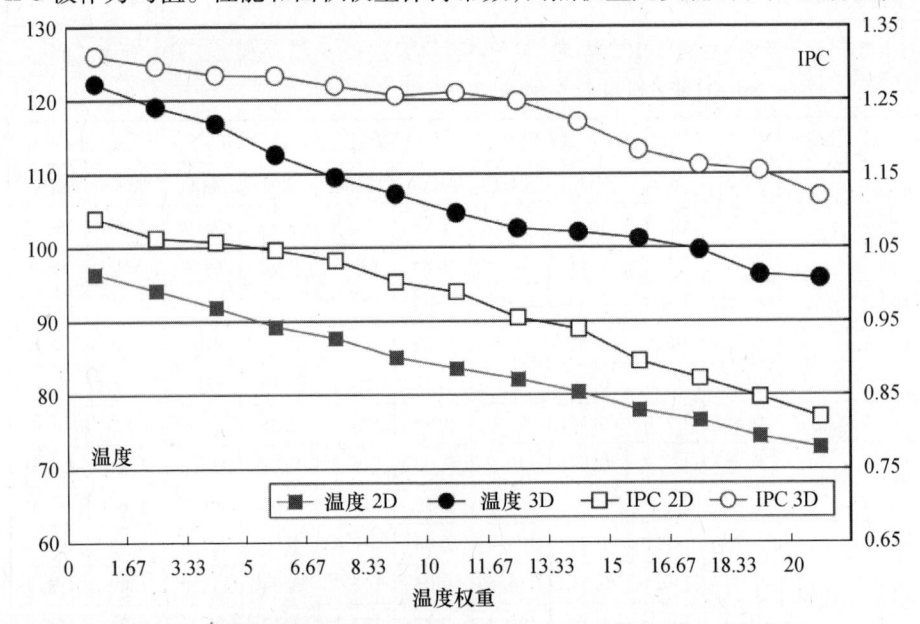

图10.8 性能和温度的折衷，性能和面积权重保持常数，而温度权重变化

形表明布局器对热权重的考虑更多一些,而对性能的考虑则降低了。理想情况下,曲线间应有一些间隔以表明随着 IPC 值的略微衰减,温度会出现较大降低。对于 3D 情况,IPC 降低 15%,仅考虑性能的目标(温度权重为 0)和最高权重混合目标(温度权重为 20)之间的温差为 22%。如预期且也如表 10.2 所列,多层布局相比单层布局增高了温度和 IPC。还需要注意的是,最高温度权重的多层布局其温度接近具有最低温度权重的单层布局,同时实现较高 IPC。这证实了发展为多层 IC 所显现的优势。

10.6.4 优化方法比较

实验结果也通过三种布局算法汇总;仅使用线性规划、模拟退火、线性规划接着模拟退火细化的组合方法。表 10.4 给出了 IPC、温度、面积、线长以及三种布局算法在 2D 和 3D 情况下的比较。可以观察到,对于 2D 情况,LP 布局器在面积方面表现较差,不像组合方法对 IPC 的优化那么好。对于所有方法,线长值都在可接受范围内,但有意思的是注意到当仅用 LP 的方法时生成面积较大,而线长值实际上较小。这是因为在 LP 的递归对分过程中线长是一个优化目标,而面积不是,因为规划没有办法约束覆盖。这是使用模拟退火来优化仅使用 LP 方法的主要动机之一。总之,LP + SA 改善了 LP 并且胜于 SA,在性能和热目标上都是如此。所有方法的运行时间近似相同,表明在相似的时间下组合方法实现了更好的求解质量。这些趋势对于 3D 情况是相同的,其增加了整体温度均值和运行时间。同样地,较大的运行时间增长主要是由于对温度的仿真时间增加。

表 10.4　SA 法、LP 法、LP + SA 方法的比较。所用目标是具有相同权重的性能、温度、面积的线性组合。面积单位为 mm², 线长单位为 mm, 温度单位为 ℃

基准	2D 布局						3D 布局					
	SA		LP		LP + SA		SA		LP		LP + SA	
	IPC	温度	IPC	温度	IPC	温度	IPC	温度	IPC	温度	IPC	温度
gzip	2.38	102.2	1.94	80.19	2.69	86.2	2.74	109.5	2.31	97.5	2.85	104.7
Swim	0.61	83.5	0.66	69.3	0.66	70.5	0.71	91.8	0.70	86.7	0.92	88.0
vpr	0.93	113.1	1.24	86.9	1.15	95.9	1.07	119.8	1.24	103.4	1.29	114.4
Art	0.45	87.5	0.48	71.9	0.51	74.4	0.52	95.7	0.51	89.0	0.61	92.0
mcf	0.08	82.0	0.09	68.3	0.10	69.4	0.10	90.4	0.10	85.9	0.07	86.6
Equake	0.47	81.6	0.49	68.1	0.43	69.0	0.54	90.0	0.53	85.7	0.67	86.2
Lucas	0.75	122.6	0.79	93.8	0.80	103.5	0.87	128.7	0.85	108.1	1.19	123.0
gap	1.38	91.1	1.34	73.7	1.32	77.3	1.59	98.9	1.49	90.9	1.61	94.5

(续)

基准	2D 布局						3D 布局					
	SA		LP		LP + SA		SA		LP		LP + SA	
	IPC	温度	IPC	温度	IPC	温度	IPC	温度	IPC	温度	IPC	温度
bzip2	1.68	105.2	1.59	81.8	1.65	88.4	1.94	112.2	1.81	99.4	2.33	107.4
twolf	0.70	118.6	0.68	90.1	0.61	101.1	0.81	124.8	0.77	106.2	1.02	118.9
均值	0.94	98.7	0.93	78.4	0.99	83.6	1.09	106.2	1.03	95.3	1.26	101.6
面积	60.90		314.72		60.37		21.59		70.64		26.45	
线长	388.13		524.81		449.67		230.47		207.57		247.02	
时间	1225		826		1064		25157		18207		20016	

表 10.5 所列为三种不同层划分方式的比较:面积 – 贪婪、防键合、键合 – 面积。在面积 – 贪婪情况中,模块以面积降序存储,并被分配到每层。这样总面积在各层之间是平衡的。划分尺寸没有在该情况中进行优化。在防键合方式中,我们的目标是优化组件间的键合特性权重划分尺寸。最后,键合 – 面积是 10.5.3 节介绍的算法。观察发现在 IPC 和温度方面,键合 – 面积划分的表现要优于纯粹基于面积的方法。相比防键合划分,它具有略低的 IPC,但是防键合方式中的面积指标是完全不能接受的。所有方法的线长和运行时间是相当的。

表 10.5 不同层划分方式的比较,混合 $A + P + T$ 目标被用于混合 LP + SA 法,面积单位为 mm^2,线长单位为 mm,温度单位为℃

基准	面积贪婪		防键合		键合 – 面积	
	IPC	温度	IPC	温度	IPC	温度
gzip	2.98	108.9	2.88	108.8	2.85	104.7
Swim	0.77	93.0	0.87	96.8	0.92	88.0
vpr	1.16	117.8	1.54	112.9	1.29	114.4
Art	0.57	95.6	0.65	99.7	0.61	92.0
mcf	0.11	91.8	0.12	92.9	0.07	86.6
Equake	0.59	89.8	0.66	95.3	0.67	86.2
Lucas	0.96	127.2	1.06	117.1	1.19	123.0
gap	1.77	99.8	1.88	100.2	1.61	94.5
bzip2	2.14	110.4	2.29	109.2	2.33	107.4
twolf	0.90	126.9	0.95	118.0	1.03	118.9
均值	1.20	106.1	1.29	105.1	1.26	101.6
面积	22.68		52.54		26.45	
线长	270.73		263.26		247.02	
时间	19872		20102		20016	

10.6.5 结构分析

图 10.9 和图 10.10 所示为布局方法的示意图。对面积、性能、温度目标使用 LP+SA 法。布局的空白略差于最优情况，但这是由于在性能和温度优化上分配了较高的权重[①]。流程使用户能够修改目标权重来匹配需求。该图证实了相邻组件间确实存在热耦合，并且目标的热分配试图分隔最热组件，而目标的性能部分导致一些最热的组件仍分组在一起。这与图 10.8 所示的性能随温度的降低而快速下降是一致的。

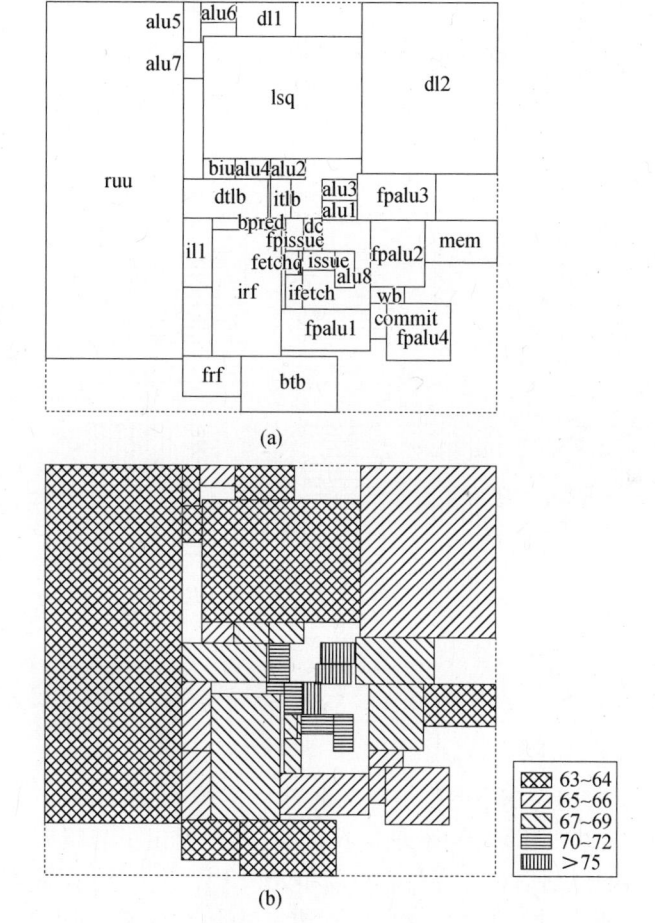

图 10.9 2D 布局示意图
(a)二维布局；(b)热分布。

---

① 这些布局也突出了对于多目标、多层布局问题的面积优化挑战。未来工作将试图更有效地解决这个问题。一个可能的解决方法是利用空白区域放置去耦电容、热通孔、缓冲器等。

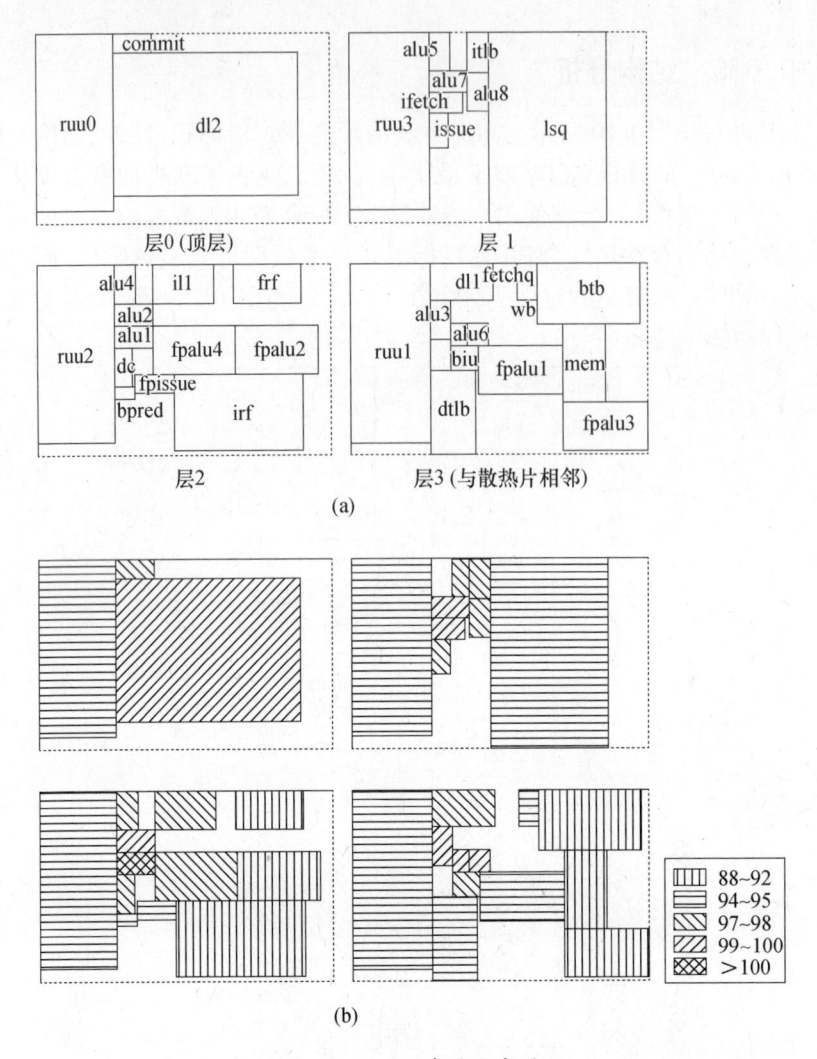

图 10.10 3D 布局示意图

(a) 三维布局；(b) 热分布。

如表 10.6 所列为在不同度量标准下的前十个微结构组件。物理设计者通常只能看到布局级的组件，就像许多小矩形。此处给出了与组成布局的每个组件相关的更多的详细信息。寄存器更新单元(RUU)[45]具有大量的读/写端口，其面积大于后两个最大的组件组合，这也是为什么要将其切分为多层布局。ALU 的的功率密度高于绝大部分其他组件，因此其温度通常也在布局的最高范围。3D 布局能够通过将 ALU 布局在不同层来缓解这一问题。尽管不同组件可以具有类似的功率耗散，但它们的温度有可能不同，因为它们最临近的单元会对它们的最终温度有很大影响。2D 和 3D 布局之间的组件间泄漏功耗机制是相同的，除了最后两类。这是因为每个组件的逻辑形式对于决定相对泄漏功耗相比温度的变化要更重要。表10.7所列为不同度量标准下的前十个总线和互连。有趣的是注意到在多层布局中最长的线几乎是单层布局中最长线的一半。最短的连线是由内部 ALU 连接决定的。这在一定程度上是因为 ALU 一般是小单元,因此其中心到中心间距很小,但是也因为在 ALU 之间有许多数据传输线,所以它们连接非常紧密。

表10.6 不同标准下3D布局中的前十名模块列表

级别	面积/mm²		功耗/(mW/mm²)		温度/℃		泄漏/mW	
1	RUU	16.38	IALU1	15408	IALU1	104.7	L2 cache	0.9343
2	L2 cache	7.83	BPRED	1971	MEM	103.7	ITLB	0.2559
3	LSQ	6.53	COMMIT	1930	IALU5	103.1	DTLB	0.2559
4	IRF	2.94	FPISSUE	1930	ITLB	103.1	L1 icache	0.0609
5	BTB	1.81	ITLB	1049	L2 cache	102.2	L1 dcache	0.0609
6	FPALU 2	1.20	IALU2	1034	IALU4	102.0	BTB	0.0091
7	PFALU 3	1.20	IALU3	884	FPALU4	101.7	FETCHQ	0.0036
8	FPALU 4	1.20	IALU4	746	IALU8	100.0	FPALU3	0.0015
9	DTLB	1.10	L1 cache	730	IALU2	99.6	FPALU1	0.0015
10	MEM	1.00	IALU5	630	IALU3	97.3	FPALU2	0.0015

表10.7 不同标准下的3D布局前十个线列表

级别	存取频率		长线/mm		短线/mm	
1	ITLB – FETCHQ	1.0	IALU6 – RUU	4.696	IALU1 – FETCHQ	0.23
2	IF – DC	1.0	FPALU3 – RUU	4.479	IALU5 – IALU1	0.33
3	BTB – IF	1.0	IRF – IALU6	3.962	IALU5 – IALU2	0.35
4	IL1 – FETCHQ	1.0	WB – COMMIT	3.959	IALU8 – IALU3	0.36
5	FETCHQ – IF	1.0	DTLB – RUU	3.688	IRF – FPALU1	0.57
6	DC – ISSUE	1.0	DL1 – RUU	3.613	IALU4 – IALU1	0.65
7	DL2 – DL1	1.0	IRF – IALU5	3.482	IALU8 – IALU1	0.67
8	WB – COMMIT	1.0	IRF – IALU2	3.462	IALU2 – IALU1	0.67
9	DTLB – RUU	1.0	RUU – FPALU1	3.423	IALU2 – IALU4	0.67
10	DL1 – RUU	1.0	DL2 – IL1	3.395	IALU4 – IALU5	0.69

10.6.6 保真度研究

保真度研究是两方面的。首先,如表10.8所列为3D基于网格的模型以及 Hotspot v3.0[28] 提供的10个基准下的温度比较。可以观察到,本文模型实现了相似的温度。其次,研究热阻矩阵 R 更新频率(即热导矩阵的逆)对最终温度和 IPC 结果的影响。在"每次移动"列,会在基于 SA 细化过程中的每个步骤都更新 R。"不更新"列包括了基于目前执行的结果,其中 R 在整个 SA 细化过程中保持为常数。注意到,当每次更新 R 时,都在基于 LP 的布局结构中添加一个切分线。从表 10.9 观察到温度值的精确计算(即在每个步骤更新 R)不一定转换成更好的结果。实际上,使用"不更新"法在部分运行时间内可以获得差不多一样的 IPC 和热结果。因此,结论是热分析和在 SA 优化中所使用的方法被证实是非常有效的。

表 10.8 与 Hotspot v3.0[28] 比较

基准	热点	本文	基准	热点	本文
Equake	86.1	86.2	gzip	109.6	104.7
mcf	86.5	86.6	bzip2	112.7	107.4
Swim	88.3	88.0	vpr	123.2	114.4
Art	93.6	92.0	twolf	130.0	118.9
Gap	97.2	94.5	Lucas	134.6	123.0

表 10.9 热阻矩阵更新频率对 IPC 和温度的影响,使用 3D LP + SA 布局规划器,以 $A + P + T$ 为目标

基准	每次移动		无更新	
	IPC	Temp	IPC	Temp
gzip	2.76	108.2	2.85	104.7
Swim	0.74	89.5	0.92	88.0
vpr	1.08	115.2	1.29	114.4
Art	0.52	95.6	0.61	92.0
mcf	0.09	89.2	0.07	86.6
Equake	0.55	87.6	0.67	86.2
Lucas	0.87	128.7	1.19	123.0
Gap	1.60	98.4	1.61	94.5
bzip2	1.95	109.6	2.33	107.4
twolf	0.79	122.4	1.02	118.9
均值	1.10	104.4	1.26	101.6
面积	27.89		26.45	
线长	245.68		247.02	
时间	433529		20016	

10.7 结论

本章针对2D和3D IC研究了用于高性能、高可靠性微处理器的多目标微结构级布局算法。同时考虑性能和热目标使得自动布局器可以实现平衡的或有目标指向的处理程序,以实现用户设定的设计目标。此外,将泄漏模型集成在热分析仪中,并且监控温度/泄漏交互影响可以防止热逃逸。研究了3D布局中组件间垂直覆盖如何影响性能、热、面积目标。此外,将组件划分成多层,同时考虑了F2F和F2B键合方式的通孔要求。混合模式结合了线性规划和模拟退火,该法被证实在较短运行时间内获得高质量解方面是非常有效的。

参考文献

[1] V. Agarwal, M. S. Hrishikesh, S. W. Keckler, D. Burger, Clock rate versus IPC: the end of the road for conventional microarchitectures, in *Proceedings of the IEEE International Conference on Computer Architecture*, Vancouver, 2000

[2] T. M. Austin, Simplescalar tool suite. SimpleScalar LLC, http://www.simplescalar.com

[3] K. Balakrishnan, V. Nanda, S. Easwar, S. K. Lim, Wire congestion and thermal aware 3D global placement, in *Proceedings of the Asia and South Pacific Design Automation Conference*, Shanghai, 2005

[4] D. Brooks, M. Martonosi, Dynamic thermal management for high-performance microprocessors, in *Proceedings of the Seventh International Symposium on High-Performance Computer Architecture*, Monterrey (IEEE Computer Society, Los Alamitos, 2001), p 171

[5] D. Brooks, V. Tiwari, M. Martonosi, Wattch: A framework for architectural level power analysis and optimizations, in *Proceedings of the IEEE International Conference on Computer Architecture*, Vancouver, 2000

[6] M. Casu, L. Macchiarulo, Floorplanning for throughput, in *Proceedings of the International Symposium on Physical Design*, Phoenix, 2004

[7] G. Chen, S. Sapatnekar, Partition-driven standard cell thermal placement, in *Proceedings of the International Symposium on Physical Design*, San Jose, Monterey, CA, 2003

[8] L. Cheng, W. Hung, G. Yang, X. Song, Congestion estimation for 3-D circuit architectures. IEEE Trans. Circuit Syst. II Express Brief 51, 655–659 (2004)

[9] L. Cheng, L. Deng, M. Wong, Floorplan design for 3-D VLSI design, in *Proceedings of the Asia and South Pacific Design Automation Conference*, Shanghai, 2005

[10] C. N. Chu, D. F. Wong, A matrix synthesis approach to thermal placement. IEEE Trans. Comput. Aided Design Integr. Circuit Syst. 17, 1166–1174 (1998)

[11] J. Cong, A. Jagannathan, G. Reinman, M. Romesis, Microarchitecture evaluation with physical planning, in *Proceedings of the ACM Design Automation Conference*, Anaheim, 2003

[12] J. Cong, J. Wei, Y. Zhang, A thermal-driven floorplanning algorithm for 3D ICs, in *Proceedings of the IEEE International Conference on Computer-Aided Design*, San Jose, 2004

[13] J. Cong, Y. Zhang, Thermal-driven multilevel routing for 3-D ICs, in *Proceedings of the Asia and South Pacific Design Automation Conference*, Shanghai, 2005

[14] S. Das, A. Chandrakasan, R. Reif, Design tools for 3 – D integrated circuits, in *Proceedings of the Asia and South Pacific Design Automation Conference*, San Jose, Kitakyushu, Japan, 2003

[15] Y. Deng, W. Maly, Physical design of the 2.5D stacked system, in *Proceedings of the IEEE International Conference on Computer Design*, San Jose, 2003

[16] S. Dropsho, V. Kursun, D. Albonesi, S. Dwarkadas, E. Friedman, Managing static leakage energy in microprocessor functional units, in *Proceedings of the Annual International Symposium on Microarchitecture*, München, Istanbul, Turkey, 2002

[17] D. Duarte, Y. Tsai, N. Vijaykrishnan, M. Irwin, Evaluating run – time techniques for leakage power reduction, in *Proceedings of the Asia and South Pacific Design Automation Conference*, Bangalore, 2002

[18] D. Duarte, N. Vijaykrishnan, M. J. Erwin, A clock power model to evaluate the impact of architectural and technology optimizations. IEEE Trans. VLSI Syst. 10(6), 844 – 855 (2002)

[19] J. C. Eble, V. K. De, D. S. Wills, J. D. Meindl, A generic system simulator (GENESYS) for ASIC technology and architecture beyond 2001, in *International ASIC Conference*, Rochester, NY, 1996

[20] eCACTI, http://www.ics.uci.edu/~maheshmn/eCACTI/main.htm.

[21] M. Ekpanyapong, J. Minz, T. Watewai, H. – H. Lee, S. K. Lim, Profile – guided microarchitectural floorplanning for deep submicron processor design, in *Proceedings of the ACM Design Automation Conference*, Yokohama, San Diego, 2004

[22] B. Goplen, S. Sapatnekar, Efficient thermal placement of standard cells in 3D ICs using a force directed approach, in *Proceedings of the IEEE International Conference on Computer – Aided Design*, San Jose, 2003

[23] B. Goplen, S. Sapatnekar, Thermal via placement in 3 – D ICs, in *Proceedings of the International Symposium on Physical Design*, San Francisco, 2005

[24] L. He, W. Liao, M. Stan, System level leakage reduction considering leakage and thermal interdependency, in *Proceedings of the ACM Design Automation Conference*, Yokohama, San Diego, 2004

[25] M. Healy, M. Vittes, M. Ekpanyapong, C. Ballapuram, S. K. Lim, H. – H. S. Lee, G. H. Loh, Multi – objective microarchitectural floorplanning for 2D and 3D ICs. IEEE Trans. Comput. Aided Design Integr. Circuit Syst. 26(1), 38 – 52 (2007)

[26] R. Ho, K. W. Mai, M. A. Horowitz, The future of wires, *Proceedings of the IEEE*, 89(4), 490 – 504 (2001)

[27] S. B. Horn, Vertically integrated sensor arrays VISA, in *Defense and Security Symposium*, Orlando, 2004

[28] HotSpot, http://lava.cs.virginia.edu/HotSpot

[29] M. Huang, J. Renau, S. – M. Yoo, J. Torrellas, A framework for dynamic energy efficiency and temperature management, in *Proceedings of the 33rd Annual ACM/IEEE International Symposium on Microarchitecture*, Monterey, 2000, pp. 202 – 213

[30] W. Hung, Y. Xie, N. Vijaykrishnan, C. Addo – Quaye, T. Theocharides, M. Irwin, Thermalaware floorplanning using genetic algorithms, in *Proceedings of the International Symposium on Quality Electronic Design*, San Jose, 2005

[31] S. Kaxiras, Z. Hu, M. Martonosi, Cache decay: exploiting generational behavior to reduce cache leakage power. in *Proceedings of the 28th Annual International Symposium on Computer Architecture*, pages 240 – 251, Goteborg, 2001

[32] I. Kaya, M. Olbrich, E. Barke, 3 – D Placement considering vertical interconnects, in *Proceedings of the IEEE International SOC Conference*, Portland, 2003

[33] N. Kim, K. Flautner, D. Blaauw, T. Mudge, Drowsy instruction caches: Leakage power reduction using dynamic voltage scaling and cache sub – bank prediction. In *Proceedings of the Annual International Symposium on Microarchitecture*, Los Alamitos, Istanbul, Turkey, 2002

[34] W. Liao, F. Li, L. He, Microarchitecture level power and thermal simulation considering temperature, in *Proceedings of the International Symposium on Low Power Electronics and Design*, Seoul, 2003

[35] C. Long, L. Simonson, W. Liao, L. He, Floorplanning optimization with trajectory piecewiselinear model for pipelined interconnects, in *Proceedings of the ACM Design Automation Conference*, San Diego, 2004

[36] J. Minz, S. K. Lim, C. K. Koh, 3D Module placement for congestion and power noise reduction, in *Proceedings of the Great Lakes Symposium on VLSI*, Chicago, 2005

[37] J. Minz, E. Wong, S. K. Lim, Thermal and power integrity – aware floorplanning for 3D circuits, in *Proceedings of the IEEE International SOC Conference*, Williamsburg, Herndon, VA, 2005

[38] H. Murata, K. Fujiyoshi, S. Nakatake, Y. Kajitani, Rectangle packing based module placement. in *Proceedings of the IEEE International Conference on Computer – Aided Design*, San Jose, 1995, pp. 472 – 479

[39] V. Nookala, Y. Chen, D. Lilja, S. Sapatnekar, Microarchitecture – aware floorplanning using a statistical design of experiments approach, in *Proceedings of the ACM Design Automation Conference*, Anaheim, 2005

[40] B. Obermeier, F. Johannes, Temperature – aware global placement, in *Proceedings of the Asia and South Pacific Design Automation Conference*, Yokohama, 2004

[41] V. Pavlidis, E. Friedman, Interconnect delay minimization through interlayer via placement in 3 – D ICs, in *Proceedings of the Great Lakes Symposium on VLSI*, Chicago, 2005

[42] S. Salewski, E. Barke, An upper bound for 3D slicing floorplans, in *Proceedings of the Asia and South Pacific Design Automation Conference*, Bangalore, 2002

[43] P. Shivakumar, N. P. Jouppi, CACTI 3. 0: an integrated cache timing, power, and area model. Technical Report 2001. 2, HP Western Research Labs, Palo Alto, 2001

[44] K. Skadron, M. Stan, W. Huang, S. Velusamy, K. Sankaranarayanan, D. Tarjan, Temperatureaware microarchitecture, in *Proceedings of the IEEE International Conference on Computer Architecture*, San Diego, 2003, pp. 2 – 13

[45] G. Sohi, S. Vajapeyam, Instruction issue logic for high performance interruptable pipelined processors. *Proceedings of the 14th Annual International Symposium on Computer Architecture*, Pittsburgh, 1987

[46] T. Tanprasert, An analytical 3 – D placement that reserves routing space, in *Proceedings of the IEEE International Symposium on Circuits and Systems*, Geneva, 2000

[47] C. Tsai, S. Kang, Cell – level placement for improving substrate thermal distribution. IEEE Trans. Comput. Aided Design Integr. Circuit Syst. 19, 253 – 266 (2000)

[48] Y. Tsai, A. Ankadi, N. Vijaykrishnan, M. Irwin, T. Theocharides, ChipPower: an architecturelevel leakage simulator, in *Proceedings of the IEEE International SOC Conference*, Santa Clara, 2004

[49] M. Umemoto, K. Tanida, Y. Nemoto, M. Hoshino, K. Kojima, Y. Shirai, K. Takahashi, Highperformance vertical interconnection for high – density 3D chip stacking package, in *IEEE Electronic Components and Technology Conference*, Las Vegas, 2004

[50] R. Zhang, K. Roy, C. – K. Koh, D. B. Janes, Exploring SOI device structures and interconnect architectures for 3 – dimensional integration, in *Proceedings of the ACM Design Automation Conference*, Las Vegas, 2001

第 11 章　三维集成电路的热驱动门级布局

摘要:本章将研究为了有效利用堆叠中管芯到管芯的热耦合而在 3D IC 布局中所采用的两种方法。第一种是将 TSV 分布到每个管芯以减小局部功率密度,同时垂直对齐管芯以增大到热沉的热导率。第二种是将高功耗逻辑单元移到与热沉间具有较高热导率的的位置,同时将 TSV 移到顶部管芯,这样高功耗单元会被垂直覆盖在 TSV 下面。这些方法被成功应用于力导向 3D 布局中,并且表现优于许多近期发表文献中的布局器。

本章所展示的内容基于参考文献[1]。

11.1　引言

增加功能同时使 IC 的占用面积最小化是目前电子工业的发展趋势。转为更小的工艺节点是实现这一目标的传统方式;但是投资新的生产线需要在经济上可行。薄管芯的三维堆叠使得在保持发展趋势的同时维持在目前的工艺节点。聚合物粘合剂是用于键合薄管芯的常用材料[6]。所以在 3D IC 中常会出现管芯和聚合物粘合剂的交叉层。

在 3D IC 中堆叠管芯的后果是增加了功耗密度,因此升高了温度,这会导致其他可靠性问题,诸如电迁移、负偏温度不稳定性。由于具有低温传导率,聚合物粘合剂恶化了这一问题。此外,如果薄管芯是 SOI,那么可能会产生极高的温度。热量必须从管芯快速散失;否则会产生可靠性问题。本章将研究两种有效的试探法,即 TSV 扩展和对准法(TSA)、考虑热耦合的布局(CA),它在力导向温度感知布局中利用了 3D IC 中的管芯到管芯热耦合。

我们进行了大量的实验考察从 GDSII 版图获得的线长、延时、功耗、温度折衷结果。本章设计的布局器优于许多近期文献上发表的布局器[2-5,7]。

11.2　研究现状

近期发表的关于 3D IC 考虑温度的布局研究很少。在文献[3]中,采用了力导向的方法用于 3D 热布局;然而该法没有包括 TSV,而 TSV 是 3D IC 中常用的方法。在文献[4]中,基于划分的方法被用于 3D 热布局。该研究考虑了信号 TSV 寄生电阻和电容对功耗的影响,但是未能加入 TSV 的热特性。还是因为无法了解 TSV 面积,报道表明该法即使针对较小电路也会莫名地产生大量 TSV。文献[2]中的研究考虑了 TSV 热特性;但是该法假设粘合剂是理想绝缘体。实际上,热量仍可通过(硅和)粘合剂传导,因为其厚度很薄。基于假设,研究仅将在容积内的 TSV 数量与在相同容积内以及容积垂直下方的单元热耗散之间寻求平衡。

11.3 研究动机

由于其占用的面积、铜的高热导率以及广泛使用的填充材料等因素,TSV 对温度具有重要影响。在 3D IC 版图中,逻辑门不能被 TSV 覆盖。TSV 占用的面积变得"功耗空白",因为没有消耗功耗,所以不会产生热量。此外,如图 11.1 所示 TSV 通过管芯间的聚合物粘合剂将绝大多数热量传导到热沉。在图中,顶部管芯的顶部金属层上的热点 D 是由底部管芯热点 B 中的 TSV 导致的。通过 TSV 的热流非常密集,使得在顶部管芯上仍然维持着其影响。因此,顶部管芯的温度分布是顶部管芯的功耗机制结合从底部管芯流过 TSV 的热流共同造成的。本章利用 TSV 的这些热特性提出了 TSV 分布和对齐方法,即通过均匀分布 TSV 以降低局部功耗热点的功耗密度、垂直对齐相邻管芯的 TSV 以建立到达热沉的直接通路。

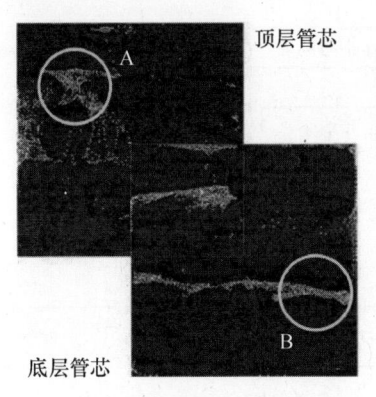

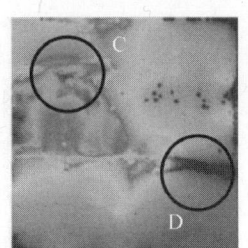

图 11.1 通过 TSV 的管芯到管芯热耦合,TSV 显示为白色,顶部管芯接近热沉,冷点 C 是由同一管芯上点 A 上的 TSV 导致的,热点 D 是由底部管芯上点 B 的 TSV 导致的

使用 Ansys FLUENT 可以模拟带有和不带 TSV 的部分体硅(及其相关结构,例如连接焊盘和衬层)。固定模型顶部的温度,在底部采用常数功耗密度,并获得温度分布。该仿真结果意味着通过 TSV 的热流增加的温度远低于等量热流流过体硅和粘合剂产生的热量。同时还观察到带有 TSV 的体硅中温度缓慢增加。另一方面,在没有 TSV 的体硅中,键合粘合剂的低热导率导致温度在一开始急剧升高,但是温度在硅内部并没有升高那么多。本章将计算体硅带有

和不带 TSV 的平均热导率,并使用它指导考虑热耦合的布局。

11.4 评估流程

本节给出评估 TSV 对 3D IC 温度影响的基本方案。方案的主要部分是 3D IC 的功耗分析和 GDSII 级热分析。提出的评估流程可以评估 3D 考虑温度的全局布局算法在降低温度方面的有效性。11.7 节将给出研究结果的详细分析和报告。

图 11.2 给出了用于考虑温度的 3D IC 全局布局评估流程。在获得 3D 温度感知全局布局结果之后,将执行具体布局和布线。报告包括最终 GDSII 级版图的传统指标,例如面积、布线线长。然后进行 3D 静态时序分析、功耗分析(11.4.1 节)、GDSII 级热分析(11.4.2 节)以分别得出延迟、功耗和温度的报告。注意到来自功耗分析的结果需要提供给 GDSII 级热分析,因为在热分析过程中逻辑单元功耗是 3D IC 中的热源。

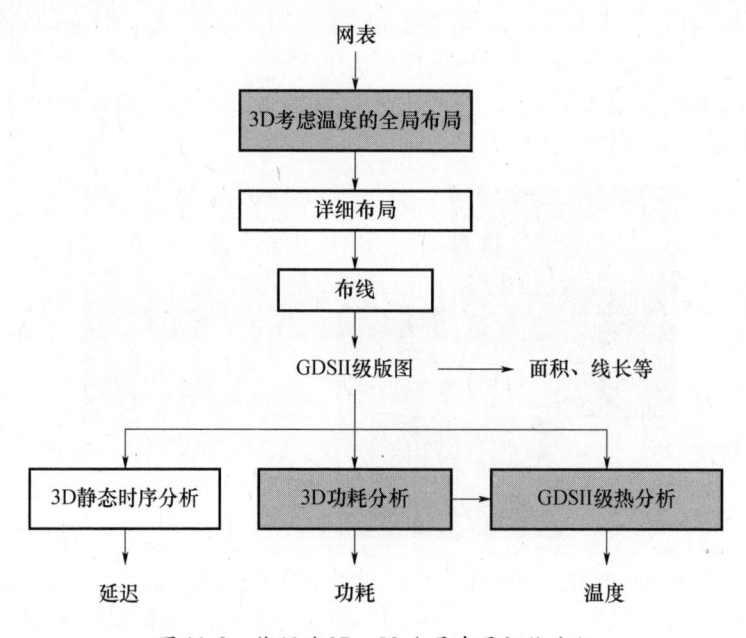

图 11.2 热驱动 3D-IC 全局布局评估流程

11.4.1 三维集成电路的功耗分析

本章研究的 3D IC 的功耗分析流程首先从得到 3D IC 中所有管芯的 DEF 或 GDSII 格式版图开始(图 11.3)。下面,将它们馈入 Cadence SoC Encounter 来提取 SPEF 格式的寄生电阻和电容。为 TSV 的寄生电阻和电容生成单独的

SPEF 文件。顶层 Verilog 将所有管芯的 Verilog 连接到一起,并且该顶层 Verilog 中所有管芯的连接代表了 TSV。整个设计中所有逻辑单元的开关行为可以通过从所有主输入传入设计的所有节点中的开关可能性以及静态可能性来获得。通过执行整个设计的功能仿真可以获得额外的准确度。最后,使用 PrimeTime PX 进行静态功耗分析,并报告每个逻辑单元的功耗。用该法结合所有管芯,可以计算 TSV 的寄生电阻和电容、管芯上跨过的线以考察 3D IC 的总功耗。

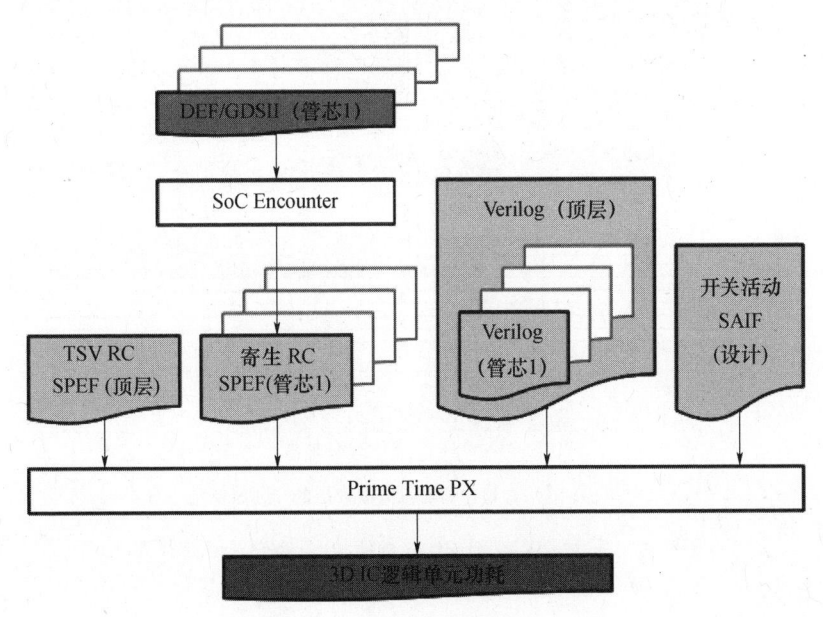

图 11.3 3D IC 的功耗分析流程

11.4.2 GDSII 级热分析

3D 结构内点 $p=(x,y,z)$ 的稳态温度可通过求解如下热方程获得

$$\nabla \cdot (k(p)\nabla T(p)) + S_h(p) = 0 \tag{11.1}$$

式中:k 为热导率(单位为 W/(m·K));T 为温度(单位为 K);S_h 为容积热源(单位为 W/m³)。该模型可如图 11.4 所示那样,通过将 3D IC 的网格分析结构划分成单元来实现。每个单元被称为热单元,它是特定宽度和高度的体积,其厚度与 3D IC 内每个物理层相同。

为了求解式(11.1),必须在 3D 芯片堆叠的 6 个表面给定边界条件。通常,3D 芯片堆叠非常薄、平,且被封装在建模材料内部,该材料不是好的热导体。所以,在底部和堆叠的四个边施加绝热边界条件,在顶部(即热沉)施加对流边界条件。

本章提出的热分析流程如图 11.5 所示。开始将 3D IC 所有管芯版图的 GDSII 格式,以及每个逻辑单元的功耗提供给版图分析仪,这样所有 TSV 相关的元件,例如连接焊盘和衬垫,就被包含在分析范围内了。版图分析仪自动生成具有热导率的 3D IC 网格结构以及每个热单元的容积热源。

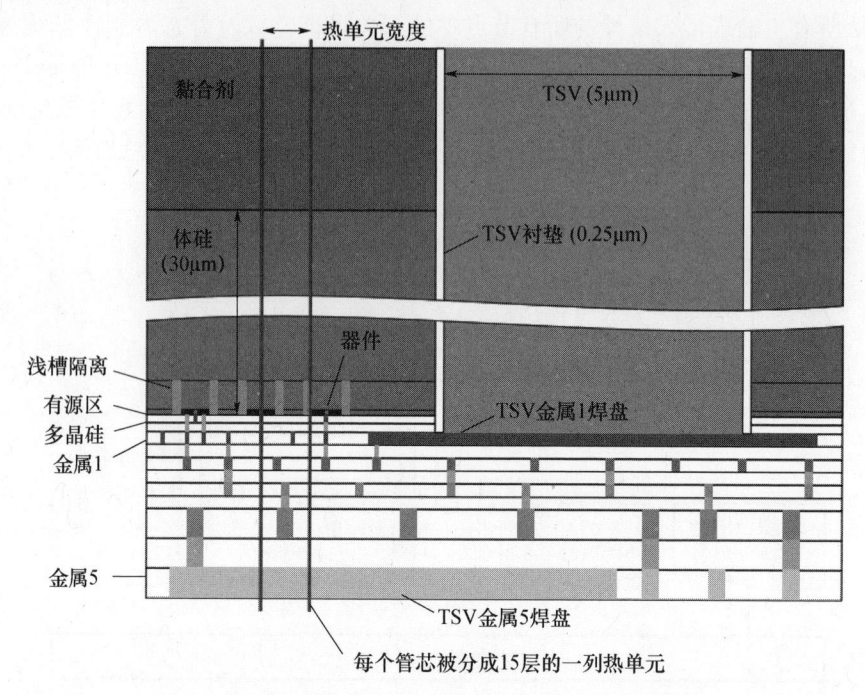

图 11.4　基于 TSV 的 3D IC 分析结构,每个管芯被建模为 15 层不同的材料,整个 4 管芯结构包括 62 层

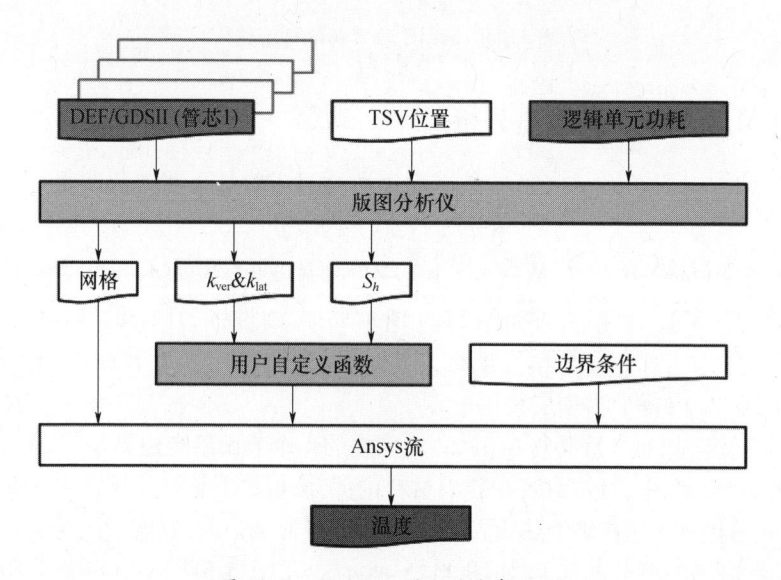

图 11.5　GDSII 版图级热分析流程

热单元是由许多不同材料构成的,例如多晶硅、通孔中的钨、TSV 中的铜、介质(图 11.6)。具有足够精细的热单元尺寸,那么就可以使用基于热阻模型的等效热导率[11]。理论上讲,如果热单元尺寸非常小,则材料内部是同质的,并且其热导率是各向同性的。然而,使用小单元尺寸需要较高计算资源以及较长运行时间。出于实用目的,可以使用大的热单元尺寸。因为 GDSII 版图中是典型结构尺寸,所以每个热单元的热导率是各向同性的。包括了 N 种材料的热单元垂直热导率 k_{ver} 和水平热导率 k_{lat} 可以从如下公式计算

$$k_{ver} = r_1 \cdot k_1 + r_2 \cdot k_2 + \cdots + r_N \cdot k_N \quad (11.2)$$

$$1/k_{lat} = r_1/k_1 + r_2/k_2 + \cdots + r_N/k_N \quad (11.3)$$

式中: r_i 为材料 i 容积与热单元容积比;k_i 为材料 i 的热导率。版图分析仪直接从 3D 芯片堆叠中所有管芯的 GDSII 版图计算得到。

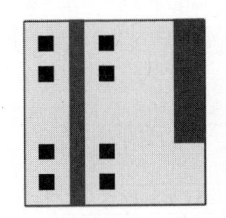

图 11.6 热单元内部的材料组成

接触孔=5.56%
多晶硅=8.33%
TSV(蓝)=11.11%
介质=75%

从每个逻辑单元的功耗和位置可以计算热单元 P_{cell} 内的总功耗。然后,容积热源 S_h 可由下式计算

$$S_h = \frac{P_{cell}}{W_{cell} \cdot H_{cell} \cdot T_{cell}} \quad (11.4)$$

式中: W_{cell}、H_{cell}、T_{cell} 分别为热单元的宽度、高度、厚度。

利用商业工具 Ansys FLUENT 可以求解式(11.1)。从版图分析仪生成的网格结构可直接提供给 FLUENT。然而,k_{ver}、k_{lat}、S_h 需要通过用户定义函数提供给 FLUENT,因为它们会随热单元位置而变化。最终,使用前述的边界条件,可以运行 FLUENT 来获得 3D 芯片堆叠内部所有位置的稳态温度。

11.5 全局三维布局算法

在本节将描述两种 3D 考虑温度的全局布局算法,它们是基于力导向法的[9]。将该布局器以两种方式扩展使得可以在 3D IC 中进行热优化。在第一种算法中,水平扩展每个管芯内的 TSV 以形成均匀热导率,同时打乱 TSV 位置以增加 3D 堆叠中管芯间 TSV 之间的垂直覆盖。在第二种算法中,每个管芯上的逻辑单元是通过基于热导率为导向来定位的,而 TSV 的定位是通过基于功耗

密度为导向实现的①。

11.5.1 设计流程

图 11.7 所示为布局的整个流程,单元和 TSV 位置是同时确定的。给定一个网表,如果没有设定划分情况,就将单元划分成管芯。然后,插入最少数量的所需 TSV 来连接不同管芯上的单元。一旦这些管芯划分固定,在布局期间将不能移动管芯上的单元。这是因为改变单元划分会导致 TSV 数量变化,从而使得问题的复杂度变得难以控制。之后,使线长最小化以获得初始布局,其中可能单元和 TSV 之间具有较高覆盖率。在处理覆盖的主要循环中,第一种算法使用 TSV 密度和 TSV 位置来计算 TSV 的目标点。在第二种算法中,基于目前的单元和 TSV 位置周期执行 3D 功耗分析(11.4.1 节中有解释)。之后,使用从 11.3 节仿真结果得到的单元功耗、TSV 密度、体硅平均热导率来计算单元和 TSV 下一步的目标点。更新导向方程并进行求解之后,将更新单元和 TSV 的位置。该循环一直持续到覆盖被充分减小。

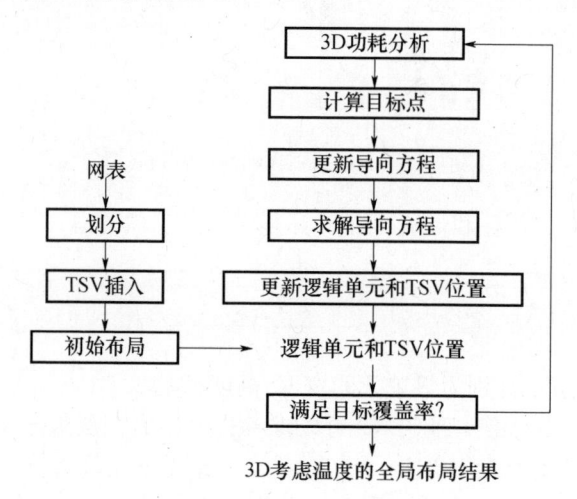

图 11.7 3D IC 全局布局设计流程

11.5.2 力导向的三维布局

在二次规划布局中[9],二次规划线长 Γ_x 和 Γ_y 沿 X 轴和 Y 轴方向被分别最小化来获得布局结果。将 Γ_x 作为弹性能量,其导数可被作为净力 f_x^{net}。通过将 f_x^{net} 设为 0,可以找到最小 Γ_x 以及对应的布局;然而,在一些小面积内单元间可能会有重叠。保持力 f_x^{hold} 防止 f_x^{net} 将单元拉回初始布局。此外,基于密度的力

---

① 曾试图结合这两种方法,但结果并不一致。

f_x^{den} 通过分散高密度区中的单元来减小覆盖。

为了扩展为 3D IC[9]，在文献[5]中布局过程中单元没有在管芯上移动，因为它们通过划分器已被对齐在管芯中。此外，f_x^{den} 是基于每个管芯 d 的布局密度 D_d 来一个管芯一个管芯地计算的，其定义为

$$D_d(x,y) = D_d^{\text{cell}}(x,y) - D_d^{\text{die}}(x,y) \tag{11.5}$$

式中：D_d^{cell} 为管芯 d 上的单元密度，D_d^{die} 为被缩放的管芯密度以匹配管芯上的整个单元面积。然后，布局电势 Φ_d 通过求解泊松方程计算得到

$$\Delta \Phi_d(x,y) = -D_d(x,y) \tag{11.6}$$

连接单元 i 基于密度的弹力的目标点 $\mathring{x}_i^d$ 通过下式计算

$$\mathring{x}_i^d = x_i' - \frac{\partial}{\partial x}\Phi_d(x,y)\bigg|_{(x_i',y_i')} \tag{11.7}$$

式中：x_i' 为管芯 d 上单元 i 从最后一次迭代得到的 X 位置。最后，对每个布局迭代，布局结果可以通过设定总力 f_x 为 0 来获得，并求解下式

$$f_x = f_x^{\text{net}} + f_x^{\text{hold}} + f_x^{\text{den}} = 0 \tag{11.8}$$

11.5.3 硅通孔分布和对准

如图 11.8 所示在该算法中我们利用 TSV 的其中一个热特性来帮助减轻热问题。TSV 占用布局面积，但不耗散功耗。具有较高功耗的单元间有 TSV 的存在可减小局部耗散密度，这转而有助于减小局部温度。所以，在每个管芯上均匀分布 TSV 有助于减小 3D IC 中管芯间的热量变化。我们研究该算法的原因是它简单而有效。它可以被看作是模仿均匀 TSV 位置的方法。不是基于从 TSV 和单元面积计算得到的布局密度来移动 TSV，我们将仅基于 TSV 密度移动 TSV。换句话说，仅通过 TSV 面积在方程(11.5)中计算 D_d^{cell}，并缩放 D_d^{die} 来匹配管芯上的总 TSV 面积。

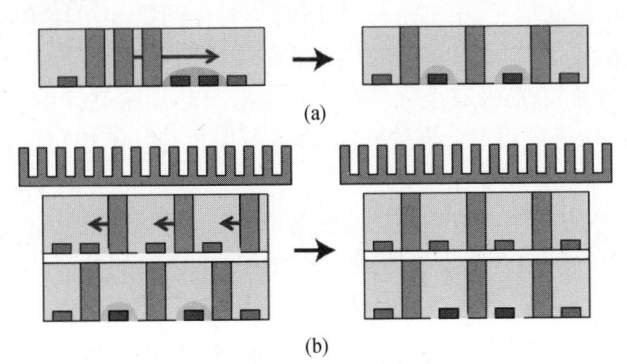

图 11.8 TSV 分布和 TSV 对准力
(a)TSV 分布力；(b)TSV 对准力。

除了 TSV 分布以外，如图 11.8(b)所示我们利用 TSV 的另一个热特性来帮助减轻热问题。TSV 通过管芯间的聚合物粘合剂传导大部分热量，这会导致 TSV 与热沉之间的邻近管芯上产生局部热点。所以将每个管芯上的 TSV 与邻近管芯上的 TSV 对准将有助于防止此类热点，并直接将热量快速导入热沉，使得整体温度降低。为了在全局布局过程中对准 TSV，我们在式(11.8)中针对 TSV 引入额外的力，即对准力 f_x^{align}。该力可通过连接到 TSV 的对准弹力来表示，且被定义为

$$f_x^{\text{align}} = \check{C}_x^a (x - \check{x}^a) \tag{11.9}$$

式中：向量 $\check{x}^a$ 表示对准弹力到 TSV 的目标点 x 坐标位置，对角矩阵 $\check{C}_x^a$ 包括了连接到 TSV i 的对准弹力的弹性常数 $\check{w}_{x,i}^a$。

仅当远离热沉的相邻管芯上距离最近的 TSV j 在一定范围内时，将对准力施加到 TSV i 上，这样就不用过度增加线长。范围被设定为 TSV 的尺寸，因为极有可能在几个迭代内就可以对准 TSV。通过将 $\check{w}_{x,i}^a$ 设定为 f_x^{den} 基于密度的弹性常数 $\check{w}_{x,i}^d$，且设定对准目标点 $\check{x}_i^a$ 为 x_j'，即从（远离热沉的临近管芯上的）TSV j 最后一次迭代距离 TSV i 最近的 x 位置，实现 f_x^{align} 与其他力的平衡。该方法很容易地平衡了 f_x^{align} 与 f_x^{den}。

由于在早期布局迭代中存在较高单元覆盖率，所以目标点 $\check{x}_i^d$ 比对准目标点 $\check{x}_i^a$ 要远离 TSV i。因此 f_x^{den} 是主导。当单元在布局的后期迭代中均匀分布时，$\check{x}_i^d$ 接近 TSV i。那么，f_x^{den} 变得较弱，并且 f_x^{align} 更加影响 TSV 位置。

11.6 热耦合布局

在该算法中，在布局期间将考虑管芯到管芯热耦合。基本方法是引入两个新的力，第一个移动单元，第二个移动 TSV，均是试图将高功耗单元放置得接近 TSV 到热沉通路。由于通过单元的热耗散必须流向热沉，所以基于单元的功耗密度以及利用相同管芯及其上面管芯计算的有效热导率进行单元布局。此外，由于 TSV 可传导热量而不会导致升温太多，所以我们基于相同管芯及其下面管芯的总功耗密度来布局 TSV。

我们的基本方法是具有较高功耗密度以及较低热导率的面积会导致高温。因此，在特定位置的温度取决于功耗密度和热导率之间的差别（或不平衡）。管芯上移动单元（TSV）的力也改变了管芯的功耗密度（热导率）分布。我们的目标是使用这些力平衡管芯上每个位置的功耗密度和热导率。面积内具有较大差异的力相比差异较小的力要更强大。弹性力的强度取决于连接点的距离，所以我们基于这些差异设定力度。基于这些概念，首先建立了差值图，然后以迭代的方式平滑该图。表 11.1 所列为本节中使用的符号。

表 11.1 用于热耦合感知布局的符号

符号	说明
P_d^{cell}	每个管芯 d 的单元功耗密度
K_d^{sink}	从管芯 d 到热沉的有效热传导率
K_d^{die}	管芯 d 另一侧的热导率
p_i	单元 i 的功耗
N_d^{TSV}	管芯 d 上的 TSV 总数量
N_{die}	管芯数
B_d^{cond}	管芯 d 上基于热导率力的平衡因子
s_d^{cond}	管芯 d 上匹配到热沉有效电导率与单元功耗的缩放因子
B_d^{pow}	管芯 d 上基于功耗密度力的平衡因子
s_d^{pow}	匹配管芯 d 的单元功耗与其下管芯到管芯 d 的热导率的调节因子
s_d^{PD}	管芯 d 上将单元功耗以单元面积归一化的调节因子
s_d^{KD}	管芯 d 热导率以单元面积归一化的调节因子
α	热耦合力的权重常数

11.6.1 单元移动

基于热导率的力 f_x^{cond} 示于图 11.9(a)。它将高功耗单元移动到与热沉之间具有高热导率的位置,并被定义为

$$f_x^{cond} = \mathring{C}_x^c (x - \mathring{x}^c) \tag{11.10}$$

式中:向量 $\mathring{x}^c$ 代表连接基于热导率的弹力到单元的目标点 x 位置,并且对角阵 $\mathring{C}_x^c$ 包括了连接到单元 i 的弹力的弹性常数 $\mathring{w}_{x,i}^c$。

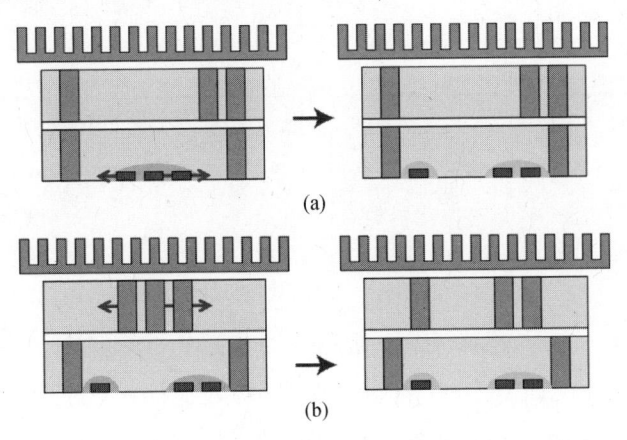

图 11.9 基于热导率的力与基于功耗密度的力对照
(a)基于热导率的力;(b)基于功耗密度的力。

通过对比到热沉的有效热导率(定义为 K_d^{sink})来平衡每个管芯 d 的单元功耗密度 P_d^{cell},实现逐个管芯计算 f_x^{cond}。在文献[9]中力导向结构的供需系统下,P_d^{cell} 和 K_d^{sink} 代表去除源自 3D 堆叠管芯 d 对热量的需求与供给。定义管芯 d 上基于热导率力的平衡因子 B_d^{cond} 如下(图 11.10)

$$B_d^{cond}(x,y) = P_d^{cell}(x,y) - s_d^{cond} \cdot K_d^{sink}(x,y) \tag{11.11}$$

式中:s_d^{cond} 为匹配管芯上 K_d^{sink} 到 P_d^{cell} 的缩放因子。使用 s_d^{cond} 平衡总供给(K_d^{sink})和总需求(P_d^{cell}),并可通过下式计算得到

$$s_d^{cond} = \frac{\iint P_d^{cell}(x,y)\,\mathrm{d}x\mathrm{d}y}{\iint K_d^{sink}(x,y)\,\mathrm{d}x\mathrm{d}y} \tag{11.12}$$

式中:K_d^{sink} 可由下式计算

$$K_d^{sink}(x,y) = \frac{1}{\sum_{j=d}^{N_{die}} \frac{1}{K_j^{die}(x,y)}} \tag{11.13}$$

式中:K_j^{die} 为管芯 j 的热导率;管芯 N_{die} 为距离热沉最近的管芯(图 11.11)。此处 $K_{N_{die}}^{die}$ 包括厚衬底(图中没有画出)和热沉的热导率,且 K_j^{die} 是基于管芯上每个位置的 TSV 密度,以及带有和不带 TSV 时体硅的平均热导率计算得到的,这些可从 11.3 节的仿真结果获得。

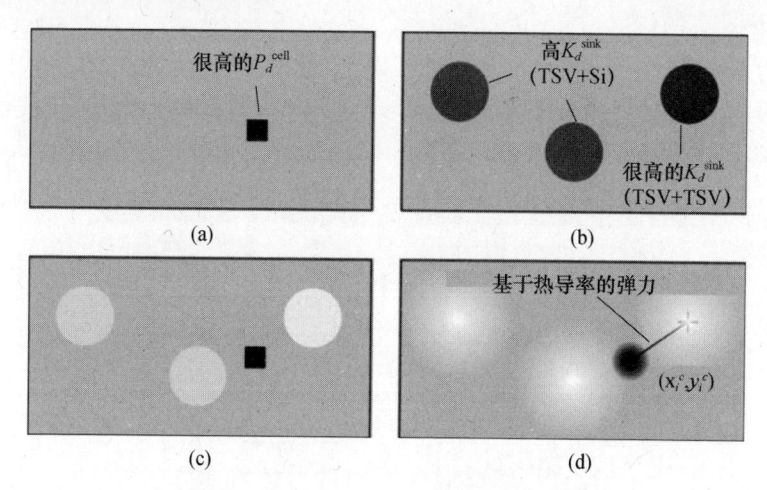

图 11.10 B_d^{cond} 示意图

(a)P_d^{cell};(b)$s_d^{cond} \cdot K_d^{sink}$;(c)$B_d^{cond}$;(d)求解泊松方程后 B_d^{cond} 的电势。

B_d^{cond} 的电势 Φ_d^{cond} 可通过求解泊松方程计算得到

$$\Delta \Phi_d^{cond}(x,y) = -B_d^{cond}(x,y) \tag{11.14}$$

单元 i 的目标点 x_i^c 可利用下式计算

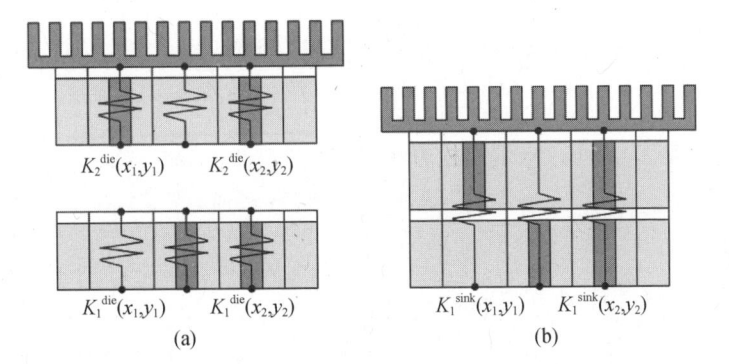

图 11.11　计算 K_d^{sink}
(a) K_1^{die} 和 K_2^{die}；(b) K_1^{sink}。

$$\mathring{x}_i^c = x_i' - \frac{\partial}{\partial x}\Phi_d^{cond}(x,y)\Big|_{(x_i',y_i')} \tag{11.15}$$

式中：x_i' 为从最后一次迭代得到的管芯 d 上单元 i 的 x 位置。基于单元功耗和总单元功耗设定单元 i 的弹性常数 $\mathring{w}_{x,i}^c$

$$\mathring{w}_{x,i}^c = \frac{p_i}{\sum\limits_{\forall j} p_j} \tag{11.16}$$

式中：p_i 为单元 i 的功耗；j 为管芯 d 上的单元。所以，高功耗单元被连接到基于强热导率的弹力。

11.6.2　硅通孔移动

如图 11.9(b) 所示引入基于功耗密度的力 f_x^{pow}。它将 TSV 移向同一个管芯及其下面管芯上具有较高单元功耗密度的位置。f_x^{pow} 定义如下

$$f_x^{pow} = \mathring{C}_x^p(\boldsymbol{x} - \mathring{\boldsymbol{x}}^p) \tag{11.17}$$

式中：向量 $\mathring{x}^p$ 为连接基于功耗密度的弹力到 TSV 目标点的 x 位置，对角阵 $\mathring{C}_x^p$ 包括了连接到 TSV_i 的弹力的弹性常数 $\mathring{w}_{x,i}^p$。

对比通过管芯流向热沉的总功耗密度 $\sum P_j^{cell}$，通过平衡每个管芯 d 的热导率 K_d^{die} 来逐个管芯地计算 f_x^{pow}。在文献[9]中力导向结构的供需系统下，K_d^{die} 和 $\sum P_j^{cell}$ 代表了从同一管芯传导热到热沉下管芯的需求和供给。将管芯 d 的基于功耗密度的平衡因子 B_d^{pow} 定义为

$$B_d^{pow}(x,y) = K_d^{die}(x,y) - s_d^{pow} \cdot \sum_{j=1}^d P_j^{cell}(x,y) \tag{11.18}$$

式中：s_d^{pow} 为使 $\sum P_j^{cell}$ 与管芯上 K_d^{die} 相匹配的比例因子。使用 s_d^{pow} 来平衡总供给（$\sum P_j^{cell}$）与总需求（K_d^{die}），并利用下式计算其值

$$s_d^{\text{pow}} = \frac{\iint K_d^{\text{die}}(x,y)\,\mathrm{d}x\mathrm{d}y}{\iint \sum_{j=1}^d P_j^{\text{cell}}(x,y)\,\mathrm{d}x\mathrm{d}y} \tag{11.19}$$

B_d^{pow} 的电势 Φ_d^{pow} 是通过求解泊松方程计算的

$$\Delta\Phi_d^{\text{pow}}(x,y) = -B_d^{\text{pow}}(x,y) \tag{11.20}$$

TSV_i 的目标点 $\hat{x}_i^p$ 是通过下式计算的

$$\hat{x}_i^p = x_i' - \frac{\partial}{\partial x}\Phi_d^{\text{pow}}(x,y)\bigg|_{(x_i', y_i')} \tag{11.21}$$

式中:x_i' 为管芯 d 上从最后一次迭代得到的 TSV_i 的 x 位置。我们设定弹性常数 $\hat{w}_{x,i}^p$ 为 $\frac{1}{N_d^{\text{TSV}}}$,其中 N_d^{TSV} 为管芯 d 上的 TSV 总数。所以,每个 TSV 基于功耗密度的弹力具有相同强度。

11.6.3 力平衡

我们对比 f_x^{den} 来平衡新的力,因为 f_x^{den} 是移动单元和 TSV 的主力。首先,按比例调节新的力,使得它们具有与 f_x^{den} 相同的大小。然后,给 f_x^{den}、f_x^{cond} 和 f_x^{pow} 施加权重常数,这样就可以控制它们对总力的贡献。

首先,调节 f_x^{cond} 达到 f_x^{den},通过比例因子 s_d^{PD} 将 P_d^{cell}(即式(11.11)中对 B_d^{cond} 的需求)归一化为 D_d^{cell},其中 s_d^{PD} 被定义为

$$s_d^{\text{PD}} = \frac{\iint D_d^{\text{cell}}(x,y)\,\mathrm{d}x\mathrm{d}y}{\iint P_d^{\text{cell}}(x,y)\,\mathrm{d}x\mathrm{d}y} \tag{11.22}$$

然后,用 $s_d^{\text{PD}} \cdot P_d^{\text{cell}}$ 替代式(11.11)和式(11.12)中的 P_d^{cell}。第二,将 f_x^{pow} 调节为 f_x^{den},通过比例因子 s_d^{KD} 将 K_d^{die} 归一化为 D_d^{cell},其中 s_d^{KD} 被定义为

$$s_d^{\text{KD}} = \frac{\iint D_d^{\text{cell}}(x,y)\,\mathrm{d}x\mathrm{d}y}{\iint K_d^{\text{die}}(x,y)\,\mathrm{d}x\mathrm{d}y} \tag{11.23}$$

然后,用 $s_d^{\text{KD}} \cdot K_d^{\text{die}}$ 替换式(11.18)和式(11.19)中的 K_d^{die}。

由于稳定度的问题,基于 D_d^{cell} 将 f_x^{cond} 和 f_x^{pow} 调节为 f_x^{den},而不是基于 Φ_d 的梯度。如式(11.22)和式(11.23)将 P_d^{cell} 和 K_d^{die} 归一化为 D_d^{cell} 之后,B_d^{cond} 和 B_d^{pow} 的大小及其电势梯度被恰当地标准化。在平衡状态下,较小的梯度会导致较小的 f_x^{cond} 和 f_x^{pow}。如果反而基于 Φ_d 的梯度将 f_x^{cond} 和 f_x^{pow} 调节到 f_x^{den},那么 B_d^{cond} 和 B_d^{pow} 的电势梯度大小将在归一化之后被夸大,这转而会导致不稳定。

总之,f_x^{cond} 移动单元的方式是高功耗密度将会流过到热沉具有较高的热导率的路径。此外,f_x^{pow} 移动 TSV 的方式是每个 TSV 为同一管芯上以及管芯下的

高功耗单元建立热通路。总的力方程如下

$$f_x = f_x^{net} + f_x^{hold} + (1-\alpha)f_x^{den} + \alpha(f_x^{cond} + f_x^{pow}) = 0 \quad (11.24)$$

通过增加 α，力 f_x^{cond} 和 f_x^{pow} 主导了单元和TSV的移动以实现更多的热优化。α 的影响在11.7.4节进行研究。

11.7 实验结果

在实验中使用来自 FreePDK45 的 45nm 工艺。TSV 直径为 5μm，连接焊盘宽度为 7μm。TSV 衬层厚度为 250nm[10]。实验中使用带有 SiO_2 衬层的铜 TSV，以及 2.6μm 厚的苯并环丁烯键合粘合剂[6]。3D 芯片堆叠中的每个管芯被减薄为 30μm，除了最顶层管芯以外，它将被附着到热沉，所以将保持其厚度为 530μm。热沉顶部的环境温度为 300K。TSV 寄生电阻和电容分别为 0.1Ω 和 125fF。所有的实验都是基于四管芯芯片堆叠进行的。

我们使用来自 OpenCores 的 IWLS 2005 基准和一些业界电路。用 Synopsys Design Compiler 综合电路来获得门级网表，并且在执行所有分析时使用每个电路的目标时钟周期。基准特性列于表11.2。TSV 的数量源自作者文献[4]实现得到的划分结果。为了在11.7.2节中公平比较，我们对所有的算法使用相同的管芯划分结果。由于文献[4]没有考虑TSV面积，所以它插入了大量的TSV，导致较低的布局利用率。

我们没有在布局之后优化电路，因为缓冲器和调整门尺寸可以改变功耗机制，并因此影响温度。本章给出的结果是源自商业工具的。使用 Cadence Encounter 进行版图布线，Synopsys PrimeTime 用于分析时序和功耗，Ansys FLUENT 用于分析温度。所有给出的温度结果是根据在热沉顶部测量的环境温度增量得到的。

表 11.2 基准电路

电路	门数	TSV 数	Util.	封装面积/mm²	说明
Ckt_1	119040	5725	0.66	0.50×0.50	数据加密
Ckt_2	191420	24540	0.63	0.90×0.90	图形加速器
Ckt_3	280933	17362	0.49	0.98×0.98	视频压缩
Ckt_4	383329	17436	0.53	1.04×1.04	信号处理
Ckt_5	644357	15024	0.53	1.16×1.16	图像编码器

11.7.1 硅通孔密度均匀度的影响

在该实验中将研究 TSV 密度均匀度如何影响热机制。两个基准线 3D 布局分别是具有均匀 TSV 位置[5]的线长驱动布局以及具有非均匀 TSV 位置的线长驱动布局[5]。首先,利用文献[5]获得两种基线布局。然后,在两种布局结果上执行功耗和热分析。表 11.3 给出了布线线长、最长通路延迟、功耗,表 11.4 列出了温度。尽管带有不均匀 TSV 位置的布局相比具有均匀 TSV 位置的布局具有更短线长、更好的时序以及更低的功耗,但是它的温度很糟糕,尤其是热量变化。由 3D 芯片堆叠中 TSV 不均匀分布导致的不均匀功耗密度以及不均匀热导率加剧了这个问题。在具有不均匀 TSV 位置的布局中,观察到具有较高 TSV 密度的区域其功耗密度和温度较低,反之亦然。这两个相反的趋势造成了较大的温度变化。

表 11.3 具有均匀[5]和不均匀[5]TSV 位置布局的布线线长、最长通路延迟、功耗

电路	均匀			不均匀		
	rWL/m	D_{max}/ns	P/W	rWL/m	D_{max}/ns	P/W
Ckt$_1$	3.897	5.320	0.752	3.014	4.836	0.728
Ckt$_2$	11.718	16.510	2.661	7.744	13.694	2.463
Ckt$_3$	13.532	8.814	2.353	9.326	6.535	2.288
Ckt$_4$	19.355	20.788	2.710	12.457	12.515	2.640
Ckt$_5$	22.708	19.772	3.209	18.711	13.798	3.122
比值	1.405	1.350	1.039	1.000	1.000	1.000

表 11.4 具有均匀[5]和不均匀[5]TSV 位置的布局温度($\Delta T_{ja} = T_{ja,max} - T_{ja,min}$)

电路	均匀			不均匀		
	$T_{ja,max}$	ΔT_{ja}	$T_{ja,ave}$	$T_{ja,max}$	ΔT_{ja}	$T_{ja,ave}$
Ckt$_1$	71.55	17.60	64.50	74.13	18.33	63.98
Ckt$_2$	101.14	47.14	69.41	94.41	50.19	64.78
Ckt$_3$	70.38	31.01	55.06	80.09	42.81	55.48
Ckt$_4$	64.91	18.76	54.32	75.98	38.01	55.16
Ckt$_5$	66.77	35.40	53.13	75.24	39.32	54.50
比值	1.000	1.000	1.000	1.081	1.325	0.995

11.7.2 与现有工作的比较

我们将考虑温度的全局布局算法与下列目前的考虑温度的布局器进行比较[1]：

(1) Goplen 和 Sapatnekar[3]（力导向布局器）：在该研究中在每个全局布局迭代的开始执行热分析。从分析获得的热梯度被用于计算排斥力，该力会将逻辑单元从高温区域移到低温区域。我们通过调用布局器内部的 Ansys FLUENT 实现自己的方法，并且将调节的热梯度结合到基于密度的力 f_x^{den} 中。

(2) Obermeier 和 Johannes[7]（力导向布局器）：不是基于布局面积密度移动逻辑单元，而是基于布局功耗密度移动逻辑单元。所以，逻辑单元根据其功耗来分布，并且具有高功耗的逻辑单元相比低功耗逻辑单元要占据更多空间，这使得功耗和热分布在管芯上均匀分布。我们用自己的方式完成了该研究。

(3) Goplen 和 Sapatnekar[4]（基于分割的布局器）：在该项研究中，逻辑单元根据开关行为和连接线与 TSV 的寄生电容被划分成布局区域、不同的管芯。在利用文献[4]中我们自己的方法执行全局布局后，采用文献[8]所用的方法进行全局布线来确定 TSV 的位置。

(4) Cong 等人[2]（解析布局器）：通过在垂直方向上针对 TSV 密度结合管芯平衡功耗密度来实现该方法。使用电势梯度计算移动单元和 TSV 来维持平衡的力。该力结合用户定义参数 β 被添加到 f_x^{den}，以期实现类似温度与线长折衷的作用。

如表 11.5 所列为基于用这些布局器构建的 GDSII 版图得到的布线线长、延迟、功耗、温度比较情况。如表 11.3 所列为线长、延迟、功耗值被归一化为线长驱动非均匀 TSV 布局[5]。如表 11.4 所列为温度值被归一化线长驱动均匀 TSV 布局[5]。回顾之前非均匀布局器实现了高质量的线长、延迟、功耗结果，而均匀布局器导致高质量的温度值。

首先，我们观察到文献[3]产生与非均匀 TSV 布局器[5]相当的线长、延迟、功耗结果。我们试图增加基于温度梯度的力，并发现线长有了极大增加但没有太多额外温度改善。如果高温是源自其他管芯的热耦合的话，那么将单元移出管芯上的高温区不一定会降温。同时，在热分析过程中不考虑 TSV 热特性时，热梯度不会精确捕捉 TSV 对温度的影响，因此误导布局。

其次，我们看到文献[7]获得的线长和延迟结果要远差于非均匀 TSV 布局器。这主要是因为它仅基于功耗密度移动逻辑单元。然而，该移动有助于极大地减小 3D 芯片堆叠中的最高温度和热变化。尽管，该法试图在布局面积上分散功耗，但是我们观察到 TSV 经常阻碍其作用。

---

① 这个任务具有挑战性是因为每个研究中的设置与假设之间存在差异。然而，我们尽最大的努力提供公平和有意义的比较，包括与作者深入探讨。

表 11.5 与目前的考虑温度的布局器[2-4,7]进行比较，我们的布局器是 TSA(TSV 分布对准)和 CA(耦合感知布局)，如表 11.3 所列的布线线长、延迟、功耗值被归一化为不均匀 TSV 布局[5]；如表 11.4 所列的温度值被归一化为线长驱动均匀 TSV 布局[5]

布线长度/m

电路	[3]	[7]	[4]	[2]	TSA	CA
Ckt₁	3.04	3.10	3.78	3.24	3.25	3.13
Ckt₂	7.74	8.78	14.92	8.34	7.89	8.31
Ckt₃	9.34	10.54	16.02	10.70	10.35	10.26
Ckt₄	12.48	13.90	19.87	15.23	14.90	14.54
Ckt₅	18.86	21.48	27.64	20.12	19.84	19.99
比值	1.005	1.112	1.595	1.120	1.093	1.090

最长通路延迟/ns

电路	[3]	[7]	[4]	[2]	TSA	CA
Ckt₁	4.93	4.79	5.12	5.06	4.78	4.87
Ckt₂	13.67	15.00	15.23	14.41	13.58	14.78
Ckt₃	6.56	6.79	7.86	7.27	6.53	6.90
Ckt₄	12.51	12.69	16.15	13.60	13.69	13.11
Ckt₅	13.93	16.42	15.64	13.67	13.79	14.66
比值	1.007	1.066	1.160	1.058	1.015	1.051

功耗/W

电路	[3]	[7]	[4]	[2]	TSA	CA
Ckt₁	0.729	0.734	0.776	0.736	0.736	0.732
Ckt₂	2.463	2.548	2.564	2.521	2.487	2.523
Ckt₃	2.290	2.331	2.351	2.318	2.306	2.321
Ckt₄	2.640	2.671	2.737	2.682	2.672	2.675
Ckt₅	3.127	3.194	3.255	3.166	3.130	3.156
比值	1.001	1.019	1.043	1.015	1.009	1.014

温差，$T_{ja,max} - T_{ja,min}$/℃

电路	[3]	[7]	[4]	[2]	TSA	CA
Ckt₁	16.29	14.94	28.12	14.69	15.55	14.16
Ckt₂	46.96	15.15	51.16	22.39	53.87	17.15
Ckt₃	39.89	19.68	28.69	23.82	33.65	22.97
Ckt₄	35.46	16.69	39.76	15.87	21.83	14.27
Ckt₅	38.08	36.39	38.02	23.77	33.07	24.53
比值	1.235	0.744	1.360	0.719	1.042	0.673

结到环境最高温度，$T_{ja,max}$/℃

电路	[3]	[7]	[4]	[2]	TSA	CA
Ckt₁	72.48	73.12	82.86	70.69	70.85	70.41
Ckt₂	91.70	74.21	101.00	76.89	100.19	73.05
Ckt₃	77.74	64.39	69.80	66.34	72.41	65.60
Ckt₄	73.79	62.43	80.11	60.14	65.50	59.31
Ckt₅	74.86	79.22	76.25	61.95	64.45	61.60
比值	1.056	0.964	1.105	0.909	0.997	0.895

平均温度，$T_{ja,ave}$/℃

电路	[3]	[7]	[4]	[2]	TSA	CA
Ckt₁	63.80	63.70	69.52	63.32	63.27	63.35
Ckt₂	64.81	66.84	69.36	66.07	65.14	66.14
Ckt₃	55.41	55.49	55.97	54.53	54.14	55.08
Ckt₄	55.07	54.35	60.42	53.91	53.63	53.85
Ckt₅	54.51	55.08	57.97	53.22	51.91	52.90
比值	0.994	0.999	1.059	0.984	0.973	0.984

第三，源自文献[4]的布线线长和延迟结果比其他布局器要差。主要原因是文献[4]没有在布局过程中考虑 TSV 面积。因此,在布线过程中插入的 TSV 会严重影响布局质量。最高温度、热变化、平均温度也会差于均匀 TSV 布局器。布线器试图在管芯中间插入 TSV 来最小化线长,使得芯片角落具有低热导率,因此产生高温。

第四,尽管文献[2]的线长比其他布局器差,但是温度改善是最佳的。由于算法考虑了 TSV 对芯片面积和温度的影响,因此它更有效地利用了 TSV 来帮助改善温度结果。

第五,观察到我们的 TSV 分布和对准方法(TSA)与不均匀布局器相比,以线长衰减为代价获得了相近的延迟和功耗结果。对于温度的情形,TSA 相比均匀 TSV 获得了较好的平均温度,以及相近的最高温度和温度差。但是,TSA 法的线长远优于均匀 TSV 布局器。这些结果表明我们的 TSA 法在减小线长同时优化温度方面是优于均匀 TSV 布局器的。

最后,在所有的布局器[2-4,7]中我们的考虑热耦合的布局(CA)获得了最佳的温度结果,包括均匀 TSV 布局器[5]。特别是,我们的 CA 法在最高温度和温度差方面超过均匀 TSV 布局器 10% 和 30%。CA 相比不均匀 TSV 布局器获得了 9% 的最差线长和 5% 的最差延迟结果,但是 CA 是这些布局器[2-4,7]中线长和延迟最优的。超出的功耗是可以忽略的。由 CA 法实现的布局中的 TSV 不像 TSA 布局器和均匀 TSV 布局器那样分布均匀,但它们的分布足以帮助从堆叠的管芯中去热,而维持高质量线长。此外,我们观察到高功耗逻辑单元也被有效布局来利用附近 TSV 散热,这些 TSV 是垂直对齐一直到热沉的。

所有布局算法的运行时间大概在相同量级。除了我们的 TSA 法,所有其他布局算法需要功耗仿真(在文献[3]的情形下还需要热仿真),导致比文献[5]更长的运行时间。

11.7.3 功耗和热图

均匀 TSV 位置的热图[5]和不均匀 TSV 位置的线长驱动布局[5]示于图 11.12。在具有均匀 TSV 位置的布局中,功耗空白(TSV)是均匀分布的,这导致局部功耗密度较低,以及具有比非均匀 TSV 位置布局更低的温度。

11.7.4 温度与线长折中

我们的考虑热耦合的布局算法提供了有效途径来研究温度——线长折中。通过在式(11.24)中增加权重常数 α,布局器可增加 f_x^{cond} 和 f_x^{pow} 的大小,同时减小 f_x^{den},即用线长换温度。图 11.13 中所示为 Ckt_2 的温度——线长折中。我们也使用了文献[2]的布局器,并在图 11.13 中给出了折中曲线。在文献[2]中使用了权重参数 β。

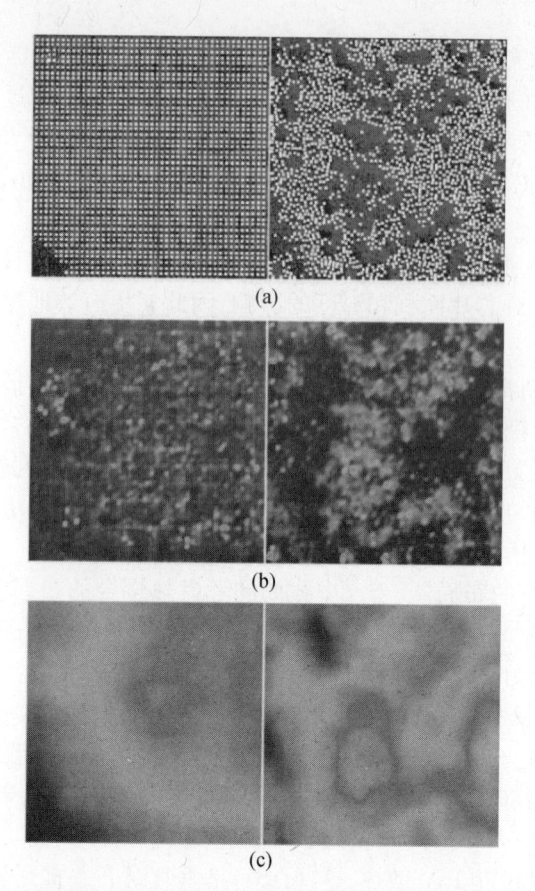

图 11.12 均匀 TSV 位置(左侧)和不均匀 TSV 位置(右侧)时的功耗和热分布[5](TSV 在版图中为白色,具有低功耗密度或温度的区域为浅色)
(a)版图;(b)功耗密度;(c)温度图。

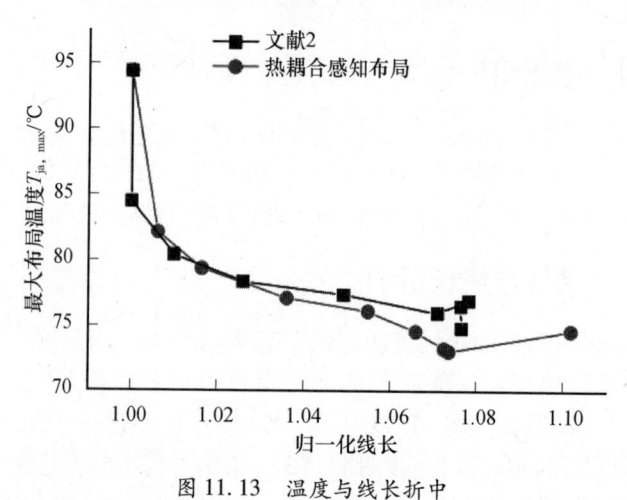

图 11.13 温度与线长折中

设定 $\alpha=\beta=0$，两个布局器都像线长驱动布局器那样运行(= 最左边的点)。当增加 α 和 β 时，温度随线长增加而减小。观察到当 α 和 β 增大时，我们的热耦合感知布局器表现更佳[2]：在同样的温度下我们的布局器具有更短的布线线长，并且在相同线长下具有更低的温度。我们还观察到文献[2]在较大 β 值时存在收敛问题。当文献[2]将高功耗单元移入优化模块时，管芯中其他优化模块中的单元会被移出到上面或下面，可能导致如文献[2]中所讨论的线长增大以及收敛问题。此外，文献[2]没有考虑 TSV 的垂直对准，所以即使将高功耗单元移入具有许多 TSV 的容器中，该容器中捕获的热量可能也不那么容易垂直耗散到热沉。我们的算法则克服了这些限制。

不同布局中所有有源层的温度示于图 11.14。观察到通过简单地分布和对准穿过管芯的 TSV，热变化变得与均匀 TSV 布局相当。我们的热驱动布局的温度结果示于图 11.14。通过考虑热耦合，我们获得了比均匀 TSV 布局甚至更好的热分布。

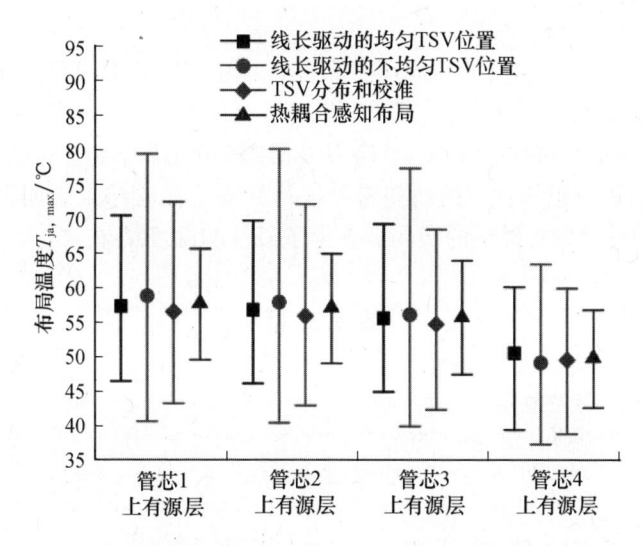

图 11.14　用不同布局算法放置的 Ck_3 温度。管芯 1 接近 PCB，管芯 4 接近热沉

11.7.5　运行时间结果

具有均匀 TSV 位置的线长驱动布局器[5]、具有不均匀 TSV 位置的线长驱动布局器、目前的考虑温度的布局器[2-4,7]、本文布局器的运行时间情况均示于表 11.6。文献[3]的运行时间包括了在迭代之间运行功耗分析和热分析。文献[2,7]的运行时间和我们的考虑热耦合的布局器包括了在迭代之间运行功耗分析。

表 11.6 具有均匀 TSV 位置的线长驱动布局器运行时间[5]、具有不均匀 TSV 位置的线长驱动布局器、目前的考虑温度的布局器[2-4,7]、本文布局器的运行比较,本文布局器为 TSA(TSV 分布和对准)和 CA(耦合感知布局)

电路	运行时间/min						
	[5]	[5]	[3]	[7]	[4]	[2]	TSA	CA
Ckt$_1$	13.04	11.07	19.89	25.78	31.15	21.00	9.06	24.04
Ckt$_2$	62.96	52.38	75.50	96.81	49.49	67.73	52.68	99.56
Ckt$_3$	45.05	42.46	78.09	127.29	65.10	95.70	53.35	102.40
Ckt$_4$	74.88	58.25	102.87	231.77	88.01	262.18	90.59	244.48
Ckt$_5$	169.10	229.08	293.14	388.36	165.47	652.01	168.51	423.03
总和	365.04	393.24	569.50	870.01	399.22	1098.62	374.18	893.52

11.8 结论

本章证实了考虑温度的布局器在布局过程中必须考虑 TSV 热特性和管芯到管芯热耦合。提出了适用于 3D IC 的两个温度感知布局算法。在第一个算法中 TSV 被分布和对准。在第二个算法中,逻辑单元基于到热沉的热导率进行移动,而 TSV 基于相邻管芯的功耗密度进行移动。实验结果表明,在所有被比较的布局器中,本文所提出的布局器获得了最佳的温度结果。

参考文献

[1] K. Athikulwongse, M. Pathak, S. K. Lim, Exploiting die – to – die thermal coupling in 3D IC placement, in *Proceedings of the ACM Design Automation Conference*, San Francisco, 3 – 6 June 2012 pp. 741 – 746

[2] J. Cong, G. Luo, Y. Shi, Thermal – aware cell and through – silicon – via co – placement for 3D ICs, in *Proceedings of the ACM Design Automation Conference*, San Diego, 5 – 9 June 2011, pp. 670 – 675

[3] B. Goplen, S. Sapatnekar, Efficient thermal placement of standard cells in 3D ICs using a force directed approach, in *Proceedings of the IEEE International Conference on Computer – Aided Design*, San Jose, 9 – 13 Nov 2003, pp. 86 – 89

[4] B. Goplen, S. Sapatnekar, Placement of 3D ICs with thermal and interlayer via considerations, in *Proceedings of the ACM Design Automation Conference*, San Diego, 4 – 8 June 2007, pp. 626 – 631

[5] D. H. Kim, K. Athikulwongse, S. K. Lim, A study of through – silicon – via impact on the 3D stacked IC layout, in *Proceedings of the IEEE International Conference on Computer – Aided Design*, San Jose, 2 – 5 Nov 2009, pp. 674 – 680

[6] P. Leduc et al., Challenges for 3D IC integration: bonding quality and thermal management, in *Proceedings of the IEEE International Interconnect Technology Conference*, Burlingame, 4 – 6 June 2007, pp. 210 – 212

[7] B. Obermeier, F. M. Johannes, Temperature – aware global placement, in *Proceedings of the Asia and South*

Pacific Design Automation Conference, Yokohama, 27 – 30 Jan 2004, pp. 143 – 148

[8] M. Pathak, Y. – J. Lee, T. Moon, S. K. Lim, Through – silicon – via management during 3D physical design: when to add and how many? in *Proceedings of the IEEE International Conference on Computer – Aided Design*, San Jose, 7 – 11 Nov 2010, pp. 387 – 394

[9] P. Spindler, U. Schlichtmann, F. M. Johannes, Kraftwerk2 – A fast force – directed quadratic placement approach using an accurate net model. IEEE Trans. Comput. Aided Des. Integr. Circuit Syst. 27 (8): 1398 – 1411 (2008)

[10] G. Van der Plas et al., Design issues and considerations for low – cost 3D TSV IC technology, in *IEEE International Solid – State Circuits Conference on Digest Technical Paper*, San Francisco, 7 – 11 Feb 2010, pp. 148 – 149

[11] C. Xu et al., Fast 3 – D thermal analysis of complex interconnect structures using electrical modeling and simulation methodologies, in *Proceedings of the IEEE International Conference on Computer – Aided Design*, San Jose, 2 – 5 Nov 2009, pp. 658 – 665

第12章　采用微流通道实现三维集成电路散热

摘要:散热和电源输送已成为 3D IC 工艺中两个主要的可靠性关注点。为了缓解热问题,提出了两个解决方案:热硅通孔(T-TSV)和基于微流体通道(MFC)的冷却。在电源传输情况下,需要复杂的电源分布网络将电流可靠地传输到 3D IC 的所有部分,同时将电源噪声抑制在可接受的水平。然而,这些热和电源网络在信号布通率和拥挤度上提出了极大挑战。这是因为信号、电源、热互连在布线空间方面是存在竞争关系的,并且相关的 TSV 与每个管芯中的门和线之间是有干扰的。本章基于实验设计(DOE)和反应曲面法(RSM)来研究 3D IC 中信号、电源、热互连的协同优化方法。整体方案的目标是改善信号、热、电源噪声指标,并在设计早期阶段提供快速、精确的设计空间探索。同时还基于冷却方法给出 T-TSV 与 MFC 的深度对比,并且讨论如何采用 DOE 和 RSM 法协同优化互连。相比基于梯度搜索的优化法,本书基于 DOE 的优化方法可以更高效地找出优化设计点。

本章所展示的内容基于参考文献[16]。

12.1 引言

3D IC 更小的封装面积不可避免地导致了功耗密度和芯片温度的增加。此外,3D IC 管芯间使用的材料热导率较低。升高的温度可能导致性能和功耗效率低下。此外,3D IC 中电源是通过 TSV 供给的,而其具有很大的寄生效应。由于更多的管芯被堆叠在一起,类似 IR-drop 的电源噪声在 3D IC 中变得更加显著。

为了解决 3D IC 工艺中的散热和电源输送问题进行了大量研究。采用热 TSV(T-TSV)进行热管理已被视为热问题的解决方案之一[5]。同时,基于微流体通道(MFC)的流体冷却被认为可以极大降低 3D IC 工作温度同时保持较高功耗密度[24]。关于电源噪声,设计者使用了一种高度复杂的分层电源分配网络将电流输送到 3D IC 的各个部分,同时保持电源噪声处于可接受的水平[11]。然而因为布线空间被这些互连共享,这些硅附属工艺对布线能否完成和是否拥挤提出了较多挑战。如图 12.1 所示,电源和热互连相对较多。由于这些互连以一种复杂的方式相互影响,在一条互连之后优化另一条互连可能会导致局部最优。因此,高度呼吁以整体的方式协同优化这些互连。

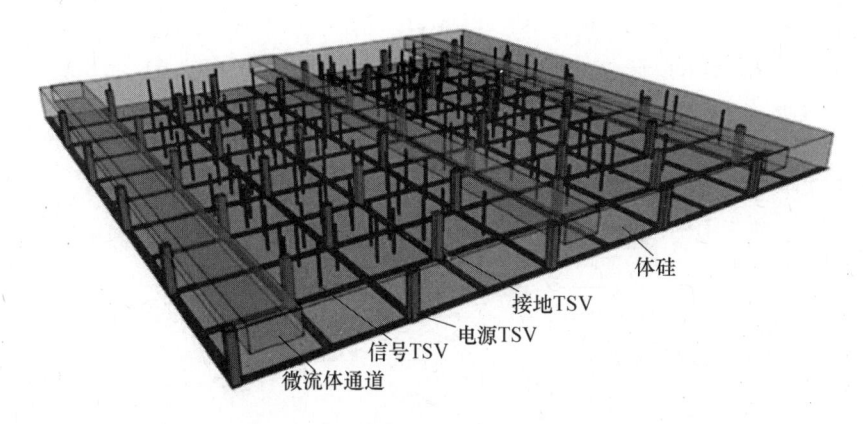

图 12.1　3D IC 中带有信号 TSV、P/G TSV、MFC 的管芯示意图，
这些互连与版图空间均为竞争关系，简化起见，没有画出晶体管和信号线

本章提出了基于试验设计（DOE）和响应曲面法（RSM）对 3D IC 进行信号、电源、热互连的协同优化。目标是改善信号、电源噪声、热指标。在早期的设计阶段，该法可以提供快速、精确的设计空间探索，获得的响应模型可以洞悉系统，并且它很灵活使得其可重用于不同的优化目标。

目前已有的绝大部分针对 3D IC 的信号、电源、热互连研究是独立进行的，因此缺乏系统级的观察视角。本章将涉及如下课题：

（1）研究数字信号处理核的 2D IC 与 3D IC 设计特点，并证实 3D IC 设计需要更有效的热管理方法。

（2）研究针对 3D IC 的 T-TSV 和基于 MFC 冷却的有效性。结合信号、电源、热分析的结果，讨论两种热管理方法的优缺点。

（3）研究如何利用 DOE 和 RSM 协同优化信号、电源、热互连。对使用 MFC（称为 MFC 情况）和 T-TSV（称为 T-TSV 情况）的设计均进行优化。研究协同优化方法的优势和局限性。同时，将基于 DOE 的优化与基于梯度搜索的优化所实现的设计质量进行对比。

12.2　研究现状

确定信号 TSV 的位置和用途是与 3D 布线问题相关的。在文献[28]中，结合热优化进行了 3D 全局布线，文献[22]提出了首个结合了热因素的 Steiner 布线算法。至于电源分布，文献[11]提出了针对 3D IC 的电源分配网络精简模型。

许多之前的研究工作在布局期间考虑了 T-TSV 插入[26]、布局[9]、布线[5]。针对 MFC 的首创性研究[25]开发了针对 MFC 的精简热模型，并且测量了MFC的实际性能。研究发现,MFC可以处理非常高的功耗密度($790W/cm^2$)。近期,文献[14]对用于3D IC的基于冷却的MFC性能进行了详细的研究。

鉴于其创造性[8],DOE已被用于不同的科学和工程应用。DOE已在VLSI和CAD领域被采用。在文献[3]中研究了针对CAD应用的DOE框架。文献[27]提出了基于DOE的粗略互连模型。文献[19]中,DOE被用于确定微结构中的关键性能总线。

12.3 布线资源建模

如表12.1所列为本章中所用的符号注解。

表12.1 本章所用符号

DOE	试验设计	RSM	响应曲面法
ROI	感兴趣区域	RMSE	均方根误差
TSV	硅通孔	T-TSV	热-TSV
P/G	电源/地	MFC	微流体通道

12.3.1 信号互连

此处使用与北方加利福尼亚州立大学45nm工艺库尺寸类似的金属互连[20]。由于没有工业数据和反馈,所以基于这里的假设和改动使用自由工艺数据。由于缺乏文献[20]中的十层金属,使用八层结构。假设TSV集成机制为先通孔。先通孔TSV仅与器件层有互扰,而对金属层无干扰,所以其相比后通孔TSV侵略性较小。同时,假设在基线情况(无T-TSV或MFC)和T-TSV情况下TSV深宽比(=TSV高度:TSV直径)为10:1,对于MFC情况为30:1。MFC具有较高TSV深宽比的原因是带有MFC的管芯不能像没有MFC的管芯那样被减薄那么多。如果假设MFC情况具有相同的TSV深宽比,TSV直径会更大,导致信号TSV占据较大的硅面积。因此,假设MFC情况具有高TSV深宽比是很重要的。文献[12]描述了超过30:1的TSV深宽比情形。

图12.2所示为带有T-TSV和MFC的管芯剖面图。在两种情形下,信号TSV的直径被设为最小以容纳尽可能多的连接。相反的,P/G TSV的直径约为$10\mu m$,因为在相同的面积内较大的TSV相比一束最小尺寸的TSV具有更低的电阻。然而注意到由于制造问题,可能必须使用一束小尺寸TSV,这可能会增大总电阻。

每个全局布线片具有x、y、z方向布线容量值。x和y方向容量代表金属层

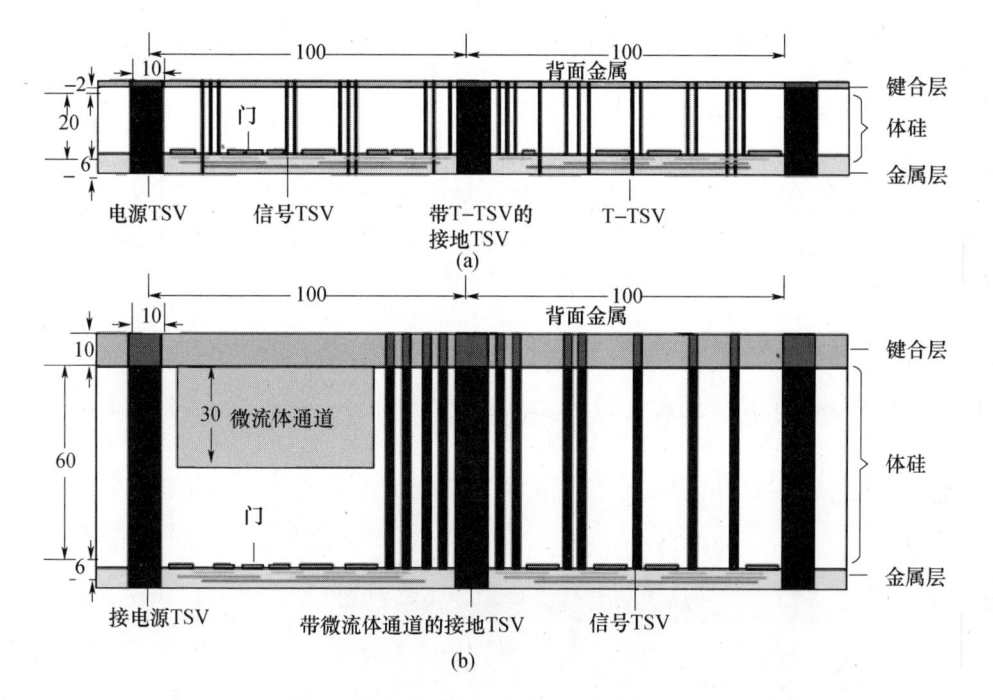

图 12.2 3D IC 中管芯的剖面图,在(b)中,键合层也封入了 MFC,并且厚度更大,管芯被倒装,器件面朝下,除了门以外,画出了其他结构的形状来基于默认设置进行调节,单位为微米(μm)

(a)带有 T-TSV;(b)带有 MFC。

上的可用布线空间,而 z 方向容量是针对信号 TSV 的。假设金属 1/3/5/7 是用于 x 方向的,金属 2/4/6/8 是用于 y 方向的。(x,y,z) 处布局片的单元占用比(COR)被定义为

$$\mathrm{COR}(x,y,z) = \frac{\sum_{\mathrm{cell} \in \mathrm{p\_tile}(x,y,z)} S_{\mathrm{cell}}}{S_{\mathrm{p\_tile}}}$$

式中:S_{cell} 为布局片 $\mathrm{p\_tile}(x,y,z)$ 中每个单元的面积;$S_{\mathrm{p\_tile}}$ 为布局片面积。

对于 x 和 y 方向,通过采用金属层的最小线间距来划分布线片尺寸可以计算每个金属层的默认容量。由于金属 1 在标准单元中被大量使用,所以当布局片达到 COR = α% 时,会将对应布线片的金属 1 布线容量降低 α%。金属 2~金属 6 是专门用于信号布线的。在金属 7 和金属 8 上,由于 P/G 线的原因,仅有部分空间可用于信号线。当布线片被 P/G TSV 占据时,x 和 y 方向容量值被相应减小。对于每个布线片计算每个金属层的布线容量,然后加起来得到布线片的总布线容量。

对于 z 方向容量,将检查可用硅表面面积以及布线片的 MFC 面积。用布线片面积减去 COR 和 P/G TSV 面积得到剩下的面积。然后剩余面积由 MFC 覆

盖的面积进行进一步调整。例如,如果 MFC 覆盖 50% 的布线片,那么给剩余面积乘以 0.5 来得到最终剩余面积。然后,给面积除以最小间距信号 TSV 的面积,可以得到 z 方向容积。

图 12.3 所示为全局布线片目标。将布线片的宽度固定为 20μm。注意,一些片完全被 MFC 覆盖,并因此为 z 方向零容量。由于 P/G TSV 的尺寸与布线片相当,所以包含 P/G TSV 的片具有极低的 x/y/z 方向布线容量。同时注意到 TSV 直径远大于全局线宽,这是 3D IC 中布线的极大障碍。

12.3.2 电源互连

在 3D IC 中,电源通过电源互连结构被传输到所有器件。每个管芯上的全局电源分布网络使用顶部线层的垂直互连构成格点。电源从封装通过分布在整个最底层管芯上的电源 I/O 焊点被馈入,并通过 P/G TSV 传到顶部管芯。

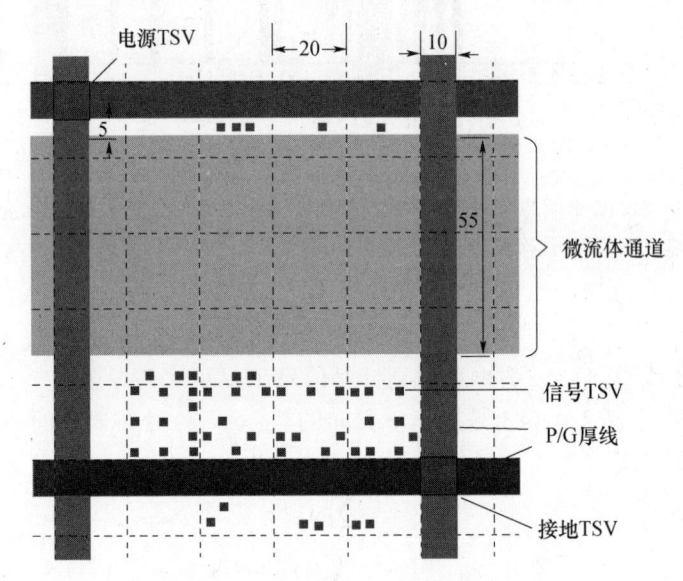

图 12.3 全局布局和带有 MFC 的布线片顶视图,仅示出了芯片一部分,
目标被画出并基于默认设置进行调节,简化起见没有画出 P/G 薄线

图 12.4 所示为 P/G 网络顶视图。假设 P/G TSV 以双网格结构整齐放置,并且每个 P/G TSV 在芯片底面上具有同位置的 P/G I/O 焊点,以此减小连接 P/G TSV 到 P/G I/O 焊点的寄生效应。预定义两个电源 TSV 的间距为 200μm,整个管芯都使用该默认值。P/G TSV 的直径约为 10μm。P/G 线在金属层 7 和金属层 8 上被全局分布。10μm 宽的厚线连接 P/G TSV。在两个厚线之间,放置了 10 根薄线,且保持该空间用于信号线。P/G 薄线和信号线之间的面积比是可变化的;如果比例为 0.4,P/G 薄线占据 Metal$_7$ 和 Metal$_8$ 上 40%(即为 20% 每个)的布线片面积,并且剩余的(60%)用于信号布线。由于 P/G TSV 为管芯

提供电流,使用较多具有低电阻的 TSV 通常可以降低电源噪声。在 3D IC 结构中,每个 P/G TSV 洞穿过整个堆叠以实现高效垂直电源输送(图 12.2)。因此,不能在 P/G TSV 位置布局门和布线。对于带有预布局 P/G TSV 的全局布局片,布局片容量大大降低,并且对应的全局布线片降低了 x、y、z 方向的信号布线容量。

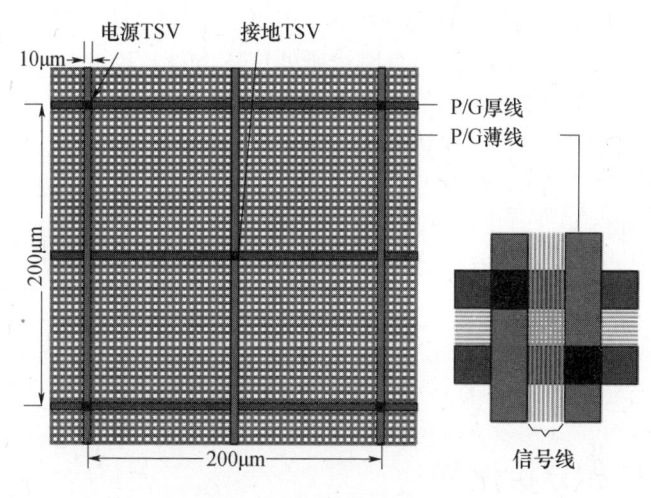

图 12.4 P/G 网络的顶视图

12.3.3 热互连

3D IC 在热管理方面带来了许多挑战。由于堆叠层,单位覆盖面积功耗大大增加。此外,3D IC 的内部层与热沉是热分隔的。对于内部层介质和具有低热导率的基于氧化的键合层,热传输的要求会更加严格。在本章中,讨论了解决热问题的两个可能的解决方案:T – TSV 和 MFC。

12.3.3.1 热硅通孔

耗散热量的方法之一是在 3D IC 的空白区插入 T – TSV。T – TSV 不提供任何的电功能。它们通过降低层间热电阻来帮助减少片上温度,以此提供到达热沉的热导通路。此外,T – TSV 有助于让热量更加均匀地分布在整个芯片上,因此减小高温面积(热点)的负面影响。T – TSV 通过整个管芯(所以被称为后通孔 TSV),然而信号 TSV 不是这样,如图 12.2(a)所示。为了避免电短路,信号或 P/G 线(线或 TSV)不应与 T – TSV 接触。

12.3.3.2 微流体通路

不同于传统空气冷却热沉或 T – TSV,使用 MFC 的液体冷却可以提供更大的热传输系数值以及芯片级冷却方案。MFC 可被制造在硅管芯的背面,使得来自每层的热量被有效反射。单个芯片的微通道热沉的热阻被预先测量[1]。当去离子水被用作冷却剂,在没有 TSV 且流速约为 65mL/min 的情况下,热沉的结点到环境热阻为 0.24℃/W(铜 TSV 对硅微通道墙热导率的影响可以忽略不计),这个指标远优于目前的空气冷却热沉[1]。可用于空气冷却热沉的最小电阻约为 0.5℃/W。MFC 被薄聚合物涂层覆盖(Avatrel 2000P,约 30μm 厚),对其在高达 2.5atm① 压力下进行测试,在连续工作过程中没有观察到泄漏[6]。

片上热网络由流体 TSV、热流道、MFC 构成。假设所有的流体 TSV 和热流道位于核心区域以外,即所有门、金属线所处位置以外。因此,在分析过程中仅考虑 MFC。同时冷却剂泵和热交换器假设位于片外。

MFC 的几何尺寸——深、宽、间距——对热以及布通率目标会产生影响。通过增加 MFC 深度,流体的质量流率以及冷却能力可以得到改善。然而,这也增大了管芯厚度,并且对于固定纵深比的 TSV 来说,信号 TSV 的直径成比例增大。由于较大的 TSV 耗费了更多的硅面积且具有更多的寄生,因此不希望存在深 MFC。相反的,可以增大 MFC 宽度而不会占据硅空间。但是,宽 MFC 极大地减小了 z 方向布线容量。由于 MFC 不能接触 P/G TSV,MFC 间距应根据 P/G TSV 间距决定。因此,在本章将固定 MFC 深度和间距,仅改变 MFC 宽度。

12.4 设计和分析流程

12.4.1 三维物理设计总览

设计封装用到基于电路的标准单元,并包括许多重要步骤。图 12.5 归纳了采用 DOE 和 RSM 的整个设计流程。首先定义输入因子(或设计选项)以及响应(或评价标准)。运行一次实验相当于执行门级全局布局和布线。在读取输入电路之后将进行划分,将输入电路划分为管芯。划分步骤不仅与布线质量紧密相关,而且决定了信号 TSV 的分布。这里使用基于划分器[4]的最小分割使信号 TSV 的数量最小化。注意到,最小化信号 TSV 数量并不总是能实现在总线长、时序方面的优化设计[23]。

在布局步骤中将在 $N_p \times N_p \times N_{die}$ 布局格点上进行全局布局。N_p 为 x/y 轴上布局片的数量,N_{die} 为 3D IC 中的管芯数量。针对 3D IC 采用力导向布局算法[13]。注意到,对所有的实验采用了相同的布局以达到限制解空间变化的目的。尽管较小的 P/G TSV 直径可能使得布局片上放置更多带 P/G TSV 的门,但观察表明具有不同 P/G TSV 直径设置的布局总线长差异是可以忽略不计的。

下面对 $N_r \times N_r \times N_{die}$ 布线格点进行全局布局。N_r 为 x/y 轴上布线片的数量。在本章将假设布局片和布线片尺寸相同均为 20μm。采用全局布线而不是精细布线的原因是要获得快速但相对精确的布线拥挤度情况。在布线流程中,

---

① 1atm(标准大气压) = 101.325kPa。

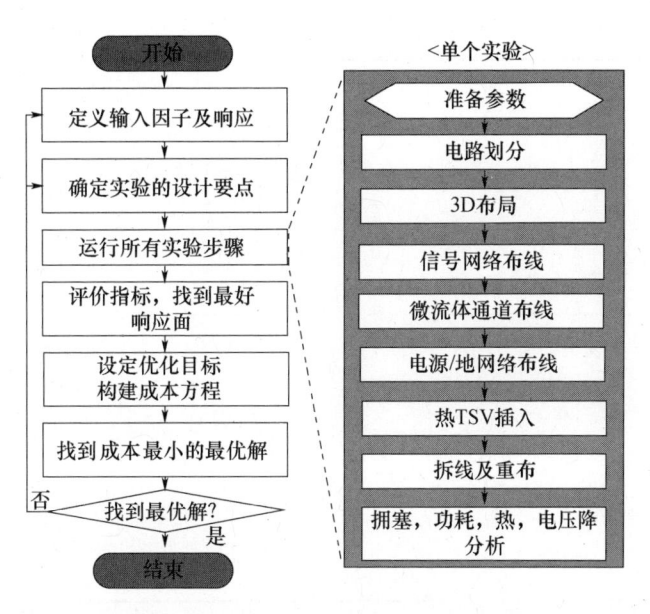

图 12.5　采用 DOE 和 RSM 的总设计流程

首先进行信号线布线,不考虑任何 MFC 或 P/G TSV。然后进行 MFC(对于 MFC 情形)、P/G TSV、连线的布线。之后,可能会插入 T-TSV(对于 T-TSV 情形)。由于这些电源、热互连会导致布线拥挤,将对扰乱布线容量的信号线网执行拆线并进行重布。在其他互连之前进行信号布线的原因是使用了拥挤感知的 3D 迷宫算法布线器。如果还有其他目标,布线结果将大大不同,这会极大地干扰解空间。如果使用 3D Steiner 布线器那么设计流程限制将会提高[22]。在所有的实验中观察到最多有 1% 的线网需要拆线重布。为了保证布通率,将检查是否由于布线容量不足导致全局布线失败。

在所有布线都结束后,将基于布局和布线结果生成电源图,然后进行电源噪声和热分析。我们要评价指标并完成实验。一旦执行了所有实验,将构建响应表面,并使用它们获得优化设计方案。响应表面模型仅适用于进行建模的芯片。表 12.2 给出了输入参数和折中。表 12.3 总结出了响应结果。注意到,一些输入参数和响应仅是针对 MFC 或 T-TSV 情形的,有些是两者都适用的。

表 12.2　本章所使用的输入参数

T-TSV 比例(仅考虑 T-TSV 情况)	每个布局片的最大 T-TSV 面积比例,它为热和信号之间提供折中
MFC 宽度(仅考虑 MFC 情况)	MFC 的宽度,所有 MFC 具有相同的宽度,较宽的 MFC 意味着较高的质量流率和较好的冷却能力,它为热和信号之间提供折中,因为 MFC 阻碍信号 TSV

(续)

MFC 压力降(仅考虑 MFC 情况)	MFC 出入口之间的压力降,所有 MFC 具有相同的压降,这也会影响质量流率以及冷却性能,实现热和泵功耗之间的折中
P/G TSV 直径(两种情况都考虑)	P/G TSV 的直径,它会影响 P/G TSV 的寄生,它为电源噪声和信号之间提供折中
P/G 薄线比例(两种情况都考虑)	Metal$_7$ 和 Metal$_8$ 上 P/G 薄线与信号线之间的比例,它也为电源噪声与信号之间提供折中

表 12.3 本章所使用的响应

总线长(两种情况都考虑)	信号线的总线长,其值代表了信号互连的质量
最大 IR 电压降(两种情况都考虑)	整个电源网络的最大 IR 电压降,它代表了电源互连的质量
最大 S$_i$ 温度(两种情况都考虑)	管芯堆叠的最大硅温度,它代表了热互连的质量
泵功耗(仅考虑 MFC 情况)	通过 MFC 提供流体的冷却剂泵功耗,系统功耗预算计划时应该考虑到其值大小

12.4.2 电源噪声分析

根据设计,在每个格点建立了带有电流源的阻性网格结构来代表功耗。然后用改进的节点分析法[10]进行 IR 电压降分析以实现更快的分析。采用了域分解法[29],该方法将电路分解为许多部分,并使用数学方法减小矩阵求逆所需的时间。在仿真后可以得到所有格点的 IR 压降值,最大值被当作响应。

12.4.3 T-硅通孔情形的热分析

对于 T-TSV 的情形,热分析是基于有限元分析的,其中整个 3D IC 被映射到 3D 热网格结构上。为了计算每个热片的热导率将检查热片的材料成分。对于对应于硅层的热片,其 z 方向热导率计算公式如下

$$k_{\text{tile},z} = AR_{\text{TSV}} \times k_{\text{Cu}} + (1 - AR_{\text{TSV}}) \times k_{\text{Si}}$$

式中:AR_{TSV} 为热片中(信号、P/G、热)总 TSV 的面积比例,k_{Cu} 和 k_{Si} 为铜和硅的热导率。注意,k_{Cu} 和 k_{Si} 约为 400W/(m·K)和 150W/(m·K),这意味着内插铜 TSV 可能会将 z 方向的热阻率减小约 62%。边界条件如下:芯片接触孔的 4 个侧面环绕着空气,而顶部为热阻为 0.25K/W 的热沉。底部被假设为绝热的。然后求解如下矩阵方程:$\boldsymbol{G} \cdot \boldsymbol{T} = \boldsymbol{P}$,其中 $\boldsymbol{G}$ 为从 k_{tile} 计算得到的热导矩阵,$\boldsymbol{T}$ 为温度向量,$\boldsymbol{P}$ 为功耗向量。温度分布可直接从 $\boldsymbol{T}$ 看出。

T-TSV 插入是以预定义的最大 T-TSV 比例执行的。最大 T-TSV 比例为单位布局片最大允许的 T-TSV 面积比例。例如,如果最大 T-TSV 比例为 0.1,那么布局片中多达 10% 的硅面积可被用于 T-TSV。在全局布线完成后,

首先将运行热分析来得到没有 T-TSV 时的温度分布。具有较高温度的热片被指定为具有较高的温度严重程度。然后,根据温度严重程度将目标 T-TSV 比例分配给布线片,其值小于或等于最大 T-TSV 比例。目标 T-TSV 面积 (S_{target_ttsv})为 T-TSV 比例乘以布局片面积。为了判断目标 T-TSV 面积是否适合,布局片的空白空间由下式计算

$$S_{white} = S_{p\_tile} - S_{pgtsv} - S_{gate} \tag{12.1}$$

式中:S_{whitle} 为布局片的空白空间;S_{p_tile} 为布局片的面积;S_{pgtsv} 为布局片中 P/G TSV 的面积;S_{gate} 为布局片中所布局的总门面积。被分配到布局片的最终的 T-TSV 面积为 S_{white} 和 S_{target_ttsv} 中的最小值。注意到式(12.1)中没有考虑信号线或信号 TSV 面积。反之,在插入 T-TSV 后减小了在 x/y/z 方向上的布线容量。在插入 T-TSV 之后,对在更新布线容量后无法布线的信号线网进行了拆线、重布。然后再次运行热分析观察 T-TSV 的影响。注意到只要不会极大地改变设计空间指标,那么其他热插入算法有可能会使用基于 DOE 和 REM 的优化。如 12.5 节所讨论的,如果在设计过程中设计空间改变较大,那么有可能找不到响应模型。

12.4.4 MFC 情形的热分析

为了分析 3D IC 中的 MFC 热性能将运行数值仿真。将三维热模型[15]修改为可以考察侧面温度以及由不均匀功耗/热通量分布导致的流体速率分布。如图 12.6 所示为带有 MFC 的 3D IC 的侧视图。假设流体和固体域的温度是不同的,但在每个控制容积内的每个剖面是均匀的。

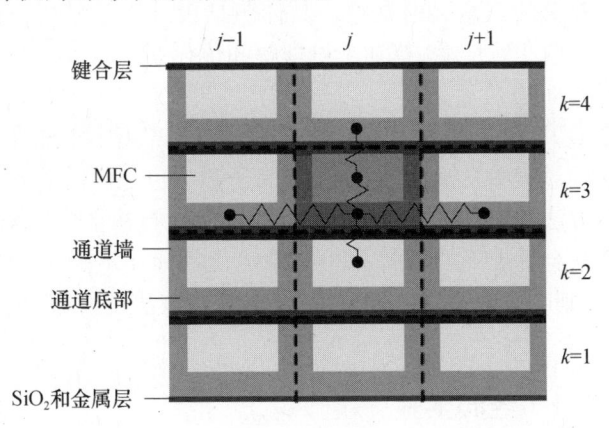

图 12.6 用于带 MFC 的 3D IC 的热格点结构侧视图

MFC 中的热和流体流动情况由如下的能量和动量守恒方程描述

$$\dot{m}\frac{di}{dz} = \eta_0 h_c \tilde{P}(T_{w,k} - T_{f,k}) + h_c w(T_{w,k+1} - T_{f,k}) \tag{12.2}$$

$$-\frac{\mathrm{d}P}{\mathrm{d}z} = \frac{2fG^2}{d_h\rho} \qquad (12.3)$$

$$\frac{\partial}{\partial x}\left(k\frac{\partial T_w}{\partial x}\right) + \frac{\partial}{\partial y}\left(k\frac{\partial T_w}{\partial y}\right) + \frac{\partial}{\partial z}\left(k\frac{\partial T_w}{\partial z}\right) + \dot{q}_g + \dot{q}_c = 0 \qquad (12.4)$$

式中：T_w 和 T_f 分别为固体和流体温度；$\dot{m}$、i 和 h_c 为质量流速、热含量、对流热传输系数。对于每个MFC，仅直接向通道底部提供热量，并且通道墙被作为附加在底部的散热片进行分析（η_0 为热传递的总表面效率，包括一个散热片阵列和底部表面）。MFC几何尺寸通过通道周长 P 和宽度 w 来描述。式(12.2)表示了由于固体和流体间温度差异导致的对流热传输而产生的流体热含量变化，以及流体对流运动。通过求解流体动量平衡方程式(12.3)可以得到沿着MFC的压降，其中 P、G、ρ 分别为压力、质量通量、流体密度，f 为流体摩擦力系数，d_h 为MFC的液压直径。式(12.4)为固体的三维热传输方程。由于有源层、氧化金属层产生的热量（$\dot{q}_g$），以及流体的对流热传输（$\dot{q}_c$），因此该方程含有两个源/沉项（k 代表固体的热导率）。

去离子水被当作工作流体，并且入口处的流体温度被设为20℃。控制方程式(12.2)、式(12.3)和式(12.4)在一个控制容积内进行积分，然后利用迎风算则离散化[21]。同时利用连续亚松弛法迭代求解线性代数方程产生的系统。

12.5 实验设计

实验设计的主要目的是从统计角度控制实验，这样输出响应可以被用于画出与系统有关的有意义的结论。具体包括设计实验、执行实验、分析响应。在运行实验并收集响应后，找到了可理解和优化系统每个响应的适合模型。这被称为响应表面法[18]。

基于 DOE 和 RSM 的优化适合于这项工作，原因如下：①关于目标系统的信息是在实验过程中发现的，例如输入因子和响应之间的关系。②与蒙特卡罗或随机搜索方法相比，该法可用少得多的实验运行次数实现对系统特性的表征，完成快速且合理准确的求解。③如果优化目标在不影响整个设计设置的情况下被改变，则响应模型可以被重用，这意味着该法是灵活的，且适用于设计早期阶段。

12.5.1 经典实验

首先对一个典型设计进行研究：Box – Behnken[2]。在该设计中，每个输入因子被分配为3级（最小，中等，最大）。基于比全因子实验要少量的实验通过二次方程模型足以对该设计建模。

由于 MFC 不能与 P/G TSV 连接，因此将如下约束施加到 MFC 情形的关注

区(ROI)上

$$w_{mfc} + d_{pgtsv} + 2 \cdot msp_{mfc-pgtsv} \leq p_{pgtsv}/2 \quad (12.5)$$

式中：w_{mfc} 为 MFC 宽度；d_{pgtsv} 为 P/G TSV 直径；$msp_{mfc-pgtsv}$ 为 MFV 和 P/G TSV 的最小间距；p_{pgtsv} 为 P/G TSV 间距。将 P/G TSV 间距除以 2 可获得电源和地 TSV 间距(图 12.3)。$msp_{mfc-pgtsv}$ 在本章中被设为 5μm。对于满足式(12.5)的设计，可以放置 MFC 而不接触 P/G TSV。

除了设计的数据组，对每个 T-TSV 情形和 MFC 情形还生成了带有 4 个设计点的校验数据组，以此检视模型如何预测未见的设计点。如 12.6.5 节所述，从典型设计是不会得到精确模型的。

12.5.2 改进实验

执行更多的复杂 DOE 来增加模型精度。由于设计封装不包括随机算法，因此在实验结果中不包含随机误差影响。也就是说，如果用相同的设置重复实验，它将产生相同的响应。因此，在 DOE 中不执行随机化和阻断[17]。由于系统结构复杂，很难理论推导优化设计点，所以采用空间填充设计方式。拉丁超立方体抽样将 N 个设计点对每个输入因子在 N 个不同级别进行分配。在该抽样中，需基于输入因子数量、范围、响应模型精度仔细地确定设计点数量。同时，典型 DOE 中设置的相同校验数据组被用于检查模型预测能力。

12.5.3 寻找最佳响应模型

响应模型的精度很重要，因为需要在优化过程中使用到它。响应模型的参数确定是基于回归分析的。具有 n 个输入因子的多项式响应模型可用多元多项式方程表示

$$y(x) = a_0 + \sum_{i=1}^{n} a_i x_i + \sum_{i<j}^{n} a_{ij} x_i x_j + \sum_{i=1}^{n} a_{ii} x_i^2 + \cdots$$

式中：$x_i, x_i^2, \cdots$ 被称为"主因子"；而 $x_i x_j, x_i^2 x_j, \cdots$ 被称为"互扰因子"。估算参数 $(a_0, a_i, \cdots)$ 这样响应方程才能以优化的方式匹配数据。模型的拟合优度可通过均方根误差(RMSE)和多次测定系数(R^2)进行检查。当 R^2 接近 1 时，模型可更好地解释所观察到的数据。

为了使模型精确预测未知的设计点，避免过度拟合很重要——响应曲线不仅符合基本的特性，也拟合了伴随的有害噪声。数据组中有 N 个设计点，将每个数据点从数据组中去除，剩下的 $N-1$ 个运行被用于拟合预测模型方程，即预测误差平方和(PRESS)。通过比较 PRESS RMSE 与 RMSE 可以检查模型是否出现了过度拟合。当 PRESS RMSE 远高于 RMSE 时，会观察到过度拟合现象。同时还观察到增加主因子的多项式阶数可以改善模型精度。增加模型阶数通

常会增大 R^2 而降低 RMSE。然而,PRESS RMSE 没有单调地随模型阶数增加而降低。每个响应具有一个不同的优化多项式阶数。此外,可以执行逐步回归[17]来确定哪个多项式项应被包含在模型中来使 PRESS RMSE 最小化。

为了进一步增加模型精度,尝试混合径向基函数(RBF)。混合 RBF 模型具有上述的多项式模型,以及 RBF 网络模型。多项式模型决定了全局形状,而 RBF 网络处理局部变化。具有 M 个不同 RBF 的 RBF 网络可被描述为

$$\hat{y}(x) = z \sum_{j=1}^{M} \beta_j \phi(\|x - \mu_j\|)$$

此处第 j 个 RBF 在 μ_j 处以 β_j 权重居中。尝试过的 RBF 核心分布函数(Φ)如下

$$\Phi_{\text{multiquadric}}(r) = \sqrt{r^2 + \beta^2}, \beta > 0$$

$$\Phi_{\text{recmultiquadric}}(r) = 1/\sqrt{r^2 + \sigma^2}, \sigma > 0$$

$$\Phi_{\text{gaussian}}(r) = e^{-r^2/\sigma^2}$$

$$\Phi_{\text{thin-plate}}(r) = r^2 \ln(r)$$

为了找到最佳模型,尽可能生成候选模型(每个输入因子和 RBF 核心具有不同的多项式阶数),然后计算每个候选模型的分数。Score 函数定义为

$$\text{Score} = \frac{R^2}{\text{RMSE} + \text{Validation RMSE}} \cdot e^{-\frac{\text{PRESS RMSE}}{\text{RMSE}}}$$

通过该方程可以试图令 RMSE 最小化,并改变 RMSE 以及令 R^2 最大化,同时抑制 RMSE 与 PRESS RMSE 之间的差异。那么具有 5 个高分的模型将进一步通过响应表面形状进行比较。表面上具有较少多余曲率的模型将被视为最佳模型。

12.5.4 使用响应表面模型进行优化

伴随着多个响应和设计约束,可以存在多个优化情形。为了同时考虑多个响应,考察下的每个响应被归一化到[0,1]并形成部分成本。然后将其结合到单个期望函数[7],它被称为成本函数。成本函数可被视为新的响应表面。然后,利用诸如非线性规划或遗传算法之类的优化算法,可以找到具有最小成本的优化点。注意到,优化是快速的,因为它是在成本响应表面进行的,而不是实际实验空间。也就是说在优化过程中不需要运行额外的实验。由于在响应模型中一些误差是不可避免的,具有最小成本的实际设计点可能不同于该优化找到的优化设计点。

尽管可以找到能被用于优化的精确响应模型,但这也不总是可能实现的。特别是,当设计空间特性随不同的输入因子改变很多时,无法在可承受误差范围内实现单个响应模型与数据的拟合。

12.6 实验结果

12.6.1 实验设置

采用 C++/STL 和 MATLAB 实现我们的设计封装。仿真在 64 位 Linux 服务器上执行,它具有双四核 Intel Xeon 2.5GHz CPU 和 16GB 主存。采用 Synopsys Design Compiler 和北卡罗莱纳州立大学 45nm 标准单元库综合实现目标电路(fft)[20]。综合电路具有约 370000 个门和线网。工艺和默认设置参数如表 12.4 所列。要注意工艺仅是基于我们的假设。若不做特殊说明,则管芯尺寸为 700μm × 700μm,管芯数量为 4,管芯键合方式是 F2B,时钟频率为 1GHz,电源电压为 1.1V。每个信号 TSV 周围具有 1μm 的阻止区。

为了构建电源分布图,通过商业工具结合适当的输入激励可以获得门的开关行为。在布线完成后,每个门的动态功耗可由门所驱动的线网寄生电容计算得到。结合泄漏功耗,可以确定每个门的功耗,其对每个电源分布网络片的功耗值都是有影响的。电源分布网络被用在热分析仪和电源噪声分析仪中。对于 T-TSV 的情况,热分析仪用 C++/STL 描述,且运行时间约为 3min。对于 MFC 情况,热分析用 MATLAB 编写,运行时间约为 2min。电源噪声(IR 电压降)仿真的运行时间不到 10s。

表 12.4 我们采用的工艺和默认设置参数,
我们的基准仅使用顶部装配的热沉,没有 T-TSV 或 MFC

	基线和 T-TSV	MFC 情形
Si 层厚度/μm	20	60
金属层厚度/μm	6	6
键合层厚度/μm	2	10
信号 TSV 纵深比	10:1	30:1
信号 TSV 直径/μm	2	2
MFC 深度/μm	0	30
MFC 间距/μm	0	200
P/G TSV 间距/μm	200	300
封装管脚电阻/mΩ	3	3

如图 12.7 所示为初始设计结果。布局结果表明一些区域有更多的单元聚集。仅包括单元时平均利用率约为 62%,在也包括信号和 P/G TSV

时利用率约为70%。总之，x 和 z 方向的拥挤是适中的，然而在一些区域 z 方向的拥挤很严重。从电源分布网络我们可以观察到存在一些电源热点。

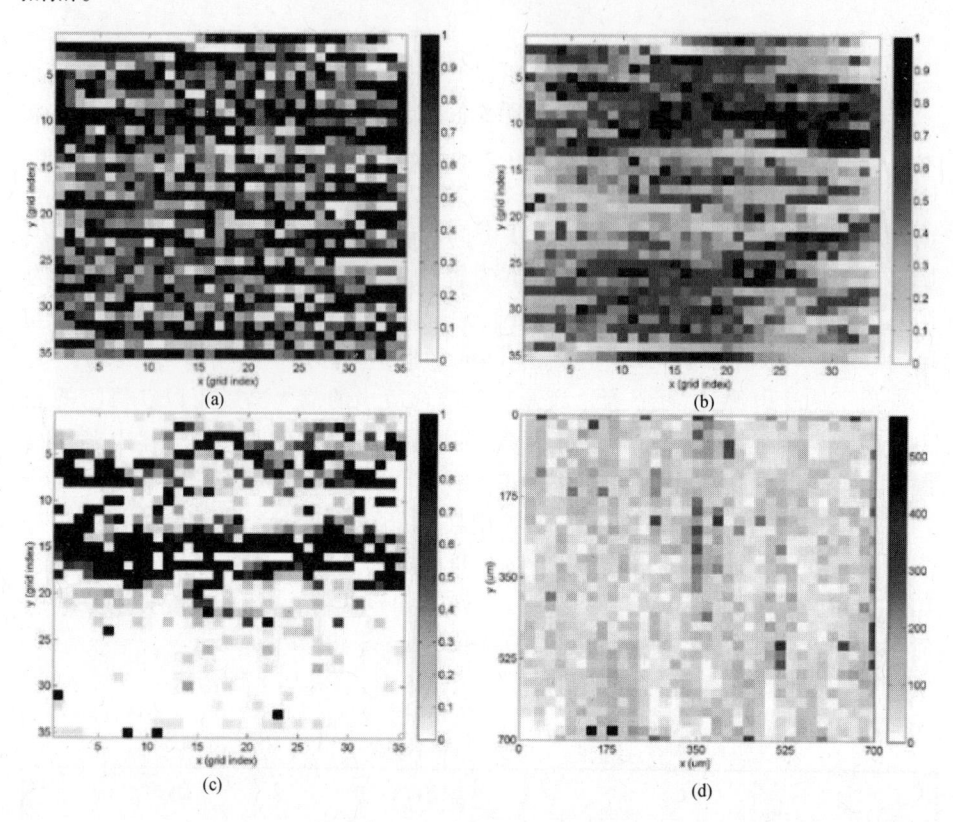

图 12.7 带有基线设置的初始设计结果，电源图中的电源密度单位为 W/cm^2（见彩图）
(a)使用布局片；(b)使用 x 方向布线；(c)使用 z 方向布线；(d)电源图。

12.6.2 二维和三维集成电路设计比较

首先比较 2D 和 3D IC 中的设计。如表 12.5 所列为 2D 和 3D IC 设计的比较（2 个管芯和 4 个管芯）。设定了管芯尺寸可以使得每个情况下总的硅面积相同。随着管芯数量的增大，总线长变得更短且总功耗减小。拥挤加剧的主要原因是 z 方向拥挤。最长路径延迟减小，然而它包含了更复杂的原因，例如路径上的门如何被划分入管芯并布局。信号 TSV 在两管芯和四管芯情况下分别占据了约 5.38% 和 9.34% 的硅面积。最大 *IR* 电压降随管芯数量的增加而增加，这主要是由于布局越少的 P/G TSV 覆盖面积越小，P/G TSV 在 *IR* 电压降中贡献的电阻就越小。

表12.5 2D和3D IC设计比较,拥挤是指具有100%利用率的布线边沿数量

	2D-1管芯	3D-2管芯	3D-4管芯
封装面积/μm^2	1960000	1000000	490000
总线长/μm	16543560	15410160	14609760
信号TSV数	0	3360	8569
拥挤度	39	329	673
最长通路延迟/ns	2.031	1.910	1.796
功耗/W	1.427	1.398	1.304
最大IR电压降/mV	4.092	4.330	6.831
最大Si温度/℃	49.681	80.389	131.485

3D设计存在的一个大问题是提升最大硅温度。主要原因是四管芯设计的功耗密度很高(约为277W/cm²),并且热耗散路径很长(从底部管芯到位于芯片顶部的热沉)。因此对于四管芯设计的实用性来说热解决方案很关键。

12.6.3 T-硅通孔与MFC散热比较

表12.6所列为基线、T-TSV情况、MFC情况的实验结果。在基线情形中不存在T-TSV或MFC。所有三种情况具有几乎相同的总线长。T-TSV情形中的拥挤略高于基线情形,因为T-TSV消耗了布线空间。MFC情形的总功耗较高,因为总线长增大、信号TSV电容较大。最大IR-drop也在MFC情形中较高,这主要是因为MFC情形中的P/G TSV较长且其电阻较高。

表12.6 基线、T-TSV、MFC情形比较

	基线	T-TSV情形	MFC情形
总线长/μm	14609760	14675180	14770840
拥挤度	673	793	698
总功耗/W	1.304	1.306	1.366
最大IR电压降/mV	6.831	6.838	9.965
最大Si温度/℃	131.485	119.169	34.550

与基线情形相比,T-TSV将最大硅温度仅降低了9.4%,这与近期研究工作相比是比较小的[9],该文献中采用的是SOI工艺。由于绝缘体的热导率非常低,插入T-TSV将急剧增加绝缘层的热导率。但是,在本章假设为体硅工艺,并且硅的热导率良好(约为铜的1/3)。因此,插入T-TSV不会使最大硅温度降低很多。相反的,MFC将最大硅温度降低了74%。这表明基于T-TSV的冷

却不像基于 MFC 的冷却那么有效。

图 12.8 所示为三种情形的温度机制。在基线和 T-TSV 情况下热沉被附加芯片顶部(在 MFC 情况下芯片的顶部直接接触空气)。因此,较低位置的管芯温度高于较高位置的管芯,因为它们远离热沉。将 T-TSV 情况与基线情况进行比较可以观察到 T-TSV 情况下的管芯间温度差较小。因此发现 T-TSV 有助于热量在 z 方向进行传输。在 MFC 情况中,MFC 放置的区域比相邻区域温度较低,并且沿 MFC 流动方向的温度是增加的,因为流体在流动时会吸收热量。

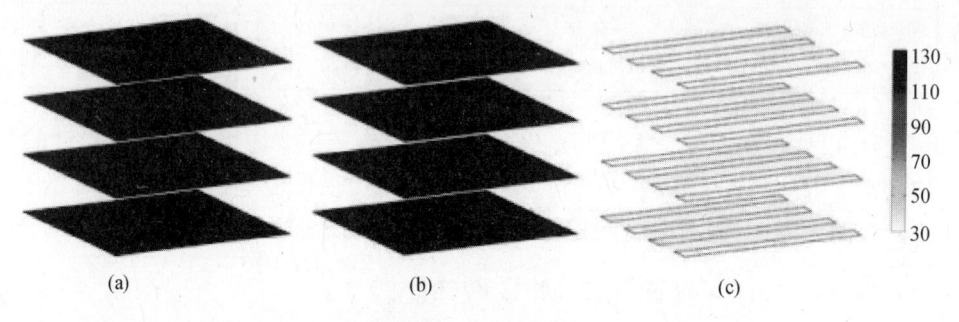

图 12.8 温度机制,MFC 情形中的虚线所示为 MFC(见彩图)
(a)基线;(b)T-TSV 情形;(c)MFC 情形。

12.6.4 每次改变一个输入因子

作为初步的实验,需要每次变化一个输入因子来研究其对响应的影响。通过该初步实验,需要试图找到输入因子的范围以满足整体目标性能并核查可能的折衷因素。每个输入因子被设置为三级:(-,0,+)。"0"为默认值,"-"为最小值,"+"为最大值。当变化一个输入因子时,其他因子保持在"0"级。对于每个因子假设系统响应是单调的,最大/最小值将不会在所设定输入范围的非极限位置出现。

12.6.4.1 MFC 情形

对于 MFC 情形,输入因子设定按如下方式确定(-,0,+):①MFC 宽度(μm) = (30,55,80);②MFC 压降(kPa) = (30,50,70);③P/G TSV 直径(μm) = (5,10,15);④P/G 薄线比例 = (0.2,0.5,0.8)。如图 12.9 所示为 MFC 情形下初步实验的结果。总线长、最长路径延迟取决于 MFC 宽度和 P/G TSV 直径,而 *IR* 电压降主要取决于 P/G TSV 直径和 P/G 薄线比例。比较总线长和 *IR* 电压降图可以发现增大 P/G TSV 直径可以极大降低 *IR* 电压降,而总线长增大很少。同时,最大硅温度和泵功率主要取决于 MFC 宽度和 MFC 压力降。对于最大硅温度,MFC 宽度的影响大于 MFC 压降,而对于泵功率 MFC 压降则影响大于 MFC 宽度。

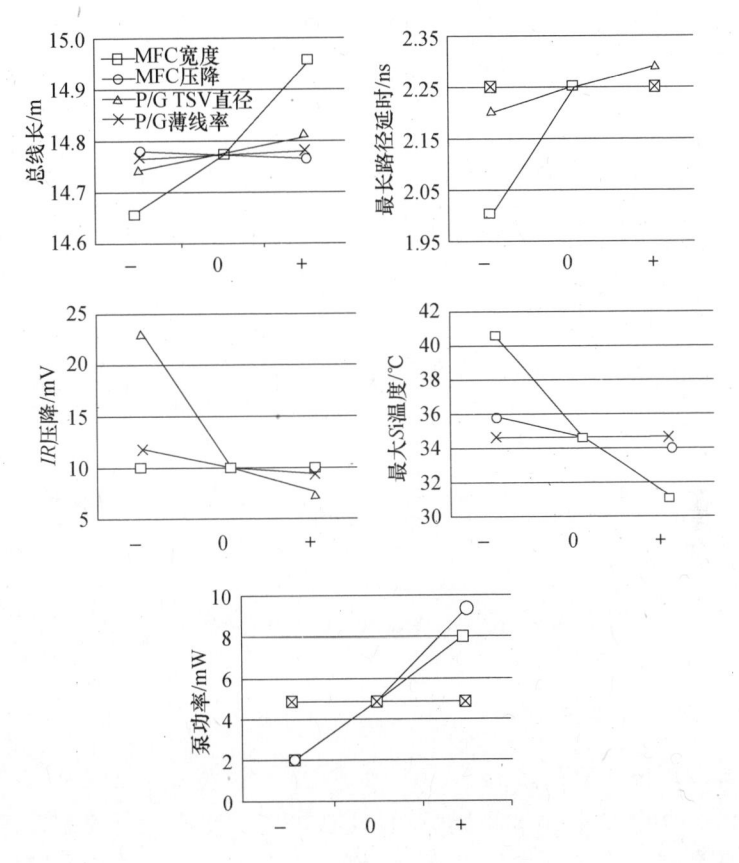

图 12.9 MFC 情形下的初步实验结果

12.6.4.2 T-TSV 情形

对于 T-TSV 情形,输入因子设定按如下方式确定(-,0,+):①T-TSV 比例=(0,0.1,0.2);②P/G TSV 直径(μm)=(5,10,15);③P/G 薄线比例=(0.2,0.5,0.8)。需要注意到限定最大 T-TSV 比例为 20% 或更小。插入过多的 T-TSV 可能会消耗太多的硅和布线空间,并由于热膨胀系数不匹配有可能出现机械可靠性问题。如图 12.10 所示为 T-TSV 情形的初步实验结果。总线长取决于所有三个输入因子,其中 T-TSV 比例的影响最大。最长路径延迟受 T-TSV 比例和 P/G TSV 直径影响。*IR* 电压降仅取决于 P/G TSV 直径和 P/G 薄线比例。注意到相比于 MFC 情形结果,*IR* 电压降范围较小。这主要是因为在 T-TSV 情形中管芯厚度较小,且 P/G TSV 电阻较低。最大硅温度当 T-TSV 比例从"-"变化为"0"时急剧降低,然而降幅在"0"和"+"之间极大减小。如将在之后的 DOE 章节所见到的,这意味着响应模型需要一个高阶多项式。

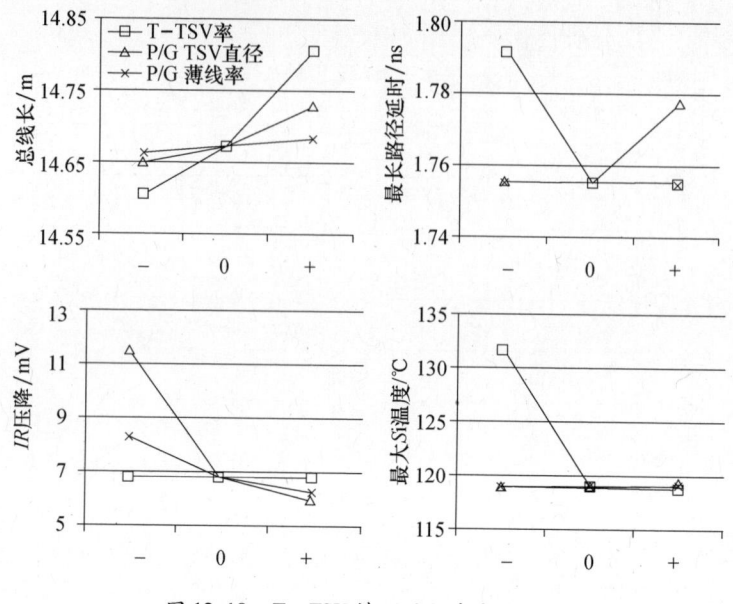

图 12.10　T‑TSV 情形的初步实验结果

12.6.5　经典实验

12.6.5.1　T‑TSV 情形

对于 T‑TSV 情形，Box Behnken 设计总共产生 15 个设计点。在运行实验之后，收集数据并建立如表 12.7 所列的响应模型。校验 RMSE 为用校验数据组计算的 RMSE。与平均值（第二列）比较，RMSE 值非常小。然而，PRESS RMSE 值比 RMSE 值大两倍多，这意味着响应模型不能预测未见的设计点。这一点对于最大硅温度模型更为明显，因为其校验 RMSE 非常高，约为平均值的 4.4%。对于所有三个响应模型 R^2 都非常接近 1。这意味着不能仅依赖 R^2 评估整体模型质量。

表 12.7　带有典型 DOE 的 T‑TSV 模型总结，
模型类型为二次方程，且对于所有三种响应参数数量为 10

响应	均值	RMSE	PRESS RMSE	校验 RMSE	R^2
总线长	14701073	8255.120	19064.382	13565.988	0.996
最大 IR 电压降	8.120	0.031	0.070	0.476	1.000
最大 Si 温度	122.514	0.394	0.911	5.431	0.998

如图 12.11 所示为两个响应表面。观察到 IR 电压降模型在 ROI 角落附近是不单调的。最大硅温度模型表面没有显示足够的曲率。如 12.6.4 节所讨论的,需要对该响应建立较高阶模型。

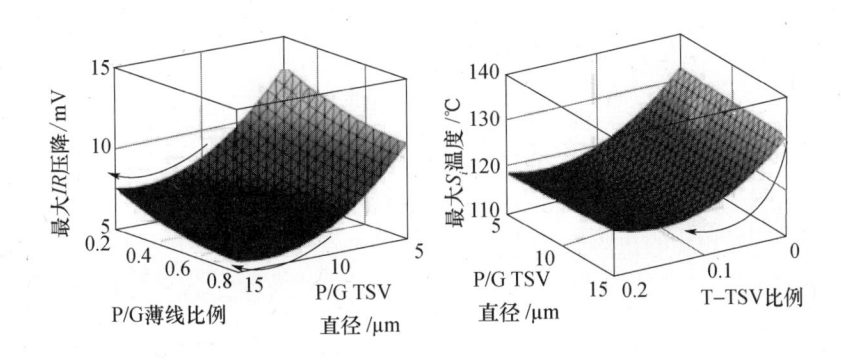

图 12.11 带有典型 DOE 的 T-TSV 情形的响应表面,每个响应仅显示两个主要坐标轴

12.6.5.2 MFC 情形

对于 MFC 情形,由 Box Behnken 设计生成总共 27 个设计点。由于 MFC 宽度和 P/G TSV 直径之间存在式(12.5)定义的约束,所以相应地移动设计点。如图 12.12 所示为改动的 Box Behnken 设计,如表 12.8 所列为响应模型的归纳。相比于平均值,泵功耗的 RMSE 较高,约为 4.7%。RMSE 和 PRESS RMSE 的差值小于 2 倍。然而,校验 RMSE 表明最大 IR 电压降模型中存在较高误差。

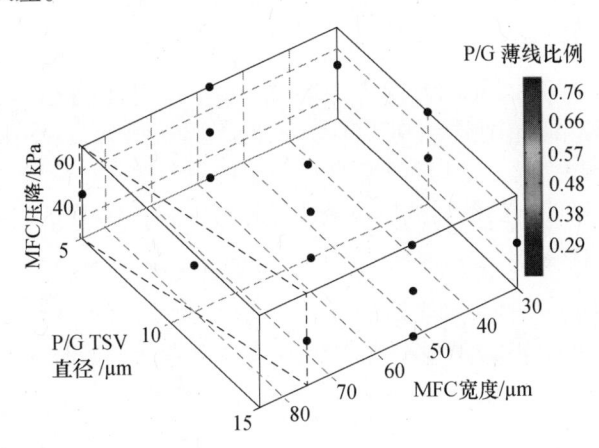

图 12.12 针对 MFC 情形改进的 Box Behnken 设计,红色虚线表示约束区域(见彩图)

表 12.8　带有典型 DOE 的 MFC 情形模型归纳，
模型类型为二次方程，对于所有四种响应参数数量为 15 个

响应	均值	RMSE	PRESS RMSE	校验 RMSE	R^2
总线长	14794088	2054.884	3458.582	8030.389	1.000
最大 IR 电压降	12.549	0.053	0.085	1.379	1.000
最大 S_i 温度	35.314	0.307	0.492	0.370	0.996
泵功耗	5.202	0.243	0.389	0.256	0.998

如图 12.13 所示为两个响应表面。再次观察到，对于最大 IR 电压降和最大硅温度模型，ROI 的角落存在多余曲率。

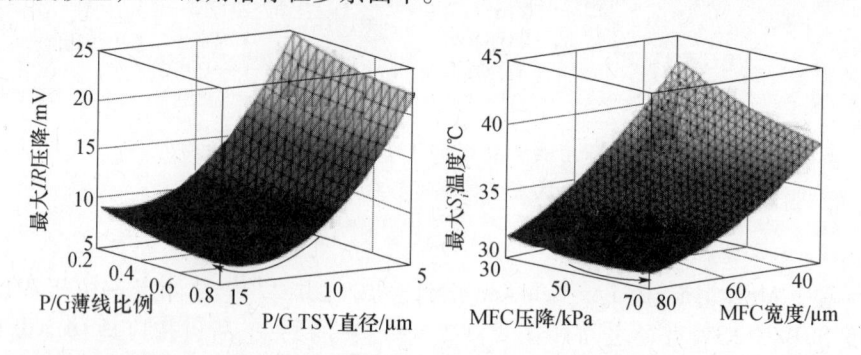

图 12.13　带有典型 DOE 的 MFC 情形的响应表面，每个响应仅显示两个主要坐标轴

12.6.6　改进实验：T-硅通孔情形

为了对 T-TSV 情形执行改进的 DOE，我们生成了 32 个拉丁超立方(Latin Hypercube)设计点，然后手工添加 8 个角落设计点。添加角落设计点的原因是减小 ROI 边界误差。输入因子范围为：①T-TSV 比例=[0,0.2]；②P/G TSV 直径=[5,15]（μm）；③P/G 薄线比例=[0.2,0.8]。如表 12.9 所列为 T-TSV 情形中最大硅温度的候选模型。采用 12.5.3 节所提出的得分法。尽管最后一行的模型得分较高，但是第四行的模型被选作最佳，因为它在响应表面的多余曲率较小。

表 12.9　T-TSV 情形中最大硅温度的候选模型，这里仅列出了五个
最佳模型，Poly 后括号内的数字代表(T-TSV 比例、P/G TSV 直径、P/G
薄线比例/相互作用)的多项式阶数，RBF 后括号内的名称为 RBF 内核
类型，"+stepwise"为执行了逐步回归

模型类型	参数数目	RMSE	PRESS RMSE	校验 RMSE	R^2	得分
Poly(8,8,8/2)+stepwise	13	0.253	0.338	0.411	0.998	0.3953

(续)

模型类型	参数数目	RMSE	PRESS RMSE	校验 RMSE	R^2	得分
Poly(8,8,8/3) + stepwise	23	0.117	0.155	0.463	1.000	0.4565
Poly(10,7,2/3) + stepwise	18	0.133	0.268	0.210	0.999	0.3887
Poly(11,3,3/2) + stepwise	16	0.143	0.278	0.169	0.999	0.4574
Poly(10,5,0/3) + RBF(薄平面)	27	0.033	0.081	0.154	1.000	0.4660

T-TSV 情形的最佳模型被归纳在表 12.10 中。相比表 12.7 中的模型，RMSE、PRESS RMSE 和校验 RMSE 减小较多。尤其是，最大硅温度的校验 RMSE 减小了 97%。RMSE 和 PRESS RMSE 之间的差异小于两倍，因此不太可能过度拟合。校验 RMSE 与 PRESS RMSE 差异不大，意味着模型同样可以预测未见的设计点。

表 12.10　带有改进 DOE 的 T-TSV 情形模型归纳

响应	模型类型	参数数目	均值	RMSE	PRESS RMSE	校验 RMSE	R^2
总 WL	Poly(3,5,2/2) + stepwise	9	14699694	4305.241	4989.319	9643.771	0.997
IR 电压降	Poly(2,7,7/4) + stepwise	21	7.893	0.003	0.004	0.004	1.000
最高温度	Poly(11,3,3/2) + stepwise	16	121,212	0.143	0.278	0.169	0.999

如表 12.11 所列为 T-TSV 情形的总线长模型参数。T-TSV 比例和 P/G TSV 直径是主要因素，且观察到它们之间存在重要的相互作用。

表 12.11　带有改进 DOE 的 T-TSV 情形的总线长模型参数，TTSV rat、PGdia、PGthin 表示最小 T-TSV 比例、P/G TSV 直径、P/G 薄线比例

常数	1.467×10^7	PDdia	4.217×10^4
TTSV rat	8.926×10^4	PGthin	1.082×10^4
PGdia^2	3.158×10^4	PGdia × TTSV rat	1.197×10^4
TTSV rat^2	2.837×10^4	TTSV rat × PGthin	4.499×10^3
PGdia^4	-1.942×10^4		

如图 12.14 所示为 T-TSV 情形的响应表面的所有指标。对于总线长和最大硅温度，最重要的输入因子是 T-TSV 比例。总线长随较高的最大 T-TSV 比例而增加，原因是 T-TSV 会导致拥挤。同样的，P/G TSV 直径以相同的方式影响响应，但影响很小。在最大 IR 电压降情形中，P/G TSV 直径、P/G 薄线比例是主要的因子。最大 IR 电压降随较高的 P/G 薄线比例和较大的 P/G TSV 直

径而减小。当最大 T-TSV 比例从 0 增大到 0.05 时,最大硅温度急剧降低;在 0.05 之后斜率变缓。将最大硅温度的曲率与图 12.11 进行比较。注意到,最大硅温度模型中的 P/G TSV 直径与的最大 T-TSV 比例会互相影响。这是因为 P/G TSV 占据了硅空间,且影响 T-TSV 的实际数量,它不同于最大 T-TSV 比例。

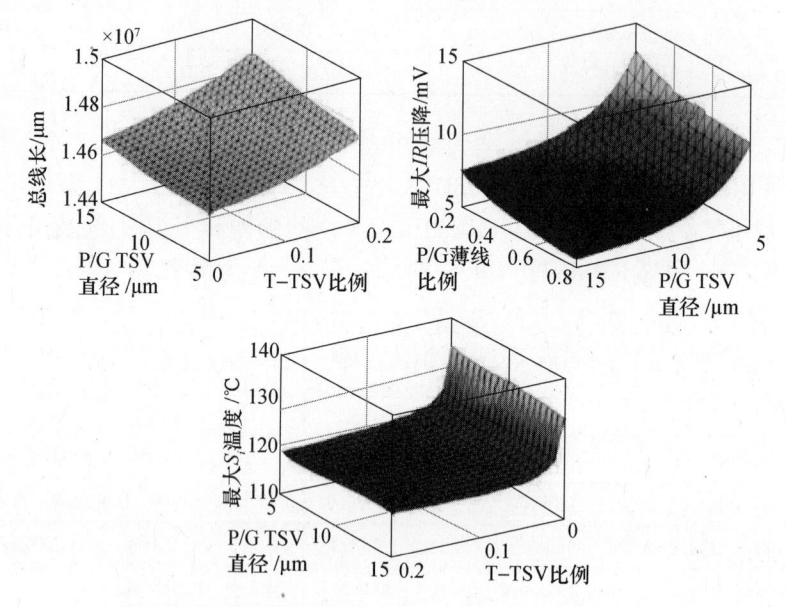

图 12.14 带有改进 DOE 的 T-TSV 情形的响应表面,
对于每个指标,给出了两个主要的输入因子

使用响应模型执行了优化。考虑了两种优化方案:
(1) 方案 1:最小总线长、最大 IR 电压降和最大硅温度。

$$\text{Cost}_1 = \sqrt[3]{\text{Cost}_{wl}^* \cdot \text{Cost}_{ir}^* \cdot \text{Cost}_{st}^*}$$

式中:Cost_{wl}^*、Cost_{ir}^* 和 Cost_{st}^* 分别为归一化的总线长、最大 IR-drop 和最大硅温度成本。

(2) 方案 2:在最大 IR 电压降约束下使总线长和最高硅温度最小化。

$$\text{Cost}_2 = \sqrt{\text{Cost}_{wl}^* \cdot \text{Cost}_{st}^*}$$

约束为最大 IR-drop≤10mV。

如表 12.12 所列为三种情况下的输入因子设置和响应:基准——这是从实际实验得到的基线设置和响应。DOE-预测——给出了从优化找到的优化输入因子设置,且响应值由响应模型预测。DOE-实际——与 DOE-预测具有相同的优化设置,通过运行实验并得到实际响应值。DOE-预测与 DOE-实际的比较表明了响应模型的精度。将 DOE-实际与基准进行比较可以发现,DOE 可以找到更好的解,并且对于方案 1 来说成本 $Cost_1$ 约低 49%,对于方案 2 来说成本 $Cost_2$ 约低 1.8%。比较 DOE – 预测和 DOE – 实际可以发现所有的模型都非常精确(误差 <1%)。在方案 1 中,最小 T – TSV 比例降低了一些,因为它有助于减小总线长而不会令最大硅温度升高太多。P/G TSV 直径和 P/G 薄线比例增大到最大,因为它降低了电源噪声且不会令其他指标衰减太多。在方案 2 中,最大 T – TSV 比例达到其极大值以令最大硅温度最小化。P/G TSV 直径和 P/G 薄线比例从基准开始降低,这是因为最大 IR 电压降没有最小化,却被约束在目标值以下。DOE – 实际的最大 IR 电压降值满足约束。

表 12.12 T – TSV 情形中方案 1 和方案 2 的优化结果

	基准	DOE – 预测	DOE – 实际
方案 1			
最大 T – TSV 比例	0.1	0.094	0.094
P/G TSV 直径/μm	10	15	15
P/G 薄线比例	0.5	0.8	0.8
总线长/μm	14675180	14736797	14741100
最大 IR 电压降/mV	6.838	5.494	5.497
最高 S_i 温度/℃	119.169	118.940	119.585
$Cost_1$	0.174	0.071	0.089
方案 2			
最大 T – TSV 比例	0.1	0.2	0.2
P/G TSV 直径/μm	10	6.766	6.766
P/G 薄线比例	0.5	0.388	0.388
总线长/μm	14675180	14764854	14767680
最大 IR 电压降/mV	6.838	9.065	9.061
最高 S_i 温度/℃	119.169	118.330	118.817
$Cost_2$	0.169	0.076	0.166

12.6.7 改进实验:MFC 情形

对于 MFC 情形,可以生成 48 个拉丁超立方体设计点,然后人为添加 16 个角落设计点。输入因子范围为:①MFC 宽度 = [30,85](μm);②MFC 压降 = [30,70](kPa);③P/G TSV 直径 = [5,15](μm);④P/G 薄线比例 = [0.2, 0.8]。再次应用式(12.5)定义的输入因子约束。MFC 情形的最佳模型示于表

12.13，它是通过与 T – TSV 情形相同的打分法进行选择的。与表 12.8 中的模型进行对比，RMSE、PRESS RMSE、校准 RMSE 降低了许多。泵功耗的校准 RMSE 减小了 64%。PRESS RMSE 接近 RMSE，意味着模型没有过度拟合。除了最大硅温度模型以外，校准 RMSE 没有与 PRESS RMSE 相差很多。尽管如此，最大硅温度模型的校准 RMSE 相比平均值要小。

表 12.13　带有改进 DOE 的 MFC 情形下的模型总结，在模型种类列中，Poly 后面括号中的数字代表(MFC 宽度、MFC 压力降、P/G TSV 直径、P/G 薄线比例/互扰)的多项式阶数，RBF 后括号内的的名字表示 RBF 内核类型

响应	模型类型	参数数目	均值	RMSE	PRESS RMSE	校验 RMSE	R^2
总线长	Poly(6,0,6,6/2) + Stepwise	12	14798019	8344520	9061.613	8086.943	0.995
IR 电压降	Poly(6,0,6,6/3) + Stepwise	21	12.656	0.013	0.016	0.021	1.000
最高温度	Poly(7,7,0,0/4) + RBF(多重二次曲面)	30	35.314	0.036	0.045	0.103	1.000
泵功耗	Poly(6,6,2,0/4) + Stepwise	15	5.188	0.078	0.085	0.092	1.000

如图 12.15 所示为所有指标的响应表面。总线长主要取决于 MFC 宽度和 P/G TSV 直径。较宽 MFC 导致其附近 z 方向拥挤，因此一些小信号线不得不绕行，这导致线长较长。最大 IR 电压降主要取决于 P/G TSV 直径和 P/G 薄线比例，而最大硅温度和泵功耗主要取决于 MFC 宽度和 MFC 压降。增大 MFC 宽度会在整个输入因子范围内降低最大硅温度，然而当 MFC 宽度较小时 MFC 压力降影响最大硅温度更多。也就是说较小的 MFC 对 MFC 压降更敏感。较宽的 MFC 具有较高的压力降则需要更高的泵功耗。

针对 MFC 情形考察了三种优化方案：

(1) 方案 1：最小化总线长、最大压降、最大硅温度、泵功耗。

$$\text{Cost}_1 = \sqrt[4]{\text{Cost}_{wl}^* \cdot \text{Cost}_{ir}^* \cdot \text{Cost}_{st}^* \cdot \text{Cost}_{pp}^*}$$

式中：Cost_{wl}^*、Cost_{ir}^*、Cost_{st}^* 和 Cost_{pp}^* 分别为归一化总线长、最大压降、最大硅温度和泵功耗成本。

(2) 方案 2：在最大硅温度约束下最小化总线长、压降、泵功耗。

$$\text{Cost}_2 = \sqrt[3]{\text{Cost}_{wl}^* \cdot \text{Cost}_{ir}^* \cdot \text{Cost}_{pp}^*}$$

约束为最大硅温度≤40℃。

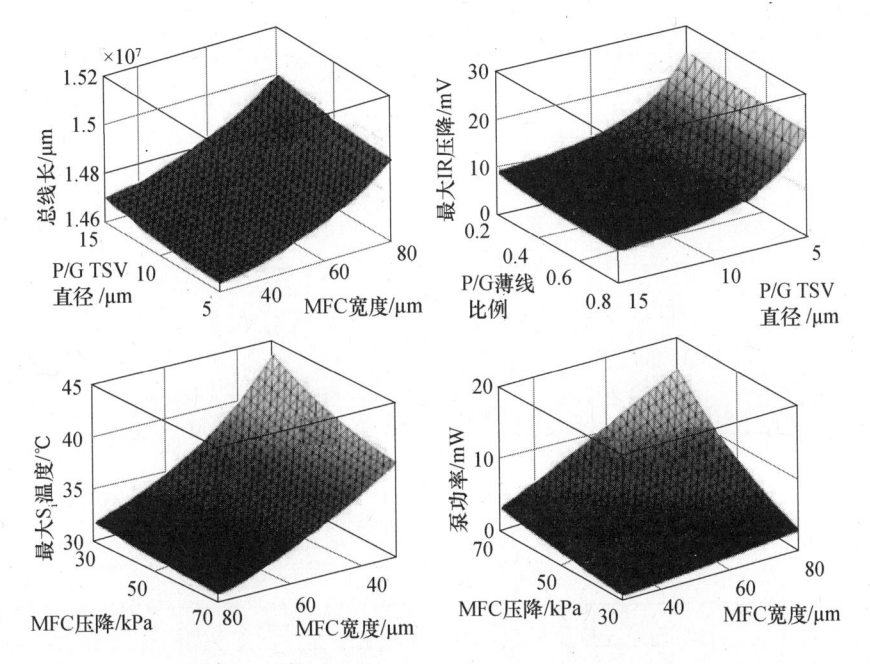

图 12.15 带有改进 DOE 的 MFC 情形下的响应表面

(3) 方案 3:在泵功耗约束下最小化总线长、压降、最大硅温度。

$$\text{Cost}_3 = \sqrt[3]{\text{Cost}_{wl}^* \cdot \text{Cost}_{ir}^* \cdot \text{Cost}_{st}^*}$$

约束为泵功耗≤10mW。

如表 12.14 所列为输入因子设置以及响应。将实际 DOE 与基准比较可以看到 DOE 始终可以找到最佳解,对于方案 1 来说 Cost_1 约低 85%,对于方案 2 来说 Cost_2 约低 85%,对于方案 3 来说 Cost_3 约低 59%。对于所有的响应来说预测 DOE 和实际 DOE 之间的误差小于 1%,除了泵功耗,其在方案 1 和方案 3 中约有 5.2% 和 3.7% 的误差。在方案 1 中,MFC 宽度和 MFC 压降几乎被最小化,而 P/G TSV 直径和 P/G 薄线比例几乎被最大化。这是因为较小的 MFC 宽度和较低的 MFC 压降降低了 Cost_{wl}^* 和 Cost_{pp}^*,代价是增大了 Cost_{st}^*,这降低了 Cost_1。同样的增大 P/G TSV 直径和 P/G 薄线比例降低了最大 IR 电压降,而没有使总线长增大太多。在方案 2 中,除了 MFC 宽度以外,优化设计点类似于方案 1。MFC 宽度被设定得以满足最大硅温度约束。实际 DOE 中的最大硅温度接近于约束值(40℃)。在方案 3 中,与基准相比,MFC 压降增加到最大值以使最大硅温度最小化,而 MFC 宽度降低到几乎最小值。该方案的泵功耗并不接近约束,因为优化点没有沿着泵功耗约束边界出现。

表 12.14　MFC 情形中方案 1、方案 2、方案 3 的优化结果

	基准	DOE - 预测	DOE - 实际
方案 1			
MFC 宽度/μm	55	30.009	30.009
MFC 压降/kPa	50	30.063	30.063
P/G TSV 直径/μm	10	14.993	14.993
P/G 薄线比例	0.5	0.78	0.78
总线长/μm	14770840	14712205	14714760
最大 IR 电压降/mV	9.965	6.908	6.950
最高 S_i 温度/℃	34.550	43.618	43.690
泵功耗/mW	4.849	0.729	0.691
成本 $Cost_1$	0.270	0.048	0.040
方案 2			
MFC 宽度/μm	55	39.248	39.248
MFC 压降/kPa	50	30.294	30.294
P/G TSV 直径/μm	10	14.981	14.981
P/G 薄线比例	0.5	0.781	0.781
总线长/μm	14770840	14736293	14735440
最大 IR 电压降/mV	9.965	6.930	6.954
最高 S_i 温度/℃	34.550	39.979	39.954
泵功耗/mW	4.849	1.071	1.066
成本 $Cost_2$	0.254	0.037	0.039
方案 3			
MFC 宽度/μm	55	30.614	30.614
MFC 压降/kPa	50	70	70
P/G TSV 直径/μm	10	15	15
P/G 薄线比例	0.5	0.778	0.778
总线长/μm	14770840	14714508	14721560
最大 IR 电压降/mV	9.965	6.905	6.952
最高 S_i 温度/℃	34.550	39.047	39.171
泵功耗/mW	4.849	3.587	3.453
成本 $Cost_3$	0.269	0.096	0.111

12.6.8　与梯度搜索的比较

为了进行比较,对 MFC 情形中的优化方案 2 执行了基于梯度搜索的优化。为了降低局部最小化的可能性,需要从不同的设计点开始独立运行了总共 8 个搜索线程。首先,通过检查 8 个周围的设计点确定移动方向;如果开始设计点为(MFC 宽度、MFC 压降、P/G TSV 直径、P/G 薄线比例) = (x_1, x_2, x_3, x_4),那么将开始尝试如下设计点:$(x_1 \pm \Delta_1, x_2, x_3, x_4)$,$(x_1, x_2 \pm \Delta_2, x_3, x_4)$,$(x_1, x_2, x_3 \pm \Delta_3, x_4)$,$(x_1, x_2, x_3, x_4 \pm \Delta_4)$。如果产生的设计点位于 ROI 外部,那将舍弃该点。然后运行实验并找到在 $Cost_2$ 上具有最大减小量的那个点。下一步,通过产生的设计点沿着方向执行线性搜索,并检查 $Cost_2$。如果 $Cost_2$ 保持减小趋势,那么每运行实验 3 次就增加步长。如果沿着方向找到局部最小值,或违反了最大硅温度约束,那么将搜索新的方向。该过程将对每个搜索线程持续运行约 40 个实验。

如图 12.16 所示为梯度搜索探索设计空间。搜索线程④主要在 P/G 薄线比例方向移动。尽管我们总共运行了 311 个实验,梯度搜索方法仍不能探索更多的设计空间。最佳设计点由搜索线程⑧找到。

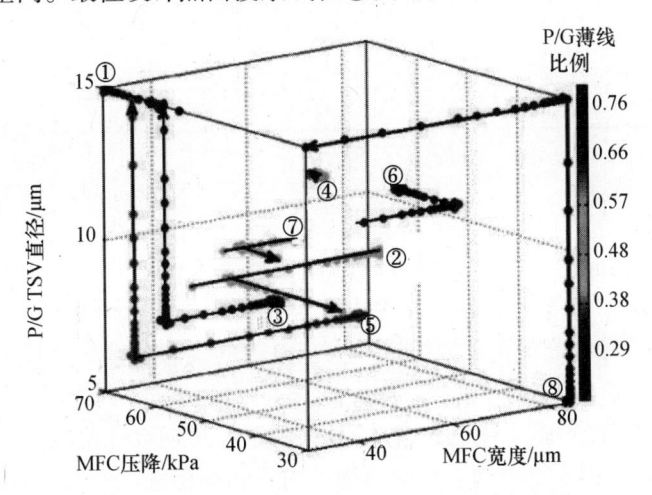

图 12.16　梯度搜索探索的设计空间,输入因子被映射到 x 轴、y 轴、z 轴,
而第四个输入因子被映射为颜色,括号里数量代表搜索线程数,箭头表示搜索方向

由于响应模型中的误差,有可能实际优化设计点不同于 $Cost_2$ 表面上的优化设计点。因此,在优化之后进一步执行局部改善,这里称之为 DOE + 局部。表 12.15 所示为优化结果的比较。CPU 时间包括对所有设计点运行实验。与实际 DOE 的结果比较,DOE + 局部通过增加 P/G 薄线比例找到的设计点具有少一些的 $Cost_2$,然而差异很小。这意味着基于 DOE 的优化确实找到了非常接近最小值的解。与基于 DOE 的搜索比较,梯度搜索找到了一个更差解,其具有约高出

28%的Cost_2,尽管它还耗费了约4.8倍更多的CPU时间。虽然对于梯度搜索来说有可能在足够迭代后找到最优点,但是有可能梯度搜索会被卡在在局部最小点。此外,如果成本函数(优化目标)改变,那么应该在一开始就执行梯度搜索。

表 12.15 MFC 情形中方案 2 的优化结果比较,DOE + 具备代表
DOE 优化接着进行局部搜索

	DOE - 实际	DOE + 局部	梯度搜索
MFC 宽度/μm	39.248	39.248	46
MFC 压降/kPa	30.294	30.294	30
P/G TSV 直径/μm	14.981	14.981	15
P/G 薄线比例	0.781	0.8	0.8
总线长/μm	14735440	14736340	14782520
最大 IR 电压降/mV	6.954	6.928	6.929
最高 S_i 温度/℃	39.954	39.955	37.900
泵功耗/mW	1.066	1.066	1.377
Cost_3	0.039	0.037	0.050
试验运行	64	78	311
CPU 时间/小时	5.42	6.60	25.92

12.6.9 讨论

找到精确响应模型对于获得可靠的优化结果来说是非常重要的。当一些模型的误差较大时,优化会导向亚优化解,其相比一些其他设计点具有更高的成本。同时,具有太高的多项式阶数和太多参数的模型通常会表现出过度拟合问题。

响应模型可针对多个优化方案被复用,便于在早期设计阶段进行决断。响应表面覆盖整个 ROI 将有助于在全局范围内找到优化解。然而,由于模型的不精确,全局优化没有保障。

互连线的拥挤(信号 TSV、P/G TSV、T-TSV、MFC)会影响输入因子实现的折衷量。例如,当目标设计不太拥挤时,MFC 宽度或 T-TSV 比例不会影响总线长太多,并且优化总是有利于将 MFC 宽度或 T-TSV 比例增大到最大值。

12.7 结论

本章中提出了在 3D IC 中进行信号、功耗、热互连协同优化的研究方法。

对带有T-TSV和MFC的3D IC设计证实了基于DOE和RSM的设计空间搜索有效性。对所提出方法的优点及其局限性进行了讨论。对于具有较高功耗密度的高性能电路,所采用的优化方法表明插入T-TSV可能无法有效解决热问题。另一方面,MFC可能会将管芯温度降低到合理水平,但是需要采用高TSV纵深比来防止芯片尺寸增加。

参考文献

[1] M. Bakir, B. Dang, J. Meindl, Revolutionary nanosilicon ancillary technologies for ultimate performance gigascale systems, in *Proceedings of the IEEE Custom Integrated Circuits Conference*, San Jose, 2007, pp. 421 – 428

[2] G. Box, D. Behnken, Some new three level designs for the study of quantitative variables. Technometrics 2, 455 – 475 (1960)

[3] F. Brglez, R. Drechsler, Design of experiments in CAD: context and new data sets for ISCAS'99. Proc. IEEE Int. Symp. Circuit Syst. 6, 424 – 427 (1999)

[4] J. Cong, S. K. Lim, Edge separability based circuit clustering with application to circuit partitioning, in *Proceedings of the Asia and South Pacific Design Automation Conference*, Yokohama, 2000, pp. 429 – 434.

[5] J. Cong, Y. Zhang, Thermal – driven multilevel routing for 3 – D ICs, in *Proceedings of the Asia and South Pacific Design Automation Conference*, Shanghai, vol. 1, 2005, pp. 121 – 126

[6] B. Dang, M. S. Bakir, J. D. Meindl, Integrated thermal – fluidic I/O interconnect for an on – chip microchannel heat sink. IEEE Electron Device Lett. 27(2), 117 – 119 (2006)

[7] G. Derringer, R. Suich, Simultaneous optimization of several response variables. J. Qual. Technol. 12(4), 214 – 219 (1980)

[8] R. A. Fisher, *The Design of Experiments* (Oliver and Boyd, London, 1935)

[9] B. Goplen, S. Sapatnekar, Thermal via placement in 3D ICs, in *Proceedings of the International Symposium on Physical Design*, San Francisco, 2005, pp. 167 – 174

[10] C. – W. Ho, A. E. Ruehli, P. A. Brennan, The modified nodal approach to network analysis. IEEE Trans. Circuit Syst. 22(6), 504 – 509 (1975)

[11] G. Huang et al., Compact physical models for power supply noise and chip/package co – design of gigascale integration, in *Proceedings of IEEE Electronic Components and Technology Conference*, Reno, 2007, pp. 1659 – 1666.

[12] A. J. Joseph et al., Through – silicon vias enable next – generation SiGe power amplifiers for wireless communications. IBM J. Res. Dev. 52(6), 635 – 648 (2008)

[13] D. H. Kim, K. Athikulwongse, S. K. Lim, A study of through – silicon – via impact on the 3D stacked IC layout, in *Proceedings of the IEEE International Conference on Computer – Aided Design*, San Jose, 2009, pp. 674 – 680

[14] Y. J. Kim, Y. K. Joshi, A. G. Fedorov, Y. – J. Lee, S. – K. Lim, Thermal characterization of interlayer microfluidic cooling of three – dimensional integrated circuits with nonuniform heat flux. J. Heat Transf. 132(4), 214 – 219 (2010)

[15] J. – M. Koo, S. Im, L. Jiang, K. E. Goodson, Integrated microchannel cooling for threedimensilonal electronic architecture. J. Heat Transf. 127, 49 – 58 (2005)

[16] Y. – J. Lee, S. K. Lim, Co – optimization and analysis of signal, power, and thermal interconnects in 3D ICs, *IEEE Transactions on Computer – Aided Design of Integrated Circuits and Syst.* 30(11), 1635 – 1648

(2011)

[17] R. L. Mason, R. F. Gunst, J. L. Hess, *Statistical Design and Analysis of Experiments With Applications to Engineering and Science*, 2nd edn. (Wiley, New York, 2003)

[18] R. H. Myers, D. C. Montgomery. *Response Surface Methodology: Process and Product Optimization Using Designed Experiments* (Wiley, New York, 1995)

[19] V. Nookala, Y. Chen, D. J. Lilja, S. S. Sapatnekar, Microarchitecture – aware floorplanning using a statistical design of experiments approach, in *Proceedings of the ACM Design Automation Conference*, Anaheim, 2005, pp. 579 – 584.

[20] North Carolina State University, NCSU FreePDK, available online at http://www.eda.ncsu.edu/wiki/FreePDK

[21] S. V. Patankar, *Numerical Heat Transfer and Fluid Flow* (Hemisphere, Washington, DC, 1980).

[22] M. Pathak, S. K. Lim, Thermal – aware Steiner Routing for 3D Stacked ICs, in *Proceedings of the IEEE International Conference on Computer – Aided Design*, San Jose, 2007, pp. 205 – 211

[23] M. Pathak, Y. – J. Lee, T. Moon, S. K. Lim, Through silicon via management during 3D physical design: when to add and how many? in *Proceedings of the IEEE International Conference on Computer – Aided Design*, San Jose, 2010, pp. 387 – 394

[24] D. Sekar et al., A 3D – IC technology with integrated microchannel cooling, in *Proceedings of the International Interconnect Technology Conference*, Burlingame, 2008

[25] D. B. Tuckerman, R. F. W. Pease, High – performance heat sinking for VLSI. IEEE Electron Device Lett. 2, 126 – 129 (1981)

[26] E. Wong, S. Lim, 3D floorplanning with thermal vias, in *Proceedings of the Design, Automation and Test in Europe*, München, vol. 1, 2006, pp. 1 – 6

[27] Q. Zhang et al., Development of robust interconnect model based on design of experiments and multiobjective optimization. IEEE Trans. Electron Device 48(9), 1885 – 1891 (2001)

[28] T. Zhang, Y. Zhan, S. S. Sapatnekar, Temperature – aware routing in 3D ICs, in *Proceedings of the Asia and South Pacific Design Automation Conference*, Yokohama, 2006, pp. 309 – 314

[29] Q. Zhou, K. Sun, K. Mohanram, D. C. Sorensen, Large power grid analysis using domain decomposition, in *Proceedings of the Design, Automation and Test in Europe*, München, 2006, pp. 1 – 6

第四部分　三维集成电路设计的机械可靠性

本书的这一部分讲述三维集成电路的机械可靠性设计。第 13 章研究三维集成电路设计中由于 TSV 和硅衬底间热膨胀系数不匹配引起的机械应力的全芯片分析。第 14 章研究三维集成电路中机械应力对器件的迁移率和全芯片时序变化的影响。第 15 章对第 13 章中的全芯片研究进行扩展,进一步探究封装因素对整个三维芯片/封装系统的机械可靠性的影响。第 16 章研究芯片/封装的机械应力对器件迁移率和全芯片路径延迟变化的影响。第 17 章研究由 TSV 引起的机械应力对 TSV 和其衬层间的裂纹扩展的影响(界面裂纹)。

第13章 三维集成电路的机械可靠性分析和优化

摘要:本章研究一种高效、精确的全芯片热–机械应力和可靠性分析工具及优化设计方法,来缓解三维集成电路中的机械可靠性问题[5]。首先,分析由TSV及各种相关结构如焊盘和介质衬层引起的热机械应力。其次,探索和验证应力张量的线性叠加原理,验证此方法相对于详细的有限元分析(FEA)仿真的准确性。接下来把此线性叠加原理应用于全芯片应力仿真,并使用冯·米塞斯屈服准则进行可靠性评判。最后,研究设计优化方法以减轻三维集成电路的机械可靠性问题。数值实验结果验证了该方法的有效性。

本章中给出的材料基于文献[5]。

13.1 引言

由于TSV填充材料铜(Cu)等和硅衬底的热膨胀系数(CTE)之间的不匹配,在TSV结构制造过程和热循环中会产生热机械应力。热机械应力会影响器件性能[18],或引起三维互连中裂纹的增长[9,14]。以前的大部分研究侧重于模拟单个TSV的热机械应力和可靠性。这些模拟使用有限元分析方法执行,占用大量计算资源,不适合进行全芯片分析。此外,一些研究使用不切实际的TSV结构,如一个非常大的焊盘(LP),这主要是因为设计时没有考虑实际应用。

本章研究全芯片TSV热–机械应力和可靠性分析流程,以及设计优化方法以减少基于TSV的三维集成电路的机械可靠性问题。这里使用冯·米塞斯屈服准则评判机械可靠性,并给出TSV尺寸,焊盘大小,衬层厚度和阻止区(KOZ)大小等设计参数对机械可靠性的影响。本章包括下述主题:

(1)研究如何模拟TSV引起的机械应力对衬底的可靠性的影响。与现有的工作相比,模拟更详细和接近实际的TSV结构,并研究它们对应力和机械可靠性指标的影响。同时也模拟了芯片工作温度对应力和可靠性的影响。

(2)研究如何利用可靠性模型执行全芯片机械分析。和有限元分析进行对比,验证应力张量的线性叠加原理,并应用这种方法来生成一个全芯片应力图和可靠性指标图。

(3)研究如何优化三维集成电路设计以减轻机械可靠性问题。通过改变设计参数,如焊盘大小,衬层厚度,阻止区大小和TSV布局等,以减少冯·米塞斯应力,这是一个机械可靠性指标。

13.2 详细的基准建模

被称为拉梅应力解的二维径向应力解析模型用来研究热机械应力对器件性能的影响[18]。这种二维平面解假设一个无限长的 TSV 嵌入在一个无限的硅衬底,并提供硅衬底区域内的应力分布,如下式所示[10]

$$\sigma_{rr}^{Si} = -\sigma_{\theta\theta}^{Si} = -\frac{E\Delta\alpha\Delta T}{2}\left(\frac{D_{TSV}}{2r}\right)^2$$

$$\sigma_{zz}^{Si} = \sigma_{rz}^{Si} = \sigma_{\theta z}^{Si} = \sigma_{r\theta}^{Si} = 0 \tag{13.1}$$

式中:σ^{Si} 为硅衬底上的应力;E 为杨氏模量;$\Delta\alpha$ 为 CTE 不匹配量;ΔT 为热载荷;r 为距 TSV 中心的距离;D_{TSV} 为 TSV 的直径。

尽管这个闭合公式很容易处理,可是这种二维解决方案只适用于只有 TSV 和衬底的结构,并不适合包含焊盘和衬层的实际 TSV 结构。并且,它没有考虑在 TSV 周围晶圆表面附近的应力场的三维特性,且在这个区域内含有器件。此外,TSV 和衬底界面靠近晶圆表面的区域是机械可靠性问题的高发区域[14]。在研究中,晶圆表面表示衬底(Si)/绝缘层(SiO₂)界面下的硅表面。

虽然有人提出了一种半解析三维应力模型[14],这种模型只对高深宽比的 TSV 有效。同时,他们的 TSV 结构只包括 TSV 和硅衬底,因此不能将他们的模型应用于包含焊盘和绝缘层的 TSV,因为边界条件发生了变化。此外,因为他们的模型只适用于单个隔离的 TSV,它不能直接用于评估全芯片规模的机械可靠性特性。

由于没有发现针对实际 TSV 结构的解析应力模型,因此需要创建 TSV 结构的 3D FEA 模型来研究晶圆表面附近的应力分布。为了实际检测 TSV 引起的热 – 机械应力,这里的 TSV 基准模拟结构基于制造和已发布的数据[1,8,9,15],如图 13.1 所示[1,8,9,15]。基于 NCSU 45nm 工艺,构造两个 TSV 单元,即 TSV$_A$ 和 TSV$_B$,它们分别占据 3 个和 4 个标准单元行[3]。对于 TSV$_A$ 和 TSV$_B$,分别定义 TSV 边界外 1.205μm 和 2.44μm 为阻止区(KOZ),在这个区域内不允许放置任何其他单元。KOZ 尺寸略大于数字电路中单个 TSV 的情况[12]。除了特别说明,基准 TSV 直径、高度、铜扩散阻挡层厚度、衬层厚度和焊盘的大小分别是 5μm、30μm、50nm、125nm 和 6μm,接近文献[1]中的数据。使用 SiO₂ 和 Ti 分别作为基准衬层和铜扩散阻挡层材料。实验中使用的材料的属性列在表 13.1 中。使用 FEA 仿真工具 ABAQUS 来完成实验,并且假定所有材料为线性弹性材料且各向同性。同时,假设所有材料的界面有非常好的附着力[13]。

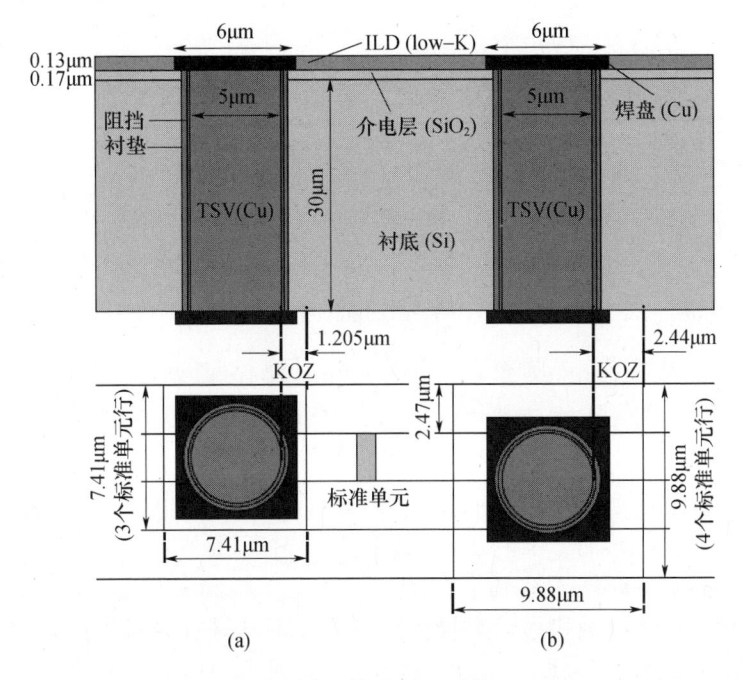

图 13.1 基准 TSV 结构

(a) TSV$_A$ 单元占据三个标准单元行 (KOZ = 1.205μm);
(b) TSV$_B$ 单元占据四个标准单元行 (KOZ = 2.44μm)。

表 13.1 材料属性

材料	热膨胀系数/($\times 10^{-6}$/K)	弹性模量/GPa	泊松比
Cu	17	110	0.35
Si	2.3	130	0.28
SiO$_2$	0.5	71	0.16
低 K	20	9.5	0.3
BCB	40	3	0.34
Ti	8.6	116	0.32
Ta	6.8	186	0.34

13.2.1 三维 FEA 模拟

在讨论详细的应力建模结果之前,引入应力张量的概念。作用于物体某一点的应力可以由 9 个应力分量定义:

$$\boldsymbol{\sigma} = \sigma_{ij} = \begin{bmatrix} \sigma_{11} & \sigma_{12} & \sigma_{13} \\ \sigma_{21} & \sigma_{22} & \sigma_{23} \\ \sigma_{31} & \sigma_{32} & \sigma_{33} \end{bmatrix}$$

式中:第一个下标 i 为应力作用于垂直于 i 轴的平面上;第二个下标 j 为应力作用的方向。如果 i 和 j 是相同的称之为正应力,否则为剪切应力。因为在圆柱形 TSV 建模中,采用圆柱坐标系,因此下标 1,2,3 分别代表 r,θ,z。

13.2.2 硅通孔衬层和焊盘的影响

图 13.2 显示了从晶圆表面 TSV 中心沿任意径向的正应力分量 σ_{rr}、$\sigma_{\theta\theta}$ 和 σ_{zz} 的有限元模拟结果,其中热负载 $\Delta T = -250\,^\circ\mathrm{C}$。也就是说,假设 TSV 结构在 275 ℃ 下退火,之后冷却到 25 ℃ 来模拟制造过程[6,10,14]。另外还假设整个 TSV 结构在退火温度下是无应力的。在三维有限元分析模型中,考虑 TSV 周围的结构如绝缘层和焊盘,而二维模型只考虑 TSV 和衬底,且在 z 轴方向是无限长的。由于这种结构的差异,观察到了在 TSV 边界处二维和三维应力结果的巨大差别。众所周知,大多数机械可靠性问题发生在不同材料之间的界面,因此 TSV 边缘是可靠性的关键区域。所以二维方案不能准确地预测 TSV 机械失效机制。此外,和没有焊盘和绝缘层的模型相比,SiO_2 衬层可以作为应力缓冲层,使得 TSV 边界处的 σ_{rr} 应力降低了 35MPa。焊盘也有助于减少 TSV 边缘处应力幅值。

另外还采用一种聚合物介质材料苯丙环丁烯(BCB),作为一种 TSV 衬层材料[10,14]。由于 BCB 的杨氏模量,即弹性材料的刚度度量,远小于 Cu、Si 和 SiO_2,这种 BCB 衬层可以有效承受热膨胀系数不匹配产生的应力。图 13.3 显示焊盘材料及其厚度对 σ_{rr} 应力分量的影响。随着衬层厚度增加,TSV 边缘的应力大小明显减少,特别是 BCB 衬层情况。从这些实验很明显可以看出,考虑周围的结构如衬层和焊盘等的模型使得 TSV 周围的热-机械应力模拟更准确。通过改变 TSV 直径/高度,焊盘大小及衬层材料/厚度来构建一个应力库,使我们能对不同的 TSV 结构进行全芯片热-机械应力和可靠性分析。

13.2.3 铜扩散阻挡层的影响

对于基于铜的互连结构,需要一个阻挡层防止铜扩散到绝缘层和 Si 衬底。铜扩散会引起介质层的退化,在 Si 衬底中形成隙间缺陷。这些缺陷充当复合中心,降低了少数载流子寿命[17]。因此,铜扩散阻挡层沉积在铜 TSV 和介质层之间。因为该阻挡层厚度只有 SiO_2 衬层厚度的一小部分(例如,一般是衬层厚度的 1/10),以前的工作在有限元分析模拟中没有考虑铜扩散阻挡材料,如 Ti 和 Ta。因此,它对应力分布的影响可以忽略不计[8,9]。

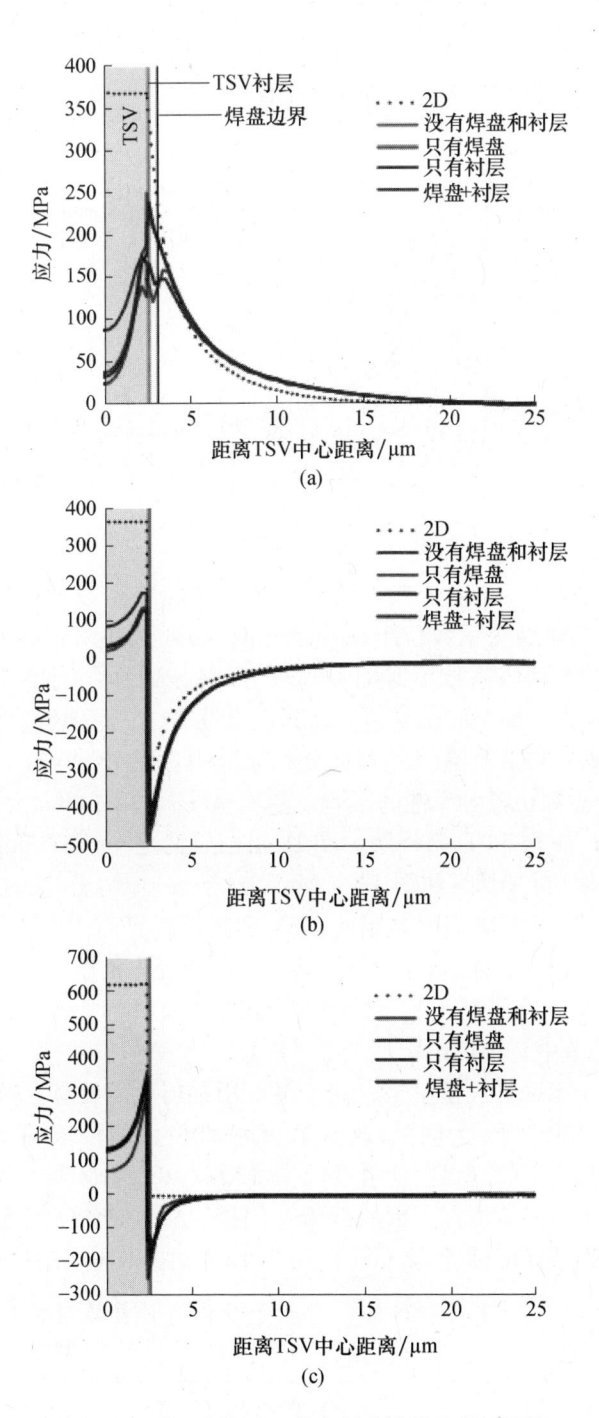

图 13.2 TSV 结构对正应力分量的影响(见彩图)
(a)σ_{rr};(b)$\sigma_{\theta\theta}$;(c)σ_{zz}。

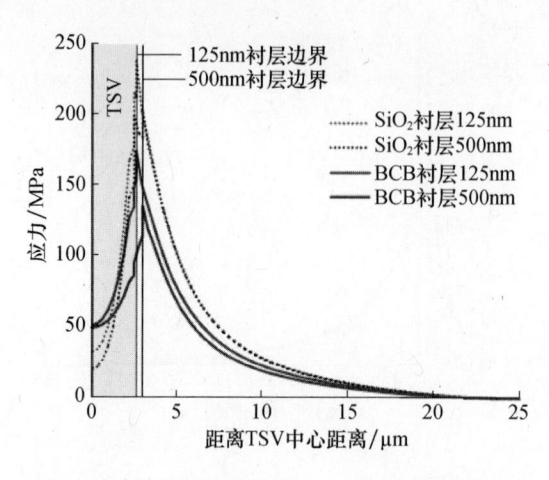

图 13.3 衬层材料和厚度对 σ_{rr} 的影响(见彩图)

然而,热机械应力高度依赖于杨氏模量和热膨胀系数不匹配。如表 13.1 所列,Ti 和 Ta 的热膨胀系数位于铜和硅之间,因此这些阻挡材料不太可能在 Cu 和 Si 引起的热膨胀系数不匹配引起应力的基础上再产生额外的应力。然而,Ta 是本章使用的最坚硬的材料。高杨氏模量的材料不能有效承受应力。因此,很可能在 TSV 和阻挡层(Ta)界面处积累应力。图 13.4 给出 Ta 和 Ti 材料对 TSV 周围应力和机械可靠性的影响。本实验中,使用 500nm 厚的 SiO_2 衬层,50nm 和 100nm 厚 Ta 和 Ti 阻挡层。在 Ta 阻挡层情况下,TSV 和阻挡层界面处的应力巨大的增加。例如,如图 13.4 所示,对于 $\sigma_{\theta\theta}$ 应力分量,在 50 和 100nm 阻挡层厚度下,与没有阻挡层时相比,TSV 和阻挡层界面压缩应力分别增加了 241MPa 和 232MPa。然而,对于 Ti 阻挡层,应力的变化可以忽略。Ta 阻挡层中这些应力增量也加剧了冯·米塞斯应力,如图 13.4(b)所示,该可靠性指标将在第 13.3.3 小节中详细讨论。

为了进一步验证杨氏模量是影响 TSV 和阻挡层界面处应力的关键参数,从 25 到 225GPa,以 25GPa 为间隔,改变 Ta 的弹性模量,而热膨胀系数不匹配和泊松比不变。如表 13.2 所列,随着杨氏模量增加,TSV 和阻挡层界面处的最大冯·米塞斯应力也随着增加。因此铜 TSV 阻挡层材料应该仔细选择,以抑制额外的机械可靠性问题。因此,本章中使用 Ti 作为铜扩散阻挡层材料。

表 13.2 阻挡层材料的弹性模量对于 TSV 和阻挡层界面的冯·米塞斯应力的影响,Ta 的弹性模量改变,CTE 和泊松比保持不变

	弹性模量/GPa								
	25	50	75	100	125	150	175	200	225
应力/MPa	559	572	575	612	674	740	806	875	943

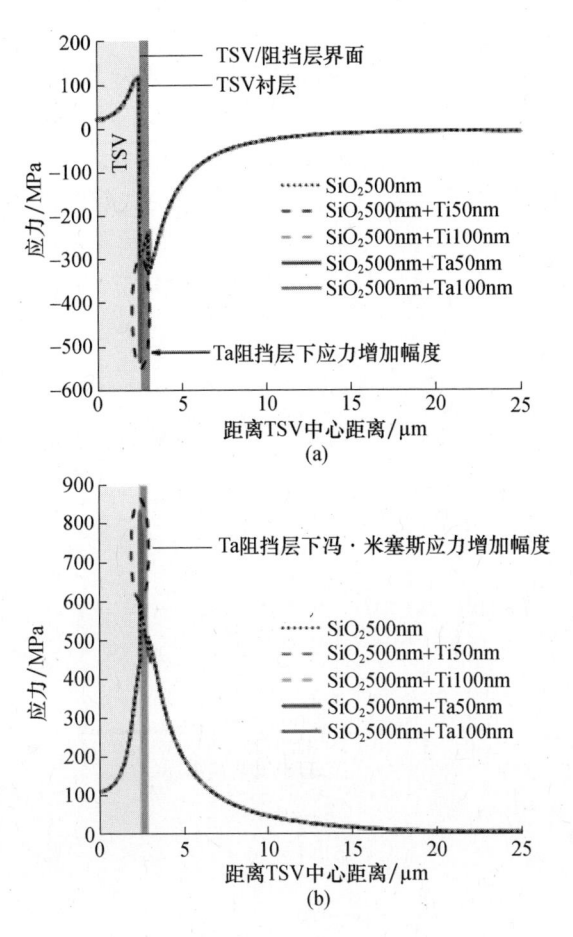

图 13.4 铜扩散阻挡层对于应力的影响（见彩图）
(a) $\sigma_{\theta\theta}$；(b) 冯·米塞斯应力。

13.2.4 应力影响区

TSV 引起的热机械应力在 TSV 边缘处达到最大。然而，如图 13.2 所示，每一个正向应力分量衰减得很快，在距离 TSV 中心大约 25μm 处应力可以忽略不计。为了进行有效、快速的全芯片应力分析，限制应力分析到可控制的范围是至关重要的。因此，对于直径为 5μm 的基准 TSV，以 TSV 为中心，半径为 25μm 画了一个圆，将该圆定义为应力影响区。应力影响区之外，可以忽视 TSV 产生的应力。我们进一步研究 TSV 大小对应力影响区域的影响。使用三种不同直径，但深宽比都为 6 的 TSV：小 TSV（$H/D = 15/2.5\mu m$），中 TSV（$H/D = 30/5\mu m$）和大 TSV（$H/D = 60/10\mu m$），其中 H/D 是 TSV 高度/直径。图 13.5(a) 给出 TSV 边缘处的 σ_{rr} 应力分量幅值，我们看到较小 TSV

的应力幅值衰减、更快达到零。

图 13.5(b)显示了距 TSV 中心的归一化距离的应力幅值,即 r/D_{TSV},其中 r 为距 TSV 中心的距离,D_{TSV} 为 TSV 直径。虽然在 TSV 内部与 1 倍 TSV 直径时有应力幅度差异,但在这之外的区域,应力大小几乎相同。在 2D 解中,如式 (13.1)所示,可以看到 σ_{rr}^{Si} 和 $\sigma_{\theta\theta}^{Si}$ 的大小和 $(D_{TSV}/2r)^2$ 成正比。这就是为什么可以观察到相似的归一化距离应力曲线。最重要的是,发现对于所有三种情况,在 5 倍 TSV 直径时应力变得微不足道。因此在研究中,设定应力影响区为 5 倍 TSV 直径区。

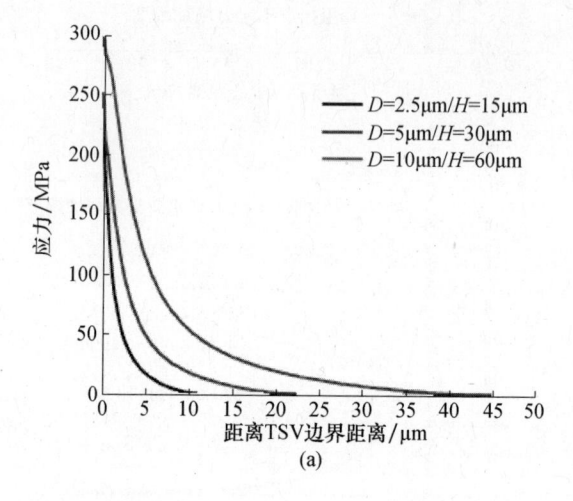

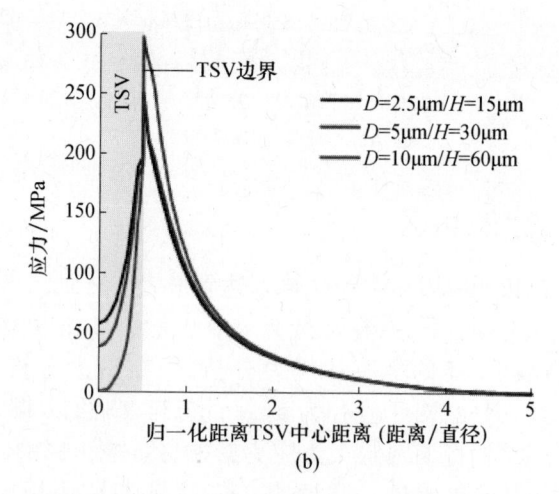

图 13.5 TSV 尺寸对应力影响区的影响(见彩图)
(a)TSV 边缘 σ_{rr} 应力;(b)沿着正向的 σ_{rr} 应力(距离/TSV 直径)。

13.2.5 硅的各向异性

到目前为止,为了简单起见,所有的材料都假定为各向同性。然而,硅是一种各向异性材料,其弹性行为依赖于结构被拉伸的晶向。硅的杨氏模量(E)的可能值为 130~188GPa,泊松比(ν)的范围为 0.048~0.4。因此,这个值的选择会显著影响分析结果。此外,最近的一项研究表明,TSV 引起的应力测量数据和各向异性的 Si 材料的有限元分析结果非常吻合[11]。在本节中,研究硅的各向异性材料属性对应力分布的影响,并和各向同性的材料特性相比较。

弹性用来描述应力(σ)和应变(ε)之间的关系。胡克定律按照刚度 C 来描述这种关系,即 $\sigma = C\varepsilon$。各向同性的单轴情况下,刚度 C 可以表示为杨氏模量 E,方程的表现形式为 $\sigma = E\varepsilon$。在一个各向异性的材料中,需要一个有 $3^4 = 81$ 个分量的第四维刚度张量来描述弹性。幸运的是,由于 Si 立方对称性,可以用正交各向异性材料常数来表示弹性。一个正交各向异性材料包含至少两个对称的正交平面,Si 是立方对称的,可以用这种方式描述。Si 的正交的弹性可以用标准(100)硅晶圆的基准轴来表示,即[110],[$\overline{1}$10],[001]。

$$\begin{bmatrix} \sigma_{xx} \\ \sigma_{yy} \\ \sigma_{yy} \\ \sigma_{yz} \\ \sigma_{zx} \\ \sigma_{xy} \end{bmatrix} = \begin{bmatrix} c_1 & c_5 & c_6 & 0 & 0 & 0 \\ c_5 & c_1 & c_6 & 0 & 0 & 0 \\ c_6 & c_6 & c_2 & 0 & 0 & 0 \\ 0 & 0 & 0 & c_3 & 0 & 0 \\ 0 & 0 & 0 & 0 & c_3 & 0 \\ 0 & 0 & 0 & 0 & 0 & c_4 \end{bmatrix} \begin{bmatrix} \varepsilon_{xx} \\ \varepsilon_{yy} \\ \varepsilon_{yy} \\ \varepsilon_{yz} \\ \varepsilon_{zx} \\ \varepsilon_{xy} \end{bmatrix}$$

式中:定向比常数 $c_1, c_2, c_3, c_4, c_5, c_6$ 分别为 194.5,165.7,79.6,50.9,35.7 和 64.1,单位为 GPa。刚度张量转化为 $E_x = E_y = 169\text{GPa}, E_z = 130\text{GPa}, \nu_{yz} = 0.36, \nu_{zx} = 0.28, \nu_{xy} = 0.064$[4]。

图 13.6 给出各向同性和各向异性材料的 Si 应力比较(弹性模量 = 130GPa,泊松比 = 0.28)。我们发现,由于更高的弹性模量,各向异性 Si 的应力大小显著高于各向同性 Si 的应力,尤其是在 X 轴方向上,如图 13.6(a)所示。可以在 Y 轴方向(σ_{yy} 应力)上观察到同样的趋势。然而,和其他方向相比,Z 方向应力分量有一个较小的差别,如图 13.6(b)所示。这可以解释为各向异性和各向同性的 Si 拥有相同的弹性模量 $E_z = 130\text{GPa}$。在一般情况下,采用各向异性的 Si 与各向同性的 Si 相比,可以观察到更高的应力水平,这种情况主要是由于更高的弹性模量。虽然各项同性的 Si 的有限元分析仿真使应力分布很好地被理解,但是仍然需要使用准确的材料属性来准确评估基于 TSV 的 3D IC 的热机械可靠性。

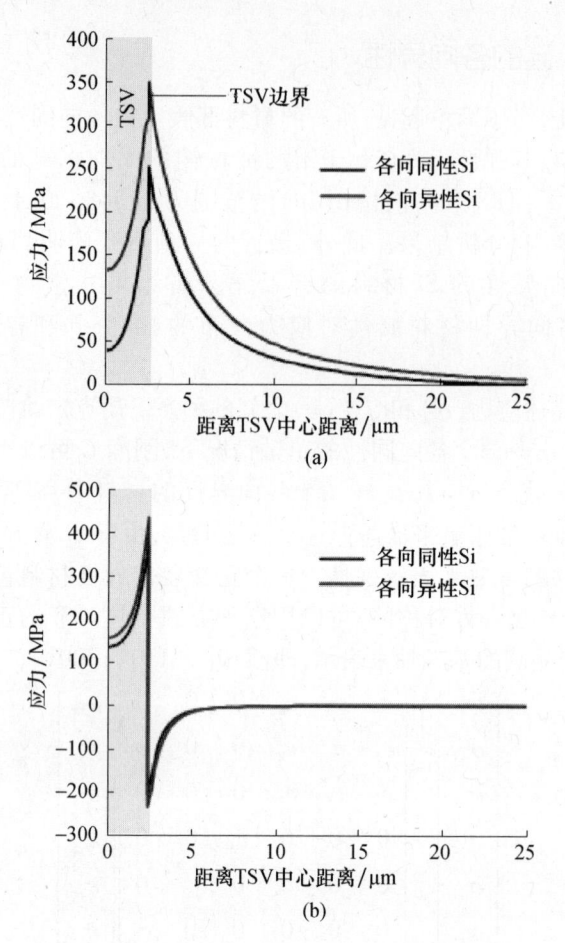

图 13.6 Si 材料的各向异性对应力的影响(见彩图)
(a)σ_{xx};(b)σ_{zz}。

13.3 全芯片可靠性分析

有限元分析需要将仿真结构分解成不相交的多边形。这些不相交的多边形用在由偏微分方程描述的单元函数的生成中。然后整合并通过一系列线性方程组求解。包含多个 TSV 的热机械应力的有限元模拟需要巨大的计算资源和时间,因此它不适合全芯片分析。本节提出了一个全芯片热机械应力和可靠性分析流程。为了能进行全芯片的应力分析,首先研究独立 TSV 的应力张量的线性叠加原理。基于线性叠加的方法,构建全芯片应力图,然后计算冯·米塞斯屈服指标来预测基于 TSV 的 3D IC 的机械可靠性问题。

13.3.1 线性叠加原理

线性弹性结构分析中的一种有用原理是叠加。该原理认为,如果在弹性体中所有点的位移和产生它们的力成比例,那么这个物体是线弹性的。大量的同时作用在该物体上的力的效果,即应力和位移,是各个力分别作用在该物体上的总和。可以应用这个原理将每个TSV在该点引起的应力相加得到该点的应力,如下

$$S = \sum_{i=1}^{n} S_i$$

式中:S 为在该点处的总应力;S_i 为该点上由于第 i 个TSV引起的应力张量。

$$\sigma_v = \sqrt{\frac{(\sigma_{xx}-\sigma_{yy})^2 + (\sigma_{yy}-\sigma_{zz})^2 + (\sigma_{zz}-\sigma_{xx})^2 + 6(\sigma_{xy}+\sigma_{yz}+\sigma_{zx})^2}{2}}$$

(13.2)

13.3.2 多个硅通孔的应力分析

首先,基于观察,由于TSV是圆柱形的,可以知道孤立的TSV的应力场是径向对称的,可以得到在圆柱坐标系下从TSV中心向任意径向的一组应力张量。为了估计在一点上由多个TSV引起的应力张量,这就需要把应力张量转换到笛卡儿坐标系。这是因为,从一个其中心为圆柱坐标系原点的TSV提取了应力张量,因此不能对含有不同中心的TSV应力进行矢量求和。这就是需要一个通用坐标系的原因,在研究中取笛卡儿坐标系。然后,通过叠加影响该点的TSV的应力张量来计算该点处的应力张量。将直径为5μm的TSV的应力影响区设置为距离TSV中心处25μm的区域,如13.2.4节中讨论的。

假定笛卡儿和圆柱坐标系中的应力张量分别为 S_{xyz} 和 $S_{r\theta z}$,即

$$S_{xyz} = \begin{bmatrix} \sigma_{xx} & \sigma_{xy} & \sigma_{xz} \\ \sigma_{yx} & \sigma_{yy} & \sigma_{yz} \\ \sigma_{zx} & \sigma_{zy} & \sigma_{zz} \end{bmatrix}, S_{r\theta z} = \begin{bmatrix} \sigma_{rr} & \sigma_{r\theta} & \sigma_{rz} \\ \sigma_{\theta r} & \sigma_{\theta\theta} & \sigma_{\theta z} \\ \sigma_{zr} & \sigma_{z\theta} & \sigma_{zz} \end{bmatrix}$$

转换矩阵 Q 为

$$Q = \begin{bmatrix} \cos\theta & -\sin\theta & 0 \\ \sin\theta & \cos\theta & 0 \\ 0 & 0 & 1 \end{bmatrix}$$

式中:θ 为 X 轴和从TSV中心到仿真点连线间的夹角。使用转换矩阵 $S_{xyz} = QS_{r\theta z}Q^T$ 可以将圆柱坐标系中的应力张量转换到笛卡儿坐标系中。

13.3.3 机械可靠性分析

为了评估计算的应力是否能表明可能的可靠性问题,必须选择一个有效的机械

失效关键值。冯·米塞斯屈服准则是一种应用最广泛的机械可靠性度量[2,16,19]。如果冯·米塞斯应力超过屈服强度,材料开始弯曲。屈服强度之前,材料是弹性变形,当所施加的应力除去时,材料将回到原来的形状。然而,如果冯·米塞斯应力超过屈服点,即使施加的应力除去,某些部分的变形会是永久性和不可逆的。

文献报道的 Cu 的屈服强度有一个大的变化范围,从 225~600MPa,并且据报道它依赖于厚度,晶粒大小和温度[19]。实验中,令铜屈服强度为 600MPa。硅的屈服强度是 7000MPa,这对于冯·米塞斯屈服准则不会产生可靠性问题。一个点处的冯·米塞斯应力是一个标量值,可以用式(13.2)中应力张量的分量来计算。通过估计 TSV 和绝缘衬层界面(该处的冯·米塞斯应力最大)的冯·米塞斯应力,可以预测 TSV 中的机械失效。

13.3.4 线性叠加原理的验证

在本节中,通过改变 TSV 的数目和它们的排列,和 FEA 模拟对比以验证应力张量的线性叠加原理。对所有测试情况设置最小的 TSV 的间距为 $10\mu m$。通过 FEA 模拟以 $0.1\mu m$ 为间隔,得到了一个单一的 TSV 结构中,从 TSV 中心沿半径方向上的应力(应力张量表)。在线性叠加方法中,模拟区域被划分为均匀的阵列式网格,间距为 $0.05\mu m$。如果所考虑的网格点的应力张量不能直接从应力张量的列表中获得,可以通过对表中该格点邻近的应力张量进行线性插值,计算该点处应力张量。

表 13.3 为一些比较结果。首先,观察到线性叠加法可以大量减少运行时间。请注意,使用 4 个 CPU 进行有限元模拟,而线性叠加方法只使用一个 CPU。尽管线性叠加方法对晶圆表面的二维平面执行了应力分析,有限元模拟分析是在整个三维结构进行,但可以以类似的方式执行其他平面的应力分析。同时,在线性叠加法中,运行时间和模拟点的数量呈线性关系,这是和 TSV 数目密切相关的。因此,线性叠加的方法是可高度扩展的,适用于全芯片级应力模拟。对可扩展性的更详细的讨论在 13.3.8 节中进行。

表 13.3 FEA 仿真和线性叠加方法的冯·米塞斯应力比较

	FEA			线性		最大误差/%	
#TSV	#节点	运行时间	%模拟点		运行时间	TSV 内部	TSV 外部
1	153K	21min35s	1.0M		20.63s	1.0	-0.4
2	282K	58min11s	1.2M		26.21s	3.3	-0.8
3	358K	1h28min24s	1.44M		36.43s	4.8	-1.3
5	546K	1h59min05s	1.68M		56.02s	12.7	-1.9
10	1124K	4h34min14s	2.24M		65.32s	13.6	-2.0

最重要的是，有限元模拟和线性叠加法之间的误差实际上是可以忽略不计的。结果显示，线性叠加方法高估了 TSV 内部应力的大小。然而，尽管在 10 个 TSV 情况中，TSV 内部应力百分比误差高达 13.6%，但有限元分析和我们的方法之间的应力大小差仅为 5.0MPa。此外，由于机械问题发生在不同的材料之间的界面处，这种在 TSV 内部的误差对我们的可靠性分析不构成严重影响。图 13.7 和图 13.8 显示了 σ_{xx} 分量和冯·米塞斯应力图，该测试例子包含 10 个 TSV，它清楚地表明我们的线性叠加法与有限元模拟结果吻合良好。

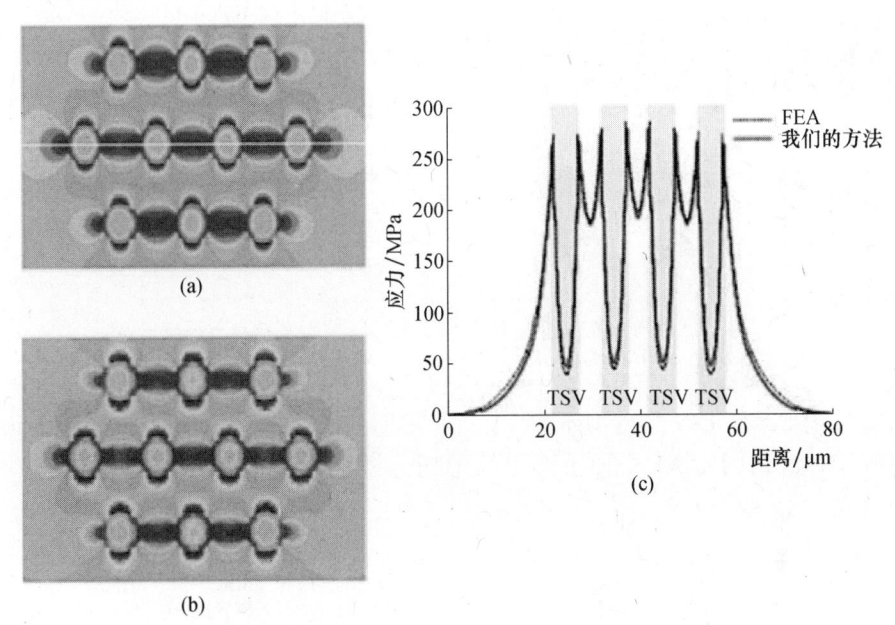

图 13.7 FEA 仿真和线性叠加方法的 σ_{xx} 应力比较
(a)FEA；(b)线性叠加；(c)沿着(a)中白线的 FEA 仿真和线性叠加比较。

13.3.5 各向异性硅的处理

我们也研究各向异性的 Si 材料的线性叠加的可行性。尽管硅的弹性特性依赖于结构的方向，幸运的是，弹性模量沿 X 轴（[100]）和 Y 轴（[$\bar{1}$10]）方向是相同的，即 $E_X = E_Y = 169$GPa。由于重点是器件层的应力，即 XY 平面上，因此即使 E_Z 不同于 E_X 和 E_Y，线性叠加方法仍然适用于各向异性的弹性 Si 材料。

图 13.9 表明对于各向异性的 Si 材料，线性叠加方法仍然和有限元仿真结果相吻合。虽然和表 13.4 中各向同性的硅的情况相比误差增大了，但线性叠加方法对于各向异性硅的情况仍然是很有前途的。可以观察到对于各

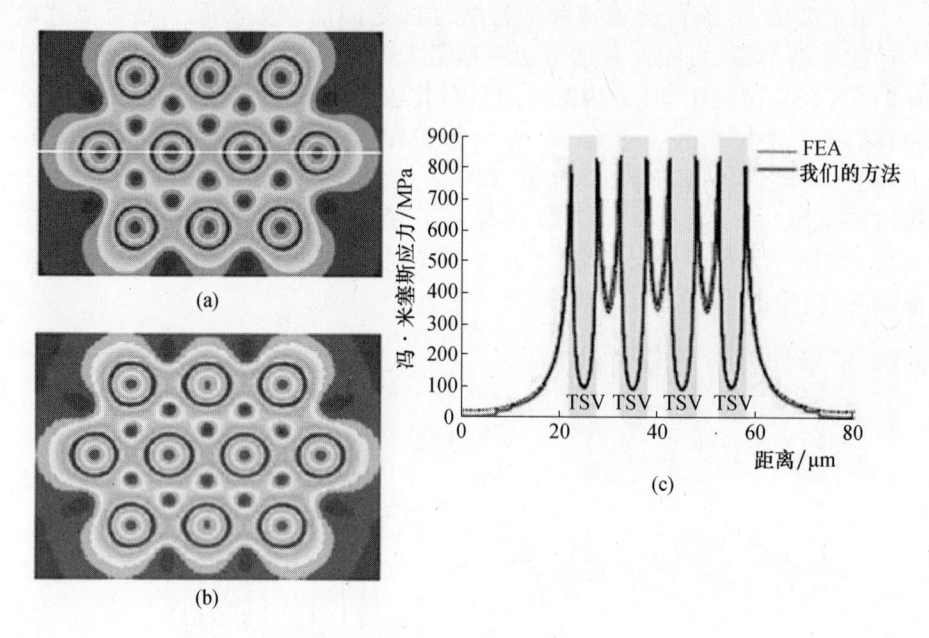

图 13.8　FEA 仿真和线性叠加方法的冯·米塞斯应力比较

(a)FEA;(b)线性叠加;(c)沿着(a)中白线的 FEA 仿真和线性叠加比较。

向异性的 Si,在 TSV 边缘处最大冯·米塞斯应力有巨大的增加,本例中为 314MPa,这是因为 XY 平面上有更高的杨氏模量。这在 13.2.5 节中已经讨论过。

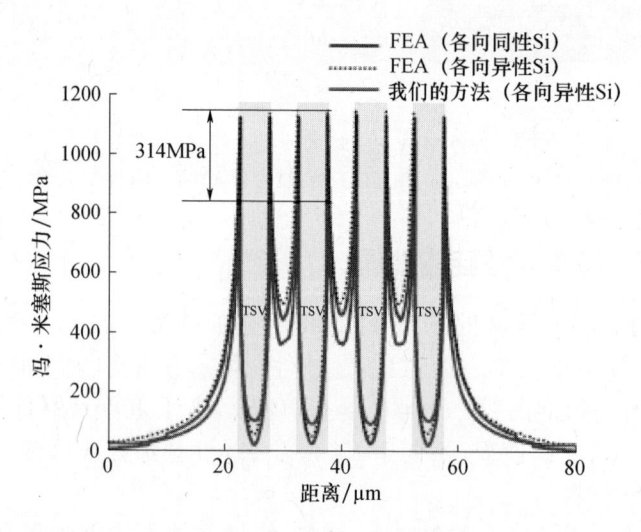

图 13.9　沿着图 13.8(a)中白线各向同性和各向异性 Si 中冯·米塞斯应力比较

表 13.4　各向同性和各向异性 Si 中在 TSV 边界处最大冯·米塞斯应力（MPa）误差/%

Si 特性	#TSV（间距为 10μm）			
	2	3	5	10
各向同性	4.1(0.5%)	-6.9(-0.8%)	-5.7(-0.7%)	-7.0(-0.9%)
各向异性	-12.1(-1%)	-16.3(-1.4%)	-16.8(-1.5%)	-18.3(-1.6%)

13.3.6　线性叠加法的局限性

在 13.3.4 节中观察到在 TSV 内部有更高的%误差。在本节中，进一步研究线性叠加方法的局限性。在我们的方法中，通过有限元模拟首先在单一的 TSV 中沿从中心到衬底的径向方向获得应力张量。即，横跨至少两种不同材料的应力张量。然后，准备在已有的应力张量的基础上用线性叠加原理计算该点的应力张量。这一点或者在 TSV 内部（铜）或 TSV 外部（硅衬底）。

在一个完整的芯片中，大多数模拟点在 TSV 外部。在单个 TSV 结构中，衬底区域的应力张量是通过叠加来自衬底区域的应力张量得到的。换句话说，所有衬底区域应力张量是通过使用来自衬底区域的应力张量计算的，这是相同的材料。然而，计算 TSV 内部的应力张量是不同的。例如，假设有一个 TSV（TSV_1）影响另一个 TSV（TSV_2）内部的点 P，如图 13.10(a) 所示。来自 TSV_1 影响点 P 的应力张量源于硅衬底区域，而 TSV_2 对 P 点的影响来自 Cu。因此，P 点的应力张量的计算是通过叠加两种不同材料的应力张量计算的。即使对于整体结构采用线弹性模型，由于 Cu 和 Si 之间材料属性的差异，由附近的 TSV 产生的作用在所考虑的 TSV 上的应力效果对于 TSV 内部和外部是不同的。因此，线性叠加误差是不可避免的，尤其是在 TSV 内部。

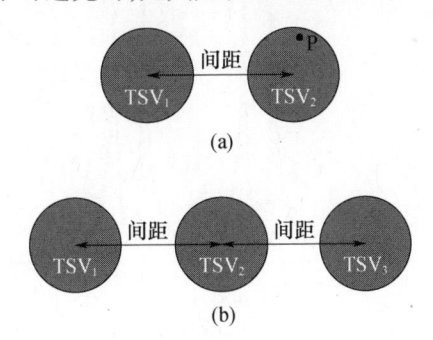

图 13.10　线性叠加方法局限性的模拟结构
(a) 两个 TSV；(b) 三个 TSV。

直观地说,如果一个 TSV 的间距变小,有限元模拟和我们的方法之间的误差,即应力(我们的)减去应力(FEA),将由于更高的应力而变大。为了进一步探讨,比较两个 TSV 的结构,TSV 间距从 7.5~25μm 变化,如图 13.10(a) 所示。表 13.5 显示了对于 TSV 内部和外部的有限元模拟和线性叠加法的最大误差。

表 13.5　FEA 仿真和线性叠加方法的冯·米塞斯最大误差/MPa

TSV 数	位置	TSV 间距/μm				
		7.5	10	15	20	25
2	内部	16.5	7.8	3.3	1.8	1.7
	外部	8.9	2.8	0.7	-1.1	-0.7
3	内部	15.4	6.9	5.5	2.5	1.6
	外部	7.2	2.3	-1.2	-0.8	-0.5

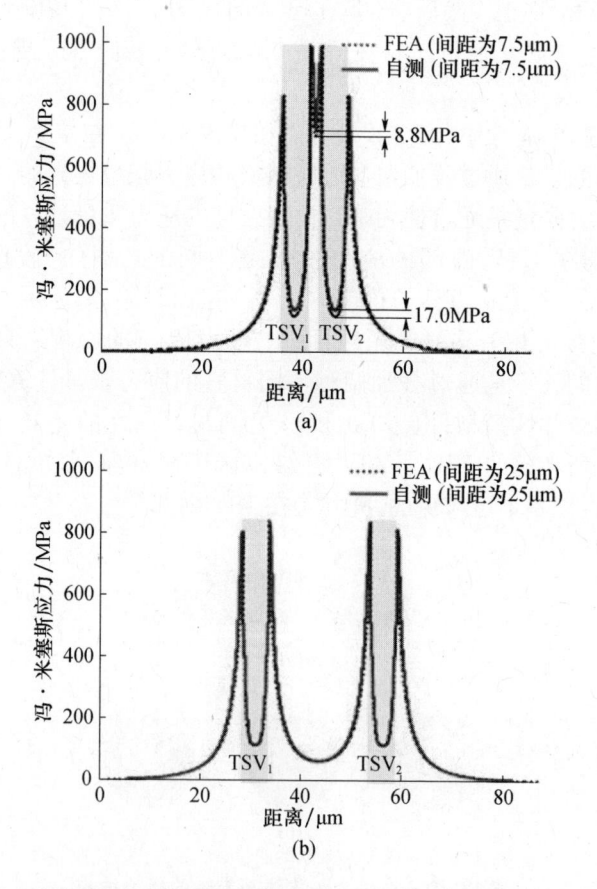

图 13.11　两个 TSV 不同间距,沿着图 13.10 中中心线上的冯·米塞斯应力
(a) 两个 TSV,间距为 7.5μm; (b) 两个 TSV,间距为 25μm。

例如,在 7.5μm 间距情况下,在 TSV 内部误差为 17.0MPa,在 TSV 外部为 8.8MPa,如图 13.11(a)所示。然而,在 TSV 内部,最大的误差发生在 TSV 中心处,在 TSV 内部这里应力最小。因此这个位置的机械可靠性不是一个问题。而在 TSV 外部,误差最大位置位于两个 TSV 中间。然而,应力大小的趋势仍然相同,误差不显著。此外,对于 5μm 直径的 TSV,7.5μm 间距是当前 TSV 制造过程过于极端的情况。因此,在实践中线性叠加方法引起的误差是可以忽略不计的。这里进一步研究增加一个额外的 TSV 是否加剧误差。使用三个 TSV 的结构,如图 13.10(b)所示。类似于两个 TSV 的情况下,最大的错误发生在 TSV_2 中心。然而,如表 13.5 所列,一个额外的 TSV 没有加剧模拟误差。因此,我们的方法是适用于全芯片分析的,且误差可以接受。

13.3.7 全芯片分析流程

图 13.12 为全芯片热-机械应力和可靠性分析仿真流程。首先进行详细的单一 TSV 的有限元模拟,并提供从 TSV 中心沿半径方向的应力张量作为模拟引擎的输入。还为模拟工具提供 3D IC 版图中 TSV 的位置以及一个热图。

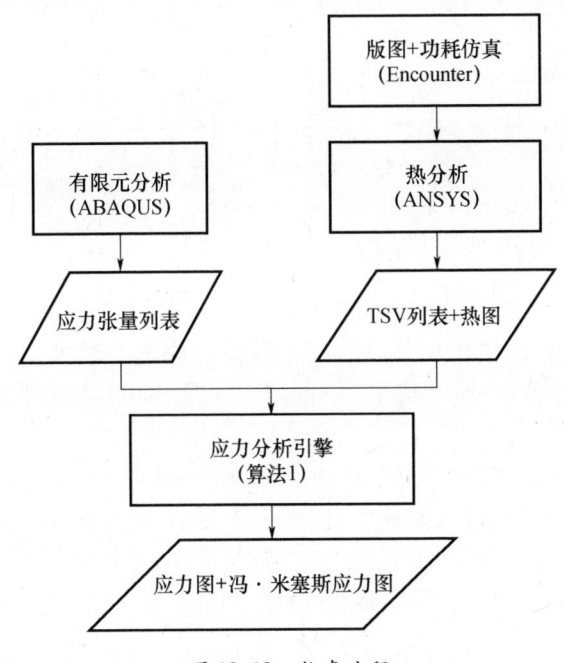

图 13.12 仿真流程

产生应力和可靠性图的基本算法如算法 9 所示。首先,找出每个 TSV 的应力影响区。其次,将影响区中的点与影响 TSV 相联系。然后,对于每个模拟点,查找在相关步骤中发现的 TSV 的应力张量,并利用坐标变换矩阵获取笛卡儿坐标系中的应力张量。访问影响该模拟点的单一 TSV 并将它们的应力贡献加起来。一旦我们完成了某点的应力计算，使用式(13.2)得到冯·米塞斯应力值。该算法的复杂度为 $O(n)$，其中 n 是模拟点的数目。

```
输入：TSV 列表 T,应力库,热分布图（可选）
输出：应力图,冯·米塞斯应力图
for each TSV t in T do
    c ← center of t
    r ← FindStressInfluenceZone(c)
    for each point r' in r do
        | r'.TSV ← t
    end
end
for each simulation point p do
    if p.TSV≠∅ then
        for each t ∈ p.TSV do
            d ← distance(t,p)
            S_cyl ← FindStressTensor(d,temperature)
            θ ← FindAngle(line t p,x axis)
            Q ← SetConversionMatrix(θ)
            S_Cart ← QS_cyl Q^T
            p.S_Cart ← p.S_Cart+S_Cart
        end
    end
    vonMises(p) ← Compute VonMises(p·S_cart)
end
```

算法 9：全芯片应力和可靠性分析流程

13.3.8 算法的可扩展性

为了验证线性叠加方法的可扩展性，将算法用于含有 10、100、1000、10000 和 100000 个 TSV 的结构中，其中 TSV 规则地放置在整个芯片内，且间距为 15μm。注意在这些实验中，整个芯片面积以 0.2μm 的间距划分为均匀的阵列式网格。

表 13.6 显示，随着模拟点数量的增加，运行时间近似呈线性增加。算法访问每一个模拟点，并通过线性叠加影响区内各 TSV 应力张量计算该点处的应力张量，如算法 9 所示。由于影响单点的 TSV 数目在大多数情况下是一个很小的常数，模拟点的数量决定了整个运行时间。

表 13.6 全芯片分析的可扩展性

TSV 数	面积/(μm×μm)	模拟点数	运行时间	时间/点
10	60×60	90K	3.6s	40μm
100	165×165	680K	25.4s	37μm

(续)

TSV 数	面积/($\mu m \times \mu m$)	模拟点数	运行时间	时间/点
1000	495×495	6.1M	5min55s	$58\mu m$
10000	1515×1515	57.4M	1h3min	$66\mu m$
100000	4770×4770	568.8M	10h12min	$65\mu m$

同时观察到，每个网格点的仿真时间随 TSV 的数目增加而增加，且当 TSV 数目超过 10000 时趋于饱和。开始时，影响一点的 TSV 的总数随着总的 TSV 数目的增加而增加，因此，一个单一的点需要更多的时间来计算其应力张量。然而，过了某一点后，TSV 总数的增加不会影响每点的仿真时间。这是由于应力影响区是有限的，因此，有限数量的 TSV 影响模拟点。

注意到，这些测试情况中，TSV 规则地放置在整个芯片内，这些情况对于运行时间来说是最坏的情况。这是因为几乎每一点都需要应力计算，由于它很可能在某个 TSV 的应力影响区内。然而，在 TSV 只放置在芯片的某些区域或不规则的放置情况中，运行时间可显著降低，这是由于存在一些位于任何 TSV 应力影响区外的模拟点，这些点会在算法 9 的第一个循环语句中筛选出来。

尽管对于 100000 个 TSV 的情况，运行时间长达十小时，但是可以通过并行计算降低运行时间。为此，首先通过用户定义窗口将整个芯片面积进行划分。为了避免合并子解时出现任何不匹配，需要考虑位于当前窗口之外，但影响当前窗口内点的 TSV。例如，对于应力影响区为 $25\mu m$ 的 $5\mu m$ 直径 TSV，需要计算从窗口每个边向外 $25\mu m$ 的范围内和当前窗口内的 TSV 产生的应力。然后，可以计算考虑所有影响当前窗口的 TSV 时的应力，并且每个子解独立于其他子解。因此，对于全芯片的热-机械应力和可靠性分析，这种方法是可扩展的。

13.4 实验结果

使用 JAVA 和 C++ 实现了一个考虑 TSV 的全芯片应力和可靠性分析流程。一个工业电路的四种变化用于我们的分析，包括 TSV 的位置布局方式和 TSV 单元尺寸的变化，如表 13.7 所列。所有情况的 TSV 数和门数分别是 1472K 和 370K。这些电路基于 45nm 工艺的物理库，采用 Synopsys DC 综合生成，利用 Cadence SOC Encounter 得到最终的版图。所有电路设计成两个芯片堆叠的三维集成电路。

使用内部三维布局器进行 TSV 和单元布局，TSV 和单元布局算法的细节可以在文献[7]中找到。在规则 TSV 布局方案中，将 TSV 均匀地预布局在每个芯片上，然后布局单元；而在不规则 TSV 的布局方案中，TSV 和单元是同时布局的。与规则情况[7]相比，不规则 TSV 布局显示出更好的线长。对于这些电路，使用门级的三维集成电路设计方法作为基准,并在13.4.8节中将这些设计和模块级设计相比较。

使用内部三维布局器进行TSV和单元布局[7]。在规则TSV的布局方案中,从给定的二维网表中进行划分,并获得三维网表。然后,将TSV插入到三维节点的网表中。之后,按照用户定义的间距以规则的阵列方式预布局TSV。此后,执行每个管芯的单元布局,在这个阶段将TSV视作布局障碍,避免单元和TSV之间的交叠。布局完成后,基于TSV分配方案生成的最小扩展树,确定哪个预放置TSV属于哪个三维节点。另一方面,对于不规则TSV的布局方案,TSV插入到三维网表前的过程都和规则的TSV布局方案一样。然后,使用修正的力导向布局算法同时布局单元和TSV。在这种情况下,TSV被当作正常单元。不规则TSV布局比规则的情况显示更好的线长[7]。对于这些电路,使用门级的三维集成电路设计方法作为基准,并在13.4.8节中将这些设计和模块级设计进行比较。在规则TSV布局方案中,将TSV均匀布局在每个芯片内,然后布局单元,而在不规则TSV的布局方案中,TSV和单元同时布局。与规则情况相比,不规则TSV布局显示更好的连线长度[7]。这里使用了门级三维集成电路的设计方法作为这些电路的基准,并在4.6节中比较这些设计和模块级设计。

表13.7 测试电路

电路	TSV布局	TSV单元尺寸/($\mu m \times \mu m$)	线长/mm	面积/($\mu m \times \mu m$)
$Irreg_A$	不规则	7.41×7.41	9060	960×960
Reg_A	规则	7.41×7.41	9547	960×960
$Irreg_B$	不规则	9.88×9.88	8884	1000×1000
Reg_B	规则	9.88×9.88	9648	1000×1000

13.4.1 综合比较

本节讨论TSV结构、TSV布局形式和KOZ大小对三维集成电路的热-机械可靠性的影响。基于不同TSV结构的应力模型结果,对基准电路执行全芯片应力和可靠性分析。图13.13为基准电路的最大的冯·米塞斯应力。首先观察到不规则TSV布局设计比规则TSV布局设计表现出更差的最大冯·米塞斯应力。这主要是因为在不规则TSV布局方案中,TSV可以紧密放置,以便减少线长。图13.14显示了$Irreg_A$和Reg_A电路的部分冯·米塞斯应力图,可以看到在$Irreg_A$电路中,大部分TSV超过了Cu的屈服强度(600MPa)。

第二,随着KOZ尺寸变大,不规则TSV布局中应力水平明显降低。通过增大KOZ的尺寸,即增加设计流程中的TSV单元尺寸,TSV的间距也相应增加,进而降低了相邻TSV间的应力干扰,从而减少TSV的冯·米塞斯应力水平。然而,对于规则 TSV 布局的情况,由于 TSV 的间距近似,Reg_A 为 23.5μm,Reg_B 为 25μm,而且在这个距离上相邻 TSV 的干扰是微不足道的,因此最大的冯·米塞斯应力没有明显区别。第三,这些结果表明使用一个准确的 TSV 应力模型来评估三维集成电路的机械可靠性的重要性。TSV 周围结构不同(如焊盘或衬层),冯·米塞斯应力也有明显的差别。使用一个不考虑焊盘或衬层的简单 TSV 应力模型,可能会高估可靠性问题。然而,这些测试情况的大多数都违反了铜 TSV 的冯·米塞斯屈服准则。13.4.6 节展示了 TSV 衬层如何帮助减少违背行为。

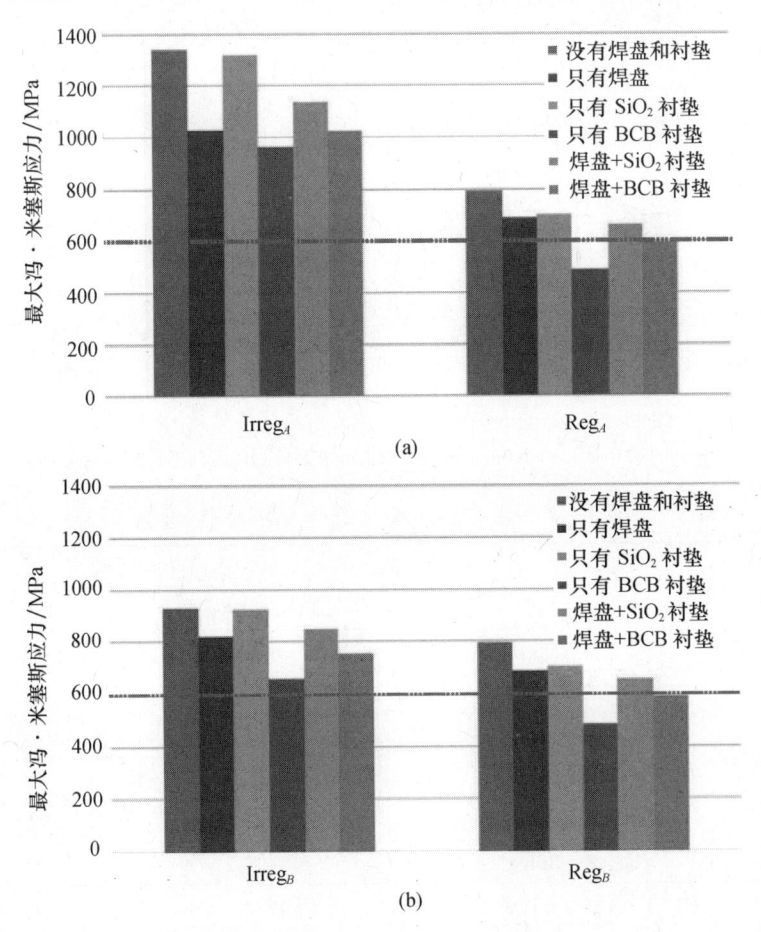

图 13.13 TSV 结构,TSV 布局方式以及 KOZ 尺寸对最大冯·米塞斯应力的影响
(a)TSV_A 单元设计(KOZ=1.205μm);(b)TSV_B 单元(KOZ=2.44μm)。

表 13.8 显示了设计所使用的 1472 个 TSV 中,违反冯·米塞斯准则的 TSV 数。尽管规则 TSV 布局方案展示了较小的最大冯·米塞斯应力,但所有的 TSV 都无法满足冯·米塞斯屈服准则,除非使用 BCB 衬层。这是因为所有的 TSV 均匀布局,它们承受着相似水平的冯·米塞斯应力。

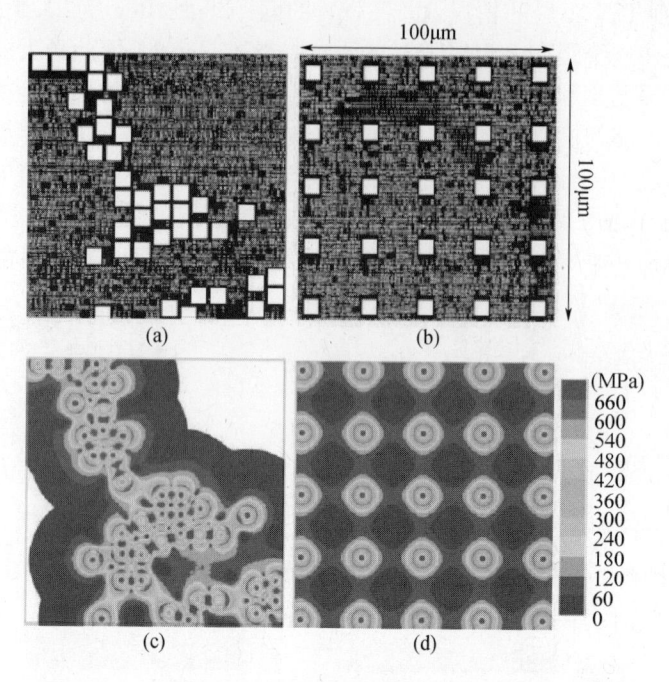

图 13.14 布局和冯·米塞斯应力图的特写照片(见彩图)

(a)Irreg$_A$;(b)Reg$_A$;(c)Irreg$_A$的冯·米塞斯应力图;(d)Reg$_A$的冯·米塞斯应力图。

表 13.8 违背冯·米塞斯准则的 TSV 数目

TSV 布局	TSV 结构	违背的 TSV 数	
		3X TSV 单元	4X TSV 单元
不规则	无焊盘和衬层	1472	1472
	只有焊盘	1472	1472
	只有 SiO$_2$ 衬层	1472	1472
	只有 BCB 衬层	1063	247
	焊盘 + SiO$_2$ 衬层	1467	1472
	焊盘 + BCB 衬层	1407	1460
规则	无焊盘和衬层	1472	1472
	只有焊盘	1472	1472
	只有 SiO$_2$ 衬层	1472	1472
	只有 BCB 衬层	0	0
	焊盘 + SiO$_2$ 衬层	1472	1472
	焊盘 + BCB 衬层	0	0

13.4.2 硅通孔间距的影响

TSV 的间距是决定衬底中 TSV 间的应力大小的关键因素。本节研究 TSV 的间距对冯·米塞斯应力的影响。将 TSV 规则布局在 $1 \times 1 \text{mm}^2$ 的芯片上。分别使用 1600、2500、4356 和 10000 个 TSV,其间距分别是 $25 \mu \text{m}$、$20 \mu \text{m}$、$15 \mu \text{m}$ 和 $10 \mu \text{m}$。这样可以获得两套数据,一套没有焊盘、衬层和阻挡层,另一套包含 $6 \times 6 \mu \text{m}^2$ 焊盘,125nm 厚 BCB 衬层和 50nm 厚的 Ti 阻挡层。

随着间距增加,冯·米塞斯应力首先减小,并且在 $15 \mu \text{m}$ 间距时趋于饱和,如图 13.15 所示。这是可以理解的,因为由一个单一的 TSV 引起的应力的大小在类似的间距时变得可忽略不计。同时,使用了含有焊盘和 BCB 衬层的 TSV 的版图也显示了相似的趋势,和没有这些结构的情况相比,呈现较低的冯·米塞斯应力。

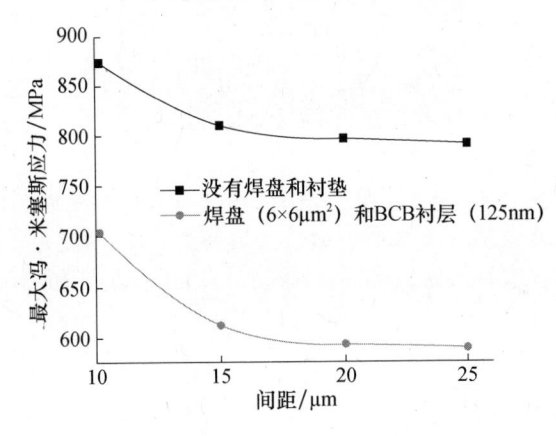

图 13.15 TSV 间距对最大冯·米塞斯应力的影响

13.4.3 硅通孔相对方向的影响

本小节研究 TSV 的相对方向对机械可靠性的影响。图 13.16 说明了我们的模拟结构。将 TSV_1 和 TSV_2 保持在固定位置,间距为 $20 \mu \text{m}$,将 TSV_3 围绕 TSV_1 以半径 $10 \mu \text{m}$ 旋转,监测 TSV_1 中最大的冯·米塞斯应力,如图 13.17 所示。

TSV_1 的最大冯·米塞斯应力发生在 TSV_3,TSV_1 和 TSV_2 之间的夹角是 0° 时,如图 13.16(a) 所示。这是由于来自所有三个 TSV 的应力分量都是增强型干扰。而且,由于 TSV_2 和 TSV_3 都在 TSV_1 右侧,附加应力的净效应在 TSV_1 边缘的右侧处最大。这就是为什么冯·米塞斯应力在 0° 比 180° 情况下高的原因。当 TSV_3、TSV_1 和 TSV_2 间的角度是 90° 时,TSV_1 的最大冯·米塞斯应力最小,如

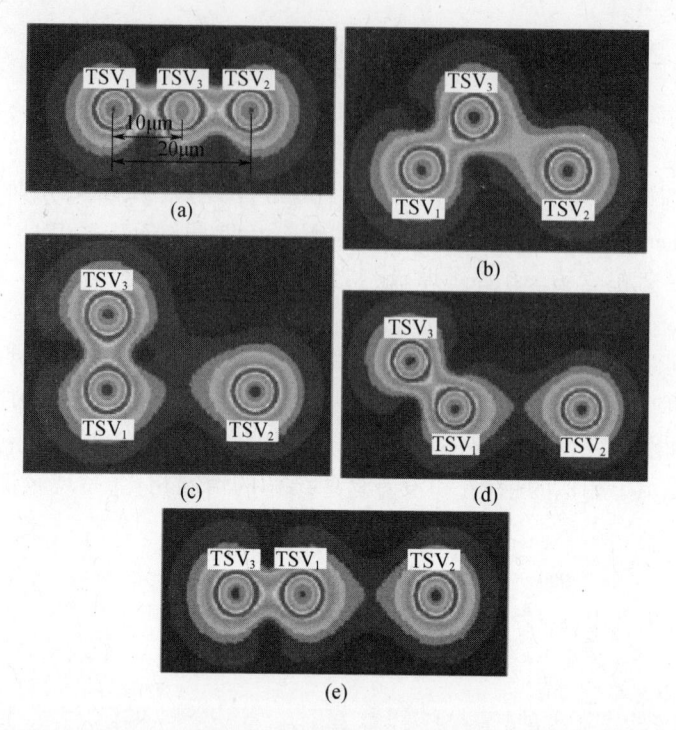

图 13.16　TSV 方向对冯·米塞斯应力的影响，TSV$_1$ 和 TSV$_2$ 位置固定，间距为 20μm，TSV$_3$ 以间距为 10μm 绕着 TSV$_1$ 旋转，角度为 TSV$_1$ 和 TSV$_3$ 之间的夹角

(a) $\theta = 0°$；(b) $\theta = 45°$；(c) $\theta = 90°$；(d) $\theta = 135°$；(e) $\theta = 180°$。

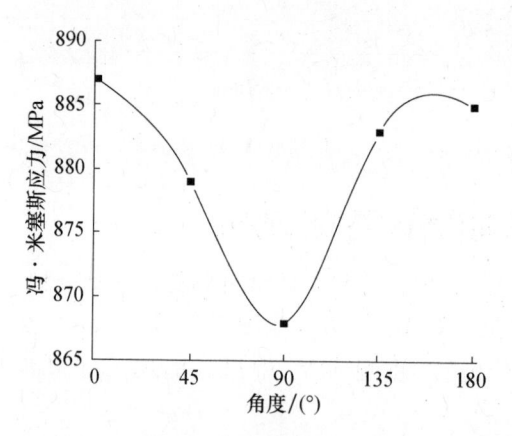

图 13.17　TSV$_3$ 绕着 TSV$_1$ 旋转时，考察 TSV$_1$ 中 TSV 方向对最大冯·米塞斯应力的影响

图 13.16(c) 所示。这是因为在 TSV$_1$ 上，TSV$_2$ 和 TSV$_3$ 的拉伸和压缩应力是相等的，因此发生了相消干扰。

13.4.4 硅通孔大小的影响

为了研究 TSV 尺寸的影响，使用三个不同大小但深宽比同为 6 的 TSV，小 TSV(H/D = 15/2.5μm 和 1.22μm 的 KOZ)，中 TSV(H/D = 30/5μm 和 1.202μm 的 KOZ)，大 TSV(H/D = 60/10μm 和 1.175μm 的 KOZ)，其中 H/D 是 TSV 的高度/直径。注意这些 TSV 单元分别占两个、三个和五个标准单元行，这样选择以尽量减少它们之间的 KOZ 大小差异。通过设置相似的 KOZ 的大小，可以专注于 TSV 尺寸的影响。此外，为了公平比较，设定所有情况下，焊盘宽度比相应的 TSV 直径大 1μm，使用 125nm 厚的 SiO_2 衬层和 50nm 厚的 Ti 阻挡层。

表 13.9 给出最大冯·米塞斯应力。对于不规则和规则 TSV 布局方案，较小的 TSV 直径均可受益更多。这主要是因为正应力分量的大小正比于 $(D/2r)^2$ 衰减，其中 r 是到 TSV 中心的距离。

表 13.9 TSV 尺寸对最大冯·米塞斯应力的影响，圆括号中的数字表示相比于较大 TSV 尺寸时的减少量百分比

TSV 布局	最大冯·米塞斯应力/MPa		
	大 TSV	中 TSV	小 TSV
不规则	1224.6	1126.4(8%↓)	902.7(26%↓)
规则	749.3	654.6(13%↓)	449.3(40%↓)

13.4.5 焊盘尺寸的影响

现在探讨焊盘大小对可靠性的影响，这通常通过考虑 TSV 的对准情况来决定。基于有 125nm 厚的 SiO_2 衬层和 50nm 厚的 Ti 阻挡层的 TSV_B 单元的设计，表 13.10 比较了采用两个不同焊盘尺寸的最大冯·米塞斯应力以及违背的 TSV 数。

表 13.10 焊盘尺寸对最大冯·米塞斯应力的影响，圆括号中的数表示相比于焊盘尺寸为 $6×6μm^2$ 时的减少量百分比

电路	焊盘 $6×6μm^2$		焊盘 $8×8μm^2$	
	最大冯·米塞斯应力/MPa	违背的 TSV 数	最大冯·米塞斯应力/MPa	违背的 TSV 数
$Irreg_B$	839.6	1472	815.3(3%↓)	1472(0%↓)
Reg_B	654.2	1472	606.7(7%↓)	1472(0%↓)

这些结果表明，大的焊盘使规则 TSV 布局获取了更多的冯·米塞斯应力减少。这是由于对于规则 TSV 布局情况，单个 TSV 的应力降低量直接转化为整个芯片规模上整体应力大小的下降。然而，增加焊盘的尺寸不能显著改善冯·米

塞斯应力。我们也看到,对于每个测试情况,所有的 TSV 都不能满足冯米塞斯准则。这是因为只有在晶圆表面的 σ_{rr} 应力分量的大小因为铜焊盘而减小了,而其他应力分量随着焊盘尺寸增大很难改变。

13.4.6 衬层厚度的影响

本节研究衬层厚度对冯·米塞斯应力的影响。使用同时含有 TSV_A 单元和 TSV_B 单元的设计,并分别设置焊盘尺寸为 $6\times6\mu m^2$ 和 $8\times8\mu m^2$。对所有情况,还是使用 50nm 厚的 Ti 阻挡层。图 13.18 显示了衬层厚度分别为 125nm、250nm 和 500nm 厚时的最大冯·米塞斯应力结果。

观察到由于较厚的衬层可以有效吸收 TSV/衬层界面处的热-机械应力,衬层厚度对冯·米塞斯应力的大小有巨大影响。特别是和 SiO_2 衬层相比,由于极低的弹性模量,如表 13.11 所列,BCB 衬层显著地减小了最大冯·米塞斯应力。例如,对于 $Irreg_A$,500nm 厚 BCB 衬层使最大冯·米塞斯应力降低了 29%,且对于所有规则 TSV 布局的电路,都满足冯·米塞斯屈服准则。

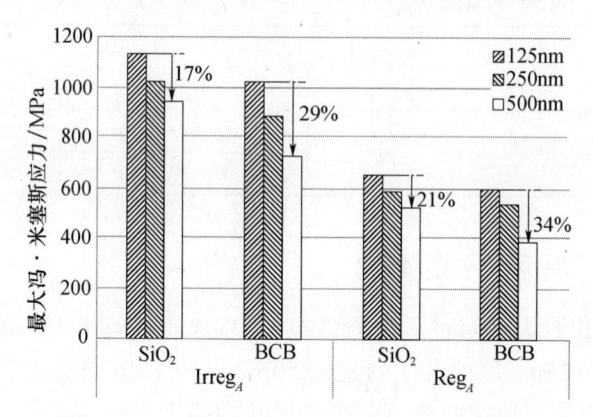

图 13.18 衬层厚度对 TSV_A 单元电路的最大冯·米塞斯应力的影响

表 13.11 显示了违反冯·米塞斯准则的 TSV 数目。尽管对于 $Irreg_A$ 电路,仍有许多 TSV 不满足冯·米塞斯准则,如果在布局阶段考虑可靠性指标,仔细地布局 TSV,仍有可能减小冯·米塞斯应力。

表 13.11 衬层厚度对违背 TSV 数目的影响,圆括号中的数表示与厚度为 125nm 的衬层相比时的减少量百分比

电路	衬层材料	违背的 TSV 数		
		125nm	250nm	500nm
$Irreg_A$	SiO_2	1462	1426(2%↓)	1281(12%↓)
	BCB	1389	1147(17%↓)	329(76%↓)

(续)

电路	衬层材料	违背的 TSV 数		
		125nm	250nm	500nm
Reg$_A$	SiO$_2$	1472	0(100% ↓)	0(100% ↓)
	BCB	0	0(−)	0(−)
Irreg$_B$	SiO$_2$	1472	1236(16% ↓)	64(96% ↓)
	BCB	974	502(48% ↓)	0(100% ↓)
Reg$_B$	SiO$_2$	1472	0(100% ↓)	0(100% ↓)
	BCB	0	0(−)	0(−)

13.4.7 芯片工作温度的影响

直到这里,我们只考虑了由制造工艺引起的残余应力。现在研究芯片使用阶段的可靠性问题。全芯片热模拟流程如下:首先使用 SoC Encounter 生成一个功率图,然后输入到含有内部插件的 ANSYS Fluent 中,该插件能实现 GDSII 级的三维集成电路稳态热分析,如图 13.19(b)所示。

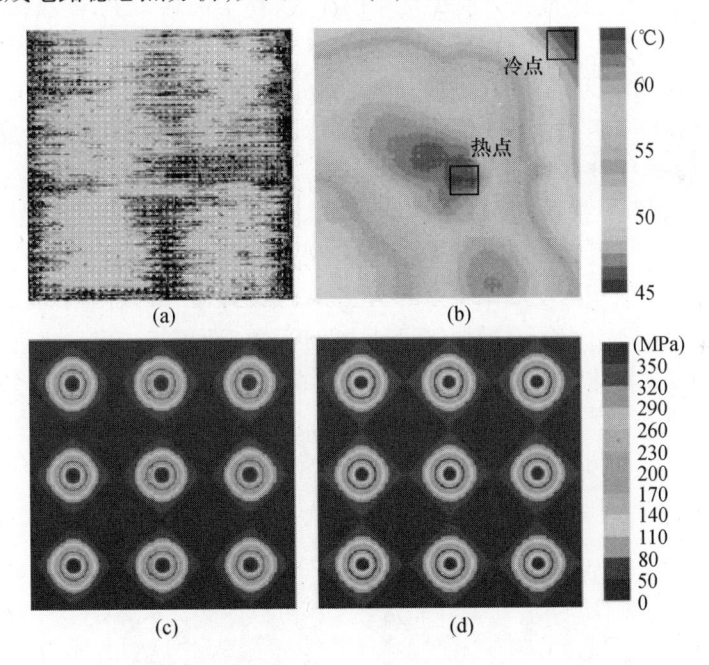

图 13.19 芯片工作过程中温度(摄氏度)对冯·米塞斯应力的影响(见彩图)
(a)Reg$_A$ 布局,白色矩形为焊盘;(b)温度图;(c)热区处的冯·米塞斯应力图;
(d)冷区处的冯·米塞斯应力图。

根据整个管芯区域的温度分布,每个 TSV 承受不同的热负载。因此,每个独立 TSV 的机械可靠性问题的重要性可能彼此不同。为了支持基于温度的应力分析,建立了含有大范围热负载的应力库。

本实验中,使用 Reg$_A$ 电路,因为在规则 TSV 布局方案中,TSV 具有统一的冯·米塞斯应力分布,这使我们能够比较容易地观察到工作温度的影响。本实验中,使用 500nm 厚的 BCB 衬层。

观察到冷区承受更高的冯·米塞斯应力,这是由于相对于无应力(275℃)时的温度,冷区的温度差比热区的温度差更大。然而,由于在整个芯片中最高温度差只有 20℃,因此芯片的工作温度对管芯上 TSV 可靠性的影响是不明显的。在测试情况下,两点间最大的冯·米塞斯应力差为 30.4MPa。此外,相对于残余应力的情况,热区与冷区都承受较小的最大冯·米塞斯应力,这又是由于热负荷的减少。

然而,一个芯片的使用中,如果材料屈服失效已经存在,冯·米塞斯应力的减少不会使修复材料屈服失效,因为这是一个不可逆转的失效机理。

13.4.8 模块级三维设计的可靠性

即使门级三维设计具有高度优化的潜力,在某种意义上,模块级的设计是有吸引力的,因为可以利用已经高度优化的二维 IP 块。在本节中,研究模块级三维设计的可靠性问题。3D 模块级别设计是在一个内部三维布局工具中产生的,该布局器将一组 TSV 看作是一个模块,如图 13.20 所示。在这个实验中,使用 500nm 厚的 BCB 衬层。

通过改变 TSV 模块内的 TSV 间距,来检测它对版图质量和可靠性问题的影响。表 13.12 表明,和门级设计相比,模块级设计使用较少的 TSV,有较短的线长,占用更大的面积。实验结果表明,在模块级设计中,可以使用面积成本来控制冯·米塞斯应力,因为在模块级设计中 TSV 的间距可控。模块级设计的另一个好处是,可以将热-机械可靠性问题定位在附近的 TSV 模块。

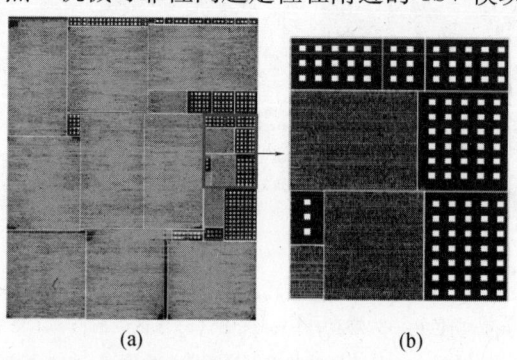

图 13.20 模块级设计的布局(TSV 间距为 15μm),白色矩形为 TSV 焊盘
(a)全芯片布局;(b)(a)中方框的特写照。

表 13.12 门级与模块级设计比较

设计级别	TSV 间距/μm	#TSV	线长/mm	面积/μm×μm	最大应力/MPa
门级	不规则	1472	9060	960×960	729.3
	23.5	1472	9547	960×960	386.4
	15	368	8259	950×1130	414.5
模块级	10	394	8028	1080×1000	519.9
	7.5	333	7933	980×1090	716.2

13.4.9 硅通孔重布局的影响

本节手动优化 TSV 位置，展示 TSV 可靠性驱动版图优化的潜在好处，同时尽可能少的改变版图。在实验中，使用 Irreg$_A$ 电路，它有最坏的冯·米塞斯应力，并采用 500nm 厚 BCB 衬层。BCB 衬层对最大冯·米塞斯应力和 TSV 间距相互关系的相关研究表明：考虑到安全界限，10μm 的间距是减少冯·米塞斯应力的合理选择。为了减少冯·米塞斯应力，把紧密布局的 TSV 重新放置到附近的空白区域，如图 13.21 所示。

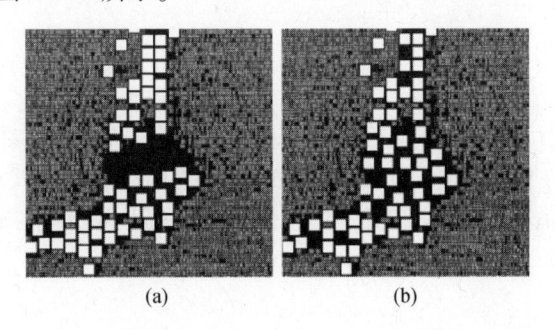

图 13.21 TSV 重新布局以减少冯·米塞斯应力，白色矩形为 TSV 焊盘
(a)原始布局；(b)TSV 重新布局后的布局。

表 13.13 显示了 TSV 重新布局前后，整个芯片上高于 480MPa 的冯·米塞斯应力分布、线长和最长路径延迟。使用含有 TSV 寄生信息的 Synopsys Primetime 进行三维静态时序分析。可以看到 TSV 重新布置后，高冯·米塞斯应力区域减小。随着 TSV 位置的小扰动可以减少冯·米塞斯应力水平，并将违反指标的 TSV 数目从 329 降到 261，改善了 21%，代价只是 0.23% 线长和 0.81% 最长路径延迟的增加。这个小测试案例显示了在性能降低不大时布局优化的可能性。

表 13.13 TSV 重新布局对冯·米塞斯应力分布、线长以及最长路径延时的影响

	冯·米塞斯应力/MPa				线长/mm	最长路径延时/ns
	480~540	540~600	600~660	660 以上		
原始布局	0.100%	0.041%	0.011%	0.002%	9060	3.607
重新布局	0.092%	0.036%	0.009%	0.0%	9081	3.636

13.4.10 各向同性和向异性硅的比较

本节比较全芯片规模的各向同性和各向异性硅冯·米塞斯应力。使用125nm 厚的衬层,50nm 厚的 Ti 阻挡层和 $6\times6\mu m^2$ 的焊盘。图 13.22 表明,考虑各向异性 Si 弹性特性时,机械可靠性问题增加;对于 SiO_2 和 BCB 衬层,最大冯·米塞斯应力分别增加了 30% 以上和 20% 左右。

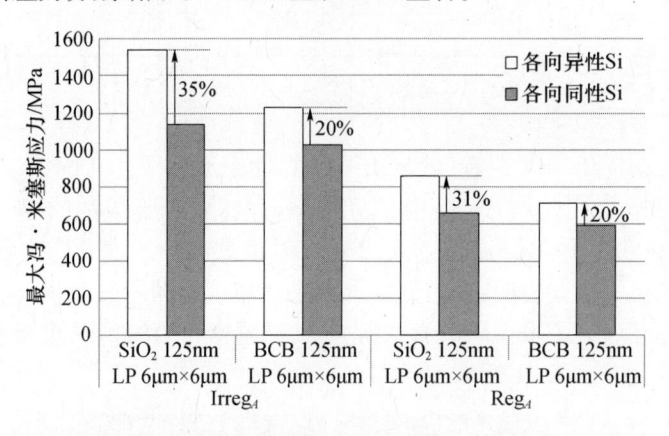

图 13.22 各向同性和向异性硅的最大的冯·米塞斯应力比较

与各向同性 Si 相比,各向异性 Si 的 X 和 Y 方向的杨氏模量高 30%,并转变成应力幅度的增加。即使对于各向异性的硅,BCB 衬层再次展现出较好的应力吸收能力。然而,这清楚地表明,在设计阶段使用适当的材料属性来评估基于TSV 的三维集成电路的机械可靠性问题的重要性。

13.5 结论

本章研究了三维集成电路中,TSV 周围结构(如焊盘和绝缘衬层)是如何影响应力场和机械可靠性的。还基于应力张量的线性叠加原理,研究了一种准确、快速的全芯片应力和机械可靠性分析流程。这种方法适用于考虑机械可靠性的三维集成电路布局优化。结果表明,TSV 的间距和大小、衬层材料和厚度以及 TSV 布局,是降低基于 TSV 的三维集成电路的机械可靠性问题的关键设计参数。

参考文献

[1] G. V. der Plas et al. ,Design issues and considerations for low − cost 3D TSV IC technology, in *IEEE International Solid − State Circuits Conference Digest of Technical Papers*, San Francisco, 2010

[2] S. Franssila, *Introduction to Microfabrication* (Wiley, Chichester, 2004)

[3] FreePDK45. http://www.eda.ncsu.edu/wiki/FreePDK.

[4] M. A. Hopcroft, W. D. Nix, T. W. Kenny, What is the Young's modulus of silicon. J. Microelectromech. Syst. 19, 229–238 (2010)

[5] M. Jung, J. Mitra, D. Pan, S. K. Lim, TSV stress – aware full – chip mechanical reliability analysis and optimization for 3D IC, in *Proceedings of ACM Design Automation Conference*, San Diego, 2011

[6] A. P. Karmarkar, X. Xu, V. Moroz, Performance and reliability analysis of 3D – integration structures employing through silicon via (TSV), in *IEEE International Reliability Physics Symposium*, Montreal, 2009

[7] D. H. Kim, K. Athikulwongse, S. K. Lim, A study of through – silicon – via impact on the 3D stacked IC layout, in *Proceedings of IEEE International Conference on Computer – Aided Design*, San Jose, 2009

[8] J. Lau, X. Zheng, C. Selvanayagam, Failure analyses of 3D Sip (System – in – Package) and WLP (Wafer – Level Package) by finite element methods, in *IEEE International Symposium on Physical and Failure Analysis of Integrated Circuits*, Suzhou, 2009

[9] X. Liu, Q. Chen, P. Dixit, R. Chatterjee, R. R. Tummala, S. K. Sitaraman, Failure mechanisms and optimum design for electroplated copper through – silicon vias (TSV), in *IEEE Electronic Components and Technology Conference*, San Diego, 2009

[10] K. H. Lu, X. Zhang, S. – K. Ryu, J. Im, R. Huang, P. S. Ho, Thermo – mechanical reliability of 3 – D ICs containing through silicon vias, in *IEEE Electronic Components and Technology Conference*, San Diego, 2009

[11] C. McDonough, B. Backes, W. Wang, R. E. Geer, Thermal and spatial profiling of TSV – induced stress in 3DICs, in *IEEE International Reliability Physics Symposium*, Monterey, 2011

[12] A. Mercha et al., Comprehensive analysis of the impact of single and arrays of through silicon vias induced stress on high – k/metal gate CMOS performance, in *Proceedings IEEE International Electron Devices Meeting*, San Francisco, 2010

[13] J. M. G. Ong, A. A. O. Tay, X. Zhang, V. Kripesh, Y. K. Lim, D. Yeo, K. C. Chen, J. B. Tan, L. C. Hsia, D. K. Sohn, Optimization of the thermomechanical reliability of a 65nm Cu/low – k large – die flip chip package. IEEE Trans. Compon. Packag. Technol. 32, 838–848 (2009)

[14] S. – K. Ryu, K. – H. Lu, X. Zhang, J. – H. Im, P. S. Ho, R. Huang, Impact of near – surface thermal stresses on interfacial reliability of through – silicon – vias for 3 – D interconnects. IEEE Trans. Device Mater. Reliab. 11, 35–43 (2011)

[15] J. H. Wu, J. A. del Alamo, Fabrication and characterization of through – substrate interconnects. IEEE Trans. Electron Devices 57, 1261–1268 (2010)

[16] Y. Xiang, X. Chen, J. J. Vlassak, The mechanical properties of electroplated Cu thin films measured by means of the bulge test technique. Proc. Mater. Res. Soc. Symp. 695, 189–196 (2002)

[17] H. Yan, Y. Y. Tay, M. H. Liang, Z. Chen, C. M. Ng, J. S. Pan, H. Xu, C. Liu, V. V. Silberschmidt, Amorphous metallic thin films as copper diffusion barrier for advanced interconnect applications, in *IEEE Electronics Packaging Technology Conference*, Singapore, 2009

[18] J. – S. Yang, K. Athikulwongse, Y. – J. Lee, S. K. Lim, D. Z. Pan, TSV stress aware timing analysis with applications to 3D – IC layout optimization, in *Proceedings of ACM Design Automation Conference*, Anaheim, 2010

[19] J. Zhang, M. O. Bloomfield, J. – Q. Lu, R. J. Gutmann, T. S. Cale, Modeling thermal stresses in 3 – D IC interwafer interconnects. IEEE Trans. Semicond. Manuf. 19, 437 (2006)

第14章 机械应力对三维集成电路时序变化的影响

摘要:本章中,研究硅通孔(TSV)和浅槽隔离(STI)应力对三维集成电路时序变化的影响。同时研究系统的 TSV - STI - 应力敏感时序分析,并展示如何优化布局以获得更好的性能。首先,用一个 TSV 的解析径向应力模型生成一个应力等高线图。还从有限元分析(FEA)的结果中开发 STI 应力模型。然后,根据 TSV、STI 和晶体管间的几何关系,将拉伸和压缩应力转换成空穴和电子迁移率的变化。然后生成基于迁移率变化的单元库和网表,并嵌入到一个 3D IC 时序分析工业引擎中。观察到 TSV 应力和 STI 应力相互影响,当 TSV 和 STI 都考虑时,上升和下降时间对应力和相对位置的反应不同。总体来说,在单元层级上,TSV - STI - 应力引起的时序变化可达到 ±15%。因此,作为一个版图优化应用,利用应力引起的迁移率增大来提高三维集成电路的性能。在测试中,将展示考虑应力的布局扰动能使单元延迟减少高达 23.37%,关键路径延迟减少 6.67%。

本章中给出的材料基于文献[21]。

14.1 引言

为了减小 IC 集成的线长和版图面积,3D IC 堆叠技术受到广泛关注。此外,采用不同工艺技术制造的几个管芯也可以通过 3D 集成制作为一个芯片。在三维集成电路中,插入了硅通孔(TSV)进行晶圆和晶圆间的连接。钨、多硅晶和铜都被视为硅通孔技术的填充材料。由于电阻率低,铜成为最广泛使用的 TSV 填充材料。然而,铜热膨胀系数(CTE)不同于硅,这使其成为硅应变的一个来源。20℃时铜的热膨胀系数是 $17 \times 10^{-6} K^{-1}$,然而 20℃时硅的热膨胀系数是 $3 \times 10^{-6} K^{-1}$[2]。铜和硅的热膨胀系数不匹配会不可避免的对硅产生应力,不管是先通孔还是后通孔的工艺都一样。因为铜电镀和退火温度(250 ~ 350℃)高于工作温度,在正常的工作温度下,硅通孔附近会产生拉伸应力[9,13]。

硅的拉伸应力会导致裂纹等可靠性问题。此外,应力可以改变载流子的迁移率。因此,如果在时序关键路径上的单元受到 TSV 应力的负面影响,由 CTE 不匹配引起的 TSV 应力可能会导致时序违反。拉伸应力提高了电子迁移率,然而,空穴迁移率增强或退化是由应力和晶体管沟道方向决定的。纵向(对载流子流)拉伸应力降低了空穴迁移率,而横向拉伸应力增加了迁移率[17]。当 TSV 致拉伸应力为 100MPa,并且应力作用于纵向方向时,空穴迁移率退化可以高达 7.2%,这使得 PMOS 转变变慢。如果 PMOS 在时序关键路径上,它可能导致不可预测的建立和保持时间违反,这在当前的时序分析流程中无法被发现①。

IC 中应力的另一个主要来源是浅槽隔离(STI)。广泛使用于浅槽隔离技术的填充材料(二氧化硅)的热膨胀系数是 20℃时 $0.5 \times 10^{-6} K^{-1}$。因为它低于硅和铜的热膨胀系数,所以 STI 能引起周围有源区的压缩应力。STI 的氧化和氧化致密化温度比 TSV 退火时温度更高。因此,浅槽隔离技术所造成的压缩应力也不能忽略不计。纵向压缩应力提高了空穴迁移率,但降低了电子迁移率。如果一个关键路径上的 NMOS 承受着压缩应力,它可能导致不可预期的建立和保持时间。本章包括下面主题:

(1) 研究简要的应力和迁移率模型,来考虑 3D IC 中由于 TSV 应力引起的系统时序变化。本章基于有限元模拟仿真结果开发了一个 STI 应力模型。STI 应力引起的迁移率变化模型也被开发出来。这些模型使得我们能够研究 TSV 和 STI 应力之间的相互作用对电路性能的影响。

(2) 研究考虑应力时的静态时序分析(SA – STA)流程。SA – STA 的第一步是根据 TSV 和 STI 的位置生成应力图。基于 TSV 的解析模型、从有限元仿真得到的 STI 模型以及线性叠加来计算应力。使用应力图来估计空穴迁移率和电子迁移率的变化情况。同时把考虑应力的设计和库整合到商业 STA 流程中。

(3) 展示 TSV 和 STI 应力可以显著地改变空穴迁移率,例如从 – 20% ~ 26%,观察到,这将导致超过 15% 的单元延迟变化。因此,它可以恶化整个芯片的性能,在时序分析和优化过程中必须考虑。

(4) 指出为了利用组合应力产生的增强的迁移率特性,可通过调整单元位置使得 TSV/STI 导致的应力对性能的优化发挥重要作用。关键路径上的逻辑单元必需以这样一种方式放置:他们的 PMOS/NMOS 里面的载流子迁移率不会因为 TSV 或 STI 引起的应力而退化(如果不增强)。由于空穴迁移率等高线与电子迁移率等高线不同,PMOS 和 NMOS 应该单独优化。如果一个单元内的 PMOS 在关键路径上,那么这个单元就会成为空穴迁移率优化的一个关键单元。一个 NMOS 关键单元可以使用类似的过程优化布局。

14.2 研究现状

尽管已经发表了一些关于 TSV 应力[21]或 STI 应力[6]对 IC 版图性能影响的

---

① 三维集成电路中的器件可能经历工艺波动导致的额外时序变化。应力和工艺波动对电路时序的综合影响不在本章考虑范围之内。

研究论文,但对于它们的影响都是独立地研究①。据我们所知,这是第一次研究综合应力对性能的影响。由于 TSV/STI 应力依赖于版图,本章将研究一个设计流程来分析两者引起的时序变化,展示它对 3D IC 设计期间版图优化的影响。

文献[6]报道了一个晶体管级的 STI 应力敏感延迟分析。这种方法不适合考虑综合应力的时序分析和优化,原因有两条:首先,该报道中,转换了从 TCAD 仿真获得的应力之后,只提供迁移率变化模型。因为 TSV 应力和 STI 应力彼此相互作用,来自这两个结构的应力在转化为迁移率变化之前需要先结合。其次,该方法基于 Spice 仿真。由于仿真需要大量时间,该方法只适用于版图中的少数关键路径,从而限制了其在设计流程后期阶段的应用。在设计流程的早期阶段,如全局和详细布局,可能会反复要求延迟分析,并且也需要快速的门级 STI 应力敏感的时序分析。

14.3 基础知识

14.3.1 硅通孔/STI 致机械应力

应力和应变之间的关系。

$$\sigma = E \times \varepsilon \tag{14.1}$$

式中:E 为弹性模量,硅的弹性模量为 169GPa[3];σ 为所施加的应力;ε 为应变率。例如,硅中 169MPa 的应力引起应变为 0.1%。

三维集成电路的制造过程中,应力由铜 TSV 和硅之间的 CTE 失配引起,如图 14.1 所示。调查[14]显示,在 200℃下,需要 30~60min 的退化时间来获取合理的铜层特性。由于铜的热膨胀系数大于硅,室温下由于收缩,铜的体积比退火过程中具有的体积更小。一些已经发表过的研究工作[2,9]使用 FEA(有限元分析)模拟了 TSV 引起的应力,他们发现 TSV 可导致超过 200MPa 的拉伸应力。

应变硅技术已被用来提高晶体管的导通电流 I_{on}[18]。不像 TSV 的应力,应变硅对性能的影响不依赖于版图。几个非预期的应力来源强烈依赖于版图,应该在设计阶段加以考虑。浅槽隔离(STI)是一个非预期的应力来源[6,12],因为用于 STI 填充的二氧化硅将靠近 STI 的硅原子推出,如图 14.2 所示。STI 中的二氧化硅通常在高达 1000℃下生长[11]。由于二氧化硅的热膨胀系数小于硅,当冷却至室温时,二氧化硅收缩的速度比硅慢。有限元模拟表明 STI 也可以引起超过 200MPa 的压缩应力。

---

① 本章不考虑其他应力的增强方法,例如 SiGe。

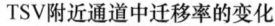

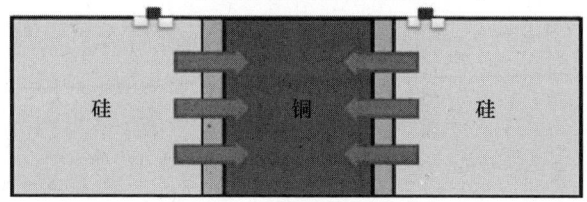

图 14.1 TSV 周围的热应力

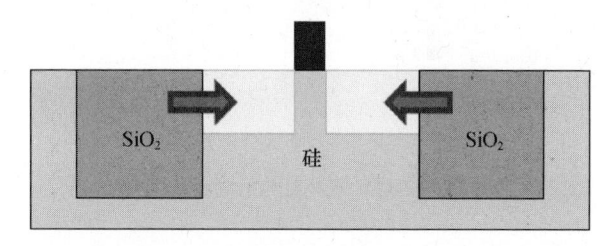

图 14.2 外围 STI 引起的有源区热应力

14.3.2 应力对迁移率变化的影响

迁移率(μ)随施加的应力(σ)变化的函数如下面的公式所示[15],即

$$\frac{\Delta\mu}{\mu} = -\Pi \times \sigma \tag{14.2}$$

式中:Π 为空穴和电子的压阻系数张量;σ 为施加在硅中的应力。拉伸应力为正号,压缩应力为负号。

由于拉伸应力增加了电子的平均自由程,提高了 NMOS 性能。然而,纵向拉伸应力降低了 PMOS 性能,如图 14.3(a)所示[4]。由于纵向应力,对于(001)晶面、<110>沟道(这是半导体制造中最常用的方案[15,16]),电子的压阻系数为 $-3.16 \times 10^{-10} Pa^{-1}$,而空穴的压阻系数为 $7.18 \times 10^{-10} Pa^{-1}$。例如,当 TSV 应力为 200MPa 时,对于 NMOS,电子的迁移率变化是 +6.32%,而 PMOS 的空穴迁移率变化是 -14.36%。

然而,如果 TSV 垂直于晶体管沟道,空穴和电子迁移率是通过增加硅晶格中的空间使载流子移动更快来增强的。对于横向应力,在(001)晶面和 <110>沟道,电子的压阻系数为 $-1.76 \times 10^{-10} Pa^{-1}$,而空穴的系数为 $-6.63 \times 10^{-10} Pa^{-1}$。同样地,$\sigma = 200MPa$ 时,预测到电子迁移率变化为 +3.52%,空穴迁移率变化为 +13.26%。根据经验,PMOS 的导通电流变化率是空穴迁移率变化率的 1/2~9/10,而 NMOS 的导通电流变化率是电子迁移率变化率的 0.4~0.6 倍[10,20],这是因为晶体管的导通电流是由源、漏和沟道电阻的和来决定的。

NMOS　　　　　　　PMOS

200MPa　　　　　　200MPa

电子迁移率：上升6.32%　　空穴迁移率：下降14.36%

(a)

200MPa　　　　　　200MPa

电子迁移率：上升3.52%　　空穴迁移率：上升13.26%

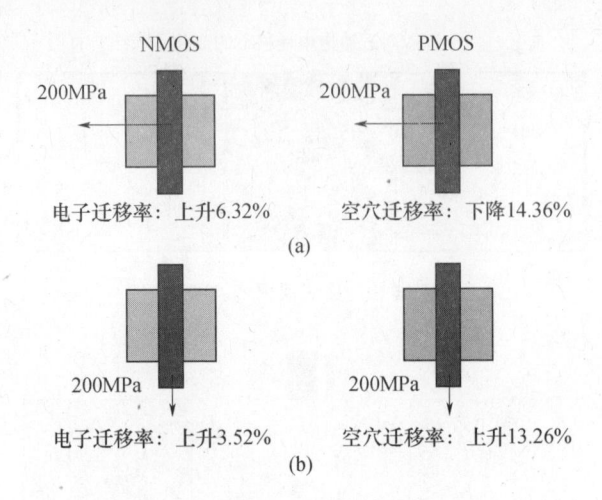

(b)

图14.3　拉伸应力引起的迁移率变化
(a)纵向拉伸应力对于迁移率的变化；(b)横向拉伸应力对于迁移率的变化。

由应力引起的晶体管的变化可以改变单元的时序特性。在图14.4(a)中，由于纵向拉伸应力，缓冲器的上升延迟增加。尽管缓冲器的大小和图14.4(b)中相同，但由于横向拉伸应力，图14.4(b)中的上升延迟减小了。因此，考虑TSV应力的时序分析和版图优化是三维集成电路设计的必要步骤。

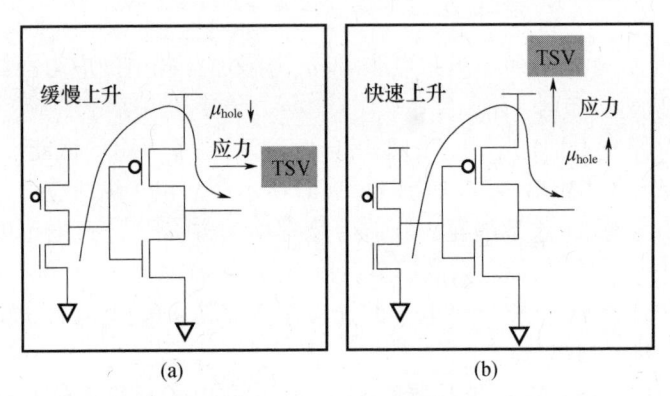

图14.4　TSV引起的应力导致缓冲器单元延时改变
(a)纵向拉伸应力使上升延时变慢；(b)横向拉伸应力使上升延时变快。

虽然垂直于晶体管沟道方向的应力影响晶体管的性能，但由STI造成的主要应力变化是在水平方向上。根据标准单元的结构特点如文献[6,12]所述，水平方向的STI应力是影响迁移率的主要STI应力变化。STI的趋势也不同于TSV的趋势，因为STI引起的应力是压缩的而不是拉伸的。纵向压缩应力增强了PMOS性能，但降低了NMOS性能。

14.4 设计方法

三维集成电路设计方法总体流程如图 14.5 所示。应力驱动的设计流程包括以下三个步骤。

第一步,计算 TSV 和 STI 应力及迁移率的变化。由于提供准确解的有限元模拟需要几个小时的时间来模拟一个 TSV 的应力,因此在文献[9]中使用解析模型。迁移率的变化可以通过扩展式(14.2)来计算。在 14.5 节中,将解释这个过程,对单一的 TSV 器件进行建模,并将它们扩展到考虑多个 TSV 的情况。对于 STI 应力,从 STI 应力的 FEA 模拟结果中开发模型。由 STI 应力引起的迁移率变化可以用和计算 TSV 应力引起的迁移率变化的同样的方法来计算。在 14.6 节中,将解释这个过程并建立单个 STI 的器件模型,然后扩展它们到每个单元两边都有 STI 的情形。

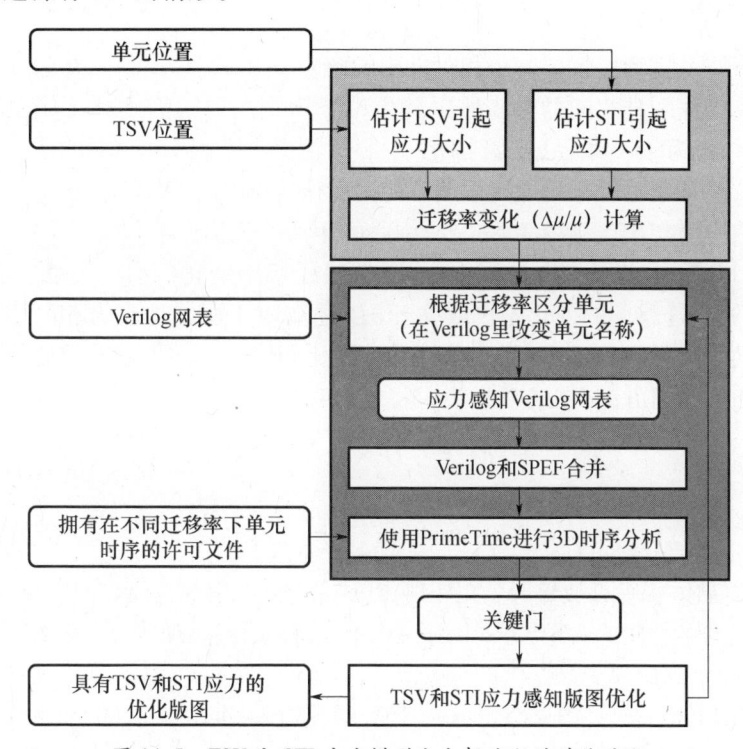

图 14.5 TSV 和 STI 应力模型和分析流程的总体流程

第二步,考虑 3D 应力的静态时序分析(3D SA – STA)。这里使用 PrimeTime 作为 STA(静态时序分析)工具。在 14.8 节中,将解释如何处理 Verilog 网表和考虑迁移率变化的时序库。时序结果可用于版图优化。直观地说,如果单元中一个 PMOS 在一个关键路径上,那么该单元应该移到一个具有正空穴迁率变化的 TSV 区域,或以四周 STI 引起正的空穴迁移率变化的方式移动。

第三步,可以反复运行时序分析来验证版图优化的影响。

14.5 硅通孔致应力下的迁移率变化

14.5.1 单个硅通孔下迁移率的变化

本章假设 TSV 为圆柱形,由于更好的可制造性,圆柱形获得了广泛应用。基于有限元分析的 TSV 仿真已经在文献[2,9]中提出。这些仿真方法可以获得精确解,但是需要较长的运行时间,这对设计流程是不可接受的,需要在每次优化后迭代计算几千个 TSV 的应力。考虑二维径向平面应力,我们使用下面的解析解,被称为拉梅应力解[9]

$$\sigma_{rr} = -\frac{B\Delta\alpha\Delta T}{2}\left(\frac{R}{r}\right)^2 \qquad (14.3)$$

解析应力模型提供了一个相对准确的解[9]。在式(14.3)中,B 为双轴弹性模量;$\Delta\alpha$ 为铜和硅之间的热膨胀系数差;ΔT 为铜的退火温度和工作温度之间的温度差;R 为 TSV 半径;r 为到 TSV 中心的距离。室温 25℃、铜的退火温度是 275℃时,这是相对较低的退火温度[14],我们认为 ΔT 是 250℃。公式表明,TSV 附近的热应力与 TSV 半径和距 TSV 中心的距离的比值有关。

式(14.2)提供了一个计算由 σ_{rr} 产生的迁移率变化的有效方法。在 14.3 节中,观察到迁移率的变化不仅取决于 σ_{rr},还取决于所施加应力和晶体管沟道间的方向。文献[4]中提出了表示迁移率变化和沟道方向关系的经验值。为了考虑应力和沟道方向,在式(14.4)中将式(14.2)扩展如下

$$\frac{\Delta\mu}{\mu}(\theta) = -\Pi \times \sigma_{rr} \times \alpha(\theta)$$

$$\theta = \arctan\left|\frac{Y_{TSV} - Y_{poly}}{X_{TSV} - X_{poly}}\right| \qquad (14.4)$$

式中:θ 为晶体管垂直放置时(如图 14.6(a)和图 14.6(b)所示),TSV 中心和晶体管沟道的中心间的夹角,方向因子 $\alpha(\theta)$ 为 θ 的函数。Π 为 $\theta = 0$ 时的压阻系数,此时表示纵向应力。

在图 14.6(a)中,如果 NMOS 在 TSV 的右边,θ 变成零,$\alpha(0)$ 变为 1,NMOS 迁移率达到最大。然而,如果 NMOS 在 TSV 的上面,$\alpha(\pi/2)$ 为 0.5,这意味着 NMOS 迁移率增加量是 $\theta = 0$ 时的一半。PMOS 显示了相反的趋势,它在 $\theta = \pi/2$ 时有最大的迁移率增强。如果 θ 为零,相对于没有应力的情况,PMOS 变得缓慢。图 14.6(c)和图 14.6(d)示出具有最好性能的晶体管方向。即使由于布局困难,不允许混合沟道方向,观察法也提供了一种优化三维集成电路版图的方法。

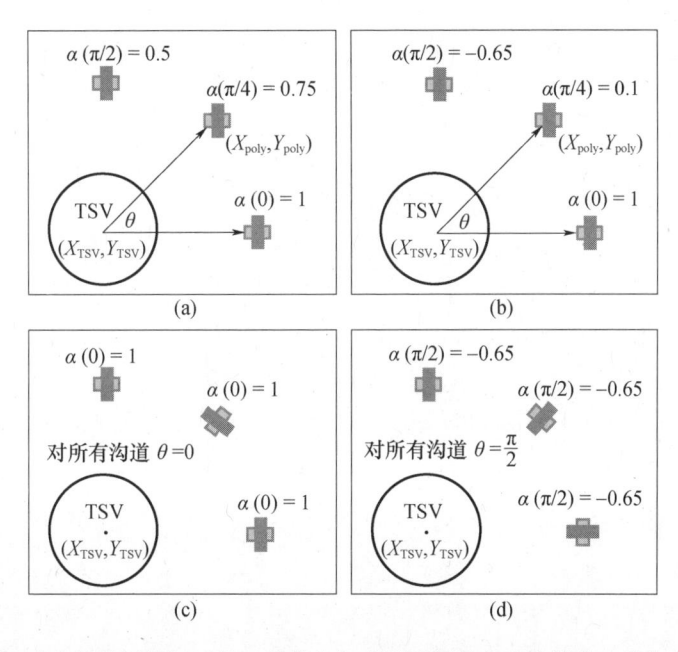

图 14.6 对于(001)晶面 <110> 沟道方向，MOSFET 的方向选择使迁移率变化最大
(a) NMOS 迁移率变化；(b) PMOS 迁移率变化；(c) 最好 NMOS 性能的布局选择；
(d) 最好 PMOS 性能的布局选择。

图 14.7 的顶部显示了空穴迁移率变化的等高线图。根据等高线图，可以

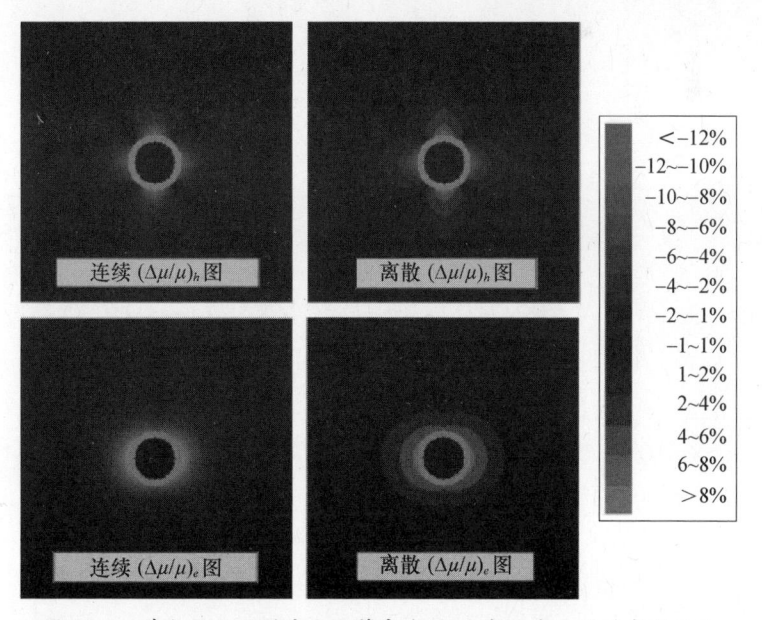

图 14.7 单个 TSV 迁移率变化等高线图，上部为空穴迁移率变化的
等高线图，底部为电子迁移率变化的等高线图（见彩图）

看出,水平方向上空穴迁移率降低,而在垂直区域大幅提高,45°方向时空穴迁移率没有变化。图 14.7 的底部是电子迁移率变化的等高线图。如同在图 14.6(a)中所看到的,水平方向有更多的迁移率增加区域。

14.5.2　多个硅通孔下迁移率的变化

由于在信号线、电源/地和时钟网络中使用大量 TSV,因此需要考虑多个 TSV 的应力影响。每个 TSV 对于硅都是应力源。当晶圆上一点承受多个应力源的应变时,线性叠加可以提供多应力解决方案[5,9]。

图 14.8 为一个有两个相邻 TSV 的单元的模拟结果。每个 TSV 产生的应力等高线分别如图 14.8(a)和图 14.8(b)所示。当模拟两个 TSV 造成的应力时,发现来自两个 TSV 的应力线性结合。

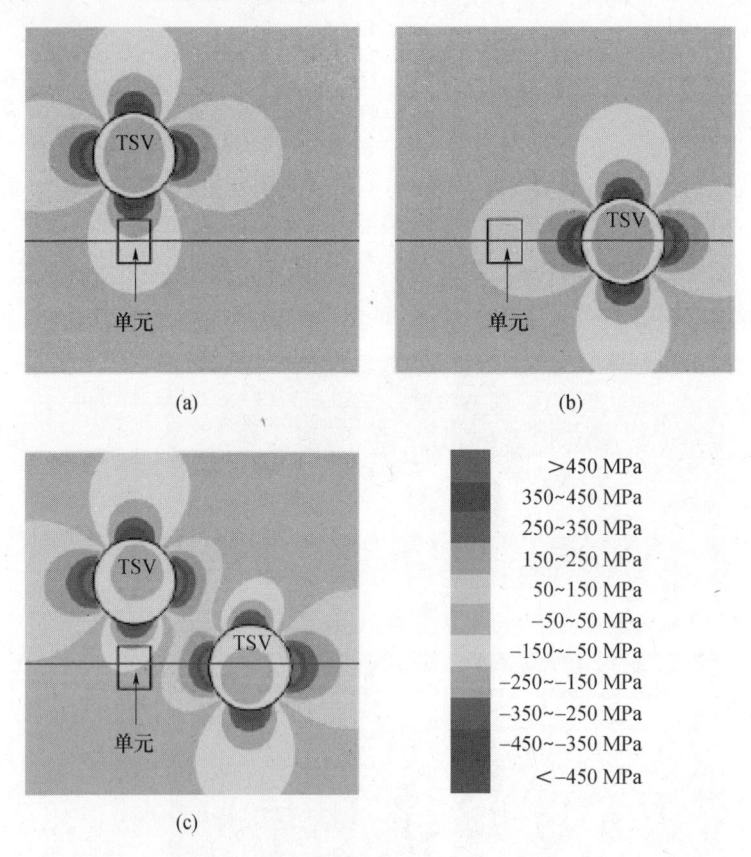

图 14.8　单元附近的 TSV 引起的应力(FEA 仿真)轮廓图(见彩图)
(a)单元上部的 TSV 引起的应力;(b)单元右侧 TSV 引起的应力;(c)单元附近两个 TSV 引起的应力。

如图 14.9 所示为两个 TSV 引起的穿过单元中心水平线的水平应力,将每一个 TSV 造成的应力线性叠加在一起。可以观察到该线性叠加的结果接近两个TSV造成的应力。因此,可以使用线性叠加来估计一个单元周围的TSV产生的应力。

按照如下公式模拟多个TSV情况下迁移率的变化

$$\frac{\Delta\mu}{\mu_{TSV}} = \sum \frac{\Delta\mu}{\mu}(\theta) = -\Pi \sum_{i \in TSVs}(\sigma_i \times \alpha(\theta_i)) \quad (14.5)$$

式中:σ_i为第i个TSV引起的拉伸应力;$\alpha(\theta_i)$为第i个TSV的方向因子,θ_i为第i个TSV中心和想得到迁移率变化的点之间的夹角。

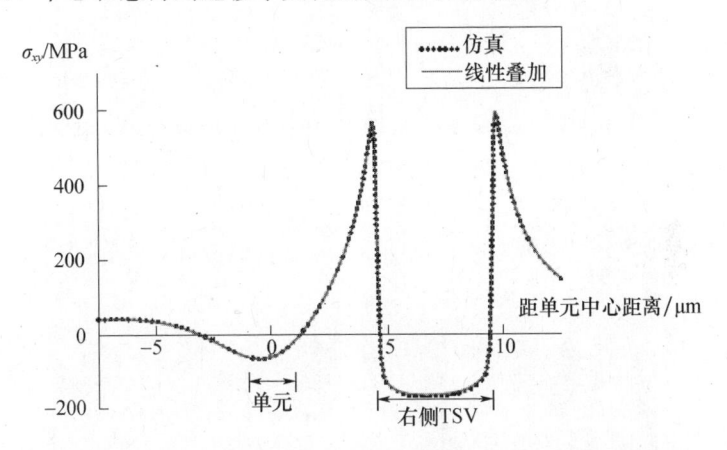

图 14.9 单元附近TSV引起的应力(FEA仿真)的线性叠加

图 14.10 显示了线性叠加的四 - TSV 阵列产生的应力和迁移率变化的等高线图。可以看到TSV之间的区域有更大的应力。电子迁移率变化等高线图与应力等高线有类似的趋势。然而,TSV间的空穴迁移率变化不大。

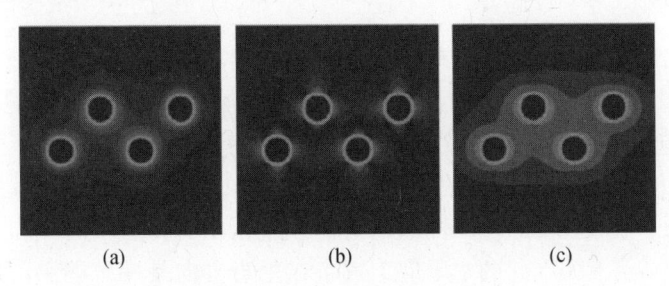

图 14.10 TSV应力的线性叠加
(a)总的应力;(b)空穴迁移率变化;(c)电子迁移率变化。

如图 14.11 的上半部分所示,比较两个拥有相同TSV密度,不同布局方案的空穴迁移率变化。由于Z字形TSV布局对相邻两行间的正/负空穴迁移率有补偿效应,即使每一行中的迁移率退化效果是相同的,和图 14.11 右上角图相比,图 14.11 的左上角图中有更多无应力区域。图 14.11 的底部分别显示了Z字形和规则的TSV布局的电子迁移率等高线,它们没有补偿效应。从图 14.11

中,还可以看到 Z 字形 TSV 布局对于有较少的 PMOS 变化的情况是更好的,而规则的 TSV 放置更适合有更多空穴迁移率增强区的情况。

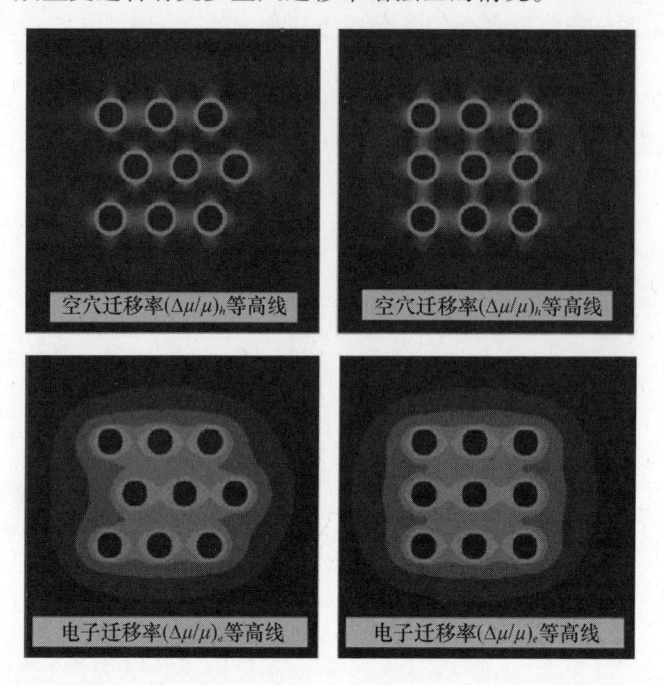

图 14.11　由于补偿效应,Z 形 TSV 布局的行间空穴迁移率变化较小

14.6　STI 致应力下的迁移率变化

ANSYS 是一个商业化的有限元分析模拟器,本章使用 ANSYS 模拟 STI 引起的应力。图 14.12 为一个仿真结果实例。图中给出了硅平面在水平方向的由 STI 引起的应力的等高线图。请注意,负应力值代表压缩应力。由 STI 引起的压缩应力在靠近 STI 的硅表面可以高于 100MPa,甚至在连接 STI 的硅表面高于 200MPa。观察到靠近 STI 区域的等高线平行于 STI 的左边界和右边界。因此,近似地认为 STI 引起的水平应力大小在垂直方向是一致的。该近似导致在远离 STI 和中心外部的位置处有一些误差。然而,在那些位置上应力实际大小是相对较小的,进而对迁移率变化的影响也较小。

图 14.13 展示了 STI 引起的穿过 STI 中心的水平线上的水平应力,左边较远的 STI 区域是没有应力的。应力大小随着到 STI 中心之间的距离减小而增加,并且在毗邻 STI 的区域迅速增加。在 STI 内部,应力仍然是压缩应力,尽管它的大小大幅下降。当从 STI 的中心向 STI 的右边移动时情况正好相反。

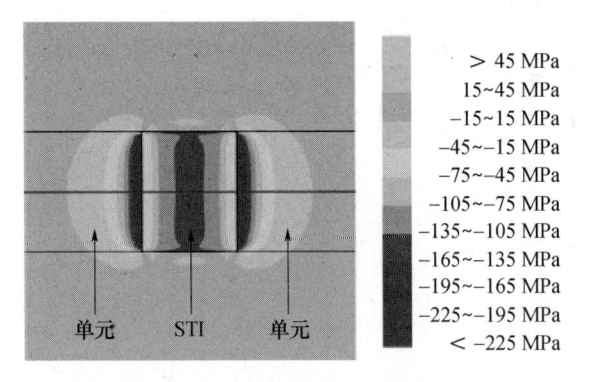

图 14.12　STI 引起的水平方向应力等高线图(见彩图)

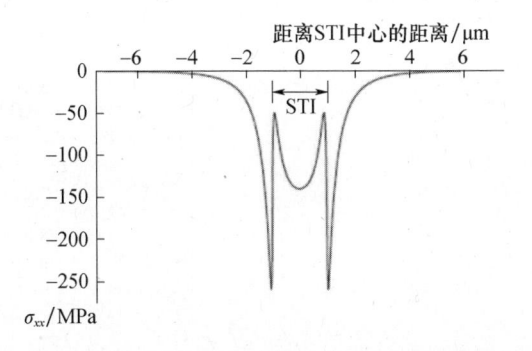

图 14.13　图 14.12 中穿过 STI 中心的水平线上的应力(FEA 仿真)

图 14.14 是用于开发一个 STI 应力模型的仿真设置。一片由二氧化硅制成的 STI 贴片淀积在硅平面的表面上。STI 应力主要取决于两个主要参数[6]，到 STI 边缘的距离(STID)和 STI 的宽度(STIW)。这两个用于有限元分析模拟的参数的值在图下标出。STI 的其他尺寸从 NCSU 45nm 单元库中获得。这两个参数的组合产生了总共 36 次模拟。因为水平方向的 STI 应力是影响迁移率的主要应力[6,12]，我们测量在沟道内沿着 X 轴的应力 σ_{xx}。

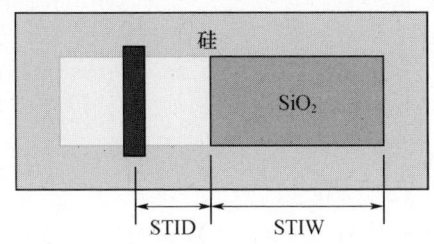

STID = 0.1μm, 0.2μm, 0.5μm, 1μm, 2μm, 4μm
STIW = 0.1μm, 0.2μm, 0.5μm, 1μm, 2μm, 4μm

图 14.14　用于 STI 应力建模的 FEA 仿真设置

模拟结果如图 14.15 和 14.16 所示,图 14.15 中,观察到 STI 应力的大小随着到 STI 边界的距离的增大而迅速下降。在图 14.16 中,观察到 STI 应力的大小最初随着 STI 的宽度的增加而迅速增加,但是当宽度大于一个特定值时变化不大。这两个观测结果使我们可以使用下面的公式模拟 STI 应力

$$\sigma_{xx} = \frac{\alpha(1 - e^{\beta \cdot \text{STIW}}) + \chi}{\text{STID}^{\delta} + \varepsilon} \tag{14.6}$$

式中:α,β,χ,δ 和 ε 为曲线拟合常数,它们的值分别为 -37.51,-3.24,0.8601,3.24 和 0.1317。这个模型的决定系数是 0.9987,均方根误差为 2.843MPa。

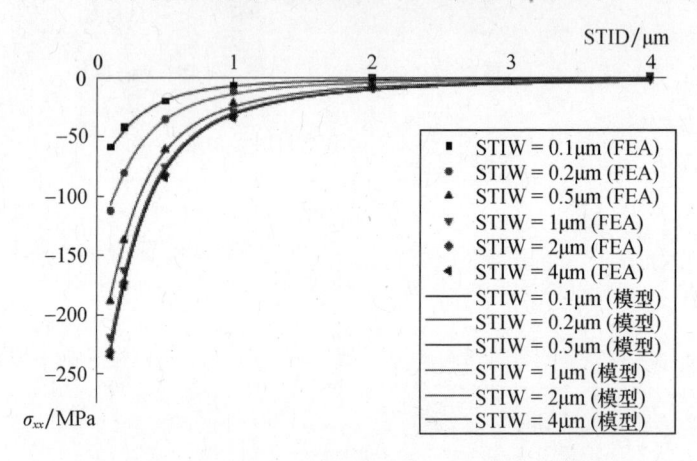

图 14.15 不同距离下的 STI 应力(FEA 仿真和建模)

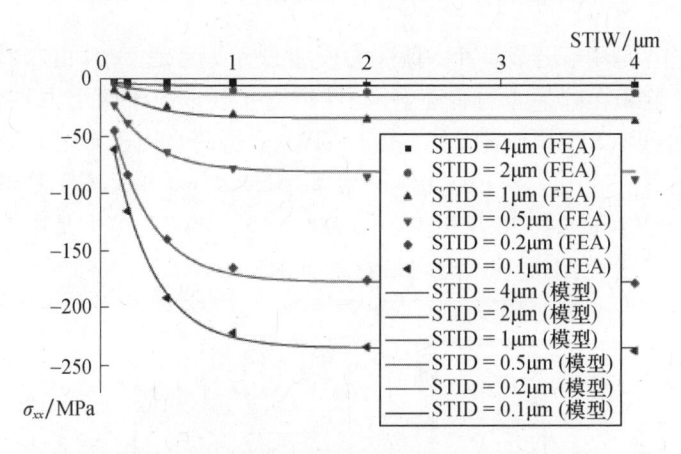

图 14.16 不同宽度时的 STI 应力(FEA 仿真和建模)

基于该模型,可以产生 STI 致应力等高线图。图 14.17 显示的是 4μm 宽的 STI 的等高线图。图中观察到 STI 边缘的压缩应力超过 200MPa,但在水平方向上,应力快速减小到 100MPa 以下。请注意,等高线图中由 STI 占据的区域用灰色表示。通过使用式(14.6)和式(14.2)得到的 σ_{xx},可以得到空穴和电子迁

移率变化的等高线图,如图 14.18 所示。从等高线图观察到空穴迁移率被 STI 应力增强了,而电子迁移率退化了。空穴迁移率增强和电子迁移率退化都发生在 STI 的左右两边。

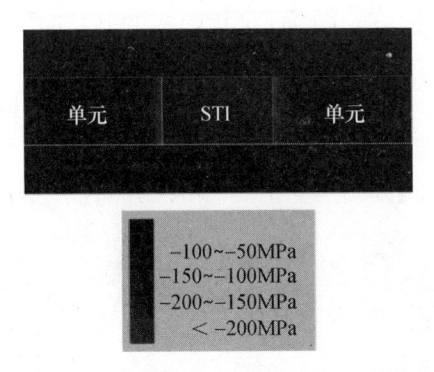

图 14.17 单个 4μm 宽的 STI 的应力等高线图(见彩图)

类似于 14.5.2 节中多个 TSV 的情况,可以使用线性叠加来估计由 STI 引起的单元左右两侧的应力。同时按下式模拟多个 STI 下的迁移率的变化

$$\frac{\Delta\mu}{\mu_{\text{STI}}} = \sum \frac{\Delta\mu}{\mu} = -\Pi \sum_{i \in \text{STIs}} \sigma_{xxi} \tag{14.7}$$

式中:σ_{xxi} 为单元左右两侧第 i 个 STI 造成的压缩应力。

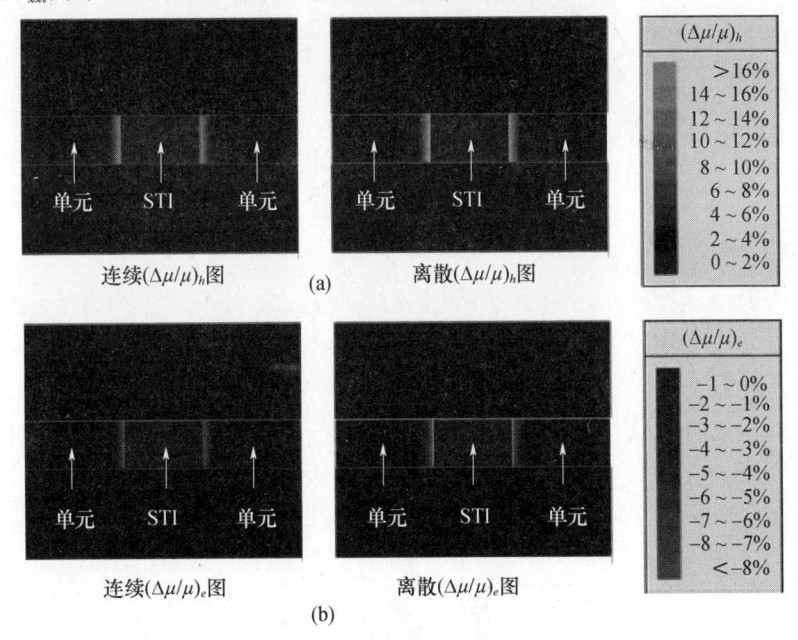

图 14.18 对于单个 STI,迁移率等高线图(见彩图)
(a)空穴迁移率变化;(b)电子移率变化。

14.7 硅通孔和 STI 致应力同时作用下的迁移率变化

在三维集成电路中，TSV 和 STI 的应力影响必须同时考虑。图 14.19 展示了一个单元的仿真结果，其中单元的顶部有一个 TSV，右侧有一个 STI。单元顶部 TSV 和单元右侧 STI 产生的应力等高线分别如图 14.19(a) 和图 14.19(b) 所示。当模拟 TSV 和 STI 共同造成的应力时，可以发现它们产生的应力相互影响，导致单元的应力等高线图发生了变化。

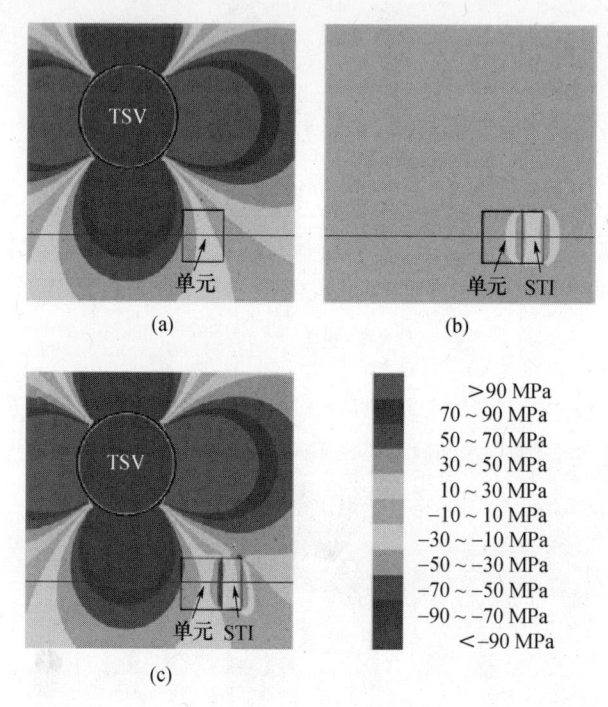

图 14.19　单元顶部 TSV 产生的应力等高线和单元的右侧 STI 产生的等高线(见彩图)
(a)单元顶部 TSV 产生的应力；(b)单元右侧 STI 产生的应力；
(c)单元附近 TSV 和 STI 共同产生的应力。

TSV 和 STI 造成的水平应力如图 14.20 所示，附加图是由 TSV 和 STI 应力线性叠加产生的。注意到，线性叠加的结果接近有限元模拟得到的 TSV 和 STI 引起的应力。因此，早期设计阶段可以使用线性叠加来估计 TSV 和 STI 共同产生的应力。然后，按照如下公式模拟 TSV 和 STI 引起的迁移率变化

$$\frac{\Delta\mu}{\mu_{\text{total}}} = \frac{\Delta\mu}{\mu_{\text{TSV}}} + \frac{\Delta\mu}{\mu_{\text{STI}}} \tag{14.8}$$

为了通过线性叠加方法结合 TSV 和 STI 应力的影响，首先需要通过有限元模拟验证可以使用线性叠加。仿真设置如图 14.21 所示，仿真结构为一个 STI

贴片淀积在包含一个TSV的硅平面的表面。有限元分析使用的4个模拟参数值在图下列出。36个参数值组合中只有24个用于模拟,因为某些情况是不合理的(TSV与STI交叠)或不必要的(TSV远离STI和单元)。对于每一种情况,执行以下三个模拟:只有TSV;只有STI;兼有TSV和STI。前两个模拟得到的沟道 σ_{xx} 相加,并与第三个模拟结果相比。此实验中使用统一的热负载 -250℃。通常STI的热负载为 -975℃,只会增加应力,但并不影响叠加的适用性。

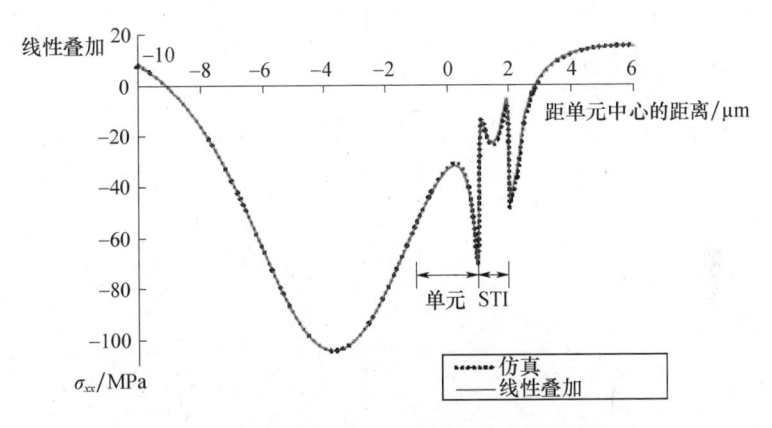

图14.20 TSV和STI应力(FEA仿真)线性叠加

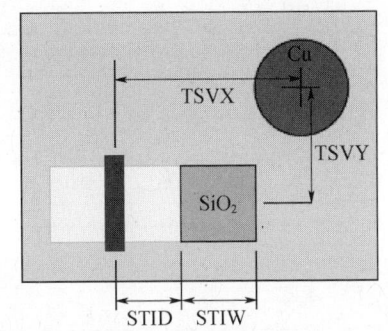

TSVX = 0μm, 5μm, 10μm, STID = 0μm, 1μm, 4μm
TSVY = 0μm, 5μm, 10μm, STIW = 0μm, 1μm, 4μm

图14.21 兼有TSV和STI时,应用于FEA仿真的设置

表14.1给出模拟和线性叠加的结果。在某些情况下,线性叠加高估了应力,另外一些情况下低估了应力。在大多数情况下,线性叠加准确近似了TSV和STI共同产生的应力。在一些情况下,线性叠加误差超过10%。这些例子中STID的值设置的非常小(0.1μm)。这些误差是前面提到的应力奇异性的结果[1],这和到STI边缘距离太短有关。虽然这些误差被包含在内,但是平均误差仍然非常小,只有 -1.07%,这使线性叠加在早期设计阶段可以使用。

表 14.1　TSV 和 STI 的 FEA 仿真和线性叠加

TSVX /μm	TSVY /μm	STID /μm	STIW /μm	σ_{xx}TSV /MPa	σ_{xx}STI /MPa	σ_{xx} /MPa	线性叠加 /MPa	误差 /%
0	5	0.1	0.1	-137.03	-15.27	-150.23	-152.30	1.38
0	5	0.1	4	-136.73	-60.58	-159.22	-197.31	23.92
0	5	4	0.1	-136.04	-0.08	-136.10	-136.12	0.01
0	5	4	4	-136.65	-0.59	-137.26	-137.24	-0.02
0	10	0.1	0.1	-29.71	-15.27	-44.65	-44.98	0.75
0	10	0.1	4	-29.73	-60.58	-82.23	-90.32	9.84
0	10	4	0.1	-29.75	-0.08	-29.81	-29.83	0.07
0	10	4	4	-29.76	-0.58	-30.19	-30.35	0.54
5	0	0.1	0.1	152.80	-15.30	133.53	137.50	2.97
5	5	0.1	0.1	8.76	-15.28	-7.12	-6.52	-8.45
5	5	0.1	4	7.13	-60.60	-54.37	-53.46	-1.67
5	5	4	0.1	6.93	-0.08	7.00	6.86	-2.06
5	5	4	4	7.27	-0.59	8.20	6.68	-18.60
5	10	0.1	0.1	-11.63	-15.27	-26.90	-26.90	-0.01
5	10	0.1	4	-11.61	-60.59	-68.94	-72.20	4.73
5	10	4	0.1	-11.60	-0.08	-11.64	-11.68	0.30
5	10	4	4	-11.60	-0.59	-11.82	-12.19	3.10
10	0	0.1	0.1	41.36	-15.28	25.09	26.08	3.94
10	0	0.1	4	41.41	-60.59	-32.39	-19.18	-40.79
10	0	4	0.1	41.41	-0.08	41.23	41.34	0.25
10	5	0.1	0.1	22.22	-15.28	6.33	6.94	9.61
10	5	0.1	4	22.26	-60.58	-45.33	-38.32	-15.47
10	5	4	0.1	22.27	-0.08	22.18	22.20	0.09
10	5	4	4	22.25	-0.60	21.69	21.65	-0.16
平均误差								-1.07

模型允许研究 TSV 和 STI 应力之间相互作用对电路性能的影响。包含一个 TSV 和两个 STI 的迁移率变化的等高线如图 14.22 所示。如图 14.22(a) 所示，STI 应力的影响能补偿 TSV 应力对空穴迁移率变化的影响（TSV 和右 STI 之间的区域），甚至增加迁移率（TSV 之下和底部 STI 的左边区域）。另一方面，STI 应力的影响只是减小了 TSV 应力对电子迁移率增强的改善，如图 14.22(b) 所示。

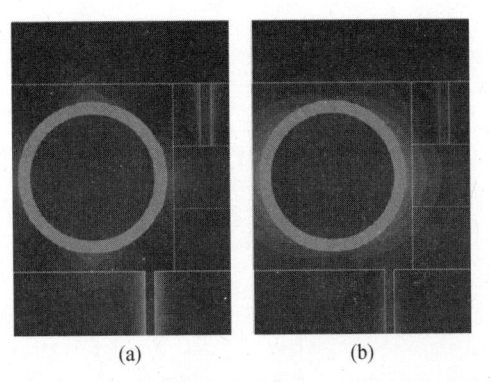

图 14.22　TSV 和 STI 应力(模型)之间的相互作用对迁移率变化的影响
(a)空穴;(b)电子。

14.8　机械应力下全芯片三维时序分析

本节解释了如何将迁移率的变化整合到单元级别 STA 流程中。

14.8.1　三维集成电路的时序分析

虽然单元的拓扑结构是相同的,但其时序特性将随应力改变。图 14.23 显示了一个示例,单元具有相同的拓扑结构和尺寸,但位于 TSV(和 STI)系统确定的不同时序角。当两个 TSV 靠近三个反相器时,不同位置的单元的特征是不同的。根据式(14.8)可以确定给定版图中任意点的迁移率变化。迁移率计算完成后,然后对单元进行重命名,使迁移率变化包含在 Verilog 网表中。例如,图 14.23 中,I2 被重命名为 INVX1P_8_N+8,这意味着 -8% 的空穴迁移率和 +8% 的电子迁移率。

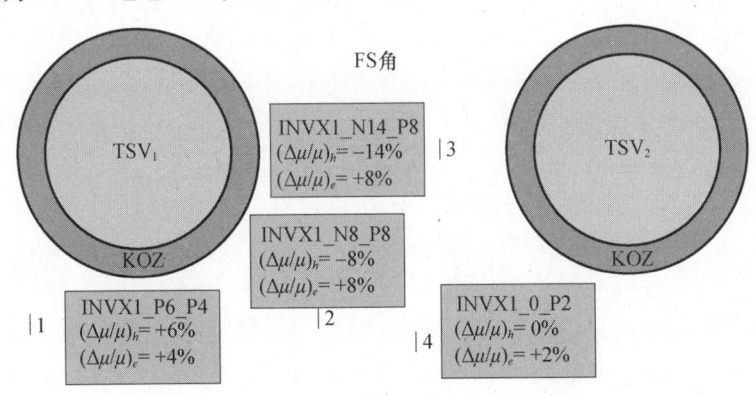

图 14.23　基于迁移率变化的时序角的确定

对每一个管芯,准备一个 Verilog 网表和寄生参数提取文件(SPEF)。此外,做一个顶层 Verilog 网表实例化这些管芯,并用与 TSV 连接对应的线连接网表。然后我们做一个 TSV 互连的顶层 SPEF 文件。采用一个合适的时序约束文件,可以运行 PrimeTime,得到三维静态时序分析结果。

14.8.2　迁移率变化下时序库的建立

为了在时序分析中考虑系统性变化,塑造了一个具有不同迁移率角的单元,如图 14.24 所示。空穴迁移率的变化是 -14% ~ +8%,电子迁移率变化是达到 +8%,来涵盖 TSV 引起的应力,如图 14.23 所示。图 14.23 中的反相器 I1 匹配靠近 FF 角的角,而 I3 采用 FS 角。采用考虑迁移率变化的库和有重命名单元的 Verilog 网表,我们可以运行 PrimeTIme 来执行包含 TSV 和 STI 应力的时序分析。

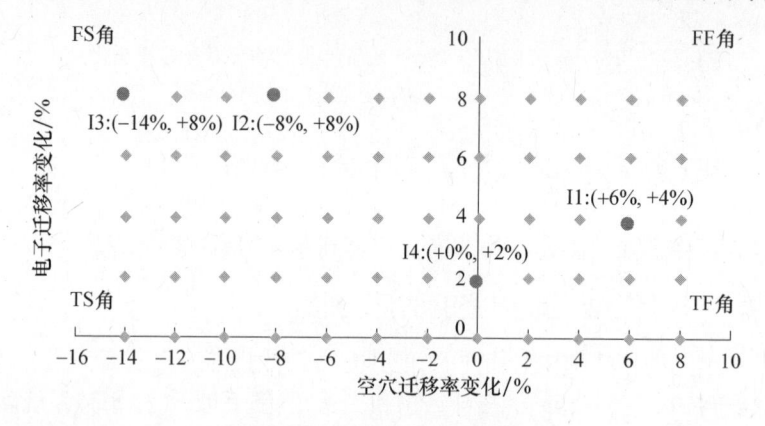

图 14.24　TSV 应力下的时序角

为了涵盖多个 TSV 产生的迁移率变化,需要扩展迁移率变化范围($-20\% \leqslant (\Delta\mu/\mu)_h \leqslant +8\%, 0\% \leqslant (\Delta\mu/\mu)_e \leqslant +14\%$)。此外,为了同时考虑 TSV 和 STI 应力,迁移率变化范围需要进一步扩展。对于不同的应力源,需要覆盖的迁移率变化如图 14.25 所示。因为 TSV 和 STI 的作用力相反,TSV 和 STI 的迁移率变化范围很难彼此交叠。TSV 和 STI 应力的相互作用需要的不仅仅是将两者所覆盖的迁移率变化范围加起来。

如果迁移率变化步长为 2%,需要描述 312(=24 ×13)个不同迁移率值的库,这是行不通的。然而,根据图 14.26 可以观察到上升延迟变化只取决于 $(\Delta\mu/\mu)_h$,下降延迟变化只取决于 $(\Delta\mu/\mu)_e$。当模拟迁移率变化的反相器上升延迟时,电子迁移率变化对延迟作用小。同样地,观察到下降延迟只取决于电子迁移率的变化。此外,从图 14.26 中观察到空穴迁移率变化会导致超过 20% 的 PMOS 性能变化,这取决于器件的工艺;而电子迁移率的变化可以使 NMOS 性能提高 7.5%。图 14.26 中使用了 NCSU 库的反相器和 PTM 的 Spice 模型[22]。因此在扫描 $(\Delta\mu/\mu)_h$ 时,可以固定 $(\Delta\mu/\mu)_e$。表征 37(=24 +13)个库足以覆盖整个迁移率的设置。如果迁移率步长为 4%,需要 20(=13 +7)个库。由于延迟变化半线性依赖于迁移率的变化,可以使用插值法得到两个库间迁移率的值。

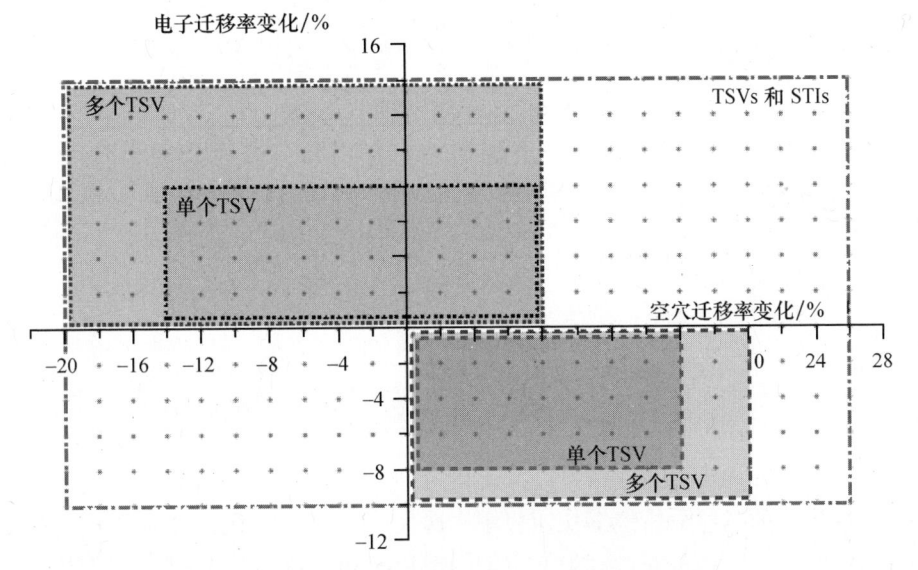

图 14.25　共同考虑 TSV 和 STI 应力时的扩展时序角

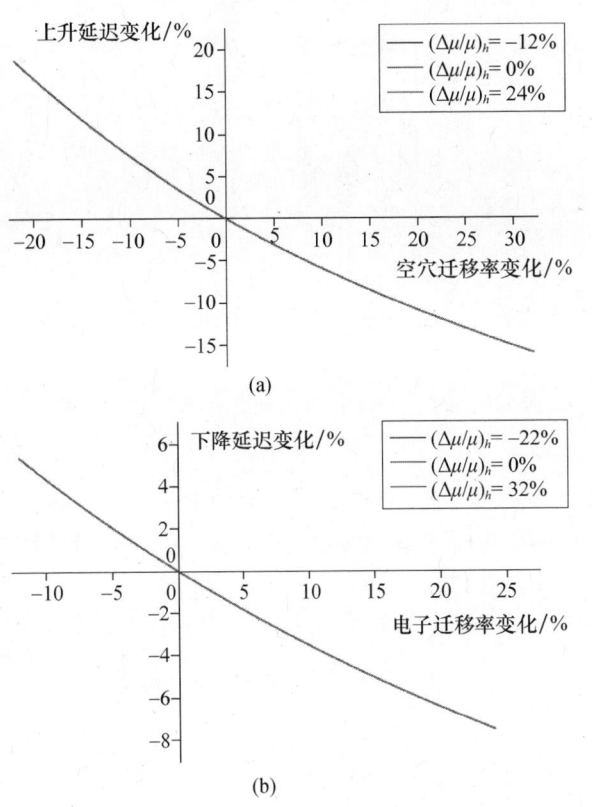

图 14.26　不同的 $(\Delta\mu/\mu)_h$ 和 $(\Delta\mu/\mu)_e$ 下的反相器延时变化
(a) 上升延时依赖于 $(\Delta\mu/\mu)_h$；(b) 下降延时依赖于 $(\Delta\mu/\mu)_e$。

14.9 实验结果

本节使用 C++ 实现 3D SA–STA,并在一台 4GB 内存、3.0GHz 的 Linux 机器上进行测试。基于 NCSU 45nm 单元库,以 2% 的迁移率步长生成了考虑迁移率的库。使用的 TSV 尺寸为 5μm,TSV 寄生电容为 70fF,TSV 寄生电阻为 0.1Ω。阻止区(KOZ)大小设置为 0.5μm。

14.9.1 全芯片迁移率变化图

首先,展示 TSV 简化应力和迁移率模型的有效性。想找到管芯上任何一点的 $\Delta\mu/\mu$ 时,可以迅速地获得其值。即使产生如图 14.27 所示的迁移率的等高线图(芯片大小:$175^2\mu m^2$,TSV 数:462),也只需要 14.9s。提出的采用简化工艺/器件模型的时序分析能够快速应用于迭代优化。图 14.27(a) 显示了一个版图优化的观察结果,最左边和最右边的区域比中部区域拥有更宽的空穴迁移率增强,因为通过水平放置相邻 TSV,该区域有着较小的迁移率退化。

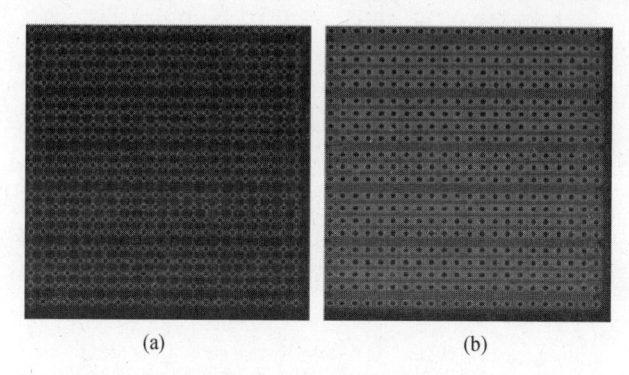

图 14.27 22×21TSV 阵列的迁移率变化等高线图
(a)空穴;(b)电子。

接下来,产生同时考虑了 TSV 和 STI 应力的迁移率等高线图,如图 14.28 所示(芯片大小:$220^2\mu m^2$,TSV 数:600,单元数:3422)。观察到的等高线图在两个方面明显不同于图 14.27。首先,本章中对 STI 内部应力不感兴趣,等高线图内被 STI 占据的区域为灰色区域。其次,迁移率的变化趋势发生改变,可以发现空穴迁移率增强区域的面积增加,而电子迁移率增强区域的面积减小。这种现象主要由于包含了 STI 应力。

14.9.2 全芯片时序分析结果

本实验和无应力情况的 SA–STA 进行对比。表 14.2 中列出了用于表征时序变化的十个基准电路。每个电路的面积利用率都是 70% 左右,所有空白区域

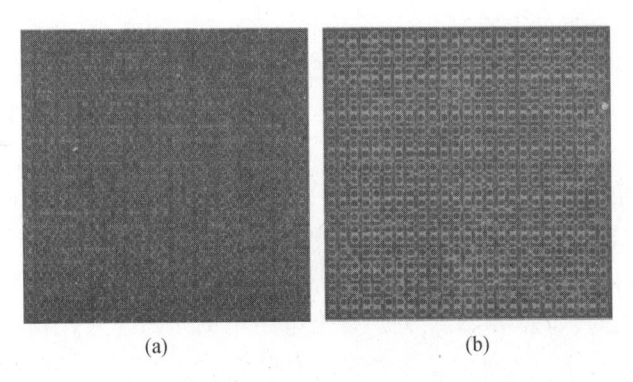

图 14.28 同时考虑 TSV 和 STI 应力时,布局的迁移率变化等高线图
(a)空穴;(b)电子。

由 STI 占据。STI 的总量和其他的 STI 相关的研究[7,19]一样,处于相同范围(30~70%)。基准电路是在没有考虑 TSV 和 STI 应力下按线长最小化放置的[8]。每个基准电路的空穴和电子迁移率变化如表 14.3 所列。时序结果如表 14.4 和表 14.5 所列。

表 14.2 测试电路

电路	单元	节点	TSV	属性
ex	14864	15045	1483	执行单元
8051	15712	15755	1575	微控制器
8086	19895	19909	1987	微处理器
MAC2	29706	29980	2971	算术单元
Ethernet	77234	77381	7748	网络控制器
RISC	88401	89154	8837	微处理器
b18	103711	103948	10367	多处理器
des_perf	109181	109416	10916	数据加密
vga_lcd	126379	126484	12638	显示控制器
b19	168943	169476	16869	多处理器

当只考虑 TSV 应力影响时,所有基准电路的空穴和电子迁移率变化都是在同一个范围内,如表 14.3 所列。每个电路中单元的空穴迁移率的变化从 -18% 左右到 +6%;然而,电子迁移率变化范围从 0~13%。虽然所有基准电路的迁移率变化都是在相同的范围内,但它们的时序变化是不同的。基准电路的最长路径延迟的变化为 -5.65%~6.52%。一些基准电路的时序得到改善,一些基准电路时序变差。平均下来,TSV 应力对时序的影响是 2.82%。对于一个任意的布局,一些情况下,空穴和电子迁移率变化的影响可能互相补偿,导致

时序总的提高和降低会很小,因为平均载流子(空穴和电子)迁移率变化接近于零。然而,在许多情况下,空穴和电子迁移率变化的影响是在同一个方向上,导致最长路径延迟发生明显的改变(提高或降低)。如果在单元和 TSV 布局期间考虑 TSV 应力的影响,对于每一个基准电路,预期可以获得性能改进。总的负时序裕量(TNS)的变化从 -28.48% ~ +50.43%,这变化大于延迟的变化。这促进了考虑 TSV 应力的版图优化的需求。

当只考虑 STI 应力影响时,所有基准电路的空穴和电子迁移率的变化范围都是正好相同的,如表 14.3 所列。每个电路中单元的空穴迁移率变化范围从 0% ~ +19.72%,然而,电子迁移率变化范围从 -8.68% ~ 0%。所有基准电路的载流子迁移率变化范围是完全相同的,因为 STI 应力强烈依赖于单元和其相邻 STI 的相对尺寸。宽的单元或者远离窄 STI 的单元,没有载流子迁移率的变化,然而库中两端有宽 STI 的最窄的单元,产生了最高的载流子迁移率变化。基准电路的最长路径延迟的变化从 -5.92% ~ +1.92%,平均延迟变化为 4.11%。大多数基准电路有时序增益,这是由于对于一个随机布局,载流子(包括空穴和电子)迁移率变化的平均值远高于零。此外,在 IC 版图中 STI 无处不在。不考虑 STI 应力时,STA 只报道了保守的时序结果。包括 STI 应力时,时序结果的保守性将减小。TNS 平均减少了 50.07%,这是由于几个违背路径由于 STI 应力变成了非违背路径。延迟和 TNS 的宽变化范围表明了考虑 STI 应力的版图优化的重要性。

表 14.3 迁移率变化范围比较

电路	TSV 应力 空穴迁移率变化/%	TSV 应力 电子迁移率变化/%	STI 应力 空穴迁移率变化/%	STI 应力 电子迁移率变化/%	TSV + STI 应力 空穴迁移率变化/%	TSV + STI 应力 电子迁移率变化/%
ex	-18.6 ~ +6.0	0.0 ~ +13.2	0.0 ~ +19.7	-8.6 ~ 0.0	-14.8 ~ +25.2	-8.6 ~ +10.8
8051	-18.8 ~ +6.3	0.0 ~ +13.4	0.0 ~ +19.7	-8.6 ~ 0.0	-13.8 ~ +24.9	-8.6 ~ +11.0
8086	-17.8 ~ +6.3	0.0 ~ +12.7	0.0 ~ +19.7	-8.6 ~ 0.0	-13.7 ~ +25.5	-8.6 ~ +11.1
MAC2	-17.4 ~ +6.3	0.0 ~ +12.5	0.0 ~ +19.7	-8.6 ~ 0.0	-13.3 ~ +25.8	-8.6 ~ +10.7
Ethernet	-17.8 ~ +6.3	0.0 ~ +12.6	0.0 ~ +19.7	-8.6 ~ 0.0	-14.0 ~ +25.9	-8.6 ~ +11.0
RISC	-17.9 ~ +6.4	0.0 ~ +12.8	0.0 ~ +19.7	-8.6 ~ 0.0	-14.2 ~ +26.0	-8.6 ~ +11.3
b18	-18.6 ~ +6.3	0.0 ~ +13.3	0.0 ~ +19.7	-8.6 ~ 0.0	-14.8 ~ +25.8	-8.6 ~ +11.4
des_perf	-18.5 ~ +6.2	0.0 ~ +13.4	0.0 ~ +19.7	-8.6 ~ 0.0	-14.4 ~ +25.8	-8.6 ~ +11.4
vga_lcd	-18.6 ~ +6.3	0.0 ~ +13.3	0.0 ~ +19.7	-8.6 ~ 0.0	-14.3 ~ +25.9	-8.6 ~ +11.7
b19	-17.9 ~ +6.4	0.0 ~ +13.0	0.0 ~ +19.7	-8.6 ~ 0.0	-14.2 ~ +25.8	-8.6 ~ +11.4

最后,当同时考虑 TSV 和 STI 应力时,所有基准电路的空穴和电子迁移率

的变化和只考虑 TSV 或 STI 应力时发生了变化，如表 14.3 所列。每个电路中单元的空穴迁移率变化范围为 -14%~+25%；然而，电子迁移率的变化范围为 -8.68%~11%。基准电路的最长路径延迟的变化范围为 -5.56%~+2.89%，平均延迟变化为 3.19%。变化方向与只考虑 STI 应力时是相同的。与只考虑 STI 应力时的变化相比较，一些基准电路时序变好，一些测试电路时序变差。这种变化表明，即使考虑了 STI 应力，TSV 应力仍对时序有重要的影响。TNS 平均减少了 45.49%。因此，可以一起利用 TSV 和 STI 应力来获得性能改善。下一个实验将展示利用它们改进时序的潜力。

表 14.4　无应力和存在 TSV 应力时，全芯片最长路径延时(LPD)和
总的负时序裕量结果(TNS)，延时和时序裕量单位为 ns
（圆括号内为和无应力时相比的变化百分比例）

电路	无应力		存在 TSV 应力	
	最长路径延时	总负时序裕量	最长路径延时	总负时序裕量
ex	12.009	-8.815	11.881(-1.06%)	-7.215(-18.15%)
8051	5.041	-144.035	5.370(+6.52%)	-145.363(+0.92%)
8086	9.283	-19.317	9.423(+1.50%)	-26.779(+38.63%)
MAC2	7.797	-87.337	7.095(+1.38%)	-93.422(+6.97%)
Ethernet	9.294	-474.917	9.484(+2.05%)	-463.344(-2.44%)
RISC	8.583	-57.101	8.098(-5.65%)	-40.840(-28.48%)
b18	12.522	-41.301	12.838(+2.53%)	-62.128(+50.43%)
des_perf	8.467	-40.298	8.720(+2.99%)	-45.054(+11.80%)
vga_lcd	8.228	-0.991	8.456(+2.78%)	-1.191(+20.25%)
b19	13.389	-126.528	13.618(+1.71%)	-145.533(+15.02%)

表 14.5　STI 应力和兼有 TSV 和 STI 应力时，全芯片最长路径延时(LPD)和
总的负时序裕量结果(TNS)。延时和时序裕量单位为 ns
（圆括号内为和表 14.4 中无应力时相比的变化百分比例）

电路	存在 STI 应力		存在 TSV+STI 应力	
	最长路径延时	总负时序裕量	最长路径延时	总负时序裕量
ex	11.686(-2.69%)	-5.280(-40.10%)	11.577(-3.59%)	-4.348(-50.67%)
8051	4.768(-5.42%)	-60.450(-58.03%)	4.761(-5.56%)	-61.351(-57.41%)
8086	8.734(-5.92%)	-3.495(-81.90%)	8.888(-4.26%)	-7.194(-62.76%)
MAC2	7.435(-4.64%)	-46.541(-46.71%)	7.525(-3.49%)	-49.861(-42.91%)
Ethernet	9.472(+1.92%)	-492.182(+3.64%)	9.562(+2.89%)	-480.541(+1.18%)

(续)

电路	存在 STI 应力		存在 TSV + STI 应力	
	最长路径延时	总负时序裕量	最长路径延时	总负时序裕量
RISC	8.434(-1.73%)	-27.864(-51.20%)	8.387(-2.29%)	-17.779(-68.86%)
b18	12.013(-4.06%)	-22.024(-46.67%)	12.308(-1.71%)	-30.331(-26.56%)
des_perf	8.026(-5.21%)	-10.090(-74.96%)	8.294(-2.04%)	-11.513(-71.43%)
vga_lcd	7.835(-4.77%)	-0.671(-32.27%)	8.078(-1.82%)	-0.875(-11.71%)
b19	12.760(-4.70%)	-43.995(-65.23%)	12.821(-4.25%)	-48.795(-61.44%)

14.9.3 布局优化结果

对电路 des_perf 的关键路径进行手动优化,以展示考虑 TSV 应力的版图优化的潜在好处。在优化之前,考虑 TSV 应力的时序分析的路径延迟是 8.720ns。不过可以通过小的版图微调将延迟减小到 8.138ns,改善 6.67%。这甚至小于没有考虑应力时的路径延迟 8.467ns,如表 14.4 所列。表 14.6 展示了路径上的门,可以看到根据迁移率的变化重命名的单元。对每个单元的位置进行微调来改善时序,一个单元中最大时序改善是 23.37%。

表 14.6 仅考虑 TSV 应力的目标路径上的使用微动调整的门级优化

逻辑深度	原始门	优化后的门	时序弧	原始延时/ps	优化后延时/ps	Δ/%
	输入端口	输入端口				
1	INVX1_P-6_N+10	INVX1_P-16_N+12	下降	48.58	43.81	9.82
2	INVX1_P-16_N+12	INVX1_P+4_N+8	上升	32.77	28.59	12.76
3	INVX1_P-16_N+12	INVX1_P-16_N+12	下降	160.67	162.23	-0.97
4	INVX1_P-6_N+10	INVX1_P+2_N+8	上升	469.81	422.60	10.05
5	INVX1_P-6_N+10	INVX1_P-16_N+12	下降	183.39	168.95	7.87
6	INVX1_P-8_N+10	INVX1_P+4_N+8	上升	789.49	717.44	9.13
7	INVX1_P+0_N+0	INVX1_P+0_N+0	下降	896.10	939.16	-4.81
8	INVX1_P-16_N+12	INVX1_P+4_N+8	上升	1630.01	1396.33	14.34
9	INVX1_P-2_N+6	INVX1_P-2_N+6	下降	327.01	376.35	-15.09
10	INVX1_P+2_N+6	INVX1_P+2_N+6	上升	221.73	182.14	17.86
11	INVX1_P+2_N+6	INVX1_P+2_N+6	下降	112.48	95.60	15.01

(续)

逻辑深度	原始门	优化后的门	时序弧	原始延时/ps	优化后延时/ps	Δ/%
12	MUX2X1_P+0_N+8	MUX2X1_P−16_N+12	下降	401.91	406.39	−1.11
13	MUX2X1_P−16_N+12	MUX2X1_P+2_N+8	上升	922.52	730.53	20.81
14	AOI21X1_P−16_N+12	AOI21X1_P−16_N+12	下降	528.11	610.77	−15.65
15	NAND3X1_P+2_N+8	NAND3X1_P+2_N+8	上升	826.82	941.80	−13.91
16	INVX1_P+2_N+8	INVX1_P−16_N+12	下降	840.11	643.74	23.37
17	NOR2X1_P−6_N+10	NOR2X1_P+4_N+8	上升	262.29	212.49	18.99
19	OAI21X1_P+0_N+8	OAI21X1_P+2_N+8	上升	17.06	19.20	−12.54
	DFFPOSX1	DFFPOSX1	上升	0.11	0.12	−9.09
路径延时				8720.13	8138.09	6.67

在表14.6中,尽管一些单元的载流子迁移率得到提高,但是这些单元的时序没有得到改善。例如,尽管电子迁移率增加了4%(+8~+12%),但单元12的延迟时间却增加了1.11%。单元的延迟增加是由于移动它所驱动的单元造成的,即单元13,这是为了提高单元13的空穴迁移率。单元12的电容性负载增加的影响超过单元电子迁移率增加的影响,导致延迟的增加。如果单元的电子迁移率没有增加,那么延迟增加将会大于1.11%。尽管路径中一些单元的延迟时间出于这个原因增加了,但是整个路径延迟降低了。

图14.29显示了单元再分布如何使时序得到优化。考虑TSV应力致迁移率变化的等高线图,获得了管芯上的布局结果。逻辑深度17和逻辑深度19的单元是空穴迁移率关键单元,因为这个路径上的时序弧为上升。因此,移动这些单元到空穴迁移率等高线图中的绿色区域(见彩图)。然而,逻辑深度16和逻辑深度18的单元是电子迁移率关键单元,因此,将这些单元推到拥有更高迁移率增强的区域,如图14.29(c)和图14.29(d)所示。

最后,同时考虑TSV和STI应力,手动优化电路des_perf中的相同关键路径,以揭示两个应力相互作用对性能的影响。优化之前,考虑TSV和STI应力的时序分析的路径延迟是8.294ns。通过小的版图微调,将延迟减小到7.867ns,提高了5.15%。表14.7显示了路径上的门。可以看到根据迁移率的变化重新命名的门,通过微调每个单元的位置来获得时序改善,一个单元的最大时序改善是17.63%。

(a)　　　　　　　　　　　(b)

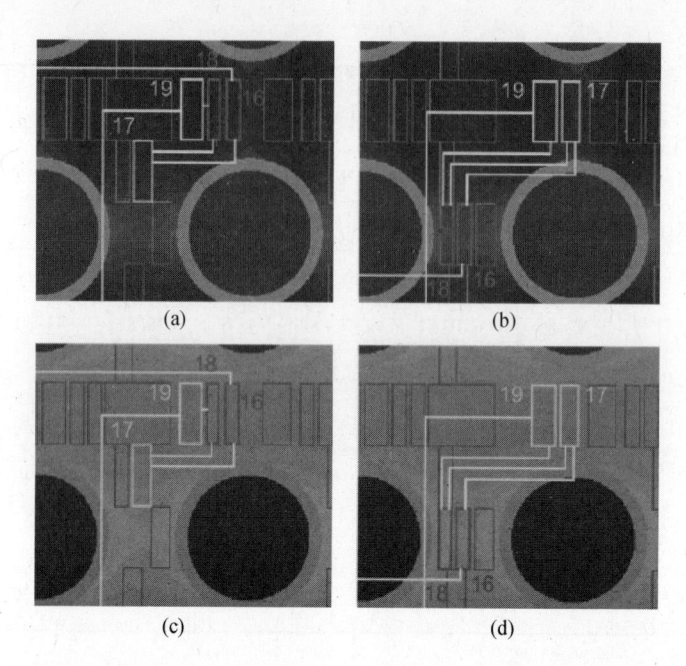

(c)　　　　　　　　　　　(d)

图 14.29　单元微动方法以利用 TSV 致的迁移率变化优势(见彩图)
(a)原始单元布局的空穴迁移率等高线图;(b)单元微动后的空穴迁移率等高线图;
(c)原始单元布局的电子迁移率等高线图;(d)单元微动后的电子迁移率等高线图。

表 14.7　考虑 TSV 和 STI 应力的目标路径上的使用微动调整的门级优化

逻辑深度	原始门 输入端口	优化后的门 输入端口	时序弧	原始延时/ps	优化后延时/ps	Δ/%
1	INVX1_P−6_N+10	INVX1_P−16_N+12	下降	49.85	44.62	10.49
2	INVX1_P−16_N+12	INVX1_P+4_N+8	上升	29.15	24.01	17.63
3	INVX1_P−16_N+12	INVX1_P−16_N+12	下降	167.51	166.46	0.63
4	INVX1_P−6_N+10	INVX1_P+2_N+8	上升	428.15	374.05	12.64
5	INVX1_P−6_N+10	INVX1_P−16_N+12	下降	178.81	163.86	8.36
6	INVX1_P−8_N+10	INVX1_P+4_N+8	上升	677.35	614.72	9.25
7	INVX1_P+0_N+0	INVX1_P+0_N+0	下降	914.05	949.16	−3.84
8	INVX1_P−16_N+12	INVX1_P+4_N+8	上升	1489.17	1261.57	15.28
9	INVX1_P−2_N+6	INVX1_P−2_N+6	下降	352.66	391.58	−11.04
10	INVX1_P+2_N+6	INVX1_P+2_N+6	上升	175.74	147.00	16.35
11	INVX1_P+2_N+6	INVX1_P+2_N+6	下降	102.76	89.22	13.18
12	MUX2X1_P+0_N+8	MUX2X1_P−16_N+12	下降	409.04	410.91	−0.46

（续）

逻辑深度	原始门	优化后的门	时序弧	原始延时/ps	优化后延时/ps	Δ/%
13	MUX2X1_P−16_N+12	MUX2X1_P+2_N+8	上升	874.10	800.69	8.40
14	AOI21X1_P−16_N+12	AOI21X1_P−16_N+12	下降	538.98	553.49	−2.69
15	NAND3X1_P+2_N+8	NAND3X1_P+2_N+8	上升	749.84	702.28	6.34
16	INVX1_P+2_N+8	INVX1_P−16_N+12	下降	852.80	888.45	−4.18
17	NOR2X1_P−6_N+10	NOR2X1_P+4_N+8	上升	240.80	222.78	7.48
18	INVX1_P+2_N+8	INVX1_P−16_N+12	下降	46.81	44.56	4.81
19	OAI21X1_P+0_N+8	OAI21X1_P+2_N+8	上升	16.58	17.53	−5.73
	DFFPOSX1	DFFPOSX1	上升	0.11	0.12	−9.09
路径延时				8294.26	7867.06	5.15

图 14.30 显示了单元再分布获得时序优化的有效性。考虑 TSV 和 STI 应力致迁移率变化的等高线图，获得了管芯的布局结果。如前面的实验，逻辑深度 17 和逻辑深度 19 上的单元是空穴迁移率关键单元，因为这个路径上的时序弧是上升的。除了移动它们到 TSV 使得上升时间得到改善的区域外，还可以通过用 STI 环绕它们提高空穴迁移率。然而，逻辑深度 16 和逻辑深度 18 的单元是电子迁移率关键单元。因此，将这些单元推到 TSV 提供的迁移率增强的区域，如图 14.30(c) 和图 14.30(d) 所示。注意同时考虑 TSV 和 STI 应力时的手动优化比只考虑 TSV 应力时更加困难。当只考虑 TSV 应力时，移动单元不会改变迁移率变化等高线。当同时考虑 TSV 和 STI 应力时，移动单元以利用 TSV 应力，会改变周围 STI 的尺寸，因此，可能无法得到预期的延迟改善。

14.9.4 硅通孔直径对时序的影响

在这个实验中，将 TSV 的直径改变为 $10\mu m$，来说明大的 TSV 产生的高 TSV 应力对迁移率变化和时序引起的影响。首先，每个基准电路的空穴和电子迁移率变化如表 14.8 所列。注意到与 $5\mu m$ 的 TSV 相比，$10\mu m$ 的 TSV 的单个器件的迁移率变化比较大。这表明较大的 TSV 引起更大的机械应力，进而产生更大的器件迁移率的变化。全芯片时序结果如表 14.9 和表 14.10 所列。观察到延迟和裕量值大于 $5\mu m$ TSV，如表 14.4 和表 14.5 所列，这主要是因为更大的 TSV 产生了更大的面积开销。

对于 $10\mu m$ 的 TSV，由 TSV 应力引起的最小和最大 LPD（最长路径延迟）变化是 −0.96%（MAC2）和 +7.38%（b19），如表 14.9 所列。对于 $5\mu m$ 的 TSV，由 TSV 引起的最小和最大 LPD 改变是 −1.06%（ex）和 +6.52%（b19），如

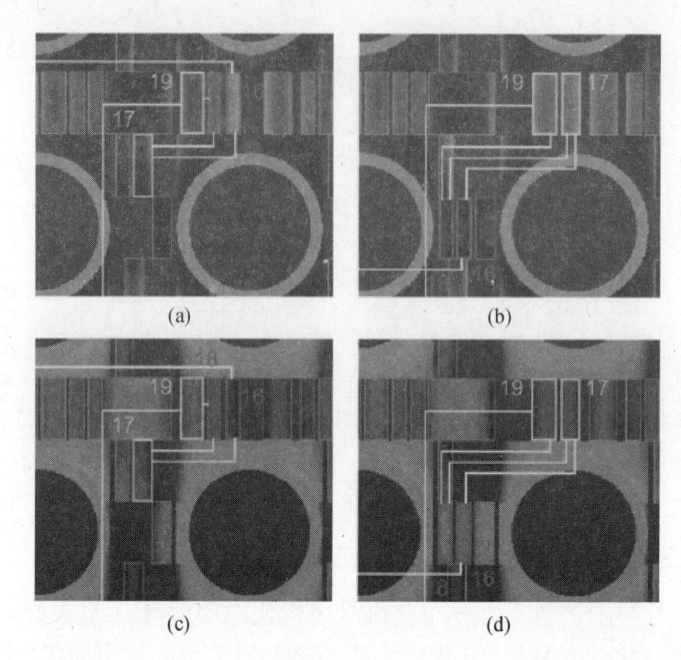

图 14.30 单元微动方法以利用 TSV 和 STI 致的迁移率变化优势

(a)原始单元布局的空穴迁移率等高线图;(b)单元微动后的空穴迁移率等高线图;
(c)原始单元布局的电子迁移率等高线图;(d)单元微动后的电子迁移率等高线图。

表 14.4 所列。这表明和较小的 TSV 相比,更大的 TSV 引起更宽的全芯片时序变化范围。对于 TNS(总负时序裕量)指标,我们也看到了类似的趋势。比较表 14.10 和表 14.5,也显示了 TSV 大小对全芯片变化范围的影响拥有相同的趋势。当同时考虑 TSV 和 STI 应力时,$10\mu m$ 的 TSV 产生 $-6.89(8086)$ ~ $+4.06\%$(RISC)的 LPD 变化范围。而 $5\mu m$ 的 TSV 的范围为 $-5.56(8051)$ ~ $+2.89\%$(ethernet)。

表 14.8 TSV 为 $10\mu m$ 的设计的迁移率变化范围比较

电路	TSV 应力		STI 应力		TSV+STI 应力	
	空穴迁移率变化/%	电子迁移率变化/%	空穴迁移率变化/%	电子迁移率变化/%	空穴迁移率变化/%	电子迁移率变化/%
ex	-26.7 ~ +10.7	0.0 ~ +20.6	0.0 ~ +19.7	-8.6 ~ 0.0	-25.9 ~ +29.9	-8.6 ~ +19.8
8051	-27.9 ~ +10.5	0.0 ~ +21.6	0.0 ~ +19.7	-8.6 ~ 0.0	-26.6 ~ +30.2	-8.6 ~ +21.1
8086	-25.7 ~ +10.8	0.0 ~ +20.0	0.0 ~ +19.7	-8.6 ~ 0.0	-24.3 ~ +29.9	-8.6 ~ +19.3
MAC2	-25.7 ~ +10.7	0.0 ~ +19.3	0.0 ~ +19.7	-8.6 ~ 0.0	-23.9 ~ +30.2	-8.6 ~ +18.8
Ethernet	-26.7 ~ +10.7	0.0 ~ +20.8	0.0 ~ +19.7	-8.6 ~ 0.0	-26.5 ~ +30.4	-8.6 ~ +20.5
RISC	-26.5 ~ +11.1	0.0 ~ +20.7	0.0 ~ +19.7	-8.6 ~ 0.0	-26.3 ~ +30.6	-8.6 ~ +20.5

(续)

电路	TSV 应力 空穴迁移率变化/%	TSV 应力 电子迁移率变化/%	STI 应力 空穴迁移率变化/%	STI 应力 电子迁移率变化/%	TSV+STI 应力 空穴迁移率变化/%	TSV+STI 应力 电子迁移率变化/%
b18	−27.0～+11.0	0.0～+20.8	0.0～+19.7	−8.6～0.0	−26.2～+30.6	−8.6～+20.7
des_perf	−26.9～+10.8	0.0～+20.8	0.0～+19.7	−8.6～0.0	−26.5～+30.1	−8.6～+20.7
vga_lcd	−26.9～+10.7	0.0～+20.8	0.0～+19.7	−8.6～0.0	−26.3～+29.7	−8.6～+20.7
b19	−26.7～+11.0	0.0～+20.8	0.0～+19.7	−8.6～0.0	−25.9～+30.5	−8.6～+20.6

表 14.9 无应力和存在 TSV 应力时,全芯片最长路径延时(LPD)和总的负时序裕量结果(TNS),本实验使用 10μm 的 TSV,延时和时序裕量单位为 ns(圆括号内为和无应力时相比的变化百分比例)

电路	无应力 最长路径延时	无应力 总负时序裕量	存在 TSV 应力 最长路径延时	存在 TSV 应力 总负时序裕量
ex	12.478	−9.514	12.188(−2.33%)	−6.459(−32.11%)
8051	5.499	−195.366	5.867(+6.69%)	−188.093(−3.72%)
8086	9.989	−23.014	9.866(−1.22%)	−20.552(−10.70%)
MAC2	8.200	−100.314	8.122(−0.96%)	−93.859(−6.43%)
Ethernet	18.247	−637.391	18.721(+2.38%)	−626.982(−1.63%)
RISC	13.448	−160.188	14.358(+6.77%)	−223.424(+39.48%)
b18	13.995	−127.386	14.370(+2.68%)	−155.836(+22.33%)
des_perf	13.033	−10.807	13.419(+2.96%)	−12.466(+15.35%)
vga_lcd	14.960	−32.848	14.879(−0.54%)	−31.585(−3.85%)
b19	16.430	−204.370	17.643(+7.38%)	−225.623(+10.40%)

表 14.10 STI 应力和兼有 TSV 和 STI 应力时,全芯片最长路径延时(LPD)和总的负时序裕量结果(TNS),本实验使用 10μm 的 TSV,延时和时序裕量单位为 ns(圆括号内为和表 14.9 中无应力时相比的变化百分比例)

电路	存在 STI 应力 最长路径延时	存在 STI 应力 总负时序裕量	存在 TSV+STI 应力 最长路径延时	存在 TSV+STI 应力 总负时序裕量
ex	12.070(−3.28%)	−5.065(−46.76%)	11.834(−5.17%)	−3.406(−64.20%)
8051	5.338(−2.93%)	−111.730(−42.81%)	5.375(−2.25%)	−107.988(−44.73%)
8086	9.410(−5.79%)	−5.060(−78.01%)	9.300(−6.89%)	−3.812(−83.43%)
MAC2	7.812(−4.73%)	−50.389(−49.77%)	7.727(−5.77%)	−41.854(−58.28%)
Ethernet	18.345(+0.32%)	−622.634(−2.32%)	18.719(+2.36%)	−618.190(−3.01%)

(续)

电路	存在 STI 应力		存在 TSV + STI 应力	
	最长路径延时	总负时序裕量	最长路径延时	总负时序裕量
RISC	12.816(-4.70%)	-121.124(-24.39%)	13.995(+4.06%)	-179.671(+12.16%)
b18	13.774(-1.58%)	-82.244(-35.44%)	13.882(-0.80%)	-89.664(-29.61%)
des_perf	12.591(-3.39%)	-7.080(-34.49%)	12.969(-0.49%)	-8.816(-18.43%)
vga_lcd	14.769(-1.28%)	-29.360(-10.62%)	14.690(-1.80%)	-28.165(-14.26%)
b19	16.091(-2.06%)	-140.633(-31.19%)	16.429(-0.01%)	-99.188(-51.47%)

14.10 结论

3D IC 堆叠需要使用 TSV 连接晶圆,在纳米技术下 STI 无处不在。三维集成电路中,铜 TSV 引起热拉伸应力,而 STI 中的二氧化硅导致热压缩应力。这两种应力会导致显著的时序变化。尽管普遍认为应力对时序有负面影响,实际上可以利用应力进行时序优化,因为这种影响强烈依赖于版图并且有系统性。本章研究了 TSV 应力致迁移率变化和 STI 应力致迁移率变化的一阶简化模型。还研究了一种设计方法,来分析系统的变化,并通过将关键单元放置在 TSV 的迁移率增强区或改变他们周围的 STI 来优化版图。本章考虑 TSV 和 STI 应力的三维集成电路时序分析框架也打开了考虑应力的版图优化的机会,如布局和 TSV - STI 优化。

参考文献

[1] D. B. Bogy, Two edge - bonded elastic wedges of different materials and wedge angles under surface tractions. J. Appl. Mech. 38,377 - 386 (1971)

[2] T. Dao, D. H. Triyoso, M. Petras, M. Canonico, Through silicon via stress characterization, in *IEEE International Conference on IC Design and Technology* (IEEE, Piscataway, 2009)

[3] M. A. Hopcroft, W. D. Nix, T. W. Kenny, What is the Young's modulus of silicon? J. Microelectromech. Syst. 19(2),229 - 238 (2010)

[4] H. Irie, K. Kita, K. Kyuno, A. Toriumi, In - plane mobility anisotropy and universality under uni - axial strains in n - and p - MOS inversion layers on (100),(110),and (111) Si, in *IEEE International Electron Devices Meeting* (IEEE, Piscataway, 2004)

[5] M. Jung, J. Mitra, D. Pan, S. K. Lim, TSV stress - aware full - chip mechanical reliability analysis and optimization for 3D IC, in *Proceedings of Design Automation Conference* (IEEE, Piscataway, 2011)

[6] A. B. Kahng, P. Sharma, R. O. Topaloglu, Exploiting STI stress for perform, in *Proceedings of International Conference on Computer Aided Design*, San Jose, 2007

[7] A. B. Kahng, P. Sharma, A. Zelikovsky, Fill for shallow trench isolation CMP, in *Proceedings of International*

Conference on Computer Aided Design, San Jose (Association for Computing Machinery, New York, 2006)

[8] D. H. Kim, K. Athikulwongse, S. K. Lim, A study of through – silicon – via impact on the 3 – D stacked IC layout, in *Proceedings of International Conference on Computer Aided Design*, San Jose, 2009

[9] K. H. Lu, X. Zhang, S. – K. Ryu, J. Im, R. Huang, P. S. Ho, Thermo – mechanical reliability of 3 – D ICs containing through silicon vias, in *Electronic Components and Technology Conference* (IEEE, Piscataway, 2009)

[10] M. S. Lundstrom, On the mobility versus drain current relation for a nanoscale MOSFET. IEEE Electron Device Lett. 22, 293 – 295 (2001)

[11] M. Miyamoto and other, Impact of reducing STI – induced stress on layout dependence of MOSFET characteristics. IEEE Trans. Electron Devices 51, 440 – 443, (2004)

[12] V. Moroz, L. Smith, X. – W. Lin, D. Pramanik, G. Rollins, Stress – aware design methodology, in *Proceedings of International Symposium on Quality Electronic Design* (IEEE Computer Society, Los Alamitos, 2006)

[13] C. S. Selvanayagam, J. H. Lau, X. Zhang, S. Seah, K. Vaidyanathan, T. C. Chai, Nonlinear thermal stress/strain analysis of copper filled TSV and their flip – chip microbumps, in *Electronic Components and Technology Conference* (IEEE, Piscataway, 2008)

[14] N. Serin, T. Serin, S. Horzum, Y. Celik, Annealing effects on the properties of copper oxide thin films prepared by chemical deposition. Electron. J. 20, 398 – 401 (2005)

[15] C. S. Smith, Piezoresistance effect in germanium and silicon. Phys. Rev. 94, 42 – 49 (1954)

[16] S. Suthram, J. C. Ziegert, T. Nishida, S. E. Thompson, Piezoresistance coefficients of (100) silicon nMOSFETs measured at low and high channel stress. IEEE Electron Device Lett. 28, 58 – 60 (2007)

[17] S. E. Thompson, M. Armstrong, C. A. et al., A 90 nm logic technology featuring strainedsilicon. IEEE Trans. Electron Devices 51, 1790 – 1797 (2004)

[18] S. E. Thompson, G. Sun, Y. S. Choi, T. Nishida, Uniaxial – process – induced strained – si: extending the CMOS roadmap. IEEE Trans. Electron Devices 53, 1010 – 1020 (2006)

[19] R. Tian, X. Tang, M. D. F. Wong, Dummy – feature placement for chemical – mechanical polishing uniformity in a shallow – trench isolation process. IEEE Trans. Comput. Aided Des. Integr. Circuits Syst. 21, 63 – 71 (2002)

[20] K. Uchida, T. Krishnamohan, K. Saraswat, Y. Nishi, Physical mechanisms of electron mobility enhancement in uniaxial stressed MOSFETs and impact of uniaxial stress engineering in ballistic regime, in *IEEE International Electron Devices Meeting* (IEEE, Piscataway, 2005)

[21] J. – S. Yang, K. Athikulwongse, Y. – J. Lee, S. K. Lim, D. Z. Pan, TSV stress aware timing analysis with applications to 3D – IC layout optimization, in *Proceedings Design Automation Conference* (IEEE, Piscataway, 2010)

[22] W. Zhao, Y. Cao, New generation of predictive technology model for sub – 45 nm early design exploration. IEEE Trans. Electron Devices 53, 2816 – 2823. (2006)

第15章 三维集成电路机械应力的芯片/封装协同分析

摘要:本章研究一种有效的基于TSV的三维集成电路芯片/封装热-机械应力和可靠性协同分析工具。还研究了一种设计优化方法以减轻三维集成电路的机械可靠性问题。首先,分析了由芯片/封装互连元件,即TSV μ凸点和封装凸点引起的应力。其次,同时考虑所有芯片/封装元件,探索并验证应力张量的横向和纵向线性叠加原理(LVLS)。这种线性叠加原理用来进行全芯片/封装级的应力模拟与可靠性分析。最后,研究包括宽I/O和模块级三维集成电路的实际三维芯片/封装设计的机械可靠性问题。

本章提出的材料基于文献[6]。

15.1 引言

先前关于TSV基三维集成电路的热-机械应力和可靠性的大部分研究工作,是分别在芯片和封装领域独立进行的。由于TSV和衬底材料间热膨胀系数(CTE)不匹配而产生的TSV应力对器件性能[1]和TSV上裂纹生长[8]的影响,是在芯片领域进行研究的。在封装领域,许多研究集中在封装凸点的可靠性(C4凸点)上[10]。最近,文献[9]的作者发现封装组件对芯片领域应力有着明显的影响。他们提出了一个应力变换文件,将边界条件从封装级转变为硅级分析。然而,所有这些技术需要有限元方法,计算复杂,无法应用于全芯片或封装分析。

为了克服有限元分析方法的局限性,我们利用了应力张量的线性叠加[5]和响应面法[4]。然而,所有这些都限制在芯片域分析。本章研究了一个全芯片/封装级热-机械应力和可靠性协同分析流程,并提出了一种设计优化方法来减小基于TSV的三维集成电路的机械可靠性问题。本章展示了设计参数,如芯片尺寸和间距/封装互连元件,以及堆叠的芯片数量,对热-机械应力和可靠性的影响。本章包含下述主题:

(1) 研究如何模拟机械应力对芯片/封装系统可靠性的影响,机械应力是由TSV、衬底和封装间的热膨胀系数不匹配引起的。与现有工作相比,本章模拟了更详细的三维集成电路结构,同时包括芯片和封装组件,并且研究它们的相互作用及对热-机械应力和可靠性的影响。

（2）研究如何利用可靠性模型进行全芯片/封装的机械分析。使用应力张量的横向和纵向线性叠加原理，这些应力由每个芯片/封装互连元件引起，如TSV、μ凸点和封装凸点，并通过与有限元分析对比进行验证。可以采用这种方法来产生一个全芯片级的应力图和可靠性指标图。

（3）研究了实际的包括宽I/O和模块级三维集成电路的三维芯片/封装设计中的机械应力以及可靠性问题。

15.2 研究动机

首先探讨各种芯片/封装互连元件如何相互影响，并改变TSV周围的器件层上由于TSV和衬底材料之间的热膨胀系数不匹配引起的的热-机械应力分布。首先，如先前大部分研究工作那样，只考虑TSV和衬底。采用文献[5]中的模拟结构，如图15.1(a)所示。然后，在衬底上添加了一个μ凸点和底部填充层，如图15.1(b)所示。所有结构经历 $\Delta T = -250$℃ 的热载荷（退火/回流 275℃→室温25℃）。如图15.2所示，通过增加μ凸点层（点线），我们看到和只有TSV的情况（实线）相比，拉伸（正）应力略微增加。这是因为μ凸点和底部填充层间的热膨胀系数差为24ppm/K，而TSV和衬底的热膨胀系数差为14.7ppm/k，因此整个结构的变形主要是由μ凸点和底部填充层决定。当所有元件在负热载荷下收缩时，由于μ凸点层之上是自由表面，所以整个结构容易向上弯曲，如图15.1(e)所示。因此，器件层上的材料向外延伸，从而导致更多的拉伸应力。请注意，如果μ凸点层以下没有衬底层，那么该μ凸点层的顶部和底部会表现出对称的弯曲行为。

另一方面，如果在衬底的下面增加一封装凸点（C4凸点）层，如图15.1(c)所示，由于封装元件的收缩超过芯片元件，整个结构就会向下弯曲，如图15.1(f)所示。封装凸点和底部填充层的热膨胀系数差是 22×10^{-6}/K，这会在器件层上产生很大的压缩（负）应力。比较图15.1(b)和图15.1(c)，可以发现弯曲方向取决于哪层收缩更严重，在这两种情况下，凸点层比硅衬底收缩更严重。

最后，这里包括了两个凸点层，如图15.1(d)所示。在这种情况下，热膨胀系数差几乎是相同的（顶部 24×10^{-6}/K，底部 22×10^{-6}/K）。然而，整体结构以类似图15.1(f)所示的方式向下弯曲，这是由于封装凸点层的体积减小（比μ凸点层收缩更严重），进而导致器件层的压缩应力。然而，在这种情况的应力值比只有封装凸点层情况稍微大。可以预期，整体压缩应力会变小，这是因为μ凸点层试图向上弯曲，而封装凸点层试图向下弯曲（抵消效应）。然而，该累加效应是由于μ凸点层最终向下弯曲，给器件层增加了更多的压缩压力。记住，μ凸点层的弯曲方向受相邻层影响。到目前为止，整个结构的变形取决于封装凸点

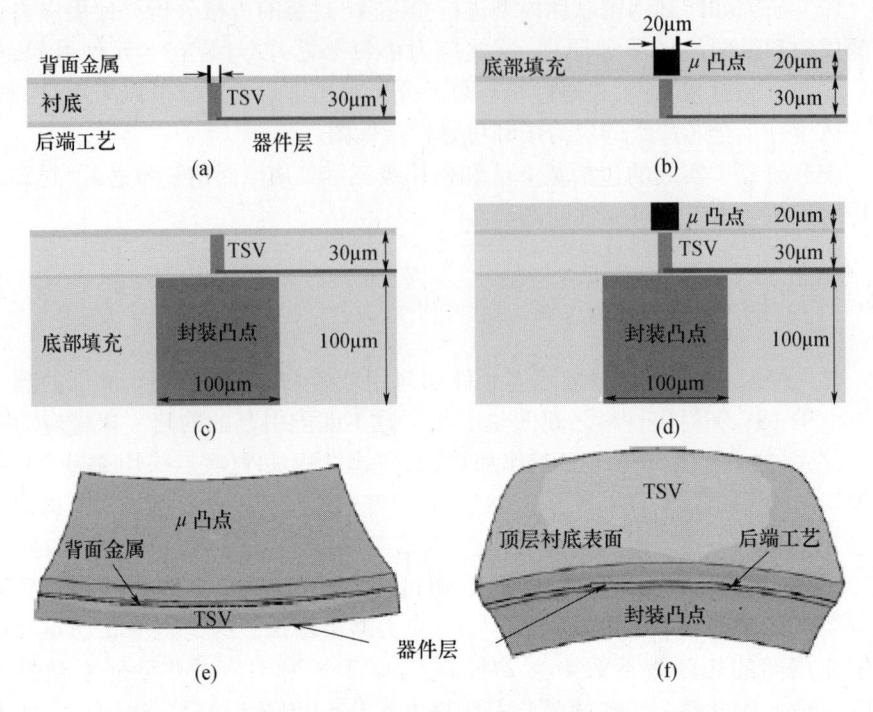

图 15.1 凸点和底部填充层对于器件层应力的影响(红线)(e)和
(f)都是以 10 倍的变形因子所画

(a)只有 TSV[5];(b)TSV+μ凸点;(c)TSV+封装凸点;(d)TSV+μ凸点+封装凸点;
(e)(b)的变形结构;(f)(c)的变形结构。

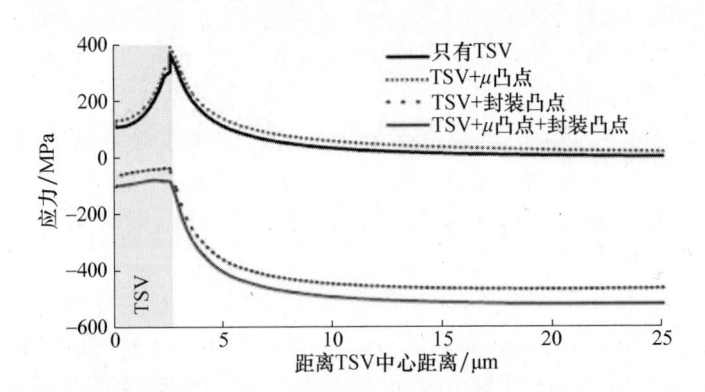

图 15.2 封装元件对于 TSV 周围器件层的应力(σ_{rr})影响(FEA 结果)

层,μ凸点层中的柔韧底部填充材料容易向下弯曲。这些基本模拟清楚地表明了考虑封装元件对芯片领域应力分布影响的重要性。

图 15.3 显示了封装凸点和底部填充层对贴装在其上的芯片(2D 和 3D 对比)的应力贡献。对于三维集成电路/封装结构,构建了一个两管芯堆叠芯片/

封装结构,类似于图 15.4(a),除了 TSV 和 μ 凸点,这样做是为了检测封装凸点的单独影响。底部管芯(管芯 0)被减薄,这里研究这个薄管芯的器件层。使用一个单一的没有减薄的 1000μm 厚的管芯构建了一个二维集成电路/封装结构,研究未减薄管芯的器件层。图 15.3 中可以观察到,三维集成电路承受了比二维集成电路更严重的压缩应力,主要原因是我们监测的管芯的厚度和柔韧性。尽管三维集成电路中整个结构的厚度较薄,薄管芯(30μm 厚)和其上的底部填充材料比二维集成电路中没有减薄的衬底有着高很多的柔韧性。因此,该薄管芯更容易受其底部的封装凸点影响。这表明,在三维集成电路中封装凸点的影响更为显著。

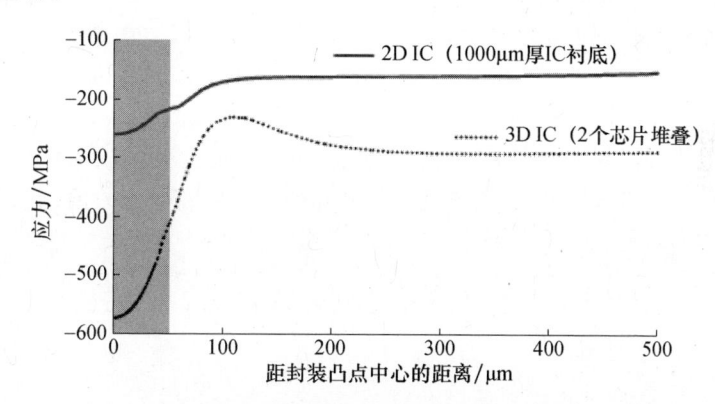

图 15.3 封装凸点对 2D 和 3D IC(两个芯片堆叠)器件层应力(σ_{rr})影响的比较 (FEA 结果)

15.3 三维集成电路/封装应力模型

使用冯·米塞斯屈服准则[11]作为 TSV 机械可靠性度量。然而,本章不使用一个特定的冯·米塞斯准则的阈值,因为它受制造工艺的影响很大。

15.3.1 应力张量和冯·米塞斯准则

为了有助于理解应力建模结果,引入了应力张量的概念。物体某一点的应力可由包含 9 个分量的应力张量描述

$$\boldsymbol{\sigma} = \sigma_{ij} = \begin{pmatrix} \sigma_{11} & \sigma_{12} & \sigma_{13} \\ \sigma_{21} & \sigma_{22} & \sigma_{23} \\ \sigma_{31} & \sigma_{32} & \sigma_{33} \end{pmatrix}$$

式中:第一个下标 i 表示应力作用在垂直于 i 轴的平面;第二个下标 j 表示应力作用的方向。如果 i 和 j 相同,称这是一个正应力,否则是剪应力。由于对圆柱

形 TSV、μ 凸点和封装凸点建模时采用圆柱坐标系。因此，下标 1,2 和 3 分别是 r, θ, z。

为了评估计算的应力是否显示可能的可靠性问题，必须选择一个机械失效临界值。冯·米塞斯屈服准则是一个使用最广泛的机械可靠性指标[11]。如果冯·米塞斯应力超过屈服强度，材料开始弯曲。在达到屈服强度之前，材料发生弹性形变，如果除去所施加的应力，材料将返回到原来的形状。然而，如果冯·米塞斯应力超过屈服点，即使除去施加的应力，部分形变将是永久性的，不可逆的[5]。

文献中，Cu 的屈服强度有个大的范围，即 225MPa～3.09GPa，据报道它取决于厚度、晶粒尺寸和温度[11]。本章展示冯·米塞斯应力水平在不同情况下的变化，而不是为铜 TSV 选择一个特定的屈服应力值。硅的屈服强度是 7000MPa，这对冯·米塞斯屈服准则不会产生可靠性问题。

在一点上的冯·米塞斯应力是一个标量，可以用式 15.1 中的应力张量分量计算出来。通过评估 TSV 和绝缘衬层界面的冯·米塞斯应力值，此处是最大的冯·米塞斯应力处，可以预测 TSV 中的机械失效

$$\sigma_v = \sqrt{\frac{(\sigma_{xx}-\sigma_{yy})^2 + (\sigma_{yy}-\sigma_{zz})^2 + (\sigma_{zz}-\sigma_{xx})^2 + 6(\sigma_{xy}+\sigma_{yz}+\sigma_{zx})^2}{2}}$$

(15.1)

15.3.2 三维集成电路/封装的模拟结构

图 15.4 显示了模拟结构，其中基准模拟结构尺寸是根据制造与/或文献数据确定的[2,9]。本章专门检测每个管芯器件层的应力分布，如图 15.4 红线所示。我们的基准 TSV 的直径、高度、焊盘尺寸、Cu 扩散阻挡层的厚度和绝缘衬层的厚度分别是 5μm、30μm、6μm、50nm 和 125nm。使用 Ti 和 SiO_2 作为 Cu 扩散阻挡层和绝缘衬层材料。同时，除非特别说明，μ 凸点和封装凸点的直径和高度分别是 20μm 和 100μm。实验所用的材料特性如下：下述材料的热膨胀系数（×10^{-6}/K）/弹性模量（GPa）分别为：Cu =（17/110）、Si =（2.3/188）、SiO_2 =（0.5/71）、Ti =（8.6/116）、封装凸点（SnCu）=（22/44.4）、μ 凸点（$Sn_{97}Ag_3$）=（20/26.2）、底部填充 =（44/5.6）、封装衬底（FR-4）=（17.6/19.7）。

使用有限元仿真工具 ABAQUS 进行实验，并且假定所有材料为线弹性和各向同性。将在 15.3.6 节中讨论各向异性硅材料对热-机械应力和可靠性的影响。整个结构承受的热负载为 $\Delta T = -250℃$（退火/回流 275℃ → 室温 25℃），以用来代表制造过程。此外，在退火/回流温度下，假定所有材料是无应力的。

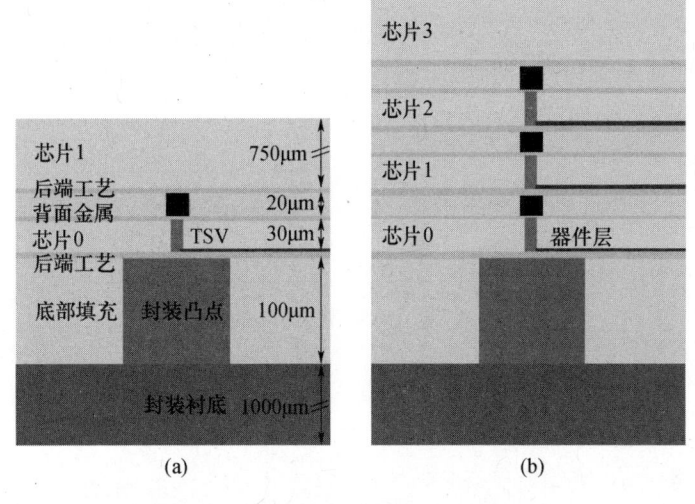

图 15.4 芯片和封装的基准模拟结构侧视图
(a)两层芯片堆叠；(b)四层芯片堆叠。

15.3.3 管芯叠层的影响

以前的关于全芯片的热-机械应力分析的研究中,多管芯叠层中的不同管芯使用相同的应力模型[1,5]。在本节中,第一次分析 TSV 周围器件层上不同层的热-机械应力的不同分布。为了进行该分析,采用四管芯堆叠结构。同时,对于每个管芯或层,这里只使用一个 TSV、一个 μ 凸点和一个封装凸点,并且它们的中心位置如图 15.4 所示对准。

首先,不同管芯的应力水平、压缩或拉伸的程度明显不同,如图 15.5(a)所示。总体应力趋势是相似的：应力在 TSV 边缘最高,随着到 TSV 中心距离的增加而衰减,然后饱和。然而,在包含 TSV 的三个管芯中,最接近封装凸点层的最底层管芯(管芯0)展示了最大压缩应力。这是因为管芯 0 接近封装凸点,受其影响最显著。

而且,当考虑上层管芯时,应力水平更接近于只考虑 TSV 和衬底的情况。我们也看到,管芯 0 的应力曲线非常接近于含有 TSV、μ 凸点和封装凸点(紫点线)的情况,即不包含封装衬底和未减薄顶层管芯的情况,如图 15.1(d)所示。这也表明,管芯 0 的应力水平主要是由封装凸点决定的。管芯 3(不含 TSV 的未减薄顶层管芯)的应力分布几乎是平的(-110±5MPa)。由于管芯 3 不包含任何 TSV,没有 TSV 引起的局部冯·米塞斯应力峰值(危险区域)。因此本章只考虑包含 TSV 的管芯。

此外,观察到在管芯 0 的机械可靠性问题最严重,如图 15.5(b)所示。在管芯 0 的 TSV 边缘,最大冯·米塞斯应力大约为 110MPa,高于上

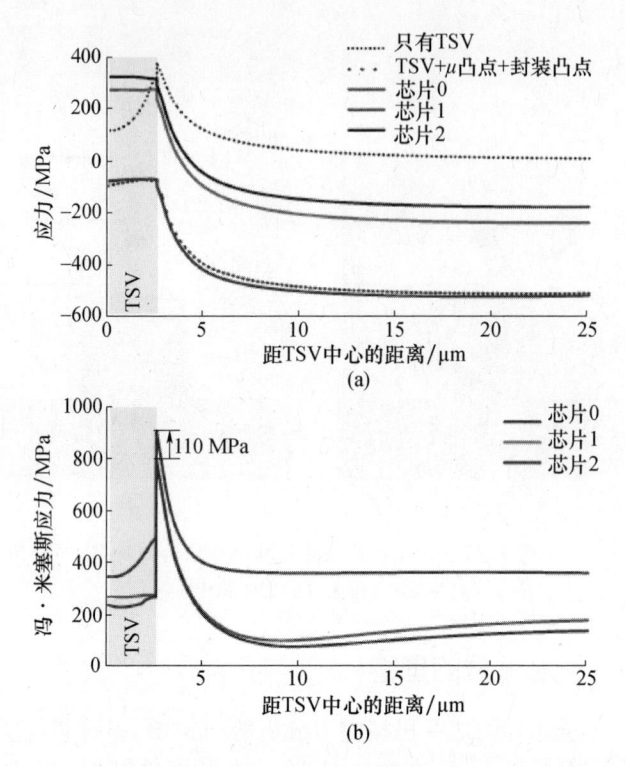

图 15.5 芯片堆叠对于器件层应力的影响(FEA 结果)(见彩图)
(a)四层芯片堆叠中,每层芯片器件层的 σ_{rr} 应力;
(b)四层芯片堆叠中,每层芯片的冯·米塞斯应力。

面的两个芯片。这又主要是由于封装凸点在离它最近的管芯上导致大的形变。

15.3.4 衬底厚度的影响

本节研究封装衬底和未减薄的顶层硅衬底的厚度对热-机械应力的影响。将 1mm 厚的封装衬底与 750μm 厚的未减薄顶层管芯作为基准结构。

首先从 0.75~3mm 改变封装衬底厚度,监测四管芯堆叠结构中管芯 0 的器件层上 TSV 周围的应力。观察到随着厚度的增加压缩应力更大,但差异不明显,如图 15.6(a)所示。这主要是因为该封装衬底比其他层厚得多,因此它对器件层的影响是可以忽略不计的。

另外还从 250~750μm 改变未减薄顶层管芯的厚度,并观察到较薄管芯产生了更大的压缩应力。这是因为较薄管芯具有更大的柔韧性,因此整个结构更容易弯曲。然而,仍然没有显著的差异。因此,在实验中使用基准的 1mm 厚封装衬底和 750μm 厚未减薄的顶层管芯。

15.3.5 多管芯叠层的影响

现在研究不同数目管芯叠层中每个管芯的应力大小。图 15.7 显示了两-管芯、三-管芯和四-管芯叠层中管芯 0 的应力分布。管芯叠层数越大，由于上面的管芯的附加应力，管芯 0 的压缩应力更大。然而，在上面的管芯中，这种差异变小，如三-管芯和四-管芯叠层的管芯 1。

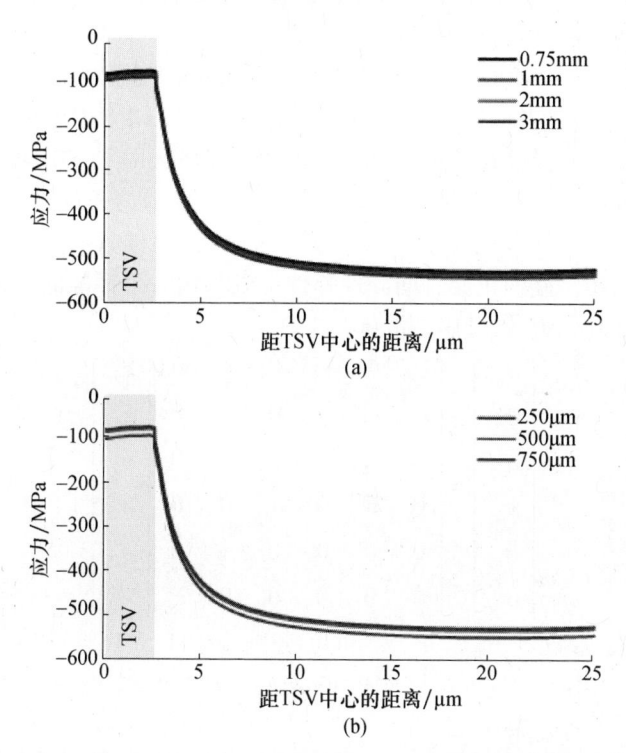

图 15.6 封装衬底和未减薄顶层芯片的厚度对于应力的影响（FEA 结果）（见彩图）
(a) 封装衬底厚度的影响；(b) 未减薄顶层芯片的厚度的影响。

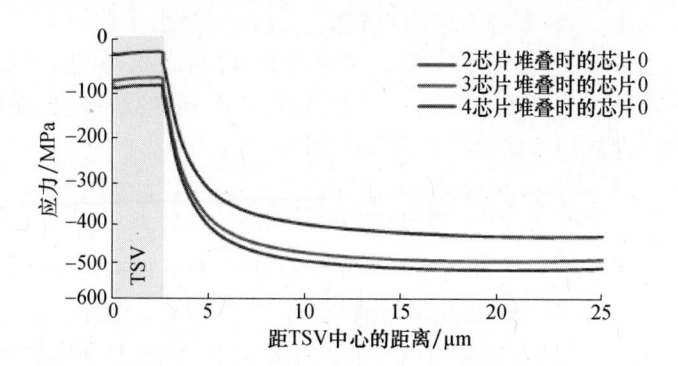

图 15.7 不同芯片堆叠数目对于芯片 0 的 σ_{rr} 应力影响（见彩图）

15.3.6 各向同性和各向异性硅特性比较

到目前为止,简单起见,所有的材料都被假定为各向同性。然而,硅是一种各向异性材料,它的弹性行为取决于晶体结构被拉伸的方向。杨氏模量(E),这是一个衡量材料刚度的量,对于 Si 来说范围为 130~188GPa,泊松比(ν)范围为 0.048~0.4。因此,这个值的选择会显著影响分析结果[3]。本节比较硅的各向异性和各向同性材料特性对应力分布的影响。

弹性是应力(σ)和应变(ε)间的关系。胡克定律使用刚度 C 描述了这种关系,即 $\sigma = C\varepsilon$。对于各向同性的单轴情况,刚度 C 可以由杨氏模量 E 表示,方程为 $\sigma = C\varepsilon$。在各向异性材料中,需要四维的刚度张量,即 $3^4 = 81$ 项来描述弹性。幸运的是由于硅的立方对称性,其弹性行为可以表示为正交各向异性材料常数。正交各向异性材料包含至少两个正交对称面,而硅具有立方对称性,可以以这种方式描述。硅的正交各向异性弹性可以利用一个标准的(100)硅晶圆的参考轴表示,即 [110]、[$\bar{1}$10] 和 [001]。

$$\begin{bmatrix} \sigma_{xx} \\ \sigma_{yy} \\ \sigma_{yy} \\ \sigma_{yz} \\ \sigma_{zx} \\ \sigma_{xy} \end{bmatrix} = \begin{bmatrix} c_1 & c_5 & c_6 & 0 & 0 & 0 \\ c_5 & c_1 & c_6 & 0 & 0 & 0 \\ c_6 & c_6 & c_2 & 0 & 0 & 0 \\ 0 & 0 & 0 & c_3 & 0 & 0 \\ 0 & 0 & 0 & 0 & c_3 & 0 \\ 0 & 0 & 0 & 0 & 0 & c_4 \end{bmatrix} \begin{bmatrix} \varepsilon_{xx} \\ \varepsilon_{yy} \\ \varepsilon_{yy} \\ \varepsilon_{yz} \\ \varepsilon_{zx} \\ \varepsilon_{xy} \end{bmatrix}$$

式中:方向特定常数 c_1、c_2、c_3、c_4、c_5 和 c_6 分别为 194.5、165.7、79.6、50.9、35.7 和 64.1,单位为 GPa。这意味着刚度张量 $E_x = E_y = 169\text{GPa}$,$E_z = 130\text{GPa}$,$\nu_{yz} = 0.36$,$\nu_{zx} = 0.28$ 和 $\nu_{xy} = 0.064$[3]。

图 15.8 显示了硅材料的各向同性和各向异性之间的应力比较(对于所有方向,杨氏模量为 188GPa)。和各向同性硅相比,各向异性硅的正向应力分量中压缩应力变小,冯·米塞斯应力也较低。这主要是由于这一事实,在各向同性硅中使用了最大的杨氏模量。杨氏模量越高,硅衬底越硬,进而导致 TSV/衬底界面处产生更高的应力。在这一章中,尽管各向异性硅特性更接近实际,仍然使用各向同性硅特性作为一个最坏的情况。

15.3.7 硅通孔和凸点对准的影响

本节探索 TSV、μ 凸点和封装凸点间的对准对 TSV 机械可靠性的影响。首先测试了 TSV、μ 凸点和封装凸点间的相对位置的影响。使用一个二管芯叠层结构,其中 TSV、μ 凸点和封装凸点的中心位置如图 15.9(a)所示对准。然后从封装凸点中心,以 25μm 步长同时移动 TSV 和 μ 凸点,并在 TSV 的右边缘检测冯·米塞斯应力。

图15.9(c)表明冯·米塞斯应力在封装凸点边缘区域附近最大,然后随着距离的增加逐渐减小,最后趋向饱和。最小值和最大值之间的差值高达11.1%。如图15.3所示,最高应力梯度发生在封装凸点边缘周围,结果导致在这个地区附近结构发生最大形变。因此,这种更大的形变会导致更严重的TSV机械可靠性问题。

也可以看到冯·米塞斯应力在封装凸点中心附近减小。这是因为这个区域的材料是相同的(与封装凸点材料相同),因此和边缘处相比有相对较小的形变,因为边缘处为两种不同材料之间的界面。

同时,还检查μ凸点和TSV/封装凸点间的相对位置是否会影响TSV的机械可靠性。固定TSV和封装凸点的位置,且其中心是对准的,然后以5μm步长移动μ凸点直到30μm,并检测TSV边缘处的冯·米塞斯应力。观察到和先前类似的趋势。然而,最小值和最大值之间的差异只有6.17MPa(0.8%),这是可以忽略不计的。因此,确定TSV和封装凸点之间的相对位置是影响TSV机械可靠性的关键因素。

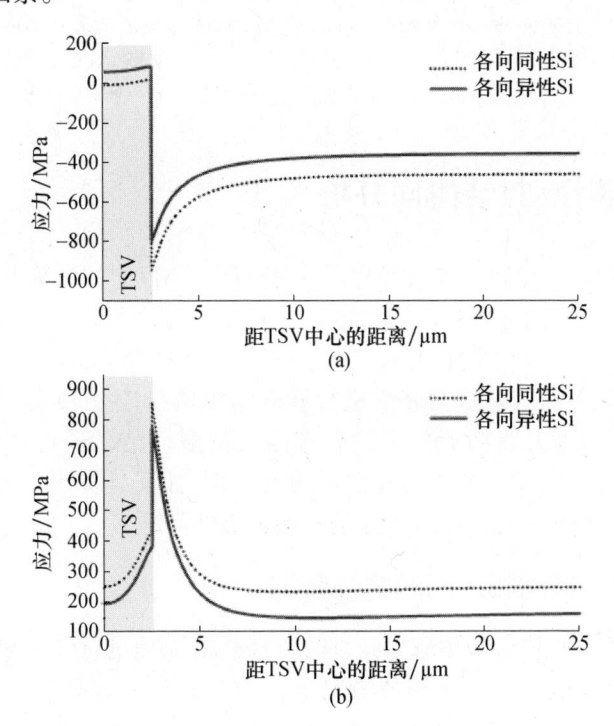

图15.8 硅材料特性对于应力的影响(FEA结果)
(a)$\sigma_{\theta\theta}$应力;(b)冯·米塞斯应力。

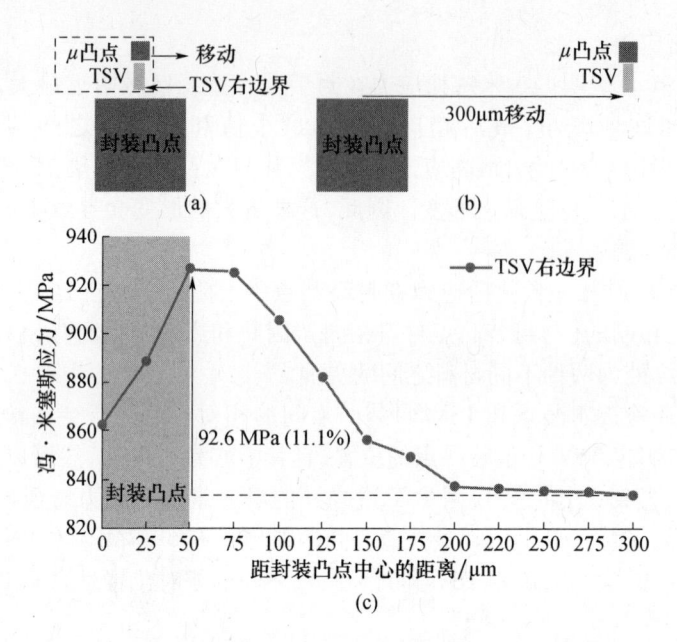

图 15.9　TSV、μ 凸点和封装凸点之间的相对位置对冯·米塞斯应力的影响
(a)初始位置；(b)TSV 和 μ 凸点被移动到距封装凸点中心 300μm 后的最终位置；
(c)随着 TSV 和 μ 凸点距封装凸点的距离变化时,TSV 边缘的冯·米塞斯应力(FEA 结果)。

15.4　全芯片/封装协同分析

多个 TSV、μ 凸点和封装凸点的有限元分析需要巨大的计算资源和时间,因此对于全系统规模的分析是不切实际的。本节提出了一个全芯片/封装级的芯片/封装热-机械应力的协同分析流程。获得单个的 TSV、μ 凸点和封装凸点获得的应力张量,并将这些应力张量进行横向和纵向线性叠加,以便能够进行全系统级的分析。通过将我们的方法和有限元的模拟结果进行对比进行验证。基于线性叠加方法,建立了全芯片的应力分布图,然后计算冯·米塞斯屈服指标来评估基于 TSV 的三维集成电路的机械可靠性问题。

15.4.1　横向和纵向的线性叠加

在文献[5]中,作者采用应力张量的线性叠加原理进行含有多个 TSV 的全芯片应力和可靠性分析。在那种情况下,所有的应力来源(TSV)均在同一层上,因此称之为横向线性叠加。然而,当考虑 μ 凸点和封装凸点的影响时,它们和 TSV 不在同一层上,不能仅仅使用横向线性叠加。幸运的是,线性叠加原理不局限于二维平面,适用于任何线弹性结构,包括三维结构。

图 15.10 阐述了垂直线性叠加方法,使我们能够考虑不在同一层上的元

件引起的应力。首先将目标结构分解为四个独立的结构:只有TSV、只有封装凸点、只有μ凸点和不含TSV和凸点的背景结构。接下来,从FEA模拟中分别得到器件层上沿着黑线的应力张量,它们受到每个互连元件的影响。然后,将只含有TSV、只含有封装凸点和只含有μ凸点的应力张量相加,并减去两倍大小的背景应力张量值,因为这个背景应力已经包括在前三个结构中。如果考虑的某一点受n个元件的影响,那么需要减去$n-1$倍的背景应力。

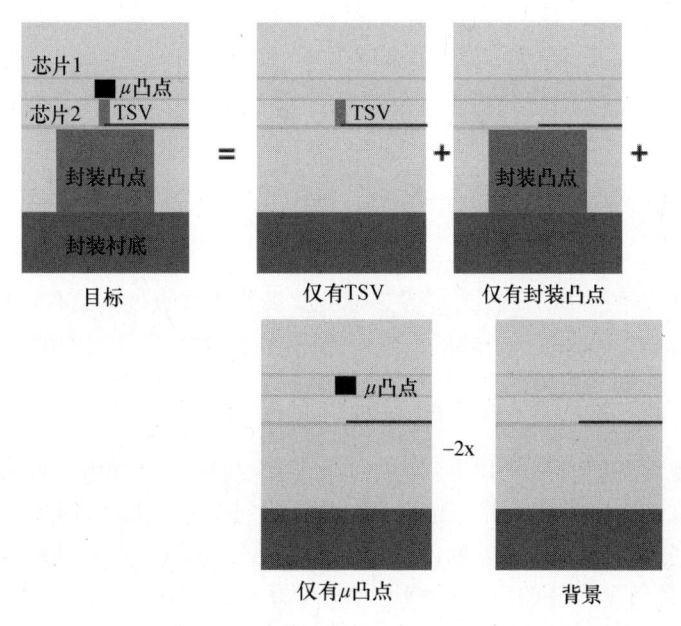

图15.10 两芯片堆叠结构的垂直线性叠加方法的解释说明,应力是通过FEA分析工具在每一种结构器件层沿着黑线抽取

图15.11显示了各结构的应力分布以及采用垂直线性叠加得到的应力。可以看到,μ凸点诱发了比背景更多的拉伸应力,封装凸点生成了比背景更多的压缩应力,这在15.2节中讨论过。还观察到,甚至没有互连元件(背景)的器件层也是受压缩的,这是由于在模拟结构的所有材料中,底部填充材料具有最高的热膨胀系数(44×10^{-6}/K)而产生快速收缩。最重要的是,垂直线性叠加方法与目标应力分布相吻合。虽然发现TSV内部产生了最大误差(11MPa),但是由于将结构进行了分解,忽略了TSV、μ凸点和封装凸点间的直接相互作用,误差是不可避免的。然而,对于一种快速全系统级分析来说,这个误差是可以接受的。

为了获取受多个TSV、μ凸点和封装凸点影响的点的应力张量,我们同时运用横向和垂直线性叠加(LVLS),即

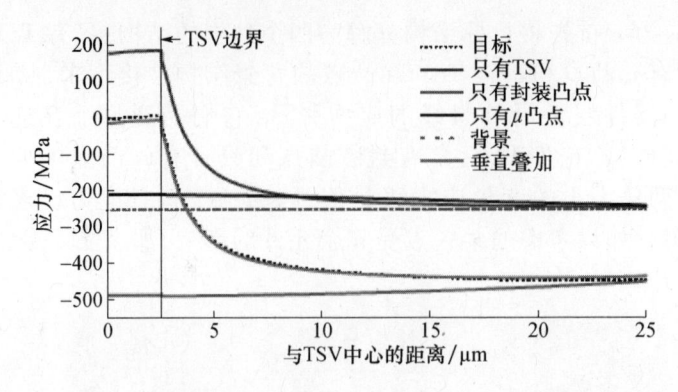

图 15.11 图 15.10 中的两芯片堆叠结构的 σ_{rr} 应力的垂直线性叠加(见彩图)

$$S = \sum_{i=1}^{n_{TSV}} S_{TSV_i} + \sum_{j=1}^{n_{\mu B}} S_{\mu B_j} + \sum_{k=1}^{n_{pkgB}} S_{pkgB_k} - (n_{TSV} + n_{\mu B} + n_{pkgB} - 1) \times S_{bg}$$

(15.2)

式中：S 为某点的总应力；而 S_{TSV_i}、$S_{\mu B_j}$ 和 S_{pkgB_k} 分别为该点处由第 i 个 TSV、第 j 个 μ 凸点和第 k 个封装凸点引起的单独应力张量；S_{bg} 为在这一点上的背景应力。

15.4.2 全芯片/封装应力分析流程

简要地解释如何基于 LVLS 法进行全芯片/封装应力分析。首先根据有限元分析建立一个应力库。此库包含由器件层上每个互连元件,即 TSV、μ 凸点和封装凸点各自引起的任意方向的应力张量。给定 TSV、μ 凸点和封装凸点的位置,可以找到每个元件的应力影响区。每个互连元件的应力影响区之外,则由所考虑的元件引起的应力是可以忽略不计的[5]。在研究中,将每个组件直径的五倍作为应力影响区,这是由有限元分析模拟确定的。然后,将每个格点和所有应力影响区覆盖这个点的互连元件关联起来。接下来,在每一点处运用 LVLS 方法,获得关联步骤中发现的每个元件所引起的应力张量。最后,使用式(15.1)计算冯·米塞斯应力值,来评估 TSV 的机械可靠性问题。更多算法细节将在 15.4.4 节中进行讨论。

15.4.3 LVLS 验证

在本节中,通过改变 TSV、μ 凸点和封装凸点的数目以及它们的布局,并和有限元分析模拟进行对比验证我们的 LVLS 方法。为所有测试情况设定了 TSV、μ 凸点和封装凸点的最小间距,分别是 $10\mu m$、$20\mu m$ 和 $200\mu m$。器件层上每个互连元件沿径向方向的应力张量(应力张量库)是通过有限元仿真得到的,其间距是 $0.25\mu m$。在线性叠加方法中,模拟区域被划分为间距为 $0.1\mu m$ 的均匀阵列式网格。如果所考虑格点的应力张量不能从应力库直接得到,将对库中相邻的应力张量进行线性插值来计算应力张量。

表 15.1 显示了一个四芯片叠层中管芯 0 的一些对比结果,在包含 TSV 的三个管芯中,管芯 0 显示了最大的误差,这是由于它和封装凸点的距离最近。同时,只列出每个元件最小间距的情况,这再次显示了最大的误差。首先可以看到,LVLS 方法大大减小了运行时间。请注意使用了 8 个 CPU 进行有限元模拟,而线性叠加方法只用了一个 CPU。尽管 LVLS 方法在二维平面(器件层)进行应力分析,而有限元模拟对整个三维结构进行应力分析,如果需要,可以用类似的方式对其他平面进行应力分析。

表 15.1　四层芯片堆叠结构(芯片 0)由 FEA 和 LVLS 两种方法得到的冯·米塞斯应力比较,误差 = LVLS − FEA
(在 TSV 边缘,冯·米塞斯应力典型值为 900MPa 左右)

TSV/μ 凸点/ 封装凸点数	FEA		LVLS		最大误差/MPa		
	节点数	运行时间	格点数	运行时间	TSV 内部	TSV 边缘	TSV 外部
1/1/1	754K	1d2h	1M	23s	−11.4	−12.6	7.9
2/2/1	812K	1d2h	1M	26s	−12.7	−13.2	7.3
5/5/2	902K	1d6h	6M	2min43s	−14.1	−15.3	8.2
10/10/4	1.3M	1d20h	9M	6min44s	−23.1	−19.8	9.4
10/10/9	1.4M	2d0h	16.8M	11min11s	−22.5	−20.5	11.9

有限元模拟和 LVLS 之间的误差是非常小的。结果表明,LVLS 方法低估了 TSV 内部和边缘处应力的大小,而高估了 TSV 外部应力,如图 15.11 所示。对于机械可靠性来说,最关键的区域通常是不同材料之间的界面,因此在我们的情况中,TSV 边缘是最重要的。即使在 TSV 边缘最大误差达到 −20.5MPa,其误差百分比仅为 −2.24%。图 15.12 展示了某测试情况下,有限元分析和 LVLS 间的冯·米塞斯应力的比较。该结构中包含 10 个 TSV(直径 5μm 和间距 10μm)、10 个 μ 凸点(直径 20μm 和间距 40μm)和 9 个封装凸点(直径 100μm 和间距 200μm)。该图清楚地表明 LVLS 方法与有限元模拟结果吻合的很好。

15.4.4　全芯片/封装分析算法

本节详细讨论全系统级热 − 机械应力和可靠性分析流程。首先,基于观察,由一个 TSV、一个 μ 凸点和一个封装凸点单独引起的应力场是径向对称的,这是由他们的圆柱形状决定的。在圆柱坐标系中,得到每个互连元件的应力张量,其方向是从它们的中心位置开始向器件层内的任意径向。为了评估多个互连元件在一点的应力张量,需要将应力张量转变到直角坐标系。这是因为从每

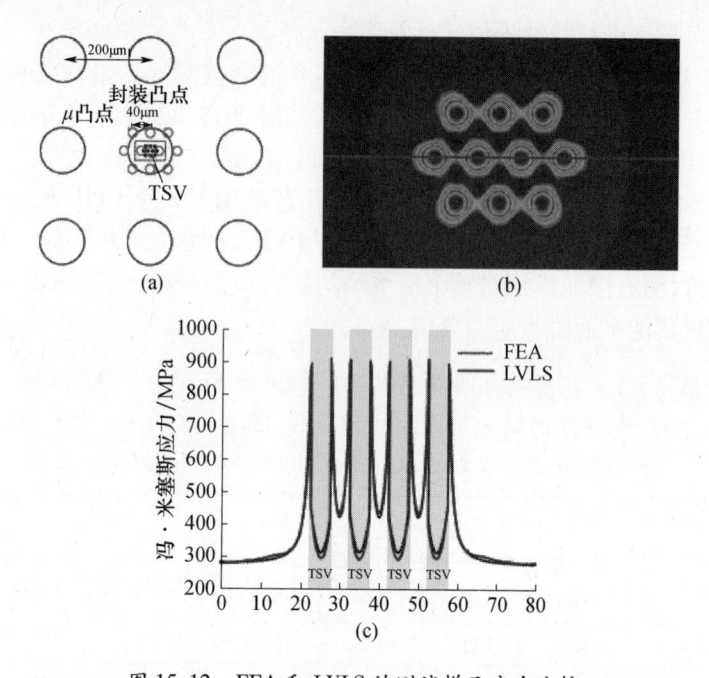

图 15.12 FEA 和 LVLS 的测试样品应力比较

(a)测试结构;(b)四芯片堆叠结构中芯片 0 器件层从(a)中方框区域得到的
冯·米塞斯应力(使用 LVLS 方法)图的特写照片;(c)沿着(b)中的 FEA 和 LVLS 比较。

个元件中提取的应力张量,其中心位置就是圆柱坐标系的原点。因此,不能对不同中心位置元件所产生的应力张量求矢量和。

然后,将影响该点的 TSV、μ 凸点和封装凸点引起的应力张量进行求和来计算该点处的应力张量。设定 TSV、μ 凸点和封装凸点的应力影响区分别为距每个元件中心 $25\mu m$、$100\mu m$、$500\mu m$ 内区域,这分别是每个元件直径的五倍。这是因为每一个应力张量分量大小在达到这个距离以前已经达到饱和,因此若超出互连元件的应力影响区,其影响可以忽略不计。

假定直角坐标和圆柱坐标系中应力张量分别是 S_{xyz} 和 $S_{r\theta z}$,即

$$S_{xyz} = \begin{bmatrix} \sigma_{xx} & \sigma_{xy} & \sigma_{xz} \\ \sigma_{yx} & \sigma_{yy} & \sigma_{yz} \\ \sigma_{zx} & \sigma_{zy} & \sigma_{zz} \end{bmatrix}, S_{r\theta z} = \begin{bmatrix} \sigma_{rr} & \sigma_{r\theta} & \sigma_{rz} \\ \sigma_{\theta r} & \sigma_{\theta \theta} & \sigma_{\theta z} \\ \sigma_{zr} & \sigma_{z\theta} & \sigma_{zz} \end{bmatrix}$$

转换矩阵 Q 为

$$Q = \begin{bmatrix} \cos\theta & -\sin\theta & 0 \\ \sin\theta & \cos\theta & 0 \\ 0 & 0 & 1 \end{bmatrix}$$

式中:θ 为 X 轴和从每个互连元件中心到仿真网格点连线间的夹角。可以使用转换矩阵将圆柱坐标系中的应力张量转换到笛卡儿坐标系:$S_{xyz} = QS_{r\theta z}Q^{T}$[5]。

```
算法：横向和垂直线性叠加方法
输入：TSV列表T,封装凸点列表P, μ凸点列表M,应力库
输出：应力图,冯·米塞斯应力图
for each TSV t, pkg-bump p, and μ-bump m in T, P,and M do
    (it, ip, im) ← FindStressInfluenceZone(t, p, m);
    for each point it',ip' and im' in it, ip, and im do
        it'.TSV ← it;
        ip'.pkg-bump ← ip;
        im'.μ-bump ← im;
    end
end
for each simulation point r do
    if r.TSV≠φ —— r.pkg-bump ≠φ —— r.μ-bump ≠φ then
        for each(t, p, m)∈ (r.TSV, r.pkg-bump, r.μ-bump) do
            (dt, dp, dm)← distance(t, p, m, r);
            $S_{cyl}$(t, p, m) ← GetStressTensor(dt,dp,dm);
            $S_{cyl}$(t, p, m) ← $S_{cyl}$(t, p, m)−BGstress;
            θ(t, p, m) ← GetAngle(linetr,pr,mr,x−axis);
            Q(t, p, m)← SetConversionMatrix($θ_t$, $θ_p$, $θ_m$);
            $S_{Cart}$(t, p, m) ← Q(t, p, m)$S_{cyl}$(t, p, m)Q(t, p, m)$^T$;
            r.$S_{Cart}$ ← r.$S_{Cart}$+$S_{Cart}$(t, p, m);
        end
    end
    r.$S_{Cart}$ ← r.$S_{Cart}$+BGstress;
    vonMises(r) ← ComputeVonMises(r.$S_{cart}$);
end
```

算法10:应用于全芯片和封装应力和可靠性分析的横向和垂直线性叠加方法(LVLS)

全系统级热－机械应力和可靠性分析流程如算法10中所示。首先寻找每个TSV、μ凸点和封装凸点的应力影响区。然后,把影响区内的点和相关互连元件关联起来。其次,对于每个考虑的网格点,找出在关联步骤中找到的每个互连元件产生的应力张量,并从应力张量中减去背景应力。接着,使用坐标转换矩阵获取直角坐标系中的应力张量。访问每个影响该模拟点的单独的TSV、μ凸点和封装凸点,并将它们的应力贡献叠加。在访问完影响该点的所有元件之后,加回一个背景应力。一旦完成了该点的应力计算,便可以用式(15.1)得到冯·米塞斯应力值。

15.5 实验结果

基于LVLS,使用C++/STL实现芯片/封装的热－机械应力和可靠性协同分析流程。更多的细节见15.4.4节。我们探讨封装凸点和μ凸点对全系统级可靠性的影响。此外,研究宽I/O DRAM和模块级三维集成电路设计中的可靠性问题。

在实验中采用规则的TSV布局风格,TSV以预定的间距均匀放置在每个芯片内或TSV模块内。在所有的情况下,TSV和μ凸点对是垂直对准的。除非另有说明,TSV、μ凸点和封装凸点的直径/高度(μm)的默认值分别是5/30,10/10,100/100。

15.5.1 封装凸点和微凸点的影响

首先研究封装凸点和 μ 凸点对一个四管芯叠层中不同管芯的机械可靠性影响。同时将这种情况和没有这些元件的先前研究[5]相比较,如图 15.1(a)所示。在这个实验中,TSV/μ 凸点和封装凸点的间距分别是 20μm 和 100μm;TSV/μ 凸点和封装凸点总数分别是 900 和 16,如图 15.14(a)所示。

这里首先观察到,不同于没有封装凸点和 μ 凸点的管芯(图 15.13(a))及含有封装元件的上层管芯(图 15.13(c)和图 15.13(d)),管芯 0 中的 TSV(图 15.13(b))承受的冯·米塞斯应力在整个管芯上变化很大。这是因为管芯 0 受它下面的封装凸点影响很大,因此,根据管芯 0 中 TSV 和封装凸点之间相对位置不同,TSV 的冯·米塞斯应力有明显改变①。

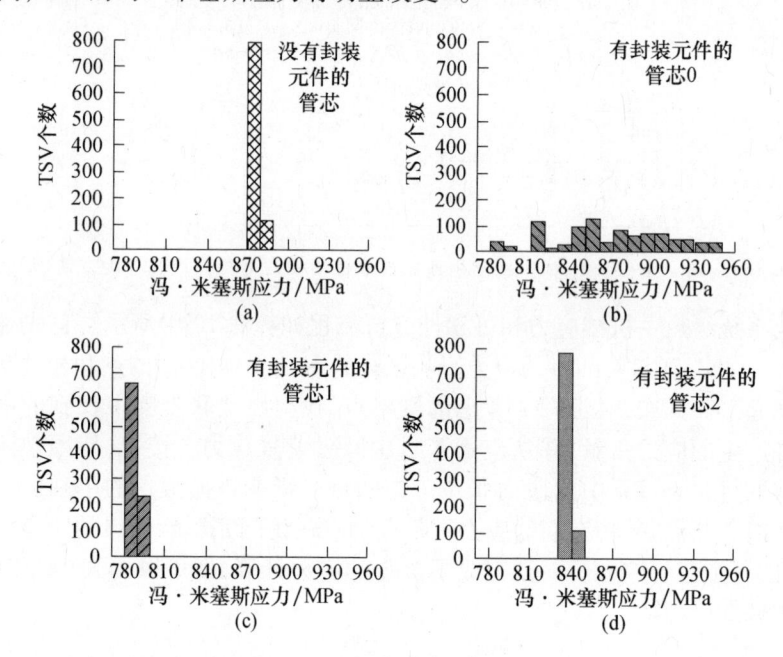

图 15.13 封装元件和芯片堆叠对 TSV 机械可靠性的影响(每个芯片含有 900 个 TSV)

另外还发现,由于应力相长干涉,较大的冯·米塞斯应力发生在封装凸点边缘周围和封装凸点之间,如图 15.14(b)所示。然而,从图 15.14(b)的中心可以看到,如果 TSV 和封装凸点之间的距离足够长时,TSV 的冯·米塞斯应力变低。

有趣的是,在所有情况下,管芯 1 显示最低的冯·米塞斯应力水平,即使管

---

① 注意图 15.13(a)中的冯·米塞斯应力高于先前相同模拟结构的报道[5],这是因为使用的硅杨氏模量为 188GPa(最坏情况),而文献[5]中的硅杨氏模量为 130GPa,更多细节见 15.3.6 节。

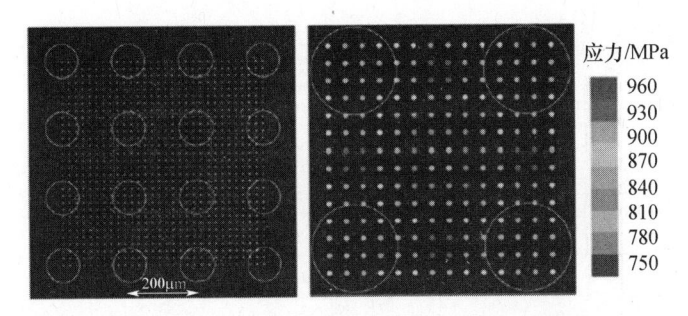

图 15.14 TSV 的冯·米塞斯应力图(四芯片堆叠结构中的芯片 0),
彩色的点是 TSV,白色的圈是封装凸点(见彩图)
(a)测试结构;(b)(a)中方框的特写照片。

芯 2 离封装凸点最远。这是由于管芯 2 受其上未减薄的刚硬硅衬底的影响。由于管芯 0 在机械可靠性方面最可能出现问题,在后续实验中,只考虑四管芯叠层中的管芯 0。

此外,还可发现管芯 2 中的冯·米塞斯应力分布类似于无封装元件的情况,这是由于封装凸点的影响减小了。有趣的是,所有情况下,管芯 1 显示了最低的冯·米塞斯应力,这是由于管芯 2 受顶部未减薄的刚硬硅衬底的影响。

15.5.2 凸点大小的影响

本节将研究封装凸点和 μ 凸点的大小对可靠性的影响。首先,从 100 ~ 300μm 改变封装凸点的直径/高度,同时固定封装凸点间距和 TSV/μ 凸点的数量和间距,它们分别为 400μm、1600μm 和 20μm。表 15.2 显示,承受较高冯·米塞斯应力的 TSV 数量随着封装凸点的增大而增加,这是由于叠层出现更大的形变以及封装凸点周长的增加,此处产生了最大的冯·米塞斯应力。然而,与 200μm 封装凸点的情况相比,在 300μm 封装凸点的情况下,有更多的 TSV 有较低的冯·米塞斯应力(780~870MPa)。如同 15.3.7 节中所讨论那样,与封装凸点边缘周围 TSV 相比,位于封装凸点中心区域附近的 TSV 显示出更低的冯·米塞斯应力。因此,对于较大的封装凸点,更多的 TSV 布局于封装凸点中心附近,这使得这些 TSV 有较低的冯·米塞斯应力水平。

表 15.2 不同尺寸的封装凸点和 μ 凸点时 TSV 的最大冯·米塞斯应力分布
(含有 1600 个 TSV 的四芯片堆叠结构中的芯片 0)

冯·米塞斯 应力/MPa	封装凸点尺寸/μm			μ 凸点尺寸/μm		
	100/%	200/%	300/%	10/%	20/%	30/%
780~810	31.2	17	17.8	4.2	5.6	0
810~840	33.8	18	27.8	6.9	6.3	6.9

(续)

冯·米塞斯 应力/MPa	封装凸点尺寸/μm			μ凸点尺寸/μm		
	100/%	200/%	300/%	10/%	20/%	30/%
840~870	19	14	17.2	22.9	22.2	15.3
870~900	14	28.5	12.2	21.5	22.9	18.1
900~930	2	20.5	13.5	27.1	22.9	22.9
930~960	0	2	10	17.4	20.1	36.8
960~	0	0	1.5	0	0	0
中值/MPa	824.6	871.7	849.2	893.3	890.1	908.0

现在改变 μ 凸点的尺寸,使用的封装凸点的大小为 100μm、间距为 200μm。请注意,由于将 TSV 和 μ 凸点的中心位置对齐,于是将 TSV 的间距设置为 35μm,来容纳直径为 30μm 的最大 μ 凸点。观察到较大的 μ 凸点造成更多的 TSV 承受更高的冯·米塞斯应力。然而,与封装凸点尺寸相比,μ 凸点尺寸的影响要小。

15.5.3 硅通孔大小的影响

一般情况下,μ 凸点和封装凸点产生整体应力分布,而 TSV 产生局部应力分布。因此,即使存在其他互连元件,TSV 尺寸和间距仍然是影响 TSV 中机械可靠性问题的关键因素。本节研究 TSV 尺寸的影响。使用三种尺寸不同但深宽比相同的 TSV:小 TSV($H/D = 15/2.5\mu m$)、中 TSV($H/D = 30/5\mu m$)和大 TSV($H/D = 60/10\mu m$),其中 H/D 是 TSV 的高度与直径之比。对于所有情况,我们设置 TSV 和封装凸点的间距分别为 25μm 和 200μm。

图 15.15 表明较小 TSV 的冯·米塞斯应力水平明显降低,这是由于大量 TSV 的存在使得较大的 TSV 在 TSV 边缘处产生较高的应力。同时,正向应力分量的幅值根据 $(D/2r)^2$ 比例衰减,其中 r 为到 TSV 中心的距离。换句话说,较大 TSV 影响了较大的面积,因此和较小的 TSV 相比,增加了它周围的应力水平。

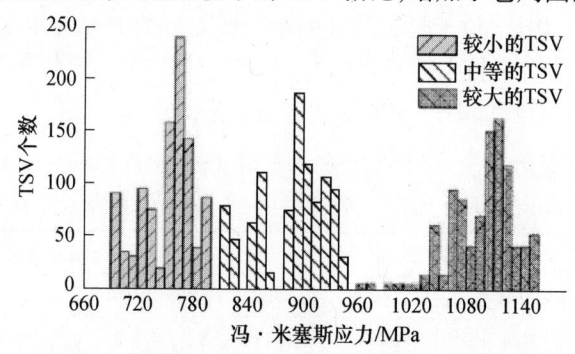

图 15.15 TSV 尺寸对 TSV 的冯·米塞斯应力分布的影响
(含有 1024 个 TSV 的四芯片堆叠结构中的芯片 0)

15.5.4 间距的影响

在这一部分中探讨封装凸点和TSV/μ凸点间距对可靠性的影响。使用一个100μm的封装凸点,从200～300μm改变其间距,TSV/μ凸点的间距设置为25μm。表15.3表明,大的封装凸点间距通过减少封装凸点间的应力增长干涉,明显降低了封装凸点的冯·米塞斯应力水平。然而,对于给定的引脚数量,不能随意增加封装凸点的间距,否则会增加封装尺寸。

同时研究TSV的间距对冯·米塞斯应力的影响。在这种情况下,设置封装凸点间距为200μm。在表15.3中,发现较大的TSV间距降低了冯·米塞斯应力水平。然而,25μm和35μm间距的情况没有太大的区别。这是因为一个5μm直径的TSV应力影响区为25μm,因此单独的TSV引起的的应力在这两种情况下的差异是可以忽略不计的。因此,在这种情况下,TSV的冯·米塞斯应力很大程度上是由TSV和封装凸点间的相对位置确定的。因此,考虑到封装凸点的位置,正确的TSV布局是缓解基于TSV的三维集成电路可靠性问题的一个关键设计点。

表15.3 封装凸点和TSV/μ凸点间距对冯·米塞斯应力的影响
(含有900个TSV的四芯片堆叠结构中的芯片0)

冯·米塞斯应力/MPa	封装凸点间距/μm			TSV/μ凸点间距/μm		
	200/%	250/%	300/%	15/%	25/%	35/%
780～810	4.7	6.3	19.5	0.6	4.6	7.1
810～840	4.7	21.5	27.0	3.1	4.6	6.9
840～870	21.9	27	31.6	19.1	21.6	22.9
870～900	19.5	33.2	20.3	23.5	20.9	21.5
900～930	24.2	12.1	1.6	26.4	23.7	17.5
930～960	25.0	0	0	23.4	24.6	24.1
960～	0	0	0	3.9	0	0
中值/MPa	897.9	863.9	844.1	901.8	897.9	893.2

15.5.5 案例一:宽I/O DRAM

基于宽I/O的3D DRAM正在快速成为利用TSV的第一个主流产品,它的主要目标是移动计算应用,如需要低功耗和高数据带宽的智能手机。本节评估宽I/O DRAM中的TSV可靠性问题。采用类似文献[7]中TSV布局方式,其中TSV阵列放置在芯片中央。将2×128的TSV阵列(每存储体)放置在芯片中央,如图15.16所示。这里一共使用了四个存储体和1024个TSV。将TSV/

μ凸点和封装凸点的间距分别设置为 15μm 和 200μm。比较两种情况：①封装凸点放置在 TSV 阵列的正下方；②封装凸点放置在距离 TSV 阵列 200μm 的地方。选择 200μm 距离是因为发现：在 100μm 直径的封装凸点情况下，超过 200μm 时，封装凸点对 TSV 可靠性的影响是可以忽略不计的，如图 15.9 所示。

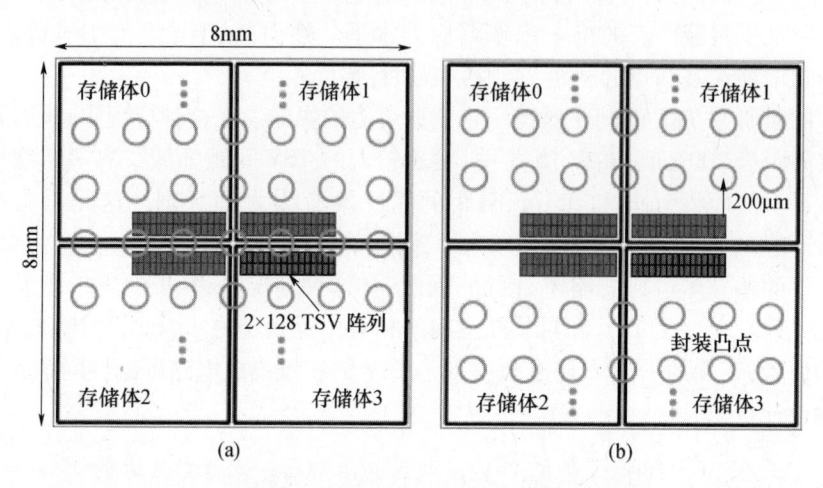

图 15.16 宽 I/O DRAM 的机械可靠性，在芯片中心放置 1024 个 TSV
(a)封装凸点放置在 TSV 阵列的正下方；
(b)封装凸点放置在距离 TSV 阵列 200μm 的地方（未按正常比例画出）。

表 15.4 清楚地表明，芯片/封装协同设计可以大大降低基于 TSV 的三维集成电路的机械可靠性问题。在 200μm 的安全距离外（情况②），冯·米塞斯应力幅值显著减小。因此，对于给定的 TSV 布局，可以找到封装凸点的安全位置，而不过多影响封装设计，反之亦然。

表 15.4 宽 I/O DRAM 的可靠性

布局情况	冯·米塞斯应力分布/MPa					中位数/MPa
	780~810	810~840	840~870	870~900	900~930	
①	30	114	52	220	608	944.8
②	182	842	0	0	0	856.2

15.5.6 案例二：模块级三维集成电路

本节研究模块级三维设计的可靠性问题。使用一个内部三维平面规划工具产生三维模块级设计，该工具将一组 TSV 看作一个模块，如图 15.17 所示。总共使用了 16 个 TSV 块(368 个 TSV)，TSV 的间距为 15μm，封装凸点以 200μm 间距规则地摆放。

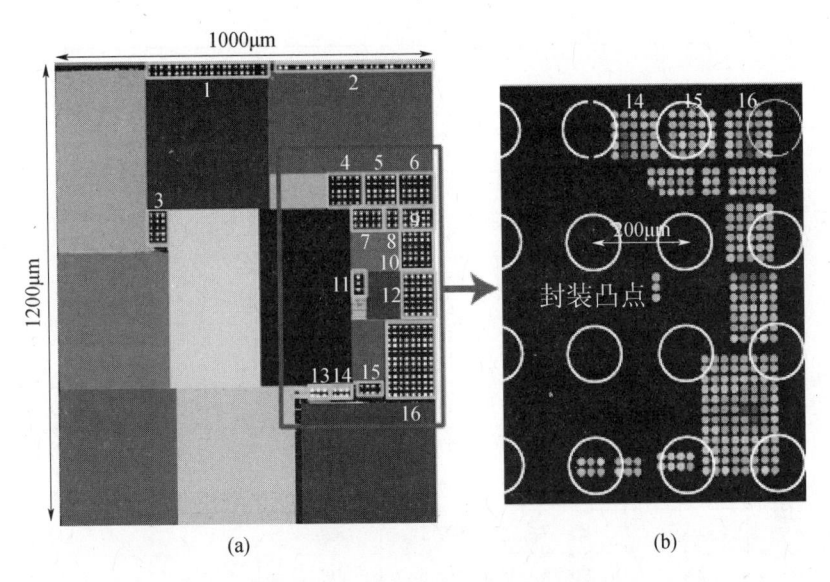

图 15.17 模块级 3D IC 的机械可靠性

(a) 模块级设计的样品布局；(b)(a) 中方框内的 TSV 的冯·米塞斯应力图。

表 15.5 显示了 TSV 模块中的冯·米塞斯应力水平。首先观察到较大的 TSV 块内承受的冯·米塞斯应力有更多地变化。这是因为和小的 TSV 块相比，在大的 TSV 块中，每个 TSV 和封装凸点间距离的变化会更大，这是影响 TSV 可靠性的关键因素。同时也发现，由于到最近封装凸点的距离不同，相同尺寸的 TSV 块表现出完全不同的特征。例如，虽然 TSV 模块 4、5、6 都是 5×5 的 TSV 模块，并且相邻排列，但是 TSV 模块 5 表现出最低的冯·米塞斯应力水平，然而，它的冯·米塞斯应力的标准偏差在三个模块中最高。观察到如果 TSV 放置在封装凸点中心附近或远离封装凸点，冯·米塞斯应力则比较低；然而，在位于封装凸点边缘周围的 TSV 内部发现了更高的应力，如 15.3.7 节中图 15.9 所示。在 TSV 模块 5 中，大多数 TSV 靠近封装凸点中心，从而降低了冯·米塞斯应力水平，然而，几个 TSV 围绕在封装凸点边缘处，这增加了 TSV 模块内的冯·米塞斯应力的标准偏差。

表 15.5 模块级 3D IC 设计的机械可靠性，TSV 模块如图 15.17 所示

TSV 模块	#TSV	冯·米塞斯应力/MPa				模块到封装凸点距离/μm
		最大	最小	平均	标准差	
1	2×19	909.0	798.5	839.6	34.0	96.4
2	1×20	921.9	805.2	846.5	35.2	97.9
3	5×3	901.0	811.1	859.5	26.0	96.4
4	5×5	939.6	853.5	902.6	24.0	67.6

(续)

TSV 模块	#TSV	冯·米塞斯应力/MPa				模块到封装凸点距离/μm
		最大	最小	平均	标准差	
5	5×5	908.6	816.0	858.7	33.3	24.1
6	5×5	942.3	874.4	910.4	22.0	91.4
7	3×5	915.2	855.3	891.3	16.6	61.0
8	3×2	887.2	854.3	865.4	11.2	78.4
9	3×5	889.3	802.5	856.3	24.6	106.0
10	6×5	933.6	812.7	857.8	36.0	111.2
11	3×1	896.6	855.9	871.0	18.2	39.3
12	7×5	952.7	797.1	871.3	43.9	98.8
13	2×3	879.4	807.4	836.9	24.4	100.7
14	2×3	834.7	800.7	820.4	10.9	114.8
15	2×4	909.6	888.5	895.3	7.1	73.9
16	12×8	943.7	806.0	877.2	33.6	90.7

从这个实验中,观察到减小模块级三维设计机械可靠性问题的两种可能方法:①尽量将 TSV 模块放在封装凸点中心位置的正上方。②把封装凸点放在 TSV 模块安全距离外,例如图 15.17(a)中的方框外。不过,也应当仔细考虑其他设计约束,如封装面积和所需引脚的数量。

15.6 结论

本章展示了在三维集成电路中,在 TSV 致应力之上,封装元件如何影响应力场及机械可靠性。观察到,在叠层结构中,最底层管芯的 TSV 的机械可靠性受封装元件的影响很大,上层管芯中的影响降低。基于应力张量的横向和纵向线性叠加原理(LVLS),本章还研究了一种快速、准确的全芯片/封装应力和机械可靠性协同分析流程,并考虑到了所有的芯片/封装元件。

参考文献

[1] K. Athikulwongse, A. Chakraborty, J. - S. Yang, D. Z. Pan, S. K. Lim, Stress - driven 3D - IC placement with TSV keep - out zone and regularity study, in *Proceedings of IEEE International Conference on Computer - Aided Design*, San Jose, 2010

[2] G. V. der Plas et al., Design issues and considerations for low - cost 3D TSV IC technology, in *IEEE International Solid - State Circuits Conference Digest of Technical Papers*, San Francisco, 2010

[3] M. A. Hopcroft, W. D. Nix, T. W. Kenny, What is the Young's modulus of silicon. J. Microelectromech.

Syst. 19,229-238(2010)

[4] M. Jung, X. Liu, S. K. Sitaraman, D. Z. Pan, S. K. Lim, Full-chip through-silicon-via interfacial crack analysis and optimization for 3D IC, in *Proceedings of IEEE International Conference on Computer-Aided Design*, San Jose, 2011

[5] M. Jung, J. Mitra, D. Z. Pan, S. K. Lim, TSV stress-aware full-chip mechanical reliability analysis and optimization for 3D IC, in *Proceedings of ACM Design Automation Conference*, San Diego, 2011

[6] M. Jung, D. Pan, S. K. Lim, Chip/package co-analysis of thermo-mechanical stress and reliability in TSV-based 3D ICs, in *Proceedings of ACM Design Automation Conference*, San Francisco, 2012

[7] J.-S. Kim et al., A 1.2V 12.8GB/s 2 Gb mobile wide-I/O DRAM with 4×128 I/O using TSVbased stacking, in *IEEE International Solid-State Circuits Conference Digest of Technical Papers*, San Francisco, 2011

[8] K. H. Lu, S.-K. Ryu, J. Im, R. Huang, P. S. Ho, Thermomechanical reliability of through-silicon vias in 3D interconnects, in *IEEE International Reliability Physics Symposium*, Monterey, 2011

[9] M. Nakamoto et al., Simulation methodology and flow integration for 3D IC stress management, in *Proceedings of IEEE Custom Integrated Circuits Conference*, San Jose, 2010

[10] S. R. Vempati et al., Development of 3-D silicon die stacked package using flip chip technology with micro bump interconnects, in *IEEE Electronic Components and Technology Conference*, San Diego, 2009

[11] J. Zhang et al., Modeling thermal stresses in 3-D IC interwafer interconnects. IEEE Trans. Semicond. Manuf. 19,437(2006)

第16章 应力致时序变化的三维芯片/封装协同分析

摘要:本章研究 TSV 基三维集成电路的芯片/封装应力驱动时序协同分析方法。先前的研究忽略了由管芯叠层和封装组件引起的应力和迁移率的变化,本章将表征这些因素对全叠层三维集成电路时域的影响。首先,基于考虑芯片内/片外单元如 TSV μ 凸点和封装凸点(C4 凸点)的芯片/封装应力协同分析,建立了空穴和电子迁移率的变化图。其次,将我们的方法和传统未考虑封装影响的 TSV 应力驱动时序分析方法进行比较。我们的最大发现是:当同时考虑芯片和封装组件时,可以观察到整个叠层结构中有不同的迁移率的变化。此外,发现在最接近封装凸点层的管芯中有着明显的迁移率变化,这是由封装凸点和底部填充产生的高压缩应力引起的。基于这些发现,这里开发了一个全叠层三维静态时序分析工具,并给出包含宽 I/O 和模块级三维集成电路的实际三维集成电路设计结果。

16.1 引言

基于 TSV 的三维集成电路中,使用的材料间热膨胀系数(CTE)不匹配导致的热-机械可靠性问题,已经成为三维集成电路的最关键问题之一。以往大多数的 TSV 基三维集成电路的热-机械应力研究是分别在芯片或封装领域上独立进行的。在芯片领域,研究了 TSV 和衬底材料间热膨胀系数不匹配致 TSV 应力对迁移率变化和时序性能的影响[1,9,11]。这些研究使用了一个二维解析应力模型来获取全芯片应力和迁移率图。然而,二维应力模型和三维应力有限元分析间的差异是不可忽视的[4],该差异可能会影响到迁移率变化进而影响时序分析结果。本章包括下面主题:

(1) 对更详细的同时包含芯片和封装组件的三维集成电路结构进行建模和模拟,并研究其对空穴和电子迁移率的变化以及单元路径延迟的影响。此外,给出二维应力和三维应力模型产生不同迁移率变化的理论基础。

(2) 开发了一个全叠层静态时序分析(STA)流程,考虑了芯片/封装互连元件如 TSV μ 凸点和封装凸点引起的应力。也将该流程与二维应力模型[11]和未考虑封装元件的三维应力模型[4]进行比较。

(3) 通过实际的包括宽 I/O 和模块级三维集成电路的三维芯片/封装设

计,论证了芯片/封装应力对时序的影响。

16.2 研究现状

最近,在文献[10]中,作者展示了封装元件对芯片领域应力的显著影响。他们提出了一个应力转换文件,将边界条件从封装级转变到硅级分析。然而,他们使用了需要大量计算的有限元分析方法,这对于全芯片或全封装分析是不实际的。为了克服有限元方法的局限性,并在全芯片/封装级同时考虑芯片和封装组件,提出了应力张量的横向和纵向线性叠加原理,用于考虑每个芯片和封装互连元件,如TSV、μ凸点和封装凸点[5]。然而,这些研究都没有解决在全芯片/封装级,由于材料间的热膨胀系数不匹配引起的迁移率和全叠层时序变化问题。

16.3 应力和迁移率变化模型

16.3.1 真正的三维芯片/封装应力模型需求

物体上一点的应力可以用含9个分量的应力张量来表示,即

$$\boldsymbol{\sigma} = \sigma_{ij} = \begin{bmatrix} \sigma_{11} & \sigma_{12} & \sigma_{13} \\ \sigma_{21} & \sigma_{22} & \sigma_{23} \\ \sigma_{31} & \sigma_{32} & \sigma_{33} \end{bmatrix}$$

式中:第一个下标 i 表示应力作用在垂直于 i 轴的平面上;第二个下标 j 表示应力作用的方向。如果 i 和 j 是相同的,则称这是正应力,否则为剪应力。由于采用了圆柱形坐标系来表示柱形的TSV、μ凸点和封装凸点,所以下标1,2,3分别代表 r,θ,z。

使用二维径向应力解析模型(拉梅应力解)来表征TSV的热-机械应力。该二维平面解假定一个无限长的TSV嵌入在一个无限大的硅衬底内,并且给出硅衬底区域内的应力分布,它可以表示为[8]

$$\sigma_{rr}^{Si} = -\sigma_{\theta\theta}^{Si} = -\frac{E\Delta\alpha\Delta T}{2}\left(\frac{D_{TSV}}{2r}\right)^2$$

$$\sigma_{zz}^{Si} = \sigma_{rz}^{Si} = \sigma_{\theta z}^{Si} = \sigma_{r\theta}^{Si} = 0 \tag{16.1}$$

式中:σ^{Si} 为硅衬底上的应力;E 为杨氏模量;$\Delta\alpha$ 为CTE不匹配量;ΔT 为差分热载荷;r 为距TSV中心的距离;D_{TSV} 为TSV的直径。

文献[11]的作者使用这种二维解析模型来评估TSV致应力对迁移率变化和全芯片时序的影响。然而,文献[11]中只考虑了 σ_{rr} 应力项,而所有其他8个

应力张量项都设置为零。当只考虑一个正向应力成分时,称为单轴应力。然而,在弹性物体中,应力在本质上是双轴应力,如式(16.1)所示:存在两个非零的正向应力成分,即 σ_{rr} 和 $\sigma_{\theta\theta}$。由于迁移率变化取决于应力产生的压阻效应,根据选择的应力模式不同,迁移率变化模式可能会发生改变。

虽然此闭合公式很容易处理,但这二维解只适用于仅含有 TSV 和衬底的结构,因此对于包含铜扩散阻挡层和绝缘衬层的实际 TSV 结构,它是不准确的。同时发现,在器件层 TSV 边缘周围,二维应力模型[11]和三维有限元分析模拟[4]结果存在巨大的应力大小差异。这可以简单地解释为:由于存在边界条件的改变,尤其是在结构的顶部和底部附近,采用二维平面解所建立的三维 TSV 结构模型是不正确的。此外,封装元件和管芯叠层对每个器件层上应力分布的影响不同[5],这将在 16.4 节中进行解释。因此,如果考虑三维应力张量(即 9 个非零应力分量)与封装元件,迁移率变化模式将明显不同于二维应力情况。

为了获取三维模拟结构中 TSV μ 凸点和封装凸点所引起的应力张量,使用有限元分析工具 ABAQUS。基准模拟结构尺寸基于制造或文献数据[2,10],如图 16.1 所示。本章特别研究每个管芯器件层上的应力分布,来评估迁移率的变化。基准 TSV 的直径、高度、铜扩散阻挡层厚度和绝缘衬层厚度分别是 $5\mu m$、$30\mu m$、$50nm$ 和 $125nm$。使用钛和二氧化硅作为铜扩散阻挡层和衬层材料。此外,除非另有说明,μ 凸点和封装凸点的直径/高度分别是 $10\mu m$ 和 $100\mu m$。

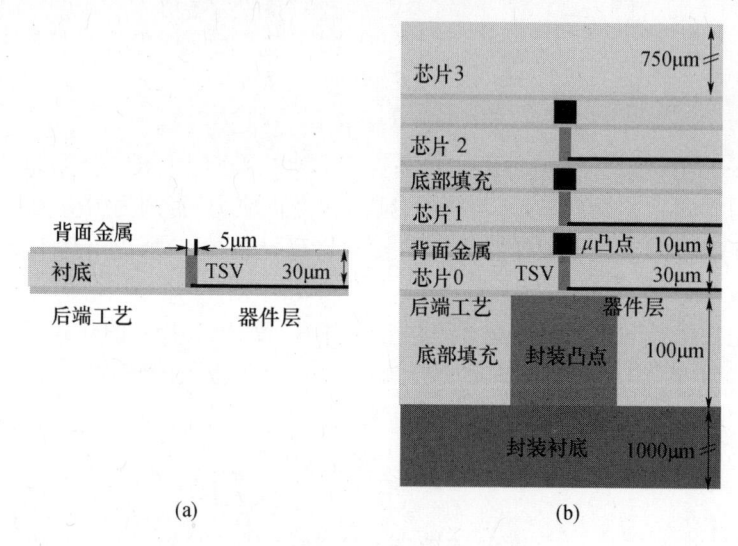

图 16.1　模拟结构比较(侧视图)
(a)不带有封装组件的芯片;(b)本章所使用的带有封装组件的四层芯片堆叠结构。

实验中材料的性能如下:铜的热膨胀系数($\times 10^{-6}/K$)/弹性模量(GPa)为(17/110),硅为(2.3/188),二氧化硅为(0.5/71),钛为(8.6/116),封装凸点

(SnCu)为(22/44.4),μ凸点($Sn_{97}Ag_3$)为(20/26.2),底部填充材料为(44/5.6),封装衬底(FR-4)为(17.6/19.7)。假定所有的材料为线弹性和各向同性。整个结构承受$\Delta T = -250°C$的热载荷(退火/回流275°C→室温25°C)来表示一个制造过程。此外,假定所有的材料在退火或回流温度下是无应力的。

16.3.2 压阻效应

在半导体中,由于应变导致的内部原子间距的改变会影响禁带宽度,使电子更容易或更难跃迁到导带——这取决于材料和应变。进而导致半导体电阻率的变化,电阻率的改变也可以通过下式转变为迁移率的变化[3]

$$\frac{\Delta R}{R} = -\frac{\Delta \mu}{\mu} = [\pi'_{11}\sigma_{xx} + \pi'_{12}\sigma_{yy}]\cos^2\phi \\ + [\pi'_{11}\sigma_{xx} + \pi'_{12}\sigma_{yy}]\sin^2\phi \\ + \pi_{12}\sigma_{zz} + \pi'_{44}\sigma_{xy}\sin 2\phi \quad (16.2)$$

式中:σ_{ij}为在笛卡儿坐标系中表示的硅衬底的应力;ϕ为晶圆方向和晶体管沟道间的夹角。

本章采用(100)硅晶圆,其基准轴为[110]、[$\bar{1}$10]和[001]。我们还假设晶体管的沟道方向和x轴([110])相同。在此设置中,π'_{ij}是沿着(100)硅晶圆基准轴的压阻系数,如表16.1所列,表中

$$\pi'_{11} = \frac{\pi_{11} + \pi_{12} + \pi_{44}}{2}$$

$$\pi'_{12} = \frac{\pi_{11} + \pi_{12} - \pi_{44}}{2}$$

$$\pi'_{44} = \pi_{11} - \pi_{12}$$

表16.1 (100)硅晶圆的压阻系数(TPa^{-1})[3]

类型	π_{11}	π_{12}	π_{44}	π'_{11}	π'_{12}	π'_{44}
N型Si	-1022	534	-136	-312	-176	-1556
P型Si	66	-11	1,381	718	-663	77

16.3.3 迁移率变化:二维与三维应力对照

本节研究不同应力情况对单个TSV周围迁移率变化的影响,为了使用式(16.2),首先需要将应力张量从圆柱坐标系(S_{xyz})转换到直角坐标系中($S_{r\theta z}$)。

$$S_{xyz} = \begin{bmatrix} \sigma_{xx} & \sigma_{xy} & \sigma_{xz} \\ \sigma_{yx} & \sigma_{yy} & \sigma_{yz} \\ \sigma_{zx} & \sigma_{zy} & \sigma_{zz} \end{bmatrix} \quad S_{r\theta z} = \begin{bmatrix} \sigma_{rr} & \sigma_{r\theta} & \sigma_{rz} \\ \sigma_{\theta r} & \sigma_{\theta\theta} & \sigma_{\theta z} \\ \sigma_{zr} & \sigma_{z\theta} & \sigma_{zz} \end{bmatrix}$$

转换矩阵

$$Q = \begin{bmatrix} \cos\theta & -\sin\theta & 0 \\ \sin\theta & \cos\theta & 0 \\ 0 & 0 & 1 \end{bmatrix}$$

式中:θ 是 x 轴和从原点到晶体管沟道中心连线间的夹角。使用转换矩阵,可以将圆柱坐标系中的应力张量转换到笛卡尔坐标系中:$S_{xyz} = QS_{r\theta z}Q^T$。

现在研究不同的应力情况如何影响迁移率的变化。首先展示从圆柱坐标系中转换到笛卡尔坐标系中的应力张量,如式(16.2)所示。然后,获取每一种情况下的迁移率变化公式。这里假设 X 轴和晶体管沟道的方向是相同的($\phi = 0$)。

(1) 二维单轴应力:$\sigma_{rr} \neq 0$,其他所有应力项为 0

$$\sigma_{xx} = \sigma_{rr}\cos^2\theta, \sigma_{yy} = \sigma_{rr}\sin^2\theta, \sigma_{zz} = 0$$

$$-\Delta\mu/\mu = \pi'_{11}\sigma_{rr}\cos^2\theta + \pi'_{12}\sigma_{rr}\sin^2\theta \tag{16.3}$$

(2) 二维双轴应力:$\sigma_{rr} = -\sigma_{\theta\theta} \neq 0$,其他所有应力项为 0

$$\sigma_{xx} = -\sigma_{yy} = \sigma_{rr}\cos2\theta, \sigma_{zz} = 0$$

$$-\Delta\mu/\mu = \pi'_{11}\sigma_{rr}\cos2\theta - \pi'_{12}\sigma_{rr}\cos2\theta = \pi_{44}\sigma_{rr}\cos2\theta \tag{16.4}$$

(3) 三维应力:所有的应力张量分量都不为 0

$$\sigma_{xx} = \sigma_{rr}\cos^2\theta + \sigma_{\theta\theta}\sin^2\theta - \sigma_{r\theta}\sin2\theta$$

$$\sigma_{yy} = \sigma_{rr}\sin^2\theta + \sigma_{\theta\theta}\cos^2\theta + \sigma_{r\theta}\sin2\theta$$

$$\sigma_{zz} \neq 0$$

$$-\Delta\mu/\mu = \pi'_{11}\sigma_{xx} + \pi'_{12}\sigma_{yy} + \pi_{12}\sigma_{zz} \tag{16.5}$$

从上面的表达式可以清楚地看出,迁移率的变化趋势对于这些应力情况是不同的。在单个 TSV 周围,二维双轴应力(2D biaxial)和含有封装组件(3D wPkg)的三维应力的迁移率变化如图 16.2 所示。可以看到,电子迁移率变化图有显著差异,这将在 16.4 节中详细讨论。

比较两个二维应力情况,观察到在二维单轴应力下,无论角度 θ 如何,电子迁移率都提高了,这是因为对于 N 型硅,π'_{11} 和 π'_{12} 都是负的,$\sigma_{rr}\cos^2\theta$ 和 $\sigma_{rr}\sin^2\theta$ 项是非负的。另一方面,在二维双轴情况下,电子迁移率变化的符号取决于 θ,如图 16.3(b)所示。同时也观察到,和二位双轴情况相比,二维单轴情况低估了空穴迁移率变化范围。因此,利用二维单轴模型[11]可能会导致错误的结果。

对于无封装组件的三维应力情况(3D woPkg),如图 16.3(a)和图 16.3(b)所示,空穴迁移率的变化范围大于二维双轴应力的情况。此外,不同于二维双轴情况,从 TSV 中心开始沿 x 轴和 y 轴方向,电子迁移率的变化是不对称的。这主要是由于非零的 σ_{zz} 项。请注意,在二维单轴、二维双轴和三维无封装组件情况中,假定层间有相同的应力张量,因此在三维叠层中不同管芯上迁移率变化无差异。

当包括封装组件时,整个叠层的电子迁移率的变化是不同的,如图 16.3(d)所示,这主要是由于封装凸点产生了大的压缩应力。管芯 0 中这种影响最明

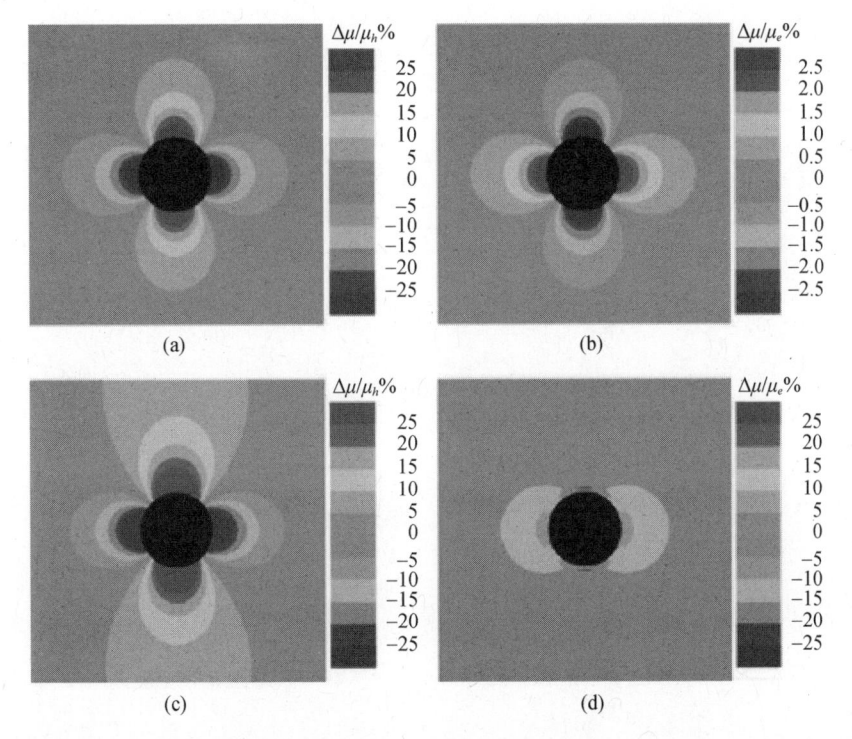

图 16.2 单个 TSV 周围迁移率变化图,(c)和(d)中的 TSV、μ 凸点,封装凸点均为垂直对准(见彩图)
(a)空穴迁移率(2D 双轴应力);(b)电子迁移率(2D 双轴应力);
(c)四层芯片堆叠结构中芯片 0 中的空穴迁移率(带有封装组件的 3D 应力);
(d)四层芯片堆叠结构中芯片 0 中的电子迁移率(带有封装组件的 3D 应力)。

显,这是由于它距离封装凸点最近,如图 16.1(b)所示。在 16.4 节中将进行更深入的讨论。

16.4 芯片/封装应力对迁移率变化的影响

16.4.1 线性叠加原理

本节将详细讨论三维集成电路中芯片和封装元件对迁移率变化的影响。在讨论迁移率变化前,简要解释同时考虑芯片和封装元件时,如何获得某一点处的应力。文献[5]采用应力张量的横向和纵向线性叠加方法来处理多个 TSV、μ 凸点和封装凸点不在同一层上的情况。我们的研究采用这种方法。

首先,如图 16.1(b)所示,包含所有组件的目标结构被分解成四个独立的结构:只有 TSV、封装凸点、μ 凸点和不含 TSV 与凸点的背景结构。其次,通

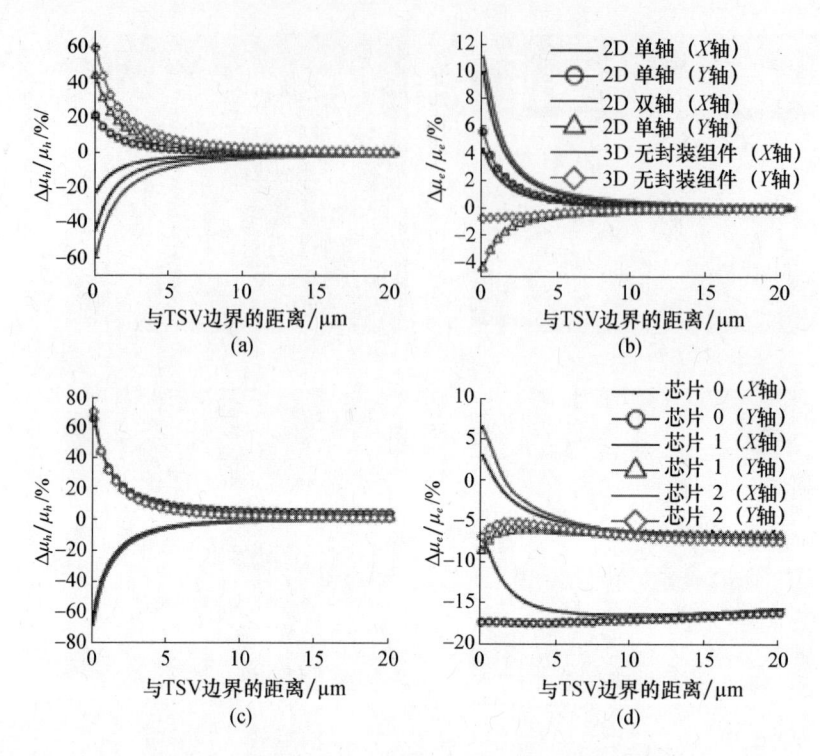

图 16.3 不同应力情况下单个 TSV 的迁移率变化范围，
迁移率变化数据是在器件层从 TSV 中心开始沿着 x 轴和 y 轴方向收集的
(a) 无封装组件的 2D 和 3D 应力下的空穴迁移率；
(b) 无封装组件的 2D 和 3D 应力下的电子迁移率；
(c) 四层芯片堆叠结构中带有封装组件的 3D 应力下的空穴迁移率；
(d) 四层芯片堆叠结构中带有封装组件的 3D 应力下的电子迁移率。

过有限元模拟分别得到在器件层上沿黑线的受每个互连元件影响的应力。为了计算在一点处受这些互连元件影响的应力张量，这里将从只有 TSV、只有 μ 凸点和封装凸点的结构中得到的应力张量加起来。然后，减去两倍背景结构应力张量的大小，因为在先前的三个结构中都包括背景应力。如果正在考虑的这一点是受 n 个元件的影响，那么要减去 n - 1 倍的背景应力。该方法可表示为

$$S = \sum_{i=1}^{n_{TSV}} S_{TSV_i} + \sum_{j=1}^{n_{\mu B}} S_{\mu B_j} + \sum_{k=1}^{n_{pkgB}} S_{pkgB_k} - (n_{TSV} + n_{\mu B} + n_{pkgB} - 1) \times S_{bg} \quad (16.6)$$

式中：S 为考虑的某点的总应力；S_{TSV_i}、$S_{\mu B_j}$ 和 S_{pkgB_k} 分别为由第 i 个 TSV、第 j 个 μ 凸点和第 k 个封装凸点在这点引起的应力张量；S_{bg} 为在这一点上的背景应力。基于应力分析结果，使用式 (16.5) 获取空穴和电子迁移率的变化图。

16.4.2 芯片/封装单元致迁移率变化

根据有限元模拟,在器件层上观察到由封装凸点引起的高压缩应力,这是由封装凸点和底部填充材料之间的热膨胀系数不匹配引起的。如图 16.4 所示,由于距离近,管芯 0(最接近封装凸点层)承受着最多的压缩应力。随着向上层管芯移动,压缩应力变小。管芯 3(未减薄的顶层芯片)上的应力分布(σ_{xx} 和 σ_{yy})几乎是平的(-110 ± 5MPa),这是因为管芯 3 不包含任何 TSV。因此,本章只计算包含 TSV 的管芯的应力。

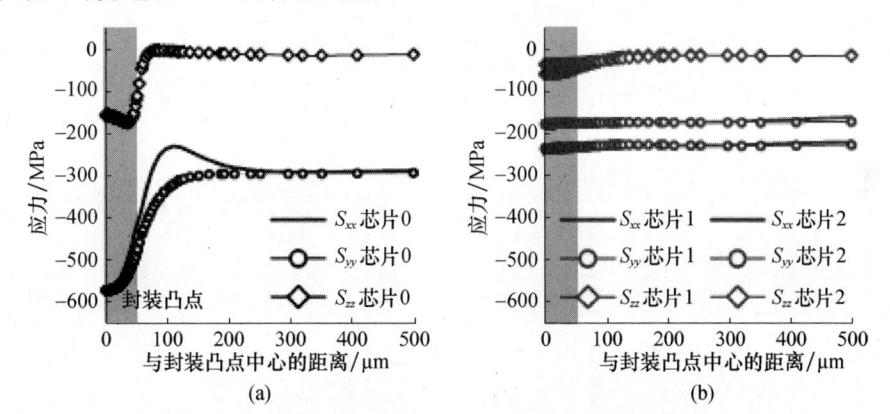

图 16.4 由器件层封装凸点引起的正向应力分量。
应力张量数据位从封装凸点中心沿着 X 轴收集
(a)芯片 0 中的应力;(b)芯片 1 和芯片 2 中的应力。

在式(16.5)中,电子迁移率的变化近似正比于 σ_{xx} 和 σ_{yy} 的和,因为 π'_{11} 和 π'_{12} 有相同的符号(负),而空穴迁移率变化粗略正比于 σ_{xx} 和 σ_{yy} 之间的差,因为 π'_{11} 和 π'_{12} 符号相反。图 16.4 显示的是只含有封装凸点情况下器件层的应力分布。虽然在靠近管芯 0 的封装凸点的边缘处,σ_{xx} 和 σ_{yy} 有一个明显的差别,然而在其他区域,它们的差异几乎可以忽略。因此,除了靠近封装凸点边缘处,该封装凸点致应力没有显著地改变空穴迁移率的变化。另一方面,电子迁移率会受封装凸点的影响而下降,因为 σ_{xx} 和 σ_{yy} 为压缩应力(负),如图 16.3(d)所示。此外,管芯 0 中电子迁移率的退化是最严重的。

图 16.5 显示了一个四管芯叠层中空穴和电子迁移率变化图,该叠层包括 441 个间距为 20μm 的 TSV/μ 凸点以及 9 个间距是 200μm 的封装凸点。由于封装凸点致应力的直接影响,管芯 0 中空穴和电子迁移率的变化范围是最大的。特别是,在封装凸点之间,沿 X 轴方向的空穴迁移率是减小的,而沿着 Y 轴方向的空穴迁移率是增大的。这是因为,在封装凸点边缘区,σ_{xx} 和 σ_{yy} 应力分量存在差异,如图 16.4(a)所示:沿 X 轴方向 σ_{xx} 高于 σ_{yy},而沿 Y 轴方向 σ_{yy} 高于

σ_{xx}。在大多数情况下,管芯 0 中的电子迁移率降低,而且最坏的位置位于封装凸点内部,这是因为最大压缩应力发生在这一地区,如图 16.4 所示。

此外,图 16.5 表明,封装凸点引起的应力影响到大量单元的迁移率变化,而 TSV 产生的迁移率变化方式只适用于这些 TSV 附近的单元。同时也观察到,当向上层管芯移动时,由封装凸点引起的迁移率变化通常可以忽略不计,因此,迁移率的变化方式大多是由 TSV 决定的。

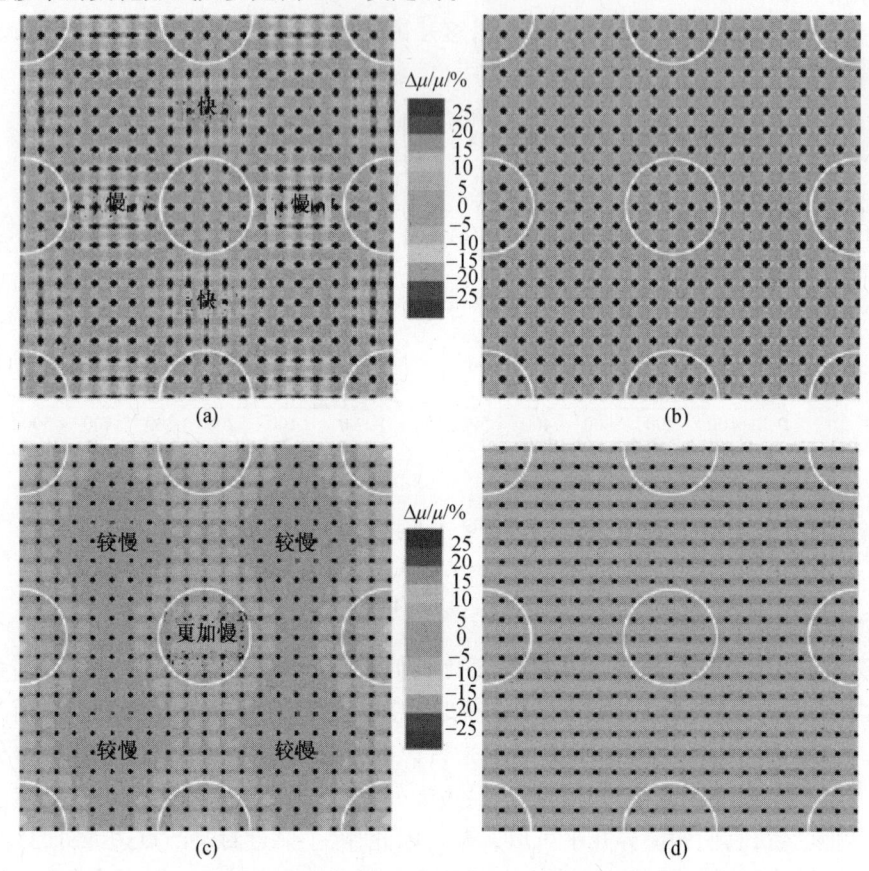

图 16.5 带有 441 个 TSV 和 μ 凸点(黑点)和 9 个 C4 封装凸点(白色圆圈)时的迁移率变化图(见彩图)
(a)芯片 0 中的空穴迁移率变化图;(b)芯片 2 中的空穴迁移率变化图;
(c)芯片 0 中的电子迁移率变化图;(d)芯片 2 中的空穴迁移率变化图。

16.5 芯片/封装应力驱动时序分析

本节将展示考虑应力的静态时序分析(STA)流程。首先对三维集成电路版图中的每个管芯建立了一个 Verilog 网表和一个寄生提取文件(SPEF)。网表中每个单元的名称被相应的空穴和电子迁移率的变化替代,这些变化是基于应力和迁移率分析结果得到的。例如,将有 +4% 空穴迁移率和 -8% 电子迁移率的变化的 INV_X1 变成 INV_X1_Hp4_Em8。然后,我们创建一个顶层 Verilog 网表来调用每个管芯设计,并使用 TSV 连接三维节点。我们还创建一个包含 TSV 寄生模型的顶层 SPEF 文件。最后,运行 Synopsys Primetime,执行三维静态时序分析。

对这种考虑应力的静态时序分析,建立了一个时序库,来获取迁移率变化对单元延时的影响。首先得到受多个 TSV、μ 凸点和封装凸点影响的空穴和电子的迁移率变化范围。由于这个范围在整个叠层中是不同的,而且也受到对准和 TSV、μ 凸点及封装凸点间距的影响,通过改变这些因素产生几个测试情况。图 16.5 是一个测试案例。此时发现,在没有任何 TSV 阻止区(KOZ)时,KOZ 中不能放置器件,空穴迁移率的变化为 -76~76%,电子迁移率的变化为 -24~12%。通过引入 KOZ,实际的迁移率变化范围减少了。使用 Cadence Encounter Library Characterizer 以 4% 为迁移率步长来描述单元时序随迁移率变化的特性。

图 16.6 显示了 INV_X1 和 NAND_X1 门随迁移率变化的 FO4 延迟。可以看到,对于给定的迁移率变化,两个门的延迟变化范围是相似的。注意,上升延

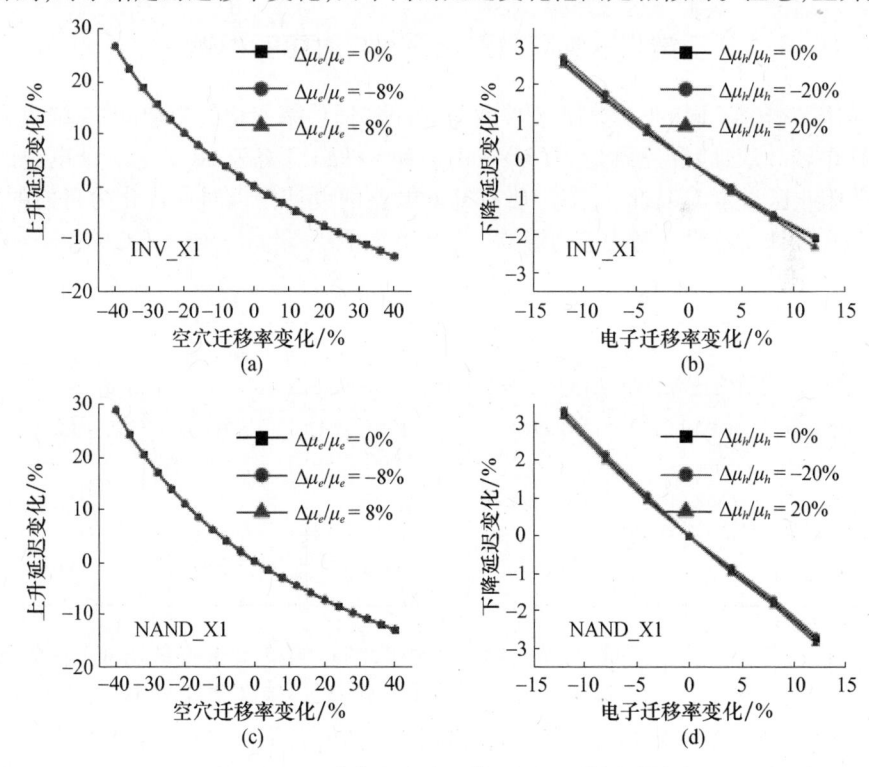

图 16.6 迁移率变化对于单元 FO4 延迟的影响
(a)上升延时依赖于空穴迁移率变化(INV_X1);(b)下降延时依赖于电子迁移率变化(INV_X1);
(c)上升延时依赖于空穴迁移率变化(NAND_X1);(d)下降延时依赖于电子迁移率变化(NAND_X1)。

迟不受电子迁移率变化的影响,下降延迟受空穴迁移率变化的影响不大。因此,当扫描 $\Delta\mu_h/\mu_h$ 时,可以固定 $\Delta\mu_e/\mu_e$,反之亦然。这对于减少库表征的数目是有用的。这样,只需要准备 49 个(39 + 10)个库[11],而不是描述 390 个库(4% 为步长时,39 × 10)。

16.6 实验结果

用 C ++/STL 实现芯片/封装热 - 机械应力和迁移率分析流程。在实验中,在 Cadence Encounter 中使用 Nangate 45nm 单元库建立了 4 个管芯堆叠的三维集成电路设计。采用规则的 TSV 布局方式,其中 TSV 以预定义间距均匀地放置在每个管芯或 TSV 模块内。在所有的情况下,一对 TSV/μ 凸点总是垂直对齐的。除非另有说明,TSV、μ 凸点和封装凸点的默认直径/高度(μm)分别是 5/30、10/10 和 100/100。对于所有的情况,封装凸点的间距假定为 200μm。

16.6.1 二维和三维应力对迁移率与时序的影响

本节研究不同的应力情况对全堆叠时序和迁移率变化的影响,即二维应力(2D 单轴和双轴)和三维应力(3D woPkg 和 wPkg)。将表 16.2 中三个电路的 TSV 阻止区设置为 1μm。注意,所有基准电路的设计是以时序优化为目的的,但是在设计阶段没有考虑应力影响。

表 16.2 TSV 的 KOZ 为 1μm 时的测试电路

电路	#单元	面积/μm × μm	线长/mm	#TSV	TSV 间距/μm
ckt$_1$	53K	300 × 300	1250	1075	15
ckt$_2$	586K	790 × 790	15565	2116	25
ckt$_3$	1.29M	1140 × 1140	36676	6414	20

图 16.7 显示了四管芯叠层电路 ckt$_2$ 中管芯 0 的单元迁移率分布。首先观察到,对于二维应力和三维 woPkg 情况,电子迁移率高度集中在 0 ~ 2% 范围内。注意到二维单轴情况下电子迁移率总是提高,而二维双轴的情况下电子迁移率也可以降低。最重要的是,当带有封装元件时,电子迁移率的变化显示出明显不同的行为:迁移率的变化范围比其他情况下更大,管芯 0 中的大多数单元存在电子迁移率的退化。退化主要是因为封装凸点产生的压

缩应力。此外,较宽的应力分布范围是由 TSV、μ 凸点和封装凸点间的相对位置引起的。

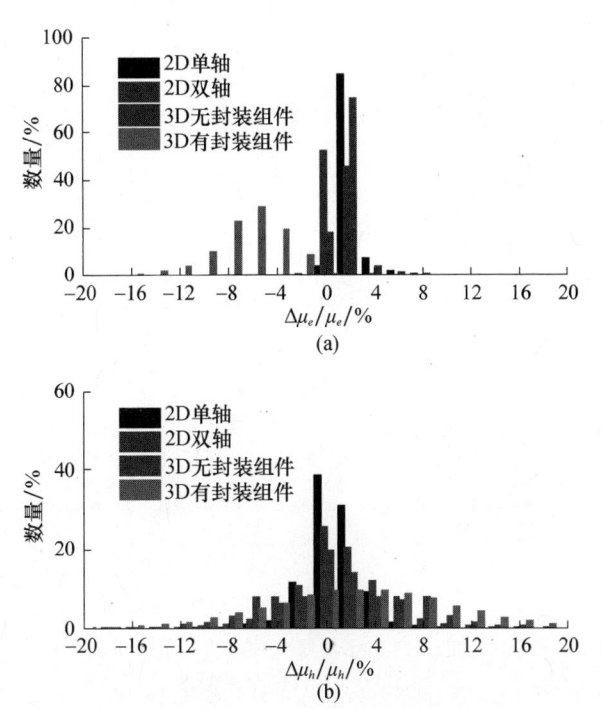

图16.7 (ckt₂)四芯片堆叠中芯片 0 的单元迁移率变化柱状图(见彩图)
(a)电子迁移率;(b)空穴迁移率。

和电子迁移率相比,对于空穴迁移率分布,所有情况显示了更宽的分布,这点可以从图16.3中预测到。然而,三维 wPkg 的情况仍产生最大的变化,这可以在图 16.5(a)中清楚的看到。当向上层管芯移动时,三维 wPkg 的空穴迁移率分布变得可以与三维 woPkg 情况相比较。

图16.8 显示了考虑应力的三维静态时序分析结果。同时给出不同应力情况的最长路径延迟(LPD)和总负时序裕量(TNS)。首先,观察到,和二维双轴相比,二维单轴总是低估 LPD。有趣的是,在三维 wPkg 情况下,和其他的应力情况相比,ckt₂ 的 LPD 显示出更好的时序,如图 16.8(a)所示。这可以用图16.9 和图 16.10 解释。如图 16.9(a)中所示,关键路径上的单元位于 y 轴方向的封装凸点间。在这种情况下,空穴的迁移率得到了改善,如图 16.5(a)所示。此外,当单元被放置在 y 轴方向的 TSV 之间时,空穴迁移率进一步提高,如图16.9(d)所示。

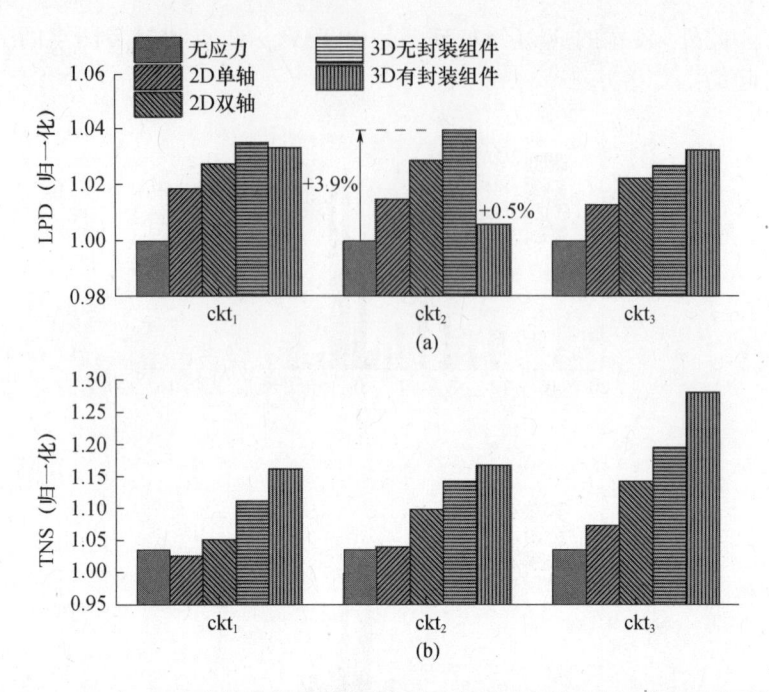

图 16.8 2D 和 3D 应力情况下的最长路径延迟(LPD)和总的负时序裕量(TNS)。时序数值相对于无应力情况下归一化处理。对于所有情况设置 TSV 的 KOZ 为 1 μm (a)LPD 变化；(b)TNS 变化。

相反的情况也可能发生,如图 16.10(a)所示,其中关键路径上的单元被放置在 x 轴方向上的封装凸点之间。在这种情况下,和没有应力的情况相比,三维 wPkg 下的 LPD 下降了 5.6%,而三维 woPkg 情况下 LPD 降低了 2.5%。

比较图 16.9(c)和图 16.10(c),我们发现,管芯 0 中封装凸点应力对迁移率的影响很清楚。虽然 TSV 和单元之间的相对位置是类似的,但随着封装凸点位置的变化,空穴迁移率变化明显不同。

就 TNS 而言,应力对时序的影响更为明显。如图 16.8(b)所示,相对于无应力的情况,三维 wPkg 情况下 TNS 的增加量多达 28%。这是因为设计中大多数单元受到 TSV、μ 凸点和封装凸点致应力的影响,进而产生了迁移率的变化。图 16.11 展示了时序裕量柱状图。无应力情况和二维单轴情况下的时序裕量分布是相似的,而三维 wPkg 情况下,更多的路径承受较高的负时序裕量,且正时序裕量分布产生漂移。由于设计师使用正时序裕量来获取功耗的最小化,因此一个正确的考虑应力影响的时序裕量的评估是很重要的。

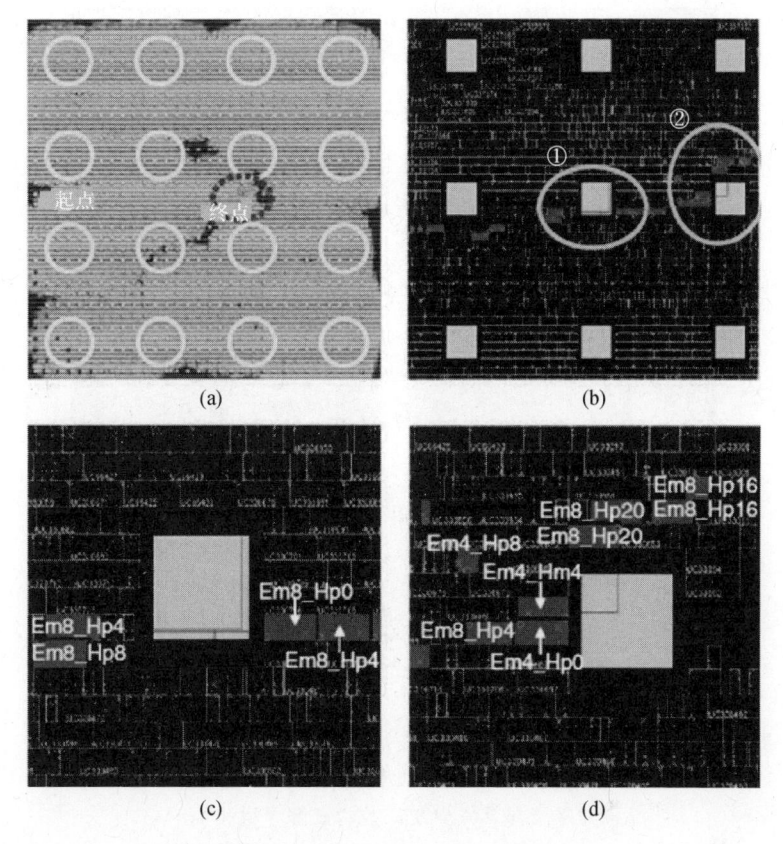

图 16.9 全芯片布局（四层芯片堆叠结构中的芯片 0），关键路径重点显示，
其中，方框为 TSV（单元迁移率命名规定：例如，Em8_Hp4
表示电子迁移率减少 8%，空穴迁移率增加 4%）（见彩图）
(a) ckt$_2$ 电路布局（KOZ 为 1μm）；(b) (a) 中圆圈中的单元；
(c) (b) 中单元①的特写照片；(d) (b) 中单元②的特写照片。

16.6.2 阻止区尺寸的影响

本节探讨三维应力情况下 KOZ 大小对时序的影响。表 16.3 显示了 5 个不同 KOZ 尺寸下 (0.3~3.1μm)，ckt$_3$ 电路叠层的单元迁移率变化范围。首先，可以观察到对于所有的管芯，随着 KOZ 尺寸增大，电子和空穴的迁移率变化范围以及标准偏差都会减小。有趣的是，单元的平均电子迁移率随着 KOZ 的增加略有降低。正如 16.4 节中所讨论的，电子迁移率变化强烈依赖于 σ_{xx} 和 σ_{yy} 分量的和。随着 KOZ 尺寸的增加，单元承受的由 TSV 引起的 σ_{xx} 和 σ_{yy} 的应力水平也降低了。这是因为这些正应力分量大小依据 $(1/d)^2$ 等比例减小，其中 d 是到 TSV 中心的距离，随着 KOZ 尺寸的增加，d 也显著地增加。

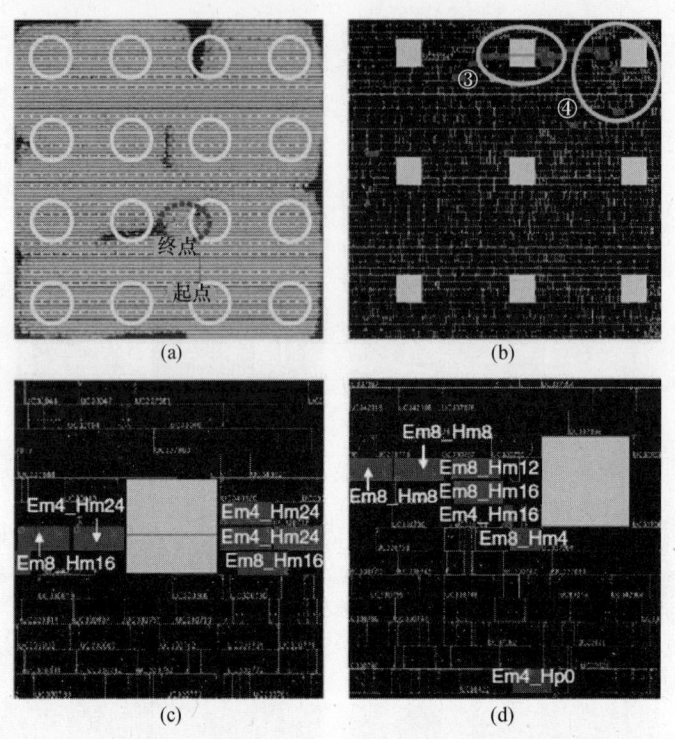

图 16.10 全芯片布局(四层芯片堆叠结构中的芯片 0),关键路径重点显示。
其中,方框为 TSV(单元迁移率命名规定:例如,Em8_Hp4
表示电子迁移率减少 8%,空穴迁移率增加 4%)。
(a) Ckt_2 电路布局(KOZ 为 0.3μm);(b)(a)中圆圈中的单元;
(c)(b)中单元③的特写照片;(d)(b)中单元④的特写照片。

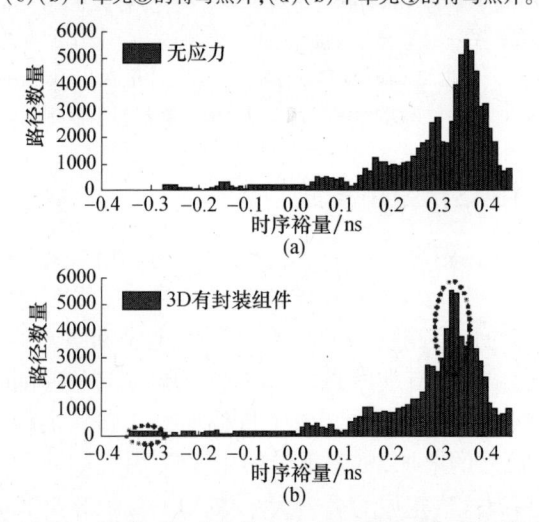

图 16.11 2D 和 3D 应力情况对 Ckt_2 的时序裕量的影响
(a)无应力情况;(b)带有封装组件的 3D 应力情况。

图 16.12 展示出不同 KOZ 大小的全叠层时序结果。在 3D woPkg 情况中，随着 KOZ 大小的增加，和没有应力的情况相比，LPD 和 TNS 的偏移量都下降了，这与文献[1]相符。然而，在 3D wPkg 情况中，KOZ 大小的变化并没有引起明显的变化趋势。这是因为单元迁移率的变化是由 TSV 和封装凸点共同影响的。根据单元、TSV 和封装凸点间的相对位置，每个路径延迟的变化可能是正的或负的。

表 16.3　芯片堆叠和 KOZ 对于单元迁移率变化的影响(ckt_3)，对于所有情况，TSV 和 μ 凸点间距是 $25\mu m$，封装凸点间距是 $200\mu m$

	KOZ/μm	迁移率变化(%)					
		电子			空穴		
		范围	平均	标准差	范围	平均	标准差
芯片 0	0.3	-17.8~6.0	-7.53	2.92	-61.4~57.5	1.02	9.22
	1.0	-17.6~2.8	-7.78	2.78	-43.6~31.8	0.55	7.96
	1.7	-17.0~0.0	-8.06	2.63	-31.2~31.7	0.75	7.45
	2.4	-17.6~-2.3	-8.29	2.60	-26.7~25.3	1.02	6.96
	3.1	-17.2~-2.6	-8.45	2.55	-23.3~25.7	1.20	6.78
芯片 1	0.3	-10.0~4.6	-7.51	1.34	-62.7~47.5	1.08	4.12
	1.0	-10.1~2.4	-7.66	1.20	-34.2~22.8	1.01	2.82
	1.7	-10.2~-1.3	-7.79	1.16	-22.6~22.9	1.13	2.49
	2.4	-10.4~-2.3	-7.96	1.12	-16.1~13.4	1.07	1.87
	3.1	-10.4~-3.1	-8.10	1.09	-12.2~13.2	1.13	1.64
芯片 2	0.3	-7.7~7.8	-5.64	1.03	-67.1~47.4	0.86	6.63
	1.0	-7.2~0.9	-5.71	0.91	-37.7~22.5	0.45	4.97
	1.7	-7.3~-1.0	-5.85	0.76	-25.1~22.5	0.83	4.32
	2.4	-7.5~-2.3	-5.97	0.69	-17.4~13.2	0.70	3.48
	3.1	-7.6~-3.1	-6.08	0.62	-12.9~13.1	0.91	3.17

16.6.3　案例:模块级三维设计

本节研究实际的三维集成电路设计中(即表 16.4 中所示的模块级和宽 I/O 设计)，芯片/封装应力对全叠层时序的影响。模块级三维集成电路设计是非常有吸引力的，可以重复使用现有的二维 IP 块。使用了一个三维平面布局器[7]产生 Ckt_2 的版图，如图 16.13(a)所示。TSV 插入到空白区域形成 TSV 阵列。图 16.13(c)和图 16.13(d)给出空穴和电子迁移率图，观察到高迁移率变化的区域被局限在 TSV 模块附近。虽然，整体迁移率的变化模式主要是由封装凸点确定的，但局部迁移率的最小值和最大值大多是由 TSV 决定的。因此，功能块

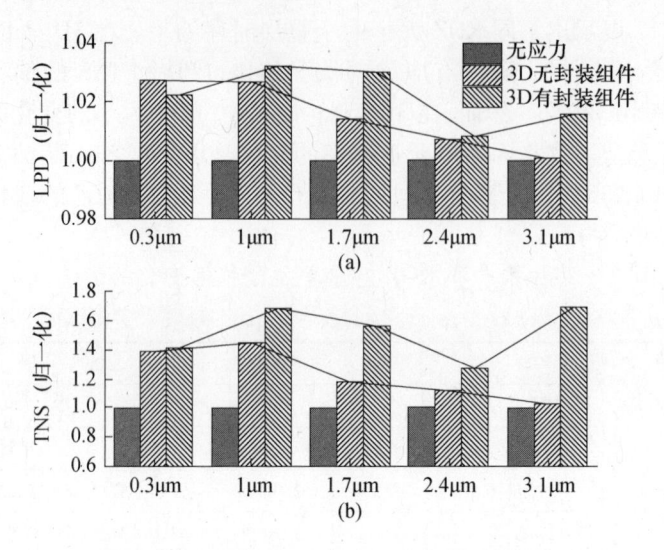

图 16.12 KOZ 大小对 Ckt₃ 时序变化的影响
(a)LPD 变化;(b)TNS 变化。

内的大多数单元没有承受高的迁移率变化。

表 16.4 模块级和宽 I/O 风格的 3D IC 设计。封装凸点间距是 200μm

电路	#单元	面积/(μm × μm)	线长/mm	#TSV	TSV 间距/μm
ckt2_block	570K	832 × 918	16,055	1,769	15
ckt2_wideIO	570K	800 × 800	15,404	2,116	10

16.6.4 案例:宽 I/O 三维设计

在宽 I/O 型设计中,采用类似于文献[6]的 TSV 布局方式,将 TSV 阵列放置在芯片中央。假设将 8×30 的 TSV 阵列(每个存储块)放置在一个芯片中央。还假定有 4 个存储块,因此,管芯 0 中总共有 960 个 TSV,如图 16.14 所示。如图 16.14(c)和图 16.14(d)所示,空穴和电子迁移率图清楚地表明,高迁移率变化区域仅限于 TSV 阵列内部和附近。因此类似于模块级设计,大多数的单元不受 TSV 应力影响。

图 16.15 显示了模块级和宽 I/O 型设计的三维静态时序分析结果。对于 LPD,观察到对于模块级和宽 I/O 形式设计,大多数应力情况的影响几乎可以忽略,这是由于大多数单元不受 TSV 应力影响。唯一的例外是三维 wPkg 情况的宽 I/O 型设计。这是因为在关键路径上的单元被放置在 TSV 阵列附近,且位于封装凸点的正上方,如图 16.14(a)所示。对于放置在

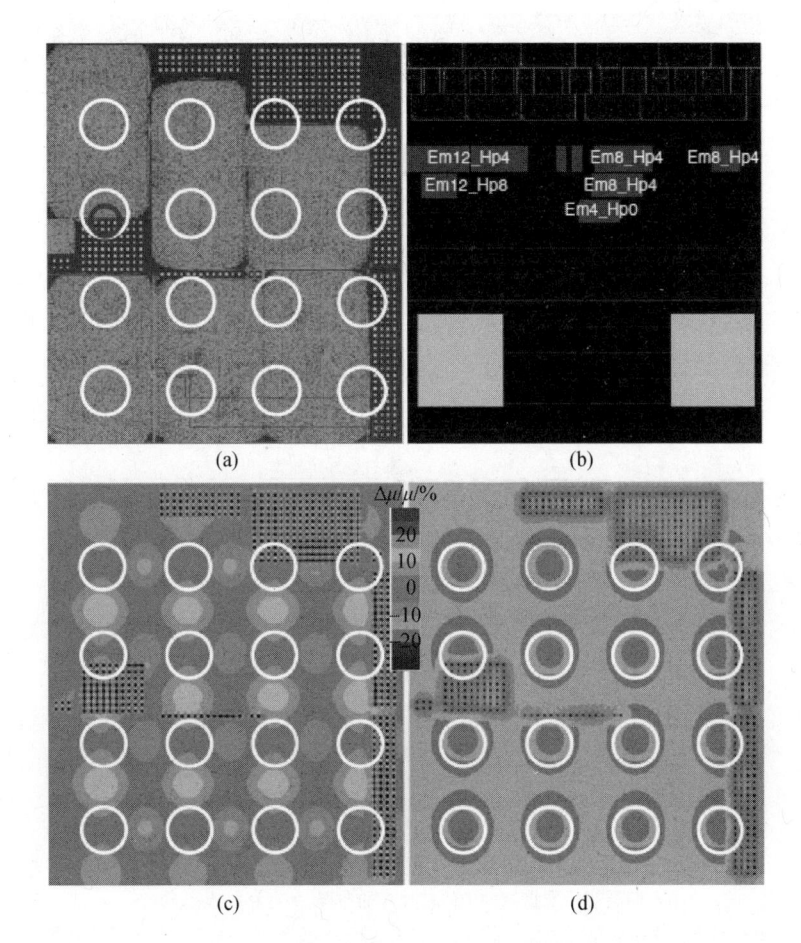

图 16.13　模块级 3D IC 设计(ckt_2 模块)(见彩图)

(a)四层芯片堆叠结构中的芯片 0 的布局,关键路径重点显示。其中,方框为 TSV,白色圆圈是封装凸点;(b)(a)中圆圈中的单元的特写照片;(c)空穴迁移率变化图;(d)电子迁移率变化图。

TSV y 轴方向的单元,其电子迁移率产生退化,空穴迁移率获得提高。然而,在封装凸点区内,电子迁移率进一步下降,如图 16.5(c)所示,因此总效果是时序退化。

对于二维单轴、二维双轴和三维 woPkg 情况,和宽 I/O 型设计相比,模块级设计获得了更多的 TNS 变化。和宽 I/O 型设计相比,模块级设计含有更多的 TSV 模块,因此,看见这些 TSV 模块的单元数量也增加了。因此,和宽 I/O 型设计相比,模块级设计中有更多的路径受到 TSV 应力影响。然而,如同得到的封装凸点影响结论,这些设计中的所有单元都受到封装凸点的影响,因此在两种设计中,都观察到不可忽视的 TNS 变化。

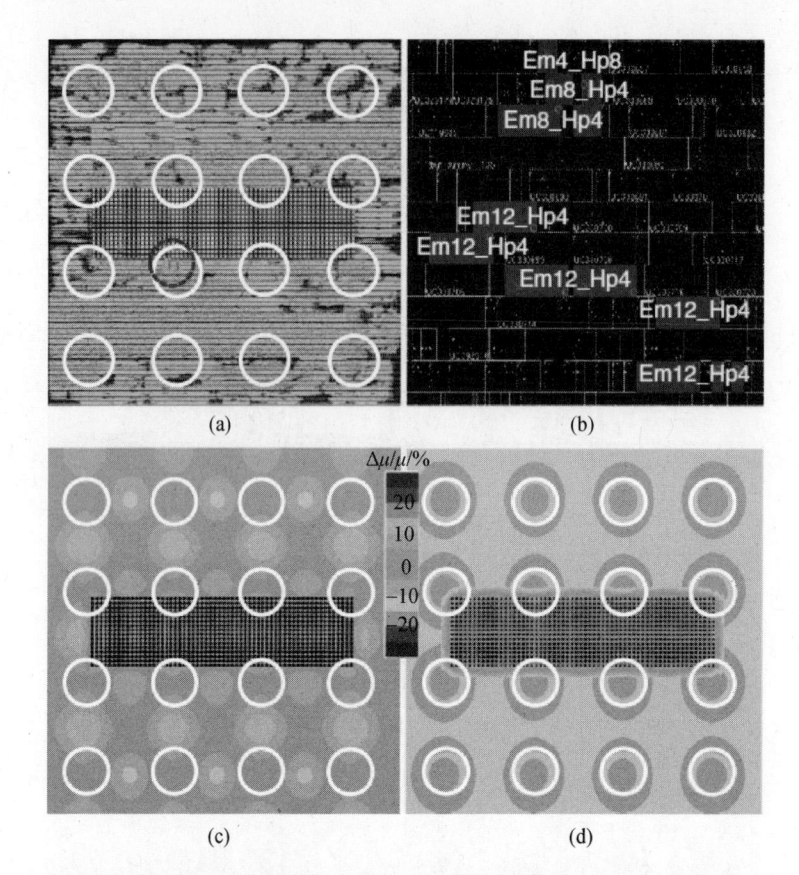

图 16.14 宽 I/O 形式设计布局和迁移率变化图(ckt_2 宽)(见彩图)

(a)四层芯片堆叠结构中的芯片 0 的布局,关键路径重点显示;
(b)(a)中圆圈中的单元的特写照片;(c)空穴迁移率变化图;(d)电子迁移率变化图。

16.6.5 重要发现和设计准则

本节进行工作总结,并为获得更好三维集成电路时序改善提供设计指导。

(1) 由于封装凸点层引起了高压缩应力,最接近封装凸点层的管芯中空穴和电子迁移率的变化是最大的。

(2) 将单元放置在 y 轴方向的封装凸点间以及 y 轴方向 TSV 间时,单元的空穴迁移率得到提高。

(3) 将单元放置在封装凸点区内部时,其电子迁移率退化;将单元放在 x 轴方向的 TSV 之间时,其电子迁移率提高。

(4) 推荐将关键路径上的单元放在 y 轴方向上的封装凸点之间,该处的空穴迁移率较高。

(5) 为了补偿电子迁移率退化,应当选取适当的门尺寸,特别是对于最接

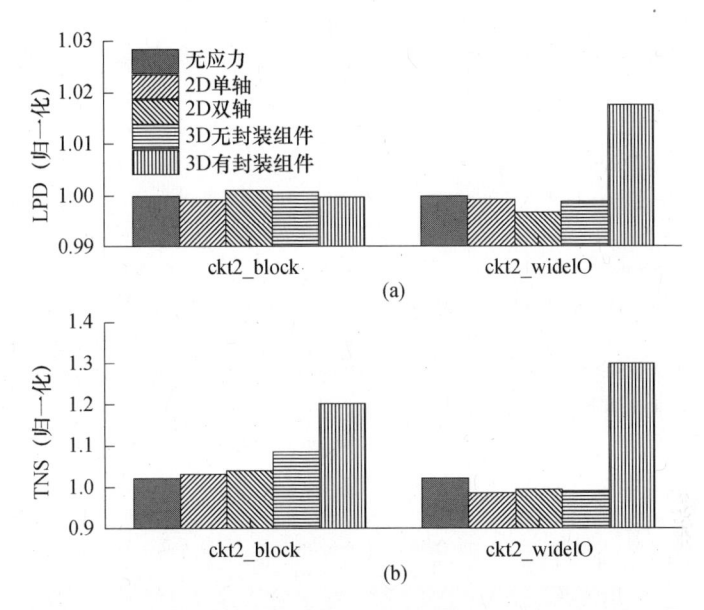

图 16.15 2D 和 3D 应力情况时对于模块级和宽 I/O 形式的 3D IC 设计的最长路径延时(LPD)和总的负时序裕量(TNS)的影响,对于所有情况下,TSV 的 KOZ 设为 $1.7\mu m$ (a)LPD 变化;(b)TNS 变化。

近封装凸点层的管芯。

16.7 结论

本章论证了三维集成电路中芯片和封装元件是如何影响迁移率和全叠层时序变化的。还研究了芯片/封装应力时序分析方法,它适用于三维集成电路的应力驱动全叠层时序优化。研究结果表明,整个叠层上迁移率的变化方式不同,尤其是最接近封装凸点层的管芯承受了最大的空穴和电子迁移率变化。

参考文献

[1] K. Athikulwongse, A. Chakraborty, J.‐S. Yang, D. Z. Pan, S. K. Lim, Stress‐driven 3D‐IC placement with TSV keep‐out zone and regularity study, in *Proceedings of IEEE International Conference on Computer‐Aided Design*, San Jose, 2010.

[2] G. V. der Plas et al., Design issues and considerations for low‐cost 3D TSV IC technology, in *IEEE International Solid‐State Circuits Conference Digest of Technical Papers*, San Francisco, 2010.

[3] R. C. Jaeger, J. C. Suhling, R. Ramani, A. T. Bradley, J. Xu, CMOS stress sensors on (100) silicon. IEEE J. Solid State Circuits 35, 85‐95 (2000).

[4] M. Jung, J. Mitra, D. Z. Pan, S. K. Lim, TSV stress‐aware full‐chip mechanical reliability analysis and optimization for 3D IC. In *Proceedings of ACM Design Automation Conference*, San Diego, 2011.

[5] M. Jung, D. Pan, S. K. Lim, Chip/package co – analysis of thermo – mechanical stress and reliability in TSV – based 3D ICs, in *Proceedings of ACM Design Automation Conference*, San Francisco, 2012 References 465

[6] J. – S. Kim et al. , A 1. 2V 12. 8 GB/s 2 Gb mobile wide – I/O DRAM with 4 ×128 I/O using TSV – based stacking, in *IEEE International Solid – State Circuits Conference Digest Technical Papers*, San Francisco, 2011

[7] D. H. Kim, R. Topaloglu, S. K. Lim, Block – level 3D IC design with through – silicon – via planning, in *Proceedings of Asia and South Pacific Design Automation Conference*, Sydney, 2012

[8] K. H. Lu, X. Zhang, S. – K. Ryu, J. Im, R. Huang, P. S. Ho, Thermo – mechanical reliability of 3 – D ICs containing through silicon vias, in *IEEE Electronic Components and Technology Conference*, San Diego, 2009

[9] A. Mercha et al. , Comprehensive analysis of the impact of single and arrays of through silicon vias induced stress on high – k/metal gate CMOS performance, in *Proceedings IEEE International Electron Devices Meeting*, San Francisco, 2010

[10] M. Nakamoto et al. , Simulation methodology and flow integration for 3D IC stress management, in *Proceedings of IEEE Custom Integrated Circuits Conference*, San Jose, 2010

[11] J. – S. Yang, K. Athikulwongse, Y. – J. Lee, S. K. Lim, D. Z. Pan, TSV stress aware timing analysis with applications to 3D – IC layout optimization, in *Proceedings of ACM Design Automation Conference*, Anaheim, 2010

第17章 硅通孔界面裂纹分析和优化

摘要:本章研究一个高效且准确的全芯片硅通孔(TSV)界面裂纹分析流程和设计优化方法,以缓解3D IC中TSV界面裂纹问题。首先,要分析在TSV/绝缘衬层界面处由TSV热机械应力引起的TSV界面裂纹。然后,探索TSV布局以及各种相关的结构如焊盘和绝缘层对TSV界面裂纹的影响。接下来,用基于实验设计(DOE)和响应面方法(RSM)来研究全芯片TSV界面裂纹分析方法。最后,研究设计优化方法来减轻3D IC中的机械可靠性问题。

本章涉及的材料基于文献[2]。

17.1 引言

由于TSV填充材料(如铜)和硅衬底间热膨胀系数不匹配,因此在TSV结构的制造过程和热循环中会引起热机械应力,这会影响器件的性能[10],并导致3D互连中裂纹的生长[6,8,9]。以前的大多数研究侧重于单个TSV的热-机械应力和可靠性建模,这些模拟使用有限元分析(FEA)方法,有限元分析方法计算量非常大,无法应用于全芯片分析。此外,由于没有考虑设计环境,一些研究使用不切实际的TSV结构,如非常大的焊盘(LP)。

虽然已经有了一些关于TSV应力致热-机械可靠性问题的研究工作,但是,据我们所知,这是对全芯片级TSV界面裂纹的首次研究。本章研究一种快速、有效的基于DOE和RSM的全芯片TSV界面裂纹分析流程。我们使用能量释放率(ERR)作为机械可靠性指标,并给出TSV布局方式对ERR的影响。本章主要讨论以下主题:

(1) 研究更详细更实际的TSV结构及其对TSV界面裂纹的影响。

(2) 研究DOE和RSM方法,生成TSV界面裂纹的全芯片分析ERR模型。将我们的方法和有限元分析模拟进行对比验证。

(3) 研究减小TSV基三维集成电路设计ERR的设计方法。

17.2 基础知识

17.2.1 硅通孔界面裂纹

TSV对三维集成电路的热机械可靠性构成重大挑战。特别是由于TSV中导体金属和硅衬底之间的热膨胀系数不匹配,在 TSV 内部和周围产生了热应力。这样的应力可能会在硅衬底中引起粘结裂纹[7],并且在 TSV 和绝缘衬层间产生界面裂纹[6,8,9]。

众所周知,大部分机械可靠性失效发生在不同材料之间的界面。因此,本章中,集中于 TSV/绝缘衬层界面处的 TSV 界面裂纹。TSV 界面裂纹不仅可以引起机械可靠性问题,而且可能由于泄漏引起功能失效。

然而,如果没有测量数据,很难在裂纹初始生长后获得真实的裂纹结构和裂纹生长行为模型。即使有相同的初始裂纹,由于周围环境不同,裂纹也可能以不同的方式生长。因此,采用以前研究获取的裂纹结构[8,9]。图 17.1 展示了我们的 TSV 界面裂纹结构,这些裂纹从晶圆表面附近的 TSV 四周开始,并且垂直向下生长。在我们的研究中,晶圆表面指的是介质层(SiO_2)/ILD(低 K)界面正下方的介质层表面,基准 TSV 结构如图 17.2 所示。此外,为了简化裂纹模型,假设裂纹前缘均匀传播。

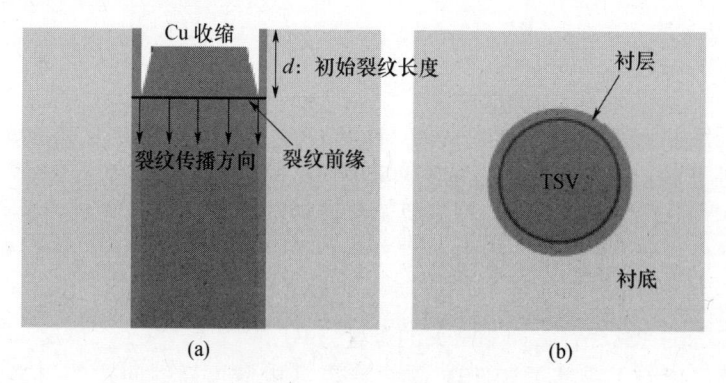

图 17.1 负的热载荷下的 TSV 界面裂纹结构
(a)初始裂纹长度 d 的侧视图;(b)顶视图。

17.2.2 能量释放率

能量释放率(ERR)被定义为断裂期间的能量耗散,断裂即裂纹,单位新产生的断裂表面面积。根据能量守恒定律,裂纹前缘生长所需能量必须和新界面形成所消耗的能量保持平衡。换句话说,ERR 是断裂处能量数的量度。如果裂纹前缘有较高的能量,那么裂纹生长的可能性也很高。

然而,即使有初始裂纹,如果所考虑裂纹的 ERR 低于阈值时,裂纹不会进一步增长,而保持稳定的状态。不同材料间的剥离能量就是阈值,不同材料和工艺流程有着不同的特定值。例如,对于不同制造工艺,铜/SiO_2 界面的剥离能量范围从 $0.7 \sim 10 J/m^2$ [6]。

由于在模拟结构中载荷是单一的,即制造过程中引起的热膨胀,并没有外

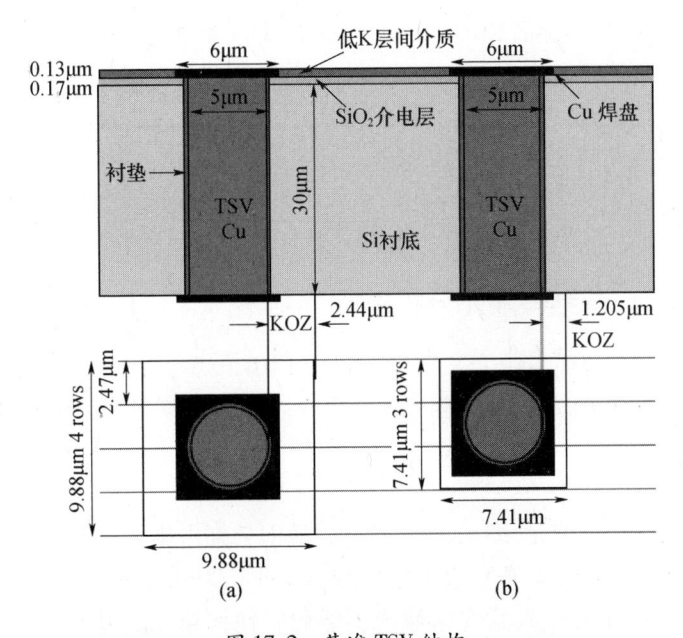

图 17.2 基准 TSV 结构

(a)TSV$_A$单元占据 4 个标准单元行(KOZ 为 2.44μm);(b)TSV$_B$单元(KOZ 为 1.205μm)。

部载荷做功,ERR 可以确定为裂纹延伸时应变能的变化率[6]。基于 TSV 的三维集成电路中,应变能主要是 TSV 引起的热-机械应力产生的。在此基础上,建立了两个三维有限元分析模型来进行应变能分析,一个裂纹长度为 d,另一个裂纹长度为 $d+\Delta d$。我们使用如下所示的前向差分法得到 TSV 界面裂纹的 ERR,即

$$\text{ERR} = -\frac{\partial U}{\partial A} = -\frac{U_{d+\Delta d} - U_d}{2\pi r_{TSV} \cdot \Delta d}$$

式中:U 为应变能;A 为面积;d 为初始裂纹长度;Δd 为裂纹增量;r_{TSV} 为 TSV 半径。本章我们设置 d 为 1μm,从 0.1 到 0.5μm 改变 Δd,以获得晶圆表面的裂纹初值,以及表面附近热应力的影响[9]。

17.3 硅通孔界面裂纹建模

据我们所知,没有关于考虑 TSV 附近的 TSV 界面裂纹的研究。文献[7]研究了包含 5 个 TSV 的直线和之字形排列方式下硅衬底中的粘结裂纹,研究表明和直线排列相比,之字形排列是缓减裂纹生长驱动力的更好选择。然而,该工作是基于二维应力模型的。因此,它不能获得器件所处位置处 TSV 四周的晶圆表面应力场的三维特性[9]。同时,他们也没有考虑 TSV 结构中的绝缘衬层和焊盘,这是 TSV 必不可少的组成部分。

虽然文献[9]的作者提出了TSV界面裂纹的半解析ERR模型,但这只适用于无限长的TSV。而且他们的模型只适用于单个的TSV,且他们的TSV结构仅包括TSV和硅衬底。因此,它不能直接用于评估考虑多个TSV且含有焊盘和绝缘衬层的TSV界面裂纹,因为边界条件发生了变化。

在讨论具体的裂纹建模前,我们引入两个术语:①被干扰TSV:有界面裂纹的TSV;②干扰源TSV:靠近被干扰TSV并且影响被干扰TSV裂纹生长的TSV。

17.3.1 三维有限元分析模拟

因为目前还没有实际TSV结构的解析ERR模型,为了研究干扰源TSV对被干扰TSV界面裂纹的影响,创建一个TSV界面裂纹分析的3D有限元分析模型。为了实际检测界面裂纹,基准TSV模拟结构基于实际制作和文献数据[1],如图17.2所示。

构建两个TSV单元,即TSV_A和TSV_B,他们分别占据4个和3个45nm工艺标准单元行。分别将从TSV边缘起2.44μm和1.205μm的区域定义为TSV_A和TSV_B的阻止区(KOZ),在这个区域内不能放置任何单元。除非另有指定,基准TSV直径、高度、焊盘宽度和衬层厚度分别是5μm,30μm,6μm,125nm,接近文献[1]中数据。使用SiO_2作为基准衬层材料,忽略Cu扩散阻挡层材料,如这些实验中的Ta和Ti。在一般情况下,与SiO_2衬层的厚度相比,该阻挡层的厚度是可以忽略的,因此它对应力分布的影响可以忽略不计。

本实验使用的材料属性在表17.1中列出。使用有限元模拟工具ABAQUS开展实验。我们对整个模拟结构施加$\Delta T = -250$℃的热载荷。就是说,我们假设制造过程中,TSV结构在275℃下退火,冷却到25℃[3,7,9]。另外还假设整个TSV结构在退火温度下是无应力的。

表17.1 材料特性

材料	热膨胀系数/($\times 10^{-6}$/K)	弹性模量/GPa	泊松比
Cu	17	110	0.35
Si	2.3	130	0.28
SiO2	0.5	71	0.16
低K	20	9.5	0.3
BCB	40	3	0.34

17.3.2 硅通孔衬层和焊盘的影响

首先探讨周围结构如衬层和焊盘的影响。在这个实验中,我们使用的模拟结构不含干扰源TSV。图17.3显示了4个不同组态下被干扰TSV的ERR。首先,我们观察到:与无焊盘和衬层情况相比,充当应力缓冲层的125nm厚SiO_2衬层将ERR减少了6.5%。焊盘还通过阻止TSV/衬层界面分离降低了ERR。最后,当同时考虑SiO_2衬层和焊盘时,ERR降低了18.9%。

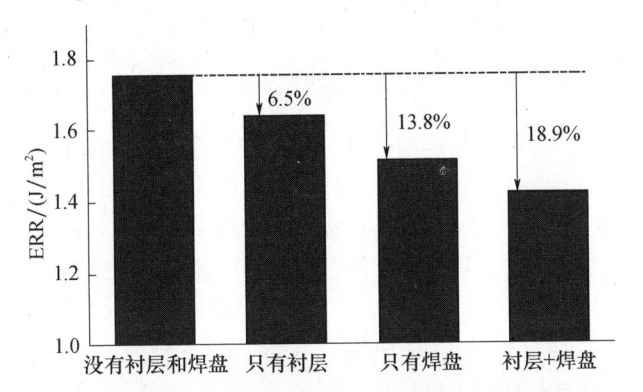

图17.3 TSV周围结构对于ERR的影响

使用一种聚合物绝缘材料苯丙环丁烯(BCB)作为TSV衬层的替代材料[7,9]。杨氏模量是一个衡量各向同性弹性材料的刚度的量,BCB的杨氏模量远低于Cu、Si和SiO_2,这使得BCB衬层可以有效地吸收由于热膨胀系数不匹配引起的应力。图17.4给出衬层材料和厚度对ERR的影响,实验中,设置所有情况的焊盘宽度为6μm。随着衬层厚度增加,对于两种衬层材料,ERR都会明显降低。同时,在减小ERR上,BCB衬层优于SiO_2。

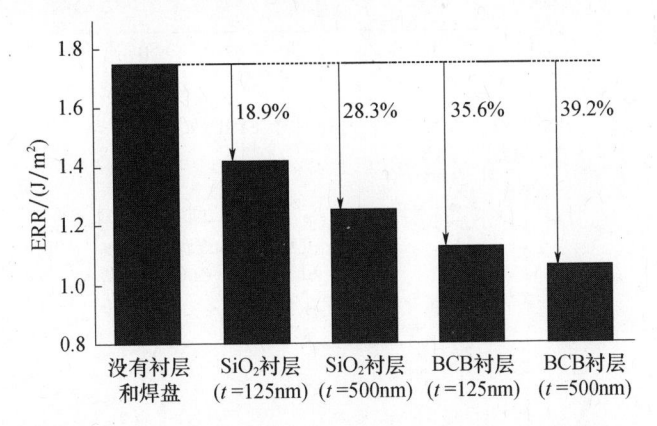

图17.4 TSV衬层对于ERR的影响,对于每一种衬层材料设置焊盘宽度为6μm

检测焊盘尺寸对TSV界面裂纹的影响。使用4种焊盘宽度:6μm,8μm,10μm和12μm。观察到,对于所有焊盘尺寸,有焊盘时的ERR比没有焊盘的情况要低。也看到,当焊盘宽度达到10μm时,ERR不断增加,然后趋向饱和。这是因为焊盘下TSV/衬层界面处,焊盘面积增加进而铜的体积增加(这是一个额外的热膨胀系数不匹配源),进而使得所有正向应力分量的大小增加。因此对于 TSV 界面裂纹,大尺寸焊盘并不是有益的。根据这些实验,很显然,为了能更准确地分析三维集成电路中的热-机械可靠性,模拟 TSV 界面裂纹时考虑周围结构是很重要的,如衬层和焊盘。

17.3.3 硅通孔间距和角度的影响

本节中,研究 TSV 的间距对 TSV 界面裂纹的影响。固定被干扰 TSV 的位置,在 $7.5 \sim 60 \mu m$ 之间改变被干扰 TSV 和干扰源 TSV 之间的间距。如图 17.5 所示,随着间距的增加,ERR 单调减小,在大约 $40 \mu m$ 间距时达到没有干扰源 TSV 时的水平。然而,当只考虑一个干扰源时,最小间距处的 ERR 仅比最大间距处增加了 1.4%,这是可以忽略的。图 17.6 显示了含有两个 500nm 厚的衬层材料和 $6 \mu m$ 宽的焊盘时的 ERR 曲线。当使用一个衬层和一个焊盘时,ERR 的大小下降了,但 ERR 的整体趋势是相似的。

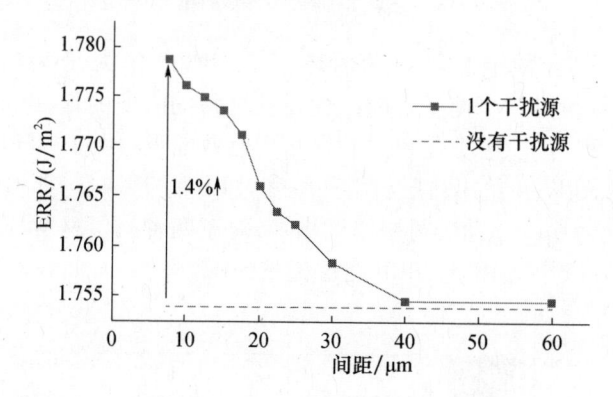

图 17.5 TSV 间距对于 ERR 的影响

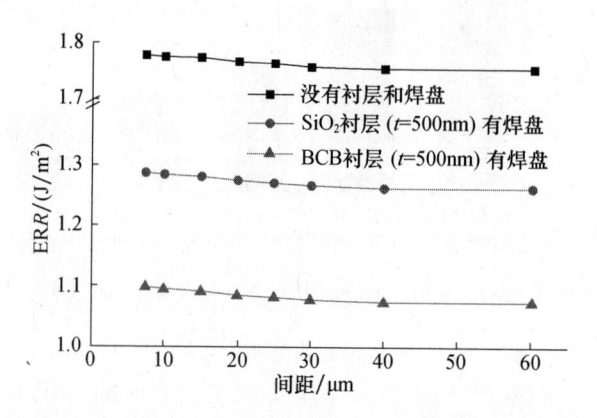

图 17.6 有衬层和焊盘($6 \mu m$)时 TSV 间距对于 ERR 的影响

当引入额外的 TSV 时,TSV 间的距离和角度对 TSV 界面裂纹都变得很重要。一点的应力可以通过叠加由每个 TSV 引起的单个的应力张量求出。即使有相同的尺寸,TSV 间的相对角度不同,一点上的应力可能被叠加或抵消。由于该应力直接影响到一个 TSV 结构的应变能,不同角度的 ERR 也随之变化。

现在对包括两个干扰源的情况进行实验,它们距离被干扰 TSV 10μm。从 45°到 180°改变三个 TSV 间的角度,来探讨角度对被干扰 TSV 的 ERR 的影响,如图 17.7(a)所示。如图 17.8 所示,当三个 TSV 形成 90°角时 ERR 是最小的,当角度接近 45°或 180°时 ERR 增加。如果在笛卡尔坐标系中绘制 σ_{xx} 应力分量,那么具有负的热载荷的 TSV 结构沿 x 轴产生拉伸应力,沿 y 轴产生压缩应力。因此,如果一个被干扰 TSV 和干扰源 TSV 形成 90°角时,每个干扰源 TSV 产生的拉伸和压缩应力在被干扰 TSV 处抵消了,这就是在 90°时看到最低 ERR 的原因。

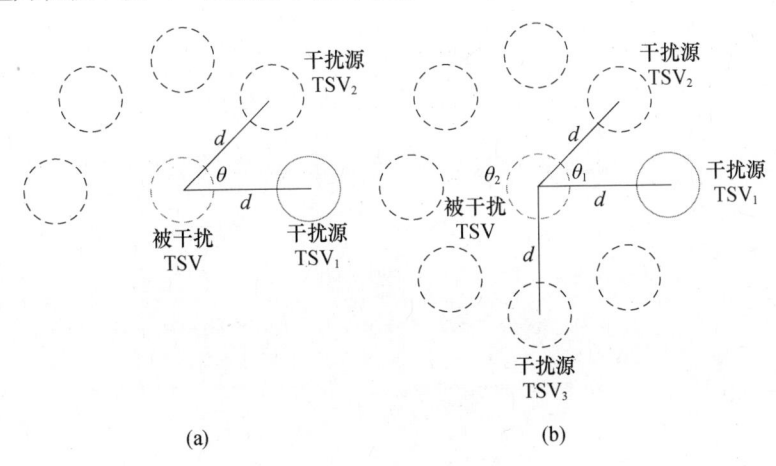

图 17.7 仿真结构的角度依赖性,被干扰 TSV 到所有的干扰源 TSV 的距离均为 d
(a)两个干扰源 TSV,干扰源 1 固定,干扰源 2 旋转;
(b)三个干扰源 TSV,干扰源 1 固定,干扰源 2 和干扰源 3 旋转。

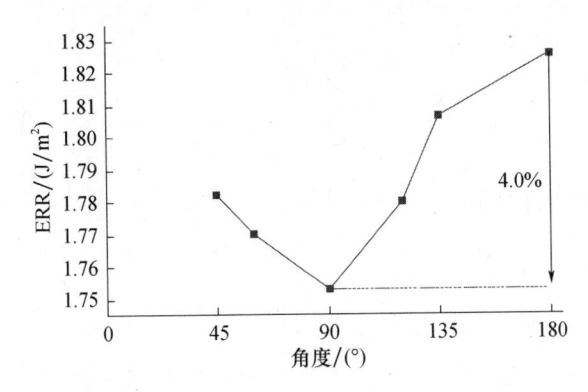

图 17.8 被干扰 TSV 和两个干扰源 TSV 之间的角度对于 ERR 的影响

17.3.4 间距和角度的相对重要性

本节探索 TSV 间距和角度的综合效应。首先使用两个干扰源 TSV,改变间距和角度。并利用 DOE(在 17.4 节中详细讨论)产生模拟点,如图 17.9 所示。图 17.10 显示了一个不同间距和角度的 ERR 等高线图,发现对于小的间距,角度的影响很大。然而,当间距超过 15μm 时,角度的影响几乎可以忽略不计。

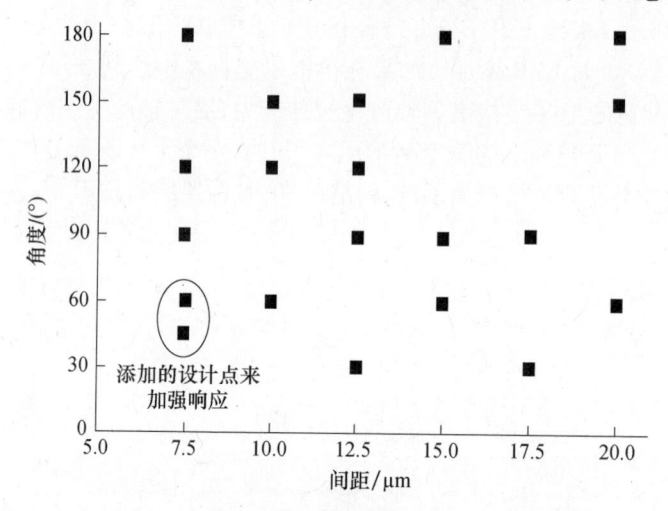

图 17.9 两个干扰源 TSV 的基于 DOE 的模拟点

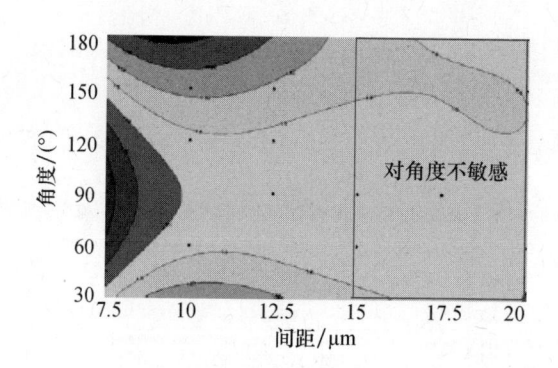

图 17.10 不同间距和角度的 ERR 等高线图

为了进一步探讨间距和角度之间的相对重要性,现在使用 3 个干扰源 TSV,如图 17.7(b)所示。如图 17.11 所示,对于小间距,角度占主导地位;然而,随着间距增大,尽管沿着角度轴向仍然有一些波动,ERR 对角度的依赖性变得不那么明显。另外也模拟了多达 8 个干扰源的情况,发现当间距超过 10μm 时,角度依赖性变得几乎可忽略,而干扰源 TSV 的数目以及 TSV 间距则主导着被干扰 TSV 的 ERR 值。

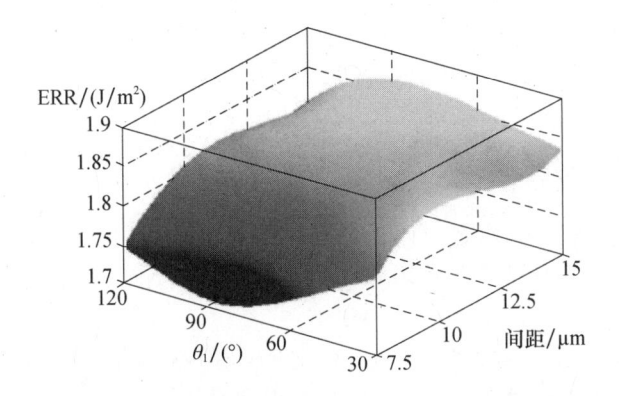

图 17.11 三个干扰源 TSV 情况下关于 θ_1 和间距的 ERR 曲面图

这一观察结果指明了一个产生全芯片 TSV 界面裂纹分析 ERR 模型的可能途径。考虑的被干扰 TSV 可能被多个干扰源 TSV 以不同的距离和相对角度围绕。为了简化 ERR 计算,在小间距情况下,考虑干扰源的间距、角度和数量。另一方面,在大间距的情况下,只考虑干扰源的间距和数目。这种简化的 ERR 模型大大减少了需要考虑的变量数,而且精度退化在可承受范围内。

17.4 基于 DOE 的全芯片硅通孔界面裂纹模型

具有多个 TSV 的 TSV 界面裂纹有限元分析模拟需要大量的计算资源和时间。在模拟中,根据 TSV 的数量和网络结构,单次有限元分析模拟需要使用 4 个 CPU 工作 1~12h 左右。因此,全芯片分析是不切实际的。

同时,DOE 已用于许多科学和工程应用。最近,DOE 甚至用于三维集成电路中电源网络、热 TSV 和微流通道的协同优化[5]。对于多个输入因子的复杂系统的分析,已经证明 DOE 是一种有效的技术。DOE 提供了一种非常有条理的实验方法,这样就可以用实验结果发现输入因子和系统响应之间有意义的关系。在本节中,提出了一个基于全芯片 TSV 界面裂纹分析流程的实验设计(DOE)和响应面法(RSM)。

一般来说,TSV 的布局方式主要分为两类:①规则的 TSV 布局;②不规则的 TSV 布局。在规则 TSV 布局方案中,我们在每个管芯上均匀预布局 TSV,然后布局单元。在这种情况下,TSV 的间距是预测被干扰 TSV ERR 的最关键因素。另一种情况,TSV 和单元同时以不规则的布局方案布局。与规则布局情况相比,不规则的 TSV 布局位置显示出较短的连线长度[4]。然而,在这种不规则 TSV 布局情况下,被干扰 TSV 周围干扰源 TSV 的可能位置数不清。因此,检查所有可能的 TSV 排布来评估被干扰 TSV 的 ERR 是不实际的。

在下面几个小节中,讨论规则和不规则 TSV 布局下,基于 DOE 和 RSM 的全芯片 TSV 界面裂纹模型,通过和有限元分析模拟对比验证我们的模型。使用 MATLAB 中的 Model – based Calibration Toolbox 来设计实验,并获得响应面模型。

17.4.1 设计实验

为了使用 DOE 和 RSM,首先需要定义设计参数(输入因子)和指标(响应)。用 ERR 作为评估全芯片级 TSV 界面裂纹的指标。然而,对于规则和不规则的 TSV 布局形式,输入因子是不同的。

图 17.12 展示了两种可能的 5×5 个 TSV 模块的规则 TSV 布局,两种布局方式间距相同。在阵列形式中,TSV 在水平和垂直方向上均对齐,而在交叉形式中,每隔一行的 TSV 移动了一半间距长度。对于这两种规则 TSV 布局方式,决定被干扰 TSV ERR 的最重要因素是间距和被干扰 TSV 在模块中的位置,如中心、一侧或角落,如图 17.12 所示。将 TSV 的间距设置为唯一的输入因子,并且对于规则的 TSV 布局方式,分别寻找前面所提到的关键被干扰 TSV 位置的 ERR 模型。

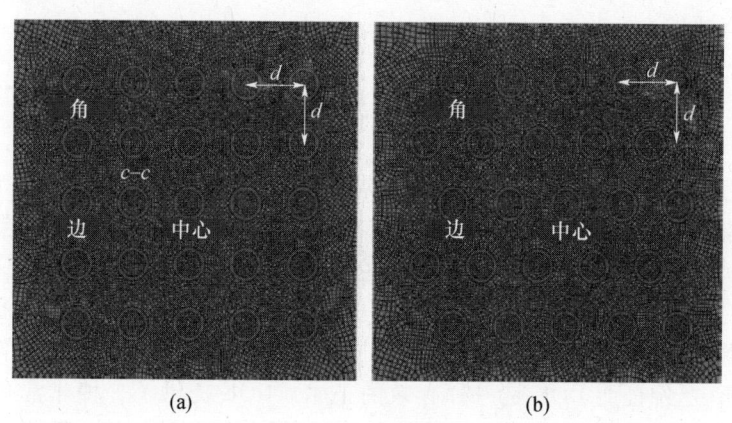

图 17.12 5×5 个 TSV 模块的网状模拟结构的顶视图,圆圈为 TSV
(a)阵列式;(b)交叉式。

不同于规则的 TSV 布局方式,在不规则的 TSV 布局中有无数可能的 TSV 布局组合。然而,模拟所有这些可能情况是不可能的。在 17.3.4 节中,发现只有当间距很小时,被干扰和干扰源 TSV 之间的相对角度才是重要的。此外,如图 17.5 和图 17.6 所示,在沿着间距的方向上 ERR 的梯度不陡峭。根据这些观察,简化不规则 TSV 布局方式的 ERR 模型如下:如果被干扰 TSV 和干扰源 TSV 之间的距离小于 $10\mu m$,同时考虑干扰源的数目和它们之间的角度;如果该距离超过 $10\mu m$,以 $5\mu m$ 为间隔,计算每个距离区间的干扰源数量,如图 17.16 所示。用这种方法,移动到输入因子的距离,并使用每个间隔内的干扰源的数目及最近的干扰源的角度来设计实验。

使用来自空间填充设计方式的分层拉丁超立方体来产生设计点。基于这些设计点,创建有限元分析模拟结构,并从每个模拟中得到 ERR 数据。使用这些 ERR 值构建响应面,获得全芯片 TSV 界面裂纹分析的解析 ERR 模型。

17.4.2 规则硅通孔布局的 ERR 模型

首先,检测如图 17.12 所示的中心、一边和角落位置的被干扰 TSV 的 ERR 值。如图 17.13 所示,中心处的 ERR 最高,当被干扰 TSV 的位置移动到一边时 ERR 降低,最低的 ERR 发生在角落处,这是由于被干扰 TSV 周围的干扰源数量减少了。也观察到阵列型中被干扰 TSV 的 ERR 总是低于相应的交叉布局结果,虽然差异不显著。这是因为在阵列式中大量相邻的干扰源 TSV 形成 90°角,进而降低了被干扰 TSV 位置处应力的大小。

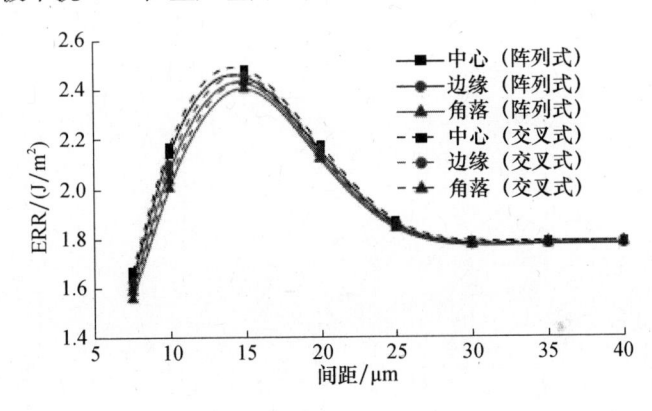

图 17.13 阵列式和交叉式布局情况下的 ERR 和间距关系图

有趣的是,与直觉相反,最小间距时 ERR 是最小的,随着间距增大,ERR 不断增加,直到间距增大到 15μm 后 ERR 开始减小,最终在大约 30μm 间距时达到饱和。为了验证为什么最小 ERR 发生在最小的间距情况下,建立了两个模拟结构,如图 17.14 所示。在线型结构下,被干扰 TSV 只受干扰源引起的增强型应力干扰影响,而在交叉结构中,被干扰 TSV 同时承受着干扰源 TSV 引起的减弱型和增强型应力干扰。如图 17.15 所示,尽管交叉结构中多了 4 个干扰源,对于给定的模拟间距,线型结构的 ERR 总是更高。最重要的是,ERR 的最小值发生在交叉结构的最小间距时,这是由于此时存在最高的破坏应力干扰。这一观察表明,对于给定数量的 TSV,为了有助于抑制 TSV 界面裂纹生长,以阵列结构构造 TSV 模块总是优于线型结构。观察到对于三种受干扰 TSV 位置,即中心、边和角,在较小间距情况下 ERR 的差别较高。这又是由于较小的间距下有较高的应力干扰,从而造成不同被干扰 TSV 位置间存在更大应力大小差异。

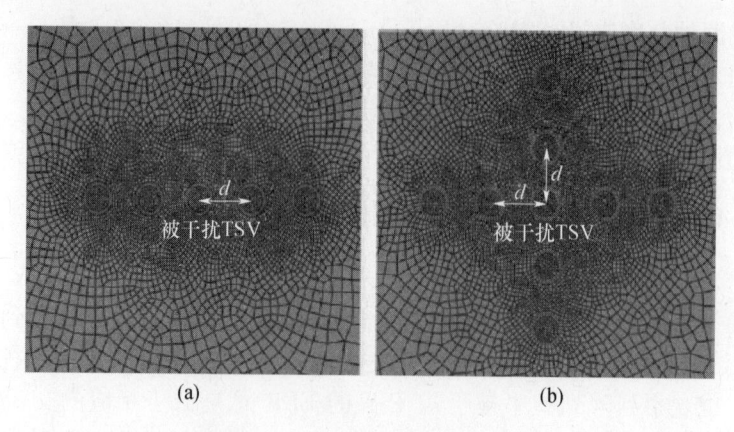

图 17.14 网状模拟结构的顶视图
(a)线形;(b)交叉式。

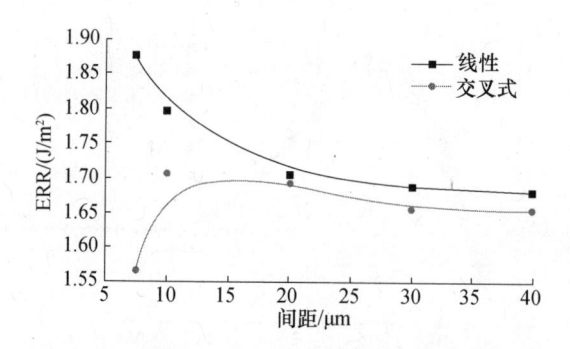

图 17.15 线形和交叉式下的 ERR 和间距的关系图

对于规则 TSV 布局 ERR 模型,决定使用有最低 ERR 的阵列结构。对于规则的 TSV 布局,生成了 8 个设计点,并基于有限元分析模拟模型结果建立 RSM 模型。可以将 RSM 模型表示为一个多元多项式方程。将规则 TSV 布局下的 ERR 模型表示为下述的单变量(间距)四阶多项式

$$\mathrm{ERR}_{\mathrm{reg}} = c_1 + c_2 \cdot d + c_3 \cdot d^2 + c_4 \cdot d^3 + c_5 \cdot d^4$$

式中:d 为间距;$c_1 - c_5$ 为依赖于 TSV 尺寸的系数。分别建立中心、边和角落位置的 ERR 模型。观察到,可以通过取中心和角落位置被干扰 TSV 的 ERR 平均值得到中间点(如图 17.12(a)中的 $c-c$)的 ERR,其误差可以忽略。也生成了不同 TSV 阵列模块的 ERR 模型,如 3×3 和 7×7 阵列。

17.4.3 不规则硅通孔布局的 ERR 模型

不规则的 TSV 布局有数不清的组合情况。通过将距离分段并在距离被干扰 TSV 10μm 范围内考虑角度依赖性,来减少输入因子数,如图 17.16 所示。此外,在每一个距离区间内,干扰源的数量不能是任意大的。而且,随着间距变

小,由于区间面积的减少,其内干扰源的可能数目也应变小。基于这种约束,产生 50 个设计点。由于使用 13 个输入因子,其中 8 个用于角度(在区间 1 中,可能的最大干扰源数目是 8),5 个用于每个区间的干扰源的数目。50 个设计点不足以获得高质量的 RSM 模型。然而,基于观察,如果以相同的角度 θ 围绕被干扰 TSV 旋转整个仿真结构,ERR 将保持相同,这是因为 TSV 的相对位置是不变的,这样就从 50 个模拟中产生了 885 个数据点,从而得到更好响应面拟合。

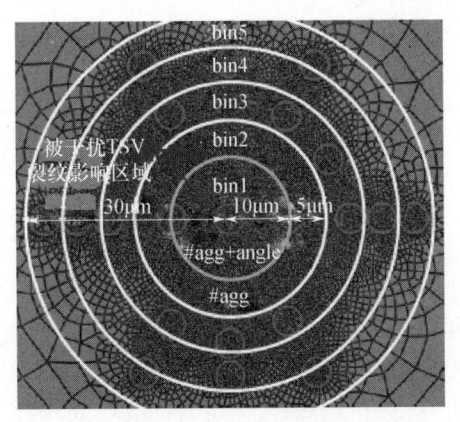

图 17.16 含有 21 个干扰源 TSV 的不规则 TSV 布局的网状模拟结构的顶视图

图 17.17 显示了预测的 ERR(RSM 模型)和数据点。当在区间 1 中没有干扰源 TSV 时,有 6 个异常值产生,因此 8 个角度输入因子没有被执行,导致结果偏离预测模型。在这种特殊的情况下,这种 ERR 模型可以通过模拟更多的设计点来加强。然而,在基准电路最坏情况中,区间 1 中没有干扰源 TSV 的情况所占比例小于 6%(1472 个 TSV 中的 87 个)。同时,由于一般情况下 ERR 模型与数据点拟合良好,使用该模型,并没有做进一步的模拟。不规则 TSV 布局的 ERR 模型可以表示为一个含有 13 个变量的二阶多项式。由于篇幅限制,本书没有展示 ERR 模型的细节。

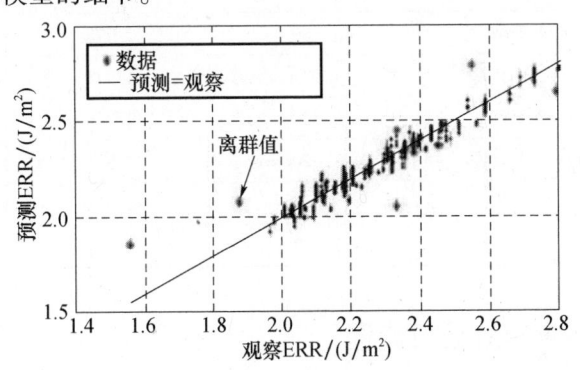

图 17.17 使用 DOE 和 RSM 得到的预测 ERR 和观察到的 ERR 相比较

17.4.4 ERR 模型的准确度

模型的拟合优度可以使用统计方法来测试,如决定系数(R^2)、均方根差(RMSE)和 RMSE 平方预测误差总和(PRESS RMSE),这是通过一次排除一个数据点、建立一个新的 RSM 模型以及计算 RMSE[5]来评估的。表 17.2 表明 ERR 模型的 R^2 值接近 1,同时 RMSE 和 PRESS RMSE 都小于 0.1。考虑到模拟中 ERR 的值变化范围大体上在 1.5~3 间,拟合的质量是可以接受的。

表 17.2 ERR 模型质量

布局方式	决定系数	均方根误差	平方预测误差总和
规则	0.993	0.034	0.086
不规则	0.956	0.044	0.098

尽管模型与模拟数据吻合较好,但是验证 ERR 模型能否正确地预测未知数据点是十分重要的。设计了 5 个新的模拟结构来验证规则和不规则的 TSV 布局情况的 ERR 模型。表 17.3 显示了模型预测的 ERR 和模拟的 ERR。由于规则的 TSV 布局方式只使用一个输入因子,即间距,对于模型的 RMSE 值,其验证的 RMSE 值低于不规则的 TSV 布局情况。相对于模型的 RMSE 值,不规则的 TSV 布局形式的验证 RMSE 是可以接受的。

表 17.3 ERR 模型的验证,仿真情况包括了规则 TSV 布局形式的间距和不规则 TSV 布局的干扰源数

布局方式	模拟情况	ERR(模型)	ERR(模拟)	验证均方根误差
规则	9μm	1.996	1.985	0.033
	12.5μm	2.401	2.371	
	17.5μm	2.355	2.335	
	22.5μm	2.015	1.988	
	27.5μm	1.789	1.778	
不规则	10 个干扰源	1.901	1.971	0.055
	21 个干扰源	2.229	2.324	
	28 个干扰源	2.320	2.305	
	36 个干扰源	2.394	2.371	
	43 个干扰源	2.572	2.547	

17.4.5 全芯片分析流程

在本节中,简要地总结全芯片 TSV 界面裂纹分析流程。全芯片 TSV 界面裂

纹分析流程如算法 11 所示。假设每个 TSV 都可以成为被干扰 TSV，因此当访问某个 TSV 时，设置这个 TSV 为被干扰 TSV，影响区内的其他 TSV 作为干扰源。模拟中使用 30μm 作为裂纹的影响区，这是因为在这个间距左右时，ERR 趋于饱和，如图 17.13 所示。然后，找到被干扰 TSV 和干扰源之间的角度和距离，对于不规则的 TSV 布局，在相应的距离区间插入干扰源，或对于规则的 TSV 布局找到其间距。一旦准备好这些信息，就可以使用基于 DOE 和 RSM 解析模型来计算 ERR。

```
输入：TSV列表 T, TSV布局方式 S, ERR模型
输出：ERR图
for each TSV t in T do
    c ← center of t
    r ← FindCrackInfluenceZone(c)
    r.Agg ← FindAggressorTSVs(r)
    for each aggressor a in r.Agg do
        t.θ ← angle(t,a)
        t.d ← distance(t.a)
        if S = I regular then
            │ t.n ← AddAggressorAtDistanceBin(t.d)
        end
        else if S = Regular or Block then
            │ p ← FindPitch(T)
        end
    end
    t.ERR ← ComputeERR(t.θ,t.d,t.n,p,S,M)
end
```

算法 11：全芯片 TSV 界面裂纹分析流程

17.5　实验结果

用 C++ 实现全芯片的 TSV 界面裂纹分析流程。分析中将一个门级三维电路进行 4 种变形，包括 TSV 布局方式和 TSV 单元大小的变化，如表 17.4 所列。对于所有的情况，TSV 和门的数目分别是 1472K 和 370K，这样就可以公平地比较布局方式对 ERR 的影响。基于 45nm 工艺的物理库，使用 Synopsys Design Compiler 对电路进行综合，并且使用 Cadence SoC Encounter 将电路设计成两管芯叠层三维集成电路。

表 17.4　测试电路

电路	TSV 布局	TSV 单元尺寸/μm × μm	线长/mm	面积/μm × μm	间距/μm
$Irreg_A$	不规则	9.88 × 9.88	8884	1000 × 1000	—
Reg_A	规则	9.88 × 9.88	9648	1000 × 1000	25
$Irreg_B$	不规则	7.41 × 7.41	9060	960 × 960	—
Reg_B	规则	7.41 × 7.41	9547	960 × 960	22

17.5.1 阻止区的影响

首先研究 KOZ 尺寸对规则和不规则 TSV 布局方式下 ERR 的影响。图 17.18 显示了所观察的 ERR 范围内的 TSV 数目的直方图。首先观察到,在规则的 TSV 布局中,ERR 值高度集中在一个小范围内。尽管 ERR 存在差异,例如 TSV 阵列的中心和角落位置的 ERR,但在 $22\mu m$(Reg_B)和 $25\mu m$(Reg_A)的间距下 ERR 差异是可以忽略不计的。同时,对于规则 TSV 布局的情况,KOZ 尺寸对 ERR 的影响是不明显的,这是因为两个 TSV 间距都已经接近裂纹的影响区($30\mu m$),并且他们的差别只有 $3\mu m$。

另一方面,不规则的 TSV 布局情况显示了较大的 ERR 变化,和规则的 TSV 布局情况相比,大量的 TSV 承受着更高的 ERR。这主要是因为不规则的 TSV 布局情况中,TSV 可以被密集或稀疏地放置来最小化线长。因此,依赖于附近干扰源 TSV 的布局,被干扰 TSV 的 ERR 可能显著改变。此外,由于存在 TSV 组紧密布局的区域,如图 17.19(a)所示,所以在不规则的 TSV 布局方式中可以观察到较高的 ERR 值。也看到,在不规则的 TSV 布局中,KOZ 的大小对 ERR 值有很大的影响。这是因为增加的 KOZ 大小导致每一个距离区间内干扰源 TSV 的数目减少,从而降低了被干扰 TSV 的应力大小。

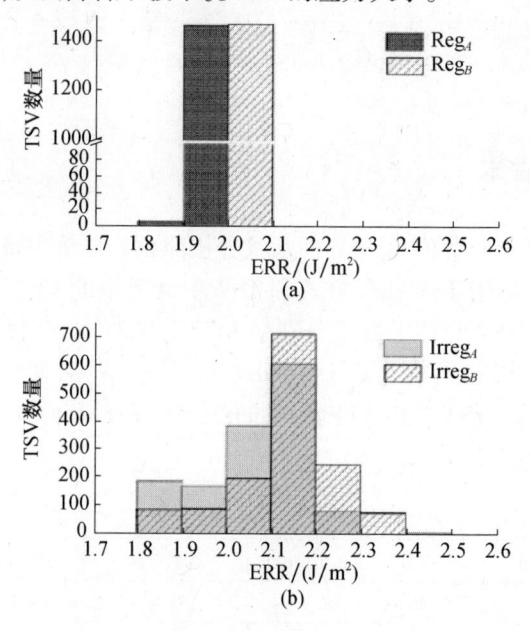

图 17.18 阻止区(KOZ)对于 ERR 的影响,TSV_A 单元(KOZ 为 $2.44\mu m$)和 TSV_B 单元(KOZ 为 $1.205\mu m$)
(a)规则的 TSV 布局;(b)不规则的 TSV 布局。

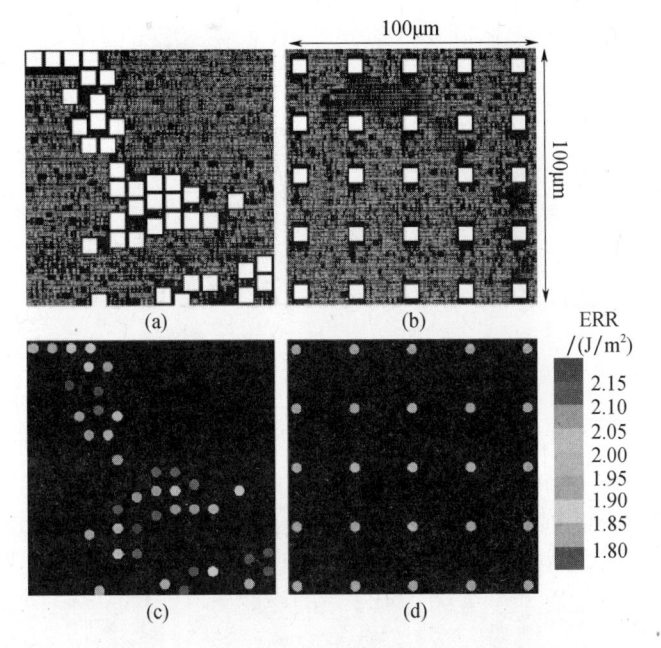

图 17.19 布局和 ERR 图的特写照片(见彩图)
(a)Irreg$_B$;(b)Reg$_B$;(c)Irreg$_B$ 的 ERR 图;(d)Reg$_B$ 的 ERR 图。

17.5.2 衬层的影响

在 17.3.2 节中认识到,ERR 高度依赖于衬层材料及其厚度。在本节中,研究衬层对全芯片级 ERR 的影响。对所有情况,使用一个 $6\times6\mu m^2$ 的焊盘。如图 17.20(a)所示,由于使用了衬层,不规则和规则的 TSV 布局方案中 ERR 值都明显减小。还发现衬层厚度对最大的 ERR 大小有巨大的影响,这是因为较厚的衬层能够有效地吸收 TSV/衬层界面处的热 - 机械应力。特别是,和 SiO_2 衬层相比,BCB 衬层的最大 ERR 值的减小非常明显,这是由于它具有极低的杨氏模量,如 17.3.1 节所示。此外发现,和规则的 TSV 布局相比,不规则的 TSV 布局中 ERR 值下降得更大,这是由于在干扰源 TSV 靠近被干扰 TSV 的地方,衬层的应力缓冲作用是更有效的。

图 17.20(b)表明,对于不同衬层材料和厚度,Reg$_A$ 和 Reg$_B$ 电路的 ERR 值的差别是不明显的。这又是因为 Reg$_A$ 和 Reg$_B$ 电路中间距的差异是可以忽略的,而且间距本身已经接近裂纹影响区范围。

17.5.3 模块级三维设计可靠性

即使门级三维设计具有最高的优化潜力,但是在某种意义上模块级的设计是有吸引力的,因为可以重复利用高度优化的二维 IP 块。在本节中研究模块

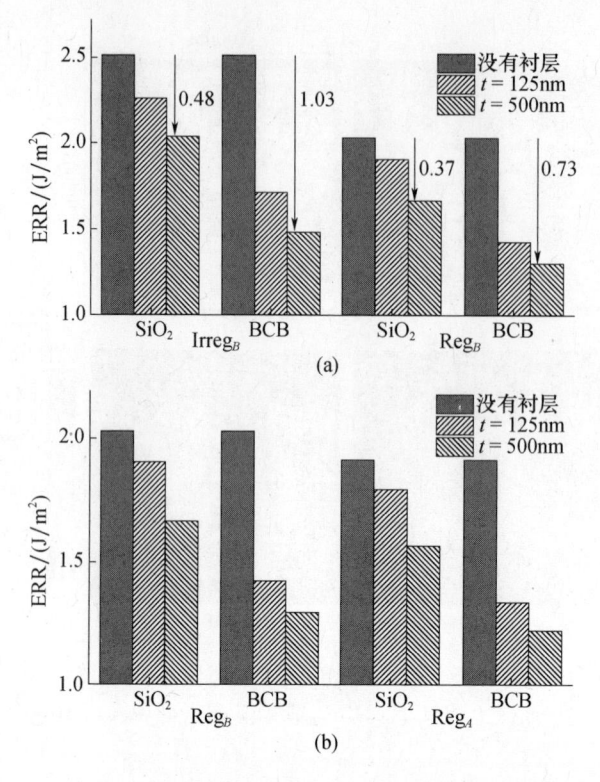

图 17.20 衬层材料和厚度对于 ERR 最大值的影响
(a)$Irreg_B$ 和 Reg_B 对比;(b)$Irreg_A$ 和 Reg_A 对比。

级 3D 设计中的 TSV 界面裂纹。三维模块级的设计是使用一个内部三维平面规划器产生的,它将一组 TSV 看做一个模块,如图 17.21 所示。对所有情况,使用一个 500nm 厚的 BCB 衬层和 $6 \times 6 \mu m^2$ 的焊盘。改变 TSV 模块内的 TSV 间距,来检测它对版图质量以及可靠性事项的影响。请注意,一般来说 TSV 模块内的间距小于规则的 TSV 布局的情况。

表 17.5 表明,和门级的设计相比,模块级设计使用了更少的 TSV、更短的线长、及更多的面积。实验结果表明,在所有情况中,采用 $7.5 \mu m$ 间距的模块级设计显示出最小的 ERR。这是由于在小间距下,存在强烈的 TSV - TSV 应力干扰,如图 17.13 所示。然而,和规则的和不规则的 TSV 布局相比,它表现出更大的 ERR 变化。这主要是由于小的 TSV 间距,以及模块级设计中使用了不同类型的 TSV 模块,例如图 17.21(a)右上角的导线类型。此外,由于 TSV - TSV 的高度耦合,较小的 TSV 间距可能使信号完整性变差。因此,考虑到机械和电学事项,应当仔细确定模块级设计中 TSV 的间距。

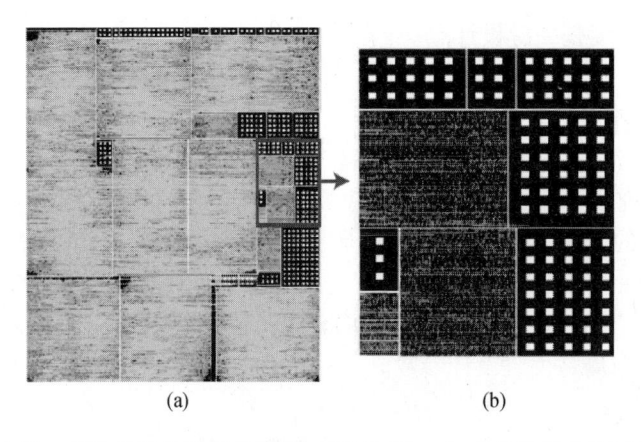

图17.21 模块级设计的布局（TSV 间距是 15μm），白色矩形是 TSV 焊盘
(a) 全芯片布局；(b) (a) 中方框的特写照片。

表 17.5 门级和模块级设计的对比

级别	TSV 间距/μm	#TSV	线长/mm	面积/(μm×μm)	最大的 ERR/(J/m^2)	标准差
门级	不规则	1472	9060	960×960	1.489	0.081
	22	1472	9547	960×960	1.300	0.003
模块级	7.5	333	7933	980×1090	1.232	0.129
	10	394	8028	1080×1000	1.500	0.160
	15	368	8259	950×1130	1.805	0.270

17.5.4 总结和重要发现

本节总结我们的工作，并简要讨论重要发现。

（1）基于 DOE 和 RSM，提出了一种高效的全芯片 TSV 界面裂纹分析流程。请注意，全芯片 TSV 界面裂纹分析方法通常足以应用于其他类型的裂纹结构。

（2）TSV 界面裂纹是受 TSV 布局方式、KOZ 大小和 TSV 周围结构（如衬层和焊盘）影响的。

（3）和规则的 TSV 布局相比，不规则的 TSV 布局承受较高的 ERR 和更大的 ERR 变化，因此难以控制整个芯片上的 TSV 界面裂纹问题。

（4）对于规则的 TSV 布局和模块级设计，推荐尽可能使用阵列式 TSV 模块，这样就可以利用最高的减弱型应力干扰来降低 ERR。此外，考虑到机械和电学问题，TSV 模块内的 TSV 间距应当仔细确定。

（5）由于更大的 KOZ 增加了 TSV 间距，减少了裂纹影响区内影响被干扰 TSV 的干扰源 TSV 的数量，因此缓解了 TSV 界面裂纹。然而，由于它带来了更大的版图面积，需要仔细设计 KOZ。

（6）为了降低 TSV/衬层界面处的应力大小，进而缓解 TSV 界面裂纹问题，衬层材料和厚度是关键设计点。

17.6 结论

本章研究了 TSV 的布局以及 TSV 周围结构(如衬层和焊盘)是如何影响三维集成电路的 TSV 界面裂纹的。还研究了一种基于 DOE 和 RSM 的准确快速的全芯片 TSV 界面裂纹分析流程,它适用于三维集成电路的布局优化。结果表明,为了减小 TSV 基三维集成电路的 TSV 界面裂纹问题,KOZ 尺寸、衬层材料/厚度和 TSV 布局是关键设计参数。

参考文献

[1] G. V. der Plas et al. ,Design issues and considerations for low – cost 3D TSV IC technology, in *IEEE International Solid – State Circuits Conference Digest Technical Papers*, San Francisco, (IEEE, Piscataway, 2010)

[2] M. Jung, X. Liu, S. K. Sitaraman, D. Z. Pan, S. K. Lim, Full – chip through – silicon – via interfacial crack analysis and optimization for 3D IC, in *Proceedings of IEEE International Conference on Computer – Aided Design*, San Jose, 2011

[3] A. P. Karmarkar, X. Xu, V. Moroz, Performance and reliability analysis of 3D – integration structures employing through silicon via (TSV), in *IEEE International Reliability Physics Symposium*, Montreal, (IEEE, New York/Piscataway, 2009)

[4] D. H. Kim, K. Athikulwongse, S. K. Lim, A study of through – silicon – via impact on the 3D stacked IC layout, in *Proceedings of IEEE International Conference on Computer – Aided Design*, San Jose, (ACM, New York, 2009)

[5] Y. – J. Lee, R. Goel, S. K. Lim, Multi – functional interconnect co – optimization for fast and reliable 3D stacked ICs, in *Proceedings of IEEE International Conference on Computer – Aided Design*, San Jose, (ACM, New York, 2009)

[6] X. Liu, Q. Chen, P. Dixit, R. Chatterjee, R. R. Tummala, S. K. Sitaraman, Failure mechanisms and optimum design for electroplated copper through – silicon vias (TSV), in *IEEE Electronic Components and Technology Conference*, San Diego, (IEEE, Piscataway, 2009)

[7] K. H. Lu, X. Zhang, S. – K. Ryu, J. Im, R. Huang, P. S. Ho, Thermo – mechanical reliability of 3 – D ICs containing through silicon vias, in *IEEE Electronic Components and Technology Conference*, San Diego, (IEEE, Piscataway, 2009)

[8] K. H. Lu, S. – K. Ryu, Q. Zhao, X. Zhang, J. Im, R. Huang, P. S. Ho, Thermal stress induced delamination of through silicon vias in 3 – D interconnects, in *IEEE Electronic Components and Technology Conference*, Las Vegas, (IEEE, Piscataway, 2010)

[9] S. – K. Ryu, K. – H. Lu, X. Zhang, J. – H. Im, P. S. Ho, R. Huang, Impact of near – surface thermal stresses on interfacial reliability of through – silicon – vias for 3 – D interconnects. IEEE Trans. Device Mater. Reliab. 11, 35 – 43 (2011)

[10] J. – S. Yang, K. Athikulwongse, Y. – J. Lee, S. K. Lim, D. Z. Pan, TSV stress aware timing analysis with applications to 3D – IC layout optimization, in Proceedings of ACM Design Automation Conference, anaheim, (ACM, New York, 2010)

第五部分　其他论题

本书的这部分内容包含了 3D IC 设计中的其他课题。在第 18 章中,研究了单片 3D 集成的密度、性能、功耗优势,其中 NMOS 和 PMOS 被布局在两个不同的层,并与极小的单片层间通孔(MIV)相连。在第 19 章中,研究了在目前和未来工艺节点实现的 TSV 按比例缩小对面积、线长、时序以及 3D 设计的电源质量的影响。在第 20 章中,研究了具有堆叠存储器的三维大规模并行处理器(3D – MAPS)的设计、制造、测试,在该结构中包含 64 个通用核的层与含有 SRAM 存储器的另一层被面对面地焊接,来实现核到存储器通信,并利用 TSV 与封装通信。

第18章 利用单片三维集成实现超高密度逻辑设计

摘要:近来单片3D工艺的革新,使得其相比目前基于硅基通孔的工艺能够实现更高密度的垂直互连。在本章将研究超高密度逻辑设计中的单片3D集成工艺所具有的优势和面临的挑战。基于版图实验,比较了单片3D设计相对于传统2D设计具有的重要设计优势,诸如面积、线长、时序、功耗。还研究了针对单片3D IC的不同互连方式以改善设计密度和性能。取决于单片3D IC的互连设置以及基准电路特性,观察到两层单片3D设计相比2D设计减小40%的封装面积、缩短39.7%的连线、提高39.7%的工作速度、降低9.2%的功耗。

本章所展示的内容基于参考文献[7]。

18.1 引言

单片3D IC是依次实现两层或更多层器件的垂直集成工艺,而不是利用微凸块和/或TSV将两个管芯焊接在一起。相比其他已有的3D集成工艺(线焊、中介层、硅基通孔等),由于层间通孔具有极小的尺寸(典型值为50nm直径),所以单片3D集成真正实现了器件和互连超精细的垂直集成。制造工艺已经成熟,可实现非常高的校准精度[3]和极薄的管芯。典型3D IC的侧视图如图18.1所示。由于单片层间通孔(MIV)尺寸非常小(约为局部通孔尺寸),且MIV的寄生电容几乎可忽略(小于1fF),所以除了基于TSV的3D IC之外,可以更多地利用垂直互连实现设计性能的改善和提高。

在单片3D IC设计中,可能将传统2D标准单元布局在不同层中,并通过MIV将它们垂直相连,这被称为门级单片3D。精细的3D布局方法是将每个标准单元中的NMOS和PMOS管分离开,并将它们布局在不同的层,这被称为晶体管级单片3D(我们在本章称其为MI-T)。在本研究中,我们主要关注MI-T工艺,原因如下:首先,基于TSV的3D IC设计或门级单片3D IC设计需要可用于3D的物理设计工具(器件划分器、布局器等)。然而自带支持3D设计的商业电子设计自动化工具目前仍不成熟。相反地,将已有的用于2D IC的EDA工具进行适当改动就可应用于MI-T设计。第二,由于PMOS和NMOS管被制造在不同的管芯上,管芯制造工艺可进一步优化。第三,与在同一管芯上同时使用PMOS和NMOS相比,此时每个管芯需要的掩膜数较少,因此降低了每个管

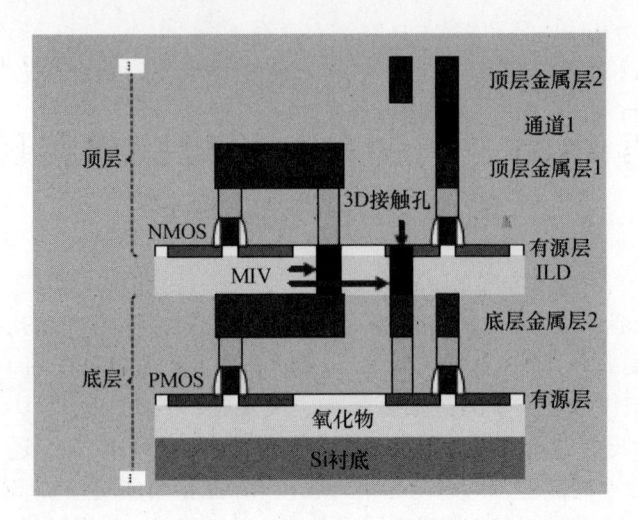

图 18.1 两层单片 3D IC 的侧视图，MIV 和 ILD 代表单片层间通孔和层间介质，在顶层仅给出了两个金属层，各部分等比例绘制

芯的制造成本。

本章研究用于实现高密度逻辑设计的单片 3D IC 工艺的优势和挑战。本章将涵盖如下论题：

（1）研究如何设计用于 MI – T 的标准单元以实现高密度集成。讨论用于提高密度和性能的不同实际版图和设计方法。

（2）研究 MI – T 中的布线拥挤问题，并探索不同的互连方法解决该问题。研究了多个金属层结构及其尺寸。根据基于版图的实验结果，针对多个基准电路提出了关于线长、时序、功率度量的详细分析。

（3）研究基于未来工艺尺寸缩小的趋势，单片 3D IC 的优势如何增加或减少。分析了更快和更具有功耗效率的单元以及更高互连电阻/电容（RC）对单片 3D 设计的影响。

18.2 研究现状

目前与单片 3D IC 设计相关的研究工作还非常少。Jung 等人将基于单晶薄膜的工艺用于他们的 SRAM 设计[6]，这将 SRAM 单元面积减小了 46.4%。近来，Golshani 等人实现了 SRAM 以及图像传感器的单片 3D 集成[5]。同时，Naito 等人基于单片 3D IC 工艺首次实现了 3D FPGA 设计[9]。Batude 等人利用分子键合法以及低热预算法实现了高质量顶部硅层[3]。近来文献[4]报道了单片 3D 标准单元库和逻辑电路的设计。Liu 等人提出了关于晶体管和门级单片 3D 设计方式的设计折衷研究[8]。然而，他们的设计方法和互连方式并没有解决晶体管级单片3D设计中的布线拥挤问题,而这会导致设计质量的降低。

18.3 设计方法

本节将详细解释针对MI-T工艺的我们的设计方法。具体将讨论针对高密度和高性能MI-T设计的不同实际问题。

18.3.1 库的构建

图18.2总结了整个的库构建步骤。首先,定义了两层MI-T层结构和尺寸(见图18.3(b))。基于这些结构条件,相应地采用并改进了Nangate 45nm 2D库中的初始层结构尺寸和设计规则[10]。之后,建立了Virtuoso工艺文件和显示文件,Cadence Virtuoso中的标准单元版图将需要用到它们。然后,选择目标标准单元,并在Cadence Virtuoso中手动画出它们的单片3D版本(见图18.4)。然后利用Cadence Abstract Generator生成物理库。对于互连RC寄生,首先利用MI-T的结构信息写出互连工艺文件。最后用Cadence Encounter和Techgen生成RC寄生库。

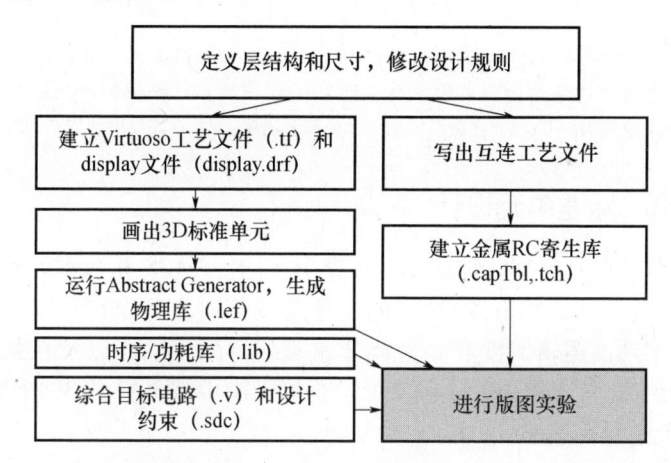

图18.2 库的构建步骤,最上面的四个框代表手动步骤,往下两个框主要由CAD工具执行,同时还给出了不同工艺和库相关文件的扩展名

MI-T标准单元是从Nangate 45nm标准单元库修改得到的,这将在下面的18.3.2节详细讨论。在文献[2]中观察到底部和顶部层中的晶体管表现出非常类似的性能;单片3D集成没有显著衰减性能。因此,文献[4]中作者将原始的2D Nangate时序/功耗库用于3D单元。相信利用先进的制造工艺和标准单元设计方法,单片3D单元的时序/功耗将与2D单元的一致。因此,使用原始的Nangate时序/功耗库用于3D单元。

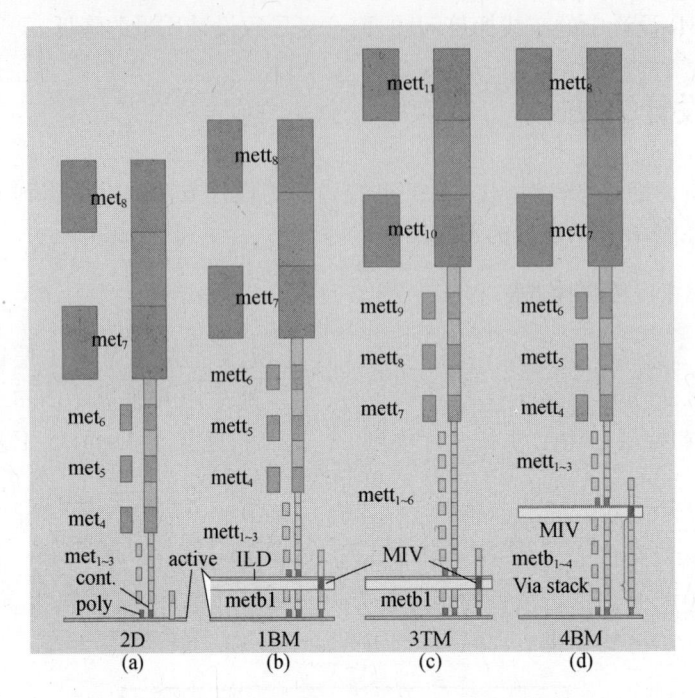

图 18.3 金属层堆叠形式,ILD 替代顶层和底层之间的层间介质,简化起见没有画出底层结构和用于金属层的 ILD,图中所示结构被按比例缩放
(a)2D;(b)基准线 MI-T;(c)在顶层添加三个局部金属层;(d)在底层添加三个局部金属层。

18.3.2 标准单元设计

MI-T 标准单元与那些传统 2D IC 完全不同。PMOS 和 NMOS 管被布局在不同的层,连接晶体管和电源/地线的内部连线需要重新设计。对单元进行仔细设计对于实现高逻辑密度和高性能非常重要。基于功能以及在基准电路综合网表中的用途,从 Nangate 45nm 2D 标准单元库中选择总共 39 个标准单元。单片 3D 单元总结在表 18.1 中。

表 18.1 我们库中建立的单片 3D 标准单元清单

种类	#单元数	单元名称
逻辑	23	NAND2_X1,NOR2_X1,OAI22_X1,UX2_X1,…
时序	4	DFF_X1,DFFR_X1,DFFS_X1,DFFRS_X1
缓冲器	12	BUF_X1/2/4/8/16/32,INV_X1/2/4/8/16/32

由于下述三大原因,标准单元设计方法不同于单元间交叠[4]:

(1) 将 PMOS 管布局在底层,NMOS 管布局在顶层。在标准单元中,由于电子/空穴迁移率不同,NMOS 管小于 PMOS 管。通过将 NMOS 管放在顶层,顶部硅表面的其余空间用于 MIV,以减小空间浪费。如果 PMOS 如文献[4]那样位于顶层,需要为 MIV 提供额外的空间,这会增加单元面积。

(2) 在原始 2D 标准单元版图中使用折叠方法。与文献[4]中需要对内部互连完全重新设计的内部单元堆叠法相比,我们的方法更直接并有可能减小内部寄生电阻。

(3) 将不同金属层中标准单元的电源和地总线布局在底部。与文献[4]中将电源/地总线布局在标准单元顶/底部的方法相比,我们的方法进一步减小了单元面积。

如图 18.4 所示为标准单元设计步骤。首先,初始的 2D 单元被分割为 NMOS 和 PMOS 部分。然后,PMOS 部分被翻转以使得 VDD 总线位于单元版图的底部。PMOS 部分被布局在底层,NMOS 部分被布局在顶层。内部连线被仔细修改来保持连通性和符合设计规则。3D 连接由 MIV 实现。原始 2D 标准单元高度为 $1.4\mu m$,然而我们的 MI-T 标准单元高度为 $0.84\mu m$。单元高度减小了 40%,这比文献[4]中报道的值更小(约 30%)。MIV 在底层不需要额外的硅空间,因此在底层布局 PMOS 部分(比 NMOS 部分要大)对于减小单元高度非常有用。注意到,在 MI-T 修改之后标准单元的管脚被布局在顶层和底层。例如,图 18.4(b)中管脚 A1 在顶层和底层中均可用。

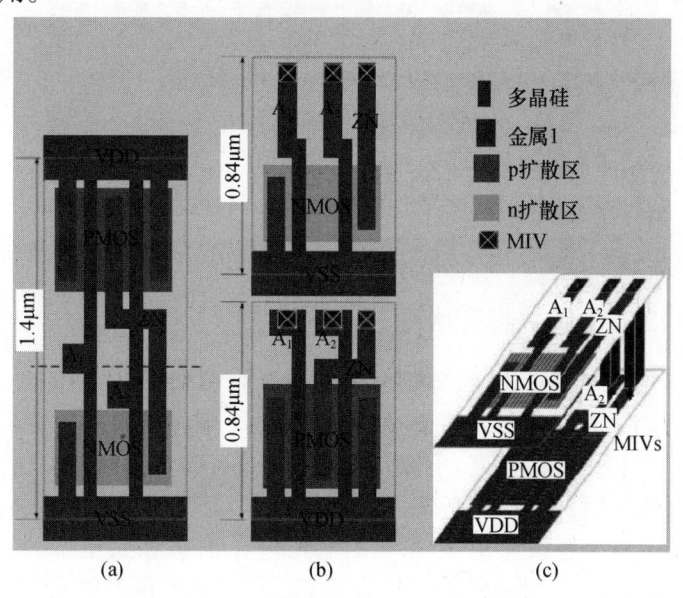

图 18.4 MI-T 的标准单元设计步骤,VDD 和 VSS 表示电源和地总线,虚线框表示单元边界(见彩图)
(a)原始 2D 单元,红色虚线为切割线;(b)切割、翻转、修改后;(c)3D 视图。

由于多晶硅(或多晶)在两层中实现 PMOS 和 NMOS 器件的连接,我们试图减小多晶硅的长度。例如,图 18.4(a)中的多晶硅连线长度约为 1.3μm,然而在图 18.4(b)中约为 1.2μm。由于多晶硅的单位长度电阻非常高,约为 156Ω/μm,如果需要的话可通过小心确定 MIV 的位置以及调节多晶线实现内部连线电阻的显著减小。寄生 MIV 的 RC 相比单元内的其他连线很小,因此 MIV 对性能的影响可以忽略。

如图 18.4(c)所示,MI－T 单元的 VDD 和 VSS 总线位于标准单元的底部。如果 VDD 总线位于顶部,从 VDD 通过 PMOS、MIV、NMOS 到 VSS 的连接将非常复杂,且互连布线需要进行修改,尤其是当单元内部的连接非常复杂时(例如 D 触发器、全加器单元)。这会增加标准单元高度。

如图 18.5 所示为两个 MI－T 标准单元。单元顶部的黑色方框代表 MIV。取决于其复杂度,一个单元可能有许多 MIV。但是,由于 MIV 非常小,它们只占据单元面积的一小部分。注意到尽管我们将绝大部分 MIV 布局在顶部,如果需要的话可以将它们移低。

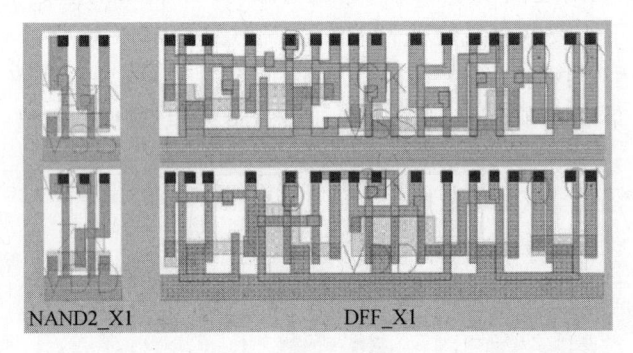

图 18.5 MI－T 标准单元版图,每个单元中顶部为 NMOS 部分,底部为 PMOS 部分,简化起见没有表明 p/n 阱和注入部分

18.3.3 全芯片物理版图

建立了 MI－T 的库之后,即可以进行全片版图实验。通过使用 Synopsys Design Compiler 基于 MI－T 标准单元和基准设计约束综合了基准电路。表 18.2 总结了这些基准电路。下面利用 Cadence Encounter 建立电路的物理版图。从布局规划开始,进行了电源分配网络规划、单元时序驱动布局、时钟综合、时序驱动布线。由于 MI－T 单元包含顶层和底层部分,且 MIV 作为单个单元,所以可对单元以 2D 方式进行布局而不在单元间产生覆盖。MI－T 单元在底层和顶层的第一层金属上存在管脚(图 18.3(b)中的底层金属 1 和 mett1)。

表 18.2 本文的基准电路

	AES	VGA	DES	JPEG	FFT
#单元数	19719	68318	76088	297028	582621
#网线	20146	74696	78608	381548	751399
平均扇出	2.131	2.307	2.034	1.850	2.130
时钟周期/ns	0.5	0.5	0.5	3.0	0.6

不同于文献[4]中的金属层假设,其允许设计者使用底层上的金属层(图18.3(b)中的metb1)进行局部布线。在本例中,基于布线拥塞和时序信息,Encounter中的时序驱动布线器选择要连接到哪层中的哪个管脚。如图18.6所示,布线器可能仅使用底层金属层1、顶层金属层1或全部三种:底层金属层1、MIV、顶层金属层1。注意到,布线器不应在标准单元内布局MIV,因为这些MIV可能会接触单元的内部。

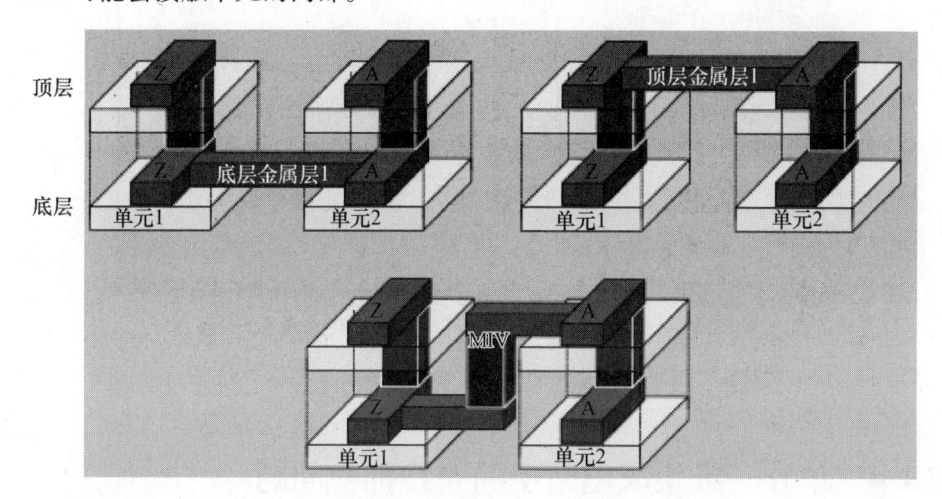

图 18.6 MI-T 中节点布线的图示,该节点将单元1中的管脚Z连接到单元2中的管脚A

布线结束后,开始提取连线的 RC 用于时序和功耗分析。一旦获得 RC 信息和网表,静态时序工具(STA)工具可以一次处理顶层和底层,提供真实的 3D STA 结果。对于功耗分析,使用 Synopsys PrimeTimePX。假设在主要的输入管脚和触发输出处的开关活跃度是一定的(分别为0.2和0.1)。那么工具将开关活跃度信息传送到电路的其他部分。基于开关活跃度和库信息可以进行功耗计算。

如图18.7所示为基准电路 AES 的版图快照。在放大部分中显示了单元、信号线、电源总线。对于顶层仅显示了前两个金属(顶层金属1和顶层金属2)。

观察到 Encounter 布局和布线 MI-T 单元完全没有问题。注意到布线中使用的 MIV 被布局在单元间的空白处，避免了任何接触。由于使用了目前的 EDA 软件来实现版图，所以布局和布线的质量非常高。

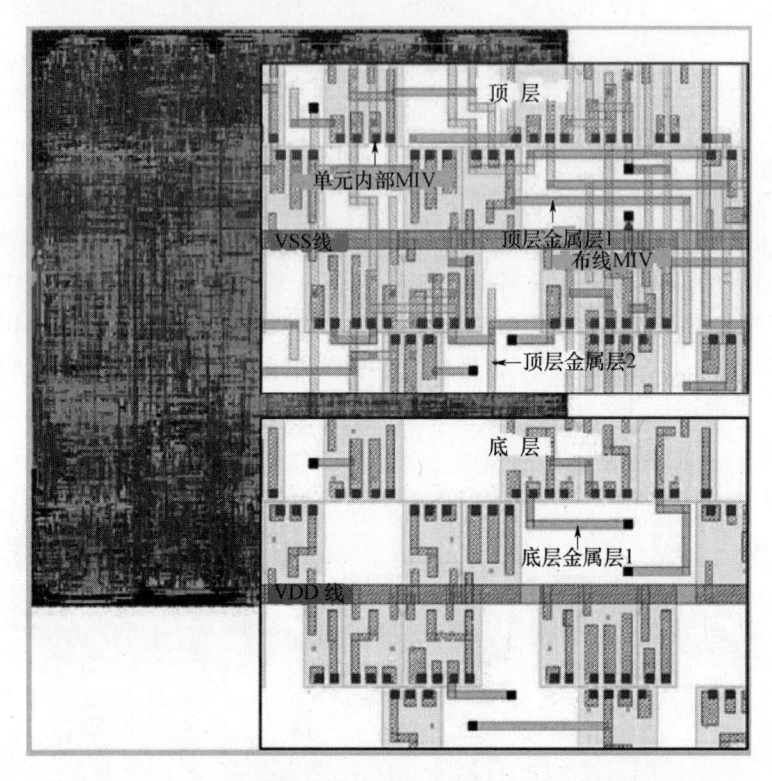

图 18.7　基准电路 AES 的版图照片，右边是放大的顶层和底层，黑色和浅色矩形分别表示用于连线布线的 MIV 以及单元内部连接

18.4　单片三维集成电路中的布线拥塞问题

　　研究表明 MI-T 设计的主要问题是布线拥塞。由于 MI-T 单元比原始的 2D 单元小 40%，总的芯片面积也减小 40%。然而，需要连接的单元管脚数是相同的。如表 18.3 所列，MI-T 的管脚密度变得比 2D 时高得多。例如，AES 的 MI-T 设计中管脚密度比 2D 设计的要高 66%。互连线需要在小了 40% 的面积内布线，这意味着提高了布线要求。MI-T(底层金属层 1)的底层上的额外金属层可仅被用于局部互连，因为单元内的底层金属 1 条(内部线和管脚)限制了单元到单元的布线。因此单位布线片(= 在用于全局布线的 $N \times N$ 格点中的一片)上 MI-T 的布线能力几乎与 2D 时相同，且不能满足大量增大的布线要求。

表 18.3 基准电路的管脚密度,单元面积和管脚密度(=单元管脚数/单元面积)示于下表,单位分别为 μm^2 和管脚数/μm^2

单元管脚数		AES	VGA	DES	JPEG	FFT
		63068	247015	238488	1087390	2351692
单元面积	2D	20964	129977	102840	639677	1357493
	MI-T	12578	33728	61704	383806	814496
管脚密度	2D	3.01	1.90	2.32	1.70	1.73
	MI-T	5.01	3.17	3.87	2.83	2.89

如图 18.8 所示为 2D 的布线拥塞图和基准电路的 MI-T 设计。显然 MI-T(即 18.5.1 节中定义的 1BM 情况)相比 2D 存在更严重的布线问题。总过拥塞率(Encounter 记录的,由具有最大短缺的金属层计算得到)在 2D 和 MI-T 情况下分别为 0.30% 和 4.36%。由于通过金属层变化以及绕路来解决布线拥塞,MI-T 的时序和功耗性能也会衰减。此外,在电路优化时由于优化程序插入缓冲器且将复杂单元分裂成更简单的单元组以改善时序,因此我们观察到布线拥塞问题更加严重,同时这也导致管脚密度显著增大。

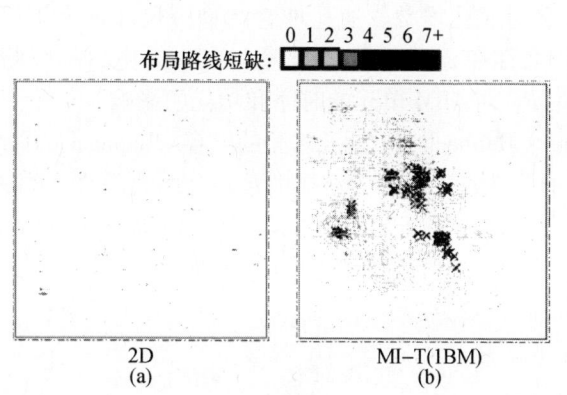

图 18.8 VGA 的布线拥塞图,黑色×记号表示由于布线拥塞导致违反设计规则处 (a)2D;(b)MI-T。

该布线拥塞问题仅存在于 MI-T 工艺中;当工艺节点按比例缩小时该问题将不再发生,因为局部金属尺寸和单元是以相同比例缩小的。该问题也不会发生在基于 TSV 的 3D IC 中,因为在基于 TSV 的 3D IC 的每层中有足够可用的金属层。

18.5 额外金属层的影响

为了令 MI-T 工艺适用于实现高密度、高性能,需要减少 18.4 节所讨论过的布线拥塞问题。在研究中考虑两种金属互连修正:①增加更多的金属层;②减小金属宽度和间距。

18.5.1 金属层堆叠选择

增加更多的局部金属层是增大布线能力以及减轻拥塞的有效方法。相信如果有明显迹象表明 MI-T 的设计质量可以明显改善,那么将会有更多的投入来使得额外金属层位于单片 3D IC 的顶层和/或底层。如图 18.3 所示,现在针对 MI-T 有三种金属层堆叠选择:

(1) 1BM:这是与一个底层金属层堆叠的基础 MI-T 层。

(2) 3TM:增加三个额外(局部)金属层到顶层。结果,在顶层总共有 6 个局部金属层。

(3) 4BM:增加三个金属层到底层。结果,在底层总共有 4 个局部金属层。

18.5.2 4BM 情况中通孔堆叠的 RC 模型

在 4BM 情况中,如图 18.3(d)所示从底层上 PMOS 到顶层 NMOS 的连接是利用底层上的金属和通孔层($metb_{1\sim4}$,$viab_{1\sim3}$)以及单片层间通孔(= MIVs)实现的,在本章称之为通孔堆叠。通孔堆叠的物理尺寸远大于单个 MIV。此外,在通孔堆叠周围会存在金属互连,这将增加其耦合电容。因此,我们研究这些通孔堆叠的寄生 RC 对 4BM 单元的时序和功耗的影响。

利用 Synopsys Raphael 提取通孔堆叠的电容。Raphael 仿真的结构如图 18.9 所示,其中目标通孔堆叠被相邻的通孔堆叠和金属线围绕。Raphael 报道的通孔堆叠电容(C_{vs})为 0.123fF。堆叠通孔电阻(R_{vs})由局部通孔($viab_{1\sim3}$)和 MIV 主导。从工艺定义文件中的值得到计算的 R_{vs} 为 20Ω,这包括了接触孔电阻。

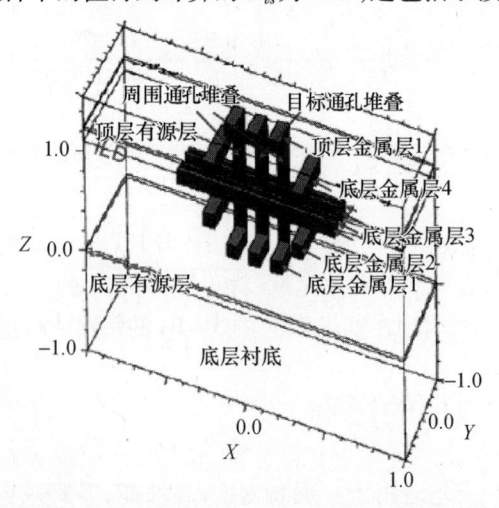

图 18.9 Raphael 针对通孔堆叠及其周围物体的仿真结构,尺寸单位为 μm

通孔堆叠的集总 RC 模型被包括进每个标准单元的 SPICE 网表中来表征其时序/功耗特性。如图 18.10(a) 所示为带有内部寄生 RC 的缓冲器单元原始 Spice 网表。通孔堆叠的 C_{vs} 和 R_{vs} 在如图 18.10(b) 所示的切面位置插入。然后运行 Cadence Encounter Library Characterizer 来表征改进的标准单元在 4BM 情况下的时序和功耗。

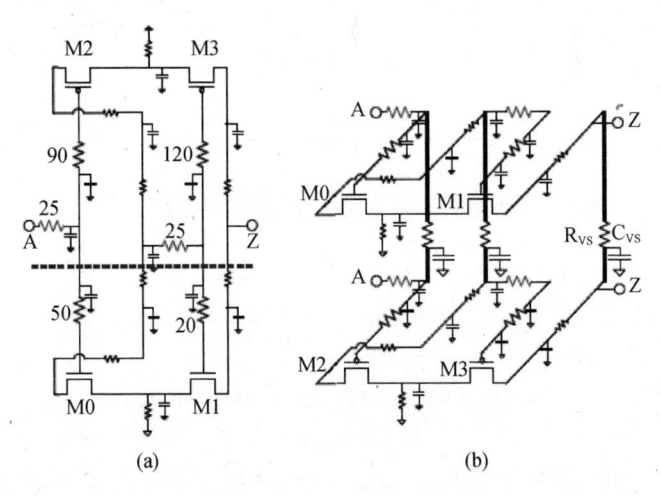

图 18.10 标准单元的 Spice 网表,(a) 中的虚线为层边界,数值表示内部寄生电阻的欧姆值
(a) 原始网表;(b) 带通孔堆叠 RC。

在表 18.4 中,比较缓冲单元带和不带通孔堆叠 RC 时的时序和功耗。延迟包括单元本征延迟和局部相关延迟,功耗为单元内部功耗,不包括线开关和泄漏功耗。通常,当单元的局部电容很小时,通孔堆叠 RC 对时序和功耗的影响是很大的;当具有较大复杂电容时影响变得较小。在绝大多数单元中都观察到此趋势。如果驱动线非常短而具有很小负载电容时,驱动器的时序和功耗可能会衰减约 10%。由于电路的时序和功耗取决于线延迟和线开关功耗,整个电路级的时序和功耗总衰减会降低——约 2%~3%——这是非常显著的。因此在所有基于 4BM 的设计中都加入通孔堆叠 RC。

表 18.4 单元带和不带通孔堆叠 RC 的时序和功耗比较,数值来自被表征库的时序/功耗表

负载电容/fF	延迟			功耗		
	不带 RC/ps	带 RC/ps	差值/%	不带 RC/fW	带 RC/fW	差值/%
0.4	28.4	31.2	9.86	1.15	1.33	15.65
0.8	33.1	35.8	8.16	1.40	1.52	8.57

(续)

负载电容/fF	延迟			功耗		
	不带 RC/ps	带 RC/ps	差值/%	不带 RC/fW	带 RC/fW	差值/%
1.6	42.8	45.4	6.07	1.86	1.98	6.45
3.2	62.4	64.9	4.01	2.81	2.99	6.41
6.4	100.3	103.0	2.69	4.78	4.93	3.14
12.8	175.8	179.9	2.33	8.54	8.74	2.34
25.6	330.0	330.6	0.18	16.17	16.33	0.99

18.5.3 MI-T 设计中的延迟和功耗计算

对于驱动一个节点以及节点上的沉单元,延迟(D)为

$$D_{\text{total}} = D_{\text{cell}} + D_{\text{net}} \tag{18.1}$$

$$D_{\text{cell}} = D_{\text{intrinsic}} + D_{\text{load-dependent}} \tag{18.2}$$

$$D_{\text{load-dependent}} = f(C_{\text{load}}, \text{input slew}) \tag{18.3}$$

$$C_{\text{load}} = C_{\text{wire}} + C_{\text{pin}} \tag{18.4}$$

式中:$D_{\text{intrinsic}}$ 为单元本征延迟;$D_{\text{load-dependent}}$ 为单元输入管脚处 C_{load} 和信号摆率的函数。与 2D 设计比较,MI-T 设计中的线较短,这进而减小了 C_{wire},C_{load} 和 $D_{\text{load-dependent}}$。当线变短时 D_{net} 也减小。然而,总延迟改善可能无法跟上线长减小的步伐。如果 C_{pin} 大于 C_{wire},则 C_{load} 可能不会显著减小,因为 C_{pin} 没有减小。此外,$D_{\text{intrinsic}}$ 也对 D_{cell} 有贡献。因此,取决于电路表征和版图,MI-T 的延迟改善可能会改变。

同时,单元功耗(P)为

$$P_{\text{total}} = P_{\text{internal}} + P_{\text{switching}} + P_{\text{leakage}} \tag{18.5}$$

$$P_{\text{internal}} = f(C_{\text{load}}, \text{input slew}) \tag{18.6}$$

$$P_{\text{switching}} \propto \text{switching\_activity} \times C_{\text{load}} \tag{18.7}$$

式中:P_{internal} 为单元边界内所消耗的功耗,它与 C_{load} 以及单元输入摆率相关度极弱。当输入摆率较大时,P_{internal} 增大。通常,P_{leakage} 小于 P_{internal} 和 $P_{\text{switching}}$。$P_{\text{switching}}$ 正比于开关活性和 C_{load}。假设开关活性与 2D 和 MI-T 设计相同,MI-T 设计中 C_{load} 的减小是总功耗减小的主因。注意到如果 C_{pin} 比 C_{wire} 更起主导作用,或者 P_{internal} 比 $P_{\text{switching}}$ 更起主导作用,由线长减小导致的 MI-T 设计总功耗减小可能不会很显著。

18.5.4 仿真结果和讨论

2D 和 MI-T 设计选项的设计和分析结果被总结在表 18.5 和表 18.6 中。所有设计的布局利用率为 70%。与 2D 设计相比,MI-T 的面积小了约 40%,而总硅面积大了 20%。相比 2D,所有三个 MI-T 设计类型的总线长和时钟线长减小了约 20%。布线中所用 MIV 的总数与 1BM 和 3TM 相同,而 4BM 利用了

相当多的 MIV,因为底层金属被高度利用实现布线。

表 18.5　2D 与 3D 设计的比较,#routing MIVs 表示用于布线的 MIV 数量,
不包括单片单元内部使用的 MIV,WL、LPD、TNS 分别表示线长、
最长通路延迟、总负余量,括号内的值为相对 2D 设计的百分比

电路	设计类型	封装面积/μm^2	总硅面积/μm^2	总 WL /m	时钟 WL /mm	#布线 MIVs	LPD /ns	TNS /μs
AES	2D	174×172	29948	0.271 (100)	2.125	0	1.310 (100)	0.226 (100)
	1BM	135×134	35938	0.209 (77.2)	1.819	1070	1.260 (96.2)	0.202 (89.4)
	3TM	135×134	35938	0.209 (76.9)	1.696	897	1.165 (88.9)	0.190 (83.9)
	4BM	135×134	35938	0.214 (78.8)	1.866	3266	1.226 (93.6)	0.207 (91.4)
VGA	2D	432×430	185682	1.623 (100)	1.489	0	2.173 (100)	15.29 (100)
	1BM	334×333	222822	1.284 (79.1)	1.236	2349	1.954 (89.9)	13.01 (85.1)
	3TM	334×333	222822	1.281 (78.9)	1.243	2357	1.632 (75.1)	10.64 (69.6)
	4BM	334×333	222822	1.363 (84.0)	1.179	18020	1.843 (84.8)	11.27 (73.7)
DES	2D	384×382	146916	0.849 (100)	32.77	0	1.086 (100)	0.581 (100)
	1BM	297×297	176298	0.659 (77.6)	24.16	3152	0.968 (89.1)	0.527 (90.8)
	3TM	297×297	176298	0.654 (77.0)	24.54	3121	0.923 (85)	0.503 (86.5)
	4BM	297×297	176298	0.682 (80.3)	25.41	11300	1.000 (92.1)	0.557 (95.8)
JPEG	2D	957×955	913825	5.148 (100)	163.9	0	6.053 (100)	10.514 (100)
	1BM	741×740	1096592	4.032 (78.3)	126.4	16502	5.422 (89.6)	2.999 (28.5)
	3TM	741×740	1096592	3.997 (77.6)	121.2	17148	5.096 (84.2)	2.642 (25.1)
	4BM	741×740	1096592	4.160 (80.8)	127.9	71944	5.967 (98.6)	4.018 (38.2)
FFT	2D	1394×1392	1939278	12.93 (100)	629.0	0	5.958 (100)	340.0 (100)
	1BM	1079×1079	2327134	10.41 (80.5)	463.6	30407	4.250 (71.3)	299.0 (87.9)
	3TM	1079×1079	2327134	10.26 (79.4)	462.7	31478	3.593 (60.3)	250.0 (73.5)
	4BM	1079×1079	2237134	10.75 (83.2)	492.1	163833	3.810 (63.9)	287.0 (84.4)

表 18.6　2D 与单片 3D 设计的功耗比较,总功耗包括单元间、开关、泄漏功耗,
时钟功耗包括时钟缓冲器和连线的功耗,括号内的值为相对 2D 设计的百分比

电路名	设计类型	总功耗/mW	线功耗/mW	时钟功耗/mW
AES	2D	13.7 (100)	3.31 (100)	3.89 (100)
	1BM	13.6 (99.3)	2.93 (88.4)	4.26 (109)
	3TM	12.8 (93.4)	2.41 (72.7)	3.72 (95.5)
	4BM	13.7 (100)	2.64 (79.6)	4.20 (108)

(续)

电路名	设计类型	总功耗/mW	线功耗/mW	时钟功耗/mW
VGA	2D	43.5 (100)	13.23 (100)	7.61 (100)
	1BM	41.8 (96.1)	11.59 (87.6)	7.48 (98.4)
	3TM	40.1 (92.2)	9.79 (74.0)	7.33 (96.3)
	4BM	43.8 (101)	11.22 (84.9)	8.24 (108)
DES	2D	134.9 (100)	24.81 (100)	66.1 (100)
	1BM	131.1 (97.2)	20.36 (82.1)	64.0 (96.8)
	3TM	126.1 (93.5)	19.36 (78.1)	60.1 (90.9)
	4BM	130.7 (96.9)	20.30 (81.8)	64.1 (97.0)
JPEG	2D	314.9 (100)	51.31 (100)	53.20 (100)
	1BM	300.6 (95.5)	42.92 (83.6)	46.70 (87.8)
	3TM	296.6 (94.2)	39.20 (76.4)	45.70 (85.9)
	4BM	312.6 (99.3)	41.56 (81.0)	50.10 (94.2)
FFT	2D	1469.2 (100)	295.9 (100)	1053.8 (100)
	1BM	1431.2 (97.4)	248.9 (84.1)	1025.3 (97.3)
	3TM	1345.4 (91.6)	226.9 (76.7)	948.1 (90.0)
	4BM	1535.8 (105)	245.2 (82.9)	1114.4 (106)

为了进一步理解时序和功耗改善,画出了设计的线长分布。图18.11所示为FFT电路的2D、1BM、3TM、4BM设计的线长分布。观察到在长线上3TM的线长减小是最大的。对于大多数线,线长非常短(小于10μm)。对于这些短线,管脚电容(C_{pin})比线电容(C_{wire})更起主导作用。因此这些线的时序和功耗改善非常有限。对于这些电路削减主要出现在长线上。由于长线常位于关键路径上,所以减小长线的长度可以极大地改善关键路径延迟。

3TM的时序改善是所有MI-T设计类型中最好的。对于最大的电路(FFT),3TM相比2D在最长路径延迟上的改善要高39.7%。注意到,该时序改善可在时序/功耗优化过程中被用于实现功耗减小;对于相同的目标时钟速度,3TM可使用更多的节能(较慢的)单元以减小功耗。然而,MI-T设计的总功耗减小相比时序改善没那么重要。例如,用于3TM的JPEG线功耗为39.2mW,这仅为总功耗的13.2%。取决于Encounter时钟树综合(CTS)结果质量,时钟树功耗可能会降低。观察到CTS通常针对MI-T设计中的3TM会产生最好的结果,因为CTS质量与布线质量相关。4BM设计的时序和功耗通常比1BM和3TM设计要差,这主要是因为单元内通孔堆叠存在RC效应。

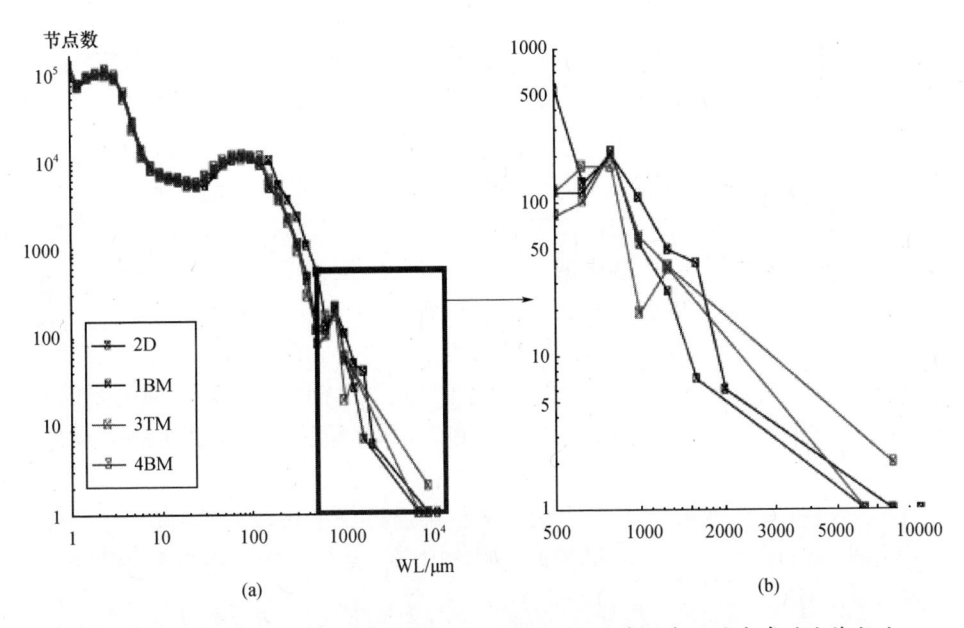

图 18.11 FFT 电路的 2D 和 MI-T 设计的线长分布,只有当在设计中有对应节点时,在每个线长步骤做个标记,没有标记表示没有这种线长的节点,坐标轴为对数坐标
(a)全范围;(b)放大长线部分。

18.6 减小金属宽度和间距的影响

研究的另一个处理拥塞问题的互连更改方式是减小金属层的宽度和间距。局部金属宽度/间距接近工艺节点的最小特征尺寸。然而,如果按比例缩小金属宽度/间距对设计性能带来较大益处,那么工艺工程师将乐于为此投入精力。因此,金属宽度/间距减小的研究目的是探索互连设计间距以实现将 MI-T 的优势最大化;极度按比例缩放(大于20%)可能不会用工艺节点制造,因为存在光刻极限或化学机械抛光问题。对于所有 MI-T 例子(1BM,3TM,4BM),将所有金属层的最小金属宽度和间距减小高达40%,每步减小10%。通孔直径和MIV也被减小以匹配对应的金属层。金属层高度没有减小以保障金属电阻不要增大太多。表 18.7 总结了减小的金属宽度/间距。每个减小的金属尺寸设定,与互连相关的库(例如电容表)被重新建立。注意到,这里没有修改单元内部连线。

表 18.7 具有不同减小比例的金属层最小宽度/间距,
第一个金属表示顶/底层中的最低金属层,单位为 nm

减小比例/%	0	10	20	30	40
第一个金属	70/65	63/59	56/52	49/46	42/39

(续)

减小比例/%	0	10	20	30	40
局部金属	70/70	63/63	56/56	49/49	42/42
层间金属	140/140	126/126	112/112	98/98	84/84
全局金属	400/400	360/360	320/320	280/280	240/240

带有减小的金属宽度/间距的局部金属层的单位长度电阻和电容被总结在表 18.8 中。当金属宽度（以及通孔直径）减小时，金属层的单位长度电阻（和通孔电阻）增大。但是，取决于周围金属线，当金属宽度和间距减小时单位长度电容可能会增大或减小。如果周围线为最小间距，那么耦合电容随金属间距的减小而升高。另一方面，如果没有许多周围连线，那么单位长度电容可能会减小，因为自电容随更窄的金属宽度而减小。随着金属宽度和间距的减小，会有更多的布线通道可用。因此，布线者有更好的机会通过仔细布线金属连线来减小耦合电容实现时序改善。然而，如果减小比例太高，金属电阻会令线延迟和信号摆率增大很多。

表 18.8 具有不同金属宽度/间距减小比例的局部金属单位长度电阻和电容，C_{high} 和 C_{low} 为最大/最小的单位长度线电容，其值取决于周围连线

减小比例/%	0	10	20	30	40
$R/(\Omega/\mu m)$	3.57	3.97	4.46	5.10	5.95
$C_{high}/(fF/\mu m)$	0.16	0.18	0.17	0.19	0.22
$C_{low}/(fF/\mu m)$	0.10	0.10	0.10	0.10	0.09

图 18.12 给出了在不同金属宽度/间距减小比例下 JPEG 电路的设计参数。由于布线拥塞和绕道情况较少，线长随金属宽度/间距的减小而减小。当减小比例增大时，时钟缓冲器的数量通常增加。原因是当金属线宽度/间距减小时，金属单位长度 RC 增大，且时钟信号摆率衰减。为了满足时钟偏移/摆动指标，CTS 引擎插入更多的缓冲器。对于 LPD，1BM 和 4BM 情况下的最佳点为减小 30%，而 3TM 为 10%。此外，相对于默认设置程度（ = 0% 减小），4BM 在最佳点的 LPD 改善大于 1BM 和 3TM 情况。发现最佳点随基准电路而改变。但是，可以看到单元内部功耗增大，这也与信号摆动随金属宽度/间距的减小而衰减有关。结果，1BM 和 4BM 的总功耗当减小率为 30% 时达到最小值。

表 18.9 和表 18.10 列出了其他基准电路的总线长、最长通路延迟、总功耗。对于总线长，观察到与 JPEG 相同的趋势。最大线长减小（27.8%）为 3TM 和金属宽度/间距减小 40% 的 AES。然而，取决于电路特性，金属宽度和间距减小可

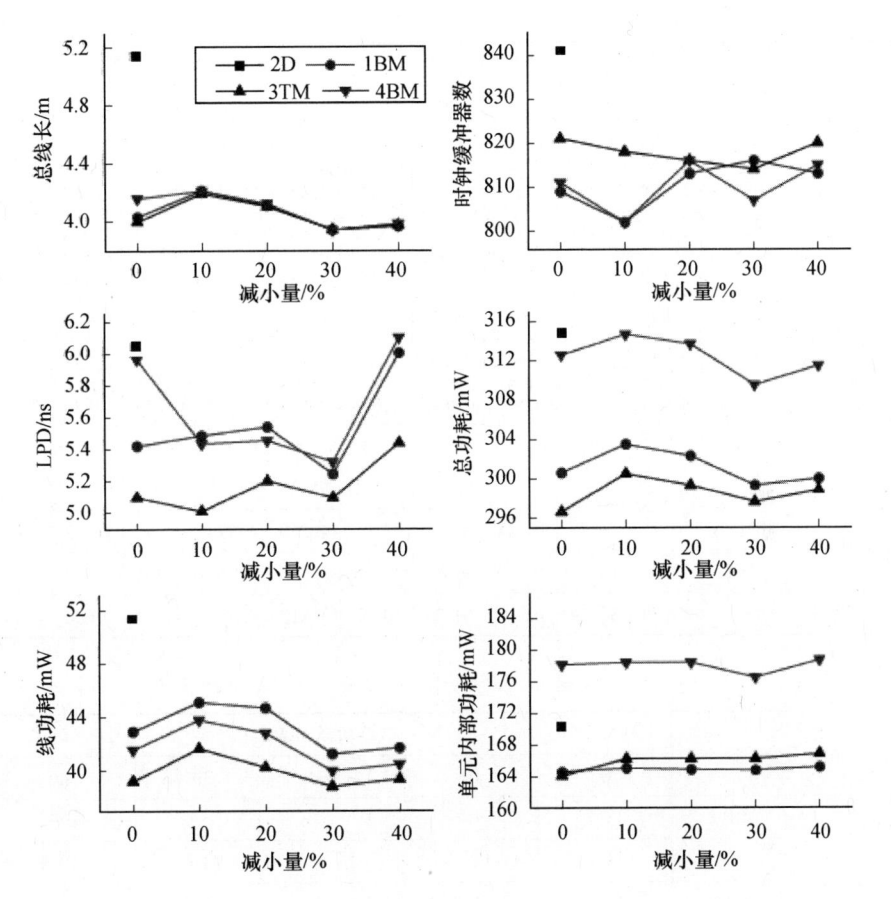

图 18.12 金属宽度和间距减小的 JPEG 的不同结果

能没有转变成最长通路延迟减小(见 VGA 和 FFT 结果)。通常,相比 2D 设计,3TM 能实现最大的功耗改善。我们观察到,对于 FFT 电路,带 3TM 且金属宽度/间距减小 40% 时,最大功耗减小比例为 9.2%。注意,不同基准电路的最佳点是变化的。

表 18.9 与减小金属宽度和间距之间的总线长和最长通路延迟比较

减小比例/%		总 WL/m					LPD/ns				
		0	10	20	30	40	0	10	20	30	40
AES	2D	0.271	—	—	—	—	1.310	—	—	—	—
	1BM	0.209	0.214	0.205	0.204	0.200	1.260	1.212	1.216	1.167	1.207
	3TM	0.209	0.208	0.203	0.197	0.196	1.165	1.209	1.153	1.165	1.150
	4BM	0.214	0.213	0.208	0.205	0.200	1.226	1.228	1.256	1.193	1.193

(续)

减小比例/%		总 WL/m					LPD/ns				
		0	10	20	30	40	0	10	20	30	40
VGA	2D	1.623	—	—	—	—	2.173	—	—	—	—
	1BM	1.284	1.278	1.254	1.256	1.233	1.954	2.113	2.254	2.360	2.421
	3TM	1.281	1.255	1.254	1.242	1.236	1.632	1.940	1.752	2.278	2.194
	4BM	1.363	1.275	1.250	1.251	1.231	1.843	1.949	2.244	2.192	2.224
DES	2D	0.849	—	—	—	—	1.086	—	—	—	—
	1BM	0.659	0.656	0.647	0.644	0.639	0.968	0.932	0.948	0.933	0.960
	3TM	0.654	0.652	0.640	0.638	0.638	0.923	0.921	0.955	0.940	0.935
	4BM	0.682	0.657	0.646	0.638	0.637	1.000	0.969	0.972	1.027	0.961
FFT	2D	12.93	—	—	—	—	5.958	—	—	—	—
	1BM	10.41	10.28	10.14	9.99	10.00	4.250	4.559	4.851	5.082	4.957
	3TM	10.26	10.18	10.07	9.95	9.99	3.593	4.061	4.302	4.569	4.028
	4BM	10.75	10.29	10.16	10.06	10.06	3.810	4.376	4.719	5.000	4.740

表 18.10 与减小了金属宽度和间距的总功耗比较

减小比例/%		总功耗/mW				
		0	10	20	30	40
AES	2D	13.7	—	—	—	—
	1BM	13.6	13.1	13.0	13.0	12.9
	3TM	12.8	12.8	13.0	12.9	13.0
	4BM	13.7	13.5	13.4	13.3	13.3
VGA	2D	43.5	—	—	—	—
	1BM	41.8	42.1	41.3	41.3	41.0
	3TM	40.1	39.6	39.6	39.6	39.6
	4BM	43.8	42.7	42.5	42.5	42.3
DES	2D	134.9	—	—	—	—
	1BM	131.1	128.1	131.0	127.2	127.3
	3TM	126.1	126.2	126.2	126.1	126.0
	4BM	130.7	130.4	126.6	126.7	126.6
FFT	2D	1469	—	—	—	—
	1BM	1431	1465	1366	1412	1354
	3TM	1345	1436	1433	1429	1334
	4BM	1536	1491	1528	1481	1475

18.7 器件和互连按比例缩放的影响

进一步分析和预测 MI-T 的优势如何随未来工艺节点变化。本研究的初衷是考察当引入更好的器件和互连工艺时,是否会带来更多的益处,①标准电压变得更快且更高效;②单元的输入管脚电容减小;③连线的单位长度电阻和电容增大。因此,在库中按比例调节时序、功耗、管脚电容值以及版图中的线 RC 来进行该研究。

为了研究未来工艺节点单元的性能,利用 22nm 预测工艺模型中的晶体管模型[1]以及 22nm 设计规则生成多个标准单元。对于从 22nm 单元版图提取的 Spice 网表,单元的时序和功耗通过 Cadence Encounter Library Characterizer 来表征。在图 18.13 中比较了 45nm 和 22nm 单元的延迟。观察到,从 45nm 到 22nm 工艺节点的延迟改善比例不均匀,但依据负载电容而有所不同;当负载电容较小时,改善率较大。这里将该不均匀缩放比例应用到时序和功耗库值中。

45nm 和 22nm 工艺假设被总结在表 18.11 中。对于单元延迟和本征功耗,括号内的数值表示在如前所述的最小/最大负载电容点上的[最小值-最大值]缩放比例(图 18.13)。将改进的时序/功耗库和线 RC 按比例缩放因子应用于金属宽度/间距减小的所有 2D 和 MI-T 设计类型基准设计中。

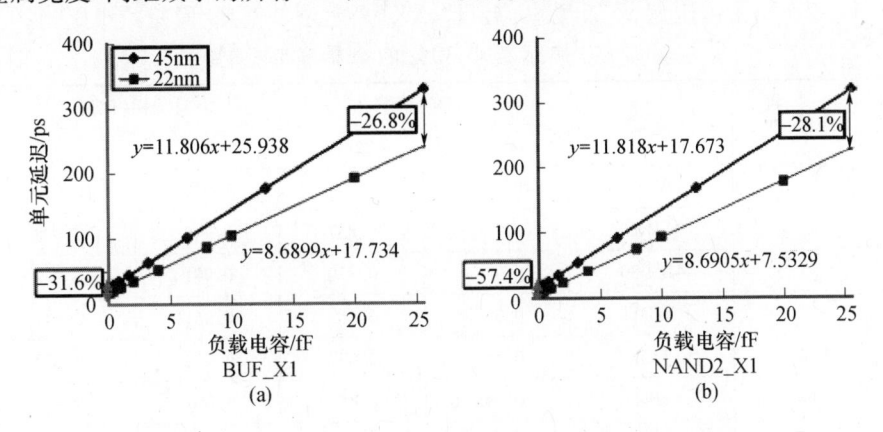

图 18.13 45nm 和 22nm 单元的延迟比较,框内的数值为改善率
(a) BUF_X1;(b) NAND2_X1。

表 18.11 45nm 对比 22nm 工艺参数总结

	45nm	22nm
单元延迟	100~100%	40~80%
单元内部功耗	100~100%	40~80%

(续)

	45nm	22nm
单元输入管脚电容	100%	80%
连线单位长度电阻	100%	110%
连线单位长度电容	100%	105%

表 18.12 中所示为 45nm 与 22nm 工艺设计的最长路径延迟和总功耗。由于希望了解 MI-T 设计相比 2D 设计的时序和功耗改善有多少,给出了 45nm 或 22nm 中 MI-T 设计时序/功耗结果与对应的 2D 设计的比例。注意,对每个电路,MI-T 设计的金属宽度/间距参数是变化的,因为这里选择了最佳的设置。通常,在 22nm 设置下 MI-T 相比 2D 的时序和功耗改善变大。这是因为在 22nm 设置下,式(18.2)中的 D_{cell} 减小了。因此,通过缩短 MI-T 设计中线长而减小的 D_{net} 转换为更多的总延迟减小。此外,C_{pin} 变得更小,因此通过在 MI-T 设计中缩短线长而减小的 C_{wire} 影响 C_{load} 更多。这转而令 D_{cell} 减小更多。类似地,在式(18.7)中,C_{load} 在 22nm 设置下减小更多,这令 $P_{switching}$ 减小更多。总之,在未来工艺设置下,MI-T 相比 2D 在时序和功耗上的改善变得更多。

表 18.12 2D 和 MI-T 设计目标电路的最长路径延迟和总功耗,表中给出了与 2D 结果的比例,在设置中,后缀"rXX"表示金属宽度/间距减小比例,例如 r30 表示减小 30% 的金属宽度/间距

电路	设置	LPD(比例)		总功耗(比例)	
		45nm	22nm	45nm	22nm
AES	1BMr30	0.891	0.894	0.949	0.924
	3TMr20	0.880	0.857	0.949	0.908
	4BMr30	0.911	0.870	0.971	0.929
VGA	1BM	0.899	0.869	0.961	0.941
	3TM	0.751	0.697	0.922	0.882
	4BM	0.848	0.851	1.007	0.964
DES	1BMr30	0.859	0.796	0.943	0.963
	3TMr10	0.848	0.768	0.936	0.922
	4BMr40	0.885	0.798	0.938	0.939
JPEG	1BMr30	0.866	0.722	0.950	0.933
	3TMr10	0.827	0.771	0.954	0.937
	4BMr30	0.879	0.714	0.983	0.951

(续)

电路	设置	LPD(比例) 45nm	LPD(比例) 22nm	总功耗(比例) 45nm	总功耗(比例) 22nm
FFT	1BM	0.713	0.713	0.974	0.952
	3TM	0.603	0.598	0.916	0.884
	4BM	0.639	0.630	1.045	1.002

18.8 结论

在本章中，从设计者的角度研究了单片3D IC 工艺的优势和挑战。证明了单片3D 工艺相比传统2D 工艺能实现不同的优势。发现布线拥挤问题会掩盖单片3D 工艺的优点，并且研究了多个方案来解决该问题。

参考文献

[1] N. G. at ASU. Predictive Technology Model.

[2] P. Batude, M. Vinet, A. Pouydebasque, C. Royer, B. Previtali, C. Tabone, L. Clavelier et al. GeOI and SOI 3D monolithic cell integrations for high density applications, in *Proceedings of the Symposium on VLSI Technology*, 2009, pp. 166 – 167

[3] P. Batude, M. Vinet, A. Pouydebasque, C. L. Royer, B. Previtali, C. Tabone, J. – M. Hartmann, L. Sanchez, L. Baud, V. Carron, A. Toffoli, F. Allain, V. Mazzocchi, D. Lafond, O. Thomas, O. Cueto, N. Bouzaida, D. Fleury, A. Amara, S. Deleonibus, O. Faynot, Advances in 3D CMOS sequential integration, in *Proceedings of the IEEE International Electron Devices Meeting*, 2009, pp. 1 – 4

[4] S. Bobba, A. Chakraborty, O. Thomas, P. Batude, T. Ernst, O. Faynot, D. Z. Pan, G. D. Micheli, CELONCEL: effective design technique for 3 – D monolithic integration targeting high performance integrated circuits, in *Proceedings of the Asia and South Pacific Design Automation Conference*, 2011, pp. 336 – 343

[5] N. Golshani, J. Derakhshandeh, R. Ishihara, C. Beenakker, M. Robertson, T. Morrison, Monolithic 3D integration of SRAM and image sensor using two layers of single grain silicon, in *Proceedings of the IEEE International Conferences on 3D System Integration*, 2010, pp. 1 – 4

[6] S. – M. Jung, J. Jang, W. Cho, J. Moon, K. Kwak, B. Choi, B. Hwang, H. Lim, J. Jeong, J. Kim, K. Kim, The revolutionary and truly 3 – dimensional 25F^2 SRAM technology with the smallest S3 (Stacked Single – crystal Si) Cell, 0.16um^2, and SSTFT (Stacked Single – crystal Thin Film Transistor) for ultra high density SRAM, in *Proceeding of the Symposium on VLSI Technology*, 2004, pp. 228 – 229

[7] Y. – J. Lee, P. Morrow, S. K. Lim, Ultra high density logic designs using transistor – level monolithic 3D integration, in *Proceedings of the IEEE Internatinal Conference on ComputerAided Design*, 2012

[8] C. Liu, S. K. Lim, A design tradeoff study with monolithic 3D integration, in *Proceedings of the International Symposium on Quality Electronic Design*, 2012, pp. 531 – 538

[9] T. Naito, T. Ishida, T. Onodukal, M. Nishigoori, T. Nakayama, Y. Ueno, Y. Ishimoto, A. Suzuki, W. Chung, R. Madurawe, S. Wu, S. Ikeda, H. Oyamatsu, World's first monolithic 3D – FPGA with TFT SRAM over 90nm 9 layer Cu CMOS, in *Proceedings of the Symposium on VLSI Technology*, 2010, pp. 219 – 220

[10] Nangate, Nangate 45nm Open Cell Library

第19章 硅通孔按比例缩小对三维集成电路设计性能的影响

摘要:在3D IC 设计中,TSV 产生了两个主要开支。首先,TSV 导致严重的硅面积开支。此外,不可忽视的 TSV 寄生电容导致3D 信号通路中出现延迟开支。所以能否通过3D IC 实现所有的优点,诸如线长减小、更好的性能,主要取决于 TSV 尺寸和 TSV 电容。同时,TSV 正在变得更小以减小其负面影响,并期待在不远的未来制造实现亚微米级 TSV。同时器件尺寸也被缩小到低于32nm 和22nm,所以极有可能未来的3D IC 是由亚微米 TSV 和先进的器件工艺实现的。本章将研究亚微米 TSV 对目前和未来3D IC 性能的影响。针对未来工艺,开发了22nm 和16nm 库。利用这些未来工艺库以及45nm 库,用不同的 TSV 尺寸和电容生成了3D IC 版图,并且系统研究了亚微米 TSV 的影响。

本章所展示的内容基于参考文献[7]。

19.1 引言

三维集成电路预期具有各种优点,例如更高的带宽、更小规格、更短线长、更低功耗,且相比二维集成电路具有更好的性能。这些优点通过管芯堆叠以及在内部管芯间使用 TSV 进行连接来实现。但是,TSV 在3D IC 设计中具有两个负面影响,即占用硅片面积和无法忽略的电容效应。TSV 占用硅片面积的事实不仅对硅面积有影响,还影响到线长、关键路径延迟、功耗。原因如下所述。如果在3D IC 版图中插入较大的 TSV,设计的版图面积变得较大,导致平均线长增大[12]。该线长瓶颈导致较长的关键路径延迟,并因为增大了线电容而导致更高的动态功耗。此外,不可忽视的 TSV 电容也对关键路径延迟以及动态功耗造成负面影响。需要注意的是,较小的 TSV 不一定比较大的 TSV 具有更小的电容。原因是 TSV 电容不仅取决于 TSV 直径以及 TSV 高度,还取决于衬层厚度和衬底掺杂浓度[4]。

类似于器件按比例缩小,TSV 也会按比例缩小[2,14,17]。所以,如果使用较小的 TSV,那么 TSV 的负面影响将会减小①。然而,该观点仅当工艺稳定且 TSV

---

① 如果假设只有 TSV 尺寸和 TSV 高度按比例缩小,而其他设计参数例如衬层厚度和掺杂浓度固定不变,那么当 TSV 按比例缩小时 TSV 电容将减小。

工艺进步时有效。实际上,工艺水平也是发展的,所以极有可能未来的 3D IC 将基于较小的 TSV 和目前的工艺制造实现。此时,TSV 的负面影响可能仍一样或甚至增大。

在本章,研究亚微米 TSV 对目前和未来基于 GDSII 级版图的 3D IC 在面积、线长、关键路径延迟、功耗方面的影响。对于未来工艺我们开发了 22nm 和 16nm 工艺以及标准单元库。利用这些未来工艺以及已有的 45nm 库,使用不同的 TSV 尺寸和电容生成 3D IC 版图,并系统研究 TSV 的影响。本章将包含下列特定论题:

(1) 为了研究亚微米 TSV 对未来 3D IC 的影响,开发了 22nm 和 16nm 工艺以及标准单元库。这些库使得我们可以获得非常可信的测试结果。

(2) 利用不同的工艺组合生成版图(例如具有 $0.5\mu m$ 直径和 $0.1\mu m$ 直径 TSV 的 16nm 工艺),并获得面积、线长、关键路径延迟、功耗。所以,本章不仅横向比较基于不同工艺建立的 3D IC,还比较基于相同工艺和不同 TSV 尺寸和电容建立的 3D IC。

(3) 横向比较基于更先进工艺实现的 2D 设计,以及基于较旧工艺实现的 3D 设计。实验结果表明基于第 n 代工艺实现的 3D IC 可能被基于 $n+2$ 代工艺实现的 2D IC 击败①。

19.2 基础知识

19.2.1 硅通孔的设计开支

在 3D IC 中使用 TSV 对 3D IC 的特性有两个负面影响:面积和延迟开支。根据 TSV 面积领域的最新研究[9],TSV 占据的硅片面积非常大,这转而导致削弱了 3D IC 在线长方面的优势。此外,根据最近对 TSV 电容开支的研究[5],TSV 电容是 3D 信号通路延迟的重要来源。尽管缓冲器插入可减小由 TSV 电容导致的总延迟,但缓冲器本身也会导致其他问题:缓冲器插入占用的额外硅面积、额外功耗。

TSV 对 3D IC 的负面影响程度取决于不同的工艺和设计参数。例如,如果基于目前工艺,例如 32nm 工艺,在 3D IC 设计中使用 $5\mu m$ 的 TSV②,那么这些 TSV 会导致巨大的总面积。另一方面,如果基于较旧的工艺,例如 $0.18\mu m$ 工艺,制造 $5\mu m$ TSV,那么这些 TSV 不会造成任何的面积开支,因为 TSV 占用的面积与旧工艺的平均栅面积比值小于先进工艺的比值。类似地,较小的 TSV

---

① 该现象与在每个工艺节点使用的 TSV 电容紧密相关。
② 本章中的"$X\mu m$ TSV"表示宽度(方形 TSV)或直径(圆柱形 TSV)为 $X\mu m$ 的 TSV。

(例如1μm 的 TSV)可具有很大的电容,这取决于衬层厚度和衬底掺杂浓度。在该情况下,较小的 TSV 可能不会导致严重的面积开支,但它们会导致严重的延迟开支。

19.2.2 研究动机

2009 年,器件等比例缩小到32nm 节点[19],22nm 和 16nm 工艺是目前的发展程度。当器件随着工艺发展缩小尺寸时,TSV 也随着 TSV 制造工艺的发展而缩小。近来,有报道说0.7μm 直径的 TSV 也可被可靠地制造出来[14]。此外,根据 ITRS 对 TSV 直径和 TSV 深宽比的预测,TSV 直径将持续减小,而 TSV 深宽比将增大。所以我们期待可出现亚微米 TSV,且在未来几年内可以实际应用。但是,现有的所有关于 TSV 对 3D IC 设计的影响的研究工作都关注在使用微米尺寸 TSV 和目前(32nm 或 45nm)甚至更旧的(90nm 和 130nm)工艺上。例如,文献[8]使用了45nm 工艺和1.6μm 的 TSV,并且文献[20]使用了45nm 工艺和宽度近似为 4μm 的 TSV。但是,这些文献都没有讨论如果在 45nm 工艺中使用较小的 TSV 将会出现什么问题,或者如果相同尺寸的 TSV 用不同的工艺(例如,90nm、32nm 或 22nm)制造将会出现什么问题。然而,为了改善工艺或验证投入和成本,精确预测新的 TSV 工艺对 3D IC 设计质量的影响是非常关键的。本章的目标是研究亚微米 TSV 对面积、线长、关键路径延迟、目前和未来 3D IC 设计的功耗的影响。对于我们的未来工艺,开发 22nm 和 16nm 工艺以及标准单元库。在 GDSII 级的 3D IC 版图中使用多组与 TSV 相关尺寸。最后,本章对亚微米 TSV 对目前和未来 3D IC 设计质量的影响进行深入研究。

19.3 库开发流程

本节描述 22nm 和 16nm 工艺以及标准单元库的开发流程。对于 22nm 和 16nm 晶体管模型,使用高性能预测工艺晶体管模型(22nm PTM HP 模型 V2.1 和 16nm PTM HP 模型 V2.1)[21]。22nm 和 16nm 模型的电源电压分别为 0.8V 和 0.7V。

19.3.1 总体开发流程

对于 22nm 和 16nm 工艺以及标准单元库的开发,遵循图 19.1 中给出的典型库开发流程。首先定义器件和互连层。从定义的器件和互连层,生成工艺文件(.tf)、显示资源文件(.drf)、互连工艺文件(.ict)、设计规则文件,版图原理图对照(LVS)规则文件、RC 寄生提取规则文件。利用工艺文件和显示资源文件,画出标准单元版图。在生成版图之后,对这些版图进行提取,生成库转换格式文件(.LEF),并运行 RC 提取、生成 Spice 网表(post_xRC.cdl)。使用这些 Spice

网表和 PTM 晶体管模型,执行库表征来生成时序和功耗库(.lib 和 .db)。还生成电容表、一个 .tch 文件来标记结束 RC 提取和时序分析。

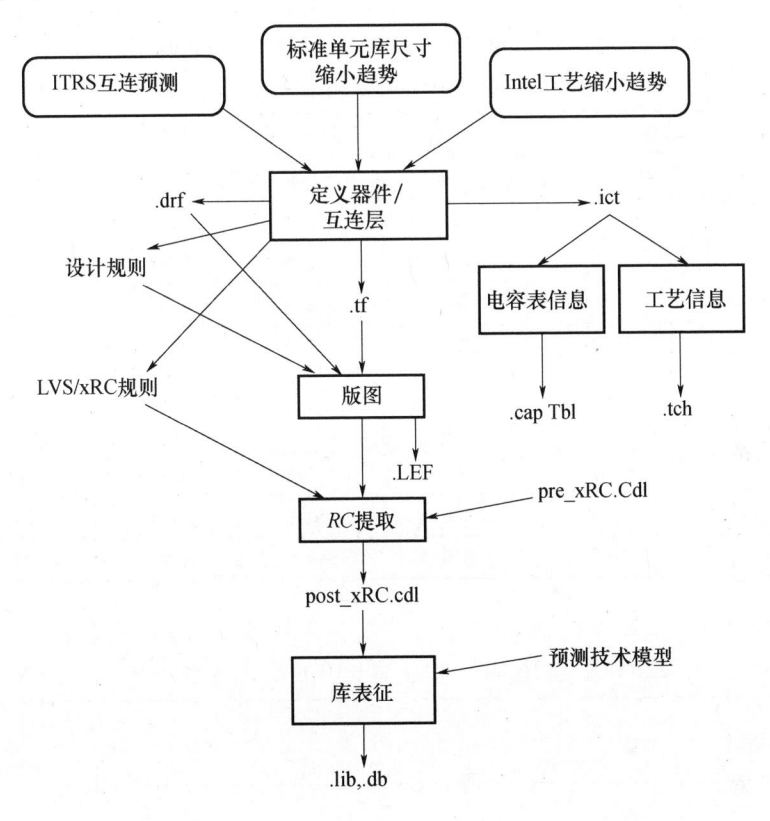

图 19.1　22nm 和 16nm 以及标准单元库的开发流程图

19.3.2　互连层

基于 ITRS 互连预测、其他标准单元库的尺寸缩小趋势[1,16,19]以及 Intel 工艺的缩小趋势生成 22nm 和 16nm 工艺的互连层[3]。根据 ITRS 对互连层的预测,例如金属 1 连线在 22nm 工艺时的间距为 72nm,在 16nm 工艺时为 48nm,在 22nm 工艺时半全局线的间距约为 160nm,16nm 工艺时约为 130nm。从这些值以及 Intel 工艺和其他标准单元库互连层的外推,可以预测 22nm 和 16nm 下的互连层。表 19.1 所列为在每个工艺节点下接触栅的间距和金属 1~8 层的间距。表 19.2 所列为 22nm 和 16nm 工艺库所有金属层的宽度和厚度。注意到 22nm 和 16nm 库在金属 9~12 层具有相同的宽度。由于这些金属层有时被用于特殊用途,例如电源/地线、时钟分布,没有按比例缩小它们。22nm 库的深宽比设置为 1.8、16nm 库设置为 1.9。假设使用低 k 中间层绝缘材料,中间层介质材料的介电常数使用1.9,对22nm和16nm库中埋层材料的介电常数使用3.8。

表19.1 65nm[1]、45nm[16]、32nm[19]、22nm和16nm工艺库的互连层,22nm和16nm层源自我们的预测

互连层	间距/nm				
	65nm	45nm	32nm	22nm	16nm
接触栅	220	160	112.5	86	62
$Metal_1$	210	160	112.5	76	46
$Metal_2$	210	160	112.5	76	46
$Metal_3$	220	160	112.5	76	46
$Metal_4$	280	240	168.8	130	72
$Metal_5$	330	280	225.0	206	98
$Metal_6$	480	360	337.6	206	146
$Metal_7$	720	560	450.1	390	240
$Metal_8$	1080	810	566.5	390	240

表19.2 22nm和16nm工艺库中所使用的宽度(w)和厚度(t),22nm库与16nm库的深宽比分别为1.8和1.9

互连层	22nm		16nm	
	w/nm	t/nm	w/nm	t/nm
$Metal_{1,2,3}$	36	64.8	22	41.8
$Metal_4$	60	108	32	60.8
$Metal_5$	96	172.8	44	83.6
$Metal_6$	96	172.8	66	125.4
$Metal_{7,8}$	180	324	110	209
$Metal_{9,10}$	400	720	400	760
$Metal_{11,12}$	800	1440	800	1520

19.3.3 标准单元库

首先生成工艺文件定义器件和互连层以及一套设计规则,例如多晶-接触孔间距、最小金属-金属间距等。然后,用该工艺文件和设计规则画出标准单元版图①。生成约90个单元,表19.3所列为这些标准单元列表,除了天线和填

---

① 这里指的是Nangate 45nm标准单元库的标准单元版图[18]。

充单元。22nm 标准单元库的布局点宽和高分别为 0.1μm 和 0.9μm,对于 16nm 库为 0.06μm 和 0.6μm。如图 19.2 所示为 45nm、22nm、16nm 标准单元库最小的(1×)两输入与非门。在生成标准单元库之后,对每个版图进行 DRC 和 LVS,并提取每个标准单元的寄生 RC。同时还表征所有的标准单元来生成时序和功耗库。

表 19.3 我们 22nm 和 16nm 标准单元库中的标准单元

类型	可用尺寸
AND2/3/4,AOI21/211/221	1×,2×,4×
BUF,INV	1×,2×,4×,8×,16×,32×
LOGIC 0,LOGIC 1	1×
MUX2	1×,2×
NAND2/3/4/,NOR2/3/4	1×,2×,4×
OAI21/22/211/221/222	1×,2×,4×
OAI33	1×
OR2/3/4	1×,2×,4×
XNOR2,XOR2	1×,2×
DFF	1×,2×
FA,HA	1×

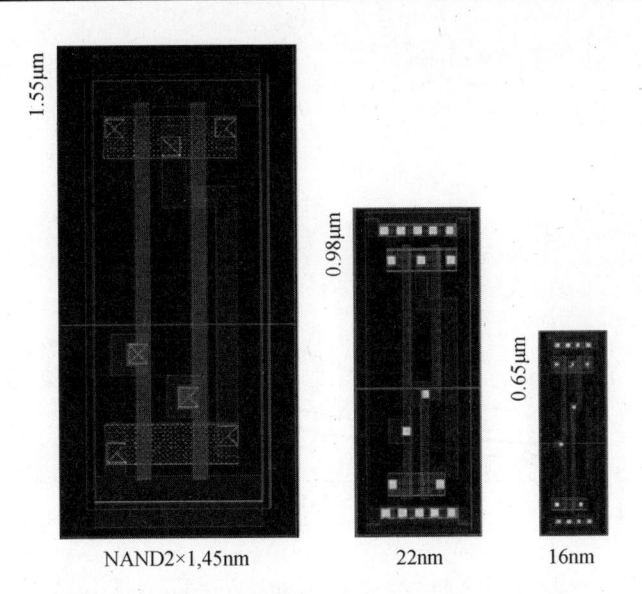

图 19.2 45nm[18]、22nm 和 16nm 库的最小的(1×)两输入与非门(按比例绘制)

19.4　45nm、22nm 和 16nm 库的比较

在比较 19.6 节中的 2D 和 3D IC 之前,先比较 Nangate 45nm、22nm、16nm 标准单元库以及晶体管特征。

19.4.1　门延迟和输入电容

门延迟和驱动强度由晶体管特性以及门尺寸决定。因此,首先进行实验比较晶体管特性。在该实验中,工艺库中的最小尺寸反相器驱动另一个最小尺寸反相器,它则驱动相同库中的 $N\times$ 反相器。我们通过 Spice 仿真获得第二个最小尺寸反相器(驱动 $N\times$ 反相器)的延迟。如图 19.3 所示为延迟。观察到 16nm 反相器具有最短延迟,45nm 反相器具有最长延迟。同时观察到当工艺从 45nm 移到 22nm 时有约 30% 的改善,当工艺从 22nm 移到 16nm 时有约 20% 的改善。注意,该 Spice 仿真没有考虑互连寄生电阻和电容。表 19.4 也给出了每个工艺下的 FO4 延迟。

由于门输入电容也是决定延迟和功耗的重要因素,所以在表 19.5 中列出了 45nm、22nm、16nm 标准单元的输入电容。如表中所列,22nm 标准单元的平均输入电容为 45nm 标准单元平均输入电容的 48%。另一方面 16nm 标准单元的平均输入电容近似为 22nm 标准单元平均输入电容的 83%。

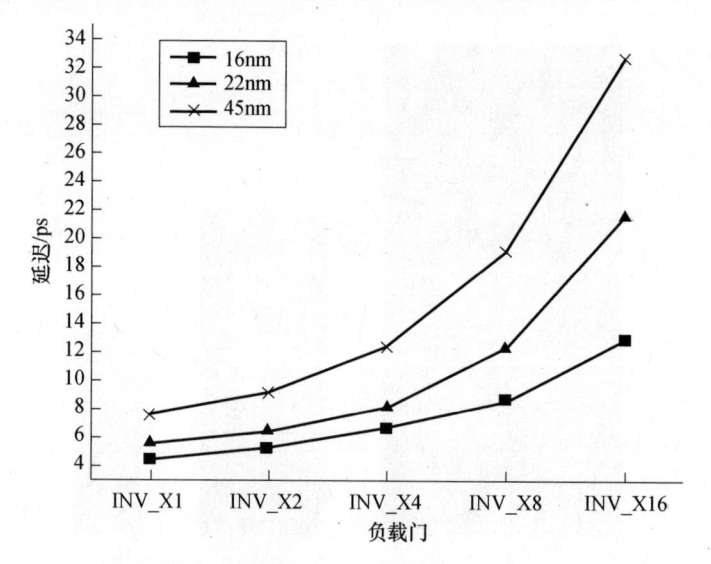

图 19.3　最小尺寸反相器驱动 $N\times$ 反相器($N=1,2,4,8,16$)的延迟,其中两个反相器是相同工艺,包括了 *RC* 寄生

表 19.4 FO4 延迟、标准单元高度、线薄层电阻、单位线电容(fF/μm)

		45nm	22nm	16nm
FO4 延迟/ps		15.15	13.63	12.28
标准单元高度/μm		1.4	0.9	0.6
互连线方块电阻	金属1	0.38	0.26	0.40
	金属4	0.21	0.16	0.28
	金属7	0.08	0.05	0.08
单位互连线电容	金属1	0.20	0.15	0.16
	金属4	0.20	0.15	0.13
	金属7	0.20	0.14	0.14

表 19.5 45nm、22nm 和 16nm 库中所选标准单元的输入电容

单元	电容/fF		
	45nm	22nm	16nm
AND2 1×	0.54 (1.00)	0.25 (0.46)	0.22 (0.41)
AOI211 1×	0.64 (1.00)	0.30 (0.47)	0.25 (0.39)
AOI21 1×	0.55 (1.00)	0.23 (0.42)	0.20 (0.36)
BUF 4×	0.47 (1.00)	0.28 (0.60)	0.29 (0.62)
DFF 1×	0.90 (1.00)	0.41 (0.46)	0.26 (0.29)
FA 1×	2.46 (1.00)	1.31 (0.53)	1.36 (0.55)
INV 4×	1.45 (1.00)	0.69 (0.48)	0.56 (0.39)
MUX2 1×	0.95 (1.00)	0.42 (0.44)	0.34 (0.36)
NAND2 1×	0.50 (1.00)	0.24 (0.48)	0.22 (0.44)
OAI21 1×	0.53 (1.00)	0.25 (0.47)	0.20 (0.38)
OR2 1×	0.60 (1.00)	0.26 (0.43)	0.20 (0.33)
XOR2 1×	1.08 (1.00)	0.55 (0.51)	0.45 (0.42)
均值	(1.00)	(0.48)	(0.40)

19.4.2 互连层

互连层的特性也对库性能具有很大影响，所以在表 19.4 中列出了线方块电阻、短的、半全局的、全局的金属层单位线电容。45nm 工艺的电阻率约为 5.0×10^{-8}，所以库的方块电阻相比 22nm 库要较高。另一方面，22nm 和 45nm 工艺的电阻率为 1.7×10^{-8}，该数值是铜的电阻率。这是尽管 45nm 金属层的厚度大于 22nm 金属层，但 22nm 金属层的方块电阻率低于 45nm 金属层电阻率的原因。另一方面，当工艺从 22nm 移向 16nm 时，由于两者使用相同电阻率所以方块电阻值上升，但 16nm 库的金属层厚度小于 22nm 库。

45nm 库的单位线电容也略高于 22nm 库。这是因为用于 45nm 库的介电常

数为2.5,而22nm库使用1.9的介电常数。如果相同的介电材料($\varepsilon_r = 1.9$)被用于45nm库,则单位线电容变为0.15,这接近于22nm库的单位线电容。

19.4.3 全芯片二维设计

在本实验中利用三个标准单元库设计2D电路,并且比较面积、线长、关键路径延迟和功耗。实验流程如下。准备两个基准电路(表19.6),完成综合、设计,并利用每个标准单元库和商业工具优化它们。对于所有的库,使用相同的面积利用率以便于公平比较,并为每个库找到最快的工作频率。

表19.6 基准电路

电路	门数	网表数	总单元面积		
			45nm	22nm	16nm
BM1	352K	372K	0.632	0.218	0.098
BM2	518K	680K	1.288	0.437	0.198

表19.7 2D版图比较

	BM1			BM2		
	45nm	22nm	16nm	45nm	22nm	16nm
面积/mm^2	1.00	0.36	0.17	2.56	0.81	0.42
线长/m	10.65	4.22	2.75	15.17	8.90	6.19
延迟/ns	3.19	2.61	2.38	6.51	4.10	3.93
功耗/W	0.352	0.0684	0.068	0.521	0.154	0.133

如表19.7所列为2D设计的比较结果。45nm设计的芯片面积比22nm设计平均大3倍,并且22nm设计的芯片面积平均近似比16nm设计大2倍。此外,16nm设计的总线长比22nm设计近似短1.48倍,比45nm设计短3.08倍。关于关键路径延迟,16nm设计平均比45nm设计快1.49倍,平均比22nm设计快1.07倍。16nm设计的功耗近似比45nm设计小9/20倍,比22nm设计小11/100倍。总体来说,从22nm转换到16nm的延迟和功耗改进没有从45nm转换到22nm那么大,因为45nm和22nm工艺相距2代,而22nm和16nm工艺只相距1代,并且45nm库的互连层质量(方块电阻和单位线电容)比22nm更差。

19.5 全芯片三维集成电路设计和分析方法

为了生成3D IC版图,使用文献[20]得到的3D RTL到GDSII工具。该工具按如下流程工作:对于给定的2D门级(打平)网表,该工具在x、y、z方向迭代地分割门以实现在3D格点中全局地布局门。在全局布局后,将为每个节点构建3D斯坦纳树,并基于3D斯坦纳树中垂直边沿的位置在每个布局格点插入TSV。然后,利用Cadence Encounter在每个布局格点中运行详细的布局情况。该工具的输出包括Verilog网表、一个包括每个管芯中TSV位置的设计交换格式(DEF)文件、一个包括管芯到管芯连接的顶层Verilog网表、一个顶层标准寄生交换格式(SPEF)文件。需要注意的是,插入3D设计的TSV最少数量取决于分割顺序,我们应用于全局布局的顺序是x、y、z方向分割。例如,如果在较早步骤中使用z方向分割,那么可能获得较少内部管芯连接。另一方面,如果我们较晚使用z方向分割,则可能获得更多的内部管芯连接[20]。TSV数量的变化使得可以根据不同的TSV数量得到不同的全局布局方案。

在生成3D IC版图后,执行3D时序优化。首先对每个管芯执行初始时序优化。然后将所有的版图、时序分析结果、目标时钟频率馈送入从文献[15]获得的3D时序优化工具。该3D时序优化工具进行如下迭代:执行RC提取,并为每个管芯获得SPEF文件;利用SPEF文件和顶部SPEF文件使用Synopsys PrimeTime进行3D时序分析;基于时序分析结果和目标时钟频率,该工具缩放每个3D路径的目标延迟,并为每个管芯生成时序约束;由于每个管芯具有自己的网表和时序约束文件,分别对每个管芯执行时序优化。将该时序优化过程执行多次迭代,直到总时序改善饱和。

3D功耗分析需要:①顶层网表以及每个管芯的网表;②顶层SPEF文件以及每个管芯的SPEF文件;③单元和节点的开关行为。为了获得单元和节点的开关行为,将从文献[20]得到的3D RTL-to-GDSII工具所产生的Verilog网表加载入Encounter并运行功耗分析。该功耗分析内部产生并存储单元和节点的开关行为,所以在功耗分析之后将该信息导入输出文件。然后,将所有的网表、SPEF文件、开关行为文件加载到Prime Time中,然后运行功耗分析。该功耗分析方法产生真正的全片3D功耗分析结果。

19.6 实验结果

19.6.1 仿真设置

表19.6中列出了使用的两个基准电路BM1和BM2。对于45nm工艺节点,使用Nangate 45nm标准单元库[18]。同时还使用了表19.8中所列的四组TSV相关尺寸设置。在仿真中,使用了45nm工艺下的5μm和0.5μm TSV、22nm工艺下的1μm和0.1μm TSV、16nm工艺下的0.5μm和0.1μm TSV。由于45nm库的标准单元高度为1.4μm,所以一个5μm TSV(包括其阻止区)占据5个标准单元行,而0.5μm TSV(包括其阻止区)占据了1个标准单元行,如表19.8中所列。类似地,当使用22nm标准单元库时,一个1μm TSV和0.1μm TSV分别占据3个标

准单元行和 0.26 个标准单元行。如果将 0.5μm 和 0.1μm TSV 用于 16nm 标准单元库，一个 0.5μm TSV 占据 1.33 个标准单元行，一个 0.1μm TSV 占据 0.5 个标准单元行。图 19.4 所示为 4 个不同的 TSV 的顶视图和侧视图，图 19.5 所示为 TSV 和标准单元在 45nm, 22nm, 16nm 工艺下的 GDSII 图。同时还假设 F2B 键合和先通孔 TSV 被用于 3D 集成。为每个 TSV 尺寸设置所用的管芯厚度与 TSV 高度相同，范围为 5~25μm。尽管 5μm 厚度非常薄，但却实用[11,13]。

表 19.8 TSV 相关的尺寸、设计规则、TSV 电容

尺寸	TSV-5	TSV-1	TSV-0.5	TSV-0.1
宽度/μm	5	1	0.5	0.1
高度/μm	25	5	8	5
深宽比	5	5	16	50
衬层厚度/nm	100	30	20	10
阻挡层厚度/nm	50	15	10	5
焊盘宽度/um	6	1.6	1	0.18
TSV-TSV 间距/μm	2	0.8	0.6	0.1
TSV-器件间距/μm	1	0.4	0.3	0.1
TSV 电容	20	2.67	3.2	0.8

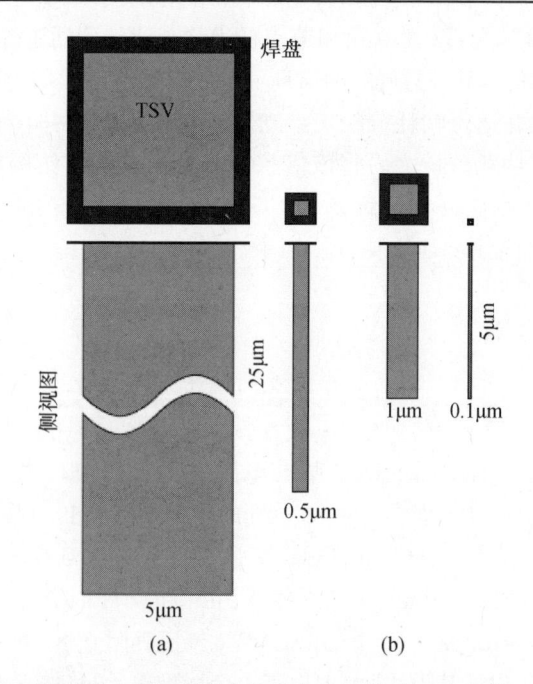

图 19.4 我们研究中所用 4 个 TSV 的尺寸比较

(a) 用于 45nm 工艺的 5μm 和 0.5μm 宽度; (b) 用于 22nm 工艺的 1μm 和 0.1μm 宽度。

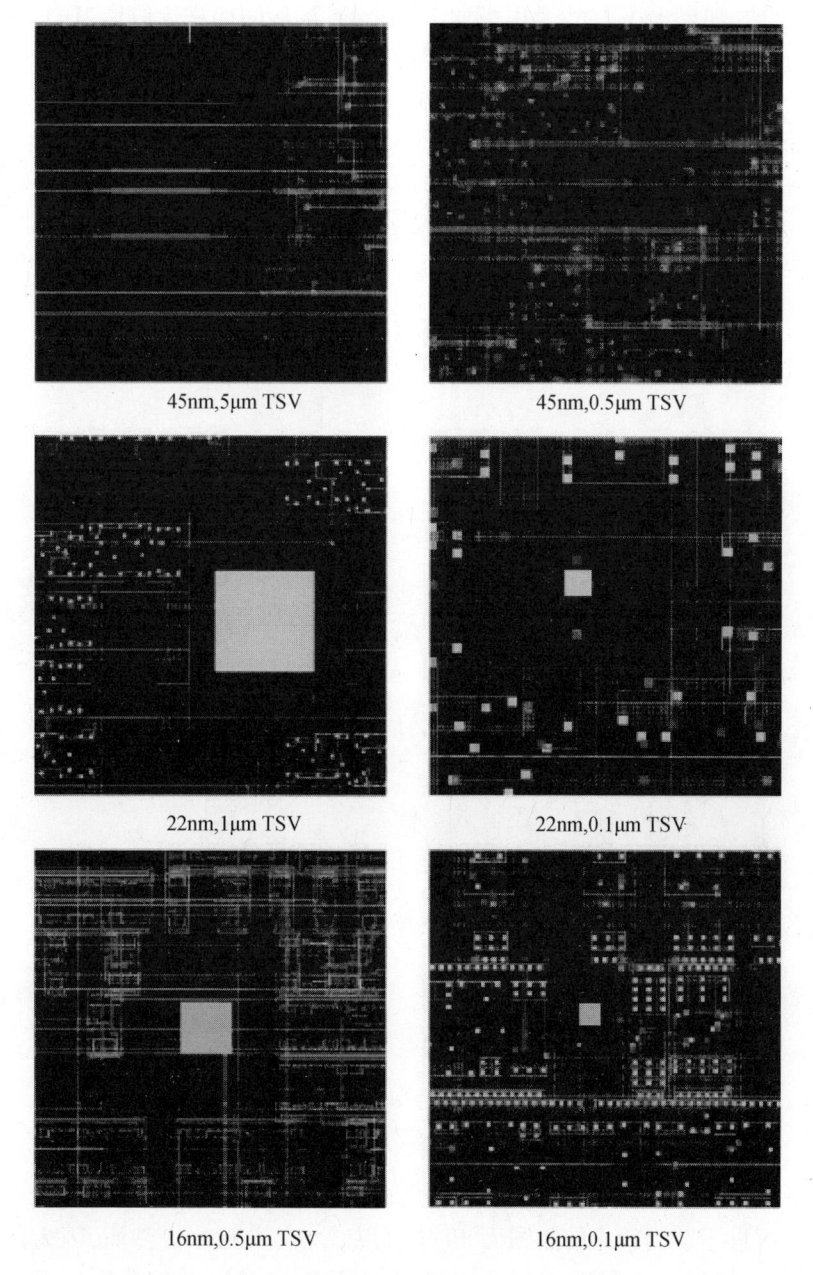

图 19.5 本章研究的 6 种设计的 GDSII 版图放大图,每个 TSV 被其组织区围绕

19.6.2 对硅面积的影响

如图 19.6 所示为在每个工艺节点下 2D 设计的版图面积以及两管芯 3D

BM1 设计。如果 TSV 尺寸为 0,两管芯 3D 设计的版图面积近似为 2D 对应设计的 1/2。然而,由于 TSV 尺寸不为 0,两管芯 3D 设计的封装面积通常大于其 2D 对应设计的 1/2。例如,45nm 2D 设计的面积为 $1.0 mm^2$,但是 45nm 工艺下使用 5μm TSV 的 3D 设计面积约为 $0.85 mm^2$,约为 2D 设计的 85%。类似地,使用 0.5μm TSV 的 45nm 3D 设计面积约为 $0.63 mm^2$,约为 2D 设计的 63%。在 22nm 和 16nm 设计中存在相同的趋势。但是,如果 TSV 尺寸为 0.1μm,两管芯 3D 设计的版图面积几乎变为其对应 2D 设计的一半。图 19.7 的 BM2 设计中存在类似的趋势。

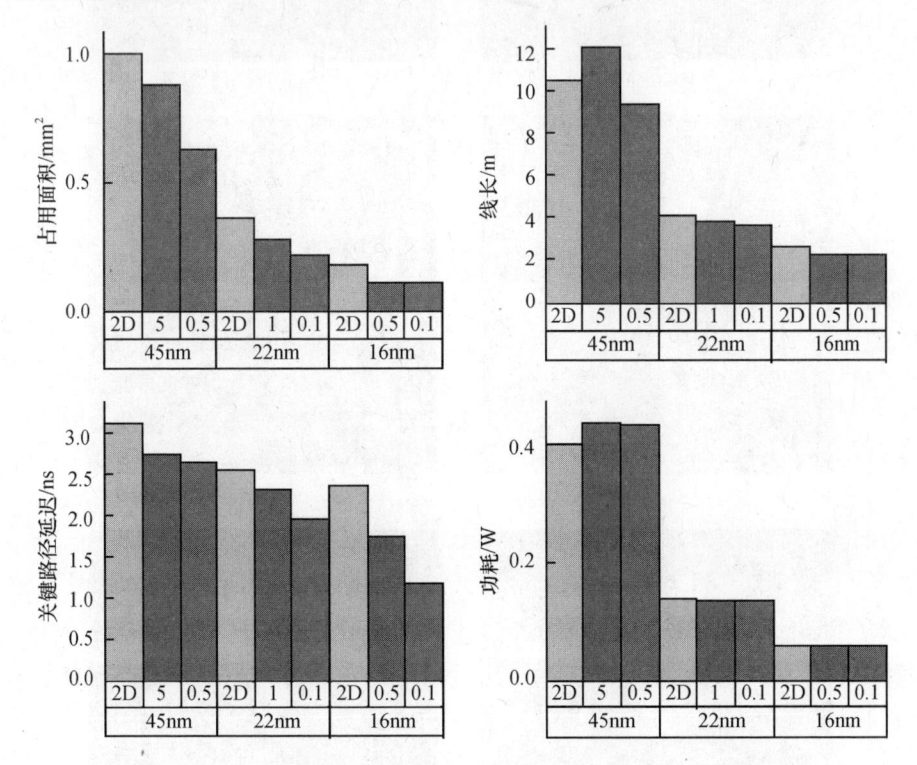

图 19.6 优化的 2D 设计和两管芯 3D 设计(BM1)在 45nm,22nm,16nm 工艺下的比较,X 轴表示工艺组合(第一行所示的 TSV 直径单位为 μm)

所有这些趋势取决于设计中所用的 TSV 尺寸和 TSV 数量。当然,使用较小的 TSV 有助于获得较小的版图面积,这可以减小芯片成本。然而,因为存在制造难度,所以较小的 TSV 可能会更贵,所以较小尺寸 TSV 的使用并不一定会降低芯片成本。使用较少的 TSV 同样有助于获得较小的版图面积。然而,许多研究表明,使用大于最小数量的 TSV 有助于减小线长并获得更好的性能[8,10,20]。因此,在 TSV 尺寸、设计中所用的 TSV 数量、芯片成本之间是存在折衷的。

19.6.3 对线长的影响

如图 19.6 所示为 BM1 设计的线长。当 $5\mu m$ TSV 被用于 45nm 工艺,3D 设计相比 2D 设计具有更长的线长。然而,当 $0.5\mu m$ TSV 被用于 45nm 工艺,那么 3D 设计的线长相比 2D 设计缩短了约 10%。但是当 $1\mu m$ 和 $0.1\mu m$ TSV 被用于 22nm 工艺,这里没有观察到较大的线长减小。另一方面,当 $0.5\mu m$ 和 $0.1\mu m$ TSV 被用于 16nm 工艺时,发现线长减小了 15%。

如图 19.7 所示,在 BM2 设计中也发现了类似的趋势。尤其是,45nm 的 3D 设计相比 2D 设计具有更长线长。然而,当 $1\mu m$ 和 $0.1\mu m$ TSV 被用于 22nm 工艺时,可分别观察到 9% 和 13% 的线长减小。类似地,当 $0.5\mu m$ 和 $0.1\mu m$ TSV 被用于 16nm 工艺时,观察到 12% 和 15% 的线长减小。

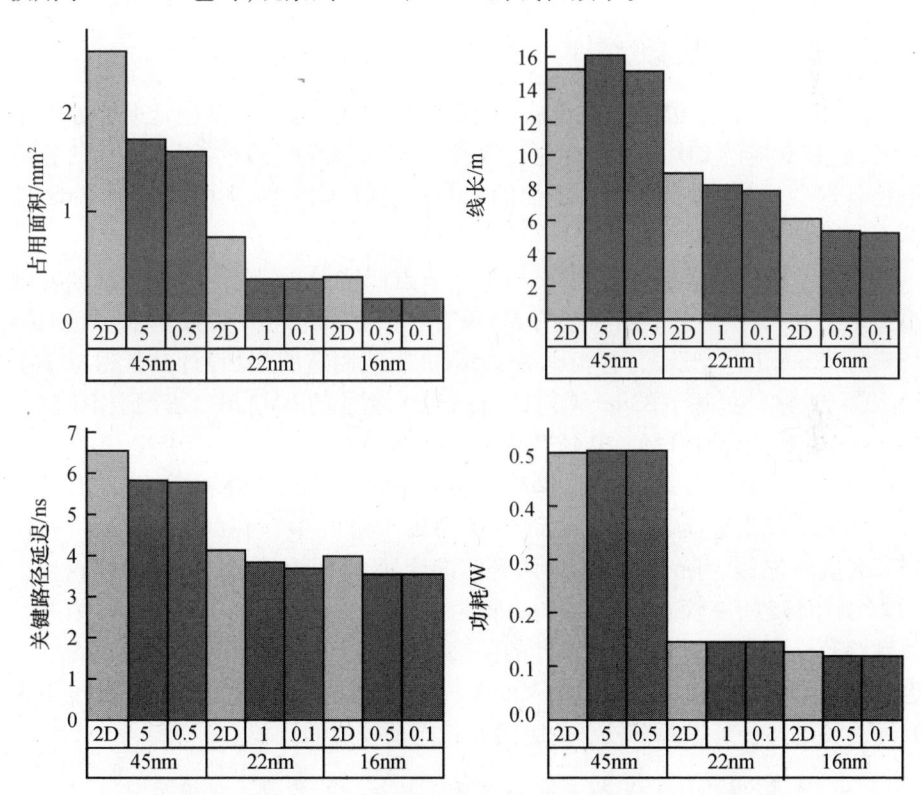

图 19.7 优化的 2D 设计与两管芯 3D 设计(BM2)在 45nm,22nm,16nm 工艺下的比较,X 轴所示为工艺组合(第一行所示的 TSV 直径单位为 μm)

线长减小可以通过从 2D IC 转换为 3D IC 来实现,它主要是源于具有较小的版图面积。然而,线长减小也取决于 3D 全局布局算法的质量、TSV 插入(3D 布线)算法、TSV 尺寸、基准电路的特性。所以,有可能获得较高的线长减小率,或者说反过来取决于这些因素。但是,如果除了 TSV 尺寸以外所有其他因素没有改变,例如布局算法和 TSV 插入算法,那么 TSV 尺寸是影响线长的主要因素。例如,在图 19.6 中通过将 45nm 工艺的 3D 设计中的 TSV 尺寸从 5μm 缩小到 0.5μm,我们获得了 22% 的线长缩小量。但是,当把 16nm 工艺 3D 设计中的 TSV 尺寸从 0.5μm 缩小到 0.1μm 时,几乎没有实现线长减小。这是因为 0.5μm TSV 已经足够小了,所以缩小 TSV 尺寸不会导致进一步的线长减小。

需要注意的一件事是,在第 n 代工艺节点的 3D 设计比第 $n+1$ 代工艺节点的 2D 设计具有更长的线长。所以,缩小 TSV 尺寸对于减小线长很重要,但是发展到先进工艺节点对于线长减小也很重要。这也与文献[6]中预测的结果相一致。

19.6.4 对性能的影响

图 19.6 所示为 BM1 基准电路的 2D 和 3D 设计的关键路径延迟。如图中所示,比其对应的 2D 设计具有更长线长(或类似的线长)的 3D 设计,其关键路径延迟会比 2D 设计更小。类似的趋势也可在如图 19.7 中所示的 BM2 基准电路中找到。

一个重要的观察是,基于第 n 代工艺节点制造的 3D 设计的关键路径延迟小于基于 $n+1$ 代工艺节点制造的 2D 设计。例如,BM1 3D 设计是基于 0.1μm TSV 的 22nm 工艺制造的,它相比基于 16nm 工艺制造的 2D 设计其延迟减小了约 20%。类似地,基于 22nm 工艺 0.1μm TSV 制造的 BM2 3D 设计则相比基于 16nm 工艺制造的 2D 设计,其延迟减小了约 9%。

为了进行更深入的分析,这里给出了表 19.9 中关键路径中所用的 TSV 数量。如果 TSV 数量为 0,那么关键路径为单个管芯中存在的 2D 路径。如果 TSV 数量为 3,因为所有的版图为两管芯设计,所以两管芯间的关键路径轮换了 3 次(例如管芯 0 - 管芯 1 - 管芯 0 - 管芯 1)。尤其是,如果 TSV 数量为 0,并且关键路径延迟小于其 2D 对应设计的关键路径延迟,那么 3D 设计的关键路径延迟较短是因为由较小版图面积实现的线长较短。另一方面,如果 TSV 数量不为 0,那么关键路径延迟源自较小的版图面积以及较短的线长。

表 19.9 与 TSV 相关的其他统计。"c.p."代表了关键路径

	BM1					
	45nm		22nm		16nm	
TSV 直径/μm	5	0.5	1	0.1	0.5	0.1
c.p. 中的 TSV 数量	1	0	3	4	2	4

(续)

	BM2					
	45nm		22nm		16nm	
TSV 直径/μm	5	0.5	1	0.1	0.5	0.1
c. p. 中的 TSV 数量	0	0	1	2	1	2

19.6.5 对功耗的影响

图 19.6 和图 19.7 所示为 BM1 和 BM2 基准电路的功耗。如图中所示,从 2D IC 发展到 3D IC 不一定会导致功耗减小,即使 3D 设计相比 2D 设计具有较小的线长。原因如下:通过构建 3D IC 实现功耗减小是源自由较短线长导致的较小动态功耗[①]。但是,TSV 电容可本质上被视为线电容。所以总电容是总 TSV 电容和总线电容的总和。这意味着总 TSV 电容应小于削减的线电容以实现功耗减小[②]。换句话说,功耗的减小需要较小的 TSV 电容、使用更少的 TSV、减小线长。但是,在 TSV 数量、线长减小数量、功耗之间再次存在折衷关系。插入更少的 TSV 可能无法将总线长减小预期的量。类似地,使用更少的 TSV 可能会减小动态功耗。然而,插入更多的 TSV 可能会减小超过 10%~20% 的总线长[8],但是总 TSV 电容也会增大,所以总电容可能大于 2D 设计的总电容。

19.6.6 对管芯数量的影响

在以上章节中,在两个管芯内建立了 3D 设计。然而,管芯数量也对面积、线长、关键路径延迟、功耗有影响[8]。所以在本节,改变管芯数量,并研究 TSV 对 4 个指标的影响。如图 19.8 和图 19.9 所示为当管芯数量从 2 个(图中 d2 的情况)变化为 5 个(图中 d5 的情况)时 BM1 和 BM2 基准的版图面积、线长、关键路径延迟、功耗。为了限制仿真空间尺寸,在 45nm 工艺下使用 0.5μm TSV,在 22nm 工艺下使用 1μm TSV,在 16nm 工艺下使用 0.5μm TSV。

当管芯数量增加,版图如预期减小。假设 TSV 直径为 0,且所有版图使用相同利用率,电路的 n 管芯设计的版图面积近似为 A_{2D}/n,其中 A_{2D} 为电路 2D 设计的面积。然而,TSV 尺寸是不可忽视的,且当堆叠更多的管芯时将插入更多的 TSV,所以 n 管芯设计的电路其版图面积略微大于 A_{2D}/n。

---

① 存在多种 3D 集成,并且它们中的一些(例如 core - DRAM 堆叠)通过去掉长的芯片 - 芯片连接实现大量的功耗节省。

② 需注意这是简化分析。实际上,总功耗应以更加复杂的方式并且应考虑网络和门的开关行为来计算。

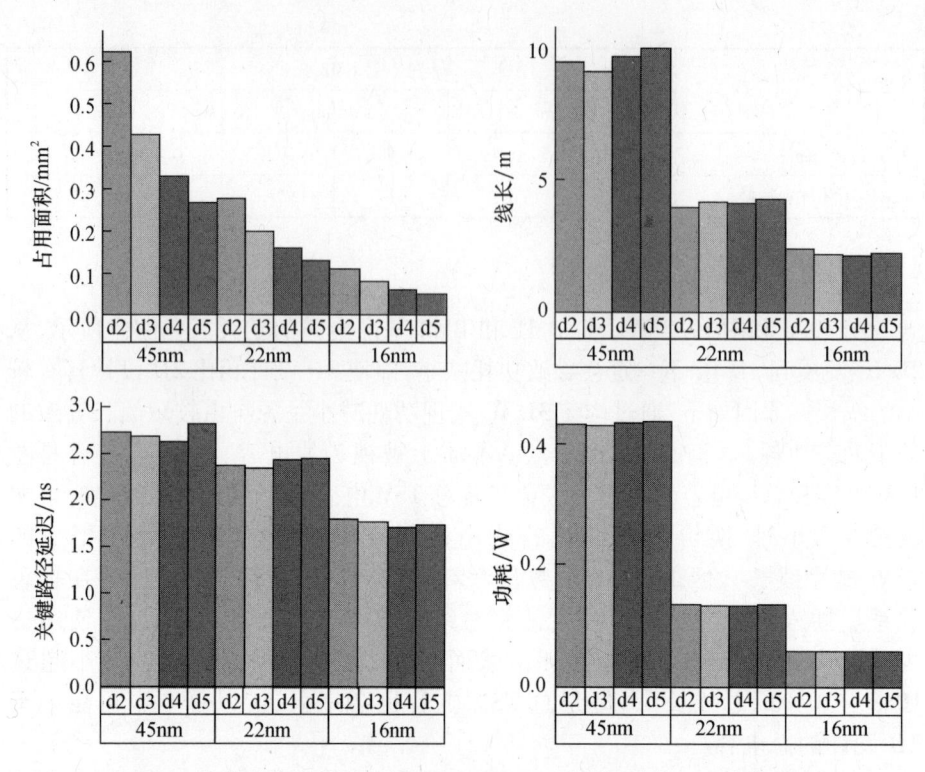

图 19.8 多管芯实现的优化 3D 设计(BM1)比较，"dn"表示 n 管芯实现，对 45nm,22nm 和 16nm 工艺分别使用了 0.5μm,1μm 和 0.5μm 的 TSV

另一方面，堆叠更多的管芯不一定会产生更短的线长，尽管堆叠超过两管芯有助于减小仿真中所有情况的线长。在设计中(BM1 的 16nm 两管芯实现与 16nm 四管芯)，超过两管芯设计与两管芯设计之间的最大线长减小比例约为 11%。此外，在仿真的许多情况中，堆叠 5 管芯不会比 2 管芯到 4 管芯设计产生更短的线长。主要原因是因为堆叠更多的管芯通常需要更多的 TSV，而插入更多的 TSV 由于面积耗费导致了线长耗费。

至于关键路径延迟，堆叠 3 个或 4 个管芯相比两管芯设计减小了关键路径延迟。在仿真中(BM1 的 16nm 四管芯实现)，超过两管芯设计与两管芯设计之间的最大关键路径延迟比例约为 5%。然而，堆叠超过四管芯不会有效减小关键路径延迟。另一方面，功耗在非常小的范围内变化。原因是由于门内部功耗是主要因素，所以减小线长(正面影响)结合插入更多 TSV(由于 TSV 电容的存在所以是负面影响)导致总功耗变化非常微小。

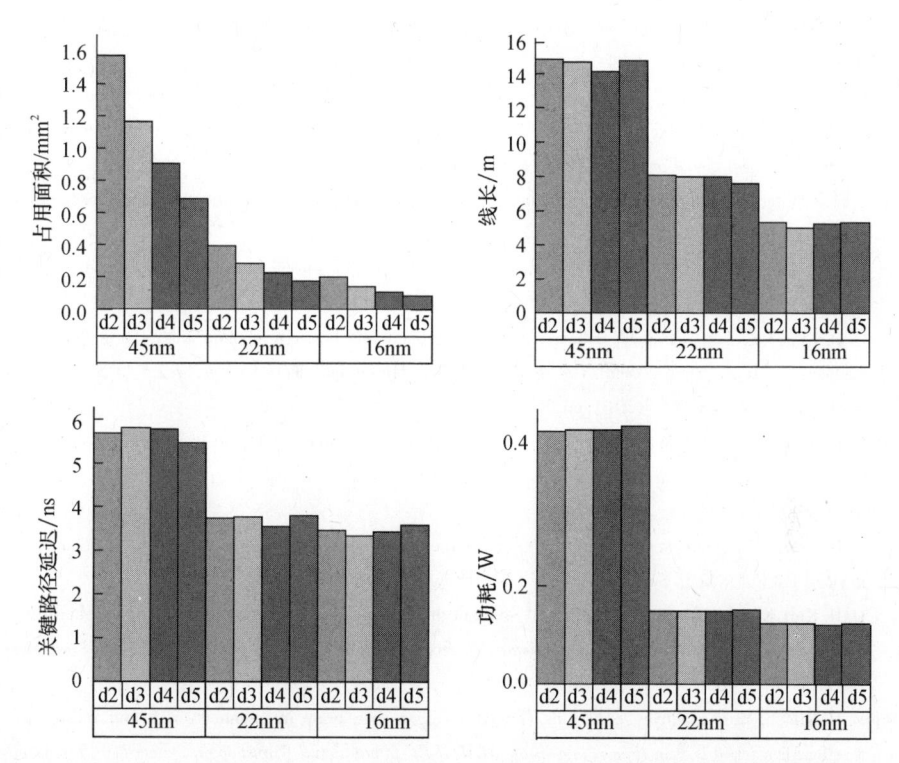

图19.9 多管芯实现的优化3D设计(BM2)比较,"dn"表示n管芯实现,对45nm,22nm和16nm工艺分别使用了0.5μm,1μm和0.5μm的TSV

19.7 结论

　　本章研究了亚微米TSV对目前和未来用于GDSII级版图的3D IC质量的影响。为了产生未来的3D IC版图,基于ITRS预测、其他标准单元库的缩小趋势和Intel工艺开发了22nm和16nm工艺和标准单元库。使用这些库,生成了目前和未来3D IC版图,比较了版图面积、线长关键路径延迟、功耗。仿真结果表明:①版图面积与TSV尺寸强相关,所以亚微米TSV的使用是面积减小的最重要因素;②线长也与TSV尺寸相关,但是如果TSV尺寸足够小(用于16nm工艺的0.5μm TSV),进一步减小TSV尺寸不能有助于线长减小;③关键路径延迟与TSV电容强相关,但是版图面积也对关键路径延迟具有不可忽视的影响;④当TSV电容较小时,从2D IC到3D IC的转换不一定会产生更低的功耗。

参考文献

[1] P. Bai et al., A 65 nm logic technology featuring 35 nm gate lengths, enhanced channel strain, 8 Cu intercon-

nect layers, low-k ILD and 0.57 μm2 SRAM cell, in *Proceedings of the IEEE International Electron Devices Meeting*, IEEE, Piscataway, 2004

[2] R. E. Farhane, M. Assous, P. Leduc, A. Thuaire, D. Bouchu, H. Feldis, N. Sillon, A successful implementation of dual damascene architecture to copper TSV for 3D high density, in *Proceedings of the IEEE International 3D Systems Integration Conference*, IEEE, Piscataway, 2010

[3] ITRS. International Technology Roadmap for Semiconductors 2007 Edition Interconnect. http://www.itrs.net

[4] G. Katti, M. Stucchi, K. D. Meyer, W. Dehaene, Electrical modeling and characterization of through silicon via for three-dimensional ICs. IEEE Trans. Electron Devices, IEEE, Piscataway, 57(1), 256-262 (2010)

[5] D. H. Kim, S. K. Lim, Through-silicon-via-aware delay and power prediction model for buffered interconnects in 3D ICs, in *Proceedings of the ACM/IEEE International Workshop on System Level Interconnect Prediction*, ACM, New York, 2010, pp. 25-31

[6] D. H. Kim, S. K. Lim, Impact of through-silicon-via scaling on the wirelength distribution of current and future 3D ICs, in *Proceedings of the IEEE International Interconnect Technology Conference*, IEEE, Piscataway, 2011

[7] D. H. Kim, S. K. Lim, Design quality trade-off studies for 3D ICs built with sub-micron TSVs and future devices. IEEE J. Emerg. Sel. Top. Circuits Syst. IEEE, Piscataway, 2(2), 240-248 (2012)

[8] D. H. Kim, K. Athikulwongse, S. K. Lim, A study of through-silicon-via impact on the 3D stacked IC layout, in *Proceedings of the IEEE International Conference on Computer-Aided Design*, IEEE, Piscataway, 2009, pp. 674-680

[9] D. H. Kim, S. Mukhopadhyay, S. K. Lim, Through-silicon-via aware interconnect prediction and optimization for 3D stacked ICs, in *Proceedings of the ACM/IEEE International Workshop on System Level Interconnect Prediction*, ACM, New York, 2009, pp. 85-92

[10] D. H. Kim, S. Mukhopadhyay, S. K. Lim, TSV-aware interconnect length and power prediction for 3D stacked ICs, in *Proceedings of the IEEE International Interconnect Technology Conference*, IEEE, Piscataway, 2009, pp. 26-28

[11] Y. S. Kim, A. Tsukune, N. Maeda, H. Kitada, A. Kawai, K. Arai, K. Fujimoto, K. Suzuki, Y. Mizushima, T. Nakamura, T. Ohba, T. Futatsugi, M. Miyajima, Ultra thinning 300-mm wafer down to 7-um for 3D wafer integration on 45-nm node CMOS using strained silicon and Cu/low-k interconnects, in *Proceedings of the IEEE International Electron Devices Meeting*, IEEE, Piscataway, 2009, pp. 14.6.1-14.6.4

[12] D. H. Kim, S. Kim, S. K. Lim, Impact of sub-micron through-silicon vias on the quality of today and future 3D IC Designs, in *Proceedings of the ACM/IEEE International Workshop on System Level Interconnect Prediction*, ACM, New York, 2011

[13] D. H. Kim, K. Athikulwongse, M. B. Healy, M. M. Hossain, M. Jung, I. Khorosh, G. Kumar, Y.-J. Lee, D. L. Lewis, T.-W. Lin, C. Liu, S. Panth, M. Pathak, M. Ren, G. Shen, T. Song, D. H. Woo, X. Zhao, J. Kim, H. Choi, G. H. Loh, H.-H. S. Lee, S. K. Lim, 3D-MAPS: 3D massively parallel processor with stacked memory, in *Proceedings of the IEEE International Solid-State Circuits Conference*, IEEE, Piscataway, 2012, pp. 188-190

[14] M. Koyanagi, T. Fukushima, T. Tanaka, High-density through silicon vias for 3-D LSIs. Proc. IEEE, IEEE, Piscataway, 97(1), 49-59 (2009)

[15] Y.-J. Lee, S. K. Lim, Timing analysis and optimization for 3D stacked multi-core microprocessors, in *Proceedings of the International 3D System Integration Conference*, IEEE, Piscataway, 2010

[16] K. Mistry et al., A 45 nm logic technology with high-k + metal gate transistors, strained silicon, 9 Cu inter-

connect layers, 193 nm dry patterning, and 100 % Pb – free packaging, in *Proceedings of the IEEE International Electron Devices Meeting*, IEEE, Piscataway, 2007

[17] M. Motoyoshi, Through – silicon via (TSV). Proc. IEEE, IEEE, Piscataway, 97(1), 43 – 48 (2009)

[18] Nangate, Nangate FreePDK45 open cell library. http://www.nangate.com

[19] P. Packan et al., High performance 32 nm logic technology featuring 2nd generation high – k + metal gate transistors, in *Proceedings of the IEEE International Electron Devices Meeting*, IEEE, Piscataway, 2009

[20] M. Pathak, Y. – J. Lee, T. Moon, S. K. Lim, Through – silicon – via management during 3D physical design: when to add and how many? in *Proceedings of the IEEE International Conference on Computer – Aided Design*, IEEE, Piscataway, 2010, pp. 387 – 394

[21] PTM, Predictive technology model. http://ptm.asu.edu

第20章 3D‐MAPS：具有堆叠存储器的三维大规模并行处理器

摘要：本章描述了3D‐MAPS（带有堆叠存储器的3D大规模并行处理器）芯片的结构、设计、分析、仿真和测试结果，该芯片电压为1.5V、基于130nm工艺，并使用采用两层3D堆叠工艺实现的直径为1.2μm、高6μm的硅通孔（TSV）、直径为3.4μm的面对面(F2F)键合焊盘。3D‐MAPS由一个含有64个内核的核心层和包含256KB SRAM的存储层组成。每个内核通过F2F键合焊盘与其专用的4KB SRAM通信。3D‐MAPS的最大可用存储带宽极大（在277MHz下为70.9Gb/s），而内核层与存储层之间的数据传输延迟可以被忽略。基于八并行基准的最大工作频率为277MHz，峰值测量存储带宽为63.8Gb/s，峰值测量功耗近似为4W。

本章所展示的内容基于参考文献[7]。

20.1 引言

三维集成电路(3D ICs)被预期具有很多优点。如果将传统二维(2D)IC重新设计在3D IC中多层垂直堆叠，那么3D IC的版图面积将极大减小。对于一些应用来说，例如生物芯片，较小的尺寸外型是非常重要的设计因素。然而，3D IC通过由TSV和/或F2F焊盘实现的短垂直互连可以减小总线长。较短的互连改善了芯片性能、减小了动态功耗。此外，如果2D IC的面积非常大，3D版本的制造成本则会减小[3,16]。3D IC还能通过将用不同工艺实现的电路元件集成在一个3D芯片中实现异质集成。

尽管用TSV或F2F焊盘实现的3D IC提供了非常高的层间通信带宽，但是能够充分利用带宽的结构和应用仍待研究。近期的应用趋势是利用较宽带宽，这被称为宽‐I/O存储器。PCB上处理器芯片和存储器芯片间的通信带宽通常受到芯片最大管脚数的限制。但是如果处理器和存储器芯片被堆叠，并通过TSV或F2F焊盘连接，那么存储器带宽可极大提高。由于越来越多的应用，例如成像/音频处理和大数据库管理，需要更宽的存储带宽，宽I/O存储可以填补存储器带宽的需求[10,11,13,14]。

要充分利用3D IC提供的极大存储带宽仍存在三个主要挑战。首先，存储器本身应能够支持宽I/O性能。换句话说，存储器应具有良好组织和良好并行化的存储层次,以充分利用宽存储器带宽和/或在非常高的频率工作,这样存储器才可以有效处理数据需求。第二,处理器(内核和处理单元)也应能够有效处理从存储器芯片接收到的数据。如果处理时间非常长,那么3D IC 不能完全受益于宽存储带宽。第三,应用的开发应以能利用宽存储带宽的方式进行。总之,存储器结构、处理器结构、应用应全部被优化以充分受益于宽 I/O 存储器。

文献中已有工作描述了 3D IC 的优点[2,5,6,8,9,13],但是它们都没有包括功能完善的多核处理器、存储器堆叠、并行基准。在本章中将提出基于 GlobalFoundries 130nm 处理器工艺和 Tezzaron 两层 3D 堆叠工艺实现的 3D-MAPS 芯片的设计细节,其中 3D 堆叠工艺使用了直径为 $1.2\mu m$、高 $6\mu m$ 的 TSV 用于芯片到封装连接,使用 $3.4\mu m$ 直径的 F2F 焊盘用于层间通信。3D-MAPS 包括了两层,一层(内核层)用于处理器,另一层用于存储器(存储层)。内核层包括 64 核以 8×8 阵列方式实现,存储器层包括 64 个存储器块同样以 8×8 阵列实现。存储器工作在与处理器相同的时钟频率下(277MHz)。设计处理器以便可以在每个时钟周期运行存储器读/写操作以充分利用宽存储带宽。同时也执行八并行基准应用来充分利用 64 核并受益于 3D 堆叠。

本章内容组织如下。在 20.2 节给出 3D-MAPS 的结构设计。20.3 节描述了用于评估 3D-MAPS 的基准应用。20.4 节解释了制造 3D-MAPS 的 3D 键合和制造工艺。20.5 节描述了设计 3D-MAPS 的物理设计流程和方法。20.6 节给出了分析 3D-MAPS 版图的方法和工具。20.7 节主要解释了 3D-MAPS 的封装和板级设计。20.8 节给出了测试结果。最后,20.9 节总结本章内容。

20.2 结构设计

在本节给出了指令集合结构、单核和多核结构、3D-MAPS 的片外接口。

20.2.1 指令集结构

如图 20.1 所示为 3D-MAPS 结构的概览图。3D-MAPS 的指令集合结构(ISA)支持 32 位、双向、超长指令字(VLIW)指令。并行深度为 5,不支持无序执行以保持内核结构简单。发送宽度为 2,这样每个指令束为 64 位宽(两个指令、一个算法、一个存储器)。通过为每个操作类型(算法/存储)保留一个执行通路,使得存储带宽利用率最大化。3D-MAPS ISA 类似于 MIPS ISA,包括了算法、逻辑、分支、移动、存储操作。存储指令处理字和字节运算数。每个核拥有一个堆叠在其下面的 4KB 暂存 SRAM 存储块,并通过 F2F 键合连接。由于存在 64 个核和 64 个存储块,总存储层容量为 256KB。

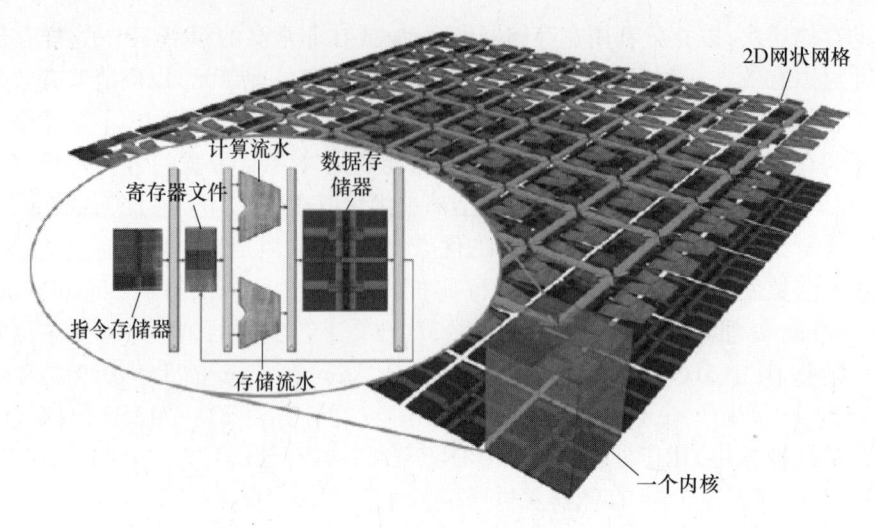

图 20.1 3D-MAPS 结构

20.2.2 单核结构

3D-MAPS 的目标是充分利用通过垂直连接实现的极高的存储带宽。由于分配给单个核的面积非常紧凑（$560\mu m \times 560\mu m$）①，我们研究不同的设计选项，例如管线深度、寄存器文件尺寸、发送宽度、支持的算术函数。因为紧凑的面积预算排除了需要较大硅面积的元件，例如复杂解码器、动态指令排程器、重排序缓冲器、分支预测器、浮点运算单元、整数型除法器。可以用软件替代地实现这些功能。例如，当编程一个基准时，可以手工优化汇编码，使得程序的有序和无序执行具有类似的性能。此外，这里有五级管线深度、两个发送宽度、一个 64 位 1.5KB 指令存储器、一个具有 32 个寄存器的 32 位双泵存储器组、三个输入（写）端口、四个输出（读）端口。

尽管将指令发送位置分配到存储器指令，但是当存储器指令空闲时，ISA 还是在存储器通道中运行某些常用的非存储器指令。此外，ISA 也支持自动增量，通过改善存储器指令量和非存储器指令量之间的比例，以实现进一步增加存储器宽带利用率。

20.2.3 多核结构

为了降低布线复杂度、简化多核网络，并使核内互连功耗最小，这里采用了点到点 2D 网格通信网络，该网络受 3D-MAPS 多核结构中显式通信和同步指

---

① 作为 2009DARPA/Tezzaron 3D IC 多目标晶圆一部分的版图面积为 $5 \times 5mm$，内核尺寸便于我们匹配最大内核数。

令的控制。特别地,由于下述原因,选择2D网格网络替代其他选择,例如2D环面和2D折叠环面网络拓扑结构:第一,2D网格网络不需要在2D环面网络的一行或一列的两端用长线连接两个核。第二,2D网格结构的总线长是2D折叠环面网络的一半。第三,内核层中核间通信的可用布线资源是非常有限的,因为两个相邻内核间的空间很小,并且是不允许在核上布线的。为了支持2D网格网络结构,每个核具有传送(或接收)数据到(或来自)其东西南北相邻单元的缓冲器。为了令核同步,使用H树形状的全局隔离指令。

20.2.4 片外接口

片外接口的主要设计目标是令信号管脚数最少。利用IEEE 1149.1标准模拟接口,有两个关键的不同之处。第一,设计了特定的测试控制状态机(TC-SM)来控制3D-MAPS芯片、管理功能测试、初始化存储器、执行程序。第二,我们具有4对测试数据输入(TDI)以及测试数据输出(TDO)端口。将内核层中的64个核分配到4个扇区,每个扇区16个内核,并且TDI k 和TDO k 受控于扇区 k。我们将每个扇区的测试结构与其他扇区隔离,这样在测试期间有缺陷的扇区不会影响无缺陷扇区。

20.3 基准应用

如20.1节所述,利用宽存储带宽需要应用软件的并行运行。为了最大化利用宽存储带宽,设计且并行化如下8个基准:AES加密、边沿检测、直方图、K-均值聚类法、矩阵乘法、中值滤波器、动态预测、字串查找。

(1) AES加密:高级加密标准(AES)[12]是一个高度标准化的内核,被广泛用于机密数据的安全传输。尤其是,AES是一个迭代的、对称密钥分组密码,它可使用128位、192位、256位密钥,加密/解密数据为16字节块。迭代运算使用循环结构,并重复执行输入数据的排列与替换。执行AES加密算法使用了规模为256位的一个子密钥,为目标数据通过13个循环的排列和替换实现最大的安全性。通过将输入纯文本同样地分布给3D-MAPS的64核实现内核并行。由于内核计算仅出现在局部数据模块中,所以该基准并不包括核间通信。

(2) 边沿检测:对一个图像进行边沿探测是为了找到图像具有亮度不连续的点。在图像处理中针对边沿探测使用索贝尔运算器。每个像素具有 $3×3$ 卷积矩阵,一个用于水平内核,其他用于垂直内核。由于可以单独计算每个像素,所以边沿探测算法可以高度并行化。为了使每个内核能处理给定测试图像的一部分,将测试图像分割成 $8×8$ 的阵列,并将阵列中的每个图像块分配给对应的内核。我们还通过对每个内核分配一个略大于原始 $8×8$ 大小的图像块来避免并行化中的边界处理问题(边界存在于分块图像的边界处)。

(3) 直方图:在不同的应用中,直方图需要许多耗费内存的运算,例如根据字符的出现频率对他们进行排序,进行图像处理来近似相邻像素间的灰度共生矩阵。直方图问题的特性使得它适用于开发宽存储带宽。在内核的每一步,一个算法运算(一个增量)伴随着两个加载和一个存储运算。在实现过程中使用了存储层中数据存储器的第一个 1KB 作为 128 ASCII 字符的计数器。为了获得最终的直方图,通过将输入数据均匀地分配给 64 个内核实现核并行处理,并累积内核上的局部计算的直方图结果。

(4) K-均值聚类算法:K-均值聚类算法是一个 NP 难题,将一组给定的 n 维向量分割成 k 组(聚类)以使得聚类内的平方数最小化。对于并行化,使用文献[4]提出的算法。首先将每个数据结点预分配到特定的组。计算每个结点与其并行的所在组中心之间的距离。然后,重新分配每个结点到距离它最近的组。计算每个组的新中心点。重复该过程直到每个结点收敛。

(5) 矩阵乘法:矩阵乘法广泛应用于几乎所有的应用中。为了在目前的 3D-MAPS 设计中利用 4KB SRAM 容量,使用加农算法[1]进行分布式矩阵乘法。加农算法需要恒定的存储空间来处理每个矩阵元,并且计算易于分配在整个 8×8 核矩形网络。每个输入矩阵是 8×8 的尺寸,并且每个内核一次工作在两个源矩阵的一个元上。在每个矩阵元素依此相乘后,矩阵元被对称地在相邻核之间旋转,以使每个核在每次旋转之后得到一对新元。矩阵元素依此相乘的部分计算被累计,并最终在一系列行和列旋转后产生乘积。

(6) 中值滤波器:中值滤波器是一个众所熟知的内核,它被大量用于去除图像中的噪声。在实现过程中,在一个类似于文献[15]的图像上使用了 3×3 滤波运算。将该内核以二维方式并行化,这样每个 8×8 核对应于均匀分配的相应输入图像区域。也可通过展开循环迭代和利用软件流水线方法重度优化该内核,以此实现更有效地安排指令。

(7) 动态预测:动态预测是用于探测动态矢量的常用内核,它可将两个 2D 图像(通常是指一个视频序列中的两个连续帧)间的差异最小化。在实现过程中使用了 16×16 宏模块并寻找一个动态矢量,通过在一个二维图像空间中移动这些宏模块将差异最小化。以类似于中值滤波器的二维方式并行化该内核。还可通过展开最内层循环和利用软件流水线方法仔细安排指令来优化该内核。

(8) 字串查找:字串查找是一个用于分析文本内容的常用内核。基准执行一个朴素字符串匹配算法用于在输入文本中查找目标形式。可以通过将输入文本等分给 64 个核实现内核并行化。每个核首先在分配到其 SRAM 的对应数据部分执行一次查找。局部数据查找完成后,相邻核分享数据来查找输入文本重叠部分的目标形式。该过程中假设目标形式为最大长度为 21 字符;因此,20 个字符从核的 SRAM 传递到其在 8×8 格点版图形式中前面的核。在重叠数据的通信后,对共享文本执行最后的查找。

20.4 硅通孔和堆叠工艺

表 20.1 所列为用于构建 3D-MAPS 的 3D 工艺指标。器件工艺基于 GlobalFoundries 提供的 1P6M 130nm 工艺,电源电压 1.5V。Tezzaron 3D 工艺利用 F2F 键合堆叠两个管芯。底部管芯的厚度为 765μm,顶部管芯在键合后被减薄,如图 20.2 所示。顶部管芯厚度为 12μm(6μm 为金属层、6μm 为硅衬底)。与线电阻相比,TSV 电阻非常小(0.6Ω),但是 TSV 电容为 15fF,这是不能忽略的。

表 20.1 3D-MAPS 的 3D 工艺指标

2D	
工艺	Global foundries 130nm
金属层数	6
电源电压	1.5V
3D	
管芯到管芯键合	F2F
管芯数	2
TSV 形状	八边形
TSV 类型	先通孔
TSV 直径	1.2μm
TSV 高度	6μm
最小 TSV 焊盘宽度	2.2μm
最小阻止区间距	0.5μm
最小 TSV 到 TSV 间距	2.5μm
TSV 电阻(R)	0.6Ω
TSV 电容(C)	15fF
F2F 连接焊盘形状	八边形
F2F 连接焊盘直径	3.4μm
F2F 连接焊盘间距	5μm
F2F 连接焊盘 R&C	忽略不计

先通孔 TSV 被插入到薄管芯中。TSV 直径为 1.2μm,高度为 6μm。最小的金属 1 TSV 焊盘宽度为 2.2μm。最小阻止区(KOZ)间距(TSV 垂直表面与器件间的距离)为 0.5μm。最小 TSV 到 TSV 间距为 5μm。底部(厚)管芯背部根本没有用(它被附着到一个如图 20.2 所示的用于封装的冗余硅衬底上)。顶部管

芯的背部用于引线键合。顶部管芯中的绝大部分 TSV 被用于 I/O,而其他的用作冗余 TSV 来满足最小 TSV 密度规则。

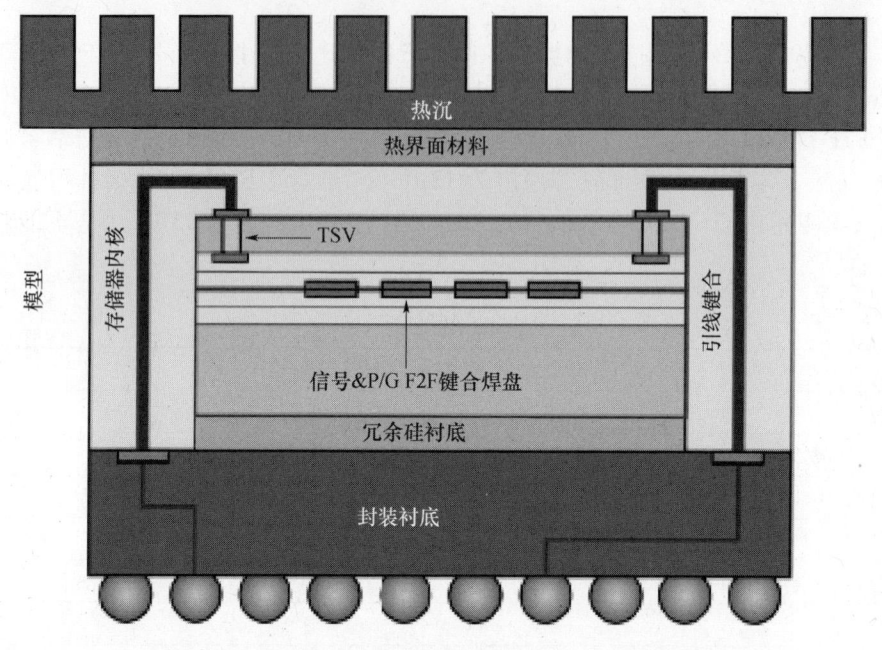

图 20.2　3D 堆叠、TSV、F2F 键合焊盘以及芯片到封装连接

Tezzaron 提供了 F2F 键合焊盘用于管芯间通信。金属 6 层是专用于 F2F 连接的,所以可用于信号和电源/地布线的实际金属层数量是 5 个。F2F 键合焊盘的宽度为 $3.4\mu m$,两个相邻 F2F 键合焊盘间距为 $5\mu m$。由于键合焊盘的电特性非常类似于典型通孔,所以 F2F 键合焊盘的电阻和电容小得可以忽略。所有 F2F 键合焊盘的位置被分配到一个具有 $5\mu m$ 间距的网格结构中,并且在两个管芯间近似有一百万($=1000\times1000$ 格点)个可用的 F2F 键合焊盘位置。这使得在为信号和 P/G 布线选择 F2F 键合焊盘时提供了很大的自由度。

20.5　3D-MAPS 的物理设计

20.5.1　3D-MAPS 版图概述

管芯面积为 $5\times5mm$,单个内核的尺寸为 $560\mu m\times560\mu m$。核到核间距为 $10\mu m$。核与其存储器块之间有 668 个用于电源和地(P/G)的 F2F 连接。所以,用于电源传输的 F2F 键合焊盘的总数量为 42752($=64\times668$)。由于单个 F2F 键合焊盘的电阻近似为 $3m\Omega$,忽略接触孔电阻时,通过 P/G F2F 键合焊盘的电阻几乎可以忽略。还有 116 个 F2F 连接用于核与存储块之间的信号,包括32位数据I/O、存储器地址、时钟和控制信号。因此,用于信号的F2F键合焊盘总数为7424(=64×116)。该设计的最长路径延迟在1.5V下为3.61ns,可实现的最高频率为277MHz。3D – MAPS包括约50K TSV和50K K2F键合焊盘。

20.5.2 单核与存储块设计

图20.3所示为单核和存储块设计流程。RTL到GDSII工具链是基于来自Cadence、Synopsys和Graphics的商业工具,并用内部工具增强功能来处理TSV和3D堆叠。采用初始设计约束,整个3D网表采用Design Compiler进行综合。每个管芯的版图是分别在Encounter中设计的。电源分配网络是用内部工具设计的。此外,所有的信号F2F管脚用内部工具布局,适当地排列到Metal6键合焊盘的格点结构中。采用时钟F2F管脚到存储器管芯处的适当边界条件进行时钟综合,之后进行信号布线。

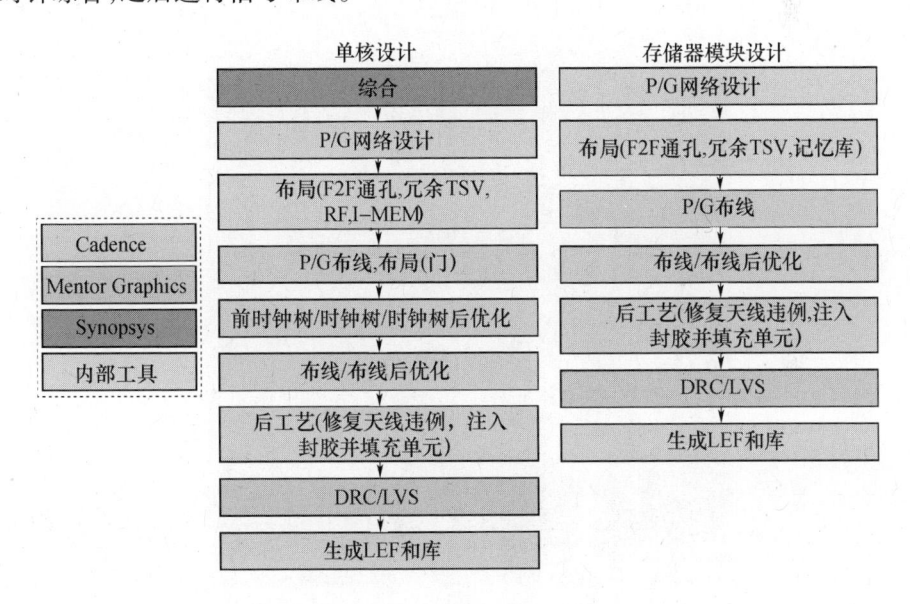

图20.3 3D – MAPS物理设计流程

图20.4所示为单个核与单个存储块版图。单个核版图中的每个F2F键合焊盘与其对应的存储块版图中的F2F焊盘对齐。单个核具有116个连到其存储块的F2F信号以及时钟连接。116个存储器连接包括32个数据输出位(从内核到其存储器),32个数据输入位(从存储器到内核),40个地址位(每个内存条10位),8个控制位(每个内存条2位),4个时钟位(每个内存条一个)。因此,在单个核设计中,首要的3D设计任务就是为116个信号和时钟核到存储器连接构建3D布线拓扑。位于金属6上的F2F键合焊盘被分配到一个5μm间

距的格点,图 20.5 示出已经使用和未使用的 F2F 键合焊盘。

(a)

(b)

图 20.4 单个核与存储器块版图,中间的方块为信号 F2F 焊盘,
顶部和底部的方块为电源/地 F2F 焊盘
(a)单核版图;(b)单存储器版图。

为了全面利用已有的商业设计软件,为所有核到存储器连接预布局 F2F 键合焊盘,使得它们尽可能接近存储器模块管脚位置。此形式的 F2F 键合焊盘布局使得可以重新解决各种设计问题,例如 3D 时钟树中的偏斜减小以及 3D 信号通路的时序优化。例如,信号或时钟 F2F 键合焊盘管脚(称为 P1)与其在存储

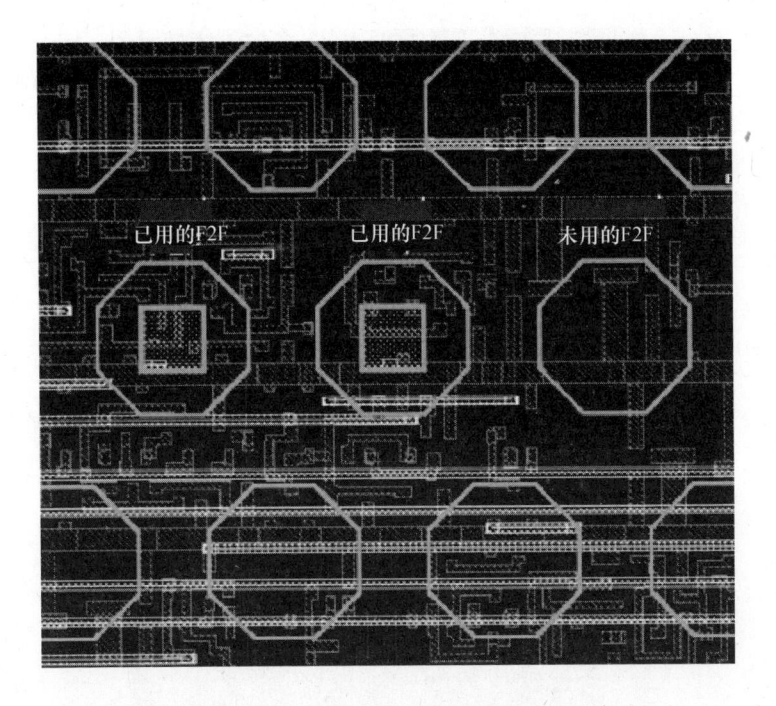

图 20.5 已用和未用的 F2F 键合焊盘，相邻 F2F 的间距为 5μm

器块中对应的管脚（称为 P2）之间的最长线长近似为 10μm。从 P1 到 P2 的延迟（或从 P2 到 P1，取决于信号方向）几乎可以忽略。因此，可以仅在内核层内执行时钟偏斜减小和时序优化。

下一步类似于传统 IC 设计流程：电源/地分布网络设计、布局、预时钟树综合（CTS）优化、CTS、CTS 后优化、布线和布线后优化。对于 CTS，F2F 键合焊盘管脚被定义为时钟沉。另外也会在标准单元布局之前在单个核设计中插入冗余 TSV，以满足 TSV 密度设计规则。电源传输到核内逻辑单元是通过沿着核边界的 P/G 环与水平 P/G 带实现的。电源传输到存储器块是利用如图 20.4 所示位于每个核/块顶部和底部的 P/G F2F 焊盘实现的。

20.5.3 顶层设计和电源传输网络

图 20.6 所示为整个核与存储器层的版图。核与存储器层的设计步骤是明确的。首先在核层的外围布局 I/O 单元。在每个 I/O 单元中，使用如图 20.7 所示的 204 个冗余 TSV。TSV 的数量不是基于电流需要选择的，而主要是基于可用面积。然后，所有 64 个核与 64 个存储块在每层构成一个 8×8 的阵列。由于 F2F 键合焊盘是预先固定的，所以移动每个核与存储器块来令 F2F 键合焊盘对齐金属 6 层中的格点结构。

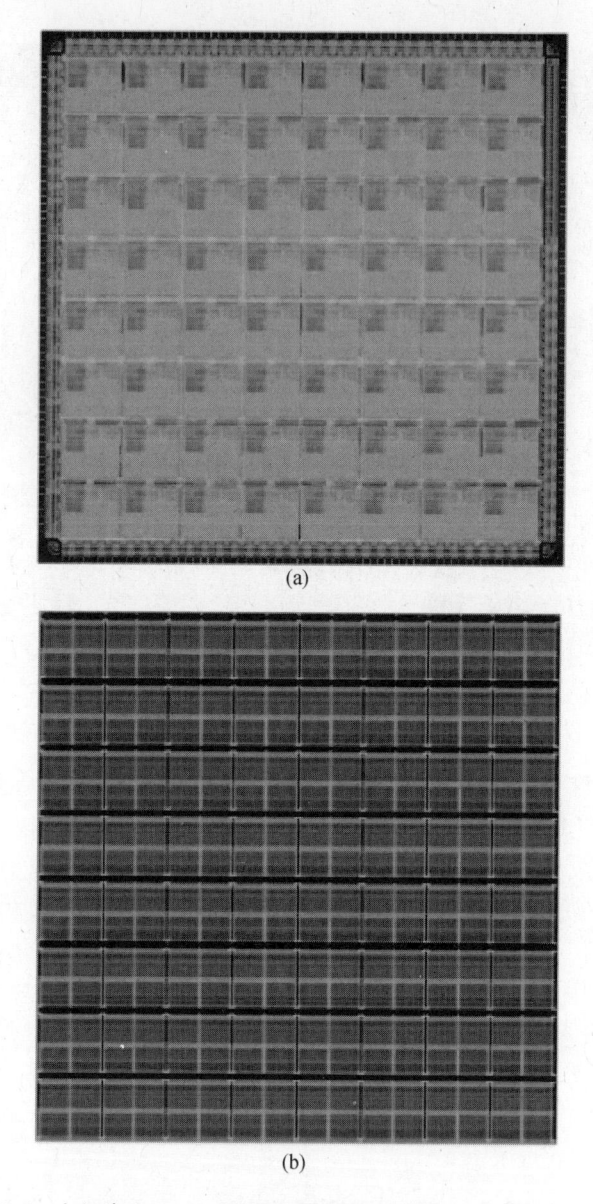

图 20.6　内核管芯(64 个内核)和存储器管芯(64 个 SRAM 块)版图
(a)64 核版图；(b)256KB SRAM 版图。

每个核中的 P/G 环被连接到在核间运行的额外 P/G 线。这些线则被连接到 P/G I/O 单元。电源传输到存储器层是通过每个核中的 P/G F2F 焊盘实现的。时钟布线是在全芯片级实现的,将时钟 I/O 单元中的时钟驱动器以最小的偏斜连接到每个核中的时钟输入点。

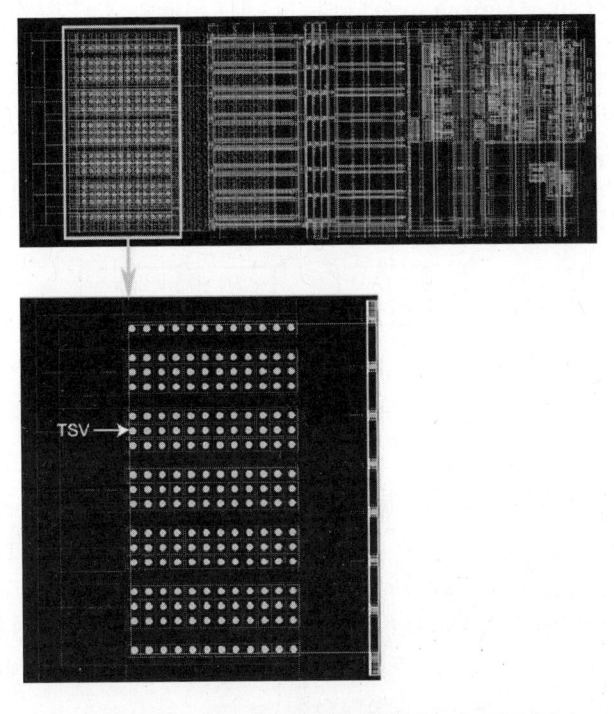

图 20.7 插入到一个 I/O 焊盘的冗余 TSV

20.6 3D-MAPS 的设计评估和验证

已有的用于仿真和分析 2D IC 的商业工具本质上不能处理 3D IC。本节介绍将已有商业工具进行扩展来处理 3D IC 设计和分析的方法[①]。

20.6.1 时序和信号完整性分析

图 20.8 所示为进行 3D 静态时序和信号完整性(SI)分析的流程。对每一层,3D SI 时序和 SI 分析需要一个网表和一个标准寄生交换格式(SPEF)文件。所以从 Encounter 获取内核以及存储器块的 Verilog 网表,使用 Cadence QRC 提取各层 SPEF 文件。另外还需要顶层网表和 SPEF 文件。顶层网表具有两个模块,一个为内核层模块,另一个为存储器块模块。将两个层之间的面对面连接表示成两个模块间的连线,并且将核层与背部金属连接焊盘之间的 TSV 表示成核层模块与主要 I/O 的连线。最后,将所有的网表和 SPEF 文件馈入

---

① 这里没有进行片上热分析的主要原因是使用的处理器是低功耗的,如 20.8 节所述,功耗最高为 4W。可以观察到利用如图 20.13 所示的空气冷却热沉,封装级的解决方案足以保持处理器处于低温。

PrimeTime 执行 SI 时序分析。类似地，可以将相同的文件馈入 Cadence CeltIC 来执行 SI 分析。

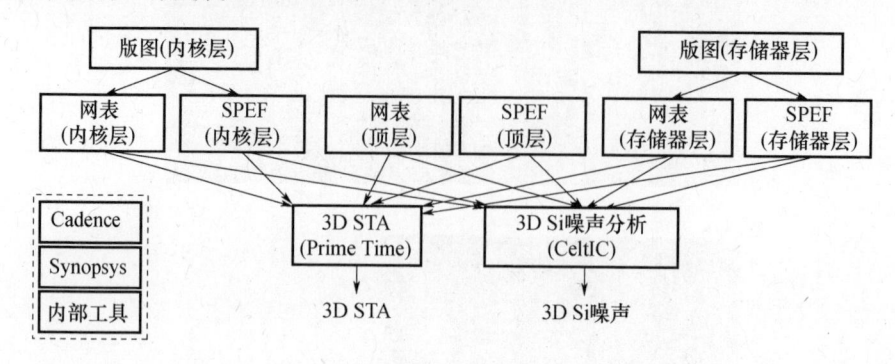

图 20.8　我们的 3D 统计时序和信号完整性分析流程

如表 20.2 所列为基于上面描述的 3D 静态时序分析(STA)工具得到的单个核的关键时序路径。该路径源自流水线 2~3 级的一个扫描 F/F，通过一个多路选择器 MUX 和一个加法器，到达流水线 3~4 级的一个扫描 F/F。在松弛计算中，STA 工具使用路径开始点(1.270ns)和终点(0.802ns)的时钟到达时间。路径延迟为 2.625ns，不包括终点 F/F 的建立时间。最坏情况节点上的最大串扰噪声为 674mV，接近 750mV 的噪声极限。

在 Tezzaron 工艺中，两个管芯通过 F2F 连接键合，在键合界面存在管芯到管芯电容耦合。因此，电容提取工具需要考虑 F2F 键合中两个管芯的顶层金属层。然而，我们分别提取每个管芯中的寄生 RC，并且忽略管芯到管芯的电容耦合。主要原因是目前还没有商业工具可以处理此类的寄生提取。但是相信这是可以接受的，因为没有在存储器层使用金属 5，所以内核层中的金属 5 层与存储器层的金属 4 层的上表面之间的距离比两个相邻金属层间距大 10 倍。

表 20.2　信号核的关键时序路径，PS 指流水线级，
线延迟小到可以忽略，所以没有列出

模块	类型	延迟/ns
PS 2–3	门（SDFFHQX2）	0.253
多路选择器	门（AO22X1）	0.228
MUX	门（AOI22X1）	0.272
	门（NAND2X2）	0.168

（续）

模块	类型	延迟/ns
加法器	门（NOR2X2）	0.172
	门（NOR2X1）	0.113
	门（AOI21X1）	0.176
	门（OAI21X1）	0.119
	门（AOI21X1）	0.324
	门（BUFX3）	0.196
	门（XNOR2X1）	0.135
	门（XOR2X1）	0.142
	门（AO22X4）	0.230
PS 3-4	gate-setup（SDFFQX1）	0.487
	Slack	+0.019

20.6.2 功耗和电源噪声分析

图 20.9 所示为 3D 功耗分析流程。按如下过程执行 3D 功耗分析。这里为内核层与存储器层都准备了网表和标准延迟格式（SDF）文件。同时还为每个基准准备了位流文件。基于所有这些文件，运行 Mentor Graphics ModelSim 来获得门和节点的开关活性。最后，利用 Encounter 结合网表、SPEF 和开关活性文件执行功耗模拟。

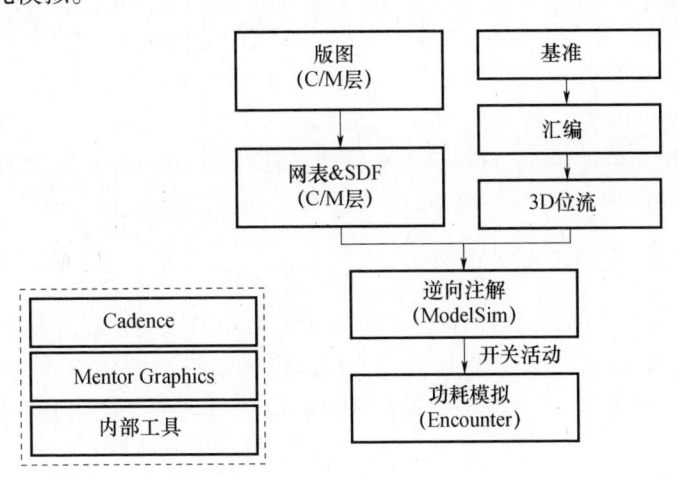

图 20.9 我们的 3D 功耗分析流程

如图 20.10 所示为 3D IR 压降分析流程。利用 Cadence VoltageStorm 进行 3D 电源噪声分析。VoltageStorm 加载 DEF 文件、工艺文件和功耗文件来生成峰值和均值电源噪声值。对于 3D – MAPS 设计,采用 VoltageStorm 按如下流程执行实际的 3D 电源噪声分析。首先生成 3D 互连工艺文件(ICT),其中包括了顶部和底部层中的所有层次。然后运行 Cadence Techgen 来编译。同时还构建了一个新 LEF 文件,其中包含了每个层专门的实例。例如,将内核层内的反相器单元表示成 INVC,然而在存储器层中将反相器单元表示成 INVM。类似地,用金属 1C 线定义 INVC,即位于核层中的金属 1,然而用金属 1 M 线定义 INVM,即存储器层中的金属 1 层。然后,利用新 LEF 文件构建一个包括了顶层和底层的新 DEF 文件。最后,使用 VoltageStorm 结合新工艺、LEF 文件、DEF 文件以及从 3D 功耗分析得到的功耗文件获得 3D 电源噪声值。

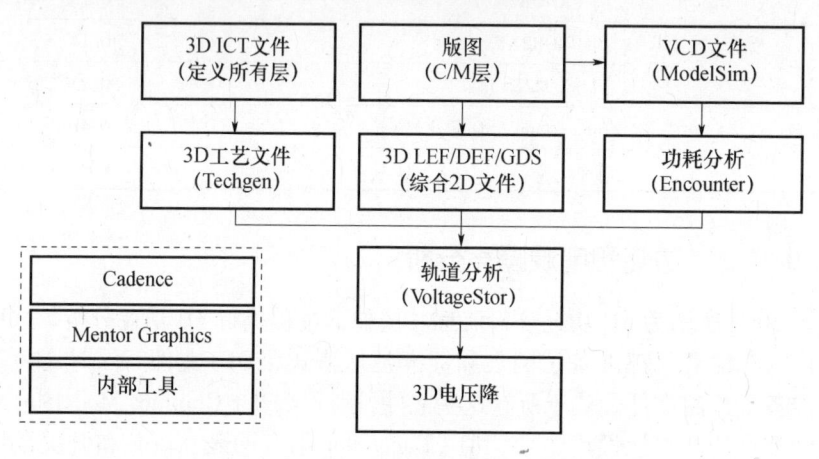

图 20.10　我们的 3D IR 电压降分析流程

如图 20.11 所示为 3D IR 压降分析结果,其中给出了单个核的 IR 电压降分布。最大 IR 电压降出现在时钟缓冲,且大小为 60mV。同时还执行了全 64 核 IR 压降分析。因为电源/地 I/O 单元位于周边,中心处的内核承受 78mV 的最坏情况 IR 电压降。但是,这是在 150mV 的阈值范围之内的。发现为核添加厚 P/G 环,在核间加入厚 P/G 线有助于明显减小 IR 压降。

20.6.3　DRC 和 LVS

3D IC 的设计规则检查(DRC)包括 2D 和 3D DRC。3D 设计规则为两个相邻 TSV 间的最小间距、TSV 与其金属 1 焊盘间的最小覆盖、TSV 到器件的最小间距、最小 TSV 密度等。由于没有内部层设计规则,分别对每层运行 2D 和 3D DRC 检查。

另一方面,对核以及存储器层同时进行 3D 版图原理图对照(LVS)。尤其是,网表提取工具应能够识别多层版图。对于 3D LVS,为版图的每层分配一个特殊数字。例如,将 32 和 42 分别分配给核层中多晶硅层和有源层,将 132 和

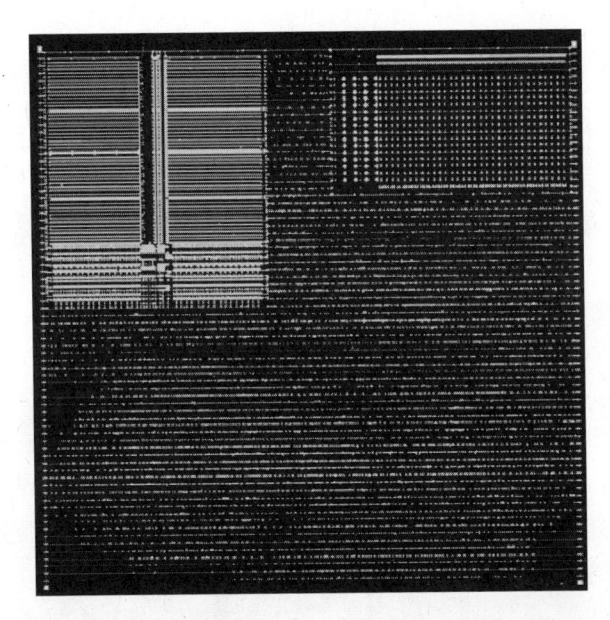

图 20.11　单个核的 IR 电压降图，其中最大压降为 60mV

142 分配给存储器层中的多晶硅层和有源层。还修改了提取规则文件，这样核层和存储器层中的相同层就可以被独立处理。例如，提取规则同时包括"32 和 42 交叠构成一个晶体管"和"132 和 142 交叠构成一个晶体管"。这种情况下，即使内核层中一个晶体管的 x 坐标和 y 坐标与存储器层中的对应坐标交叠，也可以正确提取晶体管，因为它们的层数是不同的。一旦从给定版图提取了网表，就使用商业 LVS 工具执行所提取网表和给定电路网表之间的对比。

20.7　封装和板级设计

3D - MAPS 被引线键合到一个如图 20.12 所示的 4 层、0.8mm 间距触点阵列封装（LGA）。LGA 包含 324 个焊盘，其中 294 个焊盘用于电源和地，为高电流需求供电（约 2.7A），30 个焊盘用于时钟和信号。封装设计需适应由高功耗密度（约 16W/cm^2）导致的高温（根据我们的仿真，约为 ~90℃）。3D - MAPS 的存储器层和封装衬底之间插入冗余硅衬底来增大从 3D - MAPS 到封装的热传导率。此外，LGA 的中心区域为一个大铜焊盘，专门用于接地，来降低从接地层到外部的热阻。

为了验证 3D - MAPS 的功能，设计了一个具有二维特征的 4 层 PCB 测试板。例如，为了将电源电压从 0.9V 改变到 1.9V，在 PCB 上增加了额外的电源电路。其 I/O 被连接到一个 FPGA 测试板（Xilinx Vertex - 6）用于验证。信号封装布线的平均寄生值为 $R = 377.5$mΩ、$L = 4.1$nH、$C = 1$pF。如图 20.12 所示为

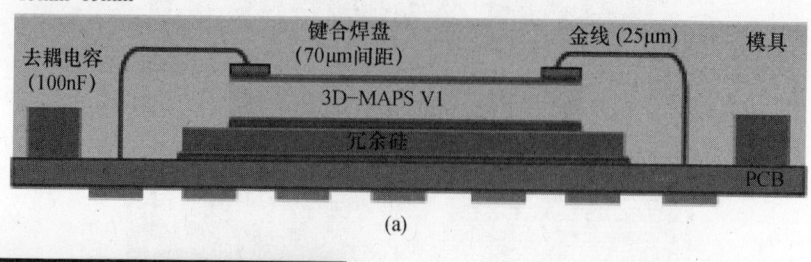

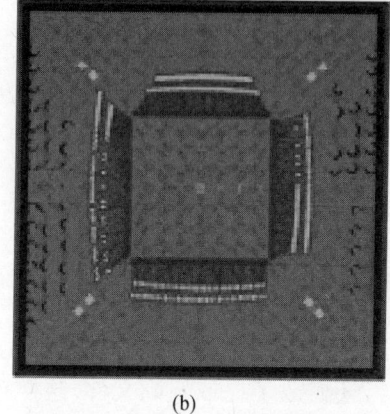

图 20.12　3D-MAPS 的封装设计

(a) LGA 焊盘(0.8mm 间距);(b) 封装版图;(c) 裸芯片 & 封装。

3D-MAPS 的裸管芯及其封装。

为了装载数据、执行基准、读取最终输出数据并验证 3D-MAPS 的功能,我们使用 20.2 节所述的扫描链和测试结构。如图 20.13 所示为 3D-MAPS 的测试板。扫描单元被排序到多个扫描链中,它可在链和核间距处被旁路。采用

图 20.13　3D-MAPS 的测试板

Synopsys Design Complier 对扫描链进行插入和优化。测试结构是由四个独立测试扇区构成，它们能实现粗粒度错误隔离；每个扇区可进行测试且完全独立工作，甚至包括扫入和扫出封装管脚。使用一个定制测试控制器来管理芯片结构、测试和工作。3D－MAPS 包含了 49408 个扫描 FF（每个核有 772 个）以及 16 个链（每个扇区 4 个）。由于没有传统的片外存储接口，测试系统被作为该芯片唯一的存取机制。使用一个 FPGA 开发工具包作为外部测试驱动器，来传递驱动位流、管理芯片工作并观察结果。

20.8 管芯照片和测量结果

图 20.14 所示为管芯照片，包含了逻辑模块、TSV、I/O 单元和 F2F 焊盘。图 20.15 所示为两个管芯间的 TSV 和 F2F 键合焊盘细节。图 20.16 所示为在 I/O 单元内的 TSV、前面和背面金属 I/O 焊盘、P/GF2F 键合焊盘的 SEM 照片。

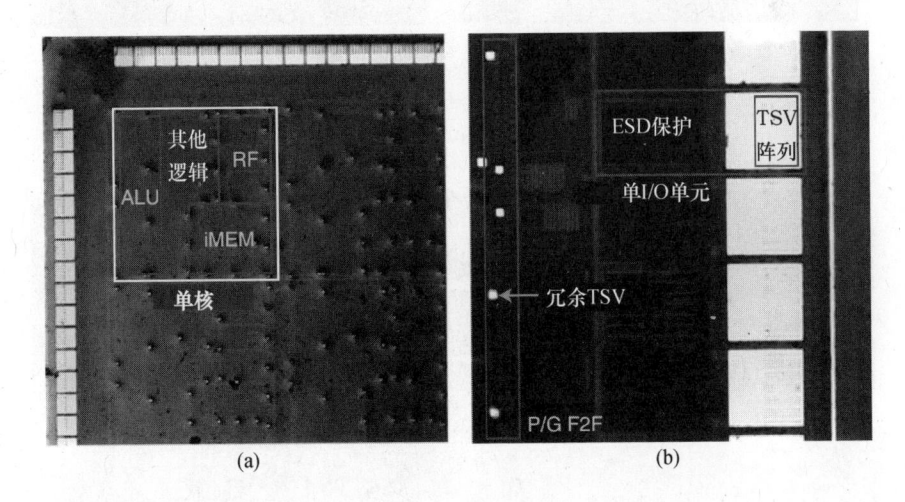

图 20.14　管芯照片
(a) I/O 单元和核（IR 图像）；(b) I/O 单元和 ESD 电路（IR 图像）。

表 20.3 列出了峰值存储带宽（十亿字节每秒（GB/s））、每核每周期指令数（IPC）、每个基准的 3D－MAPS 测试功耗。获得的最大存储带宽为 63.8GB/s（中值滤波器）。3D－MAPS 可以获得的理论最大存储带宽为

$$64 \times 4 \times (277 \times 10^6) = 70.912 \text{GB/s} \tag{20.1}$$

式中：64 为核总数，4 为字长（4 位）；277MHz 为工作频率。因此，中值滤波器基准使用了高达 90% 的理论最大存储带宽，然而字符串查找基准使用了 13%。理论最大存储带宽高于当今处理器的带宽（例如 Intel Core i7），当使用 DDR3 –

1333 存储器时处理器的最大存储带宽近似为 64GB/s。如果简单地将 3D-MAPS 的时钟频率按比例提高到 1333MHz，那么最大存储带宽变为 341GB/s，这远高于现在的存储带宽。

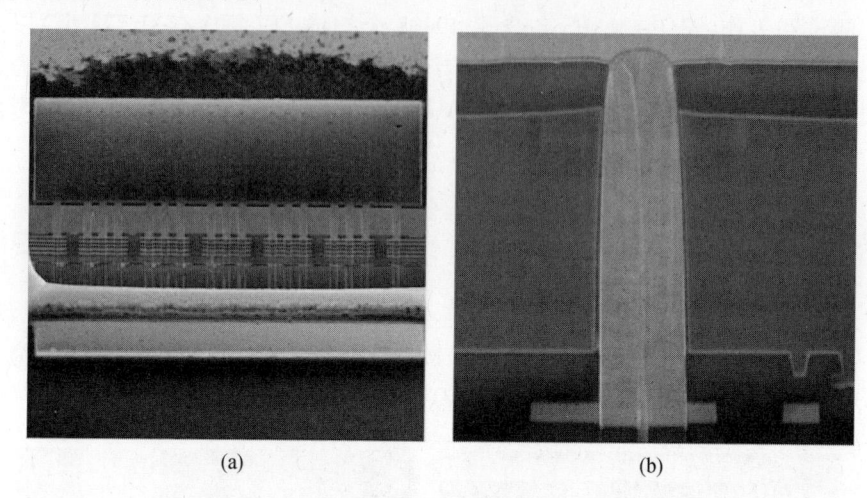

图 20.15 Tezzaron TSV 的 SEM 图和 F2F 键合焊盘
（a）内核管芯的单个 IO 单元，TSV，BEOL；（b）单 TSV 和它的焊盘。

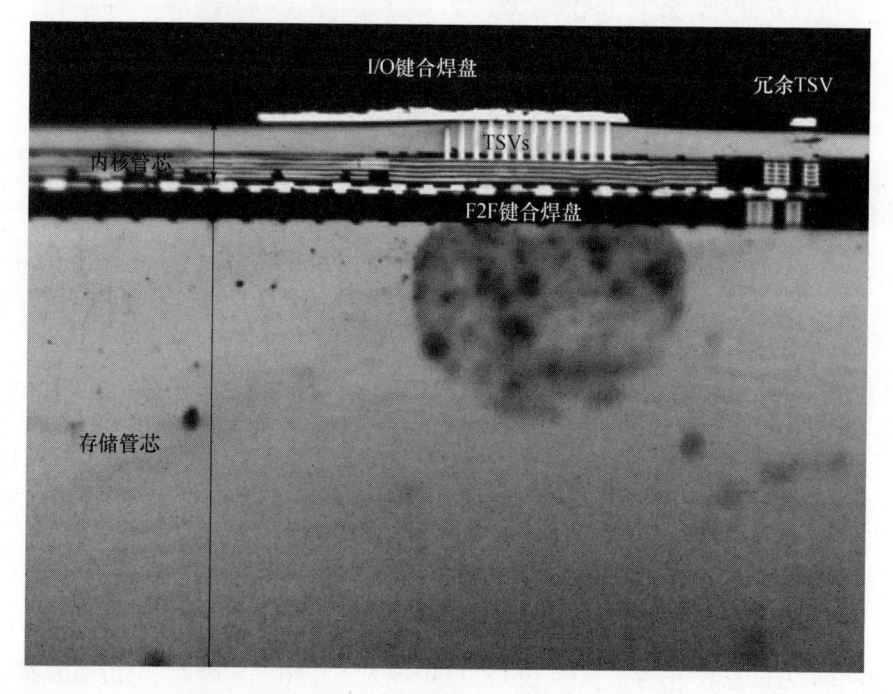

图 20.16 I/O 单元中的 TSV、前面和背面金属 I/O 焊盘、P/G F2F 键合焊盘的 SEM 照片

表 20.3 测试所得存储器带宽、每核的 IPC、测试功耗结果

基准	带宽/(Gb/s)	IPC/核	功耗/W
AES 加密	49.5	0.97	4.032
边沿检测	15.6	0.95	3.768
直方图	30.3	0.90	3.588
K-均值聚类	40.6	0.94	4.014
矩阵乘法	13.8	0.32	3.789
中值滤波	63.8	1.62	4.007
动态预测	24.1	1.20	3.830
字串查找	8.9	0.65	3.876

利用 Watts-Up Pro 功耗仪测量 3D-MAPS 的功耗。峰值功耗范围从 3.5W 到 4.0W,如表 20.3 所列。尽管中值滤波器基准表现出最高的存储带宽使用率,但是 AES 加密基准具有最高的峰值功耗,这是因为算法和逻辑运算比存储运算消耗更多的功耗。同时也在时钟频率和核电源电压变化时测量了功耗。如图 20.17 所示分别为时钟频率从 50MHz 变化到 277MHz 时(1.5V 下)、核电源电压从 0.9V 变化到 1.9V 时(在 250MHz 下) AES 加密基准的 3D-

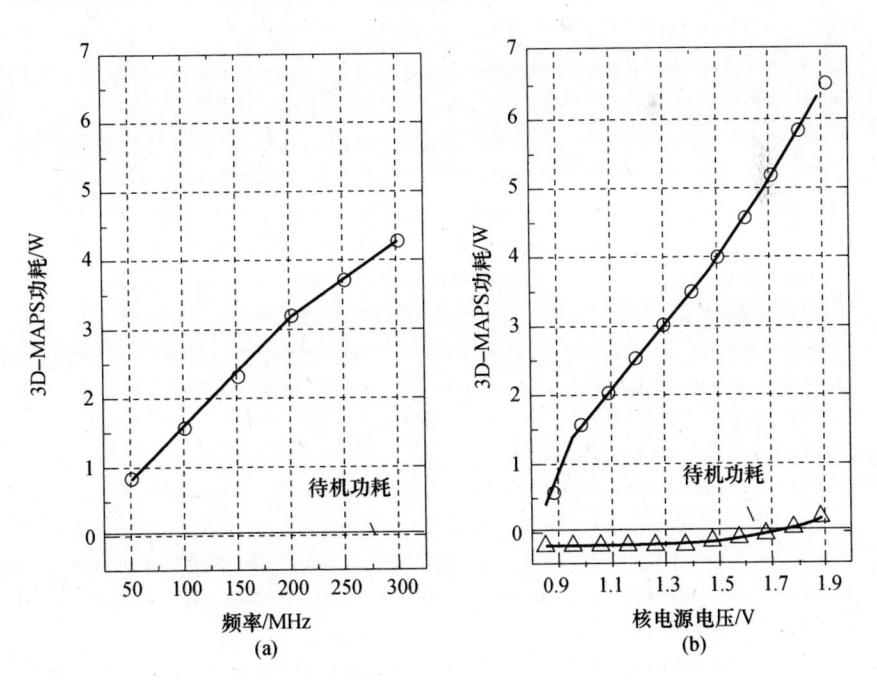

图 20.17 AES 加密基准的频率与功耗及电压与功耗关系图
(a)频率与功耗(在 1.5V 时);(b)电压与功耗(在 250MHz 时)。

MAPS 功耗。功耗随频率近似线性增大，待机功耗可忽略。功耗随核电源电压变化。图也表明功耗几乎与电源电压线性相关，而待机功耗仅略微增大。由于 130nm PMOS 的阈值电压近似为 0.85V，只有在 0.9V 处，芯片开始受到临近阈值效应的影响。

20.9 结论

本章研究了 3D-MAPS（带有堆叠存储器的 3D 大规模并行处理器）的结构、设计流程和方法、分析以及测试，该设计通过核-存储器堆叠获得了极高存储带宽。本章所使用的 3D 堆叠工艺支持通过 F2F 键合焊盘的多个管芯内连接，所以产生了非常高的存储带宽。为了最大利用宽存储器带宽，设计的结构使得可以在每个时钟周期运行存储器读/写操作。基于 2D IC 商业工具和内部工具构建了一个从 RTL 到 GDSII 的 3D IC 设计工具包。同时选择 8 个基准并将他们并行，以充分利用 8×8 的 2D 网格多核结构。3D-MAPS 在 277MHz 下运行，最大峰值存储带宽利用率为 63.8Gb/s，同时消耗 4W 功耗。

参考文献

[1] L. E. Cannon, A cellular computer to implement the Kalman Filter algorithm. PhD thesis, Montana State University, 1969

[2] G. V. der Plas, P. Limaye, I. Loi, A. Mercha, H. Oprins, C. Torregiani, S. Thijs, D. Linten, M. Stucchi, G. Katti, D. Velenis, V. Cherman, B. Vandevelde, V. Simons, I. D. Wolf, R. Labie, D. Perry, S. Bronckers, N. Minas, M. Cupac, W. Ruythooren, J. V. Olmen, A. Phommahaxay, M. de Potter de ten Broeck, A. Opdebeeck, M. Rakowski, B. D. Wachter, M. Dehan, M. Nelis, R. Agarwal, A. Pullini, F. Angiolini, L. Benini, W. Dehaene, Y. Travaly, E. Beyne, P. Marchal, Design issues and considerations for low-cost 3D TSV IC technology. IEEE J. Solid-State Circuits 46(1), 293-307 (2011)

[3] X. Dong, Y. Xie, System-level cost analysis and design exploration for three-dimensional integrated circuits (3D ICs), in Proceedings of Asia and South Pacific Design Automation Conference, Pacifico Yokohama, Jan 2009, pp. 234-241

[4] B. Hohlt, Pthread parallel K-means, 2001

[5] U. Kang, H. -J. Chung, S. Heo, S. -H. Ahn, H. Lee, S. -H. Cha, J. Ahn, D. Kwon, J. H. Kim, J. -W. Lee, H. -S. Joo, W. -S. Kim, H. -K. Kim, E. -M. Lee, S. -R. Kim, K. -H. Ma, D. -H. Jang, N. -S. Kim, M. -S. Choi, S. -J. Oh, J. -B. Lee, T. -K. Jung, J. -H. Yoo, C. Kim, 8Gb 3D DDR3 DRAM using through-silicon-via technology, in Proceedings of IEEE International Solid-State Circuits Conference, San Francisco, Feb 2009, pp. 130-131

[6] Y. Kikuchi, M. Takahashi, T. Maeda, H. Hara, H. Arakida, H. Yamamoto, Y. Hagiwara, T. Fujita, M. Watanabe, T. Shimazawa, Y. Ohara, T. Miyamori, M. Hamada, M. Takahashi, Y. Oowaki, A 222mW H.264 full-HD decoding application processor with x512b stacked DRAM in 40nm, in Proceedings of IEEE International Solid-State Circuits Conference, San Francisco, Feb 2010, pp. 326-327

[7] D. H. Kim, K. Athikulwongse, M. B. Healy, M. M. Hossain, M. Jung, I. Khorosh, G. Kumar, Y. - J. Lee, D. L. Lewis, T. - W. Lin, C. Liu, S. Panth, M. Pathak, M. Ren, G. Shen, T. Song, D. H. Woo, X. Zhao, J. Kim, H. Choi, G. H. Loh, H. - H. S. Lee, S. K. Lim, 3D - MAPS: 3D massively parallel processor with stacked memory, in *Proceedings of IEEE International SolidState Circuits Conference*, San Francisco, 2012

[8] J. - S. Kim, C. S. Oh, H. Lee, D. Lee, H. R. Hwang, S. Hwang, B. Na, J. Moon, J. - G. Kim, H. Park, J. - W. Ryu, K. Park, S. K. Kang, S. - Y. Kim, H. Kim, J. - M. Bang, H. Cho, M. Jang, C. Han, J. - B. Lee, J. S. Choi, and Y. - H. Jun. A 1.2 V 12.8 GB/s 2 Gb mobile wide - I/O DRAM with 4 × 128 I/Os using TSV based stacking. IEEE J. Solid - State Circuits 47(1), 107 - 116 (2012)

[9] M. Koyanagi, Y. Nakagawa, K. - W. Lee, T. Nakamura, Y. Yamada, K. Inamura, K. tae Park, H. Kurino, Neuromorphic vision chip fabricated using three - dimensional integration technology, in *Proceedings of IEEE International Solid - State Circuits Conference*, San Francisco, Feb 2001, pp. 270 - 271

[10] C. C. Liu, I. Ganusov, M. Burtscher, S. Tiwari, Bridging the processor - memory performance gap with 3D IC technology. IEEE Des. Test Comput. 22(6), 556 - 564 (2005)

[11] G. H. Loh, 3D - Stacked memory architectures for multi - core processors, in *Proceedings of IEEE International Symposium on Computer Architecture*, Beijing, June 2008, pp. 453 - 464

[12] National Institute of Standards and Technology, Advanced encryption standard (AES), http://csrc.nist.gov/publications/fips/fips197/fips - 197.pdf

[13] H. Saito, M. Nakajima, T. Okamoto, Y. Yamada, A. Ohuchi, N. Iguchi, T. Sakamoto, K. Yamaguchi, M. Mizuno, A chip - stacked memory for on - chip SRAM - rich SoCs and processors. IEEE J. Solid - State Circuits 45(1), 15 - 22 (2010)

[14] D. H. Woo, N. H. Seong, D. L. Lewis, H. - H. S. Lee, An optimized 3D - stacked memory architecture by exploiting excessive, high - density TSV bandwidth, in *Proceedings of IEEE International Symposium on High - Performance Computer Architecture*, Bangalore, Jan 2010

[15] Xilinx, Implementing median filters in XC4000E FPGAs

[16] J. Zhao, X. Dong, Y. Xie. Cost - aware three - dimensional (3D) many - core multiprocessor design, in *Proceedings of ACM Design Automation Conference*, Anaheim, June 2010, pp. 126 - 131

缩略语

1P6M	一层多晶六层金属
2D IC	二维集成电路
3D IC	三维集成电路
3D – MAPS	具有堆叠存储器的三维大规模并行处理器
AES	高级加密标准
AFD	原子通量散度
ALU	算术逻辑单元
B2B	背对背键合
BCB	苯并环丁烯
BEOL	后端工艺
BILP	二进制整数线性规划
C4	可控坍塌芯片连接
CA	热耦合感知布局
CACTI	缓存存取和周期时间信息
CAD	计算机辅助设计
CMOS	互补金属氧化物半导体
COR	单元占用率
CPU	中心处理单元
CTE	热膨胀系数
CTS	时钟树综合
DARPA	美国国防高级研究计划局
DDR	双倍数据速率
DEF	设计交换格式
DES	数据加密标准
DME	推迟 – 融合和嵌入
DOE	实验设计
DP	动态规划
DRAM	动态随机存取存储器
DRC	设计规则检查
ECO	工程变更指令
EDA	电子设计自动化
EM	电磁
ERR	能量释放率
F2B	面对背键合
F2F	面对面键合
FEA	有限元分析
FEM	有限元方法
FF	触发器
FFT	快速傅里叶变换

FIR	有限长单位冲激响应
FM	Fiduccia Mattheyses 电路划分算法
FO4	扇出系数为 4
FPGA	现场可编程门阵列
FPU	浮点单元
GDSII	图形数据系统 2
GSRC	吉级系统研究中心
HFSS	高频结构模拟器
HPWL	半周线长
I/O	输入输出
ICT	互连工艺文件
ILD	层间介质
ILP	整数线性规划
IMEC	跨院校微电子中心
IP	知识产权
IPC	每周期指令数
IR	电流(I) × 电阻(R)
ISA	指令集架构
ITRS	国际半导体技术发展蓝图
IWLS	逻辑和综合国际工作组
JPEG	联合图像专家组
KCL	基尔霍夫电流定律
KOZ	阻止区
KVL	基尔霍夫电压定律
LEF	库交换格式
LGA	触点阵列封装
LP	焊盘
LP	线性规划
LPD	最长路径延迟
LVLS	横向和纵向线性叠加
LVS	版图原理图对照
MCNC	北卡罗来纳微电子中心
MFC	微流通道
MIPS	无内部互锁流水级微处理器
MI – T	晶体管级单片三维集成
MIV	单片层间通孔
MMM	平均值与中值算法
MOSFET	金属氧化物半导体场效应晶体管
MST	最小生成树
MTTF	平均失效时间
MUX	多路选择器
NCSU	北卡罗来纳州立大学
NLP	非线性规划
NMOS	N 型金属氧化物半导体场效应晶体管
OTA	总时序精度
P/G	电源和地

PCB	印制电路板
PDE	偏微分方程
PDK	工艺设计包
PDN	电源分配网络
PMOS	P型金属氧化物半导体场效应晶体管
PRESS	预测误差平方和
PTM	预测工艺模型
Q3D	准三维
QRC	Cadence 寄生电阻和电容提取工具
RAT	所需到达时间
RBF	径向基函数
RC	电阻和电容
RDL	重分布层
RMSE	均方根误差
ROI	感兴趣区域
RSM	反应曲面法
RTL	寄存器传输级
RUU	寄存器更新单元
SA	模拟退火
SDF	标准延时格式
SEM	扫描电镜
SERT	Steiner Elmore 布线树算法
SI	信号完整性
SIP	系统级封装
SOC	系统芯片
SPDP	转换时间传递动态规划
SPEC	标准性能评估公司
SPEF	标准寄生交换格式
SPICE	集成电路通用模拟程序
SRAM	静态随机存取存储器
STA	静态时序分析
STI	浅槽隔离
TCAD	工艺计算机辅助设计
TCG	传递闭包图
TG	传输门
TLB	转换后备缓冲器
TNS	总负时序余量
TSA	硅通孔分布和对准算法
TSV	硅通孔
T-TSV	热硅通孔
VGA	视频图形阵列
VGDP	Van Ginneken 动态规划
VLIW	超长指令字
VLSI	超大规模集成
WL	线长
WNS	最差负时序余量

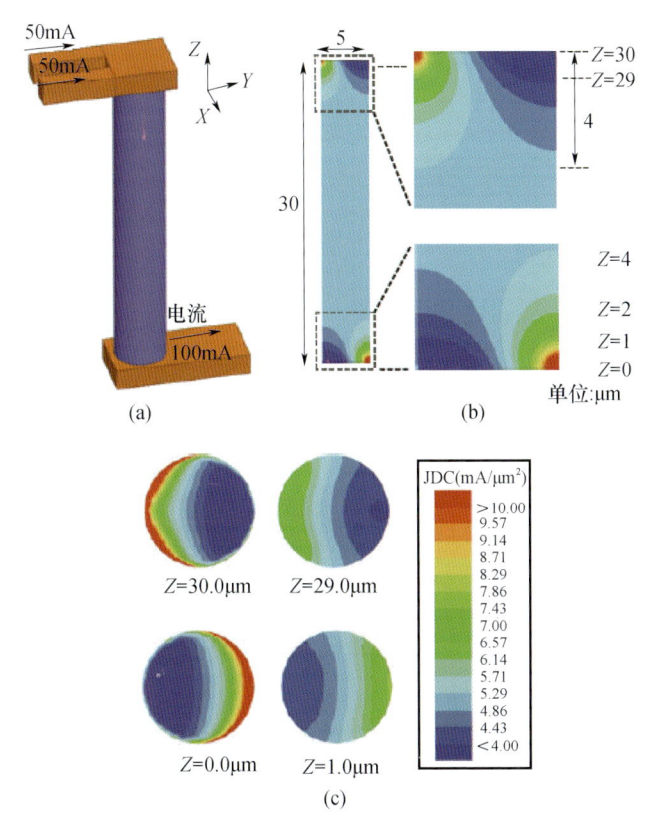

图 8.2 TSV 和电源线测试实例中的电流聚集

(a)TSV 和电源线结构示意图;(b)ZY 面电流密度分布情况(侧视图);
(c)自顶向下 $Z=30\mu m, 29\mu m, 1\mu m, 0\mu m$ 处的 XY 面电流密度分布情况(侧视图)。

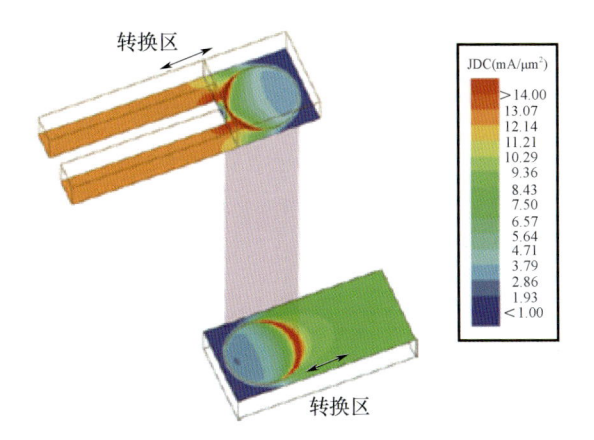

图 8.3 电源线与 TSV 的转换区

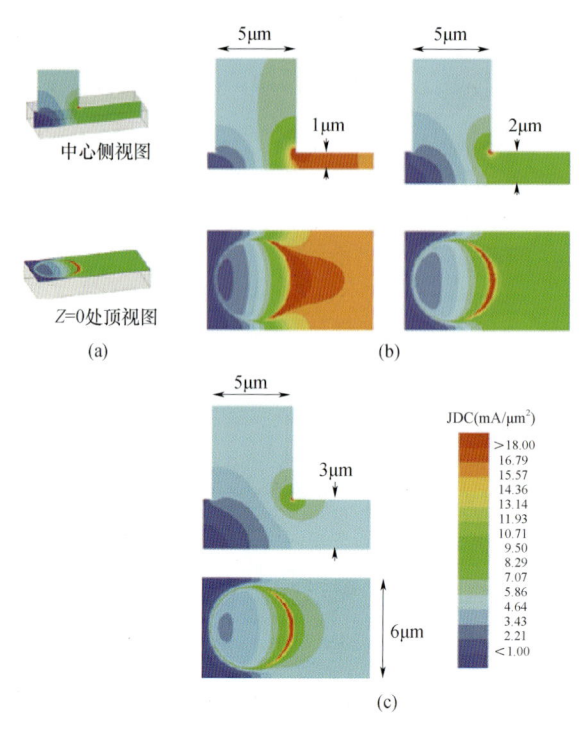

图 8.4　TSV 直径与导线厚度比影响着连接角落的电流聚集情况，TSV 直径被设定为 5μm，电源线厚从 1μm 增加到 2μm，3μm
（a）1μm；（b）2μm；（c）3μm。

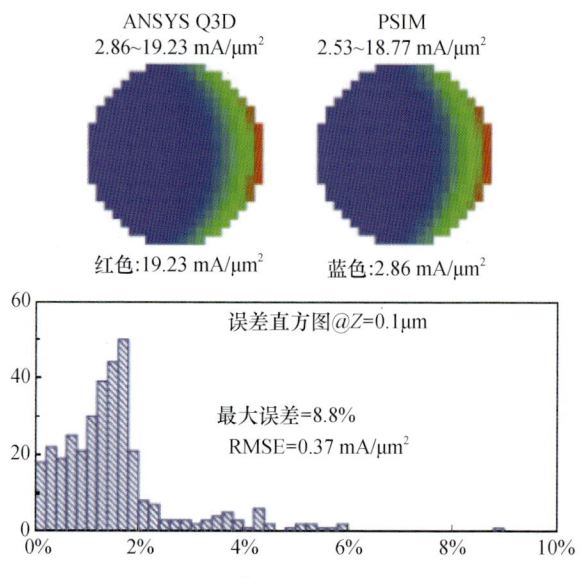

图 8.7　使用 ANSYS Q3D 和本文 TSV 建模方法的 PSIM，得到的 $Z=0.1$μm 虚拟 XY 平面处的电流密度分布和误差柱状图，每个网格片中的误差是 Q3D 和 PSIM 之间的绝对误差

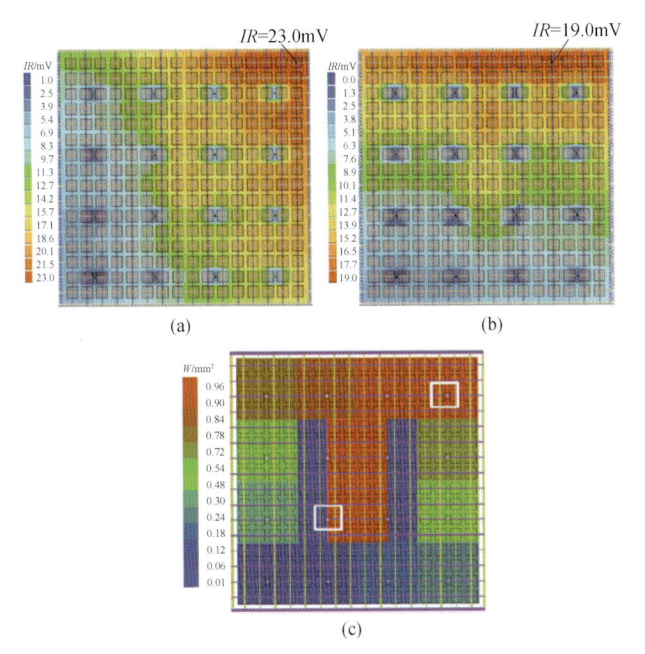

图 8.9 管芯的电压降图及电源分布图

(a)顶部管芯的电压降图(最大值 = 23.0mV);(b)底部管芯的电压降图(最大值 = 19.0mV);
(c)底部管芯的电源图,其中出于易读性考虑 TSV 和 C4 被对齐且被放大。

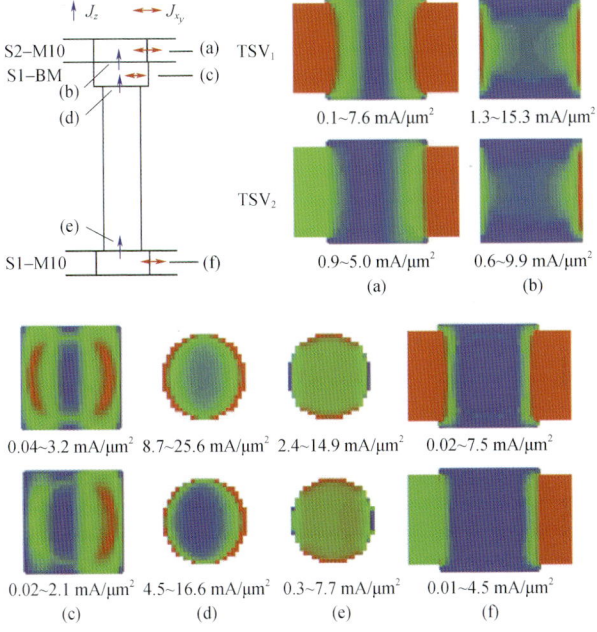

图 8.10 图 8.9 中 TSV_1 与 TSV_2 的 $XY(J_{xy})$ 和 $Z(J_z)$ 方向电流密度分布,
TSV_1 沿电源线具有对称电流密度,TSV_2 具有不对称电流密度

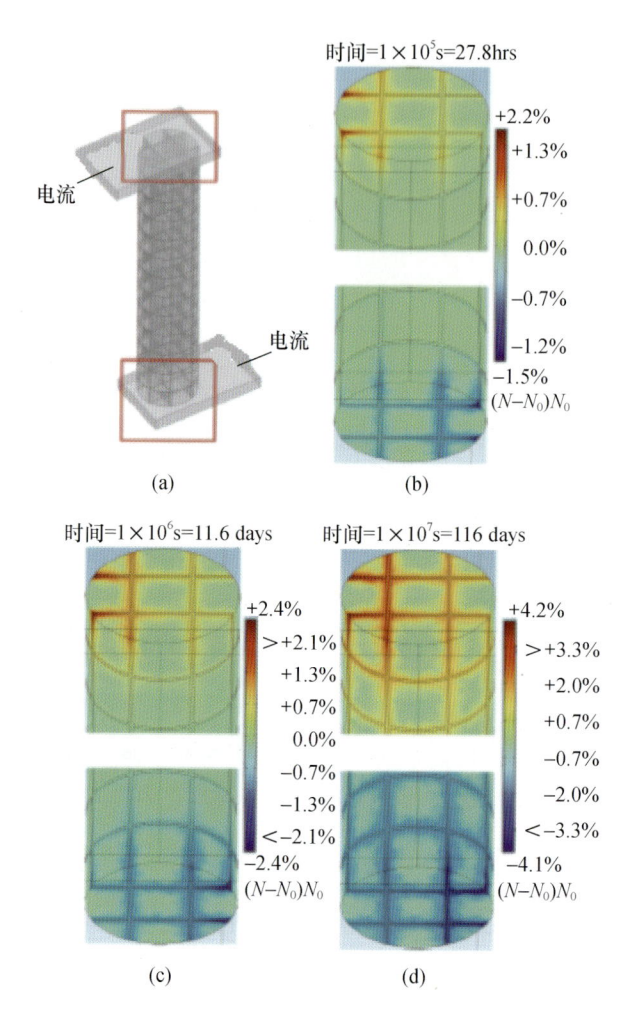

图 9.5 不同位置处的原子浓度,色条显示了根据初始浓度($N_0 = 1.53 \times 10^{28}$ 原子数/m³)归一化后的原子浓度差值百分比

(a)顶部和底部连线 – TSV 界面;(b)$t = 1 \times 10^5$ s;(c)$t = 1 \times 10^6$ s;(d)$t = 1 \times 10^7$ s。

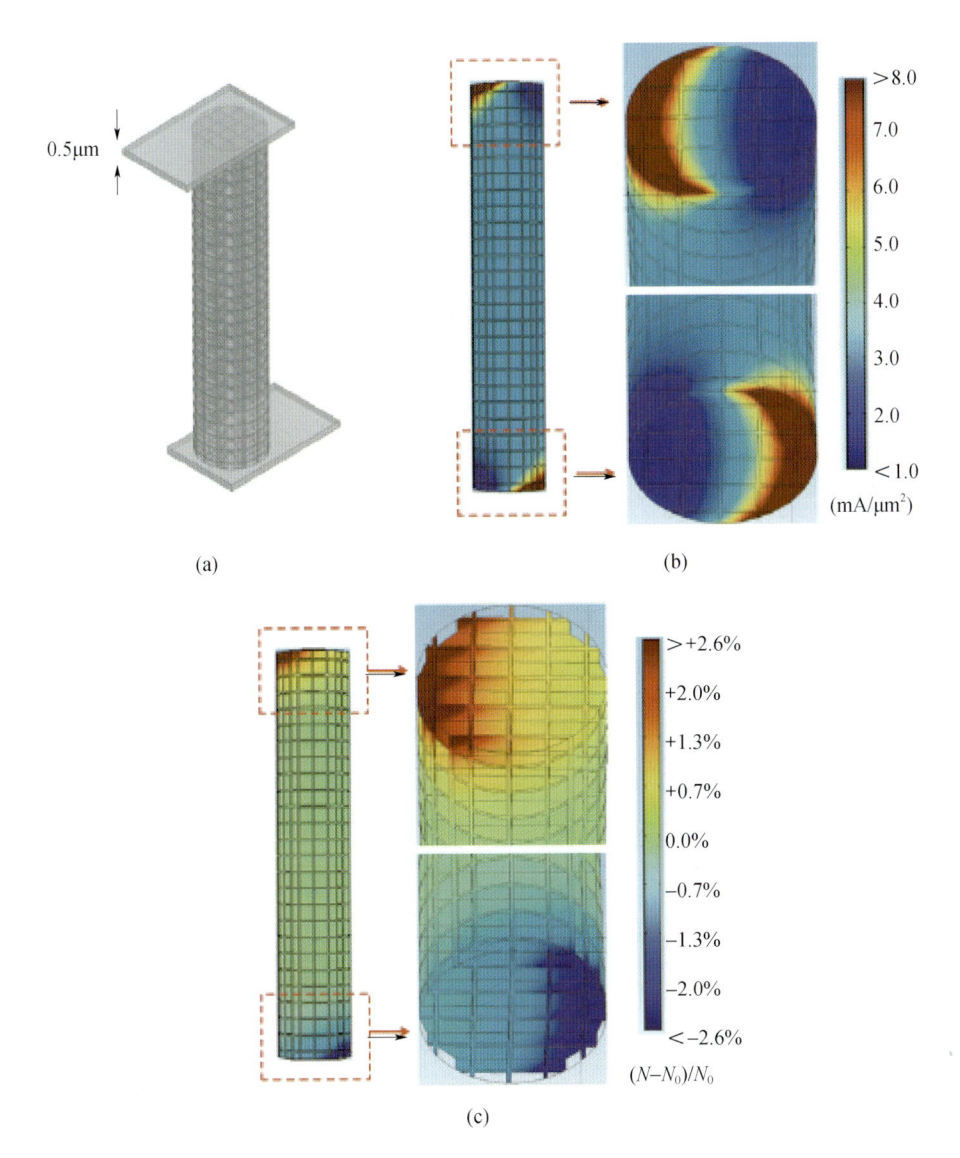

图 9.6　1×10^7 s 时，在顶部和底部连线 – TSV 界面处，线厚度对电流聚集和原子浓度的影响。线厚为 0.5μm，原子浓度的色条为按初始浓度 $N_0=1.53\times10^{28}$ 原子数/m³ 归一化后的原子浓度差值百分比

(a) 0.5μm 线厚的 3D 视图；(b) 3D 顶部和底部连线 – TSV 界面处的电流密度分布的侧视图；
(c) 3D 顶部和底部连线 – TSV 界面处的原子浓度的侧视图。

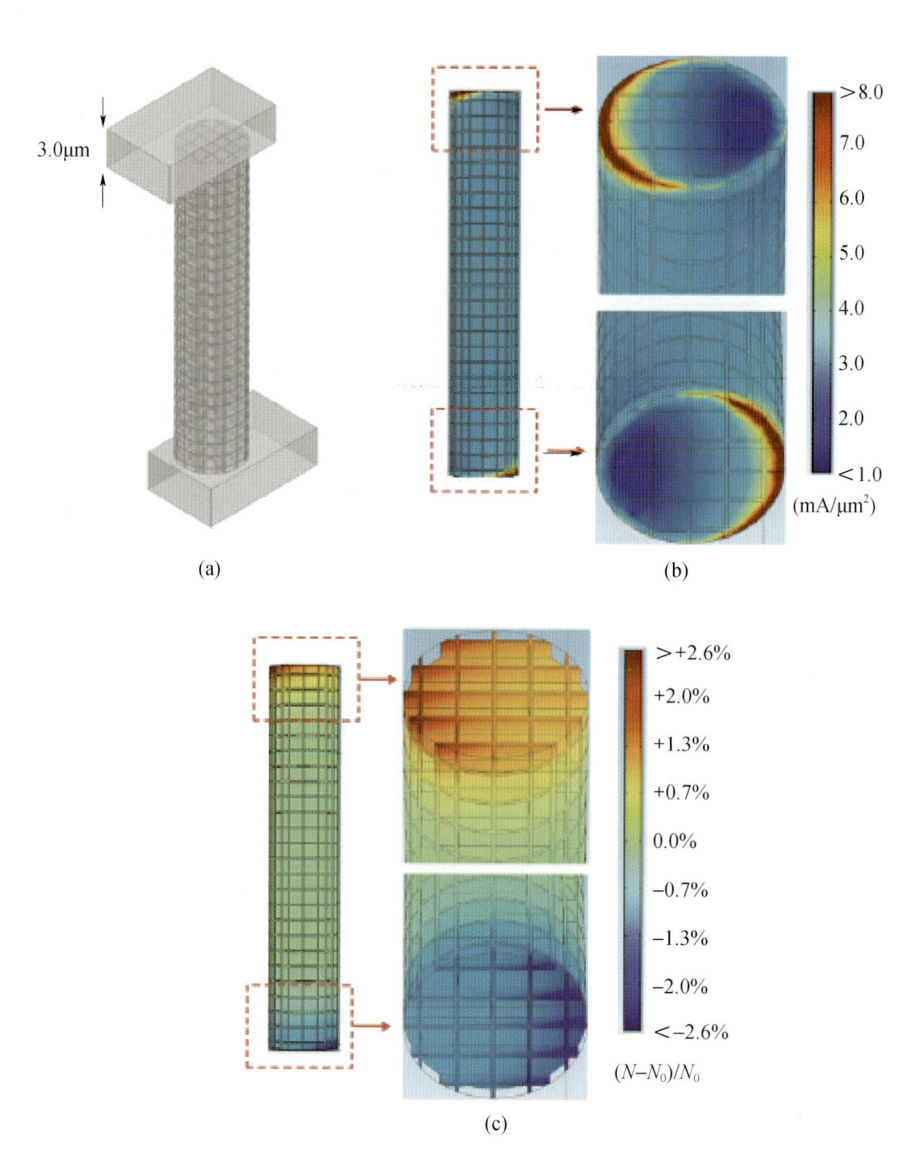

图9.7 1×10^7 s 时,在顶部和底部连线 – TSV 界面处,线厚度对电流聚集和原子浓度的影响。线厚为 $3\mu m$,原子浓度的色条为按初始浓度 $N_0=1.53\times10^{28}$ 原子数/m^3 归一化后的原子浓度差值百分比

(a)$3\mu m$ 线厚的 3D 视图;(b)3D 顶部和底部连线 – TSV 界面处的电流密度分布的侧视图;(c)3D 顶部和底部连线 – TSV 界面处的原子浓度的侧视图。

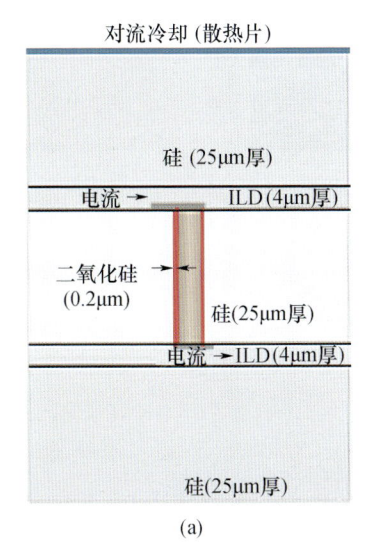

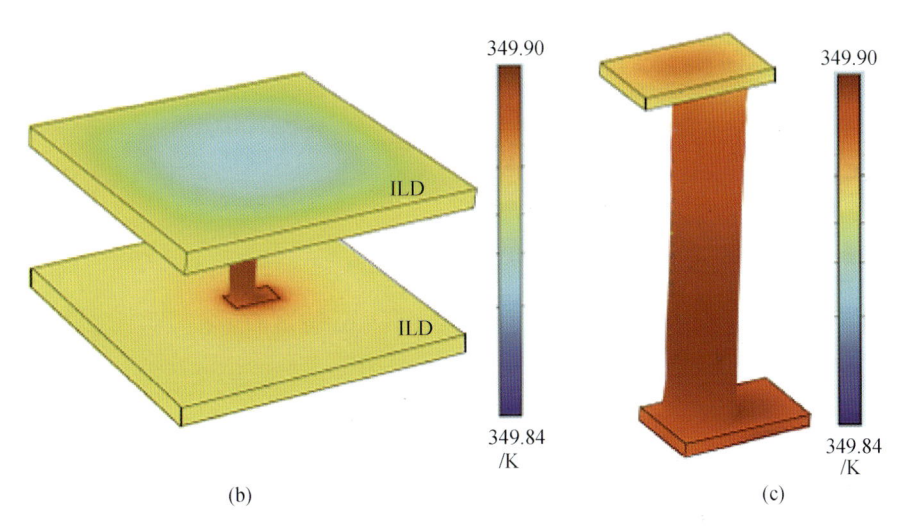

图 9.9 输入电流为 60mA 时 TSV 的焦耳热仿真

(a) 该结构包括了三个硅层(每层 25μm 厚),两个层间介质(inter – layer dielectric, ILD)(每层 4μm 厚),一个 TSV 薄层(0.2μm 厚的 SiO$_2$),具有两个接地线的铜 TSV,热沉被设定在顶面;(b) ILD 层、焊线和 TSV 中的热梯度;(c) TSV 内部的热梯度,其变化很小 349.90~349.86K,可以忽略。

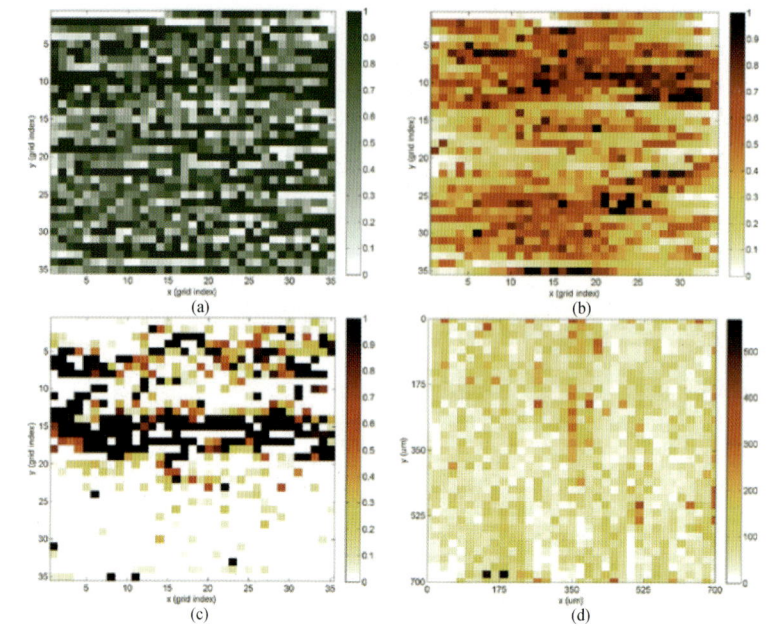

图 12.7 带有基线设置的初始设计结果,电源图中的电源密度单位为 W/cm^2
(a)使用布局片;(b)使用 x 方向布线;(c)使用 z 方向布线;(d)电源图。

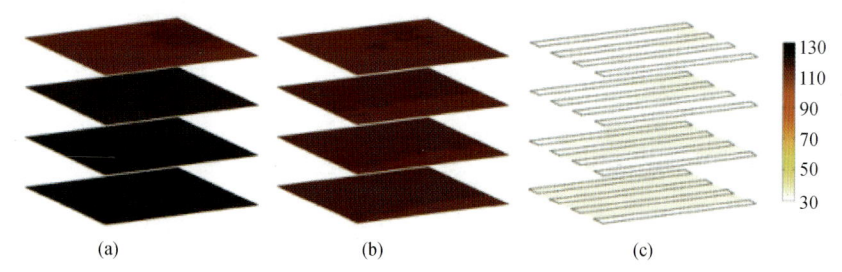

图 12.8 温度机制,MFC 情形中的虚线所示为 MFC
(a)基线;(b)T-TSV 情形;(c)MFC 情形。

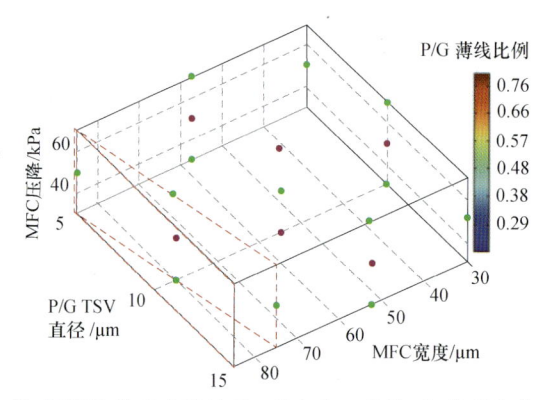

图 12.12 针对 MFC 情形改进的 Box Behnken 设计,红色虚线表示约束区域

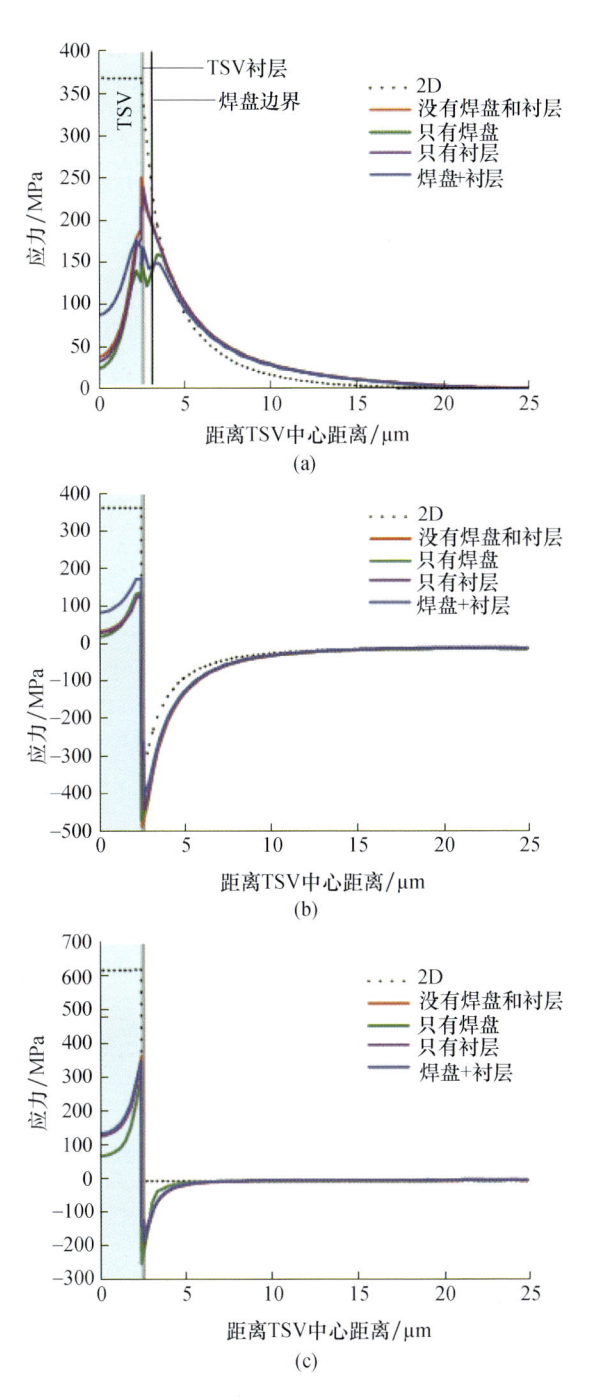

图 13.2 TSV 结构对正应力分量的影响

(a) σ_{rr}; (b) $\sigma_{\theta\theta}$; (c) σ_{zz}。

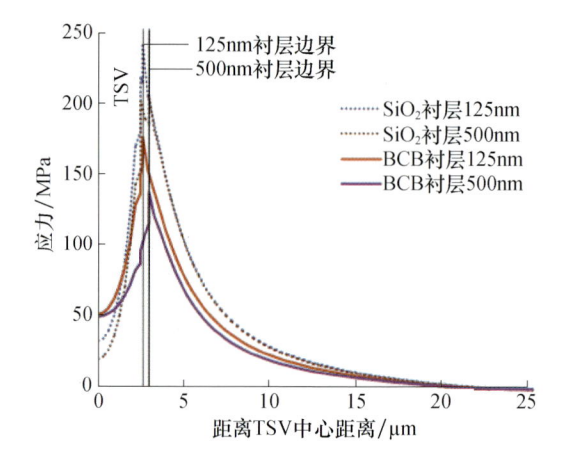

图 13.3 衬层材料和厚度对 σ_{rr} 的影响

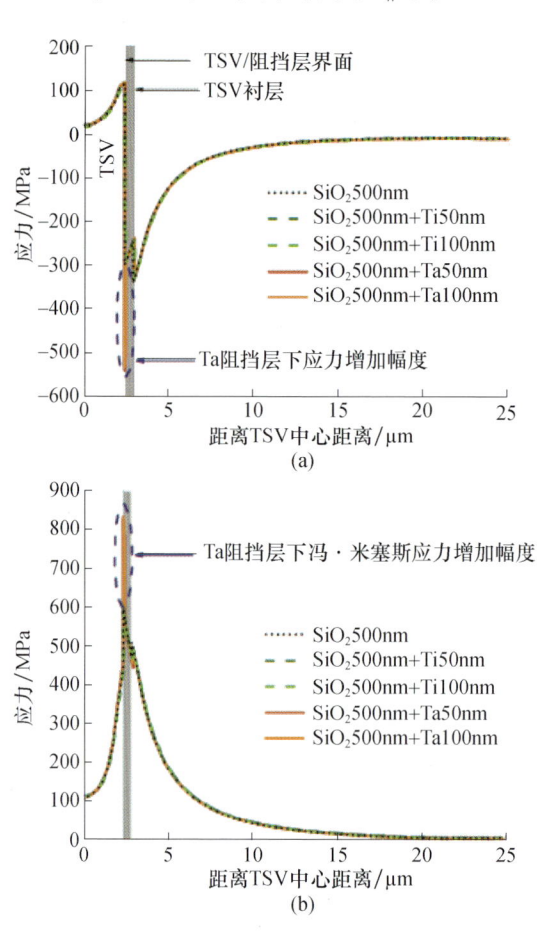

图 13.4 铜扩散阻挡层对于应力的影响
(a) $\sigma_{\theta\theta}$;(b) 冯·米塞斯应力。

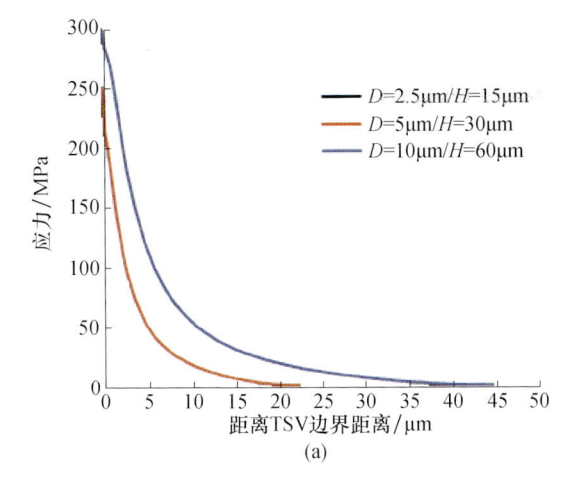

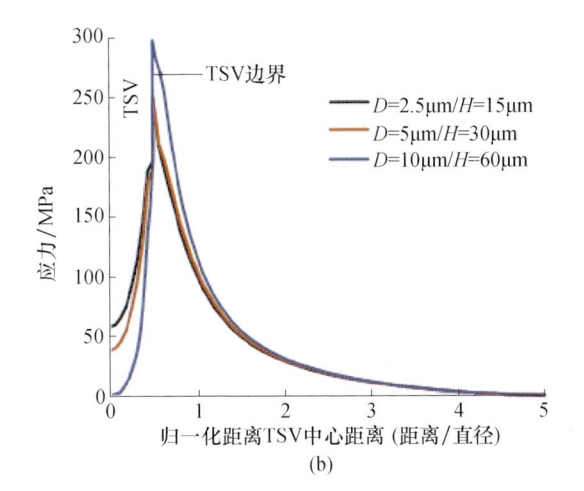

图 13.5　TSV 尺寸对应力影响区的影响

(a)TSV 边缘 σ_{rr} 应力;(b)沿着正向的 σ_{rr} 应力(距离/TSV 直径)。

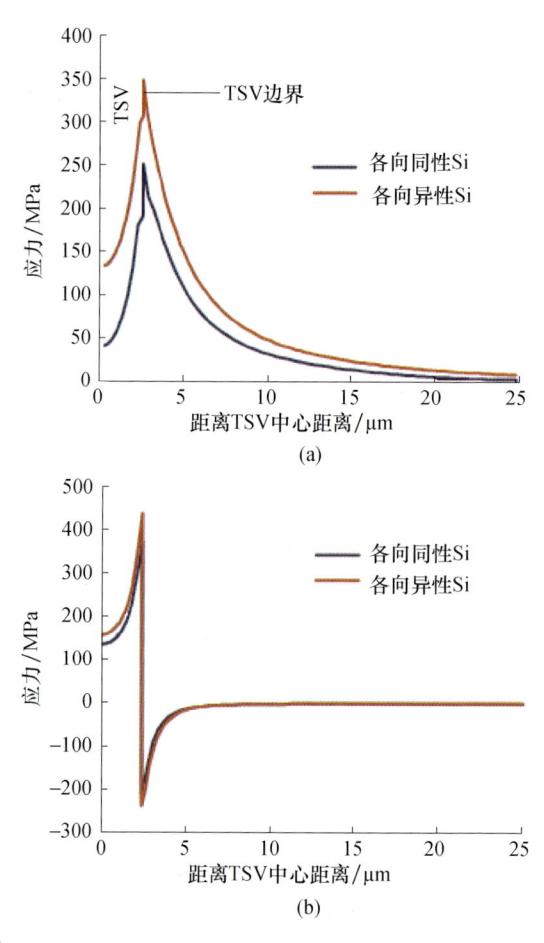

图 13.6 Si 材料的各向异性对应力的影响
(a) σ_{xx}; (b) σ_{zz}。

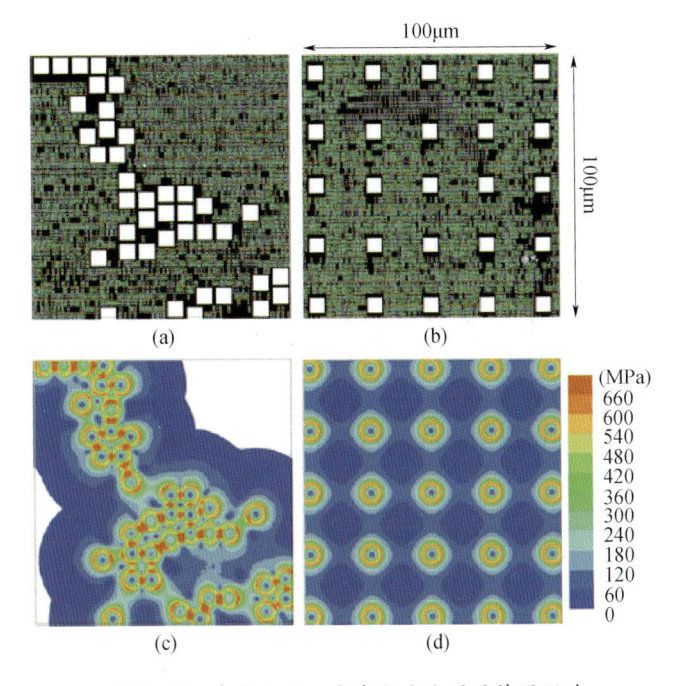

图 13.14　布局和冯·米塞斯应力图的特写照片

(a) Irreg$_A$；(b) Reg$_A$；(c) Irreg$_A$ 的冯·米塞斯应力图；(d) Reg$_A$ 的冯·米塞斯应力图。

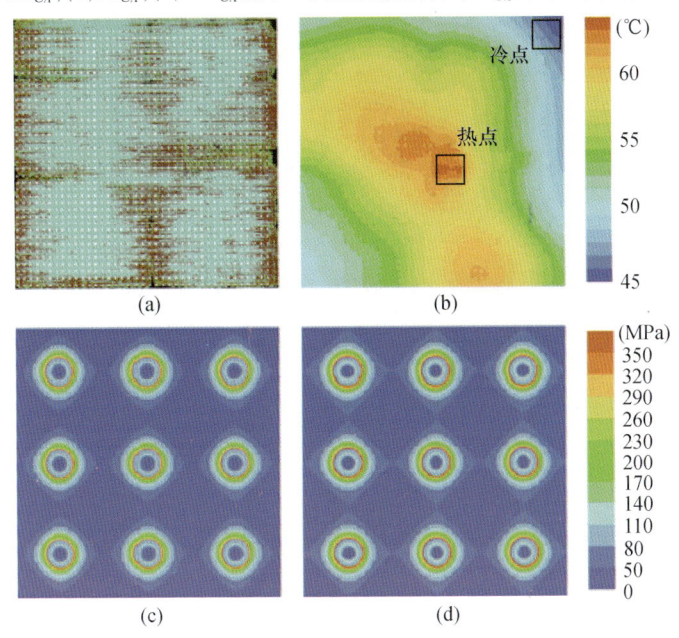

图 13.19　芯片工作过程中温度(摄氏度)对冯·米塞斯应力的影响

(a) Reg$_A$ 布局，白色矩形为焊盘；(b) 温度图；(c) 热区处的冯·米塞斯应力图；
(d) 冷区处的冯·米塞斯应力图。

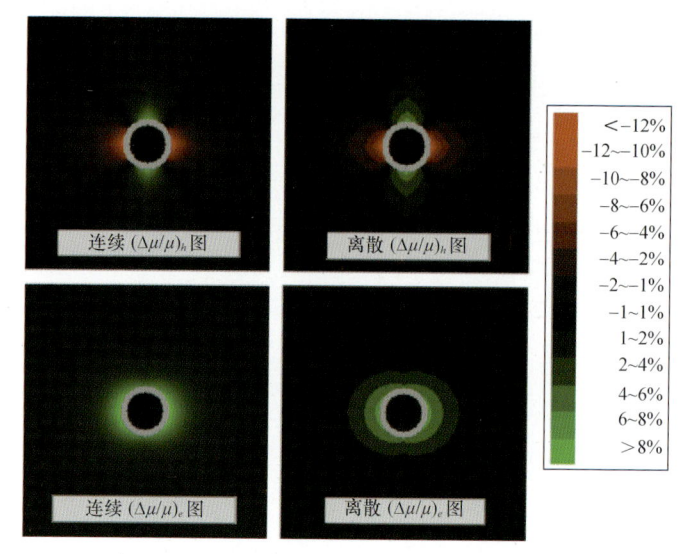

图 14.7 单个 TSV 迁移率变化等高线图,上部为空穴迁移率变化的等高线图,底部为电子迁移率变化的等高线图

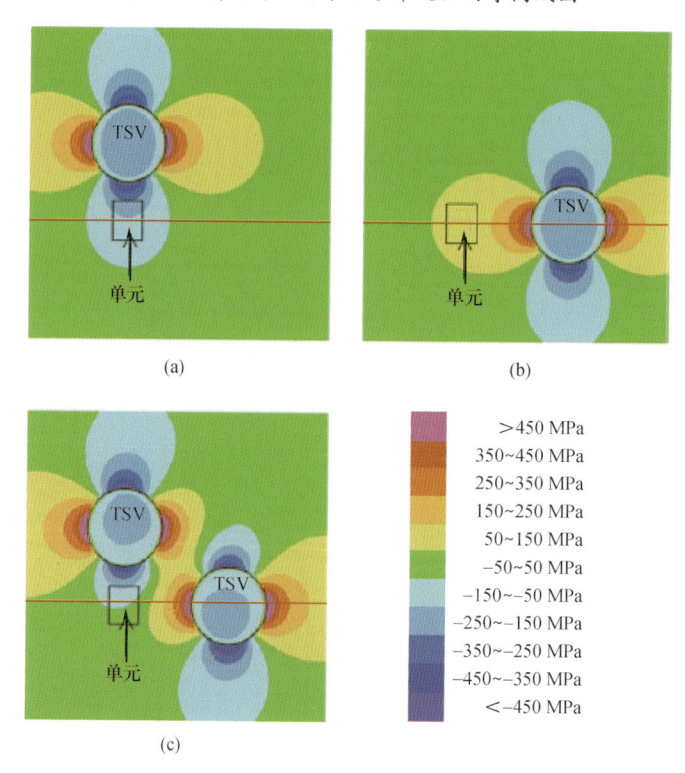

图 14.8 单元附近的 TSV 引起的应力(FEA 仿真)轮廓图
(a)单元上部的 TSV 引起的应力;(b)单元右侧 TSV 引起的应力;(c)单元附近两个 TSV 引起的应力。

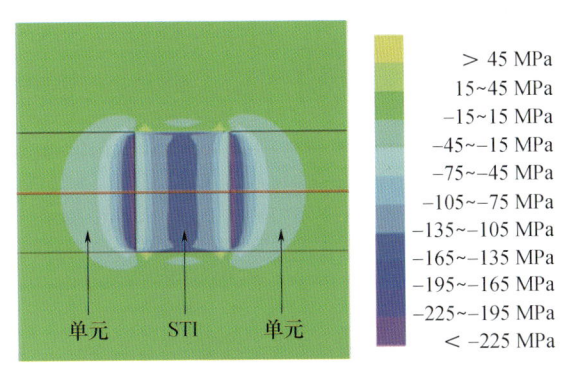

图 14.12 STI 引起的水平方向应力等高线图

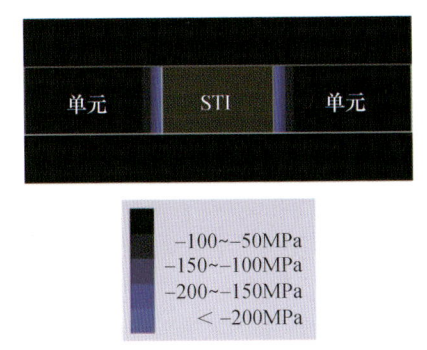

图 14.17 单个 4μm 宽的 STI 的应力等高线图

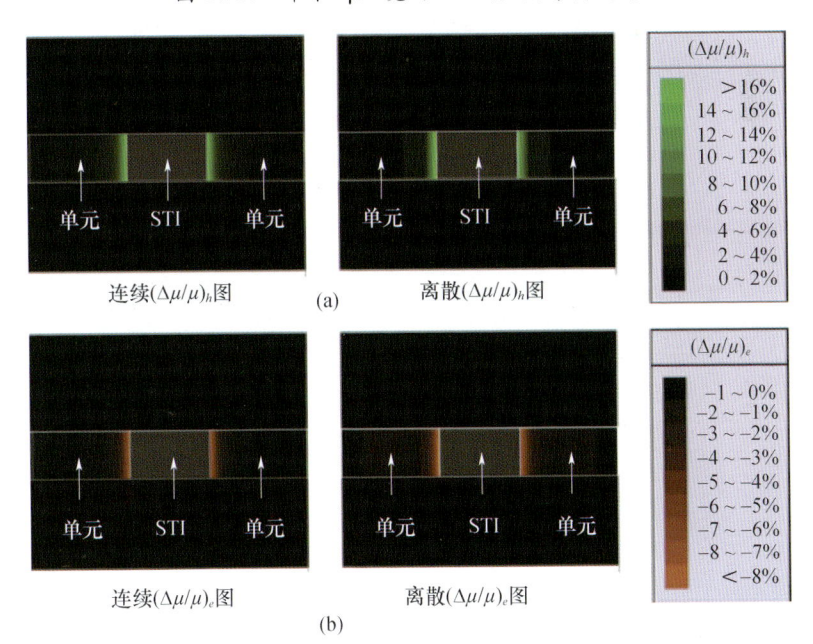

图 14.18 对于单个 STI，迁移率等高线图
(a)空穴迁移率变化；(b)电子迁移率变化。

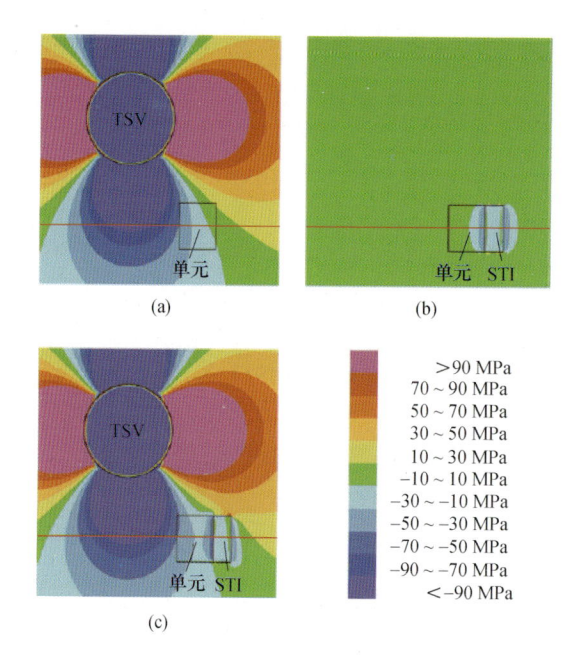

图 14.19 单元顶部 TSV 产生的应力等高线和单元的右侧 STI 产生的等高线
(a)单元顶部 TSV 产生的应力;(b)单元右侧 STI 产生的应力;
(c)单元附近 TSV 和 STI 共同产生的应力。

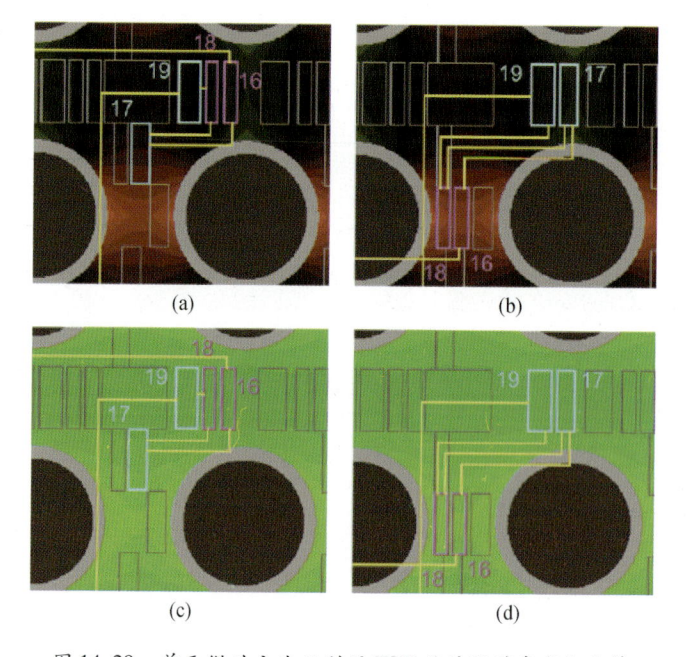

图 14.29 单元微动方法以利用 TSV 致的迁移率变化优势
(a)原始单元布局的空穴迁移率等高线图;(b)单元微动后的空穴迁移率等高线图;
(c)原始单元布局的电子迁移率等高线图;(d)单元微动后的电子迁移率等高线图。

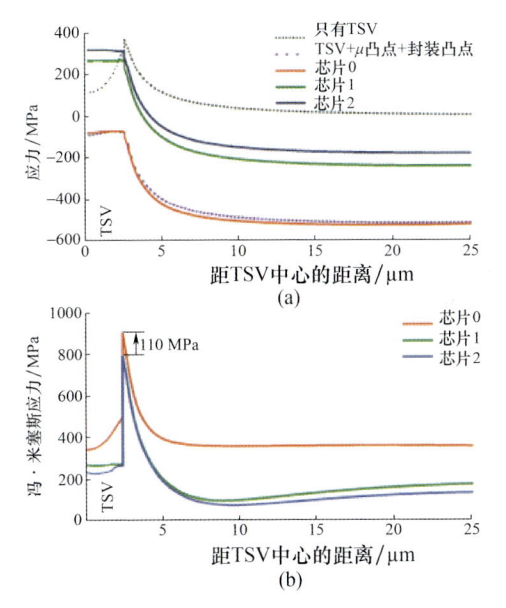

图 15.5　芯片堆叠对于器件层应力的影响（FEA 结果）

（a）四层芯片堆叠中，每层芯片器件层的 σ_{rr} 应力；

（b）四层芯片堆叠中，每层芯片的冯·米塞斯应力。

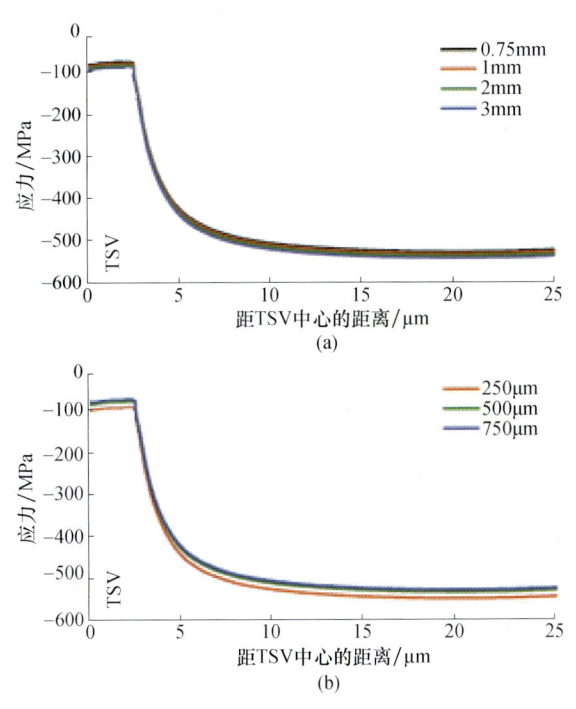

图 15.6　封装衬底和未减薄顶层芯片的厚度对于应力的影响（FEA 结果）

（a）封装衬底厚度的影响；（b）未减薄顶层芯片的厚度的影响。

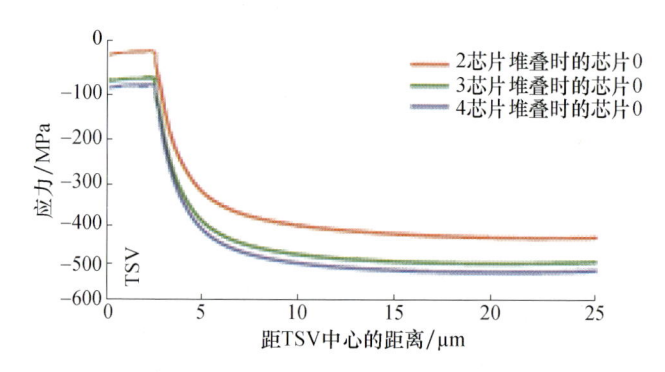

图 15.7　不同芯片堆叠数目对于芯片 0 的 σ_{rr} 应力影响

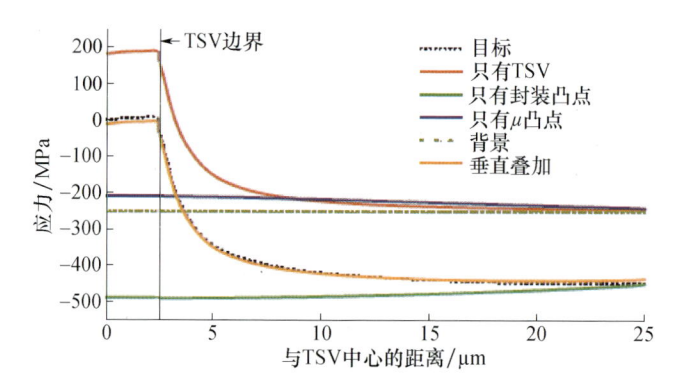

图 15.11　图 15.10 中的两芯片堆叠结构的 σ_{rr} 应力的垂直线性叠加

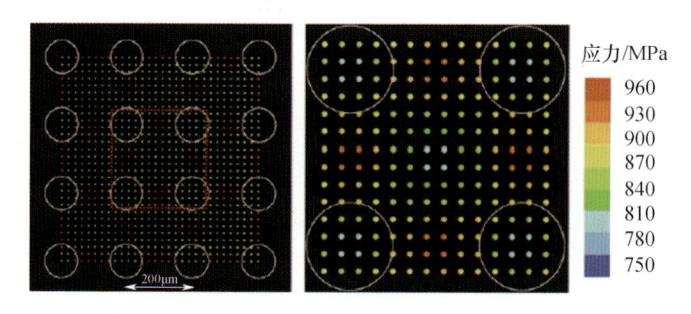

图 15.14　TSV 的冯·米塞斯应力图（四芯片堆叠结构中的芯片 0），
彩色的点是 TSV，白色的圈是封装凸点
(a) 测试结构；(b) (a) 中方框的特写照片。

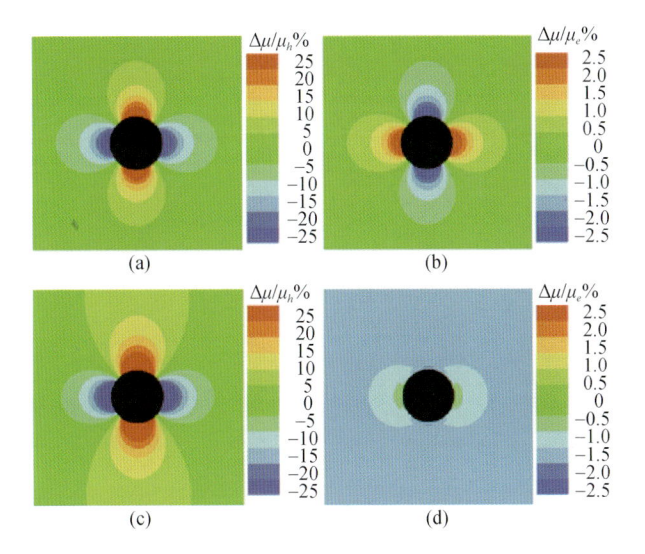

图 16.2　单个 TSV 周围迁移率变化图，(c)和(d)中的 TSV、μ 凸点，封装凸点均为垂直对准
(a)空穴迁移率(2D 双轴应力)；(b)电子迁移率(2D 双轴应力)；
(c)四层芯片堆叠结构中芯片 0 中的空穴迁移率(带有封装组件的 3D 应力)；
(d)四层芯片堆叠结构中芯片 0 中的电子迁移率(带有封装组件的 3D 应力)。

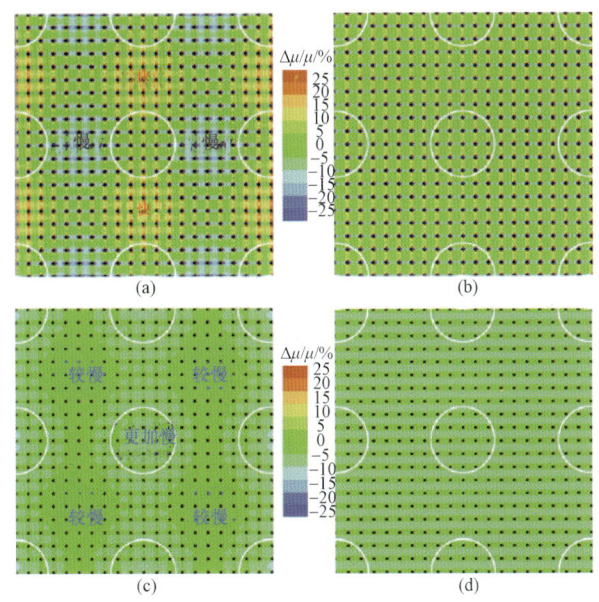

图 16.5　带有 441 个 TSV 和 μ 凸点(黑点)和 9 个
C4 封装凸点(白色圆圈)时的迁移率变化图
(a)芯片 0 中的空穴迁移率变化图；(b)芯片 2 中的空穴迁移率变化图；
(c)芯片 0 中的电子迁移率变化图；(d)芯片 2 中的空穴迁移率变化图。

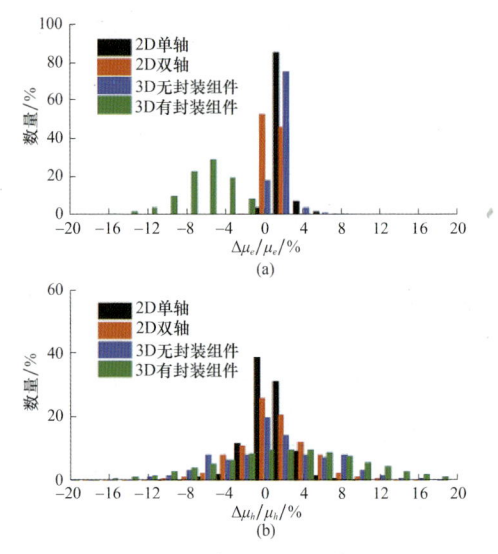

图 16.7　(ckt$_2$)四芯片堆叠中芯片 0 的单元迁移率变化柱状图
(a)电子迁移率;(b)空穴迁移率。

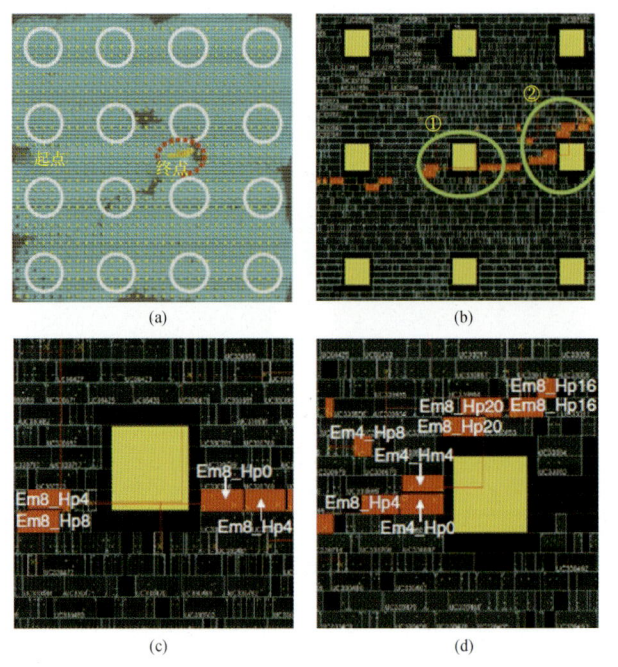

图 16.9　全芯片布局(四层芯片堆叠结构中的芯片 0),关键路径重点显示,
其中,方框为 TSV(单元迁移率命名规定:例如,Em8_Hp4
表示电子迁移率减少 8%,空穴迁移率增加 4%)
(a)ckt$_2$ 电路布局(KOZ 为 1μm);(b)(a)中圆圈中的单元;
(c)(b)中单元①的特写照片;(d)(b)中单元②的特写照片。

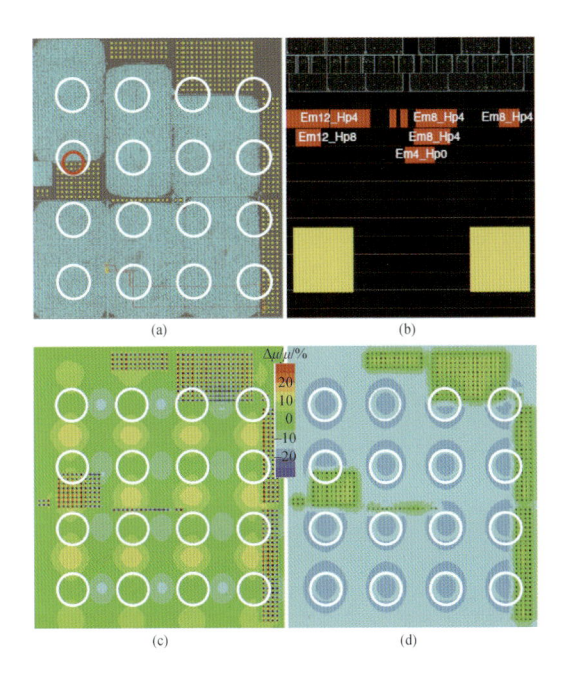

图 16.13　模块级 3D IC 设计(ckt_2 模块)

(a)四层芯片堆叠结构中的芯片 0 的布局,关键路径重点显示。其中,方框为 TSV,白色圆圈是封装凸点;(b)(a)中圆圈中的单元的特写照片;(c)空穴迁移率变化图;(d)电子迁移率变化图。

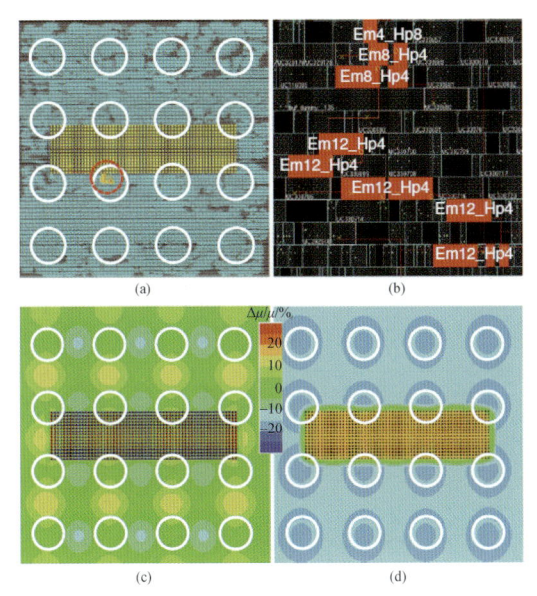

图 16.14　宽 I/O 形式设计布局和迁移率变化图(ckt_2 宽)

(a)四层芯片堆叠结构中的芯片 0 的布局,关键路径重点显示;
(b)(a)中圆圈中的单元的特写照片;(c)空穴迁移率变化图;(d)电子迁移率变化图。

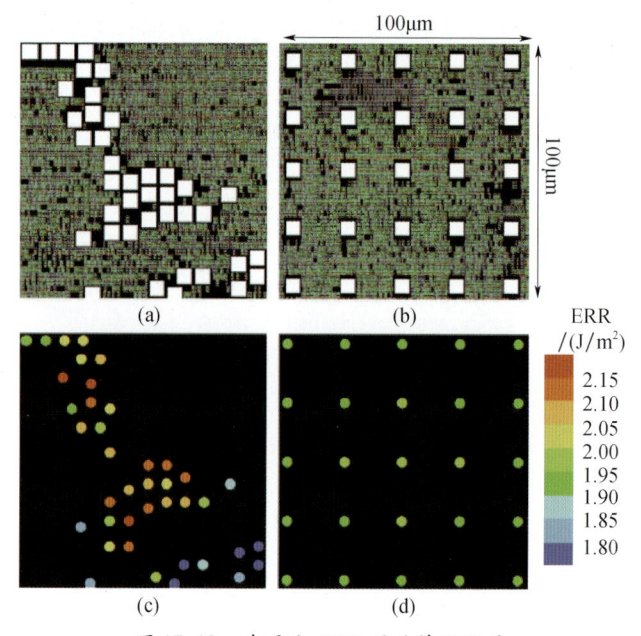

图 17.19 布局和 ERR 图的特写照片

(a) $Irreg_B$；(b) Reg_B；(c) $Irreg_B$ 的 ERR 图；(d) Reg_B 的 ERR 图。

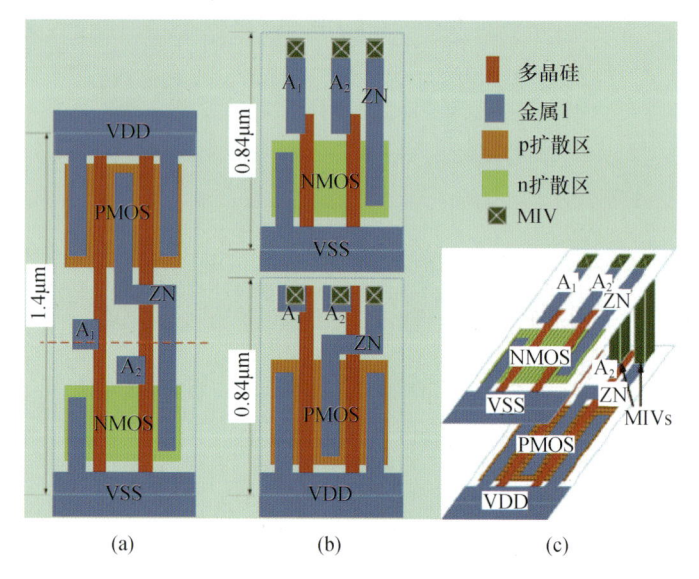

图 18.4 MI-T 的标准单元设计步骤，VDD 和 VSS 表示电源和地总线，虚线框表示单元边界

(a) 原始 2D 单元，红色虚线为切割线；(b) 切割、翻转、修改后；(c) 3D 视图。